KB169186

THE
SECOND
WORLD
WAR

THE
SECOND
WORLD
WAR

제2차
세계대전

모 든 것 을
빨 아 들 인
블 랙 홀 의 역 사

앤터니 비버 지음

김규태·박리라 옮김 | 김추성 옮김

글항아리

삽화와 지도

삽화

1부

- 1937년 난징 대학살. '죽음의 구덩이'에서 중국인 포로들을 총검으로 학살하는 일본군.(Keystone / Getty)
- 중국 남부로 진군하고 있는 일본 기포병대.(Corbis)
- 요제프 괴벨스와 헤르만 괴링.(Der Spiegel)
- 1939년 8월 히틀러의 협박문을 읽고 있는 바르샤바 시민들.(Getty)
- 1940년 4월 노르웨이 나르비크 폭격.(Getty)
- 1940년 5월 독일군에 항복하는 프랑스군 B-1전차 승무원들.(Getty)
- 1940년 5월 30일 됭케르크 철수. 침몰하는 구축함 부라스크에서 살아남은 프랑스 병사들.(Hulton / Getty)
- 1940년 9월 12일 영국 본토 항공전. 국방 시민군의 포로가 된 독일 항공기 승무원들.(Getty)
- 폴란드 성직자들을 소환하는 총독부 '통치자' 한스 프랑크.(Bundesarchiv)
- 1941년 6월 1일 승리를 거둔 크레타 섬 이라클리오의 독일 공수부대원들.(W. John)
- 1941년 6월 엑스포터 작전 시리아의 영국 경기관총 캐리어 승무원들.(Time&Life Pictures / Getty)
- 1941년 7월 바르바로사 작전. 화염에 휩싸인 우크라이나 어느 마을.(Russian State Documentary Film and Photo Archive)
- 1941년 12월 모스크바 반격 당시 붉은 군대 보병대의 습격.(RIA Novosti)

2부

- 1941년 12월 7일 일본군의 진주만 공격으로 폭발하는 USS쇼 함.(Getty)
- 1941년 12월 11일 크롤 오페라 하우스에 모인 국회의원들 앞에서 미국에 선전포고하는 히틀러.(Bundesarchiv)
- 1941년 12월 모스크바 인근 소비에트군의 반격.(Russian State Documentary Film and Photo Archive)
- 1941년 12월 달구지까지 동원한 독일군 보급반.(TopFoto)
- 소비에트 부상병에게 붕대를 감는 의무병.(Russian State Documentary Film and Photo Archive)
- 기아의 결과: 레닌그라드에서 각각 1941년 5월, 1942년 5월, 1942년 10월에 찍은 니나 페트로바의 사진.(History Museum of St Petersburg)
- 1942년 4월 라도가 호 '빙판길'을 건너 레닌그라드에서 탈출하는 피란민.(Rafael Mazalev)
- 북아프리카에서 로멜. 히틀러 전속 사진사이자 에바 브라운을 조수로 두었던 하인리히 호프만이 찍은 사진이다.(Getty)
- 버마에서 병사들이 지탱하는 다리를 건너 진군하는 일본군 병사들.(Ullstein / TopFoto)
- 1942년 5월 6일 마닐라 만 입구의 코레히도르 섬에서 승리를 자축하는 일본군.(Getty)
- 파리 샹젤리제 카페에서 여유를 즐기는 독일군 장교들.(Corbis)
- 1943년 7월 하순 화염폭풍이 휩쓸고 지나간 함부르크.(Getty)
- 1943년 11월 19일 타라와 환초를 습격한 미군 해병대.(Getty)
- 독일 집단 수용소에서 철조망에 몸이 묶인 채 처형을 기다리는 수용자.(Bildarchiv)
- 1943년 11월 북극 호송선단 내 HMS 벨파스트 함.(Imperial War Museum)
- 소비에트의 군수산업 동원령.(Russian State Documentary Film and Photo Archive)

- 중국에 파견된 일본 기병대.(Ullstein / TopFoto)
- 스탈린그라드의 독일 보병대.(Art Archive)

3부

- 스틸웰 장군과 함께 카메라 앞에서 웃고 있는 장제스 총사령관과 그의 부인.(George Rodger / Magnum Photos)
- 1944년 7월 26일 진주만에서 맥아더와 루스벨트, 니미츠.(US National Archives and Record Administration)
- 1944년 4월 6일 솔로몬 제도 부건빌에 상륙한 미군.(Time & Life / Getty)
- 항공모함에 불시착한 헬캣 전투기.(Getty)
- 1944년 8월 26일 파리의 독일군 포로.(Bibliotheque historique de la Ville de Paris)
- 1944년 9월 바르샤바 봉기 당시 들것을 나르는 사람들.(Warsaw Uprising Museum)
- 베를린 공습 당시 의무반 모습.(Bundesarchiv)
- 아테네에서 처칠.(Dmitri Kessel)
- 1944년 12월 아테네를 점령한 영국군.(Dmitri Kessel)
- 1945년 2월 이오 섬 레드 비치.(Getty)
- 마닐라의 인트라무로스에서 벌어진 전투 당시 구조되는 필리핀 여성들.(Time & Life / Getty)

4부

- SU-76 자주포를 타고 불타는 독일 도시 안을 누비는 소비에트군.(Planeta, Moscow)
- 대공포탑 벙커에 들어가기 위해 기다리는 베를린 시민들.(Bildarchiv)
- '베를린 방면'을 가리키고 있는 소비에트 교통 통제원.(Russian State Documentary Film and Photo Archive)

- 1945년 2월 드레스덴 폭격 후 파편을 치우는 시민들.(Bildarchiv)
- 쿤밍에 착륙하고 있는 C-46 수송기.(William Vandivert for Life / Getty)
- 일본 가미카제 특공대원들 기념사진.(Keystone / Getty)
- 공격받은 총통 관저 내 마블 갤러리.(Museum Berlin Karlshorst)
- 1945년 5월 2일 베를린에서 부상당한 독일인들.(Museum Berlin Karlshorst)
- 1945년 9월 2일 USS 미주리 함에서 일본 항복 조인식.(Corbis)
- 집을 잃은 오키나와 섬 주민들.(US National Archives and Record Administration)

지 도

유럽, 지중해, 소련 서부 (1942년 8월)
태평양 (1942년 8월)

삽화와 지도

한국인 양경종은 일본 제국 육군과 붉은 군대,
독일 국방군에 차례로 강제 징집되었다가 1944년 6월 노르망디에서 미군 포로로 붙잡혔다.

머리말

 1944년 6월, 연합군이 노르망디를 침공했을 때 한 젊은 병사가 미군 공수부대에 투항했다. 미군이 투항 당시 일본인이라고 생각했던 그 병사는 한국인이었다. 그의 이름은 양경종이었다.

 1938년, 양경종은 열여덟 살에 일본군에 강제 징집되어 관동군에 배치되었다. 1년 뒤, 그는 할힌골(노몬한) 전투에서 붉은 군대에 붙잡혀 노동수용소로 보내졌다. 소비에트군 당국은 한창 위기에 봉착해 있던 1942년에 수천 명의 포로와 함께 양경종을 소련군으로 강제 복무시켰다. 그 뒤 1943년 초에는 우크라이나 하리코프 전투에 투입되었다가 독일군 포로가 되었다. 1944년에는 독일 군복을 입고 프랑스로 파병되어 동방군단Ostbataillon에 복무하면서 유타 해안의 내륙에 자리 잡은 코탕탱 반도 기지에서 대서양의 벽을 강화하는 임무를 맡게 되었다. 영국 포로수용소에 구금되었다가 석방된 뒤에는 미국으로 건너가 과거를 숨긴 채 살았다. 그렇게 미국에 정착한 양경종은 1992년 일리노이 주에서 생을 마감했다.

 전 세계로 번져나가며 6000만 명 이상의 목숨을 앗아간 전쟁에서 일본군, 소련군, 독일군에 차례로 징집되어 의도치 않게 베테랑 군인이 되어버린 그는 비교적 운이 좋은 편이었다. 그러나 평범한 사람이 무시무시한 역사적 폭력 앞에서 얼마나 무력해지는가를 양경종은 강렬하게 각인시키고 있다.

　유럽은 1939년 9월 1일까지도 전쟁에 개입하지 않고 있었다. 일부 사학
자는 제1차 세계대전을 '재앙의 시초'[1]로 보고 1914년부터 1945년까지를
'30년 전쟁'이라 말하기도 한다. 다른 학자들은 1917년 볼셰비키 쿠데타를
기점으로 '장기전'을 치르면서 1945년 '유럽 내전'[2] 내지는 1989년 공산주
의의 몰락으로 이어진 것으로 보기도 한다.

　하지만 역사는 결코 깔끔하지 않다. 마이클 하워드 경[3]은 1940년 유럽
서부에서 히틀러가 프랑스와 영국을 맹공격한 것을 두고 여러 면에서 제
1차 세계대전의 연장이었다는 설득력 있는 주장을 제기하고 있다. 게르하
르트 바인베르크 역시 1939년 폴란드 침공으로 시작된 이 전쟁을 히틀러
의 가장 큰 목표였던 동부 생활권 운영의 신호탄이었다고 주장한다. 이 주
장은 사실이지만, 1917년과 1939년 사이에 일어났던 혁명과 내전들이 패턴
을 복잡하게 만들고 있다. 예를 들어 좌파는 늘 스페인 내전이 제2차 세계
대전의 시발점이라고 굳게 믿는 반면, 우파는 그것을 공산주의와 '서구 문
명' 간 제3차 세계대전의 서막을 알리는 첫 번째 무대였다고 주장한다. 동
시에 서양 사학자들은 1937년부터 1945년까지 치러진 중일전쟁과 더불어
어떻게 그것이 세계대전으로 바뀌었는지를 간과하는 경향이 있다. 반면에
아시아 사학자들 중에는 제2차 세계대전이 1931년 일본의 만주 침공으로
시작되었다고 주장하는 이도 있다.

　이 주제에 관한 논쟁은 끝이 없겠지만, 제2차 세계대전이 갈등의 결합체
였다는 것만은 분명하다. 갈등은 대부분 국가 간에 발생했지만 한편으로는
좌파와 우파 간의 내전이 국제적으로 번지면서 수많은 국가를 지배하기까
지 했다. 따라서 전 세계 역사상 가장 잔인하고 가장 파괴적인 갈등을 빚어
낸 요인들을 다시 살펴보는 것은 중요한 일일 터이다.

　　　　　　　　　　　　　　　　　　　　　　제2차 세계대전

유럽의 주요 승전국인 영국과 프랑스는 제1차 세계대전이 남긴 끔찍한 상흔에 지친 나머지 다시는 같은 일을 겪지 않으려 안간힘을 썼다. 독일 제국의 패망에 지대한 공헌을 한 미국은 구舊세계를 부패하며 부도덕한 세계로 보고 관계를 끊고자 했다. 베르사유에서 국경을 확정함에 따라 분열되어버린 중앙 유럽은 패망의 굴욕을 안고 지독한 빈곤을 겪어야 했다. 자존심이 뭉개졌고, 실업자 신세로 전락한 오스트리아와 헝가리 제국군은 멋진 군복이 초라한 옷으로 뒤바뀌면서 신데렐라와는 정반대의 경험을 하게 되었다. 1918년 7월까지 무적이었던 독일군이 본토에서 한순간에 무너져버린 불운을 독일 장교 및 장병들은 이해할 수 없었던 터라 패전의 쓰라림은 더욱 크게만 느껴졌다. 그들이 보기에 1918년 가을, 반란과 폭동을 일으켜 독일에서 황제의 퇴위를 재촉한 장본인은 바로 유대인 볼셰비키주의자들이었다. 실제로는 좌파 선동자들도 반란에 참여했고, 1918~1919년 독일 혁명 주동자들이 유대인이었으며, 이 일련의 사태를 일으킨 주요 원인은 전쟁으로 인한 피로와 배고픔이었는데도 말이다. 독일 우파가 내세운 사악한 음모론, 즉 '등 뒤의 비수론'은 인과관계에 혼란을 주기 위한 우파 특유의 계략이었다.

1922~1923년 초인플레이션은 독일 중산층을 불안하게 하고 정직함도 잃게 만들었다. 국가적, 개인적 수치가 주는 고통은 모순된 분노를 낳았다. 독일 민족주의자들은 일방적인 베르사유 조약으로 받은 굴욕이 역전될 날을 꿈꾸었다. 1920년대 말에는 미국으로부터 막대한 돈을 빌리면서 독일의 생활수준이 나아지기도 했다. 그러나 1929년 월가에 찾아온 '검은 목요일'을 시작으로 세계가 불황의 늪에 빠지자, 1931년 9월에는 영국 등의 나라들이 금본위제를 포기하면서 독일은 훨씬 더 큰 타격을 입었다. 다시 극심한 인플레이션이 닥칠까 두려워진 브뤼닝 총리 정부는 라이히스마르크와 금 가격 연계를 유지하기 위해 화폐 가치를 평가절상하기에 이른다. 미국

으로부터 대출은 중단되었고, 보호무역이 가동되면서 독일의 수출 시장 판로는 막히고 말았다. 이로 인해 대규모 실업자가 발생했고, 선동자들에게는 급진적인 해결책을 제시할 기회가 급격히 늘어났다.

자본주의의 위기가 자유민주주의를 더욱 위협함에 따라, 비례대표제로 인한 표의 분산을 겪은 많은 유럽 국가 사이에서 자유민주주의는 효력을 잃어갔다. 1918년 유럽 대륙의 세 제국이 붕괴하면서 뒤를 이은 의회 체제는 시민들의 투쟁에 대항하지 못한 채 쓸려나갔다. 그리고 기존의 제국 체제하에 비교적 평온하게 지내던 소수민족들은 단일 민족주의의 위협에 시달렸다.

아직 채 가시지 않은 러시아 혁명의 기억 그리고 헝가리, 핀란드, 발트 국가, 독일 내에서 벌어졌던 폭력적인 내전의 상처로 정치적 양극화는 더 심해져갔다. 공포와 증오가 되풀이되는 가운데 선동적인 말들은 자기실현적 예언이 될 우려가 있었고, 그 우려는 머지않아 스페인에서 현실로 나타났다. 마니교적 이원론이 대안으로 부상하면서 타협을 기저로 하는 민주적 중도주의는 깨질 수밖에 없었다. 이처럼 새로이 등장한 집단주의 시대에, 제1차 세계대전에 참전했던 분노한 퇴역 군인들에게는 물론이고 좌우 양측의 지식인들에게도 폭력적인 해결책이야말로 더없이 훌륭한 타개책으로 보였다. 금융 위기가 도래하자 권위적인 국가는 유럽 대부분의 나라를 아우르는 자연스러운 근대 질서이자 혼돈스런 파벌 싸움을 해결할 답안인 양 갑자기 주목을 받기 시작했다.

1930년 9월, 독일 국가사회당인 나치스의 득표율은 2.5퍼센트에서 18.3퍼센트로 급격히 상승했다. 국가사회당은 민주주의를 경시하는 보수 우파로, 바이마르 공화국을 사실상 붕괴시키고 히틀러 시대를 열었다. 국가사회당은 히틀러를 제대로 평가하지 않고 그저 독일에 대한 이념을 지키기 위한 포퓰리즘 꼭두각시로 그를 이용할 생각이었다. 하지만 히틀러는 자신이 원하는 것을 정확히 알았던 반면, 당원들은 히틀러를 알지 못했다. 1933년 1월 30일, 드디어 총리 자리에 오른 히틀러는 모든 잠재적 반대파를 신속하게 제거해나갔다.

독일에 희생당한 사람들이 겪은 비극은 질서가 확립되기를 절실히 바랐던 다수의 비판적 대중이 역사상 가장 무모한 범죄에 크게 동조했다는 사실이다. 히틀러는 분노와 배타성, 오만, 그리고 인종적 우월감이라는 대중의 악한 본능에 호소했다. 사법제도가 새로운 질서의 종이 되어야 한다는 히틀러의 주장은 법치국가에 대한 신뢰를 모두 무너뜨렸다. 공공기관—법원, 대학, 참모부와 언론사—은 새 정권에 머리를 조아렸다. 반대자는 정권 자체는 물론이고 정권을 지지하는 모든 사람이 새로 정의내린 '조국의 반역자'가 되어 어쩔 수 없이 고립되었으며 모욕을 당했다. 게슈타포는 스탈린의 비밀경찰조직인 NKVD와 달리 태만하기 그지없었다. 그저 독일인의 제보만 받아 체포활동에 나서는 일이 대부분이었던 것이다.[4]

정치와 관계 맺지 않는 전통을 자랑스럽게 여기던 장교단도 더 많은 군대와 대규모 재군비를 보장해주겠다고 하면 아무리 상스럽고 행색이 초라한 사람의 제안이라도 못 이기는 척 받아들였다. 기회주의는 권력 앞에서 비겁함과 손을 잡았다. 일찍이 19세기 총리 오토 폰 비스마르크는 원래 독일인 사이에서 도덕적 용기는 보기 드문 미덕이지만 특히 제복을 입는 순간 완전히 잊힌다고 말한 바 있다.[5] 물론 나치스도 어린이를 포함한 거의 모든 사람에게 제복을 입히고자 했다.

히틀러의 가장 큰 재능은 대립하는 세력의 약점을 파악하고 그것을 이용하는 데 있었다. 독일 좌파는 쓰라린 분열을 겪고 독일공산당과 사회민주당으로 갈려서 실제로 위협이 되지 않았다. 히틀러는 그를 통제할 수 있다는 순진한 오만에 빠져 있던 보수주의자들을 손쉽게 압도했다. 히틀러는 본국에서 법 집행과 대규모 구금을 통해 힘을 강화하자마자 베르사유 조약을 파기하는 데 집중했다. 1935년에는 강제 징집이 재도입되었고, 영국은 독일의 해군력 증강에 동의했으며, 독일 공군(루프트바페)이 본격적으로 편성되었다. 영국과 프랑스는 독일의 재군비 계획에 탄력이 붙어도 별다른 항의를 하지 않았다.

1936년 3월, 독일 군대는 라인란트를 재점령하여 처음으로 베르사유 조약과 로카르노 조약을 위반하게 된다. 그 지역을 10여 년 전에 점령했던 프랑스의 뒤통수를 친 이 일로 독일에서는 히틀러 지지자가 눈에 띄게 광범위해져서 그에게 투표하지 않았던 많은 사람이 그를 지지하게 되었다. 히틀러는 이들의 지지와 영국·프랑스의 무기력한 반응을 등에 업고 과감하게 자신의 과업을 계속해나갔다. 그는 재무장을 통해 독일의 자존심을 재건하는 동시에 그가 자랑했던 공공사업보다 훨씬 더 효과적으로 실업률이 오르는 것을 막았다. 독일인 대부분이 나치스의 만행과 자유의 상실을 그저 작은 대가라고 생각했다.

독일 국민을 강하게 끌어들인 히틀러는 인간의 가치를 점점 제거해나갔다. 그리고 그 효과는 간헐적으로 진행된 유대인 박해 사례에서 가장 명확하게 드러났다. 그런데 통념과 달리, 유대인 박해의 동력은 주로 상부 지시보다는 나치당 내부에서 나왔다. 히틀러가 유대인에게 경고성 예언을 하기는 했지만, 그것이 꼭 물리적 절멸 방책인 '최종 해결책'을 이미 결정해둔 상태에서 나온 것이라고 볼 수는 없다. 그는 SA(돌격대)를 시켜 유대인과 그들의 사업체를 공격하고 소유물을 강탈하여 탐욕과 질투, 마음에 품고 있던 분노와 같은 감정의 소용돌이를 만족시키는 것으로 충분하다고 생각했다. 그 단계에서 나치의 정책은 유대인의 시민권을 박탈하고, 가진 것을 모두 뺏은 다음 굴욕과 조롱을 통해 독일을 떠나도록 만드는 것이었다. "유대인은 독일, 아니 유럽 전체에서 떠나야 한다. 시간이 좀 걸리겠지만 언젠가는 그렇게 될 것이고, 또 그렇게 되어야만 한다"[6]고 히틀러는 1937년 11월

30일 선전장관 요제프 괴벨스에게 말했다.

독일을 유럽의 지배국으로 만들려는 히틀러의 계획은 1925년에 초판 발행된 자서전이자 정치 공약서인 『나의 투쟁Mein Kampf』에 잘 나타나 있다. 히틀러는 먼저 독일과 오스트리아를 통합해 제3제국 국경 밖의 독일인들을 재지배하고자 했다. 그는 "피가 같으면 같은 제3제국 국민이다"[7]라고 선언했다. 그래야만 독일 국민에게 '외국 영토를 손에 넣을 명분'이 생긴다는 것이었다. "쟁기는 칼 다음이다. 그리고 전쟁에서 흘린 눈물은 후세에 일용할 양식을 만들어줄 것이다."

히틀러의 침략 정책은 『나의 투쟁』 첫 장부터 분명하게 언급되어 있다. 독일 부부는 결혼할 때 이 책을 한 부씩 사야 했지만, 히틀러의 호전적인 예언을 진지하게 받아들이는 사람은 거의 없는 듯했다. 오히려 그때는 히틀러가 곧잘 주장했던 "나는 전쟁을 원하지 않는다"라는 말을 훨씬 더 믿는 편이었다. 그리고 히틀러가 영국과 프랑스의 급소를 대담하게 치고 들어가자 사람들은 그를 큰 충돌 없이 원하는 것을 이룰 수 있는 인물로 바라보았다. 과열된 독일 경제와 히틀러의 군비 우선 정책으로 보아 이웃 나라를 침략하기 위한 수순을 밟고 있다는 것이 확실한데도 사람들은 그 점을 못 본 척했다.

히틀러의 관심은 단순히 베르사유 조약 때문에 잃어버린 영토를 탈환하는 데서 그치지 않았다. 그렇게 심심하게 끝내기는 싫었던 것이다. 히틀러는 게르만 민족의 패권 장악이라는 꿈이 이뤄지는 것을 보지 못한 채 죽을 것 같다는 생각에 조바심이 났다. 그는 중앙 유럽 전체와 볼가 강에 이르는 모든 러시아 영토를 독일의 동부 생활권에 귀속시켜 독일이 자급자족을 하고 열강의 지위에 오를 수 있도록 만들고자 했다. 독일이 1918년 발트 국가와 벨라루스 일부, 우크라이나, 돈 강 로스토프 지역까지 이르는 남러시아를 잠시나마 지배했던 경험이 동방을 지배하려는 그의 꿈을 크게 북돋웠다. 독일은 1918년에 일방적인 조건을 내걸어 브레스트리토프스크 조약을 체결한 뒤 소비에트 정권 초기에 이 지역을 잠시 지배한 바 있다. 제1차 세계대전 때 영국군에게 포위되어 거의 아사 직전까지 갔던 경험을 보유한 독일은 특히 우크라이나의 '곡창지대'에 눈독을 들였다. 히틀러는 1918년 독일인의 사기 저하가 혁명과 붕괴를 불러왔던 쓰라린 경험을 다시 겪지 않기로 마음먹었고, 이번에야말로 남들이 굶주릴 차례라고 생각했다. 그러나 동부 생활권 계획의 주목적에는 동유럽에서 생산되는 석유를 장악하는 일도 포함되어 있었다. 평시에도 제3제국 석유 공급량의 85퍼센트가 수입되었기 때문에 전시에는 이것이 독일의 약점이 될 수밖에 없었다.

자급자족 체계를 완성하는 데 있어 최고의 수단은 동유럽 식민지들이었겠지만 히틀러의 야망은 다른 민족주의자들보다 훨씬 더 컸다. 히틀러는 민족의 삶이란 인종적 지배를 향한 분투라는 사회진화론에 입각하여, 고의적인 기아 정책을 통해 슬라브 민족의 인구를 급격하게 줄이고 생존자들을 노예로 전락시킬 생각이었다.

히틀러가 1936년 여름 스페인 내전에 개입하기로 마음먹은 것에 대해선 기회주의적이라는 평이 많지만 사실 그런 평을 들을 정도는 아니었다. 히틀러는 동쪽에서 스탈린의 소련과 대치할 때 서쪽에서 볼셰비키 스페인이 프랑스 좌파 정부와 연합하여 독일을 전략적으로 위협하리라는 확신을 갖고 있었다. 이번에도 그는 민주주의 국가의 전쟁 혐오증을 이용할 수 있었다. 영국은 스페인 내의 갈등이 불씨가 되어 유럽 안에서 또 다른 갈등을 일으킬지도 모른다며 우려한 한편, 프랑스의 새 인민전선 정부는 단독으로 행동하기를 두려워했다. 그에 따라 독일은 프란시스코 프랑코의 국민당에 아낌없는 군사 지원을 하여 최종 승리를 확보할 수 있었고, 그동안 헤르만 괴링이 이끈 루프트바페는 신형 항공기와 새로운 전술을 시험하고 있었다. 스페인 내전 또한 이탈리아 파시스트 정부가 국민당 편에서 싸울 '자원병' 군단을 보냄에 따라 히틀러와 베니토 무솔리니가 더욱 가까워지는 계기가 되었다. 그러나 그 모든 허풍과 지중해에서의 야망에도 불구하고 무솔리니는 현 상황을 뒤엎으려는 히틀러의 생각을 불안하게 여겼다. 이탈리아 국민은 군사적으로나 정신적으로나 유럽전에 대한 준비가 되어 있지 않았던 것이다.

다가오는 소련과의 전쟁에 대비해 추가로 동맹국을 얻는 데 열을 올리던 히틀러는 1936년 11월, 일본과 방공협정을 체결했다. 일본은 19세기 마지막 10년 동안 극동지역 식민지를 확장해나가기 시작했다. 중국의 황제 체제가 점점 쇠퇴하고 있던 덕분에 일본은 만주에 군대를 주둔시키고, 포르모사(타이완)를 장악하며, 한국을 점령할 수 있었다. 일본은 1904~1905년 제정 러시아와의 전쟁에서 승리하고 극동지역 주요 군사강국으로 떠올랐다. 일본에서는 월가 붕괴로 인한 영향과 세계적인 경기 침체로 서구에 대한 반감이 커지고 있었다. 또한 국수주의적 관리들 사이에서는 나치가 소련을 노리듯 일본이 만주와 중국을 노려야 한다는 인식이 커졌다. 광대한 땅과 인구를 복속시켜 일본 본토를 먹여 살리자는 것이었다.

중국과 일본의 갈등은 제2차 세계대전이라는 퍼즐에서 오랫동안 맞추지 못한 부분이라고 할 수 있다. 유럽에서 전쟁이 발발하기 훨씬 더 전에 시작된 중국 내 충돌은, 미국과 소련이 모두 개입하고 일본이 극동에 지상군을 최대 규모로 배치한 싸움이라고 해도 제2차 세계대전과는 완전히 분리된 사건으로 취급될 때가 많다.

1931년 9월, 일본 군부는 철도를 폭파시켜 만주 전역에 대한 점령을 정당화하는 '만주사변'을 일으켰다. 일본 국내 농업이 비참할 정도로 쇠퇴하고 있었기 때문에 일본군은 만주를 주요 식량 생산지대로 만들고자 했다. 일본은 점령 지역을 만주국이라 부르고 괴뢰정권을 수립했으며, 퇴위한 푸이 황제를 명목상의 황제로 앉혔다. 도쿄 민간 정부는 비록 장교들의 미움을 사고 있었지만 군대를 지원해야 한다는 의무감을 가졌다. 그리고 제네바 국제연맹은 일본에 대한 중국의 제재 요청을 거부했다. 주로 농민층이었던 일본 식민지 이주자들은 정부의 장려책에 따라 땅을 차지하기 위해 쏟아져 들어왔다. 일본 정부는 향후 20년 동안 식민지 농장 '100만 세대'를 육성할 계획이었다. 일본의 이러한 정책은 외교적으로 고립되는 결과를 낳았지만 정작 일본 사람들은 승리의 기쁨에 도취해 있었다. 이것이 바로 대외 팽창이나 군사적인 면에서 도쿄 정부에 영향을 끼친 치명적인 진전의 시작이었다.

더욱 호전적인 집행부가 들어서면서 만주의 관동군은 지배 영역을 거의 베이징 경계로까지 넓혔다. 난징을 수도로 삼고 있던 장제스의 국민당 정부는 병력을 철수시켜야만 했다. 장제스는 자신이 서구식 민주주의를 도입하려 했던 쑨원의 후계자라고 주장했지만, 실제로는 군벌들의 우두머리였다.

일본 군부는 중국 북쪽에 이웃해 있는 소비에트와 남쪽의 태평양으로 시선을 돌리기 시작했다. 그들은 영국, 프랑스, 네덜란드의 극동지역 식민지와 네덜란드령 동인도의 유전을 노렸다. 중국에서 불안한 교착 상태가 지속되던 중, 1937년 7월 7일 이전 수도였던 베이징 외곽에 설치된 루거우차오에서 일본군이 도발하면서 교착 상태는 갑자기 깨진다. 도쿄의 제국 육군 수뇌부는 중국을 몇 달 내에 패배시킬 수 있다며 히로히토 천황을 안심시켰다. 중국인들이 일본 민간인들을 학살한 일로 분노가 폭발한 일본 제국 육군은 중국 본토에 원군을 투입하여 끔찍한 일을 잇달아 자행했다. 그러나 중일전쟁은 도쿄에 있던 장군들의 예측과는 달리 일본의 신속한 승리로 끝나지 않았다. 침략자들의 끔찍한 폭력이 중국인들로 하여금 더 격렬하게 저항하도록 만든 것이다. 히틀러는 중일전쟁을 보고도 아무런 깨달음 없이 4년 뒤 소련을 공격할 때 똑같은 실수를 저지른다.

몇몇 서양인은 중일전쟁을 스페인 내전의 복사판으로 보기 시작했다. 로버트 카파, 어니스트 헤밍웨이, W. H. 오든, 크리스토퍼 이셔우드, 영화감독

요리스 이번스를 비롯한 많은 저널리스트가 중국을 방문하여 위로를 건네고 협력 의사를 밝혔다. 스탈린이 장제스와 그의 당인 국민당을 지원하고 있었음에도 몇몇 좌파 인사는 옌안의 중국 공산당군 사령부를 방문하고 마오쩌둥을 지지했다. 그러나 영국과 미국 정부 다 실질적인 단계를 밟을 준비는 되어 있지 않았다.

네빌 체임벌린 정부는 대다수 영국 국민과 마찬가지로 재무장하여 되살아난 독일을 그대로 받아들일 준비를 하고 있었다. 많은 보수주의자가 나치스를 볼셰비즘에 대한 보호막으로 생각했던 것이다. 고지식하고 정직한 전 버밍엄 시장 체임벌린은 다른 정치인이 생각하는 전쟁의 가치와 공포가 자신이 생각하는 그것과 비슷하리라고 오산하는 엄청난 실수를 저질렀다. 체임벌린은 뛰어난 장관이자 아주 역량 있는 재무상이었지만, 외교나 국방 문제에 있어서는 문외한이었다. 윙칼라와 18세기풍의 수염, 돌돌 말린 우산을 쓰는 체임벌린이 희미하게 냉혹함을 드러내고 있는 나치 체제를 상대하는 것은 능력 밖의 일이었다.

그 밖에 좌파에 동조하던 사람들까지도 히틀러 정권과 대적하기를 꺼렸는데, 이는 독일이 베르사유 회담에서 가장 부당한 대우를 받은 나라라고 믿었기 때문이다. 또한 이들은 체코슬로바키아의 수데텐란트와 같이 독일과 이웃한 소수 지역을 제3제국으로 끌어오겠다며 공공연히 야망을 드러내는 히틀러에게 반대하지 못했다. 무엇보다도 영국과 프랑스는 유럽 전쟁이 또 발발할 것을 우려했다. 두 나라는 나치 독일이 1938년 3월 오스트리아를 병합하도록 놔두는 것은 세계 평화를 위해 치러야 할 작은 대가라고 생각했으며, 특히 오스트리아인 대다수가 1918년 독일과의 합병에 찬성표를 던진 데다 20년 뒤 나치 독일로 인계되는 것도 반겼기 때문에 반대의 여지는 별로 없었다. 전쟁이 끝나고 오스트리아는 자국이 히틀러의 첫 번째 희생자였다고 주장했지만 이는 터무니없는 주장이었다.

그 뒤 히틀러는 10월에 체코슬로바키아를 침공하기로 결심했다.[8] 그러나 많은 나치 장관이 국가적 식량 위기를 우려했기 때문에 침공 날짜는 추수를 끝내고 한참이 지난 뒤로 늦춰졌다. 체임벌린과 프랑스 총리 에두아르 달라디에가 9월 뮌헨에서 협상하던 중 평화 유지를 목적으로 히틀러에게 수데텐란트를 독일에 넘겨주겠다는 제안을 하자 히틀러는 격분했다. 이로써 히틀러는 전쟁을 벌일 기회를 잃었지만, 결과적으로는 싸우지 않고 나라 하나를 통째로 얻은 셈이 되었다. 체임벌린은 또한 스탈린과의 논의를 거부하는 초보적인 실수도 저질렀다. 이 실수는 스탈린이 이듬해 8월 나치 독일과 협정을 체결하는 데 영향을 끼쳤다. 체임벌린은 서방 연합국과 좋은 관계를 유지하는 게 신상에 좋을 것이라며 히틀러를 설득하는 일을 자기 혼자 할 수 있다고 믿었다. 훗날 스탈린을 만난 프랭클린 루스벨트처럼 엉뚱한 착각에 빠져서 말이다.

일부 사학자는 만약 영국과 프랑스가 1938년 가을에 전투를 준비해두었더라면 상황은 크게 달라졌을 것이라고 주장한다. 물론 독일 입장에서는 가능한 이야기지만, 변하지 않는 사실은 영국과 프랑스 국민이 외교가나 정치인, 언론의 오도로 인해 전쟁은 생각지도 못했었다는 점이다. 히틀러의 계획을 경고하려 했던 윈스턴 처칠과 같은 사람은 그저 전쟁광으로 취급받을 뿐이었다.

11월이 되어서야 영국과 프랑스는 히틀러 정권의 실체에 눈을 뜨기 시작했다. 파리에서 어느 젊은 폴란드 유대인이 독일 대사관 공무원을 암살하는 사건이 발생하자, 독일은 나치 SA 돌격대를 투입하여 제정 러시아 시절 유대인 학살 사건의 독일판인 '수정의 밤Kristallnacht' 사건을 일으켰다. '수정의 밤'은 건물 유리창이 모두 깨진 데서 붙여진 이름이다. 가을 동안 체코슬로바키아에 전운이 감도는 가운데 나치당 내에서는 '폭력적인 에너지'[9]가

끓어올랐다. SA 돌격대는 유대교 회당을 불태우고 유대인을 공격하고 살해했으며 쇼윈도를 깨부수었다. 그러자 괴링은 벨기에에서 가져온 판유리를 모두 교체하는 데 드는 외화가 얼마인 줄 아느냐며 불평을 늘어놓았다. 많은 수의 평범한 독일인은 충격을 받았지만 유대인을 고립시키려는 나치의 정책은 계속되었고, 곧 시민 대다수는 유대인의 비참한 운명에 무관심해졌다. 나중에는 너무나 많은 사람이 손쉬운 약탈의 유혹을 이기지 못했으며, 가택이나 유대인 사업체들을 빼앗아 '아리아화'했다. 나치스는 자신들의 범죄 행위에 시민을 점점 더 많이 가담시키는 데 비상한 재주가 있었다.

히틀러가 1939년 3월 나머지 체코슬로바키아 영토를 빼앗아 명백하게 뮌헨 협정을 위반한 일은 결국 독일 민족을 제3제국으로 불러들이겠다는 히틀러의 주장이 그저 영토를 늘리기 위한 구실에 지나지 않았음을 의미했다. 영국인의 분노는 체임벌린으로 하여금 독일의 추가적인 영토 확장을 경고하기 위해 폴란드에 안전을 보장하도록 만들었다.

히틀러는 훗날 "뮌헨에서 영국과 프랑스가 내 요구를 모두 받아들이는 바람에"[10] 1938년에 전쟁을 벌이려던 계획이 무산되었다며 불평했다. 1939년 봄에 그는 루마니아 외무장관에게 자신의 초조한 마음을 털어놓았다. "지금 내가 쉰인데, 전쟁을 치르기에는 쉰다섯이나 예순보다는 지금이 좋을 것 같소."[11]

이처럼 히틀러는 어쩌면 짧아질지도 모를 일생 동안 유럽 지배 목표를 달성하겠다는 의지를 보였다. 병적인 자만에 빠져 있던 그는 자신의 임무를 수행할 어느 누구도 믿으려 하지 않았다. 그는 자기 자신을 무엇과도 바꿀 수 없는 유일한 존재로 여겼고 장군들에게는 제3제국의 운명이 오로지 자신에게 달려 있다고 말하기도 했다. 나치당과 히틀러의 혼돈스런 통치 체계는 결코 안정과 지속을 지향한 적이 없었다. 그리고 '천년 제국'이라는 히틀러의 말은 자살에 대한 건강하지 못한 이끌림을 숨기기 위해, 타고난 부랑

아임을 자부하는, 비뚤어지고 완강한 미혼 남성이 내뱉은 말이라는 점에서 깊은 심리적 모순을 드러냈다.

집권 6주년이 되던 해인 1939년 1월 30일 히틀러는 의회 대표자들 앞에서 중요한 연설을 했다.[12] 그 자리에서 히틀러는 자신과 최종 해결책 지지자가 반드시 기억해야 할 운명적 '예언'을 했다. 그는 자신이 독일을 이끌 것이고 "유대인 문제도 해결책에 포함시킬 것이다"라고 한 예언을 유대인들이 비웃었다고 주장했다. "오늘 나는 다시 예언자가 되려 한다. 만약 유럽 안팎에 있는 유대 민족이 한 번만 더 여러 국민을 세계대전의 나락으로 떠민다면, 그때는 지구촌의 볼셰비키화와 유대인의 승리가 아니라, 유럽에서 유대 인종의 멸망이 있을 것이다." 거짓말과 자기기만의 망상에 사로잡힌 히틀러의 마음속에 이토록 오싹하고 혼란스러운 인과관계가 자리 잡고 있었던 것이다.

히틀러는 전쟁 준비를 계속하면서 체코슬로바키아와 전쟁을 벌일 생각도 했지만, 유화 정책을 펼치던 영국이 갑자기 저항적인 자세로 돌변한 이유는 알 수 없었다. 물론 나중에는 프랑스와 영국도 공격할 생각이었으나 그 시기는 자신이 선택하기를 원했다. 나치는 제1차 세계대전에서 겪은 쓰라린 경험을 교훈 삼아 동시에 2개 이상의 전선을 운영하지 않기 위해 갈등 자체를 구분해둘 계획을 세웠다.

영국의 반응에 히틀러가 놀랐다는 것은 그가 세계 역사를 매우 불완전하게 이해하고 있었음을 방증한다. 18세기 이후 영국이 유럽 내 거의 모든 위기에 어떤 식으로 개입해왔는지를 살펴봤다면 체임벌린 정부의 새 정책을 이해할 수 있었을 것이다. 영국의 태도 변화는 이념이나 이상주의와는 아무 상관이 없었다. 영국은 파시즘이나 반유대주의에 반대하는 것이 훗날 도덕적인 면에서 국가 선전에 득이 된다고는 해도 당시에는 특별히 반대 입장을 취하지 않았다. 영국의 태도 변화는 전통적인 전략에 따른 것이었다. 독일이 일방적으로 체코슬로바키아를 점령함으로써 유럽을 지배하겠다는 히틀러의 의도는 만천하에 드러났다. 이것은 현상 유지에 대한 위협으로 약하고 호전적이지 않은 영국일지라도 결코 참을 수 없는 것이었다. 히틀러는 또한 뮌헨에서 철저하게 속아 넘어간 체임벌린의 분노를 대수롭지 않게 여겼다. 체코에 대한 배신이라며 해군성 장관직을 사임한 더프 쿠퍼는 체임벌린에 대해 이렇게 기록했다. "그는 버밍엄에서 아돌프 히틀러와 조금이라도 비슷한 사람을 한 번도 만나본 적이 없다…… 버밍엄 사람이라면 시장에게 한 약속을 절대 깨지 않을 테니까."[13]

히틀러의 의도는 이제 무섭도록 명확해졌다. 그리고 1939년 8월 스탈린과의 협정으로 다음 희생자가 폴란드라는 사실도 확인되었다. 히틀러는 『나의 투쟁』에 이렇게 썼다. "국경은 인간이 만들고 인간이 바꾸는 것이다." 돌이켜보면 베르사유 조약 체결 이후 분노가 고리처럼 이어지면서 또 다른 세계대전이 불가피해진 것일 수도 있지만, 역사에 숙명이란 것은 없다. 제1차 세계대전의 후유증으로 유럽 대다수 지역의 국경이 불안해지고 긴장이 조성된 것은 사실이다. 그러나 아돌프 히틀러가 이처럼 전 세계 수백만 명의 목숨은 물론 결국 자기 자신의 목숨까지도 삼켜버린 끔찍하고 전례 없는 대재난의 설계자라는 사실에는 의심의 여지가 없다. 한 가지 흥미로운 역설은 제2차 세계대전이 맨 처음 벌어진 격전지, 즉 양경종이 처음 포로가 되었던 곳이 바로 극동지역이었다는 점이다.

1

전쟁의
발발

1939년 6월 1일, 땅딸막하고 강인한 기병 지휘관이었던 게오르기 주코프에게 모스크바로 출두하라는 소환 명령이 떨어졌다.[1] 스탈린의 지시로 1937년에 시작된 붉은 군대Red Army에 대한 숙청이 여전히 진행 중이었기 때문에 이미 한 번 의혹을 산 적이 있는 주코프가 '공공의 적'으로 몰리는 것은 어쩌면 당연한 일이었다. 소환 후에는 러시아 비밀경찰 NKVD의 심문이 기다리고 있었기에, 주코프가 라브렌티 베리야가 지휘하는 '궤멸 작전'의 희생양이 되는 모습을 볼 수도 있었다.

'대숙청'이라는 공포 속에서, 고위 장교들은 트로츠키-파시스트 간첩으로 몰려 가장 먼저 숙청되어야 할 대상으로 지목되었다. 약 3만 명이 체포되었고 이들 중 많은 수가 처형당했으며, 대부분은 터무니없는 자백을 하도록 고문을 당했다. 몇몇 희생자와 친분이 있었던 주코프는 2년 전 숙청이 시작되었을 때부터 이미 짐을 싸서 옥살이에 대비해두고 있었다. 이 순간을 오래전부터 예상해왔던 주코프는 아내에게 "부탁하는데 눈물 흘리느라 시간을 헛되이 보내지 말고, 평상심을 유지하면서 숭고하게 이 불행한 이별을 받아들이고 잘 이겨내주시오"[2]라는 작별 편지를 썼다.

그러나 다음 날 주코프를 태운 열차가 모스크바에 도착했을 때 주코프는 연행되지도, 루뱐카 교도소에 수감되지도 않았다. 주코프는 크렘린 궁으로 가서 러시아 내전 때 제1기병대 소속 시절부터 스탈린의 오랜 측근이었던 국방인민위원 클리멘트 보로실로프 육군 원수에게 보고하라는 명을 받았을 뿐이다. 평범하고 특징이 없으며 지적인 면에서 둔한 군인이었던[3] 보로실로프는 숙청이 이뤄지는 동안 능력 있는 지휘관들을 모두 제거하여 자신의 입지를 강화했다. 니키타 흐루쇼프는 훗날 보로실로프를 '군대에서 가장 큰 똥덩어리'[4]라며 신랄하고 직설적으로 비판했다.

주코프는 소련의 위성국인 외몽골로 파견되었는데, 그곳에서 붉은 군대와 몽골군으로 혼합 편성된 제57특수군단을 지휘하여 일본 제국 육군에 결정적인 패배를 안겼다. 당시 스탈린은 현지 사령관이 별다른 성과를 내지 못하자 화가 나 있었다. 서쪽에서는 히틀러의 전쟁 위협이 가중되고 있었기에 스탈린은 괴뢰국이었던 만주국에서 계속되는 일본의 도발이라도 끝내고 싶었다. 제정 러시아 시절부터 시작된 러시아와 일본의 대립관계, 그리고 1905년 러시아의 굴욕적인 패배는 소련 정권으로서는 결코 잊을 수 없는 것이었다. 스탈린 시절에 극동에 배치된 군사력은 크게 강화되었다.

일본군 역시 볼셰비즘의 위협에 사로잡혀 있었다. 1936년 11월 독일과 일본이 방공협정을 체결한 이래로 몽골 국경에서는 붉은 군대의 국경 수비대와 일본 관동군 사이에 긴장이 증폭되고 있었다. 그러던 중 1937년 연쇄적인 국경 충돌, 1938년 블라디보스토크 서남쪽 110킬로미터 거리의 하산 호에서 벌어진 장고봉 사건(또는 하산 호 전투)과 같은 일들이 일어나자 긴장은 상당히 고조되어 있는 상황이었다.[5]

소련이 일본의 적국인 중국에 경제적 지원부터 T-26 전차와 대규모 군사 자문단 및 '의용' 비행대대까지 제공하자 일본군 또한 분노했다. 1938년 8월 히로히토 천황이 소련에 대하여 대규모 병력을 동원하는 것을 주저하자 일본 관동군 지휘관들은 좌절감이 점점 커져갔다. 관동군은 소련이 반격하지 않으리라는 잘못된 예상으로 오만해져 있었던 것이다. 그리하여 앞으로 접경 지역에서 일어나는 모든 사건을 자신들이 책임질 수 있다고 생각하고 정부에 전권 위임을 요구했다. 소련과 소규모 교전이라도 벌이면 정부에서 관동군을 늘리면 늘렸지, 줄이지는 않으리라는 자기 본위적인 생각이 이 같은 요구를 하게 만든 것이었다. 그들은 그렇지 않을 경우 관동군의 일부가 남쪽으로 돌려져 장제스 국민당군과의 전쟁에 투입될까봐 두려워했다.

도쿄의 참모본부에는 관동군 지휘부의 공격적인 면을 옹호하는 참모들도 다소 있었다. 그러나 해군과 민간 정치인들은 깊이 우려하고 있었다. 그들이 가장 걱정한 사태는 소련을 주적으로 여기도록 나치 독일이 일본을 압박하는 것이었다. 몽골과 시베리아 국경 지역에서 북방전을 벌이고 싶지 않았던 일본의 이러한 분열은 고노에 후미마로 정부를 전복시켰다. 그러나 유럽에서의 전쟁 발발이 확실해진 만큼 고위 관리와 군부의 갈등은 줄어들지 않았다. 군부와 극우파는 북쪽 국경에서의 늘어나는 충돌 횟수를 공표하고 다소 과장하기도 했다. 그리고 관동군은 적군을 응징하는 데 적절하다고 판단되면 그대로 움직이라는 명령을 현지 지휘관에게 내리고, 이를 정부에 알리지 않았다. 이는 이른바 '야전 주도권'[6]의 특전을 이용한 것인데, 군이 위험에서 스스로를 보호하기 위해 참모본부에 자문을 구하지 않고 담당 지역 내에서 부대를 움직일 수 있는 권한이었다.

훗날 소련이 할힌골 전투Battle of Khalkhin Gol라고 칭한 노몬한 사건 Nomonhan Incident은 1939년 5월 11일에 시작되었다. 한 몽골 기병대가 넓고 완만한 초원에서 말들에게 풀을 먹이려고 할힌골 강을 넘어 20킬로미터쯤 떨어진 노몬한 마을까지 가게 되었다. 당시 일본군은 할힌골 강을 국경선으로 여기고 있었는데, 몽골군이 노몬한 마을에 머물며 버티자 관동군 소속의 만주군이 몽골군을 다시 할힌골 강까지 밀어냈고, 그 후 몽골군이 다시 반격을 하면서 밀고 밀리는 교전이 약 2주간 계속되었다. 붉은 군대가 병력을 보강하면서 5월 28일 소련군과 몽골군은 일본군 200명을 사살하고 구식 장갑차 몇 대를 파괴하는 전과를 올렸다. 6월 중순 지상 병력이 노몬한으로 밀고 들어가는 동안 붉은 군대는 폭격기로 여러 곳의 목표 지점을 급습했다.

위기는 급격히 확대되었다. 6월 5일에 도착한 주코프는 자바이칼 지역 부대의 지원을 받아 할힌골의 붉은 군대를 보강했다. 소련군이 직면한 가장 큰 문제는 이들이 가장 가까운 역으로부터 650킬로미터 이상 떨어진 곳에서 작전을 수행하고 있다는 점이었다. 트럭으로 비포장도로를 오가는 데 왕복 닷새나 걸릴 정도로 보급에 어마어마한 노력이 요구됐다. 이런 문제들 때문에 일본군은 주코프 군대의 전투력을 과소평가하며 안심하고 있었다.

관동군은 고마쓰바라 미치타로 중장의 제23사단과 제7사단의 일부를 노몬한에 전진 배치했다. 관동군은 부대를 지원할 항공력을 대규모로 늘려달라고 대본영에 요구했다. 이 요구는 대본영의 염려를 불러일으켰다. 참모총장은 보복성 공격을 금지하는 명령을 내리면서 장교 한 명이 상황을 알아보러 가는 중임을 알렸다. 이 소식은 관동군 사령부에 문책을 당하기 전에 작전을 성공시켜야 한다는 압박감만 심어준 꼴이었다. 6월 27일 오전 관동군은 비행대대를 동원해 외몽골에 있는 소련군 기지를 공격했다. 도쿄에 있던 참모총장은 이 소식을 듣고 격노하여 앞으로 공중 작전을 모두 금한다는 명령을 급히 전달했다.

7월 1일 밤, 일본군은 할힌골 강을 넘어 맹공격함으로써 전략적 거점을 선점하고 소련군의 측면을 위협했다. 하지만 3일간의 격전 끝에 주코프의 군대는 전차로 반격을 가하여 결국 일본군을 강 너머로 몰아냈다. 이어서 동쪽 기슭 일부를 점령하고는 붉은 군대가 마스키롭카라고 칭했던 유명한 '기만 작전'[7]을 시작했다. 주코프가 비밀리에 맹공격을 준비하는 동안 부대는 정적인 방어선을 구축하는 듯한 인상을 주었다. 벙커를 만드는 데 필요한 물품을 요청하는 메시지를 서투른 암호로 전달하고, 스피커를 통해서는 큰소리로 말뚝 박는 소리를 내보냈으며『소련군이 방어 시 반드시 알아야 할 것』이라는 제목의 소책자를 대량으로 배포하여 그중 일부가 적의 손에 들어가게 했다. 그사이에 주코프는 증원 받은 전차를 어둠 속에 감추고 있었다. 끔찍한 도로를 따라 공격에 필요한 군수품을 철도 종착역부터 수송하느라 트럭 운전병들만 지쳐가고 있었다.

7월 23일, 일본군이 정면 공격을 했지만 소련군의 방어선을 무너뜨리는 데는 실패했다. 일본군은 자체적인 보급 문제 때문에 세 번째 공격 준비를 하는 데는 시간이 걸렸다. 그러나 일본군은 이제 주코프가 5만8000명에 이르는 병사와 500대가량의 전차, 250대가량의 전투기를 확보한 사실을 모르고 있었다.

8월 20일 일요일 05시 45분, 주코프는 기습 공격을 개시했다. 처음 세 시간 동안은 대포로 포격한 뒤, 보병대와 기병대는 물론 전차와 전투기까지 동원해 밀어붙였다. 그날은 끔찍할 정도로 더웠다. 기온이 무려 섭씨 40도까지 올라가 기관총과 대포가 고장을 일으켰고 전장은 폭발 때문에 일어난 먼지와 연기로 뒤덮였다.

소총사단 세 곳과 공수여단 하나가 포함된 소련 보병대가 중앙에서 단단히 포진을 하고 일본군 대다수를 묶어두는 동안, 주코프는 세 기갑여단과 몽골 기병사단 하나를 투입해 후방으로부터 일본군을 포위했다. 스페인 내전에서 공화국군이 사용한 T-26과 제2차 세계대전에서 가장 효과적인 중형 전차로 꼽힌 T-34의 원형 모델 등 훨씬 더 빠른 기종이 포함된 주코프의 전차들은 할힌골 지류를 빠르게 건넜다. 낙후된 일본군 전차로는 그들을 막아낼 가망이 없었다. 게다가 일본군은 대전차 철갑탄마저 부족했다.

효율적인 대전차포가 없었음에도 일본 보병대는 필사적으로 싸웠다. 사다카지 중위는 죽는 순간까지 사무라이 검을 휘두르며 전차에 맞섰고, 화염방사 전차의 공격을 받아 수많은 사상자를 내면서도 일본 병사들은 흙으로 만든 벙커에서 계속해서 싸웠다. 주코프는 자기 병력의 손실에 동요하지 않았다. 전장을 관측하러 왔던 자바이칼 전선의 총사령관이 잠시 공격을 멈출 것을 권고했지만 주코프는 신경 쓰지 않고 초연하게 대처했다.[8] 만약 공격을 멈췄다가 재개한다면 '우리의 우유부단함 때문에'[9] 소련이 입을 피해는 열 배로 늘어날 것이라고 주장했다.

절대 항복하지 않는다는 일본의 결의에도 불구하고 관동군은 낡아빠진 전술과 무기 때문에 굴욕적인 패배를 당해야만 했다. 고마쓰바라가 이끈 군대는 포위된 채 거의 전멸하면서 6만1000여 명의 사상자를 냈다. 붉은 군대는 7974명이 사망하고 1만5251명이 부상당했다.[10] 8월 31일 아침이 되어 전투는 끝났다. 전투 중에 나치-소련 조약이 모스크바에서 체결되었고, 전투가 끝나자마자 독일군이 폴란드 국경에 포진하면서 유럽 전쟁 개시를 준비했다. 단발적인 충돌이 9월 중순까지 계속되었지만, 스탈린은 세계정세에 비춰보아 일본의 요청에 따라 휴전 협정을 맺는 것이 현명하리라 생각했다.

주코프는 이제 스탈린이 직접 수여하는 '소비에트 연방 영웅' 훈장을 받기 위해 체포될까 걱정하면서도 모스크바로 돌아왔다. 붉은 군대가 보낸 끔찍한 시간 중 유일하게 빛난 주코프의 첫 승리는 광범위한 결과를 낳았다. 일본은 예상치 못한 패배에 중심부까지 흔들린 반면, 적군인 중국군, 즉 국민당과 공산당은 모두 고무되었다. 도쿄에서는 대 소련전을 지지하는 북진파가 꼬리를 내리게 되었고, 해군이 주도하는 남진파는 향후 그 세력을 더해갔다. 1941년 4월, 독일이 소련을 침공한 바르바로사 작전이 펼쳐지기 바로 몇 주 전에 소련-일본 불가침 조약이 체결되자 독일은 당황했다. 따라서 할힌골 전투가 끼친 지대한 영향으로 일본은 프랑스와 네덜란드, 영국령 동남아시아 식민지 쪽으로 눈을 돌렸고, 심지어 태평양의 미국 해군까지 공격했다. 1941년 겨울 일본 정부는 소련 공격을 거부했는데, 이것은 극동과 히틀러의 생사를 건 소련과의 투쟁에서 지정학적 전환점을 이루는 매우 중요한 결정이었다.

　전쟁 전 히틀러의 전략은 일관성이 없었다. 히틀러는 소련을 공격하기 전에 영국과 동맹을 맺고 싶어했지만, 결국 프랑스를 선제공격해 유럽 대륙에서 영국의 역할을 크게 축소시킬 계획을 세웠다. 서유럽과의 전투에 대비하여 동쪽 측면을 지키고자 히틀러는 외무장관 요아힘 폰 리벤트로프를 폴란드로 보내 동맹을 위한 예비 교섭을 제안했다. 스탈린을 자극하는 것이 얼마나 위험한지 잘 아는 동시에 히틀러가 폴란드를 위성국으로 삼으려 한다는 것을 정확하게 알아챈 폴란드 정부는 교섭에 대단히 신중을 기했다. 그런데 그 와중에 폴란드 정부는 속이 뻔히 들여다보이는 심각한 기회주의적 실수를 범하고 만다. 1938년에 독일군이 수데텐란트로 이동하자, 폴란드군은 1920년부터 폴란드 민족의 땅이라고 주장했던 테셴 지역의 체코슬로바키아령을 점령하고 국경을 카르파티아 산맥까지 확장했던 것이다. 이런 움직임은 소련에 적개심을 불러일으키고 영국과 프랑스 정부를 경악하게 했다. 폴란드는 지나친 자신감으로 인해 히틀러의 손안에서 놀아났고 독일의 확장에 맞서 중부 유럽권, 이른바 '세 번째 유럽'을 만든다는 폴란드의 생각은 환상이었음이 드러났다.
　독일 군대가 프라하와 나머지 체코슬로바키아 지역을 점령하기 얼마 전인 1939년 3월 8일, 히틀러는 장군들에게 폴란드를 칠 것이라고 선포했다. 히틀러의 주장은 독일이 폴란드의 자원으로 이득을 볼 수 있고 중부 유럽에서 남부까지 지배할 수 있다는 것이었다. 히틀러는 서쪽을 공격하기 전에 외교적 수완이 아닌 정복 작전으로 폴란드를 잠잠하게 만들기로 결심한다. 또한 미국의 '유대인 민주주의'[11]도 붕괴시키겠다고 말했다.

3월 23일, 독일군은 리투아니아의 메멜 지역을 탈취하여 동프로이센에 귀속시켰다. 히틀러는 영국과 프랑스가 전열을 가다듬어 독일을 따라잡을까봐 전쟁 준비에 박차를 가했다. 그런데도 여전히 히틀러는 체임벌린 영국 총리가 3월 31일 영국 하원에 공표한 폴란드에 대한 안전보장을 심각하게 여기지 않았다. 4월 3일, 히틀러는 장군들에게 8월 말까지 폴란드를 침공하는 내용의 '백색 작전'을 준비할 것을 명령했다.

본능적인 반공산주의 때문에 스탈린을 대하는 것이 내키지 않았던 데다 폴란드의 힘을 과대평가했던 체임벌린은 중부 유럽과 발칸 반도에 걸쳐 히틀러에 대항할 방어망을 구축하는 작업을 서두르지 않았다. 사실 폴란드에 대한 영국의 지원 약속은 소련을 완전히 배제하는 것이었다. 체임벌린 정부는 독소 간 무역회담에 대한 보고가 들어오자 비로소 이 뻔한 태만에 대응하기 시작했다. 폴란드를 몹시도 싫어했던 스탈린은 영국과 프랑스 정부가 히틀러에 맞서지 못한 데 대해 놀라움을 감추지 못했다. 전해에 그들이 체코슬로바키아의 운명을 논하면서 소련을 배제했던 사실은 스탈린의 분노만 돋우었다. 스탈린은 또한 영국과 프랑스가 자신들은 싸움에 말려들기 싫어서 소련과 독일이 충돌하도록 유도한다고 의심했다. 그도 그럴 것이 스탈린 입장에서는 당연히 자본주의 국가들이 상황을 독일과 소련, 두 나라만의 소모전으로 끌고 가려는 것으로 볼 수밖에 없었다.

4월 18일, 스탈린은 침략국으로부터 위협받는 모든 중부 유럽국에 원조를 약속하는 조약으로 동맹을 제안하며 영국과 프랑스 정부를 시험에 들게 했다. 영국은 어떻게 반응해야 할지 확신이 서지 않았다. 핼리팩스 외무부 장관과 알렉산더 캐도건 외무부 차관은 본능적으로 소련의 정책을 의도적인 '짓궂은 장난'[12]쯤으로 여겼다. 체임벌린은 그러한 움직임에 동의하는 것이 히틀러를 자극하는 결과만 낳게 될까봐 두려워했다. 사실 영국이 이렇게 주저한 것이 소련 독재자와 자신만의 합의점을 찾도록 독일 총통에게 힘을 실어준 셈이 되었다. 어쨌든 폴란드와 루마니아는 의심을 품었다. 이들이 두려워한 것은 바로 소련이 자신들 영토에 붉은 군대가 지나갈 통로를 내어달라고 요구한 사실이었다. 반면 제1차 세계대전 발발 전부터 독일에 대항하여 러시아와 동맹관계였던 프랑스는 소비에트 동맹 의견에 관해서 긍정적이었다. 영국 없이 단독으로 움직일 수는 없다고 여긴 프랑스는 소비에트 정권과의 합동 군사 회담에 동의하도록 영국 정부를 압박했다. 스탈린은 주저하는 영국의 반응을 탐탁지 않게 여겼지만, 그 또한 소련 국경을 서쪽으로 더 뻗어나가게 하려는 자신만의 비밀스런 목적을 갖고 있었다. 스탈린은 이미 루마니아 베사라비아 지역, 핀란드, 발트 해 국가들과 폴란드 동부로 눈을 돌렸으며, 특히 폴란드 동부에는 1920년 폴란드의 승리 이후 폴란드에 양도한 벨라루스와 우크라이나의 일부 지역이 포함되어 있었다. 결국 소련과의 조약이 필요하다는 점을 받아들인 영국은 협상을 시작했고, 이는 5월 말까지 계속되었다. 그러나 스탈린은 여러 정황상 영국 정부가 시간을 벌고 있는 것이라며 의심했다.

스탈린은 레닌그라드로 향하는 느린 기선을 타고 8월 5일에 출발한 프랑스-영국의 군사대표단에게 더욱 실망했다. 프랑스의 애메 두망 장군과 영국의 레지널드 드랙스 제독에게는 결정권이 없었다. 이들이 할 수 있는 일은 프랑스와 영국 정부에 보고하는 것뿐이었다. 어찌 되었든 이 두 사람의 임무는 다른 이유로 실패로 끝나고 말았다. 스탈린이 폴란드와 루마니아 영토를 통과할 권리를 붉은 군대에 주어야 한다고 주장하면서 두망과 드랙스는 극복하기 어려운 문제에 봉착했던 것이다. 이 문제는 두 나라 다 묵인할 수 있는 사안이 아니었다. 둘 다 대체로 공산주의자, 그중에서도 특히 스탈린을 믿지 못했다. 시간이 흘러 어느새 별다른 결실이 없는 회담이 8월 하순까지 이어졌지만, 그때까지도 협정에 필사적이었던 프랑스는 폴란드 정부가 이 점을 양보하도록 설득조차 하지 못했다. 폴란드 총사령관인 에드바르트 리츠 육군 원수는 폴란드가 독일과 함께라면 자유를 잃고, 러시아와 함께라면 영혼을 잃을 것이라고 말할 정도였다.[13]

독일의 추가적인 공격에 대한 방어 조약에 루마니아를 포함시키려는 영국과 프랑스의 시도에 분노한 히틀러는 이념상 생각할 수조차 없는 나치-소비에트 조약이라는 단계를 고려해야 할 때가 된 것으로 판단했다. 8월 2일, 리벤트로프는 새로운 관계에 대한 의견을 소련 대리공사에게 처음으로 제시했다. 리벤트로프는 그에게 발트 해에서 흑해까지 두 나라 사이에 해결 못 할 문제가 전혀 없다고 말했다.[14]

리벤트로프는 폴란드를 향한 독일의 공격 의도를 숨기지 않고 넌지시 밝혔다. 이틀 후, 모스크바 주재 독일 대사는 독일이 발트 해 국가들을 소련의 영향력 아래 두는 것으로 간주한다는 점을 시사했다. 8월 14일, 리벤트로프는 회담을 위해 모스크바 방문을 제안했다. 신임 소비에트 외무인민위원 뱌체슬라프 몰로토프는 그때까지도 할힌골 강 양쪽에서 일본군이 붉은 군대와 교전 중인 상황에서 독일이 일본을 지지한다는 점에 대해 우려를 표했지만, 그럼에도 불구하고 몰로토프는 특히 발트 해 국가들에 대한 논의를 계속하려는 소련의 의지를 나타냈다.

이 조약이 스탈린에게 득이 될 것임은 점점 더 명백해졌다. 사실상 스탈린은 뮌헨 협정 이후 히틀러와의 타협을 고려해오고 있었고, 1939년 봄에 준비가 한 단계 더 진척되었다. 5월 3일, NKVD 부대가 외무부를 둘러쌌다. 스탈린은 유대인 각료를 숙청하고 유대교 회당을 쓸어버리라고 명령했다.[15] 소련의 베테랑 외교관인 막심 리트비노프는 외무인민위원 자리를 몰로토프에게 빼앗겼고, 다른 수많은 유대인이 연행되었다.

히틀러와의 협정 내용은 폴란드 서쪽에서 독일이 침략을 시작할 경우, 소련이 폴란드 동부는 물론이거니와 발트 해 국가들과 베사라비아를 점유하게 되는 것이었다. 히틀러의 다음 표적이 프랑스와 영국임을 알고 스탈린은 서방 자본주의 국가와의 피 튀기는 전쟁에서 독일의 힘이 약해지기를 바랐다. 이로써 스탈린은 자신이 실행한 숙청 때문에 약해지고 사기가 꺾인 붉은 군대를 재건할 시간을 벌 수 있었다.

스탈린과의 협정으로 히틀러는 누구와도 동맹을 맺지 않고 처음에는 폴란드를 상대로, 다음에는 프랑스와 영국을 상대로 전쟁을 개시할 수 있게 되었다. 5월 22일에는 강철 조약이라 불리는 이탈리아와의 조약이 조속히 체결되었는데, 무솔리니는 이탈리아가 1943년까지는 전쟁 준비를 마칠 수 있다고 믿지 않았기 때문에 의미가 거의 없었다. 그러나 히틀러는 독일이 폴란드를 침공할 경우, 폴란드를 지원하겠다는 영국과 프랑스의 약속에도 불구하고 두 나라가 전쟁을 회피할 것이라고 굳게 믿었다.

폴란드에 대한 나치 독일의 선전전은 더욱 심해져갔다. 폴란드가 침략의 빌미를 제공했다는 이유로 비난을 당할 지경이었다. 그리고 히틀러는 교섭을 피하기 위해 만전을 기했는데, 그 이유는 막판에 폴란드가 양보하여 전쟁을 감행할 수 없는 사태를 원치 않았기 때문이다.

독일 국민의 지지를 얻기 위해 히틀러는 폴란드에 대해 느끼는 국민의 강한 분노를 이용했다. 그 분노의 근원은 베르사유 조약으로 폴란드가 서프로이센과 슐레지엔 일부 지역을 소유하게 된 것이었다. 동프로이센과 나머지 제3제국을 분리하면서 폴란드를 발트 해에 도달하게 해준 단치히 자유시와 폴란드 회랑은 베르사유 조약의 가장 불공정한 조항 중 두 가지로 선전되었다. 그런데 5월 23일에 히틀러는 앞으로 벌어질 전쟁이 단치히 때문이 아니라 동부 생활권 때문이라고 선언하기에 이른다. 물론 폴란드에 사는 80만 독일인이 억압받는다는 보고도 심하게 조작되었다. 당연히 폴란드에 대한 히틀러의 위협은 폴란드 내의 독일인에 대한 차별적인 조치를 불러왔고, 8월 하순에는 독일인 7만여 명이 독일로 피신했다. 폴란드는 분쟁이 완전히 잘못된 길로 들어서기 전에 이미 폴란드의 독일인들이 국가 전복 행위에 개입했다고 주장했다. 어찌 됐든 폴란드 내 독일인 박해에 대해 나치 언론은 자극적인 표현을 써서 보도했다.

8월 17일, 독일군이 엘베 강에서 기동 연습을 하고 있을 때, 대사관에서 참관을 나온 두 명의 영국군 대위는 독일군의 우세를 확신하며 자신감으로 가득 차 있는 젊은 독일 장교들을 보았다.[16] 독일 장군들과 외무부 고위 간부들은 폴란드 침공이 유럽 전쟁으로 번질 것을 우려했다. 하지만 히틀러는 영국이 개입하지 않을 것이라고 확신하고 있었다. 어쨌든 히틀러는 자신이 소련과 조약을 체결하면 동시에 두 전선에서 벌어질 전쟁을 두려워하는 장교들이 안심하리라고 생각했다. 하지만 영국과 프랑스가 전쟁을 선포할 경우에 대비해, 8월 19일 에리히 레더 제독은 포켓 전함인 도이칠란트와 그라프슈페 함을 U 보트 16척과 함께 대서양으로 보냈다.[17]

8월 21일 11시 30분, 빌헬름가의 독일 외무부는 독소 불가침 조약을 협의하는 중이라고 발표했다. 스탈린이 회담에 동의했다는 소식이 베르히테스가덴의 베르크호프 별장에 있던 히틀러의 귀에 들어가자, 히틀러는 측근들에게 "해냈어! 내가 해냈다고!"[18]라고 외치며 두 주먹을 꽉 쥐고 탁자를 내려칠 정도로 기뻐했다. 영국 대사관 직원의 말에 따르면, 카페에 있던 독일인들은 그 소식이 평화를 의미하는 줄 알고 기뻐했다.[19] 이에 네빌 헨더슨 대사는 곧장 "베를린의 첫인상은 크게 안도하는 모습이었다…… 다시 한번 전쟁 없이 목적을 달성하는 히틀러의 능력에 독일 국민이 얼마나 신뢰를 느끼는지 재확인했다"[20]라고 런던에 보고했다.

영국은 그 소식을 듣고 혼란스러워했지만, 러시아와의 오랜 동맹 조약에 더 크게 의지해왔던 프랑스로서는 그것이 폭탄선언이나 다름없었다. 아이러니하게도 가장 충격을 받은 이는 스페인의 프랑코 총통과 일본 수장이었다. 방공협정을 주도한 나라가 러시아와 동맹을 맺었음에도 불구하고 그 사실에 대해서 아무런 경고도 받지 못했다는 것에 배신감을 느꼈기 때문이다. 도쿄에서는 충격으로 내각이 무너졌고, 그 소식은 또한 장제스와 중국 국민당원들에게도 커다란 충격을 주었다.

8월 23일, 리벤트로프는 소련의 수도를 향해 역사적인 비행을 했다. 두 전체주의 정권이 비밀 협약을 맺어 중부 유럽을 갈라버렸기 때문에 협상에서는 걸림돌이 거의 없었다. 스탈린이 라트비아 전 지역을 요구하자, 리벤트로프는 전화로 즉각 히틀러의 승인을 받아 양도했다. 공식 불가침 조약과 비밀 협약에 서명한 뒤 스탈린은 히틀러에 대한 건배를 제의했다. 스탈린은 리벤트로프에게 독일 국민이 얼마나 총통을 사랑하는지 알겠다고 말하기도 했다.

같은 날, 네빌 헨더슨은 전쟁을 피할 최후의 시도를 하고자 체임벌린의 서신을 들고 베르히테스가덴으로 날아갔다. 그러나 히틀러는 폴란드가 반독 태세를 취하도록 조장한 영국을 비난할 뿐이었다. 헨더슨은 비록 중재자였지만, 지난 전쟁에서 하사[21]였던 사람이 다음 전쟁에서 대장이 되면 무엇을 어떻게 해야 할지 몰라 불안해할 것이라고 믿었다. 같은 날 밤, 히틀러는 독일군에게 사흘 뒤 폴란드 침공을 준비하라고 명령 내렸다.

8월 24일 새벽 3시, 베를린의 영국 대사관은 런던에서 '라저Rajah'라는 암호가 적힌 전보를 받았다. 외교관 중 몇몇은 여전히 잠옷 바람인 채로 기밀 용지를 불태우기 시작했다. 정오쯤에는 독일 주재 영국인들에게 독일을 떠나라는 경고가 발령되었다. 영국 대사는 베르히테스가덴으로 가는 동안 잠을 설치고도 그날 저녁 직원들과 함께 중재자 역할을 계속했다.

이튿날, 베를린에 와 있던 헨더슨은 다시 히틀러를 만났다. 히틀러는 일단 폴란드를 점령하고 나서 영국과 조약을 체결하자고 제안했지만, 조약을 맺으려면 독일이 공격을 단념하고 체코슬로바키아에서도 철수해야 한다는 헨더슨의 말에 분개했다. 히틀러는 만약 전쟁이 일어난다면 자신의 나이가

55세나 60세가 되었을 때가 아닌 바로 지금 일어나야 한다며 강하게 못을 박았다. 하지만 그날 저녁 영국-폴란드 군사 조약이 공식적으로 체결되면서 히틀러는 실로 놀라움과 충격을 감추지 못했다.

베를린에 있던 영국 외교관들은 최악의 시나리오를 가정했다. 그중 한 명은 다음과 같이 기록하고 있다. "개인 짐을 모두 대사관 연회장으로 옮겼다. 빅토리아 역에 배편과 연결된 기차가 도착한 뒤의 모습이 지금 시작되고 있다."[22] 영국과 프랑스, 폴란드에 있던 독일 대사관 및 영사관은 독일 국민을 본국으로 귀국시키거나 중립국으로 이동시키라는 명령을 받았다.

8월 26일 토요일, 독일 정부는 타넨베르크 전투 25주년 기념식을 취소했다. 그러나 사실상 이 행사는 동프로이센에 대거 결집한 군대를 감추기 위한 것이었다. 오래된 전함인 슐레스비히홀슈타인은 전날 폴란드 정부에 아무런 통보를 하지 않은 채 친선 방문을 가장하여 단치히에 도착했다. 탄약고는 포탄으로 가득 채워져 비스와 강 어귀 부근 베스테르플라테 반도의 폴란드 진지를 포격할 준비를 했다.

그 주에 날씨가 좋아 베를린에는 행락객이 많았다. 반제 해안의 그뤼네발트 해변은 일광욕과 해수욕을 즐기려는 사람들로 가득 찼다. 배급이 시작될 것이라는 발표에도 불구하고 사람들은 전쟁에 무감각한 듯 보였다. 영국 대사관 직원들은 지하 창고에서 샴페인을 들이키기 시작했다. 그러던 중 거리에 있는 군인들의 수가 크게 늘어난 것을 알아차렸다. 군인들 중 다수는 구두약도 채 칠하지 않은 새로 지급된 노란색 가죽장화를 신고 있었다.

침공 개시는 그날로 계획되어 있었지만, 영국과 프랑스가 폴란드에 협력하겠다는 결의 때문에 균형을 잃은 히틀러는 전날 저녁에 계획을 연기시켰다. 히틀러는 여전히 영국이 서명을 주저하기를 바라고 있었다. 제시간에 명령 취소 내용을 전달받지 못한 브란덴부르크 특공대는 당혹스럽게도 주요 교량을 점유하기 위해 폴란드로 진입한 상태였다.

히틀러는 여전히 전쟁의 책임을 폴란드에 돌리려 하면서 영국과 프랑스, 폴란드와의 협상에 응하는 척했다. 하지만 촌극이 잇따라 일어났다. 히틀러는 폴란드 정부의 논의 요구에 대하여 의견 표명을 일절 거부하고, 폴란드 정부의 사절을 만나지도 않은 채 협상 시한을 8월 30일 자정으로 정했다. 또한 무솔리니 정부의 중재 제안도 거부했다. 8월 28일, 히틀러는 9월 1일 아침에 침공을 개시하라고 다시금 군에 명령을 내렸다.

그사이에 리벤트로프는 폴란드와 영국 대사 모두에게 쓸모없는 사람이 되었다. 냉담한 태도로 먼 곳만을 노려보고, 자신의 생각을 함께 나눌 가치가 없다는 듯 주변 사람을 무시하는 그의 평소 태도에 걸맞은 대접이었다. 일방적인 평화 협정 시한이 끝나가자 리벤트로프는 마침내 8월 30일 자정에 헨더슨을 만나기로 했다. 헨더슨은 독일이 내세운 조건이 무엇인지 알아야 했다. 헨더슨은 다음과 같이 보고했다. "리벤트로프가 장황한 문서를 들고 와서는 대단히 귀찮은 듯이 독일어로 읽어 내려갔다. 아니, 오히려 최대한 빠른 속도로 마구 지껄였다는 표현이 더 가깝다…… 리벤트로프의 말이 끝나고 내가 문서를 보여달라고 부탁했더니, 그는 딱 잘라 거절했다. 그러고는 쓸모없다는 듯 문서를 탁자에 던지며, 자정까지 베를린에 폴란드 사절이 도착하지 않았기 때문에 이제는 기한이 다 되었다고 말했다."[23] 그리고 이튿날, 히틀러는 지난 5개월간 준비해온 폴란드 침공 작전인 '백색 작전'을 위한 지령 1호를 발령했다.

프랑스에서는 100만 명 이상의 희생자를 낸 지난번 전쟁을 기억하는 책임자들이 사임을 했다. 영국은 런던에서 9월 1일 대규모 아동 피란을 실시한다고 발표했지만 국민 대부분은 여전히 나치 지도자가 허세를 부리는 거라고 믿었다. 폴란드는 그 정도 환상을 가지고 있진 않았지만 아직 공황의 기색 없이 상황이 결정되기만을 기다리는 분위기였다.

나치는 마지막까지 아주 전형적인 방법으로 명분을 만들어나갔다. 이 고도의 선전전은 하인리히 힘러 제국 총통 친위대Reichsfuhrer-SS의 대리인인 라인하르트 하이드리히의 아이디어로 계획된 것이었다. 하이드리히는 가장 신뢰하는 SS맨들을 신중하게 골랐다. 이들은 독일 세관과 글리비체 경계지역에 있는 라디오 방송국을 위장 공격한 다음 폴란드에 메시지를 보내기로 했다. 그리고 작센하우젠 강제수용소에서 폴란드인 복장을 한 채 약에 취한 몇 명의 수감자를 총으로 쏴 그 시신을 증거로 남겨두기로 했다. 8월 31일 오후, 하이드리히는 미리 지정해둔 장교에게 전화를 걸어 "할머니가 돌아가셨다!"[24]라는 작전 개시 암호를 전했다. 제2차 세계대전의 유럽 내 첫 희생자가 억울하게 죽임을 당한 강제수용소 죄수들이었다는 사실은 소름끼치도록 상징하는 바가 크다.

2

폴란드의
대붕괴

1939년 9월 1일 이른 시각, 독일군은 폴란드 국경을 넘으려 하고 있었다. 제1차 세계대전에 참전했던 베테랑들을 제외한 나머지 군인들에게는 첫 전쟁이었다. 대부분의 군인처럼 이들도 어둠 속에서 고립된 채 살아남을 기회와 더불어 바로 그 기회가 자신들의 명예를 더럽히지는 않을까 깊이 생각했다. 슐레지엔 경계에 있던 기갑부대 지휘관은 엔진 가동을 기다리는 동안 보았던, 유령이라도 나올 것 같았던 주변 풍경을 이렇게 묘사했다. "어두컴컴한 숲, 보름달, 희미한 안개가 환상적인 풍경을 연출했다."[2]

새벽 4시 48분, 단치히 연안에서 첫 번째 포탄이 발사되었다. 1916년 유틀란트 해전에 참가했던 슐레스비히홀슈타인이 어두컴컴한 이른 새벽에 베스테르플라테 반도로 이동하여 280밀리 주포의 포문을 열고 폴란드 요새를 공격했던 것이다. 그 후 슐레스비히홀슈타인에서 대기하고 있던 해군 공격대가 상륙해 공격했지만 처참하게 격멸당하고 말았다. 단치히에서는 폴란드 자원군이 헤벨리우스 광장에 있는 중앙우체국을 방어하기 위해 돌진했지만, 도시 안에 몰래 들어온 나치 돌격대와 SS(친위대), 정규군에게는 속수무책이었다. 전투 후 살아남은 폴란드인은 대부분 처형당했다.

나치를 상징하는 깃발이 공공건물에 나부끼기 시작했고, 유대인을 비롯해 도시에 있던 성직자와 교사 등 영향력 있는 폴란드인들이 체포되는 동안 교회에서는 종이 울렸다.[3] 슈투트호프 강제수용소에서는 새로 들어온 죄수들을 수용하는 일에 박차를 가하고 있었다. 전쟁 후반에 슈투트호프 수용소는 단치히 해부학 연구소에 실험용 시체를 공급하여 인간의 시체로 가죽과 비누를 만들게 하기도 했다.[4]

히틀러가 침공을 6일간 미루자, 독일 국방군은 21개 보병사단과 2개 차량화사단을 더 동원해 배치할 시간을 얻었다. 그리하여 독일군은 모두 약 300만 명의 군사, 40만 필의 말과 20만 대의 차량을 소집하게 되었다.[5] 150만 명으로 구성된 부대는 대부분 기동 연습을 한다는 명목으로 공포탄을 소지한 채 폴란드 국경으로 이동했다. 대신 소구경 실탄을 장전하라는 지시만 떨어지면 그 즉시 임무 시작이었다.

그와는 정반대로, 폴란드 정부가 너무 일찍 소집령을 내리면 히틀러에게 공격 구실을 제공할 수도 있다는 영국과 프랑스의 경고 때문에 폴란드군은 완전히 배치되지도 못하고 있었다. 폴란드군은 8월 28일에 전시 총동원령을 내렸다가, 영국과 프랑스 사절들이 마지막 협상이라는 희망을 기다려보라고 설득하는 바람에 다음 날 다시 총동원령을 취소했다. 그리고 결국 8월 30일에 다시 동원령을 내린다. 이런 갈팡질팡하는 정책 탓에 혼선이 생겨 폴란드 일선 병력 중 단 3분의 1만이 9월 1일 제 위치에 있었다.

폴란드의 유일한 희망은 프랑스가 서쪽에서 약속된 공세를 취할 수 있을 때까지 저항하는 것이었다. 5월 19일에 프랑스의 모리스 가믈랭 총사령관은 프랑스 정부가 동원령을 내린 뒤 늦어도 보름 내에 '대부분의 병력'[6]을 이끌고 가겠다고 약속했다. 그러나 지리적 요인만큼 시간 또한 폴란드 편이 되어주지 않았다. 독일군이 북쪽의 동프로이센, 서쪽의 포메라니아와 슐레지엔, 남쪽의 독일령 슬로바키아에서 폴란드의 중심 지역까지 당도하는 데 걸리는 시간은 길지 않았다. 몰로토프-리벤트로프 조약의 비밀 의정서에

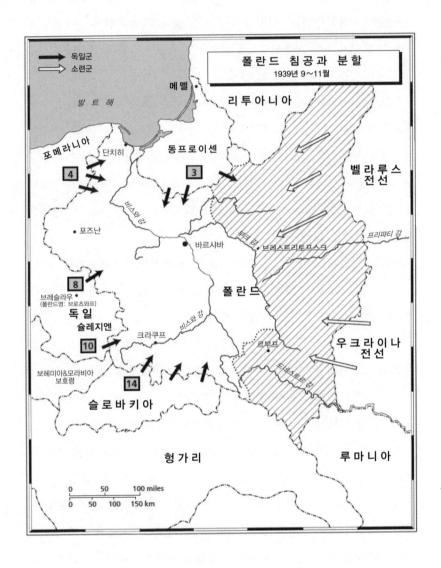

관해 아무런 정보도 없었던 폴란드 정부는 동쪽 국경을 단단히 방어할 생각도 하지 않고 있었다. 나치와 소비에트 정부가 연합해서 폴란드를 침공한다는 생각은 정치적으로 너무 큰 모순처럼 들렸기 때문이다.

9월 1일 새벽 4시 50분, 공격할 순간을 기다리고 있던 독일군은 후방에서 나는 항공기 소리를 들었다. 이어서 슈투카와 메서슈미트, 하잉켈 등 독일 항공기들이 그들의 머리 위를 지나쳐가자 루프트바페가 폴란드 비행장들을 선제공격하려는 것임을 알아차리고 그들은 환호성을 질렀다. 독일 군인들은 폴란드가 민간 의용대를 소집하고 파괴 공작을 벌여 비겁한 전술로 저항할 것이라는 말을 귀가 따갑도록 장교들에게서 듣고 있었다.[7] 폴란드 유대인들이 '친볼셰비키, 혐독일'[8]이라는 것이었다.

독일 국방군은 폴란드 북부, 서부, 동부를 동시에 침공할 계획이었다. 이 계획의 장점은 폴란드가 적절한 방어선을 구축하기 전에 폴란드군을 따라잡을 기갑부대를 종대로 편성하고 루프트바페를 이용하는 '민첩하고 무자비한'[9] 점이었다. 북방집단군은 포메라니아와 동프로이센에서 공격을 시작했다. 이들에게는 단치히 회랑을 넘어 서로 연결한 다음 바르샤바 동남부로 진출하는 것이 우선 과제였다. 게르트 폰 룬트슈테트 상급대장이 지휘한 남방집단군은 슐레지아 남부에서 바르샤바를 향하여 넓은 전선을 형성하며 빠르게 전진할 계획이었다. 이 작전의 목적은 두 집단군이 비스와 강 서쪽에 있는 폴란드군 대부분을 고립시키는 것이었다. 남부의 초승달 대형 중 가운데에 편성되어 있던 제10군은 엄청난 수의 기갑부대로 진형을 갖추었다. 제10군의 오른쪽에서 제14군이 크라쿠프로 전진하는 동안 3개 산악사단, 1개 기갑사단과 차량화사단, 그리고 3개의 슬로바키아사단은 독일의 속국이었던 슬로바키아에서 북쪽을 향해 공격했다.

침공일 아침에 히틀러가 총통 관저에서 크롤 오페라 하우스로 가는 동안 베를린 중심부 빌헬름가의 독일 외무부와 파리 광장에는 SS친위대원들이 늘어섰다.[10] 1933년에 나치 정권이 들어서고 채 한 달도 되지 않아 국회 건물이 화재로 소실되는 사건이 일어난 후 독일 국회는 크롤 오페라 하우스를 쓰고 있었다. 히틀러는 그동안 폴란드 정부에 내보이지 않으려 했던 정당한 요구가 묵살되었다고 주장했다. 그날 이 '16개 평화 방책'을 발표한 것은 충돌의 책임이 폴란드 정부에 있음을 비꼬듯이 증명하려는 시도였다. 환호하는 의원들을 향해 히틀러는 단치히가 제3제국으로 반환되었음을 선포했다. 단치히 자유시에 있던 국제연맹 고등판무관 카를 야코프 부르크하르트 박사는 떠날 수밖에 없었다.

영국의 체임벌린 수상은 일단 침공 사실에 대한 확신이 들자 전시 총동원령을 내렸다. 지난 10일 동안 영국은 전쟁 준비 초기 단계를 밟고 있었다. 체임벌린이 총동원을 원하지 않았던 것은 1914년에 그랬듯이 유럽 안에서 연쇄 작용을 일으킬 수도 있기 때문이었다. 대공작전과 해안선 방어가 최우선이었다. 독일의 침공 소식이 들려오자마자 영국인들의 태도는 극적으로 바뀌어, 히틀러가 허세를 부린다고 생각하는 사람은 이제 아무도 없었다. 나라 안과 하원의 분위기는 지난 뮌헨 위기 전보다 훨씬 더 결연해 보였다. 그럼에도 내각과 외무부는 폴란드 내 독일 군대 철수를 요구할 최후통첩안을 짜내느라 그날 하루의 대부분을 보냈다. 도출된 안은 기한이 명시되지 않아 최후통첩이라고 보기는 어려웠다.

베를린 주재 로베르 쿨롱드르 대사의 보고서가 프랑스 장관 회의에 도착한 다음 날 달라디에는 총동원령을 내렸다. 회의에 참석한 한 장관은 "실제 '전쟁'이라는 단어는 회의 중에 언급되지 않았다"[11]고 기록했다. 오로지 완곡하게만 사용될 뿐이었다. 양국 수도에서는 아동 피란 명령도 내려졌다. 교전이 대규모 공습으로 시작될 것이라고 예상하는 사람이 많았다. 그리고 양국 수도에서는 그날 저녁부터 등화관제를 실시했다.

유럽 내 충돌은 피할 수 있을 거라는 기대가 커지던 와중에 침공 소식이 전해지자 파리는 충격에 휩싸였다. 누구보다 더 극단적 유화주의자인 조르주 보네 외무부 장관은 폴란드의 태도가 어리석고 완강하다며 비난했다.[12] 보네는 제2의 뮌헨 협정을 기대하며 이번에도 무솔리니를 중재자로 끌어들이려 했다. 그러는 중에도 '총동원'은 계속되었고, 메스행과 스트라스부르행 기차는 예비병들로 가득 찬 상태로 파리 동역을 빠져나가고 있었다.

당연히 폴란드 정부는 동맹국들의 위축된 모습을 보고 두려움을 느끼기 시작했다. 통첩 내용이 모호하고 시한이 없다는 것 때문에 영국 정치인들조차 체임벌린이 폴란드와의 약속을 회피하려 한다는 것을 알아챘다. 하지만 관습적인 외교 노선을 따르고 있던 영국과 프랑스의 모습은 마치 선전포고 없는 전격전 지지자와 다르다는 것을 강조하는 듯했다.

9월 1일 밤, 베를린은 유난히 더웠다. 달빛이 폴란드의 공습에 대비한 등화관제로 암흑천지가 된 제3제국 수도의 거리를 비추었다. 또 다른 형태의 등화관제도 실시되었다. 괴벨스는 외국 라디오 방송 청취를 중범죄로 취급하는 법을 도입했다. 리벤트로프가 영국과 프랑스 대사 접견을 거부하자, 21시 20분에 헨더슨은 폴란드 내 독일군의 즉시 철수를 요구하는 서신을 남겼고 30분 후 쿨롱드르는 프랑스의 요구를 독일 정부에 전달했다. 하지만 히틀러는 강경하지 않은 서신의 문구를 보고 두 정부가 마지막 순간에 물러설 거라고 확신했다.

다음 날, 영국 대사관 직원들은 아들론 호텔로 이동하기 직전에 독일 공무원들에게 작별을 고했다. 일정한 외교적 교착 상태가 세 나라의 수도에서 계속해서 일어나는 듯했다. 영국 정부는 타협책을 재구상할 기미를 보였지만 예비병들을 동원하고 시민을 대피시킬 시간이 더 필요하다는 프랑스의 요청 때문에 늦어지고 있었다. 양국 정부가 함께 움직여야 할 필요성을 절실히 느끼면서도, 조르주 보네와 그의 조력자들은 여전히 운명의 순간을 미루려고 애썼다. 불행히도 우유부단하기로 유명한 달라디에 때문에 보네는 이탈리아 파시스트 정부와의 국제 회담 생각을 계속 떨쳐버리지 못했다. 보네는 런던에 연통하여 협조를 구하려 했지만, 핼리팩스 외무부 장관과 체임벌린 수상은 독일군이 폴란드 영토에 남아 있는 한 논의할 것이 없다고 딱 잘라 말했다. 핼리팩스는 이 문제에 대한 의문의 여지를 없애기 위해 이탈리아의 치아노 외무부 장관에게 전화를 걸었다.

시한을 정하지 못한 모호한 최후통첩 때문에 그날 오후 영국 내각에 위기가 찾아왔다. 체임벌린과 핼리팩스는 프랑스 편에 설 필요성을 설명했다. 이것은 마지막 결정이 이 두 국가 사이에서 내려져야 한다는 뜻이었다. 그러나 그 자리에 있던 참모총장의 지지를 등에 업은 회의론자들은 이 논리를 거부했다. 영국의 확고한 계획 없이는 프랑스가 움직이지 않으리라는 점을 두려워한 것이다. 한계 시한도 정해야 했다. 체임벌린은 3시간도 채 남지 않은 하원 회동 때문에 더욱 흔들렸다. 냉담한 침묵 속에서 체임벌린은 전쟁 선포 연기에 대해 설명했다. 그다음에는 노동당 대표로 활동 중이던 아서 그린우드가 답변을 하러 일어나자, 철저한 보수주의자들조차 "영국을 대변해주시오!"라고 크게 외쳤다. 그린우드는 체임벌린에게 바로 내일 아침 의회에 답을 달라고 분명히 전했다.

천둥번개와 폭우가 쏟아지던 그날 밤, 체임벌린과 핼리팩스는 샤를 코르뱅 프랑스 대사를 다우닝가로 불러내고 달라디에와 보네에게 연락을 했다. 달라디에가 몇 시간 전 국회에서 전쟁의 당위성에 대해 전폭적인 지지를 받았다고는 해도 프랑스 정부는 여전히 서두를 생각이 없었다.(프랑스 공직 사회에서 '전쟁'이라는 단어는 여전히 미신처럼 회피하는 말이었다. 대신 부르봉 궁전에서 있었던 회의 내내 '국제 정세에 대한 의무'와 같은 완곡한 표현을 썼다.) 최후통첩을 확실히 하지 않으면 다음 날 아침 그의 정부가 위기에 처하리라는 것을 체임벌린이 확신했기 때문에, 결국 달라디에는 프랑스가 더 이상

미룰 수 없다는 사실을 받아들였다. 달라디에는 프랑스의 최후통첩 또한 다음 날 전달하기로 약속했다. 체임벌린은 영국 내각을 소집했다. 자정 직전에 최종적으로 최후통첩 내용이 완성되고 합의가 이뤄졌다. 이것은 이튿날 9시에 네빌 헨더슨이 베를린에 전달할 것이며 시한 만료는 두 시간 후였다.

9월 3일 일요일 아침, 네빌 헨더슨은 서신을 전달하는 임무를 수행했다. 리벤트로프로부터 영국이 물러나리라는 소리를 계속 듣고 있던 히틀러는 놀라움을 감추지 못했다. 서신을 읽은 후 긴 침묵이 이어졌다. 결국 히틀러는 리벤트로프에게 화를 내며 어찌 된 일[13]이냐고 추궁했다. 장모가 '아주 위험한 바보'[14]라고 표현했을 정도로 거만하고 젠체하는 사람이었던 리벤트로프는 영국이 어떻게 반응할지 정확히 알고 있다고 자신하며 오랫동안 히틀러를 안심시켜왔다. 그 후 쿨롱드르가 프랑스의 최후통첩을 전하자, 괴링은 히틀러의 통역관에게 "만약 우리가 이 전쟁에서 진다면, 신이 우리에게 자비를 베풀어주실 것"이라고 말했다.

전날 밤 천둥을 동반한 폭우가 쏟아진 뒤 런던의 아침은 맑고 화창했다. 빅벤 시계탑이 열한 번 울릴 때까지 베를린에서는 최후통첩에 대한 답신이 없었다. 베를린에 있던 헨더슨 또한 아무것도 듣지 못했다고 전했다. 대법관 청에서는 3등 서기관이 시계를 11시에 멈춰두고 히틀러가 패할 때까지는 작동시키지 않을 것이라는 내용의 메모를 시계 유리판에 붙여두었다.

11시 15분, 체임벌린은 다우닝가 10번지의 수상 관저 각의실에서 대국민 방송을 했다. 국가 연주가 끝날 때까지 전 국민이 기립해 있었다. 눈물을 흘리는 사람들도 있었다. 수상은 짧고 설득력 있게 말했지만, 수많은 사람은 애처롭고 지친 듯한 체임벌린의 목소리에 주목했다. 체임벌린의 짧은 담화가 끝나자 공습경보가 울리기 시작했다. 하늘을 뒤덮은 검은 항공기의 물결을 예상하며 사람들은 지하실과 대피소로 무리지어 피했지만 그것은 잘못된 경보였고 곧 해제경보가 울렸다. 마치 모기를 보고 칼을 빼는 듯한 영국인답게 과도한 반응이었다. 그리고 '매스 옵저베이션Mass Observation 영국의 여론조사 기관'에서 내놓은 보고처럼, 전반적인 반응은 아직 침착함과는 거리가 멀었다. 보고서에는 "주요 지역들이 전쟁 초반의 폭격으로 거의 초토화되었다는 소문이 돈다" "비행기가 화염에 싸여 추락하는 모습을 수많은 사람이 목격했다"[15]는 내용이 실렸다.

3톤짜리 군용 트럭을 타고 도시를 지나는 병사들은 〈티퍼레리까지는 아직 멀었다네〉라는 노래를 불렀다. 하지만 그 쾌활한 음정에도 사람들은 제1차 세계대전의 공포를 떠올렸다. 런던은 전쟁 준비를 하고 있었다. 나이트 브리지 막사를 마주 보고 있는 하이드 공원에서는 증기삽으로 땅을 파고 정부 건물을 보호할 모래주머니에 넣을 흙을 트럭에 싣기 시작했다. 버킹엄 궁 근위대는 털가죽 모자와 진홍색 제복을 벗고 철로 된 헬멧과 칼같이 다린 전투복을 착용했다. 은색 방공기구가 떠다니며 지평선을 완전히 바꾸어놓았고, 붉은 우체통에는 독가스 탐지용 도료가 칠해진 노란 딱지가 붙었다. 유리 파편이 튈까봐 창문에는 종이테이프를 서로 엇갈리게 붙였으며, 거리를 지나가는 군인과 시민은 모두 골판지로 만든 곽 속에 가스마스크를 넣어 착용하고 다녔다. 기차역은 이름과 주소가 쓰인 이름표를 옷에 단 채 봉제인형과 곰인형을 끌어안고 피란하는 아이들로 붐볐다. 밤에는 등화관제로 아무것도 보이지 않았다. 자동차 전조등을 반쯤 가리고 위험을 무릅써가며 조심스럽게 운전하는 운전자가 몇 명 있을 뿐이었다. 대다수는 등화관제 때문에 아무것도 볼 수 없는 가운데 그냥 집에서 BBC 라디오 방송만 듣고 있었다.[16]

호주와 뉴질랜드도 같은 날 독일과의 전쟁을 선포했다. 영국령 인도 또한 그랬지만, 인도의 정치 지도자들과는 아무런 논의 없이 선포한 것이었다.

남아프리카공화국은 정권 교체 3일 후 전쟁을 선포했고, 캐나다는 그다음 주에 공식적으로 전쟁에 돌입했다. 그날 밤 영국 정기선 아테니아호가 독일 잠수함 U-30에 격침당했다.[17] 112명의 사망자 중 28명은 북아메리카인이었다. 이날, 자신에 대한 가장 강력한 비판자를 입각시킨 체임벌린의 결정은 열광적인 환영을 받기보다는 간과되는 경향이 있었다. 지난 제1차 세계대전 때 해군성을 통솔했던 처칠이 돌아오자, 제1군사위원은 모든 영국 해군 함선에 다음과 같은 전문을 보냈다. "처칠이 돌아왔다!"

베를린으로서는 영국의 선전포고가 전혀 달갑지 않았다. 그 소식을 들은 독일인들은 대부분 망연자실하거나 풀죽은 모습이었다. 그들은 히틀러의 호언장담대로 유럽과의 충돌 없이 폴란드를 이길 수 있으리라 믿었다. 그후 계속 핑곗거리를 찾던 보네의 온갖 시도에도 불구하고, 프랑스의 최후통첩('전쟁'이라는 무서운 단어는 여전히 회피한 채로)은 오후 5시에 시한이 만료되었다. 비록 프랑스에서는 "우리는 끝내야 한다"는 구호를 마지못해 따르는 분위기였지만, 반군국주의 좌파도 '단치히를 위해서 죽을 수는 없다'는 우파의 패배주의에 동의하는 듯했다. 더 놀라운 것은, 영국이 프랑스를 전쟁으로 내몰고 있다고 몇몇 프랑스 고위 장교가 생각하기 시작했다는 점이다. 정부 최고연락장교인 폴 드 비에룸 장군은 '영국은 우리가 느슨해질까 두려워 기정사실화하려는 것'[18]이라고 썼다. 9개월 후 비에룸은 차기 수상 폴 레노에게 패배주의라는 영향을 강하게 끼치게 된다.

두 나라의 전쟁 선포 소식 덕분에 폴란드 정부는 어쨌든 격한 기쁨에 휩싸였다. 프랑스가 품은 의심을 알지 못한 채 환호하는 폴란드인들이 두 나라의 대사관 앞에 모였다. 동맹국인 세 나라의 국가가 울려 퍼졌고 수많은 폴란드인은 약속된 프랑스의 공격이 전세를 폴란드 편으로 단번에 돌려놓을 거라고 무모하리만큼 낙천적으로 믿었다.

그러나 다른 지역에서는 추악한 장면도 연출되었다. 침공에 대한 복수로 독일인 이웃을 공격한 폴란드인도 있었다. 갑작스런 전쟁으로 인한 공포와 분노, 혼돈 속에서 독일인들은 여러 곳으로부터 공격을 당했다. 9월 3일 비드고슈치(브롬베르크) 거리에서는 폴란드인을 향한 무차별 사격에 대한 보복으로 독일인 223명이 사망한 사건이 발생했는데, 독일 역사서에는 1000명으로 공식 기록하고 있다.[19] 폴란드 전역에 걸쳐 추산된 독일인 총 사망자 수는 2000명에서 1만3000명으로 사람마다 다르게 주장하지만, 가장 신빙성 있는 수치는 6000명 정도다.[20] 이후에 괴벨스는 폴란드에서 실시된 인종청소에 정당성을 부여하려는 속셈으로 총 사망자 수를 5만8000명으로 부풀렸다.

유럽 전쟁 첫날, 포메라니아에서 공격을 시작한 독일 제4군은 마침내 단치히 회랑을 확보했다. 이로써 동프로이센은 제3제국과 물리적으로 결합되었다. 제4군의 선봉은 비스와 강 하류에 걸쳐 교두보를 확보했다.

동프로이센에서 공격을 시작한 제3군은 나레프 강을 향해 동남쪽으로 내려와 모들린과 바르샤바의 측면으로 이동했다. 그러는 동안 남방집단군은 수많은 사상자를 내며 우치 및 크라쿠프군을 물리쳤다. 폴란드 공군의 주력을 전멸시킨 루프트바페는 이제 독일 지상군에 대한 근접항공지원과 연락을 차단하기 위해 폴란드 방어선 후방의 도시를 공격하는 데 집중했다.

독일 군인은 그들이 지나가는 불쌍한 폴란드 마을을 멸시하고 공포감을 심어주었다. 하지만 수많은 마을에 폴란드인은 거의 없는 듯했고, 유대인들만 남아 있었다. 군인들은 '지독히 더럽고 매우 낙후된'[21] 마을이라고 묘사했다. 수염을 기르고 카프탄_{지중해 동부 지역 사람들이 입는 소매와 기장이 긴 옷}을 입은 '동부 유대인'을 보자 독일 군인들의 반응은 훨씬 더 격해졌다. 그들의 겉모습과 알 수 없는 눈빛,[22] 정중하게 모자를 벗을 때[23]의 호의적이고 친절한 태도[24]는 제3제국으로 넘어와 제국에 융합된 유대인 주민보다는 극도의 반反유대 신문인 『슈튀르머Der Stürmer』[25]에 실린 나치 선전 캐리커처에 훨씬 더 가까워 보였다. 한 일병은 "아직 유대인에 대해 적의가 없는 사람도 이곳에서는 모두 적이 된다"[26]고 기록했다. SS대원뿐만 아니라 평범한 독일 병사도 유대인을 재미삼아 때리거나 성인의 수염을 자르며 학대했고, 심지어 젊은 여성을 희롱하고 강간하기까지 했으며(뉘른베르크 법으로는 이종족 간 성교를 금하고 있음에도 불구하고), 유대교 회당에 불을 지르기도 했다.

무엇보다도 군인은 의용대의 숨은 공격과 방해 공작의 위험이 도사리고 있다는 경고를 기억했다. 외딴곳에서 총성이 들리면 비록 폴란드인이 게릴라 공격을 했을 가능성이 훨씬 높다고 해도 대개 주변에 있는 유대인이 의심받았다. 보초병이 불안감에 발포한 것이 학살로 이어진 일도 여러 번 있었던 듯하며 누구 할 것 없이 학살에 참여해 심지어는 독일 병사끼리 서로 총을 쏘기도 했다. 사격 군기 이완에 장교는 경악했지만, 무장한 시민에게 총 맞는 공포에 사로잡힌, 이른바 '비정규군 정신병'[27]을 막을 힘은 없는 듯했다.(등 보호 정신병이라고 부르기도 했는데, 글자 그대로 관목에서 발사된 총에 맞는 망상을 뜻한다.) 그러나 극소수의 장교만이 바로 그 뒤에 이어질 무차별 보복을 막기 위해 최선을 다했다. 게릴라 대원이 아닌 평범한 가족들이 대피한 지하실에 수류탄이 날아들었다. 군인들은 이것을 전쟁 범죄가 아닌 정당방위로 여겼다.

의용대에 대한 독일군의 오랜 망상 때문에 즉결 처형과 마을에 불을 지르는 패턴이 생겨났다. 시간을 낭비하게 되는 합법적인 절차를 밟으려는 부대는 극소수에 불과했다. 그들의 관점에서 폴란드인과 유대인은 세심하게 신경 쓸 필요가 없는 민족이었다. 일부 부대는 다른 부대보다 민간인을 더 많이 죽였다. 히틀러의 친위연대인 SS LAHLeibstandarte Adolf Hitler가 최악이었던 것으로 보인다. 그러나 학살의 대부분은 복수에 목말라 있던 SS절멸부대 아인자츠그루펜, 보안경찰, 독일 자위단이 후방에서 자행했다.

독일 소식통은 5주간의 군사 작전 기간에 1만6000명 이상의 시민이 처형되었다고 발표했다.[28] 연말까지의 사망자 수가 6만5000명에 이르렀기 때문에 실제 수치는 훨씬 더 높을 수 있다.[29] 그중 독일인 자위단은 므니셰크 부근 자갈 채취장에서 1만 명의 폴란드인과 유대인을 학살했고, 카를쇼프 부근 숲에서는 또 다른 8000명이 학살당했다. 주택은 물론 때때로 마을 전체가 집단 보복이라는 명분으로 불타 총 500곳 이상의 마을이 잿더미가 되었다. 밤에 독일군이 진군하면서 마을과 농장을 불태워 지평선이 붉게 타오르기도 했다.

유대인과 폴란드인은 독일군이 도착하면 곧장 몸을 숨겼다. 이것은 병사들을 더욱 불안하게 만들었는데 지하실 창과 지붕창을 통해 감시당하고 있을 뿐만 아니라, 보이지 않는 무기가 자신을 겨누고 있다고 확신했기 때문이다. 수많은 군인은 이렇듯 병적이고 적대적인 마을 주민의 마음이 이웃한 독일까지 퍼지지 않도록 때때로 파괴하고 싶어 안달이 난 듯도 했다. 하지만 모두 파괴하지는 않았다. 의식주와 직결된 물건들과 돈, 장신구 등은 약탈했다. 잇따른 인과관계의 혼란 속에서 침공 당시 그들이 직면한 증오로 침공 자체를 다소간 정당화하려는 듯했다.

폴란드군은 절박한 심정으로 용감하게 곧잘 싸웠지만, 무기가 구식인 데다 무엇보다 무전기가 부족해 심각하게 불리한 상황이었다. 부대가 철수하면서 인접한 부대에 통신을 할 수 없어 비참한 결과를 초래했다. 총사령관인 리츠 육군 원수는 전쟁에서 패했음을 이미 확신했다. 프랑스가 아무리 약속대로 공격을 개시한다고 해도 때는 너무 늦었다. 9월 4일, 의기양양해진 히틀러는 괴벨스에게 서쪽에서 들어올 공격이 두렵지 않다고 말할 정도였다. 히틀러는 거기서 교착 상태의 '감자전쟁'[30]을 예견했다.

제2차 세계대전

유서 깊은 대학 도시인 크라쿠프는 9월 6일 제14군에 점령당했고, 폴란드 수비대가 퇴각하기 시작하자 룬트슈테트가 지휘한 남방집단군은 신속하게 진군을 계속했다. 하지만 3일 후 독일 육군 총사령부OKH, Oberkommando des Heeres는 폴란드군이 비스와 강 서쪽 포위망을 피할지도 모른다는 점을 우려하기 시작했다. 그래서 북방집단군 내 2개 군단에 동쪽으로 더 진군하라는 명령을 내렸고, 상황에 따라 부크 강 전선을 넘어가 두 번째 전선에서 포위하라고 지시했다.

단치히 근처에서 군수품이 동나고 있었던 베스테르플라테 진지의 영웅적인 폴란드 수비대는 슐레스비히홀슈타인의 중포重砲 공격을 받고 결국 9월 7일 항복했다. 그 후 슐레스비히홀슈타인 전함은 북쪽으로 이동하여 그디니아 항구에서 9월 14일까지 공격을 도왔다.

독일군이 수도 가까이 오자 폴란드 중심부에서는 저항이 거세졌다. 9월 10일에 제4기갑사단이 도시 변두리에 도달했지만, 머지않아 급히 퇴각할 수밖에 없었다. 바르샤바를 조준한 채 발사될 순간만을 기다리는 대포를 비스와 강 동쪽 기슭에 배치함으로써 자신들의 도시를 지키고자 하는 폴란드인의 결의를 보여주었다. 9월 11일, 소련은 사절단과 외교관을 바르샤바에서 철수시켰지만, 폴란드는 소련이 동쪽에서 자신들의 허를 찌르고자 준비하고 있다는 사실을 알아채지 못했다.

다른 곳에서는 기계화된 병력을 이용하여 폴란드군을 포위한 독일이 이미 수많은 포로를 만들기 시작했다. 9월 16일, 독일은 폴란드 2개 군을 브주라 강과 비스와 강 분기점에 가두면서 바르샤바 서쪽 80킬로미터에서 대규모 포위 전투를 시작했다. 병력이 집중된 곳에 대규모 루프트바페 공격이 쏟아지면서 폴란드군의 저항은 결국 무너지고 말았다. 총 약 12만 명이 포로로 잡혔다. 생김새가 리산드로스 같은 구식 P-11 전투기 단 159대로 구성된 용맹스런 폴란드 공군은 재빠른 메서슈미트에 대항해서는 승산이 없었다.

　동맹군이 자신들을 구원해줄 거라는 폴란드의 환상은 곧 완전히 깨지고 말았다. 달라디에 프랑스 총리의 지지를 받은 가믈랭 장군은 영국 원정군이 배치되고 그의 예비병이 완전히 동원될 때까지 어떤 움직임도 거부했다. 가믈랭은 또한 프랑스가 미국에서 군사 장비를 구입할 필요가 있다고 주장했다. 어쨌든 프랑스군의 독트린은 기본적으로 방어적 성향을 띠었다. 가믈랭은 폴란드와의 약속에도 불구하고, 라인 강 유역과 독일 베스트발 방어선이 깨지지 않을 거라 믿으며 공격전에 대한 생각을 철저히 배제했다. 영국은 겨우 조금 더 공격적일 뿐이었다. 영국은 베스트발을 '지크프리트선'이라고 불렀다. 쾌활한 군가인 〈가짜 전쟁〉의 가사처럼 거기에다 빨래를 널어두고 싶다고 할 정도였다. 군수산업에 필요한 모든 것을 조달하도록 소련이 독일을 도울 수 있다는 점이 분명한데도, 영국은 독일을 봉쇄하는 것이 최선의 전략이라는 이상한 논리를 들어 시간이 자기편이라 믿었다.

　수많은 영국인은 폴란드를 돕는 공격이 지지부진하자 부끄러움을 느꼈다. 영국 공군 RAF는 독일로 날아가 선전물을 뿌리기 시작했는데, 이것은 '나의 전단' '색종이 전쟁'이라며 비웃음을 샀다.[31] 9월 4일, 빌헬름스하펜에 위치한 독일 해군 기지에 폭탄을 투하했지만 굴욕적일 만큼 효과가 없었던 것으로 드러났다. 그날 영국 원정군의 선두 그룹은 프랑스에 당도했고, 그로부터 5주간 15만8000명이 해협을 건너갔다. 그러나 영국군은 12월까지 독일군과 충돌하지 않았다.

　프랑스는 자르브뤼켄 부근의 독일 영토까지 수 킬로미터 진군했을 뿐이었다. 처음에 독일군은 대규모 공세를 두려워했다. 히틀러는 특히 폴란드에 자신의 주력이 있기 때문에 걱정했지만, 공격이 아주 제한적으로 이뤄졌기 때문에 이것은 그저 시도해보는 행동에 지나지 않았다. 독일 국방군 총사령부OKW, Oberkommando der Wehrmacht는 곧 다시 평온해졌다. 병력을 옮길 필요는 없었다. 하지만 프랑스와 영국이 자신들의 의무를 해내지 못한 것은 불명예스러운 일이었다. 특히 7월에 폴란드가 독일 암호생성기를 입수한 뒤, 이미 영국과 프랑스에 양도했기 때문에 더욱 그러했다.

9월 17일, 약 한 달 전에 모스크바에서 체결된 비밀 협약에 따라 소련 병사들이 동쪽 국경을 넘자 폴란드의 패배는 자명해졌다. 독일은 소련이 더 빨리 움직이지 않은 것에 놀랐지만, 스탈린의 머릿속에는 만약 소련이 너무 일찍 공격한다면 서방 연합국들이 소련에 대해서도 전쟁 선포를 하게 될 것이라는 계산이 있었다. 냉소를 받을 것이 뻔했지만 소련은 폴란드에 살고 있는 벨라루스인과 우크라이나인을 폴란드인의 도발로부터 보호하기 위해 개입할 수밖에 없었다고 주장했다. 게다가 소련 정부에서는 폴란드 정부가 존속을 중단했기 때문에 소련이 더 이상 폴란드와의 불가침 조약에 얽매여 있지 않다고 주장했다. 폴란드 정부는 바로 그날 아침 사실상 바르샤바를 떠났지만, 순전히 소련군의 덫에 걸리지 않기 위함이었다. 각료들은 우크라이나 서남부 카메네치-포돌스크에서 진군하는 붉은 군대가 길을 막기 전에 루마니아 국경에 도착해야 했다.

국경 초소로부터 늘어선 군용 차량과 민간 차량 때문에 교통 정체가 극심했지만, 결국 패배한 폴란드인은 그날 밤 안으로 망명이 허락되었다. 떠나기 전에 거의 모두가 폴란드의 흙과 돌을 한 줌씩 챙겼다. 많은 사람이 눈물을 흘렸고, 자살을 시도한 사람도 있었다. 일반 루마니아인은 망명자에게 친절했지만 정부는 폴란드인을 인도하라는 독일의 압박을 받고 있었다. 담당 관리가 파시스트 철위단을 지지하지만 않으면 대부분은 뇌물을 써서 체포와 억류를 피할 수 있었다.[32] 일부 폴란드인은 작은 집단을 이뤄 탈출하기도 했다. 부큐레슈티에서 폴란드 당국에 의해 조직된 다수의 무리가 배를 타고 콘스탄차를 떠났으며, 다른 무리는 흑해 항구로 흩어져 프랑스로 떠났다. 다른 사람들은 헝가리, 유고슬라비아, 그리스 등을 지나 망명했고,

망명 도중 큰 문제에 부딪힌 소수의 사람들은 북쪽 발트 해 국가로 향하거나 스웨덴으로 넘어가기도 했다.

히틀러의 지시에 따라 OKW는 부크 강 너머에서 후퇴를 준비하도록 독일군에게 신속히 명령을 내렸다. 독일과 소련 정부는 비밀 협약에 따라 소련에 할당된 지역에서 독일군이 철수하여 붉은 군대가 쉽게 진군할 수 있도록 긴밀하게 협조했다.

어울리지 않는 두 동맹국 간의 첫 번째 접촉이 브레스트리토프스크(브제시치) 북쪽에서 이뤄졌다. 그리고 9월 22일에 기념 퍼레이드가 이뤄지는 동안 브레스트리토프스크의 견고한 요새는 붉은 군대에 넘어갔다. 불행히도 여기서 독일 장교와 접촉한 소련 장교는 훗날 베리야가 지휘하는 NKVD의 주요 체포 대상이 되었다.

포위망을 뚫으려는 폴란드의 저항은 계속되었고, 고립된 군인들은 비정규 조직을 구성하여 접근하기 어려운 숲이나 습지, 산 등에서 싸웠다. 동쪽으로 가는 길은 리어카와 파손된 차량, 심지어 자전거까지 동원하여 전쟁터를 벗어나려는 피란민으로 가득했다. 한 젊은 폴란드 병사는 다음과 같이 기록했다. "적은 늘 공중에서 날아왔다. 아주 낮게 비행할 때조차 우리가 가진 낡은 모제르총의 사정거리에는 들어오지 않았다. 전쟁의 참상은 급속히 단조로워져서, 공습에서 살아남기 위해 달리는 시민들, 뿔뿔이 흩어지는 호위대, 불타는 트럭과 수레 등 날마다 같은 장면만 목격할 수 있을 뿐이다. 길에서 나는 냄새도 변함이 없었다. 죽은 말들에게서 풍기는 냄새였는데, 아무도 묻으려 하지 않아 악취가 코를 찔렀다. 우리는 밤에만 이동했고 행군하면서 잠자는 법을 배웠다. 담뱃불 때문에 막강한 루프트바페에게 우리 위치가 발각될까봐 흡연도 금지되었다."[33]

그동안 바르샤바는 폴란드 저항 세력의 주요 요새로 남아 있었다. 히틀러는 폴란드의 수도를 빨리 함락시키고 싶어 항공대로 집중 폭탄 공세를 퍼붓기 시작했다. 폴란드 항공대는 거의 남아 있지 않았고, 효과적인 대공 방어 수단도 부족했다. 9월 20일, 독일 항공대 루프트바페는 620대의 전투기로 바르샤바와 모들린을 공격했다. 다음 날, 괴링은 제1항공함대와 제4항공함대에 대규모 공격을 준비하도록 지시했다. 루프트바페가 융커스 52 수송기를 동원하여 소이탄을 투하하는 등 전력을 쏟아 폭격을 계속하자, 마침내 바르샤바는 10월 1일에 항복했다. 거리에 부풀어 오른 말의 시체와 파편에 묻힌 시체에서 나는 악취는 상상을 초월했다. 이 공습으로 2만5000명의 시민과 6000명의 군인이 목숨을 잃었다.

9월 28일, 바르샤바가 공격을 받고 있을 때, 리벤트로프는 모스크바로 다시 날아가 분계선을 다양하게 변경하는 추가적인 '국경확정 및 우호 조약'을 스탈린과 체결했다. 이로써 소련은 독일령 폴란드 영토를 조금 늘려주고 그 대가로 리투아니아 거의 전 지역을 차지하게 되었다. 소비에트령에 있던 독일인들은 나치 지역으로 옮겨가게 되었다. 스탈린 정권은 또한 다수의 독일 공산당원과 그 밖의 정치적 반동자들을 인도했다. 그런 다음 두 정부가 유럽 전쟁의 종말 의지를 표출함으로써 '폴란드 문제'는 일단락되었다.

독소 조약을 구성한 두 협정으로 누가 더 이득을 보았는지에 대해서는 의심할 만한 것이 거의 없다. 영국 해군의 봉쇄 위협을 받았던 독일은 이제 전쟁을 치르는 데 필요한 모든 것을 얻을 수 있게 되었다. 독일이 소련으로부터 곡물이나 기름, 망간 등을 포함한 모든 물자를 공급받는 것 외에도 스탈린 정부는 다른 자원들, 특히 독일이 해외에서 얻을 수 없었던 고무를 전달하는 통로 역할도 했다.

모스크바 회담과 동시에 소비에트는 발트 해 국가를 압박하기 시작했다. 9월 28일에는 에스토니아가 '상호 원조' 조약을 맺어야 했다. 그리고 2주 후에는 라트비아와 리투아니아가 비슷한 조약을 체결하도록 강요당했다. 주권을 존중해주겠다고 스탈린이 직접 보증했음에도 불구하고 3국은 모두 다음

해 초여름 소련에 편입되었으며, NKVD는 '불순분자' 약 2만5000명을 강제 이송했다.[34]

나치는 스탈린이 발트 3국에 대한 지배권을 갖고 루마니아와 베사라비아를 점령하는 것을 수용했지만, 스탈린이 흑해 연안과 플로이에슈티 유전 부근의 다뉴브 강 어귀를 통제하려는 야심이 단순한 도발이 아니라 위협 수준임을 인식했다.

고립된 폴란드는 10월까지 잘 버텨냈지만 패배는 잔혹한 결과를 남겼다. 독일에 맞서 싸운 폴란드군의 피해 규모는 사망자 7만 명, 부상자 13만 3000명, 포로 70만 명으로 추산되었다. 한편 독일도 총 사상자 수가 4만 4400명에 달했고, 그중 1만1000명은 전사자였다.[35] 소규모 폴란드 공군은 전멸했지만, 작전 기간에 루프트바페도 추락과 대공포 공격으로 560대의 항공기를 잃어 피해가 막심했다. 소련의 침공 때문에 발생한 추정 사상자 수도 만만치 않았다. 붉은 군대는 996명이 사망하고 2002명이 부상을 입은 반면, 폴란드군은 부상자 수를 모두 제외하고 전사자만 5만 명이었다. 이러한 불균형은 아마도 처형으로만 설명이 가능할 테고, 여기에는 다음 해 봄에 행해진 카틴 숲 학살 사건 등 대량 학살이 포함되었을 것이다.

히틀러는 폴란드의 종말을 즉시 선포하지 않았다. 그는 10월에 영국과 프랑스가 협정을 맺기를 기대했다. 서쪽에서 폴란드를 도울 동맹국들의 공격이 시원찮았기 때문에 히틀러는 영국, 그리고 특히 프랑스가 전쟁 지속을 꺼린다고 생각했다. 10월 5일, 바르샤바에서 열린 승리 퍼레이드에서 히틀러는 에르빈 로멜 소장을 옆에 세워두고 경례를 받은 뒤 외신 기자들에게 "여러분, 여러분은 바르샤바의 폐허를 보았습니다. 이것은 아직도 전쟁을 지속하려는 영국과 프랑스 정치인을 향해 날리는 경고가 될 것입니다"[36]라고 말했다. 다음 날 히틀러는 국회에서 '평화 제안서'를 발표했다. 그러나 두 동맹 정부가 자신의 제안을 거부하고 소련이 자기 구역 내에서 폴란드의 주체성을 뿌리째 뽑기로 결정한 것이 분명해지자, 히틀러는 결국 폴란드를 완전히 붕괴시키기로 결심했다.

독일 지배하의 폴란드는 중부와 서남부의 총독부, 그리고 제3제국(북부 단치히-서프로이센과 동프로이센, 서부 바르테란트, 남부 상부 슐레지엔)에 합병되는 지역으로 나뉘었다. 그리고 '독일화될' 지역, 즉 제3제국에 합병되는 지역을 비우기 위해 대규모 인종 청소가 시작되었다. 이곳에는 발트 해 국가, 루마니아, 그 밖에 발칸 국가에서 온 재외 독일인이 정착했다. 도시 이름도 바뀌었다. 우치는 제1차 세계대전 당시 그 근처에서 싸운 독일 장군의 이름을 따서 리츠만슈타트로 불렸다. 포즈난은 프로이센 이름인 포젠으로 다시 바뀌었고, 바르테가우의 수도가 되었다.

폴란드에서 애국의 상징인 가톨릭은 성직자가 연행되고 국외로 추방당하면서 잔인하게 박해당했다. 폴란드 문화를 없애고 장래 지도자의 싹을 자르려는 의도로 학교와 대학의 문을 닫고 노예 수업에 필요한 가장 기본적인 교육만 허용했다. 크라쿠프 대학의 교수와 교직원은 11월에 작센하우젠 수용소로 강제 이송되었다. 폴란드 정치범은 오시비엥침에 있던 오래된 기병대 막사로 보내졌는데, 나중에 이곳은 이름이 아우슈비츠로 바뀐다.

나치 당 임원들은 독일에서 노동을 시킬 폴란드인을 대거 뽑기 시작했다. 하인으로 일할 젊은 여성도 물론 포함되었다. 히틀러는 육군 총사령관 발터 폰 브라우히치 장군에게, '값싼 노예'[37]가 있으면 좋겠는데, 새로 획득한 독일 영토에서 '폭도'는 없애고 싶다고 말했다. 아리아인의 특성을 가진 금발 아이들은 잡혀서 독일에 다시 입양되었다. 그러나 단치히-서프로이센의 지방 장관이었던 포르스터가 폴란드인을 독일인으로 재분류하는 대규모 작업을 허용하자 순수 나치주의자들이 격분했다. 한편 폴란드인 입장에서는 수치스럽고 못마땅하기는 해도 이러한 혈통 재설계가 강제 이송을 피하고 가정을 지키는 유일한 방법이었다. 그러나 남자들은 곧 독일 국방군으로 징집되고 말았다.

히틀러는 10월 4일에 죄수와 시민들을 죽인 부대에 사면 명령을 내렸다. 그들은 '폴란드가 자행한 잔학 행위에 대한 비통함'[38]을 느끼고 그런 행동을 한 것으로 간주했다. 많은 장교는 군사 훈련이 미흡했던 탓으로 보았기에 불편한 심정이었다. 한 포병대대장은 "우리는 독일 군인들이 아무 생각 없이 불태우고 약탈하고 살육하는 비참한 장면들을 봐왔다. 자신이 무슨 짓을 하고 있는지 의식하지 못하며 어떠한 양심의 가책도 없는 성인들이 법과 명령, 독일 군인의 명예를 더럽혔다"[39]고 기록했다.

제8군 총사령관 블라스코비츠 중장은 SS와 그 지원군 격인 보안경찰, 독일 자위단이 시민을 사살한 데에 격렬히 항의했다. 그의 각서 내용을 전해 들은 히틀러는 "당신이 구세군이 되어서는 전쟁을 이끌 수 없다"[40]며 격분했다고 한다. 군부 내 다른 모든 반대자 또한 가혹한 말로 비난을 받았다. 그중 독일 장교 다수는 폴란드가 존재할 자격이 없다고 믿었다. 어느 누구도 도덕적인 이유로 폴란드 침공을 반대할 수 없었다. 제1차 세계대전 이후 극도의 혼돈 속에 있던 전前 의용군 구성원들처럼, 몇몇 나이 든 장교는 폴란드와의 쓰디쓴 국경 싸움, 특히 슐레지엔에서의 싸움에 개입되어 있었던 것이다.

폴란드 침공과 그 여파는 여러 면에서 히틀러가 차후에 준비한 소련에 대한 인종전쟁의 시험대가 되었다. 약 4만5000명의 폴란드인과 유대인 민간인이 주로 평범한 독일 군인들에게 총살당했다. SS절멸부대 아인자츠그루펜은 정신병원 수감자들을 기관총으로 사살했다. 암호명 타넨베르크 작전이라는 이름으로 각군 후방지역에 배정되어 있던 아인자츠그루펜은 귀족과 판사, 주요 기자, 교수, 그 밖에 앞으로 폴란드 내의 저항운동을 주도할 가능성이 있는 사람들을 체포하고 심지어 죽이기까지 했다. 9월 19일, 하이드리히 SS대장은 육군 참모총장인 프란츠 할더 포병대장에게 '유대인, 지식인, 성직자, 귀족을 제거'[41]하게 될 것이라고 공공연하게 말했다. 처음에 독일인 의용군이 실행한 테러는 무질서했지만 연말이 되면서 점점 체계와 일관성을 갖춰나갔다.

비록 유대인을 증오하는 히틀러의 마음은 변하지 않았지만, 1942년에 시작된 조직적 학살을 처음부터 계획했던 것은 아니다. 히틀러는 강박관념과도 같은 반유대주의를 과시하며, 유럽에서 모든 유대인의 영향력이 사라져야 한다는 나치의 사고방식을 만들어냈다. 그러나 전쟁 전 히틀러의 계획에는 잔학무도한 말살 작전이 포함되지 않았다. 오로지 유대인을 견딜 수 없도록 억압하여 이민을 강요하는 데 집중했다.

'유대인 문제'에 대한 나치의 정책은 수시로 변했다. 제3제국의 제도적 혼란을 생각하면 사실 '정책'이라는 단어에는 오해의 소지가 있다. 행정을 무시하는 히틀러의 태도는 정부 부처와 각료들 사이의 경쟁을 터무니없이 키웠다. 특히 지방 장관과 다른 나치 당원, SS, 육군 사이의 경쟁관계는 무자비하게 효율적인 정권의 이미지와는 완전히 모순되게 놀라울 정도로 소모적인 응집력 부족을 낳았다. 독일 총통이 아무렇게나 던지는 말에 집착하거나, 그의 희망 사항을 추측해보려 애쓰며 환심을 사려는 경쟁자들은 다른 이해 단체와 상의하지 않고 정책을 추진하려 했다.

1939년 9월 21일, 하이드리히는 '사전 대책'을 세우라는 명령을 내렸다. 이것은 침공 전 약 350만 명으로 유럽에서 가장 높은 비율을 보이고 있던 폴란드 인구의 10퍼센트에 달하는 폴란드 유대인의 인구수를 관리하기 위한 것이었다. 소비에트 지역에서는 약 150만 명으로, 독일 육군 전방에 있던 유대인이 동쪽으로 피신해와 35만 명이 늘어난 수치였다. 하이드리히는 아직 독일 영토에 남아 있는 유대인을 철도 교통편이 좋은 대도시에 집중시키라고 명령했다. 대규모 인구 이동이 예상되었다. 10월 30일, 힘러는 바르테가우에 있는 모든 유대인을 총독부로 강제 이송하라는 지시를 내렸다. 유대인 집은 제3제국 국경 안에서 살아본 적도 없고 알아듣기 힘든 독일어를 구사하는 재외 독일인 이주자에게 주어졌다.

크라쿠프의 바벨 성에서 자신만의 이익을 위해 총독부를 운영하던 한스 프랑크는 거만하고 부패한 나치 당원으로 악명 높았다. 그는 수십만 명의 유대인과 추방된 폴란드인을 맞이하라는 말을 듣고 화가 났다. 이 강제 이주 희생자에게 숙식을 마련할 계획도 없었고, 그들을 위해서 무슨 일을 할지 아무도 생각해보지 않았다. 이론적으로는, 자신에게 필요한 유대인을 강제 노역에 쓰고 나머지는 재정착할 수 있을 때까지 대도시의 임시 빈민가에 몰아넣으면 되었다. 빈민가에 갇혀 돈도 뺏기고 음식도 거의 먹지 못한 유대인들은 상당수가 굶주림과 질병으로 죽었다. 아직 노골적인 말살 행위는 아니었지만, 이는 말살 정책으로 가는 중요한 단계를 암시했다. 그리고 아직 유대인 정착지를 만들지도 못해 재정착시키는 데 생각보다 어려움이 크자, 다른 곳으로 이주시키는 것보다 죽이는 편이 더 쉬울지도 모른다는 생각이 곧 자라나기 시작했다.

나치 치하 지역에서는 약탈과 살인, 혼돈과 같은 일로 생활이 피폐해진 동안, 소련 쪽의 새 국경 안에 있는 폴란드인의 생활은 겨우 조금 나을 뿐이었다.

폴란드에 대한 스탈린의 분노는 소련-폴란드 전쟁과 1920년 붉은 군대가 패배하고 폴란드가 비스와 강의 기적이라 칭한 바르샤바 전투로 거슬러 올라갔다. 스탈린은 제1기병군이 투하쳅스키 육군 원수의 병력을 지원하지 못한 점을 비난했다. 하지만 투하쳅스키는 붉은 군대 숙청이 시작되던 1937년에 누명을 쓰고 스탈린에 의해 처형되었으며, 1930년대에 NKVD는 소련 내에서 다수의 폴란드인을 간첩으로 지목했다.

제2차 세계대전

대'공포 시대'에 NKVD의 총수였던 니콜라이 예조프는 폴란드가 음모를 꾸민다는 망상에 집착하기 시작했다. 그 결과, NKVD 안의 폴란드인이 숙청되었고, 1937년 8월 2일에 발효된 지령 제00485호에는 폴란드인이 국가의 적이라는 내용이 함축적으로 규정되었다.[42] 체포와 고문, 처형이 이뤄진 날로부터 20일 뒤에 예조프가 보고를 하자, 스탈린은 "아주 좋소! 이 폴란드 쓰레기를 계속 파헤치고 청소하시오. 소련의 이익을 위해 제거하시오"[43]라며 예조프의 행동을 칭찬했다. 대공포 시대에 벌어진 반폴란드 운동의 일환으로 14만3810명이 간첩 행위로 체포되고 11만1091명이 처형되었다. 폴란드인은 이 기간에 다른 소련 시민보다 네 배 정도 많은 수가 처형되었다.

소련-폴란드 전쟁이 끝난 1921년에 체결된 리가 평화조약에 따라, 승리한 폴란드는 벨라루스와 우크라이나의 서쪽 일부를 병합하여 유제프 피우수트스키 육군 원수의 군단을 다수 주둔시켰다. 그러나 1939년 가을에 붉은 군대의 침공에 이어 500만 이상의 폴란드인이 소비에트의 통치를 받게 되었고, 폴란드에 대한 애국 행위는 당연히 반혁명 행위로 취급되었다. NKVD는 10만9400명을 체포하여 그중 대부분을 굴라크 강제 노동수용소로 보냈으며, 8513명은 처형했다. 소비에트 당국은 지주, 변호사, 교사, 성직자, 기자, 장교 등 폴란드 민족주의를 불러일으킬 가능성이 있는 모든 사람을 체포 대상으로 삼았다. 이는 계급투쟁과 국가 붕괴를 노린 의도적인 정책이었다. 붉은 군대의 지배를 받던 폴란드 동부 지역은 분리되어 소련에 합병되었고, 북부 지역은 벨라루스의 일부가 되었으며, 남부는 우크라이나에 속하게 되었다.

1940년 2월 10일에는 시베리아나 중앙아시아로의 대규모 강제 이송이 시작되었다. NKVD 소총연대는 영하 30도의 날씨에 13만9794명의 폴란드 시민을 집결시켰다. 고함을 지르며 총 개머리판으로 문을 쾅 치면, 집안의 선택된 가족은 요동치기 시작했다. NKVD 장교의 지휘하에 있던 붉은 군대 병사 또는 우크라이나 민병이 집 안에 침입해 총을 겨누고, 소리치며 위협했다. 숨겨둔 무기를 찾는다는 명목으로 침대를 뒤집고 벽장을 수색했다. "너희는 폴란드 상류층이다. 너희는 폴란드의 귀족이자 지배자다. 너희는 인민의 적이다"라고 NKVD 대원이 아담치크 가족에게 말했다.[44] NKVD는 '한번 폴란드인은 영원한 쿨라크'[45]라는 말을 공식처럼 자주 썼다. 쿨라크는 부자와 반동주의 소작농을 모욕하는 소련 말이었다.

가족은 그 끔찍한 여정을 준비할 시간조차 없이 집과 농장을 영원히 버려야 했다. 대부분은 앞날을 예상하고 무기력해졌다. 아버지와 아들은 무릎을 꿇은 채 벽을 보고 있어야 했고, 여자는 어딜 가든 돈이 될 만한 재봉틀[46] 같은 집기와 조리기구, 침구, 가족사진, 아이들의 봉제인형, 교과서 등을 모을 수 있도록 허락받았다. 소련 군인 중 일부는 자신의 임무를 매우 부끄러워하며 조용히 사과하기도 했다. 몇몇 가족에게는 떠나기 전 가축 수송차 안에서 3주 동안 먹을 음식으로 우유를 짜고, 닭, 새끼 돼지 등을 잡을 수 있도록 허용했다. 다른 모든 것은 남겨두어야 했다. 폴란드 디아스포라가 시작된 것이다.

제2차 세계대전

3

가짜 전쟁에서
전격전까지

집중 폭격으로 런던과 파리를 폐허로 만들 수 없다는 점이 일단 확실해
지자, 일상은 거의 평소대로 돌아왔다. 한 논평가는 런던의 일상을 보고, 전
쟁이란 '낯설고 몽유병 같은 것'[1]이라고 썼다. 이제는 길을 걷다 등화관제로
가로등에 부딪힐 위험보다는 달려오는 자동차에 치일 위험이 더 커졌다. 런
던에서는 1939년의 마지막 4개월 동안 2000명 이상의 보행자가 사망했다.
칠흑같이 어두운 상점 입구에 서서 청춘 남녀들이 성행위를 했다는 이야기
는 곧 사교장의 농담거리가 되었다.[2] 극장은 하나둘씩 다시 문을 열었다. 런
던에서는 술집이 사람들로 넘쳐났다. 파리에서는 모리스 슈발리에가 부른
당시의 유행가 〈파리는 언제나 파리Paris sera toujours Paris〉가 카페와 식당 곳
곳에 울려 퍼졌다. 폴란드의 운명은 거의 잊었다.

육지와 하늘에서는 전쟁이 잦아들었지만, 오히려 바다에서는 더 격렬
해졌다. 영국에게 해전은 비극으로 시작되었다. 1939년 9월 10일, 잠수함
HMS 트리톤[3]이 또 다른 잠수함 HMS 옥슬리를 U 보트로 착각하고 격침
시킨 것이다. 9월 14일에 항공모함인 HMS 아크 로열을 호위하던 구축함이
처음으로 독일 U 보트를 격침했지만, 9월 17일에는 U-29가 구형 항공모함
인 HMS 커레이저스를 가까스로 격침했다. 약 한 달 후, U-47이 오크니 제

도의 스캐파플로 방어선을 뚫고 들어와 전함 HMS 로열 오크를 격침하자 영국 해군은 큰 타격을 입었다. 강력한 해군에 대한 영국의 확신이 크게 흔들린 것이다.

그사이 대서양에 띄운 독일의 포켓 전함 도이칠란트와 아드미랄 그라프 슈페에는 전쟁을 본격적으로 시작하라는 지시가 내려졌다. 그러나 10월 3일 독일 해군은 포켓 전함 도이칠란트가 미국 화물선을 전리품으로 삼는 중대한 실수를 범하고 말았다. 잔인했던 폴란드 침공에 이어 이런 일이 발생하자, 미국에서는 교전국에 무기 판매를 금지하는 법률인 중립법을 반대하는 여론이 일어 상황은 무기를 사고자 하는 연합군에게 유리하게 흘러갔다.

10월 6일, 히틀러는 독일이 폴란드와 체코슬로바키아 모두를 지배하는 데에 영국과 프랑스가 동의할 것이라 가정하고 국회에서 영국과 프랑스와의 평화 제안을 발표했다. 그리고 바로 이튿날, 두 나라의 답변을 듣기도 전에 히틀러는 총사령관들 및 포병대장 할더 장군과 함께 서방 공격에 대한 논의를 시작했다. 독일 육군 총사령부는 히틀러의 지시로 5주 후에 실행할 황색 작전Case Yellow을 계획했다. 그러나 재배치와 군수품 준비에 대한 어려움, 작전을 실행하기에는 늦은 시기 등을 두고 고위 장교들이 논쟁을 벌이자 히틀러는 몹시 분노했다. 또한 10월 10일에 베를린에는 영국이 평화 협정 조건에 동의할 거라는 엉뚱한 소문까지 퍼졌다. 자축 분위기가 된 시장과 음식점 등에 있던 사람들은 고대했던 히틀러의 라디오 연설에서 그것이 희망 사항이었던 게 밝혀지자 낙담했다. 괴벨스는 무엇보다도 독일 국민이 전쟁에 대한 열의를 보이지 않아 격분했다.

11월 5일, 히틀러는 육군 총사령관 폰 브라우히치 상급대장을 만나기로 했다. 이른 침공을 강하게 반대하라는 다른 고위 장교들의 충고를 들은 브라우히치는 히틀러에게 프랑스를 얕봐서는 안 된다고 경고했다. 탄약과 군

장비가 부족해 육군에게 시간이 필요했기 때문이다. 히틀러는 브라우히치의 말을 끊고 프랑스에 대해 모욕적인 표현을 썼다. 그러자 브라우히치는 폴란드 작전에 투입되었던 독일군의 훈련이 잘못되었다고 주장하려 했지만, 히틀러는 예를 들어보라며 폭소를 터뜨렸다. 크게 당황한 브라우히치는 순간 머릿속에 아무것도 떠오르지 않았다. 히틀러는 "초센Zossen(OKH 본부)에서 무슨 생각을 하는지 알았으니 정신을 차리게 해줘야겠군"[4]이라는 협박성 말로 총사령관에게 굴욕을 주고 난 뒤, 떨고 있는 그를 돌려보냈다.

히틀러를 제거할 군사 쿠데타를 막연히 생각하고 있던 할더 육군 참모총장은 총통의 이 말을 게슈타포가 그의 계획을 알고 있다는 뜻으로 받아들여 두려움을 느끼고, 관련될 만한 모든 것을 없앴다. 짧고 꼿꼿한 머리 모양과 코안경 때문에 19세기 독일 교수 같았던 할더는 참모부의 보수주의에 진저리가 난 히틀러의 비난을 정면으로 받았다.

이 기간에 스탈린은 몰로토프-리벤트로프의 협정으로 얻을 수 있는 것들을 취하는 데 시간을 낭비하지 않았다. 소련이 폴란드 동부를 완전히 점령한 직후, 소련 연방 정부는 이른바 '상호 원조 조약'을 발트 해 국가들에 강요했다. 그리고 10월 5일, 핀란드 정부는 모스크바로 사절을 보내라는 요청을 받았다. 일주일 후, 스탈린은 핀란드 사절에게 또 다른 조약의 초안을 제시하며 요구 사항을 전했다. 여기에는 소련에 항코 반도에 대한 조차권을 줄 것과 핀란드 만에 있는 여러 섬은 물론 무르만스크 부근의 리바치 반도 일부와 페차모 항까지 넘기라는 내용이 포함되어 있었다. 레닌그라드 위 카렐리야 지협 경계도 북쪽으로 35킬로미터 이동시키라고 주장했다. 소련은 자신의 영토 중 사람이 살지 않는 북카렐리야 땅을 핀란드에 교환 조건으로 제시했다.[5]

모스크바에서의 협상은 11월 13일까지 계속되었지만 결국 실패로 돌아갔다. 핀란드에게 국제적인 지지 및 전쟁 의지가 부족하다고 확신한 스탈린

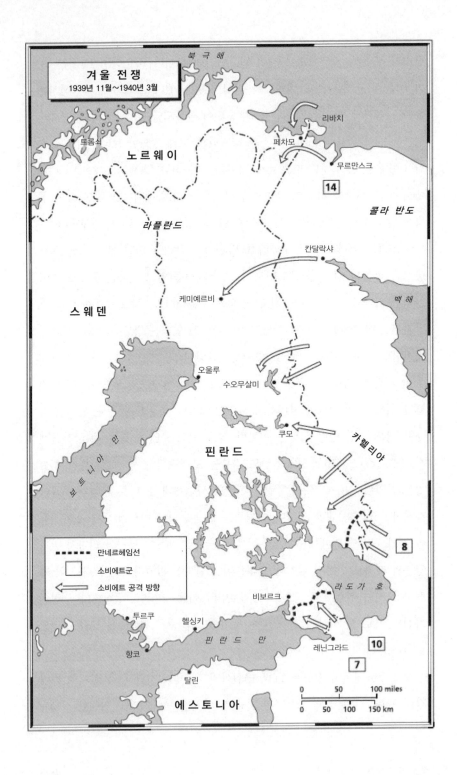

겨울 전쟁
1939년 11월~1940년 3월

북 극 해

노 르 웨 이

트롬쇠

리바치

페차모

무르만스크

14

콜 라 반 도

라 플 란 드

칸달락샤

백 해

스 웨 덴

케미예르비

오울루

수오무살미

쿠 모

카 렐 리 아

핀 란 드

보 트 니 아 만

만네르헤임선
소비에트군
소비에트 공격 방향

8

라 도 가 호

비보르크

투르쿠

헬싱키

10

항코

핀 란 드 만

레닌그라드

7

탈린

에 스 토 니 아

0   50   100 miles
0   50   100   150 km

은 결국 핀란드를 침공하기로 결심했다. 이때 스탈린은 소수의 핀란드 공산주의자로 구성된 괴뢰 '망명정부'가 소련의 우호적 원조를 필요로 한다는 설득력 없는 구실을 내세웠다. 소련군은 카렐리야의 마이닐라 부근에서 국경 분쟁을 일으켰다. 이에 핀란드가 독일에 도움을 요청했지만 나치 정부는 모든 지원을 거부하며 양보하라고 조언했을 뿐이다.

11월 29일, 소련은 외교관계를 끊었다. 이튿날 레닌그라드 군관구 병력들이 핀란드 진지를 공격했고 붉은 군대의 공중 폭격기가 헬싱키를 공격했다. 겨울 전쟁이 시작된 것이다. 소련 지도자들은 폴란드 동부를 점령한 것처럼 작전이 쉽게 성공하리라고 판단했다. 보로실로프 국방인민위원은 스탈린의 60번째 생일인 12월 21일에 맞춰 전쟁이 끝나기를 바랐고, 음악가 드미트리 쇼스타코비치는 축하연을 위해 곡을 만들라는 주문을 받았다.

핀란드는 차르 시대 기병대 전직 장교이자 볼셰비키에 대항한 독립전쟁 영웅이었던 은퇴한 카를 구스타프 만네르헤임 원수를 총사령관으로 복귀시켰다. 대부분 예비병이거나 십대 청소년으로 구성된 약 15만 명 이하의 핀란드군은 100만 명이 넘는 붉은 군대와 맞서야 했다. 라도가 호 서남쪽 카렐리야 지협을 가로지르는 방어선인 만네르헤임 선은 주로 참호, 통나무로 만들어진 벙커와 콘크리트로 만들어진 몇몇 방위 거점으로 이뤄져 있었다. 또한 핀란드는 숲과 작은 호수들을 이용해 조심스럽게 지뢰를 부설해둔 곳으로 진군 행렬을 모았다.

강력한 포병의 화력 지원에도 불구하고 소련 제7군은 심한 충격을 받았다. 제7군의 보병사단은 처음 국경 부근에서 병력 및 저격병을 탐색하느라 시간을 지체하고 말았다. 지뢰 탐지기도 부족한데 지체 없이 밀어붙이라는 지시 때문에 소련 사령관은 곧장 부대를 이끌고 만네르헤임 선 앞 눈 덮인 지뢰밭으로 나아가야 했다. 붉은 군대 병사는 핀란드인이 자신을 자본주의 압제자에게서 해방시킬 구원자이자 형제로 여기고 환영해줄 거라고 들었다. 그러나 붉은 군대 병사는 자작나무 숲 뒤에 숨은 만네르헤임 선을 향해 눈밭을 헤쳐가는 동안 전투의 현실을 체험하고는 사기를 잃었다. 겨울 위장술의 명수인 핀란드군은 기관총으로 붉은 군대를 살육했다.

핀란드 최북단에 있던 소련 군대는 무르만스크를 출발하여 광산지역과 페차모 항을 공격했지만, 남쪽으로 더 내려가 핀란드 중부를 동쪽에서 보트니아 만까지 가르려고 시도하다 가장 막심한 피해를 초래했다. 스탈린은 핀란드가 즉시 굴복하지 않은 데에 깜짝 놀라 보로실로프에게 지시하여 붉은 군대 병력의 수적 우위를 내세워 진압하도록 했다. 계속되는 숙청의 공포와 답답한 군사적 통념 때문에 무력화된 붉은 군대 지휘관은 더 많은 병사를 죽음으로 내몰 수밖에 없었다.

소련 병사는 영하 40도인 겨울 전투에 대비할 장비나 훈련을 제대로 갖추지 못한 채 두꺼운 갈색 코트를 입고 잔뜩 쌓인 눈길을 비틀거리며 나아갔다. 핀란드 중부 및 북부의 얼어붙은 호수와 숲 한가운데서 소련군 종대는 몇 안 되는 숲길로만 다녀야 했다. 붉은 군대는 그곳에 매복하면서 수오미 기관단총과 수류탄, 사냥칼 등으로 무장한 핀란드 스키부대의 전광석화 같은 공격을 받았다.

핀란드군은 적의 종대를 여러 토막으로 분할하고 보급로를 차단하여 굶주리게 하는 '통나무 베기' 전술을 택했다. 혹한의 안개 속에서 조용히 나타난 핀란드 스키부대는 수류탄이나 몰로토프칵테일소련 병사들을 조롱하는 의미로 핀란드군은 화염병을 이렇게 불렀다을 소비에트 전차와 야포에 투척한 뒤 순식간에 사라졌다. 붉은 군대는 이와 같은 반半 게릴라전에 전혀 대비가 되어 있지 않았다. 핀란드군은 농장과 외양간, 헛간 등을 모두 불태워 붉은 군대가 진군하는 동안 은신하지 못하게 했다. 길에는 지뢰가 깔렸고 부비트랩이 설치되었다. 이 공격으로 부상을 입은 병사들은 모두 손쓸 틈도 없이 얼어 죽었다. 소련 병사들은 위장한 핀란드 스키부대를 '하얀 사신'이라고 부르기 시

제2차 세계대전

작했다. 제163소총사단이 수오무살미 근처에서 포위되자 구원을 위해 진군하던 제44소총사단은 여러 차례 공격을 받고 흩어져 나무 사이에서 종잡을 수 없이 왔다 갔다 하는 하얀 유령에게 희생당했다.

나중에 전장을 방문한 미국 기자 버지니아 콜스는 다음과 같이 기록했다. "길과 숲 6.5킬로미터에는 파손된 전차, 취사도구, 트럭, 포차, 지도, 책, 옷가지 등과 더불어 사람과 말의 시체가 너부러져 있었다. 시체는 화석이 된 나무토막처럼 단단히 얼어 있었고, 피부는 적갈색으로 변해 있었다. 어떤 시체들은 쓰레기더미처럼 쌓여 있었는데, 그 위에는 담요 같이 눈만이 덮여 위로하고 있었다. 다른 시체는 나무를 등지고 기괴한 모습으로 누워 있었다. 시체가 쌓여 있는 곳의 모든 것이 얼어붙었다. 배에 입은 상처를 손으로 꽉 쥔 채로 죽은 사람도 있고, 코트 깃을 펼치려다 죽은 사람도 있었다."[6]

콜라 반도에서 케미예르비를 향해 서남쪽으로 진군하던 제122소총사단도 비슷한 운명을 맞았다. 그곳에서 발레니우스 장군이 지휘하는 병력에 기습을 당한 제122소총사단은 곧 몰살당했다. 용감하게 맞선 핀란드의 효과적 전술을 본 첫 외국인 기자는 "이 길 위의 시체들이 몹시 낯설다. 추위 때문에 이들은 쓰러진 곳에서 곧 얼어버렸다. 몸통과 이목구비는 약간씩 수축되어 마치 인공적으로 만든 밀랍인형 같은 모습이었다. 길 전체가 전쟁을 사실적으로 표현한 거대 밀랍 전시물 같았다…… 한 남자는 차량 바퀴에 기댄 채 손으로 긴 바퀴살을 쥐고 있었고, 다른 남자는 탄약통 클립을 소총에 끼우고 있었다"[7]고 기록했다.

침공을 비난하는 국제적 분위기 때문에 국제연맹에서는 소련을 제명시키자는 최후의 움직임이 일었다. 런던과 파리의 여론은 폴란드 침공보다 이번 핀란드 침공으로 더 격분했다. 스탈린의 동맹인 독일도 어려운 국면을 맞았다. 소련에서 받는 보급량이 늘어나던 와중에 독일은 스웨덴과 같은 스칸디나비아 반도 국가들과의 무역관계에 타격이 생길 것을 우려했다. 무엇보다도 나치 지도부는 핀란드가 영국과 프랑스에 군사 지원을 요청한 까닭에 머리가 아팠다. 연합군이 스칸디나비아 반도에 주둔하게 되면 군수산업에 꼭 필요한 품질 좋은 스웨덴 철광석을 공급받는 데 방해가 될 위험이 있었다.

그러나 이번에 히틀러는 조용히 자신만만해하고 있었다. 신이 자기편에 서서 대업을 수행할 수 있도록 보호해주고 있다는 믿음이 확실해진 것이다. 11월 8일, 히틀러는 1923년에 나치가 쿠데타를 일으켰다가 실패했던 뮌헨의 뷔르거브로이켈러 주점에서 연례 연설을 하기로 했다. 목수였던 게오르크 엘저는 몰래 연단 가까이에 있는 기둥에 폭약을 설치했다. 그러나 히틀러가 뮌헨 방문 일정을 빨리 끝내버리고 베를린으로 돌아가자, 히틀러가 떠나고 12분 뒤 엄청난 폭발이 일어나 연설장은 아수라장이 되었고, 히틀러의 '오랜 전우'인 나치 당원이 사망했다. 방송에 따르면 그 소식에 대해 영국 정부는 "꿩 한 마리를 놓친 것처럼 냉정하게 한마디로 '운이 나빴다'"[8]고 반응했다. 영국은 이제 독일이 무시무시한 정권에서 벗어나는 일은 시간문제일 뿐이라고 생각하며 빗나간 낙관으로 안도하기 시작했다.

엘저는 그날 오후 스위스로 탈출하려다 체포되었다. 비록 철저히 혼자서 꾸민 일임이 분명했지만, 나치는 영국 비밀정보부가 총통의 목숨을 노렸다고 비난하며 즉시 과대 선전을 시작했다. 그러자 힘러는 이 허위 사실을 이용할 완벽한 기회를 잡았다. 그 당시 SS 첩보 전문가 발터 셸렌베르크가 자신이 독일군 내의 반反히틀러 음모에 연루된 사람이라고 속여 영국 비밀정보부 요원 두 명과 접촉하고 있는 상태였다. 셸렌베르크는 자신이 반나치 성향의 독일 장군을 데려오겠다며 네덜란드 국경 도시인 펜로에서 다시 만나자고 두 사람을 설득했다. 하지만 펜로로 간 영국 첩보원은 오히려 SS대원에게 붙잡히고 말았다. 이 일을 주도한 사람은 알프레트 나우욕스 SS소령으로, 8월 말 글리비체 라디오 방송국에 대한 가짜 공격을 지휘한 장본인이었다. 하지만 네덜란드에서 완전히 잘못되어가고 있던 것은 비단 영국의 비밀 작전뿐만이 아니었다.

그달 하순, 영국 해군이 최소한 자존심을 회복시켜준 덕분에 영국 사회에 이러한 실패는 알려지지 않았다. 11월 23일에 무장 상선인 HMS 라왈핀디호는 독일 순양전함 그나이제나우 함과 샤른호르스트 함의 공격을 받고 반격했다. 용기만 가상하고 승산은 없던 이 교전은 리처드 그렌빌이 리벤지호를 타고 스페인 대형 범선인 갤리언의 습격에 맞서며 죽을 때까지 격전을 벌였던 것과 비교될 수밖에 없었다. 이물부터 고물까지 불타버린 라왈핀디호는 군기만 휘날리며 격침당했다.

그 후 12월 13일에 우루과이 해안 바깥쪽에서 헨리 하우드 준장이 지휘하고 HMS 아이아스, 아킬레스, 엑서터로 구성된 영국 소함대는 이미 아홉 척을 침몰시킨 독일의 포켓 전함 아드미랄 그라프슈페 함을 발견했다. 그라프슈페 함의 사령관이었던 한스 랑스도르프 함장은 격침시킨 상선의 승무원에 대한 예우가 좋아 매우 존경받는 인물이었다. 그런데 11인치 주포를 보유하고 있어 영국보다 화력이 뛰어나기는 했지만, 랑스도르프가 영국 함선이 모두 구축함뿐이라고 잘못 계산하는 바람에 피했어야 할 이 전투를 피하지 않고 그대로 맞섰다. 아이아스와 뉴질랜드 해군이 타고 있던 아킬레스 함이 어뢰 발사 사거리에 도달하려고 시도하는 동안 그라프슈페의 표적이 된 엑서터는 큰 피해를 입었다. 비록 영국 소함대가 큰 피해를 입기는 했지만, 마찬가지로 큰 피해를 입은 그라프슈페 함은 전투를 중단하고 연막을 뿌리면서 몬테비데오 항구로 철수했다.

며칠 동안 영국은 랑스도르프에게 으름장을 놓아 영국 소함대가 훨씬 더 강해졌다고 믿게 만들었다. 그러다가 12월 17일, 포로와 탑승자 대부분을 먼저 하선시키고 랑스도르프는 그라프슈페를 플라테 강 어귀로 몰고 가서 자침시켰다. 영국은 사기를 북돋워야 할 시기에 맞춰 승전을 기념하게 되었다. 히틀러는 도이칠란트 함이 같은 운명에 처할까봐 이름을 '뤼초프'로 바꿨다. '독일'이라는 이름의 배가 침몰했다는 내용을 전 세계 언론의 머리기사로 싣고 싶지 않았기 때문이다. 상징은 히틀러에게 가장 중요한 것이었고 전쟁이 불리해졌을 때 이 점은 더 뚜렷해진다.

괴벨스 선전장관에게서 플라테 강 전투에서 승리했다는 소식을 들은 독일인은 그라프슈페의 자침 소식을 듣고 동요했다. 나치 당국은 이 소식이 '전쟁 크리스마스'를 망치지 않도록 애썼다. 축제를 위해 배급을 늘리고 주민이 폴란드에 대한 통렬한 승리를 만끽할 수 있도록 분위기를 조성했다. 소련과 독일 모두 폴란드의 붕괴라는 현실을 연합군이 받아들일 것을 요구하고 있었기 때문에 대부분은 곧 평화가 오리라 믿었다.

크리스마스트리 주변에 모여 있는 아이를 촬영한 뉴스 영상을 보여주며, 선전장관은 독일인의 감수성을 자극하는 축제를 만들었다. 그러나 수많은 가족이 끔찍한 불안에 사로잡혔다. 몇몇 시설에서는 장애 어린이나 나이가 지긋한 사람들이 '폐렴'으로 사망했다고 친족들에게 공식적으로 통보했지만, 사실 SS와 의료 전문가들의 계획에 따라 독가스를 마셨다는 의심이 퍼지기 시작했다. 안락사 주문에 히틀러가 서명한 때는 10월이지만 SS가 정신병원에 갇혀 있던 약 2000명의 폴란드인을 죽이고 그중 몇 명은 구속복을 입혀 총살했던 첫 번째 대량 학살까지 소급하려면 전쟁이 시작된 9월 1일로 거슬러 올라가야 했다. '무뢰한' '밥만 축내는 자들' '살 가치가 없는 자들'에게 행한 나치의 은밀한 가혹 행위는 나치가 '인간 이하'로 분류한 사람들을 계획적으로 말살하려는 정책으로 가는 첫걸음이었다. 히틀러는 전쟁이 시작되기를 기다렸는데 이러한 극도의 인종 개량 프로그램을 시행할 수 있었기 때문이다. 1941년 8월까지 신체적, 정신적으로 장애가 있는 독일인 10만 명 이상이 이러한 방식으로 죽임을 당했다. 폴란드에서는 주로 뒤통수를 총으로 쏘는 방식의 살육이 계속되었지만, 가끔 밀폐된 트럭 안에 배기 가스관을 연결하기도 했다. 또한 포젠에서는 힘러가 시찰하는 가운데 처음으로 임시 가스실에서 학살이 자행되었다. 장애인들뿐 아니라 매춘부와 집시도 살해당했다.[9]

전쟁을 치르는 동안 영화에 대한 열정도 애서 포기한 히틀러는 크리스마스도 포기했다. 휴일 동안 히틀러는 독일 국방군과 SS대대, 대독일 연대 및 루프트바페 비행장과 대공 포대, 그리고 폴란드에서 지독한 전투를 치른 뒤 휴식을 취하고 있는 자신의 친위연대 SS LAH를 둘러보는 등 각급 부대를 공개적으로 기습 방문했다. 그리고 그해 마지막 날에 히틀러는 라디오 대국민 연설에서 '유럽 신질서'를 외치며 "우리가 전쟁에서 이기면 오로지 평화만을 이야기하게 될 것이다. 유대인의 자본주의 세상은 20세기에는 살아남지 못할 것이다"라고 말했다. 얼마 전, 스탈린에게 60번째 생일 축하 인사와 함께 "우정 어린 소련의 국민이 만사형통한 미래를 맞이하기를 기원한다"라는 메시지를 보내면서 '유대인 볼셰비즘'은 언급하지 않았다. 스탈린은 "독일과 소련 국민의 우정은 피로 맺어졌기에 영원하고 견고할 것이다"라고 답했다. 부자연스러운 둘의 관계가 위선적인 필요조건에 따라 이뤄진 것이기 때문에 폴란드를 함께 공격했다는 뜻의 '피로 맺어졌기에'라는 표현은 뻔뻔함의 극치를 보여주는 것이었고 또한 앞일에 대한 불길한 징조이기도 했다.

스탈린은 한 해가 저물어가자 마음 편히 있을 수 없었다. 핀란드 병력이 소비에트 영토로 진군해온 것이다. 그는 겨울 전쟁에서 붉은 군대가 겪은 참사에 스탈린의 무능한 벗 보로실로프 육군 원수의 잘못도 어느 정도 있었음을 인정해야 했다. 그리고 붉은 군대를 향한 전 세계의 비웃음을 멈추게 해야 했다. 특히 폴란드 작전에서 보았던 독일 전격전 전술의 파괴적인 효과에 놀랐기 때문에 더욱 그래야만 했다.

그래서 스탈린은 육군사령관 티모셴코를 서북전선 수장으로 앉히기로 결심했다. 보로실로프처럼 티모셴코도 스탈린이 러시아 내전 때 인민 위원으로 복무했던 제1기병군의 베테랑 중 한 명이었지만 적어도 조금은 더 창의적인 사람이었다. 그는 최신 소총과 동력썰매, KV 중전차 등 새로운 무기와 장비를 지급했다. 소련군은 보병대를 밀집시켜 공격하는 대신 핀란드의 방어선을 대포로 무너뜨리는 데 비중을 두기로 했다.

1940년 2월 1일, 만네르헤임 선을 향해 소련의 공격이 새로이 시작되었다. 그러자 핀란드군은 소련의 맹공격에 굴복하고 말았다. 4일 뒤 핀란드의 외무장관이 스톡홀름 주재 소련 대사 알렉산드라 콜론타이와 첫 접촉을 했다. 핀란드의 저항이 지속되기를 희망했던 영국 그리고 특히 프랑스는 핀란드를 도울 원정 병력을 통과시키기 위해 노르웨이 및 스웨덴 정부와의 승인 교섭에 들어갔다. 당황한 독일군은 연합군이 도착하기 전에 군대를 보내 스칸디나비아 지역을 선점할 가능성을 연구하기 시작했다.

영국과 프랑스 정부 또한 독일로의 철광석 공급을 차단하기 위해 노르웨이 나르비크Narvik와 스웨덴 북부 광산을 점령할 가능성을 따져보았다. 하지만 스웨덴과 노르웨이 정부는 전쟁에 휘말리는 것을 두려워했기 때문에 핀란드 원조를 위해 자신들의 영토를 지나게 해달라는 영국과 프랑스의 요청을 거부했다.

2월 29일, 핀란드는 외국에서 도울 거라는 희망도 없이 소련의 원래 요구에 기초하여 합의 조건을 찾기로 했고, 3월 13일에 모스크바에서 협정이 체결되었다. 조건은 가혹했지만 더 나빠질 수도 있었다. 이 협정에서 핀란드는 독립을 지킬 준비가 얼마나 결연한지를 보여주었지만 가장 중요한 것은 스탈린이 자칫 서방 연합군을 끌어들일지 모르는 이 전쟁을 계속하고 싶어하지 않았다는 점이다. 스탈린은 또한 코민테른의 선전이 우습게도 자신들만의 착각이었다는 사실을 받아들여 핀란드 공산주의자들로 구성된 괴뢰정부를 포기했다. 붉은 군대는 8만4994명이 사망하거나 실종되었고 24만 8090명이 부상과 질병을 얻었다.[10] 핀란드군은 2만5000명이 사망했다.

그러나 스탈린은 폴란드를 향한 복수전을 계속했다. 1940년 3월 5일, 스탈린과 소련 정치국은 공산당 '재교육' 시도를 모두 거부한 폴란드 장교들과 다른 정치 지도자들을 살해하려는 베리야 계획을 승인했다. 이것은 스탈린이 미래의 자주독립 폴란드를 말살하려는 정책 중 하나였다. 다섯 곳의 감옥에서 처형당해 트럭으로 옮겨진 희생자가 2만1892명이었다. 가장 악명 높았던 것은 벨라루스의 스몰렌스크 부근 카틴 숲에서의 학살이었다. NKVD는 희생자에게 집으로 편지를 쓰게 한 뒤 가족들의 주소를 알아냈다. 희생자의 가족 6만667명은 카자흐스탄으로 강제 이송되었다. SS는 피했지만 소비에트 여권 발급을 거부당한 6만5000명 이상의 폴란드 유대인들도 곧 카자흐스탄과 시베리아로 강제 이송되었다.[11]

그사이 프랑스 정부는 최대한 본토와 멀리 떨어진 곳에서 전쟁을 치르고 싶어했다. 프랑스 공산주의자가 독소 조약을 지지한 데에 몹시 화가 난 달라디에는 연합군이 히틀러의 동맹국을 공격하여 독일의 힘을 약화시킬 수 있으리라 생각했다. 달라디에는 바쿠 지역의 소비에트 석유 설비와 캅카스 산맥에 폭격을 가할 것을 주장했지만 영국은 그 생각을 버리라며 프랑스를 설득했다. 왜냐하면 소련이 독일 편에 서서 전쟁에 개입할 위험이 있기 때문이었다. 그 후 달라디에는 총리직을 사임했고 3월 20일에 폴 레노가 후임이 되었다.

제1차 세계대전 당시, 연합군의 전쟁 노력에서 중심 역할을 했던 프랑스군은 유럽에서 가장 강하고 자국 영토를 확실히 방어할 수 있는 군대로 널리 알려져 있었다. 그러나 좀더 통찰력 있는 사람들은 이 점에 대해 약간 회의적이었다. 1935년 3월 초, 투하쳅스키 원수는 프랑스가 독일의 맹공격을 견뎌낼 수 없을 거라고 예측했다.[12] 그의 눈으로 본 프랑스의 치명적인 결점은 공격에 대한 반응이 지나치게 느리다는 것이었다. 이는 단지 견고한 수비적 경향 때문만이 아니라 부족한 무선 통신에서 오는 문제이기도 했는데, 1938년에 독일은 구식 프랑스 암호를 모두 해독할 수 있었다.

주불 대사관의 급송 공문을 주시하고 있던 루스벨트 대통령도 프랑스의 약점을 잘 알고 있었다. 공군은 구식 항공기를 막 교체하기 시작했고, 육군은 비록 세계에서 가장 큰 규모 중 하나였지만 느리고 구식인 데다 독일 국경을 따라 구축한 방어선인 마지노선에 지나치게 의지하면서 의식이 굳어 있었다. 베르됭 전투에서만 40만 명의 사상자를 낸 제1차 세계대전 중의 엄청난 손실이 이 수비 정신의 배경이 되었다. 그리고 많은 기자와 군 관계자, 뉴스 해설가 등이 관찰한 바와 같이, 수많은 스캔들과 정부의 전복 이후 나라 안에 퍼지는 정치적, 사회적 불만은 위기 시 단합과 결의에 대한 모든 희망을 약화시켰다.

선견지명이 있었던 루스벨트는 민주주의의 유일한 희망과 미국의 장기적인 이익을 위해서라면 나치 독일에 맞서 영국과 프랑스에 협력해야 한다고 생각했다. 결국 1939년 11월 4일에 '캐시 앤드 캐리cash and carry 구매자가 현금으로 직접 상품을 구입하고 자신이 가지고 돌아가는 것' 법안이 의회에서 통과, 비준되었다. 고립주의자가 처음으로 좌절되면서 두 연합국은 무기를 살 수 있게 되었다.

프랑스에서는 비현실적인 분위기가 지속되었다. 활력이 없는 최전방을 방문한 로이터 통신 특파원[13]은 프랑스 병사들에게 독일군의 움직임이 뚜렷하게 보이는데도 왜 쏘지 않느냐고 물었다. 그들은 놀란 듯했다. 한 사람이 "저들은 나쁜 자들이 아닙니다Ils ne sont pas mechants. 그리고 만약 우리가 발포를 하면, 저들도 발포를 할 겁니다"라고 대답했다. 독일은 전선을 둘러본 정찰대의 보고로 대부분의 프랑스 진영이 부주의할 뿐 아니라 공격 본능도 부족하다는 것을 곧 알아챘다. 그리고 영국이 프랑스를 전쟁의 전면에

제2차 세계대전

내세우려 한다고 생각하도록 부추기는 독일의 선전은 계속되었다.

방어 진지 구축을 제외하고 프랑스군은 훈련을 거의 실시하지 않았다. 프랑스군은 마냥 기다리기만 했다. 활동을 하지 않으니 사기는 떨어지고 분위기는 침울해졌다. 급기야 정치인은 무단으로 자리를 이탈하고 공공장소에서 단정치 못한 모습으로 다니는 무절제한 군인 이야기를 전해 듣기 시작했다. 한 병사는 "카드 게임을 하고 술을 마시고 아내에게 편지만 쓰면서 시간을 보낼 수는 없다. 밀짚 위에 몸을 뻗고 누워 하품이나 하다가 이제는 아무것도 하지 않는 것에 익숙해져버렸다. 씻는 횟수가 점점 줄어들고 면도도 더 이상 하려 하지 않으며 청소를 하거나 식사 후 식탁을 정리하는 수고조차 들일 수가 없다. 기지에는 권태와 오물만이 쌓여간다"[14]고 기록했다.

육군 기상관측소에서 복무하던 사르트르는 이때 『자유의 길』 제1권과 『존재와 무』 일부를 쓰게 된다. 그 겨울, 그는 "오로지 수면과 식사, 추위 피하기가 문제였다. 그뿐이다"[15]라고 썼다. 에두아르 루비 장군은 자신의 관찰 내용을 다음과 같이 기록했다. "모든 훈련은 괴로운 일, 모든 업무는 피곤한 일로 여겨졌다. 몇 달간의 침체 후, 아무도 전쟁 중이라고 생각하지 않게 되었다."[16] 하지만 모든 장교가 무관심한 것은 아니었다. 독일군처럼 기갑사단을 만드는 것을 열렬히 찬성하던 직설적인 성격의 샤를 드골 육군 대령은 "무기력이 곧 패배다"[17]라며 분위기를 바꾸려 했다. 그러나 그의 호소도 짜증이 난 장군들 사이에서 묻혀버리고 말았다.

사기를 북돋우기 위해 프랑스 최고사령부가 했던 일은 에디트 피아프, 조세핀 베이커, 모리스 슈발리에, 샤를 트레네와 같이 유명한 배우나 가수들을 전선에 초청해 흥을 돋우는 것이 전부였다. 식당과 캬바레 등이 사람들로 붐비는 파리에서 당시 유행하던 노래는 〈기다립시다 J'attendrai〉라는 곡이었다. 그러나 연합군에 더 큰 경종을 울리게 된 계기는 영향력 있는 우파가 "블룸보다 히틀러가 낫다"고 발언한 일이었다. 블룸은 1936년 인민전선의 사회주의 지도자이자 유대인이었던 레옹 블룸을 가리킨다.

외무부의 평화주의자였던 조르주 보네에게는 전쟁 전에 프랑스 내 반영국, 반유대인 선전활동에 나치 자금을 조달하는 통로 역할을 했던 조카[18]가 한 명 있었는데, 보네 외무부 장관의 친구로 훗날 점령 기간에 프랑스 주재 독일 대사를 지낸 오토 아베츠가 이 일에 깊이 연루되어 프랑스에서 추방 되었다. 나치즘과의 전쟁에 대한 믿음이 확고했던 새 프랑스 총리 폴 레노에 게도 위험한 약점이 있었다. '다소 천박해 보이는 용모가 비상한 활력과 자 신감을 발산시키는 여성'[19]인 레노의 정부 엘렌 드포르트 부인은 프랑스가 폴란드를 지지했던 것을 영예롭게 여겨서는 안 된다고 생각했다.

폴란드 총리이자 총사령관인 브와디스와프 시코르스키 장군의 영도하에 수립된 폴란드 망명정부가 프랑스에 도착했다. 시코르스키는 폴란드가 무 너진 뒤 주로 루마니아를 통해 탈출한 8만4000명으로 앙제 지역에서 폴란 드 병력을 재조직하기 시작했다. 그러는 동안 피점령국 중 어떤 나라보다도 빨리 폴란드 본국에서 저항운동이 펼쳐지기 시작했다. 1940년 중반까지 폴 란드 반군의 수가 총독부 지역에서만 10만 명을 기록했다. 폴란드는 나치 제국의 정복에 순종하지 않았던 극소수의 나라들 중 하나였다.[20]

프랑스는 폴란드의 운명을 나누어 갖지 않기로 결정했다. 그런데 대부분 의 지도자와 국민 대다수는 이 전쟁이 이전의 갈등들과 다르다는 것을 전 혀 깨닫지 못했다. 나치는 전쟁 배상금과 한두 지방의 항복으로는 절대 만 족하지 않았고, 자신들의 잔혹한 의도대로 유럽을 재편하려고 했다.

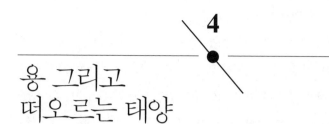

용 그리고
떠오르는 태양

　가난한 대다수의 중국 농민에게 고통이란 낯선 것도 아니었다. 홍수, 가뭄, 삼림 벌채, 토양 침식, 군벌의 약탈이 있고 나면 어김없이 굶주림이 따라온다는 것을 모두 아주 잘 알고 있었다. 쓰러져가는 흙집에서 살던 농민의 삶은 질병과 무지, 미신, 착취 등으로 멍들어 있었다. 지주는 농민에게 땅을 빌려주고 수확한 곡물의 절반 내지는 3분의 2까지도 거둬들였다.

　도시민은—심지어 다수의 좌파 지식인까지 포함하여—시골 사람 모두를 이름 없는 짐승 정도로 보는 편이었다. 한 공산주의 통역사는 겁 없는 미국 기자이면서 사회운동가인 아그네스 스메들리에게 "사람에 대한 동정은 전혀 쓸모가 없다. 동정해야 할 사람이 너무 많지 않나"[1]라고 물을 정도였다. 스메들리는 그들의 삶과 '중세 시대의 농노'의 삶을 비교해보았다. 그곳 농민은 적은 양의 쌀과 수수, 호박 등으로 연명했고, 가장 소중한 재산이라 할 수 있는 쇠로 만든 냄비로 요리를 했다. 겨울에도 맨발로 다니는 사람이 많았으며, 여름에는 갈대를 엮어 만든 모자를 쓰고 들에서 허리를 구부려 일했다. 수명은 짧았고, 나이가 들어 주름이 패이고 아직도 전족을 해절뚝거리는 노령의 농촌 여자는 상대적으로 찾아보기 어려웠다. 자동차나 비행기 또는 전등도 본 적이 없는 사람이 다수였다. 시골 군벌과 지주 대부분은 여전히 봉건 권력으로 통치하고 있었다.

빈민에게 도시의 삶은 직업이 있어도 하등 나을 게 없었다. 한 미국 기자
는 "상하이에서는 일을 시키기 위해 아침에 산송장 같은 어린아이를 공장
입구에 모으는 것이 일과다"[2]라고 기록했다. 빈민은 또한 탐욕스런 세무 관
리와 공무원들에게 억압을 받았다. 하얼빈에서는 걸인이 늘 "한 푼만 줍쇼!
그럼 당신은 부자가 될 거요! 관리가 될 거요!"라고 외쳤는데, 때때로 그 말
은 "그럼 당신은 부자가 될 거요! 장군이 될 거요!"[3]로 바뀌기도 했다. 그들
의 운명은 대부분 타고나는 것이어서 실제 사회 변화는 상상할 수 없었다.
실제로 청 왕조를 몰락시키고 쑨원 박사의 공화국을 들어서게 한 1911년
혁명의 주역은 중산층과 도시민이었다. 그래서 나라의 약점을 부당하게 이
용하려는 일본의 파렴치한 계획 때문에 처음으로 중국 민족주의가 일어나
게 된 것이다.

1925년 쑨원이 사망한 뒤 일시적으로 국민당 지도자가 된 왕징웨이는
기대주였던 장제스 장군의 최대 라이벌이었다. 자존심이 세고 약간 편집증
이 있던 장제스는 큰 야망을 품고 위대한 중국의 지도자가 되겠다는 결심
을 했다. 호리호리한 체격과 짧고 깔끔한 군인 수염에 머리가 벗겨진 장제
스는 정치적 수완이 매우 좋았지만 사령관으로서도 늘 좋았던 것만은 아니
었다. 그는 황푸군관학교 교장을 지냈고, 가장 아끼던 생도들은 주요 사령
관으로 임명되었다. 그런데 중국국민혁명군과 군벌동맹군 사이의 대립관계
및 파벌 싸움 때문에 장제스는 멀리 떨어져서 자신의 조직을 통솔하려 했
고, 결과적으로 잦은 혼란과 지연이 발생했다.

무크덴 사건과 일본의 만주 점령 다음 해인 1932년에는 일본군이 눈에
띄게 호전성을 드러내며 해군 육전대를 상하이 거류지로 이동시켰다. 장제
스는 더 맹렬한 공격이 시작될 것을 예측하고 대비를 시작했다. 바이마르
공화국 시절 국방군의 전직 총사령관이던 제크트 장군은 1933년 5월에 도

착하여 국민당 군대를 근대화, 전문화할 방안에 대해 조언했다. 제크트와 그의 후계자인 팔켄하우젠 장군은 잘 훈련된 일본 제국 육군에 맞서서 승산이 있으려면 장기 소모전을 펼쳐야 한다고 주장했다. 외국과 교환할 수 있는 것이 거의 없었던 장제스는 중국 텅스텐을 독일 무기와 거래하기로 했다.

장제스는 지칠 줄 모르고 근대화를 추진했는데 이번에는 순수한 이상주의에서 영감을 얻은 것이었다. 난징의 10년(1928~1937)으로 알려진 이 기간에 장제스는 도로 건설, 군대 근대화와 농업 개선 등 급속한 산업화 계획을 관장했다. 또한 중국의 정신적, 외교적 고립을 끝낼 방법도 모색했다. 게다가 중국의 군사적 약점을 잘 알고 있던 그는 가능한 한 오래 일본과의 전쟁을 피하기로 한다.

1935년에 스탈린은 코민테른을 통해, 일본의 위협에 대항하여 국민당과 공동 전선을 구축하라고 중국 공산당에 지시했다. 그것은 장제스의 공격으로 홍군이 궤멸당하는 일을 피하기 위해 1934년 10월 공산당을 대장정大長征에 오르게 한 마오쩌둥으로서는 특히 반갑지 않은 정책이었다. 목소리가 묘하게 높고 풍채가 좋았던 마오쩌둥은 사실상 소련 연방정부와 입장을 달리했는데, 그 이유는 마오가 스탈린의 이익과 중국 공산당의 이익이 동등하지 않다고 보았기 때문이다. 마오쩌둥은 전쟁으로 혁명적 권력 잡기의 근거를 마련한다는 레닌주의 노선을 따르는 사람이었다.

한편 소련 정부는 중국 공산당의 장기적 승리보다 소련의 이익을 훨씬 더 중요하게 생각하여 극동 지방 전쟁을 원하지 않았다. 그리하여 코민테른은 마오쩌둥에게 '국제 공산주의자적 시각'이 부족하다며 비난했다. 그러자 마오쩌둥은 중국에서는 농민이 혁명의 선봉에 나서야 하기 때문에 도시 프롤레타리아에게 가장 적격인 마르크스-레닌주의가 적합하지 않다고 주장함으로써 스스로 이단에 가까워졌다. 그는 독립적인 게릴라전을 펼칠 것과 일본 전선 후방에서 연락망을 구축할 것을 주장했다.

장제스는 공산당을 만나기 위해 대표단을 보냈다. 그는 공산당 병력을 국민당군과 통합하는 대신 북쪽에서 공산당만의 지역을 갖게 하고 공격을 중단하려 했다. 마오쩌둥은 장제스가 만주에 있던 일본군이 공격해 들어올 수도 있는 지역으로 자신들을 밀어넣으려 한다고 의심했다. 하지만 장제스는 공산당이 스스로 모든 권력을 획득하는 데에만 관심이 있었기 때문에 절대 다른 어떤 당들과 장기적으로 타협하거나 협동하지 않을 것을 알고 있었다. 장제스는 한때 "공산당은 심장병이고 일본군은 피부병이다"[4]라고 말할 정도로 공산당을 꿰뚫고 있었던 것이다.

　중국 남부와 중부에서 공산당을 상대하는 동안, 장제스가 동북쪽에 있던 일본의 습격과 도발을 저지하기 위해 할 수 있었던 것은 거의 아무것도 없었다. 만주 관동군은 중국과 타협할 시간이 없다고 주장하며 일본 정부와 논의했다. 훗날 일본 총리가 된 관동군 참모장 도조 히데키 중장은, 난징 정부 형태를 띠고 있는 '후방의 골칫거리'[5]를 없애지 않고서 소련과의 전쟁을 준비하는 것은 '문제를 불러일으키는 셈'이라고 말했다.

　그와 동시에, 일본 공격에 신중했던 장제스의 정책은 대대적으로 국민의 분노를 일으켰고, 수도에서는 학생 시위가 터졌다. 1936년 말, 일본군은 탄광을 점령하고 철광석을 얻을 목적으로 몽골 국경의 쑤이위안 지역으로 진군했다. 하지만 국민당군이 반격해서 일본군을 몰아낸 덕분에 장제스의 지위는 강화되었고, 공산당과의 통합 전선에 내건 협상 조건들은 더욱 까다로워졌다. 서북부 군벌과 동맹을 맺은 공산당은 국민당 군대를 후방에서 공격했다. 장제스는 공산당과의 협상이 여전히 진행되는 가운데 공산당을 완전히 제압하고 싶어했다. 그러나 일본을 상대로 강력한 전선을 구축하고 공산당과의 내전은 끝내고자 했던 두 명의 국민당 군사령관을 만나러 간 장제스는 12월 초 시안에서 두 부하에게 붙잡혀 2주간 연금된 후 결국 두 부하의 조건에 동의했다. 공산당은 장제스를 인민재판에 기소할 것을 촉구했다.

석방된 장제스는 난징으로 돌아와 정책을 바꿔야만 했다. 국민은 항일전으로 단결할 것을 예상하고 천진난만하게 기뻐했다. 그리고 12월 16일 나치 독일과 일본이 '방공협정'을 체결하자 이에 크게 놀란 스탈린은 마오쩌둥과 명석하고 외교적 수완이 있는 그의 동지 저우언라이에게 국민당과의 연합전선을 구축하도록 압박을 가했다. 소련 지도자 스탈린은 중국 공산당이 북쪽에서 문제를 일으킬 경우 장제스가 공산당에 맞서 일본과 동맹을 맺을 수도 있다는 점을 우려했다. 그리고 만약 장제스가 제거되면 일본군과의 싸움을 원하지 않았던 왕징웨이가 국민당에 대한 통제력을 장악할 수도 있었다. 스탈린은 순수하게 국민당이 저항하게 만들려는 의도로 자신이 일본과의 전쟁에서 당연히 국민당 편에 섰다는 믿음을 심어주려 했다. 그리고 소련은 전쟁에 뛰어들 생각은 전혀 하지 않고 계속해서 당근만 던졌다.

1937년 7월 7일 베이징 서남부 루거우차오에서 중국과 일본 군대 사이에 충돌이 일어났을 때도, 국민당과 공산당 간의 협정은 여전히 체결되지 않은 상태였다.[6] 이 사건이 중일전쟁의 본격적인 시작이었다. 이 사건 전체는 긴장 상태에서 일어나는 예측 불가능한 일이 얼마나 무서운지를 보여주는 한 편의 블랙 코미디였다. 한 일본군 병사가 야간 훈련 중에 행방불명되었는데, 소속 중대 지휘관은 그 병사를 찾기 위해 완핑 마을로 들여보내달라고 요구했다. 중국군이 거절하자 일본군은 그곳을 공격했고, 중국군의 반격이 이어지는 동안 사라졌던 병사는 막사로 돌아왔다. 또 하나 재미있는 점은 도쿄의 참모본부가 중국에서의 도발에 책임이 있는 광신적인 장교를 마침내 통제하려고 시도한 반면 장제스는 중국 국민에게 더 이상 타협하지 말라는 강한 압박을 받았다는 것이다.

총사령관은 일본의 의도가 무엇인지 확신이 들지 않아 중국 지도자와 회의를 열었다. 일본군은 처음에 내부 의견이 갈려 있었다. 만주 관동군은 충돌을 확대시키려 했지만, 대본영의 참모는 북쪽 국경을 따라 배치된 붉은 군대의 반응을 걱정했다. 바로 일주일 전에도 아무르 강에서 교전이 벌어진 터였다. 그러나 일본 참모장은 곧 전면전을 결심했고 소련이나 서구 열강과 충돌한다고 해도 그 규모가 커지기 전에 중국이 삽시간에 무너질 거라고 생각했다. 훗날 히틀러가 소련에 대해서 그랬듯이 일본 장군은 중국인의 분노와 저항 의지를 완전히 과소평가하면서 제 무덤을 팠다. 그리고 중국의 대응 전략으로 오랜 소모전을 벌이게 될 것임을 전혀 예측하지 못했다.

국민당군의 결점과 예측 불가능한 북쪽 동맹군의 성격을 잘 알고 있던 장제스는 일본과의 전쟁에 엄청난 위험이 따르리라는 것을 알았다. 그러나 그는 선택의 여지가 없었다. 일본군은 난징 정부가 거절한 최후통첩을 반복해서 보냈고, 7월 26일에 결국 일본군의 공격이 시작되었다. 베이징은 사흘 뒤 무너졌다. 국민당과 그 동맹군은 일본군이 남쪽으로 진군해오자 산발적으로만 저항하면서 후퇴했다.

범선을 타고 황허 강 북쪽 기슭 '펑링토커우의 구불구불한 흙길로 이어진 마을'에 도착한 아그네스 스메들리는 "갑자기 전쟁이 우리에게 닥쳐왔다. 우리가 밤에 머무를 숙소를 찾으려 했던 이 작은 마을은 군인과 민간인, 수레, 노새, 말, 노점상으로 가득했다. 마을을 향하는 흙길을 걸어 올라가자 부상당한 병사들이 길 양쪽으로 줄지어 쓰러져 있었다. 더럽고 피 묻은 붕대를 감은 사람이 수백 명이었고, 그중에는 의식이 없는 사람도 있었다…… 그들 곁에는 의사도, 간호사도, 도와주는 사람도 없었다"[7]라고 기록했다.

국민당군을 근대화하려는 장제스의 온갖 노력에도 불구하고, 국민당군은 군벌동맹군만큼이나 자신들과 맞서고 있는 일본군에 비해 훈련을 받거나 장비를 갖추지 못했다. 보병들은 여름에 청회색 면 군복을 입었고, 겨울에는 운이 좋아야 솜을 누빈 면 재킷이나 몽골군의 양가죽 코트를 입었다. 발에는 헝겊이나 밀짚으로 만든 신발을 신었다. 그래서 걸을 때는 발소리가 나지 않아 조용했지만, 옷에는 보호 장비가 없어 일본군이 기지를 방어하기 위해 사용했던, 오물을 묻힌 대나무 말뚝에 찔려 패혈증에 걸리기도 했다.

중국 군인들은 위쪽에 귀마개가 붙어 있는 둥글고 뾰족한 모자를 썼다. 철모도 없어서, 죽은 일본 군인들에게서 철모를 가져오면 그것을 자랑스럽게 썼다. 또한 적군에게서 획득한 제복을 입은 군인이 많아 위기의 순간에 혼동을 일으키기도 했다. 가장 좋은 전리품은 일본군의 권총이었다. 사실 중국 군인들에게는 여러 나라, 여러 제조사에서 공급받은 소총보다 이렇게 획득한 일본 무기들을 위한 탄약을 확보하는 것이 더 쉬웠다. 가장 부족했던 것은 의료 시설과 대포, 항공기였다.

전투 안팎에서 중국 부대는 나팔소리로 지령을 받았다. 무선통신은 상급 사령부 사이에만 있었는데, 그마저도 신뢰성이 떨어졌다. 일본군도 중국군의 암호를 쉽게 해독하고 계획과 의도를 알아낼 수 있었다. 중국군은 소수의 트럭을 보유했지만, 전방에 있던 대부분의 군인은 노새와 몽골 조랑말, 딱딱한 나무 바퀴로 된 소달구지에 의지했다. 모든 것이 절대적으로 부족해서 군인들은 음식을 먹지 못할 때가 종종 있었다. 게다가 봉급은 몇 달씩 밀리기 일쑤였고 때로 장교들이 착복하기도 해서 군의 사기는 크게 떨어져 있었다. 그렇지만 그해 여름 상하이 전투에서 중국 군대가 보여준 용감함과 결의는 의심의 여지가 없다.

이 큰 전투의 발단과 동기에 대해서는 여전히 논쟁 중이다. 북부와 중부 지역에서 계속 전투를 벌이는 동안 장제스가 상하이에서 새 전선을 엶으로써, 일본이 병력을 집중시켜 승리를 빠르게 거머쥐지 못하도록 일본 병력을 분산시키려 했다는 것이 정설이다. 이것이 팔켄하우젠 장군의 조언을 따른 소모전이었다. 상하이를 공격하면 공산당 및 다른 연합군들이 자기 병력과 전력 기반에 닥칠 위험을 감수하기보다는 퇴각할 위험이 있기는 해도 어쨌든 저항전으로 이끌고 갈 수는 있었다. 이로써 소비에트로부터 군사 고문단 파견은 물론, 전투기와 전차, 대포, 기관총, 차량 등의 원조 선언도 받아냈다. 값은 소련으로 수출하는 원자재로 치르기로 했다.

또 다른 설은 확실히 설득력을 지닌다. 중국 북부에서의 일본군의 선전에 크게 놀란 스탈린은 전선을 남쪽으로 이동시켜 소련의 동쪽 국경에서 멀어지기를 간절히 희망했다. 그는 소비에트 '스파이'였던 국민당 지역 사령관 장칭중 장군을 통해 비밀리에 이 일을 진행할 수 있었다. 장칭중은 해군육전대 3000명이 주둔한 상하이 일본군 주둔지에 선제공격을 개시하도록 총사령관을 여러 번 설득하려 했지만, 장제스는 특별한 지시 없이 움직이지 말라고 말했다. 상하이에 가해지는 공격에는 엄청난 위험도 따랐다. 난징에서 290킬로미터밖에 떨어지지 않은 데다 양쯔 강 어귀와도 가까워서 상하이에서 패배하면 일본군이 신속하게 중국 수도 및 중심부로 진군할 수도 있었다. 8월 9일에 장칭중은 군인들을 상하이 군 비행장으로 보냈고, 일본 해군육전대 중위와 병사 한 명을 사살하게 했다. 장칭중은 자신의 각본대로 중국인 사형수를 쏘아 마치 일본군이 먼저 발사한 것처럼 꾸몄다.[8] 일본군도 상하이 주변에서 전투를 시작하는 것이 껄끄러워 처음에는 반응하지 않고 증원 요청만 했다. 장제스는 다시금 공격하지 말 것을 지시했다. 그러던 8월 13일, 일본 군함들이 상하이의 중국지역을 포격하기 시작했다. 이튿날 아침, 국민당 2개 사단은 도시에서 일본군을 습격했다. 도시 중심부의 제방에 닻을 내리고 있던 일본 제3함대 기함인 낡은 순양함 이즈모 함을 향해 공중 공격도 개시되었다. 그러나 이 일은 재앙으로 끝나고 만다. 군함이 낡은 항공기를 향해 대공포를 쏘았는데, 탄환 몇 개가 한 항공기의 폭탄걸이에 맞는 바람에 상하이 공동 조계 위를 날던 그 항공기에서 탄약이 팰리스 호텔과 난징로 등 피란민이 붐비는 곳에 떨어졌다. 이로써 약 1300명의 민간인이 자국 비행기 때문에 죽거나 다쳤다.[9]

양측 모두 병력이 급속히 증강되기 시작하면서, 중일전쟁 중 가장 큰 규모의 전투로 번졌다.[10] 상하이에서 부대를 증편한 일본은 8월 23일에 북쪽 국민당 진영 측면 해안에 상륙했다. 무장한 상륙주정으로 전차를 해변에 상륙시켰는데, 국민당 사단에 대포가 거의 없었기 때문에 일본의 함포사격이 더욱 효과적이었다. 양쯔 강을 봉쇄하려던 국민당의 시도가 실패로 돌아가고, 규모가 작았던 항공대도 일본군의 제공권을 당해낼 수는 없었다.

팔켄하우젠으로부터 훈련 받은 국민당군은 9월 11일부터 끔찍한 피해에도 불구하고 매우 용맹스럽게 싸웠다. 대부분의 사단이 피해를 입어 특히 장제스의 정예 사단들은 1만 명의 초급 장교를 포함하여 병력의 절반 이상을 잃었다. 계속 싸울지 후퇴할지 결정할 수 없었던 장제스는 결국 사단을 더 많이 보내기로 했다. 그는 국제연맹 회의가 코앞인 시점에서 중국의 혈투를 세계가 주목하기를 바랐다.

일본은 중국 북부에 배치한 것보다 더 많은 총 20만 명 정도의 병력을 상하이 전선에 배치했다. 9월 셋째 주에 일본군은 국민당 방어선을 뚫기 시작해, 10월에는 효과적인 장애물 역할을 했던 우쑹 강까지 퇴각하게 만들었다. 한 대대는 남아서 창고 따위를 지키며 국민당군이 아직 상하이에 거점을 두고 있다는 인상을 주었는데, 이 '홀로 있는 대대'는 중국을 일깨우는 위대한 선전 신화가 되었다.

11월 초, 필사적인 전투가 치러진 뒤 일본군은 금속을 입힌 작은 공격 주정을 이용하여 우쑹 강을 건너 여러 곳에 교두보를 세웠다. 그런 다음 남쪽 해안에서 또 한 번 상륙 작전을 펼쳐 국민당군을 퇴각시켰다. 맹렬한 전투를 펼치며 막대한 피해를 입으면서도 잘 지켜내고 있던 질서와 사기가 마침내 무너지기 시작했다. 군인은 소총을 던져버렸고 피란민은 일본군 폭격기와 전투기 때문에 공황 상태에 빠져 허우적거렸다. 상하이 주위에서 벌어진 3개월 동안의 전투로 일본군은 4만 명 이상의 사상자가 발생했다. 중국군 사상자 수는 18만 7000명이 넘어 피해가 적어도 4.5배 이상이나 되었다.

길을 따라 마을을 불태우며 황급히 진군한 일본 사단들은 서둘러 난징을 향해 가기 바빴다. 일본 제국 해군은 양쯔 강으로 소해정과 포함을 보내 도시를 포격했다. 국민당 정부는 주로 강 증기선과 범선을 타고 임시 수도가 될 우한을 향해 양쯔 강을 거슬러 올라가기 시작했다. 훗날에는 양쯔 강 상류에 있는 충칭이 임시정부가 된다.

장제스는 난징을 지킬지, 싸우지 않고 버릴지를 결정하지 못했다. 도시는 지킬 수 없었고, 그처럼 중요한 상징을 버리는 것은 수치였다. 장군들은 동의할 수 없었다. 만에 하나 어정쩡한 방어로 공격자들의 화만 키워 최악의 상황이 일어날 수 있었다. 사실 일본 사령관들은 상하이 전투만큼 난징 전투의 정도가 심해지면 수도에 머스터드 가스mustard gas(이페리트)와 소이탄[11]을 사용할 생각을 하고 있었다.

중국인은 적의 무자비함을 분명히 예상하고 있었지만, 다가올 잔인함의 정도는 미처 상상하지 못했다. 12월 13일, 중국군은 난징에서 철수한 뒤, 갑작스레 포위를 당해 외곽에서 갇히고 말았다. 일본군은 포로를 모두 사살하라는 명령을 받고 도시 안으로 진입했다. 제16사단[12] 소속의 한 부대는 중국인 포로 1만5000명을 살해했고, 단 하나의 중대가 무려 1300명을 학살했다. 한 독일 외교관은 "기관총을 발사하여 대량 학살을 하는가 하면, 포로의 몸에 기름을 부어 불을 붙이는 등 그 밖에도 독특한 살인 방법이 많이 쓰였다"[13]라고 베를린에 보고했다. 도시 안의 건물들은 약탈당하고 화염에 휩싸였다. 살인과 강간, 파괴를 피해 민간인들은 '국제안전지대'로 지정된 구역으로 대피하려 했다.

얕잡아봤던 중국군을 상대로 상하이에서 예상외의 고전을 겪자, 분노한 일본인들은 그에 대한 복수로 무자비한 대학살과 집단 강간을 자행해 전 세계에 충격을 안겨주었다. 일반 시민 사상자 수에는 편차가 커서, 일부 중국 소식통은 30만 명으로 전했지만 더 신빙성 있는 수치는 20만 명 정도다.

일본군 당국은 시민의 옷을 입은 중국 군인만 죽였고, 사망자 수는 1000명을 조금 넘을 뿐이라며 서툴게 거짓 주장을 했다. 대학살의 현장은 거리마다, 보이는 곳곳마다 썩어가는 시체로 지옥을 방불케 했는데, 그중에는 들개에게 물어뜯긴 것도 많았다. 연못과 하천, 강은 모두 부패한 시체로 오염되었다.

일본 군인은 군국주의 사회에서 길러졌다. 군인의 소중함에 경의를 표하면서 마을 전체가 군 입대를 위해 떠나는 징집병에게 작별을 고해야 했다. 서구에서는 일본 군인이 천황을 위해 싸운다고 믿었지만 실제로는 가족과 지역 공동체의 명예를 위해 싸우는 경향이 짙었다. 이렇게 징집된 군인은 개성을 말살하는 기본 훈련을 받았다. 부사관은 징집병을 강인하게 만들고 악에 받치도록 하기 위해 끊임없이 모욕을 주며 때렸고, 학대의 연쇄 효과로 병사들은 패배한 적의 군인이나 민간인에게 분노를 풀었다.[14] 또한 일본 병사는 모두 소학교 시절부터 일본은 '신성한 민족'이고 중국은 완전히 하등한 '돼지보다 못한'[15] 민족이라고 세뇌 교육을 받았다. 보편적인 전후 사례를 하나 들자면 한 병사는, 중국인 포로를 이유 없이 고문하는 모습을 지켜보는 게 끔찍했지만 자신이 느꼈던 모욕감을 만회하기 위해 자기가 고문을 이어서 해도 되는지 물어보기도 했다고 고백했다.

난징에서 부상당한 중국 군인들은 누워 있던 그 자리에서 총검에 찔렸다. 장교들은 포로를 줄지어 무릎 꿇게 한 뒤 사무라이 검으로 한 명씩 참수했다. 군인들은 또한 수천 명의 중국인 포로를 포박하거나 나무에 묶은 뒤 총검술 연습을 하라는 명령을 받았다. 명령을 거부하면 부사관에게 심한 구타를 당했다. 일본 제국 육군이 군대에 행한 인간성 말살 조치는 군인들이 고국을 떠나 중국에 도착하자마자 심화되었다. 자신의 의지와 상관없이 군에 징집되었던 나카무라 상병은 자신과 동료들이 중국 국민 다섯 명을 고문하여 죽이는 모습을 신병들에게 지켜보게 했던 것을 일기에 묘사했다. 신참들은 공포에 휩싸였다. 하지만 나카무라는 "새로 들어온 신병들이 처음에는 다 이렇지만 곧 그들도 똑같은 짓을 하게 된다"[16]고 썼다. 시마다 도시오 이병은 훗날 중국에서 제226연대에 뿌려진 '피의 세례'에 대해 자세히 이야기했다. 한 중국인 포로가 장대에 양쪽으로 손발이 묶여 있었다. 신병 약 50명이 그를 총검으로 찌르기 위해 정렬했다. "내 감정은 마비된 것이 틀림없다. 그자에게 아무런 동정심도 느끼지 못했다. 결국 그자가 우리에게 애원하기 시작했다. "어서 죽여라!" 우리는 제대로 찌를 수 없었다. 그래서 그자는 빨리 죽고 싶다는 뜻으로 "얼른!"이라고 말했다."[17] 시마다는 '마치 두부를 찌르는 듯한 느낌'이어서 총검 다루기가 어려웠다고 말했다.

난징에 국제 안전지대를 조성하여 용기와 인간애 모두를 보여준 지멘스 사Siemens 社의 독일인 사업가 욘 라베는 다음과 같은 일기를 남겼다. "일본인들의 행위에 무척 당혹스럽다. 한편으로는 유럽 열강들과 동등하게 인정받고 싶어하고, 다른 한편으로는 칭기즈칸을 제외하고는 어디에도 비교할 수 없는 야만성과 잔혹성을 보이고 있다."[18] 12일 뒤에 그는 "대나무 막대로 국부를 찔린 여성의 시체를 계속 보게 되면 순전히 혐오감 때문에 숨을 못 쉴 것이다. 70세가 넘은 여성도 강간을 당하기 일쑤였다"[19]라고 썼다.

일본 제국군의 이런 분위기는 훈련 중 집단 처벌을 통해 전체에 스며들었고, 숙련자와 신참 간의 서열도 만들었다. 선임 군인들은 윤간을 주도하여 여성 한 명을 30명의 남성 군인이 윤간하기도 했다. 그리고 윤간을 당한 여성은 대개 살해되었다. 최근에 들어온 군인들은 참여할 수 없었고, 오로지 그 집단의 일원으로 받아들여졌을 때만 '초대받아' 참여하는 게 허락됐다.

신참 군인들에게는 군사 매음굴의 '위안부 여성'을 방문하는 것도 허락되지 않았다. 위안부는 정해진 인원을 공급하라는 헌병대의 명령으로 길에서 잡혀오거나 마을 우두머리가 지명한 소녀 또는 젊은 기혼 여성들이었다. 난징 대학살 및 강간에 이어서, 일본군 당국은 '군사 목적으로 쓸'[20] 또 다른 여성 3000명을 요구했다. 11월에 함락된 쑤저우 시에서만 이미 2000명 이상이 잡혀 있었다.[21] 현지 여성들이 그들의 의지에 반해 잡혀간 것은 물론, 일본군은 식민지 한국에서 수많은 젊은 여성을 데려왔다. 제37사단의 한 대대장은 머리를 남자처럼 깎아 신분을 감추면서까지 개인적인 목적으로 본부에 3명의 중국인 여성 노예를 데려가기도 했다.[22]

군 당국은 대중이 저항을 일으킬 수 있기 때문에 병사들이 공공연하게 자행하는 강간 횟수를 제한하고 성병 감염자를 줄여야겠다고 생각했다. 그래서 여성 성노예를 '위안소'에 두고 은밀하며 지속적으로 강간하는 편이 더 낫다고 보았다. 그러나 위안부 여성을 공급하면 어떻게든 일본 군인들이 닥치는 대로 강간하지는 않을 거라는 생각은 완전히 잘못된 것이었다. 군인들은 줄 서서 위안부를 기다리는 것보다 마구잡이로 강간하는 것을 확실히 더 좋아했고, 장교들은 강간이 사기를 올려준다고 생각했다.[23]

드물게 일본군이 마을을 버리고 떠나야 할 경우에는 반중 심리와 복수심으로 위안부 여성을 살해했다. 예컨대 난징에서 멀지 않은 쉬안청이 일시적으로 탈환되었을 때, 어떤 건물로 진입한 중국군은 일본군에게 학대당한 중국 여성 10여 명의 알몸 시체를 발견했다. 문틀에 붙은 표지에는 '대제국군 위안소'[24]라고 쓰여 있었다.

중국 북부에서 일본군은 국민당군 때문에 몇 번의 좌절을 겪었다. 하루에 100킬로미터 이상 행군할 수 있다고 주장했던 공산당군인 팔로군은 마오쩌둥의 엄격한 명령 때문에 최악의 전투에는 참여하지 않았다. 그러나 연말에 관동군은 차하얼 마을과 쑤이위안 성, 산시 성 북쪽 일부를 점령했다. 베이징 남쪽에서는 산둥 성과 수도를 쉽게 점령했는데 이는 지역 사령관인 한푸추 장군의 소심함이 큰 원인이었다.

지방 국고와 은제 괸을 가지고 비행기로 달아난 한푸추 장군은 국민당
에게 체포되어 사형 선고를 받았다. 그가 무릎을 꿇자 동료 장군이 머리에
총을 쏘았다. 사령관들을 향한 이 경고는 모든 당원의 폭넓은 환호를 받았
고, 중국의 단합에도 크게 기여했다. 일본군은 중국이 수도와 거의 모든 공
군력을 잃었음에도 계속해서 싸울 의지가 확고하다는 것을 알고 점점 움츠
러들었다. 그리고 상하이 전투 이후, 일본은 자신을 무너뜨릴 만한 일종의
결정적 싸움을 피하려 한 중국의 대처 방식에 분노했다.

1938년 1월, 일본군은 난징에서 쉬저우를 향해 철로를 따라 북쪽으로
진군하기 시작했다. 쉬저우는 동부 해안 항구와 연결되고 철도로는 서쪽으
로 편하게 이동할 수 있어 주요 교통 중심지이자 전략적 가치가 높은 곳이
었다. 쉬저우가 무너지면 우창과 우한의 거대한 산업지대가 위험해질 수 있
었다. 러시아 내전에서처럼 중국의 철도는 군사 이동과 보급에 대단히 중요
했다. 일본이 쉬저우를 주요 침공 목표로 삼으리라는 것을 오래전부터 알고
있었던 장제스는 국민당 사단과 군벌 동맹군을 합해 그 지역에 약 40만 명
의 군사를 집결시켰다.

총사령관은 다가올 전투의 중요성을 잘 알고 있었다. 많은 외국 기자도
중국에서의 충돌에 관심을 보였고, 스페인 내전에 버금가는 관심으로 지
켜보고 있었다. 스페인에 있기도 했던 몇몇 작가와 사진작가, 영화 제작자
(로버트 카파, 요리스 이번스, W. H. 오든, 크리스토퍼 이셔우드)들이 일본의 공격
과 중국의 저항을 직접 보고 기록하기 위해 중국으로 들어왔다. 앞으로 벌
어질 우한 방어전은 1936년 가을 프랑코의 아프리카군에 맞선 공화국군의
마드리드 방어전에 비유되었다. 부상당한 스페인 공화당군을 치료했던 의
사들이 중국 국민당과 공산당 군인들을 돕기 위해 속속 도착했다. 가장 주
목할 만한 사람은 캐나다 외과의사인 노먼 베순 박사로, 중국에서 패혈증
으로 사망했다.

스탈린 또한 어느 정도는 스페인 내전과 비슷하다고 생각했지만, 장제스는 소련이 일본에 맞서 전쟁에 돌입할 거라고 아주 낙천적으로 믿는 소련 주재 중국 대사의 말에 현혹되었다. 전투가 지속되는 동안 장제스는 스탈린의 도움을 어느 정도 노리고 독일 대사를 통해 일본과의 간접 협상을 벌였지만, 일본의 조건은 무척 가혹했다. 첩보원에게서 대강의 내용을 전해 들었을 스탈린은 국민당이 조건을 받아들일 수 없을 거라는 사실을 알고 있었다.

2월, 북쪽에서 온 일본 제2군 사단들은 중국 진영을 포위하기 위해 황허 강을 건넜다. 3월 말에 일본군은 쉬저우 시에 진입했고, 며칠간 격렬한 전투가 계속되었다. 중국군은 일본군의 전차를 당해낼 무기가 거의 없었지만 곧 소련에서 무기가 도착하기 시작했고, 동쪽으로 60킬로미터 떨어진 타이얼좡에서 반격이 이뤄졌는데 국민당군은 대승했다고 주장했다.[25] 일본 본토와 만주로부터 일본군 증원 병력이 쏟아져 들어왔다. 5월 17일, 일본군은 중국군 사단 대부분을 가두었다고 생각했지만 20만 명의 국민당군은 소집단으로 흩어져 포위망을 빠져나갔다. 쉬저우는 결국 5월 21일에 함락되었고, 3만 명이 포로로 잡혔다.

7월에 일본군과 붉은 군대의 첫 국경 교전이 하산 호에서 벌어졌다. 국민당은 다시금 소련이 전쟁에 개입하기를 바랐지만 그들의 기대는 무너졌다. 스탈린은 일본이 만주를 지배하고 있는 것도 조용히 용인하고 있었다. 히틀러가 체코슬로바키아를 두고 일을 꾸미고 있어서 스탈린은 서쪽에서 들어올 독일의 위협이 더욱 우려되었다. 하지만 스탈린은 결국 군사 고문단을 국민당군에 보내기 시작했다. 독일로 복귀하라는 괴링의 지시로 팔켄하우젠 장군 일행이 중국을 떠나기 직전이었던 6월, 스탈린의 첫 고문단이 도착했다.

장제스가 작정하던 대로 일본군은 우한을 공격할 계획을 세우고, 자신들만의 중국 괴뢰정부를 수립하기로 결심했다. 적의 진군을 늦추기 위해 장제스는 황허 강 제방들을 터뜨리라고 명령했다. 최고사령부의 결정을 수행하기 위해 "물을 병사 대신 사용하라"[26]라는 표현을 사용했다. 침수 작전은 약 5개월 동안 일본군의 움직임을 지체시켰지만, 7만 제곱킬로미터에 걸친 재산 파괴와 시민들의 죽음은 그야말로 끔찍했다. 사람들이 대피할 만한 고지대도 없었다. 익사와 기아, 질병으로 인한 공식 사망자 수는 80만 명에 달했고, 600만 명 이상이 난민으로 전락했다.

차량을 움직일 수 있을 정도로 땅이 마르자, 일본군은 양쯔 강에서 운영하고 있던 제국 해군, 제11군과 함께 북쪽 및 남쪽 제방을 따라 우한으로 진군을 재개했다. 양쯔 강은 중요한 보급로이자 게릴라 공격에도 영향을 받지 않는 곳이었다.

그때까지 국민당군은 약 500대의 소비에트 항공기와 '자원'한 붉은 군대 파일럿 150명을 지원받았지만, 이들은 단 3개월만 근무했기 때문에 출격 경험을 쌓자마자 떠나버렸다. 붉은 군대의 파일럿은 한 번에 150~200명이 근무했고, 모두 합해 2000명이 중국에서 비행했다. 이들은 1938년 4월 29일 일본군이 히로히토 천황의 생일을 맞아 반드시 우한에 대규모 폭격을 할 것이라고 추측하여 매복하는 데 성공했지만, 일본 제국 해군 파일럿들은 중국 중부와 남부에서 우월함을 과시했다. 중국 파일럿들은 적절하지 않은 항공기로 비행하면서 군함에 짜릿한 공격을 가하려 했지만 그것이 결국 자멸을 초래했다.[27]

7월에 일본군이 주장 강 어귀를 폭격할 때는 은어로 '특수 연기'라 불린 화학무기를 사용한 것이 확실하다. 7월 26일에 도시가 함락되자, 나미타 분견대는 또 한 번의 끔찍한 민간인 대학살을 자행했다. 그러나 중국군의 저항도 격렬했고 말라리아와 콜레라로 쓰러지는 일본 군인도 많아 극심한 더위 속에서 제11군의 진군은 점점 느려졌다. 덕분에 중국군은 공장들을 해체해서 양쯔 강 상류 충칭으로 실어 보낼 시간을 벌었다. 10월 21일, 일본 제21군은 상륙 작전을 펼쳐 남부 해안의 거대 항구인 광저우 항을 점령했다. 나흘 뒤 중국군이 물러나자 제11군 제6사단이 우창으로 진입했다.

장제스는 조직적 관리 및 연락, 첩보, 통신 등이 부족한 것을 탓했다. 사단본부들은 최고사령부의 공격 지시를 피하려 애썼다. 종심이 깊은 방어선은 아예 없이 무너지기 쉬운 참호선 하나만 있었고, 예비대들이 적절한 위치에 있는 경우는 드물었다. 그러나 다음 재앙은 장제스 본인의 크나큰 실수로 벌어졌다.

우창이 무너진 후, 창사 시는 금방 함락될 듯했다. 11월 8일에 일본군 항공기가 창사를 폭격했다. 이튿날, 장제스는 일본군이 쳐들어올 것에 대비해 도시를 폭파시킬 준비를 하라고 지시했다. 그는 1812년에 러시아군이 모스크바를 파괴한 사건을 예로 들었다. 사흘 뒤, 일본군이 곧 도착한다는 헛소문이 퍼져 11월 13일 이른 시간부터 도시가 불타올랐다. 창사는 사흘간 불탔다. 쌀과 곡식이 채워진 창고 등 도시의 3분의 2가 완전히 파괴되었다. 부상병 모두를 포함한 2만 명이 죽고, 총 20만 명이 집을 잃었다.

일본 제국군은 승리했음에도 만족하지 못했다. 사령관들은 결정타를 날리지 못했음을 알았다. 보급선은 너무 늘어났고 공격에 취약했다. 그리고 국민당군을 도와 일본군 비행기를 다수 격추시키던 붉은 군대를 지나치게 의식했다. 일본군은 불안해하며 스탈린이 어떤 계획을 세울지를 생각해보았다. 이러한 불안 때문에 일본은 11월에 북쪽 만리장성 뒤로 서둘러 병력을 철수하게 된다. 그 일로 인해 국민당은 정부를 이전하고, 일본의 만주 영유권을 인정해야 했으며, 그곳의 자원을 일본이 획득하도록 허용하고, 공산당에 맞서 연합전선을 구축할 것에 동의했다. 장제스의 라이벌이었던 왕징웨이는 12월에 인도차이나로 떠나 상하이의 일본 당국과 접촉했다. 국민당 내부에서 화평파를 이끌었던 그는 자신이 장제스를 대신할 만한 확실한 뒤 보라고 생각했다. 그러나 왕징웨이가 적군의 품에 들어갔을 때 그를 따라나선 사람은 거의 없었다. 국가 탈환을 바라는 장제스의 강력한 호소가 결국 승리한 것이다.

빠른 승리를 위한 기습 공격 전략을 버린 일본군은 이제 더 신중한 길을 따르기로 했다. 유럽 전쟁이 임박했기 때문에 일본은 중국에 있는 막대한 자국 병력의 일부를 곧 다른 전선에 재배치해야 한다고 생각했다. 또한 자국 군인들이 잔학 행위를 저지른 뒤에도 중국 국민을 자기편으로 끌어들일 수 있을 거라는 막연한 믿음도 있었다. 국민당군과 중국 국민 측에서는 계속 엄청난 사상자가 발생했지만(1945년에 전쟁이 끝날 때까지 약 2000만 명의 중국인이 사망했다) 일본군은 주로 후방의 게릴라 그룹을 진압하며 작전 규모를 축소시켰다.

공산당군은 현지 시민을 양쯔 강 중류 유역에서 활동하던 신사군과 같은 게릴라 민병대에 대거 투입시켰다. 농민 빨치산의 무기는 농사 기구나 대나무 창 정도가 대부분이었다. 그러나 1938년 10월의 중앙위원회 총회[28] 이후, 마오쩌둥의 정책은 엄격해져서 공산당 군대는 공격받지 않는 한 일본군과 싸우지 않기로 한다. 공산당은 국민당으로부터 영토를 빼앗기 위해 힘을 비축하는 방법을 택한 것이다. 마오쩌둥은 장제스가 공산당의 궁극적인 적수, '주적'이라는 점을 명확히 했다.

일본군은 시골을 공격할 때면 대학살과 윤간을 무기로 사용했다. 일본 병사들은 마을에서 젊은 남성을 닥치는 대로 죽이기 시작했다. 나카무라 상병은 1938년 9월 일기에 난징 남부의 루쿼젠 지역 습격에 대해 이렇게 썼다. "여러 명을 한데 묶어 칼로 목을 잘랐다."[29] 그다음에는 여성에게 눈을 돌려 "우리는 마을을 점령해 집들을 샅샅이 수색했다. 가장 마음에 드는 여자를 잡아들이려고 애썼다. 수색은 두 시간 동안 계속되었다. 니우라가 한 명을 쏴 죽였는데 그 여자가 숫처녀인 데다 못생겨서 우리가 싫어했기 때문이다"[30]라고 했다. 전쟁 전에는 일본에 대한 관심은커녕 중국을 하나의 국가로 생각하지도 않았던 농부들은 이처럼 난징에서 벌어진 강간과 무수한 잔학 행위를 보고 그동안 생각지도 못한 애국심이 불타올랐다.

다음 전투는 1939년 3월이 되어서야 일어났다. 일본군은 장시 성으로 병력을 대거 이동시켜 성도 난창南昌을 공격했다. 일본군이 독가스를 다시 사용했음에도 중국군의 저항은 맹렬했다. 시가전을 벌인 뒤 3월 27일에 도시는 함락되었다. 수십만 명의 난민이 등에 무거운 짐을 지거나 이불, 공구, 밥그릇 등 일상용품으로 채워진 나무 손수레를 밀면서 서쪽으로 이동했다. 여자들의 머리카락은 먼지와 함께 헝클어졌으며, 늙은 여자는 전족 때문에 망가진 두 발로 비틀거리며 고통스럽게 걸었다.

총사령관 장제스는 난창을 탈환하기 위해 반격을 지시했다. 일본군을 불시에 공격한 국민당군은 4월 말까지 도시 안으로 들어가서 싸웠지만, 그것은 너무나 수고스러운 싸움이었다. 도시를 탈환하지 못하면 죽음을 각오하라고 장교들을 협박하던 장제스는 그 뒤 철군 명령을 내려야 했다.

스탈린이 주코프를 사령관으로 파견하게 만들었던 5월의 할힌골 소비에트-일본 전투 직후, 장제스의 소비에트군 주 고문관은 우한 시를 탈환하기 위해 반격을 개시해야 한다고 재촉했다. 스탈린은 자신이 영국과의 협정을 마무리 지으려 한다며 장제스를 오도했지만 사실 그때 이미 스탈린은 나치 독일과의 합의를 준비하고 있었다. 그러나 장제스는 스탈린이 소비에트 국경 지역의 압력을 덜기 위해 자신들을 압박하고 있는 것뿐이라고 정확히 예측해, 평계를 대며 공격을 미루었다. 국민당군은 공산당이 확장되고 스탈린이 마오쩌둥에 대한 지원을 늘리자 불안해졌다. 하지만 장제스가 판단하기에 스탈린의 주목적은 국민당이 일본에 맞서 전투를 계속하게 하는 것이었기 때문에 그는 공산당의 잠식에 저항해도 될 것으로 보았다. 그리하여

제2차 세계대전

잔인한 교전이 수도 없이 벌어지게 되었다. 중국 공산당에 의하면 이때 사망한 사람이 1만1000명에 달했다고 한다.[31]

비극적인 화재로 창사는 절반이 파괴됐지만 전략적 요충지였기 때문에 도시를 장악하겠다는 일본군의 생각은 여전히 변함없었다. 강력한 일본군이 점령한 광저우와 우한을 잇는 철도 위에 자리 잡은 창사는 명백한 표적이 되었다. 그곳을 장악하면 서쪽의 쓰촨 성 요새에 있는 국민당군을 봉쇄할 수 있었다. 일본군은 8월에 공격을 개시했고, 그와 동시에 관동군 동지들이 북쪽에서 주코프 장군의 군대와 전투를 벌였다.

9월 13일, 독일군이 폴란드 깊숙이 진군할 동안 일본군은 12만 명으로 구성된 6개 사단을 이끌고 창사로 향했다. 국민당군의 계획은 처음에는 후퇴하는 척하면서 천천히 철군하다가 일본군을 도시 안으로 재빨리 끌어들여 측면에서 예상치 못한 역습을 가하는 것이었다. 장제스는 스스로를 과대평가하는 일본군의 성향을 이미 파악하고 있었다. 승리를 얻기 위해 안달이 난 라이벌 장군들이 주변 부대를 고려하지 않고 밀어붙였다. 우한을 잃은 후부터 장제스의 훈련 프로그램은 효과를 보았고, 매복도 성공적이었다. 중국군은 이 공격으로 일본군에 4만 명의 사상자가 발생했다고 주장했다.

주코프가 할힌골 전투에서 선전하고 있던 8월, 스탈린의 우선 과제는 독일과의 비밀 협상을 추진하는 동안 일본과의 충돌이 커지지 않게 하는 것이었다. 그런데 독소 조약 발표는 일본군 지도부를 뿌리까지 흔들어놓았다. 동맹국 독일이 악마 같은 공산국가와의 협정을 맺는다는 것은 상상도 할 수 없는 일이었기 때문이다. 그와 동시에 주코프의 승전 이후 스탈린이 일본군과의 싸움을 거부한 것은 당연히 국민당에게 큰 타격이었다. 일본군은 몽골과 시베리아 국경에서 휴전 협정을 맺어 북쪽 소비에트를 의식하지 않고 중국 정부군과의 전투에 집중할 수 있었다.

장제스는 9월에 독일과 소련이 폴란드를 분할 점령한 것처럼 소련과 일

본이 중국을 분할 점령하는 비밀 협약을 맺을 수도 있다는 생각에 두려워
진 데다, 소련으로부터 공급받던 군사 원조마저 줄어들어 당황했다. 그리고
9월에 유럽 전쟁이 발발하면서 영국과 프랑스의 도움을 받을 기회도 더 줄
어들었다. 반면에 마오쩌둥은 국민당을 희생시킴으로써 자신의 힘이 크게
증대될 것이라는 가능성을 기꺼이 받아들였다.

　　외부에서의 도움이 부족해지자 국민당군은 특히 주요 산업 기반과 세수
를 잃으면서 점점 심각한 문제에 당면했다. 일본군의 침공은 군사적 위협이
될 뿐만 아니라 논밭과 식량도 망가뜨렸다. 무리지어 배회하며 강도 행각을
벌이는 탈영병과 낙오자도 더 많아졌다. 부인과 딸만이라도 일본군의 잔학
행위에서 보호하기 위해 수천만 명의 난민이 서쪽으로 탈출을 시도하고 있
었다. 비위생적인 환경으로 가득한 도시에서 콜레라가 발생하고 사람들이
대거 이동하면서 다른 지역으로 말라리아가 퍼져나갔다. 그리고 달아나는
부대와 난민에게는 이가 옮기는 발진티푸스도 풍토병처럼 퍼졌다. 비록
중국의 군대와 민간 부문 모두 의료 시설을 개선하는 데 많은 노력을 기
울였지만, 소수의 의사들이 심각한 영양실조로 악화된 피부병이나 옴, 과
립성 결막염, 그 밖에 빈곤으로 고통받는 난민을 돕는 것은 무척 어려운
일이었다.

　　하지만 창사에서의 선전에 크게 힘입어, 국민당군은 중국 중부에 걸쳐
'겨울 공격'으로 몇 번의 반격을 개시했다. 양쯔 강의 교통을 지체시키고 철
도 교통을 어렵게 함으로써, 노출되어 있던 일본 주둔지의 보급로를 차단할
의도였다. 그러나 11월에 국민당의 공격이 시작되자마자 일본군은 상륙 작
전을 써서 광시 성 서남쪽으로 쳐들어왔다. 11월 24일, 일본군은 난닝 시를
장악하고 프랑스령 인도차이나로 가는 철로를 위협했다. 그 지역에 있던 국
민당 부대는 침착한 편이어서 서둘러 퇴각하지 않았다. 장제스는 군대 증
강에 돌입했고, 잔혹한 전투가 두 달간 계속되었다. 일본군은 한 전투에서

만 2만5000명의 중국군을 사살했다고 주장했다. 도시 북쪽에서는 국민당 군이 곡물을 공급받고 병력을 보충하는 데 중요한 지역을 다른 일본군이 점령했다. 일본군은 또한 국민당군의 후방지역 깊숙이 침투하여 새 수도 충칭을 치기 위해 일본 폭격기 부대를 전개했다. 그사이에 공산당군은 일본 군이 신사군을 시골지역에 남겨두면 철도를 공격하지 않겠다는 조건을 내걸어 중국 중심부에서 비밀리에 일본과 협상을 벌였다.

스탈린이 독일과 동맹을 맺고 장제스에게는 영국, 프랑스와의 협상을 피하라고 경고했기 때문에 세계정세는 국민당에 매우 불리하게 돌아갔다. 소비에트 지도자 스탈린은 영국과 마찬가지로 중국이 그를 일본과의 전쟁으로 끌어들일까봐 초조해했다. 1939년 12월, 소련과 핀란드의 겨울전쟁이 치러지는 동안, 소련이 침공 때문에 국제연맹에서 쫓겨나자 국민당군은 끔찍한 딜레마에 빠졌다. 스탈린을 자극하고 싶진 않았지만 그를 구하기 위해 거부권을 행사했다가는 서구 열강들을 흥분시킬 우려가 있었다. 결국 국민당 대표단은 기권했다. 이로써 영국과 프랑스를 만족시키지 못하면서 소련 정부만 자극하게 되었다. 소비에트의 군사 자원 공급량은 현저히 떨어져 연간 공급량도 지난 수준에 미치지 못했다. 스탈린이 화를 풀고 원조를 계속하도록 압박을 주기 위해 장제스는 일본과의 평화 회담 추진에 대한 소문을 냈다.

이제 국민당은 점점 미국에 희망을 걸게 되었다. 미국은 일본군의 공격을 비난하고 태평양의 기지들을 강화하기 시작했다. 그러나 장제스는 국내에서 두 가지 어려움에 직면했다. 마오쩌둥이 지휘하는 중국 공산당은 훨씬 더 독단적으로 변해가고 있었고, 일본군 전선의 후방에서 지배력을 키우고 있었으며, 중일전쟁의 끝에 가서는 국민당이 패배할 거라고 주장하고 있었다. 그리고 1940년 3월 30일, 일본군은 난징에 개혁 국민당이라 불리는 괴뢰정부, 왕징웨이 '국민정부'를 수립했다. 진짜 국민당은 왕징웨이를 단지 '범죄자이자 역적'[32]이라고 불렀다. 그러나 국민당은 일본의 유일한 유럽 동맹

국인 독일과 이탈리아뿐만 아니라 다른 외국 열강들이 왕징웨이 정부를 인
정할 수도 있다는 점을 불안해했다.

5

**노르웨이와
덴마크**

히틀러는 독일군이 폴란드에서 이동할 수 있게 되자마자 프랑스와 저지대 국가인 네덜란드와 벨기에를 1939년 11월에 공격하려 했다. 무엇보다도 그는 가장 위험한 적으로 여겼던 영국을 공격하기 위해 영국 해협의 항구와 비행장을 점령하려 했다. 미국이 개입하기 전에 서쪽에서 결정적인 승리를 거두어야 했기에 히틀러는 필사적으로 서둘렀다.

독일 장군들은 불안했다. 프랑스군의 규모로 보아 제1차 세계대전에서처럼 또 한 번 교착 상태에 빠질 수 있을 것 같았다. 독일은 장기전에 필요한 연료도, 원자재도 보유하고 있지 않았다. 중립을 지켰던 네덜란드와 벨기에를 공격하는 것을 내키지 않아 했던 장군도 몇몇 있었지만, SS의 폴란드 시민 학살에 대한 소수의 항의와 마찬가지로 히틀러는 그런 양심적인 문제를 깡그리 무시했다. 독일 국방군에서 탄약, 특히 폭탄과 전차의 재고가 위험할 정도로 줄어들었다는 보고가 올라오자 히틀러는 더 화가 났다. 폴란드 작전을 펼치던 짧은 기간에도 비축한 물자가 바닥나고 마크 1과 마크 2 전차의 부적절함이 두드러지게 나타났다.[1]

히틀러는 태만한 조달 체계에 대해 육군을 질타하고 곧 건설 책임자인 프리츠 토트 박사를 데려와 운영하게 했다. 그리고 히틀러는 성격대로 비축된 모든 원자재를 '미래를 생각하지 않고 훗날의 전쟁에 쓸 분량까지'[2] 다 써버리기로 결심했다. 히틀러는 독일 국방군이 네덜란드와 벨기에, 프랑스, 룩셈부르크의 석탄 및 철 매장지를 장악하면 곧장 원자재를 보충할 수 있을 거라고 생각했던 것이다.

1939년 늦은 가을, 안개와 연기 때문에 히틀러는 11월 목표일에 루프트바페가 제 역할을 하지 못하리라는 사실을 어쩔 수 없이 받아들여야 했다.(만약 히틀러가 여섯 달을 미루지 않고 그때 바로 공격을 개시했다면 상황이 얼마나 다르게 흘러갔을지 상상이 가능하다.) 그 뒤 히틀러는 중립국 네덜란드 습격 계획을 1940년 1월 중순으로 미루라고 지시했다. 놀랍게도 네덜란드와 벨기에는 이탈리아 외무부에서 이러한 경고를 받고 있었다. 이것은 독일이 9월에 전쟁을 개시한 것을 본 다수의 이탈리아인, 특히 무솔리니 정부의 치아노 외무부 장관이 불안함과 분노를 느꼈기 때문이다. 이탈리아는 영국이 지중해에서 가장 먼저 자신들을 공격할까봐 초조해졌다. 게다가 아프베르Abwehr(독일 첩보 기관)의 반나치주의자 한스 오스터 대령은 베를린에 있던 네덜란드 육군무관에게 귀띔까지 해주었다. 그러던 1940년 1월 10일, 두터운 구름 속에서 길을 잃은 독일 연락기가 벨기에 영토에 불시착했다. 네덜란드 공격 계획의 사본을 가지고 연락기에 탑승해 있던 루프트바페 참모장교는 문서를 태워버리려 했지만, 다 파기하기도 전에 벨기에 군인들이 도착했다.

역설적으로 이 반전은 연합군에게 가장 불운한 것이었다. 독일의 침공이 임박했다는 판단하에 벨기에를 방어할 계획이었던 프랑스 동북쪽의 연합군 부대들이 즉시 국경으로 이동하면서 그들의 작전이 드러나게 된 것이다. 히틀러와 독일 국방군 총사령부는 전략을 다시 검토해야겠다고 생각했다. 에리히 폰 만슈타인 육군 중장이 대체 계획을 내놓았는데, 기갑사단으로 아르덴을 통과해 공격하게 하고, 벨기에로 진군하기 위해 영국군과 프랑스군의 후방에서 해협을 친다는 훌륭한 공격 프로젝트였다. 모든 것이 연기되자 프랑스 전선에서 침체되어 있던 연합군 병력은 안타깝게도 안전하다며 안심했다. 수많은 군인은 물론 육군부의 전략기획가들조차 히틀러가 절대 프랑스를 침공할 용기를 내지 못할 거라고 믿었다.

고위 육군 장교들과 달리 레더 제독은 히틀러의 공격적인 전략에 철저히 동의했다. 더욱이 레더는 영국 선박을 방해하기 위해 독일 해군에게 측면을 맡게 하여 노르웨이 침공 계획에 참여하도록 히틀러를 설득했다. 또한 독일 군수산업에 매우 중요한 스웨덴 철광석 공급로를 확보하기 위해서 노르웨이 북부 나르비크 항구를 손에 넣어야 한다는 주장을 펼쳤다. 그는 노르웨이에서 나치를 지지하던 비드쿤 크비슬링을 히틀러와 만나게 했으며, 크비슬링은 독일이 반드시 노르웨이를 점령해야 한다며 총통 설득에 나섰다. 핀란드를 돕는 계획의 일환으로 영국과 프랑스가 노르웨이에 간섭할 위험이 있었기 때문에 히틀러는 다소 불안했다. 그리고 만약 영국이 노르웨이 북부에 해군을 주둔시킨다면 발트 해를 차단할지도 모르는 일이었다. 힘러 또한 스칸디나비아 반도에 눈을 돌렸지만 단지 무장친위대에 필요한 병력 보충지로만 볼 뿐이었다. 그런데 스칸디나비아 반도 국가에 침투하려는 나치의 시도는 기대보다 성공적이지 못했다.

나치는 처칠이 원래 발트 해를 봉쇄하는 것 이상으로 더 멀리 생각했다는 사실을 알지 못하고 있었다. 호전적인 성격의 영국 해군성 장관은 함대를 보내 처음부터 바로 전쟁을 발트 해로 끌고 가고 싶어했지만, 다행히도 영국 해군의 '캐서린 작전'은 좌절되었다. 또한 처칠은 나르비크 항구에서 독일로 수송되는 스웨덴 광석 공급을 중단시키고 싶었지만, 체임벌린과 전시 내각이 노르웨이의 중립성 파괴를 완강히 반대했다.

그리하여 처칠은 계산된 위험을 감수하기로 했다. 2월 16일, 영국 트라이벌급 구축함인 HMS 코사크 함은 포로로 잡혀 있던 몇몇 영국 상선의 승

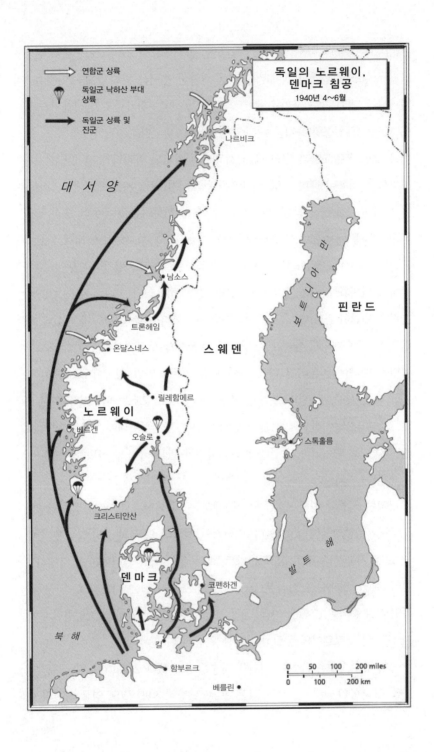

독일의 노르웨이,
덴마크 침공
1940년 4~6월

연합군 상륙

독일군 낙하산 부대
상륙

독일군 상륙 및
진군

대 서 양

나르비크

남소스

트론헤임

온달스네스

스 웨 덴

핀 란 드

릴레함메르

노 르 웨 이

베르겐

오슬로

스톡홀름

크리스티안산

덴 마 크

코펜하겐

발 트 해

북 해

킬

함부르크

베를린

0   50   100   200 miles

0   100   200 km

무원을 석방시키기 위해 노르웨이 수역에서 그라프슈페의 보급선인 알트마르크 함을 요격했다. 알트마르크 함에 승선한 해군 수병들이 선창 아래의 포로들에게 "해군이 왔다!"고 외치는 모습이 극적인 상황을 연출하여, 전쟁으로 여러 면에서 불편을 겪고 있던 영국 국민에게 조금이나마 짜릿함을 안겨주었다. 이에 독일 해군은 해상에 나가 있는 해군 병력을 늘리기로 했다. 그러나 2월 22일에는 두 척의 독일 구축함이 난데없이 하잉켈기들의 공격을 받았는데, 이는 아군의 함선이 그 시간에 그 지역에 있다는 것을 독일 항공대가 제때에 알지 못했기 때문이다. 두 구축함은 폭탄에 맞고 기뢰에 접촉하여 다 침몰했다.[3]

그러자 독일 군함들이 비록 다른 목적이기는 했지만 항구로 다시 소집되었다. 히틀러는 덴마크와 노르웨이 침공을 준비하라는 명령을 3월 1일에 내렸는데 작전에는 이용 가능한 수상함을 모두 동원할 터였다. 두 국가를 공격하려는 히틀러의 결정은 독일 육군과 공군을 불안하게 만들었다. 프랑스 침공 작전이 이미 아주 꼬여버린 마당에, 프랑스 침공 바로 직전에 노르웨이에서 교란 작전을 펼치면 재앙이 될지도 몰랐다. 특히 괴링은 격노했는데 자존심 때문이었다. 당연히 자기와 가장 먼저 상의했어야 하는 일이라고 느꼈기 때문이다.

3월 7일에 히틀러는 지시서에 서명했다. 영국 해군이 병력을 스캐퍼플로에 집중시키고 있다는 보고를 받은 터라 매우 절박한 성격을 띠는 지시였다. 내용인즉, 노르웨이 해안에 상륙할 준비를 하라는 것이었다. 그런데 며칠 후 소비에트와 핀란드가 종전 협정에 합의했다는 소식이 전해지자 독일 수뇌부는 혼란에 빠졌다. 노르웨이에 대한 개입을 끊임없이 주장하던 독일 해군의 전략가들조차 이제는 개입할 이유가 사라졌다고 생각했다. 그 이유는 영국과 프랑스가 스칸디나비아에 상륙하지 않을 것이기 때문이었다. 그러나 히틀러와 레더 제독 등의 인사들은 준비가 너무 많이 진척되었으니 침공을 추진해야 한다고 생각했다. 독일이 점령을 하면 스웨덴을 계속 압박하여 철광석 조달을 유지하는 데도 아주 좋은 효과를 볼 수 있었기 때문이다. 그리고 히틀러는 독일이 영국의 동쪽 해안선과 마주 보며 북대서양에 접근할 수 있는 기지들을 가리게 된다는 생각에 기뻐했다.

6개 사단으로 노르웨이(북베저위붕 작전)를, 그리고 2개 사단과 1개 차량화 소총여단으로 덴마크(남베저위붕 작전)를 침공하기로 한 날이 4월 9일로 정해졌다. 독일 해군의 인도를 받은 수송선은 나르비크, 트론헤임, 베르겐 등을 포함한 여러 지점에 병력을 상륙시킬 터였다. 제10비행단은 오슬로 등에 낙하산부대와 공수부대를 보낼 것이었다. 덴마크의 코펜하겐과 그외 7개 주요 도시는 바다와 육지로부터 공격하기로 했다. 독일 국방군 총사령부는 영국도 비슷한 속도로 노르웨이를 향하고 있다고 추측했지만, 사실 독일은 충분히 앞서 있었다.

독일의 계획을 모른 채 체임벌린은 소비에트-핀란드 조약이 체결된 후 노르웨이와 핀란드로 보낸 영불 원정군을 철수시켰다. 그러나 이것은 참모총장인 에드먼드 아이언사이드 장군의 조언과 반대되는 결정이었다. 스칸디나비아 중립국에까지 전쟁이 번지는 것을 염려한 체임벌린은 그저 독일과 소비에트 사이가 멀어지기를 바랄 뿐이었다. 그러나 연합군은 태평스럽기만 했고, 두 나라가 국제연맹의 규칙에 따라 전쟁을 지휘할 거라고 순진하게 믿고만 있었다.

달라디에가 아직 프랑스 총리였을 때, 그는 프랑스에서 멀리 떨어진 곳에서 싸우려고 훨씬 더 강력한 전략을 지지했다. 바쿠와 중부 캅카스 유전지대를 폭격한다는 생각으로 체임벌린을 공포에 떨게 함과 동시에, 달라디에는 소비에트의 무르만스크 해군 기지 근처에 있는 핀란드 북부 페차모의 광산지역을 장악하고 싶어했다. 그리고 그는 노르웨이 해안에 상륙하여 스웨덴 철광석이 독일로 넘어가지 못하도록 북해를 완벽하게 통제할 것을 강력하게 주장했다. 그렇지만 영국은 프랑스에 대한 독일의 공격 기회를 줄이기 위해 달라디에가 스칸디나비아로 전쟁을 우회시키려 한다고 의심했다. 기뢰를 투하하여 라인 강에서 독일 선박의 항행을 막겠다는 영국의 계획을 달라디에가 완고하게 반대했기 때문에 이런 의심은 다소 신빙성이 있었다. 어쨌든 달라디에는 3월 20일에 총리직을 사임해야 했다. 폴 레노가 총리직을 물려받고 내각 개편 후 달라디에는 국방장관직을 맡았다.

연합군은 서로 간에 작전을 두고 옥신각신하느라 귀중한 시간을 낭비했다. 달라디에는 레노에게 라인 강 기뢰 작전을 계속 반대하도록 강요했다. 영국은 프랑스가 나르비크 수역에 기뢰를 설치한다는 계획에 찬성했고, 그 계획은 4월 8일에 실행되었다. 독일이 반응할 거라고 확신한 처칠이 상륙군을 대기시키려 했지만, 체임벌린은 여전히 무척 조심스러웠다.

영국이 알지 못하게, 독일 해군은 보병대를 태우고 4월 7일에 이미 빌헬름스하펜에서 출항하여 노르웨이 북부 트론헤임과 나르비크로 대거 이동했다. 순양전함인 그나이제나우와 샤른호르스트에는 중순양함 아드미랄 히퍼와 구축함 14척이 따라붙었다. 다른 4개 그룹은 노르웨이 남부의 항구들로 향했다.

영국 항공기가 귄터 뤼텐스 해군 중장이 지휘하던 독일 주력 함대를 발견했다. 영국 공군 폭격기는 공격을 개시했지만 한 발도 명중시키지 못했다. 해군 원수 찰스 포브스 경이 지휘하는 영국의 본국 함대가 스캐퍼플로에서 출항했지만 너무 멀리 있었다. 요격할 위치에 있었던 유일한 해군은 나르비크 기뢰 작전을 돕던 순양전함 HMS 리나운과 호위하던 구축함들뿐이었다. 이 구축함 중 HMS 글로웜이 독일 구축함을 보고 쫓아갔지만, 뤼텐스는 히퍼를 보내 충돌 공격을 하려는 글로웜을 격침시켰다.

해전에 병력을 집중시키기로 한 영국 해군은 나르비크와 트론헤임으로 출항할 준비가 된 다른 군함에 타고 있던 병력에 하선 명령을 내렸다. 그런데 본국 함대는 독일 주력 함대를 요격하는 데 거의 성공하지 못하고 있었다. 그리하여 뤼텐스는 구축함을 나르비크로 보낼 시간을 벌었지만, 4월 9일 새벽에 그의 전투전대는 리나운을 만나게 된다. 망망대해에서 놀랍도록 정확하게 발사하는 리나운은 그나이제나우에 타격을 입히고 샤른호르스트를 파손시켜, 뤼텐스 함대를 퇴각하게 만들었다. 뤼텐스의 전함들은 곧 긴급 복구에 들어갔다.

두 척의 노르웨이 소형 군함을 격침시킨 독일 구축함들은 부대를 상륙시켜 나르비크를 장악했다. 또한 4월 9일에는 히퍼와 호위 구축함들이 트론헤임에 부대를 상륙시켰고, 또 다른 병력은 베르겐으로 진입했다. 스타방에르 또한 낙하산부대와 두 공지보병대대가 장악했다. 오슬로에는 독일 해군이 새 중순양함 블뤼허와 포켓 전함 뤼초프(전신은 도이칠란트)를 보냈지만 작전이 훨씬 더 어려웠다. 노르웨이 해안포대와 어뢰가 블뤼허를 격침시켰고 뤼초프도 피해를 입은 후 퇴각해야 했다.

다음 날 아침 나르비크에서는 다섯 척의 영국 구축함이 들키지 않고 가까스로 피오르에 진입했다. 폭설이 내려 앞바다의 U 보트 전위 부대가 그들을 보지 못했다. 영국 함대는 연료를 채우고 있던 다섯 척의 독일 구축함을 기습했다. 그중 두 척을 격침시켰지만, 곧 피오르 양쪽에서 다른 독일 구축함의 공격이 이어졌다. 영국 해군 구축함 두 척이 격침되었고, 세 번째 것은 함체가 심하게 파손되었다. 살아남은 함선들은 달아날 수가 없어 4월 13일까지 기다렸다가 자신들을 구하러 온 HMS 워스파이트 및 구축함 9척과 함께 남아 있는 독일 군함을 괴멸시켰다.

남쪽 해안에서는 다른 작전들이 펼쳐져 두 척의 순양함 쾨니히스베르크와 카를스루에가 격침되었는데, 쾨니히스베르크는 항공모함에서 발진한 스쿠아 폭격기의 공격을 받았고, 카를스루에는 잠수함 어뢰를 맞았다. 뤼초프도 매우 심각한 타격을 입어 킬로 예인되어가야 했다. 그러나 이것은 영국 해군의 부분적인 성공에 불과해서 그달에 10만 명이 넘는 독일 병사가 노르웨이로 넘어오는 것을 막지는 못했다.

덴마크 점령은 독일에게는 오히려 쉬운 편이어서 해안포대가 경보를 발하기 전에 코펜하겐에 부대를 상륙시킬 수 있었다. 덴마크 정부는 독일이 강요한 조건을 받아들여야 한다고 생각했다. 그러나 노르웨이는 '평화로운 점유'[4]라는 모든 개념을 부정했다. 4월 9일에 노르웨이 국왕은 오슬로에서 정부를 망명시키며 동원령을 내리게 된다. 비록 독일군은 기습 공격으로 기지를 다수 점유했지만, 지원 부대가 도착할 때까지 자신들은 고립되었음을 깨달았다.

4월 9일 배에서 부대를 내리게 한 영국 해군의 결정으로 첫 번째 연합군 부대는 이틀이 지나서야 출항했다. 조바심 때문에 계속해서 작전 결정에 간섭하던 처칠은 아이언사이드 장군과 해군을 분개하게 만들었을 뿐 상황은 좋아지지 않았다. 그사이 노르웨이군은 독일 제3산악사단을 용맹스럽게 공격했다. 그러나 나르비크와 트론헤임에 이미 독일 병력이 포진하고 있어서 영불 연합군은 측면에서 상륙해야 했다. 항구를 직접 공격하는 것은 무척 위험할 수 있었다. 4월 28일이 되어서 영국 군대와 프랑스 외인부대 2개 대대가 상륙을 시작했고, 폴란드 여단이 추가되었다. 나르비크를 장악한 연합군은 항구를 파괴할 수 있었지만, 루프트바페의 제공권 장악으로 연합군 작전의 운명은 불 보듯 뻔해졌다. 다음 달에 독일은 저지대 국가와 프랑스를 맹공격하여 북부 측면에 있던 연합군이 철군하고, 노르웨이는 항복하게 된다.

노르웨이 황실과 정부는 전쟁을 계속하기 위해 영국으로 피신한다. 노르웨이에 대한 레더의 집착은 히틀러에게도 전염됐지만, 나치 독일로서는 여러 가지로 좋은 점도 많았다. 육군은 다른 전선에서 훨씬 더 유용할 수 있는 부대들을 노르웨이 전선에 지나치게 많이 묶어둔다는 것 때문에 전쟁 내내 불만이었다. 연합군 입장에서 노르웨이 작전은 훨씬 더 비참했다. 비록 영국 해군이 독일 해군 구축함의 절반 정도를 어렵사리 격침시키기는 했지만, 연합 작전은 군부 간에 최악의 협동심을 보여준 사례였다. 제1차 세계대전에서 실패한 다르다넬스 해협 원정 작전의 뼈아픈 기억을 완전히 지우려는 처칠의 은밀한 욕심 때문에 이번 일이 잘못되었다고 생각하는 고위 장교도 많았다. 처칠이 훗날 개인적으로 인정했듯이, 노르웨이 패배에 대한 책임은 네빌 체임벌린보다 처칠 자신에게 훨씬 더 많았다. 그런데 정치의 잔인한 아이러니는 체임벌린 대신 처칠을 수상의 자리에 앉히는 반전을 불러온다.

프랑스 국경에서 벌어진, 독일인이 '교착전'이라고도 불렀던 가짜 전쟁은 히틀러가 계획한 것보다 더 오래 지속되었다. 히틀러는 프랑스 육군을 얕봤고, 네덜란드의 저항은 즉시 무너질 거라 확신했다. 그에게 필요했던 것은 벨기에군 때문에 연합군의 손에 넘어가버린 계획서를 대체할 만한 좋은 계획을 세우는 일이었다.

육군 고위 장교 대부분은 만슈타인 장군의 대담한 계획을 좋아하지 않아 이를 막으려고 애썼다. 그러나 만슈타인의 계획은 결국 히틀러에게 전해졌고, 독일이 네덜란드와 벨기에를 침공하면 프랑스-벨기에 국경에서부터 진격해 올 영국과 프랑스 병력을 끌어들이게 될 것이라고 주장했다. 그런 다음 아르덴을 통과한 뒤 뫼즈 강을 건너 솜 강 어귀와 불로뉴를 향해 습격하면 적을 차단할 수 있을 것으로 보았다. 히틀러는 결정타가 필요했기 때문에 이 계획을 추진하기로 했다. 히틀러는 훗날 그것이 전적으로 자신의 아이디어였다고 주장했다.[5]

4개 사단으로 구성된 영국 원정군은 전년 10월 벨기에 국경을 따라 포진해 있는 상태였다. 1940년 5월까지 영국 원정군은 고트 장군의 지휘하에

1개 기갑사단과 10개 보병사단으로 늘어났다. 관할 부대의 상당한 규모에도 불구하고 고트는 동북부에 있던 프랑스 사령관 알퐁스 조르주 장군과 묘하게 차분한 프랑스 총사령관 모리스 가믈랭 장군의 지시를 따라야 했다. 제1차 세계대전 때와 같은 연합군 합동 지휘는 없었다.

고트와 조르주가 직면한 가장 큰 문제는 독일이 공격할 계획임을 알면서도 벨기에 정부가 중립성 양보를 완강하게 거절하는 것이었다. 그런 까닭에 고트와 그의 인근에 있던 프랑스 부대는 먼저 진격하지 않고 독일이 침공할 때까지 기다려야 했다. 제1차 세계대전에서 가까스로 중립을 지켰던 네덜란드는 더욱더 프랑스나 벨기에와 공동 작전을 세워 독일을 자극해서는 안 되겠다고 결심했다. 그래도 전투가 시작되었을 때 규모도 작고 장비도 부족한 네덜란드 군대를 연합군이 지원하러 와주었으면 하는 희망은 품고 있었다. 룩셈부르크 대공국은 연합군에 호의적이었지만, 그들이 할 수 있는 일이라고는 국경을 막는 것과 독일 침략자들에게 중립을 깨고 있다고 지적하는 것밖에 없었다.

프랑스의 계획에는 또 다른 치명적인 결함이 있었다. 마지노선은 오로지 스위스 국경에서 아르덴 반대쪽 벨기에 국경의 최남단까지만 뻗어 있었다. 프랑스와 영국 참모부는 독일이 수풀로 우거진 이 지역을 뚫고 밀어붙일 시도를 할 거라고는 상상하지 못했다. 벨기에는 이 부분이 위험하다고 프랑스에 경고했지만, 거만한 가믈랭은 그 가능성을 무시했다. 가믈랭을 '소심한 철학자'[6]라고 불렀던 레노는 그를 해임시키고 싶었지만, 달라디에는 국방장관으로서 가믈랭을 지키려고 했다. 결단력 마비가 수뇌부까지 퍼져 있었다.

프랑스의 전쟁에 대한 열의가 부족한 사실은 숨기기 어려웠다. 독일은 영국이 프랑스에 참전을 강요했으며, 그리하여 프랑스가 대부분의 전투에 맞서게 되어 소모될 것이라고 주장했다. 가믈랭 장군의 지휘하에 있는 프랑스 참모조차 열성적인 모습을 거의 보이지 않을 정도였다. 9월에 자르브뤼 켄 부근에서 별 도움도 안 되게 한발 진군한 프랑스군은 거의 폴란드를 모욕한 셈이었다.

프랑스의 방어적 사고방식은 군사 조직에도 그 영향을 미쳤다. 기술적으로는 대부분의 전차 부대가 독일 기갑부대에 뒤떨어지지 않았지만 충분한 훈련을 받지 못하고 있었다. 3개의 기계화 사단을 제외하고(네 번째 사단은 드골 대령의 지휘하에 급히 조직된 것이었다) 나머지 프랑스 전차들은 보병대 사이에 나누어졌다. 프랑스와 영국군 모두 효과적인 대전차포가 없었으며 (영국 2파운드 포는 대개 '권총peashooter'으로 불렸다), 무전통신은 원시적이라고 말할 정도였다. 기동전에서 야전용 전화기와 통신선은 거의 소용없는 것으로 드러났다.

프랑스 공군은 여전히 형편없는 상태였다. 1938년에 체코슬로바키아가 위기를 맞았을 때 비유맹 장군은 달라디에에게 서신을 보내 독일 항공대가 프랑스 비행대대를 단숨에 파괴해버릴 것 같다고 경고했다. 그러고 나서도 오로지 미미한 개선만이 이뤄졌다. 그리하여 프랑스는 영국 공군이 대부분의 부담을 안을 거라 예상했지만, 영국 공군 전투기 사령부의 대장인 휴 다우딩 경은 프랑스에 영국 전투기를 배치하는 것을 강하게 반대했다. 전투기 사령부의 주요 역할은 대영제국을 방어하는 것이었고, 프랑스 군 비행장에는 효과적인 대공 방호도 부족했다. 게다가 영국 공군과 프랑스 공군 모두 각자의 지상군과 긴밀하게 협력하는 훈련을 해본 적이 없었다. 독일 항공대 루프트바페의 무자비한 대공 선제공격 기술이나 방어선을 무력화시키는 독일 육군의 기습 무장 공격 등은 물론, 폴란드 침공 작전을 보고도 연합군은 배운 게 없었던 것이다.

일부는 노르웨이 작전 때문에, 그리고 마지막 며칠간은 좋지 않은 날씨 때문에 몇 번을 연기한 끝에, 독일의 서유럽 침공 준비는 마침내 완료되었다. 5월 10일 금요일이 'X-Day'였다. 천성이 겸손함과는 거리가 먼 히틀러는 '세계 역사에서 가장 위대한 승리'[7]를 예측했다.

6

1940년 5월

서쪽에서 벌어진 강습

유럽 북부 대부분 지역에서 1940년 5월 9일 목요일은 멋진 봄날이었다. 한 종군기자는 벨기에 군인들이 막사 주위에 팬지를 심는 모습을 보았다.[1] 국경 가까이에서 독일군이 부교浮橋를 설치하고 있다는 보고와 함께 곧 공격이 있을 거라는 소문이 돌았지만, 벨기에 정부는 이것을 무시했다. 히틀러가 서쪽이 아닌 남쪽의 발칸 반도를 공격하려는 것으로 생각하는 사람이 많았다. 어쨌든 네덜란드, 벨기에, 룩셈부르크, 프랑스 이 네 나라를 한꺼번에 침공할 거라고 생각한 사람은 거의 없었다.

파리에서는 평소와 같은 생활이 계속되었다. 수도의 모습이 그렇게 아름다워 보였던 적은 좀처럼 없었다. 밤나무가 싹을 틔웠다. 카페는 만원이었다. 무엇을 비유하는지도 모를 노래 〈기다립시다〉는 여전히 인기를 끌었다. 오퇴유에서는 경마대회가 이어졌고, 우아한 여성들이 리츠 호텔에 모여들었다. 가믈랭 장군은 휴가를 다시 허용했다.[2] 그런데 공교롭게도 폴 레노 총리는 그날 아침 르브룅 대통령에게 가믈랭 해임안을 제출했다. 달라디에가 총사령관 해임을 또다시 거부했기 때문이다.

영국 BBC 뉴스에서는 전날 저녁 노르웨이전 대패에 대한 논의에 이어 영국 하원에서 33명의 보수당원이 체임벌린 정부에 불신임 표를 던졌다는

제2차 세계대전

소식을 전했다. 체임벌린을 공격한 레오 에이머리의 발언이 총리에게 치명타로 작용했다. 에이머리는 1653년 크롬웰이 장기 의회를 해산하면서 했던 말을 인용했다. "말하건대, 떠나십시오. 이제 당신과는 끝내야 합니다. 신의 이름을 걸고 말하겠습니다. 물러나십시오!" 떠들썩한 가운데 "물러나라! 물러나라! 물러나라!"는 구호가 울려 퍼졌고, 참담해진 체임벌린은 감정을 숨기려 애쓰며 회의장을 떠났다.

화창했던 그날 내내, 영국 의회 정치인과 세인트 제임스 지역의 클럽 회원들은 다음 단계에 대해 의논하면서 조용히 이야기하기도 하고 격앙된 목소리를 내기도 했다. 논의 내용은 처칠과 핼리팩스 외무장관 중 체임벌린의 후임은 누가 될 것인가에 관해서였다. 보수당원 대부분은 당연하다는 듯 에드워드 핼리팩스를 선택했다. 처칠을 위험하고 파렴치한 독선가라며 불신하는 사람도 많았다. 그런데 체임벌린은 여전히 직위를 지키려 애썼다. 그는 노동당에 연합을 제의했지만, 노동당은 체임벌린을 지도자로 받아들일 준비가 되어 있지 않다는 냉소적인 말만 할 뿐이었다. 그날 저녁 체임벌린은 자신이 사임해야 하는 현실을 직시할 수밖에 없었다. 그리하여 영국은 서유럽에 대한 독일의 대공격 바로 전날 정치적 혼란을 겪게 되었다.

베를린에서는 히틀러가 서부 전선 육군에게 다음 날 전쟁을 개시한다고 선포했다. 선포 내용 중에는 "오늘 시작되는 이 전쟁은 앞으로 1000년간의 독일 민족의 운명을 결정하게 될 것이다"[3]라는 말도 있었다. 결전의 순간이 다가오면서 히틀러 총통은 상황을 점점 낙관하게 되었고, 특히 노르웨이 작전 성공 이후 더 그랬다. 히틀러는 프랑스가 6주 안에 항복하리라 예상했다. 네덜란드 국경 인근의 주요 벨기에 요새인 에방에마엘을 대담하게 글라이더 부대로 공격한다는 계획이 히틀러를 가장 흥분시켰다. 그날 오후, 히틀러를 태운 특별 기차 아메리카호가 증기를 내뿜으며 아르덴 부근 수풀이 우거진 에이펠의 언덕지대에 자리 잡은 새 총통 본부 바위둥지(Felsennest

또는 Cliff Nest)를 향해 출발했다. 오후 9시, 암호 '단치히'가 모든 군부대로 전달되었다. 기상 예보 확인 결과, 이튿날은 항공기 활동 시 시야를 확보하기에 더없이 좋은 날씨였다. 공격 날짜가 미뤄지고 또 미루어진 끝에 활동을 개시하라는 명령이 떨어질 때까지, 기밀 유지에 신중을 기하기 위해 몇몇 장교는 연대에서 떨어져 있었다.

북쪽에서는 독일 제18군이 라인 강을 따라 네덜란드의 암스테르담과 로테르담을 공격할 준비를 했다. 또 다른 병력은 바다로 통하는 틸뷔르흐와 브레다 북부로 들어갈 예정이었다. 그 바로 남쪽에는 앤트워프와 브뤼셀을 목표로 하는 발터 폰 라이헤나우 상급대장의 제6군이 자리 잡고 있었다. 총 44개 사단으로 구성된 룬트슈테트 상급대장의 A 집단군에는 주요 기갑부대도 포함되었다. 귄터 폰 클루게 상급대장이 지휘하는 제4군은 벨기에를 공격하여 샤를루아와 디낭으로 향하기로 했다. 저지대 국가를 향해 동쪽에서 이 모든 군대를 밀어붙이면 영국군과 프랑스군이 북쪽으로 달려와 벨기에, 네덜란드군에 합류할 것이었다. 그 순간 만슈타인의 낫질 작전, 다른 말로 지헬슈니트가 가동된다. 빌헬름 리스트 상급대장이 이끄는 제12군은 룩셈부르크 북부와 벨기에 아르덴을 지나, 지베 남부와 스당 인근에서 뫼즈 강을 건너기로 했다. 이곳은 1870년에 프랑스가 프로이센에게 뼈아픈 패배를 당한 곳이었다.

일단 뫼즈 강을 건너면 기병대 장군인 에발트 폰 클라이스트가 이끄는 기갑부대가 영국 해협에 있는 아미앵, 아브빌, 솜 강 어귀로 이동하기로 했다. 그리하여 영국 원정군과 프랑스 제7, 제1, 제9군을 차단할 터였다. 그사이 독일 제16군은 노출되어 있는 클라이스트 부대의 왼쪽 측면을 방어하러 룩셈부르크 남부 지역을 통과하며 진군할 것이었다. 2개 군으로 이뤄진 리터 폰 레프 상급대장의 C 집단군은 마지노선을 남쪽으로 계속 압박하여 프랑스군이 북쪽 플랑드르에 갇힌 군대를 구출할 병력을 보내지 못하게 만들 계획이었다.

1914년에 실행된 슐리펜 계획이 오른쪽을 찍는 낫이었다면 만슈타인의 낫질 작전은 그와 정반대인 왼쪽을 찍는 낫이었는데, 프랑스는 이번에도 독일이 슐리펜 계획을 시도할 거라 예상했다. 아프베르 첩보국의 빌헬름 카나리스 해군 제독은 벨기에와 기타 지역에 독일의 계획에 관한 허위 정보를 퍼뜨리는 매우 효과적인 작전을 세웠다. 만슈타인은 가믈랭이 기동부대 대부분을 벨기에로 보낼 것이라 확신했다. 그 이유는 비행기가 불시착한 뒤에 프랑스가 문건을 손에 넣자마자 국경으로 이동했기 때문이다.(연합군 고위 장교 중 다수는 비행기 불시착이 진짜 사고였다면 히틀러가 그 사실을 알고 격분했을 게 분명했기에 독일이 의도적으로 추락시킨 영리한 작전이라고 생각했다.) 어찌 되었든, 연합군을 벨기에로 끌어들인다는 만슈타인의 계획은 프랑스의 열망을 자극했다. 대부분의 프랑스 국민처럼 가믈랭 장군도 제1차 세계대전에서 파괴되어버린 프랑스 플랑드르보다 벨기에 영토에서 싸우는 게 더 낫다고 생각했다.

히틀러는 또한 공수부대와 특공대의 활약에 관심이 많았다. 그는 전년 10월에 쿠르트 슈투덴트 육군 중장을 총통 관저로 불러, 글라이더 공수부대를 이용하여 에방에마엘 요새와 알베르 운하의 주요 교량들을 장악하라고 지시했다. 네덜란드 군복을 입은 브란덴부르크 특공대는 여행객으로 가장한 다른 병사들이 공격 개시 직전 룩셈부르크에 침투할 동안 교량을 확보하기로 했다. 하지만 주요 공수부대의 기습 공격은 제7낙하산사단과 한스 폰 슈포네크 소장이 지휘하는 제22공수사단을 헤이그 주변의 3개 비행장에 보내 개시할 예정이었다. 이들의 목표는 네덜란드의 수도를 장악하고 정부 및 왕실 가족을 포로로 잡는 것이었다.

독일은 적들의 주의를 분산시킬 다양한 '소음'을 만들어냈다. 네덜란드와 벨기에에 공격이 집중될 거라는 소문, 마지노선을 공격한다는 소문, 심지어 스위스의 중립성을 깨고 남쪽 끝을 에워쌀지도 모른다는 추측까지 소문으로 퍼뜨렸다. 가믈랭은 독일이 네덜란드와 벨기에를 습격하는 데 주력할 거라고 확신했다. 아르덴을 마주하고 있는 구역에는 거의 신경을 쓰지 않았는데, 수풀이 무성하게 우거진 언덕지대는 절대 뚫을 수 없을 거라 믿었기 때문이다. 하지만 도로와 숲길은 넓어서 독일 전차들이 이동하기에 무리가 없는 데다 너도밤나무, 전나무, 떡갈나무가 지붕처럼 머리 위를 덮어 클라이스트의 기갑부대를 완벽하게 은폐해주었다.

룬트슈테트 상급대장은 사령부에 소속된 항공사진 촬영 전문가 덕분에 뫼즈 강을 엄호하고 있는 프랑스 방어 진지가 완전히 구축되려면 한참 멀었다는 사실을 재확인했다. 연합군 전선 상공에서 끊임없이 항공 촬영 정찰 비행기를 띄운 독일 항공대 루프트바페와는 달리, 프랑스 공군은 독일 영공 비행을 거부했다. 그렇지만 가믈랭은 자체 군사 정보 기관인 제2정보부에 놀랄 만큼 정확한 독일의 전투 서열에 관한 정보를 가지고 있었다. 프랑스군은 독일군이 아르덴 바로 너머에 있는 아이펠에 기갑사단 대부분을 배치했고, 스당에서 아브빌로 향하는 통로를 독일군이 노리고 있다는 것도 알아냈다. 베른에 있던 프랑스 육군 무관이 스위스 정보원으로부터 매우 유용한 정보를 은밀히 얻어 4월 30일 가믈랭 사령부에 경고했는데, 내용인즉 독일이 진군 '주축'[4]을 스당으로 하고 5월 8일과 10일 사이에 공격할 예정이라는 것이었다.

그럼에도 불구하고 가믈랭과 그 밖의 고위 프랑스 지휘관들은 계속해서 위협을 부정했다. "프랑스는 폴란드가 아니다"라는 것이 그들의 생각이었다. 스당 지역을 맡고 있던 제2군 사령관 샤를 욍치제르 장군은 그 지역에서 오합지졸 사단 단 세 개만 배치했다. 욍치제르는 자기 부대의 예비병들이 싸울 준비가 되어 있지 않은 데다 얼마나 열의가 없는지도 알고 있었다. 방어 준비가 되지 않았으니 4개 사단을 더 보내달라고 가믈랭에게 간청했지만

제2차 세계대전

거절당했다. 하지만 어떤 사람은 그 상태에 안주했다며 윙치제르를 비난하는 반면 주변에 있던 제9군 사령관 앙드레 코라프 장군이 위협을 더 잘 감지하고 있었다고 말한다.[5] 어쨌든 뫼즈 강 쪽을 향해 민간 사업으로 구축된 이 콘크리트 진지에는 방향이 제대로 잡힌 총안조차 없었다. 지뢰밭과 철조망은 무용지물이었고, 나무를 쓰러뜨려 강 동쪽 제방의 숲길을 막아야 한다는 제안이 있었지만 프랑스 기병대가 진군해야 할 수도 있다는 이유로 거부당했다.

5월 10일 금요일 이른 아침, 공격이 임박했다는 전갈이 브뤼셀에 전해지고, 도시 전체에는 전화벨이 울리기 시작했다. 경찰은 호텔마다 서둘러 들어가 야간 직원에게 그곳에 머무르고 있는 군인들을 모조리 깨우도록 했다. 허둥지둥 제복을 입은 장교들은 택시를 잡아타고 각자의 연대 혹은 사령부로 복귀했다. 동이 트자, 루프트바페가 모습을 드러냈다. 벨기에의 복엽전투기2개의 날개를 상하로 배치하고 이로써 양력을 얻는 전투기들이 요격을 위해 출격했지만, 구식 장비로는 속수무책이었다. 브뤼셀 시민들은 대공포 소리에 잠이 깼다.

가믈랭의 사령부에도 일찍이 적의 움직임에 대한 보고가 전해졌지만, 이미 잘못된 정보가 너무 많이 전달된 터라 이번에도 과잉 반응이라며 무시되었다. 총사령관은 오전 6시 30분이 되어서야 일어났다. 파리 동쪽 끝 중세풍의 뱅센 요새에 있던 가믈랭의 군사령부는 전장과는 멀리 떨어져 있었고 권력의 중심지와 가까웠다. 가믈랭은 정치가 기질이 있는 군인으로, 권모술수가 뒤얽힌 제3공화정에서도 자신의 지위를 유지한 수완가였다. 1935년에 가믈랭에게 자리를 내주어야 했던 극우파 막심 베강 장군과 달리, 가믈랭은 애매모호한 태도를 취해 반공화당이라는 평판을 피했다. 1914년 마른 전투의 작전을 세워 신망을 얻은 젊고 똑똑한 참모장교였던 가믈랭은 이제 한 치의 오차도 없이 바지를 재단해 입는 작고 까다로운 68세의 노인이 되어 있었다. 많은 사람은 가믈랭이 악수를 할 때 힘이 무척 없다는 것을 느꼈다. 가믈랭은 자신이 좋아하는 참모장교들과 예술, 철학, 문학 등에 대해 이야기하면서 지적 관심사를 함께 나누고 고상한 분위기를 즐겼으며, 그럴 때마다 그는 마치 현실세계에서 동떨어져 프랑스 식자층이 된 듯한 기분을 느꼈다. 가믈랭은 무선통신을 믿지 않는 데다 무전기도 없어서 벨기에 진군 대기 명령을 전화로 내렸다. 그날 아침 가믈랭은 독일이 자신의 손안에서 놀고 있다는 확신에 차 자신감을 드러냈다. 한 참모장교는 가믈랭이 복도를 왔다 갔다 하며 콧노래로 군가를 부르는 모습을 보았다.

공격 소식은 런던에도 전해졌다. 각료 한 명이 오전 6시에 윈스턴 처칠을 만나러 해군성에 갔을 때, 처칠은 달걀과 베이컨을 먹으며 시가를 피우고 있었다. 처칠은 체임벌린에 대한 심의 결과를 기다리는 중이었다. 국왕및 다수의 보수당 고관처럼 체임벌린 자신도 만약 사임해야 한다면 핼리팩스 경이 이어받기를 원했다. 그러나 공직에 대한 감각이 뛰어났던 핼리팩스는 전시 지도자로는 처칠이 나을 거라 생각해 수상 자리를 거절했다. 처칠또한 상원의원인 핼리팩스가 하원 밖에서 정부를 효율적으로 운영하지 못할 거라는 점을 강조했다. 그날 영국에서는 극적인 정치 변화 때문에 해협너머의 훨씬 더 심각한 사건들이 묻혀버리고 말았다.

가믈랭의 계획은 가장 왼편에서 앙리 지로 장군이 이끄는 제7군이 앤트워프를 지나 해안으로 재빨리 진출하여 브레다 부근의 네덜란드군에 합류하는 것이었다. 프랑스 동북부에서는 제7군이 유일한 예비 병력이었기 때문에, 이렇게 저지대 국가로 진군하는 병력에 추가한 것은 앞으로 거대한 재앙으로 판명될 것이었다. 네덜란드군은 더 많은 지원을 기대했지만, 그들이 합동 계획을 거부했고 프랑스 국경에서 달려가야 할 거리를 생각했을 때 이는 지나친 기대였다.

소위 'D 계획'이라는 가믈랭의 계획에 따르면, 22개 사단으로 구성된 벨기에군은 앤트워프에서 루뱅에 걸쳐 딜 강을 방어하기로 했다. 9개 보병사단과 1개 기갑사단으로 편성된 고트의 영국 원정군은 우측에 합류하여 브뤼셀 동쪽 딜 강을 루뱅에서 와브르에 걸쳐 방어하기로 했다. 영국 원정군의 남쪽 측면에는, 조르주 블랑샤르 장군이 지휘하던 제1프랑스군이 와브르와 나무르 사이에서 틈새를 메우기로 하고, 코라프 장군의 제9군은 뫼즈강 남쪽 나무르에서 스당 서쪽에 걸쳐 전선을 구축하기로 했다. 독일군은 프랑스군의 암호를 아주 간단히 해독해내 구체적인 정황을 모두 알고 있었다.[6]

가믈랭은 벨기에 부대들이 앤트워프에서 마스트리흐트에 걸쳐 알베르 운하를 방어하며 독일군의 발을 충분히 묶어두면 연합군은 사전에 준비시키기로 했던 진지를 향해 진군하게 될 거라고 가정했다. 문서상으로는 딜 계획이 그럴듯해 보였지만, 독일 국방군의 연합 작전이 보여준 속도와 무자비함, 속임수 등은 전혀 예측하지 못했다. 폴란드 전역을 보고도 깨달은 게 하나도 없었던 것이다.

다시 한번 독일 항공대는 새벽에 네덜란드와 벨기에, 프랑스군 비행장에 선제공격을 가했다. 메서슈미트는 분산되어 있는 프랑스 전투기를 파괴했다. 적과 싸우려는 의지도 없고 무관심하기만 한 프랑스군의 모습에 폴란드인 조종사들은 할 말을 잃었다.[7] 영국 공군의 비행 편대는 명령을 받고 출격했지만 막상 공중에 뜨자 어디로 가야 할지 막막해졌다. 효과적인 레이더가 없어 지상관제가 거의 제 역할을 못 했기 때문이다. 그럼에도 독일 호위전투기와 싸우지 않게 된 영국 공군 허리케인 부대는 첫날에 30기 이상의 독일 폭격기를 격추시키는 데 성공했다.[8] 하지만 루프트바페도 이와 같은 실수를 반복하지는 않았다.

가장 용감한 조종사는 구식 페어리 배틀 경폭격기를 타고 룩셈부르크를 지나 독일군 종대를 공격하러 간 조종사들이었다. 느린 데다 무기도 충분하지 않아 적군의 전투기나 지상 사격 모두에 취약해서 위험했다. 32기 중 13기가 격추되었고 나머지는 모두 기체에 손상을 입었다. 같은 날 프랑스군은 879기 중 56기가 파괴되었고 영국은 384기 중 49기를 잃었다. 네덜란드는 항공대 병력의 절반을 오전에 잃고 말았다. 그러나 루프트바페도 126기가 궤멸되었기 때문에 일방적인 전투였다고 볼 수는 없었다. 그중 대부분은 융커스 52 수송기였다.

독일 항공대원 대부분은 하루빨리 네덜란드를 함락시키겠다는 기대를 안고 네덜란드에 전력을 집중시켰지만, 이것은 주요 전투가 북쪽에서 일어날 거라는 인상을 굳히려는 의도도 있었다. 가믈랭의 기동부대를 함정에 빠뜨린 이 전술이 바로 훗날 군사평론가인 리들 하트가 '투우사의 붉은 망토'라고 불렀던 것이다.

새로운 전쟁 국면을 맞아, 융커스 52 수송기는 메서슈미트의 호위를 받으며 공수부대를 향해 투하하기 시작했다. 그러나 제7낙하산부대와 제22공수사단으로 헤이그를 장악한다는 주요 목표는 손해만 입고 실패로 돌아갔다. 속도가 느린 수송기 다수가 목표 지점으로 향하던 중 격추되는 바람에, 반도 안 되는 병력만 헤이그 주변 세 곳의 군 비행장에 도달하게 된 것이다. 네덜란드군이 반격을 하며 공수부대를 처리하는 동안 왕실과 정부는 망명길에 올랐다. 앞의 두 사단에서 추가 파견된 부대가 로테르담 부근 발하번 공항과 주요 교량들을 가까스로 점령했다. 그러나 동쪽으로는 네덜란드 군대가 발 빠르게 대응하여 마스트리흐트 주위의 교량들을 폭파함으로써 네덜란드 제복을 입은 독일 특공대가 장악하지 못하게 했다.

연합군이 벨기에라는 함정으로 행진하기 시작했다는 소식을 들었을 때 히틀러는 '바위 둥지'에서 기쁨의 눈물을 흘렸다고 한다. 또한 뫼즈 강과 알베르 운하가 합류하는 지점에 있는 에방에마엘 요새의 경사면에 공수부대가 글라이더를 타고 정확하게 착지했다는 말에 전율을 느꼈다. 그들은 이튿날 저녁에 제6군이 도착할 때까지 대규모 벨기에 주둔군을 요새 안에 가두어두었다.

다른 공수부대가 알베르 운하에 파견되어 그곳에 설치된 교량들을 점령하면서 독일군은 첫 번째 주요 방어선을 신속하게 돌파했다. 만약 헤이그에서 공수 작전이 실패한다고 해도 공수부대를 네덜란드 깊숙이 침투시켜 엄청난 공황과 혼란을 일으킬 수 있었다. 그러자 공수부대가 수녀 복장으로 내려온다는 둥, 아이들에게 독이 든 사탕을 뿌린다는 둥, 제5열fifth columnist 적과 내통하며 각종 모략활동을 벌이는 조직적인 무력 집단 요원들이 다락방 창가에서 신호를 보낸다는 둥, 여러 근거 없는 소문이 돌기 시작했다. 이러한 현상은 벨기에와 프랑스, 나중에는 영국으로까지 퍼져나갔다.

런던에서는 전시 내각이 5월 10일 하루 동안 세 번이나 열렸다. 체임벌린은 영국 해협 너머에서 전투가 계속되는 동안 정부를 교체해서는 안 된다고 주장하며 처음에는 수상직을 유지하려 했지만, 노동당이 체임벌린 지지를 거부하기로 확정하자 그 자신도 이제 사임해야 한다는 것을 느꼈다. 핼리팩스가 여전히 수상 자리를 거부하고 있어서 체임벌린은 버킹엄 궁전으로 가서 조지 6세에게 처칠을 수상으로 임명하는 것이 어떻겠냐고 조언했다. 조지 6세는 자신의 친구인 핼리팩스가 직책을 거절한 것 때문에 속상해했지만 달리 방도가 없었다.

이제 지위가 확정된 처칠은 시간을 지체할 새도 없이 전쟁터에 눈을 돌려 벨기에로 원정군을 보냈다. 장갑차로 무장한 제12왕립창기병대가 오전 10시 20분에 정찰을 위해 가장 먼저 출격했다. 다른 부대들도 대부분 그날 따라갔다. 제3사단의 선두 대열은 미리 통보를 받지 못한 벨기에 당국이 국경에서 공식적인 '벨기에 진입 허가서'[9]를 요구하는 바람에 저지당했다. 트럭들이 그대로 장벽을 밀어붙여 길을 열었다. 벨기에로 들어가는 거의 모든 길은 북쪽 딜 전선으로 향하는 군용 차량 행렬로 가득 차 있었다. 결국 제12창기병대는 오후 6시에 도착했다.

루프트바페가 처음에 군 비행장에 집중되었다가 그다음에는 네덜란드에 집중되었다는 사실로 알 수 있는 것은 최소한 벨기에로 진군하던 연합군이 공중 공격에 노출되지 않았다는 점이다. 프랑스군은 출격이 더 느린 듯했다. 프랑스 진형은 저녁까지 이동을 시작하지 않은 곳이 많았다. 그것은 크나큰 실수였다. 여기저기서 몰려오는 피란민들로 길이 꽉 막혀버렸기 때문이다.[10] 한편 프랑스 제7군은 영국 해협 연안을 따라 앤트워프로 서둘러 향했지만, 네덜란드 남부에 도착하자 곧 루프트바페의 집중 공격을 받게 되었다.

무더웠던 그날, 길가에서는 벨기에 사람들이 바에서 맥주잔을 들고 나와 얼굴이 붉게 익은 군인들에게 건넸지만, 그런 인심 좋은 행동이 장교와 부사관들에게는 별로 반갑지 않았다. 다른 영국 부대들은 해질녘에 브뤼셀을 통과했다. 그 광경을 지켜본 한 사람은 다음과 같이 기록했다. "벨기에 사람들이 환호하며 서 있자, 트럭과 작은 장갑차에 탄 남자들이 손을 흔들어 환호에 답했다. 모든 장병이 철 헬멧 위에, 그리고 군장에 끼어 있는 소총 총구 안에 자줏빛 라일락을 꽂았다. 장병들이 웃으면서 엄지손가락을 치켜들자 벨기에 사람들은 처음에 그 모습을 보고 깜짝 놀랐다. 벨기에에서는 매우 무례한 행동이기 때문이었다. 하지만 사람들은 곧 그것이 기분 좋은 자신감의 표시임을 알게 되었다. 거리 풍경은 장관이었다. 마치 런던의 러시아워를 보는 듯 교차로마다 영국 헌병대의 보호를 받으며 군사 차량이 힘차게, 조직적으로, 조용하게 전진하자, 눈물을 흘리는 사람도 있었다."[11]

그러나 이 중대한 전투는 아르덴 동남쪽 룬트슈테트의 A 집단군에게 유리하게 흘러가고 있었다. 룬트슈테트의 어마어마한 차량 행렬은 구불구불한 숲길을 통과하면서 연합군 비행기의 눈을 피했다. 상공에서는 메서슈미트 전투기들이 차폐 역할을 하며 적의 폭격기나 정찰기에 대비했다. 행군 중에 고장난 차량이나 전차는 모두 길 밖으로 밀려났다. 많은 참모장교의 우려에도 불구하고 행군 체계는 예상보다 훨씬 더 잘 잡혀 계획대로 착착 진행되었다. 클라이스트의 기갑부대에 속한 모든 차량에는 흰색의 작은 'K' 자를 앞뒤로 찍어 무조건 우선 배치를 받게 했다. 이들이 나타나면 행군하던 보병대 및 그 밖의 모든 이동 수단이 길옆으로 곧장 비켜야 했다.

오전 4시 30분, 제19군단의 사령관인 하인츠 구데리안 기갑대장이 제1기갑사단과 함께 룩셈부르크 국경을 넘었다. 브란덴부르크 특공대는 이미 몇몇 주요 교차로와 교량을 장악한 상태였다. 룩셈부르크 헌병들은 독일군에게 국가 중립성을 깨고 있다는 지적만 하다가 포로로 잡혔지만, 대공과 그 가족은 브란덴부르크 특공대에게 들키지 않고 가까스로 탈출하는 데 성공했다.

북쪽으로는 제41기갑군단이 몽테르메 지역 뫼즈 강 방향으로 진군했고, 우측에서 북쪽으로 더 나아가서는 헤르만 호트 기갑대장이 지휘하는 제15군단이 에르빈 로멜 육군 소장이 이끄는 제7기갑사단을 앞세워 디낭으로 향했다. 그러나 아르덴 경보부대 소속 벨기에 공병들이 교량을 폭파하는 바람에 몇몇 기갑사단의 행군이 늦어져 대원들은 낙담했고 클라이스트는 불안을 느꼈다.

5월 11일 새벽에, 로멜의 제7기갑사단과 오른쪽 후방의 제5기갑사단은 다시 전진하여 우르트 강에 당도했다. 프랑스 수색대가 제시간에 겨우 교량을 폭파했지만, 서로 격렬한 포격전을 벌인 뒤 곧 퇴각했다. 사단 공병들은 곧 부교를 건설했고, 진군은 뫼즈를 향해 계속되었다. 로멜은 프랑스군과 충돌했을 때 만약 자신의 부대가 전력을 다해 즉시 발포했다면 독일이 완승했을 거라는 생각을 했다.

남쪽으로는 게오르크 한스 라인하르트 중장이 이끈 제41기갑군단이 바스토뉴와 몽테르메로 향하다가 그 전선을 넘어가는 구데리안의 일부 병력 때문에 잠시 멈추었다. 구데리안의 제19군단은 명령이 바뀌어 다소 혼란스러워하고 있었다. 하지만 기동부대와 경전차로 구성된 프랑스 수색대도 혼란스러워하기는 마찬가지였다. 그래도 뫼즈로 돌진하는 독일군의 전력은 점점 뚜렷해진 반면 프랑스 공군은 출격하지도 않은 상태였다. 영국 공군은 페어리 배틀 8기를 더 투입했다. 하지만 그중 7기는 대공포에 격추당하고 말았다.

연합군의 항공기는 서북쪽으로 움직이며 마스트리흐트와 알베르 운하의 교량을 공격하다 큰 피해를 입었지만, 이러한 시도는 아주 적었던 데다 이미 늦어버렸다. 독일 제18군은 이제 저항이 거의 끝나가는 네덜란드 영토 깊숙한 곳까지 들어갔다. 라이헤나우가 지휘한 제6군은 리에주를 우회하여 알베르 운하 건너편으로 갔고, 다른 군단은 앤트워프로 전진했다.

영국 원정군은 이제 좁디좁은 딜 강을 따라 진지를 구축했다. 그리고 프랑스 부대는 루프트바페의 주의를 거의 끌지 않고 각자의 위치로 진군했다. 예민한 장교들은 자신들이 함정에 빠지진 않았나 걱정하기도 했다. 그러나 가장 시급했던 문제는 프랑스 제1군의 진군 속도가 늘어나는 벨기에 피란민 때문에 끝도 없이 느려지고 있다는 점이었다. 브뤼셀의 광경을 묘사하자면 수없이 밀려오는 파도 같았다. "사람들은 걷기도 하고, 차나 수레, 당나귀 등을 타고 가기도 했으며, 휠체어나 손수레에 실려 가기도 했다. 자전거를 탄 젊은이들, 할머니, 할아버지, 아기, 촌부 등이 머리에 수건을 두르고, 매트리스와 가구, 그릇 등이 쌓인 수레를 끌며 피란을 떠났다. 수녀들은 두건 아래 흘러내리는 땀으로 붉은 얼굴을 적신 채, 긴 회색 수녀복의 옷자락으로 먼지를 일으키며 긴 행렬을 이뤄 걸었다…… 역은 바닥에서 자는 사람, 벽에 기대어 쭈그리고 앉은 사람, 우는 아기를 달래는 여자, 창백하고 지친 모습의 남자들로 마치 러시아 혁명 당시의 광경을 그린 듯했다."[12]

5월 12일, 파리와 런던의 신문들은 독일의 강습이 멈추었다는 듯이 소식을 전했다. 『선데이 크로니클』에서는 '자포자기한 베를린'[13]이라고 선언했다. 하지만 독일 병력은 바다를 향해 네덜란드를 가로지른 터였고, 남아 있던 네덜란드 병력은 암스테르담과 위트레흐트, 로테르담을 잇는 삼각형 지역으로 후퇴했다. 네덜란드 남부에 당도해 있던 지로 장군의 제7군은 계속해서 루프트바페의 공습을 받았다.

벨기에에서는, 뒤처진 제1군의 전위 부대인 르네 프리우 장군 휘하의 기병군단이 딜 전선으로 진군하던 늘어진 독일 기갑부대를 가까스로 격퇴했다. 그러나 교량과 진군 행렬에 폭격을 시도하던 연합군 비행 편대는 독일군 경대공포 부대의 20밀리 4연장 대공포 공격을 받아 다시 궤멸되었다.

약간의 분노를 느끼며 독일군이 뫼즈 강 너머를 공격하는 동안, 독일 언론에서는 오로지 네덜란드와 벨기에 북부의 전투만 강조했다. 남쪽에서 이뤄지는 주력 공격에 대해서는 거의 언급이 없었던 것이다. 이것은 연합군이 스당과 디낭 지역에 신경을 쓰지 못하도록 주의를 분산시키는 일종의 치밀한 기만 작전이었다. 여러 번 경고가 있었음에도 가믈랭은 뫼즈 강 상류의 위협을 여전히 인정하지 않으려 했지만, 동북부 전선의 총사령관이면서 처칠의 사랑을 듬뿍 받은 슬픈 얼굴의 노장 알퐁스 조르주 장군은 스당 주변 윙치제르의 관할 구역에 공군을 우선 배치하여 작전에 개입했다. 가믈랭의 미움을 산 조르주는 1934년 유고슬라비아의 알렉산더 왕 암살 사건으로 가슴 부위에 큰 상처를 입고 완전히 회복되지 않은 채로 지냈다.

가믈랭이 조르주의 지위를 약화시키려고 프랑스 육군 명령 체계에 혼란을 일으킨 일은 문제 해결에 도움이 되지 않았다. 그리고 조르주마저도 위협에 대한 대응이 이미 늦은 상태였다. 뫼즈 강 동북쪽에 있던 프랑스 부대들이 강을 건너 퇴각한 데다, 완전히 혼란에 빠진 부대도 있었기 때문이다. 구데리안 휘하의 제1기갑사단은 거의 충돌 없이 스당 시내로 진입했다. 철수하던 프랑스 군대는 스당에서 교량을 겨우 폭파하기는 했지만, 이미 독일 공병 중대가 자신들의 실력과 속도를 증명해 보인 뒤였다.

그날 오후, 로멜이 이끄는 제7기갑사단도 디낭 인근의 뫼즈 강 하류에 도착했다. 벨기에 후방 부대가 주요 교량을 이미 폭파한 상황에서 제5기갑사단 척탄병들은 우 지역에서 오래된 둑을 발견했다. 그날 밤 잔뜩 낀 안개에 가려진 채로 몇몇 중대는 강을 건너 교두보를 설치했다. 코라프가 지휘한 제9군은 제시간에 도착하지 못해 그 구역을 방어하는 데 실패하고 말았다.

5월 13일, 로멜의 부대는 뫼즈 강의 두 지점에서 도하를 강행했지만 정교하게 포진해 있던 프랑스 정규군의 맹공격을 받았다. 로멜은 8륜 장갑차를 타고 디낭 부근의 도하 지점으로 돌아와서 상황을 분석했다. 기갑 차량에 연막탄이 없다는 것을 알고, 부하들을 시켜 도하 지점으로 부는 바람을 따라 연기가 흘러가도록 몇몇 집을 불태웠다. 그런 다음 대형 강습 보트에 타고 있는 보병대를 엄호하기 위해 대형 전차인 마크 4를 여러 대 동원하여 강 맞은편 프랑스 진형에 발포했다. 제7기갑사단 수색대대의 한 장교는 "난리통에 겨우 첫 번째 보트를 물에 띄웠는데, 저격수와 포병들이 보트에 타고 있던 무방비 상태의 병사들을 겨누었다. 우리는 전차와 대포로 적을 제압하려 했지만, 적은 단단히 엄호가 되어 있었다. 보병대의 공격은 교착 상태로 이어졌다"[14]라고 기록했다.

이날은 로멜 전설의 시작이었다. 장교들 눈에는 로멜이 사방에 있는 것처럼 보였다. 발포 지휘를 위해 전차 위로 뛰어오르거나 전투공병들과 함께 있기도 하고, 혼자서 강을 건너기도 했다. 로멜의 에너지와 용기는 공격이 약해질 수도 있는 상황에서 부하들이 포기하지 않도록 했다. 한번은 프랑스군 전차가 나타났을 때 뫼즈 강 너머 보병대대의 지휘를 맡은 적이 있다. 아마도 신화의 일부이겠지만, 로멜은 대전차 무기가 없는 부하들에게 조명탄을 발사하라고 명령했다. 프랑스 전차병들은 조명탄이 철갑탄인 줄 알고 즉각 물러났다. 독일군의 피해는 막심했지만 로멜은 그날 저녁 두 개의 교두보를 설치했다. 하나는 우 지역에, 또 하나는 격전이 벌어졌던 디낭의 도하 지점에 설치했다. 그날 밤 공병들은 전차를 건너게 할 부교를 지을 수 있었다.

스당 양쪽 지점에서 도하를 준비하던 구데리안은 상관인 클라이스트 상급대장과 격렬한 언쟁을 벌였다. 구데리안은 위험을 무릅쓰고 상관을 무시한 채 제2비행단, 제8비행단이 대규모 집중 공격 계획에 협조하도록 항공대를 설득했다. 제8비행단은 볼프람 폰 리히트호펜 소장이 지휘했다. 리히트호펜은 제1차 세계대전의 에이스였던 '레드 바론'의 사촌동생이었고, 게르니카를 파괴하는 임무를 맡았던 콘돌 군단의 전직 사령관이었다. '예리코 트럼펫^{심리적인 효과를 위해 슈투카 폭격기에 장착했던 사이렌 장치}'을 울리며 쇳소리와 함께 강하하던 리히트호펜의 슈투카는 스당 구역을 방어하고 있는 프랑스 군대의 사기를 뒤흔들어놓을 것이었다.

놀랍게도 독일 차량과 사병들을 집중적으로 노렸던 프랑스 포병대에는 탄약 절약을 위해 발포를 제한하라는 명령이 떨어졌다. 사단 지휘관은 강을 건너기 전에 독일군이 야전포를 투입하려면 이틀이 더 걸릴 것으로 예상했다. '슈투카'라는 대포가 현재 기갑부대 최전선을 나는 중임을 모르고 있는 사이, 슈투카는 탁월한 정확성으로 포병대의 포좌를 공격했다. 엄청난 포격과 함께 스당 시내가 불바다로 변하자, 독일군은 급히 강 쪽으로 이동해 대형 보트를 타고 맹렬하게 노를 저었다. 많은 사상자가 발생했지만 결

제2차 세계대전

국 강습공병들은 강을 건넜고, 화염방사기와 휴대 장약으로 콘크리트 벙커를 공격했다.

땅거미가 지자, 겁먹은 프랑스 예비병들 사이에는 적군의 전차가 이미 강을 건넜고 아군의 움직임이 곧 차단될 거라는 뜬소문이 돌았다. 폭격으로 야전 통신선이 끊어진 탓에 부대와 지휘관들 사이의 통신은 사실상 무너졌다. 처음에는 프랑스 포병대가 후퇴하기 시작했고, 그다음에 사단장이 후퇴했다. 삼십육계 줄행랑 정신이 팽배해졌다. 다음을 위해 비축해두었던 탄약은 교전 없이 고스란히 적군의 몫이 되었다. 제1차 세계대전에서 살아남은 일명 '크로커다일' 선임 예비병들은 이 부당한 전투에서 생을 마감하고 싶지 않았다. 프랑스 공산당의 반전 책자도 많은 사람에게 영향을 주었지만, 무엇보다도 영국이 프랑스를 이 전쟁으로 끌어들였다고 주장한 독일의 선전 효과가 가장 컸다. 프랑스와 독일이 '단독 강화'를 맺는 일은 절대 없을 거라고 3월에 레노가 영국 정부에 했던 맹세는 군인들의 의심만 키울 뿐이었다.

1918년 대승을 거두었던 때의 사고방식으로 대처한 프랑스 장군들은 이번 전투에서 완전히 압도당했다. 조르주 장군의 사령부를 방문했던 날도 가믈랭 장군은 여전히 주공이 벨기에를 지나올 거라고 예상했다. 가믈랭은 저녁이 되어서야 독일군이 뫼즈 강을 건넜다는 사실을 알았다. 곧 윙치제르의 제2군에 반격 준비를 지시했지만, 부대의 재배치가 완료되었을 때에는 이미 늦어서 국지적 반격만 가능했다.

결국 윙치제르는 구데리안의 의도를 완전히 잘못 이해해, 구데리안의 의도가 돌파 작전으로 남쪽을 치고 후방에서 마지노선을 밀어 올리려는 것이라고 추측했다. 그래서 구데리안이 취약한 좌측으로 진출하고 있을 때, 윙치제르는 우측으로 병력을 증강시켰다. 스당이 함락되자, 프랑스 지휘관들은 1870년 나폴레옹 3세가 항복했던 일을 떠올리며 가슴에 두려움을 품었다. 다음 날인 5월 14일 이른 아침, 앙드레 보프르 대위는 두망 장군과 함께 조르주 장군의 사령부로 들어갔다. 훗날 보프르는 당시 사령부의 상황이 '완전히 초상집 분위기'[15]였다고 기록했다. "우리 전선이 스당에서 뚫렸네!"라고 조르주는 두망에게 말했다. "그곳은 붕괴되었네." 지쳐버린 장군은 의자에 몸을 던지며 눈물을 흘렸다.

스당과 디낭 주위에 3개의 독일군 교두보가 설치되고 라인하르트가 지휘한 제41기갑군단도 끈질긴 전투 끝에 몽테르메 인근 지역에 뒤따라 작은 교두보를 설치하기 시작하면서, 거의 80킬로미터에 이르는 돌파 작전이 프랑스 전선에서 실행되려 했다. 아마 프랑스 지휘관들이 더 신속하게 대응했다면 독일군 선봉을 쳐부술 좋은 기회가 되었을 것이다. 스당 구역에서 제55사단장 피에르 라퐁텐 장군은 이미 추가로 2개 보병연대와 2개 경전차대대를 지원받았지만, 9시간 동안 역습 지시를 내리지 않았다. 전차대대도 제51사단에서 달아나는 군인들로 길이 막힌 데다 통신 상태가 나빠 움직임이 지지부진했다. 밤새 독일군은 지체하지 않고 더 많은 기갑부대를 뫼즈 강 너머로 보냈다. 마침내 프랑스 전차들이 이른 아침에 행동을 개시했지만 대다수가 격퇴되었다. 제51사단이 무너지는 사이, 주변 부대에는 공황의 불씨가 튀었다.

연합공군은 뫼즈 강에 놓인 부교를 공격하기 위해 그날 아침에 폭격기 152기와 전투기 250기를 출격시켰지만 목표물이 몹시 작아 타격이 어려웠다. 게다가 루프트바페의 메서슈미트 편대가 투입되고 대공포 파견대마저 사정없이 발포하기 시작하자 영국 공군은 71기의 폭격기 중 40기가 격추되어 최악의 피해를 기록했다. 그 뒤 절박해진 프랑스군은 가장 낙후된 폭격기를 보냈다가 궤멸되기도 했다. 조르주는 아직 검증되지 않은 기갑사단과 장 플라비니 장군의 차량화 보병 사단까지 전진 배치하려 했지만 연료 부족으로 지체되었다. 플라비니는 남쪽에서 스당 교두보를 공격하라는 지시를 받았는데, 이것은 윙치제르와 마찬가지로 조르주도 주된 위협 요소가 우측에 있다고 생각했기 때문이다.

프랑스 제1기갑사단이 로멜의 교두보를 공격함으로써 북쪽에서는 또 다른 반격이 시도되었다. 그러나 길을 막은 벨기에 피란민 때문에 급유차가 그곳을 통과하지 못해 시간이 지체되자 또다시 위험에 빠지게 되었다. 다음 날인 5월 15일 아침, 로멜 부대의 선봉은 연료를 재주입하고 있던 프랑스 사단의 중전차 B1을 기습했다. 전투는 프랑스 전차병들에게 심각하게 불리한 상황에서 혼란스럽게 시작되었다. 로멜은 자신이 먼저 밀고 들어가는 동안 제5기갑사단이 전투를 계속하도록 내버려두었다. 준비만 되었더라면 프랑스 전차들은 크게 승리할 수 있었을 것이다. 결국 프랑스 제1기갑사단은 독일 전차를 100대 정도 파괴하기는 했지만, 그날 하루 동안 독일 대전차포에 의해 사실상 전멸하다시피 했다.

저지대 국가에 있던 연합군 부대들은 여전히 후방의 위협에 대해 어찌할 줄 몰랐다. 5월 13일, 프리우 장군의 기병군단은 블랑샤르의 제1군 나머지 병력이 포진하기 시작한 딜 전선으로 후퇴할 각오를 하고 전투에 임했다. 비록 프리우의 소무아 전차의 장갑이 강력하긴 했지만 독일군의 포술과 작전이 훨씬 더 좋았고, 프랑스 전차에 무전기가 부족했던 것도 매우 불리하게 작용했다. 프리우 군단은 용감하게 전투를 치렀지만 전력의 절반 가까이를 잃고 나서 후퇴했다. 이런 상황은 가믈랭이 원했던 대로 아르덴 돌파에 맞서 동남부를 공격하는 그런 양상이 아니었다.

프랑스 제7군은 고립된 네덜란드 병력과 연결하기 위해 브레다로 별 소득 없는 진군을 했다가 앤트워프를 향해 퇴각하기 시작했다. 비록 훈련 상태도 미흡하고 무기도 보잘것없었지만, 네덜란드 부대들은 로테르담으로 쳐들어가려는 독일 제9기갑사단에 맞서 용감하게 싸웠다. 독일 제18군 사령관은 네덜란드의 저항에 좌절해야 했지만, 결국 그날 저녁에 기갑 부대들은 돌파에 성공했다.

이튿날, 네덜란드가 항복에 관해 독일 측과 협상을 했지만 독일 사령관은 그 사실을 항공대에 알리지 않았다. 도시에 폭격이 쏟아져 800명이 넘는 시민이 목숨을 잃었다. 그날 저녁 3만 명이 사망했다는 네덜란드 외무장관의 발표를 듣고 파리와 런던은 공포에 휩싸였다. 결국 네덜란드 총사령관 헨리 빙켈만 장군은 추가 희생을 막기 위해 전체 항복을 결심했다. 히틀러는 그 소식을 듣고 즉시 SS LAH와 제9기갑사단 부대들을 이끌고 암스테르담에서 승전 행진을 하라고 지시했다.

여전히 아펠도른에서 망명생활을 하고 있던 선왕 빌헬름 2세에게서 전보를 받은 히틀러는 즐겁기도 하고 화가 나기도 했다. 전보에는 "나의 총통이여, 승전을 축하하고 앞으로 당신의 훌륭한 지도력으로 군주국 독일이 완전히 부흥하기를 희망하겠소"[16]라고 쓰여 있었다. 히틀러는 늙은 황제가 자신에게 비스마르크 역할을 기대한다는 것이 놀라웠다. 히틀러는 수행원 링게에게 "이런 멍청이를 봤나!"라고 말했다고 한다.

5월 14일로 거의 확정되었던 프랑스의 스당 전선 돌출부 동쪽 반격 계획은 처음에 연기되었다가, 그 뒤 제21군단장 플라비니 장군에 의해 철회되었다. 플라비니는 단순히 세메리와 스톤 지역 사이에 방어전선을 구축하기 위해 제3기갑사단을 분할한다는 끔찍한 결정을 내려버렸다. 윙치제르는 독일군이 마지노선 뒤 남쪽으로 향하는 중이라고 여전히 믿고 있었다. 그래서 그는 남쪽으로 가는 길을 가로막기 위해 군대를 선회시켰는데 이 때문에 서쪽 길만 열린 셈이었다.

폰 클라이스트 장군은 프랑스군이 곧 증원될 것을 알고, 구데리안에게 측면을 보호할 병력이 더 올 때까지 진군을 중지하도록 했다. 또 한 번의 격렬한 언쟁 뒤에, 구데리안은 그라프 폰 슈베린의 지휘 아래 제10기갑사단과 대독일 보병연대를 주변을 감제하는 고지에 자리 잡은 스톤 마을로 보낸다면 자신이 제1기갑사단, 제2기갑사단을 이끌고 진군을 계속할 수 있다며 클라이스트를 겨우 설득할 수 있었다. 5월 15일 이른 시각, 대독일 연대는 제10기갑사단을 기다리지 않고 곧바로 공격을 개시했다. 플라비니 휘하의 전차병도 반격을 했다. 그날 전투는 양쪽으로 엄청난 사상자가 발생하면서 전세도 여러 번 바뀌었다. 마침내 좁은 골목에서 대독일 연대의 대전차포가 거대한 B1전차를 격퇴했으며, 지친 독일 보병들에게는 제10기갑사단 소속의 기갑 척탄병들이 보충되었다. 대독일 연대의 병사는 103명이 죽고 459명이 다쳤다. 작전을 통틀어 독일군은 이 전투에서 가장 큰 손실을 입었다.

코라프 장군은 자신이 이끄는 제9군을 퇴각시키기 시작했지만, 그로 인해 대열이 급격히 무너져 틈만 더 벌어졌다. 5월 15일에 라인하르트의 기갑군단이 중간에서 제10기갑사단과 대독일 보병연대를 따라잡았는데, 거기에 그치지 않고 제6기갑사단이 몽코르네로 60킬로미터를 진군하면서 극적으로 추월하여 프랑스 제2기갑사단을 둘로 갈라버렸다. 후방에서 이렇게 강한 타격을 입자, 틈을 줄이기 위해 새로 제6군을 조직하려 했던 로베르 투송 장군은 그러기에 너무 늦었음을 깨달았다. 투송은 자신의 부대들을 엔강 남쪽으로 물러나게 했다. 이제 독일 기갑부대와 영국 해협 연안 사이에는 극소수의 프랑스군만 남았다.

구데리안은 보병 사단이 뫼즈 강 너머로 충분히 투입될 때까지 진군하지 말라는 지시를 받았다. 구데리안의 상관들인 클라이스트와 룬트슈테트, 할더 모두 남쪽으로부터 이뤄지는 프랑스의 반격에 노출된 채 지나치게 늘어나 있는 기갑부대 선봉을 크게 걱정했다. 히틀러조차 그 위험에 두려움을 느낄 정도였다. 그런데 구데리안은 프랑스가 혼란에 빠져 있다는 것을 알아챘고, 놓치기에 무척 아까운 좋은 기회를 살리기로 했다. 그리하여 전격전이라고 잘못 명명된 전략이 그곳에서 즉흥적으로 펼쳐지게 된다.

독일 선봉 부대는 8륜 장갑차와 사이드카에 올라탄 수색대대를 앞세워 바쁘게 움직였다. 이들은 프랑스군이 시간 부족 탓에 미처 폭파 준비를 하지 못한 교량들을 장악했다. 검은 군복을 입은 기갑병들은 씻지 못해 더러웠고 면도도 하지 못한 데다 지쳐 있었다. 로멜은 제7기갑사단, 제5기갑사단에 쉴 시간도 주지 않고 심지어는 차량 정비도 거의 하지 않은 채 진군을 계속했다. 병사들 대부분은 퍼비틴이라는 마약 성분(메타 암페타민)이 들어 있는 약과 압승에 도취된 채로 지냈다. 그들과 맞닥뜨린 프랑스 군대는 모두 놀라서 즉시 투항했다. 무기를 버리고 앞장서라는 말에 굴복한 프랑스군을 독일 보병대가 뒤에서 총구를 겨누며 따라갔다.

기갑사단 가까이에서 따라오던 두 번째 행렬은 차량화 보병대였다. 당시 제2보병사단(차량화)의 중위였다가 훗날 만슈타인의 부관이 된 알렉산더 스탈베르크는 '온통 총알이 박힌 차량, 포격을 맞고 불타버린 전차들, 버려진 총들, 끝없이 파괴의 사슬이 이어진 패배한 프랑스군의 몰락'[17]을 응시했다. 그들은 마치 군사 훈련처럼 실제 적에 대한 공포를 거의 느끼지 못한 채 진군하며 텅 빈 마을들을 지났다. 한참 뒤처진 보병대는 군화가 타버릴 듯이 걸으며 장교들을 따라잡아야 했다. 한 병사는 자신의 일기에 "행군, 또 행군. 언제나 더 멀리, 언제나 서쪽으로 행군했다. 말들도 기진맥진할 정도였다"[18]라고 썼다.

만약 히틀러가 작년 가을에 자신의 뜻대로 프랑스를 침공했다면 프랑스 침공은 거의 재앙이 되었을 게 분명했다. 스당 전투가 성공리에 끝난 것은 탄약이 모자랐던 독일군에게 실로 기적이었다. 항공대에는 폭탄이 14일분 정도밖에 남아 있지 않았던 데다, 차량화 및 기갑부대들은 공격받기 매우 쉬운 위치에 있었기 때문이다. 프랑스 및 영국 전차들과 대전할 수 있는 중

重전차는 마크 3와 마크 4 정도인데 당시에는 사용할 수가 없었고, 10만 명에서 550만 명으로 늘어난 육군을 지휘하려면 특히 장교들을 훈련해야 했기 때문에 몇 달의 여유가 필요하기도 했다. 황색 작전을 스물아홉 번이나 미룬 뒤에야 독일 국방군은 예비병을 충분히 보충하여 완벽하게 준비할 수 있었다.[19]

5월 14일 런던에서는 전시 내각조차 뫼즈 강 서쪽 상황에 대해 뾰족한 수 없었다. 순전히 우연의 일치로, 앤서니 이든 육군장관은 그날 자원 민방위군Local Defence Volunteer Corps (곧 Home Guard로 개칭)을 창설할 것을 발표했다. 그 뒤 일주일도 채 되지 않아 25만 명이 자원 서명을 했다. 그런데 처칠 정부는 14일 오후 늦게 파리에서 레노가 연락을 하고 나서야 위기의 심각성을 감지하기 시작했다. 레노는 슈투카의 공격에서 프랑스 군대를 보호하기 위해 영국에 10개의 전투기 편대를 더 요청했다. 레노는 독일군이 스당 남부를 돌파했다는 사실을 인정하고, 지금은 파리로 향하고 있는 것 같다고 말했다.

아이언사이드 참모총장은 연락 장교를 가믈랭이나 조르주의 사령부로 보냈다. 그럼에도 불구하고 새로 들어오는 정보가 거의 없는 것을 보고 아이언사이드는 레노가 '약간 히스테리를 부린다'[20]는 결론을 내렸다. 그러나 레노는 곧 상황이 우려했던 것보다 더욱더 비극적이라는 것을 알게 된다. 자만심이 달아난 가믈랭이 달라디에 국방장관에게 제9군이 무너졌다는 보고를 했던 것이다. 라인하르트가 기갑군단을 이끌고 몽코르네에 당도했다는 정보도 입수되었다. 그날 늦은 밤, 레노는 내무부에서 달라디에와 파리 군정장관을 불러 회의를 열었다. 독일군이 파리로 오고 있다면, 공황을 막고 치안을 유지할 방법에 대해 의논하는 것이 급선무였다.

다음 날 아침 7시 30분, 처칠은 레노의 전화에 잠이 깼다.

"우리의 패배요."

레노가 불쑥 말했지만 여전히 비몽사몽이었던 처칠은 곧바로 대답하지 않았다.

"우리가 당했어요. 우리가 전투에서 졌단 말입니다."

레노는 다시 한번 힘주어 말했다.

"그렇게 빨리 졌을 리가 있습니까?"

처칠은 어리둥절해 이렇게 되물었다.

레노의 외무고문 롤랑 드마르제리의 말에 따르면, 레노는 "스당 인근에서 전선이 무너졌습니다. 독일이 엄청난 수의 전차와 장갑차를 동원해서 공격을 퍼붓고 있어요. 파리로 향하는 길이 열려버렸으니 비행기와 병력을 있는 대로 좀 보내주십시오"[21]라고 말했다고 한다.

처칠은 레노의 결의를 굳히기 위해 파리에 날아가기로 결심했지만, 먼저 10개 전투기 비행대대 추가 요청에 대한 논의를 위해 전시 내각 회의를 소집했다. 그러나 영국 전투기 사령부의 다우딩 공군 대장은 항공기 추가 파견을 단호히 반대했다. 뜨거운 논쟁이 벌어진 후, 그는 탁자를 돌아 처칠 앞으로 가서 현재 손실에 기초하여 예상 손실률을 기록한 종이를 내밀었다. 앞으로 열흘이면 프랑스나 영국에는 더 이상 허리케인이 남아 있지 않을 거라고 했다. 전시 내각 각료들은 다우딩의 주장이 인상 깊었지만 그래도 4개 비행대대 정도는 프랑스에 보내야 한다고 생각했다.

전시 내각은 그날 또 다른 결정을 내렸다. 폭격기 사령부가 마침내 독일 영토 공격에 나서게 된 것이다. 루프트바페가 로테르담을 공격한 데 대한 보복으로 이들은 루르를 폭격하기로 했다. 항공기들은 목표물을 거의 찾지 못했지만 이것은 전략 폭격 작전을 향한 첫걸음이었다.

프랑스가 무너질 가능성 때문에 크게 불안해진 처칠은 루스벨트 미국 대통령에게 전보를 보내며, 혹시나 놀란 그가 연합군을 돕겠다고 나설지도 모른다는 기대를 걸었다. "잘 아시다시피, 전황이 급속히 나빠졌습니다. 어쩔 수 없다면 우리는 우리끼리 전쟁을 계속할 것이고, 그것이 두렵지도 않습니다. 하지만 대통령께서 깨달으시리라 믿습니다. 대통령 각하, 만약 미국의 목소리와 힘을 너무 오래 잠자게 두신다면 아무런 쓸모가 없어질지도 모릅니다. 당신은 나치에 의해 놀라운 속도로 완전히 정복당한 유럽을 상대해야 할 것이고, 그 위력은 우리가 감당할 수 있는 범위를 벗어날 것입니다."[22] 루스벨트는 친절한 답신을 보냈지만, 개입하겠다는 약속은 하지 않았다. 처칠은 다시 서신을 작성해서 "프랑스에서 벌어지고 있는 엄청난 전투의 결과가 어찌 되든, 끝나는 순간까지 견뎌낼 것"이라고 하며 영국의 결의를 강조했다. 그리고 다시 한번 미국의 도움이 급히 요구된다고 호소했다.

루스벨트가 여전히 문제를 위급하게 생각지 않는 것 같아 5월 21일에 처칠은 또 메시지를 써놓고 보내기를 주저하고 있었다. 영국 정부가 절대 항복하지 않을 거라고 단언은 했지만 또 다른 위험이 있었다. "만약 현 정부 구성원들이 물러나고 폐허 가운데서 다른 이들이 교섭을 하게 된다면, 독일과 교섭할 수 있는 유일한 협상 카드는 함대밖에 없을 거라는 사실을 모른 척해서는 안 될 것입니다. 만약 미국이 이 나라를 운명에 맡긴다면, 그 후 살아남은 주민들을 위해 누군가가 자신이 할 수 있는 최선의 타협을 이뤄냈을 때 그 책임자를 아무도 비난할 수 없을 것입니다. 부탁합니다, 대통령 각하. 그야말로 악몽입니다. 저는 독일의 의지를 수용하는 수밖에 없어 완전히 체념한 채 힘이 빠져 있는 내 후임자들은 아무래도 책임지지 못할 것 같습니다."[23]

처칠은 이 편지를 보내고 나서 나중에야 깨달았다. 독일이 미국에 도전하기 위해 영국 해군 군함까지 손에 넣을지도 모른다는 암시한 것이 섣부른 행동이었던 것이다. 이 편지는 역으로 작용하여, 혼자서 싸우겠다는 영국의 결의에 대한 루스벨트의 신뢰를 약화시켰다. 루스벨트는 고문관들과 함께 영국 함대를 캐나다로 옮길 가능성을 제기했다. 그는 윌리엄 매켄지 킹 캐나다 수상에게까지 연락을 취해 이 문제를 논의했다. 처칠의 이런 실수는 몇 주 후 비극적인 영향을 끼치게 된다.

5월 16일 오후, 처칠은 파리로 날아갔다. 가믈랭이 레노에게 전화를 걸어 독일이 그날 저녁 수도 파리에 당도할지도 모른다고 전했는데, 처칠은 이 사실을 모르고 있었다. 독일군은 이미 파리에서 120킬로미터도 안 되는 거리에 있는 랑에 당도하고 있었다. 군정장관은 정부 전체가 최대한 빨리 그곳을 떠나야 한다고 충고했다. 각료들은 각자 마당에 모닥불을 피워놓고 하인들이 창밖으로 한 아름씩 던지는 서류 뭉치를 받아 불태우기 시작했다.

롤랑 드마르제리는 "회오리바람을 타고 불꽃과 종잇조각들이 곧 지역 전체를 뒤덮었다"[24]고 썼다 그의 기록에 의하면, 레노의 정부이면서 패배주의자였던 드포르트는 "이런 명령을 내린 멍청이"를 두고 독설을 내뱉었다고 기록했다. 그러자 레노는 바로 자기 자신이 내린 명령이라고 대답했다.("C'est le Président du Conseil, Madame.") 하지만 최후의 순간에 레노는 정부를 남겨두기로 결심했다. 그렇지만 이미 말이 퍼져나간 상태라 거의 도움이 되지 않았고, 엄격한 언론 검열 때문에 이 재앙에 대해서 아무것도 모르고 있던 파리 시민들은 공황 상태에 빠졌다. 대피란이 시작되었다. 자동차들은 지붕에 짐짝을 실은 채 포르트 도를레앙과 포르트 디탈리로 넘어가기 시작했다.

처칠이 신임 참모총장인 존 딜 장군, 전시 내각 장관인 헤이스팅스 이즈메이 소장과 함께 플라밍고 비행기에서 내렸을 때 '우리가 상상했던 것과는 비교도 안 될 정도로 나쁜 상황'임을 알게 되었다. 그들은 프랑스 외무성에서 레노, 달라디에, 가믈랭과 회의를 했다. 앉아 있을 분위기조차 아니었다. 훗날 처칠은 "모두가 완전히 낙담한 표정이었다"[25]고 썼다. 가믈랭은 이젤에 올려놓은 지도 옆에 서서, 스당 지역의 돌출부를 보여주며 상황을 설명하려 했다.

처칠은 "전략 예비는 어디 있소?"라고 물은 뒤 독특한 프랑스어로 "Où est la masse de manoeuvre?"라고 되물었다.

가믈랭은 '고개를 젓고 어깨를 으쓱하며' 처칠을 향해 "없습니다"라고 대답했다. 그 직후 처칠은 건물 밖에서 연기가 서서히 날리고 있는 것을 알아차렸다. 창밖에서는 외무부 관리들이 서류 뭉치들을 손수레로 실어다가 큰 화톳불에 쏟아붓고 있었다. 처칠은 가믈랭이 독일군의 돌파에 반격할 대규모 예비군을 편성하지 않았다는 사실에 아연실색했다. 또한 자신이 위험에 무지했던 것, 그리고 연합군 간의 한심한 연락 상태에도 충격을 받았다.

처칠이 반격 준비에 대해 물어보자, 가믈랭은 힘없이 어깨만 들썩일 뿐이었다. 프랑스군은 파산 지경이었다. 이제는 영국이 프랑스를 구제해주기를 기대하고 있었다. 롤랑 드마르제리가 처칠에게 가서 달라디에나 가믈랭이 말한 것보다 상황이 훨씬 더 안 좋다고 조용히 일러주었다. 게다가 루아르 강까지 퇴각하거나 카사블랑카에서 전쟁을 계속해야 할지도 모른다고 덧붙이자, 처칠은 '망연자실한 얼굴로'[26] 그를 보았다.

레노는 요청했던 10개 전투기 비행대대에 대해 물어보았다. 다우딩의 경고가 머릿속에 맴돌았던 처칠은 영국의 방어선을 없애면 막대한 피해가 생길 거라고 설명했다. 처칠은 뫼즈 강 도하 지점을 폭파하려다 끔찍한 피해를 입은 영국 공군을 상기시키면서, 현재 4개 비행대대가 오고 있고 영국에 기지를 둔 다른 편대는 프랑스 상공에서 작전 수행 중이라고 말했지만 듣는 이들을 만족시키지 못했다. 그날 저녁, 처칠은 영국 대사관에서 전시 내각에 메시지를 보내 나머지 6개 비행대대를 요구했다.(공개 통화의 보안을 위해 이즈메이 장군이 힌두스타니어로 읽어주고, 런던에서는 인도인 육군 장교가 받아 적었다.) 자정 바로 직전에 동의를 얻어낸 후, 처칠은 용기를 북돋워주기 위해 레노와 달라디에를 만나러 갔다. 레노는 가운을 입고 실내화를 신은 채 처칠을 맞이했다.

결국 추가 비행대대는 영국 기지로 돌아와 평소처럼 전장을 날아야 했다. 독일군의 진군으로 비행장이 부족한 데다 수리 시설도 모두 부족했기 때문이다. 전투로 손상을 입은 총 120기의 허리케인은 영국 해협 건너에 기지를 두고 있어서 긴급 철수 시 모두 버려야만 했다. 조종사들은 완전히 지쳤다. 대부분 하루에 다섯 번까지 출격하기도 했고, 프랑스 전투기들이 메서슈미트 109에는 거의 속수무책이었기 때문에 허리케인 비행대대가 매우 불리한 전투에 정면으로 맞서는 부담을 안아야 했다.

프랑스군의 분열과 문란해진 군기에 대한 보고가 잇따라 들어왔다. 그러자 명령을 저버린 혐의가 있는 몇몇 장교를 처형해 군대를 유지하고 분투하게 하려는 시도가 있었다. 간첩 색출 광풍이 일어났다. 많은 장교와 사병이 그들을 연합군 복장을 한 독일군으로 생각하고 겁먹은 병사들에게 무작위로 총을 맞았다. 독일의 비밀 무기에 대한 터무니없는 소문과 제5열에 대한 근거 없는 공포는 공황 상태를 일으켰다. 그러한 종잡을 수 없는 패배를 설명할 유일한 방법은 배신뿐인 듯, 프랑스는 이렇게 울부짖었다. "우리는 배신당했다Nous sommes trahis!"

프랑스 동북쪽에서 피란민 수가 늘어나면서 혼돈은 시작되었다. 네덜란드인과 벨기에인을 포함하여 약 800만 명의 난민이 그해 여름, 길을 메웠다고 한다. 사람들은 굶주린 데다 물도 먹지 못하고 지쳤으며, 부자는 차를 타고, 나머지는 리어카나 짐자전거, 유모차 또는 손수레 등에 세간을 싣고 힘겹게 움직였다. 영국 원정군 제2군단장 앨런 브룩 중장은 자신의 일기에 이렇게 썼다. "아픈 발을 이끌고 절뚝거리며 걷는 여자, 피란길에 지칠 대로 지쳐도 인형만은 꼭 껴안고 있는 어린아이들, 따라가려 애쓰는 노인과 불구자들의 모습은 몹시도 가슴 아픈 광경이다."[27] 로테르담의 운명은 많은 사람에게 공포를 안겼다. 릴 주민 대부분은 독일군이 진격하자 도시를 버렸다. 루프트바페가 전투기로 피란민 행렬을 공격하도록 지시했다는 증거는 없지만, 연합군 대원들이 그러한 장면을 목격하기도 했다. 프랑스군은 정적인 방어에 의존해왔던 터라 겁에 질린 시민들로 인해 길이 혼잡해지는 등 예상치 못한 일에는 더더욱 대응능력이 떨어졌다.

7

1940년 5~6월

프랑스의
함락

독일군의 사기는 더 오르기 힘들 만큼 높았다. 검은 기갑 전투복을 입은 전차병들은 황폐한 시골을 지나 영국 해협을 향해 돌진하거나 버려진 주유소 또는 프랑스군의 연료저장소에서 전차에 급유를 하다가 그들의 지휘관을 볼 때마다 환호성을 보냈다. 독일군의 자체 보급로는 완전히 무방비 상태였다. 거침없던 진군이 지체된 것은 주로 파손된 프랑스 차량들과 피란민 행렬로 길이 막힌 탓이었다.

클라이스트의 기갑부대가 영국 해협 연안으로 돌진하면서, 히틀러는 프랑스가 남쪽에서 측면을 공격해올지도 모른다는 불안감이 점점 들기 시작했다. 대체로 감이 좋은 승부사였던 히틀러는 자신의 운을 믿을 수 없었다. 나이 든 장군들도 측면 공격을 받아 프랑스 침공이 좌절되었던 1914년의 기억에 사로잡혔다. 폰 룬트슈테트 상급대장도 히틀러의 의견에 동조하여, 5월 16일에 클라이스트에게 보병이 따라붙을 수 있도록 그의 기갑사단들을 정지시키라고 명령했다. 그러나 뻔뻔하게도 뒤늦게 변심하여 만슈타인의 계획을 지지한 할더 장군은 멈추지 말아야 한다고 주장했다. 클라이스트는 히틀러의 명령이라며 밀어붙였고, 이튿날 클라이스트와 구데리안 사이에 또 한 번 언쟁이 있었다. 하지만 결국 타협이 이뤄져, '전투가 가능한 정찰

조를 해안으로 보내고 제19군단 사령부는 원래 위치에 남아 있기로 했다.[1]
이것은 바로 구데리안이 원했던 기회였다. 바위둥지에 있던 히틀러와 달리,
구데리안은 프랑스가 독일의 대담한 공격으로 무기력해졌다는 것을 알고
있었다. 고립된 지역에서만 프랑스군 일부가 재앙에 맞서 싸우며 계속해서
저항할 뿐이었다.

기갑사단이 활동을 중지한(그리고 절실했던 휴식과 차량 정비 기회를 얻은)
그날, 공교롭게도 남쪽에서 프랑스가 반격을 했다. 프랑스 육군에서 기갑전
을 가장 먼저 제안했던 샤를 드골 대령은(그래서 나이가 많고 고지식한 장군
들 사이에서는 평판이 아주 좋지 않았다) 이른바 제4기갑사단이라는 부대의
지휘봉을 막 잡은 상태였다. 기계화 전투에 대한 드골의 열성적인 지지 때
문에 그에게는 '모터 대령'[2]이라는 별명까지 붙었다. 그러나 제4기갑사단은
보병대 지원도 적고 대포도 거의 없는 전차대대가 모여 있는 부대로서 기갑
사단이라는 이름에는 어울리지 않았다.

조르주 장군은 전장으로 가는 드골에게 짧은 메시지를 전했다. "자, 어서
가라, 드골! 적들이 움직이기를 아주 오래 기다려왔다. 이제 행동할 기회가
왔다."[3] 공격을 염원해왔던 드골은 독일 기갑병들의 오만함을 익히 전해 듣
고 있었다. 독일 기갑병들은 길에서 우연히 프랑스 군대를 만났을 때, 그들
을 지나쳐가면서 무기를 버리고 동쪽으로 행군하라고 말했을 뿐이었다. 작
별 인사로 무심하게 "너희를 포로로 잡아둘 시간은 없다"고 외쳤던 독일군
의 말이 애국심 강한 드골을 격분하게 만들었다.

드골은 랑에서 구데리안의 보급로 중 중요한 교차로인 몽코르네를 향해
동북쪽으로 공격하기로 결심했다. 프랑스 제4기갑사단은 기습적으로 진출
하여 독일군을 놀라게 한 뒤 거의 독일 제1기갑사단 본부까지 격파했다. 하
지만 독일군도 막 수리한 전차와 자주포로 빠르게 대처했다. 루프트바페가
지원 출격에 나서자, 한바탕 치고받았던 드골의 병력은 대공포와 공중 엄호

가 부족하여 퇴각할 수밖에 없었다. 구데리안은 당연히 이날의 교전에 대해서 룬트슈테트의 집단군 사령부에 알리지 않았다.

딜 강 구역에서 독일군의 공격을 물리친 영국 원정군은 5월 15일 저녁, 프랑스 제1집단군 사령관 가스통 비요트 장군이 에스코스헬더 강의 프랑스 명 강 전선까지 후퇴할 준비를 하고 있다는 소식을 우연히 듣고 깜짝 놀랐다. 이 말은 브뤼셀과 앤트워프를 버리겠다는 뜻이었다. 벨기에 장군들은 이튿날 아침이 되어서야 이 결정을 알게 되었고 제때 경고하지 않았다는 점에 분노했다.

비요트의 사령부는 심리적 붕괴 상태였으며, 많은 장교가 눈물을 흘렸다. 고트의 참모장은 영국 연락장교가 런던의 국방부에 전화를 걸어 어느 시점에서 영국 원정군을 철수해야 할 수도 있다고 경고했다는 소식을 듣고 충격에 휩싸였다. 영국군에게 5월 16일은 치열했던 후퇴의 시작일로 남게 되었다. 브뤼셀 바로 아래 워털루 인근의 산등성이에 25파운드 포로 무장한 영국 포병대가 전개됐다. 이번에 그들의 총포는 프로이센군이 1815년에 선조를 도우러 왔던 와브르를 겨누었다. 그러나 다음 날 밤 독일 군대는 벨기에 수도로 진입하고 있었다.

그날 레노는 시리아에 있던 막심 베강 장군에게 연통을 하여, 프랑스로 돌아와 최고사령부를 맡아줄 것을 부탁했다. 레노는 이제 달라디에가 무슨 말을 하든 가믈랭을 해임하기로 결심했고, 때맞춰 장관들도 바꾸기로 했다. 내무부 장관으로는 조르주 클레망소 전 총리의 오른팔로, 끝까지 싸우겠다는 결의에 차 있던 조르주 망델이 내정되었다. 레노 자신을 국방장관으로 임명하고, 임시로 장군 계급을 달고 있던 샤를 드골을 국방차관 자리에 앉힐 계획이었다. 다음 날 레노는 연락장교로 근무하던 작가 앙드레 모루아[4]에게 비록 영국이 잘 싸우고 있지만 프랑스군, 특히 고위 지휘관들에 대한 신뢰는 모두 잃었다는 말을 전해 듣고 결심을 굳혔다.

그런데 그와 동시에 레노는 중대한 실수를 저질렀다. 아마도 정부인 엘렌 드포르트가 항복을 종용했기 때문일 것이다. 레노는 당시 스페인 프랑코 정부의 프랑스 대사였던 필리프 페탱 원수를 부총리에 앉히도록 설득하고자 마드리드에 사절단을 보냈다. 베르됭 전투를 승리로 이끈 페탱의 명성이 그를 영웅으로 만들어주었다. 그러나 베강과 마찬가지로 이 84세의 원수도 패배 가능성보다는 혁명 및 프랑스군 분열이 주는 공포에 더 사로잡혀 있었다. 많은 우파의 생각처럼 그도 프랑스가 영국에게 떠밀려 부당하게 전쟁에 돌입하게 되었다고 생각했다.

처칠이 수상 자리에 오른 지 꼭 8일째였던 1940년 5월 18일 아침, 독일군이 프랑스 북쪽에서 영국 원정군을 둘러싸고 위협하는 동안 랜돌프 처칠이 아버지를 찾았다. 면도를 하고 있던 처칠은 아들에게 면도가 끝날 때까지 신문을 읽고 있으라고 말했다. 그러다 갑자기 "돌파구를 찾은 것 같구나"[5]라고 말하더니 면도를 마저 하는 것이었다. 놀란 아들이 말했다. "패전을 피할 수 있다는 말씀이에요? …… 아니면 놈들을 물리칠 수 있다는 거예요?"

처칠은 면도기를 내려놓고 돌아섰다. "당연히 물리칠 수 있다는 뜻이지."

"그럼 대찬성입니다. 그런데 아버지께서 어떤 방법으로 해내실지 궁금하군요."

공교롭게도 그날은 핼리팩스의 재촉으로 정부가 소련과의 관계 개선을 모색하기 위해 철저한 사회주의자 스태퍼드 크립스를 모스크바로 보낸 날이었다. 처칠은 크립스를 보낸 것이 잘못된 선택이라고 생각했다. 스탈린은 보수주의자를 싫어한 것 이상으로 사회주의자를 혐오했기 때문이다. 처칠

은 또한 고결한 크립스가 스탈린처럼 거칠고 의심 많은 계산적인 냉소주의
자를 다루기는 힘들 거라고 생각했다. 하지만 크립스는 어떤 면에서 수상보
다 훨씬 뛰어난 선견지명을 지녔다. 그는 전쟁으로 영국 제국에 종지부를
찍고 그 후에는 근본적인 사회 변화가 일어날 것을 예측하고 있었다.[6]

5월 19일, 전차 회랑으로 알려진 독일군 돌출부는 북부 운하 너머까지
뻗어나갔다. 구데리안과 로멜 모두 부대를 쉬게 할 필요가 있었지만, 로멜은
군단 군단장을 재촉하여 그날 밤 아라스로 계속 나아가게 했다. 프랑스에
있던 영국 공군 파견대는 이제 영국 지상군과 완전히 분리되었고, 프랑스에
남아 있던 허리케인 66기는 영국으로 귀환하기로 했다. 이러한 움직임에 프
랑스는 당연히 배신감을 느꼈지만, 군 비행장 상실과 조종사 고갈 때문에
어쩔 수 없었다. 그때까지 영국 공군은 프랑스 전투에서 이미 전체 전투기
의 4분의 1을 잃은 터였다.

그날 남쪽에서는, 에르빈 폰 비츨레벤 장군이 지휘하는 제1군이 최초로
마지노선을 뚫었다. 이것은 프랑스군이 기갑 회랑의 남쪽 측면에 병력을 보
내지 못하게 하기 위한 작전이었다. 독일 보병 사단이 측면을 보호하기 시작
했다고는 해도, 도착했을 때 이미 그들은 강행군으로 녹초가 된 상태였다.

드골 대령은 그날 크레시쉬르세르를 향해 150대의 전차를 이끌고 북쪽
으로 가서 또 한 번의 공격을 개시했다. 슈투카의 공격을 피하기 위해 프랑
스 공군의 공중 엄호를 미리 약속받았지만 통신 상태가 나빠 전투기가 너
무 늦게 도착했다. 만신창이가 된 드골은 병력을 이끌고 엔 강 너머로 물러
나야 했다.

연합군 간의 연락 상태가 계속 좋지 않았던 탓에 영국 원정군이 이미 철
수를 준비하고 있을지 모른다는 의심까지 생겨났다. 고트 장군도 가능성을
배제하지는 않았지만 이 단계에서는 아무런 계획이 없었다. 게다가 남쪽의

상황이 실제로 어떠한지, 그리고 프랑스군이 자유롭게 동원할 수 있는 예비 병력은 어떤지에 대해서는 비요트 장군이 속 시원한 답변을 해주지 않고 있었다. 런던에서는 아이언사이드 장군이 가동할 수 있는 소형 선박을 알아보기 위해 해군성에 연락을 취했다.

아무리 영국 국민이 실제 상황의 심각성을 거의 모른다고 해도 불길한 소문들은 순식간에 불어나게 마련이었다. 왕과 왕비가 엘리자베스 공주와 마거릿 로즈 공주를 캐나다로 보냈다는 소문, 이탈리아가 이미 전쟁에 돌입하여 육군이 스위스로 행군하고 있다는 소문, 독일 공수부대가 강하했다는 소문, 호호 경Lord HawHaw(친나치주의자 윌리엄 조이스)이 베를린에서 자신의 방송을 통해 영국에 있는 독일 첩자에게 비밀 메시지를 보냈다는 등의 소문이 나돌았다.

가믈랭이 사령탑을 맡은 마지막 날이었던 일요일, 프랑스 정부 관계자들은 노트르담에서 열린 미사에 참석하여 신의 중재를 구하며 기도했다. 친불 성향의 미국 대사 윌리엄 불릿은 미사를 드리는 동안 눈물을 흘렸다.

작고 에너지가 넘치며 주름지고 교활해 보이는 얼굴을 가진 베강 장군은 시리아에서 돌아오는 장시간의 비행 후 숙면을 청했다. 베강이 자신을 임명한 레노를 몹시 싫어하는 등 여러 면에서 이 군주제주의자가 임명된 것은 놀라운 일이었다. 그러나 레노는 절박한 심정으로 페탱과 베강이라는 승리의 상징들에게 손을 뻗었다. 베강은 페르디낭 포슈 원수의 부사령관으로서 1918년 최종 승리에 기여한 사람이었다.

베강이 사령탑을 맡은 첫날인 5월 20일 월요일, 전날 심하게 폭격을 당한 제1기갑사단이 아미앵에 도달했다. 도시 내 유일한 연합군이었던 왕립 서식스 연대의 한 대대는 공격을 막아내지 못한 채 전멸하고 말았다. 구데리안의 병력도 다음에 일어날 전투에 대비하여 솜 강의 한 교두보를 점유했다. 그 뒤 구데리안은 오스트리아 제2기갑사단을 아브빌로 보냈고, 사단은 그날 저녁에 도착했다. 그리고 몇 시간 뒤 오스트리아 제2기갑사단의 기갑대대 중 하나가 해안에 도달했다. 만슈타인의 낫질 작전이 성공한 것이다. 기뻐서 어찌할 바를 몰랐던 히틀러는 그 소식을 믿기 힘들었다. 몹시 놀란 나머지 육군 최고사령부에서는 다음에 할 일을 결정할 수 없었다.

회랑 북쪽에서는 로멜의 제7기갑사단이 아라스를 향해 계속 나아가려 했지만, 영국 근위 보병 웨일스 연대 소속 1개 대대 때문에 멈춰야 했다. 그날 저녁, 아이언사이드 장군은 회랑을 통과해 남쪽의 프랑스군과 합류하라는 처칠의 지시를 받고 고트의 사령부로 갔다. 그러나 고트는 자신의 사단 대부분이 스헬더 전선을 방어하고 있어서 현재 단계에서는 철수할 수 없다고 주장했다. 비록 고트가 아라스에서 2개 사단으로 공격 작전을 세우고 있기는 했지만, 프랑스가 어떤 계획을 세우고 있는지는 알지 못했다.

그 뒤 비요트의 사령부로 간 거구의 아이언사이드는 완전히 낙심해 있는 프랑스 장군을 보더니 비요트의 제복을 잡고 흔들어댔다. 결국 비요트는 다른 두 사단과 벌이는 동시 반격 작전에 동의했다. 하지만 고트는 앞으로 일어날 일에 대해 대단히 회의적이었다. 그가 옳았다. 프랑스 연락장교의 말에 따르면, 영국군을 지원하게 된 프랑스 제5군단의 지휘관 르네 알트마이에 장군은 침대에서 그저 울기만 했다고 한다. 프리우 장군의 기병군단에서 파견된 소규모 부대만이 공격을 돕기 위해 달려왔다.

아라스 주변에서 영국이 반격 작전을 펼친 것은 아라스 남쪽 땅을 점유하여 로멜의 기갑부대 선봉을 차단하기 위한 것이었다.[7] 병력은 주로 제4왕립전차연대, 제7왕립전차연대의 마틸다 전차 74대, 더럼 경보병대 2개 대대, 노섬벌랜드 퓨질리어 연대 일부, 제12창기병대의 장갑차로 구성되었다. 이번 작전에도 대포 지원과 공중 엄호를 하겠다는 약속은 지켜지지 않았다. 로멜의 보병대와 포수들은 필사적으로 도망치고 새로 온 SS토텐코프 기계화 보병 사단은 혼란에 빠졌지만, 로멜은 신속하게 대전차포와 대공포를 동원해 육중하게 움직이는 마틸다 전차를 공격했다. 로멜은 이 포격전에서 거의 죽을 뻔했지만, 하급 장교처럼 위험을 무릅쓰고 뛰어든 덕분에 독일군이 후퇴하지 않을 수 있었다.

다른 영국 부대는 전차 대부분이 파손되었지만 결과는 성공적이었다. 독일 대전차 포탄은 마틸다 전차의 강력한 장갑에 튕겨나갔으나, 마틸다 전차 중 많은 수가 독일 장갑차와 비장갑 차량에 상당한 피해를 입힌 뒤 기계적인 고장으로 굴복했다. 비록 반격은 용감무쌍하게 이뤄졌지만, 목표를 달성할 만큼 위력이 있거나 도움이 되지는 못했다. 이제 영국 지휘관들은 프랑스군이 전투에 참여하지 못하는 것을(프리우의 기병대는 명예롭게 참전했기 때문에 제외) 보고 프랑스군이 더 이상 싸울 의지가 없다고 확신하게 되었다. 이들의 동맹관계가 이제 서로 간의 의심과 비난으로 얼룩지면서 처칠에게 큰 골칫거리가 되었다. 사실 프랑스는 캉브레 쪽에서 또 한 번 반격을 개시했지만, 이 또한 오래가지 않았다.

그날 아침, 에스코 전선에서 영국 원정군의 주력 병력은 독일군에게 큰 공격을 받은 후 굳은 결의로 적을 격퇴했고, 결국 교전 중에 두 개의 빅토리아 십자 훈장을 얻는 수훈을 세웠다. 적극적으로 공격했다가 병사를 너무 많이 잃을까봐 두려웠던 독일군은 대포와 박격포로 영국군을 포격하는 데만 의존했다. 연합군 진영은 통신 상태도 나빴던 데다, 대부분의 고위 사령관 사이에서 오해가 생겨 베강이 오후에 이프르에서 회의를 열었을 때는 그야말로 붕괴 일보 직전이었다. 베강은 영국군을 철수시켜 솜 강 쪽 독일군의 회랑을 가로질러 강력한 공격을 개시하고자 했다. 그러나 고트는 이 사실도 알지 못한 채 회의에 너무 늦게 도착했다. 그리고 베강이 자신의 군대를 벨기에 영토에 주둔시키기로 한 벨기에 국왕 레오폴드 3세와 맺은 협정은 재앙으로 이어졌다. 이 문제는 비요트의 차량이 피란민들로 가득한 트력 뒤쪽으로 돌진하는 바람에 비요트 장군이 사망하면서 더 심각해졌다. 훗날 베강 장군과 몇몇 프랑스 논평가는 고트가 이미 비밀리에 원정군을 철수시킬 계획이었기 때문에 이프르 회의를 일부러 피한 것이 아니냐고 넌지시 주장했지만, 그것을 뒷받침할 증거는 없다.

제269보병사단의 한 독일 병사가 5월 20일에 집으로 보낸 편지 내용이다. "전쟁의 얼굴은 무시무시해. 도시와 마을은 엉망이 됐고, 곳곳에서 상점은 약탈당하고, 가치라는 건 군화에 짓밟혀버렸어. 가축들은 떠돌고 버려지고, 집들 사이에서 개들은 힘없이 어슬렁거리고 있어…… 우리는 프랑스에서 신처럼 살아. 고기가 필요하면 소를 잡아서 가장 좋은 부위만 먹고 나머지는 버리지. 아스파라거스, 오렌지, 상추, 견과류, 코코아, 커피, 버터, 햄, 초콜릿, 스파클링 와인, 일반 와인, 증류주, 맥주, 담배, 시가 등이 잔뜩 쌓인 빨랫감만큼이나 많아. 먼 거리를 행군해야 하기 때문에 우리는 부대와의 연락이 두절되기도 해. 손에는 총을 쥔 채 집을 부수고 들어가 주린 배를 채우기도 하고. 끔찍하지 않아? 하지만 누구나 모든 일에 익숙해지게 마련이지. 고향에서는 이렇게 지내지 않아도 되니 신에게 감사할 따름이야."[8]

한 포대 상병은 아내에게 편지를 썼다. "길에는 부서지고 불타버린 프랑스 전차와 차량이 셀 수도 없이 늘어서 있소. 물론 그중에 독일 것은 거의 없다시피 할 정도지만 말이오."[9] 몇몇 군인은 할 일이 너무 없어 불평했다. 제1보병사단의 한 상병은 이렇게 썼다. "총을 쏴보지도 못한 사단이 수두룩하다. 정면에서 적들은 달아나고 있다. 지난 세계대전 때도 똑같이 적군이었던 프랑스와 영국이 이제 우리에게 도전하기를 거부한다. 사실 하늘은 우리 비행기들이 장악했다. 적군의 비행기는 한 기도 보이지 않고 죄다 아군의 것뿐이다. 상상해보라. 아미앵과 랑, 슈맹데담 같은 곳은 몇 시간 만에 함락되고 있다. 1914년에서 1918년에는 몇 년씩 싸웠던 곳이다."[10]

집으로 보내는 승리의 편지에는 이따금씩 자행된 영국군이나 프랑스군

제2차 세계대전

포로 학살, 민간인 학살이 언급되지 않았다. 또한 생포된 프랑스 식민지군, 특히 독일 군대의 인종차별적인 횡포에 용감하게 맞서 싸웠던 세네갈 저격병들에게 자행했던 더 많은 학살 행위에 관해서도 이야기하지 않았다. 때때로 SS토텐코프나 제10기갑사단, 대독일 연대 등의 독일 부대가 한 번에 40~100명을 총살하기도 했다. 3000명이 넘는 식민지 군인들이 프랑스 전투에서 붙잡힌 뒤 즉시 총살당한 것으로 추산된다.[11]

영국과 프랑스 병력 후방에 있는 불로뉴는 아수라장이었다. 고주망태가 된 프랑스 해군 수비대원들도 있었고, 해안포를 부수는 군인들도 있었다. 영국 근위 보병 제4연대 소속 1개 대대와 웨일스 연대가 도시를 방어하기 위해 상륙했다. 5월 22일에 독일 제2기갑사단이 항구를 향해 북상하자 프랑스 제48연대에서 파견대가 나와 매복 기습을 했는데, 이 파견대는 주로 대전차포에 익숙하지 않은 사령부 요원들로 구성되어 있었다. 불로뉴에서 보여준 불명예스러운 모습과 완전히 대조되는 용감한 방어였지만 결국 부대는 괴멸되었고, 제2기갑사단은 계속해서 항구를 공격해왔다.

그곳의 두 근위 보병 대대에는 대전차포가 거의 없었기 때문에 곧 도시 안으로 물러나 항구 주위의 내부 방어선까지 후퇴해야 했다. 불로뉴를 사수할 수 없음이 점점 확실해지자, 영국 후방 부대는 5월 23일에 해군 구축함을 타고 철수하기 시작했다. 영국 군함이 항구로 진입해 주포로 독일 전차들에게 맞서는 기이한 전투가 전개되었다. 그러나 최후의 한 사람까지 싸우라는 지시를 받은 프랑스 사령관은 격분했다. 그는 영국군이 도망쳤다며 비난했고, 그로 인해 연합군 사이의 관계는 더 악화되었다. 또한 처칠은 무슨 일이 있더라도 칼레를 방어하기로 결심했다.

칼레에 4개 대대와 전차 몇 대가 보강되기는 했지만, '연합군의 단결을 위해'[12] 절대 철수시키지 말라던 명령에도 불구하고 칼레 사수는 거의 불가능할 듯 보였다. 제10기갑사단은 5월 25일에 슈투카와 구데리안의 중포부대를 불러 나머지 방어 병력이 철수한 오래된 마을을 폭격하기 시작했다. 칼레 방어는 이튿날 내내 계속되었다. 마을을 태우는 불꽃이 영국 도버에서도 보일 정도였다. 프랑스 군대는 탄약이 다 떨어질 때까지 싸웠다. 마침내 프랑스 해군 사령관은 항복하기로 결심했으며, 엄청난 사상자가 발생한 영국군도 항복 외에는 선택의 여지가 없었다. 칼레 방어선은 마침내 무너졌지만, 적어도 제10기갑사단이 됭케르크를 향해 해안을 따라 진군하는 속도는 늦출 수 있었다.

영국 국민은 해협 너머에서 실제로 벌어지고 있는 일들을 거의 알지 못했기 때문에 나라는 변함없이 차분한 분위기였다. 그러나 "기적만이 프랑스를 구할 수 있다"[13]라는 레노의 말 한마디가 5월 22일에 놀라운 일을 일으켰다. 나라가 갑자기 깨어나기 시작한 것이다. 영국 파시스트 연합의 당수인 오즈월드 모즐리가 체포되면서 비상대권법이 폭넓은 지지를 받았다. 매스 옵저베이션에서는, 큰 도시보다 지방과 소도시의 분위기가 대체로 더 결연하고, 남자들보다 여자들이 훨씬 덜 확신했다고 전했다. 노동자층보다는 중산층이 더 걱정스러워했다. "화이트칼라일수록 확신이 떨어진다"[14]고도 전했다. 사실상 패배주의자의 비중은 부자와 상류층 사이에서 높게 나타났다.

가믈랭 장군이 반역자로 몰려 총살당했다는 둥 자살을 했다는 둥 근거 없는 소문이 돌자, 제5열 구성원들이 의도적으로 퍼뜨렸다고 믿는 사람이 많아지기 시작했다. 그러나 매스 옵저베이션은 "지금 우리 앞에 있는 증거들을 보면 대부분이 할 일 없고 겁에 질린 의심 많은 사람이 옮긴 것임을 알 수 있다"[15]라고 정보부에 보고했다.

5월 23일, 제2군단장 브룩 장군은 일기에 이렇게 썼다. "이제는 기적만이 영국 원정군을 살릴 수 있고, 끝은 머지않았으리라!"[16] 영국 원정군은 아라스에서 독일군 반격에 실패했지만 다행히도 독일군을 주춤하게 만드는 데 성공했다. 룬트슈테트와 히틀러는 진군을 다시 시작하기 전에 그 지역을 확보해야 한다고 강력히 주장했다. 그리고 불로뉴와 칼레에서 제10기갑사단의 움직임이 느려진 것은 영국 원정군보다 먼저 됭케르크를 점령하지 못했다는 것을 의미했다.

5월 23일 저녁, 폰 클루게 상급대장은 됭케르크 포켓이라는 고립지대를 형성하며 서쪽에서 영국군이 이름 붙인 운하 전선을 따라 독일 사단 13개를 멈춰 세웠다. 운하 전선은 해협에서 50킬로미터 떨어져 아 강과 생토메르, 베튄 및 라바세를 지나는 운하를 따라 형성되었다. 클라이스트가 이끌던 두 기갑 군단은 급히 차량 수리 작업을 해야 했다. 그의 기갑부대는 이미 무장 병력의 절반을 잃은 상태였다.[17] 3주 동안 적의 공격으로 600대의 전차가 파괴되거나 심각한 기계적 문제가 생겼던 것이다. 이것은 전체 전선에 걸친 모든 독일군 전차의 6분의 1에 해당되는 규모였다.

다음 날 히틀러는 이 지시를 허가했지만 그 결정에 히틀러가 개인적으로 개입한 것이 아니라는 견해가 꽤 많다. 할더를 등에 업은 독일 국방군 총사령관 폰 브라우히치 상급대장은 5월 24일 밤에 진군을 계속하라는 명령을 내렸지만, 히틀러의 도움을 받은 룬트슈테트는 보병대가 먼저 따라잡는 것이 우선이라고 주장했다. 이들은 프랑스 주력군이 재정비할 기회를 얻기 전에 솜 강과 엔 강 건너편을 공격할 기갑 병력을 배치하려 했다. 괴링은 영국이 철수를 시도할 때 루프트바페가 모두 저지할 수 있다고 주장했는데, 그러자 운하 건너편과 플랑드르의 습지대로 진격하는 것은 위험하기만 할 뿐 불필요해 보였다. 행군 속도가 빠르기는 했지만 보병 사단이 기갑사단을 따라잡기란 여간 힘든 일이 아니었다. 한편 영국 원정군과 프랑스 부대 대부분이 독일 육군보다 운송 수단을 훨씬 더 많이 소유했다는 점은 주목할 만한 사실이다. 독일군은 157개 사단 중 단 16개 사단만이 운송 수단을 완전히 갖추고 있었고, 나머지는 말에 의존하여 포와 휴대 장비를 옮겨야 했다.[18]

영국군은 또 한 번 행운을 잡았다. 영국군은 독일군 수행 차량을 손에 넣었는데 그안에는 이프르 동쪽 인근, 벨기에군과 영국군 좌익 사이에서 다음 공격이 개시될 거라는 내용이 적힌 문서가 있었다. 브룩 장군은 이 틈을 메우기 위해서는 반격을 위해 배치해둔 사단을 움직여야 한다고 고트를 설득했다.

프랑스군이 솜 강 너머로 공격을 개시할 수 없다는 말을 듣고, 이든은 육군 장관의 권한으로 5월 25일 밤 영국 원정군의 안전을 '최우선으로 고려'[19]하도록 고트에게 지시했다. 그리하여 고트는 철수를 위해 영국 해협 쪽으로 퇴각해야 했다. 이제 프랑스군은 회복이 어려워져 전시 내각은 영국의 단독 전투 가능성을 고려해야 했다. 고트는 원정군이 물자를 모두 잃을 수 있다고 영국 정부에 미리 경고하고, 철수할 수 있는 병력도 많지 않으리라 생각했다.

이든은 페탱 원수와 베강 장군이 점점 초조해하는 레노를 기습하려 한다는 것을 알지 못했다. 당시 페탱은 영국을 싫어하고 레노를 대신할 기회를 엿보고 있던 정치인 피에르 라발과 접촉하고 있었다. 라발은 이탈리아 외교관과 연락하여, 무솔리니를 통해 히틀러와 협상할 수 있는지에 대해 이야기했다. 베강 총사령관은 그 정치인들에 대해 전쟁을 치르는 데 있어 '신중하지 못한 범죄자'[20]라며 비난했다. 페탱의 도움으로 베강은 프랑스가 단독 강화를 모색하지 않겠다는 약속을 철회하도록 촉구했다. 이들의 우선 과제는 질서를 유지시킬 군대를 보존하는 것이었다. 레노는 영국 정부와 논의하기 위해 이튿날 런던으로 날아가기로 했다.

베강은 식민지를 더 양도하겠다고 약속해 무솔리니를 전쟁에서 물러나도록 설득할 수 있다고, 무솔리니가 평화 협상을 시도하게 할 수도 있다고 기대했으나 그 기대는 완전히 빗나갔다. 망설이고 있던 무솔리니는 프랑스에 맞서 승리했다는 히틀러 주장에 자극을 받아, 참모부 및 독일군에게 6월 5일 이후 이탈리아가 곧 전쟁에 돌입한다고 말했다. 무솔리니 자신은 물론 장군들 모두 이탈리아가 어떠한 효과적인 공격도 할 수 없으리라는 사실을 알고 있었다. 그래도 몰타 공격은 고려해봤지만, 영국이 무너지면 즉시 그 섬을 차지할 수 있기 때문에 곧 그러한 작전이 불필요하다는 결정을 내렸다. 다음 며칠간 무솔리니는 이렇게 말한다. "이번에는 선전포고를 하지만, 싸우지는 않을 것이다."[21] 이 술책이 일으킨 재앙의 최대 희생자는 보유 장비가 빈약하기 짝이 없던 군부대들이었다. 비스마르크의 촌철살인 어록 중 이탈리아는 식욕은 왕성하지만 이가 약하다는 말이 있다.[22] 그 말은 비참하게도 제2차 세계대전에서 사실로 입증된다.

5월 26일 일요일 아침, 영국 군대는 거센 폭풍 속에서 '대포의 굉음과 섞인 요란한 천둥소리'[23]를 들으며 됭케르크를 향해 물러났다. 그 시각 런던에서 전시 내각 각료들은 무솔리니의 의도도 모른 채 회의를 열었다. 핼리팩스는 평화 협상에 히틀러가 내놓을 조건들을 미리 알아내기 위해 정부는 그 독재자에게 접근하는 것을 고려해야 할 수도 있다고 말했다. 전날 오후에는 이탈리아 대사를 개인적으로 만나 이야기를 나누기까지 했다. 핼리팩스는 가까운 미래에 미국이 도우러 나설 가망이 없으니 영국이 단독으로 히틀러에 맞서는 것이 무리라고 확신했다.

처칠은 영국의 자유와 독립이 최우선이라고 대답했다. 그는 참모부가 준비해둔 '특정 돌발 사태에 대해 영국이 취해야 할 전략'[24]이라는 제목의 문서를 이용했다. 이것은 프랑스의 항복을 완곡하게 표현한 말이었다. 이 보고서는 영국이 단독으로 전쟁을 계속할 경우의 예상 선택지였다. 뚜껑을 열어보니 그중에는 지나치게 비관적인 예상도 있었다. 이 문서는 프랑스에서 영국 원정군 대부분을 잃는다는 가정하에 작성된 것이었다. 해군성은 귀환할 병사가 4만5000명을 넘지 않을 거라 예상했고, 참모부는 루프트바페가 미들랜드에 있는 비행기 공장들을 파괴할 것을 우려했다. 하지만 다른 가정들은 지나치게 낙관적이었다. 예를 들면 참모부는 독일의 전쟁 경제가 원자재 부족으로 약화될 것이라고 예상했는데, 만약 독일이 서유럽과 중유럽 대부분을 지배하게 된다면 이는 모순된 가정이 된다. 그러나 결론의 핵심은 영국이 반드시 침공을 이겨낼 거라는 점, 그리고 영국 공군과 해군은 변함없이 유지될 거라는 점이었다. 이것은 핼리팩스와 대조되는 처칠의 주장을 뒷받침하기에 매우 중요한 결론이었다.

처칠은 막 런던으로 날아온 레노와 함께 점심 식사를 하기 위해 해군성 관저로 갔다. 바로 며칠 전까지만 해도 상황을 매우 낙관적으로 봤던 베강 장군이 이제는 이미 철저한 패배주의 쪽으로 기울었다는 레노의 말은 분명한 사실이었다. 프랑스는 이미 파리를 잃을 것을 예상하고 있었다. 레노는 심지어, 비록 자신은 단독 강화를 절대 체결하지 않겠지만 체결하려는 누군가가 총리 자리에 대신 앉을 수도 있다고 했다. 그는 지브롤터와 수에즈 운하를 이탈리아에 할양하도록 영국을 설득해야 한다는 압박을 이미 받고 있었다.[25]

처칠이 전시 내각으로 돌아와 이 대화를 보고하자, 핼리팩스는 이탈리아 정부와의 접촉을 다시 주장했다. 처칠은 신중하게 수를 던져야 했다. 처칠은 자신의 위치가 아직 견고하지 못한 상황에서 아주 많은 보수당원의 지지를 받고 있는 핼리팩스와 척을 지는 위험을 감수할 수 없었다. 다행히 이전에 대립관계였음에도 처칠에게 매우 정중하고 관대하게 대했던 체임벌린이 이제 그를 도우러 나서기 시작했다.

만약 프랑스가 조건을 모색하고 있다면 영국이 프랑스와 연관되어서는 안 된다는 것이 처칠의 주장이었다. "우리가 심각한 싸움에 개입되기 전까지 그러한 입장에 휘말려서는 안 된다."[26] 원정군을 얼마나 많이 구해낼 수 있을지 확실해질 때까지 어떠한 결정도 내릴 수 없었다. 어쨌든 히틀러는 영국이 재무장을 완수하지 못하게 할 조건들을 제시할 것이 분명했다. 처칠은 당연히 히틀러가 영국보다 프랑스에 훨씬 더 관대한 조건을 제시할 것이라는 전제를 깔았다. 그러나 외무장관은 협상에 대한 생각을 포기하지 않았다. "만약 우리의 자주성을 말살하지 않는 수준에서 합의점을 찾는다면 그 조건을 수락하지 않는 것이야말로 바보짓이다." 또다시 처칠은 이탈리아와의 접촉에 찬성한다는 뜻을 넌지시 내비쳐야 했는데, 사실 그는 시간을 벌고 있었다. 만약 원정군 대부분을 구해내면 자신의 지위는 물론 나라의 위상도 어마어마하게 높아질 터였다.

그날 저녁, 앤서니 이든은 고트에게 "해안으로 퇴각해야 한다…… 프랑스군 및 벨기에군과 함께"[27]라는 메시지를 보냈다. 같은 날 저녁, 도버에 있던 버트럼 램지 해군 중장은 바다로 영국 원정군을 철수시키는 다이나모 작전을 개시하라는 명령을 받았다. 그러나 처칠이 베강에게 영국 해협에 있는 항구들로 퇴각하라고 지시한 메시지에는 철수 작전에 대한 설명이 없었다. 어리석게도 당시 상황에서는 말하지 않아도 당연히 그렇게 하는 것으로 알 것이라고 지레짐작했기 때문이다. 그 결과 영국은 나빠지고 있던 프랑스와의 관계를 파탄내고 만다.

독일 기갑사단들이 활동을 중지함으로써 고트의 참모들은 영국 원정군 대부분이 철수할 동안 방어가 견고한 마을을 기반으로 새 방어선을 준비할 기회를 얻었다. 그러나 플랑드르의 프랑스 사령관들은 영국이 철수 준비를 하는 것을 알고 분개했다. 고트는 영국 정부가 자신에게 해안으로 퇴각하라는 지시를 내릴 때 베강 장군에게도 알린 줄 알고 있었다. 또한 프랑스

군도 승선 지시를 받았을 거라 생각했는데 그렇지 않자 충격을 받았다.

5월 27일부터 글로스터셔 연대 제2대대와 옥스퍼드 및 버킹엄셔 경보병대의 한 대대가 됭케르크 남쪽 카셀을 방어했다. 소대들은 압도적으로 우세한 병력에 맞서 간혹 사흘간 외딴 농장들을 점유하기도 했다. 남쪽에서는 라바세에서 에르로 이르는 운하 전선을 방어하러 가던 영국 제2사단이 엄청난 공격을 받았다. 대전차포 탄약도 떨어져가는 데다 지치고 완전히 무력해진 제2왕립 노퍽 연대의 병사들은 수류탄을 들고 뛰어나가 전차의 무한궤도에 던지는 처지로 전락했다. 나머지 대대는 SS토텐코프에 포위되었다가 포로로 잡혔다. 그날 밤, SS는 포로 중 97명을 학살했다. 그날 벨기에군 구역에서는 독일군 제255사단이 빙크트 인근 마을에서 민간인 78명을 처형함으로써 자신들의 손실에 대해 앙갚음을 하고는, 민간인 중 일부가 무기를 지니고 있었다며 거짓 주장을 했다. 다음 날 보름후트에서 SS대위 빌헬름 몽케의 지휘로 SS친위대 대원들이 약 90명의 영국인 포로를 살해했는데, 살해당한 포로들은 대부분 후위 부대로 활동하던 왕립 워릭 부대 소속이었다. 그리하여 폴란드를 상대로 한 잔학무도한 전쟁이 상대적으로 더 문명화되었다고 볼 수 있는 서부 전선에서도 몇 번씩 되풀이되었던 것이다.

솜 강 남쪽, 영국 제1기갑사단은 독일 교두보를 향해 반격을 개시했다.[28] 또다시 프랑스의 포와 공중 병력은 지원되지 않았고, 제10경기병과 제2근위 용기병대는 주로 독일의 대전차포 공격을 받아 전차 65대를 잃었다. 아브빌 인근 독일 교두보에서는 드골이 이끈 제4기갑사단이 더욱 효과적인 반격을 시도했지만, 이마저도 격퇴되었다.

5월 27일, 런던에서는 전시 내각이 세 번이나 다시 소집되었다. 오후에 있었던 두 번째 회의의 내용은 전쟁에서 나치 독일이 이길 수 있는 가장 중대한 순간을 요약해놓은 것이나 다름없었다. 이때는 핼리팩스와 처칠 사이에서 커져가는 갈등이 밝혀진 순간이었다. 핼리팩스는 히틀러가 프랑스와 영국에 어떤 조건을 제시할 것인지 알아내기 위해 무솔리니를 중재자로 끌어들이겠다는 의지를 더욱더 확고히 했다. 꾸물거리면 제시될 조건도 그만큼 나빠질 거라 생각했다.

처칠은 그렇게 무력해져서는 안 된다며, 계속해서 싸워야 한다고 주장했다. 그는 "아무리 우리가 패퇴하게 된다고 하더라도, 만약 지금과 같은 노력을 포기하려 한다면 상황은 예상외로 나빠질 것입니다. 그러니 프랑스와 함께 굴러떨어지는 것은 피합시다"[29]라며 사람들을 설득했다. 처칠은 협상을 시작하면 '되돌릴 수 없다'는 것 그리고 대중 사이에 저항정신을 부활시킬 수 없을 것임을 알았다. 적어도 처칠은 노동당 당수인 클레멘트 애틀리와 아서 그린우드, 자유당 당수인 아치볼드 싱클레어에게서는 절대적인 지지를 받았다. 체임벌린도 핵심을 찌른 처칠의 주장에 수긍했다. 폭풍 같은 회의가 진행되는 동안 핼리팩스는 만약 자신의 의견이 묵살된다면 사임하겠다고 못을 박았지만, 그 뒤 처칠은 가까스로 그를 잠재웠다.

그날 저녁 또 한 번의 날벼락이 떨어졌다. 리스 강에서 벨기에 전선이 뚫린 후 레오폴드 국왕이 굴복하기로 결심한 것이다. 이튿날, 국왕은 독일 제6군에 무조건적으로 항복했다. 폰 라이헤나우 상급대장과 그의 참모장인 프리드리히 파울루스 중장이 사령부에서 협정 조건을 지령했다. 2년 8개월 후에는 바로 파울루스 자신이 스탈린그라드에서 투항하게 된다.

프랑스 정부는 레오폴드 국왕의 '배신'을 은근히 기뻐하면서도 겉으로는 비난했다. 항복론자 중 한 명은 "결국 우리에게 희생양이 생겼다!"[30]며 심정을 표현했다. 그렇지만 영국은 벨기에의 붕괴 소식에 크게 놀라지 않았다. 고트는 브룩 장군의 조언에 따라 독일군이 동쪽 측면의 이프르와 코민 사이를 돌파하지 못하도록 자신의 부대를 벨기에 방어선 뒤로 이동시켜 현명하게 예방 조치를 취했다.

영국의 철군 결정을 이제 공식적으로 알게 된 베강 장군은 사실대로 알리지 않은 것에 격노했다. 베강이 다음 날까지도 자신의 군대에 철수 명령을 내리지 않은 탓에 프랑스군은 영국군보다 훨씬 뒤처져 해안에 당도하게 되었다. 페탱 원수는 영국이 잘 협력하지 않으니 3월에 단독 강화를 모색하지 않겠다고 약속한 레노의 협정을 수정해야 한다고 주장했다.

5월 28일 오후, 전시 내각이 다시 소집되었지만 이번에는 수상의 요청에 따라 하원에서 모이게 되었다. 핼리팩스와 처칠 사이에서는 처칠이 어떠한 협상 양식도 받아들이지 않고 더욱 강경 노선을 취하면서 다시금 충돌이 발생했다. 처칠은 만약 영국이 회담장을 떠난다 해도, "지금 우리가 가지고 있는 결단력은 모두 사라져버렸다는 걸 발견하게 될 것입니다"[31]라고 주장했다.

전시 내각 회의가 끝나자마자 처칠은 전체 내각 회의를 소집했다. 그는 히틀러와의 협상을 고려하고 있다고 말했지만, 히틀러의 조건은 영국을 괴뢰정부가 통치하는 '속국'[32]으로 만드는 것임을 확신하고 있었다. 각료들의 지지가 그 이상 강력할 수는 없었다. 핼리팩스는 결정적으로 압도당했다. 영국은 끝까지 싸울 것이었다.

소진되고 있는 기갑 병력을 다 써버리고 싶지 않았던 히틀러는 병력을 제한하여 됭케르크 쪽으로 새로 진군시켰다. 그리고 포병연대가 항구를 사정거리에 넣는 대로 기갑부대는 정지하기로 했다. 도시에 포격과 폭격이 본격적으로 쏟아지기 시작했지만 다이나모 탈출 작전을 막기에는 역부족이었다. 여전히 독일 내부의 기지에서 날아오고 있던 루프트바페 폭격기들은 효과적인 전투기 지원이 부족하여, 켄트에 있는 훨씬 더 가까운 비행장에서 날아오른 스핏파이어 편대에 요격당하기 일쑤였다.

모래 언덕과 마을을 가득 메운 채 자신들의 승선 순서를 기다리던 불운한 영국 육군은 내륙에서 영국 전투기가 독일 폭격기와 교전 중이라는 사실을 알지 못한 채 공군을 저주하기만 했다. 영국군을 궤멸시키겠다는 괴링의 호언장담에도 불구하고 루프트바페는 상대적으로 피해를 많이 주지 못했다. 폭탄과 포탄의 파괴력이 부드러운 모래 언덕 때문에 크게 줄어들었기 때문이다. 폭탄보다 비행기의 기총 소사로 죽은 연합군 병사가 더 많았다.

독일군이 보병대를 이끌고 진군을 재개하고 있을 때, 영국과 프랑스 군대는 강력한 방어막을 쳐서 독일군의 돌파를 저지했다. 방어하던 마을에서 탈출한 몇 명은 지치고 굶주린 데다 물도 마시지 못했으며, 대개는 부상을 입은 이들이었다. 부상 상태가 더 심각한 사람은 낙오됐다. 사방에 퍼져 있던 독일군이 언제 달려들지 몰라 정신적으로 고통스러운 철수 작전이었다.

철수 작전은 5월 19일에 부상자와 후방 부대를 실어 나르며 시작되었지만, 5월 26일 밤이 되어서야 본격적인 철수가 이뤄졌다. 해군성이 BBC 방송을 통해 요트나 모터보트, 유람용 모터보트와 같은 소형 배들을 자발적으로 지원해줄 사람을 모집했다. 처음에는 시어네스에, 다음에는 램즈게이트에 집결하기로 했다. 거의 '주말 항해사'들이 이끄는 약 600척의 배는 이번 다이나모 작전에 동원되어 200척이 넘는 영국 해군 선박들에 힘을 보탰다. 됭케르크는 먼 거리에서도 쉽게 식별되는 곳이어서 바다와 육지 양쪽에서 다 보일 정도였다. 독일 폭격기의 공격을 받은 마을이 불타며 연기가 기둥처럼 하늘로 올라갔다. 연료탱크도 무섭게 불타올라 시커먼 연기가 먹구름처럼 주변을 뒤덮었다. 도시로 가는 모든 길은 버려지고 파손된 군용 차량들로 꽉 막혀버렸다.

고위 영국 장교와 프랑스 장교들과의 관계, 특히 북부 해군 부대의 사령관이던 장 아브리알 제독 참모진과의 관계는 점점 더 격해졌다. 됭케르크에서 벌어지던 영국과 프랑스 군대의 약탈 행위로 서로가 서로를 비난하기 바빠 상황은 나아지지 않았다. 상수도를 더 이상 이용할 수 없게 되자 수많은 군인은 갈증을 해소하기 위해 와인이나 맥주, 증류주를 마시고 취했다.

해안과 항구는 승선을 위해 줄 서 있는 군인들로 붐볐다. 독일 항공대가 '거대하고 사나운 갈매기 떼처럼'[33] 강하하며 슈투카 경보를 울릴 때마다 병사들은 살기 위해 흩어졌다. 구축함이 방파제 밖에서 전력을 다해 대공 속사포를 발사하고 있어서 그 소음으로 귀청이 터질 정도였다. 그리고 일단 상황이 해제되면, 군인들은 자신이 섰던 줄을 놓칠까 걱정하며 재빨리 돌아왔다. 몇 명은 긴장으로 쓰러지기도 했다. 전투피로증으로 사상자가 발생해도 해줄 수 있는 것은 거의 없었다.

밤이 되자, 군인들은 자신들을 구출하러 온 구명보트와 소형 보트들이 바닷가에 정박할 동안 어깨 높이까지 오는 바닷물 속에서 기다렸다. 전투복과 군화가 물에 젖은 데다 군인들 대부분이 지치고 무력해서, 항해사들은 욕을 퍼부으며 군장을 잡고 군인들을 뱃전으로 끌어올려야 했다.

영국 해군은 자신들이 구출하고 있는 군인들만큼이나 고생했다. 5월 29일, 히틀러의 압박으로 괴링은 연합군이 철수 중인 곳에 집중 공격을 개시해, 구축함 10척 등 많은 배를 격침하거나 심하게 파손시켰다. 그리하여 영국 해군성은 영국 남부 지역을 방어하는 데 중요한 대형 구축함대를 즉시 철수시켰다. 그런데 이 함대는 철수 신호를 받고도 이틀이 지나서야 도착했다. 이유인즉, 구축함마다 한 번에 1000명에 달하는 군인들을 태웠기 때문이었다.

그날 내부 방어선은 제3보병사단에 소속된 근위 보병 제1연대, 제2연대, 그리고 왕립 버크셔 부대가 맹렬하게 방어했다. 자칫 독일군의 공격으로 추가적인 철수 작전이 좌절될 수도 있기 때문에 이들이 가까스로 지연시킨 것이었다. 프랑스 제68사단 소속 부대들도 됭케르크 방어선 서부와 서남부 지역에서 계속 버티고 있었지만, 영불 동맹의 긴장은 심해져갔다.

프랑스는 영국이 당연히 영국인에게 우선권을 줄 거라 생각했는데, 사실이 점에 대해서는 정반대의 지시가 런던에서 하달되었다. 하지만 프랑스 군대가 종종 영국군의 철수 지점에 끼어들었다가 승선이 거부되기도 해, 자연스레 격한 장면이 연출되었다. 소지품을 버리라고 했는데도 짐 꾸러미를 챙겨온 프랑스 군인들 때문에 화가 난 영국 군인들은 그들을 항구 벽 바깥으로 떠밀어 바다에 빠뜨렸다. 또한 프랑스군에 할당된 배를 영국 군인들이 잽싸게 차지하는가 하면, 영국 선박에 기어올라 승선하려 했던 몇몇 프랑스 군인들을 다시 바다에 던지기도 했다.[34]

제1사단장 해럴드 알렉산더 소장은 심지어 제16군단장 로버트 퍼갤드 장군과 아브리알 제독에게, 자신의 임무는 영국군을 최대한 많이 구출하는 것이라고 말해 그들의 분노를 샀다. 이 두 사람은 고트에게 편지를 써서 3개 영국 사단은 남아서 방어선을 지켜야 한다고 엄포를 놓았다. 게다가 아브리알 제독은 영국 군대에 됭케르크 항구를 개방하지 않겠다고 위협하기까지 했다.

논쟁은 런던과 파리로 옮겨가서 처칠이 레노와 베강, 프랑스 해군 수장인 프랑수아 다를랑 제독을 만난 자리에서도 이어졌다. 베강은 됭케르크를 사수할 수 없을 거라는 사실을 막연하게 받아들였다. 처칠은 동등한 조건에서 철수를 지속해야 한다고 주장했지만, 연합정신을 유지하고자 했던 그의 바람이 런던에서는 공감을 얻지 못했다. 영국 정부 인사들은 프랑스가 전투를 포기할 가능성이 있기 때문에 영국이 스스로 조심하는 편이 나을 거라는 암묵적인 전제를 깔고 있었다. 동맹은 승리하면 복잡해질 뿐이지만, 패배하면 우리가 상상할 수 있는 최악의 비방전을 일으키게 되는 법이다.

5월 30일, 영국 원정군의 절반가량이 프랑스에 남겨지는 듯했다. 하지만 다음 날 영국 해군과 구축함, 기뢰 부설함, 요트, 외륜선, 예인선, 구명보트, 낚시보트, 유람선 등 '작은 배'들이 무더기로 됭케르크에 도착했다. 소형 배들은 해변에서 군인들을 태워 큰 배로 옮겼다. 요트 중 선다우너호는 타이태닉호에서 살아남은 수석 항해사 라이톨러 중령의 요트였다. 이 중요한 기

간에 고요한 바다에서는 됭케르크의 기적이 일어나려 하고 있었다.[35]

구축함 안에서는 영국 해군 수병들이 코코아, 소금에 절인 쇠고기 통조림, 빵 등을 지치고 굶주린 군인들에게 나눠주었다. 그러나 영국 공군의 공중 방호벽이 깨질 때마다 루프트바페가 공격 강도를 높였기 때문에, 배에 올랐다고 해서 안전이 보장되지는 않았다. 공중 공격을 받아 끔찍한 부상을 입은 사람, 침몰하는 배와 함께 익사하는 사람, 도와달라 외쳐도 아무런 도움을 받지 못한 사람들에 대한 묘사는 잊기 힘들 것이다. 됭케르크 방어선 안에 남겨진 부상자들의 상태는 훨씬 더 나빠서, 의무병과 의사들도 죽음의 고통을 달래주기 위해 할 수 있는 것이 거의 없었다.

도버에 도착해서도 구출된 병사들의 고통은 거의 줄어들지 않았다. 대규모 철수 작전은 사회 체계를 뒤흔들었고, 병원 열차가 병사들을 여기저기로 실어 날랐다. 공포스러웠던 됭케르크에서 돌아온 한 부상병은 기차 창밖으로 하얀 플란넬 소재의 팀 복을 입고 크리켓 경기를 하는 사람들이 보이자, 자신의 눈을 믿을 수 없었다. 마치 영국은 아직 평화에 젖어 있는 듯했다. 마침내 치료를 하려고 보니 야전 붕대로 감은 상처 부위에 구더기가 슬어 있거나, 괴저로 고통스러워하다가 팔다리를 절단해야 하는 병사가 많았다.

6월 1일 아침, 됭케르크에서 제1근위여단을 포함한 후위대는 베르그퓌르네 운하를 가로지르던 독일군의 공격을 받아 궤멸되었다. 몇몇 장병뿐 아니라 심지어 소대 전체가 공황상태에 빠지기도 했지만, 그 와중에도 일부는 용맹함을 보여줘 빅토리아 십자훈장을 비롯한 여러 훈장이 수여되었다. 낮 동안의 구출 작전은 이제 취소해야 했다. 영국 해군의 손실이 무척 큰 데다, 두 병원선 중 한 척은 침몰되고 다른 한 척은 파손되었기 때문이다. 마지막 선박은 6월 3일 밤 됭케르크 앞바다에 도착했다. 모터보트에 탄 알렉산더 소장은 마지막으로 해변과 항만을 오가며 남아 있는 병사가 없는지 확인했다. 자정이 되기 직전, 알렉산더와 함께 있던 빌 테넌트 해군 대령은 이제

도버에 있는 램지 중장에게 임무가 완수되었다는 신호를 보내야겠다고 생각했다.

해군성의 예상 구출 인원은 4만5000명이었지만 영국 해군 군함과 갖가지 민간 선박들로 약 33만8000명의 연합군 병사들을 구출해냈으며, 그중 19만3000명이 영국군, 나머지가 프랑스군이었다. 상황이 혼란스러웠던 데다 철수 명령마저 늦게 전달된 탓에 전장에 남겨진 약 8만 명은 대부분 프랑스군이었다. 벨기에와 프랑스 동북부 전역에서 영국은 6만8000명을 잃었다. 남아 있는 전차와 차량, 대포, 보급품 등은 거의 다 파괴해야 했다. 프랑스 내 폴란드 병력 또한 영국으로 향하자, 괴벨스는 그들을 두고 경멸적으로 '시코르스키 관광객'[36]이라고 불렀다.

영국의 반응에는 다소 과장된 공포심이 묘하게 섞여 있었지만 원정군이 구출되었다는 안도감도 배어나왔다. 정보부는 대중의 분위기가 "무척 좋다"는 점을 염려했다. 그래도 침공 가능성은 실제로 수그러들기 시작했다. 수녀복을 입었다는 독일 공수부대에 관한 소문이 돌았고, 어떤 사람들은 심지어 "독일에서 정신적으로 문제가 있는 환자들이 자폭 군단에 징용되고 있다" "독일군이 땅굴을 파고 스위스를 통과해 툴루즈로 나왔다"는 등의 소문을 믿기도 했다.[37] 침공 위협 때문에 영국인들 사이에 이방인에 대한 막연한 두려움이 생길 수밖에 없었다. 매스 옵저베이션에서도 됭케르크 철수 작전의 결과, 프랑스 군대는 따뜻하게 환영을 받은 반면, 네덜란드와 벨기에 피란민은 외면을 당했다고 보고했다.

독일군은 서둘러 다음 작전을 개시했다. 6월 6일, 독일군은 상당한 수적 우세와 장악한 제공권을 활용하여 솜 강과 엔 강 전선을 공격했다. 참사의 첫 충격을 극복하고 있던 프랑스 사단들도 이제는 대담하게 싸웠지만 이미 너무 늦은 뒤였다. 다우딩이 영국을 방어할 전투기가 충분하지 않다고 경고하자 처칠은 해협 너머로 비행대대를 더 보내달라는 프랑스의 요청을 거절해버렸다. 솜 강 남쪽에는 아직 10만 명이 넘는 영국군이 있었고, 그중에는 제51하일랜드 사단도 포함되어 있었는데, 이들은 곧 생발레리에서 프랑스 제41사단과 함께 고립된다.

프랑스를 계속 전열에 붙잡아두려 했던 처칠은 앨런 브룩 장군이 지휘하는 원정군을 추가로 해협 너머로 보냈다. 떠나기 전 브룩은 이든에게, 자신의 임무가 갖는 외교적 중요성은 이해하지만, 군사적 성공의 기회가 전혀 없다는 것을 정부가 알고 있어야 한다고 경고했다. 몇몇 프랑스 부대는 잘 싸운 반면, 다른 많은 병사는 몰래 전선에서 빠져나와 프랑스 서남쪽으로 도피하는 피란민 대열에 끼어들기 시작했다. 독가스와 독일의 잔학 행위에 관한 소문으로 공포는 확산되었다.

잘 꾸려진 부자들의 자동차가 밖으로 쏟아져 나왔다. 앞서 출발한 사람들은 갈수록 공급량이 줄어드는 연료를 선점할 수 있었다. 중산층은 더 수수한 자동차를 타고 차 지붕에 매트리스를 묶은 채, 차내에 개나 고양이, 카나리아 등 가장 중요하게 여기는 재산을 싣고 그 뒤를 이었다. 가난한 사람들은 걸어서 출발하거나 자전거, 손수레, 말, 유모차 등을 이용해 재산을 운반했다. 복잡한 피란길이 수백 킬로미터나 되다보니, 종종 엔진 과열로 자동차가 사람과 비슷한 속도로 이동하기도 했다.

공포에 질린 채 마치 인간 강처럼 서남부로 흘러들어간 총 800만 명의 피란민은 곧 연료뿐만 아니라 음식도 구할 수 없다는 사실을 알게 되었다. 피란민들이 내놓은 빵과 잡화 등을 있는 대로 모두 사주던 수많은 원주민은 곧 그 가여운 사람들에 대한 저항감이 생겨났고, 메뚜기 떼같이 분노했다. 독일군 항공기의 기총 소사와 폭격으로 부상을 당한 사람들이 길을 가득 메운 것인데도 그랬다. 이번에도 재앙에 정면으로 노출되었지만 자기희생과 침착함으로 난국에 대처한 이는 여자들이었다. 남자들은 절망에 차 눈물만 흘렸다.

6월 10일, 무솔리니는 이탈리아의 군사력과 자원의 약세를 잘 알면서도 프랑스와 영국에 전쟁을 선포했다. 그는 평화가 찾아오기 전에 영토적 이익을 얻을 기회를 놓치지 않으리라 결심했다. 그러나 이탈리아는 독일이 모르는 사이에 알프스를 공격했다가 결국 참사를 불러일으켰다. 프랑스군은 200명 남짓의 병사를 잃었을 뿐이지만 이탈리아군은 6000명의 사상자가 발생했고, 그중 2000명 이상은 심한 동상에 걸렸다.[38]

결정을 내리는 데 혼란만 가중되던 프랑스 정부는 몇 개의 성안에 여러 부처 및 사령부가 입주해 있던 루아르 계곡으로 이동했다. 6월 11일, 처칠은 프랑스 지도자들과의 회담을 위해 루아르에 있는 브리아르로 날아갔다. 허리케인 편대의 호송을 받으며 처칠과 그의 수행단은 가까운 곳의 텅 빈 비행장에 착륙했다. 처칠은 이제 참모총장이 된 존 딜, 전시 내각 장관 헤이스팅스 이즈메이 소장, 처칠의 대리자 에드워드 스피어스 소장과 함께 프랑스 정부로 향했는데, 이들은 베강 장군의 임시 사령부가 있던 뮈게 성까지 차로 이동했다.

영국 대표단은 음침한 식당 안에서 폴 레노를 기다렸다. 눈썹이 초승달 모양으로 높고 체구가 작은 레노는 얼굴에 '피로함'[39]이라고 쓰여 있었으며 거의 신경쇠약에 가까운 상태였다. 그는 괴팍한 베강 및 페탱 원수와 함께 있었는데, 그들의 뒤에는 전쟁 전 갈라설 때까지 페탱이 총애했고, 이제는 레노 정부의 국방차관인 샤를 드골 준장이 서 있었다. 스피어스는 레노가 정중하게 맞이했음에도 불구하고 영국 대표단은 마치 '장례식에서 손님을 맞는 것처럼 어색함'[40]을 느꼈다고 기록했다.

베강은 대참사를 암울한 말들로 묘사했다. 더운 날에도 두꺼운 검은색 정장을 입고 있던 처칠은 영어와 프랑스어를 독특하게 조합하여 온화하고 열정적인 목소리를 내는 데 최선을 다했다. 베강이 이미 파리를 독일에 넘기라고 명령한 사실을 모른 채, 처칠은 도시를 집집마다 방어하고 게릴라전을 펼칠 것을 주장했다. 그 의견에 베강은 충격을 받았고 잠자코 있던 페탱도 "그건 나라를 파괴하는 짓이오!"[41]라고 말했다. 그들의 주요 관심사는 혁명이 몰고 올 무질서를 진압할 만큼의 군대를 유지하는 것이었다. 버려진 파리에서 공산당이 권력을 잡을지도 모른다는 생각에 사로잡혀 있었던 것이다.

프랑스의 저항이 무너진 데 대한 책임을 전가하려 애쓰던 베강은 영국이 거절할 것을 알면서도 영국 공군 전투기 비행대대를 더 요구했다. 바로 며칠 전 베강은 프랑스의 패배 원인이 장군들이 아닌 인민전선과 '학생들에게 애국심 및 희생정신 길러주기를 거부한'[42] 학교 교사들에게 있다고 비난했다. 페탱의 태도도 비슷했다. 페탱은 스피어스에게 "이 나라는 정치 때문에 썩었다"[43]고 말했다. 아마도 더 중요한 것은 프랑스가 심하게 분열되어 있어 반역이라는 비난이 먹혀들지 못했다는 점일 것이다.

처칠 일행은 비록 프랑스 정부에서 휴전 협상 전에 영국과 상의를 하겠다는 약속을 받아냈지만 아무런 환상도 남기지 않은 채 런던으로 돌아왔다. 영국 관점에서 본 주요 화제는 프랑스 함대의 미래, 그리고 레노 정부가 프랑스령 북아프리카에서 전쟁을 계속할 것인지 여부였다. 그러나 베강과 페탱은 정부 부재 시 프랑스가 혼돈 속으로 빠져들 거라고 확신했기 때문에 그 의견에 완강히 반대했다. 이튿날 6월 12일 저녁, 장관 회의에서는 구성원이 아닌 베강이 공개적으로 휴전 협정을 요구했다. 레노는 히틀러가 1871년의 빌헬름 1세처럼 늙은 신사가 아니라 새로운 칭기즈칸이라는 점을 베강에게 상기시켰다. 하지만 이것은 레노가 총사령관을 통제하려던 마지막 시도였다.

파리는 거의 황폐해진 도시였다. 스탠더드 오일 사의 정유공장에서 거대한 검은 연기 기둥이 피어올랐다. 독일군이 연료를 쓰지 못하게 하기 위해 프랑스 참모부와 미국 대사관의 요청으로 불태운 것이었다. 1940년에 프랑스와 미국의 관계는 대단히 우호적이었다. 미국 대사 윌리엄 불릿은 프랑스 정부의 신망을 얻어 임시 시장이 되었고, 독일에 수도를 할양하는 문제에 대해 협상할 것을 부탁받았다.[44] 파리 북쪽 끝 포르트 생드니 인근에서 휴전 백기를 들고 있던 독일군 장교들이 총격을 받은 뒤, 독일 제10군 총사령관인 게오르크 폰 퀴흘러 상급대장은 파리를 포격하라고 명령했다. 이때 불릿이 중재에 나서서 가까스로 도시가 파괴되는 것을 막았다.

6월 13일, 독일군이 파리로 진입하기 위해 태세를 갖추었을 때 처칠은 또 다른 회의 때문에 투르로 날아갔다. 처칠이 가장 두려워하던 일이 공식화될 상황이었다. 베강의 촉구로 레노가 단독 강화를 요청하지 않겠다는 프랑스의 약속을 파기하도록 영국에 동의를 구한 것이다. 어떤 대가를 치르더라도 싸우기로 각오한 사람은 조르주 망델 내무장관과 가장 하급 장군인 드골을 포함하여 단 몇 명뿐이었다. 레노도 이들의 생각에 동조했지만, 스피어스의 표현을 빌리자면 레노는 패배주의자들의 붕대에 감겨 힘 못 쓰는 미라가 된 셈이었다.

프랑스가 단독 강화를 하겠다고 했을 때, 처칠은 프랑스의 입장을 이해한다는 듯이 말했다. 하지만 철저히 거부한다는 뜻이었던 처칠의 말을 패배주의자들은 동의한다는 의미로 왜곡시켰다. 처칠은 독일이 프랑스 함대를 절대 손에 넣을 수 없다는 사실을 확신할 때까지는 프랑스와의 약속을 파기할 준비가 되어 있지 않았다. 프랑스 함대가 적의 손에 들어가면 영국 침공에 대한 성공 가능성이 훨씬 더 높아질 것이었다. 처칠은 레노에게, 루스벨트 대통령에게 접근하여 큰 곤경에 처한 프랑스를 미국이 도울 수 있을지 알아보는 것이 어떻겠냐고 권했다. 프랑스가 저항을 계속할수록 영국은 독일의 맹공격에 대비할 기회가 더 많아지는 것이었다.

그날 저녁 콩즈 성에서 장관 회의가 열렸다. 휴전 협정을 고집하던 베강은 공산당이 파리에서 권력을 잡았으며, 공산당 당수인 모리스 토레즈가 엘리제궁을 접수했다고 주장했다. 이것은 기이한 망상이었다. 망델이 즉시 파리 경찰국장에게 전화를 걸어 알아보니 모두 사실이 아닌 것으로 드러났다. 베강은 침묵했지만, 페탱 원수는 주머니에서 종이를 꺼내 읽기 시작했다. 그는 휴전 협정을 강력히 주장했을 뿐만 아니라, 정부가 나라를 떠난다는 생각을 완전히 부정했다. "나는 프랑스 국민과 남아서 고통을 함께 나눌 것이다."[45] 페탱은 드디어 침묵을 깨고, 프랑스를 이끌 일꾼이 되겠다는 의도를 밝혔다. 비록 레노는 장관들을 비롯하여 국회와 상원의 의장들에게도 많은 지지를 받았지만, 페탱을 해임할 용기는 부족했다. 곧 치명적인 타협이 이뤄졌다. 이들은 휴전 협정의 최종 결정이 내려지기 전에 루스벨트 대통령의 대답을 기다렸다. 다음 날, 정부는 이 비극에 마지막 조치를 취하기 위해 보르도를 향해 떠났다.

브룩 장군이 셰르부르에 도착한 지 얼마 되지 않아 그가 예상한 최악의 공포는 현실이 되었다. 브룩은 6월 13일 저녁에 브리아르 인근 베강의 사령부에 당도했지만, 베강은 콩즈 성 장관 회의에 가 있었다. 브룩은 다음 날 베강을 만났다. 베강은 육군의 붕괴보다 자신의 군 경력이 정점에 오르지 못한 채 끝난다는 사실이 더 걱정이었다.[46]

브룩은 런던에 전화를 걸어, 제2차 원정군으로 브르타뉴의 보루를 방어하라는 명령에 동의할 수 없다고 말했다. 이 계획은 드골과 처칠에게 아주 중요한 일이었다. 딜 장군은 곧바로 알아듣고 추가 지원군을 일체 프랑스에 보내지 않기로 했다. 딜과 브룩은 프랑스 서북부에 남아 있는 영국 군대를 노르망디와 브르타뉴 지역의 항구로 퇴각시켜 철군해야 한다는 데에 뜻을 같이했다.

　　　　　　　　　　　　　　　　　　　　　제2차 세계대전

런던으로 돌아온 처칠은 충격에 휩싸였다. 화가 난 브룩은 처칠에게 상황을 30분 동안 일일이 설명해야 했다. 처칠은 영국이 프랑스에 협력하고 있다는 인상을 프랑스에 심어주기 위해 브룩을 보낸 것이라고 우겼다. 브룩은 "시체들뿐이어서 그런 느낌을 심어줄 수도 없어요. 프랑스군은 사실상 전멸했습니다"[47]라고 대답했다. 영국군을 계속 보내는 것은 '좋은 군대를 쓸데없는 곳에 버리는 것'밖에 되지 않는다는 것이었다. 브룩은 두렵냐는 말에 화가 나 주장을 굽히지 않았다. 결국 처칠은 그것이 유일한 길임을 받아들이게 되었다.

독일 군대는 프랑스군 대부분이 항복 준비를 한다는 사실에 아직 얼떨떨했다. 제62보병사단의 한 병사는 "어느 한 도시로 우리가 가장 먼저 들어가게 되었다. 그리고 둘러보니 프랑스 군인들은 이틀 동안 바에 앉아 포로가 될 날만을 기다리고 있었다. 그것이 프랑스의 현실이었고, 그것이 그 유명한 '대국의 면모'였던 것이다"라고 기록했다.[48]

6월 16일, 페탱 원수는 정부가 즉각 휴전 협정을 모색하지 않는 한 사임하겠다고 선언했다. 하지만 설득에 못 이겨 런던에서 대답이 올 때까지 기다리기로 했다. 레노의 앞선 간청에 대한 루스벨트 대통령의 대답은 연민으로 가득했지만 결국 약속한 것은 아무것도 없었다. 런던에서 드골 장군은 장 모네의 아이디어로 보이는 제안 내용을 전화로 낭독했다. 장 모네는 훗날 유럽의 이상을 세운 선구자로 추앙받지만 당시에는 전시 물자를 책임지고 있었다. 제안 내용이란, 영국과 프랑스는 단일 전시 내각으로 단합된 국가를 만들어야 한다는 것이었다. 처칠은 프랑스를 계속 전시 상태로 남아 있게 하는 이 계획에 열광했고 레노도 희망을 가졌다. 그러나 레노가 그 안건을 장관 회의에 내놓는 순간, 대부분의 반응은 비난 일색이었다. 페탱은 그것을 "송장과의 결혼"이라고 표현하는 한편, 다른 사람들은 자기 나라와 식민지에게 가장 힘이 없을 때 "간사한 영국"이 그 순간을 노려 탈취하려

한다며 두려워했다.

완전히 낙심한 레노는 르브룅 대통령을 만나 자신의 사임안을 제출했다. 레노는 신경쇠약에 걸리기 직전이었다. 르브룅은 그가 자리를 지키도록 설득했지만, 레노는 휴전 협정 요구를 막아낼 모든 희망을 잃어버렸다. 심지어 그는 휴전 협정 문제를 해결하려면 페탱 원수에게 부탁하여 정부를 구성하는 것이 좋겠다고 추천하기까지 했다. 르브룅은 늘 레노의 편이었지만 이번에는 그가 제안한 대로 해야 할 것 같다는 생각이 들었다. 오후 11시에 페탱은 새로 열린 장관 회의를 주재했다. 제3공화정은 사실상 끝났다. 일부 역사가들은 페탱과 베강이 6월 11일 브리아르에서 다를랑 제독을 끌어들여 내부 군사 쿠데타를 함께 주도함으로써 제3공화정이 막을 내렸다고 어느 정도 근거를 가지고 주장해왔다. 다를랑의 역할은 싸움을 계속하기 위해 정부와 군대를 북아프리카로 대피시키면서 프랑스 함대를 이용하지 못하도록 하는 것이었다.

그날 밤 드골은 처칠의 지시로 제공된 비행기를 타고 보르도로 돌아갔다. 도착했을 때 드골은 후원자가 사임했다는 것과 자신도 더 이상 정부의 일원이 아니라는 사실을 알게 되었다. 한순간에 그는 베강에게서 군인으로서 거부하기 힘든 명령을 받을지 모르는 입장에 놓였다. 큰 키와 인상적인 얼굴에 걸맞지 않게 저자세를 유지하며 드골은 레노를 만나 자기가 영국으로 되돌아가서 다시 한번 노력해보겠노라고 말했다. 레노는 자신의 비자금에서 10만 프랑을 드골에게 내주었다. 스피어스는 조르주 망델에게 함께 떠나자고 설득해봤지만, 그는 거부했다. 유대인으로서 도망자로 보이고 싶지 않았던 망델은 결국 자신의 나라에서 부활한 반유대 정책을 스스로 과소평가하고 말았다. 그것이 결국 망델을 희생시켰다.

드골, 그의 부관, 그리고 스피어스는 비행기 잔해들이 널브러진 비행장에 이륙했다. 채널 제도를 지나 런던으로 날아가는 동안, 페탱은 프랑스 전역에 휴전 협정을 모색하고 있다는 내용의 뉴스를 방송했다. 프랑스군은 9만 2000명이 사망하고 20만 명이 부상을 당했다. 거의 200만 명의 장병들이 전쟁포로로 잡혔다. 자체적으로도 공산당과 극우 선전으로 분열된 프랑스군은 독일에 차량을 수도 없이 많이 빼앗긴 것은 물론, 승리도 쉽게 안겨주었다. 독일의 손에 넘어간 차량들은 이후 소련 침공 때 쓰이게 된다.

영국 사람들은 프랑스의 항복 관련 소식을 듣고 침묵 속에서 충격에 빠졌다. 이제부터 침공 경고 시를 제외하고는 교회 종을 울리지 말라는 정부 발표가 나오자 그 영향은 더 뚜렷해졌다. 독일군이 상륙할 경우 집 밖으로 나오지 말라는 등의 경고를 실은 공식 지침서가 집집마다 배달되었다. 만약 달아난다면 길이 막혀 루프트바페의 기관총에 맞게 된다는 것이었다.

브룩 장군은 지체 없이 프랑스에 남아 있는 영국 군대 철수 계획을 세웠다. 페탱의 발표로 장병들이 난처한 입장에 놓였기 때문에 이것은 다행스러운 일이었다. 6월 17일 아침까지, 프랑스에 남아 있던 영국 육군과 공군 12만4000명 중 5만7000명이 떠났다. 브르타뉴의 생나제르에서 잔류 병사를 최대한 많이 데려오기 위해 대규모 해상 수송 작전이 시작되었다. 그날 6000명이 넘는 현역병과 영국 민간인이 쿠너드 사의 정기선인 랭커스트리아호에 오른 것으로 추정된다. 이 배는 루프트바페의 폭격을 받아, 배 아래에 갇힌 많은 사람을 포함해 3500명 이상이 익사한 것으로 보인다. 영국 역사상 최악의 해양 참사였다. 이렇게 끔찍한 비극도 있었지만, 이번 두 번째 구출 작전으로 연합군 19만1000명이 영국으로 더 들어오게 되었다.[49]

처칠은 런던에 온 드골을 환영했지만 레노와 망델이 모두 오지 않아 내심 실망했다. 그가 도착한 다음 날인 6월 18일, 드골은 BBC를 통해 프랑스에 방송을 내보냈다. 이날은 이후 수년간 기념비적인 의미를 갖게 되었다(공교롭게도 그날이 워털루 전투 125주년 기념일이었다는 것을 드골은 모르고 있었던 듯하다). 친불 성향의 정보부 장관인 더프 쿠퍼는 외무부가 드골의 연설에 강하게 반대했다는 사실을 알고 있었다. 프랑스 함대의 미래가 불투명한 가운데 페탱 정권을 자극할 우려가 있었기 때문이다. 그러나 처칠과 내각의 지지 덕분에 쿠퍼는 BBC에 방송을 허락할 수 있었다.

당시에 방송을 들은 사람이 매우 적었을 그 유명한 연설에서, 드골은 자유 프랑스 혹은 투쟁하는 프랑스의 '색깔을 드러내기 위해' 라디오를 이용했다. 비록 페탱 정권을 직접 공격할 수는 없었지만 군부를 들쑤셔놓는 데는 성공했다. 이것은 훗날 "프랑스는 전투에서 졌다! 그러나 프랑스는 전쟁에서 지지 않았다!"로 다듬어졌다. 어쨌든 드골은 앞으로의 전쟁 전개에 대해 놀라운 통찰력을 드러냈다. 프랑스가 새로운 형태의 현대식, 기계식 전투를 맞이해서 패배했다는 것을 인정한 한편, 미국의 산업력이 세계대전으로 변하고 있는 이 전쟁의 판도를 바꿀 거라고 예상했다. 그래서 그는 영국이 3주 후에 패배할 거라는 이야기나 히틀러가 유럽의 평화를 좌우할 거라는 등의 패배주의적 믿음을 절대적으로 부정했다.

같은 날 하원에서 있었던 "가장 좋았던 시절"이라는 처칠의 연설에서도 미국이 자유의 편에서 전쟁에 참여해야 할 필요성을 언급했다. 프랑스 전투는 확실히 끝이 났고 영국 전투가 막 시작되려 하고 있었다.

8

바다사자 작전과
영국 본토 항공전

1940년 6월 18일, 히틀러는 뮌헨에서 무솔리니를 만나 프랑스와의 휴전 조건을 알렸다. 히틀러는 가혹한 조건을 강요하고 싶지 않아서 무솔리니의 바람이었던 프랑스 함대나 프랑스 식민지 취득을 허락하지 않았다. 이탈리아는 휴전 협정식에도 참석하지 않기로 했다. 그사이 일본은 프랑스의 패배를 이용하느라 바빴다. 일본 정부가 인도차이나를 통해 중국 국민당군에게 보급품을 전달하는 행위를 즉시 중단하라고 페탱 정부에 경고했기 때문에 프랑스 식민지 침공이 언제라도 일어날 수 있는 상황이었다. 프랑스 총독은 일본의 압박에 굴복하여, 일본 군대와 비행기가 통킹 만에 주둔하는 것을 허용했다.

6월 21일, 휴전 협정 준비가 완료되었다. 이 순간을 오랫동안 꿈꿔왔던 히틀러는, 1918년에 독일 대표들이 항복 서명을 했던 포슈 원수의 철도 객차를 박물관에서 꺼내 콩피에뉴 숲으로 가져오라고 지시했다. 그의 삶을 따라다니며 괴롭히던 치욕이 이제 뒤바뀌려 하고 있었다. 히틀러는 객차 안에 앉아서, 리벤트로프, 루돌프 헤스 부총통, 괴링, 레더, 브라우히치, 국방군 총사령관 빌헬름 카이텔 상급대장과 함께 욍치제르 장군이 수장인 프랑스 대표단을 기다렸다. 히틀러의 SS친위대의 당직 사관이었던 오토 귄셰는 프랑스 대표단이 총통을 해하려 할지도 모르는 상황에 대비해 권총을 챙겨 왔다. 카이텔이 휴전 조건을 읽는 동안 히틀러는 침묵했다. 그 뒤 나가서 괴벨스에게 전화를 했다. "불명예는 이제 다 씻었다."[1] 괴벨스는 자신의 일기에 '다시 태어난 기분'이라고 썼다.

윙치제르는 독일 국방군이 프랑스 북부 절반과 대서양을 점령하겠다는 통고를 받았다. 페탱 정부에게는 나라의 5분의 2와 10만 명의 병력만 남았다. 프랑스는 독일군 점령 비용을 부담해야 했고, 라이히스마르크는 프랑스 프랑에 비하면 터무니없이 유리한 환율로 고정되었다. 반면에 독일은 프랑스 함대나 식민지는 건드리지 않았는데, 이것은 히틀러의 추측대로 페탱과 베강조차 양보하지 않으려 했던 두 가지였다. 히틀러는 프랑스를 영국과 떼어놓고 그저 프랑스가 전前 동맹국에 함대를 넘겨주지 않기만 바랄 뿐이었다. 영국과의 전쟁을 계속하기 위해 프랑스 해군력을 손에 넣기만 고대했던 독일 해군은 크게 실망했다.[2]

베강의 지시에 따라 협정서에 서명한 뒤, 윙치제르 장군은 마음이 편치 않았다. 그는 "만약 영국이 석 달 안에 무릎을 꿇지 않는다면, 우리는 역사에 큰 죄인으로 남겠지"[3]라고 말하고 싶었을 것이다. 휴전 협정은 6월 25일 오전에 공식 발효되었다. 히틀러는 '그 어느 때보다 더 영광스러운 승리'[4]를 경축하며 선언했다. 독일에서는 자축 종소리가 일주일 동안 울려 퍼졌고 깃발들은 열흘 동안 휘날렸다. 히틀러는 그 뒤 조각가 아르노 브레커, 건축가 알베르트 슈페어 그리고 헤르만 기슬러와 함께 6월 28일 아침 일찍 파리에 행차했다. 아이러니하게도 호위한 사람은 4년 후 프랑스에서 히틀러 반대파의 주동자가 되는 한스 슈파이델 육군 소장이었다. 히틀러는 파리에서 별다른 감흥을 느끼지 못했다. 자신이 계획하고 있는 새로운 독일의 수도는 훨씬 더 장대하리라 생각했다. 그는 독일로 돌아와 베를린에서 열릴 개선식을 준비하고, 영국을 협상으로 끌어들일 방법을 궁리한 다음 독일 국회에

제2차 세계대전

내놓게 된다.

그런데 6월 28일에 소련이 루마니아의 베사라비아와 북부 부코비나 지역을 점령하자 히틀러는 갑자기 불안해졌다. 그 지역에 대한 스탈린의 야망이 독일 경제에 매우 중요한 다뉴브 삼각주와 플로이에슈티 유전을 위협할 수도 있기 때문이었다. 사흘 뒤, 루마니아 정부는 영불의 국경 수비 보장을 포기하고 베를린에 사절을 보냈다. 추축국에 또 하나의 동맹국이 생기려는 순간이었다.

끝까지 싸우기로 결심한 처칠은 냉혹한 결정을 내리게 되었다. 그는 5월 21일에 루스벨트에게 전보를 보내며 영국군의 패전과 해군 병력 소실 가능성을 언급했던 것을 분명히 후회하고 있었다. 이제 처칠은 가차 없는 저항 의지를 미국과 세계 곳곳에 증명할 수단이 필요했다. 그리고 독일의 손아귀에 떨어질 프랑스 해군의 위험이 여전히 뇌리에서 떠나지 않자 처칠은 이 문제를 강제로 해결하기로 했다. 새 프랑스 정부에 메시지를 보내 영국 항구에 프랑스 군함을 보내라고 요구했지만 답신은 없었다. 비밀리에 항복론자 대열에 합류한 이후로 다를랑은 더 이상 처칠에게 전과 같은 확신을 심어줄 수 없었다. 한편 휴전 협정 조건을 보장하겠다던 히틀러의 약속은 전에 했던 다른 모든 약속처럼 쉽게 깨질 수 있었다. 이것은 특히 독일 해군이 노르웨이에서 패퇴한 이후로 프랑스 함대가 영국 침공에 무한한 가치를 지니기 때문이었다. 그 뒤 이탈리아가 전쟁에 뛰어들면서 영국 해군의 지중해 제해권에 도전장을 내밀었다.

강력한 프랑스 해군력을 제압하는 일은 영국으로서는 거의 불가능한 임무일 수밖에 없었다. "당신은 영국 제독이 맡았던 것 중 가장 불쾌하고 어려운 과제를 맡은 것이오." 전날 밤 제임스 서머빌 제독이 이끄는 H전대가 지브롤터를 떠날 때 처칠이 서머빌에게 한 말[5]이다. 대부분의 영국 해군 장교처럼 서머빌도, 한때 친밀한 관계로 함께 일했던 동맹 해군을 향해 무력을 사용하는 것을 크게 반대했다. 그래서 해군성에게 캐터펄트 작전 명령에 대해 의문을 표시했지만 아주 명확한 지시만이 돌아왔다. 여섯 시간 내에 프랑스군은 독일과 이탈리아에 맞서 전쟁을 계속 치르는 영국에 합류할 수도 있었고, 영국 항구로 항해할 수도, 마르티니크와 같은 서인도 제도 내 프랑스 항구나 미국으로 항해할 수도, 자국 배를 자침시킬 수도 있었다. 만약 프랑스가 이 모든 선택지를 거부한다면, 서머빌은 "무슨 수를 써서라도 프랑스 선박이 독일이나 이탈리아의 손에 넘어가는 것을 막으라"[6]는 명령을 실행해야 했다.

7월 3일 수요일 동트기 직전, 영국군이 움직이기 시작했다. 영국 남부 항구에 정박해 있던 프랑스 군함들을 무장 영국군들이 점령했는데 사상자는 많지 않았다. 알렉산드리아에서는 앤드루 커닝엄 제독이 좀더 신사적인 방법으로 대응하여 항구 안 프랑스 소함대를 봉쇄했다. 하지만 바버리 해안에서 활동한 해적의 오랜 근거지였던 오랑 인근의 프랑스령 북아프리카 메르스엘케비르 항구에서는 큰 비극이 일어나려던 참이었다. 새벽에 구축함 HMS폭스하운드가 아침 안개가 드리운 항구에 접근해 모습을 드러내고 서머빌의 사절인 세드릭 홀랜드 해군 대령이 협의를 원한다는 발광 신호를 프랑스 함대에 보냈다. 기함인 됭게르크에 타고 있던 마르셀 장술 제독은 순양전함 스트라스부르, 브르타뉴, 프로방스와 고속의 함대형 구축함으로 이뤄진 소함대를 지휘하고 있었다. 장술이 홀랜드와 직접 만나기를 거부했기 때문에 홀랜드는 어쩔 수 없이 자신이 잘 알고 있던 됭케르크 함의 포술장을 통해 불만족스러운 협상 시도를 할 수밖에 없었다.

장술은 프랑스 해군 선박들을 절대 독일이나 이탈리아의 손에 넘기지 않겠다고 단언하며 영국군이 위협을 계속한다면 프랑스 함대도 힘에는 힘으로 맞설 수밖에 없다고 경고했다. 장술이 여전히 홀랜드를 만나려 하지 않아 홀랜드는 여러 선택권이 쓰여 있는 최후통첩을 서면으로 전달했다. 마르티니크나 미국으로의 항해 가능성은 다를랑 제독도 고려했었지만, 이번 일에 대해서는 프랑스 측 기록에 거의 언급이 없었다. 아마도 장술이 다를랑에게 기별을 보낼 때 한 번도 언급하지 않았기 때문일 것이다.

날씨는 점점 더워지고 홀랜드의 설득도 계속되었지만, 장술은 처음 답변을 번복하지 않았다. 시한인 오후 3시가 다가오자, 서머빌은 아크 로열에 있는 소드피시 항공기로 자기 기뢰를 항 입구에 투하하도록 지시했다. 그리하여 자신의 말이 허풍이 아님을 장술이 깨닫기를 바랐다. 장술은 결국 홀랜드를 직접 만나기로 했고, 시한은 오후 5시 30분으로 연장되었다. 프랑스가 시간을 끄는 탓에 서머빌은 이 임무에 몸서리가 처졌지만, 그러한 위험은 감수할 각오가 되어 있었다. 불행한 우연을 반영하듯 됭케르크라는 이름의 군함으로 올라간 홀랜드는, 프랑스 선박들이 부두에서 전함 4척을 끌어내 전투 배치를 하고 있음을 알 수 있었다.

장술은 만약 영국이 발포한다면 그것을 '선전포고'[7]로 받아들이겠다고 홀랜드에게 경고했다. 그리고 선박들은 오직 독일이 장악하려 할 때만 자침시키기로 했다. 그러나 서머빌은 통신 감청으로 프랑스 순양함대가 알제에서 오고 있다는 사실을 알게 된 해군성으로부터 문제를 빨리 매듭지으라는 압박을 받고 있었다. 서머빌은 만약 장술이 즉시 한 가지를 선택하여 협의하지 않으면 규정대로 오후 5시 30분에 발포할 것이라는 메시지를 장술에게 전했다. 홀랜드는 속히 그 자리에서 떠나야 했고, 서머빌은 장술이 마음을 바꾸기를 바라며 늦춰진 시한이 지나고도 거의 30분을 더 기다렸다.

오후 5시 54분, 순양전함 HMS 후드와 전함 밸리언트 및 레졸루션은 공격 대형을 이루고 15인치 주포로 공격을 개시했다. 됭케르크와 프로방스는 크게 파손되었고 브르타뉴는 폭발 후 전복되었다. 다른 선박들은 기적처럼 손상을 입지 않았지만, 서머빌은 장술에게 기회를 주기 위해 포격을 멈추었다. 하지만 서머빌은 자욱한 연기 때문에 공해에 거의 도달한 스트라스부르 및 구축함 3척 중 2척을 미처 보지 못했다. 정찰기가 이들의 탈출을 기함에 경고했지만 서머빌은 기뢰가 이들의 탈출을 막을 것으로만 믿었다. 결국 후드가 쫓아가고 소드피시와 스쿠아가 아크 로열에서 출격했지만, 오랑 비행장에서 급히 날아온 프랑스 전투기들의 저지로 공격에는 실패했다. 그때, 북아프리카 해안으로 순식간에 밤이 찾아왔다.

메르스엘케비르에서 벌어진 전투의 결과는 처참했다. 특히 선박 아래쪽 엔진실에서는 연기 때문에 질식사한 사람이 많았다. 총 1297명의 프랑스 선원이 사망하고, 350명이 부상을 입었다. 사망자는 대부분 브르타뉴호에서 발생했다. 영국 해군이 지금까지 수행한 임무 중 캐터펄트 작전을 가장 불명예로 여기는 것은 당연했지만, 그러면서도 이 일방적인 전투는 영국이 필요하면 인정사정없이 싸울 각오가 되어 있다는 사실을 입증함으로써 전 세계에 엄청난 영향을 끼치게 되었다. 특히 루스벨트는 영국이 이제 항복하지 않을 것임을 확신하게 되었다. 또한 영국 하원에서 처칠도 휴전 협정을 모색하던 프랑스에 대한 미움 때문이 아니라 이와 같은 이유로 힘을 얻게 되었다.

미국 외교관들을 뒤흔들어놓았던 영국에 대한 페탱 정부의 과격한 혐오감은 메르스엘케비르 사건 이후 뼛속까지 사무치게 되었다. 그러나 페탱과 베강조차 선전포고를 해봐야 외교관계만 끊길 뿐, 득 될 것이 없음을 알고 있었다. 한편 샤를 드골에게는 이 시기가 당연히 악몽 같았다. 영국에서 드골이 창설한 신생 군대에 가담하려는 프랑스 선원과 군인은 거의 없었다. 처음에는 몇백 명에 불과했는데, 그마저도 대다수가 향수병을 앓아 본국 귀환을 요청하는 실정이었다.

베를린에서 성대한 개선식을 준비하던 히틀러도 이 사건에 주의를 기울여야 했다. 베를린으로 돌아온[8] 직후 영국에 '평화 제안'을 하려던 참이었지만, 이제는 확신이 상당히 떨어져 있었다. 플랑드르와 샹파뉴에서 벌어졌던 학살이 또 일어날까 두려워했던 독일인들은 대부분 뜻밖의 승리에 기뻐서 어쩔 줄 몰라 했다. 이번에는 전쟁이 끝날 거라고 굳게 믿었다. 프랑스 항복론자들과 마찬가지로 독일 국민도 영국이 단독으로는 절대 버티지 못할 것이라 생각했다. 처칠은 화평파에 의해 실각할 것이었다. 7월 6일 토요일, 히틀러유겐트에 대항하는 여성 청년 조직인 독일소녀단의 제복을 입은 소녀들이 총통을 태운 기차가 도착할 안할트 역에서 총통 관저까지 이어지는 길에 꽃을 뿌렸다. 히틀러가 나타나기 여섯 시간 전부터 많은 사람이 모이기 시작했다. 독일 국민은 엄청난 흥분의 도가니에 빠져, 독일군이 파리를 점령했다는 소식이 베를린에 전해졌을 때의 반응이 상대적으로 차분하게 느껴질 정도였다. 열기는 오스트리아 합병 소식보다 훨씬 더 뜨거웠다. 정권 반대파들도 승리를 기뻐하며 열광했다. 이번 일의 도화선이 된 것은 유럽 전역에 팍스 게르마니카를 건설하는 데 유일한 장애물로 남아 있던 영국에 대한 증오심이었다.

히틀러의 로마식 개선식에는 사슬에 묶인 포로들과 그의 귀에 대고 그도 언젠가는 죽을 운명이라고 속삭이는 노예만 없을 뿐이었다. 그날 오후는 히틀러를 반기듯 화창해서 제3제국에서 성대한 의식을 치렀을 때처럼 '총통의 날씨'라는 기적을 다시 한번 확인시켜주는 듯했다. 히틀러가 가는 곳에는 '흥분을 못 이겨 소리를 지르거나 울면서 환호하는'[9] 수천 명의 사람으로 가득했다. 히틀러가 6륜 메르세데스 차량으로 호위를 받으며 총통 관저에 도착한 뒤에는, 독일소녀단의 귀를 찢는 듯한 찬사의 함성이 발코니로 나와달라고 총통을 향해 외치는 군중의 고함 소리와 함께 뒤섞였다.

며칠 후, 히틀러는 결정을 내리기로 했다. 총사령관들과 함께 영국을 상대로 펼칠 만한 전략을 고심하고 침공에 대해 논의하면서, 히틀러는 '대對잉글랜드 상륙 작전 준비 지침 제16호'를 발령했다. 영국 침공에 관한 첫 번째 긴급 대책이었던 '서북부 연구'[10]는 전년 12월에 마무리되었다. 그렇지만 노르웨이 작전에서 해군을 잃기 전에 이미 레더 제독은 항공대가 제공권을 장악한 뒤에만 침공을 시도할 수 있다고 주장해온 터였고, 육군의 할더는 침공이 최후의 수단이 되어야 한다고 강하게 주장했다.

독일 해군은 영국 해협을 건널 선발대 10만 명과 전차, 차량, 장비 등을 운반할 선박과 주선을 충분히 확보해야 한다는 거의 불가능한 임무에 맞닥 뜨렸다. 또한 영국 해군에 비해 독일 군함들이 확실히 열등하다는 점도 고려해야 했다. 육군 총사령부는 처음에 셰르부르 반도와 오스탕드 사이의 해협 연안을 따라 배치되어 있던 제6군, 제9군, 제16군을 침공 병력으로 할당했다. 나중에 이 병력은 규모가 축소되어 워딩과 포크스턴 사이에 상륙시킬 제9군, 제16군으로만 편성되었다.

골치 아픈 난제를 두고 각 군 간의 논쟁이 펼쳐지는 가운데, 불안정한 가을 날씨가 오기 전에 작전을 수행할 가능성은 점점 떨어지는 듯했다. 영국 침공을 심각하게 여겼던 유일한 나치 정부 부서는 게슈타포 비밀경찰국과 SDSicherheitsdienst가 속해 있던 라인하르트 하이드리히 휘하의 RSHAReichssicherheitshauptamt 국가보안본부였다. 이곳에서 발터 셸렌베르크가 이끄는 방첩부대는 침공 후 게슈타포가 잡아들일 2820명의 '특별 수색 목록'[11]을 작성하여 영국에 대해 대단히 구체적으로 (그리고 가끔 우스울 정도로 부정확하게) 정리해놓고 있었다.

히틀러는 다른 이유들로 고심하고 있었다. 대영제국이 붕괴하면 미국과 일본, 소련이 식민지들을 차지할 수도 있다는 점을 우려한 것이다. 히틀러는 이제 제국 원수로 새로 진급한 괴링이 항공대로 영국의 무릎을 꿇린 후에나 바다사자 작전을 계속 진행해야겠다는 결정을 내렸고, 결국 영국 침공을 가장 긴급한 사안으로 취급하지 않게 되었다.

하지만 독일 항공대는 준비되어 있지 않았다. 괴링은 프랑스가 패배한 이

후 당연히 화평을 청해야 할 쪽은 영국이라 생각했고, 자신이 이끄는 항공대는 편대를 재편할 시간이 필요했다. 또 저지대 국가와 프랑스에서 독일군이 입은 손실은 예상보다 훨씬 더 컸다. 독일군은 총 1284기의 항공기가 파괴된 반면, 영국 공군은 931기를 잃었다. 또한 프랑스 북부에 있는 비행장으로 전투기와 폭격기를 이동시키는 데에도 예상보다 시간이 오래 걸렸다. 7월 초, 독일 항공대는 영국 해협과 템스 강 어귀, 북해에서 선박 공격에 집중했다. 독일은 이것을 해협전투라고 불렀다. 주로 슈투카 급강하폭격기와 고속 S 보트(영국군이 E 보트라 불렀던 고속 어뢰정)로 공격이 이뤄지면서 영국 호송선단에게 해협은 사실상 막히고 말았다.

7월 19일, 히틀러는 국회의원과 장군들을 한데 불러 화려한 크롤 오페라 하우스에서 긴 연설을 했다. 사령관들이 갈채를 받을 수 있도록 하고, 독일의 군사적 업적을 치하한 뒤, 영국을 향해 처칠을 전쟁광이라 비난하며 '이성에 호소'[12]했지만 영국 정부는 이 호소를 바로 무시했다. 히틀러는 완강한 투지의 전형으로 처칠의 입지가 난공불락이 되었다는 사실을 이해하지 못했다.

콩피에뉴 숲 철도 객차 안에서 위업을 달성하고 독일의 힘이 막대해진 후, 히틀러의 욕구 불만은 훨씬 더 커졌다. 독일 국방군은 프랑스 북부와 서부를 점령하여 육로를 통해 스페인 원자재에 접근할 수 있게 되었고, 대서양 연안을 따라 해군 기지도 세울 수 있게 되었다. 알자스, 로렌, 룩셈부르크 대공국, 벨기에 동부의 외펜-말메디가 모두 제3제국에 편입되었다. 이탈리아가 프랑스 동남부 일부 지역을 점령한 한편, 점령되지 않은 나머지 중남부 지역에서는 페탱 원수의 영도로 온천의 도시인 비시에 '비시 프랑스' 정부가 세워졌다.

메르스엘케비르 사건 일주일 후인 7월 10일, 프랑스 국회가 비시의 그랜드 카지노에서 열렸다. 649명 중 80명만이 반대표를 던져 페탱 원수에게 전권을 부여하면서 제3공화정은 막을 내렸다. 노동, 가족, 조국이라는 전통적인 가치를 구체화하고자 했던 비시 프랑스는 외국인 혐오증, 억압적인 도덕적, 정치적 소통 부재를 낳았다. 점령당하지 않은 프랑스를 독일의 입맛에 맞게 감시함으로써 나치 독일을 돕고 있다는 사실은 절대 인정하지 않았다.

프랑스는 점령 비용뿐만 아니라, 독일의 전쟁 비용 5분의 1도 지불해야 했다. 독일이 계산을 부풀리고 라이히스마르크의 환율을 고정시켜버린 일에 대해서 따질 수도 없었다. 이것이 점령군에게는 엄청난 보너스가 되었다. 한 군인은 "이제 이 돈으로 살 수 있는 것이 많아서 페니히 지출이 많아지고 있다. 큰 마을에 주둔하고 있는데, 상점이 이제 거의 다 비었다"[13]고 썼다. 떠나는 장교들은 파리의 상점들을 싹쓸이했다. 또한 나치 정부는 독일 전쟁 산업에 필요한 원자재를 점유할 수 있게 되었다. 그리고 무기, 차량, 말 등 독일이 취득한 군사 전리품들 중 상당 부분은 1년 뒤 벌어질 소련 침공에 사용된다.

한편 프랑스 산업은 정복자의 요구에 부합하기 위해 자체적인 개편이 이뤄졌고, 프랑스 농업은 독일인의 삶을 제1차 세계대전 이전보다 더 윤택하게 해주었다. 고기와 설탕 등 프랑스인이 받는 일일 배급량은 독일인의 절반가량으로 줄었다. 독일은 이것을 단지 제1차 세계대전 이후 견뎌야 했던 배고픔에 대한 복수로 간주했다. 한편 프랑스는 영국이 협상을 하자마자 전면 평화 합의가 이뤄져 모두의 환경이 개선될 거라는 생각으로 스스로를 위로하려 애썼다.

됭케르크 작전과 프랑스 항복 후 영국은 고통을 느끼지 못하는 군인과 비슷한 충격을 받은 상태였다. 거의 모든 무기와 차량을 해협 너머에 버린 터라 대재앙은 아니었지만 상황이 절망적이라는 것은 알고 있었다. 그럼에도 불구하고 영국은 처칠의 말을 듣고는 운명을 순순히 받아들였다. 아무리 뾰족한 수가 없다고 해도, 영국은 늘 전쟁 초기에 고전할 뿐 '끝에 가서는 승리할 것'이라며 스스로를 위로하는 믿음이 자라났다. 국왕을 포함한 많은 사람은 프랑스가 더 이상 그들의 동맹국이 아니라는 사실이 다행이라고 주장했다. 훗날 다우딩 공군 대장은 프랑스의 항복 소식을 듣고 해협 너머에서 목숨을 걸어야 할 전투기가 더 이상 없다는 생각에 무릎 꿇고 신에게 감사했다고 말했다.[14]

영국은 독일이 빠른 침공으로 프랑스 정복 분위기를 이어가리라 예상했다. 남쪽 해안 방어를 맡게 된 앨런 브룩 장군은 무기, 장갑차, 훈련된 부대가 부족한 점이 가장 걱정이었다. 참모총장들은 영국 공군이 프랑스에서 잃은 항공기들을 벌충하는 데 꼭 필요한 항공기 공장에 위협이 가해질까봐 걱정이 많았다. 하지만 루프트바페가 영국 공습을 준비하는 데 시간이 걸리자 영국은 중요한 준비 기간을 벌게 되었다.

영국은 그때 전투기가 단 700기밖에 없었지만, 독일은 영국이 한 달에 470기를 생산해낼 수 있다는 사실을 인식하지 못했다. 이것은 독일 생산량의 두 배에 이르는 수치였다. 또한 루프트바페는 우수한 조종사 및 항공기를 보유해 자신감이 있었다. 영국 공군의 조종사 136명이 프랑스에서 사망했거나 생포되었다. 다른 국적의 조종사로 병력을 증강한다고 해도 여전히 모자랐다. 비행훈련 학교에서는 최대한 많은 인력을 배출하고 있었지만, 갓 자격을 얻은 조종사들은 대개 제일 먼저 격추되고 말았다.

폴란드는 8000명 이상의 항공대원으로 가장 큰 외국인 파견대를 형성했다. 이들은 유일하게 전투 경험이 있는 사람들이었지만 영국 공군과의 융합은 느렸다. 독립적으로 폴란드 비행단을 운영하길 원했던 시코르스키 장군과의 협상은 복잡했다. 하지만 일단 첫 번째 조종사 그룹이 영국 공군 자원예비대에 투입되자, 이들의 능력은 빠른 속도로 입증되기 시작했다. 영국 조종사들은 용맹스럽고 권위를 경멸하는 그들의 태도 때문에 이들을 종종

'미친 폴란드인'이라고 부르기도 했다. 새로운 동지들은 곧 영국 공군의 관료주의에 격분하는 모습을 보였지만, 그래도 프랑스 공군보다는 훨씬 낫다는 것을 인정했다.[15]

폴란드 조종사들은 지난 9월 독일 침공 당시 자신들의 지휘관이 실행했던 공군의 운영 방식 때문에 아직 화가 나 있어서 훈련에 종종 문제를 일으키기도 했다. 비록 폴란드 P11 전투기가 느린 데다 무기도 열악했지만 기술과 용기로 이길 수 있을 거라 확신하면서 격한 기쁨을 안고 루프트바페와의 전투에 기대를 걸었다. 하지만 곧 독일 항공함대의 수적, 기술적 우수성에 맞닥뜨려 괴멸되고 말았다. 폴란드 조종사들은 이 쓰라린 경험과 더불어 히틀러와 스탈린이 조국에 행했던 잔인한 행위들에 대한 복수심을 불태우며 이제 현대식 전투기를 조종하게 된 것이다. 폴란드 원정군이 패배때문에 의기소침해졌으니 폭격기 훈련이나 시켜야겠다는 영국 공군 고위 장교들의 오만한 생각은 완전히 잘못된 것이었다.

영국인의 태도와 생활 양식, 음식 등은 폴란드인에게 충격이었다. 영국에 도착한 그들에게 제공된 어묵 샌드위치는 잊기 힘든 기억을 남겼으며, 태우다시피 한 양고기와 양배추부터 어딜 가나 빠지지 않는 커스터드 소스에 이르기까지(자유 프랑스인 또한 경악을 금치 못했다), 끔찍한 영국 요리 때문에 향수병만 더 짙어졌다. 하지만 대부분의 영국인이 따뜻하게 맞아주고 "폴란드여, 영원하라!"라고 외치면서 인사하는 바람에 폴란드인들은 깜짝 놀랐다. 위풍당당하고 용감해 보이는 폴란드 조종사들은 젊은 영국 여성들이 엄청나게 몰려들어 유혹하자 처음으로 자신들이 어느 정도의 자유를 누리고 있음을 깨달았다. 하늘에 비해 무도장에서는 언어 문제가 별로 없었다.

무모한 용기에 대한 폴란드 조종사들의 평판에는 오해의 소지가 있었다. 사실 폴란드인의 사상자 비율은 영국 공군 조종사들보다 낮았는데 그 이유는 경력도 다소 작용하기는 했지만, 은폐한 독일 전투기를 찾기 위해 하늘을 날며 끊임없이 수색하는 데 더 능했기 때문이다. 독자적인 면이 뚜렷한 폴란드 조종사들은 V자 대형으로 딱 붙어 비행해 세 명의 '희생자들'이라고 부르던 영국 공군의 구식 전술을 무시했다. 영국 공군은 스페인 내전에서 두 쌍의 비행기로 움직였던 독일의 '네 손가락' 대형을 따라할 때까지 어느 정도 시간이 걸려 그동안 불필요하게 사상자를 냈었다.

7월 10일까지 영국 공군 전투기 군단 편대에는 40명의 폴란드 조종사가 있었다. 그리고 프랑스에서 온 폴란드 조종사들이 점점 능숙해질수록 그수는 꾸준히 늘어서 영국 본토 항공전이 절정에 이르렀을 때, 동남쪽 전투기 조종사의 10퍼센트 이상이 폴란드인이었다. 7월 13일에 첫 번째 폴란드 비행대대가 만들어졌다. 한 달 안에 태도가 누그러진 영국 정부는 영국 공군의 지시를 따르되 자체의 전투기 및 폭격기 비행대대로 구성된 폴란드 공군을 만들어달라는 시코르스키의 요청을 받아들였다.

7월 31일에 히틀러는 장군들을 베르히테스가덴의 베르크호프 별장으로 소환했다. 히틀러는 영국의 협상 거부로 여전히 당황스러워하고 있었다. 가까운 미래에 미국이 전쟁에 돌입할 가능성이 거의 없었기 때문에, 히틀러는 처칠이 소련을 계산에 두고 있다는 것을 감지했다. 이것이 히틀러의 가장 야심찬 프로젝트인 동쪽 '유대인 볼셰비즘' 파괴를 실행하겠다는 결심에 큰 영향을 주었다. 히틀러는 대규모 침공을 감행해 소련의 힘을 빼앗아야만 영국의 항복을 받아낼 수 있다고 판단했다. 따라서 단독으로 싸우겠다는 5월 하순 처칠의 결정은 단순히 영국 제도의 운명을 결정하는 것 이상으로 훨씬 큰 결과를 초래하게 되었다.

히틀러는 총사령관들에게 말했다. "러시아를 쳐부수면 영국의 마지막 희망은 산산조각날 거요. 그러면 독일은 유럽과 발칸의 주인이 될 수 있소."[16] 소련 공격 가능성을 마주하게 된 장군들은 프랑스 침공 전에 긴장했던 모습과는 달리 이번에는 굳은 결의를 보여주었다. 히틀러에게서 직접 지시를 받지 않은 할더도 참모장들에게 개략적인 계획을 세우도록 명령했다.

베르사유 조약이 준 굴욕을 완전히 반전시키며 프랑스전 승리에 도취한 독일 국방군 총사령관들은 총통을 언제까지나 독일의 미래를 지킬 '제국 제일의 병사'[17]라고 칭송했다. 영예나 메달, 돈 등으로 간편하게 지휘관들을 매수하는 데 대해 내심 냉소적이었던 히틀러는, 2주 후 프랑스를 꺾은 이 정복자들에게 열두 개의 육군 원수 지휘봉을 수여했다. 히틀러가 프랑스를 쓰러뜨린 후 소련과의 전쟁을 '애들 장난'[18]이라고 말했지만, 그 장난으로 눈을 돌리기 전에 양면 국경 전쟁을 피하기 위해서 영국을 손봐야 한다고 계속 느끼고 있었다. 총사령부 지침을 통해 독일 항공대를 영국 공군 궤멸 작전에 집중시켜 항구와 군함은 물론 '지상 지원 조직과 영국 군비 산업'[19]까지 파괴하라는 지시가 내려졌다. 괴링은 한 달도 채 걸리지 않을 거라고 예상했다. 괴링이 이끄는 조종사들은 프랑스전 승리와 수적 우세로 사기가 올라 있었다. 프랑스 주재 독일 항공대의 규모는 메서슈미트 109 전투기 656기, Me 110 쌍발전투기 168기, 도르니에와 하잉켈과 융커스 88 폭격기 769기, Ju-87 슈투카 급강하폭격기 316기로 구성되어 있었다. 다우딩에게는 달랑 허리케인과 스핏파이어 504기뿐이었다.

8월 초순에 있을 맹공격을 앞두고, 프랑스 북부에 있던 두 독일 항공군단이 영국 공군 비행장 수색에 집중 투입되었다. 이들은 영국 전투기들을 상공으로 불러내고 전투가 시작되기 전에 격추시킬 목적으로 정찰 습격을 개시하여 해안 레이더 기지를 공격했다. 레이더 기지는 정찰부대와 협력하고 있었고 사령부와의 통신 상태도 좋았기 때문에 영국 공군은 해협 상공에서 정찰 비행을 하며 시간을 낭비할 필요가 없었다. 최소한 이론상으로는 비행대대들이 긴급 이륙을 하여 유효 고도까지 올라갈 시간이 넉넉했기 때문에 연료를 아껴 최대한 오래 공중에 머무를 수 있었다. 다행히도 레

제2차 세계대전

이더가 쉽게 공격을 받지 않은 데다, 손상을 입어도 금방 제 기능을 발휘할 수 있었다.

다우딩은 프랑스에서 전투를 치르는 동안 됭케르크 구출 작전 때를 제외하고는 스핏파이어 비행대대를 출격시키지 않았다. 이제 다우딩은 독일의 전술이 어떻게 펼쳐질지 추측하며 병력을 아꼈다. 1920년에 아내와 사별한 다우딩은 냉담하고 슬퍼 보이기도 했지만, 자신의 '소중한 전사들'[20]에게 조용히 열정을 쏟아 그 보답으로 깊은 충성심을 얻었다. 다우딩은 장병들이 직면하게 될 일을 긍정적으로 생각했다. 또한 자신이 런던과 잉글랜드 동남부를 지켜낸 11 비행전대를 지휘하는 데 적임자임을 확인시켜주었다. 키스 파크 공군 중장은 지난 전쟁에서 독일 비행기 20기를 격추시킨 뉴질랜드인이었다. 다우딩처럼 파크도 조종사들의 말을 경청하며 고루한 지난 전쟁의 전술을 무시하고 자신들만의 전술을 개발하도록 허용했다.

그해 중요했던 여름, 영국 전투기 사령부는 국제적인 공군으로서의 구색을 갖추었다. 영국 본토 항공전에 참전한 2917명의 항공승무원 중 영국인은 2334명에 그쳤다. 나머지는 폴란드인 145명, 뉴질랜드인 126명, 캐나다인 98명, 체코인 88명, 호주인 33명, 벨기에인 29명, 남아프리카인 25명, 프랑스인 13명, 미국인 11명, 아일랜드인 10명과 그 밖의 몇몇 다른 국적자로 구성되어 있었다.

첫 번째 주요 교전은 독일의 공중 공격이 공식적으로 개시되기 전에 일어났다. 7월 24일, 아돌프 갈란트는 Me 109 전투기 40기와 도르니에 17 폭격기 18기를 이끌고 템스 강 어귀에서 호위 선단을 공격했다. 그러자 스핏파이어 3개 비행대대가 공격에 나섰다. 16기를 격추시켰다는 주장과 달리 실제 격추한 독일기는 2대뿐이었지만, 갈란트는 수적으로 열세인 영국 조종사들의 투지에 적잖이 놀랐다. 갈란트는 돌아온 후 스핏파이어를 공격하는 데 주저했던 독일 조종사들을 꾸짖었다. 그리고 앞으로의 전투가 괴링의 예상처럼 쉽지만은 않을 거라는 생각이 들기 시작했다.

호언장담을 즐겨 했던 나치답게, 독일의 공격은 '독수리 공습'이라는 암호명을 받았고, 몇 차례 연기한 끝에 8월 13일이 '독수리의 날'로 지정되었다. 기상 예측에 잠시 혼선을 빚은 후, 독일 폭격기 및 전투기들이 이륙했다. 가장 규모가 큰 비행단이 포츠머스 해군 기지를 공격하는 동안 나머지는 영국 공군 비행장들을 폭격했다. 정찰을 철저히 했음에도 불구하고 루프트바페가 얻은 정보에는 결점이 있었다. 루프트바페는 주로 영국 전투기 사령부에 속하지 않은 위성 비행장이나 기지를 공격했다. 오후가 되어 하늘이 맑아지자, 남해안의 레이더 기지에서는 사우샘프턴으로 향하고 있는 약 300기의 비행기를 발견했다. 곧 전투기 80기가 출격했는데, 이것은 몇 주 전만 해도 상상할 수 없었던 숫자였다. 609 비행대대는 가까스로 슈투카 부대 틈에 들어가 6기를 격추했다.

영국 공군 전투기는 모두 47기의 항공기를 격추했고 13기를 잃었으며, 3명의 조종사가 사망했다. 그러나 독일의 조종사 손실은 그보다 훨씬 더 커서 89명이 죽거나 포로로 잡혔다. 해협은 이제 영국 공군의 편이었다. 프랑스 전투가 벌어졌을 당시 파손된 비행기로 고국에 돌아가던 영국 조종사들은 바다에 추락하거나 불시착할까봐 몹시 걱정했었다. 그런데 이제는 루프트바페가 이 크나큰 위험에 직면하게 된 것이다. 물론 낙하산으로 탈출하여 잉글랜드 땅에 떨어진다면 포로로 잡힐 것이 확실했다.

실망스러운 독수리의 날 결과에 상심한 괴링은 프랑스 북부는 물론 노르웨이와 덴마크에 주둔하고 있던 전투기와 폭격기를 포함해 8월 15일 1790대를 투입하고 더 큰 공습을 감행했다. 스칸디나비아에 있던 항공함대는 전력의 거의 20퍼센트를 잃어 전장으로 복귀하지 못했다. 독일 항공대는 그날을 '검은 목요일'이라고 불렀지만, 영국 공군은 마냥 기뻐할 수 없었다. 손실 규모가 작지 않은 데다, 루프트바페가 월등히 앞서는 수적 우세로 계속 밀고 들어올 것이기 때문이었다. 비행장에 퍼붓는 공격이 끝없이 이어지면서 정비공과 당번병, 심지어는 여성 공군 보조 부대의 운전병과 작전병까지 죽거나 다쳤다. 8월 18일, 43 비행대대는 레이더 기지에 급강하 폭격을 가하는 슈투카 부대를 기습하여 만족스럽게 복수를 해냈다. Me 109 전투기들이 교전에 가담하여 슈투카를 호위할 때까지 43편대는 이 연약한 포식자 중 18기를 떨어뜨렸다.

지원 부대로 온 신임 공군 소위들은 작전 수행 중인 사람들에게 궁금한 점이 많았다. 이제 그들에게 일과가 주어졌다. 동트기 전에 일어나 당번병들이 가져다주는 차 한잔을 마시고, 아침 식사를 하러 나갔다가 해가 뜰 때까지 한가로이 기다렸다. 영국 전투기 사령부에게는 불행히도 8월과 9월은 대부분 하늘이 청명해 루프트바페에 훨씬 더 유리했다.

기다림은 가장 곤욕스러운 일이었다. 조종사들은 입이 바싹 마르고 두려움 때문에 속이 울렁거리는 고통을 겪어야 했다. 그러던 중 공포스런 야전 전화가 힘차게 울리면 곧이어 "비행대대 긴급 출격!"이라는 고함 소리가 들렸다. 조종사들은 등에 낙하산을 메고 요란한 소리를 내며 각자의 항공기로 달려갔다. 지상 근무자들은 조종사들이 조종석으로 올라가 안전 점검을 할 수 있도록 도왔다. 멀리 엔진이 가동되면서 포효하듯 소리를 내고, 바퀴에 괸 초크가 빠지자 조종사들은 활주로를 향해 유도로로 이동했다. 적어도 그 순간만은 생각해야 할 것이 무척 많아서 두려워할 겨를조차 없었다.

엔진을 최대로 가동하여 일단 공중에 뜬 뒤 일정 고도까지 다다른 새내기들은 사방을 계속해서 주시해야 했다. 그러다 숙련된 조종사들을 보니 그들은 그저 멋내기용에 불과한 실크 스카프를 매지 않고 있었다. 끊임없이 머리를 돌려야 했기 때문에 목이 제복 깃과 넥타이에 쓸려 따끔따끔했던 것이다. 항상 눈을 뜨고 있어야 한다는 말만 머릿속에 계속 맴돌았다. 몇 명은 목숨을 잃었지만 첫 출격에서 살아남은 조종사들은 다시 한번 기지로 돌아와 대기하면서, 비행기에 연료를 재주입하고 재무장할 동안 소금에 절인 쇠고기를 넣은 샌드위치와 차를 꿀꺽 삼켰다. 피로가 밀려와 조종사 대부분은 바닥이나 휴대용 의자에서 곧바로 잠들어버렸다.[21]

하늘로 다시 돌아가면, 섹터관제소에서는 적기들에게로 유도했다. 검은 점들이 포착되었음을 의미하는 '탈리 호!Tally ho 여우 사냥 때 사냥개들에게 여우가 목격되었음을 알리며 재촉하는 소리'라고 외치는 소리가 무전기 너머에서 들리면 조종사들은 반사경을 켰고, 긴장은 고조되었다. 자칫 잘못하면 순식간에 죽음에 이를 수도 있었기 때문에 두려움을 스스로 통제하는 능력을 기르는 것이 중요했다.

우선 과제는 Me 109 호위대가 개입하기 전에 폭격기들을 격파하는 것이었다. 만약 여러 비행대대가 유도되었다면 속도가 빠른 스핏파이어는 적군의 전투기와 격돌하고, 허리케인은 폭격기를 맡는 작전을 펼칠 수 있었다. 몇 초 만에 하늘은 혼돈의 장이 되었다. 유리한 위치를 선점하여 재빨리 발포하기 위해 회전하고 강하하면서도 늘 뒤를 조심해야만 했다. 표적에 지나치게 집중하다보면 뒤에서 공격해오는 적에게 손쉽게 당할 수도 있었기 때문이다. 처음으로 공격을 당하면 신참 조종사들은 얼어붙기 일쑤였다. 만약 그 공황 상태에서 벗어나지 못하면 그 길로 끝장나는 것이었다.

총탄이 엔진에 맞으면 부동액이나 윤활유가 거꾸로 흘러 앞 유리를 덮을 위험이 있었다. 조종사들을 가장 공포에 떨게 만든 일은 불길이 번지는 것이었다. 열 때문에 조종석 후드가 녹아내릴 수도 있지만, 일단 조종사가 후드를 강제로 열고 안전띠를 풀고 나서는 안전하게 떨어질 수 있도록 비행기를 뒤집을 필요가 있었다. 혼란스러운 일을 겪고 많은 이가 멍한 상태였기 때문에 낙하산 줄을 잡아당기는 것을 잊지 않도록 의식적으로 노력해야 했다. 지상으로 내려오면서 주위를 둘러보면, 비행기로 가득해 보였던 하늘은 갑자기 황량해지고 자신은 홀로 남겨져 있었다.

해협을 벗어나지 않은 영국 공군 조종사들은 최소한 자신들이 본토에 떨어지고 있다는 것을 알았다. 한편 폴란드와 체코 조종사들은 제복을 입었음에도 불구하고, 잔뜩 벼르고 있는 현지 주민이나 지방 의용군에게 독일군으로 오해받을 수도 있었다. 폴란드 조종사 체스와프 타르코프스키의 낙하산은 떡갈나무에 걸렸다. 타르코프스키는 "쇠스랑과 막대를 든 사람들이 달려왔다. 한 명이 산탄총을 들고 독일어로 '손들어!'라고 외치기에 나는 최대한 혀를 굴려 영어로 '꺼져'라고 대답했다. 몸을 낮춰 살펴보던 사람들의 표정이 이내 밝아졌다. 그러고는 일제히 '아군이다!'라고 외쳤다"[22]고 한다. 오후에 다른 폴란드인 한 명은 관리가 매우 잘된 잔디 테니스장에 떨어졌다. 손님으로 등록된 그는 라켓을 받고 흰색 운동복을 빌린 뒤 경기에도 참여하게 되었다. 영국 공군 차량이 데리러 올 때까지 그의 상대 선수들은 완패를 거듭하다 완전히 지쳐버렸다.

정직한 조종사들은 자신이 쏜 총탄에 맞아 적군의 비행기가 추락하는 것을 보고는 이것이 '잔인하고 미개한 환희'[23]임을 인정했다. 낙하산으로 탈출하는 독일 조종사들을 쏘아야 공격이 완수되는 것이라는 영국군의 말을 듣고, 폴란드 조종사들은 간혹 발포 대신 낙하산 위로 날아 낙하산을 뒤집어서 적군 병사를 추락사시켰다.[24] 다른 이들은 자신들이 단순히 비행기를 파괴시킨다기보다는 한 사람을 죽이거나 불구로 만들고 있다는 사실을 떠올리며 잠시 측은함을 느꼈다.

피로와 공포가 겹쳐지면서 스트레스가 위험 수위까지 올라갔다. 많은 병사가 매일 밤 악몽에 시달렸다. 긴장으로 쓰러지는 일도 발생했다. 어느 시점에서는 거의 모두에게 '불안감이 엄습'했지만 출격을 강행했다. 그러나 그중 몇몇은 엔진에 문제가 있는 척 전투 중에 기지로 돌아오기도 했다. 이런 일이 몇 차례 일어나자 지휘부에서 알아차리게 되었다. 영국 공군에서는 공

식적으로 이러한 행동들의 원인을 '기강이 해이하기 때문'으로 여겨, 문제의
조종사들은 잡무 부서로 이동시켰다.

영국 전투기 조종사들은 대부분 만 22세 이하였다. 늘 별명을 부르며 공
립학교 학생과 같은 난폭한 기질을 보이는 사고뭉치들이면서도, 이들은 다
른 나라에서 온 동료 조종사들을 놀라게 할 정도로 빨리 성장했다. 그러나
루프트바페가 영국을 공격하기 시작하면서 민간인 사상자가 늘자, 걷잡을
수 없는 분노가 자라났다.

독일 전투기 조종사들도 스트레스와 피로에 시달렸다. 임시로 만들어 바
닥이 고르지 못한 파드칼레의 비행장에서 작전을 수행하느라 사고도 많
았다. Me 109는 숙련된 조종사들에게는 훌륭한 비행기였지만, 비행 학교
를 갓 나온 조종사에게는 넘기 힘든 산이었다. 비행대대에 순환 근무를 시
켜 조종사들이 조용한 곳에서 쉴 수 있게 했던 다우딩과 달리 괴링은 대원
들에게 매정하게 대했고, 손실이 늘어가면서 대원들의 사기는 꺾이기 시작
했다. 폭격기 편대는 Me 109 전투기들이 기지로 돌아오는 바람에 자신들
을 위험에 노출시키고 있다며 불평했지만, 이것은 단순히 남아 있는 연료가
부족해 전투기가 영국 상공에서 30분 이상 버틸 수 없었기 때문이다. 게다
가 치열한 공중전이 벌어지기라도 하면 그 시간은 더 짧아졌다.

그사이, 손실로 인해 실의에 빠져 있던 Me 110 쌍발전투기 조종사들은
Me 109가 자신들을 호위해주기를 바랐다. 강심장을 가진 영국 조종사들은
정면 공격이 최선책임을 깨달았다. 그리고 과격한 괴링조차 8월 18일의 참
사 이후 작전 수행에서 슈투카 급강하폭격기를 제외시켜야 했다. 하지만 최
고 정보장교가 근거도 없이 낙관적인 전망을 내놓자 고무된 괴링 제국 원
수는 영국 공군이 곧 무너질 거라고 확신했다. 그래서 비행장을 공격하는
데 집중했다. 그러나 독일군 조종사들은 영국 공군이 최후의 발악을 하고

있다는 말을 계속 들으면서도 출격할 때마다 맹렬하게 대응해오는 모습을 보고는 점점 기가 죽어갔다.

이러한 소모전을 예상했던 다우딩에게는 무엇보다 비행장이 점점 소실되고 있다는 점이 큰 걱정거리였다. 영국 공군은 거의 매일 잃은 비행기보다 격추한 독일 비행기가 더 많은 편이었지만, 운영하고 있는 기지가 너무 적었다. 전투기 생산량이 눈에 띄게 늘어 걱정거리는 하나 줄었지만, 다우딩은 조종사 손실이 가장 신경 쓰였다. 조종사들은 피로한 탓에 식사나 대화 중에도 잠이 들곤 했다. 사상자 수를 줄이기 위해, 전투기 비행대대에는 해협을 건너 독일 비행기들을 쫓아가지 말고 소규모 메서슈미트 부대의 기총소사 공격에 대응하지 말라는 지시가 내려졌다.

전투기 사령부는 또한 전술에 대한 분쟁으로부터 영향을 받았다. 런던 북부 10 비행전대의 사령관인 트래퍼드 리맬러리 공군 중장은 다수의 비행대대를 집중시키는 '빅윙' 방식을 선호했다. 이것을 처음에 주창한 사람은 용감하지만 고집이 셌던 더글러스 베이더 공군 중령으로, 전쟁 전의 추락 사고에서 두 다리를 잃은 뒤 전투기 조종사로 돌아와서 유명해졌다. 그러나 키스 파크와 다우딩 모두 '빅윙' 방식을 크게 반기지 않았다. 10 비행전대가 공중에서 이 대형으로 결집하고 나면 대개 독일 비행기들은 이미 떠나고 없었다.

8월 24일 밤, 100기가 넘는 독일 폭격기 부대가 영국 영공을 침범해 실수로 런던 동부와 중심부를 폭격했다. 이 사건으로 처칠은 독일에 일련의 보복 폭격을 지시하게 된다. 그 결과 런던 사람들은 심각한 피해를 입었지만, 훗날 괴링이 표적을 비행장에서 먼 곳으로 변경한다는 중대한 결심을 하게 만들었다. 이로써 영국 전투기 사령부는 중요한 전투 국면에서 살아나게 되었다.

괴링의 압박으로 독일의 공격은 8월 말과 9월 첫째 주에 더욱 격렬해졌다. 단 하루 동안 영국 전투기 사령부는 항공기 40기를 잃었으며, 조종사 9명이 죽고 18명이 중상을 입었다. 모두가 극도의 긴장 상태였지만, 전투란 언젠가는 끝나게 되어 있다는 믿음과 영국 공군이 루프트바페에 더 큰 피해를 입히고 있다는 사실이 조종사의 결의를 단단하게 했다.

9월 7일 오후 파드칼레 해안의 절벽에서 괴링이 지켜보는 가운데, 루프트바페는 1000기의 비행기를 동원해 대규모 공습을 감행했다. 영국 공군은 11개의 전투기 비행대대를 긴급 출격시켰다. 켄트 전역에서 농부와 농업 지원 부인회, 마을 주민들은 눈을 부릅뜨고 전투기들이 뿜어내는 비행구름을 지켜보았다. 어느 전투기가 누구 편인지 구분할 수는 없었지만, 폭격기가 추락하며 연기를 뿜을 때마다 환호를 보냈다. 폭격기 비행대대 대부분은 런던에 있는 부두로 향했는데, 이것은 독일을 공격한 데 대한 히틀러의 보복이었다. 소이탄이 엄청난 화재를 일으키면서 생긴 연기가 폭격기들을 목표 지역으로 끌어들였다. 이날 런던에서는 민간인 300명 이상이 죽고 1300명 이상이 부상을 입어, 처음으로 큰 타격을 입었다. 그러나 괴링은 영국 전투기 사령부가 힘을 소진했다고 믿고 주로 밤에 도시를 공격하기로 결정했다가, 결국 루프트바페는 전투에서 승리하지 못하게 되었다.

그러는 한편 영국은 아직 침공을 알리는 교회 종소리가 울릴 순간을 기다리고 있었다. 영국 폭격기 사령부는 영불 해협 항구에 모인 독일 선박들을 계속 공격했다. 아무도 히틀러의 속셈을 알지 못했다. 9월 중순까지 영국 공군을 격파하지 못하면, 바다사자 작전은 연기될 운명이었다. 자신이 호언장담한 대로 영국 공군을 격파하지 못한 데 대해 비난을 피할 수 없다는 점을 잘 알고 있던 괴링은 9월 15일 일요일에 다시 한번 공습을 지시하게 된다.

그날 처칠은 억스브리지에 있는 11 비행전대 사령부를 방문하기로 결심하고, 파크 중장과 함께 통제실을 찾았다. 그는 레이더 기지와 정찰부대에서 보내오는 정보가 침투해 들어온 독일 비행기 정보로 변환되어 아래쪽 상황판에 표시되는 것을 유심히 지켜보았다. 정오쯤 파크는 이것이 총력전이 되리라는 것을 직감하고 23개의 전투기 비행대대를 긴급 발진시켰다. 이번에 스핏파이어와 허리케인 비행대대는 고도를 높이라는 경고를 자주 받았다. 그리고 호위를 하던 Me 109가 연료 부족으로 일단 돌아가자, 남아 있던 독일 폭격기들은 이미 끝난 운명인 줄 알았던 영국 공군 전투기들이 곧 자신들을 궤멸시키리라는 것을 깨달았다.

파크가 잉글랜드 서쪽 10 비행전대와 12 비행전대에 지원군을 요청하여 병력을 보강하면서 오후 내내 같은 패턴이 반복되었다. 그날 하루, 영국 공군은 적 항공기 56기를 파괴하고 전투기 29기를 잃었으며, 12명의 조종사가 사망했다. 며칠 후 몇 번의 교전이 더 벌어졌지만, 교전 규모는 훨씬 작았다. 그런데도 9월 16일 괴링은 늘 낙천적인 최고 정보장교 때문에 영국 전투기 사령부 항공기가 177기로 줄었다고 확신하게 되었다.

침공의 공포가 남아 있었지만 9월 19일에 히틀러는 다음 지시가 있을 때까지 바다사자 작전을 미루기로 결정했다. 독일 해군과 육군 총사령부는 항공대가 영국 전투기 사령부를 격파하는 데 실패할 것이 확실해진 마당에 군이 침공을 하려 들지는 않았다. 서쪽에서의 전투는 교착 상태에 빠졌고 전체적인 갈등 양상이 국제적인 충돌로 바뀔 조짐을 보이기 시작했다. 일본군은 당시 중국 북부에 있던 공산당군이 일련의 공격을 개시하면서 불시에 당하고 말았다. 중일전쟁은 또 다른 국면을 맞아 다시 불꽃을 튀기고 있었다. 9월 27일, 일본은 베를린에서 삼국 동맹을 맺는다. 이는 분명 미국을 노린 것이었다. 루스벨트 대통령은 즉시 군사 고문들을 소환하여 이 사건이 끼칠 영향에 대해 논의했고, 이틀 후 영국은 중국 국민당군에 군수물자를 운반할 미얀마 로드Burma Road 원문은 버마이지만 통일성을 위해 미얀마로 통일를 재개방했다.

영국 본토 항공전은 독일 항공대가 런던 및 잉글랜드 중부 지방의 산업 지대를 노려 야간에 집중 폭격을 했던 10월 말에 끝난 것으로 간주되었다. 8월과 9월에 치러진 핵심 전투를 수치로 따져보면 영국 공군은 항공기 723기를 잃은 반면, 루프트바페는 2000기 이상을 잃었다. 이렇게 크게 차이가 나는 것은 '적의 행동' 때문이 아니라 '특수한 사정'에서 비롯됐는데, 그 사정이란 주로 사고였다. 10월에 영국 공군이 격추한 독일 전투기와 폭격기는 206기인 반면 루프트바페가 그달에 잃은 비행기 수는 모두 375기였던 것이다.[25]

이른바 런던 대공습이 겨울 내내 계속되었다. 11월 13일에 영국 공군 폭격기 사령부는 처칠의 명령으로 베를린에 보복전을 펼쳤다. 이는 회담 전날 소비에트 외무인민위원 몰로토프가 도착했기 때문이다. 스탈린은 핀란드에 독일 군대가 주둔하고 있다는 것과 나치가 발칸 반도에서 영향력을 행사하는 것이 영 거북했다. 또한 소련은 흑해에서 다르다넬스 해협을 통해 지중해로 선박을 운항할 권한을 보장하도록 독일에 요청했다. 붉은 소비에트 깃발로 장식된 안할트 역에 도착한 몰로토프를 환영하기 위해 독일 국방군 군악대가 〈인터내셔널가Internationale〉프랑스에서 작곡된 국제 사회주의자 노래로 1944년까지 소련 연방의 국가로 불림를 연주하는 것을 듣고, 많은 사람이 이상하게 여겼다.

회담은 성과도 없이 서로에게 짜증만 불러일으켰다. 몰로토프는 특정한 질문들에 대한 대답을 요구했다. 그는 전년에 체결한 나치-소비에트 조약이 아직도 유효한지 물었다. 히틀러가 물론 그렇다고 하자, 몰로토프는 독일이 소련의 적국인 핀란드와 가까운 관계를 유지하려 한다는 점을 지적했다. 리벤트로프는 남쪽으로 인도와 페르시아 만을 공격하여 대영제국의 전리품을 나눠 갖자며 소련을 재촉했다. 그런 이유로 소련이 이탈리아와 일본과 3국 군사 동맹을 맺어야 한다는 의견은 몰로토프에게는 심각한 사안이 아니었다. 리벤트로프가 그랬듯이, 히틀러가 특유의 장황한 연설풍으로 영국이 얼마나 박살났는지 설명할 때에도 몰로토프는 별로 동의하고 싶지 않았다. 그래서 공습경보가 울렸을 때 계단 아래로 이끌려 외무부 벙커로 피신하면서 몰로토프는 나치 외무장관에게 이 말을 하지 않을 수 없었다. "영국이 패전했다고 하셨지요. 그럼 우리가 지금 왜 이 방공호 안에 앉아 있는 겁니까?"[26]

루프트바페는 이튿날 밤 코번트리를 공격했는데, 이것은 미리 계획된 공습이어서 보복은 아니었다. 대규모 공습으로 무기 공장 12곳이 타격을 입고 고대 성당이 파괴된 것은 물론, 민간인 380명도 사망했다. 비록 영국은 연말까지 시민 2만3000명이 죽고 3만2000명이 중상을 입었지만, 독일의 야간 폭격 작전도 영국 국민의 의지를 꺾지는 못했다. 끝없이 울리는 경보 소리에 많은 사람이 불평했지만, 곧 잦아들면서 사람들은 잠을 잘 수 있게 되었다.[27] "경보는 거의 매일 저녁 같은 시간에 꺼졌고, 빈민촌에서는 담요와 보온병을 들고 있는 사람이나 아기를 데리고 있는 사람들이 꽤 이른 시간부터 방공호 밖에서 줄을 서기 시작했다." 폭격으로 유리창이 깨져 판자로 막아놓은 가게 창문에는 '정상 영업'이라는 문구가 붙어 있었고, 런던 동쪽 끝 지역에서 집이 파괴된 주민들은 자신의 집이 있었던 자리의 자갈 더미 위에 영국 국기인 유니언 잭이 그려진 종이를 놓아두었다.

정보부에서 근무하던 피터 퀘넬은 다음과 같이 기록했다. "지루함보다 더 싫었던 것은 잠 못 이루는 밤의 비참함이다. 시도 때도 없이 근무 교대가 이뤄졌다. 갑갑한 지하 침실에서 낡아빠진 담요를 덮고 많은 시간을 보내야 했으며, 지상에서는 늘 책상 앞에 웅크리고 앉아 있거나, 소강상태가 되면 바닥에서 잠을 청했다가, 사람들이 가득한 방공호가 직접 타격을 입었다는 등 나이 든 전령이 끔찍한 소식들을 들고 나타나면 잠에서 깨어 밤을 지새워야 했다. 습관이라는 것이 어찌나 빨리 굳어가는지, 익숙하지 않은 삶의 방식에 어찌나 쉽게 적응하는지, 생활필수품이 어찌나 사치품으로 여겨지는지, 그저 이상하기만 하다."[28]

비록 런던 시민들은 지하에서 '대공습 정신'을 보여주며 예상보다 고난을 훨씬 더 잘 받아들였지만 독일 낙하산병에 대한 공포는 계속되었고, 특히 런던 이외 지역 여성들의 공포는 더 심했다. 한 주, 한 주 지날수록 침공 소문은 퍼져만 갔다. 그런데 10월 2일에 바다사자 작전은 다음 봄까지 사실상 연기된 상태였다. 바다사자 작전은 두 가지 역할을 했다. 독일은 영국에 침공 위협을 가해 처칠이 나라를 단결시키고 영국 국민이 긴 전쟁 앞에서 굳건해지도록 만들었다. 그러나 히틀러는 영리하게 그가 침공을 단념한 뒤에도 오랫동안 정신적인 위협을 가했다. 그리하여 영국군은 영국 본토 내에 필요 이상으로 많은 수비 병력을 유지해야만 했다.

베를린의 나치 지도자들은 폭격 작전으로도 영국의 무릎을 꿇릴 수 없을 거라는 사실을 묵묵히 받아들였다. 독일 외무성 국장 에른스트 폰 바이츠제커는 11월 17일자 일기에 이렇게 썼다. "불태우는 게 아니라 나라를 봉쇄하여 굶주리게 만드는 것이 영국을 상대하기에 가장 중요한 무기라는 의견이 지금으로선 가장 유력하다."[29] 여기에서 '봉쇄'라는 말은 제1차 세계대전과 영국 해군의 봉쇄 작전에 대한 기억에 사로잡힌 독일이 복수의 의미를 감정적으로 표현한 것이었다. 이 전략은 이제 영국 제도에 대한 전쟁을 잠수함전으로 돌리게 만들었다.

9

반향

1940년 여름 프랑스 함락은 전 세계에 직간접적으로 반향을 일으켰다. 스탈린은 크게 동요했다. 프랑스 및 영국과의 소모전으로 히틀러의 힘이 크게 약화되기를 바랐던 스탈린의 희망은 완전히 깨지고 말았다. 프랑스군의 차량과 무기들을 온전한 상태로 대거 손에 넣은 독일은 이제 훨씬 강력해졌다.

더 동쪽에서는 장제스와 중국 국민당이 훨씬 심각한 타격을 입었다. 난징 학살 이후 국민당은 외부로 접근하기에 가장 안전하다고 생각되는 서남부의 프랑스령 인도차이나 국경 부근 윈난 성과 광시 성으로 산업적 근거지를 이전시켰다. 그러나 페탱 원수가 세운 새 비시 정권은 7월에 일본의 요구에 굴복하기 시작했고, 하노이에서 일본이 군사 작전을 펼치는 것도 허용하기로 했다. 인도차이나를 통하는 국민당의 보급로는 차단되고 말았다.

1940년 여름에 일본 제11군은 양쯔 강 유역으로 올라가 국민당군을 분단시키고 엄청난 손실을 일으켰다. 6월 12일 양쯔 강의 중요한 항구인 이창이 함락된 것은 대단히 큰 타격이었다.[1] 또한 국민당 수도 충칭을 고립시키고 일본 해군 항공기가 끊임없이 폭격을 가할 수도 있었다. 그 시기에는 강에 안개도 끼지 않아 시야도 가려지지 않았다. 일본 항공기들은 강 주변 도시와 마을을 폭격하는 것은 물론, 증기선과 범선을 타고 거대한 양쯔 협곡을 따라 상류로 탈출하는 난민과 부상자들까지 공격했다.

아그네스 스메들리는 적십자 소속의 한 의사에게 상황을 물어보았다. 의사는 중부 전선에 있던 150곳의 군병원 중 단 5곳만 살아남았다고 말했다. 스메들리는 "부상자들의 상태가 어떻냐고 물었더니 대답이 없었다. 하지만 나는 대답을 알고 있었다"[2]라고 기록했다. 죽음은 도처에 있었다. "우리는 매일 부풀어 오른 사람 시체가 강에서 천천히 떠내려오는 것을 보았다. 표류하다가 범선에 부딪히면 뱃사공이 못 박힌 긴 막대기로 밀어버렸다."

스메들리는 충칭에 당도해 양쯔 강과 자링 강 합류 지점의 절벽 위에 있을 때 폭발 때문에 깜짝 놀랐지만 그것은 폭탄이 아니었다. 중국 공병들이 방공호를 만들기 위해 절벽 속 터널을 폭파시키고 있었던 것이다. 자기가 없는 사이에 좋고 나쁘고 할 것 없이 정말 많은 것이 변했음을 느꼈다. 주민 수 20만 명 정도의 지방 도시였던 충칭은 인구가 100만 명으로 불어났다. 산업 협동조합들이 늘어난 것은 매우 고무적이었지만, 점점 강력해진 국민당 내 우파는 그 단체들을 공산당 비밀 당원 조직으로 보았다. 국민당군 지역에서 무료 진료를 실시하는 등 육군의 의료 시설에도 개선이 이뤄졌지만, 국민당 우두머리들은 사리사욕을 추구하느라 보건사업까지도 장악하려 했다.

무엇보다 가장 불길했던 것은 보안 사령관이었던 다이리의 힘이 부상하고 있다는 점이었다. 다이리는 일반 대원과 비밀 대원을 합쳐 30만 명을 거느린 것으로 알려져 있다. 그의 힘이 워낙 막강해서 장제스 총사령관을 제압할 수 있으리라고 보는 사람도 있었다. 다이리 장군은 반대자를 짓밟는 데 그치지 않고 모든 언론의 자유를 탄압했다. 중국 지식인들은 홍콩으로 도피하기 시작했다. 기독교 여자 청년회 YWCA같이 영향력이 약한 단체들조차 위기가 감돌자 폐쇄되어버렸다.

스메들리의 말에 의하면, 충칭에 있던 외국인들은 중국군을 경멸했다고 한다. "외국인들이 말하길, 중국은 싸울 수도 없었는데, 장군들은 부패했으며, 사병들은 무식한 저임금 노동자 아니면 소년병뿐이고, 사람들은 무지한 데다, 부상자 관리는 형편없었다고 했다. 일부는 사실이고 일부는 그렇지 않지만, 대부분은 중국이 힘겹게 짊어지고 있는 공포스러운 짐을 느끼지 못한 데서 나온 말이었다."[3] 유럽인과 미국인은 무엇이 급한 일인지 전혀 알 수 없어 도움을 거의 주지 못했다. 의료 원조는 대부분 말레이 반도나 자와, 미국 등 국외에 거주하는 중국인들에게서 받았다. 이들이 보내는 따뜻한 원조의 힘이 꽤 컸기 때문에 1941년에 일본 정복자들은 이러한 원조를 어렵게 만들어버렸다.

장제스는 스탈린이 전과 같은 수준으로 국민당에 군사 지원을 하도록 압박받기를 바라면서 일본과 의미 없는 평화 협상을 계속했다. 그런데 1940년 7월에 일본 정부가 도조 히데키 장군을 내각으로 데려와 육군상 자리에 앉힌 것이다. 그리하여 이 그림자 협상은 중단되었다. 도조는 소련과의 협정을 더욱 강화하고 국민당군의 다른 보급로를 차단함으로써 국민당군을 굶주리게 할 생각이었다. 도쿄의 군사 지도자들은 남쪽인 태평양과 서남쪽인 남중국해 주변의 영국, 프랑스 및 네덜란드의 식민지로 시선을 돌렸다. 이곳에서는 쌀도 얻고 중국 국민당의 수입선도 차단할 수 있었지만, 일본은 무엇보다도 네덜란드령 동인도의 유전을 탐냈다. '지나 사변'으로 그때까지 6만2000명의 일본 병사가 사망한 뒤[4] 중국에서 철수하는 것과 관련하여 미국과 협상을 한다는 점은 일본 정부로서는 생각할 수도 없는 일이었다.

1940년 하반기에 중국 공산당은 소련 정부의 지시에 따라 거의 40만 명에 이르는 병사를 이끌고 북쪽에서 백단대전[5]을 개시했다. 이 작전의 의도는 장제스와 일본군과의 협상을 서서히 약화시키는 것이었다. 소련은 둘의 협상이 중단된 것도, 처음부터 그리 심각한 협상이 아니었다는 것도 몰랐다. 공산당군은 여러 곳에서 일본군을 가까스로 밀어내고, 베이징-우한 철도도 끊었으며, 탄광을 무너뜨리는 것은 물론 만주 공격까지 감행했다. 병력을 정규전에 투입하여 이와 같은 대대적인 활동을 벌였지만, 전력이 부족해 결국 2만2000명에 이르는 사상자가 발생했다.

유럽에서는 히틀러가 무솔리니에게 대단한 성의를 보여 장군들을 자주 실망에 빠뜨렸다. 그러나 전에 히틀러의 멘토였던 이 독재자는 히틀러에게 종속되는 것을 피하기 위해 온갖 수를 다 썼다. 파시스트 지도자 무솔리니는 나치 독일과 별개로 독자적인 '대등한 전쟁'[6]을 지휘하고 싶어했다. 그는 1939년 4월 알바니아를 점령하는 계획을 히틀러에게 미리 말하지 못하고 독일이 체코슬로바키아를 점령할 때 부속으로 딸려온 것인 양 해명했다. 반면에 나치 지도자들은 이탈리아와 비밀을 공유하는 게 내키지 않았다. 그런데도 독일은 한 달을 갓 넘긴 후 여전히 철의 조약을 체결하고 싶어했다.

서로의 관계에서 이득을 찾으려는 경박한 연인들처럼 두 사람은 서로 속고 속였다. 히틀러는 폴란드로 쳐들어갈 계획을 무솔리니에게 한 번도 말하지 않았지만, 그가 프랑스와 영국을 등질 것이라는 예상은 변함없었다. 한편 무솔리니는 적어도 향후 2년간은 유럽에서 전면적인 충돌이 없을 거라고 믿었다. 그 후 무솔리니가 1939년 9월 독일 편에 서서 참전할 것을 거부하자 히틀러는 크게 실망했다. 이탈리아는 전쟁 준비가 되지 않았다는 사실을 무솔리니는 알고 있었기 때문에, 협력 조건으로 군사 장비를 과도하게 요구하는 수밖에는 다른 핑곗거리가 없었다.

하지만 무솔리니는 어느 시점이 되자 식민지를 더 많이 만들고 이탈리아를 힘센 나라로 보이게 하고자 전쟁에 돌입하기로 결심한다. 결국 식민지를 거느리고 있는 강력한 두 나라, 영국과 프랑스가 1940년 초여름에 고전을 면치 못하자, 무솔리니는 그 기회를 놓치고 싶지 않았다. 그러나 프랑스를 상대로 독일이 매우 빠르게 작전을 펼친 데다 영국이 협상을 할 거라는 만연한 생각 때문에 무솔리니는 크게 주저하게 되었다. 독일이 유럽을 주무른다면 발칸지역에서 지배적 세력이 될 것이 거의 확실한 반면, 이탈리아는 곁가지 신세가 될 위험이 있었다. 그 이유 하나만으로 무솔리니는 평화 협상에 참여할 권리를 얻으려 필사적으로 노력했다. 몇천 명의 이탈리아 사상자를 구실로 내세우면 협상 테이블 앞에 앉을 수 있을 거라는 계산이었다.

나치 정권은 협상이 타결 직전이었음에도 이탈리아의 참전을 극구 반대하지는 않았다. 게다가 히틀러는 이탈리아의 전투력을 과대평가하고 있었다. 무솔리니는 '800만 총검 부대'가 있다며 자랑스럽게 떠벌렸지만 실제로는 170만 명이 채 되지 않았고, 그중 다수는 총검을 장착할 소총조차 부족한 실정이었다. 이탈리아는 자본과 원자재, 운송 수단이 턱없이 부족했다. 사단 수를 늘리기 위해 3개 연대를 2개 연대로 줄여서 편성하기까지 했다. 게다가 73개 사단 중 장비가 완전히 갖춰진 곳은 단 19군데뿐이었다. 사실 이탈리아의 병력은 1915년 제1차 세계대전 참전 당시에 비해 규모도 더 작았고 무기도 덜 갖춰져 있었다.[7]

히틀러는 표면적인 부분만 보고 무솔리니가 계산한 이탈리아의 병력을 아무 생각 없이 받아들였다. 총통 본부에서 지도에 표시한 내용만 가지고 매우 좁은 군사적 시각으로만 보면 사단은 사단이지만, 실제로는 병력 미달이고 장비가 부족하거나 훈련 상태가 엉망이었다. 1940년 여름 무솔리니가 내린 치명적인 판단 착오는 전쟁이 시작되자마자 끝나버린 것이나 마찬가지라고 믿어버린 것이었다. 무솔리니는 히틀러가 이전에 동부 생활권에 대해 했던 발언을 실행에 옮길 것이라고 생각지 못했다. 6월 10일, 무솔리니는 영국과 프랑스에게 선전포고를 한다. 로마 베네치아 궁에서 발코니에 선 무솔리니는 가슴을 힘껏 내민 채 과장된 말투로 '젊고 생산적인 민족'이 낡은 민주주의를 타파할 것이라고 주장했다. 충실한 파시스트였던 '검은 셔츠단' 당원들은 그의 연설에 환호했지만, 이탈리아인 대부분은 전혀 기뻐하지 않았다.

독일은 국방군의 영광을 함께 누리려는 무솔리니의 시도에 시큰둥한 반응을 보였다. 독일 외무장관은 추축국 파트너들을 '곡예 공연이 끝난 뒤 카펫을 치우면서 박수 세례를 받으려 하는 서커스 광대'[8]라고 표현했다. 이 파시스트 지도자가 패배한 프랑스를 향해 선전포고한 것은 사자가 먹이의 숨통을 끊어놓자 살점 하나를 가로채려 달려드는 '자칼'의 행동으로 비유되기도 했다. 이러한 기회주의는 실로 뻔뻔스러웠지만 더 심한 무언가를 감추고 있었다. 무솔리니는 이탈리아를 자신이 가진 야망의 포로이자 희생물로 만들었다. 무솔리니는 우세한 히틀러와의 동맹을 피할 수 없음을 깨달았다. 하지만 그런 와중에도 그는 다른 유럽 국가들이 훨씬 더 치열한 싸움에 휘말려 있을 동안 이탈리아가 독자적인 식민지 확장 정책을 추구할 수 있을 거라는 희망을 품고 있었다. 이탈리아의 결점은 결국 자국에는 엄청난 재앙으로, 독일에는 치명적인 약점으로 작용했다.

1940년 9월 27일, 독일은 이탈리아, 일본과 삼국 동맹을 체결했다. 이 일에는 영국 정복 실패 후 교착 상태에 빠진 전쟁에 미국이 개입하는 것을 막기 위한 의도도 다소 작용했다. 10월 4일에 오스트리아 브렌네르 고개에서 무솔리니를 만난 히틀러는, 소련이나 미국 모두 동맹 발표에 대해 위험하리만큼 격하게 반응하지는 않았다며 그를 안심시켰다. 히틀러가 원했던 것은 유럽 대륙 국가가 동맹을 맺어 영국에 맞서는 것이었다.

히틀러는 지중해 지역을 이탈리아의 관할로 남겨둘 생각이었지만, 프랑스 함락 후 문제가 훨씬 더 복잡해졌음을 깨달았다. 그래서 이탈리아와 비시 프랑스, 스페인 프랑코 정권 사이에서 상충하는 기대들의 균형을 잡아야 했다. 지브롤터를 원했던 프랑코는 프랑스령 모로코와 다른 아프리카 영토도 노렸다. 하지만 히틀러는 프랑스 소유의 식민지 때문에 페탱의 비시 프랑스와 그 충실한 군대를 자극하고 싶지 않았다. 히틀러 입장에서는 전쟁이 지속되는 한 비시 프랑스가 자국 및 북아프리카 식민지들을 독일의 입맛에 맞게 관리하는 편이 훨씬 나았던 것이다. 일단 이기기만 하면 프랑스 식민지들을 이탈리아나 스페인에 나누어줄 수 있었다. 그러나 1940년 프랑스의 패전 이후 틀림없이 무한한 힘을 갖게 되었음에도 불구하고 히틀러는 그해 10월 채무자 프랑코나 수하 페탱, 동맹 무솔리니를 설득하여 영국에 대적할 대륙 연합 동맹 계획에 협력을 얻는 데 실패했다.

10월 22일, 기관차 2대를 연결하고 대공포화차 두 량이 딸린 무장열차 아메리카호가 히틀러를 태우고 몽투아르쉬르루아 역에 멈춰 섰다. 그곳에서 히틀러는 비시 정권의 안위를 보장받으려 애쓰던 페탱의 대리인 피에르 라발을 만났다. 히틀러는 어떠한 약속도 하지 않은 채, 비시 프랑스를 영국에 저항하는 연합 세력에 합류시키려 했다.

아메리카호는 스페인 앙다예 국경을 향해 어렴풋한 빛을 비추며 나아갔다. 히틀러는 다음 날 그곳에서 프랑코를 만났다.[9] 스페인의 철도 사정이 나빠 프랑코 총통을 태운 기차가 연착되는 바람에 오랜 시간을 기다려야 했던 히틀러는 기분이 좋지 않았다. 두 독재자는 플랫폼에 늘어서 있던 개인 호위대인 총통 경호 특공대 의장대를 사열했다. 검은 제복을 입은 사병들이 높이 든 칼 아래, 배가 불룩 나온 스페인 독재자의 얼굴에서는 흐뭇하면서도 가식적인 미소가 좀처럼 사라지지 않았다.

히틀러와 프랑코가 논의를 시작하자, 쉴 새 없이 쏟아지는 프랑코의 말에 히틀러는 입을 열 수 없었다. 이런 상황이 히틀러에게는 익숙하지 않았다. 프랑코는 히틀러와 군사적 동지였던 스페인 내전 당시에 대해 이야기하고 히틀러의 활동에 감사를 표했으며, 두 나라 사이에 존재하는 '정신적 동맹'[10]을 상기시켰다. 그러고는 스페인이 재정적으로 어려운 상황이라 바로 전쟁을 개시해 독일을 도울 수가 없다며 깊은 유감을 표시했다. 세 시간 동안 프랑코가 자신의 인생과 경험에 대해 장황하게 이야기하자, 히틀러는 나중에 프랑코와 다시 또 대화를 하느니 차라리 이를 서너 개 뽑아버리는 게 낫겠다고 말했다.

히틀러는 대화 중간에 독일이 전쟁에서 이겼다는 말을 마침내 하고야 말았다. 영국은 오로지 소련이나 미국이 구제해주기만을 바라는 입장이고, 미국이 전쟁을 준비하려면 1년 반이나 2년 정도가 걸릴 거라고 말했다. 영국이 유일하게 위협이 될 수 있는 측면이라고 한다면 대서양에 있는 섬들을 영국이 점령할 수도 있다는 점 또는 드골의 도움으로 프랑스 식민지들 사이에 분란을 일으킬 수도 있다는 점이었다. 이러한 이유로 히틀러가 영국에 대항할 '광정면'을 구축하려 한 것이다.

히틀러는 물론 프랑코와 그의 장군들도 지브롤터를 원했지만, 독일이 작전을 지휘한다는 의견에 대해서는 만족하지 못했다. 프랑코는 또한 영국이 카나리아 제도를 보복 점령할 수 있다는 점을 우려했다. 그런데 히틀러가 카나리아 제도의 섬 하나는 물론이고 스페인령 모로코의 기지들까지도 내놓을 생각을 하라고 고압적인 요구를 하자 프랑코는 당황했다. 히틀러는 포르투갈령 아조레스 제도와 카보베르데 제도에도 관심이 있었다. 아조레스 제도는 독일 해군에게 단순한 대서양 해군 기지들 중 하나가 아니었다. 국방군 총사령부의 전쟁 일기에는 다음과 같은 기록이 있다. "총통께서는 아조레스 제도의 가치를 두 가지 측면에서 보고 계신다. 미국이 개입할 경우를 대비해서, 그리고 전쟁 이후를 위해서 필요한 것이다."[11] 히틀러는 미국 동부 해안 지방을 공격할 새로운 '6000킬로미터 장거리 폭격기' 시대를 이미 꿈꾸고 있었다.

스페인이 전쟁에 돌입하기도 전에 프랑스령 모로코와 오랑지역 할양을 확정지으려 했던 프랑코의 시도는 쉽게 말해 히틀러에게 건방진 일격을 가한 것이었다. 히틀러는 또한 자신을 거의 '가장 신성하게 여기는 재산으로 흥정을 하려는 유대인'[12]처럼 취급하는 프랑코의 태도를 두고 또 다른 이유를 들어 타일러야 했다. 그 뒤, 독일로 돌아온 후 히틀러는 측근들에게 또 불같이 화를 내며 프랑코를 '음흉한 돼지 같은 놈'[13]이라고 했다. 비록 독일과 이념적으로 가까울뿐더러 전쟁에 끼고 싶어했던 친나치 성향의 라몬 세라노 수녜르 외무장관도 있었지만, 프랑코 정부는 영국을 자극할 것이 걱정되었다. 수입에 의존하며 지내던 스페인이 일부 품목을 영국에서 사들이기는 했지만, 중요한 것은 곡물과 기름을 미국에서 들여온다는 사실이었다. 스페인은 내전 이후 황폐화되어 처참한 상태였다. 영양실조로 길거리에서 쓰러지는 사람들을 보는 것이 일상이 되어버릴 정도였다. 스페인이 독일로 수입선을 바꿀 수 없다는 것을 알고 있던 영국과 미국은 경제적 장치를 가장 능숙하게 활용했다. 그리하여 영국이 독일과 협상을 할 생각이 없다는 사실이 분명해지자, 그때까지도 식량과 연료가 크게 부족했던 프랑코 정부는 나중에 전쟁에 참여해 추축국을 돕겠다는 막연한 약속밖에 할 수 없었다. 하지만 영국의 오랜 동맹인 포르투갈 침공을 포함하여 자신만의 '대등한 전쟁'을 고려하는 프랑코의 생각엔 변함이 없었다. 그런데 다행히도 그 계획은 전혀 실현되지 못했다.

앙다예에서의 만남이 있은 후, 특별 열차는 페탱이 기다리고 있는 몽투아르를 향해 되돌아갔다. 페탱이 자신과 대등한 입장인 양 인사를 한 것이 히틀러의 마음에는 거슬렸다. 늙은 원수는 독일과의 관계가 협력적이기를 바란다는 마음을 시사했지만, 프랑스 식민지를 보장해주어야 한다는 요구는 매정하게 거절당했다. 히틀러는 프랑스가 독일을 상대로 전쟁을 시작했으니, 이제는 '영토적, 물질적으로'[14] 그 대가를 치러야 한다고 반박했다. 프랑코에게서 느낀 분노만큼 페탱에 대해서는 분노가 크지 않았던 히틀러는 결정을 보류해두고 있었다. 여전히 히틀러는 비시 프랑스가 반영국 동맹에 합류하기를 원했지만, 대륙 연합을 형성하는 데 있어서는 '라틴' 국가들을 믿을 수 없다는 사실도 결국 깨달았다.

히틀러는 잉글랜드 남부 침공의 성공 가능성이 떨어졌다고 보는 이 시점에, 지중해에서 영국에 맞서 전쟁을 계속한다는 부차적인 전략을 생각하니 혼란스러워졌다. 소련 침공만을 생각하고 있던 히틀러는 잠시 흔들렸지만, 이내 영국 침공을 연기했다. 그럼에도 국방군 총사령부는 11월 초에 지브롤터와 대서양의 섬들을 점령하는 펠릭스 작전이라는 비상 대책을 준비했다.

1940년 가을에 히틀러는 가장 중대한 계획인 소련 침공에 착수하기 전에 영국을 봉쇄하고 지중해에서 영국 해군을 몰아내고 싶었다. 그리고 영국을 협상 자리로 끌어내는 가장 빠른 길은 소련을 무너뜨리는 것이라고 믿었다. 하지만 이것은 독일 해군에게는 불만스러운 일이었는데, 군비 확충의 우선순위가 육군과 공군으로 넘어갈 것이기 때문이었다.

히틀러는 분명히 이탈리아가 식민지인 리비아에서 이집트와 수에즈 운하에 주둔한 영국군을 공격할 때 도울 수 있도록 준비했다. 이러한 공격은 영국을 꽁꽁 묶어두고 인도 및 오스트랄라시아와의 연결에 위협을 가할 것이었기 때문이다. 하지만 이탈리아는 독일 항공대의 지원을 받는 것을 좋아했던 반면, 자신의 작전 구역에 독일 국방군 지상 병력을 주둔시키는 것은 내켜 하지 않았다. 독일이 전체를 다 지휘하게 될 것을 알았기 때문이다.

히틀러는 러시아 침공 시 남익의 기지가 될 발칸지역에 특히 관심을 가졌다. 소비에트가 베사라비아와 부코비나 북부 지역을 점령한 뒤, 당장은 나치-소비에트 조약을 침해하고 싶지 않았던 히틀러는 루마니아 정부에 '당분간 모든 것을 수용할 것'15을 당부했다. 히틀러는 루마니아에 사절단과 군대를 보내 플로이에슈티 유전을 지키기로 했다. 또한 그는 무솔리니가 이탈리아의 피지배국인 알바니아에서 유고슬라비아나 그리스를 공격함으로써 발칸 국가들을 자극하는 행위를 원치 않았다. 어리석게도 히틀러는 이탈리아의 무기력함을 믿었던 것이다.

처음에는 무솔리니가 마치 아무것도 하지 않을 것처럼 보였다. 이탈리아 해군은 앞선 호언장담에도 불구하고, 리비아로 가는 호송선단 외에는 출항도 하지 못했고, 영국 해군과 대전하고 싶지 않았던 까닭에 공군을 동원해 몰타 섬을 폭격하지도 않았다. 그리고 리비아에서는 이탈로 발보 총독이 저지하고 나서는 바람에 독일이 잉글랜드를 침공하면 이집트에 주둔하고 있는 영국군을 향해 군대를 진격시키겠다고 선포했을 뿐이다.

이집트 내 영국군은 서둘러 적을 파악하기 시작했다. 6월 11일 저녁 무솔리니의 선전포고 직후, 구식 롤스로이스 장갑차로 구성된 제11경기병대는 일몰을 틈타 이동하여 해가 진 직후 리비아 국경을 넘었다. 그들은 이탈리아의 두 주요 국경 방어 진영인 막달레나 요새와 카푸조 요새로 향했고, 매복을 하고 있다가 70명을 포로로 잡았다.

가장 당황한 것은 이탈리아군이었다. 정부의 전쟁 선포 소식을 그들에게 아무도 알려주지 않았던 것이다. 6월 13일, 두 요새는 함락, 파괴되었다. 이틀 후 제11경기병대는 바르디아와 투브루크 알렉산드리아 진공으로 100명의 군사를 포로로 잡았다. 포로들 중 한 뚱뚱한 이탈리아 장군이 란치아 장교 차량에 어떤 '여성'16과 함께 타고 있었는데, 만삭의 이 여성은 장군의 아내가 아니었다. 이 일로 이탈리아에서는 스캔들이 터졌다. 그러나 영국에 더 중요했던 것은 이 장군이 바르디아 방어에 대한 모든 계획을 알고 있다는 사실이었다.

공군 원수 발보는 리비아에서 그리 오래 지휘하지 못했다. 6월 28일, 투브루크에 있던 이탈리아 대공 포대의 병사들이 넘치는 의욕 때문에 실수로 발보가 탑승한 비행기를 쏴버린 것이다. 그 후 일주일이 채 되지 않아서 대신 지휘봉을 잡은 로돌포 그라치아니 원수는 7월 15일에 이집트로 진군하라는 무솔리니의 명령을 받고는 경악했다. 무솔리니는 알렉산드리아 진공을 '기정사실'[17]로 여겼다. 당연히 그라치아니는 우선 한여름에 공격을 할 수 없고, 그다음으로는 장비가 부족하다는 이유를 들어가며 작전을 연기하려 갖은 애를 썼다.

이탈리아령 동아프리카의 총독 아오스타 공작은 8월에 아비시니아에서 영국령 소말릴란드로 진격하여 얼마 남지 않은 방어 병력을 아덴 만 너머로 후퇴시키고 가볍게 승리를 거두었다. 그러나 아오스타는 그라치아니 원수가 이집트를 공략하지 못하면 자신이 처한 상황에도 희망이 없다는 것을 알고 있었다. 서쪽에서 앵글로 이집트 수단과 영국령 케냐가 둘러싸고 영국 해군이 홍해와 인도양을 장악하고 있는 상황에서, 아오스타는 이집트가 점령될 때까지 아무런 보급 물자도 기대할 수 없었다.

그라치아니가 계속 꾸물거리자 무솔리니는 마침내 인내심이 폭발했고, 결국 9월 13일에 이탈리아 진군을 시작했다. 영국 및 영 연방군 병력이 정원 미달의 3개 사단이었던 데 비하여 이탈리아군은 5개 사단으로 뚜렷한 수적 우세를 누렸다. 일명 사막쥐라 불리던 영국 제7기갑부대에는 가용 전차가 단 70대뿐이었다.

하지만 이탈리아군은 이집트 국경에 미처 도달하기도 전에 헤매고 있었다. 계획대로 영국군은 싸우면서 후퇴했으며, 심지어 그라치아니가 진군을 멈춘 시디바라니까지 포기했다. 무솔리니는 그라치아니에게 해안 도로를 따라 마르사마트루흐까지 밀어붙이라고 강요했다. 그러나 이탈리아가 그리스 공격을 코앞에 둔 시점이어서 그라치아니가 이끌던 군대는 전투를 계속하는 데 필요한 보급품을 받지 못했다.

독일은 무솔리니에게 그리스를 공격하지 말라고 몇 차례 경고했다. 9월 19일, 무솔리니는 그리스나 유고슬라비아를 공격하기 전에 이집트를 정복하겠다고 리벤트로프에게 단언했다. 이탈리아도 영국이 제1의 표적이어야 한다는 점에 동의하는 듯했다. 그런데 10월 8일에 독일이 루마니아로 군대를 보냈다는 소식이 들어오자 무솔리니는 모욕감을 느꼈다. 리벤트로프가 전에 언급했던 것을 치아노 외무장관이 깜빡 잊고 무솔리니에게 말하지 않았던 것이다. "히틀러가 자꾸 기정사실을 의심하게 만든단 말이오. 이번에는 앙갚음을 해야겠어."[18] 10월 12일 무솔리니가 치아노에게 말했다.

다음 날 무솔리니는 이탈리아 치하의 알바니아에서 그리스를 침공할 계획을 즉시 세우도록 총사령부에 지시했다. 알바니아에서 지휘하고 있던 세바스티아노 비스콘티 프라스카 장군을 포함하여 고위 장교들 중 어느 누구도, 에피루스 산지에서 겨울 작전을 펼칠 때 생길 운송이나 보급 등의 큰 문제에 대해 무솔리니에게 경고할 용기가 없었다. 준비과정은 혼돈 그 자체였다. 주로 재정적인 이유로 이탈리아 부대 중 다수가 기동력을 지니지 못했고, 병사가 부족해진 부대는 재편성을 해야 했다. 작전에는 20개 사단이 필요했는데, 그 병력의 대부분을 아드리아 해 너머로 이동시키려면 석 달 정도가 필요했다. 하지만 무솔리니는 2주도 채 안 남은 10월 26일에 공격하고자 했다.

독일은 이탈리아의 계획을 알고 있었지만, 이탈리아군이 이집트의 마르사마트루흐를 장악하기 전에는 당연히 그리스 침공을 개시하지 않을 거라고 생각했다. 그런데 프랑코와 페탱을 만나고 돌아오는 무장열차 안에서 히틀러는 그리스 침공이 진행되고 있다는 소식을 전해 들었다. 열차는 베를린으로 가다가 방향을 돌렸다. 독일 외무부로부터 무솔리니가 총통을 만나고자 한다는 내용의 긴급 전갈을 받은 히틀러는 남쪽 피렌체로 향했다.

10월 28일 이른 아침, 무솔리니를 만나기 직전에 히틀러는 이탈리아가 그리스 침공을 이미 시작했다는 보고를 받고 분노했다. 그는 무솔리니가 발칸 반도에 독일이 영향력을 행사하는 것을 시기하여 이탈리아군이 짓궂게 깜짝쇼를 벌였다고 생각했다. 무엇보다도 히틀러는 이러한 움직임이 영국군을 그리스로 끌어들여 루마니아의 플로이에슈티 유전을 공습할 기지를 제공하게 될까봐 걱정되었다. 무솔리니의 무책임함은 바르바로사 작전을 위기에 빠뜨릴 수도 있었다. 하지만 히틀러는 무솔리니가 기다리고 있는 피렌체의 승강장에 열차가 멈춰 섰을 때 그제야 화를 가라앉힐 수 있었다. 베키오 궁에서 만난 두 지도자는 크레타 섬을 영국군의 점령으로부터 지키기 위해 히틀러가 공수사단 1개와 낙하산사단 1개를 제공하기로 한 것 외에는 그리스 침공에 대해서 거의 이야기하지 않았다.

그날 새벽 3시, 아테네 주재 이탈리아 대사는 그리스 독재자 이오안니스 메탁사스 장군에게 최후통첩을 전했다. 만료 시한은 세 시간 뒤였다. 메탁사스는 짧게 "노No"라고 대답했지만, 파시스트 정권은 그가 거부하든 수용하든 관심이 없었다. 14만 병력을 이끌고, 두 시간 반 후 침공이 시작되었다.

이탈리아 군대는 억수같이 퍼붓는 빗속에서 진군했다. 하지만 이미 이틀 내내 비가 내려 멀리 갈 수도 없었다. 급류와 강물에 교량들이 휩쓸려 내려갔고, 이탈리아 정부에서 공공연한 비밀에 부쳤던 이번 공격 정보를 알아낸 그리스군은 나머지 교량들을 폭파시켜버렸다. 비포장도로는 진흙이 두껍게 쌓여 지나갈 수 없게 되었다.

불가리아군이 동북쪽에서 공격을 개시할 것인지도 확신할 수 없었던 그리스군은 마케도니아 동부 지역과 트라키아에 4개 사단을 남겨두어야 했다. 알바니아에서 공격해오는 이탈리아군에 맞서서, 그리스군의 방어선은 유고슬라비아 국경의 프레스파 호에서부터 그라모스 산맥을 지나 물살이 빠른 티아미스 강을 따라 코르푸 섬의 남쪽 끝 맞은편 해안까지 구축되었다. 그리스군은 전차와 대전차포도 부족했고 현대식 전투기도 몇 기 없었지만, 전체 그리스 군인들의 분노에 실린 엄청난 힘으로 속칭 '마카로니들'[19]의 공격을 물리치기로 결의를 다졌다. 심지어 알렉산드리아에 거주하던 그리스 공동체도 애국열이 불타올랐다.[20] 약 1만4000명이 전투를 위해 그리스로 건너왔고, 전쟁 물자 보급을 위한 기금이 늘어 이집트의 전체 국방 예산보다 훨씬 더 커졌다.

이탈리아군은 11월 5일에 공격을 재개했지만, 해안과 코니차 북쪽에서만 산악부대인 줄리아 사단이 20킬로미터 이상을 진군하면서 돌파할 수 있었다. 그러나 이탈리아 진영에서 최정예군이었던 줄리아 사단은 지원을 받지 못해 사실상 곧 포위되어 일부만이 탈출을 했다. 프라스카 장군은 140킬로미터에 이르는 전선을 따라 방어선을 구축하도록 지시했다. 이탈리아 총사령부는 이집트에서의 공격을 뒤로 미루고 알바니아에 있는 육군을 보강하기 위해 병력을 분산시켜야 했다. 보름 이내에 그리스를 점령하겠다고 큰소리쳤던 무솔리니의 말은 결국 허울뿐이었던 것으로 드러났지만, 여전히 그는 이탈리아가 승리할 것이라고 믿었다. 히틀러는 그리스군이 이탈리아군보다 우세할 거라 예상하고 있었기 때문에 동맹국의 이러한 굴욕이 별로 놀랍지 않았다. 그리스 참모총장 알렉산드로스 파파고스 장군은 반격 준비를 위해 이미 예비부대를 소집하고 있었다.

11월 11일 밤에 또다시 이탈리아의 자존심에 일격을 가하는 일이 일어났다. 영국 해군이 순양함 4척과 구축함 4척을 갖춘 소함대를 거느린 항공모함 HMS 일러스트리어스에서 페어리 소드피시 뇌격기를 출격시켜 타란토 해군 기지를 공격한 것이다. 이탈리아의 전함 리토리오와 두일리오는 어뢰에 맞아 파괴됐고 카보르는 침몰한 반면 영국 해군의 피해는 소드피시 2기뿐이었다. 이 작전으로 지중해 사령관인 앤드루 커닝엄 제독은 이탈리아 해군에 겁먹을 필요가 거의 없다는 것을 스스로 재확인시킬 수 있었다.

11월 14일에 반격을 개시한 파파고스 장군은 이탈리아 병력이 증원될 때까지 알바니아 전선에서 자신이 수적으로 우세하다는 것을 알고 안심했다. 용기와 체력으로 똘똘 뭉친 그리스군이 진군을 시작했다. 그해 말까지 그리스군은 알바니아 국경에서 적군을 알바니아로 쪽으로 40~70킬로미터 정도 몰아냈다. 증원군이 도착해 알바니아의 이탈리아군이 49만 명을 넘었지만 상황은 크게 달라지지 않았다. 다가오는 4월에 히틀러가 그리스를 침공할 때까지 이탈리아군은 거의 4만 명이 사망하고 11만4000명이 부상을 입으며 질병과 동상에 걸리게 된다.[21] 이탈리아는 강국의 위상이 철저히 무너졌다고 볼 수 있을 것이다. '대등한 전쟁'이란 생각은 모두 사라져가고 있었다. 무솔리니는 이제 히틀러의 동맹이 아니라, 수하 신세가 된 것이다.

이탈리아의 고질적인 군사적 약점은 곧 이집트에서도 드러났다. 영국군 중동 사령관이었던 아치볼드 웨이블 장군이 북아프리카와 동아프리카, 중동지역의 군세를 총괄하여 정비하는 중책을 맡았다. 처음에는 이집트에서 단 3만6000명의 병사로 리비아군 소속 이탈리아 병력 21만5000명에 맞서면서 시작했다. 남쪽에서는 아오스타가 25만 명을 지휘했는데, 그중 다수는 현지에서 모집한 군대였다. 그런데 웨이블의 관할 부대를 지원하기 위해 영국군과 영국 연방군이 이집트에 곧 도착하기 시작했다.

시를 좋아하고 말수가 적으며 지적이었던 웨이블은 처칠의 자신감을 고취시키지 않았다. 호전적인 영국 수상은 특히 취약한 이탈리아군이 지키고 있던 중동지역을 장악하고 싶어했다. 성미가 급한 사람이기도 했던 처칠은 사막 전투에서 '병참장교가 겪는 악몽'을 과소평가했던 것이다. 웨이블은 자신의 계획에 수상이 간섭을 할까봐 '컴퍼스 작전'이라는 암호명으로 반격을 준비하고 있다는 이야기를 하지 않았다. 웨이블은 그리스를 돕기 위해 그가 절실하게 필요로 하는 무기를 보내라는 요청을 받은 후에야 이집트를 방문

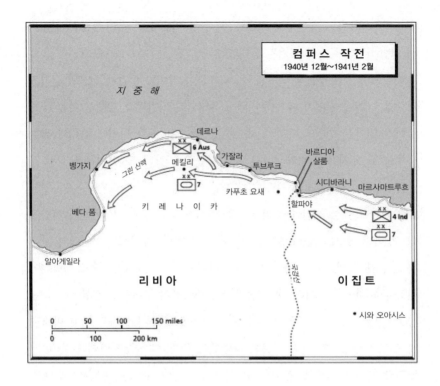

중이던 앤서니 이든에게 컴퍼스 작전에 대해 말했다. 런던으로 돌아온 이든에게 웨이블의 계획을 전해 들은 처칠은 '그르릉거리는 고양이'[22]처럼 흡족해했다. 그는 즉시 웨이블에게 가능한 한 빨리, 그리고 반드시 이번 달 안에 공격을 개시할 것을 재촉했다.

서부사막군의 야전사령관은 리처드 오코너 중장이었다. 강인하고 단호하며 체구가 작았던 오코너는 시디바라니에 있는 이탈리아 주요 진영에서 남쪽으로 약 40킬로미터 떨어진 곳에 제7기갑사단과 인도 제4보병사단을 배치해두고 있었다. '셀비 부대'라 이름 붙인 소규모 분견대가 서쪽에서 시디바라니로 진격하기 위해 마르사마트루흐에서 해안 도로를 장악했다. 영국 해군 선박들은 해안 주위를 오가며 함포 지원을 준비했다. 오코너는 이미 전방 군수보급소를 숨겨둔 상태였다.

이탈리아는 파루크 왕의 측근을 포함하여 카이로에 많은 첩보원을 가진 것으로 알려져 있었기 때문에 비밀이 유지되기 어려웠다. 그래서 아무런 꿍꿍이가 없다는 인상을 주기 위해 웨이블 장군은 전투 직전에 아내와 딸들을 데리고 게지라 소재의 경마장으로 나들이를 갔다. 또 웨이블은 그날 저녁 터프 클럽에서 파티를 열었다.

12월 9일 이른 시간에 컴퍼스 작전이 시작되자, 영국군은 완전한 기습에 성공했음을 알게 되었다. 36시간도 채 되지 않아 제7왕립전차연대의 마틸다 전차를 앞세운 인도사단이 시디바라니 우측 끝에 있던 주요 이탈리아 진영들을 밀어낸 것이다. 제7기갑사단의 주력군이 부크부크 전방에서 카탄차로 사단을 공격하는 동안, 분견대가 서북쪽으로 치고 나가 시디 바라니와 부크부크 사이의 해안 도로를 차단했다. 인도 제4보병사단이 12월 10일 느지막이 시디바라니를 장악한 뒤, 다음 날 그 지역에 있던 이탈리아군 4개 사단이 항복했다. 부크부크도 점령당했고 카탄차로 사단은 궤멸되었다. 남쪽으로 40킬로미터 떨어져 있던 치레네 사단만이 할파야 고개를 향해 신속하게 후퇴하면서 가까스로 탈출할 수 있었다.

오코너의 부대는 압승을 거두었다. 624명의 사상자가 발생한 대신, 3만 8300명을 포로로 잡고 야포 237문과 전차 73대를 얻게 되었다. 오코너는 다음 단계로 밀어붙이고 싶었지만 기다려야 했다. 인도 제4보병사단 대부분이 아비시니아에 있는 아오스타의 병력과 맞서기 위해 수단으로 이동했기 때문이다. 오코너는 대신 호주 제6사단의 선발대인 제16보병여단을 지원받았다.

주목표는 리비아 국경 바로 안쪽에 있는 바르디아 항구였다. 무솔리니의 지시에 따라 그라치아니 원수는 6개 사단을 그 주변에 집중시켰다. 1941년

1월 3일에 오코너가 지휘하는 보병대는 남아 있던 마틸다 전차부대의 도움으로 공격에 나섰다. 사흘 후, 이탈리아군은 호주 제6사단에 항복했고, 사병 4만5000명이 포로로 잡혔으며, 야전포 462문, 전차 129대를 빼앗기고 말았다. 얼굴을 뒤덮는 수염이 인상적이어서 '전기수염'으로 알려져 있던 지휘관 안니발레 베르곤촐리 장군은 서쪽으로 겨우 탈출했다. 호주군은 단 130명의 사망자와 326명의 부상자만 발생했다.

그사이 제7기갑사단은 투브루크를 차단하기 위해 앞으로 돌격했다. 두 호주 여단은 바르디아에서 서둘러 포위공격을 마무리했다. 투브루크에서도 항복을 받아내면서 포로 2만5000명, 야포 208문, 장갑차 87대를 얻는가 하면, 이탈리아군 매춘부 14명은 알렉산드리아의 한 수녀원으로 보내져 전쟁이 끝날 때까지 비참하게 지냈다. 처칠이 그리스에 지상 병력과 항공기까지 제공하겠다고 하자 오코너는 남은 작전을 실행하는 데 어려움을 겪을까봐 불안해했다. 하지만 다행히도 메탁사스가 이 제안을 거절했다. 메탁사스는 9개 사단 정도 되지 않으면 독일의 공격을 지연시키기는커녕 오히려 공격을 불러일으키게 된다고 생각했던 것이다.

그러는 동안 동아프리카에서 이탈리아 제국의 붕괴는 계속되었다. 1월 19일, 윌리엄 플랫 소장의 병력은 수단에서 인도 제4사단을 정비하여 아비시니아에 수습 불가능한 채로 고립되어 있던 아오스타의 군대를 향해 진격했다. 이틀 후 하일레 셀라시에 아비시니아 황제가 조국의 해방을 누리기 위해 오드 윙게이트 소령과 함께 돌아왔다. 그리고 남쪽에서는 앤드루 커닝엄 제독의 동생인 앨런 커닝엄 소장이 병력을 이끌고 케냐에서 공격을 개시했다. 아오스타가 이끌던 육군은 보급품의 부족으로 상황이 악화되어 오래 버텨내지 못했다.

리비아에서 오코너는 키레나이카의 해안 돌출부에 있던 대규모 이탈리아 육군을 가두는 데 전력을 기울이기로 결심하고, 제7기갑사단을 진출시켜 곧장 벵가지 남쪽 시르테 만으로 보내려 했다. 그러나 사용할 수 없는 전차가 많았고, 보급로가 카이로까지 1300킬로미터 넘게 뻗어 있어 보급 상황은 절망적이었다. 오코너는 제벨아흐다르 산지 남쪽 메킬리에 있던 강력한 이탈리아 진영의 전방에 가까이 오자 사단의 이동을 멈추었다. 그러나 그때 정찰 장갑차와 영국 공군 항공기가 대규모 퇴각의 신호를 포착했다. 그라치아니 원수가 키레나이카에서 군대를 모두 철수하기 시작한 것이다.

2월 4일, 기병연대가 '벵가지 핸디캡'이라 불렀던 접전이 본격적으로 시작되었다. 제11경기병대를 앞세운 제7기갑사단은 이탈리아 제10군의 잔류 병력이 탈출하는 것을 차단하기 위해 매우 척박한 지대를 통과했다. 호주 제6사단은 해안 주위에서 퇴각하는 병력을 추격하여 2월 6일 벵가지로 진입했다.

이탈리아군이 벵가지에서 철수하고 있다는 소식을 듣고, 제7기갑사단의 마이클 크리그 소장은 베다폼에서 그들을 차단하기 위해 유격대를 먼저 보냈다. 제11경기병대, 소총여단의 제2대대, 왕립기포병대 소속의 3개 중대로 이뤄진 이 유격대는 제시간에 맞춰 길목에 도달했다. 하지만 필사적으로 벗어나려는 2만 명가량의 이탈리아 병사와 맞닥뜨리자, 유격대는 수적인 무게감에 짓눌려 겁을 먹었다. 그러나 육지 쪽에서 유격대가 이탈리아군에 완전히 둘러싸인 것처럼 보이던 순간, 제7경기병대의 경전차들이 나타났다. 횡대로 대규모 전선을 구축하고 있던 이탈리아군은 경전차 부대가 대열의 좌측으로 돌격하자 충격과 혼란에 휩싸였다. 전투는 해가 지고 나서야 끝났다.

전투는 이탈리아 전차들이 추가로 도착하고 나서 새벽이 지난 뒤 재개되었다. 영국 유격대 또한 제7기갑사단에서 대대를 지원받기 시작했다. 80대가 넘는 이탈리아 전차가 돌파를 시도하다가 파괴되었다. 그사이 벵가지에서 진군하던 호주군이 후방에서 점점 거세게 압박해왔다. 2월 7일 아침에 마지막 탈출 시도가 실패로 돌아가고 나서, 베르곤촐리 장군은 제11경기병대의 지휘관 존 쿰 중령에게 항복을 선언했다. 이탈리아 제10군에서 살아남은 고위 장교는 '전기수염'뿐이었다.

빗속에서 뒤죽박죽된 채 무리지어 앉아 있는 지치고 초라한 이탈리아 군사들의 광경이 펼쳐졌다. 쿰 수하의 한 중위는 누군가 무전기를 통해 제11경기병대가 포로를 얼마나 많이 잡았는지 묻자, 기병대에는 전혀 관심이 없다는 듯 "어디 보자, 몇 마지기는 될 것 같은데요"라고 대답한 것으로 알려져 있다. 닷새 후, 에르빈 로멜 중장이 트리폴리에 상륙했고, 뒤이어 아프리카 군단이라고 알려진 부대의 선발대가 따라붙었다.

10

히틀러의
발칸 전쟁

영국을 굴복시키려던 시도가 일단 실패로 돌아가자, 히틀러는 일생의 목표인 소련 침공에 집중했다. 그러나 소련을 침공하기 전에 먼저 독일 양옆을 보강하기로 했다. 핀란드와 협상은 시작했지만 남쪽의 발칸 반도가 더 중요했다. 이온 안토네스쿠 원수가 지휘하는 루마니아군이 인력의 원천이라면, 플로이에슈티 유전은 기갑사단에 공급할 연료의 원천이었다. 소련 또한 유럽 동남부 지역이 자국의 영향권에 있다고 여겼기 때문에, 히틀러는 준비가 완료되기 전에는 스탈린을 자극하지 않도록 신중하게 움직여야 한다는 것을 알고 있었다.

무솔리니가 그리스를 공격하여 비참한 결과를 얻자, 히틀러가 우려한 대로 영국군이 유럽 동남부에 주둔하게 되었다. 1939년 4월, 영국은 그리스에 지원을 약속했고, 그에 따라 메탁사스 장군은 도움을 요청했다. 영국이 지원한 전투기 중 첫 번째 전투기 비행대대는 1940년 11월 둘째 주에 그리스로 건너갔고, 육군부대는 크레타 섬에 상륙하여 이 섬의 그리스 군대가 알바니아 전선에서 활동할 수 있게 했다. 그리스 영공을 날아다니는 영국 공군이 플로이에슈티 유전을 공격할까봐 점점 조바심이 났던 히틀러는 국경에 조기경계 감시 초소를 설치하도록 불가리아 정부에 요청했다. 반면 메탁사스는 영국군에게 플로이에슈티 유정油井을 공격하여 나치 독일을 자극해서는 안 된다고 주장했다. 그리스가 이탈리아에는 대적할 수 있었지만, 독일 국방군에 대해서는 그럴 수 없었던 것이다.

그렇지만 히틀러는 추축국 전체의 체면을 구긴 이탈리아의 굴욕을 끝내고 무엇보다도 루마니아를 보호하기 위해 이제 그리스 침공을 고려하고 있었다. 11월 12일, 히틀러는 에게 해 북부 해안선을 지키기 위해 불가리아를 통한 침공 계획을 총사령부에 지시했다. 이 계획에는 마리타 작전이라는 암호명이 주어졌다. 그러자 곧 루프트바페와 해군은 그리스 본토 전체를 작전 대상에 포함시키자며 히틀러를 설득했다.

마리타 작전은 1941년 봄 지브롤터를 공격하고, 2개 사단으로 아프리카 서북부 지역을 점령하는 펠릭스 작전을 완수한 뒤에 이어질 예정이었다. 프랑스 식민지들이 비시 프랑스로부터 떨어져나갈까봐 두려웠던 히틀러는, 프랑스의 속국들과 함대를 공격할 아틸라 작전이라는 부수적인 계획을 지시했다. 반기를 들었다가는 인정사정 볼 것 없이 이 작전을 펼치겠다는 것이었다.

지브롤터가 지중해의 영국군에게 매우 중요했으므로, 히틀러는 첩보 기관인 아프베르의 국장 카나리스 제독을 보내 프랑코를 만나게 했다. 2월에 독일군이 스페인의 지중해 해안 도로로 이동할 수 있도록 동의를 얻으려 한 것이었다. 그러나 프랑코가 결국 추축국 편에서 전쟁에 돌입하게 되리라는 히틀러의 자신감은 지나친 낙관이었던 것으로 드러났다. 프랑코 총통은 "영국의 붕괴가 임박했을 때에만 전쟁에 가담할 수 있다"[1]며 확실하게 뜻을 전달했다. 히틀러는 이 프로젝트를 포기하지 않기로 했지만 지중해 서쪽에서 잠시 계획이 좌절되자, 바르바로사 작전지의 남쪽 측면으로 주의를 돌렸다.

1940년 12월 5일, 히틀러는 단 두 그룹의 항공대 부대만 시칠리아 섬과 이탈리아 남부 지역으로 보내 지중해 동쪽에 있는 영국 해군을 공격하겠다는 의도를 강력히 시사했다. 이 단계에서 히틀러는 리비아에 주둔하고 있던 이탈리아군을 지원하기 위해 지상군을 보낸다는 의견에 반대했다. 그러나 1941년 1월 둘째 주에 오코너의 부대가 진군에 쾌조를 보이자, 그 즉시 히틀러는 마음을 바꿨다. 리비아에 대해서는 거의 신경 쓰지 않았지만, 그 결과 만약 무솔리니가 타도된다면 결국 추축국에게는 타격이 되고 적군에게는 자신감을 심어주는 셈이 될 터였다.

시칠리아 섬에는 독일 항공대 제10항공군단 전체가 옮겨오면서 병력이 증강되었고, 제5경보병사단은 북아프리카 주둔 준비를 하게 되었다. 그러나 2월 3일에 오코너가 극적인 승리를 거두자 트리폴리타니아도 위험해졌다는 것이 점점 확실시되었다. 폴란드 침공과 프랑스 전투 당시 로멜 중장의 활약상을 잘 알고 있었던 히틀러는 로멜이 지휘하는 군단을 파견할 것을 지시했다. 파견 부대는 독일 아프리카 군단이라 불렸고, 암호명은 해바라기 작전으로 정해졌다.

무솔리니는 이탈리아 병력에 대한 실질적인 지휘권을 요구하는 로멜에게 동의할 수밖에 없었다. 2월 10일 로마에서 회담을 하고 나서, 로멜은 이틀 뒤 트리폴리로 날아가서는 서둘러 이탈리아의 도시 방어 계획을 파기했다. 전선은 로멜의 군대가 도착하기 전에 시르테에서 한참 먼 전방까지 전진하기로 되어 있었으나, 그러려면 시간이 다소 걸린다는 사실을 로멜은 곧 깨달았다. 제5경보병사단은 4월 초까지 수행 준비가 되어 있지 않았던 것이다.

그러는 동안, 시칠리아 섬의 제10항공군단은 몰타 섬에 맹공격을 퍼부었다. 특히 발레타에 있던 비행장과 해군 기지에 폭격을 집중시키고, 지중해 병목 해역에서 순항하던 영국 호송선단을 공격했다. 독일 해군 역시 영국

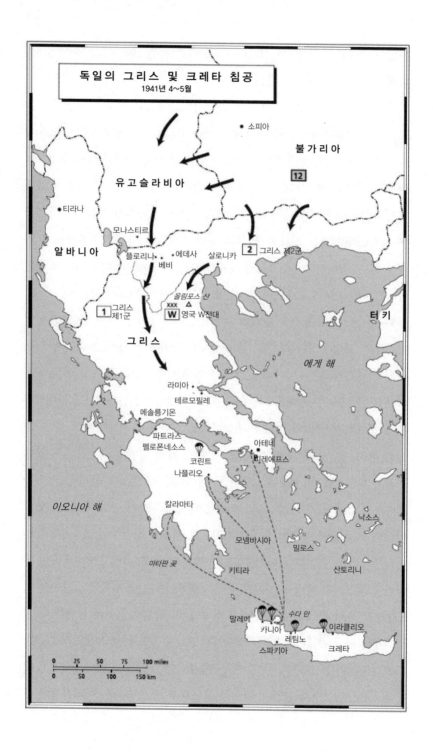

독일의 그리스 및 크레타 침공
1941년 4~5월

소피아

불 가 리 아

유 고 슬 라 비 아

12

티라나

모나스티르

플로리나   에데사   살로니카

2 그리스 제2군

알 바 니 아

베비

올림포스 산

XXX
W 영국 W전대

1 그리스
제1군

그 리 스

터 키

에 게 해

라미아

테르모필레

메솔룽기온

파트라스
펠로폰네소스

아테네

코린트

피레애프스

나플리오

이 오 니 아 해

칼라마타

낙소스

모넴바시아

밀로스

마타판 곶

키티라

산토리니

말레메

수다 만

카니아   레팀노

이라클리오

스파키아

크레타

0   25   50   75   100 miles

0   50   100   150 km

지중해 함대를 공격하도록 이탈리아 해군을 설득했지만, 이들의 논쟁은 3월 말까지 이렇다 할 묘안을 찾지 못했다.

그리스 침공을 위한 마리타 작전 준비는 1941년 첫 석 달 내내 계속되었다. 빌헬름 리스트 육군 원수가 지휘한 제12군 소속 부대들은 헝가리를 지나 루마니아로 이동했다. 두 나라 모두 반공산 정권이었고, 활발한 외교활동으로 추축국의 동맹국이 된 곳이었다. 불가리아도 힘을 보태면서 독일군은 불가리아 영토를 지날 수 있었다. 한편 스탈린은 이러한 전개에 깊은 의혹을 품고 지켜보았다. 주둔군의 목표가 오직 영국 정벌이라는 독일의 확언을 믿지 못하면서도 스탈린이 할 수 있는 일은 거의 없었다.

다뉴브 강 하류에 독일 군대가 집결해 있다는 사실을 아주 잘 알고 있던 영국군은 행동을 개시하기로 했다. 영국의 신뢰성을 높이고 미국에 강한 인상을 주고자 하는 바람에서, 처칠은 웨이블에게 트리폴리타니아로 진군할 생각을 버리고 그 대신 3개 사단을 그리스로 보내라고 지시했다. 메탁사스가 사망하자, 독일의 위협을 현실적으로 직면한 알렉산드로스 코리지스 신임 총리는 규모와 관계없이 원조를 받기 위해 만반의 준비를 갖추었다. 침울한 웨이블도, 커닝엄 제독도 모두 이 원정군이 독일을 물리칠 수 있을 거라는 기대를 걸지는 않았지만, 처칠은 영국의 명예가 걸려 있다고 믿었고 이든은 그렇게 하는 것이 옳다고 전적으로 확신했기 때문에, 3월 8일에 두 사람은 원정을 승인했다. 사실 5만 8000명으로 이뤄진 이 강력한 군대는 영국이 그리스와의 약속을 지키기 위해 보낸 것이었는데 병력의 절반 이상이 호주인과 뉴질랜드인으로 구성되어 있었다. 이 구성은 손쉽게 동원할 수 있었기 때문인데 이 점이 나중에 호주인의 크나큰 분노를 불러일으키게 된다.

원정군 지휘관은 메이틀랜드 윌슨 장군이었는데, 그는 워낙 큰 덩치 때문에 '점보'로 알려져 있었다. 윌슨은 앞으로의 전투에 대한 어떠한 환상도 갖고 있지 않았다. 아테네의 영국 공사였던 마이클 팔래릿이 지나치게 낙관적인 보고를 하자 윌슨은 이렇게 말했다고 한다. "음, 그 점에 대해선 잘 모르겠소. 난 이미 펠로폰네소스의 지도를 주문했소."[2] 그리스 본토 최남단에 있는 펠로폰네소스 반도는 윌슨의 군대가 패배하면 물러나야 할 곳이었다. 고위 장교들은 영국군이 모험을 벌이고 있는 그리스가 '제2의 노르웨이'가 되리라고 보았다. 반면에 그보다 더 많은 호주 및 뉴질랜드 하급 장교들은 유고슬라비아를 지나 오스트리아 빈으로 향하는 침공 경로를 연구하기 위해 발칸 지도를 열심히 들여다보고 있었다.

윌슨이 이끄는 W전대는 불가리아로부터 가해지는 독일의 침공을 맞을 준비를 했다. 유고슬라비아 국경에서 올림포스 산 북쪽 에게 해 해안으로 비스듬히 흐르는 알리아크몬 강의 일부를 따라 알리아크몬 전선이라 이름 붙은 곳에 W전대를 배치했다. 버나드 프라이버그 소장이 지휘한 뉴질랜드 제2사단이 우익에, 호주 제6사단이 좌익에 배치되었고, 영국 제1기갑사단이 견제 부대로 전방에 배치되었다. 그때까지만 해도 연합군 부대들은 대기하고 있으면서 목가적인 나날들을 보냈다. 비록 밤공기는 차가웠지만, 날씨는 화창하고 야생화들은 산을 온통 뒤덮었으며 그리스 주민들은 더없이 친절하게 환대해주었다.

영국군과 자치군이 그리스에서 독일의 공격을 기다리는 동안, 독일 해군은 이탈리아 해군에게 영국 함대를 공격하여 북아프리카로 로멜 부대를 수송 중인 수송선들로 향한 그들의 관심을 분산시키라고 압박을 가했다. 이탈리아군은 이탈리아 남쪽에서 비행군단의 지원을 받기로 하고 영국 해군의 제노바 폭격에 대한 복수를 다짐했다.

3월 26일, 이탈리아 해군은 전함 비토리오 베네토 함과 중순양함 6척, 경순양함 2척, 구축함 13척을 바다에 띄웠다. 울트라 암호 해독 작전으로 독일 항공대의 움직임을 포착하고 위협을 감지한 커닝엄은 가용 군함을 배치했다. A전대는 전함 HMS 워스파이트, 발리언트, 바함, 항공모함 HMS 포미더블과 구축함 9척으로 구성하고, B전대는 경순양함과 구축함을 각각 4척씩 두어 편성했다.

3월 28일, 비토리오 베네토 소속 수상비행기가 B전대의 순양함들을 발견하고 안젤로 이아치노 제독이 지휘하던 함대가 그들을 쫓아갔다. 이아치노는 크레타 섬 동쪽과 마타판 곶 남쪽에 커닝엄의 함대가 주둔하고 있다는 사실을 알지 못했다. 비토리오 베네토는 HMS 포미더블에서 날아온 뇌력기의 공격을 받았지만, 가까스로 빠져나왔다. 두 번째 제대에서는 중순양함 폴라가 피해를 입어 해상에 멈추었다. 다른 이탈리아 선박들이 지원에 나섬으로써 영국은 기회를 얻었다. 영국의 맹포격으로 폴라를 포함한 중순양함 3척과 구축함 2척이 침몰했다. 비록 커닝엄은 비토리오 베네토호가 탈출한 것 때문에 크게 좌절했지만, 이 마타판 곶 전투는 영국 해군의 사기를 크게 높여준 승리였다.

독일의 그리스 공격은 4월 초에 시작하는 것으로 계획되어 있었지만, 유고슬라비아에서 예상치 못한 위기가 터졌다. 히틀러는 바르바로사 작전 이전에 발칸 반도를 지키기 위한 외교적 공세의 일부로 유고슬라비아의 섭정인 파울 왕자를 자기편으로 끌어들이려 노력했다. 그런데 독일이 강압적으로 유고슬라비아의 모든 원자재를 얻으려 하자 유고슬라비아인 사이에서는 분노가 점점 커지고 있었다. 히틀러는 3국 군사 동맹에 합류하도록 유고슬라비아 정부를 설득했고, 3월 4일에는 리벤트로프와 함께 파울 왕자를 강하게 압박했다.

유고슬라비아 정부는 국내에서 반대 세력이 커지고 있음을 잘 알고 협정을 미루었지만, 독일 정부의 요구는 매우 집요했다. 결국 파울 왕자와 정부 대표단은 3월 25일 빈에서 동맹 조약을 체결하기에 이른다. 그러나 이틀 후,

제2차 세계대전

세르비아 장교들이 수도 베오그라드에서 쿠데타를 일으켜 권력을 장악해버렸다. 그 결과 파울 왕자는 섭정 자리에서 쫓겨났고 어린 페테르 2세가 왕좌에 앉았다. 베오그라드에서는 반독일 시위가 벌어져 독일 공사의 차량이 공격을 받기도 했다. 통역관의 말에 따르면 히틀러는 '복수를 다짐'[3]했다고 한다. 그는 쿠데타에 영국이 일조했을 거라고 점점 확신하게 되었다. 리벤트로프는 즉시 일본 외무장관과 회담을 열어 일본군이 싱가포르를 점령하도록 제의하라는 명령을 받았다. 히틀러는 육군 총사령부에 침공을 준비하라고 지시했다. 최후통첩도, 선전포고도 없었다. 루프트바페는 최대한 빨리 베오그라드를 공격하기로 했다. 이 작전은 징벌 작전이라 불리게 된다.

히틀러는 3월 27일 베오그라드에서 일어난 이 쿠데타가 '유대계 앵글로색슨족 전쟁광과 모스크바 볼셰비키 본부를 장악한 유대인들의 음모'의 '최후 증거'[4]라고 보았다. 더욱이 히틀러는 이것이 전부터 그가 이미 파기하려고 했던 독소 우호조약에 대한 비열한 배신이라고 믿게 되었다.

비록 유고슬라비아 정부가 베오그라드를 무방비 도시로 선언하기는 했지만, 4월 6일 종려주일에 징벌이 시작되었다. 이틀 동안 제4항공함대는 도시 대부분을 파괴했다. 민간인 사상자 수는 셀 수 없을 정도였다. 어림잡아 약 1500명에서 3만 명 사이의 민간인이 사망한 것으로 다양하게 집계되고 있다.[5] 유고슬라비아 정부는 서둘러 소련과의 조약을 체결하려 했으나, 스탈린은 히틀러를 자극할까 염려되어 아무런 조치도 취하지 않았다.

항공기 500기가 일요일에 베오그라드를 폭격하는 동안, 아테네에 있던 독일 공사는 영국군이 그리스 땅에 주둔하고 있으니 독일 국방군이 그리스를 침공할 것이라고 그리스 총리에게 통보했다. 이에 대해 코리지스 총리는 그리스가 스스로를 지킬 것이라고 대답했다. 4월 6일 동이 트기 전, 리스트가 지휘한 제12군은 남쪽으로 그리스, 서쪽으로 유고슬라비아를 향해 동시 공격을 시작했다. 독일 제11기갑사단 소속의 한 상병은 자신의 일기에 이렇게 기록했다. "오전 5시 30분에 유고슬라비아 공격을 개시했다. 전차들이 출발했다. 경포가 불을 뿜고, 중포가 행동에 들어갔다. 정찰기가 나타나더니, 슈투카 40기가 그 자리에서 폭격을 하고 막사는 불길에 휩싸였다…… 엄청난 새벽 광경이었다."[6]

같은 날 이른 아침, 거만하기로 유명한 제8비행단의 사령관 볼프람 폰 리히트호펜 항공 대장은 제5산악사단의 공격을 살피러 루펠 협곡을 통해 유고슬라비아 국경으로 가서, 자신이 지휘한 슈투카의 활동을 지켜보았다. 새벽 4시에 리히트호펜은 전투 사령부에서 일기를 썼다. "날이 밝아오자, 대포의 포격이 시작되었다. 포화가 엄청나다. 이어서 폭탄이 터졌다. 그리스에 인사치레치고는 과도한 게 아닌가 싶은 생각이 들기 시작한다."[7] 그러나 리히트호펜의 항공기가 아군을 폭격하는 실수를 저지르면서 제5산악사단을 당황케 하는 사건이 발생했다. 한편 그리스군은 리히트호펜이 예상했던 것보다 훨씬 더 끈질겼다.

급하게 동원되었고 대공포와 대전차포 모두 부족했던 유고슬라비아 육군은 독일 항공대와 기갑사단의 힘에 맞설 수 없었다. 독일군은 기회만 오면 항복하는 크로아티아나 마케도니아군보다 세르비아군이 더 단호하게 저항한다는 사실에 주목했다. 1500명의 포로 행렬이 슈투카의 실수로 공격을 받아, '끔찍할 정도로 많은' 포로가 사망했다. 리히트호펜은 "이게 바로 전쟁이지!"[8]라고 반응했다 한다.

유고슬라비아 침공으로 알리아크몬 전선에 예상치 못한 위험이 닥쳤다. 만약 독일군이 플로리나 인근의 모나스티르 협곡을 통해 남쪽으로 내려온다면 연합군 진영은 즉시 측면에서 포위되는 상황이었는데, 실제로 독일군은 그 길로 진격하고 있었다. 알리아크몬 전선에 있던 연합군은 이러한 위협에 대응하기 위해 후퇴해야 했다.

히틀러는 그리스에 와 있는 연합국의 원정군을 차단하고 궤멸시키고 싶었다. 윌슨 장군이 은밀한 이점을 가지고 있다는 사실을 몰랐던 것이다. 울트라 작전을 통해 블레츨리 파크Bletchley Park 영국이 독일 암호 체계를 해독하기 위해 특별 센터를 설치한 곳에서 해독한 암호로 영국군 야전사령관은 독일 국방군의 이동을 처음부터 알고 있었던 것이다. 그러나 영국과 그리스 사령부 모두 유고슬라비아군이 전역을 통틀어 단 151명의 독일군만을 사살한 채 급속하게 무너져버리자 당혹감을 금치 못했다.

그리스 군대가 불가리아 국경 인근까지 올라가서 메탁사스 전선을 방어하며 용맹스럽게 싸웠지만, 결국 독일 제18산악군단 중 일부가 유고슬라비아의 동쪽 최남단을 돌파하면서 살로니카로 가는 길을 열게 되었다. 4월 9일 아침, 리히트호펜은 제2기갑사단이 살로니카 근처에 진입했다는 '놀라운 소식'[9]을 듣게 된다. 게다가 그리스군이 루펠 협곡 부근에서 계속 반격하고 있어, 좀더 주의 깊어진 리히트호펜은 그들을 쳐부수기 위해 폭격기 부대의 방향을 돌리게 되었다.

4월 11일, 베비 남쪽에 있던 영국 제1기갑여단은 히틀러의 친위대인 SS LAH 일부와 맞닥뜨리게 되었다. 통신대대장 제리 드 윈턴 소령은, 그날 어스름한 저녁 빛 아래에서 본 골짜기의 풍경을 "버틀러 부인의 그림처럼, 서쪽으로 태양이 지고, 전방에서 독일군이 공격해오며, 우측에서는 포수들이 각자의 위치에서 조준하고 있었다"[10]라고 묘사했다. 독일군의 무선 내용이 "베비 근처에서 맹렬한 저항에 맞닥뜨렸다."[11]인 것으로 보아 이러한 태세가 효과적임을 알 수 있었다. 그러나 그러한 움직임은 극히 소수에 불과했다. 연합군은 독일군보다 겨우 한발 앞서서 산과 산을 지나며 철군을 시작했다. 차량이 부족했던 그리스 군대는 따라갈 수 없어, 알바니아 전선 에피루스의 그리스 육군과 W전대 사이에는 큰 공백이 생겼다.

사정없이 가해지는 공중 공격에 시달리자 전차와 차량들은 돌투성이 길에서 운행할 수 없어 버려지거나 파괴되어야 했다. 소수에 불과했던 영국 공군 허리케인 비행대대도 리히트호펜이 이끄는 메서슈미트 부대의 압도적인 물량 공세 때문에 거의 도움이 되지 못했다. 한 임시 비행장에서 다른 비행장으로 물러나며 퇴각하는 동안, 불안해진 병사들은 프랑스의 함락을 떠올렸다. 한편 격추된 독일 항공기의 조종사들은 모두 복수의 칼을 갈고 있던 그리스 주민들에게 혹독한 취급을 받아야 했다.

4월 17일, 유고슬라비아가 항복했다. 뿔뿔이 흩어져 있던 유고슬라비아 군대는 북쪽의 오스트리아 영토와 헝가리, 루마니아, 불가리아에서 쳐들어오는 리스트 휘하의 군대를 당해낼 수 없었다. 제11기갑사단은 매우 만족스러워했다. 한 상병의 일기에는 "단 닷새 만에 적군 사단 7개를 쳐부수었다. 엄청난 양의 전쟁 물자를 손에 넣고 포로 3만 명을 잡았으니, 베오그라드는 항복할 수밖에 없었다. 우리가 잃은 것은 매우 적다"[12]라고 기록되었다. 제2SS기갑군단 다스 라이히의 한 부대원은 의문을 품었다. "충분하지도 않고 구식인 데다 오합지졸인 군대를 꾸려서 과연 (유고군이) 독일 국방군에 맞설 수 있다고 믿었을까? 그건 마치 지렁이 한 마리가 보아 뱀을 삼키려드는 것이나 마찬가지 아닌가!"[13]

가볍게 따낸 승리에도 불구하고, 오스트리아인인 히틀러는 세르비아 사람들에 대한 복수에 열을 올렸다. 히틀러는 여전히 제1차 세계대전과 그에 따른 모든 병폐가 그 테러리스트들 때문이라고 생각하고 있었다. 유고슬라비아는 이제 갈기갈기 찢겨 그 영토는 헝가리, 불가리아, 이탈리아, 동맹국에 분배될 것이었다. 크로아티아는 파시스트 정부의 통치하에 이탈리아 보호국이 되었고, 독일은 세르비아를 지배하게 되었다. 그러나 나치가 세르비아를 가혹하게 대하면서 결국 위험한 역효과를 일으켜, 잔인하기 짝이 없는 게릴라 전투가 벌어지고 독일의 원자재 채굴에도 지장을 받았다.

연합군과 그리스군 사이에 유고군이 섞인 채 그리스에서 퇴각을 하던 중 환상과도 같은 장면이 연출되었다. 한 부대가 꽉 막힌 길에서 이동하고 있었는데, 2색 신사화를 신은 한 베오그라드 한량이 애인과 함께 뷰익 컨버터블 자동차를 타고 나타난 것이다. 또 한 영국 장교는 "오래전 전쟁에서 패한 유령들처럼 세르비아 창기병 대대가 긴 망토를 걸치고 달빛 아래를 지나가는 모습을 보고"[14] 자신이 꿈을 꾸고 있다고 생각했다.

좌익에 있던 그리스군과 W전대 사이의 모든 연락이 끊기자, 윌슨 장군은 영국군에게 테르모필레 전선으로 퇴각하라는 명령을 내렸다. 이것은 오직 뉴질랜드 제5여단이 템페 계곡을 용감하게 방어하여 독일 제2기갑사단과 제6산악사단의 움직임을 사흘간 지체시킨 덕분에 가까스로 가능해진 일이었다. 그러나 울트라 작전 센터에서 암호를 해독한 결과, 독일군은 아드리아 해안을 따라 코린트 만으로 향하고 있었다.

그리스에 있던 연합군은 퇴각하면서 교량과 철도를 파괴하는 일이 못내 난처했지만, 현지 주민들은 변함없이 매우 관대하고 우호적인 태도로 군인들을 대했다. 비록 그리스가 적국에 점령당할 가능성이 농후했지만, 정교회 목사들은 연합군 차량들에 가호를 빌었고, 그들이 길을 떠날 때 여성 주민들은 꽃과 빵을 전달했다. 그리스인들은 자신들의 운명이 얼마나 끔찍해질지 알지 못했다. 몇 달 후, 빵 한 덩이의 가격이 200만 드라크마까지 치솟고, 점령이 시작된 첫해에 4만 명 이상의 그리스인이 아사했다.[15]

그리스 총리가 자살한 다음 날인 4월 19일, 웨이블 장군은 협의를 위해 아테네로 날아갔다. 상황이 불확실했기 때문에 참모들은 군용 리볼버를 지니고 왔다. 윌슨 휘하의 군대를 모두 철수시키는 결정은 이튿날 아침에 내려졌다. 그날 아테네 상공에서는 마지막 15기의 허리케인이 독일 항공기 120기에 맞섰다. 그랑드 브르타뉴 호텔에서 영국 사절단과 군사임무 부서들은 울트라 작전 암호 해독 내용이 실린 문서를 포함한 중요 문서를 불태우기 시작했다.

철군 명령 소식이 퍼졌을 때, 연합군은 여전히 힘을 내 가던 길을 계속 갔다. "행운을 안고 돌아오라! 이기고 돌아오라!" 그리스인들이 외쳤다. 수많은 장교와 사병은 그리스인을 운명에 맡겨야 한다는 생각에 눈물을 흘렸다. 빨리 이 혼란 속에서 벗어나야 한다는 생각만이 병사들을 결집시켰다. 호주군과 뉴질랜드군이 후위에서 강력하게 독일군을 저지하는 동안, W전대의 잔여 병력은 아테네 남쪽 라파나와 포르토 라프트, 또는 펠로폰네소스 남부 해안에 있는 승선 지점으로 향했다. 독일군은 제2의 됭케르크의 기적[16]이 일어나도록 가만히 지켜보고 있을 순 없었다.

비록 파파고스 장군과 게오르게 2세 그리스 국왕은 연합 원정군이 본토에 남아 있는 한 계속 싸우고 싶어했으나, 이탈리아군을 마주하고 있던 에피루스 육군의 사령관들은 독일에 항복하기로 했다. 4월 20일, 게오르기오스 촐라코글루 장군은 그리스 육군이 이탈리아군의 처분을 받지 않는다는 조건으로 리스트 육군 원수와 협상을 시작했다. 리스트는 합의했다. 이 소식을 듣고 분노한 무솔리니는 히틀러에게 불평했고, 히틀러는 또다시 동맹국이 굴욕을 당하는 꼴을 보고 싶지 않았다. 히틀러는 성미가 사나운 리스트 대신 국방군 총사령부의 알프레트 요들 육군 중장을 항복 선언식에 보내 이탈리아 장교들과 함께 참석시켰다.

독일 제11기갑사단의 한 포병장교는 손쉽게 따낸 승리의 전율을 4월 22일 아내에게 쓰는 편지에 표현했다. "적을 만나면 그들에게 발포를 했고, 싸움에서 늘 기쁨의 도가니를 경험했소. 즐거운 전쟁이었지…… 우리는 햇볕에 그을린 채 승리를 확신했소. 이 사단 소속이라는 건 참 멋진 일이구려."[17]

제73보병사단의 한 대위는 새로운 유럽의 질서와 함께 평화가 발칸에까지 찾아오면 '우리 아이들은 더 이상 전쟁을 겪지 않을 것'[18]이라고 생각했다. 4월 26일에 독일 부대가 처음으로 아테네에 입성한 직후, 붉은색의 거대한 스바스티카 깃발이 아크로폴리스에 게양되었다.

같은 날 새벽, 독일 낙하산 부대는 코린트 운하 남쪽에 강하하여 연합군의 퇴각을 저지하려 했다. 혼란스러운 교전 속에서, 보포스 포를 운영하던 일부 뉴질랜드군과 제4경기병대의 경전차 몇 대 때문에 낙하산 부대에는 많은 사상자가 발생했다. 낙하산 부대는 또한 교량을 장악하라는 주요 임무도 달성하지 못했다. 폭발물을 가진 공병 장교 2명이 돌아가서 폭파시켰다.

독일이 아티카에서 승리를 자축하는 동안, 월슨 부대의 철군은 필사적으로 계속되었다. 활용 가능한 모든 수단이 동원되었다. 블레넘 경폭격기와 선덜랜드 비행정은 폭탄 투하실과 포탑에 병사들을 불편하게 억지로 밀어넣은 후 겨우 이륙했다. 돛배와 부정기 화물선 등 사용 가능한 모든 선박이 남쪽 크레타 섬을 향해 물살을 갈랐다. 영국 해군은 다시 한번 패배한 군대를 실어 나르기 위해 순양함 6척과 구축함 19척을 보냈다. 펠로폰네소스 반도의 남쪽 승선항으로 이어지는 길들은 급히 파괴한 군용 차량들로 막혀버렸다. 결국 그리스에 보낸 병사 5만8000명 중 1만4000명만이 포로로 잡혔다. 또 다른 2000명은 전투 중에 전사하거나 다쳤다. 패전으로 병사를 잃은 것은 상황을 악화시키는 정도였지만, 장갑차와 운송 수단, 무기 등을 잃은 것은 로멜의 이집트 침공 시 치명적인 결과를 초래하게 되었다.

히틀러는 남쪽 측면을 지킨 것에 대해 안심했지만, 전쟁이 끝나기 바로 직전에 바르바로사 작전이 연기된 것은 이 작전 때문이라고 생각했다. 최근에 역사가들은 소련 침공을 목표로 했던 마리타 작전의 효과에 대해 의견이 분분하다. 역사가 대부분은 그 작전이 거의 영향을 끼치지 않은 것으로 받아들이고 있다. 바르바로사 작전이 5월에서 6월로 연기된 것은 대개 다른 이유에서라는 것이다. 이를테면 1940년에 프랑스군에게서 빼앗은 차량이 대부분인 운송 수단 분배 지연이 주된 이유이고, 연료 배급 문제 또는 늦은 봄 폭우 탓에 비행장을 건설하는 데 겪은 어려움 등과 같은 다른 이

유도 있었다. 하지만 한 가지 틀림없는 사실은 마리타 작전의 일환으로 독일이 남쪽으로 치고 나감으로써 소련 침공이 아닌 수에즈 운하 장악에 초점을 두고 있는 것처럼 스탈린에게 확신을 심어주었다는 점이다.[19]

W전대 잔여 병력을 잔뜩 태운 배들은 에게 해를 지나가면서 리히트호펜이 이끄는 슈투카와 융커스 88, 메서슈미트의 공격을 피하기 힘들었다. 두 척의 병원선을 포함하여 선박 26척이 격침되고, 사병 2000명 이상이 전사했다. 영국 해군 구축함인 HMS 다이아몬드와 HMS 라이네크가 침몰하는 네덜란드 상선에서 병사들을 구하기 위해 애쓰는 동안 3분의 1이 넘는 사상자가 발생했다. 결국 계속되는 독일 항공기의 공격에 두 척 모두 침몰했다.

구출된 사병의 대부분인 약 2만7000명이 4월의 마지막 며칠 동안 크레타 섬 북부 해안에 있는 거대 천연 항구인 수다 만에 상륙했다. 지친 병사들은 올리브 숲 안의 방공호로 터덜터덜 발걸음을 옮겨 건빵과 쇠고기 통조림을 받았다. 하지만 혼란 속에 뒤섞인 낙오자, 정비병, 장교를 잃은 부대원, 영국 민간인 등은 어디로 가야 할지 알 수 없었다. 프라이버그 휘하의 뉴질랜드 사단은 몇몇 호주군 대대와 함께 질서 정연하게 배에서 내렸다. 이들 모두는 로멜 부대와의 전투를 계속하기 위해 이집트로 다시 파병될 거라고 예상했다.

몰타 섬 침공 계획은 독일 국방군이 2월 초부터 이미 구상해왔던 일이었다. 독일 육군과 해군 모두 리비아로 가는 호위함대를 보호하기 위해 몰타 섬 침공에 찬성했지만 히틀러는 소련을 정복하고 나서 연말에 실행하기로 결심했다. 리비아에 주둔 중인 추축국 군대에 재보급을 하는 데 몰타 섬에 주둔하고 있는 영국군이 성가신 존재이기는 했지만, 크레타 섬이 플로이에슈티 유전을 폭격할 발판으로 쓰일 수 있기 때문에 히틀러 입장에서는 크레타 섬의 연합군 기지들이 더 큰 위험 요소였다. 이와 비슷한 이유로, 히틀러는 이탈리아군에게 모든 수단을 동원하여 도데카네스 제도를 지키고 있을 것을 요구했다. 독일군이 크레타 섬을 점령하는 데에는 뚜렷한 이점도 있었다. 크레타 섬을 알렉산드리아 항과 수에즈 운하를 폭격할 기지로 활용할 수 있다는 점이었다.

아테네가 무너지기도 전에, 독일 항공대 장교들은 크레타 섬에 공수부대를 파견할 가능성을 연구하기 시작했다. 이 점에 대해서는 독일 공수부대의 창시자인 쿠르트 슈투덴트 항공 대장이 특히 열망했다. 독일 항공대는 영국 본토 항공전에서 영국 공군을 꺾는 데 실패한 뒤 체면을 다시 세워야겠다고 생각했다. 그 계획에 찬성한 괴링은 4월 21일에 슈투덴트를 데리고 히틀러를 만나러 갔다. 슈투덴트는 크레타 섬을 장악하는 데 자신이 이끄는 제11항공군단을 이용하고 나중에 로멜 휘하의 아프리카 군단이 당도하면 공수부대를 이집트에 강하시키는 계획에 대해 간략히 설명했다. 히틀러는 다소 회의적인 태도를 보이며 사상자가 많이 발생할 것으로 예측했다. 히틀러는 슈투덴트의 계획 중 두 번째 안은 거부했지만, 바르바로사 작전 공격 개시일을 늦추지 않는다는 조건하에 크레타 섬을 침공하는 계획은 허가했다. 이 작전에는 메르쿠르Merkur(머큐리)라는 암호명이 주어졌다.

크레타 섬은 방어하기 어려운 섬이라는 사실을 웨이블과 커닝엄 제독 모두 아주 잘 알고 있었다. 항구 및 기존 비행장들은 거의 모두 북부 해안에 있었다. 이 시설들은 도데카네스의 추축국 비행장에서 날아오는 공격에 몹시 취약했고, 선박을 통해 섬에 재보급을 하기도 여의치 않았다. 3월 말 울트라 작전 센터에서는 제7공수사단을 포함해 슈투덴트 장군이 지휘하는 제11항공군단 일부가 불가리아에 주둔하고 있다는 내용의 암호를 해독해 냈다. 4월 중순, 또 다른 신호가 잡혀 250기의 수송기가 그곳으로 이동 중이라는 사실도 알아냈다. 공수 작전을 계획하고 있는 것이 분명했다. 특히 만약 독일군이 수에즈 운하로 가는 디딤돌로 쓸 곳을 찾는다면 그 대상은 크레타 섬이 될 공산이 컸다. 5월 첫째 주에 울트라 작전 센터가 분주해지 더니, 역시 크레타 섬이 표적이라는 사실을 확인했다.

1940년 11월에 영국이 섬을 점령한 이래, 영국 전략 기획자들은 독일이 공수부대만으로 크레타 섬을 장악하려 할 수도 있다고 확신했다. 지중해 동쪽에서는 영국 해군의 힘이 크고 추축국 군함들은 열세였기 때문에 상 륙 공격은 배제되었다. 크레타 섬으로 간 첫 번째 사령관인 티드버리 준장 이 조심스럽게 정찰한 결과, 이라클리오와 레팀노, 말레메에 있는 비행장, 그리고 카니아 서남쪽 계곡이 바로 독일군이 낙하할 예상 지점임을 알아냈 다. 5월 6일, 울트라 작전 센터는 말레메와 이라클리오가 '사령부와 육상부 대를 포함한 제11항공군단의 나머지가 착륙할 곳'[20]이 될 것은 물론, 강하 폭격기와 전투기의 전진 기지가 될 것으로 확인했다.

영국군은 거의 6개월간 크레타 섬에 주둔했지만, 처칠의 요구와 달리 섬 은 거의 요새화되지 않았다. 그 이유는 다소 무기력함 때문이었는데, 확신 이 서지 않은 탓도 있었고 웨이블이 계산한 우선순위 목록에서 크레타 섬 의 순위가 낮았기 때문이기도 했다. 노출이 덜한 남부 해안의 도로가 이제 겨우 요새화되기 시작한 데다 비행장 건설은 지지부진했다. 처칠이 해군의 두 번째 스캐파플로로 여겼던 수다 만에서조차 시설들은 부족했다.

빅토리아 십자 훈장을 받은 바 있는 뉴질랜드 사단장 버나드 프라이버그 소장은 4월 29일에야 HMS 아이아스를 타고 크레타 섬에 도착했다. 프라이 버그는 그리스에서 사병들이 모두 떠나는 것을 확인하며 거의 마지막 순간 까지 기다린 인물이었다. 또 근성이 대단했던 프라이버그는 불운했던 갈리 폴리 작전 때 용맹함을 보여주어 처칠의 오랜 우상이기도 했다. 처칠은 그 를 '위대한 성인 버나드'라고 불렀다. 프라이버그가 도착한 다음 날, 그는 그날 아침 블레넘 폭격기를 타고 크레타 섬으로 날아온 웨이블의 요청으로 회의에 소환되었다. 두 사람은 해변의 한 별장에서 만났다. 웨이블은 프라이버그에게 뉴질랜드군과 크레타 섬에 머물면서 섬 방어를 지휘해줄 것을 부탁해 그를 놀라게 했다. 웨이블은 '5000~6000명으로 구성된 공수부대가 강하할 것으로 추정되고 해상 공격 가능성도 있는'[21] 독일의 공격에 대한 정보를 요약하여 설명해주었다.

프라이버그는 공중 방호 병력이 부족한 것을 알고 낙심했다. 게다가 영국 공군이 '해상 침공'[22]에 맞설 보호를 제공하지 못할 거라는 사실이 두려웠다. 이 점은 아마 처음부터 프라이버그가 완전히 오해한 것으로 보인다. 공수부대의 공격으로 크레타 섬이 함락된다는 것은 상상할 수도 없었기 때문에 프라이버그는 해상의 위협에 중점을 두었다. 그러나 웨이블은 추축국이 해군력을 바다에 투입하지 않았다는 내용의 메시지를 런던에 보낼 정도로 뚜렷한 확신이 있었다. 프라이버그가 이렇게 근본적으로 오해함으로써 자신의 원래 병력을 배치하는 데는 물론, 중요한 순간에 전투를 지휘할 때도 그 영향이 미치게 된다.

크레타 섬에 주둔한 프라이버그 휘하의 연합군은 크레포스로 불렸다. 섬 동부의 이라클리오 비행장은 영국 제14보병여단과 호주 대대가 방어했고, 레팀노 비행장은 호주군 2개 대대와 그리스군 2개 연대가 맡고 있었다. 그러나 독일군의 주요 표적이었던 서부의 말레메 비행장은 단 하나의 뉴질랜드 대대만이 지키고 있었는데, 이는 프라이버그가 카니아 바로 서쪽에 있는 해안에서 상륙 공격이 들어올 거라고 생각했기 때문이다. 결국 그는 웰리 연대와 또 다른 뉴질랜드 대대 하나를 예비 병력으로 남겨두고 사단을 대부분 그 지역에 집중시켰다. 말레메보다 먼 곳에는 병력을 전혀 배치하지 않았다.

5월 6일, 울트라 작전 센터에서 독일군이 크레타에 공중으로 2개 사단을 상륙시키려는 계획을 하고 있다는 내용의 암호를 풀어냈다. 이것은 웨이블이 처음에 예상했던 것의 두 배가 넘는 병력이었다. 독일군의 계획에 대한 추가 확인 내용과 세부 정보가 도착하자, 주력 병력이 공수부대라는 사실은 명백해졌다. 하지만 불행히도 런던의 군사정보 위원회는 둘째 날에 해상으로 이동해올 예비 병력의 수를 늘려 잡는 실수를 범했다. 게다가 프라이버그는 훨씬 앞서나가서, '전차를 해안에 상륙시킬'[23] 가능성을 예측하고 있었는데, 이 점에 대해서는 군사정보 위원회도 전혀 언급이 없었다. 전투 후에 그는 이렇게 고백했다. "우리는 그저 우리 입장에서 공중강하의 위협이 아닌 해상 상륙에 대부분 열중하고 있었다."[24] 한편 처칠은 울트라 작전 센터의 암호 해독으로 공수부대의 침공에 대해 구체적인 정보를 알게 되자 매우 기뻐했다. 전쟁에서 적이 공격할 정확한 시간대와 주요 공격 대상을 알 기회는 흔치 않았다. 처칠은 웨이블에게 '낙하산 부대를 처단할 좋은 기회'[25]라고 메시지를 보냈다.

연합군 수비대가 정보력 면에 큰 이점을 지녔던 반면, 독일군의 군사 정보력은 몹시 빈약했다. 아마도 손쉽게 승리를 따낸 이후 자만했기 때문일 것이다. 공격 전날인 5월 19일, 분석 결과 크레타 섬에는 단 5000명의 연합군이 주둔 중이고, 그중 400명은 이라클리오에 있는 것으로 추정되었다. 도르니에 항공기가 항공사진 촬영을 위해 정찰비행을 했지만 감쪽같이 위장하고 있는 영국군과 자치군의 위치를 알아내지는 못했다. 무엇보다 놀라운 것은, 크레타 섬 주민들이 독일 침략자들을 환영할 것이라는 브리핑이었다.

비행기 연료 배달이 지연되는 바람에, 작전은 5월 17일에서 20일로 연기되었다. 그리고 공격 전 마지막 며칠 동안, 리히트호펜이 이끌던 슈투카와 메서슈미트의 공습이 극적으로 늘어났다. 이들의 주요 목표는 대공포가 위치한 곳이었다. 무기를 버리고 이미 파괴된 것처럼 보이게 하라는 지시가 내려진 이라클리오 비행장을 제외하고, 나머지 구역에서는 보포스 대원들이 끔찍한 시간을 보냈다. 아주 영리하게도, 영국 제14보병여단은 독일군의 낙하산 부대와 수송기들이 도착할 때를 대비해 대공포들을 대기시키고자 했다. 그러나 독일군이 비행장들을 파괴하지 않고 바로 사용하려 한다는 사실을 암호 해독을 통해 알게 되었으면서도 또다시 혼란스러워한 프라이버그는 활주로에 폭탄 구멍을 만들어 망가뜨리는 데에도 실패했다.

연합군이 대기하고 있던 5월 20일 새벽, 하늘은 맑았다. 평소처럼 덥고 아름다운 지중해의 하루가 될 터였다. 평소와 같이 공중 공격은 오전 6시에 시작되어 한 시간 반 동안 계속되었다. 공격이 일단 끝나자, 군인들은 개인용 참호에서 빠져나와 아침 식사를 위해 차를 끓였다. 5월 17일에 이미 공수부대의 공격이 들어올 거라는 경고가 있었지만, 병사들 다수는 이제 공격이 아예 들어오지 않을 수도 있다고 생각했다. 프라이버그는 독일 공수부대의 공격이 그날 아침으로 예정되어 있었다는 것을 알면서도 그 정보를 전달하지 않기로 마음먹고 있었다.

오전 8시가 되기 직전, 융커스 52 수송기가 섬에 접근하면서 낯선 비행기 엔진 소리가 들렸다. 병사들은 소총을 들고 각자 위치로 되돌아갔다. 말레메와 프라이버그의 사령부 근처 아크로티리 반도에서, 날개가 길고 끝이 뾰족한 이상한 모양의 비행기가 머리 위로 낮게 휙 소리를 내며 날아갔다. "글라이더다!"라고 외치는 소리가 들렸다. 소총과 경기관총, 기관총들이 발사를 시작했다. 말레메에서는 글라이더 40개가 비행장 위를 휙휙 스쳐갔고, 서쪽 경계선 너머 타브로노티스 강바닥의 사각지대 안과 먼 곳으로도 착륙하는 것이 보였다. 다수의 글라이더가 부서지고, 몇몇은 대공포에 맞았다. 프라이버그가 말레메 서쪽에 부대를 배치하지 않은 것은 실수였음이 바로 드러났다. 글라이더 부대는 공수부대인 팔시름예거 스톰 연대의 제1대대로, 전해에 벨기에 요새인 에방에마엘 공격을 지휘했던 코흐 소령이 지휘했다.

머지않아 훨씬 더 큰 비행기 엔진 소리가 낙하산부대 주력의 도착을 알렸다.

프라이버그 장군이 그 소리를 듣고도 아침 식사를 계속하자, 크레포스 사령부에 있던 하급 장교들은 당황했다. 프라이버그는 장교들을 흘끗 보더니 "저들은 때가 되면 죽는다"[26]라는 한마디만 던질 뿐이었다. 프라이버그의 침착한 태도는 인상적이면서도 그 자리에 있던 몇몇 장교를 걱정시켰다. 장교들은 쌍안경을 통해 융커스 수송기들이 낙하산부대를 투하하는 것을 지켜보았다. 긴 해변 길 위아래에서 전투가 벌어졌다. 젊은 장교 몇 명은 크레포스 사령부가 설치된 채석장 북쪽으로 막 돌진한 글라이더 부대를 소탕하는 데 합류했다.

뉴질랜드군은 낙하산부대가 내려오자 사살을 시작했다. 장교들은 낙하산병들의 강하 속도를 감안하여 군화를 조준하라고 사병들에게 지시했다. 말레메에서는 독일군이 타브로니티스 너머로 2개 대대를 더 투입했다. 비행장을 맡고 있던 뉴질랜드 제22대대는 비행장 주위에 단 하나의 중대를 두고, 취약한 서쪽에 1개 소대를 배치했다. 비행장 바로 남쪽에는 '107고지'로 알려진 암석 지대가 있었는데, 이곳은 앤드루 중령의 본부가 위치한 곳이었다. 언덕 서쪽에 있던 중대장은 발포를 지휘하여 큰 타격을 입혔지만, 해안포 2문도 전투에 동원해야 한다고 건의하자, 해안포는 오로지 해상 표적에만 쓴다는 답변을 받았다.

프라이버그의 '해상 침공'에 대한 집착은 대포 사용과 예비 병력 배치를 거부하게 만들었는데, 이것은 중대한 실수였다. 적의 낙하산부대가 자리를 잡기 전에 즉시 역습을 개시하는 것이 가장 현명한 전술적 대응이었기 때문이다.

감옥 계곡으로 알려진 카니아 서남쪽에 낙하한 수많은 독일군은 연합군이 감쪽같이 위장을 한 진지에 떨어지면서 대학살을 당하게 된다. 몇 명은 제23대대 본부에 떨어졌다. 대대장이 다섯 명을 쏘고 부관은 앉은자리에서 두 명을 쏘았다. 사방에서 "놈들이 여기 있다!"라는 함성이 들려왔다. 전투 열기 속에서 포로로 잡힌 병사는 극소수에 불과했다.

섬을 방어하겠다는 결의에는 크레타 섬 주민들 자신보다 더 무자비한 사람이 없었다. 노인과 여성, 남자아이들 할 것 없이 엽총과 오래된 소총, 삽, 부엌칼 등을 들고 전장으로 달려나가 노출되거나 올리브 나무에 낙하산이 걸린 독일 낙하산병에게 맞섰다. 침공 소식을 들은 프란체스카키스 신부는 교회로 달려가 종을 울렸다. 자신도 소총을 들고 교구민들을 팔레오코라 북쪽으로 이끌어 적과 전투를 벌였다. 프로이센 사람만큼이나 의용대를 싫어했던 독일군은 시민들이 입었던 셔츠 따위의 옷들을 가차 없이 찢어버렸다. 총을 쏜 자국이 보이거나 칼을 들고 있는 것이 눈에 띄면, 남녀노소를 막론하고 그 자리에서 사살했다.

공습 전 3주 동안 이집트에서 보내온 것이 아무것도 없었기 때문에 크레포스는 무선 장비가 부족한 탓에 통신이 원활하지 않아 작전에 지장이 생겼다. 결국 레팀노에 있던 호주군과 이라클리오에 있던 영국 제14보병여단은 섬 서쪽에서 침공이 시작된 시점인 오후 2시 30분까지 아무것도 모르고 있었다.

영국군에게는 다행히도, 그리스 내 비행장에서 연료를 재주입하는 문제 때문에 브루노 브로이어 대령이 이끌던 제1공수연대의 출발이 늦어졌다. 이것은 융커스 52 수송기들이 도착하기 전에 슈투카와 메서슈미트의 사전 공격이 너무 일찍 끝났음을 의미했다. 나팔수들은 오후 5시 30분이 되기 직전에 비상경보를 울렸다. 군인들은 각자의 위장 참호로 들어가 몸을 숨겼다. 공중 폭격이 이뤄지는 동안 또다시 대응을 피했던 보포스 포대원은 이제 자신들의 총열을 돌려 육중한 수송 비행기를 공격할 준비를 했다. 그들은 두 시간 동안 15기를 격추할 수 있었다.

정보력 부족으로 일이 꼬인 브로이어는 부대를 분산시켜, 제3대대를 이라클리오 서남부에 투하하고, 제2대대를 도시 동쪽 비행장에 착륙시키며, 제1대대는 동쪽으로 더 나아가 구르네스 마을 주변에 강하시키기로 했다. 부르크하르트 대위가 지휘하던 제2대대는 대규모 참사에 직면했다. 영국의 블랙워치 연대가 무자비하게 총포를 발사한 것이었다. 얼마 남지 않은 생존 자들은 달아나려 하다가 소형 전차를 끌고 온 제3경기병대의 역습으로 전차에 치이거나 포탄에 맞아 으스러졌다.

옥수수 밭과 포도원에 뛰어내린 슐츠 소령의 제3대대는, 오래된 베네치아풍의 성벽에 포진한 그리스 군대와 크레타 비정규군의 사력을 다한 방어에도 불구하고 이라클리오로 향하며 전투를 계속했다. 시장은 도시를 포기했지만, 그 후 요크 랭커스터 여단과 레스터셔 여단이 반격에 나서 독일 낙하산부대를 밀어냈다. 해질녘이 되어 브로이어 대령은 자신의 작전이 철저히 잘못되었음을 깨달았다.

이라클리오와 카니아 사이에 있는 레팀노에서, 알프레트 슈투름 대령이 지휘하던 제2공수연대의 일부 부대도 함정에 빠졌다. 이언 캠벨 중령은 자신이 이끌던 2개 호주 대대를 해안 도로와 비행장을 굽어보는 고지대에 산개시켰다. 두 대대 사이에는 무장이 빈약한 그리스군이 포진했다. 융커스 부대가 바다와 평행하게 날아오자 수비대는 무섭게 발사하기 시작했고, 융커스는 7기가 격추되었다. 탈출하려던 다른 비행기들이 바다에 낙하산 부대를 투하하면서 대원 중 몇 명은 낙하산에 뒤덮여 익사했다. 암석 지대에 떨어져 부상을 당한 낙하산병도 있었고, 대나무 줄기를 쪼개서 박아놓은 곳에 떨어진 병사들은 끔찍한 죽음을 맞기도 했다. 두 호주 대대 모두 반격을 개시했다. 독일군 중 생존한 병사들은 동쪽으로 탈출해 올리브기름

공장에 자리 잡았다. 그리고 레팀노 인근에 떨어진 또 다른 낙하산병들은 페리볼리아 마을로 물러나 크레타 헌병대와 마을 비정규군의 공격으로부터 스스로를 방어했다.

눈 깜짝할 새 크레타 섬에 밤이 찾아오자, 양쪽 군대 모두 피로로 무너져갔다. 포화는 잦아들었다. 독일 낙하산병들은 갈증을 호소하며 힘겨워했다. 이들이 입은 군복은 북쪽 기후에 맞게 제작된 터라 많은 병사가 심각한 탈수증을 겪었다. 크레타 비정규군은 우물 주변에 매복해 있다가 밤새 독일군을 계속해서 추적했고, 제7공수단장을 포함하여 많은 독일 장교가 사살되었다.

아테네에 이 재난 소식이 번져나갔다. 슈투덴트 장군은 그랑드 브르타뉴 호텔 연회장 벽에 붙어 있는 커다란 섬 지도를 응시했다. 비록 슈투덴트의 사령부에서는 구체적인 수치를 알 수 없었지만, 사상자 수가 엄청나고 비행장 3곳 모두 확보하지 못했다는 사실은 알고 있었다. 오직 말레메에서만 여전히 가능성이 있어 보였고, 타브로니티스 계곡에 있던 스톰 연대의 탄약은 거의 바닥난 상태였다. 리스트 육군 원수가 지휘하던 제12군 사령부와 리히트호펜의 제8항공군단은 섬에 낙하산병들을 버리는 한이 있더라도 머큐리 작전을 취소하는 것이 옳다고 생각했다. 포로로 잡힌 한 장교는 호주 대대장에게 이렇게 고백하기까지 했다. "우리는 실패한 일을 보강하지는 않는다."[27]

그사이 프라이버그 장군은, 자신이 알고 있는 대로 휘하 부대들이 아직 3개 비행장과 2개 항구를 장악하고 있다는 내용의 메시지를 오후 10시 카이로에 전달했다. 그러나 프라이버그는 한심하게도 말레메의 상황에 대해 잘못 알고 있었다. 앤드루 중령이 이끌던 만신창이 대대는 싸울 수 있는 데까지 싸웠지만, 비행장에서 반격을 해달라고 보낸 요청은 사실상 무시되었다. 앤드루의 상관이었던 제임스 하게스트 준장은 해상의 위협을 강조했던 프라이버그의 말에 영향을 받은 탓인지 지원군을 보내지 않았다. 지원군을 받지 못하면 퇴각하는 수밖에 없다고 앤드루가 경고하자, 하게스트는 "그리 해야 한다면, 하면 되지"라고 대답했다. 그리하여 말레메와 107고지는 밤사이 버려졌다.

포기하지 않기로 결심한 슈투덴트 장군은 리스트 육군 원수에게 알리지 않고 결정을 내렸다. 슈투덴트는 부하 중 가장 노련한 파일럿인 클라이예 대위를 불러, 동이 트자마자 비행장에 시험 착륙을 해달라고 부탁했다. 클라이예는 돌아와서 사격이 없었다고 보고했다. 또 다른 융커스 부대도 파견되어 스톰 연대에 군수품을 가져다주고 부상자들을 구출했다. 슈투덴트는 율리우스 링겔 소장이 지휘하는 제5산악사단에 비행 준비를 하라고 즉시 명령을 내렸지만, 우선 그는 제7공수사단에서 동원 가능한 모든 예비 병력을 람케 대령 지휘하에 말레메 부근에 투하하도록 했다. 비행장이 확보되자, 오후 5시에 제100산악연대의 소속 부대 일부와 함께 첫 번째 군 수송기가 비행장에 내려앉았다.

여전히 침공 함대를 예상하고 있었던 프라이버그는 뉴질랜드 제20대대를 제외하고 다른 어떠한 예비 병력도 역습에 이용하는 것을 허용하지 않았다. 프라이버그가 여전히 '카니아 지역으로 들어올 해상 공격'[28]을 우려하고 있었기 때문에, 자신이 지휘하는 부대 중 가장 규모가 크고 장비가 잘 갖춰져 있었던 웰치 연대의 출격을 보류시켰다. 그러던 중 참모 한 명이 독일군의 계획을 포착하고 프라이버그에게 전했는데, 내용인즉 카니아에서 약 20킬로미터 떨어진 말레메 서쪽 곶으로 소형선 몇 척이 증원군과 보급품을 싣고 이동 중이라는 것이었다.[29] 바다를 통해 들어오는 작은 보트들은 영국 해군이 완벽하게 처리할 수 있다고 섬에 주둔 중인 고위 해군장교가 확신을 주어도 프라이버그는 들으려 하지 않았다.

해질 무렵 루프트바페가 일단 에게 해에서 사라지자, 3개 영국 해군 기동부대가 전속력을 다해 섬 양쪽 끝 주변으로 되돌아갔다. 울트라 작전 덕분에 그들은 적군의 진로를 알 수 있었다. 순양함 3척과 레이더가 달린 구축함 4척으로 이뤄진 D전대는 이탈리아 경구축함의 호위를 받고 있는 돛배 소함대를 숨어서 기다렸다. 서치라이트가 켜지고, 학살이 시작되었다. 단한 척의 돛단배만 그들의 공격망에서 벗어나 해변에 도착할 수 있었다.

북쪽 수평선에서 이러한 해군의 활동을 지켜보던 프라이버그는 흥분으로 들떴다. 참모장교 중 한 명은 그가 학생처럼 열광하며 팔짝팔짝 뛰던 모습을 떠올렸다. 해전이 끝났을 때 프라이버그는 이제 섬이 안전하다고 생각하는 듯했다. 안심한 프라이버그는 말레메에서 반격이 어떻게 진행되고 있는지는 물어보지도 않고 잠자리에 들었다.

공격은 5월 22일 오전 1시에 시작하기로 되어 있었지만, 프라이버그는 제20대대가 게오르기우폴리스에서 오는 호주 대대로 대체될 때까지 움직여서는 안 된다고 주장했다. 이동 수단이 충분하지 않아 호주군의 이동이 지연되자, 제20대대는 오전 3시 30분까지 제28(마오리)대대에 합류하지 못했다. 날이 밝을 때까지의 소중한 시간을 낭비하고 만 것이다. 찰스 업햄 중위가 이 전투에서 빅토리아 십자 훈장을 2개나 받는 등 공격에 나선 군인들의 용맹함이 대단했음에도 불구하고, 일단 해가 뜨자 이들은 메서슈미트의 끊임없는 기총 소사는 물론이고 보강된 낙하산부대와 산악대대에 속수무책으로 당했다. 지친 뉴질랜드군은 오후에 후퇴해야 했다. 그리고 융커스 52 수송기가 시간당 20기라는 끔찍하리만큼 인상적인 주기로 착륙을 지속하는 광경을 입술을 깨물며 지켜볼 수밖에 없었다.

재앙은 그날 해전으로도 번졌다. 이동이 지연된 두 번째 소형선 부대를 수색하여 잡기로 결심한 커닝엄은 낮에 C전대와 A1전대를 에게 해로 보냈다. 마침내 그 배들을 발견하고 다소 손상을 입혔지만, 독일의 어마어마한 공중 공격을 받고 그와는 비교가 안 될 정도의 훨씬 더 큰 손실을 입고 말았다. 지중해 함대는 순양함 2척을 잃었고, 구축함 1척은 침몰했다. 전함 2척과 순양함 2척, 여러 척의 구축함이 크게 파손되었다. 해군은 전함의 시대가 끝났다는 교훈을 그때까지 깨닫지 못했던 것이다. 루이스 마운트배튼이 이끌던 또 다른 구축함, HMS 켈리와 HMS 카슈미르는 이튿날에 격침되었다.

5월 22일 저녁, 프라이버그는 휘하에 투입되지 않고 남아 있던 3개 대대를 출격시켜 마지막 전면 반격을 시도하는 위험을 감수하지 않기로 했다. 뉴질랜드 사단을 잃은 남자로 기억되고 싶지는 않았던 것이다. 레팀노에 있던 호주군과 이라클리오에 있던 영국 제14보병여단은 자신들이 전투에서 이겼다고 생각하다가 갑자기 전개된 이런 상황에 대해 분노를 느꼈으리라는 것은 쉽게 짐작 가능하다. 화이트 산맥의 바윗길 위로 처참한 철군이 시작되었다. 발도 아프고 지치고 목마른 크레포스 대원들은 영국 해군이 패전한 군대를 또다시 본국으로 귀환시킬 준비를 하고 있던 스파키아 항구로 향했다. 증원군인 로버트 레이콕 준장의 특공여단이 수다 만에 상륙했을 때는 섬을 포기했다는 말만 전해 들었다. 이들은 부두 주변에 있던 불타버린 보급품 창고를 믿을 수 없다는 듯이 바라보았다. 맥 빠진 레이콕은 자신의 병사들이 링겔의 산악부대에 맞서 후위를 구축해야 한다는 것을 깨달았다.

영국 해군은 크레타 섬 연안에서 엄청난 손실을 입었음에도 불구하고 결코 물러서지 않았다. 제14보병여단은 5월 28일 밤 철저히 모습을 숨겨 이라클리오 항구로 철군한 뒤 순양함 2척과 구축함 6척으로 구출되었다. 장교들은 라코루냐에서 치러진 존 무어의 장례식을 생각하며, 거의 모두가 학교에서 낭송하며 배운 유명하기 그지없는 나폴레옹 전쟁 구출 작전에 관한 시를 떠올렸다. 그러나 운은 거기까지였다. 망가진 구축함의 속도가 느려, 해가 뜨기 시작했을 때까지도 선박들은 섬 동쪽 끝 해협 주변에서 벗어나지 못하고 있었다. 새벽이 지나자 슈투카가 공격을 했다. 구축함 2척을 잃고 순양함 2척은 큰 손상을 입었다. 함대는 시체를 실은 채 알렉산드리아 항으로 절뚝거리며 이동했다. 제14여단 부대원들의 5분의 1가량이 바다에서 전사했는데, 이것은 낙하산부대와의 전투보다 훨씬 더 높은 비율이었다. 서치라이트 조명을 받은 블랙워치의 한 백파이프 연주자가 애가를 연주했다. 많은 군인이 부끄러운 줄도 모르고 눈물을 흘렸다. 독일군은 크레타 작전을 수행하면서 영국 해군이 입은 피해를 비스마르크호 침몰(뒷장 참조)에 대한 복수로 여겼다. 리히트호펜과 그를 방문한 페르디난트 쇠르너 장군은 아테네에서 승리의 축배를 들었다.

5월 28일 밤 남부 해안에서도 구출 작전이 시작되었지만, 레팀노에 있던 호주군은 철군 명령을 전혀 받지 못했다. 독일 낙하산부대는 "적들이 아직 발포를 하고 있다"[30]며 그리스에 다시 보고했다. 결국 호주군은 단 50명만 산을 넘어 탈출했고, 몇 달이 지난 후에야 잠수함에 탑승할 수 있었다.

스파키아에는 주로 지휘관이 없는 부대원들이 떼를 지어 몰려와 혼돈과 무질서가 팽배해 있었다. 질서 정연하게 퇴각한 뉴질랜드군과 호주군, 영국 해병대는 보트에 군인들이 한꺼번에 몰려드는 것을 막기 위해 보초선을 쳤다. 독일 산악부대가 접근하면서 6월 1일 이른 시간에 마지막 배들이 떠났다. 영국 해군은 뉴질랜드 사단 거의 전 병력을 포함하여 1만8000명의 병사를 구출해냈다. 남겨져야 했던 9000명은 포로가 되었다.

그들의 괴로움이 얼마나 컸을지 상상해볼 수 있을 것이다. 연합군은 첫날에만 낙하산병 1856명을 사살했다. 슈투덴트의 군대에서는 모두 합해 약 6000명의 사상자가 발생했고, 항공기 146기가 궤멸되었으며, 165기가 크게 파손되었다.[31] 나중에 여름에 독일이 소련을 침공하게 되었을 때 국방군은 이 융커스 52 수송기들을 절실히 필요로 하게 된다. 리히트호펜이 이 끌던 제8비행단은 60기를 더 잃었다. 크레타 전투는 개전 이래 독일 국방군 이 가장 큰 타격을 입은 싸움으로 남게 되었다. 하지만 연합군은 맹렬하게 방어했음에도 불구하고 전투를 쓸데없이 통렬한 패배로 끌고 갔다. 특이하 게도 양측 모두 공수 작전의 결과를 가지고 판이한 교훈을 얻었다. 히틀러 는 이제 다시는 대규모 공수 작전을 실시하지 않기로 했고, 연합군은 자신 들의 공수부대를 발전시키는 데 용기를 얻음으로써, 이후의 전투에서는 매 우 복합적인 결과가 나타나게 된다.

11

아프리카와
대서양

1941년 봄, 웨이블의 병력을 그리스로 보내 분산시킨 것은 시기가 아주 나빴다. 이것은 충분하지도 않은 자원들을 억지로 끌어당겨 지나치게 여러 곳으로 보내는 영국의 고질적인 습관이었다. 영국, 특히 처칠은 무자비하게 우선순위를 추구하는 독일군의 역량에 대적할 성격이 못 되는 듯 보였다.

영국군 병력이 그리스로 빠져나가자마자 로멜이 아프리카 군단의 선두 부대를 트리폴리에 상륙시킴으로써, 영국군은 1941년 북아프리카 전투에서 이길 수 있었던 기회를 날리고 말았다. 히틀러가 로멜을 선택한 것은 육군 총사령부 고위 장교들에게는 그리 달갑지 않은 소식이었다. 장교들은 리비아의 현황 보고를 위해 파견을 나간 한스 풍크 육군 소장을 훨씬 선호했다. 그러나 히틀러는 풍크를 몹시 싫어했는데, 1938년에 자신이 육군 수장 자리에서 해임시킨 베르너 폰 프리치 상급대장과 풍크가 가깝게 지냈다는 것이 가장 큰 이유였다.[1]

히틀러는 로멜이 귀족이 아니라는 사실을 좋아했다. 로멜은 특유의 슈바벤 억양으로 말했고, 모험의 대가였다. 육군 내 상관들과 많은 동기는 로멜을 건방진 명성 추구자로 여겼다. 그들은 또한 명령 체계를 무시하고 히틀러와 괴벨스의 총애를 얻으려는 로멜의 방식을 불신했다. 로멜은 아프리카에서 따로 작전을 펼치는 것이 육군 총사령부의 지시를 무시할 완벽한 기회임을 금방 알아챘다. 게다가 로멜은 독일이 그리스를 침공하는 대신 그 병력을 북아프리카에 배치해 중동지역과 그곳의 석유를 차지했어야 한다는 등의 주장으로 이목을 집중시키지도 않았다.

리비아의 중요성과 북아프리카에 군대를 파병하는 일의 필요성에 대해 몇 번이나 마음을 고쳐먹은 히틀러는 이제 무솔리니 정권의 붕괴를 막는 것이 필수라고 느꼈다. 히틀러는 또한 영국군이 프랑스령 북아프리카와 동맹할지도 모른다는 점과, 막심 베강 장군의 영향을 받은 비시 프랑스군이 영국과 다시 힘을 합칠지도 모른다는 점이 우려스러웠다. 자유 프랑스와 영국 해군 소함대가 비시 정부 지지자들에 의해 격퇴당한 지난 9월 끔찍했던 다카르 원정 이후에도, 히틀러는 이 시기 샤를 드골 장군의 영향력을 매우 과대평가하고 있었다.

1941년 2월 12일, 로멜은 히틀러의 최고 부관이었던 루돌프 슈문트 대령과 함께 트리폴리에 당도했다. 이 일은 이탈리아군과 독일 고위 장교들 사이에서 로멜의 권위를 크게 높여주었다. 전날, 벵가지에 재산을 둔 장군이 많으니 폭격하지 말아달라며 이탈리아 장군들이 시칠리아 섬에 있던 제10항공군단 사령관에게 간청했다는 말을 듣고 두 사람은 놀라움을 금치 못했다. 로멜은 슈문트에게 부탁해 즉시 히틀러에게 전화를 걸도록 했고 몇 시간 후, 독일 폭격기가 출격했다.[2]

로멜은 연락장교에게서 트리폴리타니아의 상황을 간략히 보고받았다. 후퇴하는 이탈리아군 대부분은 무기를 버리고, 탈출에 쓸 트럭을 점유했다. 그라치아니의 후임인 이탈로 가리볼디 장군은 당시 알아게일라에 있던 영국군에 대한 저지선을 지키기를 거부했다. 로멜은 자기 뜻대로 문제를 해결하러 나섰다. 이탈리아군 2개 사단을 전방으로 보내고, 이어서 2월 15일에 처음으로 상륙한 독일군 파견대인 정찰대와 돌격포 1개 대대를 딸려 보냈다. 또 퀴벨바겐 오프로드 차량들을 전차로 위장시켜 영국군이 더 이상 진군하지 못하게 하려고 했다.

그달 말에 제5경보병사단 예하 부대가 더 많이 도착하면서 로멜이 영국과 소규모 교전을 시작하는 데 힘이 실렸다. 그러나 로멜은 2만5000명의 독일 군대를 아프리카 땅에서 운영하게 된 3월 말이 되어서야 진군 준비가 되었다고 느꼈다. 그 후 6주간 로멜은 제5경보병사단의 나머지와 제15기갑사단을 지원받기로 되어 있었지만, 전선은 트리폴리에서 동쪽으로 700킬로미터나 떨어져 있었다. 로멜은 심각한 수송 문제에 직면하고는 이를 무시하려 애썼지만, 상황이 점점 어려워지자 어림짐작으로 자신의 보급품을 빼앗으려는 국방군 내의 시기 세력을 비난했다. 사실 이러한 위기가 발생한 이유는 수송선들이 영국 공군과 해군의 공격을 받아 리비아 해에 가라앉았기 때문이다.

로멜은 바르바로사 작전 준비 때문에 북아프리카 작전이 더더욱 곁다리 신세가 되었다는 것도 깨닫지 못했다. 다른 문제들은 이탈리아군에게 의존하는 데서 발생했다. 이탈리아군은 만성적으로 운송 수단이 부족했다. 연료는 질이 떨어져 독일 엔진에 적합하지 않을 때가 많았고 이탈리아 육군 배급 식량은 빈약하기로 유명했는데, '군사행정'이라는 뜻의 'AMAdministrazione Militar' 표시가 찍힌 고기 통조림이 대부분이었다. 이탈리아 군인들은 그 이니셜의 철자를 '죽은 아랍인Arabo Morte'으로 풀이한 반면, 독일군은 '늙은이Alter Mann' 또는 '무솔리니 바보Mussolini's ass'라고 읽었다.[3]

연합군의 서부 사막군이 이 시점에 매우 약해진 것은 로멜에게 행운이었다. 연합군 제7기갑사단이 수리를 위해 카이로로 철수하면서 규모가 줄어들고 준비되지 않은 제2기갑사단으로 대체되는가 하면, 새로 도착한 호주 제9사단은 그리스로 보내진 호주 제6사단의 자리를 대신했다. 한편 로멜은 이집트 진군에 필요한 증원군을 요청했지만 거절당했다. 그해 겨울에 소련이 패전하는 즉시 기갑 군단을 보내준다는 약속을 받았지만 그때까지는 총공격을 시도하지 말라는 명령도 받았다.

로멜은 곧 명령을 무시하기 시작했다. 로멜이 연합군의 약점을 이용해 제 5경보병사단을 이끌고 키레나이카로 밀고 들어가자, 가리볼디 장군은 공포에 휩싸였다. 웨이블이 저지른 가장 큰 실수 중 하나는 오코너가 있던 자리에 경험도 없는 필립 님 중장을 앉힌 것이었다. 웨이블 또한 지체 없이 진군하겠다는 로멜의 결심을 과소평가하고, 로멜이 5월 초순까지는 공격을 하지 않으리라고 믿고 있었다. 사막에서 한낮의 기온은 이미 섭씨 50도에 육박했다. 철모를 쓴 군인들은 격심한 두통에 시달렸고, 다수가 탈수증을 호소했다.

4월 3일 로멜은 키레나이카 돌출부에서 연합군을 밀어붙이기로 결심했다. 이탈리아 브레시아 사단은 님이 서둘러 철군한 벵가지를 장악하는 데 투입된 한편, 로멜은 투브루크를 제외한 곳의 해안 도로를 차단하라고 제 5경보병사단에 명령했다. 재앙은 불시에 연합군에게 닥쳤고, 투브루크는 고립되었다. 약체인 영국 제2기갑사단은 철수 중에 고장과 연료 부족으로 전차를 모두 잃었다. 4월 8일, 제2기갑사단장 갬비어 패리 소장과 참모들은 인도 제3차량화여단 병력 대부분과 함께 메킬리에서 포로로 잡혔다. 같은 날, 님 장군은 자문을 위해 동행한 오코너 장군과 이동을 하던 중 운전병이 길을 잘못 드는 바람에 적군에게 붙잡히고 말았다.

독일군은 메킬리에서 많은 보급품을 발견하고 기뻐했다. 로멜은 영국군이 쓰던 전차용 고글을 골라 마치 트레이드마크처럼 모자에 씌웠다. 그는 영국이 투브루크를 포기할 준비를 하고 있다며 스스로를 설득하면서 투브루크를 점령하기로 결심했지만, 곧 호주 제9사단이 싸움을 포기하려 하지 않는다는 사실을 깨달았다. 투브루크가 해상으로부터 증원을 받으면서 사령관 레슬리 모스헤드 소장은 강력한 포병대와 대전차포 부대를 포함한

난징에서 중국인 포로들을 총검으로 찌르는 일본군

중국 남부 지역의 일본군 기병대

왼쪽
괴벨스와 괴링

아래
1939년 8월 바르샤바

오른쪽
1940년 4월 나르비크

위
항복하는 프랑스군 B-1 전차 부대원들

오른쪽
됭케르크에서 부라스크 함에 타고 있던
생존자들이 구조되는 모습

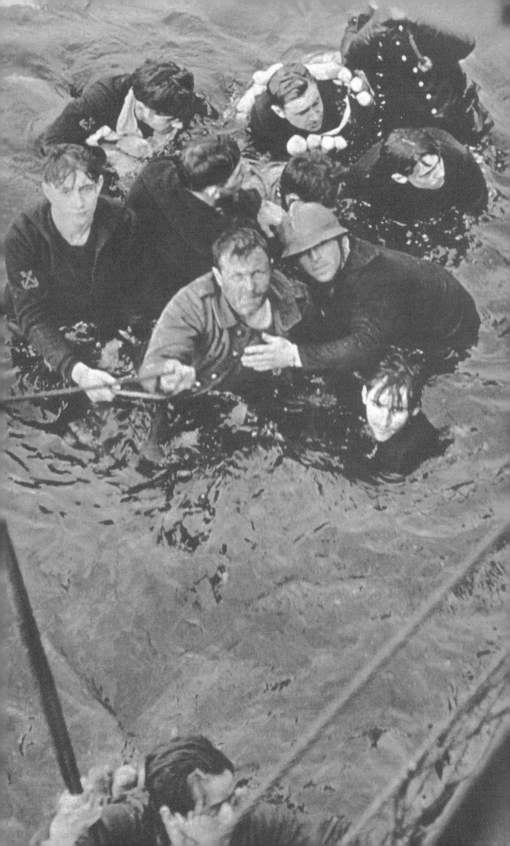

왼쪽 위	왼쪽 아래	위	아래
1940년 9월 포로가 된 독일 항공대원들	총독부의 한스 프랑크와 폴란드 성직자들	크레타 섬의 독일 공수부대원들	1941년 6월 시리아의 영국 브렌 건 캐리어 대원들

위
1941년 7월 화염에 휩싸인
우크라이나의 어느 마을

아래
1941년 12월 모스크바 인근에서
소비에트군의 반격

4개 여단을 지휘하게 되었다. 부하들에게 '인정사정없는 밍'으로 불렸던 위압적인 성격의 모스헤드는 투브루크의 방어진을 서둘러 강화했다. 영국 장교들이 화가 나서 거의 할 말을 잃을 정도로 경험과 훈련이 부족한 호주 제9사단이었지만, 곧 만만찮은 전사들임이 입증되었다.

4월 13일 밤, 로멜은 본격적으로 투브루크를 공격하기 시작했다. 그는 투브루크가 얼마나 단단하게 방어되어 있는지 잘 알지 못했다. 크나큰 손실과 그로 인한 패퇴에도 불구하고, 로멜은 경악할 만한 명령을 여러 차례 내려 곧 장교들에게 잔인한 사령관으로 각인되었다. 연합군이 반격하기에는 이 순간이 완벽한 기회였지만, 영국군과 호주군은 로멜의 군대가 실제보다 훨씬 더 대규모라는 교묘한 속임수에 넘어가고 말았다.

로멜이 증원군 및 공중 지원을 늘려줄 것을 요구하자 할더 장군과 육군 총사령부는 분노했는데, 특히 도가 지나쳐서는 안 된다고 했던 그들의 경고를 로멜이 무시했기 때문에 더욱 그랬다. 심지어 이때도 로멜은 카이로에서 올 다른 연합군 부대들을 기다리며 웨이블이 제22근위여단을 이끌고 방어하고 있던 이집트 국경으로 지친 부대들의 일부를 미리 보냈다. 로멜은 병사들의 생명을 너무 소중히 여긴다는 이유로 제5경사단장 요하네스 슈트라이히 육군 소장을 해임했다. 그 자리를 대신한 하인리히 키르히하임 육군 소장도 마찬가지로 로멜의 지휘 스타일에 환멸을 느꼈다. 이후 키르히하임은 그달에 할더 장군에게 서신을 보냈다. "로멜이 공격을 지시하고 병력을 부질없이 소모하면서 넓게 펼쳐진 부대 사이를 하루 종일 뛰어다닙니다."[4]

북아프리카에서 벌어지고 있는 일들에 대해 상반된 보고를 전해 들은 할더 장군은 제1차 세계대전에서 로멜과 같은 보병연대에서 근무했던 프리드리히 파울루스 중장을 보내기로 했다. 할더는 파울루스가 '완전히 이성을 잃은 이 군인을 저지하는 데 개인적으로 충분히 영향을 줄 수 있는 유일한 인물일 것'[5]이라고 생각했다. 꼼꼼한 참모장교였던 파울루스는 공격적인 야전사령관인 로멜과 전혀 달랐다. 두 사람이 유일하게 닮은 점이라면 상대적으로 미천한 태생이라는 사실뿐이었다. 파울루스에게는 대규모 증원을 기대할 수 없을 거라고 로멜을 설득하는 일과 로멜의 의도를 파악하는 두 가지 과제가 주어졌다.

그 결과, 로멜이 이집트 국경에 있는 전진부대 철수를 거부했다는 것과 새로 도착한 제15기갑사단을 이끌고 투브루크를 다시 공격하려 한다는 사실을 알 수 있었다. 이 일은 4월 30일에 실행되었으며, 또다시 많은 손실을 입고 패퇴했다. 특히 전차 손실이 컸다. 로멜의 병력은 탄약도 매우 적었다. 파울루스는 육군 총사령부로부터 받은 권한을 행사하여 5월 2일에 로멜에게, 적의 퇴각 기미가 보이지 않는 한 공격을 재개해서는 안 된다고 문서로 지시했다. 돌아온 파울루스는 할더에게 '북아프리카 문제에서 가장 중요한 점'[6]은 투브루크가 아니라, 아프리카 군단 재보급과 로멜의 성격이라고 보고했다. 로멜은 지중해를 건너 보급품을 수송하여 트리폴리에 내려놓는다는 것이 얼마나 엄청난 문제인지를 그저 인정하려 들지 않을 뿐이었다.

웨이블은 그리스와 키레나이카에서 손실을 입은 후, 전차가 부족한 상태에서 독일 제15기갑사단과 맞닥뜨릴 일이 걱정이었다. 처칠은 호랑이 작전 Operation Tiger을 개시하여, 크루세이더 전차 약 300대와 허리케인 50기 이상을 호위함에 실어 5월 초에 지중해를 통해 이동시켰다. 독일 제10항공군단 일부가 아직 시칠리아 섬에 있었기 때문에 대단히 위험했지만, 다행히도 시야가 나빠 단 한 척의 수송선만 이동 중에 침몰했다.

성미가 급한 처칠은 새 전차들이 도착하기도 전에 적들을 공격하라며 웨이블을 국경으로 내몰았다. 그러나 '스트레이퍼'라는 별명이 붙은 고트 준장의 지휘로 간결 작전이 5월 15일에 순조롭게 시작되었음에도 불구하고, 로멜은 측면에서 재빨리 반격을 가했다. 인도와 영국 군대는 물러날 수밖에 없었고, 독일군은 결국 할파야 고개를 점령했다. 일단 크루세이더 전차들이 새로 도착하자 처칠은 또다시 대응할 것을 촉구했는데, 이번에는 전투도끼 작전이라는 공격적인 암호명을 붙였다. 처칠은 도착한 전차를 길들여야 한다는 말도, 제7기갑사단 대원들이 새 장비에 익숙해질 시간이 필요하다는 말도 듣고 싶어하지 않았다.

웨이블은 런던에서 전해오는 상충된 요구들의 무게에 짓눌리고 있었다. 4월 초, 영국군이 중동에서 열세라는 점에 고무된 친독파가 이라크에서 정권을 잡았다. 런던 참모부는 영국이 개입할 것을 권장했다. 처칠은 이를 즉시 받아들여 인도 군대를 바스라에 상륙시켰다. 새로운 이라크 정부의 지도자 알리 가일라니가 독일에 도움을 구했지만 독일 정부가 혼란에 빠진 상태라 그로부터 아무런 대답도 듣지 못했다. 5월 2일, 팔루자 인근 하바니야에서 이라크군이 영국 공군 기지를 포위한 뒤 교전이 발발했다. 나흘 뒤 국방군 총사령부가 시리아를 경유하여 메서슈미트 110과 하잉켈 111 폭격기를 이라크 북쪽 모술과 키르쿠크에 보내기로 했지만 이 비행기들은 곧 못쓰게 되었다. 그사이 영국 제국군이 인도와 요르단에서 바그다드로 진군했다. 가일라니 정부는 5월 31일, 계속해서 이라크 영토를 통과해 군대를 이동시킬 수 있게 해달라는 영국의 요구를 들어주는 수밖에 다른 선택의 여지가 없었다.

비록 이라크 위기로 웨이블의 병력이 고갈되지는 않았지만, 처칠은 웨이블에게 레바논과 시리아를 침공하라고 명령했다. 그곳의 비시 프랑스군이 모술과 키르쿠크에 배치되어 불행한 운명을 맞이한 독일 항공대를 원조했다. 처칠은 독일이 팔레스타인과 이집트를 공격할 거점으로 시리아를 활용하려 한다는 생각에 괜스레 겁을 먹었다. 페탱 정권의 이인자이자 비시 정부 국방장관이었던 다를랑 제독은 영국군에 저항할 수 있도록 그가 식민지 국가들에 증원군을 보내는 동안 도발적인 작전을 단념하도록 독일에 요청했다. 크레타 침공 다음 날인 5월 21일, 비시 프랑스 전투기 비행전대가 시리아로 가는 길에 그리스에 착륙했다. 리히트호펜은 일기에 이런 글을 남겼다. "전쟁이 더없이 기묘한 양상으로 흘러가고 있다. 이 사태를 잘 활용하면 아주 재미있어질 것 같다."[7]

연합군이 자유프랑스 군대와 함께 비시 레바논과 시리아를 침공한 엑스포터 작전은 6월 8일에 팔레스타인 북쪽 리타니 강 너머로 진군하며 시작되었다. 비시 사령관 앙리 당츠 장군은 루프트바페에 도움을 요청한 것은 물론, 북아프리카와 프랑스 내 다른 비시 병력에도 증원군을 요청했다. 독일군은 공중 엄호를 제공할 수는 없었지만, 대전차포를 가진 프랑스 군대를 이미 점령한 발칸지역을 통해 열차로 살로니카까지 이동할 수 있도록 해주고, 그다음에 시리아까지는 배로 이동하게 했다. 그러나 영국 해군의 존재는 아주 강력했고, 터키는 이 전쟁에 관여하고 싶지 않아 통행 허가를 거부했다. 레반트 지방에 주둔한 프랑스 육군은 곧 어두운 앞날을 예상하게 되었지만 강하게 저항하기로 했던 결의는 남겨두었다. 전투는 7월 12일까지 계속되었다. 아크레에서 휴전 협정이 체결된 후, 시리아는 자유프랑스의 피지배국으로 선포되었다.

시리아 전투에 열의도 보이지 않고 전투도끼 작전의 전망도 비관적으로 봤던 웨이블은 수상과의 충돌을 피할 수 없었다. 성미가 조급하고 동시에 둘 이상을 공격할 때의 문제들을 인지하는 능력이 떨어졌던 처칠은 웨이블을 절망하게 만들었다. 웨이블이 독일 대전차포의 성능에 대해 경고했지만 처칠은 호랑이 작전으로 전차들을 전달한 뒤 자신만만해 있던 터라 그 경고를 무시해버렸다. 독일 기갑부대보다는 대전차포들이 대부분의 장갑차량을 파괴하고 있었다. 독일의 무시무시한 88밀리 포와 비교하면 영국군의 무기 개발 속도는 턱없이 느렸다. 영국군이 보유한 2파운드 포, 일명 '권총'은 무용지물이나 다름없었다. 그리고 영국군의 보수성이 워낙 짙어 3.7인치 대공포를 대전차용 무기로 응용할 생각은 하지도 못했다.

6월 15일, 전투도끼 작전은 간결 작전과 비슷한 방식으로 시작되었다. 영국군은 할파야 고개를 탈환하고 다른 몇몇 지역도 장악하는 데 성공했지만, 로멜이 투브루크를 포위하고 있던 전차들을 모두 이끌고 나오자, 곧 뒤로 밀리고 말았다. 사흘간 대규모 교전이 벌어졌고, 다시 한번 측면 공격을 당한 영국군은 포위를 피하기 위해 또다시 해안 평지로 퇴각해야 했다. 로멜의 아프리카 군단은 사상자가 더 많았지만 전차는 단 12대만 잃은 데 비해, 영국군은 91대의 전차를 잃었으며, 그 대부분은 대전차포의 공격에 의해 파괴되었다. 영국 공군 또한 전투를 치르면서 루프트바페보다 더 많은 항공기를 잃었다. 독일 군인들은 적잖이 과장을 섞어 자신들이 영국 전차 200대를 쳐부수고 '역대 최고의 전차전'[8]에서 승리를 거두었다고 주장했다.

6월 21일, 처칠은 웨이블을 '오크the Auk'로 널리 알려진 클로드 오킨렉 장군으로 대체했다. 웨이블은 오킨렉이 맡았던 인도군 총사령관 자리를 받았다. 머지않아 히틀러는 로멜을 기갑대장으로 승진시켰고, 로멜이 이제 훨씬 더 독립적으로 움직일 수 있게 되자 할더는 당혹감을 감추지 못했다.

처칠이 웨이블을 비롯해 정력적이지 못한 영국군의 지도력을 못마땅하게 여기게 된 것은 두 가지 시급한 문제 때문이었다. 하나는 본국에서 사기를 유지하여 국가가 침울한 무력감에 빠지지 않도록 방지할 공격적인 행동이 필요했던 것이고, 다른 하나는 미국과 루스벨트 대통령을 자극하는 것이었다. 처칠 입장에서는 누구보다도 영국은 지금 미국이 전쟁에 개입하여 이 상황으로부터 보호해주기를 기다리고 있는 것이 분명하다는 인상을 뒤엎어버릴 필요가 절실했던 것이다.

1940년 11월에 루스벨트가 대통령에 재선되자 처칠은 크게 안도했다. 영국 수상 처칠은 그달에 미국 해군참모총장이 준비한 전략 설명을 듣고 더욱 고무되었다. '플랜독'으로 알려진 이 전략 문서는 1941년 1월 말 미국-영국 참모부 회담을 이끌어내는 역할을 했다. 이 회담은 ABC-1이라는 암호명으로 3월까지 워싱턴에서 열렸다. 이때 열린 회담에서 논의된 전략은 미국이 전쟁에 돌입했을 때 연합군 전략의 기반이 되었다. '저머니 퍼스트 Germany First' 정책을 기본 원칙으로 삼자는 데 합의가 이뤄졌다. 이 합의는 일본을 상대로 태평양에서 전쟁이 벌어져도 미국이 우선 나치 독일을 격퇴하는 데 집중하겠다는 결정이었다. 이는 미군이 유럽 전역戰域에 참여하지 않는 이상 영국이 독자적으로 독일과 싸워 이기지 못할 것이 분명했기 때문이다. 만약 영국이 진다면 미국 자체와 전 세계를 상대로 한 미국의 통상 관계가 위험에 처하게 될 터였다.

루스벨트는 1938년 뮌헨 협정이 체결되기도 전에 나치 독일이 가할 위협을 감지하고 있었다. 다가올 전쟁에서 공군력의 중요성을 예측하고, 루스벨트는 1년에 항공기 1만5000기를 미국 육군항공대에 보유한다는 프로그램을 신속하게 개시했다. 미국 육군 참모차장 조지 마셜 장군은 이 점을 논의하기 위해 회의에 참석했다. 이 계획에 찬성한 마셜은 자신들의 지상군 규모가 안쓰러울 정도로 적은데도 늘릴 필요성을 느끼지 못하는 대통령을 비판했다. 미군은 20만 명이 조금 넘는 병력으로 병력이 부족한 단 9개의 사단을 꾸리고 있었는데, 이것은 독일 국방군의 10분의 1에 불과한 규모였다. 결국 루스벨트의 마음이 움직였다. 이후 1년이 채 가기 전 독일이 폴란드를 침공한 날, 루스벨트는 마셜을 참모총장으로 임명했다.[9]

마셜은 대단히 정직하고 딱딱한 성격의 우수한 조직가였다. 병력이 20만 명이었던 미국 육군은 마셜의 지휘 아래서 전쟁 기간에 그 수를 800만 명으로 늘렸다. 그는 늘 루스벨트에게 자신의 생각을 정확히 말했고, 대통령의 카리스마에도 동요되지 않았다. 마셜이 직면한 가장 큰 문제점은 루스벨트가 처칠을 포함해 다른 사람들과 나눈 토론이나 결정 내용들에 관해 자신에게 알리지 않는 일이 잦았다는 것이었다.

처칠에게 루스벨트와의 관계는 단연 영국 외교 정책에 가장 중요한 요소였다. 그는 루스벨트를 설득하고 사실상 파산한 조국을 살리는 데 필요한 것을 얻기 위해 막대한 에너지를 쏟아부어 기지를 발휘했으며, 때때로 뻔뻔스러운 아첨까지도 서슴지 않았다. 1940년 12월 8일에 아주 길고 자세하게 쓴 편지에서 처칠은 영국이 더 오래 저항할 수 있도록 '건설적인 비교전국의 결정적 행동'[10]을 요구했다. 여기에는 독일 U 보트가 주는 위협을 막는 데 미국 해군 군함을 사용하고, 지금까지 200만 톤 이상이라는 엄청난 손실을 입은 영국이 대서양에서 생명선을 유지하기 위해 300만 톤의 상선 해운을 이용한다는 내용이 포함되었다. 처칠은 또한 월 2000기의 항공기를 요청했을 뿐만 아니라 재정 문제까지 거론했다. 영국의 달러 잔고가 곧 바닥날 위기였던 것이다. 사실 이미 발주했거나 논의 중인 주문은 '대영제국이 재량껏 쓸 수 있는 총 교환자원 보유량을 한참 초과'했다는 사실 또한 밝혔다. 이렇게 중요하면서도 당당하게 구걸하는 편지는 아직까지 없었다. 이 시점은 미국이 전쟁에 개입하기 거의 1년 전이었다.

루스벨트는 USS 터스컬루 사에 탑승하여 카리브 해에 있을 때 이 편지를 받았다. 편지의 내용에 대해 숙고한 뒤, 루스벨트는 돌아온 다음 날 기자회견을 열었다. 12월 17일에 루스벨트는 영국을 집이 불타고 있으니 호스를 빌려달라고 이웃에게 부탁하는 남자에 비유하며 단순하고 유명한 일화를 남겼다. 루스벨트는 이것으로 무기대여 법안이 의회에 상정되기 전에 여론몰이 준비를 했다. 영국 하원에서 처칠은 이것을 두고 '전 세계 역사상 가장 고귀한 법안'[11]이라며 환호했다. 그러나 영국 정부는 무기대여에 걸린 가혹한 조건에 내밀히 동요하고 있었다. 미국은 영국의 모든 국고에 대해 회계 감사를 요구하며 외국환과 황금보유고가 다 소진될 때까지는 보조금을 줄 수 없다고 못 박았다. 그러고 나서 미국 해군 군함 한 척이 영국의 마지막 금이 비축되어 있는 케이프타운으로 보내졌다. 미국에서 운영되고 있던 영국 회사들, 대표적으로 코틀즈와 셸, 레버가 헐값에 팔렸고, 이후 되팔면서 큰 수익을 남겼다.[12] 처칠은 이것을 모두 루스벨트가 제1차 세계대전 때 빚을 갚지 못한 영국과 프랑스를 들먹이던 반영 성향을 띤 무기대여 법안 비평가들의 허를 찌르는 데 필요한 행동이었다고 너그럽게 여겼다. 수많은 미국인이 영국을 제국주의자에다 속물, 그리고 다른 사람들을 자기들 싸움에 끌어들이는 데 탁월한 전문가로 영국 전체를 과소평가했다.

그러나 영국은 선택의 여지가 없었고 항의할 입장도 아니었다. 영국이 만약 1940년에 무기를 구입하는 데 45억 달러를 현금으로 지불하여 미국을 불경기에서 빠져나오게 하고 전쟁 특수로 경기 부양을 시킨 것이 전부였다면 영국은 그 가혹한 조건들을 두고 전후까지도 분노를 느꼈을 것이다. 나중에 보급된 고품질 물자와 달리, 절박했던 1940년에 보내온 장비는 별로 특별할 것도 없는 평범한 것들이었기 때문이다. 1940년 9월에 영국령 버진 아일랜드와 맞바꾼 제1차 세계대전 구축함 50척이 내항성耐航性을 갖추기까지는 많은 수고를 들여야 했다.

12월 30일, 루스벨트는 라디오 노변담화Fireside chat 미국의 대통령 등이 자택에서 허물없는 모습으로 하는 정견 담화를 통해 미국인들에게 협정을 옹호할 것을 역설했다. 루스벨트는 "우리는 민주주의의 대병기창이 되어야 합니다"라고 선언했다. 그리고 그것은 현실이 되었다. 1941년 3월 8일 밤에 무기대여 법안이 상원에서 통과된 것이다. 루스벨트는 대서양 서쪽의 범미汎美 안전지대 선언과 그린란드 기지 설치, 아이슬란드에 주둔하고 있는 영국군을 교체하는 계획 등 독단적이고 새로운 정책을 발표했고, 7월 초에 마침내 시행했다. 파손된 HMS 일러스트리어스 항공모함을 시작으로 영국 군함들은 이제 미국 항구에서 수리를 할 수 있게 되었으며, 영국 공군 조종사들은 미국 육군항공대 기지에서 훈련을 시작했다. 가장 의미가 컸던 변화는 미국 해군이 영국 선

제2차 세계대전

단을 아이슬란드까지 호위하는 임무를 시작했다는 점이다.

이와 같은 전개에 대해 독일 외무부는 미국 군사력이 중요한 역할을 하기 전인 1942년쯤에 영국을 이겼으면 좋겠다는 바람을 내비쳤다.[13] 그러나 히틀러는 바르바로사 작전에 지나치게 몰두한 나머지 다른 것에는 크게 관심을 두지 않았다. 이 단계에서 히틀러가 가장 우려한 점은 독일이 소련을 패퇴시키기 전에 미국이 전쟁에 돌입하도록 자극받아서는 안 된다는 것이었다. 레더 제독이 미국 연안 해역 바로 위 약 5킬로미터 거리의 대서양 서쪽 지역에서 U 보트를 운영해야 한다고 권고했지만 히틀러는 이를 거부했다.

훗날 처칠은 U 보트의 위협만큼 전쟁 기간에 자신을 두려움에 떨게 한 존재는 없었다고 말했다. 한때 그는 중립국인 아일랜드의 남쪽 항구들을 필요에 따라 강제로 재점령하는 것까지 고려했었다. 영국 해군은 호송선단을 보호할 호위함정이 절실히 필요한 상황이었다. 영국 해군이 노르웨이 전투에 개입했다가 큰 손실을 입고 나서부터는 독일 공습 준비를 위해 구축함들을 비축해두어야 했다. U 보트들이 북해에서 연안 선박들을 공격하던 '동해안의 광란' 기간에 U-173호를 지휘한 에른스트 칼스 대령은 2주 동안 9척의 선박을 격침하여 기사 십자 훈장을 받았다.

1940년 가을부터 독일의 U 보트 함대는 마침내 연합군 선박에 심각한 피해를 입히기 시작했다. U 보트 함대는 프랑스의 대서양 연안에 기지들을 얻었고, 전쟁 초반에 U 보트 작전을 괴롭혔던 어뢰 기폭장치 문제는 해결되었다. 9월 중 한 주에만 U 보트는 영국 선박 27척을 격침했는데, 이 선박들의 무게는 총 16만 톤이 넘었다. 독일이 내보낸 잠수함의 수가 얼마나 적었는지를 감안하면 이와 같은 손실은 더욱 놀랍다고 할 수 있다. 레더 제독에게는 1941년 2월에 작전에 투입할 수 있는 원양항해용 U 보트가 아직 22척밖에 없었다.[14] 히틀러에게 간곡하게 탄원했음에도 불구하고, 잠수함 건조 계획은 소련 침공 준비 때문에 우선순위에서 밀려나게 되었다.

독일 해군은 처음에 포켓 전함과 무장한 가장순양함에 기대를 많이 걸었다. 그라프슈페가 몬테비데오로 달아나 자침했을 때 영국군에 환희를 안겨주었을지 몰라도, 가장 성공적인 전과를 올린 것은 포켓 전함 아드미랄 셰어[15]가 출격했을 때였다. 대서양과 인도양에서 장장 161일간 항해를 계속하는 동안 셰어 함은 배 17척을 격파했다. 하지만 포켓 전함이나 단 5만7000톤의 선박을 침몰시킨 다른 가장순양함들보다 U 보트의 비용 대 효율이 훨씬 더 좋다는 사실이 곧 명백해졌다. 가장 뛰어난 U 보트 함장이었던 오토 크레치머는 총 37척을 격침하여 셰어로 격침시킨 톤수의 두 배를 넘겼다. 50척의 구식 미국 구축함이 수리된 직후 영국 해군의 호위함정 세력은 늘어나기 시작했고, 영국 조선소에서는 코르벳 함이 취역하기 시작했다.

독일 해군 U 보트 사령관이었던 카를 되니츠 제독은 자신의 임무를 '톤수 전쟁'으로 보고, 잠수함을 이용해 영국이 선박을 건조해내는 시간보다 더 빨리 격침시켜야 했다. 1940년 9월 중순, 되니츠는 '이리떼'라는 잠수함 군 전술을 시작했다. 일단 호송선단이 보이면 U 보트를 10여 척까지 집합시킨 후, 밤에 격침을 시작하는 전술이었다. 배 한 척이 불길에 휩싸이면 다른 배들에 빛이 비춰지거나 윤곽이 드러났다. 첫 번째 이리떼 전술로는 SC-7 호송선단을 공격하고 선박 17척을 격침시켰다. 그 직후, 스캐파플로에서 HMS 로열 오크를 침몰시킨 U 보트 함장 귄터 프린이 핼리팩스를 출항한 HX-79 호송선단을 공격하는 이리떼를 이끌었다. 이번에는 단 4척의 잠수함으로 선박 49척 중 12척을 격침시켰다. 1941년 2월, 연합군의 손실은 다시 급증했다. 단지 3월에 영국 해군 호위함정은 프린이 이끈 U-47을 포함하여 U 보트 3척을 침몰시키고, U-99의 함장 오토 크레치머를 포로로 잡는 등 복수에 성공했다.

장거리 9형Type IX 잠수함이 도입되자 손실은 곧 다시 증가했는데, 울트라 작전의 영향력이 커지고 9월에 미국 해군이 원조를 와 대서양 서쪽에서 배들을 호위하게 된 여름까지 이러한 손실은 계속되었다. 이 단계에서는 블레츨리 파크의 신호 도청 결과가 U 보트 격침까지 직접 이어지지는 않았지만, 모여 있는 이리떼를 피해 다른 곳으로 '우회 경로'를 만드는 호송선단 기획자들에는 큰 도움이 되었다. 또한 독일 해군의 재보급과 작전 절차에 관해서도 해군정보국과 연안 방위대에 훨씬 더 명확한 예측 정보를 제공할 수 있었다.

대서양 전투는 끝없이 스미는 공포에 맞서는 단조로운 바다생활의 연속이었다. 누구보다 용감했던 사람들은 유조선 선원들이었는데, 이들은 거대한 소이탄이나 다름없는 배를 타고 항해하는 중이라는 사실을 스스로 잘 알고 있었다. 이미 U 보트가 추적하고 있는 것은 아닌지, 그리고 어뢰 폭발의 충격으로 선체가 흔들려 침대에서 내동댕이쳐지는 것은 아닐는지, 함장부터 갑판원까지 모두 신경을 곤두세울 수밖에 없었다. 오직 궂은 날씨와 거친 바다만이 이러한 위험을 줄여주는 듯했다.

선원들은 시종 축축하고 차가운 더플코트를 입거나 방수 모자를 쓰고 생활했으며, 젖은 옷을 말릴 기회도 없었다. 잠수함 잠망경을 찾겠다는 막연한 희망으로 잿빛 바다를 주시하느라 감시원들은 눈이 아팠다. 뜨거운 코코아와 콘비프 샌드위치가 유일하게 휴식과 위안을 주었다. 주로 구축함과 코르벳 함인 호위함정에서는, 레이더 화면에 나타나는 스위프 파형과 아즈딕 또는 소나연합군이 개발한 음향측심기가 아즈딕인데, 미군은 같은 장치를 소나라고 불렀다에서 발사된 음향 펄스의 반향이 울려 퍼지며 그 공포스런 매혹으로 최면에 걸릴 듯했다. 상선 선원들은 공격을 받아도 반격할 능력이 없었기 때문에 심리적 긴장은 훨씬 더 컸다. 만약 호송선단이 이리떼의 공격을 받아 어뢰에 맞은 뒤 기름이 유출된 바다에 선원들이 뛰어들기라도 한다면, 바다에서 구조될 확률은 매우 낮아진다는 것을 모두 잘 알고 있었다. 생존자를 구하려 멈춰 있는 배는 손쉽게 다른 U 보트의 표적이 되었다. 복귀 길에 머지강이나 클라이드 강에 도달하기라도 하면 안도감으로 배 안의 분위기가 달라졌다.

독일 U 보트 대원들은 훨씬 더 불편하게 지냈다. 선내 칸막이벽에는 물방울이 맺혔고, 공기는 젖은 옷과 더러워진 몸에서 나는 악취로 진동했다. 그러나 공격에 성공하고 영국이 보복 수단을 아직 마련하고 있던 단계라 사기는 대체로 높은 편이었다. 속도를 높이고 연료 소비를 줄이기 위해 많은 시간을 부상한 상태로 보냈다. 가장 큰 위협은 연합군 비행정이었다. U 보트는 비행정을 포착하면 경적을 울리고 급속 잠항했다. 하지만 비행정에서 레이더를 가동할 때까지는 U 보트를 발견하기가 쉽지 않았다.

1941년 4월, 연합군의 선박 손실은 68만 8000톤에 육박했지만, 고무적인 발전도 있었다. 비록 캐나다 공군과 영국 공군 연안 방위대의 범위를 벗어나는 대서양 북쪽 넓은 중심 지역인 그린란드의 '틈새'는 계속 유지되었지만 호송선단에 대한 공중 방호 구역은 확장되었다. 전달에 두 대의 이니그마 암호기가 설치된 독일의 무장 트롤선 한 척이 노르웨이 먼 바다에서 나포되었다. 그리고 5월 9일, HMS 불도그가 U-110을 부상하게 만드는 데 성공했다. 무장한 승선 부대는 잠수함의 암호책과 이니그마 암호기를 파괴되기 전에 가까스로 확보했다. 그 밖에 기상관측선과 수송선 등의 나포 선박들에도 쓸 만한 전리품들이 있었다. 그러나 연합군 호송선단들이 U 보트 사정거리에서 벗어나기 시작하고 잠수함 세 척이 카보베르데에서 매복 공격을 당하자, 되니츠는 암호가 노출되었을지도 모른다고 의심하기 시작했다. 그 결과 이니그마의 보안은 더 엄해졌다.

그해는 전체적으로 영국 해군에게 매우 힘든 한 해였다. 크레타 전투를 치르는 동안 지중해에서 손실이 커진 가운데, 5월 23일 그린란드와 아이슬란드 사이 덴마크 해협에서 거대한 순양전함인 HMS 후드가 비스마르크 함에서 발사한 포탄 한 발을 맞고는 폭발했다. 비스마르크 함에 있던 귄터 뤼텐스 제독은 중순양함 프린츠 오이겐 함과 함께 발트 해로부터 항해해왔다. 영국 정부는 큰 충격을 받고 곧 복수를 다짐했다. 비스마르크호를 사냥하는 데는 전함 HMS 킹 조지 5와 로드니, 항공모함 아크 로열 등을 포함하여 전투함 100척 이상이 투입되었다.

추격하던 순양함 HMS 서픽은 연락이 끊겼지만 영국 전투함대의 연료가 떨어지고 있던 5월 26일에 카탈리나 비행정이 비스마르크를 발견했다. 다음 날 궂은 날씨에도 불구하고 소드피시 뇌력기가 아크 로열에서 이함했다. 안전한 브레스트 항으로 이동하고 있던 비스마르크 함은 어뢰 두 발을 맞아 조향 장치가 망가졌다. 이 거대한 독일 전함은 원을 그리며 빙글빙글 돌기만 했다. 이로써 제4구축함대의 호위를 받던 킹 조지 5와 로드니 함은 접근하여 거대한 주포의 현측 일제 사격으로 비스마르크를 격침시킬 시간을 벌었다. 뤼텐스 제독은 마지막 신호를 보냈다. "함정 조종이 불가능하다. 포탄이 다 떨어질 때까지 싸울 것이다. 총통 만세." HMS 도싯셔 순양함이 마무리 공격에 투입되어 어뢰를 발사했다. 비스마르크의 자침을 지시한 뤼텐스는 2200명의 선원들과 함께 전사했다. 단 115명만이 바다에서 목숨을 건졌다.

12

바르바로사

1941년 봄, 히틀러가 유고슬라비아 침공을 단시간에 성공시키자, 스탈린은 독일을 계속 주시하는 정책을 실행하기로 결심한다. 4월 13일에 소련은 일본과 5년간의 '중립 협정'을 체결하고, 일본의 괴뢰 정권 만주국을 승인했다. 이것은 몰로토프-리벤트로프 조약이 체결된 이래 장제스가 가장 우려한 일이었다. 장제스는 일본에 평화 협상을 타진하여 1940년에 양다리를 걸치려 애썼다. 크게 줄어든 소련의 원조를 증가시켜 소련과 일본 정부의 친선관계에 금이 가기를 바랐던 것이다. 하지만 일본과 실제로 협상을 맺으면 중국인이 그 행위를 아주 비겁한 배반으로 여기게 될 것이고, 중국 대중에 대한 통치권이 마오쩌둥과 공산당원들에게 넘어가리라는 것도 알고 있었다.

1940년 9월에 일본이 삼국 동맹에 서명하자, 장제스는 스탈린처럼 일본이 미국과 충돌할 기회가 늘었다고 생각해 크게 고무되었다. 소련이 결국 반파시스트 동맹의 일원이 될 것이라는 사실을 장제스가 예상했다고 해도 중국의 생존은 이제 미국의 손에 달려 있었다. 장제스는 세계가 더욱 일관된 방향으로 양극화되리라고 보았다. 3자가 벌이던 체스 게임은 결국 양자 게임이 될 것이었다.[1]

서로 몹시 싫어했던 소련과 일본 정권 모두 꿍꿍이가 있었다. 1941년 4월 소련-일본 중립 조약이 체결된 후 스탈린은 모스크바 야로슬랍스키 기차역에 직접 나타나, 소련 지도자의 후한 환대에 여전히 도취해 있던 일본 외무상 마쓰오카 요스케에게 작별 인사를 했다.[2] 그때 승강장 군중 사이에 있던 독일 육군무관인 한스 크렙스(1945년에 마지막 참모총장이 된다) 대령이 스탈린의 눈에 띄었다. 스탈린이 그의 등을 가볍게 치며 "무슨 일이 있어도 우리는 늘 친구로 남아 있어야 하오"[3]라고 말해 크렙스 대령은 깜짝 놀랐다. 긴장하고 창백한 모습으로 보아 이 독재자의 온화한 태도는 거짓된 행동임에 틀림없었다. "저는 그것을 확신합니다." 크렙스 대령은 놀라움에서 벗어나며 대답했다. 크렙스 대령은 독일이 소련 침공을 준비한다는 사실을 스탈린이 안다고 생각했다.

히틀러는 자신감으로 충만해 있었다. 러시아 침공에 반대했던 비스마르크의 경고와 양면 전쟁의 위험성은 무시하기로 했다. 그는 오랜 야망이던 '유대 볼셰비즘' 처단이야말로 영국을 협상 테이블로 끌고 올 가장 확실한 방법이라고 합리화시켰다. 소련이 일단 패배하면 일본이 미국의 관심을 유럽에서 태평양으로 분산시킬 것이었다. 하지만 나치 지도부의 우선적인 목표는 그들을 무적으로 만들어줄 소련의 석유와 식량을 확보하는 것이었다. 헤르베르트 바케 국무장관이 고안한 '기아 계획'[4]을 추진하여 국방군이 소비에트 식량 생산을 장악하면, 주로 도시지역에서 3000만 명을 죽음으로 내몰 수 있었다.

히틀러와 괴링, 힘러는 바케의 급진적인 계획을 열광적으로 추진했다. 이 계획은 독일 내 증가하고 있는 식량 문제를 타개할 극적인 해결책이자, 슬라브주의와 '유대 볼셰비즘'에 맞선 이념 전쟁에서 중요한 무기이기도 했다. 국방군도 찬성했다. 현지 물자로 사병 300만 명과 말 60만 필을 먹여 살리면 불편한 철도로 아주 먼 거리까지 보급하는 어려움을 크게 줄일 수 있었다.

소비에트 전쟁포로들도 지침에 따라 체계적으로 굶길 계획이었다. 따라서 첫 발을 발사하기도 전에 독일군은 인종 말살 전쟁에 적극적으로 참여하게 된 것이다.

1941년 5월 4일, 루돌프 헤스 부총통과 괴링 제국 원수를 대동하고 국회 연설을 실시한 히틀러는 국가사회주의 국가가 "천년을 갈 것이다"라고 선언했다. 엿새 후, 베를린에서 헤스는 아무에게도 알리지 않은 채 메서슈미트 110에 올랐다. 헤스는 보름달 빛 아래에서 스코틀랜드로 날아가 낙하산으로 탈출했는데, 착지 중에 그만 발목이 부러지고 말았다. 점성가들은 헤스가 영국과 평화 협정을 맺는 데 성공하리라고 굳게 믿었다. 살짝 혼란스러워하기는 했지만 헤스도 리벤트로프처럼 소련 침공이 대참사가 되리라는 예감을 분명히 느낀 듯하다. 그러나 헤스가 자천한 평화 임무는 결국 수치스러운 실패로 돌아갔다.

헤스의 도착과 동시에 대규모 공습이 시작되었다. 루프트바페 또한 그날 밤 달빛을 활용하여 하늘을 뒤덮으며 헐Hull과 런던을 공격하여 웨스트민스터 사원, 하원, 영국박물관은 물론 수많은 병원과 도시 중심지, 런던타워, 부두 등을 파괴했다. 소이탄이 2200곳에 큰 화재를 일으켰다. 이 공습으로 민간인 총 4만 명이 사망하고 4만6000명이 중상을 입었다.

헤스의 별난 임무는 영국 정부를 당황시켰고, 독일 정부를 대경실색하게 했으며, 소련 정부에 깊은 의혹을 남겼다. 영국 정부는 이번 사태에 대한 대처를 잘못했다. 히틀러가 평화를 제안하려 했다는 것을 정직하게 발표한 뒤 곧바로 거부해야 했다. 오히려 스탈린은 영국 비밀정보국이 헤스의 비행기를 유도했다고 확신했다. 스탈린은 오랫동안 처칠이 소련을 공격하도록 히틀러를 부추기는 시도를 하고 있다고 의심해왔다. 그리고 스탈린은 이제 교활한 반볼셰비키주의자 처칠이 독일과 음모를 꾸미고 있는 것은 아닌지 의심스러워졌다. 전에 스탈린은 독일이 소련 침공을 계획하고 있다는 영국의 경고를 '영국의 도발'이라며 깡그리 묵살했었다. 해외에 파견된 관료들이 외국 물을 먹어 타락했다는 이유로 스탈린은 예하의 정보국에서 제시한 자세한 정보도 화를 내며 무시해버렸다.

스탈린은 연초에 서신으로 독일군이 순수하게 영국의 폭격 범위에서 벗어날 목적으로 동쪽으로 이동하고 있다고 전한 히틀러의 확언을 믿고 있었다. 경험이 없는 러시아 연방군 총정보국GRU의 수장 필리프 골리코프 중장도 히틀러가 영국을 정복할 때까지 소련을 공격하지 않으리라고 확신했다. 골리코프는 보로실로프의 후임으로 국방위원이 된 티모셴코나 주코프 참모총장에게, 독일의 의도에 대해 자신의 부서가 보유한 어떠한 정보도 넘겨주지 않았다. 그러나 독일이 국방군을 소집하고 있다는 것을 잘 알고 있던 그들은 이러한 준비과정을 뒤엎을 선제공격에 대해 5월 15일자로 비상대책 문서를 작성했다.[5] 게다가 스탈린은 예방 차원에서 전력 강화를 위해 예비군 80만 명을 소집하고 약 30개 사단을 소련 서쪽 국경을 따라 배치하기로 했다.

수정주의적인 일부 역사가들은 이 모든 것이 실제 독일을 공격할 계획으로 보인다면서 뒤이은 히틀러의 침공을 어떻게든 정당화하려 했다. 그러나 붉은 군대는 1941년 여름에 대규모 공격을 개시할 형편도 되지 않았으며, 어쨌든 히틀러는 꽤 일찍부터 침공을 결심하고 있었다. 반면 프랑스가 눈 깜짝할 새 패전한 것을 보고 깜짝 놀란 스탈린이 1941년 겨울, 또는 1942년 붉은 군대가 훈련 상태를 개선하고 장비를 더 갖추게 되었을 때 예방 차원의 공격을 고려했을 수도 있다는 점은 배제할 수 없다.

독일의 침공 위험을 확인해주는 정보가 점점 더 많아졌다. 그러나 스탈린은 가장 유능한 첩보원인 주일 독일 대사관의 리하르트 조르게가 제출한 보고서도 무시했다. 베를린에서 소비에트 육군 무관은 140개의 독일 사단이 당시 소비에트 연방 국경을 따라 배치되고 있는 것을 발견했다. 독일의 소비에트 대사관은 군대에 배포될 러시아어 회화집을 그 증거로 입수하기까지 했다. 책에는 "손들어" "공산주의자냐?" "쏘겠다!" "집단농장 관리자는 어디 있나?" 등의 표현이 실려 있었다.

무엇보다도 모스크바에 있던 독일대사 슐렌부르크가 경고를 한 것이 가장 뜻밖이었다. 슐렌부르크는 히틀러 암살을 모의한 혐의로 1944년 7월 20일에 처형된 반나치주의자였다. 그의 경고를 받은 스탈린은 불신으로 폭발할 지경이었다. 스탈린은 "허위 정보가 이제 대사관에까지 퍼지다니!"라며 소리를 질렀다. 경고 내용을 부정한 채 스탈린은 독일이 그저 새로운 협정에서 소련으로부터 더 많은 양보를 받아내려 압박하고 있는 것이라며 스스로를 설득했다.

아이러니하게도, 슐렌부르크의 솔직한 경고는 독일이 외교상 펼쳤던 기술적인 속임수의 일종이 아니었다. 멸시당했던 리벤트로프조차 처칠에 대한 스탈린의 의심을 영리하게 조종하여, 영국이 경고했던 바르바로사의 위협에 스탈린이 정반대로 대응하도록 했다. 스탈린도 핀란드와 전쟁을 치르는 동안 연합군이 바쿠 유전을 폭격할 거라는 계획을 익히 전해 듣고 있었다. 그리고 리벤트로프가 카롤 국왕을 설득하여 1940년 6월에 베사라비아를 소비에트에 이양하도록 했지만, 사실상 히틀러는 루마니아에 냉담한 태도를 취했다.

히틀러를 달래려고 스탈린은 영국의 봉쇄를 교묘하게 피해 독일에 곡물과 연료, 목화, 금속, 동남아시아에서 사들인 고무 등의 물자 지원을 크게 늘리며 유화 정책을 계속 펼쳤다. 몰로토프-리벤트로프 조약이 발효된 동안, 소련은 크롬 2만6000톤과 망간 14만 톤, 석유 200만 톤 이상을 제3제국에 제공했다. 독일의 침공에 관해 80가지를 훌쩍 넘는 징후를 발견했음에도 불구하고(실제로는 아마 100가지가 넘었겠지만) 스탈린은 서북쪽 국경, 즉 발트 국가의 보안 문제가 더 걱정인 듯했다. 독일이 침공하기 일주일 전인 6월 14일 밤, 에스토니아인 6만 명, 라트비아인 3만4000명, 리투아니아인 3만8000명이 가축차를 타고 소련 내 먼 지역에 있는 수용소로 강제 이송되었다.[6] 독일 선박들이 급히 소비에트 항구를 빠져나가고 대사관 직원들도 대피하던 침공 일주일 전까지도 스탈린은 여전히 독일의 침공을 믿지 않고 있었다.

  "이것은 절멸 전쟁이오. 귀관들은 사사로운 양심 따위는 버릴 각오를 하시오"[7]라고 히틀러는 3월 30일 장군들에게 말했다. 고위 장교들의 유일한 관심사는 군기에 미칠 영향이었다. 장교 다수가 아무리 나치당과 그 기능을 싫어한다고 하더라도 뼛속 깊은 본능, 즉 반슬라브주의, 반공산주의, 반유대주의는 나치의 이념과 일맥상통할 수밖에 없었다. 그들은 기근을 전쟁 무기로 활용하여 약 3000만 명의 소비에트 시민이 굶어 죽을 것으로 예상한다는 말을 들었다. 이것은 인구 일부를 청소해 독일이 식민통치하게 될 '에덴동산'에 쓸 만한 노예들만 남겨둔다는 계획이었다. 마침내 히틀러가 염원했던 생활권의 꿈이 이뤄지는 듯했다.

  6월 6일, 국방군에는 악명 높은 '인민위원 제거 명령'이 떨어졌다. 이 명령은 국제법의 준수를 정면으로 거부하는 내용이었다. 이것과 함께 다른 지시 내용에는 소비에트 군 정치 지도원이나 공무원, 정식 공산당원, 파괴 공작원, 남성 유대인 등을 빨치산으로 여겨 사살하도록 되어 있었다.

  6월 20일 밤, 독일 국방군 총사령부는 암호명 도르트문트를 발효시켰다. 전쟁 일기에는 이렇게 가록되었다. "공격 개시는 최종적으로 6월 22일로 정해졌다. 이 명령이 집단군에 전달될 것이다."[8] 위대한 순간에 고조된 히틀러는 '늑대 소굴'이라는 암호명이 붙은 라슈텐부르크 인근의 새로운 총통 본부로 떠날 준비를 했다. 붉은 군대와 전체 소비에트 체계가 무너지리라고 여전히 확신하면서, 히틀러는 "우리는 문을 걷어차기만 하면 되는 거요. 그

러면 썩어 문드러진 건물이 폭삭 무너질 테니"라고 자신의 사령관들에게
말했다.

더욱 신중했던 동쪽 국경의 장교들은 내심 의구심을 품었다. 그중 몇몇
은 나폴레옹의 모스크바 진격과 비참한 뒤퇴에 대해 아르망 드 콜랭쿠르
장군이 쓴 평론을 다시 읽기도 했다. 제1차 세계대전 중 러시아에서 싸웠
던 노장 장교와 사병들도 불안하기는 마찬가지였다. 그러나 폴란드, 스칸디
나비아, 저지대 국가, 프랑스, 그리고 발칸으로 이어지는 독일군의 영광스러
운 정복은 대부분의 독일인에게 독일군이 무적이라는 안도감을 주었다. 장
교들은 병사들에게 "역사상 가장 위대한 공격을 코앞에 두고 있다"[9]라고
했다. 볼셰비즘에 대항하는 십자군 전쟁에는 곧 핀란드, 루마니아, 헝가리
그리고 결국 이탈리아군의 지원을 받게 되는 약 300만 명의 독일군이 참
가했다.

전투부대뿐 아니라 차량, 텐트를 친 사령부와 통신연대를 숨겨주는 자작
나무와 전나무로 뒤덮인 숲속에서 장교들은 병사들에게 작전을 설명했다.
붉은 군대를 쳐부수는 데는 단 3주나 4주밖에 걸리지 않을 거라고 병사들
에게 확신을 심어주었다. 산악사단의 한 병사는 이렇게 기록했다. "아침 일
찍 우리는 주적 볼셰비즘을 타파하러 나갈 것이다. 신의 가호가 있기를. 나
로서는 무거웠던 마음이 한결 가벼워졌다. 마침내 불확실했던 상황은 끝났
고, 길은 정해졌다. 나는 매우 낙관적이다…… 그리고 만약 우리가 우랄지
역까지 땅과 원자재를 모두 장악한다면 유럽은 자생할 수 있게 되고, 그러
는 한 해전은 끝까지 계속할 수 있다고 믿는다."[10] SS기갑사단 다스 라이히
의 한 통신부사관은 자신감이 더 넘쳤다. "러시아를 붕괴시키는 것이 프랑
스보다 더 오래 걸리지 않을 것이다. 그리고 나서 8월에는 떠날 것이라 믿어
의심치 않는다."[11]

한여름의 폭풍 전야 자정 즈음에 소비에트에서 독일로 보내는 마지막 물

자 수송 기차가 지나가자 첫 번째 부대가 공격 진영으로 이동했다. 포진해 있던 전차들의 시커먼 실루엣이 엔진을 가동하면서 연기를 뿜었다. 포병연대는 포좌에 숨겨놓은 포탄 더미 근처로 포를 끌고 가기 위해 위장 그물을 걷어냈다. 병사들은 부크 강 서쪽 제방을 따라 대형 고무보트들을 물가로 끌고 가면서 강 건너 NKVD 국경수비대가 들을까봐 속삭이듯이 대화했다. 브레스트리토프스크의 거대한 요새 반대편에는 길에 모래가 깔려 있어 군화 소리도 들리지 않았다. 맑고 시원한 아침, 저습지에는 이슬이 내렸다. 병사들은 고국 독일에서 이 막중한 임무를 모른 채 평화롭게 잠들어 있을 아내와 아이들, 또는 연인과 부모님을 본능적으로 떠올렸다.

6월 21일 저녁 크렘린 궁에 있던 스탈린은 점점 더 불안해졌다. NKVD의 부국장은 '연방 경계선 위로 39기는 족히 되는 항공기가 출현'[12]했다고 전날 보고했다. 공격을 경고하기 위해 경계선을 넘은 전前 공산당원 독일군 탈영병에 대한 이야기를 듣자, 스탈린은 그를 허위 정보 유포죄로 사살하라고 즉시 명령했다. 점점 절망해가는 장군들에게 스탈린이 양보할 수 있는 것이라고는 대공포병대를 모스크바 주위에 배치하고, 국경지역 사령관들에게는 경계 태세를 갖추되 반격은 하지 말라고 명령하는 것이 전부였다. 스탈린은 무슨 공격이 들어오든 간에 히틀러의 짓은 아닐 거라는 생각을 고집했다. 독일 장군들의 도발이라고 여긴 것이다.

스탈린은 모스크바 외곽의 별장에서 이례적으로 일찍 잠자리에 들었는데, 그날은 오전 4시 45분에 주코프가 전화를 걸어 스탈린을 깨웠다. 세바스토폴 소련 해군 기지를 독일군이 폭격했다는 소식과 다른 지역의 공격 소식이 들어와 있었다. 스탈린은 보고를 받고 한참 동안 침묵한 뒤 심호흡을 크게 하더니, 대포로 대응해서는 안 된다고 주코프에게 말했다. 스탈린은 공산당 정치국 회의를 소집하기로 했다.

그들이 오전 5시 45분에 크렘린 궁에 집결했을 때, 스탈린은 히틀러가 이번 공격에 대해 어떤 것이라도 알고 있다는 사실을 여전히 믿으려 하지 않았다. 몰로토프는 슐렌부르크를 소환하라는 명령을 받았는데 그는 몰로토프에게 독일과 소련 사이에 전쟁 상태가 존재한다고 통보했다. 슐렌부르크는 앞서 경고를 했지만 전쟁이 실제로 일어나자 그 자신도 놀랐다. 동요한 몰로토프는 회의로 돌아가 스탈린에게 이 사실을 말했다. 살벌한 침묵이 이어졌다.

6월 22일 이른 시각, 발트 해에서 흑해까지 이어지는 지대의 바로 아래에서 수만 명의 독일군 장교들이 어렴풋한 등불에 의지해 동서 통합화된 시계를 쳐다보기 시작했다. 때가 되자, 후방에서 비행기 엔진 소리가 들려왔다. 대기 중이던 군부대들은 머리 위에서 드넓은 동쪽 지평선을 따라 새벽 여명을 향해 무리지어 비행하는 루프트바페 비행대대를 올려다보았다.

독일 시간으로 오전 3시 15분(모스크바보다 한 시간이 늦다)에 대규모 폭격이 시작되었다. 이날, 독일 국방군이 1800킬로미터 전선을 따라 수월하게 국경수비선을 뚫고 나가면서 바로 독소전쟁의 첫날이 밝은 것이다. 국경수비대는 속옷을 입은 채 사살되었고, 막사에 있던 가족들은 포탄에 맞아 목숨을 잃었다. 독일 국방군 총사령부 전쟁 일기에는 "오전 동안 모든 전투 지구에서 기습 공격에 성공하여 감동이 배가되고 있다"[13]라고 기록되어 있다. 또 한 번의 기습 공격 후, 한 야전군 사령부에서는 해당 전선에 있던 모든 교량을 온전하게 장악했다고 보고했다. 선두에 있던 기갑부대는 몇 시간 만에 소비에트 군수 보급 기지까지 침투했다.

붉은 군대는 거의 대비가 하나도 되지 않은 채로 당했다. 침공 몇 달 전, 스탈린은 구전선 안쪽 스탈린 선에서부터 붉은 군대를 진군시켜 몰로토프-리벤트로프 조약으로 약속한 경계지역을 따라 방어선을 구축했다. 주코프의 노력에도 불구하고 새로운 경계선에서는 대비 태세가 충분히 갖춰지지

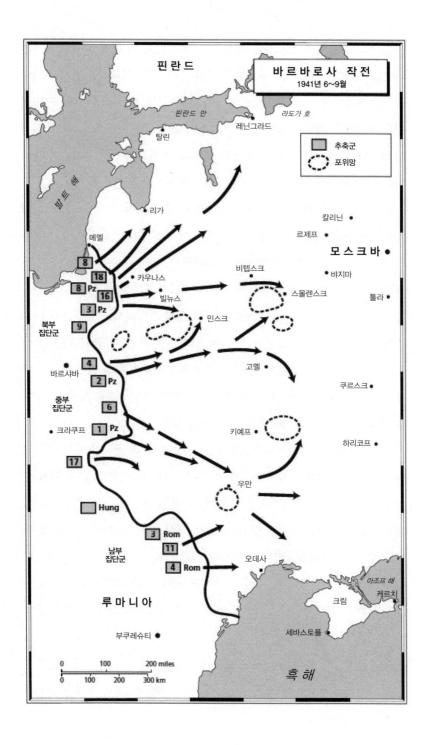

않은 상태였다. 중화기를 갖춘 방어 거점이 절반도 채 되지 않았고 포병연대에는 트랙터도 부족했는데, 이는 수확을 돕기 위해 트랙터를 농지로 보내버렸기 때문이다. 또한 소비에트 항공기들은 지상에서 공격을 받았다. 비행기들이 대열을 이루고 있어 66개 비행장에 대한 루프트바페의 선제공격에서 손쉬운 표적이 되었다. 공습 첫날 약 1800기의 전투기와 폭격기가 주로 지상에서 파괴된 것으로 전해졌다. 루프트바페는 단 35기를 잃었다.

폴란드와 프랑스에 대한 독일의 전광석화 같은 작전을 지켜보고도 소비에트는 본격적인 교전을 벌일 때까지 열흘에서 보름은 걸릴 것이라는 전제하에 방어 계획을 세웠다. 하지만 스탈린의 무대응과 독일 국방군의 가차 없는 진격으로 인해 그러한 여유는 전혀 생기지 않았다. 제800특수임무교도연대 소속 브란덴부르크 특공대는 공격 전에 잠입하거나 낙하산을 타고 들어가 교량을 확보하고 통신선을 차단했다. 남쪽에는 우크라이나 민족주의자들을 보내 혼란을 일으키고 소비에트 지도자들에 대해 반기를 들게 했다. 결국 소비에트 사령관들은 무슨 일이 벌어지는지 알지도 못한 채 명령을 내리거나 상관들과 연락을 할 수도 없게 되었다.

동프로이센 국경지역에서는 독일 육군 원수 리터 폰 레프가 이끈 북부집단군이 발트 국가들을 공격하러 들어가서는 레닌그라드로 향했다. 갈색 소비에트 군복을 입은 브란덴부르크 특공대가 6월 26일에 드비나 강의 복선철도와 도로를 가진 교량을 장악함으로써 북부집단군은 매우 수월하게 진군할 수 있었다. 만슈타인 육군중장이 지휘한 제56기갑군단은 하루에 약 80킬로미터를 진군하여 단 닷새 만에 목표 지역의 절반가량까지 당도할 수 있었다. 만슈타인은 훗날 "그처럼 맹렬하게 돌진해보는 것이 기갑부대장들의 꿈이었다"[14]라고 기록했다.

프리파티 습지 북쪽에서 페도르 폰 보크 육군 원수가 이끈 중부집단군은 벨라루스로 신속하게 진군하여, 구데리안과 헤르만 호트 상급대장의 기갑부대들이 곧 민스크 주변에서 대대적인 포위 전투를 벌였다. 유일하게 저항이 심했던 곳은 국경에 접한 브레스트리토프스크의 강력한 요새였다. 오스트리아 제45보병사단에는 프랑스 전투 때보다 훨씬 더 많은 사상자가 발생했고, 강습 부대들이 화염 방사기와 최루가스, 수류탄 등을 써서 요새 안의 끈질긴 수비대원들을 몰아내려 애썼다. 살아남은 병사들은 타는 듯한 갈증으로 고통스러워하며 의약품도 없는 상태에서 부상을 입거나 탄약이 떨어질 때까지 3주간 계속 싸웠다. 그러나 이토록 용감하게 요새를 방어했음에도 불구하고 1945년에 독일 수용소에서 고국으로 돌아왔을 때 이들은 굴라크(수용소)로 보내지고 말았다. 스탈린이 항복을 조국에 대한 배신으로 규정했기 때문이다.

NKVD 국경수비대도 기습 공격을 받지 않을 때는 필사적으로 반격했다. 그러나 붉은 군대 장교들은 공포에 질려 달아나는 병사들을 너무나 쉽게 포기했다. 연락 체계가 혼란에 빠져, 사령관들은 제대로 지시받지 못했고 반격 명령을 내려도 전장 상황에 아무런 영향도 주지 못해 무력해졌다. 붉은 군대에 대한 숙청으로 장교들은 사단이나 군단을 지휘해본 경험이 거의 없었고, NKVD의 비판과 체포에 대한 공포는 주도성을 모조리 파괴했다. 배짱이 두둑한 사령관조차 녹색 금장과 모자 띠를 두른 NKVD 수사관들이 갑자기 사령부에 나타날까봐 공포에 떨며 식은땀을 흘릴 지경이었다. 이와 대조적으로, 독일군은 하급 사령관들에게 임무를 부여하고 그들 나름대로 가장 좋은 방법을 선택해 임무를 달성할 것이라고 믿어주는 임무형 지휘 체계가 크게 빛을 발했다.

폰 룬트슈테트 육군 원수가 이끈 남부집단군은 우크라이나로 진군했다. 룬트슈테트는 곧 소비에트에서 베사라비아를 되찾아오려고 혈안이 된 2개 루마니아 야전군의 지원을 받게 되었다. 루마니아의 독재자이자 총사령관인 이온 안토네스쿠 원수는 열흘 전 히틀러에게 이렇게 장담했다. "물론 우리도 개전하면서부터 참전할 거요. 반슬라브 활동에 관한 문제라면, 언제든지 루마니아를 믿어도 좋소."[15]

침공 발표 연설문을 작성한 스탈린은 몰로토프에게 정오에 소비에트 라디오 방송에서 연설문을 읽으라고 지시했다. 방송은 대형 스피커 덕분에 길거리의 대중도 들을 수 있었다. 경직된 목소리로 몰로토프 외무인민위원이 발표한 연설문은 다음과 같은 선언으로 끝났다. "우리의 목적은 오직 적을 쳐부수고 승리를 가져오는 것입니다." 외무인민위원의 따분한 어조에도 불구하고, 조국을 파괴하는 행위에 모든 사람이 분개했다. 곧바로 신병 모집소에 수많은 사람이 모여들어 행렬을 이루었다. 그러나 그 외에 통조림이나 건조식품 등을 서로 먼저 사가려 하고 은행에서 돈을 인출하는 등 무질서한 모습도 연출되었다.

독일의 배신이 소련을 나치 독일과의 부자연스러운 동맹에서 해방시켰다는 묘한 안도감도 있었다. 훗날 독일 항공대가 모스크바를 폭격하는 동안 방공호에서 젊은 물리학자 안드레이 사하로프에게 한 중년 여성이 말을 걸었다. 그 여성은 "몇 년 만에 처음으로 다시 러시아인으로 돌아온 기분이야!"[16]라고 말했다 한다. 독일 사람들도 드디어 '진짜 적'과 싸우고 있다며 비슷한 안도감을 느꼈다.

미숙한 조종사들을 낙후된 비행기에 앉힌 붉은 군대 항공대의 전투기 연대들은 독일 항공대의 공격에 속수무책으로 당했다. 독일 전투기 에이스들은 곧 전적을 올리기 시작했고, 적군을 쉽게 격추시킨 것을 '영아 살해'¹ ¹1914년에 벌어진 제1차 이프르 전투에서 독일 병사들이 숱하게 죽은 상황을 빗대어 표현한 말라는 말로 표현했다. 소비에트의 조종사들은 상대와 맞닥뜨리기도 전에 심리적으로 무너졌다. 그러나 많은 조종사가 전투를 피하는 가운데서도 복수에 대한 갈망은 커지기 시작했다. 가장 용감한 소수의 조종사들은 기회만 있으면 무조건 독일군 비행기와 격돌했다.

소설가이자 종군기자였던 바실리 그로스만은 전투기연대 비행기들이 벨라루스의 고멜 인근 비행장으로 돌아오기를 기다리던 때를 이렇게 묘사했다. "독일군 행렬을 성공리에 공격하고 드디어 전투기들이 돌아와 착륙했다. 편대장기 냉각 장치에 사람이 불고기가 된 채로 끼여 있었다. 편대장기가 탄약을 실은 트럭 위를 날던 바로 그 순간에 수행기가 트럭에 발사를 했기 때문이다. 포페 편대장은 병사들과 함께 곤죽이 된 몸뚱이를 잡아 끄집어 냈다. 곧 군의관을 불렀고, 피투성이가 된 몸뚱이를 주의 깊게 진찰하던 군의관이 '아리아 산 고기네!'라고 말하자, 모두가 폭소를 터뜨렸다. 그렇다. 피도 눈물도 없는 '철의 시간'이 다가온 것이다!"[17]

한 독일 병사는 "러시아인은 만만치 않은 적수다. 우리는 포로를 거의 잡지 않고 대신 모조리 쏴버렸다"[18]라고 기록했다. 임시수용소로 가 어차피 굶어 죽게 될 붉은 군대 포로 무리를 향해 몇 명은 재미삼아 난사를 하기도 했다. 많은 독일 장교가 기겁했지만, 대부분은 군기 해이를 더욱 우려했다.

소비에트 쪽에서는, 베리야 휘하의 NKVD가 전선 부근 감옥에 수감되어 있던 수감자들을 학살하여 독일군이 진군하는 중에 그들을 살려주지 못하게 했다. 약 1만 명의 폴란드 포로가 살해되었다. NKVD는 르부프 시에서만 약 4000명을 살해했다. 6월 하순의 더위로 시체 썩는 악취가 도시 전체로 퍼져나갔다. NKVD의 살육 행위로 우크라이나 민족주의자들은 곧 소비에트 점령군에 대한 게릴라 전투를 시작했다. 공포와 증오의 도가니 속에서 NKVD는 전해에 점령한 베사라비아 지역과 발트 국가들에서 포로 1만 명을 더 학살했다. 다른 포로들은 NKVD의 감시를 받으며 동쪽으로 강제 이송되었고, 쓰러지기라도 하면 즉시 총살당했다.[19]

6월 23일, 스탈린은 최고사령부를 편성하여 제정 러시아 때의 명칭인 스탑카라고 이름 지었다. 며칠 후 스탈린은 베리야, 몰로토프와 함께 국방인 민위원회에 참석했다. 그곳에서 티모셴코와 주코프는 방대한 전선을 따라 질서를 확립해보겠다며 헛된 시도를 하고 있었다. 민스크는 바로 함락되었다. 스탈린은 상황도를 자세히 살펴본 다음 몇 가지 보고서를 읽었다. 상황이 우려했던 것보다 훨씬 더 비참하다는 것을 알고 스탈린은 크게 동요했다. 그는 티모셴코와 주코프를 비난했고, 그들 또한 반박하는 데 주저하지 않았다. 스탈린은 "레닌이 세운 이 나라를 우리가 망치고 있군"[20]이라며 중얼거렸다.

스탈린이 쿤체보의 별장으로 떠나버리자, 남아 있던 정치국 위원들은 당혹감을 감추지 못했다. 몰로토프가 그 자리를 이어받아야 한다는 수군거림이 있었지만, 스탈린을 거스른다는 것은 두려운 일이었다. 6월 30일, 그들은 절대적인 힘을 가진 소련국방위원회를 편성하기로 결정하고, 스탈린을 만나기 위해 쿤체보로 떠났다. 위원들이 별장 안으로 들어갔을 때, 그들이 자신을 체포하러 온 것이라고 믿고 있던 스탈린은 초췌하고 조심스러운 모습이었다. 스탈린은 무슨 일로 왔느냐고 물었다. 위원들이 현재의 비상 전시내각을 스탈린이 이끌어야 한다고 설명하자, 스탈린은 놀란 마음을 감추고 그 역할을 수락했다. 스탈린이 크렘린 궁을 떠난 것은, 이반 4세가 했던 것처럼 정치국 내 반대파들을 자극하여 모습을 드러내게 한 다음 드러난 이들을 제거하려던 책략이었다는 설이 있지만, 이것은 순전히 추측에 불과하다.

스탈린은 다음 날인 7월 1일 크렘린 궁으로 돌아와 이틀 후 대국민 방송을 했다. 방송에서는 그의 본능이 큰 역할을 했다. 방송을 들은 사람들은 스탈린이 자신들을 '동지이자 시민이며, 형제이자 자매'라고 말해 놀랐다. 크렘린의 주인 가운데 국민을 그처럼 친근한 말로 표현한 사람은 아무도 없었다. 스탈린은 러시아를 침공한 나폴레옹 군대에 대항했던 역사러시아에서는 '조국전쟁'이라고 부른다를 상기시키며 사람들에게 초토화 작전으로 총력전을 펼처 조국을 방어할 것을 부탁했다. 스탈린은 소비에트 국민이 공산주의 이념보다는 자신들의 국가에 더 목숨을 바치려 할 것이라고 생각했다. 전쟁이 애국심을 만들어낸다는 것을 알고, 스탈린은 이번 침공이 애국심을 되살리리라는 사실을 알아차렸다. 비록 자신에게 재난의 책임이 일부 있다는 사실은 숨겼지만 상황의 심각성을 감추려 하지는 않았다. 스탈린은 향토방위대도 소집했다. 무기가 열악했던 이 총알받이 민병대는 맨몸이나 마찬가지 상태로 독일 기갑사단의 진격을 늦추는 역할을 하게 되었다.

스탈린은 전쟁에 휩쓸린 민간인들의 끔찍한 고통을 계산하지는 않았다. 집단농장의 소떼를 이끌고 가던 피란민들은 기갑사단보다 앞서 있으려 했지만 허사였다. 6월 26일, 작가 알렉산드르 트바르돕스키는 객차 창밖으로 엄청난 광경을 목격했다. 그 광경은 기차가 우크라이나의 한 노변 정거장에 정차했을 때 벌어졌다. 그의 일기에는 "들판에는 죄다 누워 있거나 앉아 있거나 무리지어 움직이는 사람들로 가득했다. 그들은 짐 꾸러미, 배낭, 여행가방을 가지고 있거나 아이들을 동반하기도 하고 수레도 끌었다. 급히 고향을 떠나오면서 사람들이 들고 나온 세간이었는데, 나는 그렇게 엄청난 양은 처음 봤다. 들판에 사람이 아마 수만 명은 있었던 것 같다…… 들판을 뒤덮은 사람들이 일어나 움직이기 시작하더니 철길 쪽으로, 열차 쪽으로 다가와서는 객차 벽과 창문을 두드리기 시작했다. 열차가 탈선할 수도 있을 것 같았다. 열차가 움직이기 시작했다……"[21]라고 쓰여 있었다.

벨라루스 내 도시들이 폭격을 받아 수백 내지 수천 명의 사람이 사망했다. 생존자들은 동쪽으로 도망가려 했지만 사정이 더 낫지는 않았다. 한 기자는 "민스크가 불타기 시작한 뒤, 장애인 시설에 있던 시각장애인들이 수건으로 서로를 묶은 채 길게 줄을 지어 고속도로를 따라 걸었다"[22]고 썼다. 전쟁 통에 부모가 죽거나 실종되어 고아가 된 아이도 이미 셀 수 없을 정도였다. NKVD는 이들 중 일부가 독일군의 간첩 노릇을 했으리라 의심하여 동정심도 거의 느끼지 않은 채 그들을 다루었다.

프랑스에서 놀라운 성적을 거둔 기갑부대들은 완연한 여름 기후 속에 앞으로 돌진하면서 보병사단이 최대한 따라잡도록 해야 했다. 이따금 선두 전차의 탄약이 떨어지면 하잉켈 111들이 차출되어 낙하산으로 보급품을 투하해주어야 했다. 불타는 마을, 움직이는 궤도 차량들이 일으킨 먼지 구름, 행군하는 보병대와 말들이 끄는 그들의 야포들이 더위 속에서 진군하고 있는 행렬이 있음을 알렸다. 야포를 끄는 마차를 탄 포병들은 희뿌연 먼지를 뒤집어써서 마치 테라코타처럼 보였고, 터벅터벅 끌고 가는 동물들은 기침을 하며 온순하게 따랐다. 나폴레옹의 대육군처럼, 유럽 전체에서 모은 60만 필이 넘는 말들이 이번 작전에서 국방군의 이동을 상당 부분 책임졌다. 식료품 보급과 탄약, 그리고 야전 구급차까지도 말의 힘을 빌렸다. 프랑스가 스탈린의 쓰라린 분노를 불러일으켰던 그 휴전 협정을 맺기 전에 어마어마한 양의 차량을 모두 파괴했었더라면 독일의 기계화 병력은 4개 기갑집단에 한참 못 미쳤을 것이다.

중부집단군의 두 대규모 기갑부대는 이미 첫 번째 주요 포위망을 형성하여, 민스크 서쪽의 비아위스토크 지역에 있던 4개의 소비에트 야전군 41만 7000명을 에워쌌다. 협공 작전을 펼치던 호트의 북쪽 제3기갑집단과 구데리안의 남쪽 제2기갑집단은 6월 28일에 조우했다. 제2항공함대의 폭격기와 슈투카 부대는 갇혀 있는 붉은 군대에 공격을 퍼부었다. 이로써 중부집단군은 발트 해로 흐르는 드비나 강과 흑해로 흘러내려가는 드네프르 강 사이의 '육상 교량'을 향해 순조롭게 진군했다.

스페인 내전에서 소비에트 전차 사령관이었고 이제는 서부 전선의 불운한 사령관이 된 드미트리 파블로프 장군의 자리는 티모셴코 원수로 대체되었다.(붉은 군대에서 전선이란 집단군과 비슷한 군사 구조였다.) 파블로프는 곧 예하의 고위 장교들과 함께 체포된 후, 약식 재판을 받고 NKVD에 의해 처형되었다. 절망에 빠진 몇몇 고위 장교는 자살을 기도했으며, 그중 한 명은 우크라이나 담당 인민 위원이었던 니키타 흐루쇼프가 보는 앞에서 자신의 머리를 총으로 쐈다.

북쪽에서는 소비에트에게 억압을 받고 바로 앞 주에 강제 이주까지 당한 발트 국가들이 레프가 이끈 집단군을 크게 환영했다. 민족주의자들은 후퇴하는 소비에트군을 공격하고 도시를 장악했다. NKVD 제5자동차소총연대가 질서를 재확립하기 위해 리가로 파견되었는데, 이것은 라트비아 국민에 대한 즉각적인 보복을 의미했다. "죽은 우리 동지들의 시신 앞에서, 연대 병사들은 비열한 파시스트들을 무자비하게 박살낼 것을 맹세했고, 같은 날 리가의 자본가 계급은 우리의 복수심을 숨어서 느끼고 있었다."[23] 그러나 그들 또한 곧 발트 해안에서 밀려날 수밖에 없었다.

리투아니아의 카우나스 북쪽에서는 소비에트 기계화 군단이 진군하는 독일군을 KV 중전차로 기습적으로 반격했다. 전차포탄은 모두 튕겨나가 88밀리 포를 가져와야만 대응할 수 있었다. 소비에트 서북부 전선은 임시로 편성된 독립군 때문에 고전하다가 에스토니아로 밀려났는데 이것은 붉은 군대도, 독일군도 예상치 못한 일이었다. 독일군이 진입하기 거의 직전에, 볼셰비키 편에 선 혐의가 의심되는 유대인들에 대해 잔인한 조치가 취해졌다.

룬트슈테트가 이끈 남부집단군에는 운이 덜 따랐다. 서남부 전선을 지휘하던 미하일 키르포노스 상장은 남부집단군의 습격을 주의하라는 NKVD 국경수비대의 경고를 이미 받은 상태였다. 키르포노스도 휘하에 강력한 군대를 보유하고 있었는데 티모셴코와 주코프가 독일군의 주공이 이쪽으로 올 것으로 예상했기 때문이다. 키르포노스에게 5개 기계화군단으로 대규모 반격을 개시하라는 지시가 떨어졌다. KV 중전차와 신형 T-34로 구성된 가장 강력한 군단은 안드레이 블라소프 소장이 지휘했다. 하지만 키르포노스의 병력은 지상 통신선이 차단되고 부대들이 넓게 퍼져 있어 효과적으로 배치되지 못했다.

6월 26일, 폰 클라이스트 기병대장의 제1기갑집단은 로브노와 최종 목표인 우크라이나의 수도 키예프를 향해 진격했다. 키르포노스는 예하의 기계화군단 중 5개 군단에 지시를 내려 매우 복잡한 결과를 낳았다. 독일군은 소련의 T-34와 KV 중전차가 자신들이 보유한 어떤 전차보다 더 우수하다는 것을 알고 동요했지만, 국방인민위원조차 소비에트 전차의 포가 적합하지 않다는 것을 전쟁 전날에야 알았고,[24] 1만4000대의 소비에트 전차 중 6월 22일 전투에 투입될 수 있는 것은 단 3800대[25]뿐이었다. 독일 기갑부대원들의 훈련과 전술, 무전통신, 대응 속도 등은 대체로 훨씬 더 우수했다. 게다가 이들은 슈투카 비행대대들의 강력한 지원도 받았다. 가장 큰 위험 요인은 자만심이었다. 폴란드 출신의 전직 기병장교였다가 훗날 이 전쟁의 뛰어난 지휘관 중 한 명이 된 콘스탄틴 로코솝스키 소장은 구식 전차들이 공격을 받아 망가지고 난 다음 날 제13기갑사단을 대포 매복 지점으로 끌어들이는 데 가까스로 성공했다.

공황이 계속되고 병사 다수가 탈영하자, 키르포노스는 병사들이 다시 싸우게 하기 위해 '독전대督戰隊, 전투를 할 때 자기 쪽 군사를 감시·감독·격려하던 부대를 도입했다. 프랑스에서 그랬듯, 근거 없는 소문들이 혼란을 일으켰다. 비록 희생이 크고 그다지 성공적이지는 않았지만, 소비에트의 반격은 최소한 독일의 진군을 가까스로 늦추기는 했다. 니키타 흐루쇼프는 이미 스탈린의 명령으로 우크라이나의 공장과 작업장에서 기계를 옮기는 데 온 힘을 기울이기 시작했다. 소련의 방대한 산업을 기차로 우랄과 그 너머 지역에 다시 옮기는 혹독한 작업이 계속되었다. 비슷한 작업이 벨라루스와 그 밖의 지역에서 소규모로 실시되었다. 그해에 총 2593개의 산업 시설이 옮겨졌다. 이로써 결국 소련은 독일군 폭격기의 항속 거리 밖에서 무기 생산을 재개할 수 있었다.

공산당 정치국은 비밀리에 시베리아 서쪽의 튜멘으로 금 및 제정 러시아 시대 보물들과 함께 레닌의 미라를 보내기로 했다. 시신 보존을 위해 필요한 화학 약품을 싣고 수행 과학자들을 태운 특별열차가 7월 초 NKVD 대원들의 보호를 받으며 떠났다.[26]

7월 3일, 할더 장군은 일기에, '2주 만에 러시아와의 전투에서 이겼다고 해도 과언이 아닐 것'이라고 썼다.[27] 하지만 그는 엄청난 국토 면적과 계속되는 저항이 앞으로 수 주 동안 침공군을 괴롭히리라는 점을 인정했다. 독일에서는 SS가 동향 조사를 통해 사람들이 얼마나 빨리 전쟁이 끝날 것인지에 대해 내기를 걸고 있다고 보고했다. 어떤 사람들은 독일군이 이미 모스크바에서 100킬로미터도 안 되는 지점까지 접근했다고 믿기도 했지만, 괴벨스는 그러한 추측들을 잠재우려 애썼다. 괴벨스는 예상보다 길어졌다는 느낌을 주어 그들의 승리가 퇴색되는 것을 원치 않았다.

끝없이 지형선이 펼쳐진 대륙의 압도적인 광대함은 이곳을 침공한 독일 국방군의 평범한 보병에게 영향을 끼치기 시작했다. 알프스 인종_{유럽 중부·동}_{부에 사는 백인종}에게는 끝없는 바다처럼 광활하게 펼쳐진 대지는 하염없이 우울한 광경이었다. 전방에서는 프랑스 전투 때와는 달리, 독일군이 지나간 후에도 고립된 채 계속 싸우는 소수의 소비에트 군인을 볼 수 있었다. 그들은 드넓은 옥수수 밭에 숨어서 기습적으로 발포를 했고, 이동하는 증원군이나 본부를 공격했다. 생포된 자는 모두 빨치산이라는 이유로 그 자리에서 총살되었다.

많은 소비에트 시민은 지나친 낙관으로 고통받기도 했다. 어떤 사람들은 독일 프롤레타리아가 나치 지도부에 반기를 들고 일어날 터이며 지금은 그들이 '억압받는 조국'을 공격하고 있는 것이라고 말했다. 그리고 지도를 벽에 걸어 붉은 군대의 승전 지역을 표시해둔 사람들은 국방군이 소비에트 영토로 진격하는 깊이가 점점 더 깊어지자 지도를 치워버렸다.

그러나 독일 육군의 승리에 대한 믿음은 곧 약해지기 시작했다. 특히 스몰렌스크로 대표되는 대규모 포위 전투는 점점 더 힘겨워졌다. 기갑부대들은 큰 어려움 없이 전면적인 작전을 펼쳤지만, 안팎에서 공격해오는 가운데 포위망을 지탱할 기갑척탄병은 충분하지 않았다. 다수의 소비에트 부대는, 완전 군장으로 하루에 50킬로미터까지 강행군을 하여 발에 상처가 나고 움직임이 둔해진 독일 보병대가 자신들을 따라잡기 전에 빠져나갔다. 그리고 포위된 붉은 군대 병사들은 항복하지 않았다. 아무리 인민위원과 장교들이 총을 들이대며 강요한다고 해도 그들은 필사적인 용기로 싸울 태세였다. 탄약이 떨어지면 엄청난 수의 병사가 울부짖으며 앞으로 돌진하여 포위망을 뚫으려 했다. 일부는 팔을 서로 엮어 돌격했고, 독일군 기관총 사수는 쉴 새 없이 이들을 쓰러뜨리느라 총이 녹아내릴 지경이었다. 몇 시간 동안 계속되는 부상자들의 비명 소리가 지친 독일 병사들의 신경을 거슬리게 했다.

7월 9일에 비텝스크가 함락되었다. 민스크와 스몰렌스크, 그리고 훗날 고멜과 체르니고프처럼, 비텝스크는 루프트바페의 소이탄 공습으로 목조 주택들이 불타면서 그야말로 불지옥이 되었다. 불길이 무척 거세서 차량에 탄 수많은 독일 군인은 되돌아가야 할 것 같다고 생각할 정도였다. 스몰렌스크 포위망, 일명 '솥'을 좁히는 데는 총 32개 사단이 투입되었다. 솥 전투는 8월 11일까지 계속되었다. 소비에트군은 30만 명이 죽거나 포로가 되는 '회복 불가능한 손실'과 함께 전차 3200대와 야포 3100문을 잃었다. 하지만 소비에트군은 동쪽으로부터 역습을 가해 10만 명 이상의 병사를 구출해냈고, 무엇보다도 독일군의 진격을 늦추는 결정적인 성과를 거두었다.

바실리 그로스만이 야전병원을 방문했다. "작은 공터의 사시나무 묘목들 사이사이에 900명 정도의 부상자가 있었다. 피 묻은 헝겊과, 떨어져나간 살점, 신음 소리, 악을 쓰며 아픔을 참는 모습 등 참담하고 고통스러운 수백 개의 눈이 있었다. 머리카락이 붉은 젊은 여자 군의관은 밤새도록 수술을 하느라 목이 쉬었다. 얼굴은 창백하여 당장이라도 쓰러질 것 같았다."[28] 그 군의관은 그로스만에게, 그의 친구인 시인 이오시프 웃킨을 어떻게 수술했는지 미소를 지으며 이야기했다. "'절개를 하고 있는데 시를 읊어주더군요.' 목소리가 들릴까 말까 할 정도였기 때문에 그녀는 몸동작을 섞어서 말했다. 부상자들이 계속해서 들어왔다. 모두 피와 비에 젖어 있었다."

엄청난 행군도 해내고, 모스크바를 가리키는 이정표가 세워져 있었음에도 불구하고, 동부 전선에 있던 독일군은 그해가 넘어가기 전에 결코 승리할 수 없을지도 모른다는 생각에 갑자기 두려워지기 시작했다. 3개 집단군에 21만3000명의 사상자가 발생했다. 이 수치는 소비에트군 사상자의 10분의 1 정도밖에 되지 않았지만, 소모전이 더 길어진다면 국방군이 과도하게 확장된 보급선을 보호하는 것은 물론 남아 있는 소비에트군을 패퇴시키기도 어려워질 법한 상황이었다. 겨울에 러시아에서 전투를 벌이면 승산은 더 없어진다. 독일군은 소련 서쪽에 있는 붉은 군대를 굳이 괴멸시키려 하지 않았고, 유라시아 대륙은 이제 그들 앞에 더욱 넓게 펼쳐졌다. 1500킬로미터였던 전선이 2500킬로미터로 늘어나는 순간이었다.

군 정보부가 소비에트군의 병력을 한심할 정도로 적게 예상했다는 것도 곧 드러났다. 8월 11일에 할더 장군은 "전쟁을 시작할 때 우리는 적군의 사단 수를 약 200개로 예상했지만, 이제는 이미 360개를 넘어섰다"[29]고 기록했다. 소비에트 사단이 독일에 비해 전력이 분명 열세일 수도 있다는 사실로 위안을 삼기에는 부족했다. "만약 우리가 10여 개 사단을 쳐부순다면 러시아군은 다시 또 10여 개 사단을 투입할 것이다."

소련은 나폴레옹이 모스크바로 진격했던 그 경로에 독일군이 서 있다는 사실 때문에 트라우마에 사로잡혔다. 그런데 스탈린은 병력과 장비의 소모가 컸음에도 불구하고 스몰렌스크를 향해 서쪽으로 대규모 반격을 개시하라는 명령을 내렸다. 그 영향으로 히틀러는 중부집단군이 수비 대형을 이루도록 지시하는 한편, 북부집단군은 레닌그라드로, 남부집단군은 키예프로 진군하게 했다. 제3기갑집단은 레닌그라드로 방향을 바꿨다. 독일 국방군 총사령부 참모인 알프레트 요들 육군 중장의 조언에 따라, 히틀러는 나폴레옹이 했던 실수는 피하기로 했다.

폰 보크 육군 원수는 이 중대한 변화에 충격을 받았고, 소련 연락망의 중심인 모스크바를 우선 목표로 삼고 있었던 다른 고위 사령관들도 경악하기는 마찬가지였다. 그러나 몇몇 장군은 남쪽 측면이 공격받을 경우에 대비하여, 모스크바로 진군하기 전에 키예프를 방어하고 있는 대규모 소비에트 병력을 먼저 제거해야 한다고 생각했다.

7월 29일, 주코프는 키예프가 포위될 수도 있다고 스탈린에게 경고하며 우크라이나의 수도를 포기해야 한다고 주장했다. 수령이라고도 불리던 스탈린은 쓸데없는 소리를 한다며 주코프를 나무랐다. 주코프는 자신의 직위를 붉은 군대 참모장으로 조정해줄 것을 요구했다. 스탈린은 주코프에게 예비 전선 지휘를 맡겼지만, 스탑카의 일원으로 계속 남겨두었다.

구데리안이 이끈 제2기갑집단에는 로슬라블 전선 돌출부에서 우측으로 선회하여 기습 공격을 가한 뒤, 남쪽으로 로흐비차를 향해 400킬로미터를 진군하라는 임무가 주어졌다. 구데리안은 키예프로부터 동쪽으로 200킬로미터 떨어진 로흐비차에서 남쪽으로부터 우크라이나의 수도를 포위하면서 달려온 클라이스트의 제1기갑집단과 만날 터였다. 구데리안의 돌격으로 소련은 혼란에 빠졌다. 벨라루스의 마지막 대도시였던 고멜이 순식간에 함락되었다. 그러나 스탈린의 명령으로 병력이 보강된 키르포노스의 서남 전선은 여전히 키예프를 고수하라는 명령을 받고 있었다.

제2차 세계대전

바실리 그로스만은 남쪽으로 향하던 구데리안의 기갑사단에 잡히지 않고 가까스로 우크라이나로 탈출했다. 침공으로 정신이 없는 통에, 일부 러시아군은 처음에 구데리안이라는 아르메니아식 이름을 듣고 아군일 것이라고 생각했다. 대부분의 소비에트 종군기자들과 달리 그로스만은 민간인들의 고통에 깊은 연민을 느꼈다. "어디론가 떠나는 사람, 남아서 응원하는 사람 할 것 없이, 입을 열자마자 모두 울음을 터뜨리기 시작했다. 자기도 모르게 따라서 울게 된 사람도 있었다. 이 얼마나 비통한가!" 그로스만은 동료 기자들이 군 사령부보다 전선으로 더 깊이 들어가본 적도 없으면서 상투적인 선전 문구를 쓰며 "만신창이가 된 적군은 계속해서 겁쟁이처럼 진군했다"[30]와 같은 거짓된 관용 어구들을 마구 써대는 모습을 경멸에 찬 눈으로 바라보았다.

룬트슈테트가 이끈 남부집단군은 우크라이나 우만 인근에서 8월 10일까지 이미 10만7000명의 포로를 잡아두었다. 스탈린은 그곳에서 항복한 붉은 군대 장군들에게 사형 선고를 내렸다. 그리고 남쪽을 향해 공격해 들어오는 구데리안의 위협을 대수롭지 않게 여겨 그때까지도 키르포노스 군대를 드네프르 전선에서 철수시키지 않았다. 소비에트의 발전을 나타내는 대표적 상징물인 자포로제의 거대한 댐과 수력발전소는 초토화 전술의 일환으로 폭파되었다.

그로스만이 기술한 내용에 따르면, 민간인과 가축, 장비 등의 구출이 계속해서 매우 긴박하게 이뤄졌다. "밤에는 몇 리나 떨어진 곳에서 피어오른 불길로 하늘이 붉게 변했고, 그날은 하루 종일 잿빛 연기가 지평선 위를 온통 뒤덮었다. 아이를 안은 여성, 노인, 양떼, 소떼, 집단농장의 말들이 먼지를 뒤집어쓰고 손수레를 타거나 걸어서 동부 지역을 향해 이동했다. 트랙터들은 귀가 아플 정도로 덜커덩거렸고, 공장 장비, 엔진, 보일러 등을 실은 기차는 매일 밤낮 동쪽으로 이동했다."[31]

9월 16일, 구데리안과 클라이스트의 기갑집단이 로흐비차에서 만나 포위망을 형성하고 70만 명이 넘는 적군을 가두는 데 성공했다. 키르포노스와 예하 참모들, 그리고 약 2000명의 병사는 근처에 있던 제3기갑사단에 의해 궤멸되었고, 폰 라이헤나우 육군 원수가 지휘하는 제6군이 폭격으로 폐허가 된 키예프로 진격했다. 뒤에 남겨진 민간인들은 기아에 직면했다. 유대인들은 총살대에서 삽시간에 죽임을 당했다. 더 남쪽에서는, 제11군과 루마니아 제4군이 오데사로 이동했고, 남부집단군은 다음 목표를 거대한 세바스토폴 해군 기지가 있는 크림 반도, 그리고 캅카스로 들어가는 관문인 로스토프나도누로 설정했다.

키예프 평원 전투는 군사 역사상 규모가 가장 컸다. 독일의 사기는 다시 올라갔다. 다시금 모스크바 정벌이 가능할 것 같았다. 히틀러는 이미 그렇게 하기로 마음을 바꿔 할더를 안심시켰다. 9월 6일, 그는 모스크바를 향한 진격을 허가하는 총통 지령 제35호를 발효했다. 그리고 두 기갑집단이 로흐비차에서 만난 9월 16일에는 보크 육군 원수가 태풍 작전의 사전 준비 명령을 내렸다.

레프가 이끈 집단군이 발트 국가를 거쳐 신속하게 진격한 이후, 레닌그라드가 가까워질수록 저항이 더 심해졌다. 7월 중순, 니콜라이 바투틴 중장이 역습을 해 일멘 호 인근에서 독일군을 격파했다. 호트가 이끌던 제3기갑집단의 지원을 받았지만, 레프군의 진격은 자작나무 숲과 호수, 모기떼로 가득한 습지라는 악조건 때문에 속도가 느려졌다. 공포에 사로잡힌 도시에서 50만 명의 남녀가 1000킬로미터에 달하는 토목공사와 645킬로미터의 대전차호를 파는 데 동원되었다. 8월 8일, 히틀러는 핀란드군이 라도가 호수 양쪽으로 잃어버린 영토를 수복하는 동안 레닌그라드를 포위하라고 레프에게 명령을 내렸다. 훈련도 미숙하고 무기도 겨우 갖춘 향토방위대는 속수무책으로 잔혹한 전장으로 떠밀려, 말 그대로 '대포밥'이나 다름없는 역할을 했다. 공장 노동자는 물론 교수들까지, 총 13만5000명 이상의 레닌그라드 시민이 자원입대를 하거나 그리하도록 강요당했다. 이들은 훈련을 받지 못했을 뿐 아니라 의료 지원도 군복도 차량도 보급 체계도 갖추지 못했다. 절반 이상이 총도 없는 상태로 독일 기갑사단에 맞서 반격하라는 지시를 따라야 했다. 대부분은 무시무시한 전차에 맞서 방어할 수단이 전혀 없어 달아나버렸다. 별 효과 없이 끝난 이 비극은 약 7만 명으로 추산되는 엄청난 인명 손실을 초래했고, 이들의 희생으로 루가 강 전선에 있던 독일군의 진격이 확실히 늦춰진 것도 아니었다. 소비에트 제34군은 초토화되었다. 병사들이 달아나자, 4000명은 탈영병으로 체포되었고 부상병의 절반가량은 자해를 의심받았다. 한 병원에서만 1000명 중 460명이 왼손이나 왼팔에 총상을 입었던 것이다.[32]

에스토니아의 수도 탈린은 독일군의 진격 때문에 고립되었지만, 스탈린은 핀란드 만에서 크론시타트까지 바다로 소비에트 수비대를 구출하려는 시도를 거부했다. 스탈린이 마음을 바꿨을 때는 이미 질서 있게 철수하기에 너무 늦어버린 뒤였다. 8월 28일에 탈린에 있던 발틱 함대 선박은 독일군이 도시로 진입하자, 시민 2만3000명을 배에 태웠다. 공중 방호도 없이 임시 함대가 출항했다. 독일군 기뢰, 핀란드의 어뢰정, 루프트바페의 공격으로 총 65척의 선박이 격침되었고, 1만4000명이 사망했다. 이 일은 러시아 역사상 최악의 해군 참사였으며, 1905년 쓰시마에서 패전했을 때보다 피해가 훨씬 더 컸다.[33]

레닌그라드 남쪽으로는 독일군이 모스크바로 이어지는 간선 철도를 장악했다. 9월 1일에 도시가 중포의 사거리 안에 들어오자 독일군은 포격을 시작했다. 소련군 부상자로 가득한 군용 차량들과 마지막 피란 행렬은 레닌그라드로 후퇴했다. 불타버린 마을을 뒤로한 채, 농민들은 짐을 넘치게 실은 손수레를 끌었고, 다른 사람들은 짐 꾸러미를 들고 움직였으며, 한 소년은 목줄을 맨 염소 한 마리를 억지로 끌고 가기도 했다.[34]

스탈린은 독일군이 남쪽에서부터 포위하면서 마을들을 하나하나 함락시키고 있다는 소식을 듣고, 레닌그라드의 공산당 우두머리 안드레이 주다노프와 지역 방위 총사령관인 보로실로프를 크게 꾸짖었다. 스탈린은 내부에 틀림없이 반역자가 있을 거라고 의심하고 있었다. 스탈린은 사실관계 조사를 위해 도시를 방문한 몰로토프에게 "누군가가 일부러 독일군에게 길을 열어주고 있는 것 같지 않소? 레닌그라드의 지휘가 무용지물이라는 건 도무지 말이 되지 않는 일이오"[35]라고 전보를 보냈다. 그러나 보로실로프나 주다노프가 '법정에 서는' 대신, NKVD가 외국인 같은 성을 가진 용의자들을 잡아들이면서 도시에는 한차례 공포가 휩쓸고 지나갔다.

9월 7일, 독일 제20차량화사단은 시냐비노 고지를 장악하기 위해 므가에서 북쪽으로 진군했다. 그리고 다음 날, 제12기갑사단의 지원을 받아 병력을 보강한 뒤, 네바 강이 흘러들어가는 라도가 호 서남쪽에 제정 러시아 시기의 요새를 가진 실리셀부르크 도심에 당도했다. 레닌그라드의 육로는 이제 완전히 차단되었다. 유일하게 남은 경로는 거대한 호수를 건너는 것뿐이었다. 보로실로프와 주다노프는 스탈린에게 독일군이 실리셀부르크를 점령했다는 말을 전할 용기를 내기까지 한나절이 걸렸다. 현대 역사상 가장 길고 가장 무자비했던 레닌그라드 포위전이 시작되었다.

50만 명의 군대와 함께 레닌그라드에는 시민의 수가 아이들 40만 명을 포함하여 약 250만 명 이상이었다. 히틀러는 도시를 점령하고 싶지 않았다. 오히려 독일군은 그곳을 폭격하고 봉쇄하여 사람들을 굶주림과 질병으로 죽게 하려 했다. 일단 정복되면 도시 자체는 파괴되고, 그 지역은 핀란드에 넘어가게 될 터였다.

스탈린은 이미 레닌그라드의 지휘 체계를 바꾸어야겠다고 결심한 상태였다. 스탈린은 주코프의 무자비함을 신뢰하여 그에게 지휘권을 인계하도록 지시했다. 주코프는 스탈린의 명령을 받자마자 모스크바에서 떠났다. 도착 즉시 주코프는 스몰니 학원에 있는 군사위원회로 향했다. 그곳에서 그는 패배주의와 무절제를 지켜보았다. 주코프는 투항한 군인들의 가족을 위협할 준비에 있어서는 곧 스탈린을 앞서갔다. 그는 레닌그라드 전선 사령관들에게 지시했다. "모든 군대는 명심하시오. 적에게 투항하는 자의 가족들은 모조리 총살될 것이고, 투항한 자 자신은 수용소에서 돌아오자마자 총살될 것이오."[36]

만약 그것을 글자 그대로 시행한다면, 이 지시는 바로 스탈린을 처형한다는 의미임을 주코프는 알아채지 못했다. 스탈린의 아들인 야코프 주가시빌리 중위가 포위되어 사로잡혔던 것이다. 스탈린은 개인적으로 아들이 세상에 태어나지 않았더라면 더 좋았을 거라고 공공연히 말했다. 나치는 곧 포로가 된 주가시빌리를 선전활동에 이용했다. 바실리 추르킨이라는 한 군인은 다음과 같은 일기를 썼다. "어느 화창한 날, 독일 항공기 한 기가 나타났다. 항공기에서 전단 한 무더기가 떨어지는 것이 보였다. 전단에는 웃고 있는 독일 장교들 사이에 잡혀 있는 스탈린의 아들 사진이 실려 있었다. 하지만 괴벨스가 계획한 이 선전 작전은 성공을 거두지 못했다."[37] 아들에 대한 스탈린의 매정함은 1945년 야코프가 포로수용소에서 경비가 자신을 쏘도록 철조망에 뛰어든 것만 봐도 잘 알 수 있는 일이었다.

스탈린은 민간인들에게 아무런 연민도 느끼지 못했다. 독일군이 '노인과 여성, 엄마와 아이들'을 인간 방패 또는 항복을 요구할 사자 역할로 내몰고 있다는 소식을 듣고, 스탈린은 그들을 쏘라고 명령했다. "'감상이란 없다.' 이것이 내 대답이다. 오히려 적과 그에 동조한 패거리는 아픈 자든 건강한 자든, 가차 없이 죽인다. 전쟁은 냉혹한 것이며, 약점을 보이거나 주저하는 자들이 가장 먼저 패배의 쓴맛을 보게 되는 것이다."[38] 9월 21일에 제269보병사단의 한 상병은 이렇게 썼다. "많은 민간인이 포위에서 벗어나고 있었고, 누군가는 비극적인 장면을 보지 않으려고 눈을 질끈 감았다. 몇 번의 격렬한 포격을 주고받던 순간에 앞쪽에는 수많은 아이와 여성까지 있었다. 근처에서 포탄의 괴성이 격심해지자 그들은 숨을 곳을 찾아 달아나기 시작했다. 그 장면이 매우 우스워 보여 우리는 폭소를 터뜨렸다. 하지만 사실 그건 슬픈 일이다."[39]

마지막 부상자와 패잔병들이 절뚝거리며 도시로 돌아오자, 당국은 NKVD를 대기시켜 탈영병이나 '패배자'를 그 자리에서 가차 없이 사살하게 함으로써 냉혹하게 다스리려 했다. 스탈린주의자들의 과대망상증이 폭발하여 NKVD는 29가지로 분류되는 잠재된 적을 체포하도록 지시받았다. 소비에트 당국이 흘린 정보가 거의 없었기 때문에 도시 안의 첩보망은 괴소문에 자극을 받아 스파이 색출에 열을 올렸다. 그러나 소수의 레닌그라드 사람들이 내심 스탈린 정권의 붕괴를 바랐을 수는 있지만, 독일이나 핀란드 첩보원들이 조직적으로 활동했다는 증거는 없었다.

주코프는 크론시타트에 있던 발틱 함대의 함포들을 해상포대로 활용하거나 배에서 내려 레닌그라드 외곽 풀코포 고지에 배치하여 적군의 포병 진지를 타격할 것을 지시했다. 이 공격은 성 이삭 성당의 지붕에서 니콜라이 보로노프 포병대장이 지휘했다. 핀란드에서도 보이는 금빛 찬란한 돔은 곧 회색 페인트로 위장되었다.

독일군이 실리셀부르크를 장악한 9월 8일, 루프트바페 폭격기들은 도시 남쪽 식량창고를 표적으로 삼았다. 추르킨은 자신의 일기에 "구름 같은 연기가 여기저기서 피어올랐다. 바다옙스키예 식량창고가 불타고 있다. 불길은 반년 동안 레닌그라드 전체를 먹여 살릴 수 있는 양의 식량을 게걸스럽게 집어삼키고 있다"[40]라고 썼다. 식량을 분산시키지 못한 것이 큰 실수였다. 배급량은 급격하게 줄어들 판이었다. 게다가 겨울에 쓸 땔감도 거의 마련하지 못했다. 그러나 가장 큰 실수는 더 많은 시민을 소개하지 못한 것이었다. 피란민과는 별개로, 모스크바로 통하는 철도가 독일군의 진격으로 차단되기 전까지 50만 명이 채 안 되는 레닌그라드 시민들이 동쪽으로 보내졌다.

9월 하순 즈음에 독일군은 대규모 공습으로 맹렬하게 공격을 개시했다. 구식 항공기를 조종하던 소비에트 조종사들은 독일 폭격기와의 격돌로 또다시 그 수가 줄어들었다. 하지만 포병의 도움이 커서 수비대는 가까스로 지상 공격을 막아낼 수 있었다. 여기에는 발틱 함대의 해병대가 중요한 역할을 했다. 해병대는 암청색 세일러 모자를 멋지게 쓰고 있었고, 삐져나온 앞머리는 마치 자랑스러운 트레이드마크 같았다.

9월 24일, 폰 레프 독일 육군 원수는 독일군이 레닌그라드 방어선을 돌파할 힘이 부족하다는 것을 깨달았다. 그와 동시에 다른 독일군 사령관들은 모스크바를 향한 진군을 재개하라고 더욱 거세게 압박했다. 호트가 이끈 기갑집단은 중부집단군으로 복귀하라는 지시를 받았다. 밤에 심한 서리가 내리고 겨울이 다가오자 양 진영 다 수비적으로 변하면서 전투는 참호전으로 바뀌었다. 격전을 벌이던 전장이 월말에는 산발적인 대포 싸움터로 전락하고 말았다.

북쪽 소비에트군의 사상자는 끔찍한 수준으로 21만4078명의 '회복 불가능한 손실'을 입었다. 이것은 배치된 전체 병력의 3분의 1에서 절반 사이에 육박하는 수치였다. 그러나 앞으로 발생할 대규모 아사에 비하면 이것은 상대적으로 적은 피해였다. 레닌그라드가 항복을 한다고 해도 히틀러는 도시를 점령할 생각이 없었으며, 거주민을 먹여 살릴 생각은 더더욱 없었다. 그는 도시와 거주민 모두를 지구상에서 완전히 제거하고 싶었던 것이다.

13

인종
전쟁

1939년 폴란드 마을이 겪은 비극에 충격을 받은 독일 군인들은 소비에트 땅에서 더 큰 혐오감을 표출했다. NKVD가 자행한 포로 집단학살부터 집단농장의 원시적 환경에 이르기까지, 괴벨스가 신랄하게 비꼬았던 '소비에트 파라다이스'는 독일군의 편견을 굳혔다. 천부적인 악마 기질을 지닌 나치 선전장관 괴벨스는 경멸과 증오만으로는 부족하다고 느꼈다. 말살하고자 하는 심리를 자극하는 데에는 증오와 공포를 조합하는 것이 가장 효과적이었다. 그의 입에서 나온 모든 모욕적 표현, 즉 '아시아인 같은 인종' '음흉한 배신자' '유대 볼셰비키주의자' '야만인' '인간 이하'라는 말들이 결합되어 이런 결과를 낳았다. 군인 대부분은 유대인이 전쟁을 시작했다는 히틀러의 주장을 믿었다.

독일군 대부분은 아니더라도 다수는 대대로 동슬라브에 두려움을 느꼈는데, 러시아 혁명과 내전에서 자행된 상상도 못 할 잔혹 행위에 대해 보고를 전해 듣고 나서 그 공포는 커질 수밖에 없었다. 나치의 선전은 한편으로는 독일의 관습, 다른 한편으로는 볼셰비키주의적 혼돈과 불결함, 무신론 사이에서 발생하는 문화 충돌을 이용하고 있었다. 게다가 나치와 소비에트 정권은 표면적으로는 닮아 있었지만 이념적, 문화적으로는 하나부터 열까지 아주 많이 달랐다.

한여름의 무더위 속에서 오토바이를 타던 독일인들은 종종 반바지와 고글만 착용하고 운전을 했다. 벨라루스와 우크라이나에서 나이 든 여성들은 뽐내듯 몸통을 드러낸 독일군의 모습에 깜짝 놀랐다. 독일 군인들이 나체로 주택이나 농가를 돌아다니며 젊은 여성을 희롱했을 때는 더 큰 충격을 받았다. 전방 가까이에 있는 마을에 머물렀던 독일 군인들이 노골적으로 강간을 하는 경우는 상대적으로 적은 것으로 나타났지만 후방으로 갈수록 훨씬 더 많이 일어났으며, 특히 젊은 유대인 여성이 주로 강간을 당했다.

공식적인 허가가 떨어지면서 최악의 범죄가 자행되었다. 우크라이나와 벨라루스, 러시아의 젊은 여성들을 모아 강제로 군 매춘소에 몰아넣었다. 이 노예 제도 때문에 여성들은 근무를 서지 않는 군인들에게 계속해서 강간을 당했다. 저항하면 잔인하게 처벌을 받거나 총살되기도 했다. '인간 이하'와 성관계를 갖는 것이 나치 법률을 위반하는 행위였음에도 불구하고, 군 당국은 군기 및 병사들의 신체적 건강 유지에 이 시스템을 실용적인 해법으로 여겼다. 젊은 여성들은 국방군 군의관들에게 최소한 정기적으로 성병 검사는 받을 수 있었다.

하지만 소련군이 후퇴하고 남겨져 남성이나 동물, 기계도 없이 대처해야 했던 소련 여성들에게 독일 군인들도 연민을 느끼기는 마찬가지였다. 한 통신 상병은 고향에 편지를 썼다. "여자들 몇 명이 직접 만든 쟁기로 밭을 일구고 다른 이들이 거드는 모습을 본 사람도 있었소. 모두 여자로 이뤄진 군중이 토트 기관Organisation Todt 독일 제3제국에서 군부 및 민간 공사를 도급했던 기관 직원이 지켜보는 가운데 도로를 수리하고 있소. 복종하는 법을 가르치기 위해 채찍을 사용하는 건 필수라오! 남자가 아직 살아 있는 가족은 아마 거의 없을 것이오. 물어보면 돌아오는 대답의 90퍼센트 정도는 '남편은 전쟁에서 죽었어요!'라는 말이더이다. 소름끼치지요. 러시아 남자의 사망률은 정말 끔찍한 수준이오."[1]

다수의 소련인, 특히 우크라이나 시민은 독일의 지배가 공포스러울 것이라고 예상하지 않았다. 우크라이나의 수많은 주민은 처음에 관습적 선물인 빵과 소금을 건네며 독일군을 환영했다. 스탈린이 농장 공영화를 시행하고 난 뒤인 1932~1933년에 끔찍한 기근으로 약 330만 명이 아사하고 나서는 공산당에 대한 증오가 확산되었다.[2] 나이가 더 많고 신앙심도 더 깊었던 우크라이나인들은 독일군 장갑차에 붙어 있는 검은색 십자 표시를 보고, 그들이 신을 믿지 않는 볼셰비즘에 맞설 십자군이라는 생각에 고무되었다.

방대한 지역을 정복하게 되자, 첩보 기관인 아프베르의 임원들은 100만 명 정도의 우크라이나인들을 징집하는 것이 국방군을 위한 최고의 전략이라고 생각했다. 히틀러는 인간 이하 슬라브족에게 무기를 쥐여주고 싶지 않아 이 제안을 거부했지만, 그의 바람은 곧 조용히 무시되었고, 결국 육군과 SS 모두 신병 모집을 시작했다. 한편 우크라이나 민족주의자 조직의 구성원들은 침공 바로 직전에 독일군을 도왔지만 억압을 받게 되었다. 독일 정부는 우크라이나가 꾸던 독립의 꿈이 깨지길 바랐다.

산업적 승리를 주장하는 소비에트의 선전과는 달리, 우크라이나인 등은 독일 장비의 성능과 다양함에 당혹감을 느꼈다. 바실리 그로스만은 생포된 오스트리아 오토바이 운전자 주위에 모여 있는 주민들의 모습을 다음과 같이 표현했다. "모두가 그 운전자의 길고 부드럽고 강철처럼 윤이 나는 가죽 코트에 감탄했다. 다들 만져보고는 고개를 갸우뚱거리고 있다. '우리가 저런 코트를 입는 사람들과 도대체 어떻게 싸울 수 있단 말이지? 비행기도 분명 저들의 가죽 코트만큼이나 훌륭하겠군' 하는 의미였을 것이다."[3]

독일 군인들은 소련에는 음식 말고는 쓸 만한 약탈거리가 거의 없다고 불평하며 고향에 편지를 썼다. 앞서 주민들이 준 선물은 무시한 채 거위와 닭, 가축 등을 약탈했다. 꿀을 얻기 위해 벌집을 부수기도 했으며, 아무것도 없이 겨울을 나게 될 희생자들의 호소는 거들떠보지도 않았다. 병사들은 크게 한몫 챙길 수 있었던 프랑스에서의 전투를 그리워했다. 그리고 프랑스군과 달리 붉은 군대 병사들은 자신들이 패했음을 인정하지 않고 계속해서 싸웠다.

고통받는 소비에트 포로들에게 측은한 마음을 가졌던 독일 병사들은 모두 동료들로부터 조롱을 받았다. 대부분은 몇십만 명의 포로를 인간 해충으로 취급했다. 이러한 처우 때문에 불결해진 그들의 비참한 모습은 지난 8년 동안 선전의 영향을 받은 편견들을 더 심화시킬 뿐이었다. 그리하여 예언을 스스로 충족시키기라도 하듯 독일군은 포로들의 인간성을 박탈했다. 소비에트 포로들을 지키고 있던 한 병사는 그들이 "소처럼 풀을 뜯었다"며 고향에 편지를 썼다. 그리고 감자밭을 지날 때는 "땅바닥에 엎어져 손으로 흙을 파고 날로 감자를 먹었다"고 했다.[4] 바르바로사 작전의 주요 요소가 포위 전투였음에도 독일군 당국은 일부러 포로들을 위한 준비를 거의 하지 않았다. 방치되어 죽어갈수록 먹여 살릴 포로 수는 줄어들게 되는 것이었다.

한 프랑스인 포로는 총독부 내 국방군 막사에 도착한 소비에트 포로들을 보고 이렇게 기술했다. "러시아인들이 혼자서 걸을 수 없었던 모양인지 다섯 명씩 서로 팔을 잡고 줄지어 도착했다. '걸어다니는 해골'이라는 표현이 딱 맞을 것이다. 얼굴색은 누런빛을 넘어 시퍼런 색을 띠었다. 초점을 잡을 힘도 없는 듯, 거의 모두가 눈을 가늘게 떴다. 한 번에 다섯 명씩 줄줄이 넘어지자 독일군이 달려가 소총 개머리판과 채찍으로 때렸다."[5]

독일 장교들은 나중에 감시 병력도 적고 식량을 공급할 수송력도 부족한 탓에 10월까지 잡은 전쟁포로 약 300만 명을 그런 식으로 다루었다고 주장하려 했다. 그런데 국방군은 '악취가 풍기는' 무리로 차량이나 기차를 '오염'시키고 싶지 않다는 이유만으로 붉은 군대 포로들을 강제로 행군시켜 수천 명을 죽게 했다. 준비가 갖춰진 수용소가 없어 야외에 철조망만 둘러놓고 그 안에 수천 명을 몰아넣었다. 음식이나 물은 거의 공급되지 않았다. 이것은 점령한 영토의 '인구 과잉' 문제를 해결하기 위해 소비에트 시민 3000만 명을 죽이기로 한 나치 기아 계획의 일환이었다. 부상자는 모두 붉은 군대 군의관이 돌보도록 놔두었지만 의료용품은 빼앗아버렸다. 독일 보초병들은 턱없이 적은 양의 빵을 철조망 너머로 던져주고, 빵을 두고 싸우는 포로들을 지켜보며 재미있어했다. 1941년에만 200만 명이 넘는 소비에트 포로가 기아와 질병, 체온 저하 등으로 사망했다.

침공의 충격과 전쟁에서 보인 독일의 무자비함에 분노한 소련군도 같은 방법으로 포로를 총살하거나 총검으로 찔러 죽이며 맞대응했다. 어쨌든 후퇴의 혼돈 속에서 포로들을 먹이거나 감시하기가 불가능했다는 말은 목숨을 구한 사람이 거의 없었다는 것을 의미했다. 고위 사령관들은 정보를 얻어낼 목적으로 심문하려 했던 '혀'들을 잃어 화가 났다.

공포와 증오의 결합은 빨치산과의 전투에서 보여준 잔학성에도 큰 힘을 발휘했다. 독일 국방군 총사령부가 인민위원과 빨치산을 사살하라는 지시를 내리기 훨씬 전부터 전통적인 독일 군사 정책에서는 모든 형태의 게릴라 전투가 분노의 대상이었다. 1941년 7월 3일 스탈린이 연설에서 독일 전선 후방에서 폭동을 일으키라고 말하기도 전에, 독일군이 우회해버린 붉은 군대 병사들은 자발적으로 저항을 시작했다. 박해와 파괴된 마을을 피해 달아난 민간인들이 늘어나면서 숲과 늪지대에서는 무리가 형성되기 시작했다. 시골이나 숲에서 생활해온 사람들이라 자신들에게 익숙한 야외생활 기술과 위장술을 이용했던 소비에트 빨치산들은 곧 바르바로사 작전 기획자들이 전에 상상했던 것보다 훨씬 더 큰 위협적 존재가 되었다. 1941년 9월 초까지 독일군 전선 후방의 우크라이나에서만 총 5000명의 남녀로 구성된 63개 빨치산 부대가 활동하고 있었다. NKVD 또한 80개 부대를 빨치산으로 투입할 계획을 세우고 있었으며, 추가로 적 후방에 남을 병력으로 434개 부대를 구성해 훈련하고 있었다. 모두 합해 2만 명이 넘는 빨치산이 이미 배치되거나 대기 중이었다. 여기에는 독일 장교로 신분을 속일 수 있도록 특별히 훈련된 암살자도 포함되었다.[6] 철도 선로, 철도 차량 및 기관차, 군용 열차, 보급 트럭, 수송 오토바이, 교량, 연료, 탄약 및 식량 저장고, 전화선, 전신기, 비행장 등 모든 것을 표적으로 삼았다. 주로 NKVD 국경부대 소속 장교들이 지휘했던 빨치산 부대는 낙하산으로 받은 무선 송수신기를 사용하여 정보를 모아 모스크바로 전송하고 지시를 받았다.

히틀러가 '에덴동산'을 식민지화한다는 생각에 매력을 느끼고 그곳의 농장을 갖기로 한 잠재 독일인과 재외 독일인 이주자들은 빨치산의 작전 때문에 당연히 흥미가 떨어졌다. 동부 생활권에 대한 계획에는 '깨끗한' 지역과 완전히 굴종할 농민 계급이 필요했다. 예상대로 나치의 보복은 점점 더 잔인해졌다. 빨치산이 공격한 곳 인근의 마을들은 완전히 불타버렸고 인질들은 처형되었다. 처벌 중에는 빨치산을 도왔다는 혐의로 젊은 여성과 소녀들까지 공개 교수형에 처하는 형벌도 눈에 띄었다. 그러나 반응이 거칠수록 저항 의지도 더 커졌다. 소비에트 빨치산 지도자들은 고의적으로 독일군의 보복을 부추겨 침략자에 대한 증오를 키울 때가 많았다. 이것이야말로 '철의 시간'[7]이었다. 양쪽 다 개인의 삶은 그 가치를 잃었는데, 특히 독일인의 눈에는 유대인의 삶이 그렇게 보였다.

본질적으로 두 부류의 홀로코스트가 있었다. 바실리 그로스만은 훗날 '총탄 홀로코스트와 독가스 홀로코스트'[8]라고 불렀는데, 결국 집단 처형장의 산업화된 살인에 이르기까지 굴곡이 많았다고 해도 과언이 아니다. 1939년 9월까지 나치는 독일, 오스트리아, 체코의 유대인들을 학대, 모욕하고 재산을 몰수함으로써 강제로 이주시키려 했다. 하지만 전쟁이 일단 시작되자 그렇게 하기가 점점 더 어려워졌다. 그리고 폴란드를 정복하면서 추가 170만 명의 유대인을 자신들의 지배 아래에 두게 되었다.

1940년 5월, 프랑스를 침공하는 동안, 힘러는 '동부 지역 외국인 인구 관리에 대한 몇 가지 의견'[9]이라는 제목의 문서를 만들어 히틀러에게 보고했다. 힘러는 폴란드 사람들을 심사하여 '인종적으로 가치가 있는 자들'을 독일화하고 나머지는 노예로 만들 것을 제안했다. 유대인에 대해서 힘러는 "아프리카 등지의 식민지 국가로 대거 이주시킬 수 있다면 유대인 개념을 모조리 없애버리고 싶다"고 썼다. 이 단계에서 힘러는 '볼셰비키의 물리적 몰살 수단이었던 집단 학살'을 '독일답지 않고 가능하지도 않은' 일로 간주했다.

유럽 유대인들을 해외로 보낸다는 힘러의 생각은 프랑스령 마다가스카르 제도에 초점이 맞춰져 있었다.[10] (아직 하급 관리였던 아돌프 아이히만은 영국이 위임통치를 하고 있던 팔레스타인을 생각하고 있었다.) 힘러의 대리 라인하르트 하이드리히도 독일이 지배할 영토 내 375만 명에 달하는 유대인 문제는 이주만으로 해결할 수 없으니, '영토적인 해결책'[11]이 필요하다고 주장했다. 문제는 비시 프랑스가 동의한다고 해도 영국 해군이 우세함을 보이는 상황에서는 '마다가스카르 계획'을 추진하기 어렵다는 것이었다. 그러나 유대인을 지정된 구역으로 강제 이송한다는 의견이 여전히 최선의 선택이었다.

1941년 3월, 폴란드 유대인 게토강제 거주지에 사람이 넘쳐나자, 나치 정부는 대량 제지 정책을 고려하게 되었다. 그 뒤 히틀러의 바르바로사 작전이 계획되고, 선임 나치 당원들은 일단 승리하면 3100만 명의 슬라브인은 물론 유럽의 유대인들까지 소련 내 깊숙한 지역에 보낸다는 방안을 수용했다. 이것은 독일군이 아르한겔스크-아스트라한 전선에 도달할 때, 그리고 항공대가 장거리 공격으로 전환하여 남아 있는 소비에트 무기 공장과 우랄지역 및 그 너머의 교통 요충지들을 폭격할 수 있게 될 때 추진하기로 했다. 총독 한스 프랑크는 자신의 영토에 떠밀려온 모든 유대인을 이 기회에 추방할 수 있게 되는 것이었다.

하이드리히 등은 더 시급한 문제, 특히 정복한 영토의 '평온'을 찾는 일에 집중했다. '평온'에 대한 히틀러의 생각은 꽤 단호했다. 히틀러는 동부 점령지 행정 장관이었던 알프레트 로젠베르크에게 "우리에게 곁눈질만 해도 누구든 쏴 죽여버리는 것이 가장 좋은 방법일 거요"[12]라고 말했다. 규율이 절대적으로 필요하지 않은 이상 군인들은 민간인에게 저지른 범죄에 대해 추궁당하지 않았다.

프랑스와의 전투에서 승리하지 못할 거라고 공공연히 말했던 육군 사령관들은 결국 독일이 승리를 거두자 이제 히틀러에게 꼼짝 못하는 신세가 되어 어떠한 이의도 제기하지 못했다. 이들 중 일부는 말살 전쟁이라는 개념을 열광적으로 받아들였다. 폴란드에서 SS가 자행한 잔학 행위에 대한 분노는 사라졌다. 총사령관 폰 브라우히치 육군 원수는 바르바로사 작전 기간에 육군과 SS 사이에서 연락을 취하며 하이드리히와 긴밀하게 공조했다. 독일 육군은 절멸부대에 식량을 공급하고 각 군 사령부의 고위 정보장교를 통해 그들과 연락을 취하기로 했다. 그리하여 군사령관과 고위 참모들은 아무도 절멸부대의 활동에 대해 모른다고 잡아뗄 수 없었다.

'총탄 홀로코스트'는 대체로 SS절멸부대 3000명의 활동으로 알려져 있었다.[13] 결과적으로, 진격 중인 육군의 후방에서 제2파로 활동하던 질서경찰 21개 대대의 대원 1만1000명에 의해 자행된 대학살은 간과되는 경우가 잦았다는 것이다. 힘러 또한 지원을 위해 SS기병여단과 두 개의 무장친위대 Waffen-SS여단을 구성했다. 제1SS기병연대장은 1944년 에바 브라운의 여동생과 결혼하여 히틀러의 측근이 된 헤르만 페겔라인이었다. 힘러는 자신의 SS기병대에 모든 유대인 남성을 처형하고 여성은 프리퍄티 습지에 빠뜨리라고 지시했다. 1941년 8월 중순까지 기병여단은 전투에서 러시아군 200명

을 사살하고 민간인 1만3788명을 총살했다고 주장했다. 희생자의 대부분
은 유대인이었으며 '도둑'으로 낙인찍혔다.

침공에 참여한 세 집단군에는 각각 절멸부대가 따라붙었다. 남쪽 흑해
연안에서 네 번째 절멸부대가 추가되었고, 이어서 루마니아군과 제11군에
도 추가되었다. 절멸부대 대원은 무장친위대, SD(경찰 보안 임무), 보안경찰,
형사경찰, 질서경찰을 포함하여 힘러 제국의 모든 영역에서 모집되었다.
약 800명으로 구성된 각 절멸부대는 부대 후방 가까이에서 운영하는 두
존더코만도 특공대와 조금 더 뒤쪽의 아인자츠코만도 기동대 2개로 구성
되었다.

하이드리히는 현지 반유대 집단들이 유대인과 공산당을 살해하도록 격
려하기 위해 SS의 지식 엘리트였던 절멸부대 지휘관들(대부분이 박사 학위
소지자였다)을 지도했다. 이러한 활동들을 '자정自淨 노력'[14]이라고 표현했다.
그러나 이들은 독일의 공식 승인을 주지도 않았고, 이 집단의 활동이 구성
원들에게 어떤 형태로든 정치적 독립을 가져다줄 수도 있다는 믿음을 갖도
록 허용하지도 않았다. 절멸부대 그 자체의 임무는 공산당 간부들과 인민
위원, 빨치산과 파괴 공작원, 그리고 '정당 및 국가 수준의 지위에 있는 유
대인'[15]을 처형하는 것이었다. 입대 연령이 된 유대인 남성을 총살한다든가
하는 '전례 없이 가혹한' 임무를 절멸부대가 잘 수행해내자, 아마 하이드리
히는 이러한 일이 그들에게 적격이라 보고 처형 대상의 구분을 넘어설 수
있으며 또 넘어서야 한다고 생각했을 것이다. 그러나 이 단계에서는 유대인
여성과 어린이를 죽이도록 장려하는 공식적인 지시는 없었던 것 같다.

6월 22일에 독일군이 소비에트 국경을 넘자마자 유대인 남성 학살이 시
작되었다. 하이드리히의 예측대로, 초기의 학살은 리투아니아와 우크라이나
의 반유대주의자들에 의해 자행된 경우가 많았다. 우크라이나 서쪽에서는
유대인 2만4000명이 죽고, 카우나스에서는 3800명이 살해당했다. 때때로

독일군 병사들의 감시 아래 유대인들은 한곳에 모여 고문을 당했으며, 유대인 학자들은 수염이 뽑히거나 불태워지기도 했다. 그러고는 구경꾼들의 환호 속에서 죽을 때까지 구타를 당했다. 독일은 이 죽음을 NKVD가 퇴각하기 전에 자행한 대학살에 대한 복수라는 생각을 품었다. 절멸부대와 경찰대대도 수백 내지 수천 명의 유대인을 모아 총살하기 시작했다.

희생자들은 자신들의 무덤을 스스로 파서 마련해야 했다. 땅을 더디게 파면 총살을 당했다. 그런 다음 독일군은 강제로 옷을 벗겼는데, 옷은 나중에 재분배할 수도 있고 유대인들이 숨겨둔 귀중품이나 돈이 옷 속에 있을 수도 있었기 때문이다. 구덩이 둘레에서 무릎을 꿇은 유대인들은 뒤통수에 총을 맞고 앞쪽으로 굴러떨어졌다. 그 밖의 SS와 경찰부대는 거대한 참호 바닥에 줄지어 눕혀놓고 죽이는 것이 더 깔끔하다고 여기고, 첫 희생자들을 눕혀놓고 기관단총으로 쏘아 죽였다. 그리고 곧 다음 사람을 시체 위에 눕히고 또 총살했는데, 이것은 '정어리 쌓기'[16]라고 불렸다. 드물게는 유대교 회당으로 끌려가 불에 타 죽은 유대인들도 있었는데, 도망가려는 사람은 모두 총살당했다.

힘러가 전반적으로 부하들을 격려하기 위해 끊임없이 방문하면서 학살 작업은 저절로 확대되었다. '정당 및 국가 수준의 지위에 있는 유대인'이었던 학살의 원래 대상은 곧바로 입대 연령에 이른 모든 유대인 남성으로 확대되었고, 그 후에는 연령에 관계없이 유대인 남성 모두가 포함되었다. 6월 하순과 7월 초순에 유대인 여성과 어린이를 죽인 것은 주로 현지의 반유대 집단들이었지만, 7월 말에는 SS절멸부대와 힘러의 무장친위대, 경찰도 여성과 어린이를 규칙적으로 살해하고 있었다. 슬라브인들을 무장시키지 말라는 히틀러의 지시에도 불구하고, 이들은 현지에서 모집한 26개 경찰대대의 도움을 받았는데, 경찰이 된 이 슬라브인 대부분은 희생자들을 약탈하는 일에 매력을 느꼈다.

NKVD 제7국에서 나중에 독일군 포로들을 심문하자, 평범한 독일 병사와 항공대원들까지도 살인에 가담한 사실이 드러났다. "제3비행대대의 한 조종사는 전쟁 발발 직후에 베르디체프 인근 마을에서 한 유대인 집단을 처형하는 데 참여했다고 말했다. 그 유대인들은 독일 조종사를 붉은 군대에 넘겨주었다는 이유로 처형되었다. 제765전투공병대대의 트락슬러 상병은 로브노와 두브노 근처에서 SS대원들이 유대인을 처형하는 모습을 보았다고 했다. 한 대원이 끔찍한 광경이라고 말하자, 같은 부대의 그라프 하사는 '유대인은 돼지나 다름없으니 그들을 없애버리는 것은 우리가 문명화된 사람이라는 증거'라고 말했다."[17]

어느 날, 중대 행정병과 동행하던 독일 수송대의 한 상병은 우연히 '남자와 여자들, 아이들이 함께 손이 묶인 채 SS 사람들에게 어디론가 끌려가고 있는'[18] 광경을 보게 되었다. 두 사람은 무슨 일인지 알아보러 갔다. 마을 바깥에 길이 150미터, 깊이 3미터 정도의 참호가 있고, 주변에 수백 명의 유대인이 모여 있었다. 희생자들은 강제적으로 참호 안에 나란히 눕혀졌으며, SS대원들은 빼앗은 소비에트 기관단총을 가지고 총살을 하면서 양쪽에서 각각 참호를 따라 걸어갔다. "그 뒤, 사람들이 다시 앞쪽으로 끌려가더니 구덩이 안으로 떠밀려 들어가 시체 위에 누웠다. 그때 열두 살쯤 돼 보이던 한 어린 소녀가 또렷하고 새된 목소리로 애처롭게 울부짖었다. '살려주세요, 저는 아직 어린이입니다!' 그 아이는 강제로 구덩이 안에 던져졌고, 곧 총살당했다."

이 대학살에서 겨우 빠져나온 이가 몇 명 있었다. 당연히 그들은 자신의 경험으로 인해 심각한 심적 외상을 입었다. 우크라이나 동북쪽 끝에서 바실리 그로스만은 그중 한 명을 만나, "독일군에게서 가까스로 탈출한 한 어여쁜 유대계 소녀의 천진난만한 눈빛은 완전히 실성한 듯했다"[19]라고 수첩에 썼다.

국방군의 젊은 장교들은 나이 든 세대보다 어린이를 살해하는 데 더 동조하는 분위기였는데, 훗날 자신들을 향한 복수의 여지를 남기지 않으려는 것이 가장 큰 이유였다. 1944년 9월, 하인리히 에버바흐 기갑대장과 독일 해군에 있던 그의 아들이 영국에 감금되어 있는 동안 둘의 대화가 비밀리에 녹음되었다. 에버바흐 장군이 말했다. "내 생각에는 말이다, 수백만 명의 유대인을 죽이는 일이 우리 민족의 이익을 위해서 꼭 필요한 일이었다고 말하는 사람도 있을 게다. 하지만 여자와 아이를 죽일 필요까지는 없어. 지나친 처사지." 아들이 대답했다. "글쎄요, 유대인을 절멸시키기로 했다면 여자와 아이들도 죽여야 합니다. 아니면 적어도 아이들만이라도요. 공개적으로 죽일 필요는 없지만, 나이 든 사람을 모두 죽여봐야 우리한테 좋을 게 뭐 있겠어요?"[20]

대개 최전방에서는 학살에 참여하지 않았지만, 특히 우크라이나에 있던 SS뷔킹(바이킹) 사단과 브레스트리토프스크 등지에서 살인에 가담했던 일부 보병사단처럼 예외도 있었다. SS와 집단군이 밀접하게 협력했다는 사실은 의심의 여지가 없는 반면, 고위 육군 장교들은 자행되고 있는 일들에서 거리를 두려 했다. 국방군 구성원들에게는 대량 학살에 가담하거나 참관하는 것을 금지시켰지만, 그 잔혹한 현장을 구경하러 오거나 사진까지 찍는 비번 사병의 수는 늘어나고 있었다. 심지어 집행자가 쉬고 싶어하면 자원하여 이어받는 이들도 있었다.

리투아니아, 라트비아 및 벨라루스와 마찬가지로 자주 보조 병사로 징집한 현지 병사들의 도움을 받아 대량 학살은 우크라이나로 퍼져나갔다. 우크라이나 대기근 시기에 반유대주의가 크게 확산되었는데, 이것은 소비에트 첩보원들이 기아의 책임이 주로 유대인에게 있다는 소문을 퍼뜨려 스탈린이 실시한 집산화 및 탈부농화 정책에는 책임이 없는 것처럼 보이게 했기 때문이다. 우크라이나의 자원병 또한 붉은 군대 포로들을 감시하는 데 이용되었다. 한 상병은 "우크라이나의 자원병들은 적극적이고 우호적이다. 우리로서는 크게 안심이 된다"[21]고 썼다.

르부프 등 여러 도시에서 대량 학살이 이뤄진 후, 우크라이나군은 학살을 도와 유대인이 가장 많이 집중된 베르디체프에서 절멸부대 C의 희생양들을 불러 모았다. 바실리 그로스만은 독일군이 도시에 진입했을 때 "군인들은 트럭에서 팔을 흔들며 '유대 타도'를 외쳤다"[22]고 전쟁 후반에 밝혔다. 2만 명이 넘는 유대인이 활주로에서 무리지어 살해당했다. 거기에는 그로스만의 어머니도 포함되어 있었는데, 그런 까닭에 그로스만은 독일이 침공을 시작했을 때, 어머니를 모스크바로 데려오지 않았다는 죄책감에 괴로워하며 남은 생을 보냈다.

이다 벨로좁스카야라는 한 유대인 여성은 9월 19일에 키예프 근처 자신의 마을로 독일군이 들어왔던 때의 광경을 묘사했다. "행복한 표정의 사람들이 환심을 사려는 듯 굽실거리며 길 양쪽으로 늘어서서 '해방자들'에게 인사를 하고 있었다. 나는 그날 이미 우리 삶에 끝이 다가오고 있음을, 시련이 시작되고 있음을 알았다. 우리 모두가 쥐덫에 걸린 것이다. 어디로 가야 하나? 도망갈 곳도 없었다."[23] 벨로좁스카야의 증언에 의하면, 주민들이 유대인을 밀고한 이유는 반유대주의 때문만이 아니라 두려움도 느꼈기 때문이라고 말했다. 독일군은 유대인을 보호하고 있는 가정이 있으면 모조리 살해했기 때문에, 유대인을 가엾게 여기고 먹을 것을 챙겨주려던 사람들도 선뜻 집 안으로 들이지는 못했다.

룬트슈테트가 이끈 남부집단군에 속해 있던 헝가리군은 비록 대량 학살에 가담하지는 않았지만, 루마니아군은 유대인이 많이 거주하고 있던 오데사를 공격하여 무자비한 학살을 자행했다. 1941년 여름에 이미 루마니아 군대는 소련이 점령했던 베사라비아와 부코비나를 수복하면서 유대인 약 1만 명을 살해한 것으로 알려졌다. 독일 장교들조차 동맹국 루마니아의 행위를 혼란스럽고 불필요한 잔혹 행위로 여겼다. 루마니아군은 오데사에서 3만 5000명을 살해했다.

전체 고위 사령관 중 가장 독실한 나치주의자였던 폰 라이헤나우 육군 원수가 지휘한 독일 제6군에는 제1SS여단이 속해 있었다. 육군 헌병사단인 야전헌병대와 기타 군부대도 도중에 대량 학살에 관여했다. 키예프를 장악한 직후인 9월 27일, 라이헤나우는 도시 사령관과 존더코만도 4a 특공대의 SS장교들과의 회의에 참석했다. 그 자리에서 '후송'을 위해 유대인은 신분을 증명할 서류와 돈, 귀중품, 따뜻한 옷 등을 가지고 모이라는 내용의 포스터를 도시 사령관이 마련하는 데 합의했다.

나치의 잔인한 의도는 뜻밖에도 몰로토프-리벤트로프 조약이 낳은 묘한 부차적 결과의 도움을 받았다. 스탈린주의자들은 검열을 통해 히틀러의 지독한 반유대주의에 대한 모든 정보를 통제했다. 그 결과 '이주' 신청을 하라는 지시를 받고 신청한 키예프 유대인의 수는 3만 3771명이나 되었다. 수송을 돕고 있던 제6군은 7000명이 넘지 않으리라 예상했었다. SS 존더코만도 특공대가 도시 외곽 바비야르 협곡에서 이들을 모두 살해하는 데는 사흘이 걸렸다.[24]

비非유대인과 결혼한 이다 벨로좁스카야는 자신의 가족을 포함하여 키예프에 모인 유대인들에 대해 이렇게 기술했다. "9월 28일, 남편과 그의 러시아인 여동생은 불행한 마지막 여행을 떠나는 내 가족을 만나러 갔다. 우리 모두는 독일 바바리안들이 가족을 어디론가 보내줄 거라 믿고 싶었고, 며칠 동안 사람들은 크게 무리지어 '구원'의 손길을 향해 계속 이동했다. 모두 다 수용할 시간이 없었기 때문에 사람들은 다음 날 다시 오라는 말을 들었다(독일군은 일 처리를 과도하게 하지 않았다). 그리고 결국 이 세상과 작별할 차례가 올 때까지 사람들은 날마다 찾아갔다."[25]

벨로좁스카야의 러시아인 남편은 상황을 살펴보기 위해 바비야르로 가는 차량을 따라갔다. "남편은 높은 담장에 난 작은 틈새로 안을 살펴보았다. 사람들은 따로 떨어져서 한쪽에는 남자, 다른 쪽에는 여자와 아이들이 있었다. 그들은 알몸인 채로(소지품은 다른 곳에 두게 했다) 기관단총 및 기관총에 맞아 쓰러졌으며, 비명과 아우성은 총성에 묻혀버렸다."

그 살인부대를 벗어난 소비에트 유대인은 150만 명 이상인 것으로 추정된다. 그러나 소련에 사는 유대인은 대부분 서쪽 지역, 특히 도시와 큰 마을에 집중되어 있어 절멸부대는 임무를 수행하기가 훨씬 더 쉬웠다. 절멸부대 사령관들은 또한 이 일에 협조적이고 열심히 도와주려 하는 육군 사령관들에게 감탄했다. 1942년 말까지 SS절멸부대, 질서경찰, 반빨치산 부대, 독일 육군이 죽인 유대인의 수는 모두 135만 명이 넘는 것으로 집계되었다.

'독가스 홀로코스트'는 두서없이 이뤄졌다. 1935년 초에 그랬듯이, 히틀러는 일단 전쟁이 발발하면 안락사 프로그램을 도입하겠다는 의사를 밝혔다. 심신미약 범죄자, '의지박약', 무능력자, 선천적 장애가 있는 아이, 이들 모두가 나치가 정한 '생존 가치가 없는 생명'에 포함되었다. 첫 번째 안락사는 1939년 7월 25일, 히틀러가 자문위원회 구성을 부탁했던 히틀러의 주치의 카를 브란트가 실시했다. 폴란드 침공을 2주도 채 남기지 않은 시기에 내무장관은 각 병원에 지시를 내려 모든 '기형 신생아'[26]를 보고하게 했다. 거의 동시에 보고 작업은 성인으로까지 확대되었다.

그러나 첫 정신질환자 살해 임무는 침공 3주 후 폴란드에서 이뤄졌다. 희생자들은 가까운 숲에서 총살되었다. 다른 시설 피수용자들에 대한 대량학살도 신속하게 이어졌다. 2만 명 이상이 이와 같은 방식으로 죽임을 당했다. 그 뒤 포메라니아 지역 독일인 환자들이 총살되었다. 그리하여 비어버린 병원 두 곳은 무장친위대의 막사로 바뀌었다. 11월 말까지 일산화탄소를 사용한 가스실이 운영되었으며, 12월에 힘러는 이 학살 현장 중 한 곳을 감찰

했다. 1940년 초에는 밀폐된 트럭을 사용한 이른바 이동식 가스실 실험이 이뤄졌다. 환자를 수송하는 번거로움을 덜어주었기 때문에 이 실험은 성공한 것으로 간주되었다. 실험을 주도한 사람은 희생자 한 명당 10라이히스마르크를 약속받았다.

독일 정부의 지시에 따라 이 제도는 T4라는 이름으로 제3제국 안에서 확대되었다. 정부는 단순한 학습장애 등 장애가 있는 아이들이 더 나은 시설에서 보호받게 될 것이라며 부모들을 설득했고, 그 후 부모들은 아이가 폐렴으로 죽었다는 소식을 접하게 됐을 뿐이다. 1941년 8월까지 성인과 어린이 약 7만 명이 가스실에서 살해되었다. 이 수치에는 물론 상당 시간 병원 치료를 해온 독일 유대인도 포함되었다.

방대한 희생자 수와 납득이 되지 않는 사망진단서 때문에 안락사 프로그램의 비밀은 유지되지 못했다. 히틀러는 폰 갈렌 주교를 필두로 성직자들이 안락사 프로그램을 비난하자 그해 8월에 이를 중지시켰다. 그러나 그 후에도 암암리에 계속되어 전쟁이 끝날 무렵까지 2만 명이 추가로 희생되었다. 안락사 프로그램 관계자들은 1942년 폴란드 동쪽 집단 처형장에 채용되었다. 몇몇 역사가가 강조하던 대로, 나치의 안락사 프로그램은 민족 말살 최종 해결책의 청사진뿐만 아니라, 인종적, 유전적으로 순수한 사회라는 이상의 토대도 제공했다.

히틀러는 논쟁의 여지가 있는 결정 사항을 문서로 기록하지 않으려 했기 때문에, 역사가들은 부가 문서들의 모호하고 완곡한 언어를 각기 다르게 해석하여 히틀러가 정확히 언제 최종 해결책을 개시하기로 결정했는지 판단하려 했다. 하지만 집단 학살은 윗선에서부터 비공식적으로 장려하여 이뤄진 데다, 조직화되지 않은 일련의 단계 및 실험들이 각기 다른 살해 집단에 의해 현장에서 자행되었기 때문에, 정확한 시기를 알아낸다는 것은 불가능한 것으로 밝혀졌다. 묘하게도 이는 육군의 임무형 지휘 사례를 잘 보여주는데, 이로써 전체 지시를 현장 사령관이 내린 것으로 해석된다.

일부 역사가들은 노골적으로 집단 학살을 감행하기로 근본적인 결정을 내린 것은 국방군이 여전히 빠른 승리를 거둘 수 있으리라 보이던 1941년 7월이나 8월이라고 일리 있게 주장한다. 또 다른 역사가들은 소련에서 독일군의 진격이 눈에 띄게 느려지고 '영토적인 해결책'이 점점 실행 불가능해져 가던 가을까지는 결정이 내려지지 않았다고 생각한다. 독일군이 모스크바 외곽에서 진군을 중지하고 히틀러가 미국에 선전포고를 한 12월 둘째 주에 결정이 내려졌다며 훨씬 더 늦은 시기를 주장한 사람들도 있다.

각 절멸부대가 주어진 임무를 조금씩 다르게 해석했다는 사실은 중앙에서 하달된 지시가 없었음을 암시한다. 단지 8월부터 실시된 대량 학살로 유대인 여성과 어린이도 함께 살해되면서 이 시기가 기준이 되었던 것이다. 또한 힘러는 8월 15일에 민스크 인근에서 자신의 요구로 절멸부대 B가 주도하여 100명의 유대인을 처형하는 광경을 처음으로 지켜보았다. 힘러는 차마 눈뜨고 볼 수 없었다. 그 후, 폰 뎀 바흐 SS대장은 그 당시 단 100명만 총살되었다는 점을 강조했다. 바흐가 힘러에게 말했다. "이 특공대원들의 눈을 보시오. 얼마나 동요하고 있습니까! 이 대원들의 여생은 이제 죽은 삶이나 다름없소. 우리는 여기서 신경질환자와 야만인을 길러내고 있는 거요."[27] 악몽과 복통에 시달리던 바흐는 훗날 힘러의 지시로 입원하여 SS 수석의사에게서 치료를 받았다.

그 후 힘러는 담화를 발표해 대원들의 행동을 정당화하고 동부 지역 유대인을 모두 일소하라는 히틀러의 명령을 전했다. 그는 대원들의 임무를 빈대와 쥐 박멸에 비교했다. 그날 오후, 힘러는 절멸부대 사령관 아르투르 네베, 바흐와 함께 총살 대안책에 관해 논의했다. 네베는 폭발물 실험을 제안했고 힘러가 이를 승인했다. 이 실험은 미숙하고 조잡하여 수치스럽게 실패했다. 다음은 가스 트럭으로, 배기가스에서 나오는 일산화탄소를 이용했다.

힘러는 집행자들에게 더 '인도적인' 방법을 찾고 싶어했다. 집행자들의 영적 안녕을 걱정한 힘러는 저녁에 노래를 부르며 놀 수 있는 단체 여흥거리를 마련하도록 사령관들을 재촉했다. 그러나 집행자 대부분은 오히려 술로 잊어버리고 싶어했다.

유대인 살육이 격화됨과 동시에 국방군의 처리 방식이 점점 더 포악해지면서 소련 전쟁포로도 노골적으로 살해되었다. 9월 3일, 화학공업 카르텔인 이게파르벤에서 개발한 치클론 B 살충제가 처음으로 아우슈비츠 강제수용소에서 소비에트와 폴란드 포로들을 대상으로 시험적으로 사용되었다. 동시에 독일과 서유럽에 있다가 동쪽 영토로 이송된 유대인들은 도착하자마자 경찰 관리들에게 살해되었다. 경찰 관리는 많은 사람을 처리하기 위해 달리 방법이 없었다고 주장했다. 독일 치하의 동쪽 영토와 제3제국 동방 자치정부(발트 해 연안 국가들과 벨라루스 일부), 제3제국 우크라이나 자치정부에 있던 고관들은 그것이 무슨 정책이었는지 알지 못했다. 다음 해 1월에 반제 회의가 열린 뒤에야 이 사실이 밝혀지게 되었다.

14

'대동맹'

처칠은 전쟁을 수행하는 데 있어 끝없이 아이디어를 쏟아내는 것으로 악평이 자자했다. 그의 동료 중 한 명은 처칠이 동료들을 별로 쓸모없는 것처럼 생각하는 게 문제라고 말했다. 하지만 영국의 사상가 이사야 벌린이 논문에서 정의한 '여우'와 '고슴도치' 개념을 따르자면 처칠은 단순히 많은 것을 두루 아는 여우가 아니라, 처음부터 하나의 큰 생각을 품고 있는 고슴도치이기도 했다. 영국이 단독으로 나치 독일에 맞서기는 무리였다. 1940년 5월에 아들인 랜돌프에게 말했듯이, 처칠은 미국을 전쟁으로 끌어들여야 한다고 생각했다.

처칠은 이 목표를 굳건히 지킴과 동시에, 늘 싫어했던 볼셰비키 정권과의 동맹을 지체 없이 진행했다. 방송을 통해 1941년 6월 22일에 독일이 소련을 침공했다는 소식을 전하며 처칠은 선언했다. "(공산주의의 반대자로서) 내가 지금껏 했던 말들을 번복하지는 않을 겁니다. 그러나 이 모든 것이 현재 펼쳐지고 있는 광경 앞에서 사라져가고 있습니다." 그리고 보좌관인 존 콜빌에게 훗날 "만약 히틀러가 지옥을 침공한다면, 악마에게 건넬 괜찮은 추천서 정도는 하원에서 써줄 수 있소"라고 말했다.[1] 미국 대사 존 위넌트와 함께 준비한 그날 저녁의 연설에서 처칠은 소련에 "능력이 닿는 한 모든 기술적, 경제적 지원을 아끼지 않겠다"고 약속했다. 비록 스탈린과 몰로토프는 영국이 아직 루돌프 헤스가 수행했던 임무의 진실을 숨기고 있다고 믿었지만, 이 약속은 영국과 미국, 모스크바에 좋은 인상을 남겼다.

이틀 후, 처칠은 비밀정보국 국장 스튜어트 멘지스에게 해독한 독일의 암호를 크렘린 궁으로 보내라고 지시했다. 멘지스는 위험하다며 경고했다.[2] 붉은 군대가 효과적인 암호 해독기를 보유하고 있지 않았기 때문에 독일군은 정보의 원천을 매우 빠르게 추적할 수 있었다. 처칠도 멘지스의 말에 동의했지만, 나중에 울트라에서 출발한 정보는 적절히 위장된 채로 전달되었다. 얼마 지나지 않아 두 나라의 군사공조 협정을 위한 교섭이 이뤄졌다. 그러나 이 단계에서 아직 영국 정부는 붉은 군대가 나치의 맹공에서 살아남을 거라고 기대하지 않고 있었다.

처칠은 대서양 너머의 정세에 고무되었다. 7월 7일, 루스벨트는 미군이 영국군과 캐나다군을 대체하기 위해 아이슬란드에 상륙했다고 의회에 알렸다. 7월 26일에 미국과 영국은 일본이 프랑스령 인도차이나를 점령한 것에 대한 보복으로 일본의 자산을 동결하는 데 힘을 모았다. 일본군은 무기 및 보급 물자를 국민당군에 전달하는 미얀마 로드를 공격할 수 있는 공군 기지가 필요했다. 루스벨트는 장제스의 국민당군 지원에 몰두하여 플라잉 타이거즈라는 미국 파일럿 용병부대를 모집하고, 보급품이 들어오는 지역인 만달레이에서 미얀마 로드를 방어하게 했다. 그리고 미국과 영국이 일본에 수출되는 석유와 기타 자원에 대해 금수 조치를 내리자, 위기는 훨씬 더 고조되었다. 일본은 이제 말레이와 타이, 그리고 네덜란드령 동인도 제도의 유전을 쉽게 일격할 수 있는 거리에 있었고, 이 지역들이 일본군의 다음 목표라는 것도 점점 확실해졌다. 당연히 호주도 위기를 느꼈다.

8월 초 미국 대통령과의 첫 전시 회의에서 처칠만큼 신중하게 준비한 사람은 없었다. 양측의 비밀은 잘 유지되었다. 처칠은 어디로 가는지 몰랐던 수많은 일행과 함께 전함 HMS 프린스 오브 웨일스 함에 올랐다. 처칠은 대통령을 기쁘게 해주기 위해 제철이 되기 전에 꿩 사냥을 했고 울트라가 해독한 몇 개의 '황금 달걀들'은 루스벨트에게 깊은 인상을 남겼다. 처칠은 루스벨트의 친한 친구이자 고문인 해리 홉킨스에게 루스벨트에 대해 알고 있는 모든 것을 털어놓으라고 다그쳤다. 처칠은 1918년에 루스벨트와 처음 만났지만, 미래의 대통령에게 좋은 인상을 주지 못했던 첫 만남에 대해 아무런 기억도 없었다.

또한 루스벨트와 참모단도 이 회담을 위해 노고를 아끼지 않았다. 루스벨트는 기자들을 따돌리고 대통령 전용 요트인 포토맥호에서 중순양함 USS 오거스타 함으로 이동했다. 그런 다음에는 구축함들의 든든한 호위를 받으며 8월 6일 뉴펀들랜드 플러센샤 만의 집결지로 출항했다. 두 지도자의 관계가 급속도로 친밀해진 가운데, 처칠이 조심스럽게 연출한 프린스 오브 웨일스호 뒤쪽 갑판에서의 합동 예배는 정서적으로 큰 영향을 끼쳤다. 그러나 루스벨트는 영국 수상에게서 매력을 느끼고 감명을 받았으면서도 여전히 초연했다. 한 전기작가의 기록에 따르면, "처칠에게는 새로 알게 된 모든 사람을 마치 평생 알고 지내온 사람처럼 느끼게 하는 능력이 있다. 친밀함으로 가장하여 거리낌 없이 사람을 이용하는 능력이다."[3] 친목을 도모하기 위해 루스벨트가 매우 못마땅하게 생각했던 영국 제국에 대한 내용 등 언짢은 질문들은 회피했다. 대서양 헌장으로 알려진 8월 12일에 체결된 이 공동 문서는 해방된 세계에 자결권을 줄 것을 약속했다. 그러나 대영제국은 암묵적인 예외로 했고, 소련은 말할 것도 없었다.

며칠간 이어진 논의에서는 스페인이 추축국 진영에 합류할 위험부터 일본이 태평양에 가하는 위협에 이르기까지 광범위한 주제를 다루었다. 처칠에게는 아이슬란드 서쪽에서 호송선단에 호위를 제공하고, 영국에는 폭격기를 제공하며, 소련이 전쟁에 계속 함께하도록 대규모 지원을 한다는 데

제2차 세계대전

미국이 동의한 것이 가장 중요한 결실이었다. 그런데 루스벨트에게는 미국 내에서 나치 독일과의 전쟁을 꺼리는 분위기가 광범위하게 퍼져 있다는 점이 걸림돌이었다. 뉴펀들랜드에서 돌아오는 동안 루스벨트는 평시 징병을 가능케 하는 최초의 법안인 선별징병법이 하원에서 단 한 표 차이로 통과되었다는 소식을 들었다.

미국의 고립주의자들은 나치가 소련을 침공한 이유가 전쟁 범위를 유럽 너머로 멀리 펼치려는 속셈 때문이라는 것을 인정하지 않으려 했다. 8월 25일, 붉은 군대와 이라크 주둔 영국군은 석유를 확보하고 페르시아 만에서 캅카스와 카자흐스탄으로 가는 보급로를 지키기 위해 중립국 이란을 침입했다. 1941년 여름, 영국은 일본이 자신들의 식민지를 공격할 것에 대한 우려가 더욱 커졌다. 루스벨트의 조언에 따라, 처칠은 유럽에서 일본에 필요한 군수 물자를 싣고 있던 일본 화물선 아사카마루호를 공격하려 한 SOESpecial Operations Executive의 계획을 취소시켰다. 영국은 태평양에서 단독으로 일본과 맞서는 위험을 감수할 수 없었다. 영국이 가장 우선시했던 것은 북아프리카와 지중해에서 우위를 확보하는 일이었다. 미국이 참전할 때까지 처칠과 그의 참모총장은 자국의 생존을 지키는 것, 독일을 공격할 폭격기 부대를 편성하는 것, 소련이 독일과의 싸움을 계속하도록 돕는 것 밖에는 생각할 수 없었다.

1941년 여름 국방군이 붉은 군대에 치명적인 손실을 입힌 만큼, 스탈린이 연합군에 가장 기대했던 것은 독일에 폭격기 공습을 해주는 것이었다. 또한 스탈린은 동부 전선에 가해지는 압박을 줄이기 위해 최대한 빨리 프랑스 북쪽을 침공해줄 것을 요구했다. 침공 닷새 후, 스태퍼드 크립스와의 회담에서 몰로토프는 처칠이 제공할 원조의 규모를 확정지어줄 것을 크립스 영국 대사에게 강요했다. 그러나 크립스에게는 권한이 없었다. 런던에서 조달장관인 비버브룩과 소련 대사인 이반 마이스키의 회담이 있었던 이틀 후에도 소비에트 외무인민위원 몰로토프는 크립스를 압박했다. 비버브룩은 영국 참모총장과 상의하지 않고 마이스키와 프랑스 침공 가능성에 관해 논의한 것으로 보인다. 그때부터 계속 영국을 확실한 약속에 얽어매는 것이 소련 외교 정책의 주요 목표 중 하나가 되었다. 당시 소련 사람들은, 소련이 '길어봐야 5~6주 이상'[4]을 버티지 못할 거라는 믿음 때문에 영국이 꾸물거리는 것이라고 추측하며 자신들의 행동을 정당화하려 했다.

소비에트 쪽에서는 착각이 더 심해져 1944년 초까지 줄곧 관계를 악화시키기만 했다. 스탈린은 연합군에 대해 스스로 판단을 내려, 어떠한 손실과 어려움이 있어도 연합군이 영국 해협을 건너 작전을 펼칠 것이라고 기대했다. 그런데 처칠이 유럽 서북부를 침공하기를 꺼렸기 때문에, 스탈린은 영국이 내심 붉은 군대가 전쟁의 예봉에 시달리기를 바라는지도 모른다고 점점 더 의심하게 되었다. 물론 그것이 분명히 진실인 면도 있었지만, 1940년에 서구 자본주의 국가와 독일이 서로 피 흘리며 죽어가기를 스탈린 자신이 바랐기 때문에 그러한 생각의 연장선상에 있는 면도 있었다. 그러나 소비에트의 독재자 스탈린은 민주주의 정부가 어떤 압박 속에서 운영되는지를 완전히 이해하지 못했다. 스탈린은 처칠과 루스벨트가 각자의 나라에서 절대 권력을 누리고 있다고 착각했다. 스탈린 입장에서는 두 사람이 영국 하원이나 미국 의회에 회답을 해야 했다거나 언론에 신경을 써야 했다는 사실이 그저 한심한 핑계로 보일 뿐이었다. 작전을 개시했다가 처참하게 피해를 입으면 처칠이 정말로 실각할 수도 있다고 생각하는 것이 스탈린 입장에서는 도저히 이해가 되지 않았다.

몇십 년간 독서에 파묻혀 있었으면서도 스탈린은 전에 언급한 영국의 전통적인 지엽적 전투 전략의 기본도 이해하지 못하고 있었다. 영국은 대륙 강대국이 아니었기에, 여전히 해군력과 연합에 의존하여 유럽에서 힘의 균형을 유지했다. 물론 제1차 세계대전은 예외로 하고, 영국은 종전이 눈에 보이기 전까지는 육지에서 큰 충돌에 휘말리는 것을 피했다. 비록 동맹 미국과 소비에트는 영국과 정반대로 가능한 한 빨리 대규모 충돌을 일으켜야 한다는 군사 정책을 공유했지만, 처칠은 영국이 늘 해오던 방식을 따르기로 결심했다.

영국-소비에트 협정이 체결되고 2주가 막 지난 7월 28일, 해리 홉킨스는 루스벨트의 요청으로 현지 조사를 위해 모스크바에 도착했다. 홉킨스는 소련이 전쟁을 계속하기 위해 당장, 그리고 장기적으로 무엇이 필요한지를 알아내야 했다. 소비에트 지도부는 곧바로 홉킨스를 만났다. 홉킨스는 붉은 군대가 곧 무너지리라고 믿고 있던 모스크바 주재 미국 무관에게서 받은 잔인할 정도로 비관적인 보고서를 의심했다. 그는 곧 소련이 견뎌내리라고 확신하게 되었다.

소련을 원조하기로 한 루스벨트의 결정은 순수하게 이타적이고 관대했다. 소련에 대한 무기대여 법안이 발효되는 데 시간이 걸려 루스벨트는 크게 격노했지만, 그 규모나 범위는 결과적으로 소련이 승리에 이르는 데 큰 역할을 하게 되었다(러시아 역사가들은 대부분 아직도 이 사실을 인정하기 싫어한다). 고품질의 강철과 대공포, 항공기, 1942~1943년 겨울에 소련을 기근에서 구해준 막대한 양의 식량과는 별개로, 붉은 군대는 기동성 면에서 가장 크게 도움을 받았다. 전쟁 후반에 극적으로 진격할 수 있었던 데에는 미국의 지프와 트럭의 힘이 가장 컸다고 해도 과언이 아니다.

이와 반대로 처칠은 말로만 원조를 약속하고 실제로는 약속대로 도움을 주지 못했는데, 그 이유는 당시 영국이 빈곤해진 데다 당장 필요한 물자도 부족해 절박한 상황이었기 때문이다. 그리고 원조한 물품들도 대부분 낙후되거나 부적당했다. 영국 육군의 방한 외투는 러시아의 겨울 날씨 속에서는 무용지물이었고, 쇠가 박힌 군화는 동상에 걸리기 딱 좋았으며, 마틸다 전차는 소비에트의 T-34에 비하면 확연히 열세였다. 붉은 군대 항공대는 중고 허리케인을 흠 잡으며 왜 스핏파이어를 보내주지 않았느냐고 따졌다.

비버브룩과 루스벨트의 대리인 애버렐 해리먼이 HMS 런던 순양함을 타고 아르한겔스크에 도착한 뒤, 9월 말에 서방 연합국과 소련 간에 처음으로 중대한 회담이 모스크바에서 시작되었다. 스탈린은 크렘린 궁에서 그들을 맞이하고, 소련에 필요한 모든 군사 장비와 차량 목록을 열거하기 시작했다. "가장 많은 엔진을 생산할 수 있는 나라가 최후의 승자가 될 것이오"라고 스탈린이 말했다.[5] 그런 다음 스탈린은 영국도 군대를 보내 우크라이나 방어를 도와야 하지 않겠냐고 말해 처칠의 측근인 비버브룩을 적잖이 당황케 했다.

스탈린은 헤스와 관련된 문제를 떨쳐버릴 수 없어 히틀러 다음의 제2인자가 영국에 도착했을 때 무슨 말을 했는지 비버브룩에게 계속 물어보았다. 그런 다음 전후 합의에 대해 논의하자고 제안하여 또다시 사절단을 당황케 한 스탈린은 발트 해 연안 국가, 폴란드 동부, 베사라비아를 포함했던 1941년의 소비에트 국경을 인정받고 싶어했다. 비버브룩은 자신들이 앉아 있는 크렘린 궁에서 100킬로미터도 채 떨어지지 않은 곳에 독일군이 진격해 있는 마당에 그 문제를 다루기에는 너무 이르다는 생각이 들어 관여하기를 거부했다. 하지만 사실 구데리안이 지휘한 제2기갑군은 그 전날 이미 모스크바를 향해 태풍 작전 첫 단계를 개시했는데 비버브룩이 그것을 모르고 있었을 뿐이다.

영국군과 영국 연방군이 북아프리카에서 교전을 벌이는 와중에 스탈린이 "영국은 히틀러주의 독일에 맞서 적극적인 군사 작전에 돌입하기를 거부"했다고 조롱하자, 영국 외교관들은 몹시 화가 났다. 그러나 소비에트 입장에서는 독일의 3개 집단군이 자국 깊숙이 들어와 있었기 때문에, 투브루크와 리비아 국경에서의 싸움을 부차적인 문제로 여기기조차 어려웠다.

독일이 소련을 침공하고 얼마 지나지 않아, 로멜은 북아프리카 전투의 주요 전장이 된 투브루크의 포위된 항구를 공격할 새로운 계획을 세우기 시작했다. 계획을 실행하기 위해서는 병력을 보급하고 후방의 위협을 제거해야만 했다. 투브루크는 이제 영국 제70사단이 장악하고 폴란드 여단과 체코 대대가 보강하고 있었다.

사막의 여름날, 타는 듯한 태양 아래 아른거리는 사막의 신기루 속에서 리비아 국경선을 따라 이따금씩 소규모 전투 정도만 벌어지며 일종의 가짜 전쟁이 전개되었다. 영국과 독일 정찰대는 무전기를 통해 서로 잡담을 주고받다가, 이따금씩 암묵적인 휴전이 결정되고 나서 이곳에 온 새로운 독일 장교가 강제로 발포 명령을 내릴 때면 병사들은 불평을 하곤 했다. 그러나 하루에 1리터의 물만 가지고 목을 축이거나 씻어야 했던 양측 보병대의 생활은 그다지 즐겁지만은 않았다. 참호에서는 음식 부스러기 그리고 노출된 신체에 사정없이 몰려드는 무시무시한 사막파리나 전갈, 모래벼룩 등과 싸워야 했다. 특히 독일군에게는 이질이 큰 문젯거리였다. 슈투카의 공격으로 담수화 시설이 파괴되는 바람에 투브루크 수비대조차 물이 부족했다. 도시 자체는 포격 및 폭격으로 아수라장이 되었고, 항구의 절반은 침몰한 배들이 차지하고 있었다. 전적으로 영국 해군의 결단 덕분에 보급이 유지되고 있었다. 남아 있던 호주 여단의 대원들은 선박이 도착하자마자 전리품을 맥주와 교환하기 시작했다.

로멜은 지중해를 가로질러 해야 하는 재보급과 관련하여 더 큰 문제에 봉착했다. 1941년 1월에서 8월 하순 사이에, 영국군은 52척의 추축국 선박을 격침하고 38척을 파손시켰다.[6] 9월에 HMS 업홀더 잠수함은 보강 병력을 실은 두 척의 대형 여객선을 격침했다.(아프리카 군단의 베테랑들은 지중해를 '독일군 수영장'[7]이라고 부르기 시작했다.) 1940년에 추축국이 몰타 섬 침공에 실패한 것이 이제는 뼈아픈 결과로 돌아왔다. 독일 해군은 특히 연합군이 플로이에슈티 유전을 공습할까봐 걱정되었던 히틀러가 그해 초 몰타 섬보다 크레타 섬에 공수부대를 투입해야 한다고 주장했을 때 경악했다. 그때 이후 몰타 섬 비행장과 발레타의 그랜드하버에 쉴 새 없이 폭격을 가했지만, 완전히 함락시키는 것과는 비교할 수 없는 별 효과 없는 대안일 뿐이었다.

영국군은 이탈리아 해군의 암호를 도청하여 큰 수확을 얻었다. 11월 9일, 경순양함 HMS 오로라와 페넬로페, 구축함 두 척으로 이뤄져 몰타에서 출항한 K전대는 트리폴리로 향하던 호송선단을 공격했다. 중순양함 2척, 구축함 10척의 보호를 받고 있던 호송선단이었지만 영국군은 레이더를 이용해 밤에 돌격했다. 30분도 채 지나지 않아 3척의 영국 해군 군함은 아무런 피해도 입지 않고 화물선 7척과 구축함 1척을 격침했다. 독일 해군은 격노하여 이탈리아 해군 지휘권을 넘기라며 협박했다. 아프리카 군단도 동맹국들에 대해 거만한 태도를 취했다. 제15기갑사단의 한 소위는 고향에 편지를 썼다. "이탈리아군을 대할 때는 아이 대하듯이 해야 한다. 군인으로서는 별 쓸모가 없지만, 동료로서는 최고다. 이탈리아군에게서는 원하는 모든 것을 얻을 수 있다."[8]

수송이 지연되고 결국에는 오지 않을 보급품을 기다린 끝에, 로멜은 11월 21일에 투브루크를 공격할 계획을 세웠다. 그는 영국이 공격을 개시하려 한다는 이탈리아군의 경고를 믿지 않았지만 만약을 위해 투브루크와 바르디아 사이에 제21기갑사단을 남겨두어야 한다고 생각했다. 그렇게 해서 로멜에게는 투브루크 공격을 성공시키기에는 부족한 병력만 남았을 것이다. 결국 로멜이 항구 공격을 감행하기 사흘 전인 11월 18일에 앨런 커닝엄 중장 예하 부대가 영국 제8군이라는 새로운 이름으로 리비아 국경을 넘어 '십자군 작전'을 펼쳤다. 밤에는 무전통신을 엄격히 자제하고 낮에는 모래바람과 뇌우에 몸을 숨겨 접근 행군을 하며 제8군은 기습 공격에 성공했다.

아프리카 군단은 이제 제15기갑사단, 제21기갑사단과 훗날 제90경사단으로 개칭될 복합 사단으로 구성되어 있었다. 여기에는 대부분 프랑스 외인부대에서 복무하던 독일군으로 구성된 보병연대가 포함되었다. 그러나 병력이 4만5000인 아프리카 군단은 영양실조와 질병 때문에 최전선 부대에 1만1000명이 부족해지는 상황에 처했다. 보급 상황도 암담하여 전차 249대를 갖춘 기갑사단들의 병력 대체가 절실했다. 이탈리아군은 아리에테 기갑사단과 3개의 반차량화사단을 출격시켰다.

반면에 영국군은 이번 한 번만은 보급을 풍부하게 받아, 크루저 순항전차 300대와 일명 '허니'라고 불린 미국의 스튜어트 경전차 300대를 100대가 넘는 마틸다, 밸런타인 전차와 함께 쓸 수 있게 되었다. 서부사막 공군은 가용 비행기를 550기 보유한 데 반해 루프트바페는 단 76기밖에 없었다. 특히 스탈린에게 보여줄 무언가가 절실히 필요했던 처칠은 이러한 이점을 안고 대망의 승리를 기대하게 되었다. 그러나 영국군이 마침내 장비를 완벽하게 갖추게 되었다고는 해도 무기는 독일에 비해 단연 열세였다. 2파운드포를 장착한 신형 스튜어트와 크루저 전차로는 아프리카 군단의 '긴 팔'인 독일군의 88밀리 포를 당해낼 수 없어 반격 사거리에 들어가기도 전에 나가떨어질 수 있었다. 영국군은 25파운드 야전포만이 그나마 위력적이었고, 지휘관들도 마침내 독일의 기갑 공격에 맞서 개방형 조준문으로 야전포를 사용하는 법을 배우게 되었다. 독일군은 그것을 '라치 붐'이라고 불렀다.

영국군의 계획은 대규모 기갑전력을 가진 제30군단을 리비아 국경에서부터 서북쪽을 공격하도록 집중시키는 것이었다. 이 병력은 독일 기갑사단들을 물리친 다음 투브루크로 진격하여 포위망을 뚫기로 했다. 영국 제7기갑여단은 제7기갑사단의 선두에서 투브루크 방어선 동남쪽 경사지대에 있는 시디레제그로 밀어붙이기로 했다. 우익에서는 제13군단이 해안 가까운 할파야 고개와 솔룸 독일군 부대들과 교전을 벌일 예정이었다. 이상적으로라면 제8군은 로멜이 투브루크 공격을 개시할 때까지 기다렸어야 했지만, 처칠은 오킨렉 장군이 더 이상 지연시키도록 놔두지 않았다.

제7기갑여단은 시디레제그에 당도하여 비행장을 장악하고, 독일군이 대응할 시간을 벌기 전에 지상에 있던 항공기 19기를 노획했다. 그러나 좌익에 있던 제22기갑여단은 아리에테 사단에게 기습적인 일격을 당했고, 그사이 우익의 제4기갑여단은 비아발비아 해안 도로에서 남쪽을 공격하던 독일 제15기갑사단, 제21기갑사단 일부 병력과 대립했다. 영국군에게는 다행스럽게도 독일군의 연료가 떨어지고 말았다. 그곳 지형의 특성상 모든 차량에 연료를 공급하는 것은 매우 곤혹스러운 일이었다. 한 뉴질랜드 장교는 리비아 사막을 '돌 부스러기와 부드러운 모래가 펼쳐진 가운데, 와디가 구불구불 뻗어 있는 방대한 황무지로 된 가시나무 덤불뿐인 휑한 평지'[9]라고 표현했다. 또한 버려진 깡통이나 빈 기름통, 전소된 차량 등도 점점 쌓여서 군사 폐기장이 되어가고 있었다.

11월 21일, 독일 기갑 병력이 아직 무너질 기세가 아니었는데도 상황을 지나치게 낙관했던 커닝엄 장군은 투브루크에서 돌파를 개시하기로 결심했다. 그 결과 포위군과 제7기갑여단 모두 큰 피해를 입었는데 제7기갑여단의 한 연대는 독일 정찰대대의 88밀리 포 공격으로 전차의 4분의 3을 잃었다. 제7기갑여단은 곧 후방에서 독일의 두 기갑사단으로부터 위협을 받게 되었고, 해가 지자 전차 수는 28대로 줄어들었다.

이러한 손실을 모른 채 커닝엄은 전선을 따라 포진한 이탈리아 진영 뒤에서 제13군단을 북쪽으로 진격시키며 다음 작전을 개시했다. 선두에 선 프라이버그 장군의 뉴질랜드 사단은 마틸다 전차 여단의 지원을 받아 과감하게 진격했다. 커닝엄은 투브루크에서도 돌파를 재개할 것을 명령했다. 그러나 제7기갑여단은 시디레제그 양쪽에서 공격을 받아 전차가 단 10대만

제2차 세계대전

남게 되었다. 지원군으로 왔던 제22기갑여단에도 단 34대만 남았다. 이들은 남쪽으로 물러나 제5남아프리카 여단의 수비 진지에 합류해야 했다. 로멜은 한쪽에 자신의 기갑사단을 두고, 다른 한쪽에 아리에테 부대를 두어 그사이에서 이들을 무찌를 생각이었다.

죽은 자를 기리는 독일의 고인 추도일이었던 11월 23일 일요일, 시디레제그 남쪽에서 제5남아프리카 여단과 두 영국 기갑여단의 잔여 병력을 가둔 포위전투가 벌어졌다. 독일에게는 희생이 무척 컸던 승리로 기록되었다. 남아프리카 여단은 사실상 전멸했지만, 지원군인 제7기갑여단과 합세하여 그만큼의 큰 손실을 독일군에 되돌려주었다. 독일군은 대체하기 어려운 전차 72대를 잃었고, 장교와 부사관의 피해는 아주 막심했다. 인도 제7사단과 뉴질랜드군도 동쪽에서 나름 효과적으로 교전을 벌였으며, 프라이버그가 이끈 뉴질랜드군은 아프리카 군단의 참모 일부를 생포했다.

영국군이 전차를 아주 많이 잃자 커닝엄은 퇴각하려고 했지만, 오킨렉이 그를 저지했다. 오킨렉은 어떠한 대가를 치르든 작전을 계속하라고 커닝엄에게 말했다. 그것은 용감한 결정이었으며 결국 올바른 결정이었음이 드러났다. 다음 날 아침, 제7기갑사단을 쳐부수어 총퇴각시키려고 안달이 났던 로멜은 승리의 기운에 도취되었다. 그는 제8군 병력 대부분을 포위할 수 있으리라 생각하며 제21기갑사단을 몸소 이끌고 전선으로 향했다.

그러나 이 일은 상반된 지시와 통신 불량 때문에 혼돈으로 이어졌다. 어느 순간 지휘 차량이 고장나면서 로멜은 전선을 따라 철조망이 가득하고 무선 연락도 닿지 않는 이집트 영토에 고립되었다. 일선에서 지휘하겠다는 그의 고집은 다시 한번 복잡한 전투의 와중에 커다란 문제를 일으켰다.

11월 26일, 아프리카 군단 사령부는 뉴질랜드 사단이 밸런타인 전차로 구성된 기갑여단의 지원을 받아 투브루크 길목에 있는 시디레제그의 비행장을 탈환했다는 소식을 로멜에게 전했다. 또한 뉴질랜드 제4여단이 감부트 비행장도 장악하여 루프트바페에는 전진 기지가 전혀 남아 있지 않게 되었다. 그날 늦은 시각에 투브루크 주둔군이 프라이버그의 부대에 합류했다.

로멜은 국경으로 돌격했지만 그것은 참담한 실수였다. 로멜 예하의 병사들이 지쳐 있는 반면 영국 제7기갑사단은 200대의 예비 전차 대부분을 배치한 상태였다. 그리고 11월 27일에 로멜이 쓸데없이 밀어붙였다가 부대를 다시 후퇴시켰을 때는 이미 제공권을 장악한 서부 사막 공군의 허리케인 때문에 돌아가기가 쉽지 않았다. 오킨렉은 공경정신이 좀 부족하다고 여겼던 커닝엄이 신경쇠약 증세까지 보이자 그를 해임하기로 결심했다. 커닝엄은 닐 리치 소장으로 대체되었다. 리치는 로멜이 보급에 어려움을 겪고 있다는 데서 이점을 안고 서쪽 공격을 재개했다. 이탈리아군은 탄약과 연료, 식량 배급을 가장 기본적인 수준밖에 기대할 수 없다며 로멜에게 이미 재차 경고한 터였다. 그러면서도 이탈리아 선박들이 벵가지에 보급 물자를 더 많이 수송해내면서 이탈리아 해군은 자신감을 회복했다. 이탈리아 잠수함들은 다르나에 급히 필요한 탄약을 전달하는 데 쓰였고, 경순양함 카르도나 함은 유조선으로 전용되었다. 독일 해군은 동맹국의 이러한 노력에 갑자기 자극을 받았다.

12월 2일, 히틀러는 동부 전선 제2비행단을 시칠리아와 북아프리카로 이동시켰다. 로멜을 지원하기로 한 히틀러는 영국군이 추축국 호송선단을 공격한 탓에 보급 상황이 좋지 못하다는 소식을 듣고는 충격을 받았다. 히틀러는 레더 제독에게 U 보트 24척을 지중해로 보내라고 지시했다. 레더는 "총통께서 지중해에서 생긴 문제들을 타개하려고 대서양 U 보트 전투를 사실상 포기하려 하신다"[10]라며 불평했다. 히틀러는 추축국 수송선 대부분이 연합군 비행기와 잠수함에 격침당하고 있으니 U 보트가 로멜의 호송선단을 보호하는 데 적절한 해결 수단이 아니라는 레더의 주장을 무시했다. 하지만 결국 독일 잠수함들은 영국 해군에 큰 피해를 입혔다. 11월에 지중해의 U 보트는 항공모함 HMS 아크 로열을 침몰시킨 뒤 전함 HMS 바함을 격침했다. 그 후에도 연합군에 추가적인 손실이 이어져, 12월 18일 밤에는 보르게세 왕자의 지휘로 이탈리아 인간 어뢰 부대가 알렉산드리아 항구에 침투하여 전함 HMS 퀸 엘리자베스 및 밸리언트, 노르웨이 유조선까지 격침했다. 커닝엄 제독에게는 지중해에 주력함이 하나도 남아 있지 않았다. 8일 후에는 타이밍이 최악으로 치달아, 일본 항공기가 전함 HMS 프린스 오브 웨일스와 순양전함 리펄스를 말레이 해안에서 격침하게 된다.

지중해에 추축국 병력이 늘어났음에도 불구하고, 동부 전선이 중요한 시기였기 때문에 로멜은 12월 6일에 독일 국방군 총사령부 및 육군 총사령부에 차량 및 무기 교체와 증원을 호소했지만 계속 거절당했다. 12월 8일, 로멜은 투브루크 포위망을 풀고 서쪽으로 60킬로미터가 넘는 거리에 있는 가잘라 전선으로 철수를 시작했다. 그 뒤, 남은 12월과 1942년 1월 초 사이에 로멜은 키레나이카 전체를 포기하고, 전해에 전투를 시작했던 그 전선으로 물러났다.

영국은 십자군 작전의 승리를 자축했지만, 그것은 훌륭한 전술이 아니라 거의 많은 병력 덕분에 이룬 일시적인 성공이었다. 기갑여단을 집중시키지 못한 것은 가장 큰 실수였다. 전차는 800대 이상, 비행기는 300기 이상을 잃었다. 그리고 이탈리아군에게 승리한 다음 해에 제8군이 트리폴리타니아 경계에 도달했을 때, 보급선이 지나치게 긴 탓에 제8군의 군사력은 이미 심하게 약화되어 있었다. 북아프리카 전투에서 일진일퇴하다가 이제는 극동 지역의 긴급 지원 요청을 받게 된 영국군과 연방 자치령 병력은 1942년 또 한 번의 패배를 당할 위기에 놓인다.

극동지역에서 전쟁이 시작되기도 전에 영국 정부는 이번 전쟁을 벅찬 싸움이라고 느꼈다. 그 뒤 12월 9일, 스탈린은 영국을 압박하여 동부 전선에서 독일의 동맹국인 핀란드, 헝가리, 루마니아에 선전포고를 하게 했다. 게다가 모스크바 공방전이 시작되기도 전에 새로운 서방 연합국으로 하여금 전후 국경에 합의하게 만들려는 스탈린의 열망은 수치스러움을 극복하려는 모순된 시도였다. 소비에트의 포로수용소 및 강제노동 수용소에는 소련이 나치 독일과 합동 작전을 펼치던 1939년에 잡혀온 폴란드 군인들이 아직도 20만 명 넘게 갇혀 있었다. 이제 폴란드는 미국과 영국에서 망명정부를 인정했기 때문에 소련과 동맹관계가 되었다. 처칠 정부의 후원으로 의욕 넘치는 대표단을 꾸린 시코르스키 장군은 NKVD가 폴란드 전쟁포로를 풀어주고 새로운 군대를 창설해야 한다며 소비에트 정권을 설득했지만 소련은 그렇게 하기를 심히 꺼렸다.

소비에트 관료들의 끊임없는 방해에도 불구하고, 새로 석방된 폴란드군은 지난 20개월간 루뱐카에 갇혀 있었던 브와디스와프 안데르스의 주도하에 부대를 규합, 형성하기 시작했다. 12월 초에 볼가 강 유역 사라토프 인근에서 안데르스의 군대는 사열을 실시했다. 작가 일리야 예렌부르크가 보았던 대로 이것은 매우 씁쓸하고 아이러니한 일이 아닐 수 없었다. 시코르스키 장군은 안드레이 비신스키와 함께 도착했다. 대공포 시대에 여론 조작용 재판으로 악명 높았던 검사 비신스키는 폴란드 가문이라는 이유로 발탁된 듯했다. 지켜보고 있던 예렌부르크는 "그는 아주 기분 좋게 웃으며 시코르스키와 잔을 부딪쳐 건배했다. 폴란드인 사이에서는 자신들이 겪어왔던 일들로 분노에 휩싸여 험상궂은 얼굴을 한 남자가 많았다. 그들 중 몇 명은 그들이 우리를 증오한다는 사실을 숨기지 못했다. 시코르스키와 비신스키는 서로를 '동맹'이라고 불렀지만, 그 암호 같은 단어 뒤에서 적개심이 느껴졌다"[11]고 기록했다. 이어지는 사건들로 알 수 있듯이, 폴란드인에 대한 스탈린의 증오와 불신은 표면적으로만 변했을 뿐이었다.

15

모스크바
공방전

1941년 7월 21일, 루프트바페는 소련의 수도에 첫 폭격을 가했다. 대학교에서 화재 감시를 하고 있던 안드레이 사하로프는 거의 매일 밤 '지붕에서 모스크바의 상공을 교차하는 예광탄을 불안하게 바라보며'[1] 지냈다. 그러나 영국 본토 항공전에서 손실을 입은 후 독일의 폭격기 편대는 여전히 전력이 매우 약해져 있는 상태였다. 도시에 큰 타격을 줄 수 없었던 탓에, 이들은 지상군을 지원하는 임무로 돌아갔다.

레닌그라드와 키예프에 집중하기 위해 중부집단군에 정지 명령을 내린 뒤 히틀러는 마침내 모스크바에 대한 대규모 공격으로 돌아왔다. 장군들은 만감이 교차했다. 키예프 동쪽의 거대한 포위전으로 승리감은 되찾았지만, 광대한 땅과 보급로의 길이, 예상 외로 큰 붉은 군대의 규모는 그들을 불안하게 했다. 이제 그해에 승리를 거두리라고 믿는 이는 거의 없었다. 준비가 많이 부족했던 독일군은 다가오는 러시아의 겨울이 두려웠다. 보병사단들은 수백 킬로미터를 행군해오면서 군화가 동났다. 그리고 히틀러가 방한복에 대한 논의를 일체 금지했던 까닭에 방한복도 거의 지급받지 못했다. 또한 기갑부대도 심한 먼지 때문에 손상된 전차와 엔진을 대체하지 못해 쩔쩔맸다. 그런데도 히틀러는 예비 물자를 공급하려 하지 않아 사령관들을 당황시켰다. 모스크바를 공격한다는 태풍 작전은 9월 말이 되어서야 준비가 완료되었는데, 이는 에리히 회프너 상급대장이 지휘한 제4기갑집단이 레닌그라드 주위에서 교착 상태에 빠져 발이 묶여 있었기 때문이다. 폰 보크 육군 원수가 이끈 중부집단군은 병사 150만 명을 동원했고, 여기에는 전력이 약해진 3개 기갑집단도 포함되었다. 이들은 소련 육군 원수 세묜 부 돈니가 지키는 예비전선과 안드레이 예레멘코 상장의 브랸스크 전선과 마 주하고 있었다. 이반 코네프 상장이 지휘하는 서부 전선은 부돈니의 부대 후방에 제2전선을 형성했다. 사단들 중 12개 사단은 모스크바 대학 교수와 학생들을 포함한, 무장도 빈약하고 훈련도 안 된 민병대로 이뤄져 있었다. 대원 한 명은 "민병대원 대부분은 민간인의 외투와 모자를 착용했다"[2]고 기록했다. 이들이 거리를 행군하자, 구경꾼들은 독일군의 후방에 파견되는 빨치산이라고 생각할 정도였다.

9월 30일 이른 아침 가을 안개 속에서, 구데리안이 이끈 제2기갑군이 모스크바에서 남쪽으로 300킬로미터 떨어진 오룔 시를 향해 동북쪽으로 공격하면서 태풍 작전의 개시를 알렸다. 하늘은 곧 맑아져서 루프트바페도 기갑부대 선봉에 대한 근접항공지원에 나섰다. 갑작스러운 공격으로 시골 지역은 공황 상태에 빠졌다.

바실리 그로스만은 노트에 이렇게 썼다. "지금껏 퇴각하는 모습을 숱하게 봐왔지만, 지금 내 눈앞에 펼쳐진 광경과 같은 적은 없었다······ 구약 성서의 출애굽기나 다름없구나! 차량들은 8열 종대로 움직였고, 무서운 굉음을 내는 수십 대의 트럭은 동시에 진흙에서 빠져나오려고 일제히 바퀴를 찢어질 듯 굴리며 안간힘을 썼다. 수많은 양떼와 소떼가 들판으로 지나갔다. 가축들 뒤에 이륜마차 행렬이 따라붙었고, 색색의 꾸러미가 잔뜩 쌓인 짐마차가 수천 대 보인다. 자루와 보따리, 여행 가방을 들고 걷는 무리도 있다. 아이들의 짙고 아름다운 머리가 수레를 임시로 덮은 천막 아래에서 밖을 내다보고 있다. 유대인 어른들의 턱수염, 유대인 소녀와 부녀자들의 검은 머리도 마찬가지다. 그들의 눈에 정적이 감돌고, 슬픔은 지혜롭기까지 하다. 대재앙의 운명이란 이런 느낌인 것일까! 오후 늦게 푸르스름하고 어두운 구름 속에서 해가 나타난다. 그 광선은 하늘에서 땅으로 넓게 퍼져 내려와, 천군이 지구를 공격하는 끔찍한 성서 속 장면들을 묘사한 도레의 그림과 비슷한 광경을 연출하고 있다."[3]

10월 3일에는 진군 속도가 빨라졌다는 소문이 오룔에 도달했지만, 도시 내 고위 장교들은 그 보고를 믿지 않고 계속해서 술을 마셨다. 운명을 가를 이 불행한 자기도취에 경악한 그로스만과 그의 동료들은 언제가 되든 독일군 전차를 보게 되리라 기대하며 브랸스크로 출발했다. 하지만 그들이 한 발 빨랐다. 구데리안 예하 선봉 부대의 선두 기갑차량들이 거리의 노면전차_{공중에 설치한 전선에서 전력을 공급받아 지상에 설치된 궤도 위를 다니는 차}를 지나서 오후 6시에 오룔에 진입했던 것이다.

그 전날인 10월 2일 북쪽에서 본격적으로 태풍 작전이 시작되었다. 짧은 시간 동안 포격을 하고 연막탄을 발사한 뒤, 제3기갑집단, 제4기갑집단은 부돈니 원수가 지휘하는 예비 전선의 양쪽에서 공격해 들어갔다. 내전 당시부터 스탈린의 기병대 친구 중 한 명이었던 부돈니는 콧수염을 기른 익살꾼에다 자신의 사령부도 못 찾는 주정꾼이었다. 코네프의 참모장은 서부 전선에서 3개 사단과 2개 전차여단으로 역습을 개시했으나 단번에 튕겨나왔다. 그 결과 연락망은 무너졌고, 엿새 안에 2개의 독일 기갑집단이 뱌지마에서 합세하여 부돈니 예하 5개 군을 에워쌌다. 독일군 전차들은 붉은 군대 병사들을 쳐부수려고 흔적을 추적했다. 그것은 마치 스포츠 같았다.[4]

소련 정부에는 서쪽에서 벌어지고 있는 혼돈스러운 재난에 대한 정보가 거의 없었다. 10월 5일이 되어서야 스탑카는 한 전투기 조종사에게서 유흐노프로 진격 중인 20킬로미터에 달하는 독일 장갑차량의 대열을 목격했다는 보고를 받았다. 그러나 아무도 그 사실을 쉽사리 믿으려 하지 않았다. 정찰기 2기를 더 보내 진군 사실을 확인했는데도, 베리야는 여전히 전선에 있는 사령관들을 '공황을 일으키는 자'[5]로 몰아 NKVD 법정에 세우겠다며 협박했다. 그렇지만 스탈린은 위험을 인지했다. 스탈린은 소련국방위원회 회의를 소집하고, 레닌그라드에 있던 주코프에게 연락하여 모스크바로 복귀하도록 했다.

주코프는 10월 7일에 도착했다. 훗날 주코프는, 스탈린의 집무실로 들어갔을 때 스탈린이 베리야에게 정보원을 풀어 독일군과 접촉하게 한 뒤 평화 협정이 가능할지 알아보라고 한 이야기를 들었다고 했다. 스탈린은 주코프에게 서부 전선 사령부로 곧장 가서 정확한 상황을 보고하라고 지시했다. 해가 진 후 주코프가 도착했을 때, 코네프와 그의 장교단은 촛불을 켜고 허리를 구부린 채 지도 위를 주시하고 있었다. 주코프는 스탈린에게 전화를 걸어 독일군이 뱌지마 서쪽에서 부돈니 예하 5개 군을 포위하고 있다고 전해야 했다. 10월 8일 이른 시각, 예비 전선 사령부에서 주코프는 부돈니가 이틀 동안 보이지 않는 것을 알아챘다.

뱌지마와 브랸스크의 포위망 내부 상태는 형언할 수 없을 정도였다. 눈에 띌 정도로 큰 집단이 보이면 슈투카와 전투기, 폭격기들이 무조건 공격을 했고, 포위망을 둘러싼 전차와 포병들은 갇힌 병력에 끊임없이 발포를 했다. 부패한 시체가 쌓여갔고, 굶주리고 더러워진 붉은 군대 병사들은 배를 채우기 위해 말을 도살했으며, 부상자들은 혼돈 속에서 보살핌도 받지 못한 채 죽어갔다. 모두 합해 거의 75만 명이 포위되었다. 항복한 자는 명령에 따라 무기를 버리고 식량도 없이 서쪽으로 행군해야 했다. 한 독일군 소령은 "러시아인은 짐승이다. 그들을 보면 프랑스 전투에서 짐승 취급을 받았던 흑인들이 떠오른다. 천하기 짝이 없다"[6]라고 썼다.

그로스만이 10월 3일 독일군보다 한발 먼저 오룔에서 빠져나왔을 때, 그는 브랸스크 숲속에 있는 예레멘코의 사령부로 향하던 중이었다. 10월 5일 밤새 예레멘코는 철수 요청에 대한 답변을 기다렸지만, 스탈린에게서는 아무런 허가도 떨어지지 않았다. 10월 6일 이른 시각에 그로스만과 통신원 일행은 전선 사령부조차 지금은 위협을 받고 있다는 이야기를 들었다. 이들은 독일군이 도로를 차단하기 전에 최대한 빨리 툴라로 이동해야 했다. 예레멘코는 다리에 부상을 입어 브랸스크 전선이 포위된 동안 거의 붙잡힐 뻔했다. 그래도 예레멘코는 비행기로 구출되었기 때문에, 괴저가 생겨 깊은 숲속 나무 오두막에서 죽은 제50군 사령관 미하일 페트로프 소장보다는 운이 좋은 편이었다.

전선 뒤에 있던 그로스만은 혼돈과 공포로 진정이 되지 않았다. 툴라로 가는 길에 벨료프에서 그는 이렇게 기록했다. "말도 안 되는 소문이 수도 없이 나돌면서, 어이없게도 사람들을 완전히 공황 상태에 빠뜨렸다. 갑자기 한바탕 총소리가 요란하게 울려 퍼진다. 누군가 가로등을 켜자 병사 및 장교들이 소총과 권총을 쏘아 불을 끈 것이다. 독일군을 향해 이렇게 총격을 했다면 좋으련만."[7]

하지만 소비에트 부대 전체가 형편없이 싸우고 있었던 것은 아니다. 10월 6일에 렐류셴코 소장이 지휘한 제1근위소총군단은 2개 공수여단과 카투코프 대령 예하 제4전차여단의 도움으로 므첸스크 인근에서 영리하게 매복을 하고 있다가 구데리안의 제4기갑사단을 기습했다. 카투코프는 숲속에 T-34 전차부대를 숨겨두고, 독일의 기갑연대가 그곳을 지나가도록 했다. 그런 다음, 렐류셴코의 지휘로 보병대가 독일군의 진군을 막으면 그때 나무숲에서 전차가 나타나 공격했다. 제대로 운용하면 T-34는 마크 4보다 우수했고 독일 제4기갑사단은 엄청난 피해를 입었다. 붉은 군대가 시행착오를 겪고 독일군 전술을 보면서 학습하기 시작하자 구데리안은 동요했다.

그날 밤에는 눈이 내린 후 금세 녹았다. 비와 진흙의 계절인 라스푸티차가 때마침 시작되어 독일군의 진군은 느려졌다. 그로스만은 "그렇게 끔찍한 진흙탕은 다들 처음 봤을 것이다. 비와 눈, 우박, 액체, 깊이를 알 수 없는 늪, 시커먼 흙 반죽이 수천, 수만 개의 군화와 바퀴, 전차 무한궤도와 섞인다. 이제 모두가 다시 기뻐하고 있다. 독일군은 우리 나라의 지옥 같은 가을 속에서 꼼짝도 하지 못할 것이다"[8]라고 썼다. 그러나 모스크바를 향한 진군은 느려졌을 뿐, 중단되지는 않았다. 오룔-툴라 도로에서 그로스만은 야스나야폴랴나에 소재한 톨스토이의 영지를 방문하지 않을 수 없었다. 그곳에서 그로스만은 독일군이 당도하기 전에 피란하기 위해 톨스토이의 집과 박물관을 정리하고 있던 톨스토이의 손녀를 발견했다. 그러자 그는 문득, 나폴레옹의 군대가 접근하자 늙은 볼콘스키 공작이 리시예고리 집을 떠나야 했던 『전쟁과 평화』속 구절이 떠올랐다. 그로스만은 노트에 짧게 덧붙였다. "톨스토이의 무덤, 그 위를 날아다니는 전투기들의 굉음, 폭발음과 장엄하리만큼 고요한 가을. 견디기 힘들다. 내가 이런 고통을 생전 느껴본 적이 있었던가."[9] 그들이 떠난 뒤 당도한 사람은 모스크바 진격을 위해 사령부를 설치하러 온 구데리안 장군이었다.

뱌지마 포위망에서 북쪽으로 탈출한 소비에트 사단은 극소수에 불과했다. 규모가 좀더 작았던 브랸스크 포위도 70만 명 이상이 전사하거나 포로로 잡히면서 지금까지의 재난 중 최악으로 손꼽히게 되었다. 모스크바로 향하는 경로는 거의 방어가 되어 있지 않았고, 독일군은 승리의 향기에 도취되었다. 독일 언론은 곧 전면적인 승리를 주장했지만, 야심만만한 보크 원수마저도 이런 기사들을 불편하게 느꼈다.

10월 10일, 스탈린은 주코프에게 코네프의 서부 전선 및 예비 전선의 잔여 병력 지휘권을 인계받으라고 지시했다. 주코프는 코네프(훗날 주코프의 최대 라이벌 중 한 명이 된다)가 희생양이 되기보다는 자리를 계속 유지해야 한다며 가까스로 스탈린을 설득했다. 그러자 스탈린은 주코프를 모스크바에서 스몰렌스크 고속도로를 통해 단 100킬로미터 떨어져 있는 모자이스크로 보내 전선을 확보할 것을 명령했다. 참사의 규모를 감지한 소련 정부는 민간인 25만 명을 동원하여 새로운 방어선을 건설했다. 동원된 이들은 주로 여성이었으며, 참호를 파고 대전차 호를 만들기 위해 징집되었다. 그중 수많은 사람이 작업 도중 독일군 전투기의 기총 소사로 목숨을 잃었다.

규율은 더욱 잔인해져서, 제재에 나선 NKVD는 지시 없이 후퇴하는 자들을 모두 사살할 태세를 갖추었다. 한 NKVD 장교는 "공포를 제압하기 위해 공포를 이용했다"[10]고 설명했다. NKVD 특수부(1943년에 스메르시로 바뀌었다)에서는 이미 포위망에서 탈출한 장교 및 병사들을 심문하고 있었다. 비겁자로 분류된 자나 적군과 접촉한 혐의가 의심되는 자는 총살되거나 형벌중대로 보내졌다. 그곳에서는 선두에 서서 지뢰밭을 건너 공격하게 하는 등 가장 무시무시한 임무가 기다리고 있었다. 굴라크에서 온 죄수들도 형벌중대에 징집되었다. NKVD 대원이 사원에서 폭력배 두목을 총살해도 그 부하들에게는 일시적인 영향만 주었을 뿐, 형벌중대가 주는 공포를 넘어서지는 못했다.[11]

다른 NKVD 조사반들은 야전병원으로 가서 자해를 한 부상자가 있는지 조사했다. 그들은 이른바 '자기 저격자' 또는 순전히 전쟁에서 벗어나려는 의도로 자신의 왼손을 쏜 '왼손 저격자'를 즉시 처형했다. 붉은 군대에 있던 한 폴란드 군의관은 훗날 자해한 청년들이 총살당하지 않게 하려고 그들의 손을 절단했다고 고백했다. NKVD의 포로들은 당연히 더 큰 화를 입게 되었다. 베리야는 트로츠키의 누이를 포함하여 157명의 중요한 포로들을 처형했다. 다른 포로들은 독방에 갇혀 보초병들이 던지는 수류탄으로

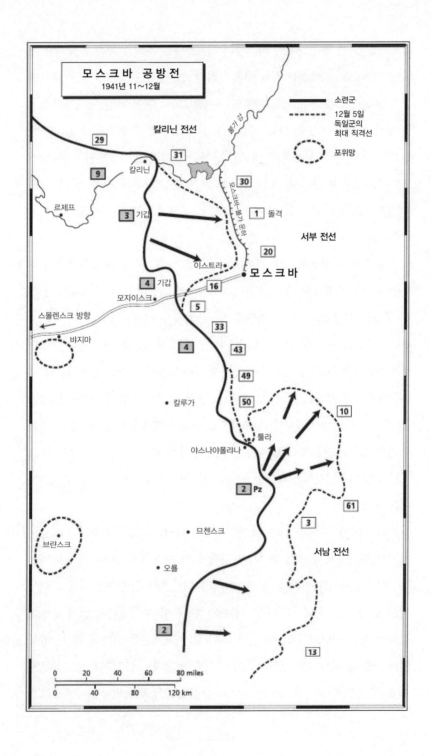

처형되었다. 월말이 되어서야 스탈린이 베리야에게 그의 음모론이 "시시하다"[12]고 말해 '인간 분쇄기' 활동도 줄어들었다.

9월에 볼가 강 유역의 독일인 37만5000명을 시베리아 및 카자흐스탄으로 강제 이주시키기 시작하여, 이후에는 모스크바에 있던 독일계 사람들을 모두 이주시키기에 이르렀다. 모스크바에서는 철도와 주요 건물을 폭파할 준비를 하기 시작했다. 심지어 스탈린의 별장에도 지뢰가 깔렸다. NKVD 암살 및 파괴반은 도시 내 안전한 주택으로 가서, 독일 점령군에 대항하여 게릴라전을 펼칠 태세를 갖추었다. 외교단은 이미 예비 수도로 지정된 볼가 강 유역 쿠이비셰프로 떠나라는 지시를 받았다. 소비에트 문화의 상징인 모스크바 소재의 주요 극단들에도 수도를 떠나라는 지시가 떨어졌다. 하지만 정작 스탈린 자신은 크렘린 궁에 남을지, 떠날지 결정하지 못하고 있었다.

10월 14일, 맹추위가 펼쳐지고 있던 툴라 시를 구데리안이 지휘한 제2기갑군 일부가 남쪽에서 에워싸는 동안, 제1기갑사단은 볼가 강 상류 교량을 장악하여 모스크바-레닌그라드 철로를 끊고 모스크바 북쪽 칼리닌을 점령했다. 중부에서 SS 다스 라이히 사단과 제10기갑사단은 수도에서 110킬로미터 떨어진 보로디노, 즉 나폴레옹 전장에 도착했다. 이곳에서 그들은 새로운 카추샤 로켓 부대와 2개 시베리아 소총연대로 강화된 병력과 치열한 전투를 벌이게 되었다. 강화된 이 소련 병력은 모스크바 주위에 배치되어 독일군을 놀라게 만들 많은 사단의 선두였다.

도쿄에 있던 소비에트의 핵심 첩보원 리하르트 조르게는 일본군이 미국을 상대로 하여 남쪽인 태평양을 칠 계획을 세우고 있음을 알아냈다. 바르바로사 작전에 대한 조르게의 정보가 옳았다고는 해도, 스탈린은 조르게를 전적으로 믿지는 않았다. 하지만 태평양에 관한 정보는 통신을 도청하여 확인한 사실이었다. 소련 극동지역에서 위협 요소가 줄어들자, 스탈린은 시베리아 횡단 철도를 따라 더 많은 사단을 서쪽으로 보내기 시작했다. 일본 군이 이와 같이 전략을 크게 변경한 데는 할힌골 전투에서 올린 주코프의 승리가 중요한 역할을 했다.

독일군은 진군 중에 내리는 비와 눈의 영향을 과소평가했다. 길은 질척 하고 시커먼 진흙 수렁으로 변해버렸다. 연료와 탄약, 식량 같은 보급품들 이 전달되지 않았고, 진군은 더뎌졌다. 여전히 포위망에 갇힌 채 저항하는 소련군 때문에 독일군들이 포위망을 형성하고 있는 병력들을 빼내어 모스 크바로 향한 진격에 투입할 수 없어서 늦어지기도 했다. 리히트호펜 항공 대장은 뱌지마에 포위되어 있는 진지 위를 낮은 고도로 날며 송장 더미를 확인하고 차량과 무기를 파괴했다.

붉은 군대에게는 히틀러의 간섭도 도움이 되었다. 칼리닌에서 남쪽 모스 크바를 향해 공격 태세를 취하고 있던 독일 제1기갑사단은 갑자기 제9군과 함께 반대쪽으로 가서 북부집단군과 함께 또 다른 포위망을 만들라는 지 시를 받았다. 히틀러와 독일군 총사령부는 아군이 어디에서 어떻게 싸우고 있는지 상황을 파악하지 못한 상태에서 승리감에 도취하여 모스크바를 공 격할 병력의 집중을 방해하고 있었다.

스탈린과 소련국방위원회는 10월 15일에 정부를 쿠이비셰프로 피란시키 기로 결정했다. 관료들에게는 집무실을 떠나 밖에 줄지어 서 있는 트럭을 타고 카잔 기차역으로 이동하라는 지시가 떨어졌다. 다른 사람들도 같은 생각이었다. "피란은 많은 공장장이 가족을 트럭에 태우고 수도를 벗어나면 서 시작되었다. 일반 시민들이 상점을 약탈하기 시작했다. 길을 걷다보면 술 에 취한 사람들이 얼굴이 불콰한 채 긴 소시지와 두루마리 천을 팔에 끼고 있는 모습을 볼 수 있었다. 이틀 전까지만 해도 생각조차 하지 않았던 일들 이 일어나고 있었다. 거리에서는 스탈린과 정부가 모스크바에서 달아났다는 소리가 들렸다."[13]

독일군이 이미 코앞까지 왔다는 유언비어 때문에 공황 상태와 약탈 행위가 심해졌다. 공포에 질린 공무원들은 공산당 당원증을 파기했는데, 훗날 NKVD가 질서를 바로잡았을 때, 이러한 행위를 했던 사람들 중 다수는 자신의 행동을 후회했다. 패배주의적 범죄 혐의를 받았기 때문이다. 10월 16일 아침, 알렉세이 코시긴은 자신이 부의장으로 있는 인민위원회 건물에 들어가, 자물쇠가 열린 채 방치되어 있는 방에 기밀문서들이 널브러진 것을 보았다. 빈 사무실에서 전화가 울렸다. 정부가 망명을 한 것인지 궁금해한 사람들이 전화를 걸어온 것이었다. 전화를 받자, 한 관료가 모스크바의 함락 가능성에 대해 물었다.

길거리에는 경찰이 보이지 않았다. 전해에 서유럽에서 그랬듯이, 모스크바는 적의 낙하산병에 대한 병적인 공포에 시달렸다. 수술을 받은 후 목발을 짚어서 절뚝거렸던 나탈랴 게세는 '비행기에서 낙하산을 타고 내려오다 다리가 부러진 거라고 의심하는 폭도들에게 둘러싸인'[14] 적이 있었다. 약탈자 다수는 술에 취해 있었고 독일군이 약탈하기 전에 자신들이 할 수 있는 최선이라며 약탈 현장에서 벌인 행동을 정당화했다. 공황 상태에 빠져 역에서 출발하는 기차로 마구 달려드는 사람들은 '인간 소용돌이'[15]로 묘사되었다. 그 속에서 아이들은 엄마 품에 안겨 울음을 터뜨렸다. 일리야 예렌부르크는 "카잔 역에서 일어난 일은 말로 표현할 수가 없다"[16]고 했다. 모스크바 서쪽 지역에 있는 역에서도 상황은 크게 다르지 않아서, 수백 명의 부상병들이 승강장을 따라 늘어선 들것에 누운 채 간호도 받지 못하고 내버려졌다. 아이와 남편, 남자친구를 애타게 찾는 여자들이 부상병들 사이를 분주히 오갔다.

크렘린 요새에서 모습을 드러낸 스탈린은 이러한 광경을 보고 충격을 받았다. 포위 상태임이 공표되면서 NKVD 소총연대는 약탈자와 탈영병을 눈에 띄는 대로 사살하여 거리 질서를 바로잡았다. 질서는 잔인하게 재수립되었다. 그 뒤 스탈린은 모스크바에 머물기로 결심하고, 그 결심을 라디오를 통해 발표했다. 중요한 순간이었으며 그 효과가 상당했다. 집단적 공황 상태는 모든 수단을 동원하여 도시를 지키겠다는 집단적 결의로 바뀌었다. 5년 전, 마드리드를 사수하던 때의 변화와 비슷한 현상이었다.

스탈린은 기밀 유지를 강조하며 소련국방위원회에 볼셰비키 혁명 기념행사를 계속 추진하라고 말했다. 몇몇 구성원은 아연실색했지만, 소련 정부가 절대 타협하지 않을 것이라는 의지를 소련에, 나아가 세계에 알릴 수 있기 때문에 위험을 감수할 만한 가치가 있다고 보았다. '혁명 기념일 전날', 마야콥스키 역의 휘황찬란한 홀에서 스탈린의 연설이 전파를 탔다. 스탈린은 위인들의 업적을 상기시켰지만 프롤레타리아나 알렉산드르 넵스키, 드미트리 돈스코이, 알렉산드르 수로보프, 미하일 쿠투조프 같은 러시아 역사 속 영웅들은 거의 언급하지 않았다. "침략국 독일이 섬멸전을 원하니 아주 잘됐다. 섬멸전이 무엇인지 똑똑히 보게 될 테니까!"[17]

이것은 스탈린이 몇 달 동안 후퇴라는 재앙과 연결되지 않도록 신중하게 숨죽이고 있다가 소련인의 의식에 화려하게 부활한 것이었다. 수년이 지난 후 일리야 예렌부르크는 "지난 1941년 7월부터 11월까지의 오래된 신문들을 훑어봤는데, 스탈린의 이름은 거의 찾아보기 힘들었다"[18]라고 회고했다.

스탈린은 이제 수도를 용감하게 방어하는 데 없어서는 안 될 존재가 되었다. 그리고 다음 날인 11월 7일, 스탈린은 붉은 광장에 있는 텅 빈 레닌의 무덤에서 서북쪽으로 꺾어 전선으로 향할 준비를 갖추고 눈 속에서 행군하는 증원군 대열을 사열했다. 눈치 빠른 스탈린은 이러한 반전이 어떤 영향을 끼칠지 예견하고, 국외 및 국내 방영용 뉴스 영화를 제작하도록 했다.

다음 한 주 내내 심한 서리가 내려 11월 15일이 되어서야 독일군은 진군을 재개했다. 주코프는 독일군의 주요 공격 지점이 볼로콜람스크 구역이 되리라는 것을 확신하게 되었다. 그곳에서 로코솝스키가 지휘하는 제16군은 싸우면서 퇴각해야 했다. 심한 압박을 받던 주코프는 로코솝스키 때문에 인내심이 폭발했다. 아무리 두 사람 모두 전직 기병이었다고는 해도, 이때 이들의 대립은 최고조에 달했다. 주코프는 활력이 넘치고 무자비했던 반면에, 키가 크고 기품 있는 로코솝스키는 차분하고 현실적인 편이었다. 폴란드의 미약한 귀족 가문 출신이었던 로코솝스키는 붉은 군대 숙청이 막바지로 치달을 무렵에 체포되었다. 그는 '컨베이어 벨트' 심문과정에서 이가 깨져 철로 된 9개의 의치를 해넣었다. 스탈린은 로코솝스키를 석방시켰지만, 일시적인 양보라는 점을 두고두고 상기시켰다. 실수만 했다 하면 바로 베리야에게 송환되어 고문을 당할 터였다.

11월 17일, 스탈린은 전체 부대와 빨치산에 다가오는 혹한에서 독일군이 숨지 못하도록 전선과 독일군 후방에 있는 모든 건물을 '부수고 전소시켜야'[19] 한다는 지시에 서명을 했다. 민간인의 운명은 한동안 뒷전이었다. 병사들의 고통, 특히 철도 승강장에 방치된 부상병들의 고통도 지독했다. 붉은 군대의 한 장교는 "역은 피 묻은 붕대를 감은 부상병들과 인분으로 뒤덮였다"[20]고 기록했다.

11월 말이 되자, 독일 제3기갑군은 모스크바 서북쪽에서 40킬로미터도 채 되지 않는 거리까지 진격했다. 선두에 있던 한 부대는 모스크바-볼가 운하를 가로지르는 교량까지 장악했다. 그사이 제4기갑군은 로코솝스키의 제16군을 몰아내면서 모스크바 서쪽 끝에서 16킬로미터 떨어진 지점에 도달했다. 심한 안개 속에서 SS도이칠란트 연대 소속의 오토바이 한 대가 모스크바로 직접 들어와 벨라루스 역모스크바 내 역명은 주로 행선지 이름으로 되어 있다 주변에서 NKVD 경비내에 의해 사살되었다고 전해진다.[21] 다른 독일 부대들은 성능이 좋은 쌍안경으로 크렘린 궁의 양파 모양 지붕을 식별할 수 있었다. 독일군은 러시아의 겨울이 곧 본격적으로 닥칠 것을 알고 필사적으로 싸우고 있었지만, 병사들은 이미 지친 데다 다수가 동상으로 고생하고 있었다.

모스크바에 접근할 수 있는 통로를 방어하는 작업은 분주하게 계속되었다. 긴 대들보에 거대한 쇠못 같은 것을 용접해 붙여서 만든 강철 '고슴도치 진'이 대전차 방벽의 역할을 했다. NKVD는 마지막 방어선으로서 낙하산부대나 주요 공장 파괴 행위를 저지할 일명 '파괴대대'[22]를 조직했다. 사병들은 각자 소총과 탄환 10개, 수류탄을 몇 개씩 지급받았다. 모스크바가 북쪽에서 포위당할지도 모른다는 생각에 두려워진 스탈린은 주코프에게 일련의 반격을 준비하라고 지시했다. 그러나 우선 그는 독일 제3기갑군, 제4기갑군에게 일격을 당한 모스크바 서북부의 군대를 보강해야 했다.

소련 남쪽의 상황도 심각한 듯했다. 룬트슈테트가 이끈 독일 집단군은 루마니아군이 마침내 오데사를 장악했던 10월 중순에 도네츠 석탄분지와 산업지대를 확보했다. 크림 반도에 있던 만슈타인의 제11군은 세바스토폴의 거대 해군 기지를 포위하고 있었다. 또한 제1기갑군은 보병대를 제쳐두고 캅카스로 신속하게 먼저 진군했다. 그리고 11월 21일에는 리히트호펜이 '노련한 백전노장'[23]이라 불렀던 요제프 디트리히 소장의 지휘로 제1SS기갑사단 LAH가 캅카스 입구 로스토프에 진입하여 돈 강을 가로지르는 교량을 장악했다. 히틀러는 환희에 찼다. 남쪽으로 더 내려가면 유전이 그의 손에 잡힐 것 같았다. 그러나 클라이스트가 이끌던 기갑부대의 선봉이 지나치게 늘어지는 바람에 왼쪽 측면은 무장 상태가 열악한 헝가리 부대만이 지키고 있었다. 티모셴코 육군 원수는 이 기회를 놓치지 않고 얼어붙은 돈 강 너머로 반격을 시작했다.

룬트슈테트는 이듬해 봄까지 캅카스로 전력 진군을 할 수 없다는 것을 깨닫고, 타간로크 서쪽에서 아조프 해로 흘러들어가는 미우스 강 전선으로 병력을 후퇴시켰다. 히틀러는 이 전쟁에서 독일군이 처음으로 퇴각한 일을 두고 믿을 수 없을 만큼 화를 냈다. 히틀러는 즉시 후퇴를 철회하라고 명령했다. 룬트슈테트는 사임 의사를 표했고, 즉각 받아들여졌다. 12월 3일, 히틀러는 폴타바에 있던 남부집단군 사령부로 날아갔다. 폴타바는 예전에 스웨덴의 카를 12세가 침략해 들어왔다가 결정적 패배를 당한 곳이었다. 다음 날 히틀러는 '운동을 할 때 반 나체로 뛰어다니는'[24] 망나니라고 룬트슈테트가 폄하했던 철저한 나치주의자 폰 라이헤나우 육군 원수를 룬트슈테트 자리에 임명했다.

그러나 히틀러는 SS라이브스탄다르테의 사단장인 요제프 디트리히가 룬트슈테트의 결정에 동의했다는 것을 알고 뒤통수를 얻어맞은 느낌이었다. 또한 후퇴하지 않겠다고 히틀러를 안심시켰던 라이헤나우는 곧바로 총통본부에 기정사실을 알리며 철수를 속행했다. 장군들에게 돈이나 재산, 훈장 등을 주어 쉽게 환심을 사는 것에 대해 냉소적인 편이었던 히틀러는 어쩔 수 없이 해임된 룬트슈테트에게 생일 선물로 27만5000라이히스마르크를 지급해야 했다.

레닌그라드가 전멸을 피한 것은 주코프의 냉혹한 리더십과 군대의 결연한 의지 덕분이기도 했지만, 주된 이유는 독일군이 모스크바에 집중하기로 했기 때문이다. 그때부터 북부집단군은 동부 전선에서 부차적 위치로 떨어져 증원군을 지원받기도 어려운데, 중부 및 남부 지역 부대를 강화하기 위해 휘하의 부대들을 빼앗길 것을 우려하게 되었다. 부대를 방치한 정도는 몇 번씩이나 레닌그라드에서 부대를 빼내어 모스크바를 방어해야 했던 소련군이 독일군보다 더 심했다. 스탈린은 레닌그라드의 지식인들이 모스크바 사람들을 경멸하고 서유럽만 좋아한다는 생각에 그 도시에 연민을 느끼지 않았다. 그가 레닌그라드를 포기할지를 얼마나 심각하게 고민했는지는 말하기 어렵지만, 그해 가을과 겨울에 스탈린이 시민은 고사하고 도시보다 레닌그라드 전선 병력을 보존하는 데 훨씬 더 신경을 썼다는 점은 꽤나 분명한 사실이다.

소련 제54군은 바깥쪽에서 포위망을 뚫으려 시도했지만, 라도가 호 최남단 기슭에서 독일군을 몰아내는 데는 실패했다. 하지만 적어도 수비대는 여전히 도시와 호수 사이에서 지협을 확보하고 있었다. 비록 부분적으로는 1939년 이전의 소련 영토로 진군하기를 망설였던 핀란드군의 조심성 때문이기도 했지만 말이다.

독일군이 정해진 시간에 규칙적으로 포격을 가하면서 포위 공격은 일정한 패턴으로 자리 잡았다. 민간인 사상자는 늘었지만 원인은 주로 굶주림이었다. 레닌그라드는 사실상 섬이나 다름없었다. '본토'와 계속 접촉할 수 있는 유일한 방도는 라도가 호를 건너거나 항공편을 이용하는 것뿐이었다. 약 280만 명의 민간인이 도시에 갇혔고, 당국에서는 50만 명의 군인을 비롯하여 330만 명을 먹여 살려야 했다. 평등이 덕목이어야 할 사회에서 식량 배급은 극히 불평등했다. 당 관계자들은 자신의 가족과 친척들을 먼저 챙겼고, 식량을 조달할 수 있는 사람들은 빵가게와 매점 하나까지도 염치불구하고 이득을 취했다. 최소한의 배급을 얻는 데에도 뇌물이 필요할 정도였다.

부패한 개인과 소비에트 정부 모두에게 식량은 실로 권력이었다. 이들은 오래전부터 식량의 힘을 이용하여 복종을 강요하거나 불순분자로 분류된 자들에게 복수를 해왔다. 산업체 노동자와 어린이, 군인들은 모두 정량을 배급받았지만, 주부나 무직자, 청소년 등은 '입에 풀칠할 정도'의 배급량[25]만큼만 받았다. 그들의 배급표는 '스메르트니크', 즉 죽음의 표가 되어버렸다. 소비에트의 철저한 계급제 태도 때문에 그들은 '쓸모없는 입'으로 취급된 반면, 당 간부들은 공익을 위한 의사 결정에 애쓴다는 이유로 추가 배급을 받았다.

바실리 추르킨은 10월 하순에 라도가 호 실리셀부르크 인근 전선을 수비하면서 다음과 같이 기록했다. "우리의 식량 상황이 매우 나쁘다. 흙처럼 시커먼 빵 300그램과 묽은 수프를 받는다. 말들은 이파리도 없는 어린 자작나무 가지를 뜯고, 하나둘씩 죽어간다. 베료좁카 현지인과 우리 병사들은 쓰러진 말을 뼈만 남기고 다 발라낸다. 고기는 잘게 썬 다음 익혀서 먹는다."[26]

군인들의 형편은 민간인보다는 훨씬 더 좋았다. 그리고 도시 안에 가족이 있는 사람들은 겨울이 다가오면서 걱정이 더 커졌다. 무시무시한 식인 이야기가 나돌기 시작했다. 추르킨은 이렇게 기록했다. "키가 크고 어깨도 넓으며 정력적인 동료 안드로노브 상병은 실수를 저질러 목숨을 잃었다. 보급장교가 이런저런 구실을 만들어 안드로노브를 차량으로 레닌그라드에 보냈다. 당시 레닌그라드 사람들은 우리보다 더 심하게 굶주렸고, 우리 대부분의 가족이 그곳에 있었다. 안드로노브를 태운 차량은 도중에 가로막혔다. 변변찮게나마 우리에게 지급된 식량을 (가족에게 보내려고) 차 안에다 실었는데, 사람들이 차 안의 통조림과 고기, 시리얼 등을 발견한 것이다. 법정은 안드로노브와 그의 상관을 사형에 처했다. 그의 아내와 어린 자식은 레닌그라드에 있었다. 사람들은 이웃이 그의 아이를 잡아먹고 아내는 정신이 상자가 되었다고 말한다."[27]

굶주림에 허덕인 레닌그라드에는 된서리가 필요했다. 라도가 호수가 트럭 무게를 지탱할 정도로 얼면 그 '빙판길'을 건너 식량 보급을 할 수 있었기 때문이다. 12월 첫 주에 이 크나큰 위험을 무릅쓰고 보급을 감행했다. 추르킨은 "폴루토르카 트럭의 뒷바퀴가 얼음 속에 빠져 있었다. 트럭 안에는 마른 밀가루 부대가 실려 있었다. 트럭의 운전석은 하늘을 향한 채 앞바퀴는 얼음 위에 그대로 있었다. 나는 밀가루들을 실은 채 얼음 속에 얼어 있는 12대가량의 폴루토르카 트럭을 지나쳤다. 이들이 바로 '생명의 길Road of Life'

을 연 선구자였다. 트럭에는 아무도 없었다"²⁸고 기록했다. 비축 식량이 이미 모였지만 레닌그라드의 주민들은 조금 더 기다려야 했다. 호숫가의 카보나 부락에서 추르킨은 '얼음판을 건너 기아에 허덕이는 레닌그라드에 보낼 엄청난 양의 밀가루 포대와 식료품 상자가 끝이 보이지 않을 정도로 길게 뻗은 둑을 따라 즐비한'²⁹ 광경을 보았다.

12월 초가 되었을 때, 다수의 중부집단군 사령관은 지치고 추위에 떠는 부대원들이 이제 모스크바를 점령할 수 없다는 것을 깨달았다. 그들은 봄이 올 때까지 고갈된 병력을 방어 가능한 전선으로 철수시켜놓고 싶었지만, 이러한 주장은 총통 본부의 지시로 할더 장군이 이미 각하한 바 있었다. 그중 몇몇은 1812년에 나폴레옹의 군대가 비참하게 철수해야 했던 일을 떠올리기 시작했다. 진흙은 딱딱하게 얼었지만 보급 상황은 개선되지 않았다. 기온이 영하 20도까지 떨어지고 시야 확보가 전혀 되지 않는 경우가 잦아서 항공대는 대부분의 시간을 땅에서 보냈다. 비행장에서 일하는 지상 근무원들처럼, 차량 승무원들은 시동을 걸기 전에 엔진 아래에 불을 피워야 했다. 국방군에 겨울 전투용 윤활유가 없어 기관총 및 소총은 단단히 얼어버렸고, 무전기는 극도로 낮은 기온 때문에 작동이 되지 않았다.

야포 견인과 수송을 위해 서유럽에서 가져온 군마들은 추위와 먹이 부족 때문에 쓰이지 않았다. 빵은 딱딱하게 언 채로 도착했다. 군인들은 쇠톱으로 빵을 잘라야 했고, 먹기 전에는 바지 주머니에 넣어서 녹였다. 땅은 쇠처럼 단단해져서 힘 빠진 병사들은 먼저 큰 모닥불을 지펴 녹이지 않고서는 참호를 팔 수 없었다. 강행군 후에 너덜너덜해진 군화도 대체품이 거의 없었다. 쓸 만한 장갑도 부족했다. 동상으로 인한 사상자가 전투 부상자 수를 넘어섰다. 장교들은 군인들이 민간인의 겨울옷을 훔치거나 때로 총을 겨누고 신발을 빼앗아 러시아 농민들과 같은 행색을 띠기 시작하자 불만을 토로했다.

비축해둔 감자를 찾겠다고 군인들이 통나무 오두막집이나 시골 가옥을 층마다 헤집는 바람에 여성과 어린이, 노인들은 밖으로 쫓겨나 눈 속에서 떨어야 했다. 반은 벗은 것이나 다름없는 복장으로 여느 해보다 혹독한 겨울을 보내게 된 민간인을 굶기거나 얼어 죽게 하는 것보다 사살하는 것이 오히려 덜 잔인할 수도 있었다. 소비에트 포로들의 상황은 최악이었다. 서쪽을 향해 눈 속에서 강제로 행군하느라 지친 포로들은 주로 발진티푸스 등의 질병과 굶주림으로 수천 명이 죽었다. 어떤 이들은 인간성이 사라진 절망적인 고통 속에서 식인 행위로 희생되기도 했다. 아침마다 감시원들은 포로들을 때리며 몇백 미터씩 뛰게 했다. 넘어지면 즉시 사살이었다. 소련인을 경멸하고 증오해야 할 존재로 인식해온 독일군은 그들을 통제하면서 잔인함에 점점 더 중독되어갔다.

12월 1일, 독일 중포 부대가 마침내 모스크바 공격 사거리 안으로 들어왔다. 그날 폰 클루게 육군 원수 예하 제4군은 서쪽에서 도시를 향해 최후의 공격을 시작했다. 얼음같이 찬바람에 눈이 휘날리고, 무거운 발걸음으로 그 사이를 뚫고 나가는 병사들은 지치기 시작했다. 그러나 기습적인 일제 포격과 항공대의 지원으로 클루게의 제20군단은 가까스로 제33군을 밀고 나가 민스크-모스크바 고속도로를 향할 수 있었다. 인접한 소련 제5군의 후방 또한 위협을 받았다. 주코프는 즉시 대응하여, 시베리아 제32소총사단 등 준비된 모든 증원군을 투입했다.

12월 4일 느지막이 붉은 군대는 진지를 재구축했다. 독일 보병대는 피로와 추위로 무너지고 있었다. 기온은 영하 30도까지 떨어졌다. 그날 제23보병사단의 한 상병이 고향에 편지를 썼다. "이것이 무슨 뜻인지는 말로 설명할 수도 없다. 첫째는 지독한 추위와 눈보라, 마르지도 않는 군화를 허락 없이 벗을 수도 없어서 내내 젖어 있기만 한 발, 그리고 둘째는 러시아군 때문에 받는 스트레스가 우리를 미치게 한다."[30] 클루게와 보크는 자신들이 실패했음을 알았다. 히틀러가 종종 주장했던 것처럼, 그들은 붉은 군대도 틀림없이 절체절명의 순간에 있을 거라는 생각으로 스스로 위안을 삼으려 했지만, 그 생각은 완전히 틀린 것이었다. 지난 엿새 동안 주코프와 스탑카는 반격을 준비하고 있었다.

주코프와 로코솝스키, 렐류셴코, 코네프와 같은 지휘관들의 탁월한 리더십이 새롭게 영향력을 발휘하기 시작했다. 사령관들이 NKVD에 체포될까 두려움에 떨며 감히 일말의 주도권도 잡을 수 없었던 6월의 경직된 조직이 더 이상 아니었다. 통제하기 불편한 당시의 조직 체계는 버려졌다. 군은 이제 4개 사단과 약간의 지원 부대로 이뤄졌다. 군단은 관리 개선을 위해 당분간 배제되었다.

전선 후방에서 새롭게 11개 군이 편성되었다. 이들 중 일부 군은 패딩재킷이나 흰색 위장복을 비롯한 적절한 동계 장비를 갖춘 스키대대들과 훈련이 잘된 시베리아 사단들을 포함하고 있었다. 무한궤도가 넓은 신형 T-34 전차는 독일군의 전차보다 눈과 얼음에 강했다. 그리고 독일군의 장비와 달리, 소비에트의 무기 및 차량에는 낮은 온도를 견디는 데 적합한 윤활유를 사용했다. 붉은 군대 항공연대가 모스크바 주변 비행장에 집결했다. 루프트바페 비행기가 지상에 묶여 있는 동안 소련군은 야크 전투기와 시투르모비크 공격기를 이용하여 처음으로 제공권을 확보했다.

주코프는 모스크바 양쪽에 있는 두 개의 독일군 돌출부를 제거할 목적으로 계획을 세워 스탈린의 허가를 받아냈다. 서북쪽으로는 독일 제4군과 전력이 고갈된 제3기갑군, 제4기갑군이 공격 대상이었다. 남쪽으로는 툴라 바로 동쪽에 구데리안 휘하의 제2기갑군이 포진하고 있었다. 그러나 위험을 감지한 구데리안은 전방 부대 일부를 뒤로 빼기 시작했다.

제2차 세계대전

12월 5일 금요일 새벽 3시, 제29군과 제31군이 얼어붙은 볼가 강을 건너 공격하면서 새로 편성된 코네프의 칼리닌 전선이 주요 돌출부의 북쪽 측면을 향하여 이동했다. 다음 날 아침, 제1충격군과 제30군이 서쪽으로 진군했다. 그 뒤 주코프는 증원된 로코솝스키의 제16군과 블라소프의 제20군을 포함하여 3개 군을 남쪽으로 더 보냈다. 주코프는 독일 제3기갑군, 제4기갑군을 차단할 생각이었다. 틈새가 생기자마자 레프 도바토르 소장이 이끈 제2근위기병군단이 돌격하여 독일군 후방에 혼란을 일으켰다. 1미터나 되는 눈 속에서도 끄떡없는 튼튼한 코사크 말들 덕분에, 그 속에서 퇴각하느라 쩔쩔매는 독일 보병대를 곧 따라잡을 수 있었다.

남쪽에서는 구데리안이 이끈 제2기갑군의 북쪽 측면을 제50군이 툴라에서부터 공격했고, 그사이 제10군은 동북쪽에서 공격해 들어갔다. 전차를 지원받은 파벨 벨로프 예하 제1근위기병군단은 독일군의 후방을 쳤다. 구데리안은 빠르게 이동하여 대부분의 병력을 가까스로 지켜냈다. 그러나 전선을 복구하려던 구데리안의 바람은 이뤄지지 않았다. 이유인즉, 그때 서남 전선에서 구데리안의 남쪽에 있던 제2군에 대해 제13군과 작전부대들을 투입했기 때문이다. 구데리안은 또다시 80킬로미터를 물러나야 했다. 이 때문에 자신의 부대와 좌익 제4군 사이에는 넓은 틈이 생겼다.

붉은 군대는 여전히 전차와 대포가 부족했지만, 새 부대가 투입되면서 모스크바 전선에서는 독일군의 병력과 비슷해지게 되었다. 무엇보다도 기습 공격의 요소를 갖춘 것이 가장 큰 이점이었다. 독일군은 전선 뒤쪽에서 적의 대규모 부대들이 움직인다는 독일 공군 조종사들의 보고를 완전히 무시했다. 또한 예비대도 없었다. 그리고 레닌그라드의 동남쪽에서 큰 교전을 벌이고 남부집단군이 미우스 강으로 철군하면서 보크는 측면으로부터 증원군을 받을 수 없었다. 위기감은 제31보병사단 내 보급 담당 병장에게까지 도달했다. 고향으로 보낸 편지에 그는 "무엇이 잘못되었는지 모르겠다. 이 방대한 러시아에 맞서는 것이 우리 힘으로는 역부족이라는 그저 불길한 느낌만 들 뿐"[31]이라고 썼다.

12월 7일까지 주요 전선 돌출부에서 벌어진 전투는 순조롭게 진행되었다. 마치 독일 제3기갑군과 제4기갑군 일부 병력을 차단한다는 소비에트군의 목적이 달성될 것처럼 보였다. 그러나 진군이 느려지면서 주코프는 극심한 좌절에 빠졌다. 관련 부대들은 임시로 편성된 독일 기동부대들이 방어하고 있는 모든 방위 거점을 제거하려 애쓰며 지체했다. 이틀 후 주코프는 독일군의 후방으로 쉽게 들어갈 수 있도록 지휘관들에게 정면 공격을 중지하고 저항의 중심 구역을 우회하라고 지시했다.

12월 8일, 한 독일군의 일기장에는 "우리는 물러나야 하는가? 그렇다면 신이 우리를 불쌍히 여겨주시기를"[32]이라는 글이 쓰였다. 병사들은 눈밭이 펼쳐진 곳에서 이것이 무엇을 의미하는지 알고 있었다. 높이 쌓인 눈 속을 헤쳐나가며 퇴각하느라 불을 지피고 마을을 불태워 전선 전체에 걸쳐 퇴각의 흔적을 남겼다. 이들이 가는 길에는 연료가 없어 버려진 차량과 지쳐서 쓰러져 죽은 말, 심지어 눈 속에 남겨진 부상병들이 흩어져 있었다. 배가 고팠던 군인들은 얼어붙은 말의 옆구리를 베어냈다.

시베리아 스키대대는 살을 에는 듯한 안개 속에서 갑자기 나타나 퇴각을 방해하며 공격했다. 만족스러운 전과를 거두지는 못했지만, 할머니들이 쓰는 벙어리장갑이나 숄을 마을에서 약탈하거나 직접 빼앗아서 두르고 있는 독일군을 보고 독일의 장비가 턱없이 열악하다는 것을 알아챘다. 예렌부르크는 "서리가 유난히 심했는데도, 붉은 군대 시베리아군은 '지금 만약 서리가 제대로 내리면 저들은 한 방에 다 죽어버릴 텐데'라며 투덜거렸다"[33]라고 기록했다.

독일군이 포로와 민간인을 어떻게 다루었는지를 알고 나서 소련군은 더욱 난폭하게 복수를 했다. 루프트바페의 방해를 거의 받지 않았던 붉은 군대 항공대 전투기와 시투르모비크 연대는 눈 위에 까만 선을 그리며 후퇴하는 긴 독일군 행렬을 괴롭혔다. 벨로프와 도바토르 휘하 근위기병군단 소속의 습격대는 군도를 뽑아들고 후방 깊숙한 곳까지 들어가 병참지와 포병대를 공격했다. 빨치산은 보급로를 급습하며 이따금씩 기병대와 합류했다. 더불어 주코프는 독일군의 최전선 뒤에서 낙하산으로 제4공수군단을 투하하기로 결심했다. 소비에트 군사들은 독일 보병들이 동상에 걸리든, 이가 우글거리든 아무런 연민도 느끼지 않았다.

독일군 야전병원에서는 동상 치료를 받지 못해 괴저에 걸린 손발을 절단해야 하는 환자 수가 점점 늘어났다. 기온이 영하 30도에 육박하여 부상 부위의 피는 금세 얼어버렸고, 얼음처럼 딱딱한 땅에서 잠을 자야 했던 수많은 군인이 장 질환으로 괴로워했다. 그런 상황에서 대부분이 설사를 해 더 심한 고통을 겪었다. 스스로 움직일 수 없는 사람은 이미 끝난 운명이라고 볼 수 있었다. "많은 부상병이 총으로 자살했다"[34]고 한 병사는 일기에 남겼다.

꽁꽁 얼어버린 무기는 작동되지 않을 때가 많았고, 전차는 연료가 부족해 버려져야 했다. 차단의 공포가 퍼져나갔다. 많은 장교와 사병이 소비에트 전쟁포로들을 잔인하게 다루었던 자신의 행동을 후회하기 시작했다. 1812년의 일이 계속 머릿속에 맴돌고 국방군도 이제 나폴레옹의 대육군처럼 운이 다했다는 생각을 하면서도, 퇴각이 쉽게 패퇴로 이어지지는 않았다. 독일군은 특히 막다른 상황에서 저항하며 적군을 놀라게 하기도 했다. 퇴각 중 낙오한 보병과 공병 등을 모아 육군 헌병대의 협박으로 임시 편성된 기동부대는 대공포나 자투리 자주포 등 잡다한 무기를 사용하면서, 단호한 성격의 장교와 하사들의 지휘로 단결할 수 있었다. 12월 16일, 포위망을 뚫은 한 부대가 마침내 독일군 전선에 당도했다. 그중 한 명은 자신의 일기에 "신경 질환을 호소하는 사병들이 넘쳐나고 있다. 우리 사관이 눈물을 글썽인다"[35]라고 썼다.

히틀러는 소비에트의 공격 소식을 듣고 처음에는 새로 편성된 부대가 과장된 보고를 한 것이라며 믿을 수 없다는 반응을 보였다. 소련군이 어디서 왔는지 알 수 없었다. 열등한 슬라브족을 상대로 승리를 선언한 지 얼마 되지 않았는데, 이처럼 전혀 예상치 못하게 전세가 뒤바뀌자 자존심이 상한 히틀러는 당혹스러워하며 화를 냈다. 본능적으로 그는 의지가 승리할 것이라는 뼛속 깊은 신조에 매달렸다. 병사들에게 적절한 의복과 탄약, 식량, 장갑차량의 연료 등이 부족한 것은 히틀러에게 별문제가 되지 않았다. 1812년 나폴레옹의 후퇴에 사로잡혀 있던 히틀러는 같은 역사가 반복되는 것을 허용치 않기로 결심했다. 돌처럼 단단한 땅을 파서 방어 진지를 만들기가 어려웠는데도 각자의 위치를 사수하도록 군부대에 명령했다.

모스크바 전 지역이 수도 서쪽에서 벌어지고 있는 엄청난 일에 시선을 집중하고 있었던 탓에, 일본군이 진주만을 공격했다는 소식은 상대적으로 파장이 적었다. 그러나 모든 외신이 모여 있던 쿠이비셰프 시에서는 그 영향이 상당했다.(모든 외신 기사에 모스크바 발신지와 날짜를 기입하기 위해서는 소비에트로부터 엄격한 검열을 받아야 했다.) 일리야 예렌부르크는 '그랜드 호텔에 있던 미국인들이 어쩌다 일본인 기자들과 싸우게 되었는지'[36]를 흥미롭게 지켜보았다. 미국인과 일본인에게, 그 싸움은 실로 빙산의 일각인 셈이었다.

16

진주만

1941년 12월 6일, 모스크바 주변에서 소비에트가 반격을 시작하고 있을 때, 미국 해군 암호 해독 전문가는 일본 정부와 워싱턴 주재 일본대사 사이에 오가는 메시지를 해독했다. 비록 마지막 부분은 놓쳤지만 의미는 아주 명확했다. 신호가 잡힌 그날 저녁, 루스벨트는 백악관 대통령 집무실에 있던 해리 홉킨스에게 "이건 전쟁을 뜻한다"[1]고 말했다. 루스벨트 대통령은 히로히토 천황에게 싸움에서 물러나기를 촉구하는 개인적인 메시지를 막 보낸 참이었다.

국방부 정보국장은 태평양 기지들에 경고하라는 명령과 함께 전쟁 계획국의 레너드 게로 준장에게 도청 내용을 전달했다. 그러나 게로는 가만있기로 했다. "통보를 수도 없이 들은 것 같다"[2]라는 게 이유였다. 게로가 이렇게 반응한 까닭은 태평양에 주둔 중인 미국 해군과 육군 사령부 모두 11월 27일에 전쟁이 임박했다는 소식을 들었기 때문이다. 이 정보 또한 일본 외교 통신망을 뚫고 매직 암호 해독 방법으로 해독한 내용을 바탕으로 한 것이었다.

루스벨트가 소련을 돕고 싶어했음에도 이상하게, 아니면 어떤 의도가 있어서인지, 소련 정부에서는 아무런 경고도 날아들지 않고 있었다. 그 동기만은 추측할 수 있는데, 스탈린은 일본군이 태평양 내 미군을 기습 공격할 계획이라는 리하르트 조르게의 정보를 모스크바 공방전 이전에 미국에 전하려 하지 않았던 것이다. 그런데 제2차 세계대전 중 가장 충격적인 우연은, 일본군이 공격을 개시한 전날인 1941년 12월 6일 루스벨트 대통령이 핵무기 연구 계획을 진행하겠다고 결심한 점이다.[3]

9월 첫째 주에 일본의 군사 지도자들은 전쟁을 허용하도록 히로히토 천황을 압박했다. 천황이 유일하게 저항할 수 있는 방법은 그의 조부가 평화의 메시지를 담아 쓴 시를 읽어주는 것이 전부였다. 그러나 전시 군대 사령관으로서 히로히토의 입장은 대단히 양면적이었다. 천황이 전쟁을 반대한 것은 도덕성을 떠나서 그저 실패할지도 모른다는 두려움의 표현일 뿐이었다. 주로 신임 장교나 중간 계급 장교인 과격한 군국주의자들은 조국이 대동아공영권이라는 미명하에 선견지명이 있는 주일 미국 대사가 1934년에 경고한 대로 '팍스 자포니카' 제국을 건설할 신성한 임무를 띠고 있다고 생각했다. 1941년 11월이 되어 군부가 일본을 '국가 할복'으로 몰아갈 준비를 마치자 히로히토는 두려움에 떨었다.

제국 확장을 향한 일본의 움직임과 관련해 몇몇 우선순위가 충돌하고 있었다. 중국과 전쟁을 치르고 있었고 북쪽으로는 공포와 증오의 대상인 소련이 있었으며, 남쪽으로는 프랑스, 네덜란드, 영국의 식민지를 점령할 기회가 있었던 것이다. 마쓰오카 요스케 외무상은 히틀러가 소련을 침공하기 바로 직전인 1941년 4월에 소련-일본 중립 조약을 체결했다. 일단 독일군이 동쪽으로 빠르게 진격해오자, 마쓰오카는 입장을 180도 바꾸어 북쪽으로 나아가 소련의 후방을 공격하라고 주장했다. 그러나 일본 육군 고위 장교들은 이 계획에 반대했다. 1939년 8월에 주코프에게 패배한 기억을 떠올리면서, 중일전쟁부터 끝내고 싶어하는 이가 대부분이었다.

1940년에 일본이 프랑스령 인도차이나를 점령한 것은 본래 장제스의 국민당군으로 가는 보급 물자를 차단하기 위해서였지만, 결국 이것은 주로 일본 제국 해군이 주장한 '남벌' 전략을 추진하게 된 결정적 계기가 되었다. 인도차이나는 네덜란드령 동인도 지역의 유전을 점령하기에 이상적인 기지였다. 하지만 미국과 영국이 인도차이나 점령에 대한 보복으로 일본에 대하여 금수 조치를 취하자 일본 함대 사령관 야마모토 이소로쿠 대장은 일본 함정들의 연료가 1년 이내에 고갈될 것이라고 경고했다. 일본 군사 관계자들은 멈추지 말고 필요한 모든 것을 장악해야 한다고 생각했다. 물러선다는 것은 참을 수 없는 치욕이었던 것이다.

도조 히데키 육군상은 미국에 도전하는 것이 생산력 면에서 무모한 도박임을 알고 있었다. 야마모토 또한 미국과 장기전을 치를 경우에 일어날 결과를 두려워했고, 자신들이 살 수 있는 길은 대규모 선제공격을 감행하는 것뿐이라고 느꼈다. "미국, 영국과 전쟁을 치르면 첫 6개월에서 1년까지는 파죽지세로 승리에 승리를 이어갈 것이다. 하지만 그 후에는…… 승리를 장담할 수 없다."[4] 야마모토의 예측은 매우 정확했다.

군사 지도자들은 미국과의 외교적 해결책을 모색하던 천황과 고노에 후미마로 총리의 바람을 우선 표면적으로는 수용했지만, 구체적인 사안과 관련해서는 절대 양보할 생각이 없었다. 제국 육군은 중국에서 군대를 철수하자는 의견에 단호히 반대했다. 확률적으로 특히 전쟁을 질질 끌게 될 경우 치명적인 결과를 가져올 공산이 컸지만, 일본군 사령관들은 체면을 구기느니 국가 자살의 위험을 감수하는 편이 더 낫다고 생각했다.[5]

루스벨트는 그 단계에서 전쟁을 원하지 않았지만 강경 노선이 최선이라고 확신하고 있었다. 육군 참모총장 마셜 장군과 해군 참모총장 해럴드 스타크 제독은 미국이 아직 준비가 덜 되었다며 루스벨트에게 똑똑히 경고했다. 그러나 코델 헐 국무장관은 일본군 특사와 협상하는 동안 11월 25일에 전투함과 병력수송함들로 이뤄진 대규모 호송선단이 남중국해를 지나고 있다는 소식을 전해 듣고 격분했다. 헐은 몇 가지 요구 사항으로 응답했고, 일본 정부는 그것을 최후통첩이나 다름없는 것으로 여겼다.

'헐 노트'에 포함된 10개 조항에는 일본이 독일과의 3국 군사 동맹을 포기하는 것은 물론, 인도차이나와 중국에서 철수해야 한다는 주장이 담겨 있었다. 이렇게 강경 대응을 한 데에는 중국 국민당과 영국의 힘이 작용했는데, 오로지 미국과 영국이 완전하고 즉각적인 양보를 끌어내야만 이 단계에서 충돌을 피할 수 있다는 인식도 영향을 미쳤다. 그러나 오히려 그러한 서방의 약점들이 아마도 일본의 침략을 부추겼을 것이다.

헐의 비타협적인 태도는 일본 군사 지도자들에게 전쟁 준비를 정당화하는 데 힘을 실어주었다. 질질 끌면 힘만 약해질 뿐이었고, 도조가 11월 5일에 중대 회담에서 말했듯이 전쟁을 미루면 일본은 '삼류 국가'[6]로 전락할 터였다. 어쨌든 야마모토의 항공모함 함대는 진주만을 목표로 북태평양의 쿠릴 열도를 출발했다. 공격 개시 시각은 도쿄 시간으로 12월 8일 오전 8시로 이미 결정되었다.

일본군은 서태평양과 남중국해 주변 지역을 확보할 목적으로 계획을 세워, 5개 군대로 주요 목표 5곳을 점령할 예정이었다. 제25군은 말레이 반도를 공격해 내려가 싱가포르의 영국 해군 기지를 장악하려 했고, 중국 남부에 있던 제23군은 홍콩을 점령할 계획이었다. 제14군은 미군 총사령관이자 점령지 군사령관인 더글러스 맥아더 장군이 사령부를 두고 있던 필리핀에 상륙하기로 했고, 제15군은 타이와 미얀마 남쪽 지역을 침공하기로 했다. 제16군은 일본군의 전쟁 수행에 매우 중요한 네덜란드령 동인도(지금의 인도네시아)의 유전을 확보할 계획이었다. 야마모토 제독은 이 작전들 중 특히 필리핀 공격 작전은 먼저 항공모함 부대를 보내 미국 함대를 파괴하지 않는 한 위기를 맞을 것이라고 주장하면서 제국 해군 동료들이 보인 매우 회의적인 태도에 맞섰다.

야마모토 휘하의 해군 조종사들은 전투에 대비하여 몇 달 동안 어뢰 공격 및 폭격 훈련을 해오고 있었다. 호놀룰루에서 미국 군함들의 움직임을 살피고 있던 일본 총영사로부터 공격 목표에 대한 정보가 입수되었다. 입수된 정보에 의하면 군함들은 주말에 늘 항구에 정박해 있었다. 그 뒤 선제공격을 개시할 시간이 12월 8일 월요일 동이 튼 직후, 워싱턴 시간으로는 12월 7일로 정해졌다. 11월 26일 새벽, 항공모함 함대는 기함 아카기를 필두로 무전통신을 엄격하게 통제한 채 북태평양 쿠릴 열도에서 출항했다.

하와이에 주둔 중이던 태평양함대 총사령관 허즈번드 키멀 제독은 정보장교가 일본 제1함대, 제2함대의 항공모함 위치를 전혀 알아내지 못해 걱정이 많았다. 12월 2일에 그는 소식을 전해 듣고 "(진주만 입구 쪽) 다이아몬드 헤드 주위에 있을 수도 있는데 자네가 어찌 그 사실을 모른다고 말할 수 있는가?"[7]라며 다그쳤다. 하지만 키멀조차 태평양 한가운데 있는 하와이에 대한 공격은 상상할 수도 없었다. 워싱턴에 있던 해군 및 육군 참모들처럼 키멀도 일본이 남중국해 주변의 말레이 반도, 타이, 필리핀 등을 공격할 가능성이 훨씬 더 크다고 믿었다. 그리하여 하얀 열대지방용 제복을 입은 장교들과 더불어 선원들은 와이키키 해변에서 현지 여성들과 느긋하게 맥주나 마실 주말을 고대하게 되었고, 평화로운 일상은 지속되었다. 그 주 주말에는 최소한이나 다름없는 인원만 배치된 함정이 많았다.

12월 8일 월요일 오전 6시 5분, 아카기 함 비행갑판에서 녹색등이 흔들렸다. 파일럿들은 천황을 위해 죽을 각오로 임한다는 뜻으로 붉은 태양이 떠오르는 문장이 그려진 하얀 머리띠를 둘렀다. 비행기가 이함할 때마다 지상 근무원들 사이에서 "만세!" 구호가 울려 퍼졌다. 높은 파도에도 불구하고 이번 임무를 맡은 6척의 항공모함에서는 제로 전투기, 나카지마 폭격기,

뇌격기, 아이치 급강하폭격기 등 183기의 항공기가 첫 출격에 나섰다. 오아후 섬은 함대에서 남쪽으로 370킬로미터 떨어진 거리에 있었다.

항공기는 항공모함 함대 위를 선회하다가 목표물을 향해 편대 비행을 시작했다. 동이 틀 시간이라 구름 위를 비행하는 동안에는 기류를 확인하기 어려워, 폭격대장 후치다 미쓰오 중좌는 호놀룰루에서 방송하는 미국 라디오 방송을 틀었다. 라디오에는 경쾌한 음악이 흐르고 있었다. 그런 다음 방위측정기를 켜고, 그들의 경로를 5도 수정했다. 음악이 흐르는 중간에 일기예보가 방송되었다. 섬 상공의 가시성이 나아지고 있다는 말에 후치다는 안심하고 구름을 갈랐다.

이함하고 나서 한 시간 반쯤 지난 후, 섬 북쪽 끄트머리가 선두 조종사들의 시야에 들어왔다. 먼저 출발한 정찰기로부터 미군이 자신들의 존재를 모르는 것 같다는 보고가 들어왔다. 후치다는 계획대로 기습 공격을 감행할 수 있다는 뜻으로 조종석에서 '흑룡' 신호탄을 발사했다. 이어서 정찰기는 전함 10척, 중순양함 1척, 경순양함 10척이 정박해 있다고 보고했다. 진주만이 항공대의 시야에 들어오자, 후치다는 쌍안경으로 정박지를 파악했다. 오전 7시 49분에는 계속 전진할 것을 지시하고, 일본 항공모함 함대에 '도라, 도라, 도라!'라는 신호를 보냈다. 호랑이라는 뜻의 이 암호는 완전 기습에 성공했다는 의미였다.

53기의 항공기로 구성된 두 개의 급강하폭격기 부대가 진로를 바꾸어 인근 비행장 세 곳을 공격했다. 뇌격기는 곧바로 저공비행하며 '배틀십 로'라는 미군 함대 대열 안의 주력함 7척을 상대했다. 호놀룰루 라디오에는 여전히 음악이 흐르고 있었다. 후치다는 이미 전함 옆에서 솟아오르는 물기둥을 볼 수 있었다. 그는 자신의 10개 중대에게 종진으로 폭격함정에 들어가라는 신호를 보내기 위해 자신의 조종사에게 기체를 옆으로 기울이라고 지시했다. "멋진 대형이군!"[8] 후치다가 말했다. 그러나 이들이 공격해오자 미군은 대공포를 발사했다. 시커먼 포탄이 곳곳에서 터지면서 기체가 심하게 흔들렸다. 첫 번째 어뢰가 전함 USS 오클라호마 함에 명중하면서 함체는 서서히 전복되었다. 사병 400명 이상이 함체 아래에 갇혀서 죽었다.

3000미터 떨어진 곳의 USS 네바다 함을 향해 비행하던 후치다는 미군의 대응 속도에 당황하여 일렬 종진 공격을 결심한 것을 후회했다. 일본기들은 USS 애리조나 함이 승무원 1000명 이상 전사하면서 엄청난 폭발을 일으키자 흔들렸다. 기름이 타면서 시커먼 연기가 자욱하게 껴 많은 항공기가 폭격 지점을 지나쳐버려 두 번째 폭격함정을 위해 되돌아와야 했다.

후치다가 이끈 급강하폭격기 및 전투기 부대 중 일부는 윌러 비행장과 히컴 비행장에 있는 미국 육군항공대기지와 포드 섬의 해군 비행장을 공격하기 위해 대열에서 벗어나 급강하했다. 공격이 들어왔을 때 지상 근무원과 조종사들은 아침 식사를 하고 있었다. 히컴 기지에서 처음으로 반격을 한 사람은 한 육군 군목으로, 단체 야외 예배를 위해 밖에서 제단을 준비하고 있었다. 그는 가까운 곳에서 기관총을 찾아 제단에 올려놓은 다음, 급강하하는 적기를 향해 발사했다. 그러나 두 비행장 모두 비행기들이 활주로 옆에 나란히 서 있어서 일본군 조종사들에게는 손쉬운 표적이 되었다.

첫 번째 항공기가 목표물을 발견한 지 거의 한 시간이 되었을 때 두 번째 일본군 항공대가 도착했지만, 자욱한 연기와 강력해진 대공포 세례로 이번 임무는 더욱 어려웠다. 심지어 127밀리 함포까지도 항공기를 향해 발포했다. 포탄이 호놀룰루 시가지에 떨어져 민간인이 사망하기도 했다고 한다.

갑자기 하늘이 조용해졌다. 일본군 조종사들은 이미 고국을 향하고 있던 함대를 쫓아 북쪽으로 되돌아갔다. 애리조나와 오클라호마 전함은 물론, 진주만에 주둔하던 미국 해군은 구축함 두 척을 잃었다. 그 외에 전함 3척이 격침되거나 좌초했지만 나중에 건져 수리했다. 또 다른 3척은 손상을 입었다. 또한 육군항공대와 해군 항공기는 188기가 괴멸되고 159기가 손상되었다. 미국 현역병 총 2335명이 전사했으며, 1143명이 부상을 당했다. 격추된 일본군 항공기는 단 29기에 불과했지만, 제국 해군 또한 원양 잠수함 1척과 소형 잠수함 5척을 잃었다. 이들은 모두 교란 작전을 펼치기로 되어 있었다.

공격으로 인한 충격에도 불구하고 많은 함정 승무원과 하와이 조선소 근로자는 즉시 물에 뛰어들어 배에서 튕겨져 나간 사람들을 구했다. 항구에서 분투하던 사람 대부분이 기름을 뒤집어써 면 부스러기로 피부를 닦아내야 했다. 몇몇은 산소아세틸렌 절단기로 칸막이벽과 선체까지도 잘라내 갇힌 동료들을 구하기 시작했다. 사방에는 시커먼 연기에 둘러싸인 채 파손된 배들뿐이었고, 하역용 기중기는 휘거나 뒤얽혔으며, 항구 건물들은 구멍투성이가 되었다. 화재를 완전히 진압하기까지 2주가 걸렸다. 하지만 분노의 힘이 모두를 단결시켜 단기간 안에 미국 태평양함대의 전력을 회복케 했다. 미국인들에게는 적어도 한 가지 위안이 되는 중요한 사실이 있었는데, 바로 항구에 항공모함이 단 한 척도 없었다는 점이다. 항공모함이 해전에서 전세를 완전히 뒤집을 유일한 보복 수단이 될 것이기 때문이었다.

진주만은 유일한 목표가 아니었다. 제국항공함대 폭격기가 필리핀 내 미군 비행장을 공격하기 위해 포르모사 섬에서 이륙을 기다리고 있었지만, 안개가 심해 지상에서 대기해야만 했다.

맥아더 장군은 마닐라 호텔 스위트룸에서 진주만 공격 소식으로 잠을 깼다.[9] 그는 즉시 사령부에서 참모 회의를 소집했다. 극동항공대 지휘관이었던 루이스 브레러턴 소장은 포르모사에 있는 비행장을 자신의 B-17 플라잉 포트리스 폭격기 편대로 공격할 수 있게 해달라고 요청했다. 그러나 맥아더는 망설였다. 맥아더는 그곳에 기지를 두고 있는 일본군 폭격기들의 공격 범위가 필리핀까지 닿지 않는다고 말했지만 브레러턴은 확신하지 못했다. 결국 브레러턴은 호위 전투기와 함께 B-17 부대를 출격시켰고, 지상에

제2차 세계대전

는 B-17기가 남아 있지 않게 되었다. 맥아더는 마침내 포르모사 상공에 정찰비행을 하도록 승인했고, 폭격은 다음 날 실시할 것이었다. 브레러턴은 폭격기들을 마닐라에서 약 90킬로미터 떨어진 클라크 항공대기지로 귀환시켜 재급유하게 하고, 전투기들은 서북쪽 이바 인근 기지에 착륙하도록 지시했다.

현지 시각으로 오후 12시 20분, 승무원들이 점심 식사를 하는 동안 일본군 침투기가 상공에 다다랐다. 일본군은 목표물이 모두 나란히 정렬해 있는 것을 보고는 쾌재를 불렀다. 그리하여 모두 합해 18기의 B-17 폭격기와 53기의 P-40 전투기가 파괴되었다. 첫날에 극동항공대 병력의 절반이 파괴된 것이다. 레이더가 아직 설치되지 않은 탓에 미군은 아무런 경보도 받지 못했다. 다른 일본 폭격기들은 수도 마닐라를 공격했다. 필리핀 민간인은 어쩔 줄 모르고 있었다. 한 미국인 해병 대원의 목격담에 의하면 "여자들이 공원 아카시아 나무 밑에 모여 있었다. 그중 몇 명은 조금이라도 더 보호해 보려고 우산을 펼쳤다"[10]고 했다.

하와이와 마리아나 제도 사이에 있는 웨이크 섬도 12월 8일에 일본 항공기의 공격을 받았지만, 그곳에는 미군이 이미 대기 중이었다. 427명의 미국 해병대원을 지휘하던 제임스 데버루 소령은 진주만 공격 소식을 듣자마자 나팔수에게 '집합'을 알리는 나팔을 불라고 명령했다. 와일드캣 8기가 지상에서 괴멸되거나 파손된 후에, 그루먼 와일드캣을 탄 해병대 소속 파일럿 4명이 가까스로 제로 전투기 6기를 격추했다. 12월 11일에 일본군 군함이 앞바다에 도착하여 군대를 상륙시키려 했지만, 해병대의 127밀리 포 공격에 구축함 2척이 침몰하고 순양함 유바리 함이 파손되었다. 일본군은 해병대를 상륙시킬 엄두도 내지 못하고 철수했다.

비록 엄청난 전과에 의기양양해지기는 했지만, 웨이크 섬의 미국 해병대는 일본군이 훨씬 더 많은 병력을 이끌고 다시 쳐들어오리라는 점을 알고 있었다. 12월 23일, 이번에는 항공모함 2척과 순양함 6척을 포함한 훨씬 더 큰 규모의 임무부대가 나타났다. 해병대는 1 대 5라는 열세에도 불구하고 맹렬한 해안포 사격과 공중 공격의 도움을 받아 용감하게 맞서 싸워 상대에게 큰 피해를 주었지만 섬에 있던 민간인의 대량 희생을 막기 위해 미군은 항복해야 했다.

12월 10일에는 일본 육전대 5400명이 마닐라에서 동쪽으로 2500킬로미터 거리에 있는 마리아나 제도 괌에 상륙했다. 규모도 작고 가볍게 무장했던 미국 해병 주둔군으로서는 상대를 할 수 없었다.

홍콩과 말레이에 주둔 중이던 영국군은 11월 말부터 일본군의 침공을 예상하고 있었다. 특히 말레이는 주석 광산과 방대한 고무농장이 있어 값진 전리품이 될 수 있었다. 셴턴 토머스 총독은 그곳을 '제국의 달러 공장'[11]이라고 묘사했다. 따라서 일본군에게 말레이는 네덜란드령 동인도 제도의 유전만큼이나 중요도가 높은 곳이었다. 12월 1일에 싱가포르에서는 비상사태가 선포되었지만, 불행히도 영국군은 여전히 준비되지 않은 상태였다. 식민 통치 당국은 과잉 대응으로 원주민이 동요할 것을 두려워했다.

식민지 사회의 지독한 안전 불감증이 자기기만으로 이어진 것은 주로 바탕에 오만이 깔려 있었기 때문이다. 침략군을 완전히 과소평가한 이유는 일본 군인이 모두 매우 심한 근시이고 본질적으로 서방 군대에 비해 열등한 존재라고 생각한 탓도 있었다. 사실 일본 군인은 매우 다부졌고 천황을 위해 목숨을 바치는 일을 가장 큰 영광이라고 생각하도록 세뇌되어온 사람들이었다. 인종적 우월감에 젖어 일본이 동아시아를 지배할 권리를 지녔다고 믿었던 일본군 사령관들은 자신들이 일으킨 전쟁이 그 지역을 서구의 폭압으로부터 해방시키게 될 것이라는 근본적 모순 따위에 크게 영향을 받지 않았다.

제2차 세계대전

영국 해군은 싱가포르 동북쪽 가장자리에 광대한 신식 해군 기지를 두고 있었다. 강력한 해안포가 있어 적의 접근을 막고 상륙 공격을 저지할 수 있었지만, 해군이 막대한 예산을 들인 이 엄청난 복합체는 거의 비어 있었다. 원래의 계획대로라면 전쟁 발발 시 영국에서 함대를 보내와야 했다. 그러나 대서양과 지중해에 해군이 투입된 데다, 러시아인에게 보급품을 전달하기 위해 무르만스크로 가던 북극 호송선단을 보호해야 했던 까닭에 극동 지방에는 영국군의 전투함대가 하나도 없었다. 처칠이 소련을 원조하겠다고 약속한 것도 극동사령부에 신식 항공기와 전차를 비롯한 여러 장비가 부족한 이유 중 하나였다. 뚱뚱한 모양과 둔한 움직임 때문에 '나는 맥주통'이라 불린 브루스터 버펄로가 유일한 가용 전투기였는데, 일본의 제로 전투기에는 상대가 되지 않았다.

말레이에 있던 영국 사령관은 아서 퍼시벌 중장이었다. 그는 키가 아주 크고 늘씬하며 군인답게 콧수염을 기른 남자였지만 돌출된 이와 쑥 들어간 턱이 늘 가장 먼저 눈에 띄었다. 비록 퍼시벌은 북아일랜드 문제가 벌어졌을 때 아일랜드 공화군IRA 포로들에게 무자비했던 것으로 다소 억울할 수도 있는 평판을 얻었지만, 부하 지휘관들을 다룰 때에는 소심한 사람의 완고함을 보였다. 인도 제3군단장 루이스 히스 중장은 퍼시벌을 존중하지 않았고, 자신보다 퍼시벌이 먼저 진급한 것에 몹시 화가 나 있었다. 그리고 여러 육군 및 공군 사령관들 사이의 관계는 물론 이들과 다혈질에 편집적인 호주군 고든 베넷 소장과의 관계도 우호적인 것과는 거리가 멀었다. 원래 퍼시벌 휘하의 병사는 거의 9만 명에 달했지만, 일선 병사는 6만 명이 채 안되었다. 밀림에 가본 병사는 거의 없었으며, 인도대대와 현지 의용군들은 사실상 훈련되지 않은 군대였다. 일본 정부는 빈약한 상태였던 영국 수비대의 사정을 잘 알고 있었다. 말레이에 거주하던 일본 민간인 3000명이 싱가포르 내 총영사관을 통해서 구체적인 현지 정보를 전해주었다.

12월 2일, 체구가 작은 토머스 필립스 제독이 영국 해군함대를 이끌고 싱가포르에 도달했다. 함대는 신식 전함 HMS 프린스 오브 웨일스와 구식 순양전함 HMS 리펄스, 구축함 4척으로 구성되었다. 결정적으로 이 함대는 공중에서 방어를 할 전투기가 부족했는데, 이는 허리케인 45기를 실은 항공모함 HMS 인도미터블이 수리 때문에 동행하지 못했기 때문이다. 하지만 그렇다고 해서 싱가포르에 주둔하고 있던 영국군이 걱정할 정도는 아닌 듯했다. 그들은 그토록 강력한 함정들이 싱가포르에 버티고 있는데 일본군이 당장 말레이 침공을 감히 개시하지는 못할 거라고 생각했다. 그동안에 퍼시벌 장군은 군인들의 공격 의지가 사라진다는 이유로 방어선 구축을 거부하는 중이었다.

12월 6일 토요일, 말레이에서 먼 동북쪽 도시 코타바하루에 기지를 둔호주 항공대 폭격기가 군함의 호위를 받으며 이동하는 일본군 수송선들을 발견했다. 이 수송선들은 남중국해 하이난 섬에서 출항하여 인도차이나를 출항한 호송선단 2개와 합류하기로 되어 있었다. 이 병력은 다시 흩어져 타이 남쪽의 빠따니, 끄라 지협의 싱고라 항, 그리고 코타바하루의 공군 기지로 향했다. 야마시타 도모유키가 이끈 제25군이 끄라 지협 남쪽으로 말레이를, 그리고 서북쪽으로 미얀마의 남쪽을 공격하게 된다.

영국군은 타이 남부로 진군하여 그곳에 있는 일본군의 진격을 늦추기 위해 투우사 작전 계획을 세웠다. 그러나 피할 수 없는 일을 체념하고 캄보디아 서북쪽 영토를 되찾고 싶었던 타이 정부는 사전에 일본군의 지배권을 실질적으로 수용하는 결정을 한다. 그 와중에 나이가 지긋했던 극동 총사령관 브룩포펌 공군 대장은 투우사 작전을 개시할지 여부를 결정할 수 없었다. 브룩포펌은 '팝-오프'로 알려져 있었는데, 이 별명은 그가 회의 때 곧잘 조는 습관 때문에 붙여진 것이었다. 방어 진지 구축을 위해 먼 서북쪽 지트라로 움직이고 있어야 할 인도 부대가 아직도 타이로 이동할 준비만

한 상태라는 보고를 받고 히스 장군은 브룩포펌의 우유부단함 때문에 화가 머리끝까지 나고 말았다. 지휘관들이 이러고 있는 가운데 병사들의 사기는 장맛비에 흠뻑 젖어 점점 꺾여가고 있었다.

마침내 12월 8일 새벽, 일본군이 코타바하루를 공격하려 상륙하고 있다는 소식이 싱가포르에 날아들었다. 오전 4시 30분, 고위 사령관들과 총독이 회담을 벌이는 사이에 일본군 폭격기 부대가 싱가포르에 첫 공습을 시작했다. 도시는 화염에 휩싸였다. 방호 전투기가 부족하다는 것을 필립스 제독도 잘 알고 있었지만 결국은 일본의 침공 함대를 공격하기 위해 자신의 전대를 이끌고 말레이의 동해안으로 가기로 결심했다.

코타바하루에서 일어난 폭발은 해변에 깔린 지뢰 위에 길 잃은 개들이 지나가거나 코코넛이 떨어지면서 지뢰가 터진 것뿐이었다. 내륙으로 조금 들어가서는 제8여단이 비행장 둘레에 1개 대대를 집결시켰지만, 해안은 50킬로미터 이상의 거리에 펼쳐진 2개 대대가 지키고 있었다.

일본군의 맹공격은 12월 7일 자정쯤 개시되었는데, 진주만 공격과 동시에 이뤄지기로 되어 있었지만 사실 그 시각은 진주만을 공격하기 약 한 시간 전이었다. 우기에 험해진 바다에서도 일본군은 상륙을 멈추지 않았다. 인도 보병소대들은 공격해오는 일본군을 꽤 많이 사살했지만, 너무 얇게 펼쳐져 있었으며 폭우 속에서 시야 확보도 매우 어려운 상태였다.

가설 활주로에 있던 호주 조종사들은 투입 가능한 허드슨 폭격기 10기를 긴급 출격시키고 앞바다 수송선들을 공격하여, 한 척을 파괴하고 다른 한 척에 손상을 입혔으며 상륙용 바지선 여러 척을 침몰시켰다. 그러나 동튼 후에 코타바하루 비행장 및 해안 시설들은 프랑스령 인도차이나에서 날아오는 일본군 제로기의 반복되는 공격으로 피해를 입기 시작했다. 해질 무렵, 말레이에 있던 영국, 호주 공군 항공기는 단 50기로 줄어들어 있었다.

퍼시벌이 비행장 사수를 최우선으로 하여 군대를 배치한 게 뼈아픈 실수였다. 게다가 브룩포펌이 투우사 작전을 두고 주저하는 바람에 일본 항공대가 곧 타이 남부 기지에서 작전을 펼칠 수 있었다. 히스 장군은 다음 날 동북쪽에서 퇴각을 시작하여 퍼시벌의 화를 돋웠다.

　루스벨트 대통령은 12월 7일이 '불명예로 남아 있게 될 그날'이라는 유명한 성명서를 발표한 뒤, 런던에 있던 처칠에게 전보를 쳐서 상원과 하원이 선전포고를 통과시켰다고 알렸다. "이제 우리 모두는 처칠 수상, 그리고 제국의 국민과 한배를 탄 것입니다. 또한 그 배는 침몰하지 않을 것이며, 침몰할 수도 없을 것입니다."[12] 이러한 은유적 표현은 HMS 프린스 오브 웨일스와 HMS 리펄스가 구축함의 호위를 받으며 해군 기지에서 출항함과 동시에 그 운을 다하고 말았다. 필립스 제독은 출항하면서 이미 경고를 받은 바 있었다. 전투기의 보호는 기대할 수 없고, 현재 일본군 폭격기들은 타이 남부 지역에 기지를 두고 있다는 것이었다. 필립스는 해군의 전통에 따르면 되돌아갈 수 없다고 느꼈다.

　필립스 예하 Z전대는 12월 9일 늦은 오후가 되어서야 일본군 수상기의 눈에 띄었다. 수송선이나 군함을 단 한 척도 발견하지 못한 필립스는 그날 밤 돌아가기로 결심하고 싱가포르로 침로를 잡았다. 그러나 12월 10일 새벽, 귀환 도중에 필립스는 자신의 기함에서 쿠안탄에 또 다른 상륙이 이뤄지고 있다는 보고를 받았다.

　Z전대 영국 해군 함정들은 햄과 마멀레이드를 넣은 샌드위치로 서둘러 아침을 때운 후 전투태세를 취했다. 대공포 대원들은 방염복과 철모, 고글, 석면장갑을 착용하고 폼폼포에 배치되었다. 리펄스 함에 승선하여 지켜보던 누군가가 기록했다. "프린스 오브 웨일스 함은 거대해 보였다. 하얀 물거품이 이는 파도가 V자로 보이는 뱃머리에서 잔물결을 일으켰다. 파도가 레

이스 같은 물거품으로 뱃머리를 덮더니, 높이 솟아올랐다가 다시 한번 적시고는 사라졌다. 프린스 오브 웨일스가 아주 리드미컬하게 오르락내리락하는 그 모습을 보고 있노라면 마치 최면에 걸린 듯했다. 신선한 바람이 불어 선체의 영국 군함기가 네모반듯하게 나부꼈다. 나는 군대를 상륙시키는 적군과 그들을 호위하는 군함들을 향해 출격할 프린스 오브 웨일스와 그 외 병력이 이뤄낼 성과를 생각하면 벌써부터 몹시 흥분되었다."[13]

사실 쿠안탄에 적군이 상륙하고 있다는 것은 잘못된 보고였다. 이 방향 전환 때문에 기지로의 복귀가 지연된 것이 치명적이었다. 아침이 밝은 후 일본군 정찰기가 발견되었다. 그리고 오전 11시 15분에는 프린스 오브 웨일스 함에서 소규모 적기를 향해 발포가 이뤄졌다. 몇 분 후 또 다른 뇌격기 부대가 나타나자, 전함 두 척의 폼폼포들이 불을 뿜기 시작했다. 승무원들은 그것을 '시카고 피아노'라고 불렀다. 백열하는 예광탄이 완만한 곡선을 그리며 한꺼번에 목표물을 향해 나아갔다. 그러나 사수들이 뇌격기에 집중하고 있는 사이, 훨씬 더 높은 고도로 날고 있는 폭격기를 본 사람은 아무도 없었다. 폭탄이 리펄스의 캐터펄트 갑판을 정확하게 관통했다. 구멍 밖으로 연기가 새어나오기 시작했지만 주의는 여전히 공격 중인 항공기들에 집중되어 있었다. 폼폼포 사수들이 저공비행하는 적기 한 대를 가격하자, 모두가 "몸을 숙여!" 하고 외쳤다. 그러나 곧 해병 나팔수가 '선체에 화재 발생'이라는 불길한 경고음을 울리며 더욱 위급한 상황이 일어났음을 알렸다. 시커먼 연기를 뿜어내는 구멍에 대고 소방용 호스로 진화해봤지만 별 소용이 없었다.

다음에 날아온 항공기들은 프린스 오브 웨일스 함을 집중 공격했다. 어뢰가 함체의 고물 쪽에서 폭발해 물과 연기가 '나무 같은 기둥' 모양을 연출했다. 이 거대한 배가 좌현으로 기울기 시작했다. 리펄스 함에서 지켜보던 승무원은 '저렇게 가벼워 보이는 비행기로는 함체를 가라앉힐 수 없을 것'이라고 하며, 전함이 수명을 다했다는 사실을 여전히 믿지 않으려 했다. HMS 인도미터블 함이 함께 있었다고 해도, 일본군의 필사적인 공격을 막기에는 그곳에 있는 항공기도 충분하지 않았을 것이다.

조타 장치와 엔진이 망가진 HMS 프린스 오브 웨일스는 또 다른 뇌격기 부대가 출현하면서 운명이 결정되었다. 리펄스의 사수들이 공격을 물리치기 위해 전력을 다했지만, 어뢰 세 발이 더 날아와 함체에 정확히 명중했다. 전함은 점점 더 심하게 기울었다. 침몰할 것이 분명했다. 이어서 리펄스가 연속해서 날아든 어뢰 두 발에 맞았다. 배를 버리라는 명령이 떨어졌지만, 그리 혼란스럽지는 않았다. 줄을 서면서 일부 선원이 담배 한 개비에 불을 붙일 정도였다. 자신들의 차례가 오자, 심호흡을 한 뒤 시커먼 기름으로 뒤덮인 바다 속으로 뛰어들었다.

해군성 장관을 지낼 때부터 훌륭한 영국 해군 함정들을 자랑스럽게 여기던 처칠은 이러한 재앙에 머리가 어리벙벙해졌다. 8월에 프린스 오브 웨일스 함을 타고 뉴펀들랜드를 다녀온 후라 처칠에게는 개인적으로 이 비극이 크게 다가왔다. 태평양에는 이제 일본 제국 해군의 적수 없었다. 히틀러는 이 소식을 듣고 기뻐했다. 이 일은 12월 11일에 독일이 미국을 상대로 선전 포고를 하는 계기가 되었다.

히틀러는 언젠가 미국과 싸우는 것을 늘 당연하게 생각하고 있었다. 그리고 이제는 미국이 작은 군대와 태평양에서 벌어진 위기 상황 때문에 거의 2년간은 유럽에서 큰 힘을 발휘할 수 없을 거라고 생각하기에 이르렀다. 히틀러는 이 결정을 내리면서 U-보트 이리떼들을 미국 선박을 향해 보내기를 원하는 되니츠 제독으로부터 가장 큰 지지를 받았다. 잠수함 총력전을 벌이면 영국의 무릎을 꿇릴 수도 있었다.

히틀러가 국회에서 발표한 내용에 나치 대표들은 바로 기립 박수를 보냈다. 그들은 미국을 서쪽에 있는 거대한 유대인 권력체로 보았다. 그러나 여전히 동쪽 전선에서 생사를 건 후퇴를 하며 싸우고 있던 독일 장교들은 그 소식을 듣고 어떻게 생각해야 할지 알 수 없었다. 그중 선견지명이 있는 장교들은 미국과 대영제국, 소비에트 연방이 자신들에게 대항하여 긴밀하게 제휴하는 이 세계대전에서 독일은 승산이 없음을 직감했다. 모스크바 전투에서의 소련의 승리와 미국의 참전이 합쳐져 1941년 12월을 지정학적인 전환기로 만들었다. 그때부터 독일은 확실히 제2차 세계대전에서 승리할 수 없게 되었다. 여전히 가공할 피해를 입힐 정도의 힘을 유지하고는 있었지만 말이다.

12월 16일, 일종의 정신 신체적 질환을 앓고 있던 폰 보크 육군 원수는 중부집단군을 계속 싸우게 할지, 철수해야 할지 결정해야 한다고 히틀러에게 말했다. 두 방법 다 괴멸의 위험이 있기는 마찬가지였다. 폰 보크는 지휘 실패에 대한 자신의 책임을 벗어버리고 싶었는데, 며칠 후에는 처음부터 히틀러의 후퇴 불가론에 찬성했던 클루게가 그 자리를 대신하게 되었다. 육군 총사령관 브라우히치 또한 비관론 때문에 해임되었다. 히틀러는 브라우히치를 대신하여 곧바로 자기 자신을 총사령관으로 임명했다. 다른 몇몇 고위 사령관도 경질되었지만, 독일 장교들을 가장 낙담하게 한 것은 저돌적 진격의 상징인 구데리안이 해임된 일이었다. 구데리안은 어떻게든 진지를 지키라는 명령을 자신의 뜻대로 거역한 바 있었다. 위치를 사수하라는 히틀러의 결정이 현명했는지, 어리석었는지에 대해서는 오랫동안 논쟁을 거듭해왔다. 1812년식 대실패의 반복을 막았을까, 아니면 불필요하고 막대한 손실을 가져왔을까?

12월 24일, 고국에서 멀리 떨어져 있던 독일 군인들은 가장 절망적인 상황에서도 크리스마스를 기념해야 한다고 생각했다. 군인들은 담뱃갑 속 은색 종이로 별 모양을 만들어 나무에 장식해 손쉽게 크리스마스트리를 완성했다. 심지어 러시아 농민들에게서 양초를 얻기도 했다. 아직 불타지 않은 마을에 다 같이 모여 온기를 나누며, 마음을 담아서 소소하게 선물을 교환하고 〈고요한 밤, 거룩한 밤〉을 노래했다. 이들은 수많은 동료가 전사한 가운데 운 좋게 살아남았다고 생각하면서도, 고향에 있는 가족을 떠올릴 때마다 지독한 외로움을 느꼈다.

자신들이 악의적으로 전쟁을 일으키고 그 가운데서 이런 감상에 취해 있는 것이 모순임을 깨달은 사람은 거의 없었다. 크리스마스 날 영하 30도의 날씨에 칼루가 외곽 전쟁포로 수용소가 비워졌다. 소비에트 포로 중 다수는 눈 속에서 쓰러지거나 총살당했고, 일부는 식인 행위의 희생양이 되었다. 소련 군인들이 퇴각 중 부상으로 낙오된 독일군을 살해함으로써 보복한 것은 그리 놀랄 일도 아니었을 것이다. 독일 군인들에게 노획한 기름을 부은 다음 불을 붙인 일도 있었다.

격변하는 세계정세를 스탈린보다 더 의식하는 사람은 없었다. 그러나 독일군에 보복을 가하는 데 안달이 나고, 독일군의 후퇴에 따르는 기회를 잡으려던 스탈린은 전선 전체에 걸쳐 총공격을 지시하기에 이르렀다. 붉은 군대는 필요한 차량들과 대포, 보급품, 그리고 무엇보다 훈련이 부족한 상태로 작전을 수행해야 했다. 아무리 그때까지의 작전들이 예상보다 더 잘 진행되고 있었다고는 해도 주코프는 깜짝 놀라지 않을 수 없었다. 엄청나게 과욕을 부린 스탑카의 계획은 독일 중부집단군과 북부집단군을 괴멸시키고 우크라이나에 대규모 반격을 실시하는 것이었다.

수개월간 고통을 겪은 후 소비에트 시민들의 마음가짐 또한 지나친 낙관주의 쪽으로 하염없이 흔들렸다. 많은 사람은 봄이 되면 나아질 거라고 말했다.[14] 그러나 그들의 지도자와 마찬가지로, 그들 앞에는 여전히 충격적인 일이 많이 남아 있었다.

한편 북쪽에서 중일전쟁이 벌어진 지난 4년 동안 중립 상태를 유지해온 영국 식민지 홍콩은 명백한 표적이었다. 이 도시의 부를 제쳐두고라도 홍콩은 국민당 군대의 주요 보급로 중 하나였기 때문이다. 싱가포르에서 그랬듯이 홍콩의 일본인 공동체는 방어 계획 및 약점에 관한 구체적인 정보를 일본 정부에 전달했다. 일본은 지난 두 해 동안 홍콩 점령 계획을 다듬어왔다. 주로 거액의 뇌물을 받는 폭력 조직 삼합회三合會에 기반을 두고 활동하는 제5열도 준비를 마쳤다.

영국 공동체 사회에서는 수년간 억압 통치를 받은 홍콩 내 중국인이나 광둥 성에서 북쪽으로 이동하는 피란민, 인도인, 심지어는 유라시아인까지도 영국에 충성심을 보일 것인지를 확신할 수 없었다. 결국 그들은 상황을 제대로 알리지 않았고, 무장하여 일본군에 저항하라는 지시도 내리는 둥 마는 둥 했다. 대신 1만2000명의 영국 군대와 연방 자치군, 그리고 대부분 유럽인으로 구성된 홍콩자율수비대에 의존하기로 했다. 장제스가 이끈 국민당군은 홍콩 방어를 돕겠다고 했지만, 영국군은 도움을 받아들이기를 극도로 꺼렸다. 식민지 홍콩을 중국 품으로 다시 찾아오고 싶어하는 장제스의 의중을 알고 있었기 때문이다. 역설적이게도 영국 장교들은 중국 공산당 빨치산과 밀월관계를 즐겼으며 나중에는 무기와 폭약까지 제공하여 국민당을 당황시켰다. 공산당과 국민당은 영국이 홍콩을 중국에 빼앗기는 것보다 일본에 빼앗기는 것이 더 낫다고 여기는 것이 아닌가 하는 의혹을 품었다.

처칠은 순수하게 군사적 견지에서 아무런 환상도 갖지 않고, 만약 일본군이 침공한다면 '홍콩을 사수하거나 안정시킬 시도조차 하지 못할 것'[15]이라고 믿었다. 그러나 처칠은 미군의 압박으로 똑같이 위협을 받고 있던 필리핀과의 결속력을 보여주기 위해 식민지를 강화하는 쪽으로 마음이 기울었다. 11월 15일에 캐나다 군인 2000명이 수비대 증원을 위해 도착했다. 이들은 비록 경험이 없었지만 일본군이 공격해올 경우 자신들에게 드리워질 운명을 예측할 수는 있었다. 그들은 식민지를 최대 90일까지 방어하여 진주만에 있는 미국 해군이 도우러 올 시간을 벌어야 한다는 연합 작전도 신뢰하지 않았다.

12월 8일, 일본군이 상하이를 점령하러 이동하자마자, 일본군 항공기가 카이탁 공항을 공격하여 홍콩의 항공기 5대를 쓸어버렸다. 사카이 다카시 중장 예하 제23군의 한 사단은 홍콩의 신계 경계선인 선전 강을 건넜다.[16] 영국군 사령관 몰트비 소장과 휘하의 병사들은 허를 찔렸다. 그의 병사들은 다리 몇 개를 폭파한 뒤 신계의 지협을 가로지르는 진드렁커 선이라 불리던 방어전선으로 신속하게 철수했다. 가볍게 무장한 채 위장한 일본군은 고무창을 댄 신발을 신고 조용하고 빠르게 국경을 넘은 반면, 영국군은 징이 박힌 군화를 신고 완전군장을 한 채 무거운 걸음으로 바위 언덕들을 돌아다녔다. 삼합회 조직원들과 중국 본토의 괴뢰정부 수장 왕징웨이의 지지자들은 일본 군대를 방어선 뒤로 안내했다. 몰트비는 병력 중 단 4분의 1만 신계에 배치했다. 대부분은 홍콩 섬에서 대기하며, 오지 않을 해상 공격을 맞을 준비를 했다.

홍콩 내 중국인들은 이 전쟁이 자신들의 전쟁이 아니라고 느꼈다. 식민지 당국이 관리한 배급 식량과 방공호는 그들에게는 턱없이 부족했고, 보조 운전자로 고용된 사람들은 차량을 버리고 슬그머니 떠나버렸다. 또 중국 공안과 공습경보 담당자들은 단순히 제복을 벗고 집으로 갔다. 호텔 직원과 자택의 하인들 또한 모습을 감추었다. 중국 전쟁터에서 도망친 사람들로 붐비는 난민 수용소에서 제5열 구성원들이 쌀을 있는 대로 훔치며 휘젓고 다녔다. 곧 삼합회 조직원들이 폭동과 약탈을 일삼기 시작했다. 누군가 주룽의 해안가 부근의 높은 페닌술라 호텔에 커다란 일장기를 게양했다. 이걸 보고 캐나다 군인들 중 일부는 자신들이 측면포위를 당했다고 생각한 나머지 공황 상태에 빠졌다. 12월 11일 한낮에 몰트비 장군은 홍콩 항을 통해 부대를 전부 홍콩 섬으로 후퇴시키는 수밖에 없다고 생각했다. 출발하는 보트에 사람들이 서로 몰려드는 바람에 혼란스러운 장면이 연출되었다.

프린스 오브 웨일스와 리펄스 함의 침몰 소식으로 영국 해군 기동부대에 아무런 희망도 기대할 수 없게 되었다. 섬 자체도 사정없는 포격과 일본 항공기의 폭격을 받은 뒤 민심이 동요하고 있었다. 제5열이 일으킨 파괴 공작으로 히스테리는 커져갔다. 영국 경찰은 섬 안의 일본군을 파괴 혐의로 연행했고, 그중 다수는 즉각 사살되었다. 이러한 위기로 영국군은 홍콩에 있는 장제스의 대리인이며 외다리인 천처 제독에게 접근해야 했다. 그는 국민당 계열의 자경단을 고용하여 일종의 질서를 재건하고, 유럽인을 대거 학살할 음모를 꾸미고 있던 삼합회와 전투를 벌였다.

가장 효과적인 수단은 뇌물이었다. 삼합회 우두머리들은 세실 호텔에서 만나는 데 동의했다. 그들은 지나친 요구를 해왔지만 거래는 성사되었다. 정의로운 애국 자선협회라는 이름으로 운영되고 있던 천처 제독의 자경단은 곧 1만5000명으로 늘어났는데, 그중 1000명은 공안부 소속이었다. 그 뒤 왕징웨이의 빨치산에 반대하는 지하 전투가 벌어졌다. 붙잡힌 사람들의 대부분은 빈민가에서 처형되었다. 영국군은 상황을 잘 지켜낸 이 해적 같은 중국인 제독을 깊이 신뢰하게 되어, 마침내 국민당군의 도움을 기대해보자는 데 동의가 이뤄졌다.

구원에 대한 소문과 함께 질서가 대략적으로 회복되면서 포위된 섬의 사기는 올라가기 시작했다. 그러나 몰트비는 적군의 상륙을 저지하기 위해 자신의 군대를 어디에 집중시켜야 할지 확실히 결정하지 못해, 섬의 동북쪽 귀퉁이에 있는 병력을 증강시키는 데 실패했다. 4명으로 이뤄진 일본군 정찰대가 밤에 헤엄쳐 건너 이 구역을 정찰하고, 다음 날인 12월 18일 밤에 7500명으로 구성된 군대가 온갖 소형 선박을 동원하여 바다를 건넜다. 일단 자리를 잡은 제38사단은 몰트비의 예상과 달리 빅토리아로 향하는 해안을 애써 밀고 들어가지 않았다. 오히려 언덕 샛길을 지나 2개의 캐나다 대대를 뒤로 밀어내면서 섬을 둘로 분리시키려 했다. 곧 스탠리와 빅토리아 지역 모두 전기가 나가거나 물이 바닥나고 수많은 중국인이 굶주리게 되었다.

마크 영 총독은 저항의 희망이 없다는 몰트비 장군의 말에 이미 동조하고 있었다. 영은 12월 21일에 런던으로 메시지를 보내, 일본 사령관과의 협상을 허가해달라고 요청했다. 하지만 처칠은 해군성을 통해 "항복할 생각은 하지 마시오. 섬 구석구석 모든 곳에서 교전을 벌여 적에게 최대한 완강하게 저항해야 합니다. 버텨낼 수 있는 만큼 연합국이 세계를 일으키는 데 힘이 될 것입니다"[17]라고 대답했다. 영은 자신이 '요크타운에서 콘월리스가 항복한 이후 처음으로 영국 식민지를 항복시킨 사람'[18]으로 낙인찍히는 것이 두려워 전투를 계속하기로 한 것으로 보인다.

몇 번씩 용맹스럽게 맞섰음에도, 결국 패퇴를 코앞에 둔 수비대의 사기는 무너지고 있었다. 특히 엄청난 사상자가 발생한 라지푸트 족 인도 부대는 상황이 매우 나빴다. 대영제국의 패배가 인도에 자유를 가져다줄 것이라며 그들에게 배반을 재촉하는 일본군의 계속되는 선전 행위 때문에 인도군 병사들의 사기도 차츰 무너져갔다. 시크교도 경찰은 거의 한두 명밖에 남지 않았다. 1919년 암리차르 학살 사건의 기억이 영국군에 대한 시크교도의 분노에 기름을 부은 것이다.

포화가 격렬해지고 물 공급이 끊겨 위생 문제도 커진 가운데, 영국 공동체에서 특히 주부들은 교전을 끝내라고 몰트비와 총독을 압박하기 시작했다. 영은 완강했지만 성탄절 오후에 일본군의 폭격이 더욱 심해지자, 몰트비는 더 이상 저항이 불가능하다고 주장했다. 그날 저녁 두 사람이 일본 장교들의 손에 이끌려 모터보트를 타고 항구를 건너, 페닌슐라 호텔 안 촛불 아래에서 사카이 장군에게 항복하자, 천처 제독은 그날 밤 몇 명의 영국 장교와 함께 고속 어뢰정을 타고 섬을 빠져나와 본토의 국민당군과 합류했다.

그로부터 24시간 동안 삼합회는 특히 피크에 있는 영국 주택들을 마음대로 약탈했다. 포로들을 잘 대우하라는 사카이 장군의 명령에도 불구하고, 격렬해진 전투가 병사들을 격분케 했다. 군의관과 부상병이 총검에 찔리거나 교수형 또는 참수형을 당하곤 했다. 하지만 유럽 여성을 강간하는 경우는 상대적으로 적었고 강간을 저지른 병사는 가혹한 처벌을 받았는데, 이것은 중국 본토에서 전쟁을 치르면서 일본 제국군이 끔찍한 짓을 저지른 것과는 완전히 대조되는 모습이었다. 실제로 유럽인들은 대개 어느 정도 존중을 해주었는데, 마치 일본인 자신들이 그만큼 문명화된 민족이라는 것을 증명하려는 듯했다. 그러나 그 뒤 일본군은 백인들에게서 아시아를 자유롭게 하기 위해 전쟁을 일으켰다고 주장하면서도, 병사들이 홍콩 내 중국 여성을 강간하는 행위를 장교들이 거의 저지하지 않는 매우 모순된 태도를 보였다. 전투가 끝난 후 하루 만에 1만 명 이상이 윤간을 당하고,[19] 수백 명의 민간인이 살해당한 것으로 평가되고 있다.

말레이 반도에 성공적으로 포진한 야마시타 장군의 부대는 비록 수적으로 열세였지만, 기갑사단의 지원과 제공권을 활용할 수 있었다. 인도 부대는 병사 대부분이 전차를 한 번도 본 적이 없어 그 위세에 눌린 데다, 밀림과 고무 농장의 기분 나쁜 음산함에 겁을 먹었다. 그러나 일본군의 가장 효과적인 전술은 전차를 선봉에 두고 동쪽과 서쪽 해안 도로로 진군한 뒤, 도로 바리케이드에 이르면 보병대가 논이나 밀림을 통해 수비 병력의 가장자리를 에워싼 후 측면에서 포위하는 것이었다. 일본군은 자전거 부대 덕분에 진격 속도가 크게 증가했다. 자전거 부대는 종종 퇴각하는 수비대를 따라잡기도 했다.

말레이 반도 서부 및 동부 해안으로 진군해 내려가던 야마시타 휘하의 정예 부대는 영국군, 인도군, 호주군, 말레이군이 섞인 부대를 조호르의 남쪽 끝으로 밀어냈다. 몇 번의 교전에서 특정 부대들이 선전하면서 상대에 수많은 사상자를 발생시켰다. 그러나 계속되는 퇴각은 완전히 지치게 하고, 일본 전차와 끊임없이 기총소사를 가해오는 제로 전투기에 대하여 사기를 떨어뜨렸다.

퍼시벌 장군은 군의 사기를 떨어뜨린다는 이유로 여전히 조호르에서 방어선을 구축하려 하지 않았다. 이렇듯 제대로 된 진지가 부족한 것은 싱가포르의 방어에 파멸적이었다. 그럼에도 호주 제8사단은 일본 제국근위사단의 진격을 부분적으로 저지하고, 매복으로 적군의 허를 찌르는 데 성공했다.

허리케인 편대도 싱가포르 방어선을 강화하기 위해 도착했지만, 제로 전투기에 비해서는 열세였다. 조호르에서 2주간 교전을 벌인 끝에 연합군 잔여 병력은 싱가포르 섬으로 밀려났다. 그 후 조호르 해협을 가로지르는 둑길은 아가일 서덜랜드 고지부대가 백파이프를 연주하며 건너간 직후인 1942년 1월 31일에 폭발했다. 부상이 무척 심해 움직일 수 없어서 남아 있던 호주와 인도 군인 200명은 일본군이 참수했다고 한다.

래플스 호텔은 평소대로 영업을 해야 사기가 유지된다는 생각으로 계속해서 거의 매일 밤 댄스파티를 열었다. 그러나 말레이 반도에서 전투를 치르고 돌아온 장교들의 눈에는 그저 타이태닉 호에서 음악을 연주하던 밴드와 다르지 않아 보였다. 일본군의 무자비한 폭격으로 도시는 상당 부분 폐허가 되었다. 수많은 유럽인 가족이 비행정을 타고 자와 섬으로 떠나거나 막 도착하여 증원군을 내려놓고 돌아가려는 군인수송선을 타고 실론 섬으로 떠나기 시작했고, 가족 중 아버지와 남편들은 주로 자원부대에 입대했다. 어떤 여성들은 일본군이 도시를 점령할 경우 자신들에게 닥칠 공포스러운 운명에도 아랑곳하지 않고 용감하게 남아서 간호를 계속했다.

조호르 해협을 끼고 있는 싱가포르 섬의 약점은 일본군이 섬 동북쪽을 공격할 것이라고 굳게 믿었던 퍼시벌 때문에 더욱 부각되었다. 이것은 퍼시벌이 이미 파괴된 해군 기지를 반드시 방어해야 할 주요 거점으로 여기는 이상한 믿음에서 비롯되었다. 그러자 연합군의 지역 총사령관이 된 웨이블 장군은 맹그로브 나무가 자라는 습지와 작은 샛강들 때문에 가장 방어하기 어려운 구역인 섬 서북부를 보강하라고 지시했지만, 퍼시벌은 그의 지시를 무시했다.

이 구역에 배치된 호주 제8사단은 곧바로 위험을 직감했다. 이쪽은 사계 청소가 되어 있지 않았고, 대부분 동북쪽에 배치된 탓에 지뢰와 철조망도 부족했다. 호주 제8사단 소속 대대들은 막 도착한 새 병력들로 동원되었지만 보충병 대부분은 소총을 어떻게 다루는지도 몰랐다. 고든 베넷 장군은 퍼시벌이 초보적인 실수를 저질렀음을 알았지만 별말을 하지 않고 그저 자신의 사령부로 물러갈 뿐이었다.

2월 7일, 일본군 포병대는 전날 밤 폭격을 당한 해군 기지 유류 저장소에서 뿜어져 나오는 거대한 장막과 같은 시커먼 연기에 휩싸인 싱가포르에 처음으로 포격을 가했다. 이튿날에는 동북쪽 측면을 향해 훨씬 더 격렬하게 포격을 퍼부으며 교란 작전을 펼쳤다. 이로써 퍼시벌은 주요 공격 방향이 동북쪽이라고 철석같이 믿게 되었던 것이다.

야마시타는 좁은 해협이 내려다보이는 조호르 술탄국의 궁궐 탑에서 상황을 지켜보았다. 그리고 그날 밤 자신의 군대가 보트 및 바지선을 타고 싱가포르의 서북쪽 해안 맹그로브 습지로 건너가기 직전에 마지막 포탄을 써버리기로 결심했다. 비커스 기관총 공격으로 일본군 사상자도 많이 발생했지만, 그 구역을 차지하고 있던 호주군 3000명은 내륙에서 쳐들어온 야마시타 휘하의 16개 대대에게 순식간에 괴멸되었다. 일본군의 대규모 포격으로 야전 통신선이 모두 끊겨 지원하던 포병대는 대응하는 데 시간이 걸렸고, 제8사단 사령부에서는 무슨 일이 일어났는지도 몰랐다. 심지어 호주군 최전선에서 하늘을 향해 발사한 베리 조명탄조차 보이지 않았다.

2월 9일 새벽에 일본군 약 2만 명이 상륙했다. 그러나 퍼시벌은 전력이 다소 약한 2개 대대를 보내 방호벽을 구축한 것 외에는 아직 부대 배치를 크게 바꾸지 않고 있었다. 게다가 마지막 허리케인 비행대대를 수마트라 섬으로 철수시켰다. 싱가포르 서북쪽에 최후 방어선을 구축한다는 퍼시벌의 희망은 갈팡질팡하는 사이 급속히 무너졌다. 일본군은 전차를 상륙시킨 다음 곧 남아 있는 모든 도로 바리케이드를 맹렬하게 돌파했다. 총독의 지시에 따라, 재무성에서는 그곳에 소유한 모든 은행권을 불태우기 시작했다. 일본군의 손에 잡히지 않으려고 도망쳐온 사람들이 자동차를 몰고 항으로 밀려들었지만, 대부분은 거리에서 파손, 전소되었다. 폭격으로 불타는 도시는 썩어가는 시체로 인해 악취가 풍겼고, 병원은 부상자와 사망자로 업무가 마비될 지경이었다. 모든 선박이 출항에 나서면서 간호사들을 포함한 여성들을 구출하는 일에도 속도가 붙었지만, 선박 중 다수는 폭격을 당했다. 가까스로 뭍에 도달한 몇몇 생존자는 일본군 순찰대에 발견되어 총살되거나 총검에 찔려 목숨을 잃었다. 탈출을 시도하던 해군 함정은 일본군의 소함대로 곧장 돌진했다.

끝까지 싸우라는 처칠과 웨이블의 명령을 따라야 했던 퍼시벌은 추가 희생을 피하기 위해 항복을 해야 한다는 부하 사령관들의 압박에 시달렸다. 퍼시벌은 거리에서 전투를 지속하라는 명령을 완강하게 밀어붙이던 웨이블에게 상황을 보고했다. 폭격으로 수도관이 부서지는 바람에 도시에는 물이 고갈되고 있었다. 일본군은 알렉산드라에 위치한 군병원을 급습하여 환자와 직원들을 총검으로 살해했다. 한 병사는 수술대 위에서 마취 상태로 찔려 죽었다.

마침내 2월 15일 일요일, 퍼시벌 장군은 야마시타 장군에게 항복했다. 베넷 장군은 병사들에게 자신의 위치에서 군장을 푼 채 기다리라고 명령한 뒤 슬그머니 떠나버렸다. 다른 몇 명의 병사와 함께 베넷은 작은 삼판선으로 헤엄쳐가서 중국 돛단배 사공에게 금품을 준 다음, 수마트라 섬으로 향했다. 그 후 호주로 간 베넷은 일본군과의 전투 경험을 물려주기 위해 탈출한 것이라고 주장했지만, 남은 군인들은 이루 말할 수 없이 모진 경험을 해야만 했다.

굴욕적인 참사의 후폭풍으로 퍼시벌, 셴턴 토머스 총독, 베넷, 브룩포펌, 웨이블과 다른 몇 사람에게 비난이 폭주했다. "제국의 안전에 꼭 필요한 보험금을 지불하지 못해 그 대가를 아주 톡톡히 치르는 중이다."[20] 존 딜의 뒤를 이어 제국참모총장을 역임한 앨런 브룩 장군이 남긴 일기였다. 하지만 비록 말레이 작전이 준비에서 지휘까지 개탄스러운 정도였긴 하지만, 일본군이 하늘과 바다를 장악했기 때문에 싱가포르가 절대 난공불락의 요새가 될 수는 없었다. 섬에는 남겨진 군대를 비롯하여 100만 명이 넘는 시민이 있었는데, 이들은 곧 굶주리게 된다.

2월 19일, 일본군 항공기가 호주 북쪽 다윈 항을 공격하여, 선박 8척이 침몰하고 민간인 240명이 사망했다. 호주 정부는 분노를 느낌과 동시에 깜짝 놀랐다. 최정예 사단들이 그때까지도 중동에 있었던 탓에 호주는 공격에 노출되어 있었던 것이다. 호주군은 HMAS 시드니 순양함[21]이 네덜란드 깃발을 달고 있던 독일군의 무장 습격선 코르모란 함을 저지하다가 호주 해안에서 침몰한 지난 11월이 되어서야 자신들의 약점을 깨우치기 시작했다. 그 뒤로 계속해서 열띤 논쟁이 오랫동안 벌어졌는데, 1998년 이후 두 차례의 정부 조사가 실시되면서 많은 사람은 독일 쾌속선의 단독 공격이 아니었을 거라고 의심하기 시작했다. 그들은 일본군이 진주만을 공격하기 18일 전 코르모란 함과 함께 잠수함 작전을 펼쳐 시드니 함에 어뢰를 발사했다고 믿었다. 말레이 방어에 실패한 영국군에게 호주가 분노하는 것이 당연했지만, 방어에 신경을 거의 쓰지 않은 것도 사실이었다. 그리고 아이러니하게도 싱가포르에 증원군을 더 많이 보내도록 처칠을 몰아세운 이들은 주로 호전적인 호주 비평가들이었고, 대부분의 증원군이 일본군의 손에 넘어갔다.

네덜란드령 동인도 제도의 수마트라 섬은 믈라카 해협을 사이에 두고 싱가포르와 마주 보고 있었다. 그리고 일본군은 지체 없이 정복활동을 계속했다. 퍼시벌이 항복하기 전날인 1942년 2월 14일, 일본군은 유전 및 네덜란드 셸 정유공장을 확보하기 위해 팔렘방에 공수부대를 투입했고 항공모함 1척과 순양함 6척, 구축함 11척의 호위를 받는 병력 수송선들로 이뤄진 일본군 임무부대도 연안에 도착했다.

다음 목표는 자와 섬이었다. 2월 27일에 벌어진 자와 해전은 상황을 빠르게 결정지었다. 네덜란드, 미국, 호주 및 영국의 순양함들과 구축함 6척이 중순양함 3척과 구축함 14척의 호위를 받는 일본군 호송선단 2개를 공격했다. 이어진 36시간 동안 연합군 함정들은 함포와 어뢰에서 압도당했다. 그것은 용감했으나 파멸적인 전투였다. 3월 9일까지 바타비아(지금의 자카르타)와 네덜란드령 동인도 제도의 나머지 지역이 항복했다.

중국에 있던 일본 육군 사령관들은 미얀마를 가장 중요한 목표로 여겼다. 미얀마를 손에 넣으면 동남아시아 서쪽 측면 전체를 방어할 수 있는 것은 물론, 장제스의 국민당군으로 통하는 보급로를 차단할 최선책을 마련하게 되는 것이었다. 대본영의 본래 계획은 미얀마 남부 지역만 점령하는 것이었으나, 진군 여세를 몰아 곧 계획을 변경했다.

미얀마 전투는 1941년 12월 23일에 일본 폭격기들이 랑군을 공격하면서 시작되었다. 공격이 시작되자 피란민들은 앞 다투어 도시를 빠져나가려고 발버둥쳤다. 연합군에는 영국 공군 브루스터 버펄로 1개 비행대대와, 자원한 미국 조종사들과 P-40 커티스 워호크로 이뤄진 플라잉 타이거즈 1개 비행대대밖에 없었다. 곧 말레이에서 파견된 허리케인 3개 비행대대가 도착했다.

1942년 1월 18일, 이다 쇼지로 장군의 제15군은 타이에서 국경 너머로 공격을 했다. 빅토리아 십자 훈장을 받은 존 스미스 소장은 인도 제17사단을 지휘하면서, 강력한 장애물인 시탕 강을 따라 방어선을 만들고 싶어했다. 그러나 웨이블은 스미스에게 타이 국경선을 향해 동남쪽으로 진군하여 일본군의 진격을 최대한 늦추라고 지시했다. 왜냐하면 웨이블은 랑군을 강화할 시간이 더 필요했기 때문이다. 따라서 병력 미달인 단 하나의 사단만이 남아 미얀마 남부 지역 전체를 방어하게 되면서 재앙을 맞은 것이다.

2월 9일, 일본의 정책이 갑자기 바뀌었다. 승리에 들뜬 대본영은 중국의 보급로를 원천봉쇄하면서 미얀마 대부분을 장악할 수 있다고 확신했다. 스미스는 자신의 예견대로 나중에 군대를 시탕 강으로 다시 후퇴시켜야 했고, 이 사단은 2월 21일 밤 판자로 만들어진 교량을 일렬로 건너야 했다. 트럭이 고장 나 전체 행렬은 세 시간 동안 꼼짝도 못 했다. 새벽이 밝아오자, 급류가 흐르는 강 동쪽에서 사단 대원 대부분은 완전히 노출된 채 발이 묶여 있었다. 이때 그들을 차단하기 위해 일본군들이 교량을 장악하려 했다. 스미스의 부사령관은 교량을 폭파할 수밖에 없었는데 탈출한 병사가 절반도 되지 않았다. 랑군으로의 어지러운 후퇴는 계속되었다.

플라잉 타이거즈와 영국 공군이 미얀마의 수도를 보호하고 있어서 일본군은 야간 폭격으로 작전을 변경했고, 그 결과 스튜어트 경전차로 구성된 제7기갑여단 등의 증원군을 항구에 상륙시킬 수 있었다. 그러나 랑군은 함락을 눈앞에 두고 있었으며, 보급소는 완전히 폐쇄되기 전에 북쪽으로 옮겨졌다. 한 동물원 사육사가 위험한 동물까지도 모조리 풀어버리는 바람에 도시는 잠시 아수라장으로 변했다. 초토화되어가는 도시에서, 레지널드 도먼스미스 총독과 그의 보좌관은 와인 창고에서 가져온 와인을 모두 비운 후 마지막으로 당구를 쳤다. 그리고 나서 일본인들에게 전임 총독들의 근엄한 초상화를 넘겨주지 않으려고 당구공을 그림에 던져 구멍 냈다.

미얀마 총사령관으로 임명된 해럴드 알렉산더 장군은 일본군이 접근해오는 랑군으로 날아갔다. 3월 7일, 그는 도시 외곽에 있는 미얀마 석유회사의 저장 전차를 파괴하라고 명령하고, 남아 있던 병력을 북쪽으로 철수시켰다. 이튿날 일본군이 매복을 효과적으로 하지 못해 그곳을 탈출할 수 있었던 점에서 영국군에는 행운이 따랐다. 이들은 일본군과 격렬하게 대립했던 카렌 족으로 이뤄진 미얀마 제1사단 및 5만 명의 중국 국민당 병력을 이끌던 중국 주둔 미국 사령관 조지프 스틸웰 소장과 함께 북쪽에 새로운 방어선을 구축할 생각이었다. '초치는 조'는 지독한 영국 혐오주의자였다. 스틸웰은 알렉산더에 대해 "중국 군대를 지휘하는 나를 보고 그는 당황했다. 단지 나 때문에, 이 빌어먹을 미국인 때문에 말이다. '대단한데!'라며 마치 내가 바위 밑에서 기어 나오기라도 했다는 듯 나를 훑어보았다"[22]라고 하며 설득력 없는 주장을 했다.

랑군 항구를 점령한 일본군은 병력을 신속하게 강화할 수 있었다. 이제 미얀마 안에 있는 비행장에서 운영하게 된 항공기들은 미얀마 북쪽의 한 비행장에 남아 있던 모든 영국 공군과 플라잉 타이거즈 전투기들을 거의 다 소탕할 수 있었다.

3월 말에 중국 군대는 또다시 패퇴했고, 윌리엄 슬림 중장의 지휘하에 미얀마 군단으로 재탄생한 부대는 신속하게 퇴각하여 포위를 피해야 했다. 장제스는 영국군이 전선을 지키지 못한 것을 비난했다. 두 군대 간의 연락 체계는 누가 봐도 실효성이 없거나 혼란스러웠다. 그 이유로는 중국군에게 지도가 없었던 데다, 영국군이 준 지도에 쓰인 지명을 읽지 못한 탓도 있었다. 사실상 중국군이 공격을 실시할 능력이 없는데도 공격을 고집한 스틸웰 때문에 참사는 자명한 일이 되었다.

스틸웰은 만달레이를 방어하려는 장제스의 계획을 지나치게 소극적이라는 이유로 거부했다. 그는 영국에 알리지도 않은 채 2개의 중국 사단을 남쪽으로 공격하게 하고, 제200사단이 퉁구에서 퇴각하도록 허용하지도 않았다. 일본군은 무리하게 포진한 이 진영 때문에 발생한 이점을 재빨리 활용하여, 이들을 지나 만달레이 동북쪽 라시오로 진격해 영국군까지도 측면에서 포위할 수 있게 되었다. 스틸웰은 참사에 대한 책임을 인정하지 않고, 자신이 이끌었던 중국인 부대가 공격해야 할 때 멍청하게 우물쭈물하다가 크게 승리할 기회를 놓쳤다며 비난했다. 영국군은 오히려 중국인 부대의 노고에 매우 고마워하며 장제스만큼이나 스틸웰에게 분노를 느꼈다.

4월 5일에 강력한 일본군 임무부대가 콜롬보의 영국 해군 기지를 공격하기 위해 벵골 만에 진입했다. 제임스 서머빌 제독은 휘하 함정 대부분을 시간 내로 피신시킬 수 있었지만, 피해 규모는 여전히 아주 심각한 상태였다. 5월 초가 되자 일본군은 만달레이를 점령하고 미얀마 로드를 통해 중국으로 넘어가기까지 했고, 그 때문에 중국 국민당 병력 중 일부는 윈난 성으로 밀려나야 했다. 그러나 북쪽으로 퇴각하던 중 고통이 가장 심했던 사람들은 고생에 익숙하지 않은 소상인과 가족들을 포함하여 미얀마에서 가장 큰 공동체를 이루고 있던 인도인들이었다. 이들은 인도인을 증오하는 미얀마인들에게 공격을 당하고 재산을 빼앗겼다. 한편 약 3만 명의 사상자가 발생한 뒤 나머지 연합군 부대들은 인도 국경으로 후퇴해야 했다. 일본의 동남아시아 점령은 완벽해 보였다.

중국과
필리핀

중국 국민당은 1941년을 더욱 활기차게 시작했다. 일본 제11군은 넓게 퍼져 있어 효과적인 집중 공격을 할 수 없었다. 양쯔 강 남쪽에 있던 국민당군은 진장에서 일본 제33군, 제34군을 상대로 약 1만5000명의 사상자를 발생시키며 전세를 크게 뒤집기까지 했다. 그리고 장제스는 계산된 도박으로 공산당 게릴라 부대인 신사군이 양쯔 강 남쪽 지역을 포기하고 황허 강 북쪽으로 이동하도록 만들었다. 공산당군이 철수하기로 합의가 이뤄지는 듯했는데, 마오쩌둥이 반대하고 나선 것으로 보인다. 마오쩌둥이 고의로 잘못된 지시를 내려 공산당 군대가 국민당 병력 안으로 들어갔을 때 치열한 교전이 벌어졌다. 그래서 상황에 대한 양측의 설명이 당연히 다를 수밖에 없었다.[1] 분명한 것은 이 사건으로 인해 그 후 이어질 내전을 피하기가 더 어려워졌다는 점이다. 소비에트 대표단의 반응은 국민당과 공산당이 힘을 합쳐 일본군과 싸워야 하는 마당에 힘을 합치기는커녕 서로 치고받고 있다며 우려를 내비치는 정도에 그쳤다. 그러나 바깥세계에서 외국 공산당들은 이 사건을 선전에 활용하여 공격을 시작한 쪽은 항상 국민당이었다고 주장했다.

한편 장제스 총통은 몽골과 러시아, 인도의 경계지역인 최서북쪽의 신장 성에서 소비에트의 지배력이 늘어나자 크게 분노했다. 소련은 현지 군벌인 성스차이를 통해 기지와 공장을 건설하고 군사 주둔지를 설치하게 하며 주석 채광과 유전 공사를 시작했다. 비밀 기지에서는 그 지역에서 영향력이 커진 중국 공산당 간부들에 대한 훈련도 이뤄졌다. 성스차이는 심지어 중국 공산당에 입당 원서를 제출했다. 이런 움직임은 스탈린에 의해 거부되었으나, 그는 대신 나중에 소련 공산당에 입당할 수 있었다. 신장이 소련과의 무역 및 보급에 필수적인 중간 기착지였기 때문에 국민당은 꼼짝도 할 수 없었다. 장제스는 소비에트의 지배 범위가 된 지역을 재지배할 좋은 기회가 올 때까지 때를 기다리는 수밖에 없었다.

이러한 긴장 상황에도 소비에트의 보급은 우선 재개되었는데, 이는 스탈린이 극동지역에서 되살아나는 일본군의 위협을 우려한 것이 주된 이유였다. 후난 성 남쪽에서 벌어진 전투에서 국민당군은 또다시 철수 후 역습 전략을 썼다. 일본군은 오로지 산시 성 남쪽에서만 진격에 어느 정도 성공하여 국민당의 식량 및 인력 창고로 가치가 있던 농촌지역을 장악했다. 이 일은 장제스가 '일본과의 전쟁 역사상 가장 수치스러운 전투'[2]라고 표현한 중위안 전투에서 일본군이 압도적인 승리를 거둔 후에 일어났다.

어니스트 헤밍웨이와 재혼한 아내 마사 겔혼은 당시 중국을 여행하고 있었는데, 배짱 두둑한 겔혼도 자신들 주변에 보이는 고통과 비참함으로 괴로워했다. 겔혼은 어머니에게 편지를 썼다. "중국이 나를 치료했다고요? 다시는 여행하고 싶지 않아요. 동방의 현실은 차마 지켜보기가 괴롭고 함께 나누기도 겁이 납니다." 오물과 악취, 쥐, 빈대 등이 창궐하기 시작했다. 헤밍웨이가 '잿빛에다 볼품도 없고 음울하며 우중충한 콘크리트 빌딩과 쓰러져가는 판자촌이 한데 모인 집합체'라고 표현한 국민정부 수도 충칭에서, 그들은 장제스 및 그의 부인과 함께 점심 식사를 했다. 그 후 두 사람은 틀니도 끼지 않을 정도로 격식 없는 모습의 장제스를 만난 것이 대단한 영광이라고

했다.[3]

장제스는 겔혼이 충칭 공산당 대표 저우언라이에게서 강한 인상을 받은 사실을 알고 유쾌한 기분은 아니었을 것이다. 한편 헤밍웨이는 자신이 스페인에서 그랬던 것만큼 공산당에 대해 무비판적이지만은 않음을 보여주었다. 헤밍웨이는 공산당의 선전 효과에 대해 잘 알고 있었다. 에드거 스노와 같은 공산당 지지자들은 부패한 국민당이 거의 아무것도 하지 않고 있을 때(사실은 그 반대이지만) 마오쩌둥의 군대는 열심히 싸우고 있었다며 미국 독자들을 설득했던 것이다.

국민정부가 부패한 것은 사실이었지만 부패 정도는 부대마다, 장교마다 달랐다. 구식 관습이 몸에 밴 제50군 참모들은 쓰촨 성에서 아편을 가져와 양쯔 강 유역에서 팔기 위해 군용 트럭을 사용했지만, 국민당군 장교 전체가 관습적인 군벌의 행동을 따랐던 것은 아니다. 일부는 휘하 군인들의 배급을 훔치거나 팔아서 염치없이 이득을 취한 반면, 더욱 진취적이고 진보적인 다른 장교들은 병사들에게 공급할 의료용품을 사기 위해 자신의 주머니를 털기도 했다. 공산당의 사정도 더 나을 것이 없었다. 공산당은 훗날 국민당과 싸울 군자금을 마련하기 위해 아편을 제조, 판매할 계획을 세웠다. 1943년에 소비에트 대사가 추산한 바에 의하면 공산당의 아편 판매량은 4만4760킬로그램에 달했는데, 당시 가격으로 6000만 달러 정도였다.[4]

1941년 6월에 히틀러가 소련을 침공한 것은 국민당 입장에서는 양날의 칼과 같은 전개였다. 긍정적 측면은 스탈린이 신장지역을 장악하기 위해 아주 독단적인 자세를 취할 상황이 못 되었다는 점이다. 그리고 무엇보다도 제2차 세계대전에서는 영국과 미국, 소련이 같은 편에 서서 독일, 일본을 상대한다는 전선이 명확해졌다. 반면 그로 인해 스탈린은 일본과의 충돌을 오히려 더 회피하게 되었다. 중국 북방에 일본군이 포진할 것을 두려워한 스탈린은 중국 공산당에 요청하여 대대적인 게릴라 공격을 벌이라고 했지

만, 마오쩌둥은 요청을 받아들인 뒤 아무런 조치도 취하지 않았다. 공산당
군이 유일하게 공격을 펼친 것은 전해 여름에 수행한 백단대전 때가 유일했
다. 마오쩌둥은 그 공격이 어려움을 겪고 있던 국민당을 도운 데 대해 화가
난 상태였으며, 비록 철도와 탄광 등에 심각한 피해를 주기는 했지만 공산
당군의 사상자 수도 엄청났다.

1941년에 공산당군이 사실상 중립 상태로 돌아왔음에도 일본군 사령관
오카무라 야스지 장군은 공산당 기반 지역에 대해 '모두 죽이고, 불태우고,
빼앗으라는' 잔인한 '삼광작전'[5]으로 빨치산 소탕 계획을 개시했다. 젊은 남
자들은 살해되거나 강제 노역을 해야 했다. 기아도 무기로 쓰였다. 일본군
은 자신들이 취할 수 없는 모든 수확물을 불태워버렸다. 이 시기에 공산
당 기반 지역의 인구는 4400만 명에서 2500만 명으로 줄어든 것으로 추
산된다.[6]

마오쩌둥은 병력을 대거 철수하고, 일본군의 전선 뒤에 아직 남아 있던
병력을 분산시켜 소련의 분노를 샀다. 소비에트 입장에서 이 행위는 '억압받
는 조국'을 위해 모든 공산당이 희생을 아끼지 말아야 한다는 '프롤레타리
아 국제주의'[7]에 대한 배반이었다. 그리하여 스탈린은 이제 마오쩌둥이 일
본군과 싸우는 것보다 국민당군의 영토를 점령하는 데 더 관심이 있다는
사실을 확실히 알게 되었다. 마오쩌둥도 중국 공산당에서 소비에트의 영향
력을 줄이고자 안간힘을 쓰고 있었다.

비록 4월에 스탈린이 일본과 불가침 조약을 체결하여 결과적으로 국민
당군으로 가는 보급이 중단되기는 했지만, 군사적 자문은 계속되고 있었다.
당시의 최고 자문위원은 훗날 스탈린그라드 방어 시 제62군 지휘관이 된
바실리 추이코프 장군이다. 총 약 1500명의 붉은 군대 장교가 중국에서
복무했으며, 스페인 내전에서 그랬듯 그곳에서도 경험을 쌓고 무기 시스템
을 평가했다.[8]

영국군도 중국 게릴라 부대에 무기를 제공하고 훈련을 실시했다. 이것은 홍콩 소재 SOESpecial Operations Executive 사무실에서 조직되었지만, 장교들이 둥장 강 지역에 있던 공산당 병력도 무장시켰기 때문에 장제스는 계획 중단을 요구했다. 그사이 미국은 지원군을 제공하기 시작했다. 지원군에는 장제스의 항공 고문인 미국 육군항공대 퇴역 장교 클레어 셔놀트가 지휘하고 커티스 P-40 100대로 구성된 미국 의용대 플라잉 타이거즈 부대가 포함되었다. 이 부대는 미얀마에 기지를 두고 중국 서남부를 잇는 도로를 지키는 일을 도왔지만, P-40은 조종사가 특별한 전술을 사용하지 않는 한 일본군 미쓰비시 제로의 상대가 되지는 못했다.

소규모인 국민당의 항공대 조종사들은 중국 전역에서, 특히 수도 충칭에서 일본군 폭격기 편대를 쳐부수기 위해 할 수 있는 모든 일을 했다. 1938년 12월 대본영에서는 국민당의 전술 때문에 애초에 신속한 승리를 거두고자 했던 일본군의 희망이 저지당했다는 사실을 받아들여야 했다. 그리하여 일본은 중국의 저항 의지가 무너지기를 바라면서 전략적 폭격을 하기로 결정한다. 산업과 관련된 모든 것이 폭격 대상이었지만 주목표는 국민당 정부의 수도였으며, 곧 충칭은 고폭탄과 소이탄으로 무자비한 공격을 당하게 되었다. 일본군은 동시다발적으로 소규모 공격을 하는 전략을 채택해 수비군이 쉴 새 없이 경계 태세를 취하도록 유도해 공중 방호를 마모시키려 했다. 중국 역사가들은 1939년 1월부터 일본 해군 항공대가 태평양에 재배치되었던 1941년 12월까지, 전쟁 중 가장 격렬했던 단계를 '충칭 대공습'이라고 부른다. 1만5000명 이상의 중국 민간인이 사망하고 2만 명 이상이 중상을 입었다.[9]

1941년 9월 18일, 일본 제11군은 전략적으로 중요한 도시인 창사에 4개 사단을 보내 첫 공격을 개시했다. 치열한 전투 끝에 결국 중국군은 철수하게 되는데, 늘 그렇듯이 퇴각 중 가장 고통스러운 이들은 부상자였다. 서인도 제도의 트리니다드에서 온 한 중국인 의사가 현장을 불행히도 아주 적절하게 묘사했다. "붉은 십자 표시가 붙은 구급차가 서 있거나 누워 있는 수백 명의 부상병에게 둘러싸여 도로에 서 있었다. 환자들이 실리고, 가벼운 부상을 입은 사람들은 구급차의 지붕 위로 기어 올라갔다. 운전석을 비집고 들어가는 환자도 있었다. 운전자는 그들 앞에 서서 양팔을 든 채 필사적으로 말리고 있었다. 이것은 결코 보기 드문 광경이 아니었다. 부상병들은 도로에 누워 트럭이 자신들을 남겨두고 떠나지 못하게 막았다."[10]

창사를 포위하려고 새로운 시도를 하는 동안 이번만큼은 일본군에 사상자가 더 많이 발생했다. 통상전과 반半 게릴라전을 결합한 국민당군의 작전이 효과를 발휘하기 시작한 것이다. 이 계획은 추이코프 장군이 설계한 것이었다. 이어서 중국군은 일본군이 도시에 진입하자마자 또다시 반격을 했다. 중국은 대승을 거두었지만, 일본 소식통들은 오직 대본영의 지시 때문에 물러난 것이라고 주장했다.

그사이에 중국군은 이창 항구를 탈환하기 위해 중요한 지점인 양쯔 강에 대규모 병력을 보냈다. 10월 10일, 이 군대는 그 지역을 방어하고 있던 일본군 제13사단을 격파하는 데 거의 성공했다. "사단의 상황이 매우 절망적이어서 참모단이 연대기를 불태우고 기밀문서를 파기한 뒤 자살 준비를 할 정도였다."[11] 그러나 제13사단은 제39사단이 때마침 구조하러 온 덕분에 살아남을 수 있었다.

공산당군뿐만 아니라 국민당군과 군벌 동맹군도 일부러 전투를 길게 끌어 전장을 지리적으로 확장시키면서 대규모 공격을 피했다. 때때로 국민당군, 그리고 특히 공산당군은 일본군과 지방 차원에서 휴전을 모색했다. 반면에 일본 제국 육군은 중국에서 펼친 작전들을 새로 편성한 부대들을 위한 훈련장으로 활용했다. 비록 중국이 일본에 지속적으로 저항함으로써 극동지역 전쟁의 결과를 바꾸지는 못했지만 간접적인 효과는 상당했다.

1941년 12월에 더 넓은 태평양에서 일본군이 전쟁을 시작했을 때에도 중국으로 간 파견군 병력은 여전히 68만 명이나 되었다. 중국 파견군의 규모는 영국과 네덜란드, 미국 점유지를 공격하는 데 투입된 일본 전체 지상군 병력의 네 배에 달했다. 또한 몇몇 역사가는 1937년부터 벌어진 중일전쟁에 투입된 자금 및 자원들을 태평양 전쟁을 준비하는 일에 사용하여, 특히 항공모함을 더 많이 건조하는 데 매우 큰 효과를 발휘할 수 있었다는 점을 지적한다. 한편 중국군이 저항전을 펼쳐 얻은 가장 중요한 결과는 할힌골 전투에서 소련의 승리와 결합하여, 붉은 군대가 가장 무너지기 쉬웠던 1941년 가을과 초겨울에 일본군이 시베리아를 공격하지 않기로 한 점이다. 만약 시베리아 공격을 개시했더라면 제2차 세계대전의 판도는 크게 달라졌을지도 모른다.

　　1942년 2월, 마셜 장군은 조지프 스틸웰 소장을 중국, 미얀마 담당 미국 사령관으로 발탁했다. 1937년 중일전쟁이 시작되었을 때 스틸웰은 난징에서 국민정부 미국 대사관 무관으로 있었다. 그리하여 미국 정부에서는 그를 노련한 중국 전문가로 여겼다. 그러나 '초치는 조' 스틸웰은 중국 장교들을 게으르고 불성실하며, 복잡 미묘하고 속을 알 수도 없을뿐더러 군인답지 않으며 부패한 데다 멍청하기까지 한 존재로 취급했다. 그는 아직도 중국을 19세기 '아시아의 병자病者'[12]로 보고 있었다. 스틸웰은 장제스 정권이 직면한 매우 현실적인 어려움들을 거의 이해하지 못하는 듯했다. 특히 식량 공급 문제 때문에 단지 굶주림으로 인한 탈영을 막기 위해 농작물이 좀더 풍부한 지역으로 많은 부대를 철수시켜야만 했던 사정에 대해서 전혀 이해하지 못했다.

　　스틸웰이 인정하려 하지 않았던 식량 문제가 국민당이 해결해야 할 주요 과제가 된 이유는 국민당의 통치 지역이 일본군의 잔학 행위를 피해 도망쳐온 5000만 이상의 피란민들로 붐볐기 때문이었다. 흉년이 든 데다 적군에게 농지를 빼앗겨 식료품 가격은 아찔하게 치솟았다. 빈민과 피란민은 굶주리고, 심지어 하급 관리들까지도 가족을 먹여 살리기 힘들었다. 정부는 곡물과 쌀을 썩어 문드러질 정도로 잔뜩 비축해두었다가 나중에 높은 수익을 내는 투기꾼과 장교들을 막는 것이 사실상 불가능하다는 것을 발견했다. 스틸웰이 비난했던 이러한 부패 행위를 근절하기란 매우 어려웠다.

국민당은 소작농에게서 현물로 세금을 거두는 방책을 내놓았지만, 소작농들도 대거 징용되어 군역을 하게 되면서 이 방책은 소작농들에게 방대한 군대까지 먹여 살려야 한다는 부담을 안겨주게 되었다. 곧 수많은 지역에서 기근이 이어졌다. 그 결과 강제 징용 또한 강도가 더 심해져 징병 담당자들은 면제를 일절 인정하지 않았다.[13] 식량은 계속 줄어들었으며, 전쟁 말기에는 인플레이션으로 군인들의 한 달 치 봉급이 배추 두 포기 값도 채 되지 않았다.[14] 광대하고 황폐해진 농촌사회는 통신이 끊겨 근대식 전쟁을 치르기란 거의 불가능할 수밖에 없었다. 공산당에는 인구수가 좀더 적은 지역이 많아 수준별로 흉포하게 통제를 하면 관리는 더 잘 이뤄졌다. 또한 노동력을 더 효율적으로 활용하는 방식에 탁월하여 심지어 자신들의 부대를 동원하여 수확을 돕기도 했다. 공산당 군대는 또한 자신들만의 농장을 만들어 자급자족을 하기도 했다. 그리하여 가난한 농민들에게 국민당보다 더 많은 지지를 얻게 되었다. 하지만 공산당의 최대 이점은 일본군이 국민당군에 대항할 병력을 집중시키는 동안 상대적으로 방해를 덜 받았다는 점이었다.

마셜이 스틸웰을 선택한 이유 중 하나는 스틸웰이 공격을 강조하는 미 육군의 독트린을 열렬하게 지지한다는 것이었다. 그러나 국민당군과 그 동맹군은 결코 효과적인 작전을 실행할 입장이 아니었다. 그들에게는 병력을 집중시킬 운송 수단도 부족했고, 공중 지원도 열악했으며, 전차도 부족했다. 이러한 이유로 장제스는 전쟁을 시작하기도 전에 장기간의 소모전을 치르는 게 유일하게 살아남을 수 있는 길이라고 생각한 것이다. 자신의 나라와 군대의 한계를 스틸웰보다 훨씬 더 잘 알고 있었던 현실주의자 장제스는 '공격 의지'[15]가 부족하다며 끊임없이 자신에게 쏟아지는 질책을 참아내야 했다. 스틸웰은 장제스 총통을 '땅콩'이라고 비하하여 표현했다. 일본에 대한 미국 대중의 분노를 과소평가한 장제스는 미국이 자신을 버리고 일본 정부와 평화 협정을 맺을 수도 있다는 오해를 하며 긴장하고 있었다. 그 때문에 미국의 원조가 간절한 상황에서 장제스는 그러한 굴욕적인 동맹을 감내했던 것이다.

영국이 자신들의 제국을 수복하는 데만 관심이 있고, 이 목적을 위해 미국의 지원을 교묘히 이용하려 한다고 생각하는 마셜과 그 추종자들의 전반적인 의심에 대해서는 스틸웰도 같은 생각이었다. 그러나 일본군이 중국에서 보기 좋게 패전할 것이라고 믿은 사람은 스틸웰뿐이었다. 이러한 시각은 미국이 태평양에서 주도권을 잡을 동안 장제스가 중국에 일본 병력을 대거 붙잡아두도록 독려하는 미국 정부의 전략과 완전히 상충되는 것이었다. 그래서 마셜은 미국 육군 군단을 중국 전장의 최전선으로 보내라는 스틸웰의 요청을 단호히 거절했다.

그렇지만 중국 전투를 최우선으로 여긴 스틸웰은 결국 국민당군의 보급로를 지키기 위해 미얀마에 초점을 맞추게 되었다. 한편 영국군은 장제스의 병력을 인도 방어 수단으로 여겼고, 나중에는 미얀마와 말레이 지역의 잃어버린 식민지를 수복하는 일을 도울 동맹으로 여기게 되었다. 홍콩에 관해서는 문제가 훨씬 더 복잡해질 것을 그들도 알고 있었다. 장제스가 홍콩을 되찾으려 하고 있었기 때문이다.

미얀마 사태에 대해 부분적으로 책임이 있음에도 스틸웰은 중국에서 벌어진 전투에 대해서는 모르쇠로 일관하는 미국 언론에게 영웅으로 묘사되었다. 국민당군은 사실상 1941년까지는 연간 200만 명의 사병을 징용하고 그들을 먹이는 데 필요한 지방 경제의 여러 수요의 균형을 맞추면서 효율적으로 전쟁을 운영했다. 그러나 산시 성 남쪽에서 쳐들어온 일본군의 공격으로 교통의 중심지인 양쯔 강의 이창지역을 점령당하면서 국민당군 대부분은 쓰촨 성에서 오던 식량 보급이 끊겨버렸다.

장제스는 스틸웰이 미얀마에서 시간만 끌다가 1942년에 자신의 최정예 사단 2개와 함께 인도로 후퇴한 것이 마음에 들지 않았다. 그는 스틸웰이 틀림없이 자신만의 독립된 지휘권을 가지려 한다고 정확하게 추측했지만 그가 이 사단들을 심지어 영국군 지휘하에도 두지 않으려고 했으므로 묵인하기로 했다. 이 두 개 사단, 제22사단과 제38사단은 무기대여 법안에 따라 중국 내 장제스의 군대에 지급되기로 했지만 미얀마 로드의 상실로 운반이 불가능해진 비축 장비로 재무장했다. 수송기만이 히말라야 산등성이를 넘어 적게나마 보급품을 전해줄 수 있었다. 국민당군에 보내기로 한 더 많은 원조 물자가 미국에 비축되거나 영국군에 전달되었다. 장제스 휘하의 참모장이 될 예정이었던 스틸웰이 무기대여 정책에 따른 보급품을 관리함으로써 장제스 총통과의 관계에서 긴장과 의혹이 생겨날 수밖에 없었다. 원조 물자 관리자로서 스틸웰은 이러한 권한을 지렛대로 활용하여 장제스를 자신의 말대로 움직이게 해야 한다고 굳게 믿었다.

상륙 작전을 지원하기 위한 해군력과 항공력에 중점을 두었던 태평양 전쟁은 중국 본토 대륙에서 벌어진 전투와는 확연히 달랐다. 필리핀에서는 1941년 12월 10일 일본군이 루손 섬 본토 북쪽 끝에 소규모 부대를 상륙시켰음에도, 맥아더 장군 예하 부대 대부분은 위치를 고수했다. 맥아더는 일본군의 이번 상륙 작전이 자신의 병력을 분산시키기 위한 견제 공격임을 정확하게 예측했다. 이틀 후, 또 다른 일본 부대가 루손 반도 동남쪽에 상륙했다. 본격적인 공격은 12월 22일이 되어서야 마닐라에서 북쪽으로

200킬로미터 거리에 있는 해변에 제14군 병력 4만3000명이 상륙하면서 시작되었다.

이 두 차례의 주요 상륙 작전은 필리핀의 수도를 협공하겠다는 일본 제국 육군의 의도를 보여주었다. 공식적으로 맥아더는 13만 명의 병력을 이끌었지만 대부분은 필리핀 예비대였다. 그중 쓸 만하다고 느낀 미국, 필리핀 부대원은 단 3만1000명에 불과했다. 전투로 단련된 일본군들은 기갑부대를 앞세워 맥아더의 병력들을 마닐라 만 쪽으로 밀어붙였다. 맥아더는 비상시를 위해 세워둔 오렌지 계획[16]을 발효시켰다. 이 계획의 골자는 맥아더의 군대를 마닐라 만 서쪽 바탄 반도로 철수시켜 그곳에서 버티게 하는 것이었다. 마닐라 만의 넓은 입구에 위치한 코레히도르 섬에서 해안포로 입구를 통제하고, 50킬로미터 길이의 반도 동남쪽 끝을 방어할 수 있었다.

남쪽 병력을 철수시킬 운송 수단이 충분하지 않았던 맥아더는 촌스럽게 도색된 마닐라 버스를 징발했다. 12월 24일 저녁, 맥아더는 '더 록'이라는 별명을 가진 코레히도르 섬의 요새에 사령부를 설치하기 위해 케손 대통령 및 정부 당국과 함께 증기선을 타고 수도를 떠났다. 마닐라 주변과 해군 공창 내의 방대한 저유시설 및 보급소가 불길에 휩싸였고, 시커먼 연기가 기둥처럼 피어올라 하늘을 뒤덮었다.

미군 1만5000명과 필리핀군 6만5000명이 바탄으로 철수하고 팜팡가 강을 따라 첫 방어선이 어렵사리 구축되었다. 필리핀 예비군 중 다수는 집으로 달아났지만, 다른 병사들은 고지를 장악하여 침략자들에 맞서 게릴라 전투를 계속 벌였다. 1942년 1월 2일, 바탄 맞은편 만 너머 마닐라로 일본군이 진입했다. 맥아더가 해결해야 할 가장 큰 과제는, 이제 일본 해군이 효과적으로 봉쇄하고 제공권마저 갖게 된 바탄 반도에서 8만 명의 병사와 2만6000명의 민간인 피란민들을 먹여 살리는 일이었다.

일본군의 공격은 1월 9일에 시작되었다. 바탄 반도 입구를 지키고 있던 맥아더의 병력은 중간에서 나티브 산을 기준으로 나뉘었다. 나티브 산 서쪽에서는 밀림과 계곡이, 동쪽에서는 마닐라 만을 따라 펼쳐진 습지가 각기 다른 방식으로 지옥 같은 지형을 이루고 있었다. 말라리아와 뎅기열이 의약품과 키니네가 바닥난 맥아더의 부대를 덮쳤다. 병사 대부분은 이질을 앓아 체력이 이미 약해져 있었는데, 미국 해병대는 이를 '양쯔 강 특급'이라 불렀다. 맥아더가 저지른 가장 큰 실수는 보급품을 바탄과 코레히도르 섬에 모으지 않고 분산시킨 것이었다.

격렬한 전투가 벌어지고 2주 후, 일본군은 1월 22일에 산악지대로 된 중심부를 돌파하여 맥아더의 부대를 반도 아래쪽 또 다른 전선으로 밀어냈다. 군복도 다 해진 데다 밀림과 습지 환경 때문에 피부가 썩기 시작한 맥아더의 병사들은 지치고 매우 허약해진 상태였다. 반도의 서남쪽 끝에서는 네 번에 걸쳐 일본군이 상륙 작전을 펼치면서 새로운 위협이 등장했다. 상륙하는 데에도, 물리치는 데에도 어려움이 많아 양측 다 큰 피해를 주고받았다.

미국과 필리핀 부대의 저항이 큰 효과를 발휘하여 혼마 마사하루 중장의 부대는 큰 피해를 입게 되어, 2월 중순에는 약간 뒤로 물러나면서 휴식을 취하고 증원군을 기다렸다. 비록 수비대의 사기도 오르고 방어선을 강화할 기회도 잡았지만, 질병에 걸린 병사들의 수가 만만치 않은 데다 외부의 도움도 받을 수 없다는 점이 곧 효과를 드러냈다. 스스로를 '바탄의 전쟁 사생아'[17]라고 불렀던 이 병사들 중 다수는 맥아더가 코레히도르 섬에 설치된 안전한 콘크리트 터널 안에서 자신들에게 더 많은 노력을 촉구하고 있다는 생각에 분개했다. 그 뒤 맥아더에게는 '덕아웃의 더그'라는 별명이 붙었다. 맥아더는 필리핀에 머무르고 싶어했지만, 그 후 호주로 가서 반격 준비를 하라는 지시를 루스벨트에게서 직접적으로 받게 되었다. 3월 12일 맥아더와 그의 가족 및 참모단은 4척으로 이뤄진 고속의 PT보트 소해정대에 올라 섬을 떠났다.

　조너선 웨인라이트 소장의 지휘하에 남겨진 부대들은 상황이 절망적임을 깨달았다. 질병과 굶주림 때문에 4분의 1도 채 안 되는 병력만이 전투에 나설 수 있었다. 반면에 혼마 장군의 병력에는 2만1000명의 증원군과 폭격기, 대포 등이 지원되었다. 4월 3일, 일본군은 또다시 압도적인 힘으로 공격했다. 방어선은 무너졌고 4월 9일에는 바탄에 있던 에드워드 킹 소장 예하 군대가 항복했다. 웨인라이트는 여전히 코레히도르 섬에서 버텼지만, 더 록은 계속되는 해안포 및 지상포의 공격에 붕괴되고 말았다. 5월 5일 밤에 일본 군대가 섬에 상륙하고, 다음 날 큰 타격을 입은 웨인라이트는 잔여 병사 1만3000명과 함께 항복해야 했다. 그런데 바탄과 코레히도르 섬의 수비대가 겪을 고통은 아직 끝난 것이 아니었다.

18

**전 세계를
휩쓴 전쟁**

1941년 12월~1942년 1월

비록 독일, 일본이 따로따로 전쟁을 일으키면서 두 개의 전쟁이 치러졌지만, 두 나라는 표면상 보이는 것보다 서로에게 훨씬 더 많은 영향을 끼쳤다. 1939년 8월 할힌골에서 소비에트가 거둔 승리는 일본이 남벌을 결심한 계기가 되었을 뿐만 아니라 이러한 일본의 전략 수정 때문에 미국이 전쟁에 끌려들어갔고 또한 극동에서 일본의 위협이 사라지자 스탈린이 모스크바를 점령하려는 히틀러의 시도를 막기 위해 시베리아 사단을 서쪽으로 이동시킬 수도 있었다.

독소 조약은 일본을 큰 충격에 빠뜨렸을 뿐 아니라 일본군의 전략 구상에도 영향을 주었다. 독일과 일본 간에 연락이 거의 없었던 점은 뜻밖이었지만 이것이 일본 정부가 히틀러의 소련 침공으로부터 불과 두 달 전에 스탈린과 중립 조약을 체결하는 데 도움을 준 것은 아니었다. 일본 정부에서는 남진파가 소련과 전쟁을 치르자는 사람들은 물론, 중국에서 먼저 전쟁을 끝내고 싶어하는 일본 제국 육군 세력까지도 압도했다. 어찌 되었든 소비에트-일본 중립 조약은 미국이 이제 중국 국민당군의 최대 보급원이 되었음을 의미했다. 한편 장제스는 여전히 일본과의 전쟁에 소련이 참여하도록 스탈린을 압박하라고 루스벨트 대통령을 열심히 설득했지만, 스탈린은 무기대여 법안에 관한 협상을 거절했다. 스탈린은 붉은 군대가 한 번에 단한 전선만 맡을 수 있다고 하면서 단호한 입장을 보였다.

루스벨트가 1941년 장제스에 대한 협력을 전폭적으로 늘리자 일본 정부는 분노했지만, 석유 수출입 금지령을 내린 것은 미국 정부의 결정이었으며, 일본은 이를 선전포고와 같은 것으로 받아들였다. 사실 이것은 인도차이나 점령에 대한 대응이자 다른 나라들을 침략하지 말라는 경고의 의미였지만, 일본은 국가의 자존심을 바탕에 깔고 자신들만의 논리로 해석하려 했다.

나치처럼 일본 군사 전문가들도 자신들이 인종적으로 우월하다는 믿음 때문에 원인과 결과를 혼동할 수밖에 없었다. 예상된 일이었겠지만, 일본 군사 전문가들은 루스벨트와 처칠이 대서양 헌장을 통해 영미판 민주주의를 세계에 적용하려 한다고 생각했다. 이 전문가들은 민족 자결권을 높인다는 대영제국의 모순을 날카롭게 지적하면서도 정작 자신들은 대동아공영권으로 제국주의적 자유를 추구하겠다는 훨씬 더 가혹한 생각을 품고 있었다. 사실상 일본이 생각한 아시아의 새로운 질서는 독일의 경우와 매우 닮아 있었으며, 중국인을 대하는 태도도 나치가 슬라브 족을 인간 이하로 다룬 것과 같았다.

히틀러가 유럽과 대서양에서 전쟁을 시작하지 않았다면 일본도 미국을 감히 공격하지는 않았을 것이다. 두 대양에서 벌어진 전쟁으로 일본은 미국과 대영제국의 해군력에 맞설 유일한 기회를 얻었다. 이것이 일본이 1941년 11월 나치 독일로부터 진주만 기습 직후에 대미 선전포고를 하겠다는 보증을 얻으려고 한 이유였다. 7월에 블라디보스토크와 시베리아로 진격하라는 독일의 요청을 일본이 거부한 데 대해 자존심이 상해 있던 리벤트로프는 처음에 "루스벨트는 광적인 사람이라 어떤 식으로 나올지 예측할 수 없다"[1]며 대답을 회피했다. 그러자 일본 대사 오시마 히로시 장군은 독일에게 어떻게 할 것인지 직설적으로 물었다.

리벤트로프는 이렇게 대답할 수밖에 없었다. "일본이 미국과 전쟁을 벌이게 된다면 독일은 당연히 전쟁에 즉시 참전할 거요. 그런 상황에서 독일이 미국과 단독 강화를 맺을 가능성은 절대 없소. 총통께서 그리 결정한 이상 말이오."

일본군은 자신들의 계획을 베를린에 알리지 않았다. 그 뒤 진주만 공격 소식이 들어오자, 괴벨스의 말대로 이것은 그야말로 '날벼락'[2]이었다. 히틀러는 그 소식을 듣고 크게 기뻐했다. 일본군이 태평양에서 전쟁을 벌여 미군을 붙잡아두면 소련과 영국으로 가는 보급량을 확실히 줄일 수 있다고 생각했던 것이다. 히틀러는 미국이 가까운 미래에 자신을 향해 전쟁에 돌입할 수밖에 없다고 생각했지만, 그럼에도 미국이 1943년 초반까지는 유럽에 끼어들 입장이 아니라고 보았다. 히틀러는 미국과 영국 참모들이 '독일 우선' 정책에 합의했다는 사실을 전혀 모르고 있었던 것이다.

리벤트로프가 미국에 대한 나치 독일의 선전포고문을 발표한 곳인 독일 외무부로, 1941년 12월 11일 베를린 주재 미 대리공사가 소환되었다. 그 뒤 오후에 히틀러가 직접 독일과 이탈리아는 삼국 동맹에 따라 일본과 함께 미국과 전쟁 중이라고 선언하자, 독일 국회에 있던 당원들 사이에서 "승리 만세!"라는 함성이 터져나왔다. 사실 삼국 동맹은 상호 방어 동맹의 성격이 짙었다. 일본이 침략한 것이라면 독일은 굳이 일본을 도울 필요가 없었던 것이다.

독일 군대가 모스크바를 목전에 두고 퇴각한 시점에서 히틀러가 미국에 전쟁 선포를 한 것은 아무래도 무모했던 듯하다. 이 결정은 특히 리벤트로프가(아마도 히틀러가 직접 한 말을 그대로 전한 것이었겠지만) 거드름 피우며 "강대국은 선전포고를 당하지 않으며 스스로 선전포고를 한다"[3]고 말한 데서 알 수 있듯이 거만한 자존심의 발로였다. 더군다나 히틀러는 알프레트 요들 장군이나 발터 바를리몬트 장군과 같은 독일 국방군 총사령부 및 총통 본부의 주요 군 장교들과 논의조차 하지 않았다.

특히 히틀러는 붉은 군대를 쓰러뜨리기 전에는 미국과 전쟁을 치르지 않겠다는 자세를 지난여름 내내 고수해왔기 때문에 이들은 그의 경솔한 결정에 깜짝 놀랐다.

소련에 대한 승리가 결국 영국을 전쟁에서 몰아내게 되리라는 히틀러의 자기합리화적 전략은 단번에 방향이 틀어졌다. 이제 독일은 정말로 두 전선에서 전쟁을 맞닥뜨리게 된 것이다. 히틀러가 미국의 산업 생산력을 완전히 무시했기 때문에 장군들은 당황한 기색을 감추지 못했다. 게다가 평범한 독일인들도 이 충돌이 몇 년간 이어질 것이라는 생각에 두려워하기 시작했다.(훗날 전쟁이 끝날 무렵, 선전포고를 한 것은 미국이었다고 정반대로 믿은 독일인이 어쩌나 많았던지, 가히 충격적이었다.)

동부 전선에 있던 군인들은 그 발표를 듣고 가장 긍정적인 반응을 보였다. 제2기갑사단 소속의 한 상병은 크렘린에서 12킬로미터도 채 떨어지지 않은 거리까지 진격한 것을 자랑스러워하며 "12월 11일 바로 그날, 우리는 이례적으로 총통의 연설을 들을 수 있었다. 이제야 제대로 된 세계대전이 시작된 것이다. 올 것이 왔다"[4]고 기록했다.

히틀러는 해상전에 중점을 두고 있었다. 루스벨트는 '발견 즉시 발사'라는 정책을 써서 미국 군함들의 공격성을 점점 높여 독일 U 보트를 발견할 때마다 무조건 공격하게 한 뒤, 아이슬란드 서쪽으로 가는 호송선단을 호위하기로 했다. 그리하여 대서양 전투는 연합국에 유리한 방향으로 흘러가기 시작했다. 그때 레더 제독은 이리떼로 반격할 수 있게 해달라며 히틀러를 압박하는 중이었다. 히틀러는 레더의 좌절감에는 공감했지만, 일본군이 태평양에서 미국 해군을 꼼짝 못하게 하고 미국과의 단독 강화를 모색하지 않겠다고 공식적으로 합의할 때까지는 함부로 움직이지 않았다. 이제 서대서양과 북미 연안은 '어뢰' 자유 발포 구역이 될 상황이었다. 히틀러의 관점에서는 이 어뢰 전투가 결국 소련을 정복하기도 전에 영국을 굴복시킬 또 다른 방법이 될 수도 있었다.

U 보트 함대 사령관 카를 되니츠 해군 소장은 1941년 9월 미국에 대한 전쟁 선포 가능성을 최대한 자주 자기에게 알려달라고 히틀러에게 요청했 다.[5] 되니츠는 미국이 준비를 갖추기 전에 이리떼가 동부 해안을 따라 배치 된 미국 선박들에 무자비한 공격을 퍼부을 수 있도록 위치를 선점할 시간 이 필요했다. 그러나 그 지역에서 아직 U 보트를 활용할 수 없었던 시점이 었는데도 히틀러는 갑작스레 결정을 내리고 말았다.

반유대주의에 집착한 히틀러는 미국이 기본적으로 유대인 전쟁 도발자 들의 지배를 받는 북방 국가라고 믿었다. 그리고 이러한 믿음은 히틀러가 꿈꾼 신질서의 지배를 받는 유럽과 미국의 결전이 불가피하게 된 이유 중 하나이기도 했다. 그런데 히틀러는 루스벨트의 개인적인 노력보다 진주만 공격이 미국을 훨씬 더 단결시켰음을 인식하지 못했다. '미국 우선'이라는 슬로건 아래 고립주의를 지지하던 압력단체는 철저히 침묵을 지켰는데, 이 제 히틀러의 전쟁 선포는 루스벨트에게 득으로 작용하는 일이 되었다. 루스 벨트 대통령은 독일의 선전포고 없이는 더 이상 의회가 대서양 전투를 '선 전포고 없는 전쟁'으로 끌고 나갈 수 있게 해주리라는 기대를 할 수 없는 상태였다.

1941년 12월 둘째 주에는 전쟁이 전환점을 맞이했다. 홍콩과 말레이에서 날아든 비보에도 처칠은 이제 결코 패배하지 않을 거라고 확신했다. 진주만 소식을 들은 후, 처칠은 안도와 감사의 마음으로 잠자리에 들었다[6]고 한다. 모스크바를 눈앞에 두고 독일군이 패퇴한 것도 히틀러가 지상에서 가장 어 려운 상대를 맞이한 것이며 소련을 상대로 승리할 가망이 없음을 말해주었 다. 게다가 대서양 전투에서는 잠시 긴장이 누그러지기도 했고, 심지어 북아 프리카에서는 오킨렉의 크루세이더 공세가 로멜의 군대를 키레나이카에서 몰아냈다는 고무적인 소식도 전해졌다. 따라서 처칠이 프린스 오브 웨일스의 자매함인 전함 듀크 오브 요크를 타고 다시 신대륙으로 향했을 때는 매우 낙관적이었다. 처칠과 루스벨트, 미군 참모단이 참석한 일련의 회담에는 아르카디아라는 암호가 붙었다.[7]

대서양을 넘었을 때, 처칠은 여러 생각에 들떠서 앞으로의 전쟁 지휘에 대한 지침을 마련했다. 이 지침은 참모단과 논의 끝에 영국군이 전략적 계획을 세우기 위해 마련된 것이었다. 영국의 바람대로 미국 항공대가 참전하여 중폭격기로 독일의 산업 인프라를 파괴하고 항공기 생산량을 떨어뜨리기 전에는 북유럽에 상륙할 시도를 해서는 안 되었다. 미군과 영국군은 1942년 북아프리카에 상륙하여 로멜을 패퇴시키고 지중해를 지켜야 했다. 그래야만 1943년에 시칠리아 섬과 이탈리아에, 혹은 북유럽 해안에 상륙할 수 있을 것이었다. 또한 미군이 일본군에게 항공모함으로 응수해야 한다는 것도 처칠은 인지하고 있었다.

망망대해를 어렵사리 건넌 후, 듀크 오브 요크 함은 12월 22일 마침내 미국에 당도했다. 루스벨트의 환영을 받으며 처칠은 백악관에 들어가게 되었고, 그곳에서 3주 동안 여러 사람을 피곤하게 했다. 그러나 처칠은 그곳의 분위기에 잘 녹아들었으며, 의회 연설을 했을 때는 열렬한 환영을 받았다. 두 지도자는 서로 너무나 달랐다. 루스벨트는 틀림없이 훌륭한 사람이었지만 자만심이 강하고 냉정하며 계산적인 편이었다. 그러나 그와 동시에 자신이 가진 매력을 이용할 줄 알고 억지로 친밀한 인상을 주어 힘을 발휘할 줄 아는 사람이기도 했다.

반면에 처칠은 정열적이고 자유로우며 감상적이고 명랑한 성격이었다. 처칠이 앓았던 일명 '검은 개' 우울증은 일종의 조울증과 같은 의미였다. 두 사람의 가장 큰 차이점은 제국을 대하는 태도에 있었다. 처칠은 위대한 조상 말버러 경의 가문임을 자랑스럽게 여긴 보수적인 제국주의자였다. 루스벨트는 그런 태도를 시대착오적일 뿐 아니라 매우 잘못된 태도로 여겼다.

루스벨트는 또한 처칠이 현실 정책을 얕보고는 있지만 작은 나라들을 언제든지 자신에게 복종시킬 준비가 된 사람이라고 생각했다. 다시 외무장관이 된 앤서니 이든은 소련과의 삼자 구도의 어려움을 냉담하게 관찰한 뒤 '미국의 정책은 최소한 비非아메리카의 이익에도 관여할 만큼 지나치게 도덕적'[8]임을 곧 알아차렸다.

영국 대표단은 미국 참모들이 여전히 '독일 우선' 정책을 고수하고 있다는 사실에 안심했다. 이러한 결정을 내리기까지는 선박 고갈 문제가 끼친 영향도 적지 않았다. 거리가 워낙 멀다보니 각 선박이 태평양 전역까지 왕복 운항을 1년에 세 번밖에 할 수 없었다. 게다가 선박이 부족하면 영국 내에 미국 병력을 포진시켜 해협 너머로 침공하게 하는 데 예상보다 오랜 시간이 걸릴 수도 있었다. 이것은 수송선을 대량 생산하기 위한 '리버티 선' 건조 계획이 진행되어야 겨우 풀리게 될 문제였다.

미국은 직접 참전하면서 '민주주의의 위대한 병기창' 이상의 존재가 될 순간을 눈앞에 두고 있었다. 미 정부의 신임을 얻었던 몇 안 되는 프랑스인 중 한 명인 장 모네가 처음 제안한 승리 프로그램은 이미 시작되고 있었다. 미국 병력을 800만 명 이상으로 늘리는 계획을 가동하고, 독일과 일본을 무너뜨리는 데 필요한 군비와 항공기, 전차, 군수품, 선박 등을 충분히 계산한 뒤, 미국 군수산업은 총력전 대비 생산 체제로 전환했다. 예산이 1500억 파운드에 이르렀고, 군사적 후원도 막대해져갔다. 한 장군은 "미군은 문제를 해결하지 않고, 문제를 압도해버렸다"[9]고 표현했다.

소련에 무기를 대여하는 안건도 10월 의회에서 통과되었다. 게다가 500만 달러에 달하는 의료용품도 미국 적십자사를 통해 제공되었다. 루스벨트는 소련에 빨리 군수품을 전달할 것을 재촉했다. 한편 처칠은 소련 원조를 약속하겠다며 큰소리쳤다가 물자를 공급하지 못하게 되면서 스탈린에게 의심만 더 사는 꼴이 되었다. 1942년 3월 11일, 루스벨트는 헨리 모건도 재무장관에게 "영국은 러시아에 한 모든 약속을 제대로 지키지 못했소…… 러시아가 우리에게 호감을 갖는 유일한 이유는 지금까지 우리가 약속을 지켜왔기 때문이오"[10]라고 말했다. 루스벨트는 처칠에게 편지를 썼다. "제가 잔인할 정도로 솔직하게 제 생각을 이야기해도 크게 마음에 담아두지는 않으실 거라 생각합니다. 저는 영국 외무부나 우리 국무부보다 스탈린을 개인적으로 더 잘 다룰 수 있다고 믿습니다. 스탈린은 영국 수뇌부가 모두 뻔뻔스럽다며 싫어하고 있어요. 나를 더 좋아하는 것 같고, 저 또한 스탈린이 계속 그러기를 바랍니다."[11] 루스벨트가 스탈린에게 끼치는 영향에 대해 보여준 거만하고 지나친 자신감은 종전으로 향할수록 오히려 독이 되었다.

스탈린은 폴란드 동부와 발트 해 국가들이 몰로토프-리벤트로프 협정 이후 소련의 지배를 받게 되었다는 사실을 영국이 인지하기를 바라면서, 이에 동의하도록 앤서니 이든을 압박했다. 처음에 영국은 대서양 헌장에서 주장하는 자결권에 철저히 모순된다며 논의하기를 거부했다. 그러나 스탈린이 아직 히틀러와의 단독 강화를 모색하고 있을지 모른다고 생각한 처칠은 스탈린의 주장에 동의해야 하지 않겠느냐며 루스벨트에게 찬성 가능성을 물었다. 루스벨트는 즉시 그 제안을 거절했다. 그 후 역설적이게도, 비현실적인 약속을 하여 스탈린에게 가장 큰 불신을 받은 사람은 바로 루스벨트였다. 1942년 4월, 루스벨트는 문제를 고려하지도 않고 소비에트 지도자에게 연내에 제2전선을 구축하겠다고 약속한 것이다.

마셜 장군은 루스벨트가 참모단의 도움으로 정책을 결정하는 경향이 있음을 알고 있었기에, 처칠이 백악관에서 루스벨트 대통령에게 직접 접근하자 깜짝 놀랐다. 그 후 마셜은 1942년 6월에 처칠이 또 한 번 백악관을 방문했을 때, 루스벨트가 처칠의 북아프리카 상륙 계획인 횃불 작전Operation

Torch(Operation Gymnast) 실행에 합의한 사실을 알고 더 큰 충격을 받았다. 수많은 미국 고위 장교는 이 작전이 제국을 지키려는 영국의 계획으로 보고 있었던 것이다.

처칠은 미국에서 의기양양하게 돌아왔지만, 새로 발생한 참사들로 곧 지치고 병이 나서 체중이 줄어들 정도였다. 1942년 2월 11일 밤부터 이튿날까지, 독일의 순양전함 샤른호르스트와 그나이제나우 함은 중순양함 프린츠 오이겐 함과 함께 나쁜 시야를 틈타 브레스트에서 독일 영해까지 '해협 돌파'를 강행했다. 그 경로를 따라 영국 공군 폭격기와 해군 어뢰정이 수차례 공격을 시도했지만 실패하고 말았다. 나라 안은 충격과 분노에 휩싸였다. 여러 지역에서 패배를 인정하는 분위기마저 조성되었다. 그 후 2월 15일, 싱가포르가 항복했다. 영국이 완전하게 굴욕을 당한 것으로 보였다. 존경받는 전쟁 지도자였던 처칠은 이제 언론과 의회, 호주 정부에서 전방위 공격을 받게 되었다. 설상가상으로, '즉각적인 제2전선 구축'을 외치며 소련 지원을 요구하는 대규모 집회와 시위가 시작되었다. 그러나 즉각적인 제2전선 구축은 처칠이 가장할 수도 없고, 하고 싶지도 않았던 공격 작전이었다.

하지만 당시 가장 큰 위협 요인은 영국의 군사적 실패가 아니었다. 독일 해군이 얼마 전에 회전자를 추가하는 방식으로 이니그마 암호 체계를 바꿨던 것이다. 그런 까닭에 블레츨리 파크에서는 단 하나의 신호도 해독할 수 없었고 그 결과 북대서양과 북미 연안을 따라 배치된 되니츠의 이리떼는 히틀러의 꿈에 부응하여 적에게 어느 정도 피해를 주기 시작했다. 1942년에 연합군 선박 총 1769척과 중립국 선박 90척이 격침되었다. 처칠은 미국의 전쟁 돌입에 도취해 있었지만, 대서양 전투에서 영국이 패배할 경우 기아는 물론이고 국가 붕괴 위기에 직면할 처지였다. 온갖 문제와 굴욕을 떠안은 처칠이 독일군을 모스크바에서 성공적으로 격퇴한 스탈린을 몹시 부러워한 것은 당연한 일이었다.

12월에 모스크바 공방전에서 붉은 군대가 달성한 위업은 곧 스탈린 자신이 망쳐놓았다. 1942년 1월 5일 저녁에 그는 크렘린 궁에서 스탑카와 소련 국방위원회 회의를 소집했다. 스탈린은 복수심에 사로잡힌 나머지, 총공격의 시간이 왔다며 스스로를 설득했다. 독일군은 혼란에 빠져 있었다. 겨울 대비도 되어 있지 않았을 뿐만 아니라 봄이 올 때까지 공격을 저지할 준비도 되어 있지 않았던 것이다. 파이프를 뻐끔뻐끔 피우며 집무실을 왔다 갔다 하던 스탈린은 모스크바 부근의 중앙 전선에서 대규모 포위 작전을 개시하고 북쪽에서는 레닌그라드의 포위를 풀며, 남쪽에서는 크림 반도와 도네츠 분지에서 만슈타인의 부대를 격파하고 하리코프를 탈환할 계획을 밀어붙였다.

스탈린이 스탑카에 내린 지시를 듣지 못하고 있던 주코프는 경악했다. 스탈린과의 면담에서 주코프는 모스크바 부근 '서쪽 축'에 공격을 집중시켜야 한다고 주장했다. 붉은 군대에는 예비 병력과 보급품, 특히 총공격에 필요한 탄약이 충분하지 않았다. 모스크바 공방전에 참가했던 군대는 엄청난 손실을 입어 전력을 소진해버렸던 것이다. 스탈린은 주코프의 경고를 듣고도 깡그리 무시하면서 그저 명령을 수행하라[12]고 말할 뿐이었다. 면담은 그렇게 끝이 났다. 나중에야 주코프는 자신의 말이 아무 소용없었다는 사실을 깨달았다. 자신이 모르는 사이에 구체적인 지시가 이미 전선 사령관들에게 하달되어 있었던 것이다.

독일군은 사실상 타격을 입어 피해가 큰 상황이었다. 농민들에게서 빼앗은 옷을 입은 독일 군인들은 동상에 걸려 지저분한 수염과 추위로 벗겨진 코, 붉어진 뺨 때문에 지난여름에 진군가를 부르며 동쪽으로 진군했던 바로 그 군인들이라고는 생각할 수 없을 정도였다. 독일 부대원들은 현지에서 습득한 시체의 다리를 톱으로 잘라 군화를 벗기기 위해 불가에 대고 녹였다. 보초병들은 헝겊으로 된 양말로 발을 감쌌지만 동상을 막기에는 역부족이었다. 수족이 동상에 걸렸을 때 빨리 치료받지 않으면 금방 썩기 때문에 절단을 해야만 했다. 엄청난 숫자의 동상 환자로 정신이 없었던 야전병원 군의관들은 잘라낸 손과 다리를 밖으로 던져 눈 속에 쌓아둘 수밖에 없었다.

그런데 상대편은 늘 독일군의 재난 극복능력을 과소평가했다. 붕괴 직전에 있던 군기는 빠르게 재확립되었다. 정신없이 후퇴하는 동안 장교들은 임시변통으로 보병에다 돌격포와 공병, 몇몇 기갑부대를 조합하여 전투단을 편성했다. 그리고 1월 첫째 주가 되자, 히틀러의 고집으로 마을들은 군사 거점이 되어 있었다. 참호를 팔 수 없을 정도로 땅이 단단히 얼자, 부대원들은 폭탄 등을 이용하여 폭파 구멍을 내거나, 쌓여 있는 눈과 얼음 뒤에 통나무를 대어 박격포 진지와 포좌를 만들었다. 때때로 소총 개머리판으로 눈을 퍼내야 하는 처지에 놓이기도 했다. 독일 군인들은 아직 겨울옷을 하나도 받지 못했다. 독일군은 소련군 시체가 얼기 전에 패드 재킷을 벗기려 했으나 혹한 속에서 쉬운 일은 아니었다. 거의 모든 병사가 이질을 앓았는데, 추운 날씨에 바지를 내려야 했던 탓에 고생이 두 배였다. 게다가 수분 보충을 위해 눈을 먹으면서 설사는 더 악화되었다.

로코솝스키 예하 제16군과 안드레이 블라소프 예하 제20군이 모스크바 북쪽을 공격하여 틈새가 생기자, 제2근위기병군단은 전차와 스키대대의 도움으로 그 틈새로 밀고 들어갔다. 그러나 주코프가 경고했듯이 독일군은 더 이상 지리멸렬하지 않았다. 소비에트 병력은 독일군을 둘러싸려다 오히려 자신들이 차단되고 말았다. 어떤 독일군 부대들은 우회했는데 이들은 공중보급을 받아가며 맞서 싸웠다. 노브고로드로 향하는 레닌그라드 고속도로에서 독일 사단 6개가 포위되어 만들어진 가장 큰 '솥'이 데만스크를 둘러쌌다.

서북쪽으로 더 나아간 지점에서는 키릴 메레츠코프 장군의 볼호프 전선이 제54군과 제2충격군을 이용하여 레닌그라드 포위망 돌파를 재시도했다. 스탈린은 부대의 훈련 상태가 미흡하고 대포용 사격 조준기가 부족하더라도 보로노프 장군이 사격조준기를 싣고 날아올 때까지 기다리지 말고 때이른 공격을 할 것을 메레츠코프에게 강요, 협박했다. 제2충격군은 볼호프 강 너머로 진군한 뒤 신속하게 독일의 후방으로 침투하여 독일 제18군에 차단 위협을 가했다. 그러나 독일군의 반격과 겨울 날씨 때문에 진군 속도는 느려졌다. "두껍게 쌓인 눈에 길을 만들기 위해 열다섯 줄로 대열을 만들어야 했다. 첫 번째 줄이 앞으로 나가며 허리까지 오는 눈을 쿵쿵 짓밟았다. 10분 후 앞줄이 철수하고 대열 맨 뒤로 빠졌다. 이따금 반 정도 얼은 늪지대와 표면이 얇게 언 하천이 나타나면서 움직이기가 점점 더 힘들어졌다."[13] 발이 젖고 꽁꽁 얼면서 심한 동상으로 인한 사상자가 생겨났고, 말이 먹이를 잘 먹지 못해 기운이 없어 병사들이 직접 탄약과 보급품을 운반해야 했다.

모스크바 방어에 공을 세워 아주 최근에 극찬을 받은 블라소프 장군이 스탈린의 지시로 지휘를 맡게 되었다. 블라소프는 증원군 및 보급품 지원을 약속받았지만 막상 그것들이 도착했을 때는 이미 너무 늦어버렸다. 낙하산으로 탄약을 공수받았지만 대부분은 독일 전선 뒤로 떨어졌다. 블라소프의 군대는 곧 얼어버린 습지와 자작나무 숲속에서 완전히 차단되었다. 메레츠코프는 스탈린에게 재난이 임박했다며 경고했다. 봄이 오고 얼음이 녹은지 얼마 되지 않아 제2충격군은 약 6만 명의 병사를 잃고, 단 1만3000명만이 탈출하여 사실상 와해되었다. 블라소프는 정부에 반감을 갖게 되었고 결국 7월에 포로로 잡혔다. 독일군은 곧 그를 설득하여 ROA, 즉 러시아 해방군을 편성하게 했다. ROA의 자원병은 순전히 전쟁포로 수용소에서 굶주리고 싶지 않은 마음에 참가한 사람이 대부분이었다. 한편 블라소프의 배신에 대한 스탈린의 반응에는 대공포 시대와 붉은 군대 숙청이 남긴 삐뚤어진 집착이 드러났다. "전쟁을 앞두고 어떻게 그자를 놓칠 수 있지?"[14] 스탈린이 베리야와 몰로토프에게 물었다.

사악하고 무능한 인민위원 레프 메흘리스를 포함한 스탈린의 특사단은 전선사령관들의 잘못이 아닌 보급품과 차량 부족까지 모든 결점에 대하여 그들을 비난함으로써 전선사령관들을 몹시 난처하게 만들었을 뿐이다. 스몰렌스크 탈환 계획으로까지 확대된 스탈린의 터무니없이 야심찬 계획 때문에 혼란이 일어났다고 감히 이야기할 수 있는 사람은 아무도 없었다. 프랑스에서 온 독일 증원군들이 겨울 장비 없이 바로 전투에 투입되었고, 수많은 소비에트 사단은 각각 2000명 남짓에 불과한 인원으로 줄어들었다.

뱌지마 주변에 대규모 포위망을 형성하려는 시도는 실패로 돌아갔다. 주코프는 심지어 제4공수군단 일부를 독일 전선 뒤로 낙하시켰지만, 독일군에게 익숙한 칼루가 지역 비행장에서 루프트바페가 반격하면서 공수부대는 그대로 버려졌다. 레닌그라드로부터 흑해에 걸친 동부 전선 전체에서 독일군 거점들은 결정적인 돌파를 모두 막아내는 데 성공했다. 한편 크림 반도에 있던 만슈타인은 세바스토폴 포위망을 풀기 위해 케르치 반도에 상륙한 소련군을 가까스로 봉쇄했다.

독일 제9군이 르제프에서 포위당할 위험에 빠지면서 가장 큰 위기가 닥쳤다. 무자비한 에너지의 소유자로 히틀러의 신임을 얻게 된 발터 모델 장군이 그곳으로 가 지휘를 맡게 되었다. 모델은 신체적 용기뿐만 아니라, 이따금씩 히틀러에게 대드는 정신적 용기도 보여주었다. 그는 즉시 반격을 개시하여 소련군의 허를 찌른 후, 전선을 복구하고 제29군을 포위하는 데 성공했다. 하지만 포위당한 붉은 군대 병사들은 모델의 군대에 포로로 잡힐 경우 어떤 운명이 기다리는지 익히 들어왔으므로 마지막까지 싸웠다.

해임된 룬트슈테트를 대신하게 된 새 남부집단군 총사령관이자 히틀러의 총애를 받았던 또 한 명의 군인 폰 라이헤나우 육군 원수는 다른 의미에서 사상자가 되었다. 1월 12일에 라이헤나우는 폴타바에 있는 자신의 사령부 근처에서 아침 조깅을 나갔다. 점심때쯤 몸이 좋지 않음을 느끼다가 심장 발작으로 쓰러졌다. 히틀러는 즉시 라이헤나우를 독일로 후송하여 치료하게 했지만, 이 육군 원수는 후송 중 사망하고 말았다. 죽기 얼마 전 바비야르 학살 당시 제6군을 이끌고 SS 존더코만도를 돕던 그는 제6군의 후임 사령관으로 자신의 참모장이었던 프리드리히 파울루스를 임명해달라며 히틀러를 설득한 바 있었다.

독일군도 데먄스크와 홀름, 벨리에서 포위된 군대에 간신히 재보급을 했다. 100기가 넘는 융커스 52 수송기를 매일 가동함으로써 넓은 데먄스크 포켓을 유지했다. 이때의 성공으로 1년 후에 심각한 결과가 발생하게 된다. 괴링이 히틀러에게 스탈린그라드에 포위된 파울루스의 제6군을 유지할 수 있다고 확언한 것이다. 그래도 데먄스크 주변에 있던 독일 군대는 전투에 필요한 식량을 충분히 받았지만, 포위망 안의 러시아 민간인들은 굶주린 채로 방치되었다.

쿠르스크 주위에서 티모셴코의 병력이 필사적으로 저항하는 독일군을 밀어냈다. 전장은 혹한 속 죽음을 그려낸 한 폭의 그림으로 남았다. 레오니트 라비체프라는 붉은 군대 장교는 우연히 한 아름다운 소녀[15]를 만났다. "독일군이 온 뒤부터 숲속에 숨어 있던 전화 교환원이었다. 입대를 하고 싶다기에 마차에 타라고 말했다." 이어서 그는 이런 기록을 남겼다. "나는 아주 끔찍한 장면을 보았다. 지평선까지 이어진 광활한 대지가 우리 전차와 독일군 전차로 가득했던 것이다. 그 사이에는 선 채로, 혹은 앉은 채로, 엎드린 채로 단단하게 얼어버린 수천 구의 러시아군과 독일군 시체가 있었다. 서로 기대거나 껴안은 이들도 있었다. 또 어떤 이들은 소총으로 몸을 받치고 있고, 다른 이들은 기관단총을 쥐고 있다. 대다수는 다리가 잘려나갔다. 우리 보병들이 냉동된 발에서 군화를 벗겨내지 못해 아예 다리를 잘라 벙커로 가져와 녹이려고 한 것이다. (당직이었던) 그리셰치킨은 얼어 죽은 군인의 주머니를 뒤져 라이터 두 개와 담배 몇 갑을 찾아냈다. 소녀는 이 모든 광경을 무심하게 바라보고 있었다. 물론 전에 수도 없이 봐왔던 모습이겠지만, 나에게는 충격이었다. 서로 들이받으려 했던 전차도 있었고, 충돌 후 차체 앞쪽이 들린 채 서버린 전차도 있었다. 아군이든 적군이든 부상자들이 얼어 죽은 것을 생각하면 끔찍하기 짝이 없다. 전선은 전진했고, 이들을 묻어야 한다는 것은 잊혔다."

민간인의 고통은 더 심했다. 민간인에 대한 독일군의 잔학 행위가 있었던 것은 물론이고, 독일군이 거처로 쓸 수 있는 건물은 모조리 파괴하라는 스탈린의 지시 때문에 붉은 군대와 빨치산까지도 잔인하게 민간인을 짓밟았다. 막 해방된 모든 지역에서는 NKVD가 나서서 독일군에 협력했을지도 모르는 농민들을 체포했다. 1월에 거의 1400명이 체포되었는데,[16] 아무래도 생존을 위한 활동과 자발적 협력을 선명하게 구별한다는 것은 쉽지 않은 일이었다. 진군하던 소비에트 군대는 우연히 교수대를 발견하고 마을 주민들로부터 독일군의 또 다른 잔학 행위를 전해 들었는데, 때로는 자비를 베푸는 독일 병사들도 있었다. 이런 경우 마을 주민들은 조국에 대한 반역 행위 혐의를 피하기 위해 함구하는 편이 나았다.

4월이 되자 소비에트 사상자 수는 100만 단위를 막 넘어섰고, 그중 절반이 죽거나 실종되었다.[17] 그때까지도 스탈린은 독일 국방군이 곧 나폴레옹의 군대와 같은 운명을 겪게 되리라는 완전히 빗나간 희망을 안고 있었다.

수송 수단의 배정에 있어서 군부대 및 군 보급품 수송을 우선순위에 두게 되면서 모스크바 주민들은 굶주리는 날이 늘어갔다. 의복과 신발류를 감자와 교환하는 암시장이 성행하기 시작했다. 노인들은 러시아 내전 때 수년간 굶주렸던 기억을 떠올렸다. 아이들은 구루병을 앓았다. 불을 땔 연료나 나무도 없어 물과 하수관이 얼어붙었다. 여성과 어린이 10만 명이 주변

숲으로 가서 땔감을 구해와야 했다. 전기 공급이 부족해 정전된 가구도 많았다. 결핵 사망자 수는 전해보다 두 배 많았고, 전체 사망률은 세 배에 이르렀다. 발진티푸스 유행의 공포가 엄습했지만 모스크바 보건 당국의 부단한 노력으로 예방할 수 있었다.[18]

포위된 레닌그라드의 상태는 가늠할 수 없을 만큼 악화되었다. 독일 포병대가 하루에 네 번씩 규칙적으로 도시를 포격했다. 그래도 지상에 내리거나 크론시타트 해군 기지 또는 네바에 정박해 있던 발틱 함대의 함정에 장착된 함포 덕분에 방어선은 지킬 수 있었다. 도시 생존의 열쇠는 이제 실낱같은 생명줄에 달려 있었다.

소비에트 당국은 동부 지역과의 연결이 끊어지지 않도록 고군분투했지만 그러한 노력이 허사로 돌아갈 때가 많았다. 라도가 호 남쪽 호반에 독일군이 포진하고 있었기 때문에 얼어붙은 호수 위 '빙판길'이 유일한 연결로였다. 도시에 단 이틀 치의 보급품밖에 남아 있지 않던 11월 셋째 주가 지나간 뒤에야 자동차와 마차가 다닐 정도로 얼음이 두꺼워지기 시작했다. 커다란 위험은 갑작스런 해빙이었다.

동쪽에서는 독일군이 1941년 11월 8일에 티흐빈을 점령했다. 그로 인해 소비에트군은 숲을 따라 자작나무를 쓰러뜨려 북쪽으로 '통나무 길'을 내야 했다.[19] 이 작업에 동원된 농민과 굴라크 죄수들 후방 병력 등 수천 명의 강제노동자가 사망했으며, 시신은 나무 통로 아래 진흙 속에 버려졌다. 그러나 이러한 희생은 모두 가치 없는 일이 되어버렸다. 통나무 길이 완성된 지 사흘째 되던 12월 9일에 독일군 후방에 있던 빨치산 부대의 도움을 받은 메레츠코프의 병력이 티흐빈을 재점령했기 때문이다. 티흐빈 탈환으로 철도 종착역이 열렸고 라도가 호 동남쪽으로 가는 여정이 엄청나게 단축되었다.

얼어붙은 호수를 가로질러 동쪽으로는 도시의 공장 기계들을 보내고 서

제2차 세계대전

쪽으로는 보급품을 보낸 양방향 빙판길은 엄청난 위업을 달성했다. 기관총 초소를 마련하고 얼음판 위 거점에 고사포를 갖춰 독일 스키부대의 공격에 대비하며 얼음길을 방어했다. 이런 거점에는 붉은 군대 병사들을 위한 대피용 이글루가 마련되었다. 소련군은 항공기 엔진으로 가동되는 무장 썰매를 만들기도 했는데, 뒤쪽에 프로펠러를 달아 마치 늪지에서 사용하는 프로펠러 장착 주정의 겨울형 같았다. 얼음판을 가로질러 의료센터와 교통정리용 수동 통제소가 설치되었다. 그러나 레닌그라드에서 피란을 나온 민간인들을 다루기란 무척 버겁고 따분한 일이었다. NKVD조차 그들의 '무책임하고 매정한 처우'[20]와 이동하는 무리의 '비인간적' 사정에 대해 불평했다. 살아서 '본토'에 도달한 사람들을 돕는 손길도 전혀 없었다. 의식주를 도와줄 가족이나 친구들의 손에 그들의 생존이 달려 있었던 것이다.

티흐빈을 되찾은 후에도 굶주림으로 체력이 약해진 레닌그라드 주민들은 정처 없이 연료나 음식을 찾으러 다니다가 빙판길 위에 쓰러지는 일이 허다했다. 쓰러진 사람들은 곧바로 배급수첩을 도둑맞았고, 빵집에서 나오던 사람들은 손에 쥔 빵까지 빼앗겼다. 굶주림만큼 기초 도덕을 빠르게 무너뜨리는 것은 없었다. 가족 중 한 명이 죽으면 차디찬 방에 시신을 숨기고 사망자 분량의 배급을 계속 받을 수 있었다.

비록 당국에 대한 공포가 있었지만 그런 상황임에도 불구하고 빵가게를 습격하여 약탈하려는 시도는 거의 없었다. 오직 당수들, 그리고 식료품 유통과 밀접한 사람들, 즉 배급업자와 계산원만이 힘을 가지고 있었다. 공장 근로자들에게는 정부 지원으로 운영되는 매점을 이용할 특권이 있었지만 공장 근로자가 아닌 최하위층 사람들은 살아남기 어려웠다. 가까운 친지들조차 이들의 얼굴을 알아볼 수 없을 정도로 이들은 급격히 늙어버렸다. 그리하여 이들은 처음에는 까마귀와 비둘기, 갈매기를, 그다음에는 개나 고양이를 잡아먹었으며(파블로프의 실험에 쓰인 그 유명한 개들도 생리학연구소에서 먹히고 말았다) 결국에는 쥐까지 먹게 되었다.

대부분의 사람은 체력이 몹시 약해져서 일을 하러 가거나 먹을 것을 얻기 위해 줄을 서려고 걸어가다가도 몇 미터에 한 번씩 멈춰서 쉬어야 했다. 어린이용 썰매는 땔감을 나르는 데 쓰이다가, 곧 공동묘지로 송장을 운반하는 데에도 쓰였다. 사람들은 종이나 수의로 감싼 시신들을 '미라'라고 불렀다. 살아남기 위해서는 관을 짜는 데 쓸 나무도 아껴서 불을 피워야 했다.

1941년 12월 레닌그라드 전체 인구 228만 명 중 총 51만 4000명이 봄까지 '본토'로 구출되었고, 62만 명이 사망했다. 고령자들은 1918년 내전 때 시작된 첫 번째 기근에 이어 이번에는 포위망 안에서 두 번째 기근을 맞이했다. 사람이 숨을 거두기 약 48시간 전에 죽음을 예지하는 현상이 다수 목격되었다. 수많은 사람이 마지막 힘을 짜내어 직장에 연락하여 돌아가지 않겠다는 통보를 하고 상사에게 가족을 잘 보살펴달라고 부탁했다.

지식인의 유산을 자랑하는 레닌그라드에서는 아스토리아 호텔을 작가와 예술가를 위한 병원으로 변모시켰다. 그곳에서 그들은 쓴술에 신선한 솔잎을 으깨 넣는 방식으로 비타민을 공급받았다. 이곳에서는 고아들을 돌보기도 했다. 한 주임교사는 "아이들이 더 이상 아이들처럼 보이지 않았어요. 눈빛이 또렷했고 이상할 정도로 조용했죠"[21]라고 말했다. 그런데 일부 시설에서는 주방 직원들이 자기 가족을 위해 음식을 훔치는 바람에 시설 아이들이 굶주리기도 했다.

도시 행정 당국은 포위 공격이 시작되기 전에 땔나무를 비축해두지 못해, 대부분의 사람이 책이나 가구, 문짝 등을 부수어 둥그스름한 난로에 넣고 불태워 난방을 해야 했다. 오래된 목조 건물들은 해체되어 공공건물에 연료를 공급하는 데 쓰였다. 1942년 1월, 레닌그라드의 기온은 줄곧 영하 40도를 맴돌았다. 그저 몸을 따뜻하게 하려고 잠자리에 들었다가 그 길로 죽어간 사람도 많았다. 기아로 인한 죽음은 소리 없이, 그리고 아무에게나 찾아왔다. 산송장이 어느 틈엔가 진짜 송장이 되었다. 얼마 후 한 여성이 영국 기자에게 이렇게 말했다. "그게 어떤 건지 잘 모르실 거예요. 방금 거리에, 계단에, 여기저기 너부러진 시체들 위를 밟고 지나오셨잖아요. 이제는 그저 아무렇지 않게 된 것이지요."[22]

대다수는 기아와 추위가 겹쳐 사망했다. 저체온증과 스트레스가 기아와 겹쳐지면서, 신진대사가 엉켜버려 사람들은 그들이 섭취한 적은 열량마저도 제대로 흡수할 수 없었다. 군인들은 이론적으로 민간인보다 더 나은 배급을 보장받았지만 배급 물품이 전혀 오지 않는 경우가 허다했다. 장교들이 자기 자신과 가족을 위해 배급품을 빼돌린 것이다.[23]

어떤 사람은 일기장에 "우리 눈앞에서 사람들이 짐승으로 변했다"[24]고 기록하고 있다. 굶주림으로 미쳐버린 사람도 있었다. 소비에트 역사에서는 식인 행위가 없었던 것처럼 꾸미려 하고 있지만, 여러 일화와 기록이 식인 행위를 증명해주고 있다. 포위 기간에 '인육을 식용으로 사용한 혐의'로 약 2000명이 체포되었고, 그중 886명이 1941~1942년 첫겨울에 잡혀갔다.[25] '송장 먹기'는 죽은 사람의 시체에서 떼어낸 고기를 섭취하는 행위였다. 어떤 사람들은 심지어 영안실이나 공동묘지에서 시체를 탈취했다. 레닌그라드 밖에서는 여러 군인과 장교가 송장을 먹으며 연명했고, 심지어 야전병원에서 절단한 수족까지 먹었다.

드물게는 '사람 먹기'가 자행되기도 했는데, 주로 식용을 목적으로 일부러 사람을 살해하는 행위를 말했다. 부모들은 이러한 일들이 자신의 아이들에게 닥칠지도 모른다는 생각에 두려워져 아이들을 집 안에만 있게 했다. 아이 다음으로 젊은 여성의 살이 가장 부드러웠다고 한다. 인육을 갈아서 커틀릿이나 고기만두를 만들어 판매했다는 무리들에 관한 이야기가 수도 없었으며, 주택 단지 안에서도 식인 행위가 대부분 이뤄졌다. 미친 듯이 친자식을 잡아먹는 부모도 있었고, 이웃 아이를 잡아먹는 사람도 있었다.

제55군 소속 제56소총사단[26]의 일부 병사는 굶주린 나머지 매복해 있다가 식량 운반차를 습격하여 운전자를 죽인 뒤 식량을 탈취하고, 눈 속에 시체를 묻어두었다가 나중에 돌아와서 조금씩 먹었다.

비록 기아가 인간의 가장 불편한 본성까지 끌어내기는 했지만, 이웃은 물론 생판 모르는 사람에게까지 자기희생적인 이타심을 보여주는 경우도 있었다. 아이들은 부모보다 생존율이 더 높았는데, 이것은 성인들이 자기 식량을 자식에게 주었기 때문인 것으로 생각할 수 있다. 여성은 대체로 남성보다 오래 생존했지만 나중에는 힘없이 쓰러질 때가 많았다. 또한 배고프다고 보채는 아이들을 위해 먹기를 포기할 것인지, 아니면 가족을 돌볼 힘을 유지하기 위해 충분히 먹어둘 것인지를 두고 끔찍한 딜레마에 빠지기도 했다. 출산율도 급락했는데, 극심한 영양 부족으로 여성의 월경이 멈추고 남성이 불임이 된 것이 원인 중 하나이기도 했지만, 대부분의 남성이 도시에서 먼 전선에 나가 있었기 때문이기도 했다.

레닌그라드에 있던 붉은 군대 보병들과 해병대는 독일군이 돌파해 들어오지 못하자 점점 더 자신감을 얻어갔다. 이들은 독일군이 포위를 지속하는 이유가 핀란드군을 계속 참전시켜두기 위해서라고 믿었다. 서방 연합국이 핀란드를 적국으로 여기기를 꺼리자 레닌그라드 주민들은 화가 났다. 1939년에 스탈린이 핀란드를 공격한 데에는 정당한 이유가 전혀 없다고 하는 연합국의 입장을 받아들일 수 없었던 것이다. 붉은 군대는 선전활동으로 적에 대한 증오심을 지속적으로 유발했다. 불타는 마을을 배경으로 한 포스터에 광기 어린 눈빛을 한 소년이 울부짖는 장면이 실렸다. "아빠, 독일군을 죽여요!"[27]

1942년 새해에 벌어진 일은 스탈린의 총공격뿐만이 아니었다. 1월 21일, 로멜은 북아프리카에서 영국군을 기습했다. 보급 상황이 조금 나아지기 시작한 뒤로 로멜은 야심차게 또 다른 공격을 계획하고 있었다. 지중해 전역을 강화하는 문제는 소련을 얼마나 빨리 정복하느냐에 달려 있었지만, 모스크바를 목표로 한 태풍 작전이 실패했을 때에도 그를 막지는 못했다. 한 호송선단이 전차 55대와 장갑차 및 대전차포를 싣고 1월 5일 트리폴리에 도착했을 때, 로멜은 일시적으로 우위에 있는 동안 반격 의지를 키웠다.

영국 제8군의 상태는 빈약했다. 영국 제7기갑사단이 카이로에서 재보급을 받는 동안 그 자리는 전투 경험이 없는 제1기갑사단으로 대체되었고, 호주군을 포함한 다른 베테랑 부대들은 이미 극동지역으로 이동했다. 독일군은 카이로에 있던 미국 육군 무관의 보고를 도청하여 쉽게 암호를 풀 수 있었던 덕분에 영국군의 전투 서열을 잘 알고 있었다. 그러나 이집트와 중동을 휩쓸어버리겠다는 무모한 생각을 품고 있던 로멜은 이탈리아 최고사령부나 국방군 총사령부에 자신의 계획을 알리지 않았다. 그렇지만 휘하의 병사 대부분은 다시 공격할 생각에 들떠 있었다. 독일 제15기갑사단의 한 대원은 1월 23일 고향에 편지를 썼다. "로멜이 다시 한번 나섰다!"[28]

1월 21일에 키레나이카로 반격해 들어간 로멜은 모든 중지 명령을 무시했다. 한 대열이 해안 도로를 따라 벵가지에 진군해 올라가고, 그사이에 두 기갑사단은 내륙으로 방향을 돌렸다. 독일 기갑부대는 이동하기 매우 어려웠지만, 닷새간의 전투 동안 영국군은 장갑차량을 거의 250대나 잃었다. 히틀러는 크게 기뻐하여 로멜을 상급대장으로 진급시켰다. 빠르게 진급한 불운한 사령관 닐 리치 장군은 이것이 단순한 습격일 뿐이라고 치부했다가, 곧 자신의 제1기갑사단이 포위될 위기에 처했음을 깨달았다. 로멜의 지나친 야심과 두 기갑사단의 느린 진군 속도 덕분에 영국군은 다행히도 제시간에 대부분의 병력을 대피시킬 수 있었다. 리치는 키레나이카 지역 대부분을 포기하고 군대를 가잘라 전선으로 모두 후퇴시켰다. 한편 로멜의 부대는 지치고 연료도 부족했지만 진군 속도를 늦추지는 않았다. 나중에 해결할 수 있다는 것을 알고 있었기 때문이다.

지중해 너머로 보내진 독일 증원군 병사들은 사막에서 '작은 아프리카 군단'[29]에 합류하게 된 사실에 흥분하고 또 자랑스러워했다. 한 의무하사는 이탈리아군이 트리폴리를 '식민지화'하는 것도 호의적으로 보았다. 그는 고향으로 보낼 편지에 "우리 호송선단을 호위하던 이탈리아 군함들도 돌진하고 있다"고 썼다. 그러나 첫인상이 끝까지 유지되는 경우는 많지 않았다. 전선으로 나간 그들은 리비아 사막이 '모래와 자갈뿐인 언제나 똑같은 풍경'임을 발견했다. 그리고 북아프리카에서 벌어진 전투가 러시아의 경우와 "달라도 너무 다르다"는 것을 강조했다. 그러다 저녁에 별빛 아래서 누군가가 하모니카를 불면 병사들은 향수병에 시달렸고, 고향인 독일에 다가올 봄을 생각했다.

19
반제와 SS 군도

하인리히 힘러의 부관은 정력적인 SS대장 라인하르트 하이드리히였다. 그는 급성장하는 SS제국을 지휘하는 제국 중앙 보안국을 이끌었다. 장신에다 청렴하며 바이올린을 연주하는 반유대주의자였던 하이드리히에게는 유대인의 피가 흐른다는 소문이 있었는데, 그런 소문은 그저 유대인에 대한 그의 증오심만 키운 듯했다.

1941년 여름, 하이드리히는 혼란스럽고 임시변통적인 '유대인 문제' 처리 방법과 중추적인 프로그램이 없다는 사실에 짜증이 났다. 게다가 동부 지역에서는 현지 보안 관계자들이 유대인 대량 학살을 실행하면서 몇몇 SS지방 총독들이 좀더 공업적인 절멸 실험을 하기 시작했다. 바르테가우에서는 밀폐된 트럭 안에 배기가스를 주입하는 썩 만족스럽지 않은 시험이 이뤄졌다. 총독부에서는 SS경찰지도자 오딜로 글로보크니크가 루블린 근처 베우제츠에 절멸수용소를 건설하기 시작했다. 그사이에 힘러는 업무 때문에 괴로워하는 절멸부대의 정신적 스트레스 문제를 해결하느라 골치가 아팠다.

하이드리히는 아돌프 아이히만에게 허가서 초안 작성을 지시했고 괴링이 1월 31일에 서명했다. 하이드리히가 허가받은 지시 문서에는 "이주 또는 피란으로 유대인 문제를 해결하라"는 내용과, '유럽 내 독일의 영향권에 있는 유대인 문제를 완전히 해결하기 위해 필요한 모든 조직적, 기능적, 물질적 준비를 갖출 것'을 일임하는 내용을 담고 있었다. 약 한 달 후, 하이드리히의 집무실로 소환된 아이히만은 힘러가 '유대인을 물리적으로 말살'시키는 절차를 히틀러로부터 직접 전달받았다는 이야기를 들었다.[1] 물론 고위 나치 당원들은 자신들의 정책을 진척시키기 위해 이따금씩 총통의 이름을 함부로 들먹이기 좋아했지만, 이번 경우처럼 힘러나 하이드리히가 그렇게 중요한 문제를 두고 감히 총통의 이름을 빌렸다고 상상할 수는 없다.

승리를 거둔 이후에만 유대인 완전 절멸 작전을 실시할 것이라는 초기 계획은 잊혔다. 이때 동쪽에서 벌어진 전쟁으로 얻은 기회를 놓쳐서는 안 된다는 암묵적인 불안이 처음으로 감지된다. 독일에서는 물론, 프랑스 등의 피지배국에서도 압박은 거세져서 유대인들을 동부 지역으로 보내야 했다. 파리에서는 SS친위대의 명령으로 1941년 5월 10일에 프랑스 경찰이 첫 작전을 실시하여 프랑스계 및 외국계 유대인 4323명을 국내 수용소 두 곳으로 보냈다.

9월 18일, 힘러의 지시에는 유대인 게토가 이제 '저장소'로 쓰이고 있다는 점을 밝혔다. 폴란드 유대인 게토에서 기아와 질병으로 50만 명이 넘는 유대인이 목숨을 잃었지만, 이것은 너무 느리게 보였다. 이후 모든 유대인을 강제수용소로 보내는 계획이 추가로 논의되었다. 그러나 전체주의 국가 독일에서조차 외국 여권을 소지한 유대인이나 아리아인과 결혼한 유대인 처리 방법 등 해결해야 할 법적 문제들은 있었다.

1941년 11월 29일, 하이드리히는 RSHA 대표단과 함께 공동 정책에 대해 논의하자며 동부 점령부와 그 밖의 정부 부처 및 기관에서 근무하는 고위 공직자들에게 초대장을 보냈다. 이 회의는 12월 9일에 열리기로 되어 있었는데 막판에 연기되었다. 소련의 주코프 육군 원수가 12월 5일에 대반격을 개시했고, 이틀 후에는 일본군이 진주만을 공습한 것이다. 이 심상치 않은 사건들이 끼칠 영향을 파악할 시간이 필요했고 12월 11일에 히틀러는 국회에서 미국에 선전포고를 발표했다. 이튿날, 히틀러는 나치당 지도자들을 불러 총통 관저에서 회의를 열었다. 회의에서 히틀러는 1939년 1월 30일 자신이 했던 예언을 언급하면서, 만약 세계대전이 계속된다면 "이 피의 충돌을 선동한 자들은 그에 따라 목숨을 걸고 그 값을 치러야 할 것이다"[2]라고 했다.

히틀러가 선전포고하고 일본군이 극동지역을 공격하면서 싸움은 실로 세계화되었다. 히틀러는 삐뚤어진 논리로 유대인들이 죗값을 치러야 한다고 생각했다. 괴벨스의 12월 12일자 일기에는 다음과 같은 내용이 쓰여 있다. "총통은 완전 소탕을 결심하셨다. 그리고 만약 유대인이 또다시 세계 전쟁을 일으키면 그 결과는 유대인 자신들의 파멸이 될 것이라고 예견하셨다. 이것은 비유적 표현이 아니다. 세계대전이 이제 벌어졌으니, 유대 민족의 파멸은 피할 수 없는 결과인 것이다. 이 문제는 감정을 빼고 냉정하게 봐야 할 것이다."[3]

일주일이 채 지나지 않아 히틀러는 회의를 열어 힘러와 '유대인 문제'에 대해 의논했다. 히틀러는 유대인이 스스로 자신들의 파멸을 가져오고 있다는 전쟁 전 자신의 예언을 과장되고 심지어 흥분한 태도로 자주 언급하면서도, 당시까지는 아직 '민족 말살 최종 해결책'이라는 돌이킬 수 없는 결정을 내리지는 않은 듯하다. 유대인에 대한 그의 경고 섞인 비난에도 불구하고, 히틀러는 전투나 폭격으로 고통받는 이야기를 듣는 것보다 오히려 대량 살상에 대해 자세한 내용을 듣는 것을 더 꺼린 것으로 보인다. 폭력을 관념화하려는 이러한 태도는 역사상 히틀러만큼 폭력적인 이상을 고수하며 욕망을 키운 사람이 거의 없었다는 점에서 심리적으로 상당히 역설적이었다.

하이드리히 주최 회의는 연기된 후, 1942년 1월 20일에 베를린 서남쪽 끝 반제 호숫가의 한 넓은 별장에 위치한 RSHA 사무실에서 마침내 열리게 되었다. 하이드리히 SS대장이 의장을, 아이히만 SS중령이 서기를 맡았다. 다른 RSHA 구성원들 외에 참석자 대부분은 피지배 영토와 총통 관저에서 온 고위 대표단, 그리고 주요 부처의 수장인 네 명의 장관이었다. 그중에는 훗날 7월의 암살 공모 사건을 맡은 검사로 악명을 떨치게 되는 법무부의 롤란트 프라이슬러 박사도 있었다. 외무장관의 자리는 훨씬 더 유명하고 영향력 있는 반유대주의자와 이름이 같은 마르틴 루터[4] 차관이 대신했다. 루터는 꼼꼼하게 준비한 '유럽 내 유대인 문제 최종 해결책과 관련한 외무부의 요청 및 의견'이라는 제목의 비망록을 가지고 도착했다. 참석자의 절반 남짓이 석사 학위 소지자였으며, 극소수가 변호사였다.

하이드리히는 전 영토에 걸친 최종 해결책을 준비하기 위한 자신의 권한을 주장한 뒤 공식 행사로 회의를 시작했다. 그는 심지어 영국계 유대인까지 포함하여 '동쪽으로 피란시킬' 유럽 전역에 걸쳐 있는 모든 유대인 공동체에 관한 통계를 제시했다. 총 1100만 명이라는 추정 인구수를 처음에는 가혹한 노동으로 줄이고, 그 후의 생존자들은 '적절히 처리할 것'이라는 내용이었다. 고령자와 황제를 위해 싸웠던 유대인은 보헤미아의 테레지엔슈타트에 있는 선전용 수용소로 보낼 계획이라고 보고했다.

루터는 외무부를 대신하여, 덴마크와 노르웨이처럼 국제적인 반응이 일어날 수도 있는 나라에서는 유대인을 모으는 일이 조심스러우니 보류해야 한다고 강력하게 주장했다. 그 뒤 유대인의 피가 섞인 혼혈이나 아리아인과 혼인한 유대인에 대한 복잡한 문제를 두고 논의하는 데 많은 시간을 할애했다. 그리고 예상된 일이었겠지만 총독부 대표는 총독부 관할 지역 내의 유대인들을 먼저 처리해야 한다고 주장했다. 최종적으로 참석자들은 점심 식사 후 브랜디를 마시면서 각자의 목표를 달성할 다양한 방법에 대해 논의했다. 그러나 회의록에는 '피란' '이주' 등과 같은 평범한 표현으로 기록되었다.

하지만 관계자 모두 한 가지 사실만은 확실히 했다. '영토적인 해결책'에 대한 모든 의견이 무효화된 것이다. 모스크바 공방전에 이어 스탈린이 불안하게 총공격을 실시하면서부터 독일이 점령한 소비에트 영토 중 유대인을 몰아넣고 굶기기에 적당한 지역이 사라져버렸던 것이다. 이제 확실한 해결책은 산업화된 학살밖에 없는 듯했다.

베를린, 그리고 특히 총독부 내 프랑크의 세력권 안에서 나치 정부는 과제에 착수하고 싶어 안달이 났다. 그리고 아르투르 그라이저 지방 장관은 바르테가우에서 결핵을 앓고 있던 3만5000명의 폴란드인을 제거하고 싶어 했다. SS변호사들은 심지어 '지옥의 유단'[5]인 유대인 같은 외모를 가진 불운한 독일인과 포로들을 살해해야 하는지에 대해서 논의하기까지 했다. '총탄 홀로코스트'가 실시되고 있을 때 "점령된 소련지역에서는 살인자들이 희생자들을 (찾으러) 이동"[6]했지만, '독가스 홀로코스트'를 실시할 때는 "희생자들을 살인자들에게 데려갔다". 이 과정은 헤움노에 위치한 절멸수용소에서 가스 트럭을 이용해 처음 실시되었고, 여름에는 베우제츠, 트레블링카, 소비부르, 아우슈비츠-비르케나우에서 계속되었다.

아직 유대인 게토에서 죽지 않았거나 총살되지 않은 유대인들을 처리하기 위해 강력한 관리 기관이 설치되었다. 폴란드 바깥의 유대인 주민을 모두 모으는 일을 맡은 아이히만은 게슈타포 국장 하인리히 뮐러와 긴밀하게 협조했다. 바이올린을 좋아했던 아이히만은 그들에게 주어진 엄청난 과업에 대해 진지하게 고민하는 동안 일주일에 한 번씩 뮐러와 체스를 두었다. 이 작전에서 가장 중요한 요소는 바로 수송이었다.

계획과 일정표는 대단히 중요했다. 140만 명의 직원이 있는 국영철도는 독일에서 국방군 다음으로 큰 조직이었으며, 창출하는 이윤도 상당했다. 유대들은 일반석 편도 비용을 지불한 사람들과 같은 액수의 돈을 내고 화물차나 가축차에 실려 이송되었다. 경찰에서 수송 감시를 나온 경비대에는 왕복 요금이 청구되었는데, 게슈타포는 유대인들의 자금으로 이 비용을 지불했다. 그런데 전쟁에 이기려 애쓰며 지휘하는 과정에서 히틀러, 힘러, 하이드리히가 이념적으로 자꾸만 부딪쳤다. 국방군은 무기 산업에 종사하는 숙련된 유대인 노동자들을 제거하는 일과, 동부 전선 재보급에 필수적인 철도를 다른 일에 사용하는 데 대해 불만을 터뜨리기 시작했다.

나치 독일은 유대인 공동체의 지도자들에게 자체적인 '이주' 정책을 펼치라고 강요하며, 그렇게 하지 않을 경우 SA나 SS가 대신하게 될 것이라고 위협했다. 그들은 그 말이 머리통을 박살내겠다는 뜻임을 알았다. 그리고 '수송 수단' 목록도 작성해야 했다. 오스트란트로 보내진 사람들은 주로 민스크나 카우나스, 리가에 도착했을 때 총살되었다. 대다수는 곧 출발지에 따라 절멸수용소로 보내졌다. 테레지엔슈타트로 보내진 고령자와 '특권층' 유대인들은 자신들의 사형 선고만이 보류되었다는 사실을 알지 못했다.

유대인 게토 청소에 고용된 질서경찰과 비밀경찰에게는 브랜디가 배급되었지만, 우크라이나 외인부대에는 배급되지 않았다. 숨거나 도망가려는 유대인은 그 자리에서 사살되었다. 대부분은 자신의 운명을 받아들인 듯 철도 화물차를 타고 출발했다. 일부는 열차에서 빠져나와 숲속으로 달아났다. 폴란드인의 도움을 받은 사람도 있었고, 빨치산 집단에 가까스로 합류한 사람도 있었다.

나치 강제수용소는 1933년 히틀러가 집권한 직후에 설치되었다. 처음에 힘러가 뮌헨 바로 북쪽 다하우에 정치범들을 수용하기 위해 만들었고, 곧 그가 모든 수용소의 관리를 맡았다. 경비대는 해골 무늬가 있는 모자를 써서 해골부대라고 불리던 부대에서 파견되었다. 1940년, 폴란드 점령 후 수용소 네트워크의 규모가 극적으로 커지자 오스발트 폴 SS대장은 SS안에서 자신만의 작은 제국을 만들었는데, 수입을 늘리기 위해 강제수용소들을 노동수용소로 바꿨다. 폴도 수용소 시스템 발전에 공헌한 핵심 인물이 되었다.

비록 1941년 9월에 아우슈비츠에서 치클론 B 살충제로 실험이 실시되기는 했지만, 폴의 지시하에 제대로 된 가스실을 갖춰 건설된 절멸수용소는 베우제츠에 있었다. 학살은 반제 회의가 열리기 두 달 전인 1941년 11월에 시작되었다. 다른 절멸수용소도 신속하게 준비되었다. 절멸수용소의 건설 및 운영에는 수상의 지시하에 이뤄진 안락사 프로그램 관련 전문가들이 많은 도움을 주었다.

절멸수용소가 시카고 도살장에서 아이디어를 얻은 헨리 포드의 컨베이어 생산 방식에서 영향을 크게 받았다고 주장하는 사람들도 있다. 1920년부터 지독한 반유대주의자가 된 포드는 히틀러와 나치 지도자들의 존경을 받았는데, 포드가 나치당에 자금을 지원했을 가능성도 있지만 아무도 그에 대한 증거 자료를 애써 입수하려 하지는 않고 있다. 어쨌든 포드의 저서 『국제 유대인』은 독일에서 번역 출간되어 나치사회에 지대한 영향을 끼쳤다. 히틀러는 뮌헨의 집무실 벽에 포드의 초상화를 걸어두었으며, 1938년에는 그에게 독수리 대십자 최고훈장을 수여했다. 그러나 포드의 컨베이어 생산 방식이 절멸수용소에 그대로 적용되었다는 실제적인 증거는 없다.[7]

고대 로마에서 수만 명의 유대인이 학살된 이래 1942년까지 서유럽과 중부 유럽 및 소련에서 400만 명에 달하는 유대인이 강제수용소에서 학살되었다. 국방군과 거의 모든 정부 부처의 관료, 광범위한 산업 분야, 수송 시설 등의 적극적인 참여로 이뤄진 죄상을 전후 독일사회가 인정하기까지는 꽤 오랜 시간이 걸렸다.

나치 정권은 절멸과정을 비밀로 유지하기 위해 모든 방법을 동원했지만, 여기에는 수만 명이 연루되어 있었다. 힘러는 1943년 10월에 SS고위 장교들에게 이 일을 '우리 역사에 기록되지 않았고, 앞으로도 기록되지 않을 영광의 한 페이지'[8]라고 표현했다. 소문은 특히 소련에서 유대인을 대량 학살한 군인들이 사진을 찍으면서 순식간에 퍼져나갔다. 일단 대부분의 민간인은 유대인이 독가스로 살해당하고 있다는 사실을 믿을 수 없었다. 그러나 다수의 독일인이 여러 면에서 최종 해결책과 관계되어 있었고, 다수가 유대인의 재산 몰수로 사업이나 주택 면에서 혜택을 받고 있었기 때문에, 곧 소수의 힘 있는 독일인들은 당시 벌어지고 있던 일들이 썩 나쁘지 않다고 생각하게 되었다.

노란 별 모양의 배지를 달아야 했던 유대인들은 어느 정도 동정의 시선도 받았지만, 추방이 시작되자 그들의 이웃 시민들은 유대인을 인간으로 보지 않게 되었다. 독일인들은 유대인의 운명을 크게 신경 쓰지 않는 것이 낫다고 생각했다. 훗날 독일인들은 잘 몰랐다고 하며 자기변명을 했지만, 사실은 부정하는 편에 훨씬 더 가까웠다. 이언 커쇼는 "아우슈비츠로 가는 도로는 혐오로 건설되고 무관심으로 포장되었다"[9]라고 썼다.

한편 독일 민간인들은 요제프 멩겔레 박사와 그의 동료들이 아우슈비츠에서 실시했던 잔인한 의학 실험에 대해 거의 알지 못했다. 오늘날까지도 러시아인, 폴란드인, 집시, 체코인, 유고슬라비아인, 네덜란드인, 독일인 정치범들을 대상으로 다하우에서 SS의사들이 실시한 실험들은 비교적 덜 알려져 있다. 1만 2000명 이상이 대부분 실험 수술 및 절단으로 고통 속에서 죽어갔다. 희생자들의 몸에 병원균을 주입하는 것은 물론, 독일 공군의 요청에 의해 극도의 고압이나 저압에 노출되고, 항공기가 바다에 추락했을 때의 연구를 위해 차디찬 물에 빠뜨려지고, 간의 기능을 알기 위한 실험으로 소금물을 억지로 마셔야 했다. 게다가 해부실로 보내진 포로들은 SS대원들의 강압에 못 이겨 '안장이나 승마복, 장갑, 실내화, 여성용 핸드백 등에 사용할' 상태가 좋은 시체의 피부를 벗기고 손질해야 했다(독일인의 시체는 아니었다).[10]

단치히 해부학 연구소[11]에서 루돌프 슈파너 교수는 시체를 재활용하여 비누와 가죽을 만드는 실험을 하기 위해 근처에 있던 슈투트호프 강제수용소에서 '폴란드인, 러시아인, 우즈베크인'의 목숨을 앗아갔다. 의사의 정신 상태가 이렇다는 것이 우리로서는 이해하기 힘들지만, 정신적 충격을 받은 바실리 그로스만은 트레블링카에서 벌어진 끔찍한 현장을 묘사한 뒤에 이 렇게 썼다. "끔찍한 진실을 알리는 것이 글 쓰는 사람의 임무이고, 글을 읽 고 진실을 알아내는 것이 시민의 임무다."[12]

민족 말살 최종 해결책이 진보적으로 산업화되었음에도 불구하고 '총 탄 홀로코스트'는 제3제국 동방자치정부와 우크라이나 자치정부에서 여 전히 계속되었다. 전문 근로자로 고용된 유대인조차 한꺼번에 사살되었다. 1942년 이른 봄부터 여름까지, SS절멸부대와 질서경찰 9개 연대는 '그로사 크티온'이라는 작전을 통해 자신들의 각 관할지역에 있는 모든 유대인을 없 애려고 서로 경쟁했다. 7월에 독일의 한 회계 담당자가 집으로 보내는 편지 를 썼다. "점심시간에 잠깐 쉬러 베레차-카르투슈카에 가는데, 전날 그곳에 서 유대인 1300명이 총살되었다. 그들은 도시 외곽으로 끌려가 구덩이 앞 에 섰다. 남자, 여자, 아이들까지 알몸이었고 뒤통수에 총을 맞았다. 그들이 입었던 옷은 소독 후 재사용되었다. 만약 전쟁이 훨씬 더 길어진다면 유대 인들은 분명 소시지로 가공되어 러시아 전쟁포로나 유대인 노동자들에게 제공될 것이다."[13]

유대인 게토 곳곳이 포위되었다. 몇몇 유대인 회사원은 뇌물로 목숨을 구걸하려 했다. "유대인 소녀들은 살기 위해 경찰에 성상납을 했다. 밤에는 성노예가 되었다가 아침에는 살해당하는 경우가 태반이었다."[14] 경찰 및 보 조대원들은 서치라이트나 조명탄 빛을 받으며 이른 아침이나 동트기 전에 건물로 들어왔다. 많은 유대인이 마루 밑에 숨으려 했지만, 살인자들은 판 잣집 바닥에 수류탄을 굴려 넣었다. 간혹 건물에 불을 지르기도 했다.

집결된 사람들은 매장용 구덩이로 끌려갔다. 구덩이 가장자리에서 옷을 벗고 총살되거나, '정어리 쌓기' 방식으로 누워야 했다. 또다시 살인자들은 유대인의 복종에 놀라움을 금치 못했다. 집행자 다수가 술에 취해 희생자들을 제대로 죽이지 못해서 꽤 많은 수가 산 채로 매장되었다. 나중에 흙을 파고 가까스로 빠져나온 사람도 있었다.

하지만 모두가 복종한 것은 아니었다. 유대인 몰이를 모면한 '숲속 유대인'은 소비에트 빨치산 집단에 가입하거나, 특히 벨라루스에서 자신들만의 집단을 만들었다. 바흐의 지휘로 빨치산 소탕 작전이 1944년 봄까지 계속되었다. 르부프와 갈리시아의 나머지 지역에서는 독일 비밀경찰과 히포스로 알려진 우크라이나 보조경찰들이 살인을 계속했다. 유대인 게토에서 저항 집단을 만들려는 시도도 있었지만 1943년 1월에 바르샤바 유대인 게토에서 봉기[15]가 일어나기 전까지는 번번이 실패했다. 르부프와 비아위스토크의 유대인 게토에서도 저항 시도가 있었지만 규모나 결의 면에서 바르샤바에 비하면 보잘것없는 수준이었다.

저항을 처음에 반대했던 유대인들은 이제 진실을 알게 되었다. 독일인들은 그들이 모두 죽기를 바랐다. 1942년에 유대인 30만 명 이상이 추방된 후, 단 7만 명이 바르샤바 유대인 게토에 남았다. 남은 사람 대부분은 젊고 비교적 강했다. 늙고 병든 사람들은 이미 세상을 떠났다. 분트주의자와 공산주의자, 시온주의자같이 각기 다른 유대인 정치 집단들이 함께 맞서 싸우기로 했다. 우선 협력자들을 살해하는 것으로 시작하여, 하수관으로 연결된 방어 진지를 마련했다. 무기와 폭약은 망명정부에 충성하는 폴란드 국내군이나 폴란드 공산당 레지스탕스인 인민방위군에서 얻었다. 처형의 위험에도 불구하고 총기를 숨기고 있던 바르샤바 시민들에게서도 수백 자루의 권총과 리볼버 권총을 사들였다. 1943년 1월, 독일군이 유대인 6500명을 모아 추방시키려 할 때 처음으로 무력 충돌이 일어났다. 격분한 힘러는 바르샤바 유대인 게토를 모두 파괴하라고 명령했다. 그러나 4월 19일에 본격적으로 그 구역의 소탕을 시작하기 전까지 유대인 게토는 파괴되지 않았다. 무장친위대는 북쪽 끝에서 게토로 진입했는데 유대인들은 도로 양옆에 세워둔 가축 차량에 숨어 있었다. 무장친위대는 엄청난 충격을 받았고, 그들의 유일한 장갑차를 몰로토프칵테일로 잃은 후 부상자를 데리고 금방 철수했다. 이 소식을 듣고 충격을 받은 힘러는 사령관을 해임했다. 그때부터 SS는 여기저기서 소규모 습격대를 운영하여 공격했다.

독일 부대가 화염 방사기로 공장에 불을 지르는 바람에 방어에 실패한 유대인 수비대는 하수관으로 물러났다. 그리고 하수관에서 갑자기 튀어나와 독일 부대 뒤에서 총을 쏘았다. SS는 유대인을 익사시키려고 하수관 안으로 물을 흘려보냈지만 유대인 전사들은 넘치는 물을 용케 피하거나 물길을 돌렸다. 다른 대원들은 무기 회사가 사용하는 큰 건물을 장악, 사수했다. 위르겐 슈트로프 여단장은 건물을 불태우라고 명령했고, 유대인들이 불타는 건물 옥상에서 떨어지는 것을 본 SS대원들은 그들을 '낙하산 부대'라 부르며, 땅에 곤두박질치기 전에 사살하려 했다.

전쟁이 끝난 후, 슈트로프가 감방 동료에게 한 이야기에 따르면 그는 전투 후에도 여전히 흥분한 듯했다. 슈트로프는 "불타는 집, 연기, 화염, 여기저기 튀는 불꽃, 날아다니는 침구의 깃털, 그을린 시체 냄새, 총소리, 수류탄 폭발, 시뻘건 불빛, 창문을 통해 불타는 집에서 아내와 자식과 함께 뛰쳐나오는 유대인 등, 난리도 아니었지"[16]라고 말했다. 하지만 슈트로프는 유대인의 '전의'에 자신은 물론 부하들까지 모두 놀랐음을 인정했다.

모진 저항은 5월 16일까지 거의 한 달 동안 계속되었다. 전투에서 수천 명이 죽고, 포로 5만6065명 중 7000명이 즉시 처형되었다. 나머지는 트레블링카 독가스실로 보내지거나, 강제 노역에 끌려가 일하다가 죽었다. 유대인 게토는 완전히 쑥대밭이 되어버렸다. 1945년 1월에 붉은 군대와 함께 바르샤바로 들어간 바실리 그로스만은 그 광경을 이렇게 묘사했다. "돌과 부서진 벽돌이 파도치는 벽돌 바다 같았다. 멀쩡한 벽은 단 하나도 없다—야수의 분노는 무시무시했다."[17]

20

일본의 지배와
미드웨이 해전

일본의 홍콩 지배는 온건하게 시작되었지만 급격하게 폭력적으로 변하며
통제 불능이 되어갔다. 유럽인들은 상대적으로 고통을 받지 않았던 반면,
술 취한 일본 군인들은 '아시아인을 위한 아시아'라는 위선적인 슬로건을
강조하며 계속해서 현지인을 강간, 살해했다. 제국주의 일본은 영국과 같은
제국주의 국가를 어느 정도 존중했지만, 아시아 민족, 특히 중국에 대해서
는 그렇지 않았다. 한 고위 장교는 해피밸리 구역에 자리한 병원에서 영국
인 간호사를 강간한 군인 9명에게 처형 명령을 내렸다고 한다. 그러나 중국
여성을 학대하는 행위에는 아무런 제재도 따르지 않았다.

일본 군인이나 삼합회, 왕징웨이의 난징 괴뢰정권 지지자들로 이뤄진 비
정규 경찰 등이 일삼는 약탈에도 거의 제약이 없었다. 오히려 군 당국은 삼
합회가 도박장을 열도록 해주었다. 소규모 범죄 조직들도 처벌 없이 운영되
었다. 일본은 인도 공동체를 자기편으로 끌어들일 속셈으로 영국에 대한
증오심을 키우게 하고, 배급량을 늘려 특권을 주었다. 시크 교도와 라지푸
트족을 경찰로 채용하며 총기도 지급했다. 인도인과 중국인 사회분리 정책
은 일본과 싱가포르 내의 인도독립동맹과의 사이가 틀어진 1942년 말까지
지속되었으며 이후 일본이 인도인에게 주었던 특권을 갑자기 없애버리자,

인도인은 영국의 지배를 받던 때보다 더 궁핍해졌다. 야만적인 일본 헌병대의 통치하에서 홍콩의 중국인, 심지어 삼합회까지도 곧 영국의 지배를 받던 시절을 그리워하게 되었다.

새 일본 총독은 홍콩의 경제를 다시 꽃피우기 위해 유라시아인과 영향력 있는 중국 재벌들을 포섭할 방법을 모색했다. 동시에 창고 등에 보관된 물품에 흥미를 보인 일본군 고위 장교들은 자신의 이익뿐만 아니라 도쿄로 보낼 전리품까지 챙기려고 좀더 체계적인 약탈 방법을 고안해냈다.[1] 일본군이 점령했던 수많은 곳에서 그랬듯이, 해군과 육군의 라이벌 관계 때문에 상황은 더 복잡해졌다. 육군은 홍콩을 장제스의 국민당군과 벌이는 전쟁의 전초기지로 활용하려 했던 반면, 해군은 남쪽으로 확장하는 데 필요한 디딤돌로 활용할 계획이었다.

1941년 12월 8일 순식간에 일본의 지배를 받게 된 상하이는 명목상 왕징웨이의 난징 괴뢰정부 관할이 되었다. 대기업, 만연한 부패, 매춘, 사교장이 즐비한 이 항구 도시에서 남아 있는 유럽인과 백러시아인(벨라루스인) 사회 그리고 특히 중국 빈민들의 상태는 급격히 악화되었다. 콜레라 창궐로 수천 명이 죽고 먹을거리는 찾기 힘들었으며 암시장이 횡행했다.

모든 물건과 더불어 사람조차 판매 대상이 되었다. 상하이는 극동지역 스파이의 중심지였다. 아프베르와 게슈타포는 일본군을 염탐했으며, 반대로 일본군은 그들을 염탐했다. 1941년 10월에 독일 공산주의 스파이인 리하르트 조르게가 체포된 후 동맹국에 대한 일본군의 불신은 점점 더 커졌다. 그러나 일본 점령군 스스로 경쟁심을 격화시킨 탓에 힘들어진 것이었다. 정보기관들이 경쟁을 하면 피도 눈물도 없어지는 법이다.[2]

1942년 2월 17일 싱가포르에서 헌병대가 프라나칸Peranakan, Straits Chinese 인도네시아인과 외지인의 혼혈 주민으로, 중국계 주민을 가리킬 때 프라나칸이라는 말을 사용한다 공동체를 집결시켰다. 이들은 중국 국민정부의 저항을 도왔다는 이유로 처벌을 받았다. 야마시타 장군은 전체 공동체에 '속죄의 제물'로 5000만 달러를 지불하라[3]고 명령했다. 12세에서 50세까지의 남성은 총살당하기 일쑤였다. 그중 다수는 묶인 채 창이 해변으로 끌려가 기관총으로 총살당했다. 헌병대는 '반일' 행위로 처형된 사람 수가 6000명이나 된다고 밝혔지만, 중국 본토에서 처형당한 수를 합하면 실제 수치는 그 몇 배나 되었다. 이러한 기준으로 희생된 사람들은 공산주의자 또는 영국 지배하에서 일하던 전직 공무원들로 추정되었다. 일본군은 또한 몸에 문신이 있는 사람도 범죄 집단의 일원일 것이라는 이유로 살해했다.

창이 막사 주위에서 철조망으로 둘러싸여 영국이 방어선을 구축하는 데 쓰였을 보급소는 이제 연합국 전쟁포로들을 가두는 데 사용되었다. 포로들은 '말레이의 호랑이'로 불리는 야마시타 장군의 승리를 기념하는 퍼레이드 때 거리로 끌려나가 줄을 서야 했다. 래플스 호텔은 고위 장교들이 들락거리는 매춘굴로 변했다. 위안부 여성은 대개 강제로 데려온 한국 여자들이나 길거리에서 잡아온 예쁘고 어린 중국 소녀들이었다.

대부분의 유럽 여성 및 남성 민간인은 창이 교도소에 따로 억류되었다. 교도소의 수용 정원은 600명이었는데 여기에다 2000명을 억지로 집어넣었다. 수감자들은 좀더 나은 배급이나 판매용 의약품을 받기 위해 뇌물을 쓰는 수밖에 없었다. 배식으로 나온 정백미에는 영양분이 거의 없어서 영국과 호주 전쟁포로들은 점점 더 쇠약해져 각기병에 걸리곤 했다. 경비대에는 한국인도 있었고, 전투 중에 탈영하여 일본군에 자발적으로 가담한 반영 시크교도도 있었다. 암리차르 학살 사건의 쓰라린 기억 때문에 시크교도들은 예전 주인에게 굴욕감을 주는 것을 즐기고 있었다. 어떤 이들은 포로들이 경비대에 머리 숙여 인사하지 않으면 일본 관습에 따라 포로의 뺨을 때렸고, 일본군을 대신해 총살을 집행하는 이들도 더러 있었다. 한편 싱가포르 도심에서는 도둑과 약탈자를 참수하여, 잘려나간 머리를 중세시대처럼 장대 끝에 매달아 여러 사람이 보게 했다. 극동지역에서는 신체 일부가 없는 상태로 묻히는 것을 최악의 운명으로 생각했다.

수많은 말레이 사람은 일본군의 선전에 넘어가 제국군이 자신들에게 자유를 가져다주리라 믿고 작은 욱일기를 흔들며 군대를 환영했다. 그러나 그것은 곧 전혀 사실이 아니었음이 드러났다. 한몫 노리고 들어온 일본인 이주자나 밀수꾼들이 사교장, 마약, 매춘, 도박 등 온갖 부도덕한 사업으로 활개를 쳤다.

네덜란드령 동인도 제도에서는 항복 전에 유전 시설을 대부분 파괴하여 일본군 당국이 격분하고 있었다. 네덜란드인과 그 외 유럽인들은 끔찍한 복수에 직면했다. 보르네오 섬과 자와 섬에서는 백인 남성 민간인이 거의 모두 총살 또는 참수되었고, 그 부인과 딸들 다수는 윤간을 당했다. 네덜란드 여성과 자와 여성 모두 위안소로 끌려가 '아침에는 사병 20명, 오후에는 부사관 2명, 밤에는 고위 장교 2명'[4]을 매일 상대하게 되었다. 강제로 동원된 이 젊은 위안부 여성들이 도망가려 하거나 비협조적인 태도를 보이면 가혹한 형벌을 받았으며 그들의 부모 또는 가족도 고통을 받았다. 일본 제국 육군의 성노예로 강제 동원된 소녀와 젊은 여성의 수는 어림잡아 약 10만 명에 이르는 것으로 추정된다. 대다수가 한국인이었던 이들은 태평양과 남중국해 주변 일본군 주둔지로 보내졌지만, 말레이, 프라나칸, 필리핀, 자와는 물론 다른 국적의 여성들까지도 헌병대에 잡혀 있었다. 정복한 국가의 여성을 자국 군대의 자원으로 이용하는 이러한 정책은 일본 정부 최고위층으로부터 확실한 승인을 받아 이뤄졌다.

수카르노라는 인도네시아의 젊은 민족주의자는 일본 군부에서 선전원이자 고문으로 일하며, 일본군 당국이 전 네덜란드 식민지의 독립을 인정해주기를 바랐다. 그를 따르던 수만 명의 시민이 기아에 허덕이는데도 불구하고 그는 전후에 일본군에 협력했다는 혐의를 받기는커녕 인도네시아의 첫 대통령이 되었다. 동남아시아에서 전시 일본군의 지배하에 약 500만 명이 사망한 것으로 추정된다.[5] 그중 최소 100만 명은 베트남인이었다. 논은 일본군에게 필요한 농작물을 경작하도록 강제로 용도가 바뀌었고, 쌀과 곡식은 연료용 알코올을 만드는 데 쓰였다. 정당활동이나 언론의 자유는 금지되었다. 전복을 시도하는 것은 말할 것도 없고 '반일적'인 태도를 조금이라도 보이면 헌병대가 참혹하고 원시적인 고문 기술을 사용하여 무조건 보복했다. 일본화 계획으로 일본어와 일본 달력이 곳곳에 도입되었다. 피지배국은 식량과 원자재를 약탈당했으며, 실업률은 증가하여 대동아공영권이 '공빈권'으로 불릴 정도였다. 인플레이션으로 물가가 천정부지로 치솟자 일본군표^주

로 해외에 주둔하는 군대에서 통용되는 정부나 군대가 발행한 특수 화폐. 점령 통화는 우스갯거리쯤으로 취급되었다.

미얀마에서는 처음에 수많은 미얀마인이 독립을 기대하며 일본군을 반겼는데, 인종적으로 다른 북방 민족들은 계속 영국에 충성하고 있었다. 일본군은 미얀마 국민군을 거의 3만 명에 이르도록 증강했지만, 미얀마 국민군은 열등한 존재로 취급했다. 미얀마 장교들조차 일본군 이등병에게 경례를 하게 되어 있었다. 일본군은 또한 말레이와 싱가포르에서 잡아온 인도인 약 7000명을 인도 국민군에 입대시키고, 조국 인도를 영국의 식민 통치에서 해방시키라며 이들을 이용할 계획을 세웠다.

싱가포르에 있던 영국, 호주인 전쟁포로들은 북쪽으로 보내져 악명 높은 미얀마 철도에서 일하게 되었지만 이미 이들은 병들고 허약하며 수척했다. 포로들은 흑수열, 각기병, 이질, 디프테리아, 뎅기열, 말라리아, 펠라그라병 등에 시달렸다. 의약품도 제공되지 않아 밀림을 개간하다가 가시에 살이 찢기기라도 하면 상처 부위에서 빠르게 패혈증이 나타났다. 포로들은 장교뿐만 아니라 일반 사병들에게도 허리 숙여 인사해야 했다. 일본 부사관이나 장교들에게 뺨을 맞거나 칼등으로 두들겨 맞기도 했다. 반항하거나 난동을 부리면 특유의 고문으로 처벌을 받았다. 포로에게 억지로 물을 먹여 한계점까지 이르면, 경비병들은 포로를 바닥에 눕혀 팔다리를 벌리게 하고 움직이지 못하도록 한 다음 배 위에 올라가 뛰었고 탈출 시도를 하다 다시 잡힌 포로는 대개 공개 참수를 당했다.

일본 경비병들은 기진맥진한 희생자들에게 더 열심히 일하라고 채찍을 휘두르며 "스피도! 스피도!"를 외쳤다. 굶주리고 목마르며 곤충에게 물린 전쟁포로들은 살인적인 더위 속에서 거의 나체로 일했다. 탈수증으로 쓰러지는 이도 많았다. 총 4만6000명의 연합군 포로 중 3분의 1이 사망했지만, 현지 강제노동자들의 상태는 더 나빠서 15만 명 중 약 절반이 사망했다.

일본의 프랑스령 인도차이나 지배는 1941년 7월 29일 비시에서 다를랑 제독이 처음으로 협정을 체결한 이후에도 크게 바뀌지 않았다. 12월에는 장 드쿠 총독이 추가로 인도차이나 방위 협정을 맺고, 비시 프랑스에 충성하는 프랑스 행정 기구는 1945년 3월까지 유지되었다. 큰 차이점이라면 인도차이나가 실질적으로 프랑스에서 떨어져나가면서 일본의 경제권으로 들어갔다는 것이었다. 일부 민족주의자는 일본 편에 서서 프랑스로부터 독립하기를 꿈꾸었지만, 일본군 지도부는 프랑스 식민지 정권의 존속을 공고히 했다. 한편 루스벨트는 전쟁이 끝난 뒤, 인도차이나[6]가 프랑스에 결코 다시 넘어가서는 안 된다고 생각했다.

바탄 반도의 미군과 필리핀군을 지휘하던 에드워드 킹 소장이 항복하기 직전인 1942년 4월 9일에 자신의 병사들이 좋은 대우를 받을 수 있을지 나카야마 모토 대좌에게 물었다. 나카야마는 일본군이 무슨 야만인이냐며 날카롭게 쏘아붙였다. 그런데 일본군 장교들은 바탄에서 그렇게나 많은 포로를 잡게 되리라고는 예상하지 못했다. 그들은 부대에 합류한 날부터 군인은 절대 항복하지 않는다는 사무라이 정신에 세뇌되어, 항복하는 모든 적군을 존중할 가치가 없는 자로 취급했다. 그런데 역설적이게도 이들은 격렬하게 방어 의지를 보인 적군에 대해 더 큰 분노를 느꼈다.

7만 6000명의 미군과 필리핀군 중 최소 6000명이 질병이나 부상으로 걸을 수 없을 정도였다. 배급 식량을 받지 못해 굶주린 채 장기간 전투를 벌여 이미 지칠 대로 지치고 야위고 불결해진 약 7만 명의 병사는 캠프 오도널 기지까지 100킬로미터를 강제 행군해야 했다. '죽음의 바탄 행군'은 나카야마가 확언했던 바와는 끔찍하리만큼 반대되는 것이었다. 가진 것은 모두 빼앗기고, 갈증에 시달리며, 음식도 없는 상태에서, 총검의 위협을 당하고, 포로들은 명백한 보복이자 굴욕감을 주는 고의적인 학대에 시달렸다. 그 후 며칠간 포로들을 그늘에서 쉬게 하거나 누워 있게 해준 경비대는 거의 없었다. 바탄에서 항복한 미군과 필리핀군 포로 중 무려 7000명 이상이 사망했다. 제91사단 소속의 필리핀 장교 및 부사관 약 400명은 4월 12일 바탕가스에서 벌어진 대량 학살[7]로 칼에 찔려 죽었다. 6만 3000명이 기지까지 살아서 도착했지만 날마다 수백 명씩 죽어나갔다. 코레히도르 섬의 생존자들 중 2000명도 포로로 잡히고 나서 두 달 사이에 굶주림과 질병으로 목숨을 잃었다.

연합군이 일련의 재난과 항복, 굴욕 등을 겪자, 4년간 일본군에 끈질기게 저항했던 중국 국민당은 곧 연합국을 멸시하게 되었다. 영국군은 홍콩을 수비하는 데 국민당군에 도움을 요청하기를 거부했으며, 중국인을 무장시켜 자위력을 갖게 하는 데에도 실패했다. 이 일은 연합군이 일본군에게 승리했을 때 중국이 식민지에 대한 권리를 주장할 입지를 크게 약화시켰다. 어찌 되었든 장제스의 충칭 정부는 조약항에 외국인이 들어오는 데 절대적으로 반대했다. 루스벨트 행정부는 그러한 반식민지적 태도에 크게 동조했고, 미국 여론까지 가세하여 미국이 영국, 프랑스, 네덜란드의 극동지역 식

민지 재건을 도와서는 안 된다는 의견에 힘이 실렸다.[8]

영국군이 일본군을 막지 못한 큰 이유 중 하나는 영국이 식민주의적 태도를 취했기 때문이다. 하지만 당시에 대해 군이 변명을 하자면, 국가가 전쟁에 기울이는 총력을 다른 한쪽에 쏟아부어야 했던 시기였기에 앞의 이유를 모두 진실이라고 볼 수는 없었다. 1942년 상반기에 영국 정부는 홍콩을 포기하라는 미국과 충칭 정부의 압박에 굴복했으나, 그해 후반에 영국 정부는 전쟁이 끝난 후 홍콩 양도에 대해 논의하겠다고 합의하게 된다. 국민당은 자신들의 병력이 가장 먼저 홍콩을 점령하리라 확신하고, 그 문제를 중요하게 생각하지 않았다.

장제스는 영국이 더 이상 극동지역에서 큰 힘을 발휘하지 못하고 있기 때문에 이제 국민 정부가 하나의 정부로 인정되어야 한다고 생각했다. 루스벨트는 여기에 기꺼이 따랐지만, 스탈린이 중국의 '3대국' 합류를 받아들이지 않을 것을 알고 있었다. 현실주의자였던 장제스는 자신이 영국을 어떻게 생각하든 간에 처칠의 도움이 필요할 것이라는 사실을 알고 있었으며, 이로써 홍콩을 둘러싼 논의를 연기한 장제스의 융통성이 어느 정도 설명된다. 한편 국민당은 영국 SOE가 남중국의 둥장 강과 홍콩 신계에서 중국 공산당 게릴라군과 공조하고 있다는 것을 알고 격분했다. 공산당군은 식민지에서 탈출한 영국 전쟁포로들을 도왔다. 한 장교가 공산당 게릴라군에 〈영국 척탄병 행진곡〉과 〈이튼 보트 송〉[9] 같은 노래를 가르치는 동안 한 포로 집단은 장작불 옆에서 거위 요리와 곡주 등으로 푸짐한 대접을 받았다.

인도에서는 조국의 독립을 원했던 인도 국민회의파와 영국의 관계가 매우 악화되었다. 린리스고 총독은 정치적, 경제적인 면에서 오만하고 서투른 사람이었다. 1939년에는 국민회의파 지도자들과 상의하여 전쟁 지원을 얻으려는 노력도 전혀 하지 않았다. 제국과 인도 통치라는 감상에 젖어 있던 처칠도 다를 바 없었다. 처칠이 가장 못마땅하게 여겼던 정치인 스태퍼드 크립스를 주축으로 한 사절단이 인도에 파견되었는데, 처칠은 일단 전후 인도에 자치령 지위를 부여한다는 의견을 반대했기 때문에 이번 파견은 자신의 의지에는 반하는 것이었다. 마하트마 간디는 그 제안을 '만기가 지난 수표'에 비유하는 유명한 어록을 남겼고, 다른 국민회의파 지도자들의 반응도 시큰둥했다. 1942년 8월 8일, 간디의 주도로 국민회의파는 영국에 즉시 '인도 철수'를 요구하면서 일본군을 막는 데 필요한 수비대는 유지시키도록 요구했다. 다음 날 아침, 영국 당국은 국민회의파 지도자들을 체포했다. 그 결과 시위와 폭동이 이어져 1000여 명이 사망하고 1만여 명이 투옥되었다. 인도인은 은혜도 모르고 변덕스러운 민족이라는 처칠의 편견이 이러한 소요로 확인된 셈이었다.

1942년 봄에 미얀마가 일본으로 넘어가자 인도의 쌀 공급량이 15퍼센트 줄고 가격은 급등했다. 무역업자 및 상인들이 가격이 더 오르기를 기다리며 쌀을 비축해두는 바람에, 인플레이션이 시작되었다. 가난한 사람들은 끼니를 제대로 이을 수 없었다. 인도 정부에서는 이 악질적인 암시장을 단속할 생각도 하지 않고 '비정상적인 지역적 보호무역'[10]의 결과라며 그저 지방 행정부에 책임을 떠넘기기 바빴다. 첸나이 등지에서는 쌀이 남아돌았지만 극심한 곡물 부족을 겪는 사람들에게 판매하려 하지 않았다.

재난의 직격탄을 맞은 곳은 벵골이었다. 벵골은 1942년 말에 시작되어 이듬해 내내 계속된 기근의 직접적인 영향으로 최소 150만 명이 사망했다. 영양이 몹시 부족하다보니 면역력이 떨어져 콜레라나 말라리아, 천연두 등 질병으로 목숨을 잃은 사람의 수도 그와 비슷한 정도일 것으로 추산된다. 인도에 이미 화가 나 있던 처칠은 구호물자 지원 계획에 참여하기를 거부했다. 그러다가 1943년 9월, 웨이블 육군 원수가 인도 총독이 되고 나서야 인도 정부가 군대를 동원하여 비축 식량을 배급함으로써 문제 해결에 나설 수 있게 되었다. 웨이블은 이 정책을 추구하면서 처칠의 신망을 더 잃어갔다. 영국의 인도 지배 역사상 가장 수치스러운 일화가 아마도 이때 당시의 일들이었을 것이다. 적어도 영국의 지배가 부자들에게서 인도 빈민들을 지켜주었다는 제국주의적 주장은 완전히 힘을 잃었다.

일본군이 진주만을 공습했을 때, 미군에는 한 가지 행운이 있었다. 그 운명의 주말, 항구에는 항공모함이 아닌 전함이 있었던 것이다. 일본군 고위 사령관 중에서 선견지명이 가장 뛰어났던 야마모토 제독은 바로 이러한 이유로 공습 후에도 함께 환호하지 못했다.

워싱턴의 해군성에는 불확실한 기운이 감돌았다. 보복하고 싶은 마음은 모두 굴뚝같았지만, 크게 타격을 입은 태평양함대는 조심할 필요가 있었던 것이다. 새로 부임한 총사령관 어니스트 킹 제독은 신경질적인 성격으로 유명했다. 그는 영국이 마셜 장군과 루스벨트를 설득하여 '독일 우선' 정책을 택하게 한 데 대해 격분했다. 그렇게 되면 태평양 전구는 방어적으로 가는 수 밖에 없었다. 영국 장교들은 킹이 천성적으로 영국을 혐오한다고 생각했는데, 미국 장교들은 킹 제독이 편견을 가지고 있지 않다며 그들을 안심시켰다. 킹은 그저 모든 사람을 싫어했던 것이다.

워싱턴의 해군 참모단은 웨이크 섬을 구하기 위해 항모기동부대를 보내는 것이 지나치게 위험하다는 판단하에 보내지 않기로 결정했다. 세 명의 항모기동부대 사령관은 이 결정을 매우 못마땅하게 생각했지만, 당시로서는 가장 옳은 결정이었다. 1941년 12월 늦게 체스터 니미츠 제독이 태평양 함대 신임 사령관 자격으로 진주만에 도착했다. 키멀 제독의 불운을 동료들은 몹시 안타까워했지만 키멀은 여전히 진주만에서 자신의 운명을 기다리고 있었다. 미 해군 최고위층은 경쟁과 자존심 싸움으로 갈등을 겪는 일이 현저히 적었는데, 니미츠를 임명한 것도 탁월한 선택이었다. 몰락한 독일 귀족 가문 출신인 백발의 텍사스 남자는 말투가 부드러우면서도 단호했고, 차분하게 권위를 행사해 사물을 움직일 줄 알았다. 당연히 그는 높은 충성심과 신뢰를 얻었다. 니미츠의 이러한 면은 특히 미국 정부가 아직 태평양 전쟁에서 이렇다 할 두각을 나타내지 못하고 있을 때 그 힘을 발휘했다.

그런데 미국 정부는 사기를 끌어올리기 위해 도쿄 공습을 개시해야 한다고 주장했다. B-25 중형폭격기가 최초로 항공모함에서 이함하여 실시하는 이 공격은 육군항공대의 제임스 둘리틀 중령이 지휘하게 되었다. 윌리엄 할지 해군 중장이 1942년 4월 8일 엔터프라이즈와 호넷 함을 이끌고 출항했다.호넷 함은 샌디에이고에서 B-25 중형폭격기들을 싣고 4월 2일에 출항했다. 윌리엄 할지 해군중장은 엔터프라이즈 함을 이끌고 4월 8일 진주만을 출항하여 4월 13일 북태평양에서 호넷 함과 만나 일본으로 향했다 할지는 보복 기회를 반겼지만 니미츠는 폭격기만 다수 잃고 적군에 피해는 크게 주지 못할 것이라 여겨 이 작전을 회의적으로 보았다.니미츠는 폭격기의 상실보다는 귀중한 항공모함을 위험에 빠뜨린다는 점에서 도로 폭격에 회의적이었다 니미츠는 또한 다음번에 솔로몬 제도와 뉴기니 주변 어딘가에서 시작될 일본군의 공격을 받아칠 병력을 충분히 확보하는 일도 염려하고 있었다. 그에 대한 대비는 서남태평양 해역에서 맥아더 장군의 지휘로 이뤄졌다.

진주만에서 수석 암호분석가로 있던 조지프 로슈포트 중령은 1940년에 일본 해군 암호 해독 작업을 도왔다. 틀에 박히지 않은 장교인 데다, 모직 슬리퍼와 붉은 스모킹 재킷을 즐겨 입는 로슈포트는 일본 항공함대가 무선 통신을 엄격히 제한하고 있었기 때문에 진주만을 공격할 거라는 사실을 미리 경고할 수 없었다. 하지만 미국 해군에게 다행스러웠던 것은 일본군이 5월에 뉴기니 동남쪽 끝에 상륙하여 포트모르즈비 비행장을 점령할 계획을 세우고 있다는 사실을 로슈포트가 알아낸 점이었다. 그렇게 되면 일본의 항공력이 산호해를 지배하고 호주 북부 지역을 마음대로 공격할 수 있을 것이었다.

태평양의 면적이 워낙 방대했던 까닭에 해상에서 재급유를 하는 일은 양쪽 다에게 아주 중요하고 어려운 일이었다. 항공모함 2척과 호위함정들로 구성된 미군 기동부대는 각각 최소 한 척의 유조선과 함께 출항해야 했는데, 이 유조선은 일본 잠수함이 노리는 첫 번째 표적이 되었다. 하지만 전쟁이 계속 진행되면서 일본군 화물선과 유조선을 파괴하는 데 비용 대비 효율이 가장 좋았던 부대는 바로 미 해군 잠수함부대였다. 침몰한 전체 일본군 선박 중 55퍼센트를 격침시킨 미군 잠수함부대[11]는 연료와 보급품이 부족한 일본 해군과 지상군에 엄청난 타격을 주었다.

도쿄를 폭격하고 돌아온 할지는 첫 번째 대규모 반격을 이끌 명실상부한 사령관 후보였다. 1942년 4월 30일에 그는 제16기동부대를 이끌고 출발했다. 그러나 니미츠의 예상대로, 프랭크 플레처 해군 중장의 지휘로 산호해에서 작전을 이미 펼치고 있던 제17기동부대는 할지가 도착하기도 전에 대규모 전투를 벌이게 될 판이었다.

5월 3일에 일본군이 솔로몬 제도 툴라기 섬에 상륙했다. 일본군 사령관들은 뉴기니 남쪽 산호해와 솔로몬 제도에서 미 해군을 박살낼 거라며 매우 자신에 차 있었다. 플레처는 또 다른 일본군 병력이 뉴기니에 위치한 포트모르즈비로 향하고 있다는 소식을 듣고 호주와 뉴질랜드 군함을 지원받아 서북쪽으로 향했다. 양쪽 모두 혼란이 있었으나 USS렉싱턴에서 날아오른 항공기들이 일본의 쇼호 함을 발견하고는 격침해버렸다. 일본 항공대는 자신들이 미국 함대를 발견하고 구축함과 유조선을 각각 한 척씩 격침했다고 생각했다.

5월 8일, 미군과 일본군 함대는 서로를 향해 공격을 개시했다. 요크타운 함에서 띄운 항공기가 쇼카쿠 함을 공격하여 더 이상 비행기를 내보낼 수 없을 정도로 함체를 파손시키는 사이에 일본군은 렉싱턴 함과 요크타운

함을 공격했다. 자신들의 침공 함대를 보호할 수 없게 된 일본군은 포트모르즈비에서 퇴각하기로 결정했고, 결국 이렇게 되자 야마모토 제독은 완전히 진저리가 났다. 상태가 나아지는 듯 보이던 렉싱턴 함은 연료가 새면서 폭발해 침몰하기 시작했다.

산호해 해전에서 미국은 적군이 '한 방 먹었다'[12]고 믿은 일본군이 스스로 상륙을 하지 않는 바람에 부분적으로는 성공을 거두었다. 어쨌든 항공기와 무장 등에서 발견된 기술적 결함에 대해서는 미군 쪽에 훨씬 더 많은 과제를 던져주었다. 이 문제들은 대부분 다음 교전이 벌어질 때까지도 해결되지 않았다.

미국의 항공모함 생산 속도가 일본보다 빠르다는 것을 잘 알고 있던 야마모토 제독은 자신의 함대가 주도권을 잃기 전에 결정타를 날리고 싶었다. 미드웨이 섬 기지를 공격하면 몇 척 안 되는 미군 항공모함을 전투에 끌어들일 수 있었다. 일본 본토에 대한 둘리틀 공습 이후 대본영 해군부의 비판자들은 갑자기 그의 견해에 찬성으로 돌아섰다. 로슈포트 중령과 그 동료들이 분석한 신호 도청 내용에 따르면 일본군은 서쪽과 북쪽으로 선회하여 미드웨이 섬을 치러 가려던 참이었다. 이것은 일본군이 그곳에 기지를 설치해 진주만 그 자체를 공격하고자 했던 바람을 암시했다. 워싱턴의 해군 참모부는 이 주장을 무시했지만, 니미츠는 가용 군함을 진주만으로 모두 다시 최대한 빨리 소집했다.

주요 일본군 침공 함대가 마리아나의 사이판 섬에서 떠난 5월 26일, 함대의 목적지는 이제 의심의 여지가 없었다. 로슈포트는 미드웨이에 물이 부족하다는 신호를 또렷하게 전달하여 함정을 팠다. 이 내용은 5월 20일 일본군의 메시지에서 미드웨이를 가리키는 'AF'라는 암호와 함께 똑같이 흘러나왔다. 앞서 이 암호를 언급했을 때는 일본군의 주요 목표를 가리켰기 때문에 니미츠는 이제 야마모토가 세운 계획의 전체 그림을 확실히 알게 되었다. 이로써 앞으로 설치될 거대한 함정을 피하고 전국을 유리하게 만들어갈 기회가 마련되었다. 할지는 스트레스성 질환을 앓아 병원 치료를 받아야 했다. 그래서 니미츠는 운동광인 레이먼드 스프루언스 해군 소장에게 제16기동부대 지휘를 맡겼다.

5월 28일, 스프루언스는 순양함 2척과 구축함 6척의 호위를 받는 항공모함 엔터프라이즈와 호넷을 이끌고 진주만에서 출항했다. 총지휘를 맡기로 되어 있던 플레처는 순양함 2척과 구축함 6척 및 놀라운 속도로 수리를 마친 요크타운 함을 이끌고 이틀 후에 출항했다. 미국 군함들은 모두 겨우 시간을 맞춰 출발했다. 이 두 항모기동부대가 지나간 지 몇 시간이 흐른 후 일본군 잠수함들이 매복 공격을 가할 수 있기를 기대하면서 하와이와 미드웨이 사이에 자리했다.

스프루언스와 플레처가 맞닥뜨린 일본 함대의 전열은 어마어마했다. 일본 제국 해군은 전함 11척, 항공모함 8척, 순양함 23척, 구축함 65척, 잠수함 20척으로 이뤄진 4개 함대를 배치해두고 있었다. 3개 임무부대가 미드웨이로 향하고, 1개 부대는 북쪽으로 3200킬로미터를 항해하여 베링 해 남쪽 끝에 위치한 알류샨 열도로 향했다. 일본군은 미군이 자신들의 계획을 모르고 있다고 믿었다.[13]

6월 3일, 미드웨이 섬 육상 기지에서 날아온 항공기가 서남쪽에서 접근하고 있던 일본 함정들을 처음 발견했다. 이튿날 일본군은 미드웨이 섬에 첫 공습을 개시했다. 미드웨이에서 날아온 미국 육군항공대 폭격기와 해병대 급강하폭격기가 반격했다. 이들은 심각한 피해를 입은 데다 명중률도 떨어져 일본군의 만족감을 높였다. 일본 임무부대 사령관 나구모 주이치 제독은 아직 미군 함대의 존재를 모르고 있었다. 한편 야마모토는 도쿄에서 진주만의 신호가 증가했다는 경고 메시지를 받은 후 미군 함대가 있을지도 모른다는 의심이 들기 시작했지만, 무전통신 제한을 풀고 싶지는 않았다.당시 나구모도 야마모토와 동시에 도쿄로부터 경고를 받았다. 다만 작전 시간표가 빠듯하여 미군 함대가 있다는 명확한 증거가 없는 한 기존 계획을 바꾸기 어려웠다

끝없이 푸르게만 보이는 태평양 상공에서 작전을 펼치는 젊은 미국 비행사들에게 전투는 짜릿하면서도 두려운 기대를 안겨주었다. 붉게 그을린 피부에 열정 넘치는 이 젊은 비행사들은 다수가 갓 비행학교를 졸업한 조종사라 적에 대한 경험이 부족했지만, 놀랄 만한 용기를 보여주었다. 이들이 바다 위에서 격추당하는 것은 안타까운 일이었다. 그러나 일본군에 구조된다면 참수형을 당할 게 불 보듯 뻔했다.

일본군의 제로 전투기는 뭉뚝한 그루먼 F4F 와일드캣보다 우수했지만, 와일드캣은 자동 방루식 연료탱크가 있었기 때문에 기체가 많이 손상되어도 살아남을 수 있었다. 미군 뇌격기와 급강하폭격기는 전투기가 방호하지 않는 한 제로기의 적수가 되지 못했다. 구식 더글러스 TBD 데버스테이터 뇌격기는 속도도 느린 데다 어뢰도 좀처럼 터지지 않아, 일본군 군함을 공격하는 일은 조종사에게 거의 자살 임무에 가까웠다. 반면에 더글러스 SBD 던틀리스 급강하폭격기는 특히 직각에 가깝게 급강하할 경우 좀더 효과적이었는데 그것은 곧 증명되었다.

카탈리나 비행정 한 척이 일본 함대의 위치를 보고했다. 플레처는 스프루언스에게 항공기를 발진시켜 공격에 가담하라고 명령했다. 스프루언스 예하 기동부대는 전속력으로 진격했다. 이들의 목표물은 스프루언스의 뇌격기 사거리에서 가장 먼 지점에 있었지만, 만약 일본군이 항공기를 발진시키기 전에 스프루언스가 일본 항공모함을 잡기만 한다면 이 위험은 감수할 만한 것이었다. 혼란스러운 상황이어서 데버스테이터 뇌격기들은 호위 전투기도 없이 먼저 도착해버리는 바람에 제로기의 밥이 되고 말았다. 일본군은 승리를 거두었다고 생각했지만 기뻐하기에는 아직 일렀다.

아카기 함에 있던 후치다 미쓰오 해군항공대 중령은 "정비공들이 환호하

며 돌아오는 조종사들을 맞이하고 어깨를 툭툭 두드리며 격려의 말을 외쳤다"[14]고 기록했다. 비행기는 재정비하고 그 밖의 것들은 격납고에서 비행갑판으로 끌어올려 미군 함대를 역습할 준비를 했다. 나구모 제독은 나카지마 뇌격기 편대가 미드웨이를 다시 한번 공격하기 위해 육상공격용 폭탄으로 재무장할 때까지 기다리기로 했다. 일부 역사가는 이때의 지체가 치명적인 결과를 낳았을 뿐 아니라 불필요했다고 주장한다. 또 다른 역사가들은 모든 종류의 비행기가 다 함께 작전에 투입될 준비가 될 때까지 공격을 개시하지 않는 관행이었다는 점을 지적하고 있다.[15]

후치다의 기록은 계속되었다. "오전 10시 20분에 나구모 제독이 준비되었으면 출격하라고 명령했다. 아카기 갑판에서 모든 비행기가 제자리에 대기하며 엔진을 예열하고 있었다. 그 거대한 배가 바람을 타기 시작했다. 5분 내에 이 배에 있는 모든 비행기가 발진할 것이다. 던틀리스 급강하폭격기들이 일본 함대 상공에 도달했을 때 일본 함재기들은 대부분 비행갑판이 아닌 격납갑판에 있었다. 미드웨이에서 출격한 항공기들과 미국 항공모함에서 날아오는 뇌격기들의 지속적인 공격 때문에 전투 초계를 담당한 제로기들이 계속 비행갑판을 사용했고, 이어서 미드웨이를 공격하고 돌아온 도모나가 공격대를 착함시켜야 했기 때문에 함재기들을 비행갑판에 올려 예열할 수 없었다. 따라서 던틀리스들이 공격해왔을 때 일본 항공모함의 공격대가 이함하려면 5분이 아니라 최소 30분이 필요한 상태였다. 10시 24분, 함교에서 전성관을 통해 개시 명령이 떨어졌다. 비행장교가 하얀 기를 흔들고, 첫 번째 제로기가 속도를 올린 다음 갑판에서 쌩하고 날아올랐다. 그 순간, 구경하던 대원들이 '급강하'라고 외쳤다. 나는 우리 배를 향해 수직으로 떨어지는 적군의 검은 비행기 3기를 올려다보았다. 기관총으로 적기를 허둥지둥 사격했지만 이미 너무 늦었다. 미군 던틀리스 급강하폭격기의 불룩한 실루엣은 순식간에 커졌고, 갑자기 몇 개의 검은 물체가 무시무시하게 그들의 날개를 떠나 날아왔다."

엔터프라이즈 함과 플레처의 요크타운 함에서 출격한 던틀리스 급강하

폭격기들은 3000미터 상공 구름 속으로 모습을 감춘 덕분에 기습에 성공했다. 그리하여 아카기 함 비행갑판은 완벽한 타깃이 되었다. 연료를 가득 채운 무장 항공기가 하나둘씩 폭발했다. 폭탄 하나가 터지면서 비행갑판에 커다란 구멍이 생겼고, 또 다른 하나가 격납고 아래에서 비행기를 들어 올리는 승강기를 폭파시켰다. 이 폭격이나 비행갑판 후면 좌현에 가한 폭격이 선박을 침몰시킬 정도는 아니었지만, 폭탄 공세를 받은 비행기와 그 주위에 쌓인 어뢰가 폭발하면서 아카기의 함체는 불길에 휩싸였다. 아카기 함에 걸려 있던 천황의 초상화가 급히 구축함으로 옮겨졌다.

가까이에 있던 가가 함도 치명적인 손상을 받아 시커먼 연기가 공중에서 소용돌이쳤다. 미군 급강하폭격기가 이번에는 소류 함을 공격했다. 휘발유가 번져 마치 지옥 같은 광경이 연출되었다. 탄약과 폭탄이 폭발하기 시작했다. 갑자기 거대한 폭발이 일어나더니 갑판 위에 있던 사람들이 물속으로 내동댕이쳐졌다. 나구모 제독이 말했다. "배에서 불길이 솟아오르자마자 야나기모토 류사쿠 선장이 함교 우현 신호탑에 나타났다. 그는 그곳에서 지휘했으며 병사들에게 얼른 안전한 곳으로 대피하라고 호소했다. 야나기모토는 아무도 자기에게 접근하지 못하게 했다. 화염이 그를 둘러쌌지만 그는 자신의 위치를 포기하려 하지 않았다. 야나기모토는 장렬하게 전사할 때 거듭 '만세'를 외치고 있었다."[16]

얼마 지나지 않아 요크타운 함은 일본군 뇌격기에 의해 크게 손상되었다. 요크타운으로 돌아오던 항공기들은 스프루언스의 항공모함으로 방향을 바꾸어, 앞서 발생한 손실을 어느 정도 벌충했다. 그리고 그 후 엔터프라이즈 함에서 출격한 비행기들이 히류 함을 공격했고, 이 함선 또한 침몰했다. 나구모 제독은 이렇게 기록했다. "오후 11시 50분, 가쿠 도메오 함장과 전대사령관인 야마구치 다몬 해군 소장이 대원들에게 메시지를 전달했다. 그에 이어 천황에게 경의를 표하고 만세를 외치며 전투기와 사령기를 내렸다. 밤 12시 15분, 모든 대원에게 배를 버리라는 명령이 내려졌고, 폐하의 초상화는 떼어냈으며, 구축함 가자구모와 마키구모로 대원들의 이동이 시작되었다. 초상화와 대원들의 이동은 오전 1시 30분에 끝났다. 이동을 마친 후, 전대사령관과 함장은 배에 남았다. 이들은 대원들에게 모자를 벗어 흔들어 보였고 아주 침착하게 배와 운명을 함께했다."[17]

자신의 항공모함들에 벌어진 재난 상황을 모르고 있던 야마모토는 추가 공격을 지시했다. 실제 상황을 알게 되었을 때 그가 보였을 반응은 상상이 될 것이다. 야마모토는 가장 큰 전투함인 야마토를 포함하여 전함 10척으로 이뤄진 그의 강력한 함대와 순양함 및 구축함들의 호위를 받는 소형 항공모함 2척에 전속력으로 교전에 임할 것을 지시했다. 야마모토의 병력 상황을 알고 있던 스프루언스는 지상발진항공기들의 엄호가 필요할 것으로 보고 경로를 바꾸어 밤에 미드웨이로 돌아가기로 했다.당시 스프루언스는 단지 야마모토의 강력한 수상함대와 야전을 벌이지 않으려고 후퇴한 것이지 미드웨이의 비행장에 있는 지상발진항공기의 엄호를 받으려고 후퇴한 것은 아니다. 당시 스프루언스는 날이 밝으면 야마모토의 함대를 압도할 만한 항공력을 지니고 있었다 다음 날, 스프루언스 예하 급강하폭격기가 순양함 한 척을 침몰시키고 다른 한 척에 심각한 손상을 입혔다. 물론 미군도 피해를 입었다. 손상된 요크타운 함이 6월 6일에 견인되어 이동하다가 일본 잠수함 어뢰에 맞아 이튿날 아침에 침몰해버린 것이다.

일본의 250대 항공기는 말할 것도 없고, 항공모함 4척과 순양함 1척이 격침되고 전함 1척이 대파된 반면 미국의 손실은 항공모함 1척이었다.미드웨이 해전에서 대파된 일본 함정은 전함이 아니라 순양함 모가미다. 미군도 요크타운 이외에 구축함 해먼과 147대의 항공기를 상실했다 미드웨이 해전은 미국의 결정적인 승리였고 태평양 전쟁의 뚜렷한 전환점이었다. 미군 태평양함대를 격파하려던 야마모토의 바람은 완전히 무너졌다. 하지만 니미츠가 기록에서 인정했듯이, "우리가 만약 일본군의 움직임을 일찍 알아내지 못했더라면, 그리고 멀리는 산호해까지 항모기동부대가 분산된 상황에서 공격을 받았다면 아마도 미드웨이 해전의 결과는 크게 달라졌을 것이다."[18]

21

사막에서의
패배

1942년 1월과 2월에 키레나이카에서 영국군이 굴욕적으로 후퇴한 뒤, 괴벨스가 열심히 로멜 신화 퍼뜨리기를 했지만 영국군 또한 신화 창조에 일조했다. 영국군이 스스로 범한 실수를 '사막 여우' 전설로 둘러댄 것은 매우 엉뚱한 시도였다. 히틀러는 그러한 영웅 숭배에 감탄하며 기쁨을 감추지 못했다. 이것은 극동지역에서 대패한 뒤, 영국의 붕괴가 임박했다는 히틀러의 믿음을 더 키웠다.

하지만 히틀러는 이탈리아군을 달래기 위해 자신이 아끼는 장군을 통제할 각오가 되어 있었다. 이탈리아 총통이 히틀러에게 지나치게 끌려다닌다고 느낀 총사령부 참모들의 반대가 거세지면서 무솔리니는 자신의 자리를 위협받고 있었다. 그리고 이탈리아군은 로멜의 오만함과 일방적인 요구, 나아가 필요한 호위대를 제공, 보호받지 못한 데 대해 나올 수밖에 없었던 끊임없는 불평으로 모욕을 당하고 있었다. 게다가 할더와 육군 총사령부는 로멜 증원을 여전히 단호하게 반대했다. 그들은 반드시 캅카스로 진군한 뒤에야 수에즈 운하를 장악해야 한다고 주장했다. 러시아 남부에서 대규모 공격을 준비하는 동안 동부 전선의 우선순위에 대해서도 격렬한 논쟁이 있었다. 영국을 먼저 패퇴시키고 싶었던 해군만이 로멜의 야망 실현을 도왔다.

재편된 독일 항공대가 발레타의 비행장 및 주요 항을 폭격한 뒤 몰타 섬은 절체절명의 위기에 놓였다. 3월에는 호송선단의 선박 5척이 모두 침몰했고 군대와 일반 주민들은 기아에 맞닥뜨렸다. 하지만 5월에는 증원된 스핏파이어 60기가 USS 와스프에서 이함하여 섬에 착륙하고 기뢰부설함이 보급품을 싣고 도착하면서 섬을 구했다. 지중해에서 독일군 총사령관을 맡았던 알베르트 케셀링 육군 원수는 몰타 섬을 침공할 공수부대 작전인 헤라클레스 작전을 세웠지만 실행을 보류해야 했다. 히틀러가 작전 성공 가능성에 대해 회의적이었을 뿐만 아니라, 동쪽에서 제10항공군단이 필요했기 때문이다. 이탈리아군도 스스로 움직이기 전에 과도하게 지원을 요구했다.

로멜은 이번에도 명령과 보급 문제를 모두 무시하고, 아프리카 기갑군을 가잘라 전선으로 움직이기 시작했다. 4월에 한 하사가 고향에 편지를 보냈다. "이 전투에서는 러시아 전역 때처럼 형언할 수 없이 비참한 일들이 일어날지도 모른다는 두려움은 느껴지지 않는다. 파괴되거나 버려진 마을 혹은 도시는 하나도 없다."[1] 그날 저녁 어머니에게 한 통의 편지를 더 썼다. "이곳의 영국 병사는 모든 면에서 더 정정당당하게 행동합니다…… 결정적 승리를 향해 전진하고 있습니다." 비록 로멜 예하 병사들도 빵이 딱딱하게 익어버릴 정도로 극심한 고온과 파리떼 때문에 괴로워했지만, '러시아에서 대공세를 퍼부으면 이곳의 영국 군대도 무너질 것'이라며 곧 승리를 예상했다. 병사들은 카이로 땅을 밟게 될 날을 학수고대했다.

그 뒤 독일 국방군 총사령부는 갑자기 로멜의 꿈인 이집트와 수에즈 운하 점령 쪽으로 생각을 바꿨다. 히틀러는 자신이 처음에 생각했던 것보다 더 일찍 미국의 군사 지원이 이뤄질 수도 있다는 생각에 두려워지기 시작했다. 영국 해협을 가로지르는 연합국의 공격도 배제할 수 없었다. 히틀러는 만일 로멜이 제8군을 격파할 수 있다면 영국의 사기가 곤두박질칠 것이라고 판단했다. 일본군도 독일이 수에즈 운하를 장악할 경우에만 인도양을 향해 서쪽으로 진군할 것이라는 뜻을 내비쳤다.

로멜의 이집트 침공 계획 중 테세우스 작전이라는 암호명이 붙은 제1단계는 영국군의 방어선을 측면에서 포위하는 것이었다. 이 방어선은 투브루크에서 서쪽으로 80킬로미터 떨어진 해안의 가잘라에 있는 박스형 방어 진지로부터 마리피에르 쾨니그 장군의 제1자유프랑스 여단이 지키는 사막의 전초기지인 비르하케임까지 뻗어 있었다. 이 지역에는 7개의 박스가 있었는데, 각각 보병여단이 대포와 철조망, 지뢰밭을 다음 박스까지 이어 내려가면서 방어했다. 후방에는 리치가 기갑부대를 배치하여 역습을 준비했다. 로멜은 투브루크를 점령할 생각이었다. 이 항구를 장악하는 것이 재보급에 필수적이었으며 실패하게 되면 오펠블리츠 트럭들이 트리폴리에서 올라갔다가 되돌아올 때까지 왕복 14일이 걸릴 터였다.

블레츨리 파크에서 테세우스 작전과 관련해 암호를 해독한 내용을 중동 총사령부에 전달했다면 영국군은 이 작전을 알았을 것이다. 그러나 지휘 계통에서는 공격이 5월에 이뤄질 가능성이 있다는 것과 남쪽에서 일격을 날릴 가능성이 있다는 말을 제외하고는 정보 제공을 꺼렸다. 공격은 5월 26일에 양동작전을 담당한 이탈리아 보병사단이 전선 북쪽으로 이동하면서 시작되었다. 남쪽으로는 트리에스테 자동화사단과 아리에테 기갑사단이 3개의 독일 기갑사단과 함께 사막 깊숙이 이동해 들어갔다. 모래바람이 1만 대의 차량을 영국군의 시야에서 가려주었다. 그리고 밤사이 로멜의 주력 병력이 남쪽에서 가잘라 전선의 측면을 포위했다.

로멜은 일단 캄신khamsin 이집트에서 3~5월에 부는 뜨거운 바람이 가라앉자 밝은 달빛을 이용하여 재빨리 광범위한 소탕 작전에 돌입하도록 했다. 그들은 새벽이 오기 전에 공격 태세를 갖추었다. 비르하케임 동북쪽 약 30킬로미터 지점에서 독일 제15기갑사단이 영국 제4기갑여단과 충돌하여 제3왕립전차연대 및 제8경기병대에 엄청난 손실을 입혔다. 잠시 후 영국군 전차 80대가 독일 제21기갑사단에 반격을 가했다.

제8군은 이제 미제 그랜드 전차 167대를 보유하고 있었다. 이 전차는 무거울 뿐 아니라 유난히 차고가 높고 사격 시 주포의 방향 전환도 어려웠지만, 여기에 장착된 75밀리 포는 크루세이더의 보잘것없는 2파운드 포보다 훨씬 더 효과적이었다.

그사이에 비르하케임 동남쪽 인도 제3차량화여단은 5월 27일 오전 6시 30분에 공격을 당했다. 여단장은 자신들이 '아주 살벌한 독일 기갑사단'[2]을 만났다고 무전으로 보고했는데, 사실 그것은 이탈리아 아리에테 사단이었다. 인도 부대는 전차 52대를 파괴했지만, 대전차포가 모두 무력화되자 곧 괴멸되었다.

비르하케임에서 똑같이 외롭게 진지를 지키고 있던 쾨니그 예하 자유프랑스 여단은 밤새 사막에 퍼지는 전차 엔진 소리를 들으며 그들에게 무슨 일이 일어날지 직감했다. 아침이 되자 정찰대는 적군이 자신들의 뒤에 있으며 보급창을 차단했음을 확인했다. 쾨니그 예하 사병 약 4000명에는 외인부대 여단의 절반가량과 식민지 부대 2개 대대, 해병대가 포함되어 있었다. 또한 프랑스제 75밀리 야전포와 보포스 대공포 54문 등 자체적으로 대포도 보유하고 있었다. 다른 박스들처럼, 첫 방어선[3]은 지뢰밭과 철조망으로 이뤄져 있었다.

아리에테 사단 전차들은 쾨니그의 자유프랑스 여단을 향해 대규모 공격을 개시했다. 그러자 프랑스 포병들이 전차 32대에 큰 타격을 입혔다. 단 6대만이 가까스로 지뢰밭과 철조망을 통과했지만, 프랑스 외인부대는 가까이 다가온 전차를 박살내버렸다. 이탈리아 전차 위에 기어올라 좁은 틈이나 해치를 통해 총을 쏜 이들도 있었다. 이 공격은 보병대의 지원 없이 이뤄졌으며, 프랑스군은 공격이 들어올 때마다 용감하게 싸워 적에게 많은 피해를 입히고 연대장 1명을 포함하여 총 91명을 포로로 잡았다. 독일 제90경보병사단과도 소규모 교전을 벌였다. 드골 장군은 훗날 이 일을 자랑스럽게 기록했다. "1940년 6월 이래 처음으로 프랑스와 독일이 대치했다."[4]

동북쪽으로는 독일 제90경보병사단의 잔여 병력이 영국 제7차량화여단을 공격하여 수적으로 우세한 영국군을 몰아냈다. 그러고 나서 사단 부대들은 제7기갑사단 사령부를 초토화시키고 갖가지 보급품을 노획했다. 비록 제90경사단이 신속하게 진군하기는 했지만, 로멜 예하 2개 기갑사단은 엘 아뎀 비행장을 향해 북쪽으로 진군하는 도중에 역습과 맹렬한 야포사격으로부터 방해를 받으면서 전해에 벌어졌던 대규모 교전과 같은 장면을 연출했다.

로멜의 대담한 계획은 바랐던 만큼 성공하지는 못했다. 그의 병력은 가잘라 전선 박스와 서쪽의 영국군 기갑부대 사이 취약한 곳에 포진해 있었다. 로멜은 또한 비르하케임에 있는 프랑스군이 속히 무너지기를 기대했지만, 프랑스군은 여전히 버티고 있었다. 이제 로멜은 크게 고심하게 되었고, 부하 장교들은 공격이 실패했다고 여겼다. 참모장은 아프리카 기갑군의 명예를 지키기 위해 이 작전이 위력정찰에 지나지 않는다고 국방군 총사령부에 보고할 것을 제안하기까지 했다. 그러나 그들은 걱정할 필요가 없었다. 영국군은 전차를 충분히 모아 독일군을 타격하는 데 또다시 실패한 것이다.

로멜은 북쪽 해안 도로로 계속 전진하여 그곳에서 영국군 전선을 무너뜨리고 싶었다. 그렇게 하면 트리폴리와 연결되는 보급로를 재건할 수 있었기 때문이다. 그러나 5월 28일부터 가잘라 전선 중심부에서 벌어진 전투는 혼돈에 빠지기 시작했다. 로멜 예하 사단들은 연료와 탄약이 고갈되어 곤경에 처했지만, 이번에도 로멜은 자신들이 가진 상당한 이점을 뜸 들이느라 활용하지 못한 영국 사령관들 덕분에 살아났다. 리치는 야간 공격을 내보내고 싶어한 반면, 예하 군단장 및 사단장들은 시간이 더 필요하다고 주장했다. 이들은 독일군이 덫에 걸렸다고 생각했지만, 추축국 부대는 지뢰밭에 서쪽으로 연결되는 틈새를 만들어두고 있었고, 곧이어 군수품도 들어오기 시작했다. 하지만 이 통로가 제150여단의 박스 가까이에 있었기 때문에 로멜은 이 여단에 소속된 요크셔 대대라는 돌발적인 골칫거리를 만나게 되었다.

동프로이센의 늑대소굴에서 히틀러는 북아프리카에 주의를 기울이지 않고 있었다. 그의 공군 부관 니콜라우스 폰 벨로가 로멜을 방문하여 '아주 불쾌한 상황'[5]을 확인하고 돌아왔다. 5월 27일, 라인하르트 하이드리히는 프라하에서 영국 특수작전군이 무장시킨 체코 청년들에게 피습당했다. 하이드리히는 피습 후에도 살아 있었지만 상처 부위가 감염되어 일주일 후 사망했다. 그리고 5월 30일 밤에는 영국 공군이 쾰른에 대하여 최초의 '1000기 공습'을 실시했다. 히틀러는 분노로 이성을 잃었고, 그 분노의 화살은 주로 괴링에게 향했다.

영국이 '가마솥'이라 부르고 독일이 '소시지 전골'이라 불렀던 지리멸렬한 전투가 5월 31일부터 치러지는 동안, 로멜은 자신의 병력을 영국 제150여단 쪽에 투입했다. 전차와 대포, 슈투카를 동원한 엄청난 맹공격이 이뤄졌다. 여단은 끝까지 용감하게 싸우며 독일군의 혼을 쏙 빼놓았다. 그러나 서쪽에서는 지휘관들이 반격 시도에 계속 실패하며 전시 지휘능력이 얼마나 형편없었는가를 보여주는 사례를 남겼다. 그러자 로멜은 남쪽으로부터 가잘라 전선을 무너뜨릴 수 있도록 비르하케임에 있는 프랑스군을 쳐부수라고 제90경사단과 트리에스테 사단에 지시했다.

6월 3일, 쾨니그 예하 군사들은 자신들을 공격해오는 압도적인 병력을 물리쳤다. 영국군은 구원 병력을 보냈지만, 독일 제21기갑사단과 충돌하는 바람에 물러나야만 했다. 그 후, 프랑스 수비대를 구원하려는 추가 시도는 없었다. 6월 5일에 북단으로 반격에 나섰다가 전차로 독일 88밀리 포를 상대하는 것을 주저한 부대 지휘관의 무능함과 소심함 때문에 반격에 실패한 것이 일부 원인이었다. 일부 군수품들은 무사히 빠져나갔다. 영국 공군은 이탈리아 공군인 레지아 아에로나우티카의 지원을 받아 지중해에서 가용한 모든 슈투카와 폭격기들을 투브루크로 보냈다. 프랑스 식민지 부대는 낙하산을 타고 내려온 슈투카 조종사들을 닥치는 대로 죽였다. 고열과 먼지 속에서 갈증과 굶주림으로 고생하던 쾨니그의 병사들은 참호를 더욱 깊게 파서 더 큰 맹습을 기다리고 있었다. 그곳에서 버티면 제8군을 철수시키는 데 크게 도움이 되리라고 생각했다.

끈질긴 프랑스 요새에 분노한 로멜은 스스로 지휘에 나섰다. 6월 8일, 독일 포병대와 슈투카 편대가 진지를 다시 공격하기 시작했다. 응급 치료소에서 터진 폭탄 하나에 부상병 17명이 사망했다. 하지만 수비군의 결의는 결코 느슨해지지 않았다. 한 장교는 포반의 유일한 생존자이자 한쪽 손이 터져버린 외인부대원이 피가 철철 흐르는 팔목으로 75밀리 포에 포탄을 단단히 채워넣으며 재장전하는 모습을 보았다. 6월 10일에 프랑스 요새가 뚫렸다. 비르 하케임의 수비대는 더 이상 탄약을 갖고 있지 않았다.

그들을 구할 수 있었던 유일한 부대인 영국 제7기갑사단이 그날 밤 철수했고, 쾨니그는 물러나라는 지시를 받았다. 쾨니그는 어둠 속에서 남은 병력을 대부분 독일군 포위망에서 빼내었는데, 처음에는 들키지 않았지만 얼마 후 집중 포격을 당했다. 쾨니그는 배짱 두둑한 잉글랜드인 운전기사와 훗날 프랑스 외인부대에서 준사관이 된 정부 수잔 트라버스와 동행했다. 히틀러는 로멜에게 반군으로 취급해야 할 프랑스인이든, 반파시스트 독일인이든, 그 밖의 나치 점령국 시민이든 가리지 말고 포로로 잡은 외인부대원을 모조리 처형하라는 지시를 내렸다. 그러나 로멜은 외인부대원들이 다른 전쟁포로들과 똑같은 대접을 받도록 했다.

쾨니그와 그의 부대원들이 대부분 탈출하여 영국 전선으로 돌아왔다는 소식을 제국 참모총장 앨런 브룩 장군에게 전해 들은 드골 장군은 벅찬 감정을 주체하지 못해 방 안에 혼자 틀어박혀 있어야 했다. 그는 훗날 회고록에 "아아, 감동으로 가슴이 뛰고, 자랑스러움에 흐느끼며, 기쁨으로 눈물이 흐른다"[6]고 기록했다. 드골은 이 순간이 '프랑스 부활의 시작'이라는 것을 알고 있었다.

더 북쪽 지역은 영국과 인도 여단이 끈질기게 방어하면서 가마솥 전투를 계속해나갔지만, 제8군은 여전히 효과적인 반격을 개시할 수 없는 상황이었다. 6월 11일, 비르 하케임이 무너진 직후, 로멜은 제201근위여단과 제4기갑여단이 지키고 있는 '나이츠브리지' 박스를 포함하여 남아 있는 영국 진지들을 괴멸시키라고 3개의 독일 사단에 명령했다. 3개 사단은 다음에는 비아발비아를 점령하러 나섰다. 이 시도로 해안 근처에 있던 남아프리카군과 제50사단은 6월 14일에 이집트 전선으로 물러나 차단을 피하라는 명령을 받고 갑작스레 철수했다. 보기 민망한 총퇴각이 잇따라 일어났고, 이 일은 '가잘라 질주'로 알려졌다.

노출되어 있던 투브루크를 이탈리아 보병대가 동쪽에서 진군하여 포위했다. 제21기갑사단이 영국 공군 허리케인과 P-40 키티호크 전투폭격기 편대에 심한 타격을 입었음에도 로멜은 자신이 이끄는 독일 사단들을 투입했다. 아서 커닝엄 공군 소장이 이끈 사막공군은 늘 기술을 향상시키고 있었으며, 사막공군의 지원이 없었더라면 제8군은 비참한 운명을 맞이했을지도 모른다.

처칠은 오킨렉에게 무슨 수를 써서라도 투브루크를 지켜야 한다는 지시를 전했다. 그러나 투브루크에는 부대와 총포가 부족했고, 수비용 지뢰는 가잘라 전선을 강화하는 데 다수 전용되었다. 6월 17일, 로멜은 전선 경계 한쪽 귀퉁이를 향해 위장공격을 시작하면서, 그와 동시에 몰래 다른 곳을 공격할 준비를 했다.

한 해 전 투브루크를 매우 끈질기게 방어했던 호주군과 달리, 헨드릭 클로퍼 소장이 지휘한 남아프리카 제2사단은 경험이 없는 부대였다. 어쨌든 커닝엄 제독은 또 한 번 포위당한 투브루크에 보급품을 전달할 선박이 수중에 없음을 잘 알고 있었다. 수비대 3만3000명 중에는 2개 보병여단과 구식 전차를 갖춘 빈약한 기갑여단이 포함되었다.

6월 20일 새벽, 케셀링은 이탈리아 공군인 레자 아에로나우티카의 지원을 받아 지중해에서 가용한 모든 슈투카와 폭격기들을 투브루크로 보냈다. 여기에 야포의 집중 포격이 수반되었고, 그동안 독일 공병대대는 지뢰밭 사이로 경로를 확보했다. 인도 제11여단은 전례 없는 맹공격에 깜짝 놀랐고, 오전 8시 30분이 되자 첫 번째 독일 기갑부대가 외부 방어선을 통과했다. 단 하루 동안 독일군은 20킬로미터나 되는 요새지를 둘로 가르면서 항구를 향해 끝까지 전진했고, 초토화된 도시에서는 연기만 피어오르고 있었다. 그것은 놀랄 만큼 빠른 승리였다.

다음 날 아침 클로퍼 장군은 항구 및 수많은 보급 기지가 파괴되기 전에 항복했다. 그리하여 4000톤의 원유가 로멜의 손에 들어왔다. 그가 바랄 수 있었던 최고의 선물이었다. 너덜너덜해진 옷을 입은 채 굶주렸던 병사들은 전리품을 얻고 무아지경에 빠졌다. 한 하사는 고향에 편지를 썼다. "초콜릿과 우유, 통조림 채소, 비스킷을 상자째로 얻었다. 영국산 차량과 무기도 잔뜩 생겼다. 영국산 셔츠를 입고 양말을 신는 기분이란!"[7] 반면에 이탈리아 병사들은 가득 얻은 전리품을 나누어 받지 못했다. "이탈리아 장병들은 우리보다 힘들게 전리품을 손에 넣었는데 물도 적고, 음식도 적고, 봉급도 적으며, 장비도 우리 것과는 달랐다."

무솔리니가 투브루크 점령을 이탈리아의 승리로 돌리려 하자, 히틀러는 진실을 강조하기 위해 즉시 49세의 로멜을 육군 원수로 진급시켰다. 이번 진급으로 로멜은 국방군 고위층의 시기와 분노를 샀는데, 히틀러는 의심의 여지 없이 그것을 즐겼다. 이날 바르바로사 작전 1주년 기념일에 독일의 독재자는 자신이 주장했던 대로 대영제국이 이제 해체되기 시작했다는 확신에 차 매우 기뻐했다. 그리고 일주일 후 러시아 남부에서 청색작전을 개시하여 캅카스를 점령하기로 했다. 제3제국은 다시 한번 무적처럼 보였다.

6월의 그날, 처칠은 루스벨트와 백악관에 있었다. 한 보좌관이 들어와 종이 한 장을 대통령에게 건넸다. 루스벨트는 문서를 읽고 나서 처칠에게 넘겼다. 처칠은 믿을 수 없었다. 그리고 이즈메이 장군에게 런던에 연통하여 투브루크가 정말로 함락되었는지 확인하라고 명령했다. 이즈메이는 확인 후 돌아와서 사실이라고 전했다. 그 순간 처칠은 비할 데 없는 굴욕감을 느꼈다. 훗날 그는 '패배와 불명예는 별개'[8]라고 기록했다.

루스벨트는 최대한 관대하게 자신이 무엇을 어떻게 도와주면 되는지 곧바로 물었다. 처칠은 미군이 할애할 수 있는 신형 셔먼 전차를 최대한 많이 지원해달라고 했다. 나흘 후, 미군 참모총장은 셔먼 300대는 물론 105밀리 자주포 100대까지 지원하는 데 동의했다. 이 일은 특히 구형 차량을 대체할 날만 기다리고 있던 미국 육군 부대에서 셔먼 전차를 다시 빼앗아와야 했기 때문에 이타심이 돋보이는 결정이었다.

크게 상심하고 충격을 받은 처칠은 돌아와서 하원의 불신하는 움직임에 맞닥뜨렸다. 그는 오킨렉에게 모든 책임을 돌렸지만 이는 부당한 일이었다. 오킨렉이 범한 가장 큰 실수는 리치를 임명한 것이었다. 영국 육군 최고위층에 유능하고 결단력 있는 지휘관이 심각하게 부족했던 탓에 작전에 영향이 있었던 것은 사실이다. 브룩은 이것을 제1차 세계대전에서 젊고 실력 있는 장교들이 전사했기 때문이라고 둘러댔다.

이와 맞먹을 정도로 불리한 조건이라면 무기 조달 체계의 오랜 병폐를 들 수 있었다. 항공기 산업이 한창 부상하던 당시에 가장 유능한 설계자와 엔지니어를 불러들였던 공군과는 달리, 육군은 이미 구식이 된 무기를 사용했고, 신무기를 개발하기보다는 구식 무기를 지속적으로 대량 생산했다. 됭케르크에서 엄청난 양의 장비를 잃고 빠른 시일 내에 무기를 채워야 했던 탓에 시작된 이 악순환이 멈추지 않고 있었던 것이다.

6파운드 대전차포 중 일부는 가잘라 전투에서 꽤 쓸모가 있었지만, 2파운드 포가 장착된 조잡한 전차를 독일의 마크 4와 88밀리 포를 상대하라며 내보낸다는 것은 글로스터 글래디에이터 복엽기가 메서슈미트 109에 대적하는 것과 같았다. 보병대를 상대로 쓰는 경우를 제외하고는 사실상 무용지물인 전차라는 것을 잘 알면서도 공격에 나섰던 승무원들의 용기는 높이 살 만했다. 영국군은 전쟁 마지막까지도 실제 전투에 적합한 전차인 코밋은 생산하지 않았다.

처칠이 미국을 방문하면서 유일하게 얻은 위안은 루스벨트를 설득하여 프랑스령 북아프리카의 침공에 동의를 받아냈다는 점이다. 나중에 횃불 작전이 되는 짐내스트 작전은 마셜 장군과 다른 미국 참모총장의 극심한 반대에 부딪혔다. 군사 고문도 한 명 없는 상태에서 루스벨트가 처칠을 만난 것을 마셜이 걱정하는 것은 당연했다. 그들은 영국이 중동에서 지위를 보존하려 한다며 어느 정도 타당한 의심을 했다. 그러나 처칠은 만약 영국이 이집트를 잃고 독일이 캅카스를 통해 로멜 부대와 연결하려 계속 침공해온다면 영국은 수에즈 운하뿐만 아니라 그 지역 유전까지 잃을 수 있다는 점이 두려웠다. 또한 일본군이 작전 범위를 서인도양까지 넓히는 데 힘을 실어주게 될 수도 있었다.

처칠이 루스벨트의 의견과 일치했던 이유가 또 있었다. 초기에는 제공권 부족과 선박 및 상륙용 주정의 부족으로 북부 프랑스 침공은 생각도 할 수 없었기 때문에 미국이 독일을 상대하기 위해 군대를 배치할 지역이 따로 없었다. 그리고 처칠 수상은 킹 제독뿐만 아니라 미국 국민까지도 '독일 우선' 전략을 포기하고 태평양에 집중하고 싶어한다는 것을 알고 있었다. 브룩마저도 북아프리카 상륙에 대해서는 매우 회의적이었지만, 처칠이 앞서 제기한 것과 판이한 이유라고는 해도 어쨌든 처칠이 옳았다는 것은 입증되었다. 미국 육군은 유럽 본토에서 벌어질 전투에서 독일 국방군에 도전하기 전에 전투 경험을 쌓을 필요가 있었다. 그리고 연합국은 해협 너머로 침공을 시도하기에 앞서 상륙 작전의 위험성을 알아두어야 했다.

케셀링은 여전히 몰타 섬을 먼저 점령하고 싶어했지만 로멜은 단호했다. 로멜에게는 독일 공군의 지원이 필요했으며, 그러면 제8군이 회복 기회를 갖기 전에 격멸할 수 있었다. 히틀러는 이집트를 점령하면 몰타에는 신경 쓰지 않아도 될 것이라고 주장하는 로멜을 지원했다. 그러나 그들 모두는 가잘라 전투를 치르면서 독일 항공대가 로멜을 지원하러 방향을 바꾸는 사이에 몰타 섬의 군사력이 강화되어 있을 거라는 사실을 간과했다. 또다시 지중해 너머 보급로는 위험에 처했고, 투브루크 항구를 장악해도 사막 전쟁 병참에 관한 난제는 로멜의 바람대로 해결되지 않았다. 지나치게 늘어난 보급선이 재앙을 초래하여 공격자를 뒤로 끌어당기는 '고무줄' 효과가 이 전역들에서 뚜렷하게 나타났다.

투브루크가 함락되기도 전에 로멜은 해안 도로를 따라 이집트 쪽으로 계속 진군하도록 제90경사단에 지시했다. 그리고 6월 23일에 2개 기갑사단 역시 제8군 추격에 투입했다. 그사이에 오킨렉은 리치를 해임하고 자신이 지휘봉을 잡았다. 오킨렉은 현명하게 마르사마트루흐에서 저항하라는 명령을 취소하고, 바닷가의 작은 간이역인 알알라메인으로 신속하게 철수하라며 모든 부대에 명령했다. 오킨렉은 로멜이 가잘라에서 그랬듯 쉽게 측면포위를 할 수는 없을 거라 믿고 염생 습지와 유사가 있는 남쪽 카타라 저지와 알알라메인 사이에 방어선을 구축할 생각이었다.

제8군의 사기는 최악으로 치달았다. 오킨렉이 알알라메인으로 물러나라는 결정을 내렸음에도 불구하고, 리치가 앞서 내린 명령을 수행하느라 인도 제10사단은 마르사마트루흐에 남아 방어하고 있었다. 그런데 빠르게 진군해온 로멜 부대가 도시를 포위하고 해안 도로를 차단하는 바람에 꼼짝할 수 없게 되어버린 것이다. 제10군단 일부는 가까스로 탈출했지만, 그 과정에서 사병 7000명은 포로로 붙잡혔다. 남쪽으로는 뉴질랜드 사단이 잔인한 야간 공격으로 부상병과 의무병, 전투병을 한꺼번에 살해하고 독일 제21기갑사단을 돌파했다. 독일은 이것을 전쟁 범죄로 간주했다.

로멜은 여전히 자신이 제8군을 쫓아냈으며 중동을 공격할 수 있을 거라 믿었다. 무솔리니는 승리를 확신하고 항구 도시인 데르나에 도착했다. 그는 뒤따라 들어온 멋진 종마를 타고 이집트의 수도에서 승리 퍼레이드를 벌일 생각이었다. 카이로에 있는 중동 총사령부와 영국 대사관의 모든 사무실은 공황 상태에 빠져들었고, 이집트인 대부분은 흥미롭거나 놀랍다는 눈으로 지켜보았다. 은행 밖에는 긴 줄이 늘어섰다. 7월 1일, 공공건물 마당에서 서류를 불태우는 연기가 공중으로 피어올랐다. 도시에는 군데군데 그을린 기밀문서 조각이 눈보라처럼 흩날렸다. 노점상들은 종이를 잡아채 땅콩컵을 만들었고, 이날은 '재의 수요일'로 불리게 되었다. 유럽인 공동체 구성원들은 차를 타고 떠나기 시작했다. 차량 지붕에 매트리스를 매어놓은 모습이 2년 전 파리에서 있었던 장면을 연상시켰다.

커닝엄에게서 영국 함대를 막 인계받은 헨리 하우드 해군 중장이 함대를 레반트 내 다른 항구들로 분산시키라고 명령하면서 알렉산드리아에 이른바 '소동'이 시작되었다. 독일군이 24시간 후 도착하고 당장이라도 공수부대가 침공할 것이라는 소문이 퍼졌다. 이집트 소매상들은 자신의 점포에 걸어둘 히틀러와 무솔리니의 초상화를 준비했고, 그보다 더한 사람들도 있었다. 민족주의 장교들은 독일군이 자기들을 영국에서 독립시켜주기를 바라며 반란을 준비하기 시작했다. 훗날 이집트의 대통령이 된 안와르 사다트 장교는 몰로토프칵테일을 만들기 위해 빈 병 1만 개를 구해왔다.[9]

유대인 공동체에 무시무시한 앞날이 예상되자 카이로 내 영국 당국은 유대인이 팔레스타인으로 가는 열차를 우선적으로 탈 수 있도록 해주었지만, 팔레스타인 정부는 비자 발급을 거부했다. 유대인의 공포는 잘못된 것이 아니었다. SS아인자츠코만도의 한 부대는 아테네에서 이집트 임무 개시를 기다리고 있었다. 그리고 만일 로멜이 연승을 거둔다면 다음 임무를 수행할 곳은 팔레스타인이 될 터였다.

처칠이 영국군의 나일 강 탈주라고 불렀던 사건은 도심 및 나일 삼각주에서 총 2만5000명의 장병이 연루되어 극적으로 일어났다. 영국군 장교들은 재난을 맞은 상황에서도 농담을 하고 싶어하는 특유의 충동을 느꼈다. 셰퍼드 호텔 서비스가 느리다며 늘 불평하던 그들은 "로멜이 셰퍼드 호텔에 올 때까지 그냥 기다려. 느려질 테니까"라며 농담을 주고받았다. 로멜이 이미 전화로 방을 예약했다는 소문이 돌았다. 독일 라디오 방송국에서는 알렉산드리아 여성들에게 이렇게 방송했다. "파티복을 꺼내세요. 우리가 가고 있습니다!" 그러나 추축국은 너무 일찍 샴페인을 터뜨렸다.

비록 독일군이 전술 레벨에서 영국군의 무선통신을 효과적으로 도청해왔지만, 오킨렉도 울트라 덕분에 로멜의 계획을 잘 알고 있었다. 7월 1일 이른 시각, 2개 기갑사단으로 구성된 아프리카 군단은 알알라메인 전선 남쪽으로 위장공격을 하러 출발했다. 로멜의 진짜 목표는 그보다 북쪽에 있었지만, 제8군을 쩔쩔매게 하고 싶어 안달이 난 로멜은 정찰을 생략해버렸다. 이것은 큰 실수였는데, 모래폭풍으로 상황이 더 나빠졌다. 제90경사단은 알알라메인 박스 공격을 시도했지만 예상치 못한 야포의 맹렬한 포격을 받아 격퇴되었다. 얼마 지나지 않아, 인도 제18여단이 지키고 있던 중앙 박스 중 한 곳을 향해 독일 제21기갑사단이 진군했다. 비록 그 자리를 차지하기는 했지만 전차의 3분의 1을 잃었고, 그중 다수는 영국 공군 전투폭격기에 의해 격파되었다.

커닝엄이 이끈 사막공군은 무자비한 공격을 계속했다. 조종사들은 영국 본토 항공전 때보다 출격 횟수가 더 많았다. 다국적 조종사들로 이뤄진 사막공군에는 여러 종의 항공기를 혼합, 보충하여 무장시킨 자유프랑스 제341비행전대[10]도 포함되어 있었다. 커닝엄은 메서슈미트를 상대하려면 스핏파이어가 간절히 필요했지만, 런던의 공군성은 본토 수비 중인 스핏파이어를 내어주기를 꺼렸다. 커닝엄의 사막공군은 이제 추축국 선박과 벵가리, 투브루크, 그리고 마르사마트루흐 항구를 폭격하는 B-24 리버레이터를 보유한 미국의 1개 폭격비행전대의 지원을 받았다. 루이스 브레러턴 소장의 지휘 아래 미국 중동 육군항공대는 전투기 및 포격대를 모으고 있었다. 영국군과 미군은 처음으로 함께 작전을 수행했다.

쉬운 승리에 대한 독일군의 기대가 흔들리기 시작했다. 오킨렉은 기동대를 이끌고 반격에 나섰으며 포병대를 집중시켜 큰 효과를 보았다. 그리고 뉴질랜드 사단은 아리에테 사단에 기습 반격을 할 절호의 기회를 잡아 혼란에 빠뜨림으로써 뛰어난 능력을 과시했다. 7월 3일 밤, 로멜은 수비에 돌입할 것을 아프리카 기갑군에게 지시했다. 전투가 가능한 전차는 50대도 채 되지 않았다. 휘하의 병사들은 완전히 지쳤고, 탄약과 연료는 바닥이 났다. 끊임없이 강한 타격을 줄 수만은 없었던 것이다.

바위와 돌 부스러기, 모래가 가득한 알알라메인 전선은 제8군에게도 좋은 환경이 아니었다. 제8군 병사들은 곳곳에서 날아다니는 무시무시한 파리떼와 바람을 타고 일어나는 모래폭풍, 사람을 녹초로 만들어버리는 사막의 더위 때문에 몹시 애를 먹었다. 작열하는 태양 아래 전차는 그야말로 찜통이었다. 밤이 되면 병사들은 전갈을 피하기 위해 방수가 되는 천으로 몸을 꽁꽁 감쌌다. 병사들은 파리가 옮기는 이질은 물론 이 게걸스러운 곤충들을 끌어당기는 사막궤양으로도 고생했다. 그리고 콘비프나 건빵을 갈아 프랑스식으로 죽을 만들어 먹으려 할 때마다 날아다니는 파리를 함께 삼키지 않을 수 없을 정도였다. 악취가 나는 물 때문에 차 맛은 역겨웠지만 차를 끓여 마실 수 있다는 것이 유일한 위안이었다. 병사들의 생각은 당연히 집에서 만든 음식과 집의 안락함으로 쏠렸다. 한 소총병은 집에 돌아가면 변기에 앉아 물을 내리는 사치를 즐기고 초콜릿 아이스크림을 먹으며 시간을 보낼 거라고[11] 동료들에게 이야기했다.

제8군은 또한 너무 지쳐서 반격 기회를 잡을 수 없었다. 그 대신 루웨이사트 능선에 배치된 원기 왕성한 호주 여단과 함께 전선을 따라 진지를 강화하는 데 집중했다. 로멜은 7월 10일에 다시 공격했다. 하지만 북쪽에서 기갑여단의 지원을 받고 있던 호주 제9사단이 알알라메인 인근의 이탈리아군을 돌파하여 패주시켰다. 호주 제9사단의 가장 큰 수확은 로멜의 직속 첩보반이었는데, 독일군이 더 이상 미군의 암호를 추적할 수 없도록 해 로멜을 까막눈으로 만드는 데 성공한 것이다. 자신도 모르게 독일군에 매우 신뢰할 만한 정보를 제공했던 미국 육군 무관 보너 펠러스는 6월 말에 다른 곳으로 전출되었다.

양쪽은 가위바위보 하듯 서로 치고받으며 7월을 보냈다. 로멜은 이탈리아 부대 대부분이 거둔 전적에 화가 났고, 추축국 동맹 간에 격렬한 논쟁이 벌어졌다. 로멜은 자신의 부대 일부를 분리하여 '코르셋 끈을 조이듯' 이탈리아군 일부 사단 사이에 투입해야 한다고 생각했다. 그리고 영국 공군과 해군이 또 한 번 추축국 호송선단과 항구 시설에 심각한 피해를 입히자, 재보급 부족에 관한 분노의 항의는 또다시 헛된 일이 되었다. 투브루크와 마르사마트루흐를 장악하면 단번에 문제가 풀릴 거라는 로멜의 꿈은 산산이 부서졌다. 7월 26일 밤, 편성된 지 얼마 되지 않은 영국 공군특수부대Special Air Service(SAS) 지프는 푸카 인근 비행장을 공격하여 지상에 있던 항공기

37기를 파괴했는데, 그중 다수는 융커스 52 수송기였다. 이 공격으로 SAS 지프는 그달에 총 86기의 항공기를 파괴한 셈이었다.

오킨렉의 업적은 과소평가할 만한 것이 아니다. 그는 독일군에 큰 피해를 입히는 동안 적어도 심한 타격을 입은 제8군을 재앙에서 구해내고 전선을 안정시켰다. 처칠은 이 일들을 매우 다른 각도에서 보았다. 단지 기회를 놓친 것만을 보고, 부대원들의 피로와 영국 장갑차량들의 수치스런 열등함은 인정하지 않았던 것이다.

처칠은 제2전선 구축이 늦어질 거라고 스탈린에게 경고하기 위해 앨런 브룩과 함께 모스크바로 향하던 중 8월 3일에 카이로에 들렀다. 영국인들은 미국이 몰로토프에게 무모하게 약속했던 해협을 건너 코탕탱 반도를 침공하려는 슬레지해머 작전을 그들이 결정적으로 방해했다고 생각했다. 그러나 7월 둘째 주, 미군 참모총장들과 헨리 스팀슨 전쟁성 장관이 반발했다. 그들은 영국이 비밀리에 프랑스 북부에 대한 어떠한 침공도 반대한다고 믿고, '독일 우선' 정책 폐기와 태평양으로의 초점 전환을 주장했다.

루스벨트는 총사령관으로서 7월 14일에 그들을 저지했다. 루스벨트는 태평양에서 자투리 섬들을 장악하려고 군대를 보내는 것은 바로 독일이 바라는 바이고, 그렇게 해봐야 '올해나 내년 세계정세에 영향을 주지 못할 것'[12]이라고 마셜에게 보낸 서신에 적었다. 그리고 러시아나 중동에도 도움이 되지 않을 게 분명했다. 이것이 크게 보아 영국으로 하여금 해협 횡단 침공을 스스로 약속하도록 몰아붙이려는 엄포에서 마셜이 맡은 역할이었는지는 아직도 뚜렷하지 않다. 그러나 마셜과 킹 제독은 그달 말쯤 다시 과제를 받아들고 체커스 수상 관저에서 처칠을 만나 슬레지해머 작전을 되살리려고 시도했다. 영국은 여전히 강하게 반대했다. 그 작전은 재앙이 될 것이며, 붉은 군대에 아무런 도움도 되지 않을 터였다.

런던에 있던 해리 홉킨스는 루스벨트가 북아프리카에 미군을 파견하기를 원한다는 것을 알고 개인적으로 영국을 충동질했다. 결국 신통치 않은 영국의 전쟁에서 어쩔 수 없이 최선의 결과를 뽑아내야 했던 마셜은 전체 지휘를 맡을 것이라는 전망 아래 런던에서 북아프리카에 상륙할 계획을 세우도록 우수한 참모장교인 드와이트 아이젠하워 소장을 파견했다.

소련을 방문하기 전에 처칠은 중동 지휘 체계를 정리하기로 결심했다. 오킨렉이 9월 중순 전에 추가 공격을 개시하는 것은 현명하지 않다고 처칠에게 말하자, 처칠은 오킨렉을 해임하고 해럴드 알렉산더 장군으로 총사령관을 바꿨다. 또한 제13군단장 '스트레이퍼' 고트 중장으로 하여금 제8군을 맡도록 했다. 고트는 비록 사막전 지휘관으로 탁월한 인물이었지만, 이번 작전에서는 지치고 사기도 꺾여 있었다. 브룩은 대신 버나드 몽고메리 중장을 원했지만, 처칠은 단호했다. 하지만 고트가 탑승한 비행기가 메서슈미트에 격추되면서 그가 죽자 결국은 몽고메리가 사령탑을 맡게 되었다.

몽고메리는 대부분의 영국 육군 고위 장교와 다르다는 점에 자부심을 가졌다. 작지만 강인하며 콧날이 긴 몽고메리 장군은 겸손하고 기품 있으며 청렴한 알렉산더와는 판이했다. 복장도 남달라 볼품없는 풀오버와 코듀로이를 선호했고, 머리에 썼던 검은색 전차연대 베레모는 훗날 그의 트레이드마크가 되었다. 게다가 군사적으로는 보수성을 띠어서, 사막 작전을 이끌어온 비공식 전투단이 아닌 전통적 참모 업무의 사단 배치를 믿었다. 몽고메리는 목소리 톤이 높고 날카로우며 R 발음이 잘 안 되는데도 군인이든 기자든 가리지 않고 사람들과 스스럼없이 어울리는 것을 좋아했다. 비흡연자에 금주가인 몽고메리는 독선적이고 야심차며 무자비한 성격이었고, 자신감 또한 대단해서 현실감을 잃을 때가 곧잘 있었다. 그러나 그러한 자기 확신은 그가 만난 모든 사람에게 전달되었고, 맡은 임무의 원동력이 되어, 심하게 타격을 입은 제8군에 승리할 수 있다는 확신을 심어주었을 뿐 아니라 하나로 뭉치게 만들었다. 지휘관들은 '마음을 다잡아야' 했고, 더 이상의 '불평'이나 지시에 대한 의문도 품지 않게 되었다.

몽고메리가 1942년 8월에 이어받은 상황은 결코 훗날 신화처럼 떠벌릴 만큼 절망적이지는 않았다. 로멜이 이끈 독일, 이탈리아 사단들도 7월 전투 중에 상당한 타격을 입어 허우적거리고 있었던 것이다. 그런데 많은 고위 장교의 패배주의적 태도가 참모부에 팽배해 있어 몽고메리는 너무나 어이가 없었다. 그는 오킨렉이 분위기를 이렇게 만들었다고 오해했다. 오킨렉의 실수는, 카이로 소재 중동사령부에 늘 죽치고 앉아 있어 전투장교들에게 '옷 입은 돼지들'이라고 불렸던 고위 장교들의 패배적 분위기를 감지하지 못했다는 데 있었다. 몽고메리는 철수를 위한 모든 비상 계획을 무효화한다고 제8군에 공표했다. 게다가 그는 부대 방문과 훈련 프로그램을 통해 상당한 극적 효과를 줌으로써 군사들의 사기와 자신감을 다시 끌어올렸다. 아무리 몽고메리가 오킨렉 재임 중에 시작된 몇 가지 개혁안을 자신의 공적으로 치부하려 했다고 해도, 극적인 변화가 주는 효과는 놀랄 만한 수준이었다.

몽고메리는 오킨렉의 해임을 불러온 숨겨진 주된 이유였음에도 불구하고 조급하게 공격을 개시할 생각이 없었다. 그러나 그는 수상을 다루는 방식이 훨씬 더 영리했다. 사실상 몽고메리가 생각한 날짜는 오킨렉이 제시한 9월 중순보다 더 나중이었다. 그는 승리를 실제로 보장할 수 있을 정도로 엄청난 수준까지 자신의 군대를 증강시키기로 결심했다. 영국이 또다시 완패의 굴욕을 당할 수는 없었기 때문에 이 점에서는 몽고메리가 옳다고 할 수 있었다.

로멜이 지휘한 부대는 제164사단과 공수여단으로 증원되었지만, 그는 자신의 처지가 이제 위태로운 수준을 넘어섰음을 알고 있었다. 로멜의 병력은 아주 약화되어 알알라메인 전선에서 소모전을 계속 치를 수 없을 지경이었다. 그 대신 로멜은 부대를 철수하여 영국군을 진지 밖으로 나오게 하고 역동적인 전투를 치르게 하여 자신의 기갑부대가 유리한 고지를 선점하게 하고 싶었다. 영국 공군과 해군이 보급선을 연이어 격침해버리는 바람에 로멜의 부대는 여전히 수송수단과 연료가 부족했다. 스트레스와 극심한 좌절로 힘들어하던 로멜은 이탈리아군 일부 부대, 특히 폴고레 사단이 선전하고 있었는데도 신랄하고 노골적인 표현으로 이탈리아 군대 전체를 싸잡아 비난했다.

8월 중반을 넘어가자 역할이 바뀌어 무솔리니와 케셀링은 공격을 개시하자며 로멜을 재촉했지만, 로멜은 점점 주저하면서 비관적으로 변해갔다. 8월 30일, 이러지도 저러지도 못하는 진퇴양난에 빠졌음을 알고 로멜은 후방에서 곡선을 그리듯 제8군 전선의 남부를 향해 일격을 가하여 알람할파 능선을 공격하기로 했다. 그는 연료가 떨어져가고 있다는 사실을 알고 있었지만, 케셀링은 유조선이 부두에 있으며 군수품도 빠른 시일 내에 보급될 거라고 장담했다.

울트라 암호 해독기 덕분에 로멜의 계획을 알아낸 몽고메리는 기갑부대를 배치하여 습격에 대비했는데, 이것은 오킨렉이 계획했던 것 이상도, 그 이하도 아니었다. 로멜의 정찰력과 정보력은 빈약했다. 로멜 예하 참모부는 남쪽에서 넘어야 할 지뢰밭의 면적을 과소평가했고, 다가오는 전투에서 사막공군의 위력을 인지하지 못했다. 로멜 예하 2개 기갑사단이 지뢰밭에서 헤매자, 커닝엄이 지휘한 폭격기 및 전투폭격기 비행대대들이 조명탄을 터뜨려 야간에 불을 밝힌 후 그들을 사정없이 공격했다. 좁은 회랑에 모여 있는 전차들은 비교적 쉬운 표적이 되었다. 아프리카 군단과 리토리오 기갑사단은 다음 날 아침이 올 때까지 빠져나가지 않고 있다가, 날이 밝고 나서야 알람할파 능선을 향해 북쪽으로 진군하는 데 속도를 냈다. 로멜은 계속할 힘을 얻었고, 케셀링은 슈투카 편대를 보내 전방의 방어 진지를 들쑤셔놓도록 했다. 그러나 속도가 느리고 공격에 쉽게 노출되는 슈투카 폭격기는 사막공군 비행대대들에 의해 큰 타격을 입고 말았다.

알람할파 능선의 방어가 워낙 견고해서 독일 기갑사단은 진격을 멈출 수밖에 없었다. 로멜은 9월 1일에 대규모 반격이 있으리라 예상했지만 몽고메리는 더 이상 그의 기갑부대들을 기병대처럼 돌격시켜 위험에 빠뜨리고 싶지 않았고, 진지에 있는 전차들은 대부분 포탑만 보이게 해두었다. 단 한 번의 기갑부대 반격만이 개시되었다. 로멜은 가히 최악이 될 법한 소식을 전해 들었다. 믿었던 유조선들이 공격을 당해 처참한 결과를 얻었다는 것이다. 울트라의 힘은 이번에도 영국군이 유조선을 찾을 수 있도록 해주었다.

로멜은 자신이 이끄는 기갑사단이 서쪽 알알라메인 전선, 동쪽과 남쪽 영국군 기갑부대 사이 빈 공간에서 사면초가에 빠져 계속해서 사막공군의 공격을 받는 바람에 난처한 입장에 놓였다. 9월 5일, 로멜은 철수 명령을 내렸다. 남쪽에서 제30군단이 어설프게 펼친 역습 이외에, 몽고메리는 회심의 일격을 가할 기회를 잡는 데 실패했다. 하지만 아프리카 군단을 격퇴한 것과 사막공군이 입힌 피해는 제8군의 사기를 끌어올리기에 충분했다.

로멜은 병력 대부분을 구출해냈지만, 아이젠하워가 계획 중인 자신의 후방에 대한 위협을 전혀 모르고 있었음에도 불구하고 북아프리카에서 벌어졌던 전쟁의 흐름이 돌이킬 수 없을 만큼 자기편에서 멀어졌음을 알았다. 후방에서 아이젠하워가 위협해오고 있다는 사실을 아직 모르고 있었다고는 해도 말이다.

제2차 세계대전

청색 작전에서
바르바로사 재개까지

1942년 5~8월

　1942년 봄, 눈이 녹기 시작하자, 숨어 있던 겨울 전투의 공포가 드러났다. 소비에트 포로들은 1월에 있었던 공격으로 죽은 동료들의 시신을 묻는 일에 투입되었다. 한 독일 병사가 죽은 인민위원의 호주머니에서 종이를 꺼내 고향에 편지를 썼다. "이제는 낮에 꽤 따뜻하다. 시체에서 악취가 풍기기 시작하니 묻어야 될 때가 되었다."[1] 제88보병사단의 한 병사는 시체가 빠르게 해빙되는 동안 마을을 점거한 뒤, "손발이 잘려나가거나 두개골이 산산조각난 약 80구의 독일군 수색대대 시신이 눈 밑에서 나타났다. 대부분 불태워버렸다"[2]고 썼다.

　자작나무 잎이 돋아나고 물로 흥건한 땅이 햇볕에 마르기 시작하면서 독일군 장교들의 사기는 놀라울 정도로 회복되었다. 끔찍했던 겨울은 그저 나쁜 꿈에 지나지 않는 듯했으며, 이제 이들은 승리를 향해 다시 나아가게 될 터였다. 기갑사단은 재정비를 하고, 부대들에는 병사들이 증원되었으며 여름 공격을 위해 탄약이 비축되었다. 지난겨울의 재앙으로 소수 병력만 남은 대독일 보병연대는 이제 기갑대대와 돌격포대대를 갖춘 차량화사단으로 확대되었다. 무장친위대 사단은 기갑사단으로 업그레이드되었지만, 대다수의 일반 사단은 보충병을 지원받는 데 그쳤다. SS와 육군 사이의 긴장이

고조되었다.[3] 제294보병사단의 한 대대장은 자신의 일기에 이렇게 기록했다. "SS의 권력과 중요성이 어찌나 대단하던지 우리 모두에게 큰 두려움이 엄습했다…… 이미 SS는 본국에서 군이 승리하고 귀환하는 대로 국경에서 육군을 무장해제시킬 것이라고 이야기하고 있다."[4]

동계전역메달을 받은 많은 병사는 마냥 기뻐할 수만은 없었다. 이들은 그 메달을 '냉동육 메달'로 여겼다. 1월 말, 휴가를 받은 병사들에게 새로운 지시가 떨어졌다. 지시는 다음과 같은 내용을 담고 있었다. "제군들에게는 군법이 적용되며 아직은 그에 따라 처벌이 적용되는 신분이다. 무기나 전술, 손실 등에 대해 발설해서는 안 된다. 열악한 배급이나 부정행위에 대해서도 말하면 안 된다. 적의 첩보망에 들어가 이용될 수 있기 때문이다."[5]

괴벨스가 동부 전선의 병사들에게 따뜻한 옷을 제공하라고 호소한 덕에 기증받은 민간인의 겨울옷, 스키복, 여성용 털 코트 등이 뒤늦게 도착하면서 군대의 냉소는 더욱 커졌다. 옷에서 나는 좀약 냄새와 가정의 향취는 병사들에게 오물과 이가 가득한 다른 별에 고립되어 있다는 느낌만 더 고취시킬 뿐이었다. 광대하기만 한 소련의 대지는 깊은 불안감과 우울함을 안겨주었다. 앞에 언급된 제294사단 대위는 이렇게 기록했다. "숲도 없는 끝없이 황량한 들판에 이따금씩 나무 몇 그루만 보일 뿐이다. 주택이 파괴되어 집단농장에는 슬픔이 감돈다. 누더기를 걸친 남루한 차림의 몇몇 사람이 무관심한 얼굴로 철로 주변에 서성거리고 있었다."[6]

스탈린은 독일 국방군이 모스크바를 향해 또 한 번 밀고 들어오리라 예상하고 있었던 반면, 히틀러의 생각은 크게 달랐다. 독일이 전쟁에서 살아남느냐 하는 것은 식량과 특히 연료에 달려 있음을 알고 히틀러는 우크라이나를 더욱 확고하게 장악하고 캅카스 유전을 점령할 생각이었다. 이 군사판 죽음의 무도에서 먼저 발을 헛디디는 사람은 스탈린이었지만 결국 자기 발에 걸려 넘어져 비참한 결과를 맞을 사람은 히틀러가 될 터였다. 하지만 당장은 모든 것이 히틀러의 뜻대로 풀려가는 듯했다.

5월 7일, 크림 반도에 주둔하던 만슈타인의 제11군은 케르치 반도를 벗어나려는 소련군을 역습해 기갑부대를 측면으로 보내 소련군을 둘러쌌다. 많은 소련군 병사는 용감하게 싸우다가 독일 전차들이 이리저리 움직이며 참호 안으로 쏟아넣은 흙에 매몰되었다. 스탈린이 총애하던 인민위원 레프 메흘리스[7] 때문에 벌어졌다고 할 수 있는 이 열흘간의 재앙으로 군사 17만 6000명과 항공기 400기, 전차 347대, 야포 4000문을 잃었다. 메흘리스는 해당 부대, 특히 아제르바이잔군에 책임을 돌리려 했지만, 이 엄청난 손실로 캅카스에서는 큰 공분을 샀다. 메흘리스는 강등되었지만 스탈린은 곧 그에게 다른 직책을 맡겼다.

독일군은 중앙아시아 출신 러시아 군인들이 탈영할 가능성이 크다고 보았다. "급조된 데다 훈련 상태도 미흡한 자들이 전방으로 보내졌다. 이들은 러시아군이 후방에 버티고 있으면서 자신들을 강제로 전방에 보냈다고 한다. 이들은 밤에 강을 건넜다. 진흙 속, 무릎 높이의 물속을 걸어가던 이들이 우리를 보고 눈을 반짝였다. 오직 우리 수용소에서만 이들은 자유로움을 느꼈다. 러시아군은 전쟁 중 탈영이나 도주를 막기 위해 더욱더 많은 수단을 동원하고 있다. 이제 부대의 퇴각을 막는 일만 전담할 일명 경비중대까지 동원했다. 정말 이 지경이라면 붉은 군대의 사기는 저하된 것이 분명하다."[8]

케르치 반도에서보다 더 큰 재앙이 곧 이어졌다. 3월에 티모셴코 육군 원수는 니키타 흐루쇼프의 동조를 얻어, 서남 전선과 남부 전선의 군이 모스크바 쪽으로 향하는 모든 공격을 방해하도록 하리코프에 협공을 들어가야 한다고 제안했다. 이 공격을 세바스토폴 수비대를 구하기 위해 케르치 반도에서 포위망을 돌파하는 것과 동시에 실시하자는 이야기였다.

스탑카에서는 독일군의 병력 현황을 거의 알지 못한 채, 현재 독일 병력이 아직도 겨울에 심한 타격을 입은 그때 그 부대이겠거니 하고 생각했다. 비록 전력의 상당 부분을 무장과 장비가 빈약한 루마니아, 헝가리, 이탈리아 부대로 메꾸었다고 해도 남부집단군의 전력이 크게 강화되었다는 사실을 소비에트 군사 정보국은 놓치고 있었다. 히틀러가 재개한 바르바로사 작전은 청색 작전으로 명명되었다. 비록 예상보다 이르기는 했지만 독일군은 티모셴코가 공격 준비 중이라는 것을 알고 있었다. 독일군은 1월 공격 당시 붉은 군대가 진출한 바르벤코보 돌출부를 차단하기 위해 하리코프 남쪽을 공격할 준비를 하고 있었다. 이 작전의 암호명은 프리드리히 작전이었으며, 청색 작전의 준비 단계이기도 했다.

케르치 반도에서 공격에 실패한 지 닷새가 지난 5월 12일, 티모셴코의 공격이 시작되었다. 남쪽에서 협공을 시작한 첫날에 방어가 약한 쪽을 뚫고 15킬로미터를 진군했다. 소비에트 병사들은 장악한 진지에서 초콜릿, 정어리, 고기 통조림, 흰 빵, 코냑, 담배 등 사치품이 넘쳐나는 것처럼 보이는 독일군의 흔적을 발견하고는 깜짝 놀랐다. 하지만 러시아 측의 사상자 수도 엄청났다. 대공 포대의 유리 블라디미로프는 이렇게 썼다. "중상을 입어 과다출혈로 죽어가는 병사들과 크고 작은 목소리로 도움을 구하는 병사들을 그냥 지나치는 것은 비통한 일이었다. 하지만 우리가 할 수 있는 일은 아무것도 없었다."[9]

북부의 공세는 조직적이지 못해 루프트바페에게 끊임없이 공격의 여지를 주었다. 제28군의 한 병사는 "우리는 볼찬스크에서 하리코프로 진군하다가 이름난 트랙터 공장 굴뚝을 볼 수 있었다"[10]고 썼다. "독일 항공대는 우리를 가만히 내버려두지 않았다. 새벽 3시부터 점심시간 두 시간을 빼고 해질녘까지 끊임없이 우리에게 폭탄을 퍼부었다. 폭격으로 모든 것이 파괴되었다." 지휘관들 사이에는 혼란도 있었고 탄약도 부족했다. "심지어 군사 재판소도 싸워야만 했다"고 병사는 덧붙였다.

티모셴코는 그가 공격을 준비하고 있던 독일군에게 타격을 주었음을 알아챘다. 그러나 자신이 함정 속으로 걸어들어가고 있는 것일 수도 있다는 의심은 하지 않았다. 유능한 참모장교였지만 부대를 지휘해본 경험이 없던 파울루스 기갑대장은 자신이 지휘한 제6군이 티모셴코에게 맹렬한 공격을 받자 당황했다. 봄비가 세차게 내리는 가운데 교전으로 16개 대대가 심한 타격을 입었다. 하지만 폰 보크 육군 원수는 중대한 승리를 얻을 기회를 잡았다. 그는 클라이스트가 지휘한 제1기갑군이 움직이면 남쪽으로부터 바르벤코보 돌출부에 있는 티모셴코의 병력을 차단할 수 있다며 히틀러를 설득했다. 히틀러는 그 의견을 기꺼이 받아들였고, 총통의 이름으로 명령을 내렸다. 5월 17일, 클라이스트는 동이 트기 직전에 일격을 가했다.

티모셴코는 모스크바에 연락을 취해 증원군을 요청했지만, 자신의 부대가 위험에 처했음을 아직 이해하지 못했다. 마침내 5월 20일 밤, 티모셴코는 흐루쇼프를 설득해 스탈린에게 전화를 걸어 공격 취소 요청을 하도록 부탁했다. 흐루쇼프는 쿤체보 별장으로 전화를 걸었다. 스탈린은 당 중앙위원회 서기국원인 게오르기 말렌코프에게 흐루쇼프와 이야기하라고 말했다. 그러자 흐루쇼프는 스탈린에게 직접 말해야 한다고 했다. 스탈린은 거절하면서 말렌코프에게 흐루쇼프가 원하는 것이 무엇인지 알아보라고 했다. 사유를 듣고 스탈린은 "군사 지시는 반드시 지켜야 한다"며 소리쳤고, 얼른 통화를 끝내라고 지시했다. 스탈린을 향한 흐루쇼프의 증오는 이때부터 시작된 것으로 알려져 있는데, 훗날 1956년 소련 공산당 제20차 대회에서 흐루쇼프는 이 독재자를 격정적으로 비난한다.[11]

스탈린이 공격을 중지하도록 허락할 때까지 그로부터 이틀이 더 걸렸는데, 그때까지 소비에트 제6군과 제57군 병력 대부분이 포위되었다. 포위망에 갇힌 군사들은 서로 팔짱까지 껴가며 필사적으로 돌파를 시도했고 학살은 끔찍했다. 독일군 진지 앞에 쌓인 시체 더미가 산을 이루었다. 하늘이 청명하여 루프트바페가 시야를 확보하기에 완벽한 날씨였다. 제389보병사단의 한 병사는 "우리 조종사들은 밤낮없이 수백 명씩 근무한다. 수평선 전체가 연기에 뒤덮여 있다"[12]고 기록했다. 유리 블라디미로프는 전투 중에도 구름 한 점 없고 햇볕 쨍쨍한 날씨 속에서 종다리의 노랫소리를 들을 수 있었다. 그러나 그 후에는 "전차다! 전차가 몰려온다!"고 외치는 소리를 듣고 참호로 달려가 몸을 숨겼다.

끝이 가까워졌다. 즉결 처형을 피하기 위해 인민위원들은 일반 사병들과 구분이 되지 않도록 제복을 벗고 죽은 붉은 군대 병사들의 옷을 입었다. 또한 머리를 깎아 평범한 군인처럼 보이게 했다. 군사들은 항복을 하면서 총검이 장착된 소총을 땅바닥에 박아 세웠다. 블라디미로프는 "한바탕 불이 난 후 나무 이파리들이 모두 타버리자 마치 마법의 숲과 같은 모습이었다"라고 썼다.[13] 그는 앞으로 벌어질 일들을 예상하고는 불결하고 추잡한 상태로 자살할 생각이었지만 곧 포로 무리에 섞여버렸다. 버려진 헬멧과 방독면 틈에서 부상병들을 찾아 즉석에서 판초로 들것을 만들어 운반했다. 그런 다음 독일군은 지치고 굶주린 병사들을 5열종대로 세워 행군시켰다.

약 24만 명이 포로가 되었고, 야전포 2000문과 전차 대부분이 파괴되었다. 군사령관 한 명과 수많은 장교가 자살했다. 클라이스트는 전투 후 전장이 병사와 말들의 시체로 꽉 막혀 지휘 차량이 통과하는 데 어려움을 겪는 모습을 지켜보았다.

두 번째 하리코프 전투는 소련의 사기에 끔찍한 일격을 가했다. 흐루쇼프와 티모셴코는 자신들이 처형될 것을 확신했다. 동지였다고는 해도 이제는 서로를 고발하기 시작했고, 흐루쇼프는 신경쇠약 비슷한 증세까지 보였다. 스탈린은 특유의 방식으로 전투에서 진 사령관의 머리에 처벌의 의미로 재를 뿌리는 것은 로마의 전통이라고 하면서 흐루쇼프의 벗겨진 정수리에 담배 파이프의 재를 떨어 그를 모욕했을 뿐이다.

독일군은 매우 기뻐했지만, 이번 승리는 한 가지 위험한 효과를 만들었다. 전투 초기에 일찌감치 철수하고 싶었던 파울루스는 클라이스트가 필살의 일격을 준비할 동안 자신에게는 위치를 고수하라고 지시한 히틀러의 통찰력에 탄복했다. 파울루스는 열정적으로 명령을 받들었고, 지휘 체계를 매우 존중하게 되었다. 파울루스의 이러한 성품은 새로워진 히틀러에 대한 존경심과 합쳐져서, 6개월 후에는 중요한 순간에 스탈린그라드에서 큰 영향력을 발휘하게 된다.

소련이 살아남은 바로 그해에 소련을 위협하는 위험이 닥쳐오고 있었음에도 불구하고, 스탈린은 전후 국경에만 정신이 팔려 있었다. 미국과 영국은 발틱 국가들과 폴란드 동부 지역을 포함하는 소련의 1941년 6월 국경을 인정해야 한다는 스탈린의 요구를 거절했다. 그러나 1942년 봄에 처칠은 생각을 바꾸어, 자결권을 보장하는 대서양 헌장에 노골적으로 위배되지만 소련이 전쟁 상태에 머물도록 스탈린의 주장에 동의할 것을 고려하게 되었다. 루스벨트와 웰스 국무차관 모두 격분하며 처칠의 제안을 지지하려 하지 않았다. 그런데 전쟁이 조금 더 진행된 후에는 스탈린의 제국주의적 계획을 처칠이 반대하는 반면, 루스벨트가 수용하게 된다.

서방 연합국과 스탈린의 관계에는 의심이 따를 수밖에 없었다. 처칠은 특히 영국이 조달할 수 있는 규모보다 훨씬 더 많은 군사적 원조를 약속했다. 그리고 5월에 루스벨트가 연말이 되기 전에 제2전선을 구축하겠다며 몰로토프에게 재앙의 불씨가 될 약속을 한 것은 무엇보다도 대동맹에 더 큰 독이 되었다. 편집증적 성향이 있는 스탈린은 자본주의 국가들이 그저 소련의 힘이 약화되기를 기다리고 있을 뿐이라며 스스로를 설득했다.

술수에 능한 루스벨트는, 해리 홉킨스를 통해 자신은 1942년에 제2전선을 구축하는 데 찬성하지만 장군들은 반대한다고 몰로토프에게 말했다. 루스벨트는 소련이 전쟁 상태에 머물도록 하기 위해서는 결과가 어떻든 간에 무슨 말이든 할 각오가 되어 있었던 듯하다. 그리고 연합국이 그해에 프랑스 북부 침공을 개시할 의도가 없음이 분명해지자, 그제야 스탈린은 자신이 속았다는 생각이 들었다.

처칠은 이행되지 않은 약속에 대해 스탈린이 느낀 분노와 마주하고 있었다. 비록 처칠과 루스벨트 다 매우 경솔하기는 했지만, 스탈린은 진짜 난제를 전혀 인정하려 하지 않았다. 무르만스크로 향하던 북극 호송선단이 몰고 온 손실은 스탈린의 계산에 전혀 반영되지 않았다. 1941년 9월에 아이슬란드에서 무르만스크로 출항한 PQ 호송선단은 가공할 위험에 처했다. 겨울에는 선박들이 얼음으로 뒤덮이고 바다는 변덕스러웠던 한편, 여름에는 밤이 짧아 노르웨이 북쪽 기지에서 날아오는 독일 항공대의 공습과 U 보트의 끊임없는 위협에 취약한 처지였다. 3월에는 PQ-13 선박들 중 4분의 1가량이 침몰되었다. 처칠은 선박의 절반만이 도달하는 한이 있더라도 5월에 PQ-16을 보내라고 해군성에 강요했다. 지시를 취소할 경우에 벌어질 정치적 결과에 대해 처칠은 환상을 갖고 있지 않았다. 결과적으로 36척의 선박 중 단 6척만이 침몰했다.

다음으로 소련에 투입된 가장 큰 호송선단인 PQ-17은 이번 전쟁에서 가장 큰 해군 재난 중 하나의 주인공이 되었다. 독일 전함 티르피츠 함이 아드미랄 히퍼, 아드미랄 셰어 함과 함께 트론헤임을 떠나 호송선단과 교전을 벌이게 될 것이라는 잘못된 첩보가 전해졌다. 그 즉시 영국 제1군사위원 더들리 파운드 제독은 7월 4일에 호송대를 분산시키라고 지시했다. 결과는 처참했다. 총 39척의 선박 중 24척이 항공기와 U 보트에 격침되었고, 전차와 항공기, 각종 차량까지 거의 10만 톤에 이르는 손실이 발생했다. 북아프리카의 투브루크를 상실함과 동시에 독일군이 캅카스까지 진군하면서, 영국은 결국 패전할지도 모른다는 생각이 들기 시작했다. 그리하여 하절기 추가 호송선단 투입을 모두 보류시켰고, 결국 스탈린으로부터 큰 불만을 샀다.

케르치 반도에서 소비에트 병력이 괴멸되자, 만슈타인은 자신이 이끌던 제11군을 세바스토폴 항구 및 요새 쪽으로 돌렸다. 대규모 포격과 슈투카를 동원해 폭격을 했지만 동굴 속이나 깊은 바위 속 터널에서 버티던 수비대를 몰아내는 데는 실패했다. 한때 독일군이 수비대를 몰아내기 위해 화학무기를 사용했다고 하는데, 사실 여부는 확실치 않다. 독일 항공대는 붉은 군대 폭격기들의 성가신 공격에 맞서기로 했다. "독일과 노는 게 어떤 건지 러시아 놈들에게 제대로 보여줄 것이다."[14] 한 병장이 남긴 글이다.

소비에트 빨치산은 독일군의 후방을 괴롭히고, 한 무리는 페레코프 지협을 통과하는 유일한 철로를 폭파시켰다. 독일군 측은 소비에트 빨치산을 쫓는 일을 도울 반소비에트 성향의 크림 타타르족을 모집했다. 만슈타인은 또 거대한 요새를 초토화시키기 위해 800밀리 거포를 열차에 실어왔다. 오토바이 수색대의 한 병사는 "이것은 더 이상 전쟁이 아니라, 두 세계관이 서로를 파괴하려는 것이라고 말할 수 있다"[15]라고 썼다.

만슈타인이 계획한 가장 효과적인 전략은 세베르나야 만을 가로질러 공격 주정을 보내어 공격함으로써 첫 번째 방어선을 측면에서 공격하는 것이었다. 흑해함대의 군인과 선원들은 계속해서 싸웠다. 정치 지도원들은 임전무퇴를 전할 회의를 소집했다. 대공포는 대전차포로 용도가 바뀌었지만, 하나둘씩 제 기능을 상실했다. 한 해병대원이 술회했다. "연속적으로 폭발이 일어나면서 폭발은 점차 하나의 덩어리가 되어갔다. 더 이상 폭발점을 하나하나 구분해낼 수 없었다. 폭격은 아침 일찍 시작되어 밤늦게 끝났다. 폭격과 포력의 잔해에 병사들이 파묻혔고, 우리는 다시 싸움을 계속하기 위해 그들을 파내야 했다. 통신병들은 모두 죽었다. 얼마 지나지 않아 우리의 마지막 대공포가 포탄에 맞았다. 우리는 폭탄 구멍에서 '보병 수비'를 계속했다."[16]

"독일군이 우리를 바다 쪽으로 밀어내는 바람에 우리는 로프를 이용하여 절벽 아래로 내려가야 했다. 독일군은 우리가 거기에 있는 것을 알고, 전사한 우리 동료들의 시체는 물론, 불붙인 타르통과 수류탄까지 던졌다. 상황은 절망적이었다. 나는 해안을 따라 발라클라바로 나아가 밤새 만 너머로 헤엄쳐 고지로 탈출하기로 결심했다. 나는 해병대원들을 모아 한 조를 이루었다. 그러나 우리는 1킬로미터 정도밖에 가지 못했다." 이들은 잡히고 말았던 것이다.

세바스토폴 전투는 6월 2일부터 7월 9일까지 계속되었고, 독일군의 피해 또한 엄청났다. 전투가 끝나고 한 독일 하사는 회고했다. "내가 있는 쪽에서 수많은 동료를 잃었다. 한번은 전투가 한창일 때 동료 한 명이 죽자 나는 어린아이처럼 울음이 터져버렸다."[17] 마침내 전투가 끝났을 때, 히틀러는 승리에 도취하여 만슈타인을 육군 원수로 진급시켰다. 히틀러는 세바스토폴을 흑해의 독일 해군 주기지이자 완전히 독일화된 크림 반도의 수도로 만들고 싶었다. 그러나 만슈타인이 직접 봐왔듯이, 세바스토폴을 장악하는 데는 엄청난 노력이 요구됐고, 정작 중요한 시점에 청색 작전을 실행할 수 있는 병력은 줄어들고 말았다.

스탈린은 러시아 남부에서 독일군이 공격해오고 있다는 구체적인 정보를 운 좋게 접했지만, 전해에 바르바로사 작전에 대한 정보를 묵살했듯이 이번에도 허위 정보라며 일축했다. 6월 19일, 청색 작전 계획 서류들을 휴대한 독일 참모장교 요아힘 라이헬 소령을 태운 피젤러 슈토르히기가 소비에트 전선 뒤에서 격추되었다. 그런데 스탈린은 독일군이 모스크바를 겨냥하고 있다고 확신하며 입수한 문서들을 가짜로 치부해버렸다. 히틀러는 정보 유출 소식을 듣고 격분하여 라이헬의 군단과 사단장들을 모두 해임했다. 그러나 첫 번째 단계를 위한 도네츠 강 동쪽 출발선을 확보하려는 사전 공격은 이미 시작되었다.

6월 28일, 제2군과 호트의 제4기갑군은 돈 강 상류 보로네시를 향해 동쪽으로 공격해 들어갔다. 스탑카는 2개 전차군단을 투입했지만, 무선통신 상태가 나빠 빈 공간에서 배회하다 슈투카의 공격으로 큰 피해를 입었다. 그제야 독일군이 모스크바로 향하고 있는 것이 아님을 확신한 스탈린은 무슨 수를 써서라도 보로네시를 지켜내라고 지시했다.

그 후 히틀러는 청색 작전 계획에 간섭했다. 원래 이 작전은 세 단계로 펼쳐질 예정이었다. 첫 번째 단계는 보로네시를 장악하는 것이었다. 그러면 파울루스의 제6군이 돈 강 만곡부 소비에트 군대를 포위할 것이고, 그다음에는 스탈린그라드로 진군하여 왼쪽 측면을 보호할 것이었다. 그 시점에서 이러한 계획은 반드시 도시를 점령하기 위함이 아니라, 도시에 도달하거나 "최소한 중화기의 유효사정 거리 내에 두는 것이 목적이었기 때문에 그곳을 수송 중심지나 대규모 주둔지로 삼을 수는 없었다.[18] 그런 이후에야 제4기갑군이 남쪽으로 방향을 틀어 리스트 육군 원수의 A 집단군과 합류하고 캅카스로 공격해 들어갈 수 있게 된다. 그러나 조급한 히틀러는 기갑군단 하나로 보로네시에서 전투를 충분히 마칠 수 있다고 생각하게 된다. 그 결과 호트의 나머지 기갑군 병력은 남쪽으로 향하게 되었다. 그런데 보로네시에 남은 군단에는 러시아군을 압도할 힘이 부족했다. 제공권이 뒷받침된 상태에서 독일 기갑군의 기동력은 탁월했지만 이번 전투에서 그러한 이점을 잃었을 때 붉은 군대가 시가전에서 얼마나 집요하게 반격하는지를 확인할 수 있었다.

히틀러는 장군들의 걱정을 무시했고, 처음에는 청색 작전도 차질 없이 착착 진행되는 듯했다. 독일 육군이 엄청난 속도로 진군하자, 기갑사령관들은 격하게 기뻐했다. 여름 무더위로 땅이 말라 동남쪽으로 수월하게 돌진해 나갔다. 한 종군기자는 "기갑 차량과 반半 무한궤도 차량들이 대초원 위에

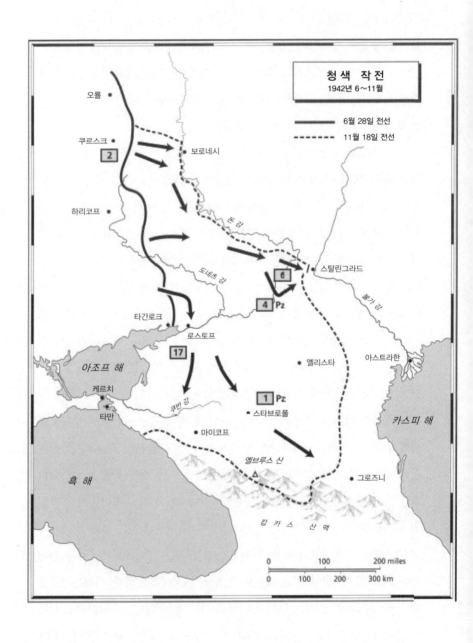

청색 작전
1942년 6~11월

── 6월 28일 전선
---- 11월 18일 전선

오룔

쿠르스크

2

보로네시

하리코프

돈 강

도네츠 강

스탈린그라드

6

볼가 강

타간로크

4 Pz

로스토프

17

아조프 해

엘리스타

아스트라한

케르치

1 Pz

타만

쿠반 강

스타브로폴

카스피 해

마이코프

흑 해

옐브루스 산

그로즈니

캅 카 스 산 맥

0   100   200 milles

0   100   200   300 km

서 전진하는 모습이 보인다. 오후에 피어난 아지랑이 사이에서 깃발들이 나부낀다"[19]고 기록했다. 하루는 바깥 온도가 53도로 기록되었다.[20] 유일하게 아쉬웠던 점은 차량 부족이었고, 연료도 부족하여 수시로 멈춰야 했다.

소비에트 항공대가 독일군의 진군을 늦추기 위해 밤에 소이탄을 투하하면서 대초원은 불길에 휩싸였다. 하지만 독일군은 계속 밀고 나갔다. 참호 속 붉은 군대의 전차들이 위장을 하기는 했지만 부대는 삽시간에 포위되어 괴멸되었다. 곡물 더미에 숨어 있던 소비에트 보병대가 반격을 시도했지만 독일 전차들은 그들을 깔아뭉갤 뿐이었다. 독일 기갑부대는 볏짚 지붕과 흰 벽으로 된 작은 집들이 있는 마을에서 진격을 멈추고 달걀, 우유, 꿀, 닭 등을 찾아 민가를 마구 뒤졌다. 독일군을 환영했던 반볼셰비키주의 코사크 사람들은 독일군이 자신들의 환대를 뻔뻔스럽게 악용하는 모습을 보았다. 한 병장은 씁쓸한 기록을 남겼다. "현지 사람들에게 우리는 해방자였다. 그들로부터 마지막 남은 종자용 곡물과 채소, 식용유 등을 해방시킨 해방자 말이다."[21]

7월 14일, A 집단군과 B 집단군 군사들이 밀레로보에서 조우했지만, 히틀러가 예상했던 거대한 포위망은 아직 구축되지 않고 있었다. 스탑카에는 바르벤코보 포켓 이후에 현실주의가 얼마간 퍼져 있었다. 소비에트 지휘관들은 포위되기 전에 군대를 후퇴시켰다. 그 결과 돈 강 서쪽 소비에트 군대를 포위해 괴멸시키려던 히틀러의 계획은 실현되지 못했다.

캅카스로 가는 관문인 로스토프나도누가 7월 23일에 함락되었다. 그러자 히틀러는 즉시 제1기갑군과 제4기갑군이 마이코프 유전과 체첸 공화국의 수도인 그로즈니로 향할 동안 제17군은 바툼을 함락시키라고 명령했다. 히틀러가 장군들에게 말했다. "우리가 마이코프와 그로즈니를 장악하지 못하면 내가 전쟁을 끝내야만 한다."[22] 스탈린은 이번에도 모스크바 침공 예측이 완전히 빗나가 혼란에 빠진 데다 캅카스 내 붉은 군대의 병력이 부족하다는 것을 알아차리고, 라브렌티 베리야를 보내 장군들 사이에 공포심을 조성하도록 했다.

파울루스는 이제 루마니아 제4군이 돈 강을 따라 그의 왼쪽 측면을 막고 있는 동안 제6군을 이끌고 스탈린그라드를 점령하라는 명령을 받았다. 파울루스 예하 보병사단들은 쉬지 않고 16일 동안 행군했다. 그리고 캅카스를 향해 남쪽으로 진군한 호트 예하 제24기갑군단은 이제 스탈린그라드 공격을 도우러 방향을 전환했다. 크림 반도를 지키고 있던 만슈타인 예하 제11군이 북쪽 레닌그라드 전방을 공격하는 새 작전에 투입될 것이라는 소식에 만슈타인은 깜짝 놀랐다. 이번에도 히틀러는 새로 거대한 영토를 얻으려고 애쓰던 바로 그 순간에도 병력을 집중시키지 못하고 있었던 것이다.

7월 28일, 스탈린은 알렉산드르 바실렙스키 상장이 기안한 "한 발도 물러서지 말라"라는 명령 227호를 발령했다. "공황 유발자와 겁쟁이들은 그 자리에서 죽을 것이다. 후퇴를 생각했다가는 가차 없이 제거될 것이다. 명령에 의하지 않고 진지를 포기하는 짓을 허용한 군사령관들은 즉시 해임될 것이며 군사재판에 회부되어 즉결심판을 받을 것이다."[23] 각 군에는 독전대를 배치하여 후퇴하는 자들을 사살하기로 했다. 그달에 처벌대대는 40세까지의 굴라크 죄수 3만 명[24]을 받아 증강되었지만, 이들은 체력이 약하고 영양 상태도 부실했다. 그해에 전체 굴라크 죄수 중 4분의 1인 35만2560명이 죽었다.

명령 227호의 잔인함은 성미 급한 장군들로 하여금 희생양을 골라 부당하게 명예를 더럽히는 행위를 하게 만들었다. 한 사단장은 사형 집행이 굼뜬 한 연대장에게 말했다. "이건 노동조합 회의가 아니라 전쟁이다." 연대장은 자신이 속한 박격포 중대에서 많은 존경을 받고 있던 알렉산드르 오보도프 중위를 지목했다. 연대의 인민위원과 NKVD 특수부에서 파견 나온 대위가 오보도프를 체포했다. 오보도프는 자신에게 닥친 운명을 믿을 수 없다는 듯 "인민위원 동지, 난 언제나 좋은 사람이었소"[25]라고 말했다. "체포하러 온 두 장교가 흥분한 듯 화를 내더니, 그에게 총을 쏘기 시작했다. 알렉산드르는 마치 파리를 쫓듯이 총알이 박힌 팔을 손으로 쓸어내리려 했다. 세 번째 격발 후, 알렉산드르가 바닥에 쓰러졌다." 오보도프의 한 친구가 남긴 기록이다.

파울루스 예하 제6군이 돈 강 굽이에 도달하기도 전에 스탈린은 스탈린그라드 전선을 편성하고 도시를 전시 체제로 전환했다. 만약 독일군이 볼가 강을 건넌다면 나라는 둘로 갈라지는 것이다. 영국이 러시아 북부로 보낼 추가 호송선단을 취소한 직후, 이란 너머의 영미 보급로도 위협을 받게 되었다. 성인 여성과 십대 여학생들까지 끌려가 볼가 강 주변 저유 전차를 지킬 대전차용 도랑을 파고 둔덕을 만들었다. 볼가 강 도하 지점과 점점 더 공황 상태에 빠져드는 도시를 통제할 제10 NKVD 소총사단이 도착했다. 스탈린그라드는 이제 돈 강 굽이에서 파울루스 예하 제6군의 위협은 물론, 도시를 함락시키는 데 더 속도를 내라는 히틀러의 지시로 갑작스럽게 북쪽으로 파견된 호트 예하 제4기갑군의 위협까지 받게 되었다.

8월 21일 새벽, 제51군단 소속 보병대는 공격 주정을 타고 돈 강을 건넜다. 교두보를 확보하고 강 건너로 부교를 건설한 뒤, 오후에는 한스 후베 중장의 제16기갑사단이 덜컹거리며 지나가기 시작했다. 8월 23일 동트기 직전, 슈트라흐비츠 대령의 지휘로 후베의 선두 기갑대대는 해가 뜨는 동쪽으로 65킬로미터 떨어진 스탈린그라드를 향해 진군했다. 찌는 듯한 무더위 아래 펼쳐진 광활한 돈 대초원은 바위처럼 단단했다. 작은 협곡만이 힘찬 진군을 방해할 뿐이었다. 그런데 후베의 사령부는 무전기로 메시지를 받고 갑자기 진군을 중단했다. 엔진을 끄고 기다리고 있자니 피젤러 슈토르히 항공기가 나타나 후베의 지휘 차량 상공을 맴돌더니 옆에 착륙했다. 무자비한 성격에 머리를 빡빡 깎은 제4항공함대 사령관 리히트호펜 장군이 성큼성큼 걸어와서는 총통 본부에서 자신의 항공함대는 모두 스탈린그라드를 공격하라는 명령을 받았다고 말했다. 리히트호펜은 후베에게 "오늘은 우리를 활용하십시오! 1200기의 항공기가 지원할 것입니다. 내일은 어떻게 될지 장담할 수가 없군요"[26]라고 말했다. 몇 시간 후, 독일 전차부대원들은 스탈린그라드로 향하는 자신들의 머리 위로 하잉켈 111과 융커스 88, 슈투카로 구성된 대규모 비행대대들이 날아가는 것을 보고 열심히 팔을 흔들었다.

1942년 8월 23일 일요일은 스탈린그라드 시민들이 절대 잊을 수 없는 날이 되었다. 독일군이 근접해 있음을 알지 못한 채, 일반 시민들은 볼가 강서쪽 굽은 둑을 따라 30킬로미터 길이로 펼쳐진 도시 한가운데에 우뚝 솟아 있는 거대한 구릉 마마예프 쿠르간 묘지에서 햇볕을 쬐며 나들이를 즐기고 있었다. 거리에 설치된 스피커에서 공습경보가 발령되었지만, 대공포가 사격을 시작하고 나서야 사람들은 분주하게 대피하기 시작했다.

리히트호펜의 항공기는 연달아 도시에 융단 폭격을 가하기 시작했다. 그는 일기에 "처음부터 소이탄의 효과를 톡톡히 보면서 늦은 오후에 시작된 스탈린그라드 공습은 이틀간 지속되었다"[27]라고 썼다. 석유 저장전차가 폭격으로 불덩이가 되더니 이내 시커먼 연기가 가득 피어올랐고, 곧 150킬로미터나 떨어진 곳에서도 보일 정도가 되었다. 1000여 톤의 폭탄 및 소이탄이 도시를 불바다로 만들어버렸다. 스탈린그라드의 자랑인 고층아파트들도 부서지고 불타버렸다. 이 공격은 동부 전선에서 공중 병력이 가장 많이 동원된 공습이었다. 피란민 때문에 인구는 60만 명가량으로 늘어났으며, 첫 이틀 동안 공습으로 사망한 사람은 약 4만 명으로 추정된다.

후베 예하 제16기갑사단은 복귀하는 항공대를 환호로 맞이했고, 슈투카 폭격기들은 특유의 사이렌으로 화답했다. 늦은 오후가 되자, 슈트라흐비츠 예하 기갑대대가 스탈린그라드 바로 북쪽 볼가 강으로 접근하고 있었다. 그런데 그때, 지상포로 전환한 37밀리 대공포 포병대와 교전이 벌어졌다. 다수가 학생인 젊은 여성들이 대공포를 쏘아가며 전원이 죽을 때까지 싸우고 있었다. 기갑부대 지휘관들은 그 수비대 병사들의 성별을 확인하고는 크게 동요했다.

독일군은 돈 강에서 볼가 강까지 단 하루 만에 도달해버리는 놀랄 만한 성과를 기록했다. 이제 그들은 자신들이 생각하는 아시아의 경계이자 히틀러의 최종 목표나 마찬가지인 아르한겔스크-아스트라한 전선에 이르렀다. 많은 이가 전쟁은 끝난 것이나 다름없다고 생각했다. 병사들은 전차에서 포즈를 취한 뒤 서로 승리의 기념사진을 찍었고, 스탈린그라드에서 피어오르는 연기구름도 사진에 담았다. 항공대 전투기의 에이스 파일럿과 조종사는 땅 위의 전차들을 발견하고는 곡예비행을 선보이기도 했다.

볼가 강 서쪽 높이 솟은 제방 위에서 전차에 올라 서 있던 한 지휘관이 쌍안경으로 강 건너편을 지켜보았다. 그는 "아시아로 향하는 대초원의 거대함에 압도되었다. 하지만 적이 우리를 향해 대공포로 포격을 시작하여 우리도 맞서야 했기 때문에 그런 생각에 빠져 있을 수 있는 시간은 그리 길지 않았다"[28]고 회고했다. 젊은 여성들의 용맹함은 전설이 되었다. 얼마 지나지 않아 바실리 그로스만은 그 이야기를 직접 듣고 "스탈린그라드 방어전의 첫 장을 장식했다"고 기록했다.

대동맹에 위기가 찾아온 그해 여름, 처칠은 스탈린을 직접 만나 호송선단에 대한 의심을 풀고 당시에 제2전선 구축이 불가능했던 이유를 설명해야겠다고 결심했다. 그는 또한 투브루크가 함락되고 대서양 전투에서 큰 손실을 입은 뒤 본국에서 쏟아지는 강한 비판을 견뎌내고 있었다. 따라서 스탈린과 가시밭길 같은 일련의 회의를 열기에는 처칠의 심기가 불편했던 시기였다.

처칠은 카이로에서 테헤란을 경유하여 8월 12일 모스크바에 도착했다.

스탈린의 통역사는 처칠이 턱을 앞으로 내밀고 의장대를 사열하며 '마치 소비에트 전투원들의 기개를 재듯 군인 한 명 한 명을 열심히 훑어보는'[29] 모습을 지켜보았다. 이 철저한 반볼셰비키주의자가 그 땅에 발을 들인 것은 이번이 처음이었다. 처칠은 회담에서 루스벨트의 대리였던 애버렐 해리먼과 동행했지만, 선두 차량에는 무뚝뚝한 몰로토프와 단둘이 탑승해야 했다.

처칠과 해리먼은 그날 저녁 크렘린 궁 내 음침하고 소박한 스탈린의 거처로 가게 되었다. 영국 수상 처칠은 군사 상황에 대해 물었다. 그러자 스탈린은 선수를 쳤다. 처칠이 제2전선 연기 사유를 설명하기 직전, 스탈린은 남쪽에서 매우 위험한 상황이 전개되고 있다고 똑똑히 말해두었다.

처칠은 영국에서 대규모 병력을 편성하고 있다는 설명과 함께 이야기를 시작했다. 그다음에는 복수에 목말라 있는 스탈린의 흥미를 끌 생각으로 뤼베크와 쾰른에 대공세를 펼칠 전략 폭격에 대해 이야기했다. 처칠은 프랑스 내 독일 병력이 아주 강해서 1943년까지는 해협 너머로 작전을 펼치기 어렵다며 스탈린을 설득하고자 했다. 스탈린은 격하게 항의하며, "서유럽 내 독일 병력의 규모에 대해 처칠이 언급한 수치를 두고 반박했다". 그는 "위험을 감수할 의지가 없다면 전쟁에서 절대 이길 수 없다"며 경멸하듯 말했다.

스탈린의 분노를 피하고 싶었던 처칠은 북아프리카 상륙 계획을 개략적으로 말했는데, 당시 처칠은 마셜 장군이 감당하기 힘들어했던 이 일을 받아들이도록 루스벨트를 설득하고 있었다. 처칠은 종이에 악어를 한 마리 그렸다. 자신들이 이 맹수의 '부드러운 아랫배'를 공격할 거라는 생각을 묘사한 것이었다. 그러나 스탈린은 처칠이 제시한 제2전선의 대안이 마음에 들지 않았다. 그리고 처칠이 발칸 반도 침공 가능성에 대해 언급하자, 스탈린은 처칠의 진짜 목적이 붉은 군대보다 먼저 그곳을 점령하는 것이라는 사실을 곧바로 알아챘다. 그러면서도 회의는 처칠이 예상한 것보다 더 좋은 분위기에서 끝났다.

　　　　　　　　　　　　　　　　제2차 세계대전

하지만 다음 날 동맹의 배신에 대한 스탈린의 신랄한 비난과 그의 비난을 생각 없이 그대로 반복하기만 하는 몰로토프의 행동에 처칠은 분노와 좌절을 느꼈다. 해리먼이 처칠의 마음을 달래려 몇 시간 동안 애써야 할 정도였다. 8월 14일, 처칠은 회담을 취소하고 방문 기념으로 그날 저녁에 마련된 연회도 피하고 싶었다. 온화하면서 괴짜 기질이 있는 영국 대사 아치볼드 클라크 커가 겨우 처칠의 마음을 돌릴 수 있었다. 그러나 처칠은 소비에트 공직자 및 장군 모두가 연회복을 입고 나타날 자리에 자신은 클라크 커가 아이들이 입는 멜빵바지에 비유한 '방공복'을 입고 참석하겠다며 고집을 부렸다.

화려한 캐서린 홀에서 밤늦게까지 계속된 연회에서는 19가지 코스 요리가 제공되었고, 끝없이 건배가 이어졌다. 건배 선창은 주로 스탈린이 했다. 앨런 브룩 장군은 일기에 이렇게 기록했다. "스탈린은 불쾌하도록 차갑고 교활하며 매정한 표정이었다. 그리고 그를 바라볼 때마다 나는 눈썹 하나 까딱 않고 사람들을 사지로 내모는 스탈린의 모습이 상상된다. 반면에 두뇌 회전이 빠르고 전쟁의 본질을 파악하는 능력이 뛰어나다는 사실에는 의심의 여지가 없다."[30]

클라크 커는 이튿날 또다시 자신의 능력과 설득력을 총동원해야 했다. 처칠은 영국을 겁쟁이라고 비난하는 소련에 화가 났다. 그러나 회의가 끝난 후 스탈린은 처칠을 다시 저녁 만찬에 초대했다. 술과 스탈린의 딸 스베틀라나의 등장으로 분위기는 금세 누그러졌다. 스탈린은 양쪽에 앉은 사람들과 농담을 주고받으며 다정하게 변했고, 처칠은 갑자기 소비에트의 폭군을 완전히 새로운 시각으로 보게 되었다. 처칠은 자신이 스탈린과 친해졌다고 확신하고, 이번 만남으로 거둔 성과에 크게 만족하며 다음 날 모스크바를 떠났다. 이성보다 감정이 앞설 때가 많은 처칠은 사람들을 조종하는 데 있어서 루스벨트보다 스탈린이 훨씬 더 뛰어나다는 사실을 인지하지 못했다.

고국에서는 더욱 나쁜 소식들이 처칠을 기다리고 있었다. 8월 19일, 루이스 마운트배튼이 연합사령부를 지휘하여 프랑스 북부 해안 디에프를 급습했다. 대부분이 캐나다 군대 소속인 6000명 남짓한 병사를 투입하여 주빌리 작전을 개시한 것이다. 자유 프랑스군 병력 일부와 미군 레인저 1개 대대도 포함되었다. 이른 시각, 동쪽 공격대가 독일 호송부대에 들이닥쳤고, 독일 국방군은 이것을 공격 경보로 받아들였다. 구축함 한 척과 상륙주정 33척이 격침되었다. 해안에 상륙한 전차는 모두 파괴되었으며, 캐나다 보병대는 강력한 방어선과 철조망 때문에 해안에서 발이 묶였다.

4000명이 넘는 사상자를 낸 이번 기습은 확실하지만 가혹한 교훈을 남겼다. 이번 일로 연합국들은 방어된 항구를 해상 공격으로 탈취할 수 없다는 것과 상륙하기 전에 대규모 공중 폭격과 해상 포격이 선행되어야 한다는 것, 그리고 무엇보다도 프랑스 북부 침공을 1944년까지는 개시하지 말아야 한다는 것을 절실히 깨달았다. 또 한 번 스탈린은 유일하게 그가 인정하는 제2전선 구축이 연기된 데 대해 격노했다. 하지만 이번 재앙으로 얻은 이점도 있었다. 히틀러는 머지않아 대서양의 벽이라 칭하게 되는 해안 방어선이 실질적으로 견고하다고 믿었고, 프랑스 내 독일 병력으로도 침공을 쉽게 이겨내리라 믿게 된 것이다.

소련에서는 디에프 기습 소식이 전해지자 제2전선이 시작되었다는 희망이 생겨났지만, 이러한 낙관론은 곧 씁쓸한 실망으로 변했다. 이 작전은 단순히 외국의 여론을 위한 작은 선물로 보였다. 소비에트 선전 도구로서 제2전선은 사회 전반에 희망의 상징이자, 영국과 미국에는 수치심을 주는 양날의 칼로 변했다. 붉은 군대 병사들은 더 냉소적이었다. 무기대여 정책에 따라 미국에서 보급해준 스팸(소련군은 투숀카, 또는 삶은 고기라고 불렀다) 캔을 따면서 그들은 이렇게 말했다. "제2전선을 열자."[31]

러시아 남부에 있던 동료들과 달리, 레닌그라드 쪽에 있던 독일 군사들의 사기는 그리 높지 않았다. '볼셰비즘 제1의 도시'를 짓밟아버리는 데 실패한 것이 마음속 깊이 앙금으로 남았던 것이다. 그해 겨울의 혹독함을 늪지대의 불편함과 모기들이 대신했다.

한편 소비에트 수비대는 100만 명 가까이 목숨을 잃은 그 끔찍했던 겨울의 기근에서 살아남은 것에 감사했다. 도시를 청소하고 유행병을 일으킬 수 있는 오물을 제거하는 데에 많은 노력을 기울였다. 시민들은 마르스 광장 전체를 포함하여 빈터마다 양배추를 심어야 했다. 레닌그라드 평의회에서는 1942년 봄에 도시 안팎으로 1만2500헥타르의 땅에 채소를 심었다고 주장했다. 다음 겨울에 기근을 면하기 위해 라도가 호 너머로 시민들을 다시 대피시키기 시작해 50만 명 이상이 도시를 떠나고, 증원군이 그 자리를 채웠다. 그 밖에 보급품을 비축하거나 송유관을 라도가 호 바닥에 설치하기도 했다.

8월 9일, 사기를 크게 북돋우기 위해 도시 안에서 연주된 쇼스타코비치의 교향곡 7번 〈레닌그라드〉가 전 세계의 전파를 탔다.[32] 독일 포병대는 이 공연을 방해하려 했지만 소비에트의 대포병 사격이 공격을 무력화했고, 레닌그라드 시민들은 기뻐했다. 그리고 독일 항공기 160기가 파괴되면서, 라도가 호를 건너는 선박에 사정없이 쏟아졌던 루프트바페의 공격이 약화되었다는 사실에 시민들은 크게 안도했다.

소비에트 정보국에서는 갓 도착한 제11군을 이끄는 만슈타인 육군 원수가 본격적으로 공격을 개시하려 하고 있음을 알고 있었다. 북극광이라는 암호명으로 불린 이 작전을 펼치면서 히틀러는 도시를 붕괴시키고 핀란드군과 연결하라고 만슈타인에게 지시했다. 공격을 저지하기 위해 스탈린은 라도가 호 남부 호안까지 뻗은 독일군 전선 돌출부를 제거하여 포위망을 뚫으라며 레닌그라드 전선과 볼호프 전선에 지시했다. 8월 19일에 시작된 이 공격은 시냐비노 공세로 알려지게 된다.

붉은 군대의 한 젊은 병사는 고향에 보낼 편지에 그가 겪은 첫 새벽 공격을 이렇게 묘사했다. "하늘은 파편이 공기를 가르며 내는 소음과 폭음으로 가득했고, 땅은 흔들렸으며, 연기가 전장을 뒤덮었다. 우리는 멈추지 않고 계속 포복했다. 오로지 전진, 전진하지 않으면 죽음만이 도사릴 뿐. 파편한 조각이 내 입술을 스쳐 얼굴이 피투성이가 되었으며 우박처럼 끊임없이 쏟아지는 파편에 누군가가 손을 데었다. 우리가 가진 기관총은 이미 탄환을 날려대고 있었고, 사격은 격렬해졌으며, 아무도 고개를 들 수 없었다. 얕은 참호가 우리를 파편으로부터 보호해주었다. 우리는 사격 구역을 벗어나기 위해 최대한 빨리 전진하려 애썼다. 상공에서 비행기가 윙윙거리기 시작했다. 폭격이 시작되었다. 그 지옥이 얼마나 계속되었는지는 기억나지 않는다. 독일 장갑차량들이 나타났다는 소리가 여기저기서 들렸다. 우리는 당황했지만 그 차량은 철조망을 밀어붙이고 있던 아군의 전차였다. 우리는 이내 철조망까지 가서 엄청난 포화를 마주하게 되었다. 내가 처음으로 전사한 병사를 본 것이 바로 이때였는데, 머리가 없는 시신이 참호에서 길을 막고 있었다. 그제야 나도 저렇게 죽을 수 있겠구나 하는 생각이 들었다. 우리는 죽은 병사 위를 뛰어넘었다."[33]

"우리 뒤에서는 지옥 같은 포화가 터지고 있었다. 앞에는 대전차 참호가 있었다. 한쪽에서 타타타타 하는 기관총 소리가 들렸다. 우리는 몸을 웅크린 채 달렸다. 두세 번의 폭발이 있었다. '서둘러, 놈들이 수류탄을 던지고 있어'라며 푸치코프가 소리쳤다. 우리는 더 빨리 달렸다. 두 명의 기관총 사수가 마치 기어오르기라도 하듯 통나무에 깔려 죽어 있어 길이 막혔다. 우리는 참호에서 벗어나 평평한 곳으로 잠시 이동한 뒤 (다른 참호로) 뛰어들었다. 바닥에는 죽은 독일 장교가 얼굴이 진흙에 파묻힌 채 누워 있었다. 조용하고 텅 빈 곳이었다. 한쪽 벽에 햇살이 비치는 긴 흙 도랑을 나는 절대 잊지 못할 것이다. 사방에서 총알들이 휙휙 소리를 내고 있었다. 우리는 독일군이 어디에 있는지 알 수 없었지만, 그들은 우리 앞뒤로 포진해 있었다. 기관총 사수 한 명이 살펴보겠다며 일어난 순간 저격수의 총에 맞아 죽고 말았다. 그는 바닥에 앉아 마치 생각에 잠긴 듯 머리를 가슴 쪽으로 떨군 채 죽었다."

소비에트군은 사망자 4만 명을 포함하여 총 사상자 수가 11만4000명에 달해 피해가 막심했으나, 이번 선제공격으로 만슈타인의 작전이 틀어지는 바람에 히틀러는 격분했다.

여전히 캅카스 유전과 스탈린의 이름이 들어간 그 도시에 집착하고 있던 히틀러는 예상보다 포로 수가 적기는 했지만 '러시아는 이제 끝났다'[34]고 확신했다. 이제 우크라이나 빈니차 외곽에 마련된 새로운 총통 본부인 암호명 늑대인간Werwolf(베어볼프)에서 히틀러는 파리와 모기에 시달리게 되었고, 점점 더 심해지는 더위 속에서 침착성을 잃어갔다. 히틀러는 군사적 현실을 고려하기보다 승리를 상징할 만한 것들에 매달리기 시작했다. 8월 12일에 히틀러는 스탈린그라드 전투가 전쟁 결과를 결정지을 것이라고 이탈리아 대사에게 말했다.[35] 8월 21일, 독일 산악부대는 '제국의 군기'를 게양하러 캅카스에서 높이가 가장 높은 5642미터인 옐브루스 산에 올랐다. 사흘 후, 파울루스 예하 기갑 선봉 부대가 볼가 강에 도착했다는 소식이 전해지면서 히틀러 총통의 기분은 더욱 고조됐다. 그러나 그 뒤 8월 31일에는 캅카스 A 집단군 사령관이었던 리스트 육군 원수가 히틀러에게 자신의 병력이 거의 소진되었으며 적의 저항도 예상보다 크다고 말하자 히틀러는 격분했다. 리스트를 믿지 않았던 히틀러는 아스트라한을 공격하고 카스피 해 서쪽 해안선을 장악하라고 지시했다. 그는 임무를 수행하기에는 병력이 불충분하다는 것과 연료와 탄약, 군수품 등이 부족하다는 사실을 단순히 받아들이려 하지 않았다.

반면에 스탈린그라드에 있던 독일군 병사들은 꽤 낙관하는 분위기였다.

그들은 자기들이 곧 도시를 장악하고 나서 집으로 돌아가게 되리라고 생각했다. 제389보병사단의 한 병사는 "우리 사단이 겨울옷을 거절했기 때문에 우리는 러시아에서 겨울을 맞이하지는 않을 것이다. 하느님의 뜻에 따라 우린 올해 안에 사랑하는 사람들을 다시 보게 될 것이다"[36]라고 기록했다. 제16기갑사단 오토바이 수색대의 한 상병은 독일군이 잡은 소비에트 여군들은 몹시 추해서 차마 눈뜨고 얼굴을 쳐다볼 수 없을 정도였다고 말한 뒤 "작전이 길어지지 않았으면 좋겠다"[37]고 아무렇지도 않게 덧붙였다.

제6군 사령부는 돈 강 뒤로 수백 킬로미터나 되는 긴 보급로가 점점 더 걱정되었다. 밤은 갑자기 '싸늘'[38]해졌다고 리히트호펜의 일기에 쓰여 있다. 겨울이 그리 멀지 않았다. 참모장교들 또한 후방에서 돈 강 우측 제방을 지키고 있는 힘없는 루마니아군, 이탈리아군, 헝가리군을 걱정했다. 붉은 군대는 역습을 시도하여 이들을 여러 곳으로 밀어내고 강 너머 교두보를 장악했다. 이 점이 나중에 아주 중요한 역할을 하게 된다.

소비에트 정보장교들은 이미 나치 동맹국들에 대해 입수 가능한 모든 자료를 모으고 있었다. 다수의 이탈리아 군인이 본인의 의지와 상관없이 전선에 보내졌고, '노예'로 끌려온 이들도 있었다. 러시아군은 루마니아 군인들이 장교들로부터 '전쟁이 끝나면 트란실바니아와 우크라이나에 있는 땅을 받게 될 것'[39]이라고 약속받았다는 사실을 알아냈다. 하지만 정작 병사들은 매달 60레우 정도의 쥐꼬리만 한 봉급을 받았고, 배급 식량은 반으로 줄어 하루에 뜨거운 찬합 한 개와 빵 300~400그램이 전부였다.[40] 이들은 간첩 노릇을 하던 철위단 단원들을 싫어했다. 이같이 루마니아 제3군과 제4군의 사기가 저하되고 있다는 징후가 모스크바에서 조심스럽게 포착되었다.

스탈린그라드와 캅카스, 이집트 전선에 파병된 군대의 운명은 서로 밀접한 관련이 있었다. 약한 동맹군에 지나치게 의존하면서 터무니없이 확장된 국방군은 이제 기동전이라는 큰 이점을 잃을 운명에 놓였다. 기동전의 시대는 독일군이 결국 주도권을 잃음으로써 끝났다. 북아프리카의 로멜처럼, 총통 본부는 이제 지친 군사들과 유지 불가능한 보급로 앞에서 더 이상 불가능한 일을 기대할 수 없었다. 히틀러는 제3제국의 확장이 한계점에 달한 것은 아닌가 하는 생각을 하기 시작했다. 이제 장군들에게 후퇴를 허용할 일은 더더욱 없어지게 된 것이다.

23

태평양에서의 반격

1942년 7월에 연합군이 영국 해협 횡단 침공을 연기하는 대신 프랑스령 북아프리카에 상륙하기로 결정함에 따라 미 해군의 킹 제독은 태평양을 강화할 기회를 잡았다. 그는 가능한 한 일본과의 전쟁을 미 해군의 통제하에 두고 해병대를 이용하여 상륙 작전을 펼칠 생각이었다. 한편 미국 육군은 그 지역으로 약 30만 명을 출병시킬 계획을 세웠는데, 이 병사들의 대부분은 태평양 서남쪽 호주에 사령부를 두고 있는 더글러스 맥아더 장군 휘하에 놓일 예정이었다. 킹은 맥아더를 싫어했기 때문에 맥아더에 대해 미국 대중이 느끼는 경외심에 공감하지 않았다. 심지어 맥아더의 전 부하인 아이젠하워 장군조차 맥아더가 필리핀에서 철수한 점을 유감스럽게 생각했다.

맥아더는 아첨꾼 참모장교들과 함께 일명 '바탄 패'를 꾸려 자신이 군부 총독인 양 행동했다. 겸손한 니미츠 제독과 달리, 강인하게 잘생긴 맥아더는 자기 홍보의 귀재로서 태평양의 수평선을 응시하며 콘 파이프를 피우는 사진을 남기길 좋아했다. 그는 민주당원이었던 당시 정치 지도자들의 소망에는 그다지 관심이 없었고 루스벨트를 경멸했기 때문에 1944년 대통령 선거에서 루스벨트를 상대로 출마할 것을 진지하게 고심하고 있었다. 공화당 대표들은 극우파인 맥아더가 육군과 해군 모두의 최고사령관으로 임명되기를 원했다. 하지만 킹 제독은 맥아더에게 독재관로마 공화정 시대에 있었던 관직의 하나. 외적의 침입이나 이와 유사한 국란 발생 시 한 사람에게 모든 권한을 맡겨 이를 극복하게 한 제도이며, 임기는 6개월이다과 같은 권한을 주어 해군 전략에 간섭하게 한다는 의견에 경악했다.

루스벨트의 주도하에 극동지역은 작전지역이 둘로 나뉘었다. 중국이 본래 미국의 관심사이기는 했지만 중국-미얀마-인도CBI는 영국군이 지키기로 했다. 미군은 태평양과 남중국해에서 작전 지시를 내리고, 호주와 뉴질랜드 방어를 약속했다. 두 자치 정부는 전략 배치에 관한 내용을 두고 왈가왈부하지 않았는데, 이것은 워싱턴 소재 합동참모본부 측에서 동맹국과 상의함으로써 작전을 복잡하게 할 의도가 티끌만큼도 없었기 때문이다. 1942년 4월에 두 정부는 관련 국가에서 태평양 전쟁 대책회의 대표단을 선출했지만, 이 회의단의 역할은 중국, 네덜란드, 호주 등의 군대가 '스트레스를 해소'[1]하게 하는 것 그 이상도, 이하도 아니었다.

일본군이 뉴브리튼의 주요 도시인 라바울을 점령하여 주요 해군, 항공대 기지로 삼은 1월부터 호주는 방어 대상 1순위였다. 일본군이 라바울을 점령한 것은 미국에서 호주로 가는 항로에 위협이 되었다. 조치가 필요하다는 데는 모두 동의했지만, 그 지역에서 작전 수행을 맥아더에게 맡길 것인지, 태평양 지구 사령관인 니미츠 제독에게 맡길 것인지를 두고 소모적인 논쟁이 벌어졌다. 그 후 5월에 일본군이 파푸아뉴기니 남부 해안 포트모르즈비를 장악하려던 계획은 혼란스러운 산호해 전투 이후 연기되었지만 대신 동쪽 솔로몬 제도에 위치한 툴라기 항을 장악했다. 미군의 주요 목표는 라바울이었고 맥아더는 즉각 공격을 원했지만, 미 해군은 라바울 탈환을 시도하기 전에 남부 솔로몬 제도를 먼저 확보해야 한다고 주장했다. 니미츠는 맥아더가 무리하게 제1해병사단을 라바울에 상륙시킴으로써 항공모함들을 일본 항공기들이 지배하는 해역에 밀어넣어 위험에 빠뜨리는 것을 결코 원치 않았다.

섬 내에서 무전으로 연락을 주고받으며 은밀하게 움직인 호주 '해안 감시단'은 매우 효과적인 수단이었다. 이 감시단을 통해 일본군이 솔로몬 군도 동남쪽 끝에 위치한 과달카날에 비행장을 건설하고 있다는 경고성 정보를 얻을 수 있었다. 그러나 7월 21일 해질녘에 미군이 제1해병사단을 툴라기와 과달카날에 상륙시킬 준비를 하고 맥아더가 사령부를 멜버른에서 브리즈번으로 옮기는 동안, 일본군 병력 1만 6000명이 파푸아뉴기니 북부 해안 부나에 상륙하고 있다는 소식이 전해졌다. 일본군이 호주를 공격할 기지로 쓰기 위해 남쪽 해안에 있는 포트모르즈비 점령을 다시 한번 시도하려는 것임이 분명했다.

일본군은 재빨리 교두보를 건설한 다음, 코코다 길로 올라가기 시작했다. 이 길은 숲이 우거진 밀림 속으로 구불구불하게 이어져 4000미터 높이의 스탠리 산맥 너머까지 계속되었다. 호주 수비대가 수적으로 크게 열세이기는 했지만 대담한 후위전투로 일본군의 진격 속도를 늦추고 있었다. 열대성 기후로 지독하게 습한 산림에서 양쪽 군대 모두 이질과 발진티푸스, 말라리아, 뎅기열 등으로 고생했다. 병사들은 밀림이 우거진 산의 경사가 매우 가파른 탓에 무릎과 종아리의 통증 및 수족경련을 호소했다.

끈적거리고 썩어가는 식물에서 풍기는 악취 사이로 나아가는 병사들은 옷도 너덜너덜해진 데다 피부는 벌레에 물려 감염되었으며, 보급 물자 수송의 어려움으로 양쪽 모두 반 기아 상태였다. 호주군에 물자가 공중 투하되었지만 여기저기 흩어져 떨어지는 바람에 회수된 물자는 아주 적었다. 양쪽 군대 모두 파푸아뉴기니 현지 주민들이 어깨에 걸치는 막대기로 보급품과 탄약을 운반하도록 그들을 고용하거나 부상자를 옮기는 들것 운반병으로 이용했다. 가파르고 경사진 진흙투성이 산에서 이 작업을 하기란 매우 피곤한 일이었다. 호주군을 돕던 1만 명의 파푸아뉴기니인은 대체로 괜찮은 대접을 받았지만, 일본군에 의해 억지로 작업에 동원된 사람들은 크게 고생했다.

전투는 무자비했다. 신발에 갈고리를 장착한 일본군 병사들이 호주 병사들을 뒤에서 저격하기 위해 나무에 몸을 숨겼다. 시체 사이에서 죽은 체하며 뒤에서 적을 사격할 기회가 생길 때까지 몸을 숨기는 병사도 많았다. 호주군 병사들은 곧 낌새를 알아채고 시체를 모두 총검으로 찔러 확인 사살했다. 또한 호주군은 통조림을 칼로 찔러 내용물을 진흙에다 흩뿌림으로써 자신들이 철수하면서 남겨두어야만 했던 식량을 모두 일부러 오염시켰다. 일본군이 자신들보다 훨씬 더 절실한 데다 위장이 어떻게 되든 닥치는 대로 먹을 것임을 알고 있었던 것이다.

창피할 정도로 정보가 없었던 맥아더는 호주군 병사들이 일본군보다 수적으로 우세하지만 전투태세가 갖춰지지 않았을 뿐이라고 믿게 되었다. 사실상 호주군은 극심한 악조건에도 불구하고 이어지는 몇 달 동안 적을 가까스로 물리치고 포트모르즈비를 사수했다. 한편 호주 왕립 공군 2개 대대의 지원을 받은 또 다른 여단은 파푸아뉴기니 최동남단 밀른베이에 상륙하려는 일본군을 패퇴시켰다. 코코다 길에서 펼쳐진 호주군의 활약은 거의 전설적이었지만 불행히도 밀른베이 호주군의 활약상에 가려져 빛을 보지 못했다.

8월 6일, 구름과 폭우를 뚫고 제61기동부대 함정 82척이 과달카날과 툴라기 제도에 도착했다. 미 해병 1만9000명은 무기를 점검하고 총검의 날을 갈며 소총 조준기를 검게 칠하느라 여념이 없었다. 평소 같은 장난이나 짓궂은 농담은 거의 찾아볼 수 없었다. 이튿날 새벽, 장비를 잔뜩 꾸린 해병들이 하선망을 타고 내려가 상륙주정 안으로 들어가자, 이들을 호위하던 군함들이 포문을 열었다. 항공모함에서 떠오른 항공기가 일본군 진영을 공격하기 위해 머리 위로 미끄러지듯 날아갔다. 상륙주정은 곧 해변에 도달했고

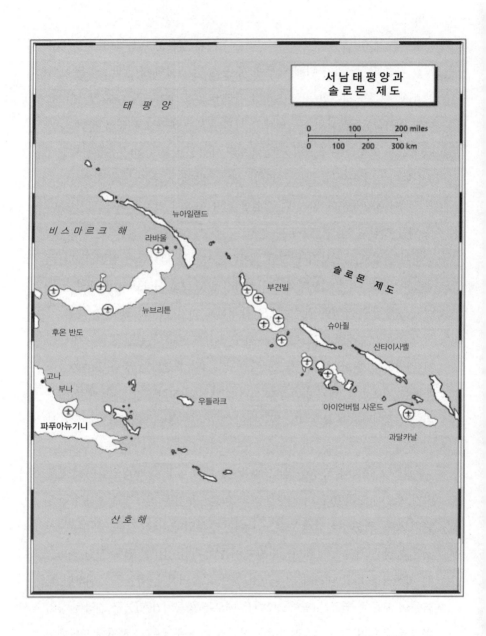

서 남 태 평 양 과
솔 로 몬 제 도

태 평 양

비 스 마 르 크 해

뉴아일랜드

라바울

부건빌

솔 로 몬 제 도

뉴브리튼

슈아즐

후온 반도

산타이사벨

고나

부나

우들라크

아이언버텀 사운드

파푸아뉴기니

과달카날

산 호 해

해병대는 야자수 아래로 뿔뿔이 흩어졌다. 미군 함대는 과달카날과 툴라기 양쪽에서 기습을 하는 데 성공했다. 일본군은 패퇴한 미군이 그렇게나 빨리 반격하리라고는 미처 예상하지 못한 터였다.

툴라기에서 벌어진 전투는 치열했지만 증강된 제1해병사단은 다음 날 일몰까지 툴라기와 가부투-타남보고를 점령했다. 공격 부대를 엄호할 해군 기동부대의 사령관이던 플레처 해군 중장은 적의 기지나 항공모함에서 적기가 날아와 항공모함 3척을 공격할 수도 있다는 생각에 깊은 고민에 빠졌다. 플레처가 48시간 내에 항공모함과 호위함정들을 철수시키겠다고 통보하자 상륙부대 사령관인 리치먼드 터너 해군 소장은 분통이 터졌다. 터너는 플레처의 결정이 적군 앞에서 줄행랑치는 것이나 다름없다고 여겼다.

8월 9일 이른 시각, 터너 휘하의 엄호부대는 라바울에서 출항한 일본군의 강력한 순양함대로부터 기습 공격을 받았다. 일본 제국 해군은 야전에서 압도적 우위에 있었다. 호주 순양함 HMAS 캔버라호와 미국 해군 순양함 3척, 구축함 1척이 약 40분 만에 침몰했고, 총 1023명의 호주 및 미국 승무원이 사망했다. 그때까지도 먼 곳에 있었던 미국 항공모함이 새벽에 공습을 감행하는 것을 두려워한 미카와 군이치 사령장관이 라바울로 돌아간 점은 연합국에 그나마 다행이었다. 터너는 계속해서 더 많은 해병 장비를 과달카날에 투입했지만, 그 뒤 호위함정들이 커다란 피해를 입은 이상 터너 제독은 수송함들을 먼 곳으로 피신시켜야 했다.

상황이 위험하다는 것을 직감한 해병대는 헨더슨 비행장이라고 새로 이름 붙인 일본군 비행장을 서둘러 완성시켰다. 헨더슨 비행장은 과달카날 북부 해안에 위치한 곳으로, 야자수 숲으로 둘러싸여 있었다. 해병대는 매일 정오에 규칙적으로 폭격을 당해 이 시간을 '도조 타임'이라 불렀다. 그리고 일본군 순양함과 구축함들은 미군 함선들이 격침된 후 '아이언버텀 사운드Ironbottom Sound(쇠바닥 해협)'로 불리게 된 곳으로 항해하면서 이따금씩 비행장을 포격했다. 8월 15일, 헨더슨 비행장에 배치될 항공기의 연료와 폭탄을 실은 미군 함정들이 몰래 들어왔다. 닷새 후에는 항공모함에서 날아오른 와일드캣 전투기 19기와 급강하폭격기 12기가 도착했다. 제1해병사단장 알렉산더 밴더그리프트 소장은 항공기들이 안전하게 도착했을 때, 기쁨과 안도의 눈물을 흘릴 뻔했다고 고백했다. 이 항공대는 선인장 항공대로 불렸는데 이는 과달카날의 암호가 선인장이었기 때문이다.

피할 수 없는 일본군의 반격을 기다리며 보내는 밤들이야말로 최악의 시간이었다. 커다란 참게가 내는 소리든, 덤불 속 멧돼지 소리든, 날카로운 새 소리든, 코코넛이 바닥에 떨어지는 둔탁한 소리든 간에, 갑자기 소음이라도 들려오면 보초병은 섬뜩해진 나머지 어둠 속에서 발포를 해댔다. 플레처가 떠나고 아이언버텀 사운드에서 전투를 치러 막심한 피해를 입은 후 터너 제독이 철수의 필요성을 느끼면서 비록 많은 물자가 양륙되지 못하고 수송함에 실린 채 떠나버렸지만 방어선 증강은 얼마간 계속되었다.

일본군이 미 해병대의 숫자를 한참 과소평가한 것이 해병대에게는 행운이었다. 8월 18일 밤, 라바울에서 온 일본 구축함들이 헨더슨 비행장 동쪽으로 30킬로미터 떨어진 지점에 이치키 기요나오 대좌의 제28연대를 상륙시켰다. 정찰로 일본군의 상륙을 알게 되자마자 밴더그리프트는 일루 강전선을 방어하라고 지시했다. 8월 21일 밤, 이치키 지대장은 자기 부하 약 1000명에게 맹그로브 늪을 건너 공격하라고 지시했다. 맞은편 제방에서는 미 해병대가 그들을 기다리고 있었다.

발광조명탄이 내뿜는 창백한 초록빛 아래서 해병대는 기관총과 산탄을 쏘는 대전차포로 돌격해오는 일본군을 사살했다. 피에 굶주린 한 해병대원은 "우리는 열병에 걸렸다"[2]고 썼다. 극소수가 돌파에 성공했지만 곧 총에 맞거나 총검에 찔려 쓰러졌다. 해병대는 예비대대를 동원하여 측면 공격을 개시했다. 해병대원은 이어서 "일본군 중에는 공포스러운 숲에서 달아나기 위해 해협에 뛰어드는 자도 있었다. 놈들은 마치 번식기에 떼 지어 물에 빠져 죽는 나그네쥐 같았다. 돌아오지도 못할 것이다. 머리가 마치 수평선 위에 떠다니는 코르크처럼 잠겼다 떠오르기를 반복했다. 해병대원들은 모래에 배를 깔고 엎드려 적의 머리를 겨냥하여 총을 쐈다"고 기록했다. 1000여 명 중 800명 이상의 일본군 병사가 사망했다. 일명 전리품 사냥꾼들은 파리가 우글거리는 시체들을 뒤져 나중에 물물교환할 만한 것들을 모조리 벗겨냈다. '전리품'이라는 별명으로 불리는 한 해병대원은 집게를 가지고 다니면서 발로 시체의 입을 차서 연 다음 금니를 모두 빼냈다. 곧 악어들의 만찬 시간이 되었다. 사격호로 몸을 피한 해병대는 어둠 속에서 퍼지는 우두둑우두둑하는 소리를 복잡한 심정으로 듣고 있었다. 전투에서 살아남은 이치키 지대장은 할복자살했다.실제로는 권총 자살이었다

8월 23일, 일본군은 상륙부대를 추가로 보냈는데, 이번 부대는 연합함대의 든든한 호위를 받았다. 이것은 동부 솔로몬 해전으로 이어졌다. 플레처 제독이 이끌던 항공모함들이 반격하라는 명령을 받았다. 미군 함재기가 헨더슨 비행장을 포격하는 일본 순양함전대를 엄호하던 일본 경항모 류조를 공격하여 격침했지만, 플레처는 대형 항공모함인 즈이카쿠와 쇼카쿠 함이 그 지역에 있다는 사실을 알지 못했다. 일본군은 플레처 예하 기동부대를 향해 공중 공격을 시작하여 엔터프라이즈 함을 파손시켰지만 피해를 입은 항공기는 미군이 단 20기인 데 반해 일본군은 90기나 되었다. 그리고 나서 양측 항공모함은 철수했으나, 헨더슨 비행장에서 온 해병대 조종사들과 B-17 플라잉 포트리스 몇 기는 일본군의 주력 부대 수송을 방해하고 구축함 1척을 격침했으며, 다나카 라이조 해군 소장의 기함 진쓰 함에 큰 피해를 입히며 지금까지와는 다르게 상륙부대 공격을 성공시켰다.

낮에는 선인장 비행대가 해상을 장악하고 있었기 때문에 일본군은 밤에만 병력을 증강시킬 수 있었다. 항공기 손실로 증원군을 야간에 보충해

야 했던 것은 미군의 사정도 마찬가지였다. 해병대의 낡은 와일드캣 전투기는 제로기의 상대가 되지 못했지만, 여전히 가공할 전적을 과시하고 있었다. 지상에서는 밴더그리프트 예하 해병대가 밀림 가장자리나 야자수 숲속에 있는 사격호 안에서 지내고 있었다. 끝없이 이어지는 폭격과 함포 사격을 받으면서, 해병대는 몇 개의 소집단을 이룬 일본군과 추격전을 벌이기도 했다. 그리고 매일 밤 해병대가 '세탁기 찰리'라고 부르는 수상 정찰기가 상공을 맴돌면서 해병대의 수면을 방해했다. 탄약이 모자란 일본군은 밤에 대나무 줄기 두 조각을 마주쳐서 총소리처럼 들리게 하여 해병대를 자극해 위치가 드러나게 했다. 그런 다음에는 암흑 속에서 몰래 이동한 뒤, 마체테 ^{machete 중남미에서 쓰는 벌채용 칼로, 무기로도 씀}를 들고 참호나 사격호로 뛰어들어 적군을 마구 찌른 다음 그곳에서 빠져나와 혼란에 빠진 생존자들끼리 서로 죽이는 상황이 벌어지기를 바라는 것이었다.

일본군에게서 획득한 벌레들이 들끓는 쌀로 식량 부족은 얼마간 해소되었다. 하지만 최대의 적은 극도로 습한 기후에서 겪는 열대성 질병과 이질, 열대성 궤양으로 인한 피부 괴사였다. 용기라는 것에도 한계가 있었다. 간혹 포격의 긴장으로 문제를 일으키는 병사가 생기기라도 하면 동료 병사들이 큰 낭패를 겪었다. 앞서 언급했던 스포츠 기자 출신의 해병대원은 "마치 클럽 회원이 웨이터에게 5달러를 빌리려는 몸서리치는 상황을 목격한 백만장자처럼, 모두가 다른 곳만 보고 있었다"³고 썼다.

8월 말에 다나카 소장은 가와구치 기요타케 육군 소장 예하 6000명의 군사를 구축함으로 야간에 상륙시켰다. 이 병력들이 파푸아뉴기니가 아닌 과달카날에 배치되었다는 것은 코코다 길을 방어하고 있던 호주군에게 가해지던 압박이 줄어듦을 의미했다. 주요 병력은 이치키 예하 연대가 상륙한 곳에 투입된 한편, 다른 병력은 헨더슨 비행장 서쪽에 상륙했다. 가와구치는 거의 이치키만큼이나 오만하고 상상력이 부족한 사람이었는데, 정찰도 전혀 하지 않은 채 헨더슨 비행장 남쪽에서 공격을 개시하기로 했다.

가와구치가 출발하자마자 미국 해병대는 가와구치의 기지를 급습하여 대포와 무전기를 파괴했다. 그런 다음 일본군의 모든 식량에 소변을 누었다. 이번 공격을 모르고 있던 가와구치 부대는 밀림에서 헤매다 길을 잃기 일쑤였다. 마침내 9월 12일 저녁, 가와구치는 헨더슨 비행장 남쪽 낮은 능선에서 공격을 시작했다. 라바울에 주둔 중이던 일본군 병력이 보강되고 나서 미 해병대는 해군의 도움을 기대하기 힘들 거라는 소식을 접하고 최악의 상황을 염두에 두어야 했다. 만약 압도당하면 해병대는 포위망을 뚫고 언덕으로 탈출하여 게릴라 전투를 벌이는 것밖에는 선택의 여지가 없게 되는 것이었다. 이미 식량은 상당히 부족한 터였다.

'피의 능선' 전투에서 미국 해병대는 병력의 5분의 1을 소진했던 반면, 일본군은 절반 이상의 군사를 잃었다.여기서의 5분의 1이란 과달카날에 주둔해 있던 해병대 전체의 5분의 1이 아니라 피의 능선 전투에서 일본군과 직접 교전한 병력의 5분의 1이라는 뜻이다. 당시 과달카날의 미국 해병대 병력은 1만 명이 넘었는데 피의 능선 전투에서 미국 해병대의 피해는 전사 및 실종 69명, 부상 194명이다 가와구치는 다른 병력마저 괴멸되자 패배를 인정해야 했다. 생존자들은 언덕으로 후퇴해야 했는데, 이들은 공격에 실패한 이치키의 나머지 병력과 함께 그곳에서 굶주리게 되었으며, 군복도 낡아갔다. 그 후 일본군은 과달카날을 '기아 섬'으로 불렀다.

야마모토 제독은 공격 실패 소식을 듣고 격분했다. 일본군이 굴욕당한 것을 보복해야 했기 때문에, 전체 일본군 병력을 결집시켜 미군 수비대를 쳐부수러 나섰다. 터너 제독이 자신의 기동부대를 이끌고 돌아와 9월 18일에 제7해병연대를 상륙시켰지만 와스프 함은 일본군 잠수함에 격침되고 말았다.

10월 9일, 햐쿠타케 하루요시 육군 중장이 이끄는 훨씬 더 큰 규모의 일본군 병력이 섬에 도착했다. 그러나 이틀 밤이 지난 후 터너는 다시 돌아와 아메리칼 사단의 제164보병연대를 상륙시켰다. 처음에 터너는 다른 계획을 품고 있었다. 매복했다가 과달카날에 부대 및 군수품을 공급하러 오는 일본 군함을 공격하는 작전이었는데, 해병대는 이 군함을 '도쿄 익스프레스'라고 불렀다. 이번 작전 대상이 된 도쿄 익스프레스는 중순양함 3척과 구축함 8척으로 이뤄져 있었다. 에스페란스 곶 해전으로 알려진 혼란스러운 야간 전투의 결과, 일본군은 중순양함과 구축함을 각각 1척씩 잃었고, 또 다른 중순양함 1척은 크게 파손되었다. 미군은 순양함 단 1척에만 심각한 피해를 입었다.실제로 미군 측의 피해는 구축함 1척 격침, 경순양함 1척 대파였다. 미군의 사기는 올랐으며, 터너의 병력은 아메리칼 사단 소속 제164연대와 보급품을 모두 안전하게 상륙시켰다. 해병대는 해변으로 내려가 일본군 시체를 뒤져 얻은 전리품으로 함정 승무원들과 물물교환[4]했다. 사무라이의 칼 한 자루는 큼직한 허시 초콜릿바 약 36개, 일장기를 일컫는 '미트볼'기 한 장은 초콜릿바 12개 정도와 바꿀 수 있었다.

다음 이틀 밤에 걸쳐, 일본군 전함들이 아이언버텀 사운드에 진입하여 비행장을 포격했다. 그로 인해 선인장 비행대의 항공기 중 절반가량이 파괴되고 활주로는 한 주 동안 사용할 수 없게 되었다. 그러나 두 번째 활주로가 건설 중이었고, 증원군이 도착한 뒤로는 전력에도 큰 변화가 생겼다. 그러던 중 밴더그리프트를 크게 안심시키는 소식이 전해졌다. 할지 해군 중장이 남태평양 총사령관으로 임명된 것이었다. 과달카날이 일본과 미국의 힘겨루기 장으로 변했음을 잘 알고 있던 할지는 가장 시급한 곳에 병력을 최대한 집중시키기 위해 다른 작전들을 취소할 준비를 했다. 루스벨트도 같은 생각이었다.

우기가 시작되면서 억수 같은 비가 참호를 가득 채웠다. 수염이 덥수룩해진 병사들은 오들오들 떨면서 우기가 끝날 때까지 며칠 동안이나 흠뻑 젖은 채로 지냈다. 무엇보다 중요한 것은 탄약이 젖지 않게 하는 것이었다. 밴더그리프트 휘하 부대는 전보다 더 뛰어나지는 않게 물리쳤다. 해병대는 참호 앞의 시야를 확보하기 위해 마체테로 관목을 제거하고 띠풀을 쳐냈다. 그런데 과달카날을 둘러싼 전투는 바다에서도 대혼전으로 바뀌었다. 10월 말부터 11월 말까지 해상에서 몇 차례의 교전이 벌어져 해군 소모전 양상을 띠었다. 미군은 교전 초기에 일본군보다 더 큰 피해를 입었고, 11월 중순에 사흘 동안 일어난 충돌에서는 경순양함 2척과 구축함 7척을 잃었다. 하지만 일본군의 전함 2척, 중순양함 1척, 구축함 3척, 수송선 7척을 격침하면서 햐쿠타케 휘하 6000명의 증원군을 괴멸시키는 전과를 올렸다. 12월 초가 되자 미국 해군은 섬으로 들어오는 항로를 통제했다.

12월 둘째 주, 지친 제1해병사단은 멜버른으로 철수했고, 그곳에서 젊은 여성들의 열렬한 환영과 대통령 부대 표창을 받았다. 제1해병사단이 있던 지역은 제2해병사단과 아메리칼 사단, 제25보병사단으로 구성된 제14군단으로 대체되어 알렉산더 패치 소장의 휘하에 놓였다. 그 후 두 달 동안 헨더슨 비행장 남쪽 오스틴 산을 둘러싸고 격렬한 전투가 벌어진 뒤, 마지막 도쿄 익스프레스인 구축함이 3만6000명의 햐쿠타케 병력 중 남아 있던 1만3000명을 구출해냈다. 사망자 중 약 1만5000명은 굶주림으로 목숨을 잃었다. 일본군은 이때부터 과달카날을 '죽음의 섬'이라고 불렀다. 미군에게 과달카날은 결과적으로 태평양을 건너 도쿄로 향하게 된 첫 '디딤돌'이 된 셈이었다.

과달카날에서 벌어진 일들은 포트모르즈비를 방어하고 있던 호주군에게도 도움이 되었다. 부대를 보강하거나 재보급을 할 수 없었던 일본군은 처음에 상륙했던 파푸아뉴기니 북쪽 해안에 위치한 부나로 군대를 철수시키기로 했다. 호주군은 중동에서 돌아온 제7사단과 함께 마침내 수적 우세를 점할 수 있었다. 몸도 성치 않고 굶주린 일본군들이 다 해진 군복과 군화를 착용한 채 열대우림을 지나 후퇴하는 일은 아주 끔찍했고, 그중 다수는 살아남지 못했다. 진군하던 호주군은 일본군이 인간 시체를 뜯어먹는 모습을 목격하기도 했다.

하지만 호주군과 미군 제32보병사단이 고나와 부나의 일본군 교두보를 공격한 것은 결국 위험한 시도로 드러났다. 일본군 병사들은 기관총 탄환도 뚫지 못할 정도로 밀도가 높은 야자수 기둥을 이용하여 밀림 안에 위장 벙커를 멋지게 지었다. 11월 21일, 맥아더 장군이 제32보병사단에 "오늘 무슨 수를 써서라도 부나를 점령하라"는 지시를 내린 후부터 병사들의 고생은 시작되었다. 병사들은 중화기는 물론 식량도 부족했으며, 아군의 오폭에 계속해서 노출되었다. 병사들의 사기는 그야말로 최악이었다.

호주 제7사단이 고나를 공격한 것도 마찬가지로 잔혹한 경험이었다. 11월 30일 밤, 제32사단 일부 병력이 포복으로 키 크고 날카로운 띠풀 숲속을 지나 일본군 진지에 침입하는 데 성공했다. 그러나 일본군의 필사적인 저항 때문에 부나와 고나를 두고 벌어진 전투는 끝날 줄을 몰랐다. 일본군 벙커를 처리할 경전차 몇 대와 대포가 약간 추가되면서 그제야 연합군은 겨우 진전을 보일 수 있었다. 12월 9일 마침내 호주군이 고나를 점령했을 때, 일본군은 썩어가는 전우들의 시체를 진지에 쌓아 엄폐물로 활용하고 있었다.

1943년 1월이 되어서야 제32사단과 호주군은 마침내 부나지역에서 마지막 저항을 무너뜨렸다. 일본군 수비대는 풀뿌리를 먹으면서 버티고 있었다. 그중 다수는 영양실조 때문에 아메바성 이질과 말라리아에 걸려 쓰러져갔고, 생포된 소수의 포로들도 매우 야윈 상태였다. 맥아더는 '통쾌한 승리'[5]를 외친 뒤, 호주군 사령관들이 느릿느릿해서 승리하기까지 시간이 너무 오래 걸렸다며 비난했다. 그러나 기후가 완전히 다른 스탈린그라드 전투와 같은 시기에 일어난 과달카날과 파푸아뉴기니 전투는 일본군의 불패 신화에 종지부를 찍었다. 태평양 전쟁에서 실질적인 전략적 전환점은 미드웨이 해전이겠지만, 심리적 전환점은 과달카날과 파푸아뉴기니 전투라고 볼 수 있는 것이다.

한편 미얀마에서는 아삼으로 1800킬로미터를 후퇴한 뒤 별다른 전환점을 찾지 못하고 있었다. 비록 증원군, 공중 지원 및 보급품이 감소하면 직접적인 영향을 받긴 하겠지만 인도로 후퇴한 연합군 부대에게 유럽 전쟁은 딴 세상 이야기였다. 처칠은 미얀마 전역戰域이 중국으로 가는 길을 재개방하는 데 필요하다는 사실 외에는 일본과의 전쟁에서 그리 중요하지 않다는 점을 인지했다. 처칠은 미얀마를 탈환하여 패배의 굴욕을 씻고 추락한 영국의 위상을 재건하는 데만 관심이 있었다.

오랫동안 군대를 놀릴 수 없다는 사실을 알고 있었던 육군 원수 웨이블은 벵골 만 마유 반도와 전선에서 남쪽으로 80킬로미터 떨어진 해안에 위치한 아키아브 제도를 제한적인 공격으로 재점령하기로 결심했다. 아라칸에서의 첫 번째 공격은 '밀림으로 뒤덮인 작고 경사진 언덕들 및 논과 늪으로'[6] 이뤄진 지형에서 실시되었다. 맹그로브 늪과 작은 샛강들 때문에 해안지역을 통과하기란 거의 불가능했다.

이 작전은 일본군의 인도 침공을 미연에 방지할 선제공격으로 보였다. 인도 제14사단이 콕스바자르에서 마유 반도로 진군하는 동안, 제6보병여단은 마유 강 어귀에 상륙하여 아키아브의 일본군 비행장을 장악한다는 계획이었다. 그런데 솔로몬 제도에서 작전을 수행 중인 미군의 요구와 횃불 작전 때문에 상륙주정은 전혀 쓸 수 없었다. 동부군 사령관 노엘 어윈 장군은 개인적인 반감으로 슬림 예하 제15군단을 이용하길 거부했는데, 이는 1940년에 슬림이 수단에서 어윈의 친구를 해고했기 때문이다. 어윈은 슬림에게 대단히 무례하게 굴었다. 나중에 불만을 사게 되자, 어윈은 이렇게 반박했다. "나는 무례해질 수가 없다. 선임이니까."[7]

해안을 따라 진군하는 길은 마웅도와 부티다웅 사이에서 일본군에 의해 차단된 데다 때아닌 폭우가 쏟아지면서 움직임은 극도로 어려워졌다. 규모가 작아진 일본군 부대는 12월에 철수했다. 인도 제14사단은 마유 강 동쪽 라테다웅과 마유 반도를 향해서 밀고 내려갔다. 그러나 일본군은 증원군을 동원하여 돈바이크에서 반도를 차단하고 라테다웅 부근에서 반격을 실시했다.

부나-고나에서의 미군과 호주군처럼, 영국 제6여단이 보충된 반도 주둔 인도대대는 돈바이크 주변에서 잘 위장된 일본군 벙커에 의해 엄청난 사상자가 발생했다. 그리고 1943년 3월에 마유 강 너머로 진출한 일본군은 영국군 진지 후방을 위협해 영국군을 퇴각하게 만들었고, 일본 제55사단 소속의 한 부대는 영국 제6여단 사령부를 점령하고 여단장을 생포하기까지 했다. 결국 말라리아에 허덕이고 지친 영국군과 인도군은 인도로 퇴각하고 만다. 사상자 수는 3000명으로, 일본군 사상자의 두 배였다. 그 일로 평소 영국을 경멸하던 스틸웰 장군은 영국군이 장제스 휘하의 국민당군만큼이나 일본군과 싸우기를 주저한다고 생각하게 되었다.

1943년 1월 17일, 영국과 미국은 아편전쟁과 의화단 운동 후 중국에 강제로 체결하게 만들었던 '불평등 조약'으로 얻은 모든 국제 협상 권리를 공식적으로 포기했다. 영국이 마지못해 이렇게 한 것은 태평양에서 일본의 공격이 지속되는 동안 중국이 전쟁을 계속 수행하도록 하기 위함이었다. 1942년 4월 호넷에서 출격하여 도쿄를 폭격한 둘리틀 공습에서 살아남은 항공기들이 중국 해안지역에 착륙하자 분노한 일본군은 중국 도시 한 곳을 파괴하고 국민당군 항공대기지를 초토화시켜버린다.

만달레이에서 큰 피해를 입게 한 참사의 책임 때문인지, 스틸웰은 미얀마를 재점령하는 데 점점 더 집착했다. 그는 일단 미얀마 로드가 재개방되면 중국에서 일본군을 물리칠 장제스의 병력을 재정비, 재훈련시킬 장기적 계획을 세우고 있었다. 1942년 12월 7일, 워싱턴에 있던 마셜 장군은 미국이 미얀마 북부 지역을 다시 장악하는 데 관심을 갖는 이유는 오로지 중국에서 작전 중인 미군 항공기들을 위한 보급로를 재개방하기 위함이지 장제스의 군대를 강화하기 위한 것이 아님을 분명히 했다. 마셜은 오로지 '중국 밖에서 진행되는 공습 작전의 조속한 실시'[8]를 원할 뿐이었다.

마셜은 진주만 공습 이후 창설된 미국 제14비행단의 전신인 셔놀트 예하 플라잉 타이거즈의 보고에 깊은 인상을 받았다. 보고서는 "미군의 피해가 매우 경미한 가운데, 투입된 비행기 수에 비해 적군에는 이미 상당히 많은 폭격 피해를 입혔다"고 주장하고 있었다. 셔놀트는 루스벨트에게 직접 서신을 보내, 자신이 중국에서 일본 항공력을 파괴하고, 남중국해의 일본 보급로를 공격하며 심지어 도쿄를 공습할 수 있다고 주장했다. 셔놀트는 '일본을 몰락시킬 수 있다'[9]는 확신을 가진 반면, 영국의 아서 해리스 공군 대장은 폭격기 부대만으로 독일을 격파할 수 있다고 믿었다. 비록 미국 정부는 이렇게 지나친 낙관주의를 수용하지는 않았지만, 중국을 거점으로 한 공습 작전은 차후 중국 군대를 창설한다는 스틸웰의 바람보다 훨씬 더 고무적인 제안인 듯했다. 스틸웰은 곁다리로 밀려난 데 격분하여 셔놀트와 반목하기 시작했다. 1943년 1월 마셜이 스틸웰에게 셔놀트를 도우라는 다소 강압적인 내용의 편지를 써야 했지만 별로 도움이 되진 못했다.

성격 차이로 인한 충돌은 태평양 전선의 논리적인 전략 부족에도 영향을 끼쳤는데, 충돌의 주된 이유는 필리핀에 대한 맥아더 장군의 개인적인 집착, 그리고 "돌아가겠다"고 한 자신의 약속을 명예롭게 지키기로 결심한 것 때문이었다. 맥아더는 뉴기니를 통과하면서 남아 있는 일본군 병력을 제거할 것을 고집했고, 그런 다음 필리핀에서 전투를 준비할 생각이었다. 그는 언론을 영리하게 이용하여, 미국의 도의적 의무는 반식민지적인 동맹국을 일본의 지배라는 공포에서 해방시키는 것이라며 미국 여론을 설득했다.

훨씬 더 실용적인 계획을 갖고 있던 미국 해군은 일본군 수비대가 의존하고 있는 보급로를 차단하면서 섬들에서 섬들로 전진하여 일본으로 진군하고자 했다. 맥아더와 합의점을 찾을 수 없었던 합동참모본부는 두 가지 조치를 한 번에 취하도록 하는 이른바 쌍축 정책에 타결을 보았다. 그러한 낭비적인 전력 분산을 감당할 수 있는 나라는 놀라운 속도로 선박과 항공기를 생산해내는 미국뿐이었다.

태평양에서 빠른 속도로 커지는 미국의 힘은 중국 국민당군에 별 도움이 되지 못했고, 쌍축 정책으로 자원 배분에서 중국 국민당의 우선순위는 더 낮아졌다. 한편 1942년 말에 특히 과달카날에서 전쟁의 주도권이 미국으로 넘어가면서 일본 정부는 중국파견군이 쓰촨 성으로 진격하여 충칭의 국민당 정부를 무너뜨린다는 내용의 고호 작전을 취소했다.

24

스탈린그라드

　스탈린은 소비에트군이 스탈린그라드 교외로 밀려났다는 소식을 듣고 격분했다. "무슨 문제가 있다는 거지?"[1] 스탈린은 상황을 알아보고 스탑카에 다시 보고하도록 보낸 알렉산드르 바실렙스키와 통화를 하다가 분노를 터뜨렸다. "이것이 스탈린그라드만의 참사가 아니라는 것을 모르는 건가? 주요 수상교통로와 유전을 다 잃게 생겼단 말일세!" 도시 북쪽을 위협하고 있던 파울루스의 병력과 마찬가지로, 호트 휘하의 두 기갑군단도 남쪽에서 빠른 속도로 진군하고 있었다.

　독일 항공대 루프트바페의 공습으로 아수라장이 된 도시에 가장 먼저 도착한 통신원 바실리 그로스만도 다른 사람들처럼 경악을 금치 못했다. "카자흐스탄 국경인 볼가 강 하류에서 벌어진 이 전쟁은 깊게 찔린 칼이 얼마나 끔찍한 느낌인지를 보여주고 있다."[2] 창문 하나 남지 않고 폭파된 건물들과 길거리에서 불타버린 노면전차를 보고, 그로스만은 '번영의 전성기를 누리고 있을 때 닥친 재앙으로 사라진 폼페이'의 파멸을 떠올렸다.

　1942년 8월 25일, 스탈린그라드에서 계엄령이 발효되었다. 제10 NKVD 소총사단은 바리카디 군수공장과 붉은시월 제강소, 제르진스키 트랙터 공장에서 근무하는 남녀 노동자를 모아 '구축대대'를 조직했다. 이들은 무기도 제대로 갖추지 못한 채 독일 제16기갑사단에 맞섰는데, 결과는 뻔했다. 구축대대가 후퇴하지 못하도록 뒤에서 콤소몰Komsomol(공산주의 청년동맹) 단원들이 자동화기로 막아섰다. 도시 서북쪽에서 제1근위군은 증원군과 보급품을 기다리고 있던 비테르스하임 장군 예하 제14기갑군단의 측면을 공격하라는 지시를 받았다. 이 계획은 도시에 밀려 들어온 제62군과 연결하기 위한 것이었지만, 리히트호펜이 이끈 항공대의 도움을 받고 있던 기갑부대가 9월 첫째 주에 제1근위군을 밀어냈다.

루프트바페는 폐허가 된 도시를 계속해서 파괴했다. 서쪽 제방에서 볼가 강 너머로 시민들을 구하려는 수상보트와 외륜선, 소형선에도 폭격을 하거나, 기총 소사를 해댔다. 적군 볼셰비키를 전멸시키기로 작정한 히틀러는 9월 2일에 새로운 지시를 내렸다. "스탈린그라드는 철저한 공산주의자가 100만 명이나 있어 특히 위험하므로, 도시에 들어가면 그곳의 모든 남성을 제거해야 한다는 총통의 명령이다."[3]

독일 병사들은 고향으로 보낸 편지에서 내비치듯이 매우 복잡한 심정이었다. 승리가 가까워졌다는 생각에 기뻐하는 병사도 있었고, 프랑스 전투 때와 달리 집에 보낼 것이 아무것도 없어 불평하는 병사도 있었다. 고향에 있는 아내들은 특히 아스트라한 산 모피를 요구했고, "뭐든 좋으니 러시아에서 선물 좀 보내줘요"[4]라고 간청하는 아내도 있었다. 영국 공군의 공습때문에 고국에서 그리 유쾌한 소식은 들려오지 않았다. 친척들은 늘어가는 징병을 두고 푸념했다. "이 거지 같은 생활은 언제 끝날까? 곧 있으면 열여섯 살짜리 애도 전쟁에 불려가게 생겼어." 뮐러라는 이름의 이병이 받은 편지에 적힌 내용이었다. 그리고 뮐러의 여자친구는 '전선 소식이 너무 슬픈 나머지 뉴스 영화를 차마 볼 수 없어서'[5] 더 이상 영화관에 가지 않겠다고 말했다.

9월 7일 저녁, 스탈린그라드로의 진군은 성공한 듯 보였지만, 히틀러는 전례 없는 분노에 휩싸였다. 알프레트 요들 장군이 캅카스에 투입된 A 집단 군 총사령관 리스트 육군 원수를 만나고 빈니차에 위치한 총통 본부로 막 돌아왔다. 히틀러가 자신의 지시대로 명령을 수행하지 못한 리스트에 대해 불만을 늘어놓자, 요들은 리스트가 지시대로 수행했다고 대답했다. 히틀러 는 "그건 거짓말이다!"[6]라고 외치며 방에서 나가버렸다. 그런 다음 히틀러는 속기사에게 일상적인 회의에서 오가는 모든 말을 기록하라고 명령했다.[7]

잠시 자리를 비운 뒤 돌아온 바를리몬트 장군은 극적으로 바뀐 독일 국 방군 총사령부의 분위기와 맞닥뜨려야 했다. 히틀러는 '증오심에 불타는 눈 빛으로 바를리몬트 장군을 한참 바라보다'[8] 인사했다. 훗날 바를리몬트는 이런 생각이 들었다고 말했다. "이분은 체면이 깎인 것이다. 운명을 건 도박 이 끝났음을 깨달으신 것이다." 히틀러의 다른 측근들도 히틀러가 세상을 완전히 등지게 되었음을 알아차렸다. 히틀러는 더 이상 장교들과 함께 식 사를 하거나 악수를 나누지 않았다. 모두를 믿지 못하는 듯했다. 그로부터 2주가 지난 후, 히틀러는 할더 장군의 참모총장직을 박탈했다.

제3제국은 역사상 가장 넓은 영토를 차지하고 있었다. 제3제국의 병력은 볼가 강에서 프랑스의 대서양 해안까지, 그리고 노스 곶에서 사하라 사막까 지 뻗어나갔다. 그러나 히틀러는 그저 스탈린의 이름을 딴 곳이라는 이유로 스탈린그라드 점령에 점점 더 집착하기 시작했다. 스탈린그라드 전투가 이 제 두 독재자의 위신이 걸린 문제가 되었기 때문에 베리야는 그곳에서 벌어 진 전투를 '숫양 두 마리의 대결'[9]이라고 칭했다. 무엇보다도 히틀러는 캅카 스 유전 장악 실패가 가시화되면서 그것을 대신하여 스탈린그라드에서 상 징적인 승리를 거둘 생각에 매달렸다. 국방군은 공격력이 다해 사실상 '작 전 한계점'에 이르렀고, 더 이상 다음 공격을 물리칠 수 없게 되었다.

하지만 이 모든 상황을 불안하게 지켜보고 있던 바깥세계에서는 독일군 이 캅카스와 북아프리카에서 중동으로 진군하는 것을 멈출 수 있는 장치가 없다고 생각했다. 모스크바 주재 미국 대사관에서는 소비에트가 언제든 곧 무너지리라고 예상했다. 연합군이 참사를 겪었던 그해, 사람들은 국방군이 위험할 정도로 늘어나 있었다는 사실을 대부분 깨닫지 못했다. 게다가 얼어터진 붉은 군대의 반격하려는 단호한 의지도 알아채지 못했다.

제62군이 도시 가장자리로 다시 밀려나자, 스탈린그라드 전선 사령관 예레멘코 장군과 정치 지도원인 흐루쇼프는 볼가 강 동쪽 제방에 마련한 새 사령부로 바실리 추이코프 육군 소장을 소환했다. 추이코프는 스탈린그라드에서 제62군의 지휘를 맡게 된다.

"추이코프 동지, 당신의 업무를 어떻게 보시오?"[10]

흐루쇼프가 물었다.

"우리는 도시를 지킬 것이고, 죽더라도 도시를 지키다가 죽을 것입니다."

추이코프가 결연하게 대답했다. 예레멘코와 흐루쇼프는 추이코프가 자신의 임무를 제대로 이해했다는 사실을 인정했다.

강인한 러시아인의 얼굴에 곱슬머리가 헝클어진 추이코프는 냉혹한 지도자였다. 그는 임무에 실패한 장교를 가차 없이 폭행하거나 사살하는 사람이었다. 공황과 혼돈 속에서 추이코프야말로 임무를 수행할 최적의 인물이었다. 스탈린그라드에서는 단지 우직함과 무자비한 결단력이 필요할 뿐, 전략적 재능은 필요하지 않았다. 독일 제29차량화사단이 스탈린그라드 남쪽 끝 볼가 강에 이르렀고, 제62군을 차단하여 근처에 있던 미하일 슈밀로프 육군 소장 예하 제64군과 떨어뜨려놓았다. 추이코프는 사상자가 얼마나 발생하든 간에 독일군의 병력이 소진될 때까지 버텨야 한다는 것을 알았다. 훗날 추이코프는 '시간은 곧 피'[11]라며 차갑고 명료하게 썼다.

볼가 강 너머로 탈출을 시도하는 부대가 증가하는 것을 막기 위해, 추이코프는 제10 NKVD 소총사단장 사라에프 육군 대령에게 모든 도하점에 탈영병을 사살한다는 경고판을 설치하라고 지시했다. 추이코프는 사기가 무너지고 있음을 알았다. 부 정치 지도원조차 단념하듯 일기를 썼다. "아무도 스탈린그라드가 견뎌낼 수 있다고 믿지 않는다. 우린 절대 이길 수 없을 것 같다."[12] 하지만 사라에프는 추이코프가 나머지 병력을 자기 휘하의 전투 보직으로 배치하라고 하자 격분했다. NKVD는 NKVD 대원들을 지휘하려는 육군 장교를 곱게 여기지 않았지만, 추이코프는 어떠한 위협도 이겨낼 수 있으리라 생각했다. 그는 더 이상 잃을 것이 없었다. 추이코프의 병력은 2만 명으로 줄었고, 전차는 60대가 조금 넘는 정도였으며, 그중 다수는 움직일 수 없었기 때문에 견인되어 포좌에 들어갔다.

추이코프는 독일군이 백병전을 좋아하지 않는다는 것을 이미 감지하고 있었기 때문에 최대한 적군 가까이에서 전선을 유지할 생각이었다. 이 접근전은 루프트바페 폭격기가 독일 병사를 폭격할 위험도 있었기 때문에 독일군이 마음 놓고 폭격하는 데 방해가 되기도 했다. 그러나 가장 큰 이점이라고 한다면 독일군이 이미 도시를 파괴했다는 점일 것이다. 리히트호펜의 폭격기 부대가 만들어낸 폐허의 광경은 그야말로 독일 병사들의 킬링필드였다. 병력을 집중시켜 공격 태세를 갖추는 독일군을 강 너머로 포격할 수 있도록 추이코프가 중포와 중구경포를 볼가 강 동쪽 제방에 유지시킨 것도 옳은 결정이었다.

독일군의 본격적인 첫 공격은 히틀러가 파울루스에게 억지로 도시 점령 날짜를 정하게 한 다음 날인 9월 13일에 시작되었다. 신경성 경련과 만성 이질로 고생 중이던 파울루스는 자신의 병력이 도시를 점령하는 데 24일이 걸릴 것으로 예상했다. 독일군 장교들은 볼가 강 제방을 강한 기세로 돌진하면 금방 휩쓸 수 있을 거라는 생각으로 병사들을 격려했다. 리히트호펜의 항공대는 슈투카를 주축으로 이미 폭격을 시작하고 있었다. 제389보병사단 소속의 한 상병은 "슈투카 떼가 우리 쪽으로 날아왔다. 이들의 공격이 끝난 뒤에는 쥐새끼 한 마리 살아남지 못했을 거다"[13]라고 썼다. 부서진 석조 건물에서 피어오르는 희뿌연 먼지구름이 불타는 연료 탱크가 뿜어내는 연기와 뒤섞였다.

마마예프 쿠르간 묘지에 위치한 사령부에 있다가 위치가 노출된 추이코프는 폭격으로 통신선이 끊긴 탓에 사단장들과 연락을 할 수 없었다. 그래서 추이코프는 참모들을 이끌고 차리차 강둑 깊숙이 뚫어놓은 벙커로 달려갈 수밖에 없었다. 비록 격한 저항으로 독일군 공격은 대부분 느려졌지만, 제71보병사단은 도시 중심으로 돌파해 들어갔다. 예레멘코는 주코프, 바실렙스키와 한창 작전 회의를 하고 있던 스탈린에게 어쩔 수 없이 전화로 상황을 알려야 했다. 스탈린은 스페인 내전의 영웅인 알렉산드르 로딤체프 육군 소장 예하 제13근위사단에 볼가 강을 건너가서 도시에서 벌어지고 있는 전투에 합류하라고 즉시 지시를 내렸다.

사라예프 예하 2개 NKVD 소총연대는 9월 14일에 가까스로 제71보병사단을 제압하고, 주요 기차역을 탈환하기까지 했다. 이로써 로딤체프 휘하의 근위병들이 그날 밤 보트, 함재정, 포함, 거룻배 등으로 도하를 시작하기에 충분한 시간을 벌 수 있었다. 포화 속에서 1300미터 너비의 볼가 강을 건너 스탈린그라드로 향하는 여정은 길고도 끔찍했다. 병사들을 태운 첫 번째 보트가 강 서쪽에 접근하자, 높은 제방 너머로 타오르는 건물의 불빛에 독일 보병들의 실루엣이 비쳤다. 첫 번째로 강변에 상륙한 소비에트 군사는 가파른 경사를 곧장 돌진하여 총검을 장착할 틈새도 없이 공격 현장으로 뛰어들었다. 그리고 이들의 좌익에 있던 NKVD 소총대원과 합류한 뒤, 독일군을 밀어냈다. 더 많은 대대가 도착하면서, 이들은 마마예프 묘지 부근을 지나가는 철로를 향하여 전진하며 싸웠는데 특히 102미터 높이의 묘지 정상을 둘러싼 전투가 가장 치열했다. 만약 독일군이 그곳을 장악했다면, 독일군은 대포를 이용해 도하를 막았을 것이다. 언덕에서는 석 달간 포화가 이어졌고, 시체들은 계속해서 묻히고 또 드러나기를 반복했다.

전선으로 투입된 NKVD 소총대원 다수는 긴장한 나머지 맥을 못 추었다. 특수부는 다음과 같이 보고했다. "제62군의 차단부대가 9월 13일부터 15일까지 1218명의 사병과 장교를 체포했다. 이 중 21명은 처형, 10명은 수감, 나머지는 부대로 돌려보냈다. 체포된 부대원 대부분은 제10 NKVD 사단 소속이다."[14]

어떤 붉은 군대 병사는 일기에 "스탈린그라드는 무덤이나 쓰레기더미처럼 보였다. 도시 전체와 주변 지역은 검댕으로 칠한 듯 시커먼 색이었다"[15]라고 썼다. 오물과 벽돌 먼지가 옷에 스며들면서 군복을 보고도 적군인지 아군인지 분간하기가 어려웠다. 그리고 하루 종일 연기와 먼지가 짙어 해를 볼 수 없는 날도 허다했다. 폐허에서 부패한 시체가 풍기는 악취는 배설물 냄새, 쇠 타는 냄새와 뒤섞였다. 최소 5만 명(한 NKVD 보고서에서는 20만 명으로 기록)의 시민이 볼가 강을 넘지 못하거나 저지되었는데 부상자 후송이 급선무였기 때문이다. 시민들은 무너진 건물 지하에 모여 굶주림과 목마름을 견뎌야 했다. 머리 위에서는 전투가 계속되었고, 땅은 폭발로 흔들렸다.

독일군 전선 후방에 갇힌 사람들의 생활은 더욱 비참했다. NKVD 특수부는 훗날 이렇게 기록했다. "점령 첫날부터 독일군은 도시에 남아 있는 유대인은 물론 공산주의자, 콤소몰 단원, 빨치산으로 의심되는 자들까지 제거하기 시작했다. 주로 독일 야전헌병대와 우크라이나 보조경찰이 유대인 수색에 나섰다. 현지 주민 중 반역자들도 많은 역할을 하고 있었다. 이들은 유대인을 찾아 죽이려고 주택과 지하실, 방공호, 대피호 등을 뒤졌다. 독일 비밀야전경찰은 조국 소비에트를 배신한 반역자들의 적극적인 도움을 받아 공산주의자와 콤소몰 단원을 수색했…… 독일군은 소비에트 여성을 무참히 강간하기도 했다."[16]

많은 소비에트 병사는 전투로 인한 정신적 긴장을 이겨내지 못했다. 스탈린그라드 전투에서 총 1만3000명이 비겁 행위나 탈영 혐의로 처형되었다. 체포된 사람들은 총살되기 전에 강제로 옷이 벗겨졌는데, 그래야 벗겨진 군복에 총탄 흔적을 내지 않고 재사용할 수 있었기 때문이다. 병사들은 납 '9그램'[17]을 받은 포로에게 소비에트가 주는 마지막 배급이라고 말했다. 동료들의 탈영 시도를 못 본 체한 사람들도 체포되었다. 10월 8일에 스탈린그라드 전선에서는 엄격한 군기를 확립한 뒤 "패배적인 분위기는 거의 사라지고, 반역 행위도 점점 줄어들고 있다"[18]라고 소련 정부에 보고했다.

인민위원들은 독일군이 자신들의 점령 지역을 통과하여 집으로 돌아가려는 소비에트 탈영병들을 그냥 보내주었다는 소문에 특히 불안해했다. 한고위 정치 지도원은 "변절을 종용하는 독일 간첩들이 우리 군사의 정치적 훈련 부족을 이용했다. 독일 간첩은 불안해하는 병사들이 탈영하도록 설득하고, 특히 독일이 일시적으로 점령한 지역에 가족을 남겨둔 병사들을 회유하고 있다"[19]고 보고했다. 주로 독일군 진군 중에 피란민이 되었다가 소련군에 징집되어 군복을 입고 전선으로 곧장 보내져 향수병에 걸린 우크라이나인들이 가장 유약한 듯 보였다. 이들은 가족과 고향의 소식도 전혀 모르고 있었다.

정치부는 소련인의 특성을 모두 갖추고 있는 사람을 추렸을 때 제62군 사병의 단 52퍼센트만이 러시아 국적자라는 사실을 지적할 수 있었다. 게다가 이 수치는 다수의 시베리아인을 반영하지 않은 것이다. 추이코프 휘하의 병사 중 3분의 1은 우크라이나인이었다. 그리고 카자흐인, 벨라루스인, 유대인(법적으로 비러시아인으로 분류된 자), 타타르족, 우즈베크인, 아제르바이잔인들이 나머지를 차지했다. 압도적 다수가 신식 군사 기술을 접한 적이 없는 중앙아시아 출신의 토민군 점령 당국에 저항하는 원주민으로 추정되었다. 기관총 소대 지휘를 맡은 한 러시아인 중위는 "이들에게 훈련 내용을 이해시키기도 힘들고, 같이 근무하기도 너무 어렵다"[20]고 기록했다. 대부분 훈련을 받지 않은 채로 동원된 탓에 부사관과 장교들이 총기 사용법을 직접 보여주어야 할 정도였다.

크림타타르족 출신 병사의 기록이다. "피해가 막심했기 때문에 우리가 두 번째 전선으로 이동해야 했을 때 우즈베크인과 타지크인 증원군이 투입되었다. 전선에서도 그들은 모두 전통 모자인 쥬비체카(칼팍)를 쓴 채로 있었다. 독일군은 확성기에 대고 우리를 향해 러시아어로 외쳤다. '그 짐승들은 어디서 났나?'"[21]

군사 선전은 유치했지만 효과는 있는 듯했다. 스탈린그라드 전선에 뿌려진 신문에는 손발이 묶인 채 겁에 질려 있는 소녀의 사진이 실려 있었다. 거기에는 "당신이 사랑하는 소녀가 파시스트의 손에 이렇게 묶인다면? 그들은 일단 소녀를 강간한 다음 전차 밑에 던져버릴 것이다. 전진하라, 전사들이여. 적을 처단하라. 네 임무는 강간당하는 소녀를 무뢰한에게서 구해내는 것이다"[22]라는 문구가 쓰여 있었다. 소비에트 병사들은 선전 슬로건을 굳게 믿었다. "스탈린그라드 수비대에게 볼가 강 너머에는 자리가 없다."[23]

9월 초, 독일 병사들은 장교에게서 스탈린그라드가 곧 무너질 것이고, 그것은 곧 동부 전선 전투의 종료를 의미하거나 최소한 집으로 갈 기회가 될 것이라는 이야기를 들었다. 독일 제4기갑군이 파울루스 예하 제6군과 연합했을 때 스탈린그라드 둘레는 이미 막혀 있었다. 고향 독일에서 승전 소식을 기다리고 있다는 사실을 모르는 사람은 없었다. 로딤체프가 이끄는 제13근위소총사단이 도착한 것도, 독일군이 도시 중심부에서 상륙용 부잔교를 장악하는 데 실패한 것도, 그저 일시적인 후퇴 정도로 보였다. 제29차량화보병사단의 한 부대원은 "어제부터 제3제국 깃발이 도심지에서 휘날립니다. 도심지와 역 주위는 독일의 손에 들어왔어요. 우리가 얼마나 힘들게 이 소식을 전하게 되었는지 아마 상상도 못 할 겁니다"[24]라는 내용의 편지를 고향에 보냈다. 제29차량화보병사단의 왼쪽 측면에서는 북쪽에서 소비에트군이 공격해 들어왔지만 엄청난 피해를 입고 격퇴되었다. 제16기갑사단은 전차를 반대편 경사로에 배치하여 능선 꼭대기에 나타난 소련 장갑차량들을 모두 파괴했다. 이제는 승리할 수밖에 없는 듯했지만, 첫 서리가 내리면서 몇몇 병사의 마음속에는 불안감이 싹트기 시작했다.

9월 16일 저녁, 스탈린의 보좌관은 조용히 집무실로 들어가 책상 위에 독일 무전신호 도청 사본을 올려놓았다. 이 문서에는 스탈린그라드가 점령되었으며 러시아는 둘로 갈라졌다고 쓰여 있었다. 스탈린은 창가로 가서 바깥을 응시하다가 스탑카에 전화를 걸었다. 그러고는 예레멘코와 흐루쇼프에게 실제로 현재 상황이 어떤지 보고하라는 지시를 내렸다. 그러나 사실상 일촉즉발의 위기는 이미 넘긴 상태였다. 추이코프가 끔찍한 손실을 메우기 위해 강 너머로부터 추가로 증원군을 얻기 시작했다. 동쪽 제방에 다수 밀집되어 있던 소비에트 포병대도 독일군의 공격을 약화시키는 데 점점 숙달되어가고 있었다. 그리고 제8항공군은 비록 요원들의 자신감이 결여되어 있었지만 독일 항공대에 맞서 더 많은 항공기를 동원하기 시작했다. "우리 조종사들은 이륙하는 순간 이미 송장이 된 거나 다름없다고 느낀다. 그래서 목숨을 잃는 것이다."[25] 한 전투기 사령관이 고백했다.

추이코프의 전술은 대규모 반격을 개시하라는 스탈린그라드 전선의 지시를 무시하는 것이었다. 사상자를 감당할 수 없음을 알았기 때문이다. 오히려 튼튼한 주택을 거점으로 삼는 '방파제'에 의지하고, 폐허에 가려진 대전차포로 독일군의 공격을 분단시키려 했다. 추이코프는 기관단총과 수류탄, 칼, 심지어는 날카롭게 간 삽 등으로 무장하여 싸우는 정찰병들의 야간 공격을 표현하면서 '스탈린그라드 시가전 사관학교'라는 말을 만들어냈다. 정찰대는 지하실과 하수구를 통해 공격했다.

밤낮없이 벌어진 전투는 무너진 건물 구획의 층에서 층으로 이어져, 다른 층에서 적군이 포탄 구멍을 통해 수류탄을 투척하고 반격하는 일이 계속되었다. "시가전에는 기관단총이 유용하다. 독일군은 수류탄을 자주 던지는데, 그때마다 우리는 날아온 수류탄을 그들에게 다시 던져준다. 실제로 나도 독일군이 던진 수류탄을 몇 번이나 다시 던졌고, 그렇게 던진 수류탄은 땅에 떨어지기도 전에 폭발했다. 내가 속한 그룹은 집 한 채를 수비하라는 명령을 수행 중이었으며, 사실상 우리는 모두 지붕 위에 있었다. 독일군이 마당과 1층으로 들어오려고 하면 우리는 총을 쏘았다."[26] 한 병사가 남긴 말이다.

탄약 재보급 문제는 더욱 시급해졌다. NKVD 특수부는 다음과 같이 기록했다. "야간에 가져온 탄약을 제62군 사령부 담당자들이 제시간에 모아두질 않았다. 제방 위에 탄약을 양륙하여 낮 동안 적군의 포격을 맞아 폭발해버리는 일이 빈번했다. 부상병은 저녁에야 인도되었다. 부상이 심각한 병사는 어떠한 처치도 받지 않는다. 그러다 사망하면 시신은 그대로 방치된다. 차량들이 시체 위로 지나다닌다. 의사도 없다. 부상병은 현지 여성들의 도움을 받았다."[27] 살아남아서 볼가 강을 건너 야전병원에 도달한다고 해도 전망은 밝지 못했다. 서둘러 부상 부위 절단이 이뤄졌다. 다수가 병원열차를 타고 타슈켄트로 후송되었다. 스탈린그라드에서 같은 병동을 썼던 14명의 군인 중 한 명은 '손발이 온전하게 남아 있는 병사'[28]가 단 다섯 명뿐이라고 했다.

기동성의 이점을 잃어 당황한 독일군은 이 새로운 형태의 전투를 '라텐크리크', 즉 '생쥐 전쟁'이라고 불렀다. 사상자 수가 엄청나게 늘어난 이 전투의 본질적 잔인성에 경악한 지휘관들은 제1차 세계대전 당시의 전술로 후퇴하고 있다고 느꼈다. 독일군 지휘관들은 강습부대로 대응하려 했지만 사병들은 야간 전투를 좋아하지 않았다. 그리고 보초병들은 시베리아군이 불시에 다가와서 자신들을 잡아가 심문할 수도 있다는 생각에 겁을 먹은 나머지, 작은 소리에도 크게 놀라 발포를 해대기 시작했다. 제6군은 9월에만 탄약을 2500만 발 이상 소비했다. 특수부는 모스크바에 있던 베리야에게 보고했다. "독일군은 탄약 개수를 세지 않고 싸우고 있다. 우리는 기관총에 쓰는 탄띠 하나도 아까워하는 반면 독일군은 1명에게도 야포를 쏜다."[29] 한편 독일 병사들도 배급 식량과 배고픔의 고통을 하소연하는 내용의 편지를 쓰고 있었다. "내가 여기서 어떤 일을 겪고 있는지 모를 거야. 하루는 개 몇 마리가 달려오기에 한 녀석을 쏴 죽였는데, 하필이면 야윌 대로 야윈 녀석이었더라고."[30]

독일군을 마모시키고 쉴 틈을 주지 않기 위해 다른 방법들이 쓰였다. 제588야간폭격연대는 구식 Po-2 복엽기로 독일군 전선 위에서 야간에 저공 비행을 하는 데 집중했는데 폭격항정에 들어가면 엔진을 껐다. 이들은 휙휙하고 귀신처럼 지나가며 기분 나쁜 소음을 냈는데, 이런 일을 한 용감한 조종사들은 모두 다름 아닌 젊은 여성이었다. 이 조종사들은 곧 독일군에게 '밤의 마녀'라는 별명으로 불렸고, 그 후 소비에트에서도 그렇게 부르기 시작했다.

낮에는 저격수 부대 때문에 심리적 압박이 가해졌다. 처음에는 저격활동이 불규칙하고 체계도 없었다. 그러나 곧 소비에트군 사단장들은 저격이 적에게 공포감을 주고 아군의 사기를 올리는 데 효과가 있음을 깨달았다. 하지만 정치 지도원들이 '스나이퍼리즘'을 하나의 예찬 대상으로 만들어버린 결과, 뛰어난 저격수들의 성과를 판단할 때는 상당히 주의해야 한다. 특히 선전을 통해 에이스 저격수가 거의 축구 스타급으로 부상했을 때는 더 그렇다. 스탈린그라드에서 가장 유명했던 저격수인 바실리 자이체프는 최고는 아니었지만, 추이코프가 아끼던 부대인 니콜라이 바튜크 대령 예하 시베리아 제284소총사단에 소속되어 있었기 때문에 진급된 경우였다. 그리고 육군 사령관들이 로딤체프가 이끈 제13근위소총사단의 평판을 시기했기 때문에 사단에 소속된 스타 저격수인 아나톨리 체호프가 주목을 많이 받지 못한 면도 있었다.

초토화된 도시의 부서진 지형과 밀집된 전선은 가히 이상적이었다. 저격수들은 어디에든 몸을 숨길 수 있었다. 고층 건물은 저격할 장소로 손색이 없었지만, 작전 수행이 끝난 후 그곳에서 벗어나는 것은 훨씬 더 위험했다. 군인들이 가장 신뢰하는 종군기자 바실리 그로스만에게는 19세의 체호프와 동행하는 것도 용인되었다. 조용하고 내성적인 체호프는 긴 인터뷰에서 자신의 경험을 그로스만에게 이야기했다. 그는 군복을 보고 어떻게 희생자를 선별했는지 설명했다. 사살 대상 1순위는 장교, 특히 탄착 관측 장교들이었다. 독일 병사들이 갈증으로 고통받을 때, 물을 길어오는 군인들도 그 대상이었다. 기록에 의하면 저격수들은 굶주린 러시아 아이들도 사살하라는 지시를 받았는데, 아이들이 독일 군인들에게서 빵조각을 받고 볼가 강에서 물통을 채워오는 심부름을 했다는 것이다. 소비에트 저격수들은 또한 독일군과 함께 있는 러시아 여성을 가차 없이 사살하기도 했다.

사심 없이 조사만을 위해 이런저런 이야기를 하는 동안, 체호프는 동트기 전에 신중하게 고른 곳에 자리를 잡고 '아침 맞이'[31]를 준비했다. 처음으로 사람을 죽인 후부터 체호프는 줄곧 적의 머리를 쏘았고, 머리에서 분출되는 피에 흡족해했다. "머리에서 시커먼 것이 흘러나오고는 쓰러져요······ 내가 총을 쏘면, 곧바로 놈의 머리가 뒤쪽이나 옆쪽으로 떨려요. 그러고는 가지고 있던 것을 바닥에 떨어뜨리고 쓰러지죠······ 그들은 절대 볼가 강물을 마실 수 없어요!"

스탈린그라드 바로 남쪽에서 독일 제297보병사단 소속의 한 하사가 쓰고 소련군에 빼앗긴 일기장에는 변두리 폐허에서도 저격수들이 얼마나 위세를 떨치고 있었는지에 대해 기록되어 있다. 9월 5일자에는 이런 내용이 있다. "아침 식사를 가지고 오던 병사 하나가 참호에 뛰어들려던 찰나 저격수의 총에 맞았다."[32] 닷새 후에는 "방금 진지 뒤쪽에 다녀왔는데 그곳이 얼마나 좋은 곳인지 말로 표현하기 힘들 정도다. 저격당할 위험 없이 걸어서 곧장 갈 수 있다. 난 오늘 13일 만에 세수를 했다." 또 전방으로 돌아오는 길에는 "저격수들은 잠시도 쉴 틈을 주지 않는다. 총을 기가 막히게 잘 쏜다"고 썼다.

붉은 군대에는 스타하노프 심리가 깊게 자리 잡고 있었고, 장교들은 보고서 내용을 불리거나 날조라도 해야 한다고 생각했다. 한 신임 중위의 기록이다. "매일 아침저녁으로 적군이 입은 손실과 아군 연대 사병들의 영웅적 행위에 관한 보고서를 제출해야 했다. 나는 이 보고서들을 전달해야 했는데, 이는 우리 포대에 야포가 남아 있지 않아 내가 연락장교로 임명되었기 때문이다…… 어느 날 아침, 나는 단지 궁금한 마음에 연대장이 보낸 '기밀'이라고 쓰인 문서를 읽어보았다. 기밀 보고서에는 연대 소속 부대가 적의 공격을 물리치고 전차 2대를 파괴했으며, 포대 네 곳을 제압하고, 대포와 소총, 기관총으로 히틀러의 사병과 장교 10여 명을 죽였다는 내용이 실려 있었다. 그런데 나는 독일군이 매일 참호에서 한가로이 앉아 있다는 사실과 우리 군이 75밀리 포를 단 한 번도 발포한 적이 없다는 것을 아주 잘 알고 있었다. 그렇지만 이 보고서 내용에 놀랐다고 말할 수는 없다. 그때 이미 우리는 (공식 보도 기관인) 소비에트 정보국을 본보기로 삼는 데 익숙해져 있었기 때문이다."[33]

붉은 군대 병사들은 공포와 허기, 그리고 '저격수'라고 칭했던 득실거리는 이 때문에 괴로운 데다 흡연 욕구도 참기 힘들었다. 그래서 그들은 마호르카 담뱃잎이라도 남아 있는 경우에는 자신의 신원증명서에 말아서라도 담배를 피우는 위험까지 감내했다. 그리고 정말 참기 힘들 때는 입고 있던 외투에서 솜을 꺼내 피우기도 했다. 모든 병사가 하루에 100그램씩 보급되는 보드카를 간절히 기다렸지만 보급관이 보드카의 일부를 빼돌리고 물로 채워놓고는 했다. 병사들은 기회가 있을 때마다 장비나 옷을 민간인이 가진

제2차 세계대전

밀주와 교환하려 했다.[34]

스탈린그라드에서 누구보다도 용감했던 사람은 젊은 여성 의무병들이었는데, 이들은 끊임없이 밖으로 나가 포화 속에서 부상병을 찾아 참호에서 끌어내기 위해 노력했다. 때때로 이 의무병들은 독일군의 사격에 반격을 가하기도 했다. 들것을 마련할 수 없었기 때문에 의무병들은 힘겹게 부상병을 부축해 가거나 등에 업은 채 기어가기도 하고, 방수 깔개나 망토에 부상병을 올려놓고 끌고 가기도 했다. 그런 다음 부상병들은 큰 강 너머로 후송되기 위해 선착장으로 보내져, 그곳에서 대포와 기관총, 공중 공격을 당하는 시련을 겪었다. 오랜 시간 돌보는 사람이 없는 병사들도 곧잘 볼 수 있었고, 때로는 그 상태가 며칠씩 이어질 정도로 의료 체계는 거의 포화 상태였다. 그리고 혈액이 부족했던 야전병원에서는 간호사와 의사가 일대일 수혈로 자신들의 혈액을 제공했다. '그들이 그렇게 하지 않으면 군인들이 죽을 것'[35]이라고 스탈린그라드 전선에서 소련 정부에 보고했다. 혈액을 너무 많이 뽑아 쓰러지는 사람도 허다했다.

스탈린그라드를 둘러싼 중대한 전투로 붉은 군대 내 힘의 변화도 일어났다. 10월 9일, 명령 307호를 통해 '붉은 군대 내 통일된 지휘 구조 도입과 인민위원직 배제'[36]에 관한 내용이 발표되었다. 정치 지도원들의 간섭으로 괴로워하던 지휘관들은 승리감을 느꼈다. 이것은 전문 장교단의 부활에 중요한 부분을 차지했다. 한편 인민위원들은 지휘관들이 이제 자신들을 무시하자 크게 당황했다. 스탈린그라드 전선 정치부는 갑자기 나타난 '철저히 부당한 태도'를 맹비난했다. 수많은 사례가 소련 정부에 전달되었다. 한 인민위원은 "정치부는 불필요한 부가물로 여겨진다"고 보고했다.[37]

소비에트 군사정보국과 NKVD도 포로 심문[38]을 통해 포로로 잡혀간 수많은 소비에트 군인이 여러 방면에서 독일군을 위해 일하고 있다는 사실을 알고 경악했다. 스탈린그라드 정치부에서는 "전선 일부 지역에서는 전에 러시아군이었던 이가 정찰을 목적으로 붉은 군대 군복을 입고 우리 진지에 잠입하거나 장교와 사병을 포로로 잡아 심문하기도 했다"[39]고 정부에 보고 했다. 그러나 소비에트 군사정보국과 NKVD는 독일 제6군에 소속된 전향 한 소련 포로만 3만 명이 넘는다는 것은 상상도 하지 못했다. 전투가 끝난 후에야 이들은 심문을 통해 전향 포로의 규모와 시스템의 작동 방식을 알 수 있었다.

한 포로가 NKVD 심문자에게 말했다. "독일군이 된 러시아인은 세 종류 로 나눌 수 있소. 첫째, 독일 군대에 의해 동원된 병사로서, 일명 코사크 (전 투) 소대라 불리며 독일 사단에 소속됩니다. 둘째는 ('히비'로 알려진) 자원 병인데, 이들은 자원한 현지 주민이나 러시아인 포로들, 또는 붉은 군대에 서 탈영하여 독일군에 합류한 사람들로 이뤄지지요. 이 범주의 병사는 독 일 군복을 완전히 갖춰 입으며, 계급과 배지까지 가지고 있소. 독일 군인처 럼 식사를 하고 독일군 연대에 소속되지요. 셋째는 불결한 작업이나 주방 일, 마구간 일 등을 하는 러시아인 포로들이오. 이 세 범주는 각기 다른 대 우를 받는데, 그중에서 가장 좋은 대우를 받는 쪽은 당연히 자원병들입니 다."[40]

1942년 10월, 스탈린은 다른 문제에 직면했다. 장제스와 충칭 국민당 지 도부는 독일 육군이 캅카스 유전을 위협하던 당시 소비에트의 약점을 이용 하기 위해 혈안이 되어 있었다. 몇 년 동안 스탈린은 광산과 두산쯔 유전이 있는 최서북쪽의 신장 성에 대한 소비에트의 지배력을 강화해왔다. 장제스 는 신중한 외교적 수완으로 이 지역에 대한 중국 국민당군의 통치권을 거 듭 주장하기 시작했다. 그는 소비에트에 부대 철수와 광산 및 그들이 세운 항공기 제조업체의 반환을 촉구했다. 장제스는 미국에 도움을 요청했고, 결 국 소비에트군은 마지못해 철수하기에 이르렀다.[41] 스탈린이 루스벨트와 소원해지는 위험을 감수할 수 없었기 때문이다. 장제스의 매우 영리한 처세술 덕분에 소련이 외몽골과 같은 방식으로 신장까지 지배하는 일을 막을 수 있었다. 또한 소비에트군 철수는 이 지역을 차지하려던 중국 공산당의 계획에 큰 차질을 빚었다. 공산주의자들은 마오쩌둥의 인민해방군에 내전을 끝내기 위해 이 지역을 장악한 1949년이 되어서야 돌아오게 된다.

스탈린그라드에서 펼쳐진 독일군의 사정없는 공격은 10월에 훨씬 더 활발하게 재개되었다. 한 소련 병사는 "아침 식사를 준비하고 있을 때 맹포격이 시작되었다. 우리가 앉아 있던 주방이 갑자기 고약한 연기 냄새로 가득 찼다. 묽은 수수 수프가 담긴 양철 식기통 안에 석고가 떨어졌다. 우리는 이내 수프 따위는 잊어버렸다. 밖에서 누군가가 '전차다!'라고 외쳤다. 그렇게 울부짖는 소리는 벽이 무너지며 내는 천둥 같은 소리, 그리고 누군가의 찢어지는 비명과 함께 들려왔다"[42]고 기록했다.

비록 제62군이 위험천만하게도 볼가 강 제방 가까이로 밀려나기는 했지만, 제62군은 스탈린그라드 북쪽의 무너진 공장에서 끔찍한 소모전을 계속했다. 스탈린그라드 전선에서는 소속 부대들이 "진정한 영웅의 면모"[43]를 단체로 보여주었다고 보고했다. 그러나 이것은 사실 규모가 엄청나게 커진 소비에트 포병대가 볼가 강 너머에서 독일군의 공격을 약화시킨 뒤 크게 힘입은 것이었다.

11월 첫째 주, 스탈린그라드 전선은 변화를 감지했다. 11월 6일에 정부에 보고한 내용에 의하면, "마지막 이틀 동안 적군은 전술을 바꾸고 있다. 아마도 지난 3주간 큰 피해를 입은 탓에 큰 전열을 활용하기를 중단한 것같다"[44]고 했다. 3주 동안 손실이 컸던 대규모 공격을 통하여 독일군은 하루 평균 50미터밖에 진군하지 못했다. 러시아군은 독일군의 새로운 전략을 '우리 연대 사이의 약점을 찾아내려는 강행 정찰'로 인식했다. 그러나 이 새로운 '기습 공격'의 성과는 전과 다름없었다. 소비에트 병사들의 사기가 오르고 있었다. 한 병사는 "나는 신이 우리에게 내려주는 모든 것을 러시아 사람들은 견뎌낼 수 있다고 하는 네크라소프의 말을 자주 생각한다. 이곳 군대에서 우리 러시아인의 강인함을 없앨 수 있는 힘이란 이 세상에 없다고 생각하곤 한다"[45]고 썼다.

한편, 독일군의 사기는 바닥으로 떨어지고 있었다. 한 독일군 하사가 고향에 편지를 썼다. "여기에서 무슨 일이 일어나고 있는지 설명할 수가 없다. 스탈린그라드에서 아직 성한 몸으로 남아 있는 사람들은 남자든 여자든 모두 전투에 나가야 한다."[46] 다른 하사는 "(소비에트) 개들이 사자처럼 싸운다"[47]고 표현했다. 또 다른 한 명은 "몸뚱이가 빨리 땅에 묻힐수록 덜 고통스러울 것이다. 우리는 러시아가 항복하는 게 좋을 거라고 생각하곤 하지만, 이 무식한 인간들은 멍청해서 그걸 깨닫지 못하고 있다"[48]라고 썼다. 이가 우글거리고 식량 부족으로 체력이 약해진 데다 많은 질병들, 그중에서도 이질에 노출된 독일군에게 유일한 위안이 된 것은 겨울 숙영지와 크리스마스를 기다리는 일이었다.

히틀러는 눈이 오기 전에 볼가 강 서쪽 제방을 장악하라며 마지막 진격을 요구했다. 11월 8일, 히틀러는 뮌헨의 뷔르게르브로이켈러 맥주홀에서 나치의 '오랜 전우'들을 향해 방송 연설을 하며 스탈린그라드를 점령한 것이나 다름없다고 말했다. 그는 "시간은 중요하지 않다"고 주장했다.[49] 베를린 라디오를 통해 방송을 듣고 있던 제6군의 많은 장교는 히틀러의 말을 믿지 못했다. 로멜 예하 아프리카 기갑군은 퇴각 중이었고 연합국 군대는 북아프리카 해안에 막 상륙한 상태였다. 히틀러의 이 터무니없는 허세는 독일군의 운명, 특히 제6군의 운명에 재앙이 될 수 있었다. 히틀러는 자존심 때문에 전략적 철수를 주장할 수 없게 되었다.

제대로 숙고하지 않고 내린 결정들이 이어졌다. 총통 본부에서는 제6군의 포병 15만 대부분과 수송용 말을 후방 몇백 킬로미터나 떨어진 곳으로 보내라고 명령했다. 더 이상 많은 양의 사료를 수송할 필요가 없어지면서 수송 부담을 크게 덜 수 있었다. 이 결정 때문에 차량화되지 않은 사단은 기동성을 빼앗겼지만, 아마도 이것은 퇴각 가능성을 없애려는 히틀러의 의도인 듯했다. 히틀러가 내린 가장 가혹한 명령은 파울루스에게 휘하의 모든 기갑병력은 물론 예비 전차 운전병까지도 보병으로 스탈린그라드의 '최후' 전투에 투입하라고 지시한 것이었다. 파울루스는 명령을 따랐다. 만약 그곳에 로멜이 있었더라면, 로멜은 분명 그러한 지시를 무시했을 것이다.

히틀러가 연설한 다음 날인 11월 9일, 스탈린그라드에 겨울이 찾아왔다. 기온이 급격히 떨어져 영하 18도를 기록했고, 볼가 강을 건너는 일도 더 위험해졌다. 으스스한 소리를 들은 그로스만은 "얼음 덩어리가 서로 부딪쳐 부서지고 깨진다"[50]라고 기록했다. 재보급과 부상병 후송은 거의 불가능해졌다. 독일군 포병대 사령관들은 적군이 직면한 문제를 알고 도하 지점에 포격을 집중시켰다. 11월 11일에는 독일군 6개 사단으로 이뤄진 전투 집단이 4개 공병대대의 지원을 받아 공격을 시작했다. 그날 밤 추이코프는 즉시 반격을 개시했다.

추이코프는 자신의 회고록에서 스탑카가 무슨 계획을 짜고 있는지 몰랐다고 했지만, 이것은 사실과 다르다. 소련 정부로 보낸 보고서에서 드러나듯이, 추이코프는 당시에 최대한 많은 수의 독일군 군사가 도심에서 싸우도록 해야 했음을 알고 있었다. 그래야 제6군이 독일군의 취약한 측면을 강화하지 못하게 할 수 있었기 때문이다.

독일군 지휘관과 참모장교들은 측면이 얼마나 약하게 유지되고 있는지 오랫동안 절실하게 의식하고 있었다. 돈 강을 따라 진지를 형성한 왼쪽 후방에는 루마니아 제3군이 포진하고 있었고, 남쪽 구역은 루마니아 제4군이 수비했다. 두 부대 모두 무장 상태는 좋지 않았으며, 병사들이 의기소침한 데다 대전차포도 부족했다. 히틀러는 붉은 군대가 무너지기 직전이어서 효과적인 공격을 개시할 수 없다고 주장하며 모든 경고를 묵살했다. 게다가 소비에트의 예상 전차 생산량도 인정하지 않았다. 우랄 지역에 임시로 지어 난방도 되지 않는 공장에서 소비에트 남성과 여성 노동자들이 생산해내는 무기는 사실상 독일 군수산업이 뽑아내는 양의 네 배가 넘었다.

주코프와 바실렙스키는 마치 스탈린그라드가 함락될 것처럼 보이던 9월 12일 이후로 큰 기회가 주어졌음을 알고 있었다. 추이코프는 도시를 수호하기에 충분한 증원군을 지원받았지만 그뿐이었다. 사실상 제62군은 거대한 덫으로 유인하는 미끼 역할을 하고 있었다. 끔찍한 가을 전투 내내 스탑카는 예비 병력을 편성했다. 특히 전차 부대를 만들고, 카추샤 로켓 포대를 배치했다. 그들은 카추샤 로켓이 적을 위협하는 데 얼마나 효과적인지를 알아냈다. 제371보병사단의 사병 발데마르 조머는 NKVD 심문자에게 "카추샤가 노래를 두세 번만 더 부르면 우리에게는 쇠단추밖에 남지 않을 것"[51]이라고 말했다.

평소에 성미가 매우 급한 스탈린은 시간이 필요하다는 장군들의 주장을 마침내 경청했다. 장군들은 제6군 북쪽 측면 바깥에서 아무리 애써봐야 소용없다며 스탈린을 설득했다. 붉은 군대가 목표로 삼아야 했던 것은 스탈린그라드 남쪽에서부터, 그리고 서쪽으로는 돈 강을 따라 한참 떨어진 후방에서부터 대규모 전차 부대로 커다란 포위망을 만드는 일이었다. 스탈린은 이것이 미하일 투하쳅스키 육군 원수가 주장했다가 대숙청으로 처형된 후 이적利敵 행위로 취급된 '종심작전縱深作戰' 독트린으로의 회귀를 의미한다는 것에도 개의치 않았다. 대규모 보복전이라는 기대가 스탈린의 마음을 열어 '남쪽의 전략적 상황을 결정적으로 바꿀'[52] 이 대담한 계획을 받아들이게 한 것이다. 이 공격은 천왕성 작전이라 불리게 된다.

9월 중순부터 주코프와 바실렙스키는 새로운 야전군들을 편성하고 단기간에 각기 다른 전방 전투 지구에서 훈련을 실시했다. 이 과정에는 부가적인 이점이 있었는데, 바로 독일의 정보 기관을 혼란스럽게 하여 소비에트군이 중부집단군을 공격할 거라는 예측을 하게 만든 것이다. 기만 작전을 실시하여 공격 계획이 없는 보로네시 부근 돈 강 유역에 공격 주정을 노출시키는 동안, 실제로 공격이 이뤄질 전투 지구에서는 눈에 띄게 방어 진지를 구축했다. 그러나 사실 독일군은 모스크바 서쪽 르제프 돌출부를 향해 공격해오리라는 것을 충분히 의심하고 있었다.

소비에트 군사정보국은 루마니아 제3군, 제4군의 상태에 대해 고무적인 보고서를 작성했다. 심문을 통해, 루마니아 징집병 사이에 '조국을 독일에 팔아버린'[53] 안토네스쿠 원수를 향한 증오가 만연해 있음이 드러났다. 사병한 명이 하루에 지급받는 돈은 '우유 1리터를 살 수 있는 정도'[53]에 지나지 않았다. 장교들은 "사병들을 매우 거칠게 대했고, 구타할 때도 많았다". 장교들이 자해를 '조국과 신에게 저지르는 죄'라고 가르치는데도 불구하고 자해하는 병사가 많았다. 독일 군대가 이들에게 자주 모욕적인 언행을 하면서 분란이 일어났고, 루마니아 군인들은 동료 두 명을 사살한 독일군 장교를 살해했다. 심문자는 루마니아 군대의 '정치 윤리 의식이 낮은 상태'[55]라고 결론지었다. NKVD의 포로 심문에서는 또한 루마니아군 소속 군인들이 "스탈린그라드 서남쪽에 위치한 마을 곳곳에서 여성들을 닥치는 대로 강간하고 있다"[56]는 사실도 알아냈다.

칼리닌 전선과 서부 전선에서는 스탑카가 독일 제9군을 상대로 화성 작전을 짜고 있었다. 이 작전의 주목적은 단 하나의 사단도 '전선의 중부 지역에서 남쪽으로 이동하지 못하도록'[57] 하는 것이었다. 비록 주코프는 스탑카 대표로서 이 작전의 감독 책임을 맡고 있었지만, 그는 화성 작전보다 천왕성 작전을 구상하는 데 몇 배나 더 공을 들였다. 주코프는 모스크바에서 첫 19일을 보내고, 8일 반나절을 전방 칼리닌 전투 지구에서 보냈으며, 주축인 스탈린그라드에서는 무려 52일을 보냈다. 이 사실로만 미루어보아도 화성 작전이 6개 군을 배치했음에도 여전히 부수적인 작전임을 알 수 있다.[58]

러시아 군사 역사가들의 관점에서, 화성 작전이 견제용이었으며 데이비드 글랜츠의 주장[59]처럼 천왕성 작전과 동급이 아니라는 결정적인 증거는 대포에 주어진 탄약 할당량이었다. 제2차 세계대전 역사가회 러시아 연합의 가레예프 육군 원수에 의하면, 천왕성 공격에는 "(야포 1문당) 2.5에서 4.5회를 장전해 쏠 수 있는 탄약이 제공된 데 비해, 화성 작전에는 한 번 쓰기도 부족한 양이 제공되었다"[60]고 한다. 이 확연한 차이는 스탈린그라드가 포위될 동안 중부집단군을 묶어두기 위해 6개 부대를 편성하여 충분한 포격 지원도 하지 않은 채 이들을 전투에 투입한 스탑카가 인간의 생명을 얼마나 가볍게 여겼는지를 보여준다고 할 수 있다.

우수한 첩보원 파벨 수도플라토프 장군은 이러한 냉혹함을 지극히 냉소적으로 보았다. 그는 다가올 르제프 전투의 구체적인 내용이 어떻게 고의적으로 독일군에게 넘겨졌는지를 설명했다. NKVD 특수임무국과 GRU 소련 군사정보국이 함께 독일 첩보 기관 아프베르 침투 작전인 수도원 작전을 준비했다. 쿠반 코사크군 우두머리의 손자 알렉산드르 데먀노프가 NKVD의 지시를 받고 아프베르에 고용되었다. 동부 전선에서 독일군 정보 책임자를 맡고 있던 라인하르트 겔렌 소장은 데먀노프에게 막스라는 암호명을 부여하고 그를 최고 요원이자 최고의 정보망 조직자라고 말했다. 그러나 데먀노프가 활동하던 반공산주의 지하 조직은 전적으로 NKVD가 관리하고 있었다. 1941년 12월 소비에트가 반격하여 독일이 혼란에 빠져 있는 사이, 막스는 스키를 타고 전선 너머로 '탈주'했다. 독소 조약 당시 이미 막스가 쓸 만한 요원이라는 것을 독일군이 확인한 데다, 그의 가족도 백계 러시아인미국,

캐나다 등 러시아 밖에 거주하는 반소비에트파 러시아인 지역에 거주하고 있다는 것을 잘 알았기에 겔렌은 막스를 전혀 의심하지 않았다. 막스는 1942년 2월 낙하산을 타고 붉은 군대 전선 안쪽으로 떨어졌고, 곧 NKVD의 계획에 따라 받은 그럴듯하지만 부정확한 정보를 무전으로 전송하기 시작했다.

11월 초, 스탈린그라드 주위에서 천왕성 작전은 물론 르제프 인근에서도 견제 공격인 화성 작전 준비가 차질 없이 진행되었다. 이번에 막스는 독일군에 화성 작전 내용을 자세히 전하라는 지시를 받았다. 특수임무국 국장 수도플라토프 장군은 이렇게 기록했다. "막스가 예측해냈다고 하는 르제프 인근 중부 전선 작전은 사실 독일군이 스탈린그라드에서 시선을 돌리게 하려는 목적으로 스탈린과 주코프가 계획한 작전이었다. 데먀노프가 뿌린 허위 정보 내용은 GRU의 쿠즈네초프 장군이 주코프 원수에게도 비밀로 하고 봉투에 담아 나에게 개인적으로 전달한 것이다…… 주코프는 이 허위 정보 게임판이 자기 살을 깎아먹고 있다는 사실도 모른 채 휘하의 병사 수천 명을 잃는 큰 대가를 치렀다."[61]

일리야 예렌부르크는 이곳 전장을 방문한 몇 안 되는 작가 중 한 명이었다. "(르제프) 변두리에 있는 작은 숲 한 곳이 전쟁터가 되었다. 포탄과 지뢰 때문에 나무가 죽어 마치 마구잡이로 말뚝을 박아놓은 것처럼 보였다. 땅에는 참호와 대피호가 이리저리 엇갈려 있고, 파낸 흙은 마치 물집처럼 불룩하게 쌓여 있었다. 그 옆에는 포탄 구멍 하나가 파여 있었다. 야포의 굉음과 박격포의 맹렬한 포성에 귀청이 터질 지경이었다. 그러더니 갑자기 2~3분 동안 잠잠하다가 드르럭드르럭하고 기관총 소리가 들려왔다…… 야전병원에서는 환자들에게 수혈을 하거나 팔다리를 절단하고 있었다."[62] 붉은 군대는 7만374명이 사망하고 14만5300명이 부상을 당했는데, 이 엄청난 희생[63]은 거의 60년간 비밀로 유지되었다.

제6군을 상대로 거대한 포위작전을 세우기 위해 주코프는 직접 돈 강의 공격지구를 정찰했고, 그 사이에 바실렙스키는 스탈린그라드 남쪽 군대를 방문했다. 바실렙스키는 그곳에서 더 나은 출발점을 확보하기 위해 염호 너머로까지만 진군하라고 명령했다. 기밀이 가장 중요했다. 야전군 사령관들조차 이 계획을 전해 듣지 못했을 정도다. 야간에 동원되는 군대를 숨기는 데 민간인 마을이 필요했기 때문에 전선 후방의 민간인은 전부 소개되었다. 소비에트군의 위장술은 괜찮았지만, 너무 많은 부대가 모이다보니 전부 숨기기에는 역부족이었다. 하지만 이것이 중요한 것은 아니었다. 독일 제6군과 B 집단군 참모장교들은 소련군이 루마니아군 주둔 지역인 서북쪽을 공격해 스탈린그라드로 향하는 철로를 차단할 거라고만 생각하는 바람에 그들이 즉시 포위할 거라는 생각은 꿈에도 하지 못하고 있었다. 스탈린그라드 부근에서 북쪽 측면에 포진하고 있던 독일군이 시시한 공격을 당하자, 독일군은 붉은 군대가 치명적인 공격을 할 능력을 상실했다고 믿었다. 히틀러가 준비한 것은 약하디약한 제48기갑사단을 루마니아 제3군 예비 병력으로 배치하는 것이 전부였다. 루마니아 제3군은 구식 전차를 쓰는 루마니아 제1기갑사단, 스탈린그라드를 둘러싼 전투에서 전력을 소진한 독일 제14기갑사단, 쥐들이 추위를 피해 차량 안으로 들어가 배선을 갉아놓는 통에 연료 부족에다 기동성을 잃은 지 오래인 독일 제22기갑사단으로 구성되었다.

이동 수단이 부족해서 천왕성 작전은 11월 19일로 연기되어야 했다. 스탈린은 인내심이 한계에 달할 것 같았다. 100만 명 이상의 군사가 배치된 상태였기 때문에 스탈린은 독일군에게 작전이 발각될까 두려웠다. 돈 강 북쪽에서 제5전차군, 제4전차군단, 2개 기병군단, 그리고 소총사단들이 밤에 교두보로 들어갔다. 스탈린그라드 남쪽에 있던 2개 기계화군단, 1개 기병군단, 그리고 지원 부대들이 어둠 속에서 떠내려오는 위험한 얼음 덩어리들을 헤치고 강 너머로 투입되었다.

1941년 12월 7일 진주만

1941년 12월 11일 미국에 전쟁을 선포하는 히틀러

왼쪽
북아프리카에서의 로멜

아래
미얀마에서 일본군 병사들이
인간 교각을 만들어 진군하는 모습

오른쪽
1942년 5월 6일 코레히도르 섬에서
일본군의 승리

오른쪽 아래
파리에서 여유를 즐기는 독일군 장교들

스탈린그라드의 독일 보병

1943년 11월 19일 타라와 환초를 습격한 미군 해병대

위
수용소 포로의 처형 직전 모습

오른쪽
1943년 11월 북극 호송선단 내
HMS 벨파스트 함

아래
소비에트의 군수산업 동원

중국에서의 일본 기병대

1943년 7월 화염 폭풍이 휩쓸고 지나간 함부르크

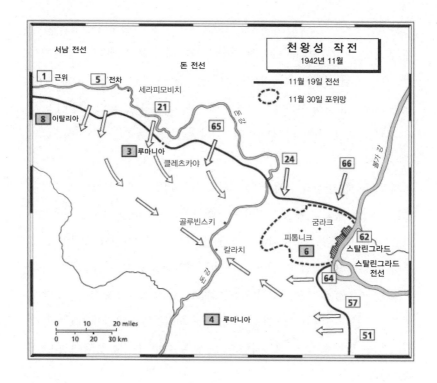

서남 전선

돈 전선

천왕성 작전
1942년 11월

1 근위　5 전차

세라피모비치

8 이탈리아

21

65

24

66

3 루마니아

클레츠카야

돈 강

11월 19일 전선

11월 30일 포위망

골루빈스키

굼라크

피툼니크

6

62 스탈린그라드

칼라치

스탈린그라드
전선

64

57

돈 강

4 루마니아

51

0　10　20 miles
0　10　20　30 km

　11월 18~19일 밤, 돈 강 교두보에 있던 소비에트 토목공병들은 지뢰밭을 정리하기 위해 하얀 위장용 군복을 입은 채 눈 속을 뚫고 기어갔다. 얼음처럼 차갑고 짙은 안개 속에서는 병사들의 모습이 루마니아 보초병의 눈에 띄지 않았다. 모스크바 시간으로 오전 7시 30분, 곡사포, 대포, 박격포, 카추샤 로켓 연대가 일제히 발포하기 시작했다. 50킬로미터 떨어진 곳까지 땅을 진동시키는 포격에도 불구하고, 루마니아 병사들은 독일군 연락장교들이 예상했던 것보다 훨씬 더 끈질기게 저항했다. 소비에트군은 전차가 철조망을 뚫고 들어와 공격에 투입되자마자, T-34와 기병대의 느린 구보로 눈밭을 지나면서 진군을 시작했다. 개활지에서 따라잡힌 독일 보병사단은 한 장교가 기록한 대로 '마치 1870년대처럼'[64] 기병대의 돌격을 물리쳤다.

제6군 사령부는 크게 놀라지 않았다. 그리고 제48기갑군단이 돌파를 막기 위해 진군하고 있다는 보고를 받았다. 그러나 총통 본부의 방해와 지시 변경으로 혼란이 일어났다. 제22기갑사단은 전차의 전기 장치가 대부분 아직 수리되지 않아서 이동이 어려웠기 때문에, 페르디난트 하임 중장의 반격은 혼란 속에서 실패했다. 히틀러가 그 사실을 알았을 때는 하임을 총살시키려 했다.

파울루스가 반응하기 시작했을 때는 너무 늦었다. 파울루스의 보병사단에는 말이 부족해 기동성도 떨어졌다. 휘하의 기갑부대는 여전히 스탈린그라드에 묶여 있었는데, 추이코프 장군이 공격을 시작하면서 방해를 받아 부대를 신속하게 빼낼 수 없었다. 마침내 빠져나왔을 때, 기갑부대는 서쪽으로 가 카를 슈트레커 중장이 이끄는 제11군단에 합류하여 제6군 후방에서의 돌파를 막으라는 지시를 받았다. 그러나 이것은 루마니아 제4군이 지키고 있는 남쪽 측면에 제29차량화사단만이 예비 병력으로 남게 된다는 뜻이었다.

11월 20일, 예레멘코 장군은 남쪽에서 공격을 시작하라고 명령했다. 2개 기계화군단과 1개 기병군단을 필두로, 제64군, 제57군, 제51군이 전진하기 시작했다. 복수의 순간이 다가오자 소비에트군의 사기가 올랐다. 부상당한 병사들조차 후송되기를 거부했다. 제45소총사단의 한 대원은 "난 이곳에 남겠다. 전우들과 함께 공격하고 싶다"[65]고 말할 정도였다. 결국 루마니아 병사 다수가 항복하고 그 자리에서 총살되었다.

이 중요한 순간에 공중 정찰도 하지 않은 제6군 사령부는 소비에트의 계획을 파악하지 못했다. 소비에트는 제6군 전체를 포위하면서 두 진격부대가 돈 강변의 칼라치에서 만나는 것이 계획이었다. 11월 21일 아침, 칼라치 북쪽으로 20킬로미터 떨어진 골루빈스키에 위치한 사령부에 있던 파울루스와 그의 참모단은 위험한 일에 대해 거의 생각지 못하고 있었다. 그러나 시간이 흐르고, 소비에트군 선봉 부대의 진군 상태에 대해 놀랄 만한 보고서가 전달되면서, 이들은 대참사가 임박했음을 깨닫기 시작했다. 적을 멈추게 할 수 있는 부대는 없었다. 게다가 사령부까지 위험한 처지에 놓였다. 서류는 삽시간에 불태워졌고, 가설 활주로에 서 있던 고장난 정찰기는 파괴되었다. 그날 오후 총통 본부에서는 히틀러의 명령을 전달했다. "일시적으로 포위당하는 위험에 처하더라도 제6군은 꿋꿋이 버티라."[66] 전체 국방군에서 가장 큰 부대는 이제 곧 포위당할 운명에 처했다. 돈 강을 가로지르는 교량을 가진 칼라치는 사실상 무방비 상태였다.

소비에트 제19전차여단장은 현지 여성에게서 독일군 전차부대가 늘 조명을 켠 채 교량에 접근한다는 정보를 입수했다. 그리하여 여단장은 빼앗은 독일 전차 2대를 대열 앞에 배치하고 모든 운전병에게는 차량등을 켠채 칼라치 다리로 곧장 운전해가라고 지시하면서, 급조된 수비대와 루프트바페 대공포 대원들이 사태를 감지하기 전에 서둘러야 한다고 주문했다.

다음 날인 11월 22일 일요일, 두 소비에트군 선봉 부대는 얼어붙은 평원에서 서로 녹색 조명탄을 터뜨리며 조우했다. 이들은 서로 세차게 껴안았고, 축하의 의미로 보드카와 소시지를 주고받았다. 독일군에게 이날은 제삿날이 되었다. 제384보병사단장 폰 가블렌츠 중장은 부인에게 이렇게 편지를 썼다. "이 모든 것이 어떻게 결말이 날지 모르겠소. 나는 부하들이 승리에 대한 믿음을 잃지 않게 자극을 주어야 하는데 여간 어려운 일이 아니라오."[67]

알알라메인과
횃불 작전

　1942년 10월, 주코프와 바실렙스키가 스탈린그라드에서 제6군 포위 준비를 하는 동안 로멜은 병가를 내고 독일에 있었다. 로멜은 저혈압과 장 질환으로 스트레스를 받고 있었다. 알람할파 전투에서 제8군을 돌파하려던 그의 마지막 시도는 실패로 돌아갔다. 휘하 군사도 다수가 질병에 시달렸고, 식량과 연료, 탄약 문제도 절실했다. 이집트와 중동을 정복한다는 로멜의 꿈은 결국 물거품이 되었으며, 그는 이것을 개인 책임으로 받아들이기를 거부했다. 로멜은 케셀링 육군 원수가 자신을 시기한 나머지 아프리카 기갑군에게 돌아가야 할 보급품을 일부러 막아선 탓이라며 스스로를 달랬다.

　아프리카 기갑군의 상황은 실로 심각했다. 후방 지역의 이탈리아군과 루프트바페는 보급받은 물품을 자신들이 쓰기 위해 대부분 보관하고 있었다. 독일군의 사기는 매우 낮았다. 연합군은 울트라 암호 해독 작전의 도움을 받아 잠수함 공격 및 폭격을 감행하여 10월에 훨씬 더 많은 화물선을 격침했다. '친영파 동맹국'에 대한 불신으로 히틀러는 '이탈리아군이 독일의 수송선들을 영국에 팔아넘기고 있다'[1]고 생각하게 되었다. 독일의 이니그마 암호 체계가 뚫리고 있을 거라고는 생각지도 않은 것이다.

청색작전 계획으로 발생한 손실에 대해 군사재판을 받은 군단장 게오르크 슈투메 기갑 대장은 로멜이 자리를 비운 동안 아프리카군을 지휘하게 되었고, 빌헬름 폰 토마 육군 중장은 아프리카 군단을 맡았다. 히틀러와 독일 국방군 총사령부는 영국군이 이듬해 봄이 오기 전까지는 공격하지 않을 것이기 때문에 아프리카 기갑군이 나일 삼각주 쪽으로 돌파해 들어갈 기회는 아직 있다고 믿었다. 로멜과 슈투메는 좀더 현실적이어서, 연합국 공중 병력이나 영국 해군이 보급선단을 공격하는 상황에서 자신들은 거의 아무것도 할 수 없음을 알고 있었다.

로멜은 육군 원수의 지위봉을 받았을 때 매우 평온한 베를린의 모습을 보고는 더욱 경악했다. 괴링은 '미군이 만들 수 있는 것은 면도날뿐'이라며 연합군 공중 병력을 무시했다. 로멜은 "제국 원수님, 우리한테 그런 면도날이 있었으면 좋겠습니다"[2]라고 대답했다. 히틀러는 신형 타이거 전차 40대와 네벨베르퍼 다중 로켓탄 발사기를 함께 보내겠다고 약속하며 마치 그것으로 병력의 부족분을 채우기에 충분하다는 듯 말했다.

독일 국방군 총사령부는 가까운 미래에 연합국이 아프리카 서북쪽에 상륙할지도 모른다는 모든 예측을 무시했다. 이탈리아군만이 그것을 심각한 위협으로 받아들였다. 이탈리아군은 프랑스령 튀니지 점령을 위한 비상 계획을 세웠는데, 독일은 비시 프랑스군의 저항을 우려하여 이 계획을 반대했다. 사실 횃불 작전을 준비하고 있던 연합국은 계획을 이탈리아군의 생각보다 훨씬 더 많이 진척시키고 있었다. 9월 초, 대서양을 사이에 둔 국가 간에 있었던 의견 충돌이 해결되면서 아이젠하워의 두통도 가라앉기 시작했다. 대서양 연안에 위치한 카사블랑카와 지중해 연안의 오랑 및 알제에 동시 상륙하기로 한 것이다. 그러나 선박 부족과 혼란 때문에 보급 문제가 그의 참모장인 스미스 소장에게는 악몽이 되었다. 대서양을 건넌 군사 대부분이 무기나 장비 없이 도착했기 때문에 상륙 훈련은 지연될 수밖에 없었다.

외교 전선에서 미국과 영국 정부는 스페인 본토에서든 북아프리카에서 든 스페인 주권을 침해할 의도가 없다며 프랑코 정권을 안심시키기 시작했 다. 이것은 연합국이 카나리아 제도를 점령하려 한다며 독일이 퍼뜨린 소 문을 무마시키는 데 필요한 조치였다. 다행히도 프랑코가 야심 가득한 친 나치 성향의 동서 세라노 수네르를 제거한 뒤, 실리적인 호르다나 장군이 외무장관으로 복직한 상태였다. 작은 체구에 나이도 많은 호르다나는 스페 인을 전쟁에 가담시키지 않겠다고 결심했으며, 9월에 재임명되면서 연합국 은 크게 안심할 수 있었다.

슈투메는 정확한 정보를 충분히 얻지는 못했지만 몽고메리가 본격적인 공격을 준비하고 있다는 것은 확신했다. 그는 정찰을 강화하고 약 50만 개 의 지뢰 부설에 가속도를 붙였다. 그리하여 아프리카 기갑군의 진지 전방 은 일명 '악마의 정원'이라 불렸다. 슈투메는 로멜을 본보기 삼아 이탈리아 부대에 독일군 부대를 투입하여 강화하고, 아프리카 군단을 전방 북쪽 제 15기갑사단, 남쪽 제21기갑사단으로 나누었다.

알렉산더 장군은 우산 역할을 하며 처칠의 급한 성미로부터 몽고메리를 보호했다. 몽고메리는 새로운 병력, 특히 허버트 럼스덴 중장 예하 제10기갑 군을 훈련할 시간이 필요했다. 그는 이 군대를 지나칠 정도로 좋게 평가하 며 자랑스레 전투군단이라고 칭했다. 셔먼 전차가 새로 투입되어 전투 준비 를 갖추면서 제8군의 전력은 전차 1000대 이상으로 커졌다. 뛰어난 기병으 로서 그랜드내셔널 경주에서 승리한 적이 있는 럼스덴을 몽고메리는 썩 마 음에 들어하지 않았지만 알렉산더는 그를 마음에 들어했다.

몽고메리가 세운 알알라메인 전투 계획은 방어가 가장 견고한 북쪽 지 구에 주요 공격을 가하는 것이었다. 그는 독일군이 이것을 예상치 못하리라 고 판단했다. 럼스덴 예하 제10군단은 제30군단이 일단 해안 도로 남쪽 지뢰밭을 넘어간 뒤 돌파 작전에 투입하기로 했다. 전문 마술사 재스퍼 마스 켈린 소령이 정교하게 기만 작전을 펼쳐 독일군이 공격 발원지를 남쪽으로 착각하여 병력을 남하하게 하는 것이 몽고메리가 원하는 바였다. 마스켈린 은 남쪽 지구에 수백 개의 모형 차량과 심지어 가짜 수송관까지 설치했다. 미리 녹음해둔 신호를 송수신하면서 이 구역 내 무전통신도 늘렸으며, 그 와 동시에 트럭들은 쇠사슬을 달고 주위를 돌아다니며 전선 뒤에서 먼지를 일으켰다. 이 중대한 몽고메리의 계획에 좀더 무게를 실어주기 위해, 브라이 언 호록스 중장 예하 제13군단은 대포의 3분의 1을 지원받아 공격에 나서 고 뒤이어 제7기갑사단이 공격하기로 했다. 알알라메인 전선 맨 왼쪽에서 는 쾨니그가 이끄는 자유프랑스군이 카타라 분지 끝에서 강력한 이탈리아 군 카레트 엘 히메이마트 진지를 공격하기로 했지만, 그토록 어려운 목표를 앞두고도 자유프랑스군은 충분한 지원을 받지 못했다.

10월 19일, 사막공군과 미군은 독일 항공대 비행장을 향해 폭격 및 기총 소사를 시작했다. 나흘 후인 10월 23일 밤 8시 40분에 몽고메리의 포병대 는 추축국 진지를 향해 대규모 포격을 시작했다. 충격파로 땅이 진동하고, 대포에서 번쩍이는 빛은 밤에 지평선 전체를 환하게 밝혔다. 멀리서 보면 마치 번갯불 같았다. 연합국 폭격기가 예비부대 진지와 후방지역을 공격했 다. 탄약 부족을 우려한 슈투메 장군은 적의 공격에 대응하지 말 것을 휘하 포병대에 지시했다.

해가 진 후 달이 떠오르면서 공병들은 앞으로 천천히 움직였다. 통로를 만들기 위해 총검으로 모래바닥을 찔러 지뢰를 들어내고는 하얀 테이프와 석유램프로 표시하는 작업을 했던 것이다. 오후 10시, 제51하일랜드 사단, 호주 제9사단, 남아프리카 제1사단, 뉴질랜드 제2사단으로 이뤄진 제30군 단은 회랑을 통해 진군하기 시작했다. 각 사단은 최소 1개 기갑여단을 지원 받았다. 하일랜드 사단은 백파이프 소리에 맞춰 착검한 채 진격했는데 이탈

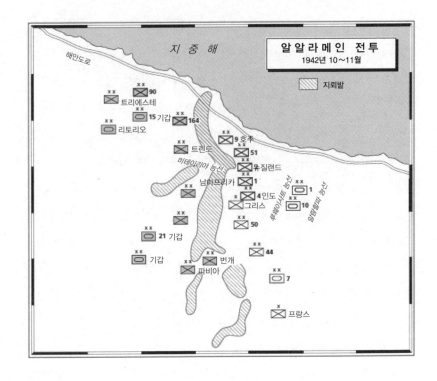

리아군이 백병전을 무엇보다 두려워한다는 말을 들었기 때문이다. 보병대 사상자 수는 상대적으로 적었지만, 럼스덴 예하 제10군단의 전차가 지뢰밭에서 뒤섞이기 시작하면서 몽고메리는 속이 부글부글 끓었다. 작전이 지연되면 새벽이 올 때 호되게 당할 수도 있었다.

슈투메 장군은 전방 상황을 직접 알아보려고 시찰을 나갔는데 지휘 차량이 포화 세례를 받자 운전병은 슈투메가 차에서 떨어진 줄도 모른 채 내달렸다. 슈투메는 심장마비로 사망했으며, 시신은 다음 날이 되어서야 발견되었다. 그 소식을 듣고 지휘권을 장악한 폰 토마 장군은 반격 개시를 꺼렸다. 부대에 군수품이 재보급되기 전에 연료를 과감하게 다 써버릴 배짱이 없었기 때문이다. 하지만 10월 25일 북쪽의 독일 제15기갑사단과 남쪽의

제2차 세계대전

제21기갑사단은 현지에서 모두 성공적으로 대응했다.

몽고메리의 계획은 순조롭게 진행되지 않았다. 독일군은 몽고메리의 속임수에 넘어가지 않았고, 제13군단의 견제 공격에 대응하기 위해 남쪽으로 보내진 부대도 없었다. 한편 북쪽에서는 독일군 지뢰밭과 추축국의 저항이 예상보다 훨씬 더 강력했다. 제10기갑사단은 몽고메리에게서 비난을 받고 겁쟁이라는 의심까지 받았는데, 사실 그것은 제10기갑사단이 억울하게 뒤집어쓴 누명이었다. 몽고메리가 기병에 대한 편견을 가지고 있었기 때문에 그는 어떻게 쓰는 것이 기갑장비를 가장 잘 쓰는 길인지 배우려 하지도 않았던 것이다.

영국군의 공격과 슈투메의 사망 소식을 접한 로멜은 비행기를 타고 로마를 거쳐 아프리카로 날아갔다. 로멜은 10월 25일 해질녘에 사령부에 도착했다. 로마에서 그는 영국 해군과 연합국 공중 병력 때문에 연료 상황이 여느 때보다 더 나쁘다는 말을 전해 들었다.

그 뒤 호주군이 지뢰밭 지도에 대해 자세한 정보를 보유하고 있는 독일 장교 두 명을 생포한 것이 영국군의 공격에 도움이 되었다. 밤에 주요 고지를 장악한 호주군은 다음 날 그곳에서 벌어질 대규모 반격에 맞서기 위해 진지를 지켰다. 제30군단과 제10군단이 밀고 들어오자 북쪽에 가해지는 압박은 아프리카 기갑군이 더 이상 버틸 수 없는 수준이 되었다. 그 뒤 로멜은 아프리카 기갑군이 고대하던 유조선마저 침몰했다는 소식을 듣게 된다. 그는 연료가 거의 없고 탄약도 부족하여 전투를 지속하기 어렵다며 국방군 총사령부에 경고했다. 이제 몽고메리가 병력을 대부분 북쪽에 집중시키고 있다는 사실이 분명해졌기 때문에 로멜은 제21기갑사단을 지원군으로 올려 보냈다. 남쪽에서 연료가 부족한 상태인 전차들을 빼내어 탁 트인 지형에서 기동전을 벌일 로멜은 이제 승산 없이 악전고투를 무릅써야 할 판이었다. 로멜 부대의 전차는 6파운드 대전차포 혹은 공중 공격의 희생양이 되면서 절반 이상이 파괴되었다. 이번 전투로 미군의 P-39(Airacobra) 전투기에 장착된 신형 37밀리 포가 전차를 파괴하는 데 가장 효과적인 것으로 확인되었다.

그렇게 결연한 각오로 구축된 방어선을 보고 계획을 바꾸어야 했던 몽고메리가 새 공격 작전을 준비하는 동안, 호주군은 계속되는 반격과 맞부딪치고 있었다. 11월 2일, 이른 시각부터 공습과 함께 또 한 번의 대규모 포격으로 제2차 알알라메인 전투가 시작되었다. 몽고메리는 참호에서 날아오는 대전차포 공격에 맞서 제9기갑여단을 돌격시켰다. 자살행위나 다름없다는 경고를 받고도 몽고메리는 해야만 하는 일이라고 대답했다. 이번 전쟁터는 제2의 발라클라바인 셈이었다. 여단은 사실상 괴멸되었다. 프라이버그 예하 뉴질랜드 사단은 키드니 능선 북쪽으로 순조롭게 진군했지만, 2개의 독일 기갑사단이 반격하면서 돌파구가 막혔다. 하지만 교두보를 둘러싸고 있다는 것은 독일 기갑군이 최후의 몸부림을 치고 있다는 뜻이기도 했다. 몽고메리는 결국 이 소모전에서 승기를 굳혀가고 있었다.

로멜은 차량화되지 않은 부대, 특히 이탈리아군이 순식간에 괴멸될 것이라는 사실을 알면서도 푸카로 철수하라는 지시를 내렸다. 그러자 많은 독일 부대가 이탈리아군을 총으로 위협하여 트럭을 빼앗는 추악한 장면이 연출되었다. 그날 저녁 로멜은 국방군 총사령부에 상황을 요약하고 후퇴 이유를 설명하는 메시지를 보냈다. 전달 과정 중 한 참모장교의 오해로 그 메시지는 다음 날 아침이 되어서야 히틀러에게 전해졌다. 로멜의 철수 통보가 철회될 것을 우려한 그 참모장교가 이를 막기 위해 음모를 꾸민 것이라고 생각한 히틀러는 분노로 이성을 잃었고, 총통 본부에서는 히틀러의 히스테리 장면이 연출되었다. 히틀러의 관심이 스탈린그라드와 캅카스에 쏠려 있었기 때문에 로멜의 패배는 전혀 예상하지 못한 충격적인 일이었다. 히틀러가 지휘관으로서의 로멜을 신뢰한 만큼 그런 차질은 상상도 할 수 없었던 것이다.

11월 3일 정오가 막 지났을 때 히틀러는 로멜에게 명령했다. "귀관은 현 위치에서 꿋꿋이 버티는 것 외에 아무것도 생각할 수 없고, 한 걸음도 물러설 수 없으며, 활용 가능한 무기와 병사를 모조리 전투에 투입해야 한다."[3] 히틀러는 항공대 지원 및 군수품 지원을 약속하면서 마무리 지었다. "굳은 결의로 강력한 적의 대군을 이기는 일은 역사에서 비일비재하다. 귀관이 휘하의 부대에 줄 수 있는 것은 승리 아니면 죽음뿐이다."

로멜은 이 정신 나간 명령에 크게 당황했다. 그런데 스스로 패배의 현실을 부정하게 만든 히틀러의 자기기만적 거짓말은 그 직후에도 이어져, 스탈린그라드 서쪽 돈 강 부근 대초원에 나가 있던 파울루스 장군에게도 반복되었다. 로멜은 자신이 아무리 군사적인 직감이 뛰어나도 이 명령은 따라야 한다고 느꼈다. 로멜은 철수 중지를 지시하고, 남쪽에 있던 이탈리아 사단만 서북쪽으로 이동시켰다. 이로써 호록스 예하 제13군단은 11월 4일에 아무런 방해도 받지 않고 진군하게 되었다. 북쪽으로 더 나아간 지점에서는 제10군단이 돌파하여 아프리카 군단 사령부를 장악함과 동시에, 제10경기병대에 항복한 폰 토마 장군까지 생포했다.

로멜은 케셀리의 지원을 받아 총퇴각 지시를 내렸다. 그는 푸카 전선까지만 퇴각하겠다고 히틀러에게 말했지만, 실제로는 리비아를 완전히 가로질러 퇴각했다. 아프리카 기갑군의 패잔병들이 모두 후퇴할 수 있었던 것은 몽고메리의 느린 반응과 지나친 조심성 때문이었다. 승리한 이상 그는 어떠한 역전의 위험도 원하지 않았다. 나중에 몽고메리가 퇴각하는 로멜의 부대를 막지 못하는 바람에 히틀러가 북아프리카에 더 많은 병력을 보냈고 결국 이 병력 모두 포로 신세가 되었다는 주장도 있다. 그러나 이 일을 몽고메리의 공으로 돌리기는 어렵다. 몽고메리의 계획 어디에도 들어 있지 않았기 때문이다.

알알라메인에서의 승리는 분명 전략적, 전술적 탁월함으로 얻은 것이 아니었다. 독일 전선의 가장 강한 부분을 공격하기로 한 몽고메리의 결정은 아무리 좋게 생각해도 문제가 있다. 몽고메리가 제8군의 분위기를 전환시킨 덕분에 휘하 보병 및 기갑 부대들이 용감하게 싸울 수 있었던 것은 사실이다. 그러나 대부분의 측면에서 이 전투는 독일 항공대와 전차, 보급로 등을 사정없이 공격한 영국 왕립포병대와 사막공군의 각별한 공헌으로 승리한 것이었다. 또한 영국 해군과 연합공군이 지중해에서 추축국의 생명선을 끊어놓은 덕분이기도 했다.

11월 7일, 히틀러가 나치당 원로 그룹 앞에서 연설하기 위해 뮌헨으로 향하던 중⁴ 특별열차가 튀링겐에서 멈췄다. 외무부에서 연합국의 북아프리카 상륙이 임박했다는 경고 메시지를 전했던 것이다. 히틀러는 즉시 튀니지를 방어하라고 지시했다. 그러나 항공대기지에서 튀니지까지는 거리가 멀어 항공대의 활동이 어렵다는 것을 알게 되자 히틀러는 괴링에게 화를 냈다. 연합국의 의도에 관해 지난 몇 달 동안 퍼진 상반되는 소문, 그리고 스탈린그라드를 끝내 점령하고야 말겠다는 히틀러의 집착은 국방군 총사령부가 새 전선에 전혀 대비되지 않았음을 반증하는 것이었다. 연합국이 비시 프랑스의 지배를 받고 있는 북아프리카 식민지를 침공했을 때 비시 정권이 어떻게 반응할 것인가 하는 점은 큰 의문이었다.

밤베르크에서 열차에 올라탄 리벤트로프는 스톡홀름 주재 소비에트 대사를 통해 스탈린과 교섭하라며 히틀러를 설득했다. 히틀러는 그 제안을 그 자리에서 거절했다. 약점이 드러난 순간에 협상이란 생각할 수 없는 일이었던 것이다. 히틀러는 연설에서 독일의 스탈린그라드 점령이 코앞에 다가왔다고 주장했고, 승리를 거두는 그날을 위해 끝까지 싸우겠다는 결의를 강조했다. 자존심 때문에 다른 어떠한 선택도 고려할 수 없었던 것이다. 그는 로멜의 패배에 관한 내용은 대충 넘기고 연합국의 북아프리카 상륙 건은 전혀 언급하지 않으면서, 유대인이 전멸할 거라고 했던 자신의 예언을 자주 회상하며 이야기했다. 그런데 괴벨스조차 독일이 '전쟁의 전환 국면에 서 있음'[5]을 인지하고 있었다. SD가 민심을 조사하여 기록한 보고서에 아주 명확하게 나타나 있듯이, 광적으로 충성하는 나치당원들을 제외한 독일인 대부분은 승리가 어느 때보다도 멀어졌다고 느끼고 있었다. 괴링처럼 미국은 오로지 면도날만 만들 줄 안다고 생각하는 사람은 거의 없었다. 독일 도시에 대한 점증하는 연합국의 폭격은 물질적 우세함이 커지고 있다는 증거였던 것이다.

아이젠하워와 수하의 전략 기획가들에게는 비시 프랑스와 스페인 프랑코 정권의 반응 또한 중요한 문제였다. 정치 경험이 없는 아이젠하워는 어느 순간 자신이 프랑스 정치판의 지뢰밭에 들어와 있음을 곧 알게 되었다. 루스벨트는 드골 장군과 얽히고 싶지 않아 현재 상황을 드골에게 말하지 말라며 처칠을 압박했다. 영국이 시리아와 레바논을 탐낸다는 의심을 프랑스가 하게 되면서 드골과 처칠의 관계는 더 틀어졌는데, 드골이 아무것도 모르고 있었으니 화가 날 법도 하다는 것을 처칠은 예상하고 있었다. 드골은 또한 큰 싸움을 피하기 위해 연합국이 북아프리카 내 비시 당국과 조금이나마 타협해야 한다는 의견은 절대 받아들이려 하지 않았다. 그러나 처칠은 이 자존심 센 장군이 진정되기를 바라며 한 가지 제안을 내밀었다.

인도차이나의 비시 비행장에서 날아온 일본군 항공기에 프린스 오브 웨일스 함과 리펄스 함을 잃은 일을 잊을 수 없었던 영국 해군은 아프리카 동남쪽 해안의 호위함 항로에 위치한 프랑스 식민지 마다가스카르가 계속 신경 쓰였다. 그래서 말레이에서 몇 주에 걸쳐 참사가 벌어지고 있을 때, 마다가스카르 최북단에 위치한 주요 항구 디에고수아레스를 점령하기 위한 철갑작전을 수행할 상륙부대를 배치했다. 처음에는 다른 많은 곳이 위협받고 있을 때여서 런던에 있던 브룩 장군과 극동 전선에 있던 웨이블이 이 계획을 반대했다. 그러다가 1942년 3월 초 미군이 일본 해군의 암호를 도청하여, '일본은 서인도양에 개입하여 남아프리카에서 이집트로 가는 영국 보급선을 공격할 것'이라고 한 독일 정부의 요구를 알아냈다. 그리하여 3월 12일에 마침내 전시 내각이 철갑작전[6]을 승인하기에 이른다.

5월 초 남아프리카에서 출격한 영국군은 위험을 무릅쓰고 밤에 해병대를 상륙시켜 디에고수아레스 항을 강습했다. 이들의 계획은 거기까지였다. 수도 타나나리브지금의 안타나나리보에서 비시 당국과 잠정 협정이 수립될 것으로 예상했기 때문이다. 그런데 5월 30일에 디에고수아레스 항에서 일본군의 소형 잠수함이 전함 HMS 라밀리스 함을 어뢰로 공격하는 일이 벌어졌다. 일본군 잠수함 소함대는 이어서 제8군에 보급품을 전달하려던 선박 23척을 침몰시켰다. 이 일은 전쟁 중 일본군이 동맹국 독일을 직접 도운 유일한 사건이었다.

망설이고 있던 처칠은 일본군이 마다가스카르 내 또 다른 비시 항구에 기지를 건설할지도 모른다는 스무츠 육군 원수의 주장에 설득되어 섬 전체를 정복하자는 데 동의한다. 또한 자유프랑스가 스스로의 힘으로 섬을 장악하고 싶어하는 와중에 영국군이 그곳에서 비시 정부와 협정을 맺을 계획을 세운 것을 알고 분노한 드골을 달랠 방법이 될 수도 있다고 생각했다. 일단 섬 전체를 장악하면 드골에게 섬을 양도할 수 있었다. 이 계획은 비시 프랑스의 마다가스카르 총독 아르망 아네가 벌인 실속 없는 게릴라 전투 후 11월 5일에 마침내 이뤄졌다. 아네가 항복하기 일주일 전, 처칠은 드골 장군에게 마다가스카르의 총독으로 누구를 임명하고 싶은지 정중하게 물어볼 기회가 생겼다. 드골은 연합국이 북아프리카 상륙을 계획하고 있다는 의심을 했지만, 만약 미국이 횃불 작전을 준비하면서 비시 장군들을 얼마나 중시하고 있는지 알았더라면 그는 아마도 문을 박차고 나가버렸을 것이다.

비시 프랑스에서 미국 대리공사를 지내고 프랑스령 북아프리카에서 루스벨트 정부 특사가 된 로버트 머피 또한 드골을 계획에서 완전히 빼야 한다고 생각했다. 프랑스 식민지 군대를 이끄는 장교 대부분은 드골을 여전히 영국을 위해 일하는 역적이나 다름없는 인물로 보았다. 이 장교들은 성향에 맞는 명목상의 우두머리가 있어야 안심이 되는 듯했다. 키가 크고 콧수염이 멋진 앙리 지로 장군은 용맹한 장교지만 무식하다는 평을 얻고 있었다. 드골은 그를 '깡통 병정'이라고 불렀다. 1940년에 프랑스 제7군 사령관이었다가 포로가 된 지로는 작센에 위치한 쾨니히슈타인 요새의 감옥에서 탈출했다. 지로가 비시에 도착하자 페탱 정부의 피에르 라발 총리는 그를 독일로 다시 돌려보내기를 원했지만, 페탱이 거부했다.

머피는 지로가 연합국의 이익을 도모하는 데 가장 도움이 될 것 같다는 생각이 들었지만, 지로에게는 따로 생각이 있었다. 그는 자신이 횃불 작전의 총사령관을 맡아야 한다고 고집했고, 연합국이 북아프리카와 더불어 프랑스에도 상륙해야 한다고 주장했다. 또한 그는 영국군이 개입하는 것을 원하지 않았는데, 그 이유는 영국 해군이 메르스엘케비르에서 프랑스 함대를 공격한 사건을 잊을 수도, 용서할 수도 없었기 때문이다. 지로는 또한 북아프리카에서 프랑스 군대를 맡고 있는 주요 지휘관인 샤를 마스트 장군의 절친한 친구이기도 했다. 고위 장교 및 공직자들과 인맥을 형성한 머피는 아이젠하워의 부사령관인 마크 클라크 중장 및 마스트 장군 일행과 비밀회의를 갖도록 자리를 마련했다.

10월 21일 밤, 클라크는 특수부대로 이뤄진 경호대와 함께 영국 잠수함 HMS 스랍 함을 타고 알제 근처에 상륙했다. 클라크의 주요 임무는 미군 전력이 압도적이므로 프랑스군은 대항할 시도를 하지 말라고 마스트를 설득하는 것이었다. 클라크는 50만 명이 상륙할 것이라고 주장했지만, 당시 병력은 단 11만2000명뿐이었다. 마스트는 비록 육군과 공군은 만만할지 몰라도, 프랑스 해군은 결사적으로 저항할 것이라며 클라크에게 경고했다. 다른 프랑스 장교들은 클라크에게 부대 및 방어선의 배치에 대해 쓸 만한 정보를 제공했다. 밀수선이 들어왔다는 소식을 접하고 활동에 나선 현지 프랑스 헌병대에 발각될 것이 두려웠던 나머지, 클라크는 이튿날 밤 바지도 입지 못한 채 우스꽝스럽게 잠수함으로 돌아갔다. 이런 사소한 창피함을 무릅쓴 그의 위험한 임무는 크게 성공하게 된다.

잠수함 HMS 스랍 함은 지로를 싣고 이번에는 미군인 척하며 코트다쥐르에서 지브롤터로 이동하여 아이젠하워에게 갔다. 추축국 정보원과 공중정찰대는 지브롤터에 선박이 많아지고 있다고 보고했다. 독일군 정보국이 그 선박들의 용도를 몰타 주둔 병력 강화 또는 리비아에서 로멜의 후퇴를 저지할 병력의 상륙으로 여겼다는 점이 연합국에는 다행이었다. 그리하여 지중해에 있던 독일군 U 보트는 침공 부대가 상륙하려는 리비아 해안 동쪽에 집결하도록 지시받았다. 지브롤터에 선박의 통행량이 많아진 것을 설명하는 추축국 측의 또 다른 이론은 연합국이 아프리카 서쪽 해안의 다카르를 점령하여 대서양 전투에 쓸 만한 해군 기지로 삼으려 한다는 것이었다.

미군은 머피를 통해 다를랑 제독으로부터 제안을 받았다. 하지만 루스벨트의 전 비시 프랑스 대사 레이히 제독은 다를랑을 위험한 기회주의자로 보았다. 페탱 정부의 2인자 자리를 라발에게 빼앗겨 다를랑이 라발을 몹시 싫어했다는 사실로 보아 다를랑을 신뢰할 만한 인물로 보기는 어려웠다. 그런데 처칠조차 만일 툴롱에 있는 프랑스 함대를 연합국 쪽으로 끌어들일 수 있다면 이 지독한 영국혐오주의자를 상대하겠다는 각오를 하고 있었다. 아이젠하워는 지로를 곁에 두고 싶어했지만, 그때 지브롤터를 향하고 있던 지로는 다시 연합국 총사령관이 될 것을 기대했다. 이토록 정치와 개인적인 라이벌 의식이 얽히고설킨 군사 작전은 좀처럼 보기 드물었다.

　　　　　　　　　　　　　　　제2차 세계대전

상륙 나흘 전인 11월 4일, 프랑스령 아프리카 식민지를 순방한 다를랑은 알제로 날아갔다. 그는 소아마비를 앓고 있던 해군 대위인 아들의 상태가 갑자기 악화되었다는 소식을 막 접했던 것이다. 다를랑은 연합국 함대가 해상에 있는지도 몰랐고 아들의 상태가 호전되자 비시로 다시 돌아갈 생각이었다. 패튼 소장이 지휘하는 3만5000명의 군사로 이뤄진 서부기동부대는 이미 햄프턴 로드를 떠나 카사블랑카로 향하고 있었다. 영국에서 항해해온 다른 두 기동부대는 커닝엄 제독의 총지휘 아래 군 수송선 전체가 군함 300척의 호위를 받으며 지중해의 오랑과 알제로 향하고 있었다. 커닝엄은 지중해로 돌아간다는 사실에 들떠 있었다.

11월 7일 저녁, 다를랑은 알제 주둔군 총사령관 알퐁스 쥐앵 장군의 저택인 빌라 올리비에에 마련된 식사 자리에 참석했다. 쥐앵은 베강의 후임이었는데, 베강은 이때 그가 연합군 편에 설 것을 두려워한 히틀러 때문에 지로가 구금되었던 쾨니히슈타인에 수감되어 있었다. 식사를 마칠 무렵 알제의 최고위자인 해군 장교가 급히 뛰어 들어와, 연합국 선박들이 아무래도 몰타로 향하고 있지는 않은 것 같다고 전했다. 연합국 선박들이 알제와 오랑에 부대를 상륙시키러 나타날 수도 있었다. 다를랑은 그런 두려움 따위는 무시한 채, 다음 날 아침 비행을 위해 자리를 떴지만, 머피는 자정 무렵 BBC 프랑스어 서비스를 통해 상륙이 진행되고 있음을 확인하는 암호를 듣는다. 그는 그 즉시 주요 시설과 사령부를 장악하기 위해 마스트 장군과 함께 모집한 프랑스 비정규군을 급파했다.

11월 8일 이른 시각, 머피는 빌라 올리비에로 가서 쥐앵을 깨웠다. 그는 쥐앵에게 상륙 상황을 알렸다. 쥐앵은 처음에 어안이 벙벙했다. 잠시 후 쥐앵은 알제에 있는 그의 상관 다를랑 제독과 먼저 의논해야 한다고 말했다. 머피는 다를랑과 의논하는 수밖에 없다는 걸 느꼈다. 머피의 뷰익 차량이 그를 데리러 출발했다.

다를랑이 격노하며 도착했다. 키가 작고 대머리에 가슴이 딱 벌어진 체형에다 파이프를 입에서 떼는 일이 없는 제독을 미국인들은 '뽀빠이'라 불렀고, 그의 키높이 신발도 재미있어했다. 영국인을 향한 다를랑의 혐오감은 그의 증조부가 트라팔가르 해전에서 목숨을 잃은 후 대물림된 것으로 유명했다. 하지만 그와 동시에 배신을 밥 먹듯 하는 사람이기도 했다. 1940년 휴전 협정 직후 베테랑 프랑스 정치인 에두아르 에리오는, 다를랑이 영국에는 끝까지 저항하겠다고 약속하고 비밀리에 항복론자 대열에 합류했던 일을 두고 "이 제독은 수영하는 법을 안다"[7]고 말했다.

상륙군에 저항하는 것은 헛된 일이라며 머피가 다를랑을 진정시키고 설득하려 애쓰는 동안, 마스트가 이끄는 비정규군이 나타나 다를랑과 쥐앵을 죄인으로 붙잡았다. 그러다 헌병대가 와서는 두 사람을 풀어주고 반란자들과 머피를 체포했다. 머피는 이때쯤 미군이 도착할 것으로 예상하고 있었지만, 미군은 실수로 먼 해안에 상륙하고 말았던 것이다.

그러나 더 큰 재앙이 펼쳐지고 있었다. 기습 공격으로 알제와 오랑의 항구를 점령하려던 영국군의 계획은 엄청난 사상자를 내면서 완전히 실패했다. 이 일로 미군이 크게 분노하는 것은 당연한 일이었다. 항구에서 프랑스 해안포대와 해군 선박은 성조기를 휘날리는 영국 해군 구축함 2척에 포격을 가했다. 이들은 디에고수아레스에서 그랬듯 미군 상륙 부대를 투입하려던 참에 공격을 받은 것이었다. 오랑 비행장을 장악하기 위해 펼쳐진 미국 낙하산대대 1개 부대의 공수 작전도 대실패였다. 횃불 작전은 기괴한 소극이 되어 산산조각 나는 듯 보였다.

자유프랑스가 모르도록 하라는 루스벨트의 요청에도, 처칠은 부대가 상륙을 시작하기 직전에 침공 사실을 알리기 위해 이즈메이 장군을 시켜 드골의 참모장인 피에르 비요트 장군을 부르게 했다. 하지만 비요트는 일찍 잠자리에 든 드골을 깨우지 않기로 했다. 다음 날 아침 드골이 그 소식을 듣고는 분노를 주체하지 못했다. "비시 사람들이 상륙군을 바다에 던져버리면 좋겠군. 강도짓으로 프랑스를 가지려 하다니!"[8]라며 격분했다. 그러나 그를 달래려는 처칠과 점심 식사를 함께 할 때가 되자 드골은 침착해졌다. 그날 저녁에는 연합국의 작전을 전폭 지원한다는 내용의 방송을 내보냈다.

상륙 과정에 혼란이 빚어져 몇 시간이나 늦게 미군이 대규모 병력을 이끌고 도착한 뒤에야 다를랑의 태도가 변했다. 다를랑은 휴전협상을 위해 제34보병사단장과 만나기를 청했고, 알제에서 협상이 이뤄졌다. 프랑스 부대는 무기를 버릴 필요 없이 막사로 돌아가게 되었다.

동맹으로서의 비시 정권을 어디까지 믿을 수 있을지, 히틀러의 의심은 점점 더 커졌다. 미국과의 외교관계를 단절하는 것이나 추축국 항공기가 튀니지 내 프랑스군 비행장을 이용하겠다는 데 피에르 라발이 동의한 것으로는 충분하지 않았다. 11월 9일, 뮌헨으로 소환된 라발은 연합국에 전쟁을 선포함으로써 독일에 대한 충성심을 증명하라는 어려운 과제를 받았다. 이것은 라발에게는 물론 나머지 비시 행정부에도 무척 어려운 문제였다.

한편 다를랑은 전투가 계속되고 있는 카사블랑카와 오랑까지 휴전 범위에 넣으려 하지는 않았다. 일단 뮌헨과 프랑스의 상황을 알아야 했다. 알제에 지로 장군이 도착하고 마크 클라크 장군이 뒤이어 도착하면서 혼란은 더 커졌다. 클라크가 지로를 떼어놓고 다를랑을 상대해야 했기 때문이다. 다행히 지로는 다를랑이 자신의 상관이니 소란을 피우지 않기로 했다. 한편 지브롤터 암벽의 습한 동굴로 돌아온 아이젠하워는 진행 상황을 평가한 단 몇 장의 두서없는 보고서만 받았을 뿐이었다. 카사블랑카 상륙에 관해서는 패튼에게 들은 바가 없었다. 긴장한 아이젠하워는 카멜 담배를 줄곧 피워대며 최선의 결과가 있기를 기도했다.

무솔리니 정부의 치아노 외무부 장관을 대동한 히틀러는 뮌헨에서 라발을 만나, 추축국 군대가 상륙할 수 있도록 프랑스 군대가 튀니지 항구와 비행장을 지켜야 한다고 말했다. 1940년 6월 무솔리니에게 뒤통수를 맞은 후로 이탈리아를 향한 프랑스의 분노가 매우 격심했기 때문에 라발은 이탈리아군이 프랑스 영토에 발을 들여놓아도 괜찮을지 고민했다. 그러나 그는 페탱 원수가 연합국의 상륙에 대해 공식 항의를 할 수 있도록 지원하면서 독일의 최후통첩을 따르겠다는 의사를 밝혔다.

다음 날인 11월 10일 아침, 다를랑은 알제의 생조르주 호텔로 돌아왔다. 알제는 클라크가 사령부를 둔 곳이었다. 클라크는 외교적 수완이 없어 자신의 계급이 훨씬 더 높다는 사실을 강조하는 다를랑을 설득하는 데 애를 먹었다. 클라크는 프랑스령 북아프리카 전체에 연합국 군사정부를 수립하겠다고 협박하기까지 했다. 다를랑은 시간을 벌어야 했기 때문에 참고만 있었다. 히틀러가 프랑스 비무장지대로 부대를 소집할 때까지 다를랑은 클라크가 그리도 절박하게 원하는 휴전을 지시할 수 없었다. 1940년에 독일과 체결한 휴전 협정을 위반하는 일이기 때문이었다. 협상이 교착 상태에 빠졌다는 소식을 클라크로부터 전해 들은 아이젠하워는 버럭 화를 냈다. "맙소사! 난 이제 여기서 솜씨 좋은 자객이나 알아봐야겠어."⁹ 적어도 오랑은 그날 미국 제1보병사단이 300명의 사상자를 내고 장악했지만, 프랑스군은 카사블랑카에서 벌어진 치열한 해전으로 거의 모든 군함이 격침된 후에도 여전히 모로코에서 패튼의 군대에 저항하고 있었다.

다음 날 아침 일찍, 히틀러는 안톤 작전을 펼쳐 독일 군대가 프랑스 남부와 동남부를 점령할 것이라고 발표했다. 그는 페탱 정부를 인정하고 있었지만, 페탱 원수의 평판은 형편없어졌다. 수많은 지지자는 페탱이 재빨리 북아프리카로 날아가 연합국에 합류했어야 한다고 느꼈다. 히틀러는 또한 독일 군부에 피레네 산맥 국경을 점령하라고 지시했다. 프랑코 정부는 히틀러가 스페인을 통과해 지브롤터를 공격하러 갈 수 있도록 군대에 길을 터달라고 요구할까봐 두려웠다. 프랑코는 11월 13일 마드리드에서 장관 회의를 열어 부분 동원령을 내렸다.

독일군이 프랑스 비점령 구역으로 들어오면서 다를랑은 이제 수감되었다고 주장할 수 있게 되었다. 그는 프랑스령 북아프리카 전 지역에 걸쳐 휴전을 확장해야 한다는 지시 내용을 전했다. 그러나 처칠의 바람과 달리 다를랑은 툴롱에 있는 프랑스 함대를 이동시키려 하지 않았다. 그곳에 있던 라보르드 해군 소장은 다를랑을 불쾌하게 생각했다. 그는 휘하의 선원과 장교들이 자신이 싫어하는 앵글로색슨계와 합류하려 할까봐 두려워한 사람이었는데, 고립된 상태에서도 초연하게 비시 프랑스를 향한 충성심을 유지했다. 독일 해군 장교를 통해 독일군이 선박을 빼앗거나 툴롱 항을 점령하지 않을 거라는 확답을 들은 후, 라보르드는 현위치를 고수하기로 했다. 그런데 SS기갑부대가 도착하고 휘하 수병들이 점점 더 자신의 뜻을 거스르는 경우가 많아지면서 라보르드는 결단을 해야 했다. 독일 군사들이 항구에 들이닥치자, 그는 함정의 해수밸브를 열어 함대를 침몰시키라고 명령했다. 이때 약 100척의 군함이 침몰하거나 폭발했다.

횃불 작전에서 연합국은 2225명의 사상자를 내고 그중 약 절반이 사망했으며, 프랑스군은 약 3000명을 잃었다. 패튼과 클라크 모두 인정했듯이, 상륙 작전이 혼란에 빠진 것은 통탄할 일이었다. 만약 이들이 열악한 프랑스 식민지 군대가 아니라 독일군에 맞서 싸웠다면 아마도 대량 학살을 당했을 것이다. 영국 장교들은 동맹국이 어리숙하다며[10] 거만하게 농담했지만, 지리멸렬과 혼란스러운 병참은 전훈보고서에 고통스러운 기록으로 남았다. 무엇보다도 마셜 장군의 때 이른 프랑스 침공 욕심은 대참사를 유발했으리라는 것이 증명되었다. 미군이 북아프리카를 침공하게 만든 처칠과 브룩 장군의 동기가 무엇이었든, 결국 그것이 옳았음을 부정할 수는 없다. 미 육군은 북쪽의 유럽이나 심지어 튀니지에서 독일군과 대적하기 전에 배워야 할 것이 아주 많았다.

군대의 사기는 낙담과 환희 사이에서 심하게 흔들리며 변덕스러워질 때가 많다. 모로코와 알제에서 손쉽게 거둔 승리는 잠시 동안 낙관적인 분위기를 자아냈다. 군사들의 분위기는 값싼 현지 포도주로 무르익었고, 미국 병사들은 피를 흘렸으니 이제 자신들은 전투에 거의 단련되었다고 믿었다. 미군이 쏜 바주카포에 맞아 작동이 되지 않는 프랑스 구식 전차 르노를 본 병사들은 "판처Panze 독일 전차를 끌고 와라!"[11]라고 외쳤다. 심지어 아이젠하워는 루스벨트에게 1월 말까지 트리폴리를 장악할 생각이라고 말하기까지 했다.

남러시아와
튀니지

얼어붙은 돈 대초원에서, 소비에트 포위망에 관한 이야기가 제6군에 빠르게 퍼져나갔다. 1942년 11월 21일, 파울루스와 그의 참모는 골루빈스키에 위치한 사령부에서 남아 있는 피젤러 슈토르히 경비행기를 타고 포위망 바깥 니즈네치르스카야로 날아갔다. 다음 날 그곳에서 두 사람은 제4기갑군의 호트 장군과 회의를 열어 상황에 관해 논의하고 B 집단군과의 연결을 유지하는 문제에 대해 이야기를 나누었다. 그런데 파울루스가 그곳에 있다는 말을 들은 히틀러는 그가 군대를 버리려 한다고 의심하며 스탈린그라드에서 서쪽으로 15킬로미터 떨어진 굼라크로 다시 돌아가 참모부에 복귀하라고 명령했다. 호트는 이러한 비방에 크게 감정이 상한 파울루스를 달래주어야 했다.

이들은 '일시적 포위망'[1]이 위협해오는 한이 있더라도 제6군은 굳건히 버텨야 한다는 히틀러의 지시에 관해 논의했다. 히틀러가 곧 정신을 차릴 거라고 믿으며, 두 사람은 포위망을 뚫으려면 제6군에 연료 및 탄약 등의 보급품을 서둘러 공수해야 한다는 점에 동의했다. 그러나 제8항공군단 사령관은 제6군 전체에 보급품을 전할 만큼 항공대에 수송기가 충분하지 않다고 통보해왔다. 파울루스 휘하의 기갑부대는 연료가 부족했고 보병사단에는 말이 부족했기 때문에, 만약 제6군의 탈출을 계획한다면 부상자는 물론이고 대포까지 모두 버려야 했다. '목이 굵고 작은 눈에 입술이 얇은'[2] 파울루스의 참모장 아르투르 슈미트 육군 중장은 "그랬다가는 나폴레옹과 같은 결과를 얻게 될 것"[3]이라고 말했다. 1812년의 전투를 아주 자세히 연구했던 파울루스는 그러한 전망에 불안해했다. 독일 공군 제9대공포사단장 볼프강 피케르트 소장이 회의 도중에 도착해, 자기 사단을 즉각 철수시키기 시작했다고 말했다. 피케르트는 또한 독일 공군이 제6군 전체에 보급품을 공수할 능력은 절대로 없다는 사실도 알고 있었다.

히틀러는 군대를 스탈린그라드에서 철수시킬 생각이 없었다. 그는 도시 점령을 명분으로 내세워 자신의 평판을 엄청나게 포장했으며, 특히 2주 전 뮌헨 연설 중에는 후퇴하는 것은 있을 수 없다고 호언장담하기도 했다. 히틀러는 북부 전선에서 벗어나 돈 집단군을 신설하여 제6군을 구하라고 폰 만슈타인 육군 원수에게 명령했다. 히틀러의 의도를 전해 들은 괴링은 휘하의 수송 장교 대부분을 소환했다. 제6군이 하루에 필요로 한 보급 물자는 700톤이었지만, 괴링은 500톤을 공급할 수 있는지 장교들에게 물었다. 장교들은 350톤이 한계이고, 그마저도 단기간만 가능하다고 대답했다. 히틀러의 비위를 맞추고 싶었던 괴링은 항공대가 제6군에 재보급을 할 수 있다며 총통 본부를 안심시켰다. 이 잘못된 약속으로 파울루스와 그 군대의 운명이 정해졌다. 11월 24일, 히틀러는 볼가 강변의 '스탈린그라드 요새'에서 '전후 사정 불문'[4]하고 끝까지 저항할 것을 명령했다.

스탈린그라드 포위망에서 붉은 군대는 모두 합해 약 29만 명을 포위했으며, 이는 루마니아인 1만 명 이상, 러시아 히비 외인부대 3만 명이 포함된 수치다. 히틀러는 이 사실을 독일 뉴스에 내보내지 못하게 했다. 국방군 총사령부 공보관들은 실상을 일부러 왜곡했지만 본국에서는 소문이 퍼지기 시작했다. 히틀러는 소비에트의 승리에 대해 자기 외에 어느 누구든 책망하고 싶었다. 동프로이센의 늑대소굴에서는 히틀러가 측면을 지키던 루마니아군에 발생한 참사에 대해 안토네스쿠에게 책임을 지우려다가, 결국 안토네스쿠 원수와 히틀러가 격렬한 논쟁을 벌이게 되었다. 안토네스쿠는 화를 내며 독일군이 충분한 양의 대전차포를 루마니아군에 공급하지 않은 데다, 공격이 임박했다고 하는 루마니아군의 경고도 모두 무시했다는 점을 지적했다.[5] 그는 이제 제6군이 루마니아군에 대해 급양을 거부하고 있다는 사실을 모르고 있었다. 독일군 장교들은 "루마니아군을 먹여 살리는 건 쓸데없는 짓이다. 그래도 어차피 항복할 테니까"[6]라고 말했다.

돈 서쪽에서 분리된 제6군은 간신히 후퇴하여 제시간에 주력 부대로 복귀했다. 스탈린그라드 포위망은 납작한 두개골 형태여서 이마에 해당되는 부분은 도시 안에서, 나머지는 돈 초원에서 장축 60, 단축 40킬로미터나 되는 지역에 걸쳐 있었다. 독일 병사들은 이것을 '지붕 없는 요새'라 부르며 조롱했다. 이미 포위망이 구축되기 전부터 부족했던 독일군의 식량 보급은 완전히 끊겼다. 사병들은 꽁꽁 언 땅에서 참호를 파느라 지쳐갔다. 휑한 초원에서는 땅속 벙커를 덮을 작은 나무 조각 하나 구경하기 힘들었다. 장교들은 병사들에게 강한 의지를 심어주기 위해 다음과 같이 말했다. "러시아의 포로가 되느니 차라리 죽는 것이 낫다. 그러니 우리는 끝까지 버텨야 한다. 조국이 우리를 잊지는 못할 것이다."[7]

포위 작전 덕분에 소비에트는 점령당했던 국토의 상당 부분을 되찾았다. 붉은 군대가 도착하자 약탈과 배고픔에 시달리던 굶주린 시민들이 기쁨의 눈물을 흘리며 환영했지만, NKVD가 도착해 적에게 협력한 것으로 의심되는 사람들을 모조리 잡아들이며 주의를 환기시켰다. 12월 첫째 주에 소련군 돈 전선 사령부는 독일군을 분단하고자 몇 차례 공격을 개시했다. 그런데 소련군 정보부는 포위된 적군의 수를 지나치게 적게 추산하고 있었다. 로코솝스키 장군 휘하의 정보장교는 8만6000명을 포위했다고 생각했지만 사실은 29만 명이었다.

소비에트 장교들은 독일군이 얼마나 필사적인 각오로 버티는지도 상상하지 못했다. 독일 병사들을 구원하겠다는 총통의 약속이 특히 국가사회주의 교육을 받은 젊은 사병들에게 마치 절대적 진리처럼 받아들여진 것이다. 제376사단의 한 순진한 병사는 고향에 낙관적인 편지를 썼다. "최악의 상황은 지나갔습니다. 모두 크리스마스 전에 포위망을 빠져나가기를 희망하고 있어요⋯⋯ 이 포위전이 끝나기만 하면 러시아에서 치르는 전쟁도 끝날 거예요."[8] 보급 장교들은 더욱 현실적이어서 배급 식량을 평소 3분의 1에서 절반가량으로 줄였다. 사료가 부족해서 남아 있던 말 몇 필도 모두 도축해야 했다.

제6군 병참장의 계산에 의하면, 하루에 최소 300회의 비행이 이뤄졌어야 했는데, 공중 수송을 시작한 첫 주에 평균 비행 횟수는 하루 30회가 채못 되었다. 어떤 경우든 적재량의 상당 부분을 귀환용 항공유가 차지했다. 괴링은 또한 포위망 내 비행장들이 소비에트 중포 사정거리 안에 있음과 동시에, 적의 전투기 부대와 대공 포병대가 끊임없이 위협이 될 것이라는 사실도 예상하지 못했다. 하루는 적군의 공격과 비전투 손실을 합쳐 22기의 비행기를 잃었다. 그리고 어떤 날은 항공기가 이륙할 수 없을 정도로 날씨가 매우 나빴다. 리히트호펜은 루프트바페의 참모장인 한스 예쇼네크 상급대장에게 보급품 공수 계획이 모두 끝장났다는 말을 전하려고 계속 전화를 걸었다. 하지만 괴링은 파리 리츠 호텔에 피신해 있었기 때문에 연락이 닿지 않았다.

이 시기에 스탈린은 스탑카에 더욱 야심찬 계획을 준비하게 했다. 천왕성 작전 성공에 이어, 스탈린은 돈 집단군 나머지 병력을 차단하고 캅카스에서 독일 제1기갑군과 제17군을 가두고 싶었다. 그리하여 서남 전선과 보로네시 전선이 공격을 시작하여 아조프 해로 유입되는 돈 강 하류를 향해 제8이탈리아군을 쳐내려간다는 토성 작전을 계획했다. 그러나 만슈타인이 그 타이밍에 코텔니코보에서 동북쪽을 공격하여 제6군을 구하려 할 수도 있기 때문에, 토성 작전은 돈 집단군 좌익 후방 측면을 맹공격하는 것으로 제한해야 한다는 데 주코프와 바실렙스키는 의견을 같이했다. 그리하여 토성 작전은 소小토성 작전으로 명칭이 바뀌었다.

역시나 주코프와 바실렙스키의 예상대로 만슈타인은 그와 같은 계획을 짜고 있었다. 만슈타인에게 열려 있는 거의 유일한 길이라고는 이제 코텔니코보에서 진격하는 것뿐이었다. 이번 진격의 암호는 겨울폭풍 작전으로 정해졌다. 히틀러는 그저 제6군의 전력이 강화되어 볼가에서 '주춧돌' 역할을 유지하고 1943년에 벌어질 추가 작전들을 대비할 수 있게 되기만을 바랐다. 하지만 만슈타인은 히틀러가 정신을 차리기를 바라면서 제6군을 구출할 '천둥'이라는 두 번째 작전을 비밀리에 준비하고 있었다.

12월 12일, 호트 장군 예하 제4기갑군 잔여 병력이 북쪽을 공격하기 시작했다. 프랑스에서 온 제6기갑사단과 신형 타이거 전차로 구성된 전차대대가 호트의 병력에 추가되었다. 포위망 남쪽 끝에 있던 제6군 병사들은 100킬로미터나 떨어진 곳에서 일제히 터지는 포화 소리를 들었다. 그리고는 '데어 만슈타인 콤트'라는 말이 여기저기서 나왔다. 병사들은 히틀러 총통이 이제 약속을 지키고 있다며 자기들끼리 이야기했다. 히틀러가 병사들을 후퇴시킬 생각이 없다는 것을 이들은 알지 못했던 것이다.

호트의 공격은 소비에트 지휘관들의 예상보다 더 일찍 시작되었다. 바실렙스키는 진격로에 있는 제57군이 걱정되었지만, 로코솝스키와 스탈린은 위치 변경을 거부했다. 그러다 결국 스탈린은 배치 변경에 동의하고 말리놉스키 장군 예하 제2근위군과 위치를 바꾸도록 지시했다. 변경이 지연됐지만 예상만큼 심각한 영향을 주지는 않았다. 호트의 부대가 포위망 가장자리에서 60킬로미터가 채 되지 않는 곳의 미시코바 강에서 큰 전투를 벌이고 있을 때, 폭우로 호트 부대의 전차들이 진창에 빠졌기 때문이다. 만슈타인은 파울루스가 히틀러의 명령을 무시하고 만슈타인 자신의 계획을 따라서 남쪽으로 출발하기를 은근히 바랐다. 그렇지만 파울루스는 지휘 체계를 철저히 지키는 사람이었기 때문에 만슈타인이 직접 지시하지 않는 한 움직이지 않을 것이 분명했다. 어쨌거나 파울루스 부대의 병사들은 심하게 굶주려 멀리 행군하기 힘들었고 전차 연료도 부족했다.

스탈린은 변경된 소토성 작전에 동의하고 사흘 내로 실행하라고 명령했다. 12월 16일, 제1 및 제3근위군과 제6군이 방어력이 약한 이탈리아 전선을 공격했다. 소련과의 전쟁에 임하는 이탈리아군의 자세는 독일군과는 매우 달랐다. 이탈리아 장교들은 슬라브인을 대하는 독일군의 인종차별적 행동에 충격을 받았는데, 독일군과 달리 이탈리아군은 국방군에서 인계받아 중노동에 동원한 러시아 포로들을 먹여 살리는 데 훨씬 더 많은 노력을 기울였다. 또한 독일군에게 의복과 식량을 빼앗긴 현지 주민들과 우정을 쌓기도 했다.

이탈리아 부대 중 최고는 알프스 군단에 속한 4개 부대, 즉 트리덴티나, 줄리아, 쿠넨세, 비첸차 사단이었다. 알프스 군단은 일반적인 이탈리아 보병과 달리 혹한에 익숙했지만 그들도 장비는 열악했다. 망가진 소비에트 차량의 타이어로 새 신발을 만들어야 할 정도였다. 대전차 무기도 부족하고, 소총은 1891년산이며, 기관총은 극지방 기후에 맞게 만들어진 것이 아니어서 꽁꽁 얼어버릴 때가 많았다. 차량에는 여전히 사막용 위장도료가 칠해져 있고, 가끔 영하 30도 아래로 떨어지는 극한에는 제대로 작동하지도 않았다. 노새 떼는 잔뜩 쌓인 눈을 헤쳐나가지 못했으며 피로와 먹이 부족, 추위로 죽어갔다. 많은 병사가 동상에 걸려 고생하던 이탈리아군은 독일군처럼 죽은 붉은 군대 병사들의 패딩 재킷과 발렝키 소재의 펠트 장화를 벗겨내 부족분을 벌충하려 했다. 배식된 빵과 수프는 단단히 얼어 있었다. 포도주도 마찬가지였다. 이탈리아군 사병과 장교들은 이토록 준비가 안 된 상태로 자신들을 전쟁에 내보낸 파시스트 정권을 혐오하고 경멸했다.

붉은 군대 사단들이 '우라! 우라!' 하고 함성을 지르며 계속 밀어닥칠 때, 이탈리아 제8군은 예상보다 훨씬 더 결사적으로 저항했다. 그러나 무기도 열악하고 예비 병력도 없는 이들의 방어선은 곧 무너져 혼란에 빠졌다. 피로와 이질로 몸이 약해진 이탈리아 군대는 담요로 몸을 감싸고 머리를 덮어 피란민 같은 모습을 하고 길게 줄을 지어 눈밭을 지나 퇴각했다. 알프스 군단은 헝가리 제2군 왼쪽에서 단단히 버티며 측면을 강화하고 있었다.

소비에트 전차 여단이 그들의 후방에서 부채꼴로 펼쳐지며 진격했다. 궤도가 넓은 T-34 전차가 갓 쌓인 눈 위를 지나며 앞으로 돌격했다. 갑자기 기온이 떨어져 땅은 또다시 단단해졌다. 이들은 화물열차가 다니는 철도 교차점과 보급소를 별 저항 없이 확보했다. 독일 제17기갑사단이 호트의 공격을 도우러 이동했기 때문에 돈 집단군 후방에는 예비 병력이 하나도 남아 있지 않았다.

포위망 내의 독일군에게 보급품을 전할 주요 공수 기지인 타친스카야 인근 비행장을 제24전차군단이 점령하면서 제6군에 최대 위기가 닥쳤다. 마르틴 피비히 항공 대장은 융커스 52 대원들에게 전차부대가 비행장 끝에 도달하면 이륙하여 노보체르카스크로 가라고 지시했다. 융커스 52가 전차의 포격을 받으며 속속 날아오르기 시작했다. 몇 기가 화염에 휩싸여 폭발했고, 전차 한 대는 이륙을 위해 유도로로 이동하는 비행기를 들이받았다. 모두 합해 108기의 융커스 52호가 가까스로 빠져나갔지만, 결국 독일 항공대는 전체 수송기의 10퍼센트에 가까운 72기의 수송기를 잃었다. 스탈린그라드에 보급할 수 있는 다른 비행장은 훨씬 더 멀리 떨어져 있었다.

소토성 작전으로 만슈타인은 전체 전략을 재검토하게 되었다. 제6군 구출 문제는 이제 손도 댈 수 없게 되었고, 곧 캅카스에서도 군대를 철수해야 했다. 만슈타인은 파울루스의 군대가 마주하게 된 승산 없는 상황에 대해 파울루스에게 말할 마음이 없거나 혹은 무신경했다. 몇몇 장교는 자신의 운명을 확실히 알 수 있었다. 제305보병사단 군목은 "다시는 고향을 볼 수 없겠지. 이 아수라장에서 빠져나가지도 못할 테고!"[9]라고 기록했다. 그러나 소비에트 정보장교는 독일군 포로들이 여전히 패전 가능성을 부정하고 있으며 판단력도 흐려진 상태임을 알았다. "우리는 독일이 전쟁에서 이길 거라고 믿어왔다. 이기지 않을 거면 뭐 하러 전쟁에 나섰겠나?"[10] 스탈린그라드에서 격추당한 융커스 52 조종사가 말했다. 다른 한 병사도 마찬가지로 완고한 의지를 보였다. "전쟁에서 진다면 우리에게는 아무런 희망이 없다." 스탈린그라드에 파견된 병사들은 독일의 북아프리카 전선이 양쪽 끝에서 압박당하고 있다는 사실을 알지 못했다.

연합국이 주도한 횃불 작전의 요점은 추축국이 프랑스령 튀니지로 부대를 이동시키기 전에 그곳을 점령하는 것이었지만, 독일군은 엄청난 속도로 반응했다. 11월 9일 아침, 알제와 오랑이 확보되기 전, 첫 독일 전투기들이 상륙했다. 다음 날 보병대 및 공수부대 진군 부대가 수송기를 타고 따라 들어왔다. 그때까지도 비시 정부의 지시에 따라 움직이고 있던 현지 프랑스군 사령관은 이것이 1940년 휴전 협정 조건을 위반하는 행위인데도 항의하지 않고 뒷걸음질쳤다.

히틀러는 연합군이 남유럽 침공을 위한 기지를 확보하도록 내버려둘 수는 없었다. 연합군이 남유럽을 침공하면 이탈리아는 전쟁에서 패퇴할 것이었다. 그는 동부 전선의 상황이 중요한 이 시점에도 북아프리카 병력을 대규모로 강화할 생각을 하고 있었다. 따라서 '제2전선의 즉각적인 구축'을 요구하는 런던의 대규모 시위와 스탈린의 떨떠름한 반응에도 불구하고, 북아프리카 전역이 오히려 유산된 1942년 프랑스 침공 계획보다 더 효과적이라는 것이 증명된 셈이었다. 그리고 융커스 52 수송기 편대는 지중해 너머로 공수하는 데 쓰였기 때문에 동부 전선의 제6군 보급에는 도움을 줄 수 없었다.

튀니스를 향해 동쪽으로 진군한 연합군은 비조직적이고 계획성 없이 움직였다. 음울한 분위기의 스코틀랜드인 케네스 앤더슨 중장이 지휘하는 주력 부대인 영국 제1군은 미군 기갑부대와 프랑스군 보병대대로 강화되었다. 병력이 1개 군단에 못 미칠 정도로 작은데도 불구하고, 앤더슨은 제1군을 4개의 진군 축으로 나누는 실수를 범했다. 추축국이 이미 11월 25일에 2만 5000명을 배치해둔 사실을 몰랐던 것이다.

미국 제1기갑연대 제1대대와 제17/21창기병대로 이뤄진 블레이드군이 서쪽에서 튀니스로 진군한 날은 제1군이 작전에 실제로 성공한 유일한 날이었다. 미군의 스튜어트 전차가 제데이다 부근에서 앞쪽에 있는 독일 항공대 비행장을 가로질렀다. 대원들은 마치 영국 특별공군 부대처럼 공격을 하고 활주로를 가로질러 운전하며 정지해 있는 융커스 52와 메서슈미트, 슈투카를 향해 발포했다. 그리하여 20기 이상의 항공기가 파괴되었다. 이 공격으로 독일군은 충격에 빠졌고, 로멜 휘하에서 아프리카 군단을 지휘하던 발터 네링 육군 중장은 방어 범위를 좁혀야 했다. 그러나 비행장 공격으로도 독일군의 제공권 우세를 크게 낮추지는 못했다.

다른 곳에서는 독일군 공수부대와 기타 병력이 주로 진격 중인 영국군에 매복 공격을 가하여 많은 사상자를 발생시켰다. 랭커셔 퓨질리어 연대 소속 제2대대는 메제즈에서 88밀리 포와 전차 몇 대의 지원을 받는 독일 공수대대의 공격 1번에 144명의 병력을 잃었다. 설상가상으로 미군 항공기가 아군 지상 부대를 기총 소사하는 일까지 벌어졌다. 그러자 지상 부대들은 '비행은 곧 죽음'이라는 구호를 걸고 어떤 비행기든 나타나는 대로 반격했다. 독일 제10기갑사단과 신형 타이거 전차 부대가 도착한 뒤 12월 3일에

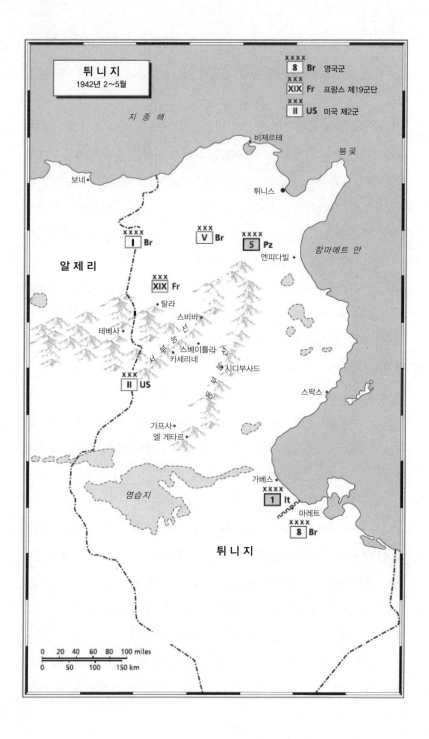

튀 니 지
1942년 2~5월

XXXX 8 Br 영국군
XXX XIX Fr 프랑스 제19군단
XXX II US 미국 제2군

지 중 해

비제르테

봉 곳

보네

튀니스

알 제 리

XXXX I Br
XXX V Br
XXXX 5 Pz

엔피다빌

함마메트 만

XXX XIX Fr

탈라

스비바

테베사

스베이틀라
카세리네

시디부사드

스팍스

가프사
엘 게타르

가베스

염습지

XXXX 1 It

마레트

XXXX 8 Br

튀 니 지

0 20 40 60 80 100 miles
0   50   100   150 km

앤더슨의 부대는 고전 끝에 큰 피해를 입고 물러나야 했다. 훨씬 더 숙련되고 튼튼하게 무장된 적군을 감당해낼 수 없었던 것이다.

지브롤터 암벽의 습한 동굴에서 몇 주를 보낸 후, 알제에 도착한 아이젠하워는 해방감을 느꼈다. 그러나 그는 튀니지에서 고전하고 있는 전투에 초점을 맞추기는커녕 보급 문제 및 프랑스와의 정치적 문제로 곤란에 처했다. 아이젠하워는 프랑스 장교들과 그들의 '병적인 명예의식'[11] 때문에 정신이 산만해졌다. 그는 연합국이 다를랑을 북아프리카 고등 판무관으로, 지로를 프랑스군 총사령관으로 임명함으로써 이제 실현 가능한 타협이 이뤄졌기를 바랐다. 그러면서도 자신은 여전히 연합군 전체를 통솔하는 최고사령관이 되고 싶어했다. 한편 처칠이 다를랑에게 협력하려는 단 한 가지 목적, 즉 툴롱의 프랑스 함대를 넘겨받는 것은 이제 프랑스 함정들의 침몰과 함께 불가능한 일이 되고 말았다.

아이젠하워는 곧 충격을 받아 언짢은 기분이 되었다. 일단 '다를랑과의 거래' 소식이 미국과 영국에 새어나가자, 부조리하다고 외치는 도덕적 분노가 끝없이 이어졌다. 언론과 여론은 특히 반유대적 법률이 여전히 발효되고 있고 정적들이 교도소에서 풀려나지 않았다는 사실이 점점 더 명확해지고 있던 시기에 연합국 최고사령관이 비시의 매국노를 북아프리카 수장으로 만들었다며 경악했다. 사실 이것은 드골파에게 특히 실망스러운 일이었다. 하지만 다를랑은 자신의 직위에 만족하지 않았다. 그는 미군이 곧 그를 '다 짜낸 레몬'처럼 버리리라는 것을 잘 알고 있었다.

미국에 의해 이 문제가 발생했기 때문에 드골은 영리하게 대중 앞에서 침묵을 지켰다. 아마도 드골은 비시 프랑스 장교들이 영국을 싫어하는 것만큼이나 자신을 몹시 싫어한다는 사실을 이미 알아채고 있었을 것이다. 비록 드골은 그 사실을 결코 인정하지 않았지만, 드골에 앞서 다를랑 및 지로와 관계를 맺는 미국의 정책을 보면 결국 드골에게 유리한 것이었다. 이 두 개의 징검다리가 북아프리카 내전을 막은 셈이다.

SOE는 런던에 있는 드골파뿐만 아니라 연합국과 관계하고 있는 프랑스 내부 레지스탕스 전체, 그리고 그 밖의 나라에서도 다를랑과의 거래에 대한 불신이 깊은 데 놀랐다. SOE는 튀니지에서 일할 젊은 프랑스인 자원봉사자들을 많이 훈련시키기 위해 미국 OSSOffice of Strategic Services와 함께 알제에 신속하게 기지를 마련했다. 페르낭 보니에라는 지원자는 군주제주의자 계열을 하나로 뭉치기 시작했고, 거드름 피우듯 자신의 이름에 '드 라 샤펠'이라는 말을 붙였다. 이들은 파리의 영주가 프랑스의 왕이 되는 부활의 꿈을 꾸며, 그런 길을 낼 수 있는 통치자로 드골을 점찍었다. 드골 장군의 가족이 군주제주의자들로 알려져 있다는 이유 하나에서였다.

복잡한 음모가 난무하는 이 어두침침한 세상에서 다를랑을 암살하려는 음모가 꾸며지고 있었다. 여기에는 작전 자금 마련을 위해 런던에서 프랑수아 다스티에 장군을 통해 2000달러를 전달한 드골파가 가담했는데, 그중에는 알제 고위 SOE 장교인 근위보병 제1연대의 더글러스 도즈파커 중령, 그리고 암살을 실행한 페르낭 보니에도 있었다. 프랑스 레지스탕스 우두머리인 장 물랭과 함께 프랑스로의 마지막 전용기에 오른 도즈파커는 보니에에게 권총 쏘는 법을 가르쳤다. 훗날 그는 보니에가 암살에 자기 총을 직접 사용했다고 주장했지만, 이는 사실이 아닌 것으로 드러났다. 이 계획에서 보니에는 지중해에 정보원들을 잠입시키기 위한 목적으로 SOE 비밀전대의 게리 홀즈워스가 이끈 보트 뮤틴호를 타고 알제에서 사라지기로 되어 있었다. 그러나 12월 24일, 보니에는 매복하고 있다가 다를랑의 배 부위를 쏜 직후 체포되었으며, 군법회의에 회부된 뒤 숨 돌릴 겨를도 없이 곧바로 처형되었다.

일찍이 '아주 뛰어난 암살자'를 흠모했지만 이번 사건으로 마음이 흔들린 아이젠하워는 도즈파커를 연합군 사령부로 소환하여 SOE가 개입되지 않았다는 논리적 확증을 요구했다. 도즈파커는 이내 아이젠하워에게 확증을 제시했다. 음모에 관한 정보가 사전에 얼마나 퍼졌는지는 입증하기 어려웠다. 런던 OSS는 분명히 그 정보를 알고 인정도 했지만, 처칠이나 SOE 책임자인 찰스 햄브로가 허가한 일은 아닌 듯하다.[12] '다 짜낸 레몬'의 죽음으로 슬퍼한 사람은 그에게 협력했던 연합국 인사 가운데서도 거의 없었다. 새해 하루 전날 루스벨트는 백악관 초대 손님에게 다를랑은 그저 '후레자식'[13]일 뿐이라며 무정하게 말했다.

스탈린그라드 포켓에 갇힌 제6군 부대원들은 크리스마스가 다가오면서 기운을 냈다. 이들은 이와 추위, 배고픔에 시달렸지만, 그것으로 오히려 비참한 상황에 관한 생각을 멈출 수 있었다. 만슈타인이 자신들을 구하기 위해 계획한 겨울폭풍 작전이 실패했음을 알면서도, 많은 병사는 여전히 솥이 끓어오르기를 기원하며 히틀러의 약속대로 그들을 구하러 오는 SS기갑군 포병대의 포성을 듣게 될 날을 상상했다. 제6군은 총통이 자신들을 버릴 거라고는 생각할 수 없었다. 그러나 독일 국방군 총사령부와 만슈타인은 제6군을 둘러싼 소비에트군을 꽁꽁 묶어두기 위해서는 제6군이 희생되어야 한다는 것을 깨달았다. 한편 캅카스에 주둔 중인 독일군은 구출되었다.

제6군 병사들은 '독일 방식으로'[14] 크리스마스를 기념하기를 꿈꿨다. 서로 건네줄 작은 선물들도 준비하고, 종종 작은 조각물이나 많지는 않지만 몰래 모아둔 음식을 꺼내기도 했다. 눈에 덮인 벙커에서는 역경을 함께하는 병사들의 전우애가 여느 때보다도 더 뜻깊게 꽃피었다. 크리스마스이브에는 〈고요한 밤, 거룩한 밤〉을 합창했다. 친숙한 단어들에 많은 병사가 독일에 있는 가족을 생각하며 울음을 터뜨렸다. 그렇지만 이러한 기독교적 감성이 포위망 안의 두 수용소에 갇혀 있는 소비에트 포로들에게는 미치지 않았다. 독일군은 식량을 아끼기 위해 포로들에게 전혀 음식을 주지 않았다. 그 바람에 몇몇 생존자는 죽은 전우의 시체를 먹어야 했다.

현실을 오랫동안 부정할 수는 없었다. 소비에트 전차가 타친스카야 비행장을 공격하는 바람에 이틀간 수송기가 오지 못했다. 제6군은 눈을 녹인 물에 말고기 몇 조각을 넣어 삶은 수프로 연명하다 굶어 죽어갔다. 12월 중순에 포위망 안으로 날아온 군 병리학자 한스 기르겐존 박사는, 시신 50구를 부검한 뒤 곧 놀라운 사실을 발견하게 된다. 군인들이 굶주림 때문에 죽어가는 속도가 다른 상황보다 훨씬 더 빨랐던 것이다. 그는 이것이 스트레스와 장기간의 영양 결핍, 수면 부족, 극심한 추위의 상호 작용으로 인한 결과라고 결론 내렸다. 이와 같은 상호 작용이 신체의 신진대사를 방해한 것이다. 병사들이 먹은 음식의 열량이 몇백 칼로리더라도, 소화기 계통에서 일부밖에 영양을 흡수하지 못한 것일 수 있다. 그 결과 면역력이 약해져 질병을 이겨내는 능력도 떨어졌다. 아프지 않은 병사들조차 깊은 눈밭을 뚫고 나가기에는 체력이 너무 약했고, 파울루스도 히틀러의 명령을 거스를 용기가 부족했다.

야전병원의 상황은 상상도 못 할 만큼 지독했다. 텐트 안에서도 상처로부터 흘러나온 피가 얼어붙었다. 동상으로 손발에 괴저 증세가 나타나 톱으로 잘라내기도 했는데, 손가락은 펜치를 사용해 잘라냈다. 마취제도 없었고, 배나 머리를 심하게 다친 부상병들은 그대로 방치되어 죽어갔다. 수술 대상이 아주 많다보니 냉정하게 부상의 경중을 가려야 했다. 제305보병사단의 군목은 "독일군 병사들은 용감하게 잘 참으며 고통과 싸우고 또 죽어가고 있다. 손이 잘렸는데도 차분할 정도였다"[15]라고 기록했다.

들것이 공간을 지나치게 많이 차지했기 때문에 걸을 수 있는 부상병만 수송기로 구출되었다. 기관단총으로 무장한 야전헌병대가 빙판이 된 굼라크와 피톰니크 비행장 활주로에 대기 중인 비행기를 타려고 마구 달려드는 부상병이나 꾀병 환자들을 저지하려 했다. 기내 안전구역에서도 생존을 보장할 수 없었다. 짐을 잔뜩 실은 융커스 52와 대형 포케불프 콘도르가 진지 한계선에서 날아올 소비에트 대공포의 공격을 피하기 위해 한계선에 도달하기 전에 고도를 높이려 안간힘을 썼다. 지상의 병사들은 부상당한 전우들을 가득 실은 비행기가 추락하여 폭발하는 광경을 지켜보기도 했다.

1943년 새해가 되자 히틀러는 "나와 독일 국방군 모두는 스탈린그라드에 있는 수비대를 구하기 위해 온 힘을 다할 것이며, 제군들이 흔들리지 않는다면 독일 군부 역사상 가장 영광스러운 업적을 이룰 것이다"[16]라는 약속으로 또 한 번의 현실성 없는 희망의 파도를 일으켰다. 제6군의 고통을 헤아린다는 의미에서 히틀러는 총통 본부에서 브랜디와 샴페인을 마시지 못하도록 했다.

독일 사람들은 제6군이 포위되어 있다는 소식을 아직 듣지 못하고 있었다. 그리고 고향에 편지를 보낸 병사들은 이 사실을 알렸다가 가혹한 처벌을 받을까봐 두려움에 떨었다. 한 병사는 새해 그림을 보낼 때 그림 귀퉁이에 프랑스어로 작게 메시지를 남겼다. "우리가 여기에 포위된 지 20일이 됐다. 이렇게 갇혀서 이 자리에 앉아 있는 것이 끔찍하기만 한데 그들은 기다리라고만 한다. 하루에 받는 음식은 빵 200그램과 약간의 말고기 수프뿐이다. 소금도 거의 없다. 이가 물어뜯어 고통스러운데 절대 없어지지 않는다. 벙커 안은 어둡고, 밖은 영하 20~30도쯤 된다."[17] 그러나 이 메시지는 수송기의 야전 우편낭에 실려 있다가 수송기가 격추되는 바람에 고향으로 전달되지 못했다. 돈 전선 정보부는 독일 공산주의자와 탈영병들을 이용하여 가로챈 모든 편지를 조사하고 있었다. 다른 한 병사는 비꼬듯이 이렇게 썼다. "휴일 첫날, 저녁에 거위고기와 쌀밥을 먹고, 둘째 날 거위고기와 완두콩을 먹었다. 오래전부터 거위고기를 먹고 있다. 다만 우리 거위는 다리가 네 개에다 말발굽까지 박혀 있다."[18]

스탈린은 제6군에 가할 최후의 일격, 고리 작전이 지연되는 것을 단 한 순간도 용납할 수 없었다. 로코솝스키는 항공기 300기를 지원받아 47개 사단을 꾸리게 되었다. 1월 8일, 돈 전선 사령부에서 백기를 든 사절 두 명을 보내 파울루스에게 항복을 제안했다. 이는 물론 파울루스의 참모장인 슈미트 육군 중장의 명령 때문이었겠지만, 두 사절은 가져온 문서를 그대로 들고 되돌아가게 되었다.

이틀 후 새벽, 중포의 포격 및 카추샤 로켓포의 굉음과 함께 고리 작전이 시작되었다. 붉은 군대 장교들은 대규모로 결집한 야포들을 자랑스레 '전쟁의 신'이라고 부르기 시작했다. 주요 공격은 포위망 서남쪽 돌출부 '마리놉카의 코'를 향해 이뤄졌다. 허수아비처럼 옷을 칭칭 감은 독일 병사들은 손가락이 붓고 시려 방아쇠를 제대로 쥐기도 어려웠다. 매장되지 않은 시체들 위로 눈이 쌓여 작은 언덕들이 생긴 하얀 설경 사이로 코르다이트 폭약이 터져서 검은 포탄 구멍이 파였고, 그 가장자리는 노랗게 물들었다. 남쪽 전투 지구에서는 루마니아 사단 잔여 병력이 무너지면서 방어선에 1킬로미터의 구멍이 뚫렸다. 곧바로 제64군의 T-34 전차여단이 투입되어 얼어붙은 눈덩이를 무한궤도로 으스러뜨리며 진격했다.

강제 철수해야 했던 서남부의 독일군 사단은 땅이 몹시 단단해 참호를 팔 수 없게 되는 바람에 새 방어선을 구축하지 못하게 되었다. 남아 있는 탄약도 극히 적어 병사들은 소비에트 진격군이 거의 직사거리에 도달할 때까지 기다렸다. 제305사단 군목은 무자비한 소비에트의 공격에 대해 기록했다. "부상병들을 전차로 뭉개버리고, 인정사정없이 부상병과 포로들을 쏴버렸다."[19]

피톰니크 비행장은 부서지고 검게 그을린 비행기 동체로 아수라장이 되었고, 병원 막사 밖은 얼어붙은 시체 더미로 가득했다. 연료도 거의 없어 남아 있는 부상병을 구해 야전병원으로 옮기기도 어려웠다. 전우들이 온 힘을 다해 썰매를 끌어준 덕분에 썰매로 구출된 부상병도 있었다. 이 비참한 광경은 거의 상상을 초월했다. 전의를 상실하고 전쟁울렁증까지 생긴 군인들은 폐허가 된 도시로 다시 탈출하려 했는데, 그 수가 너무 많아 야전헌병대가 단속하기 어려울 정도였다. 한편, 병사 대부분은 러시아 히비와 함께 전투를 계속했다. 이들은 전투가 끝난 후 어떤 운명이 기다리고 있을지 아주 잘 알고 있었다.

1월 16일, 피톰니크가 버려졌다. 그리고 그곳에 배치되어 있던 마지막 메서슈미트가 리히트호펜의 명령을 받고 날아올랐다. 그 밖에 크기가 더 작은 굼라크 비행장은 수송기가 착륙할 수 있는 상태도 아니었고, 비행장 자체도 직접적으로 대포 공격을 받고 있었다. 루프트바페는 보급 물자를 공수 투입하기 시작했지만, 대부분의 물자가 소비에트 전선 뒤쪽으로 떨어졌다. 독일 제295보병사단 소속 대대 전체가 그날 항복했다. 대대 사병들은 동상에 걸린 발로 절뚝거렸고, 입술은 갈라지고 찢어졌으며, 수염에 뒤덮인 얼굴은 누렇고 창백해서 죽어가는 사람의 모습이었다. 일부 대대장은 그런 사병들의 고통을 더 이상 지켜볼 수 없었다. 까마귀 떼가 주위를 맴돌다 땅으로 내려와, 죽은 병사와 죽어가는 병사의 눈을 쪼았다.

붉은 군대는 소름 끼치는 광경을 목격하고 나서부터 아무런 동정도 느끼지 않게 되었다. 돈 전선 NKVD에서 이렇게 보고했다. "노보막시몹스키 마을을 구하러 갔을 때, 창과 문이 벽돌로 막힌 두 건물 안에서 우리 병사들이 소비에트 포로 76명을 찾아냈다. 그중 60명이 굶주려 사망했고, 시체 몇 구는 부패했다. 나머지 포로들은 목숨만 붙어 있는 상태이며 매우 굶주려서 대부분 일어서지 못한다. 이 포로들은 이곳 건물 안에서 두 달가량을 보낸 것으로 드러났다. 독일군이 포로들을 굶겨 죽였다. 가끔 독일군은 포로들에게 썩은 말고기 조각을 던지기도 하고 소금물을 마시라고 주기도 했다."[20] 임시수용소 205호의 담당 장교는 훗날 스메르시 심문에서 다음과 같이 이야기했다. "1942년 12월 초부터, 독일 제6군이 슈미트 중장의 지시로 수용소에 식량 보급을 완전히 중단하면서 아사자가 속출하기 시작했다."[21] 그리하여 소비에트 군인들은 독일 부상병들에게 자비를 베풀지 않았다. 그리고 특히 굼라크에 있는 다른 수용소에서 굶주리다가 겨우 생존한 마지막 러시아 포로들을 발견한 뒤부터는 더욱 차가워졌다. 그런데 비참하게도, 포로들을 구출해낸 구조병들이 뜻하지 않게 포로들을 죽이고 만 일이 발생했다.[22] 음식을 지나치게 많이 줬던 것이다.

1월 22일, 제6군 사령부로 히틀러의 메시지가 전달되었다. "항복은 있을 수 없다. 군은 끝까지 싸우도록 하라. 가능한 한 방어망을 줄이되 아직 전력이 있는 부대로 유지하라. 방어망 안에서 보여준 용기와 끈기가 새 전선을 구축하고 반격을 개시할 기회를 주었다. 따라서 제6군은 독일 역사상 가장 위대한 길에서 역사적인 공헌을 한 것이다."[23] 사병들이 '야생동물처럼' 사지로 땅을 짚고 기어다니는 스탈린그라드의 지하실 상황은 더욱 비참했다.[24] 제6군 부상자와 환자는 줄잡아 4만 명 정도가 살아남았다. 동상이 심한 손발에서 붕대가 떨어져나가면 손가락, 발가락이 함께 떨어지기도 했다. 힘이 없어 아무도 시체를 치울 수 없었다. 살아 있는 살점을 찾아 회색 이가 시체를 떠나 돌아다녔다.

1월 26일, 제21군이 마마예프 쿠르간 묘지 북쪽 로딤체프 예하 제13근위사단 전선에 도달했을 때, 남아 있는 제6군 병사들은 둘로 나뉘었다. 이질로 고생하던 파울루스도 신경쇠약으로 붉은 광장 우니베르마크 백화점 지하실에 누워 있었다. 이제 책임자는 슈미트였다. 휘하의 몇몇 장군과 고위 장교들은 항복의 굴욕을 맛보기보다 총으로 자살하는 길을 택했다. '군인식 자살'을 택해 참호에 서서 적탄에 맞기를 기다리는 사병들도 있었다.

히틀러는 파울루스가 육군 원수로 진급했음을 알렸다. 파울루스는 그것이 자살 명령을 뜻한다는 것을 알고 있었지만, 이제 히틀러를 향한 그의 모든 경외심은 연기처럼 날아가버렸기 때문에 총통에게 그런 만족감을 안겨줄 생각은 없었다. 1월 31일, 붉은 군대 병사들이 우니베르마크 건물로 들어갔다. 자하리 라이즈만이라는 소비에트 통역가이자 유대인 중위는 "파울루스는 완전히 기력을 잃었다. 입술이 떨리고 있었다. 그는 슈미트 장군에게 주변이 몹시 시끌벅적하고 방 안에 사람이 너무 많다고 말했다"[25]라고 기록했다. 라이즈만은 독일 장교와 사병 151명을 사단 사령부로 인도했다. 그는 이동 중에 붉은 군대 군인들이 이들을 모욕하지 못하도록 해야 했다. 그러자 한 독일 대령이 들으라는 듯 큰소리로 말했다. "참 묘한 운명이군. 유대인이 우리를 다치지 않도록 신경 쓰고 있다니." 파울루스와 슈미트는 슈밀로프 장군의 제64군 사령부로 보내졌고 항복 장면은 필름에 담겼다. 파울루스의 신경성 틱은 여전히 심했다.

히틀러는 항복 소식을 듣고 침묵했다. 앞에 놓인 채소 수프만 응시하는 듯 보였다. 하지만 다음 날, 파울루스가 자살하지 않은 것을 두고 히틀러의 분노가 폭발했다. 폐허가 된 스탈린그라드 북쪽에서 얼마 남지 않은 제11군단의 잔류병을 이끌던 슈트레커 장군도 2월 2일에 항복했다. 붉은 군대는 예상보다 훨씬 더 많은 9만1000명을 포로로 잡았다. 준비가 부족했던 탓에 이들은 한동안 음식과 의료 지원을 받지 못했고, 봄까지 절반가량이 사망했다.

스탈린그라드 전투에서 발생한 소비에트군 전체 사상자 수는 110만 명으로 집계되었으며, 그중 약 50만 명이 사망했다. 독일군과 동맹군 또한 50만명 이상을 전사 혹은 포로로 잃었다. 모스크바 크렘린 궁에서는 승전을 알리는 종소리가 울렸다. 스탈린은 이 역사적인 승리의 위대한 설계자로 묘사되었다. 소련의 평판이 세계에 퍼져나갔고, 그로 인해 공산주의자가 이끄는 저항운동에 많은 참여자가 모여들었다.

독일의 라디오 방송국에는 장엄한 음악을 내보내라는 지시가 떨어졌다. 제6군이 11월부터 포위되어 있었다는 사실을 끝까지 인정하기를 거부하면서, 괴벨스는 제6군 전체가 마지막까지 싸우다 괴멸된 것처럼 보이게 하려 했다. "이들의 죽음으로 독일이 살 수 있었던 것입니다." 그러나 영웅적 신화를 만들려던 괴벨스의 시도는 곧 역풍을 맞았다. 남몰래 BBC 방송을 듣고 있던 사람들의 입을 통해, 모스크바에서 포로 9만1000명을 사로잡았다고 발표한 내용이 빠르게 퍼져나갔다. 패배의 충격이 독일을 뒤덮었다. 아직 전쟁에서 이길 수 있다고 믿는 사람은 광적인 나치주의자들뿐이었다.

독일 국방군 총사령부는 스탈린그라드에서 제6군이 항복한 뒤 독일 국민 사이에서 크나큰 동요가 일자 불안해졌다. 그리고 장교들에게는 전투에 관해 이른바 '사실에 입각한 설명'[26]으로 군부나 정치 지도자들을 비판하여 상황을 악화시키지 말라며 강하게 경고했다. 군대에 '국가사회주의적 시각'을 주입하려는 시도가 늘어난 한편, 관계 당국은 '정치에 관심을 두지 않고 군대생활을 해온'[27] 노령의 국방군 장교들이 휘하 병사들에게 사상을 세뇌시키는 일에 별 흥미를 보이지 않았다는 내용의 보고서를 받았다. 헌신적인 장교들과 SS친위대는 이념 교육 면에서는 붉은 군대가 훨씬 더 효율적이라며 불평했다.

2월 18일, 괴벨스는 베를린 체육궁전에서 열린 대중 집회에서 "총력전이 곧 단기전!"이라는 주제를 던졌다. 분위기는 열광적이었다. 그는 연단에서 외쳤다. "총력전을 원합니까?"[28] 청중은 벌떡 일어나 찬성의 뜻을 외쳤다. 이 일을 취재한 반나치 성향의 기자조차 열심히 자리에서 일어나 동조했다가 나머지 청중이 "예!"라고 외칠 때만 가만히 있었다고 훗날 고백했다. 훗날 그는 만약 괴벨스가 "모두 죽음을 원합니까?"라고 해도 군중은 "예"를 외쳤을 거라고 친구들에게 말했다. 나치 정권은 자신들의 범죄와 광기에 국민 전체를 끌어들였다. 그것이 고의였든, 아니든 간에 말이다.

카사블랑카와 하리코프 그리고 튀니스

　1942년 12월, 앤더슨 예하 제1군이 폭우가 쏟아지는 튀니지의 고지에서 악전고투하는 동안, 몽고메리 예하 제8군은 퇴각하는 로멜 기갑부대를 따라잡는 데 실패했다. 승리의 보증수표라는 자신의 평판이 손상될까봐 노심초사했던 몽고메리는 독일군의 특기인 기습 반격을 당해 자존심을 구기고 싶지 않았다. 셔우드 기습 부대의 부대장이 말한 대로, 다수의 연대가 '아쉬운 사람이 추적을 하도록'[1] 내버려두는 것에 만족했다. 이들은 이제 할 만큼 했다고 생각하며 루거 권총이나 술, 담배, 초콜릿과 같이 버려진 독일 차량에서 얻은 전리품들에 더 관심을 보였다.

　영국군이 아직 독일군과 기동전을 치를 준비가 되어 있지 않다고 봤던 몽고메리의 생각이 옳았을 수도 있지만, 몽고메리가 기병전을 싫어했기 때문에 그만큼 작전 지시에 지나치게 신중을 기한 것도 사실이었다. 장갑차연대인 제11경계병대와 왕립용기병대만이 후퇴하는 독일군을 꾸준히 압박할 수 있는 정도였다. 당시에 아무리 로멜의 병력이 사병 약 5만 명과 1개 대대에 채 못 미치는 전차부대로 축소되었다고 해도, 몽고메리는 위험을 감수하기 꺼렸기 때문에 어느 시점에는 트리폴리와 튀니스까지 앤더슨의 제1군에 맡길 것을 고려하게 된 것이다. 이러한 자기만족은 아래로 퍼져나갔다. 셔우드 기습 부대의 중위였던 시인 키스 더글러스는 "우리가 지켜본 적군은 너무나 지리멸렬해서 부대를 재구성한다고 해도 우리에게 큰 타격을 입히기는 불가능해 보인다"[2]라고 썼다. "연합군이 북아프리카에 상륙했다는 소식을 들었을 때, 아프리카에서 적군을 소탕하는 데 몇 주 이상 걸릴 거라고 생각한 사람은 극소수에 불과했다."

이집트 사막공군도 할파야 고개를 넘어 리비아로 다시 후퇴하고 있는 로멜의 군대에 손을 쓰지 못했다는 이유로 비난을 받고 있었다. 하지만 그것은 전방 비행장까지 연료와 보급품을 전달하는 데 시간이 오래 걸린 탓이었다. 커닝엄 공군 소장은 미국에 다시 도움을 요청했고, 현재 공군 제9비행단으로 불리는 브레러턴 사령부가 전방에 연료를 공수하기 시작했다. 북아프리카 전투에서 패전을 확신한 로멜은 시르테 만에 위치한 알아게일라 동쪽 메르사엘브레가에 방어선을 구축했다. 그곳은 로멜이 1942년 2월에 사막 전투를 시작한 곳이었다.

1943년 1월 14일, 미국에서 출발한 닷새간의 여정으로 지친 루스벨트가 카사블랑카에 도착했다. 그날 저녁 루스벨트와 처칠이 앙파에서 만나고, 다음 날에는 연합참모단이 모여서 북아프리카 전역에 관한 아이젠하워의 보고를 들었다. 아이젠하워는 신경이 날카로운 상태였다. 그는 독감을 앓고 있으면서도 손에서 카멜 담배를 놓지 않았으며, 심한 고혈압까지 있었다. 튀니스에서 즉흥적으로 시도한 공격은 실패했다. 아이젠하워는 앤더슨이 약한 군대를 한곳에 집중시키지 않은 사실보다 비와 진흙, 프랑스군과의 협력 난항 등을 문제 삼았다. 또한 휘하의 참모장인 월터 스미스가 해결하려 애쓰고 있던 보급 체계도 혼란에 빠져 있음을 인정했다.

그러고 나서 아이젠하워는 로이드 프리덴들 소장 예하 제2군단 소속의 1개 사단으로 가베스 만에 위치한 스팍스로 밀고 올라갈 계획의 개요를 설

제2차 세계대전

명했다. 그러자 브룩 장군이 이 계획을 날카롭게 비판했다. 브룩은 퇴각 중인 로멜의 부대와 튀니스에서 한스위르겐 폰 아르님 상급대장이 이끄는 이른바 제5기갑군 사이에서 공격 부대가 괴멸될 것이라는 점을 지적했다. 매부리코에 수척한 얼굴을 한 브룩이 눈을 반쯤 내리깐 채 몸을 앞으로 숙이고 특히 혀를 내밀어 입술을 핥을 때는 마치 맹금류와 파충류를 섞어놓은 듯한 모습이었다. 크게 동요한 아이젠하워는 그 계획을 재고해보겠다며 방에서 나갔다.

카사블랑카 회담 자체는 아이젠하워에게 좋은 일이 아니었다. 그는 해임될까봐 두렵다고 패튼에게 고백할 정도였다. 게다가 미군의 형편없는 군기와 후방의 혼란에 대해 마셜 장군으로부터 심한 꾸지람까지 들었다. 한편 패튼은 자신이 장담한 대로 카사블랑카에서 민첩하게 군단을 꾸려 모두에게 좋은 인상을 남겼다.

회담의 주제는 전략 수립이었다. 킹 제독은 연합군의 모든 자원을 태평양에 있는 일본을 향해 쏟아부어야 한다는 생각을 감추지 않았다. 그는 극동지역 '현상 유지' 정책을 격하게 반대했다. 그리고 미군은 장제스의 국민당군을 지원하는 것에 영국보다 더 큰 관심을 보였다. 하지만 그때 브룩 장군은 북아프리카 전쟁을 끝내고 시칠리아를 침공한다는 데 모두의 동의를 얻어내야겠다고 결심한 상태였다. 그는 마셜이 전략을 제대로 파악하지 못하자 크게 실망했다. 1943년까지 미군은 프랑스에서 44개 독일 사단에 맞설 능력이 없었고 연합군의 함정과 상륙주정이 부족함에도 불구하고 마셜은 1943년에 해협 횡단 침공을 하겠다는 생각에 아직도 매달려 있었다. 결국은 마셜이 양보해야 했다. 영국은 참모들의 준비가 철저해 모든 통계자료를 가지고 있었던 반면 미군은 그렇지 못했다.

브룩은 마셜이 미국의 군사력을 건설하는 데는 뛰어나지만 그것을 사용하는 방법은 잘 모른다고 생각했다. 일단 미군에서 프랑스 침공 문제를 논

의하더라도 후속 방침이 불투명하면 브룩은 고집스럽게 반대하여 막아냈
다. 그는 또한 시칠리아 대신 사르디니아를 침공하자는 영국 기획관들과의
싸움에서도 이겨야 했다. 마침내 1월 18일, 브룩은 워싱턴 주재 영국 군사
대표가 된 딜 육군 원수와 공군참모총장인 찰스 포털 공군 대장의 도움으
로, 허스키 작전을 펼쳐 시칠리아를 침공한다는 영국의 지중해 전략에 합
의하도록 미군을 설득해냈다. 영국을 깊이 신뢰하지 않았던 미국 국방부 기
획가 웨드마이어 준장은 훗날 "왔노라, 들었노라, 정복당했노라"[3]라고 하며
설득에 넘어갔음을 인정해야 했다. 카사블랑카 회담은 그야말로 영국의 영
향력이 절정에 달한 회담이었다.

영국군과 미군은 양파 회담 기간에 서로를 더 잘 알게 되었지만, 늘 서로
를 좋게만 본 것은 아니었다. 호탕한 성격의 패튼은 앨런 브룩 장군을 '단지
사무원'[4]으로 평가한 반면 패튼에 대한 브룩의 분석은 훨씬 더 사실적이었
다. 브룩은 패튼을 "위풍당당하고 용감하며 야성적이고 불안정한 지도자이
며 돌격과 추진력이 필요한 작전에는 능하지만 기술과 판단이 필요한 작전
에는 약하다"[5]고 평가했다. 영국군과 미군의 의견이 일치한 점이 있다면, 마
크 클라크 장군이 오로지 자기밖에 모른다는 사실이었다. 아이젠하워는 커
닝엄 제독 및 훗날 그의 부사령관이 된 아서 테더 공군 중장과 잘 지냈지
만, 미군 입장에서 본 '아이젠하워(아이크)'는 전쟁지역에 끼치는 영국의 영
향력을 지나치게 크게 받아들이는 사람이었다. 아이젠하워의 부하로서 알
렉산더 장군이 지상군 전체를 책임지게 되었다. 패튼은 처음에 알렉산더를
존경했지만 그가 미군을 한 수 아래로 보는 것을 알고는 정나미가 떨어지
고 말았다. 패튼은 얼마 지나지 않아 일기장에 "아이젠하워는 영국인보다
더 영국인 같다. 영국이 시키는 대로 다 하고 있다"[6]라고 썼다.

하지만 그런 아이젠하워도 해럴드 맥밀런이라는 영국 정치고문과 함께
일해야 한다는 사실은 내켜 하지 않았다. 맥밀런은 드골을 지지하기로 결

심했고, 다를랑이 암살된 후 아이젠하워나 루스벨트도 더 이상 그를 배제할 만한 구실을 찾지 못했다. 아이젠하워는 또한 맥밀런이 처칠과의 친분과 장관이라는 신분을 이용해 지휘 체계에 간섭을 하지 않을까 걱정했지만 맥밀런은 지위를 이용할 생각이 없었다. 그는 미군이 곧 동맹국 내에서 거의 모든 힘을 지배하게 될 것임을 예상하고 더욱 교묘하게 접근하고 싶어했다. 고전적인 방식으로 미국인을 고대 로마인과 비교해보면서, 맥밀런은 영국보다 힘센 동맹국을 다룰 때 '클라우디우스 황제의 작전을 수행했던 그리스 노예'[7]의 역할을 하는 것이 가장 좋은 방법이라고 생각했다.

아이젠하워는 다를랑과의 거래에 대해 내놓은 미국과 영국 언론의 반응 때문에 아직도 시달리고 있는 기분이었다. 그는 한 친구에게 편지를 썼다. "나는 한때 군인이자 가짜 정치인이고 풋내기 정치가이며 부덕한 외교관일세."[8] 다방면으로 너무나 많은 업무에 질식할 지경이 된 아이젠하워는 자신의 정치적 문제들을 월터 스미스에게 넘겨주었고, 부담스러운 다른 문제점들까지 넘겨 위궤양을 앓던 스미스를 힘들게 했다. 월터 스미스는 미국 장교들에게는 독설을 날리기로 유명한 사람이기는 했지만, 영국과 프랑스 장교들과는 그럭저럭 잘 지냈다.

북아프리카에서 특히 두드러진 문제는 처칠과 루스벨트가 카사블랑카에서 해결하려 노력했던 샤를 드골 장군의 역할 문제였다. 루스벨트는 드골에 대한 의심을 거두지 않았지만, 처칠은 지로와 드골을 재촉하여 둘을 한자리로 끌어들이고 카메라 앞에서 악수까지 하게 만들었다. 루스벨트는 태연한 척 앞뒤를 재지도 않고 프랑스군 11개 사단에 무기와 장비를 제공하겠노라고 지로에게 약속했다. 드골은 처음에 카사블랑카로 오라는 호출에 불응했지만, 결국은 지로를 북아프리카 주둔 프랑스군 총사령관으로 두고 정치 지도자로 발돋움하게 하는 데 일단 만족하기로 했다. 이 때문에 드골은 조금 더 기다려야 했다. 드골은 권력의 전환이 지나치게 어렵지는 않으리라는 것을 알고 있었다. 용감한 '양철 병정'이 결연한 정치적 야심가의 상대가 될 리는 없었다.

두 프랑스 장군이 마지못해 악수를 나누는 낯 뜨거운 가식극이 사진기자들에 의해 반복적으로 보도되자, 루스벨트 대통령은 연합국이 독일과 일본의 무조건적 항복을 받아내고자 한다고 발표했다. 루스벨트가 목표를 공표하기로 결심한 것이 처칠을 놀라게 했지만 곧 영국은 그에 전면 동의한다는 내용의 성명을 냈다. 처칠의 생각에 이것은 루스벨트가 아무리 전시 내각의 동의를 미리 구했다고 하더라도 그리 심사숙고하지는 않았음을 의미하는 것이었다. 어쨌거나 이 선언이 의심 많은 스탈린에게 확신을 심어주었다고 하더라도 전쟁 결과에는 큰 변화를 일으키지 못한 것이 분명했다. 나치와 일본 지도부 모두 끝까지 싸울 생각이었던 것이다. 빠른 결과를 얻기 위해 내린 중대한 결정이 또 하나 있는데, 바로 폭격기 사령부와 미국 제8비행단을 이용하여 독일에 대한 전략 폭격을 단계적으로 실행하는 것이었다.

루스벨트와 처칠이 마라케시에서 공동으로 스탈린에게 전문을 보내 카사블랑카에서 내린 결정에 관해 통보했지만, 처칠의 예상대로 스탈린은 아무런 감흥이 없었다. 어쨌든 횃불 작전으로 연합군 군대가 북아프리카에 상륙하면서 자극을 받은 히틀러는 튀니지 병력을 강화하고 프랑스 남부를 점령하게 되었다. 이것은 실패한 해협 횡단 작전보다 더 효율적으로 독일군을 분산시켰다. 또한 이 일의 여파로 독일 항공대는 동부 전선으로부터 항공기 400기를 재배치하게 되었는데, 그 결과는 비참했다. 1943년 늦은 봄까지 독일 공군은 지중해에서 전체 병력의 40퍼센트를 잃었다. 그러나 스탈린은 그렇게 자세한 내용을 듣고도 분노가 누그러지지 않았다. 프랑스에서 독일과 충돌하여 소모전을 치르는 것을 지연시켜보려는 영미권의 결정에 화가 난 것이다. 붉은 군대는 아직도 엄청난 수의 독일군을 마주하고 있는 데다 앞으로도 계속될 것이기 때문이었다.

1월 12일, 카사블랑카 회담이 시작되기 바로 며칠 전, 붉은 군대는 불꽃 작전을 개시하여 라도가 호 남쪽 레닌그라드에서 독일 포위망을 뚫으려는 시도를 한다. 스탈린은 주코프를 전장으로 돌려보내 공격을 지휘하도록 했는데, 주코프는 제2돌격대로 '본토'에서 공격하기로 하고, 제67군을 활용하여 레닌그라드 측면을 공격하며, 스키부대 3개 여단을 단단히 얼어붙은 호수 위로 건너게 했다. 그런데 제67군이 공격하려면 네바 강을 건너야 했기 때문에 경전차가 지나다닐 수 있을 정도로 강물이 단단히 얼 때까지 기다리는 수밖에 없었다.

대량 폭격으로 포문이 열리고, 마지막으로 카추샤 로켓의 굉음이 터졌다. 영하 25도의 날씨에 하얗게 위장한 소비에트 부대가 얼음 위로 돌진해 나갔다. 라도가 호 서남쪽 가장자리에서 실리셀부르크의 성채가 포위되었다. 숲과 얼어붙은 늪지대에서 전투가 벌어진 지 이틀이 지나고, 2개 공격 부대의 선봉이 서로 10킬로미터 이내의 거리에 있었다. 소련군이 타이거 전차를 온전하게 노획하여 소련 기술자들의 연구에 큰 도움을 주었다.

1월 15일에 젊은 통역사 이리나 두나옙스카야는 얼어붙은 네바 강을 걸어서 건너 전쟁터에 이르렀다. 두나옙스카야는 '마치 유리 석관처럼 투명한 얼음판 아래에서'[9] 죽은 병사들을 보았다. 점령당한 독일군 사령부에서는 훈장 수여 추천장을 말아서 담배를 피우는 붉은 군대 병사들을 발견했다. 병사들의 별명으로 미루어보아 두나옙스카야는 이들이 굴라크에서 풀려나 이송되어온 죄수들임을 알고 있었던 것 같다. 사령부 바깥 풍경을 그녀는 이렇게 묘사했다. "나뭇가지가 떨어져나가 바닥에 떨어져 있고, 나무는 쓰러져 있으며 눈은 검댕이 묻어 시커멓다. 군인 시체가 너부러지거나 쌓여 있는데 대부분 적군이지만 아군도 섞여 있다. 말 시체도 보이고, 탄약도 흩어져 있고, 부서진 무기도 있다. 여자인 내 눈으로는 도저히 감당이 안 되는 광경이다⋯⋯ 어린 독일 군인의 시체가 마치 아직 살아 있는 듯 아주 자연스러운 포즈로 길에 누워 있었다. 그을린 독일군 시체 세 구는 거대한 차량 앞좌석에 그대로 앉아 있었다. 도로의 물웅덩이에 생긴 얼음 아래에서 우리 병사의 시신을 또 발견했다. 마치 육중한 차량이 얼마 전에 깔고 지나가 유리 밑에 납작하게 뭉개진 듯했다⋯⋯ 멀리 보이는 광경은 모두 옅은 회색이었고, 소나무 줄기는 회갈색을 띠었다. 모든 색이 음산하고 차갑고 외로웠다."

한 전차 운전병이 어머니에게 편지를 썼다. "어머니의 기도가 전쟁 중인 저를 지켰나봅니다. 지뢰밭을 네댓 번 통과하는 동안 수많은 전차가 폭발했는데도, 포탄이 터져 전차가 박살나고 지휘관과 포수가 죽었는데도, 저는 다친 곳 하나 없이 살아남았어요. 이곳에 있는 사람은 운명론자가 되고 극단적인 미신론자가 됩니다. 저는 피를 몹시 갈구하게 되었어요. 독일 놈들을 죽일 때마다 희열을 느껴요."[10]

1월 18일, 소비에트 2개 군은 3만 4000명의 사상자를 내면서 간격을 메웠다. 레닌그라드 포위망이 뚫렸다. 비록 레닌그라드와 '본토'를 잇는 육로의 폭이 10여 킬로미터밖에 되지 않는다 해도 어쨌든 뚫린 것이다. 스탈린은 그날 주코프를 소연방 원수로 진급시켰다.

라도가 호 남쪽 지구를 획득하고 그곳을 가로지르는 철로가 새로 놓이면서, 레닌그라드로 향하는 보급품이 현저히 늘었다. 하지만 그 철로는 독일 포병대의 손쉬운 표적이 되었기 때문에 소비에트 사령부는 티모셴코 원수의 지휘로 북극성 작전이라는 또 다른 공격을 개시했다. 티모셴코는 2월 23일 시냐비노를 탈환할 것을 붉은 군대에 지시했다. 교두보를 확장하려는 이 시도는 대규모 포격으로 시작되었다. 땅이 몹시 습해 포탄이 터져도 진흙이 솟구치는 정도이거나, 아예 터지지 않는 것도 수두룩했다. 붉은 군대

　　　　　　　　　　　　　　　　　　제2차 세계대전

는 독일 전선을 돌파하여 전나무와 자작나무가 가득한 숲을 지나 전진했다. 바실리 추르킨이 군대 매춘소를 지나갔을 때의 기억을 이야기했다. "독일군이 울퉁불퉁한 판자로 대충 지어놓은 2층짜리 막사가 있었다. 사람들이 말하길, 인근 마을에 사는 러시아 여자 75명이 그 막사에 살고 있다고 했다. 독일군이 여자들을 강제로 잡아간 것이다."[11]

독일 제26육군군단은 탁월한 기술로 역습 타이밍을 조절했다. 추르킨은 이렇게 기록했다. "타이거 전차 몇 대가 우리를 향해 움직이더니, 우리가 움직일 때마다 포를 쏘아댔다. 그리고 독일 보병대가 뒤따라 왔다. 전차가 다가오자 우리 병사들은 참호에서 벗어나 퇴각하기 시작했다. 소대 지휘관들이 그 겁쟁이들에게 참호로 돌아오라고 외쳤지만, 혼란은 빠르게 번져갔다."

북극성 작전으로 큰 피해를 입은 국방군 부대에는 주로 스페인 팔랑헤당의 자원자로 구성된 스페인 청색사단[12]도 있었다. 청색사단은 바르바로사 작전이 개시된 지 단 닷새 만에 마드리드에서 구성이 결정되어 만들어진 부대였다. 스페인 우파는 소련이 내전을 일으킨 주요 선동국이라며 여전히 소련을 비난하고 있었다. 초기 자원자의 약 5분의 1이 학생이었던 청색사단은 참전 부대 중 지식인이 과도하게 가장 많은 부대라고 할 수 있었다. 팔랑헤 당원이 된 정규군 장교 아구스틴 무뇨스 그란데스 장군의 지휘로 제250보병사단이라는 부대가 조직되어 바이에른에서 훈련을 거친 뒤 노브고로드로 투입되었다. 숲과 늪지가 있는 노브고로드에서 병사들은 병과 동상으로 매우 힘들어했다. 그러나 히틀러는 제250보병사단이 공격을 받으면서도 탄력을 유지하고, 1942년 봄에는 블라소프의 제2충격군을 격파하는 데 공헌하자 이에 탄복했다.

이조라 강 전투 지구를 방어하던 청색사단은 24시간 동안 전투를 하면서 2525명의 사상자를 내고도 방어선을 지켰다. 1개 연대가 괴멸되었지만, 독일 증원군이 투입되면서 전선은 재구축되었다. 이 전투는 청색사단이 참

여한 전투 중 희생이 가장 컸으며, 그와 동시에 소비에트의 공격을 무력화
하는 데도 공헌했다.

러시아 남쪽에 있던 만슈타인은 소토성 작전 때문에 제1기갑군과 제
17군을 캅카스 서북쪽 끄트머리 로스토프 남쪽에 위치한 쿠반 교두보로
철수시켜야 했다. 로코숍스키는 공세가 약해지는 가운데 로스토프로 진군
하여 적군을 완전히 차단하지 못한 것은 좋은 기회를 놓친 것이라며 불평
했다. 그러나 이번에도 스탈린은 1년 전과 같이 낙관적으로만 판단했다가
고전을 면치 못하게 된다. 스탈린은 독일군이 재난에서 회복하는 속도가 얼
마나 빠른지를 까맣게 잊고, 독일 제6군의 항복으로 자유로워진 야전군들
을 돈바스와 하리코프 작전에 투입하여 동우크라이나를 해방시키려 했다.

2월 6일에 만슈타인은 히틀러를 만났다. 히틀러는 스탈린그라드 전투 패
전에 대한 책임을 처음에는 받아들였다가, 나중에는 그 재앙을 괴링 등의
탓으로 돌렸다. 그는 파울루스가 자살하지 않은 것을 두고 불만을 늘어놓
았다. 한편 이 소식에 더욱 흥분한 것은 일본이었다. 도쿄에서 신임 외무상
시게미쓰 마모루와 약 150명의 일본군 장군 및 고위 장교들은 러시아 카메
라맨이 제작한 스탈린그라드 영상을 시청했다. 파울루스와 그 밖의 생포된
장군들이 나오는 장면에서 이들은 큰 충격을 받았다. 이게 말이나 되는 일
이냐며 믿을 수 없다는 듯 반문했다.[13] "만약 이게 사실이라면, 파울루스는
왜 진정한 군인처럼 자살을 하지 않았나?" 그때 문득 무적의 히틀러가 결
국에는 패전하고 말 것이라는 생각이 일본군 지도부의 머리를 스쳐갔다.

만슈타인은 이제 더 유연하게 작전을 펼칠 수 있는 입장이 되었다. 히틀
러는 점령한 지역을 견고하게 방어하고 싶어했지만, 남러시아에서 다가오는
괴멸의 위협이 역설적이게도 만슈타인에게 기회가 되면서 전체 전투에서
가장 놀라운 반격이 이뤄지게 된다.

붉은 군대는 만슈타인 군대의 왼쪽 측면에서 헝가리 제2군을 격파하고 보로네시 전선이 독일 제2군 일부 병력을 포위한 뒤, 쿠르스크 돌출부가 되는 지역을 장악하기 위해 서쪽으로 밀고 나갔다. 한 병사가 2월 10일에 아내에게 편지를 썼다. "열흘 전부터 우리는 파시스트의 손아귀로부터 막 해방된 땅에서 행군을 하고 있소. 어제는 우리 장갑차량들이 벨고로트 안으로 뚫고 들어갔다오. 전리품도 많이 얻었고 전쟁포로도 많이 잡았소. 행군하는 동안, 포로로 잡힌 헝가리인, 루마니아인, 이탈리아인, 독일인 무리가 수도 없이 보이더이다. 히틀러의 충성스런 똘마니들이 얼마나 불쌍한 모습을 하고 있는지 당신이 봐야 하는 건데. 대부분 군화를 신었지만, 어떤 자들은 짚신을 신거나 여름 군복을 입고 있었고 방한 외투는 단 몇 명만이 입고 있었소. 그리고 겉에는 남자 옷, 여자 옷 구분 없이 훔친 옷을 걸치고 있었소. 머리에는 앞뒤에 챙이 있는 모자를 쓰고, 여성용 숄을 몸에 둘렀더이다. 동상에 걸린 자도 많고, 이가 우글거려 어찌나 불결하던지. 이런 하찮은 인간들이 우리 나라에 이렇게 깊이 들어와 있었다고 생각하니 혐오스럽기 짝이 없소. 우리는 이미 보로네시와 쿠르스크에서 270킬로미터를 행군해왔소. 너무나 많은 마을과 도시, 공장, 다리 등이 파괴되었다오. 붉은 군대가 도착하니 민간인들이 집으로 돌아가고 있는데, 참 행복해 보이는군요."[14]

보로네시 전선 병력 일부가 하리코프로 진군했다. 2월 13일, 히틀러는 LAHLeibstandarte Adolf Hitler, 다스 라이히 사단으로 이뤄진 파울 하우서의 제2SS기갑군단이 도시를 지켜야 한다고 고집했다. 하우서는 자신의 계획에 따라 히틀러의 명령을 거역하고 철수했다. 같은 시각, 만슈타인은 제1기갑군을 미우스 강으로 후퇴시켰다. 4개 군으로 구성된 소비에트 서남 전선이 서쪽으로 뻗어나갔다. 선봉에는 포포프 중장이 지휘하는 4개 전차군단이 나섰다.(하지만 독일의 1개 기갑군단보다 더 강력하지는 않았다.) 스탑카에서는 하리코프 남쪽 독일 전선 사이의 간격을 이용하면 곧 대승을 거두리라고 생각했지만, 문제는 자체 보급로가 너무 늘어나 있다는 것이었다.

2월 17일, 자신의 명령이 무시되자 격분한 히틀러는 만슈타인과 담판을 짓기 위해 자포로제로 날아갔지만, 만슈타인은 일을 제대로 처리하고 있었다. 만슈타인은 이제 토텐코프 사단을 증원받은 제2SS기갑군단을 제4기갑군의 지휘 아래에 넣고, 제1기갑군은 밑에서부터 소비에트군을 공격하도록 대기시켰다. 히틀러는 만슈타인의 계획에 찬성해야 할 것 같은 기분이 들었다. 만슈타인은 이중 반격으로 포포프의 기갑부대를 격파하고 제1근위군과 제6군을 포위하다시피 했다. 그때 연료가 바닥난 제25전차군단 병사들은 모든 차량을 버리고 소비에트 전선으로 걸어가야 했다.

3월 첫째 주, 독일 제4기갑군은 하리코프로 다시 진군했고, 하우서는 불필요하게 소모가 컸던 전투를 끝내고 마침내 3월 14일에 도시를 탈환했다. 봄이 되자 비가 많이 내려 추가 작전은 곧 중지되었다. 소비에트 포로들은 시체를 묻는 데 투입되었다. 포로 대부분이 굶주렸기 때문에 시체 주머니를 뒤져 음식 부스러기라도 찾아 먹으려고 하면 곧 시체 약탈 행위로 간주되었다. 대개는 바로 총살되었지만, 고문하기를 즐기는 사디스트들은 포로들이 천천히 죽도록 했다. 한 독일 병사는 잠긴 문을 딴 혐의가 있는 소비에트 포로 세 명을 잡아 함께 묶었다. 다른 병사의 기록이다. "그는 포로를 감금한 뒤, 포로 중 한 명의 옷 주머니에 수류탄을 넣고 핀을 뽑은 다음 안전한 곳으로 재빨리 달아났다. 내장이 터져버린 세 러시아인은 마지막 순간까지 살려달라고 소리쳤다."[15]

히틀러는 하계 전투로 동부 전선에서 다시 한번 독일 전세의 우위를 점하기 위해 거대한 쿠르스크 돌출부를 주시했다. 그런데 소련에 투입된 독일군은 비참할 정도로 병력이 약해져 있었다. 제6군과 동맹군에 발생한 손실을 제외하고도, 레닌그라드를 둘러싸고 벌어진 전투, 붉은 군대의 르제프 공세로 제9군이 맞섰던 전투에서는 물론이고 캅카스에서 철수하던 중에 발생한 사상자까지 그 피해가 엄청났던 것이다. 퇴각 중 연료가 떨어지면 수많은 차량을 버리고 수류탄으로 엔진을 터뜨렸다. 부상자를 실은 트럭을 끄는 데 전차가 이용되기도 했다.

또한 연합국의 침공에 대비해 부대가 튀니지와 프랑스로 이동하면서 동부 전선에서 국방군 병력 규모가 줄어들었다. 지중해에서 작전이 계속 펼쳐지자 독일 항공대는 큰 피해를 입었고, 독일 도시와 비행기 공장에 대한 연합국의 전략 폭격에 대항하면서 또 피해를 입었다. 독일 본토를 보호해야 할 필요성이 커지자, 독일은 동부 전선에서 전투기 편대와 대공 포대를 철수시켜 처음으로 소비에트군에게 제공권을 내주었다. 1943년 봄, 독일군 병력은 270만 명 남짓한 반면 소련군은 580만 명이 조금 못 되었으며 전차는 4.5배 야포 및 중박격포는 3배 더 많았다. 게다가 붉은 군대는 미국과의 협정으로 풍부하게 대여받은 지프와 트럭 덕분에 기동성도 좋았다.[16]

붉은 군대 병력이 늘어난 데는 최대 80만 명까지 모집된 젊은 여군도 한몫했다. 물론 전쟁 초반부터 여군이 활동하기는 했지만, 스탈린그라드 전투에만 2만 명이 넘게 동원되어 1943년에 최대 인원을 기록하기 시작했다. 이제 여성의 군사적 역할은 기존 역할인 의사, 간호병, 전화 교환원, 통신원, 비행기 조종사, 공중 정찰원, 대공포 부대원 등을 넘어섰다. 특히 스탈린그라드 전투에서 여성이 보여준 용기와 역량이 소비에트 당국을 고무시켜 더 많은 여군을 모집했는데, 전쟁 중 어떤 나라의 정규군보다 붉은 군대에서 더 많은 여성이 활동했다. 탁월한 솜씨로 유명해진 여성 저격수도 많았지만, 대부분 1943년에 설립된 여성 저격수 양성 학교 출신자가 주를 이루었다. 여성은 남성보다 추위를 잘 견디고 손의 떨림도 적은 것으로 알려져 있다.[17]

하지만 이 젊고 용감한 여성들은 남성 전우, 그리고 특히 남성 상관들이 보이는 관심에 대처해야 했다. 일리야 예렌부르크는 이렇게 기록했다. "이 소녀들을 보면 졸업 무도회의 기억, 첫사랑의 기억이 떠올랐다. 내가 전선에서 만난 여군의 대부분은 학교를 졸업하고 곧바로 동원된 사람들이었다. 굶주린 눈으로 바라보는 남자들이 주위에 너무 많아 신경질적으로 얼굴을 찡그리기도 했다."[18] 강제로 고위 장교의 '전시 애인'이 된 여성도 많았다. 전시 애인은 'PPZh(pokhodno-polevaya zhena의 약자)'로 불렸는데, 그 이유는 붉은 군대의 표준 기관단총인 PPSh, 일명 '따발총'과 발음이 비슷했기 때문이다.

노골적으로 강요하는 경우도 많았다. 한 병사는 장교가 통신소대의 한 젊은 여성을 전투 초계에 데려가라는 명령을 했다고 말했다. 단지 그 여성이 장교와의 동침을 거부했다는 이유에서였다. "많은 여군이 임신을 해서 후방으로 보내졌다. 하지만 사병들은 대부분 그런 여군을 부도덕하게 생각하지 않았다. 그건 그냥 삶이었다. 매일 우리는 전선에서 죽음을 마주하며 세월을 보내고 있었기에 조금이나마 쾌락을 느끼고 싶어했다."[19] 그러나 책임을 인정한 남자는 극소수에 불과했고, 대개는 피해 여성이 떠나기 전까지 책임을 회피하려 안간힘을 썼다. 예렌부르크의 친구이자 동료인 바실리 그로스만은 성적 만족을 위해 자신의 계급을 이용하는 파렴치한 착취 행위에 경악했다. 그로스만은 '전시 애인'의 존재를 붉은 군대가 지은 '크나큰 죄'로 여겼다. 그는 "곳곳에서 수천 명의 여성이 군복을 입고 위엄 있게 근무하고 있는데 그런 일을 벌이다니"[20]라고 덧붙였다.

튀니스 서쪽의 울퉁불퉁한 고지에서, 앤더슨 예하 제1군은 여전히 진격하려고 고군분투 중이었다. 지휘 체계는 혼란에 빠지고, 안 그래도 제대로 조직화되지 못한 부대들을 집중시키지도 못해 영국과 프랑스, 미국 장교들이 입씨름만 하는 바람에 제1군은 좋은 성적을 내기 힘들었다. 슈투카 급강하폭력기와 대포, 전차가 결합하여 고도로 전문화된 반격을 가하는 독일 군을 상대하기에 연합국 부대는 역부족이었다.

양쪽 군대 모두 쏟아지는 폭우와 오물, 진흙 때문에 불평이 심했다. 한 상병은 동부 전선의 상황이 얼마나 나쁜지 전혀 알지 못한 채 고향에 편지를 쓰면서 "이런 것들을 견뎌내야 한다는 게 믿기지 않는다"[21]고 했다. 이제 제5기갑군으로 이름 붙여진 튀니지 주둔 병력을 지휘할 폰 아르님 장군이 도착했다. 아르님은 재편된 연합국의 공격에 대비해 방어를 준비하면서 튀니지 유대인들을 강제 노동에 동원했다. 유대인 공동체는 금과 돈을 마구 강탈당하기도 했다.

로멜이 1942년 12월 메르사엘브레가 전선에서 철수하고 튀니지에서 연합국이 고전하자 몽고메리는 밀어붙일 기운이 생겼다. 그러나 그는 독일 기갑군 잔여 병력을 포위할 모든 기회를 놓쳤는데, 특히 부에라트 전선에서 진격을 멈췄을 때가 결정적이었다. 1943년 1월 23일, 제11경기병대를 선두로 제8군이 트리폴리에 입성했다. 하지만 이번에도 로멜은 이미 뒤로 물러나 가베스 만 기지의 마레스 전선을 요새화하기 시작했다. 아르님 예하 제5기갑군과 연합할 계획이었던 것이다.

로멜은 북아프리카 전투에서 패했음을 받아들이고 됭케르크 방식의 군사 구출 작전을 추진하고자 했다. 하지만 연료와 탄약이 모두 부족했던 로멜 부대의 상황을 히틀러가 납득해줄 리 만무했다. 11월 하순, 늑대소굴에서 격한 논쟁이 한바탕 치러지는 동안, 히틀러는 메르사엘브레가 전선에서 철수하겠다는 로멜의 요청을 거부하고 심지어 로멜 부대가 알알라메인에서 퇴각하면서 무기를 버렸다고까지 의심했다. 사실 제8군을 피해 이뤄진 이 철수 작전은 로멜이 전체 사막전에서 가장 기술적으로 지휘한 것이었다.

소련에서의 전쟁을 끝내라고 히틀러를 설득하려던 무솔리니의 시도는 아무런 효과도 없었다. 스탈린그라드에서의 항복과 리비아에서의 손실이 무솔리니의 의욕을 심하게 꺾어놓았다. 그는 사위인 치아노를 외무부 장관 직에서 해임하고 현실 도피 목적으로 병상에 누워 우울증 치료를 받았다.

폰 아르님 장군은 남쪽의 로이드 프리덴들이 이끄는 미국 제2군단이 카세리네의 산길을 통해 스팍스 해안으로 가로질러 내려올 것이 염려되었다. 그렇게 되면 아르님의 제5기갑군과 로멜의 기갑군이 분리되기 때문이었다. 아르님은 이 상황을 로멜에게 설명하고, 재무장한 제21기갑사단으로 장비가 열악한 프랑스 파병대를 파이드 고개에서 몰아낼 것을 요청했다.

1월 30일에 제21기갑사단은 공격에 나섰고, 프리덴들 장군의 제2군단은 프랑스군의 지원 요청에 느리게 대응했다. 이튿날, 미국 제1기갑사단 소속 전투단이 마침내 바위투성이 고개를 향하여 역습을 시도했다. 바로 그곳에서 독일군이 이들을 기다리고 있었다. 셔먼 전차 대열이 메서슈미트와 숨어 있는 대전차포의 공격으로 피해를 입었다. 셔먼 전차의 절반 이상이 파괴되었고 살아남은 전차들은 불타는 전차들을 남겨두고 뒤돌아 도망쳤다. 몇 시간 후 미군이 또 한 번 진격을 시도했지만 이번에도 큰 피해를 입고 실패했다. 형편없는 지휘관 프리덴들은 아이젠하워의 지시와는 정반대로 병력을 더 나누어버렸다. 그는 승산 없는 싸움터에 모순되는 지시와 함께 또 다른 전투단을 보냈다. 전투 경험이 없는 이 부대의 지원 보병들은 트럭에 탄 채로 슈투카의 폭격을 받았다. 먼 후방에 있는 사령부를 떠나는 일이 거의 없는 프리덴들이 공격 지시를 끝없이 내리는 바람에 이 제34보병사단 소속 신병들의 출혈은 며칠 동안 더욱 심해졌다.

로멜은 미군의 위협을 세 갈래 공격으로 무력화시키겠다고 다짐했다. 2월 14일, 제10기갑사단은 파이드 고개 외곽 서쪽으로 공격을 하고, 제21기갑사단은 남쪽에서 협공하여 올라갔다. 전투 첫날 시디부사드 주변에서 미군 전차 70대가 파괴되었다. 그중 한 대는 2700미터 거리에서 타이거 전차의 88밀리 포를 맞아 박살이 난 반면 셔먼 전차의 75밀리 포탄으로는 타이거의 전면장갑을 직사거리에서 쏘아도 관통할 수 없었다. 2월 16일, 한 기갑부대원이 그동안 편지를 보내지 않아 죄송하다는 말을 형식적으로나마 담아서 고향에 보낼 편지를 썼지만, 사실 그의 사단은 지난 며칠간 미군과 전투를 벌이고 있었다. "어제 국방군의 발표로 우리가 전차를 90대도 넘게 박살냈다는 소식을 들으셨을 거예요."[22]

이튿날, 남쪽에 있던 독일 아프리카 군단의 파병대가 가프사로 진군하는 바람에 적군이 혼비백산하여 철수하는 일이 벌어진다. 시디부사드 부근에서 제1기갑사단 소속의 셔먼 대대가 매복하고 있었는데, 이들은 용감하게 반격했지만 별 소득 없이 전멸했다. 불타고 있거나 이미 전소된 미국 전차들이 여기저기에 흩어져 있는 가운데서도 튀니지계 아랍인들은 계속해서 땅을 갈았다. 시커먼 얼굴의 미군 전차부대원들은 마치 발라클라바 전투에서 돌격한 뒤 나가떨어진 영국 경기병 여단 병사들처럼 비틀거리며 후퇴했다. 프리덴들도, 앤더슨도, 전선에서 무슨 일이 벌어지고 있는지 알지못했다.

2월 16일에 로멜은 가프사로 갔다. 퇴각하던 미군이 탄약고를 폭파시키면서 도시 대부분이 파괴당하고 난 뒤라 살아남은 주민들은 로멜에게 환호를 보냈다. 로멜은 아프리카 군단을 이끌고, 자신이 주요 보급고로 보고 장악하기로 계획했던 테베사를 향해 물러나고 있는 미군을 앞지를 생각이었다. 하지만 아르님은 로멜의 생각이 지나치게 위험하다고 여겨 케셀링과 함께 삼자회동이 이뤄졌다.

그날 밤, 독일 기갑사단은 스베이틀라로 진군했다. 그리고 독일 제21기갑사단에서 상술한 내용에 따르면, 2월 17일 미군 중 몇몇 부대는 공포에 질린 채 달아난 반면 다른 부대들은 버티며 잘 싸웠다. 프리덴들이 파병대를 닥치는 대로 카세리네 고개로 보냈지만, 2월 20일에는 붕괴가 시작되었다. 하먼 소장이 그 붕괴 현장을 목격했다. "미군이 패주하는 것을 처음이자 마지막으로 보았다. 지프, 트럭 등 상상할 수 있는 모든 종류의 바퀴 달린 차량들이 우리를 향해 밀려 올라왔는데, 어떤 때에는 두세 대가 뒤엉키기도 했다. 공황에 빠진 운전병들의 머릿속에는 단 한 가지 생각밖에 없는 것이 분명했다. 전방에서 벗어나는 것, 총탄이 없는 어딘가로 탈출하는 것 말이다."[23]

로멜과 아르님 사이에 격한 의견 충돌이 있었던 것은 연합국에 다행스러운 일이었다. 너무나 많은 것을 시도하다 결국에는 병력을 분리하여 서쪽에서는 테베사를 장악하게 하고, 북쪽으로는 탈라, 그리고 탈라와 평행선상에 위치한 스비바로 향하게 했다. 영국과 미국 연합부대가 탈라와 스비바로 향하는 길을 막고 있다가 마지막 순간에 미군 포병대의 지원을 받아 독일 제10기갑사단, 제21기갑사단을 멈춰 세웠다. 그리고 테베사로 향하고 있던 아프리카 군단 파견대도 미군의 대전차포와 대포 공격에 막혀 진군을 멈추었다. 로멜은 미군 포술의 효과에 깊은 인상을 받았다. 하늘이 맑아지자, 연합 공군은 철수하는 독일 기갑차량들을 공격하기 시작했다. 로멜은 연합국이 추가 진격을 할 엄두를 못 낼 정도로 큰 타격을 받았다고 자신하며 2월 23일에 마레트 전선으로 돌아왔다.

독일군이 물러났다는 것을 믿을 수 없었던 연합군은 카세리네 고개로 천천히 돌아갔다. 사방에는 전소된 전차와 부서진 항공기, 시체가 흩어져 있었다. 시체를 뒤져 약탈 행위를 하는 튀니지인들을 본 미군들은 톰프슨 기관단총을 발사해 그들을 죽이거나 위협하여 쫓아냈다. 프리덴들 예하 제2군단은 6000명 이상의 병력, 전차 183대, 반 무한궤도 차량 104대, 야전포 200문 이상, 그 밖의 수송차량 500대가량을 잃었다.[24] 위에서 하달된 명령들이 혼란을 일으키는 바람에 상황이 악화되면서 잔인한 포화 세례를 맞게 된 것이다. 지상 부대들이 아군 항공기를 향해 발포하여 39기가 격추되거나 파손되었으며, 연합군 항공편대는 표적을 잘못 보고 공격하기도 했다.

2월 22일, B-17 플라잉 포트리스 몇 기는 카세리네 고개가 아닌 영국군 비행장을 폭격했다.

비록 로멜은 폰 아르님 장군보다 높은 계급으로 진급하여 아프리카 집단군을 지휘하게 되었지만, 황소머리 작전이라는 케셀링의 또 다른 북진 계획에 대해서는 너무 늦게 알아버렸다. 이 작전은 2월 26일이 되어서야 시작되었는데, 사실 전 주에 있었던 카세리네 주변에서의 공격과 동시에 이뤄졌어야 했다. 독일군은 이번 작전에서 전차의 대부분을 잃는 등 영국군보다 훨씬 더 큰 손실을 입었다.

히틀러가 추축국의 단합을 도모하기 위해 권한을 강화시켜준, 이탈리아군 총사령부는 로멜이 마레스 전선에서 철수하도록 용인하지 않았다. 몽고메리가 공격을 준비하고 있다는 사실을 알고 로멜은 파쇄 공격을 실행하기로 결심했지만 울트라 암호해독기 때문에 중요한 정보가 모두 영국군에 노출되고 말았다. 몽고메리는 대포와 대전차포, 전차 등을 서둘러 위협 지역으로 보내 매복 작전을 펼쳤다. 3월 6일, 독일군은 군단 포병 전체가 노리고 있는 살육지대로 진군했다. 그곳에서 로멜은 전차 52대와 병력 630명을 잃었다. 케셀링과 로멜은 이탈리아군이 계획을 저버렸다며 공연히 의심을 했다.

황달과 극심한 피로로 고생하던 로멜은 이제 독일로 돌아가 치료를 받고 휴식을 취해야 할 때가 되었다고 느꼈다. 3월 9일, 로멜은 북아프리카를 떠났다. 이튿날 저녁, 로멜은 히틀러의 부름을 받고 우크라이나의 빈니차 외곽에 위치한 사령부인 베어볼프로 갔다. 히틀러는 아프리카 집단군을 지중해 너머로 철수시켜 이탈리아를 방어해야 한다는 로멜의 주장을 들으려 하지도 않았다. 그리고 튀니지 전선을 축소해야 한다는 계획도 모조리 거부했다. 패배주의자가 되어버린 로멜에게는 요양이나 하러 떠나라는 지시가 떨어졌다.

모로코에서의 군사활동도 적고, 영국군이 북아프리카 전투 전체를 운영하고 있는 듯하여 실망한 패튼은 얼마 지나지 않아 "솔직히 밖에 나가서 누군가를 좀 죽였으면 좋겠다"[25]고 썼다. 군사활동을 하고 싶었던 패튼의 열망은 결국 이뤄졌다. 3월 둘째 주에 아이젠하워가 패튼을 자신의 대리인 오마 N. 브래들리 소장과 함께 프리덴들의 직무를 인계받도록 보낸 것이다. 아이젠하워는 장교 다수를 해임했다. 그리고 알렉산더는 앤더슨을 없애고 싶어했지만, 몽고메리는 알렉산더가 원하는 사람을 제1군의 신임 사령관으로 보내주지 않으려 했다.

지체 없이 제2군단의 지휘봉을 잡은 패튼은 경례와 복장을 바로잡는 일부터 시작했다. 군단은 새로운 지휘관을 무서워하며 헌병대를 '패튼의 게슈타포'[26]로 불렀다. 패튼은 전쟁신경증으로 많은 병사가 철수한 것을 알고 크게 당황했다. 게다가 자신에게 주어진 명령이 해안 쪽으로 돌진해나가서 로멜의 기갑군(당시에는 제1이탈리아군으로 개칭)을 북쪽의 폰 아르님 부대와 갈라놓는 것이 아니라는 말을 듣고 좌절했다. 그의 임무는 그저 몽고메리를 도와 로멜 기갑군의 측면을 위협하는 것이었다. 패튼은 몽고메리가 영예를 독차지하려 한다고 의심했지만, 카세리네의 난장판을 보고 충격을 받은 알렉산더는 아직 미군을 신뢰할 준비가 되어 있지 않았다.

패튼은 중장으로 진급하여 별 세 개를 단 것으로 자위할 수 있었다. 지시 내용을 재해석한, 패튼은 사단을 전진시켜 가프사를 탈환하고 바다 쪽으로 곧장 솟아 있는 아틀라스 산맥 동부능선 산괴로 진군했다. 독일 제10기갑사단이 패튼의 제1보병사단을 엘게타르 정상에서 밀어내려 하다가 무지막지한 공격을 당하여 잔여 전차의 절반을 잃었다.

몽고메리는 제30군단을 마레트 전선으로 보내 정면 공격으로 적군을 고착시키기로 했다. 그사이에 프라이버그가 이끄는 뉴질랜드군은 전차를 지원받아 서남쪽으로 길게 기동작전을 펼쳐 로멜의 측면을 둘러쌌다. 그러나 프라이버그의 깊숙한 레프트 훅을 독일군이 이미 알고 있었기 때문에 3월 20일에 펼쳐진 제50사단의 공격은 비참한 결과를 낳았다. 너무 이르게 승리를 선언했던 몽고메리는 동요했다. 하지만 곧 충격에서 빠져나와 호룩스의 제10군을 파견해 마레트 라인에서 뒤쪽으로 30킬로미터 이상 떨어진 해안을 향하여 공격하는 뉴질랜드군을 증원했다. 그와 동시에 몽고메리는 인도 제4사단을 가까운 측면으로 진격시켰다. 3월 26일, 뉴질랜드군과 호룩스의 기갑여단들이 함께 전진하여 테바가 협곡에서 독일군의 약한 방어선을 무너뜨렸다. 이탈리아 제1군의 사령관인 조반니 메세 장군은 전 병력을 신속하게 철수시켜 해안을 따라 북쪽의 튀니스로 향하게 했다. 미완의 성공이었지만 어쨌든 추축국 군대는 이번에도 달아났다.

사막공군은 후퇴하는 독일군을 계속해서 괴롭혔다. 이 과정에서 전투기의 기총소사로 손과 눈을 각각 한쪽씩 잃은 사람이 있었는데 바로 슈타우펜베르크 대령이었다. 4월 7일, 제1군과 제8군이 조우했다. 두 집단은 서로 판이했다. 모래를 뒤집어쓴 채 만신창이가 된 전차와 트럭을 타고, 사막 베테랑들은 복장 규정도 무시해가며 범상치 않은 태연함까지 보여주었다. 이들은 가끔 냉혹한 장면을 연출하기도 했지만 전체적으로 포로들의 생명을 대단히 존중하는 모습을 보여주었고, 거의 텅 빈 사막인지라 민간인 사상자도 거의 없었다. 현지 세누시 족族 부족민 몇 명과 수많은 낙타가 지뢰를 밟아 다리를 잃기는 했지만 최악의 사막 전투는 피할 수 있었다.

아틀라스 산맥 최동단에서 주요 산악전을 치른 제1군은 훨씬 더 사나운 전투를 겪었다. 특히 미군 부대처럼 자신감이 지나친 군대 초년생들이 숙련된 독일 전차와 기갑척탄병 부대의 공격을 받았을 때는 그 충격이 어마어마했다. 정신질환을 얻은 병사도 다수 생겨난 한편, 대부분의 병사는 짐승처럼 포악해져 급속하게 생존병기로 변해갔다. 인간성을 완전히 잃어 포로들을 잔혹하게 죽이고 재미 삼아 튀니지계 아랍인들을 무차별 사살하거나,

놀이공원 안의 사격연습장에 온 것처럼 낙타 떼를 향해 난사하는 군인도 있었다. 영국군 병사들은 대체로 군기가 더 엄정했지만, 이들도 당시의 인종차별적 사상에 물들어 있던 것은 마찬가지였다. 단 몇 명만이 현지인과 친구가 되었다. 프랑스 군대도 별반 다르지 않았다. 아이러니하게도, 비시 프랑스군 출신의 이 장교와 사병들은 독일군과 여러모로 협력을 많이 한 아랍인을 대상으로 보복을 하려 했는데, 주된 이유는 반유대적인 정책 때문이었다. 게다가 영국군의 오만함으로 수많은 미군 장교 사이에서 영국혐오주의가 만연하면서, 전역이 승리를 향해 갈수록 세 연합국의 관계는 더욱 악화되는 듯했다.

겨울 내내 크게 상처 입은 아이젠하워의 자신감이 돌아왔다. 그의 군대는 실수를 통해 배워가고 있었다. 시칠리아 침공 작전인 허스키 작전은 계획대로 잘 진척되었고, 추축국은 북아프리카에서 영원히 쫓겨날 위기에 처했으며, 보급 체계는 드디어 가동되고 있었다. 영국군은 미국이 아낌없이 군수용 티타늄을 공급해준 것에 놀랐다. 폐기물 양에도 놀랐지만 자신들도 수혜자였기 때문에 불평할 이유는 거의 없었다. 그러나 참모부의 장교와 사병이 3000명이 넘는 등 비대해진 연합군 사령부 규모에 관해서는 아이젠하워도 난처해했다.

5월 초가 되자, 남아 있던 추축국 병력은 비제르테와 튀니스, 봉 곶 반도 등을 포함하여 튀니지 북쪽 끝으로 몰렸다. 사병 수는 25만 명이 넘었지만 그중 독일군은 절반이 채 되지 않았으며, 이탈리아군은 대부분 전투부대가 아니었다. 탄약은 물론이고 무엇보다도 연료가 가장 부족했던 독일군은 끝이 다가오고 있음을 알고 '튀니스그라드'라는 씁쓸한 말장난을 하곤 했다. 히틀러가 병사들을 구출하여 남부 유럽 방어선에 배치할 것을 거부하면서 군의 사기는 좀처럼 오르지 않았다. 병사들은 4월과 5월에도 계속 증원군을 보내오는 히틀러를 이해할 수 없었다. 결국에는 이들 모두 포로가 되는 운명에 놓인다.

융커스 52와 커다란 메서슈미트 323 수송기는 지중해 상공에 매복한 채 기다리고 있던 연합군 전투기의 손쉬운 먹잇감이었다. 독일 항공대에 남아 있던 수송기 함대의 절반 이상이 전투 마지막 두 달 동안 파괴되었다. 4월 18일 일요일, 4개 미국 전투기 비행대대와 1개 스핏파이어 비행대대가 전투기 20기의 호위를 받던 수송기 65기를 급습했다. 연합국 전투기들이 항공기 74기를 격추한 이날의 일은 훗날 '종려주일 칠면조 사냥'으로 불렸다. 붉은 군대가 압도적인 규모의 독일 육군을 쳐내는 동안, 서쪽에서는 연합국이 독일 항공대의 등뼈를 부러뜨리기 시작했다. 북아프리카에서 영국 공군이 하는 역할을 몽고메리가 신뢰하지 않은 데 대해 사막공군 사령관 커닝엄 공군 소장은 격분했다. 연합국 공군과 영국 해군의 합동작전도 최소한 지중해를 오가는 추축국의 보급로를 압박함으로써 지상군 못지않게 최종 승리에 기여했다.

그런데 마지막 단계인 교두보 진압은 쉽게 진행되지 않았다. 몽고메리가 튀니스 남쪽 해안의 산악지대인 엔피다빌 전투 지구에서 공격에 나섰지만 별다른 타격은 입히지 못하고 오히려 큰 피해만 입었다. 제8군은 미군에 이어 험한 산악전을 익히고 있었다. 서쪽에서는 제1군의 공격이 저항에 부딪히면서 격렬한 전투가 벌어졌다. 아일랜드 근위연대는 기관총과 대포, 신형 네벨베르퍼 6열 로켓포 등이 터뜨리는 포화 속에서 독일군 진지를 공격하기 위해 옥수수밭 사이로 몸을 낮추어 전진했다. 병사가 포탄에 맞아 쓰러지면 곁에 있던 동료가 쓰러진 병사의 총기를 똑바로 세워 바닥에 꽂았다. 한 상병은 이렇게 기록했다. "전사자, 죽어가는 자, 부상자를 표시한 소총 개머리판이 곳곳에 나타났다. 나는 물을 달라는 한 가여운 근위병 곁에 멈춰 섰다. 그는 끔찍한 부상을 입은 상태였다. 팔의 뼈는 으스러졌고, 옆구리가 터져 상처 부위가 벌어져 있었다."[27]

공격에서 살아남은 병사들은 남쪽 언덕에 있는 올리브나무 숲으로 돌진하여 독일군을 쫓아냈다. 그러던 중 한 참호에서 상병 한 명과 근위병 두 명이 벙커 속에서 독일군의 목소리를 들었다. 이들은 동시에 수류탄을 던지고 뒤로 물러났다. 잠시 후 상병이 어두컴컴한 벙커 안쪽을 들여다보았다. "그곳에 흩어져 있던 독일군이 20명쯤 될 것이다. 이미 모두가 붕대를 감고 있는 상태였고 죽지 않은 자는 목청껏 소리를 질러댔다. 퇴각하던 적군이 이곳에 부상병들을 남겨둔 것이었다. 나는 털끝만큼의 연민도 느끼지 않고 돌아섰다. 불타는 옥수수밭에 쓰러져 있는 내 죽은 전우들과 부상당한 전우들에게 이들은 더 심한 짓도 했으니 말이다."

튀니스 서쪽을 맡은 브래들리 예하 제2군단만이 5월 초에 꽤 많이 진격했다. 결국 엔피다빌에서의 실책을 인정한 몽고메리는 한계선 주변에서 이 소모전을 끝내려면 집중적인 타격이 필요하다며 알렉산더를 설득했다. 5월 6일, 호록스는 제7기갑사단과 인도 제4사단, 제201근위여단과 함께 서남쪽에서 강습 작전을 개시했다. 알알라메인 때보다 훨씬 더 밀집된 집중 포격을 이어가며 이들은 튀니스를 향해 밀고 나가 고립지대 병력을 둘로 갈랐고, 그사이에 미군은 북부 해안에서 비제르테를 장악했다. 이번에도 역시 전투로 마모된 장갑차를 이끌고 나선 제11경기병대를 필두로 하여, 영국군은 이튿날 오후 튀니스에 진입했다. 5월 12일에는 모든 것이 끝났다. 장성 12명을 포함하여 거의 25만 명이 항복했다.

히틀러는 북아프리카에서 전투를 끝까지 계속한 덕분에 연합국의 남부 유럽 침공이 지연되고 무솔리니가 계속 권력을 유지하게 되었으니 자신은 옳은 선택을 한 것이라며 스스로를 설득했다. 그러나 한편으로는 앞으로의 전투에 절실히 필요해질 병력을 또 잃은 것이기도 했다.

28

철조망 뒤의
유럽

1942~1943년

소련 침공은 유럽 전역에 걸친 독일의 점령 정책에 영향을 주었다. 동쪽에서는 수백만 명을 지배한다는 생각이 독버섯처럼 퍼져 나치가 공포에 더욱 의존하도록 만들었다. 몇몇 고위 장교와 행정관들은 처음에 발트인과 우크라이나인 같은 민족주의자들을 반볼셰비키 운동으로 끌어들이기를 바랐지만, 히틀러는 오로지 공포를 위해 공포를 주입하는 데만 관심이 있었다. 히틀러는 폴란드와 마찬가지로 이 나라들 또한 지도에서 지워버려야 한다고 생각했다.

히틀러는 슬라브인들에게 국방군 군복을 입히는 것을 내심 못마땅해했지만, 그럼에도 모두 합해 100만 명에 가까운 소비에트 시민이 독일 육군 및 SS와 함께 근무했다. 대부분 독일 사단에서 제대로 장비를 갖추지도 못한 채 활동한 히비 외인부대 소속으로, 다수가 포로수용소의 굶주림을 피해 자원해 비무장으로 독일 사단에서 근무했다. 그러나 이 '러시아인' 중에서도 비공식적으로 정규 사병에 발탁되는 이들이 있었다. 제12SS기갑군단 히틀러 유겐트의 한 사단장은 항상 곁에 동행하는 러시아인 운전병과 경호원을 나중에는 아주 자랑스럽게 여겼다.

열정도, 능률도 매우 다른 10만 명 이상의 사람들이 블라소프 장군 예하 러시아 해방군에서, 그리고 소비에트 영토 및 유고슬라비아와 이탈리아 빨치산에 맞서는 '코사크' 군단에서 근무했다. 우크라이나 경찰과 강제수용소 경비대는 잔학함으로 악명을 떨쳤다. 힘러는 라트비아인, 에스토니아인, 캅카스 인종, 심지어 보스니아 무슬림까지 무장친위대로 징집했다. 또한 1943년에 우크라이나 사단까지 만들었는데, 히틀러의 화를 돋우지 않으려고 이름을 SS 갈리시아 사단[1]으로 지었다. 여기에는 총 10만 명의 우크라이나인이 지원했지만 3분의 1만 수용되었다.

점령지 내 거주민과 전쟁포로에 대한 처우는 경악할 만한 수준이었다. 1942년 2월까지 붉은 군대 포로 350만 명 중 약 60퍼센트가 기아나 추위, 질병으로 사망했다. 철저한 나치주의자들은 무자비함을 자랑스럽게 여긴 데서 그치지 않았다. 유대인, 슬라브인, 아시아인, 로마인으로 희생자들을 분류하고 굴욕과 고통 주기, 굶기기 등으로 이들을 짐승 취급한 비인간적 행태는 결국 이들이 유전적으로 열등하다는 점을 교묘히 '증명'하려 한 것이었다.

동쪽에서 히틀러의 총독들 사이에 벌어지고 있는 대립의 치열함은 독일 내에서 벌어지고 있는 나치당과 다른 정부 기관들 사이의 대립 수준을 넘어설 정도였다. 동부 지역 행정장관으로 알프레트 로젠베르크가 임명되었지만 그의 시도는 언제나 좌절되었다. 로젠베르크의 동부 점령부가 비웃음을 산 데에는 그가 전에 소비에트 민족주의자였던 사람들을 볼셰비즘과의 전쟁에 끌어들이려 했던 몇 안 되는 민간 관리 중 한 명이었다는 사실이 원인으로 작용하기도 했다. 전쟁 경제를 책임지고 있던 괴링은 그저 점령 지역 자원을 빼앗아 주민을 굶길 생각이었고 힘러는 대량 학살로 주민을 없애고 독일 식민지 건설을 준비하고 싶어했다. 그러다보니 로젠베르크는 안 보나 식량 공급, 경제 등에 관여할 힘을 갖지 못했다. 한마디로 권력이 없었던 것이다. 심지어 우크라이나 총독이자 동프로이센의 지방 장관인 에리히 코흐에게도 권력을 행사하지 못했다. 악랄한 주정꾼인 코흐는 현지 주민을 '깜둥이'[2]라고 불렀다.

소비에트인 3000만 명을 살해하기로 한 헤르베르트 바케의 기아 계획은 구상 단계를 벗어나지 못했다. 기아는 만연했지만 나치의 계획처럼 조직적으로 이뤄지지는 않았다. 군사 지휘관들은 국방군이 필요로 하는 곳에 소비에트 노동자를 다수 투입해야 했기 때문에 도시를 봉쇄하고 주민을 굶기라는 명령을 회피했다. 현지 자원으로 제3제국과 동부 전선에 투입된 국방군을 모두 먹여 살린다는 바케의 계획은 완전히 실패로 돌아갔다. 우크라이나 '곡창지대'의 농업 체계가 소비에트의 초토화 전략, 전쟁으로 인한 피해, 인구 감소, 트랙터 철수, 빨치산 활동 등으로 사실상 무너져 있었던 것이다. 국방군은 점령한 땅에서 음식과 곡물을 빼앗고, 앞으로의 식량 문제를 계산하지 않고 무차별적으로 가금류나 가축을 도축했으며, 식량을 생산하는 민간인의 생존 문제를 무시했다. 차량과 같은 운송 수단이 부족해 식량이 있어도 효과적으로 분배할 수도 없었다.

미래에 대한 나치의 생각은 기괴한 환상에 지나지 않았다. 동유럽 총 계획이란 우랄 지역에까지 이르는 독일 제국을 건설하여 아우토반으로 새로운 도시들과 위성도시, 표본 마을을 연결하고, 무장 이주민이 운영하는 농장에서 인간 이하 노예들이 땅을 일구는 세상을 그린 것이었다. 힘러는 예전에 자신의 SS절멸부대가 사형장으로 썼던 땅에 정원과 과수원이 지어지는 평화로운 독일 식민지를 꿈꾸었다. 그리고 고텐가우로 개칭된 크림 반도는 휴양지로 바뀌어 독일의 리비에라로 변모하게 될 것이었다. 하지만 가장 큰 문제는 "동부 대륙을 채울 만큼의 '재독일화' 대상을 어떻게 찾을 것인가"였다. 극소수의 덴마크인과 네덜란드인, 노르웨이인만 자원한 상태라 슬라브인을 브라질로 모조리 보내버리고 그 자리에 산타 카테리나 지방의 독일인 이주자를 데려오자고 하는 터무니없는 의견도 있었다. 스탈린그라드에서 패하고 캅카스에서 후퇴했을 즈음, 순수한 독일인들은 군대에 징집되거나 재입대했기 때문에 그 수가 턱없이 부족해져서 1억2000만 명을 채운다는 히틀러와 힘러의 이상은 실현될 수 없었다.

민족 말살과 중유럽 전체에 걸친 인구 이동은 전쟁이 중대한 국면을 맞은 시점에서는 끔찍한 일이었을 뿐만 아니라 인력과 자원의 엄청난 낭비이기도 했다. 식민지 이주자들은 그들이 대체한 주민들보다 경작 능력이 떨어졌다. 그리하여 농작물 생산량은 형편없는 수준으로 하락하고 말았다.

지나치게 늘어난 군수품 소비량에 비해 생산 인력이 턱없이 부족하자, 알베르트 슈페어 군수장관과 함께 근무했던 프리츠 자우켈은 점령지를 돌아다니며 공장, 광산, 제철소, 농장 등에 투입할 노역자 500만 명을 모았다. 제3제국은 이렇게 규모가 커진 노예 노동의 장으로 자리매김해나갔다. 독일 민간인들은 이 외국인들을 내부의 적으로 생각하고 곁눈질하며 두려운 시선을 보냈다. 얼마 전까지만 해도 이들을 '인종적으로 해로운' 사람들로 규정하고 그 수를 줄여왔는데, 이제는 자기들이 오히려 수십만 명을 독일로 들여오고 있다는 이 역설적인 상황을 고위 나치당원들은 대부분 불안하게 의식하고 있었다.

나치 고위 당직자들은 '더 큰 독일 경제구'[3]와 생활수준을 높여줄 유럽 경제연합을 약속했지만, 모순되는 정책과 대상 국가를 착취하려는 강박관념 때문에 정반대의 결과를 얻고 말았다. 피지배국들은 독일군의 점령 비용을 부담해야 했다. 수많은 사업장이 새 주인과의 긴밀한 협력으로 수익을 창출했지만, 반 독립적 국가인 덴마크를 제외하고 나머지 거의 모든 국가에서는 국민이 전체적으로 훨씬 더 빈곤해졌다. 서유럽 국가 대부분이 총수입액의 4분의 1에서 3분의 1가량을 헌납해야 했고, 독일은 자국민을 먹이기 위해 각 나라 농산물의 상당 부분을 가져갔다. 그로 인해 피지배국에서는 암시장이 횡행하고 물가가 폭등했다.

처칠은 나치 지배하에 있는 유럽인들의 불만이 전면적인 폭동으로 비화되었으면 하는 바람을 처음부터 가졌다. 1940년 5월, 처칠은 부유한 사회주의자 휴 돌턴을 경제복지 장관으로 임명하고 SOE 창설을 관리하게 했다. 돌턴은 노동당에서 인지도가 높지는 않았지만, 1930년 말에는 평화주의를 고수하는 노동당의 입장을 바꾸기 위해 반 유화주의자로서 많은 역할을 해냈다. 하지만 돌턴은 오랫동안 처칠을 흠모했으면서도 처칠 수상으로부터 보답을 받지는 못했다. 처칠이 '돌턴의 쩌렁쩌렁한 목소리와 교활한 눈초리'[4]를 못 견뎌했던 것이다. 처칠은 1930년대 내내 외무차관을 지냈던 로버트 밴시터트에 대해 "밴, 아주 보기 드문 친구지. 돌턴 박사를 진심으로 좋아하더군"[5]이라고 말했다.

폴란드인을 열렬히 흠모했던 돌턴은 1939년에 벌어진 전투에서 연락장교로서 폴란드군에 파견되었던 콜린 구빈스 대령을 채용했다. 구빈스는 훗날 SOE 사령탑을 맡게 된다. 폴란드의 저항이 SOE에 자극을 주었던 것이다. 1939년 9월 말에 폴란드가 항복한 뒤에도, 폴란드 군인들은 1940년 5월까지 헨리크 도브잔스키 소령의 지휘로 키엘체 지역에서, 다른 저항군은 비스와 상류 산도미에스 지역에서 투쟁을 계속했다. SOE에 폴란드 지부가 설치되었지만, 그 역할은 그저 폴란드군이 런던에 설치한 제6국에 협조하며 지원을 제공하는 것뿐이었다. 식민지 폴란드에서는 군사 임무를 실시하지 않아, 결국 폴란드군은 스스로 모든 것을 해결해야 했다. 영국 본토 항공전에서 폴란드 조종사들이 크게 공헌한 이후, SOE는 스코틀랜드 기지에서 장거리 왕복운행을 할 수 있도록 휘틀리 폭격기에 연료탱크를 증설하자고 영국 공군을 설득했다. 폴란드 요원의 첫 번째 낙하가 1941년 2월 15일에 이뤄졌다. 나중에 폴란드 국내군이 될 부대에 무기와 폭발물을 투하하기 위한 낙하산용 보급 상자들도 제작되었다.

폴란드인의 애국심은 가끔 감상적으로 흐르기도 했지만 사실 그것은 나치와 소비에트로부터 억압당했던 암흑의 시기를 거치면서 놀랄 만한 결의로 유지되었다. 독일의 침공으로 수많은 사람이 목숨을 잃은 데다, 3만 명이 넘는 폴란드인이 강제수용소로 보내졌고, 그중 다수는 새로 마련된 아우슈비츠 수용소에 갇혔다. 1939년 9월에 폴란드 군대는 괴멸되었지만 머지않아 지하 레지스탕스가 새롭게 시작되었다. 레지스탕스가 절정에 이르렀을 때는 폴란드 국내군만 거의 40만 명에 달했다. 아주 탁월한 능력을 갖추고 이니그마 암호기를 처음으로 입수해준 폴란드 정보원들도 계속해서 연합국을 도왔다. 전쟁이 한창일 때는 습지에 떨어진 시험용 V-2 로켓까지 몰래 가져가 분해했을 정도다. 특수 개조된 C-47 다코타 수송기가 폴란드로 날아가 로켓을 가져오면 연합국 과학자들이 검사를 시작했다.

폴란드 국내군과 첩보망의 보고는 모두 런던 소재 폴란드 망명정부를 향했다. 스탈린은 이 망명정부를 1941년 8월 나치가 소련을 침공한 뒤 마지못해 인정한다. 폴란드 국내군에는 늘 무기가 턱없이 부족했다. 처음에는 포로 석방과 철도교통망 파괴에만 집중했다. 이것이 붉은 군대에 큰 도움이 되기는 했지만 붉은 군대는 인정하지 않았다. 얼마 후부터는 무장공격도 시도했다.

소비에트 강제노동 수용소에서 석방되어 브와디스와프 안데르스 장군 휘하의 군대에 들어간 폴란드인들은 압제자들을 향한 증오를 버릴 수 없었다. 그리고 런던 망명정부에서도 스탈린이 히틀러와 체결한 나치-소비에트 조약에 따른 국경을 인정해달라고 영국에 요청하고 있다는 이야기를 전해 듣고는 스탈린에 대한 불신이 커져갔다. 1943년 4월, 수많은 폴란드 장교가 소비에트 NKVD의 손에 처형되어 카틴 숲에 묻혔다고 독일군이 전 세계에 발표하자, 위기감은 더욱 고조되었다.

소비에트 정권은 이 포로들의 소재에 대해 늘 아는 바가 없다고 했고, 당시에는 폴란드도 스탈린 정권이 그런 대학살을 자행할 수 있을 거라고 생각하지 않았다. 소련 정부는 카틴 숲 사건 발표가 독일의 선전술이며, 희생

제2차 세계대전

자들을 죽인 것은 나치가 분명하다고 주장했다. 그러던 중 폴란드 망명정부가 국제 적십자사에 조사를 의뢰하자 영국의 입장은 매우 난처해졌다. 처칠은 소비에트가 학살을 자행했을 수도 있다고 의심했지만, 스탈린에 맞설 수는 없을 것 같았다. 특히 그해에 프랑스 침공이 불가능하다고 또다시 고백해야 하는 시점이었던 터라 더욱 조심스러웠다. 얼마 후 6월에는 폴란드군에 또 다른 재앙이 닥쳤다. 바르샤바에 주둔 중이던 독일군이 폴란드 국내군 사령관과 기타 지도자들을 체포한 것이다. 하지만 폴란드의 비극은 여기서 끝나지 않았다.

　국방군의 진군으로 고립되었던 붉은 군대 병사들이 1941년 여름에 소련에서 독일군을 향해 여러 번 공격을 시도했는데, 이것은 다소 이른 감이 있었다. 하지만 나치의 통치에 반발한 첫 번째 봉기가 바르바로사 작전 이후 세르비아에서 일어났다. 이 사건은 식민지 지배에 만족하고 있던 독일군을 놀라게 했다. 독일이 승리한 직후인 봄에는 한 소위가 자랑스럽게 고향으로 보내는 편지에 "여기 우리 병사들은 모두 신인가봐요!"[6]라고 썼다. 그해 4월에 유고슬라비아가 조속히 항복하여 별문제 없이 끝날 듯해서, 독일은 유고슬라비아 병사들이 보유하거나 숨기고 있는 무기가 얼마나 되는지 생각하지 않았다.

　세르비아는 그리스에 사령부를 둔 빌헬름 리스트 육군 원수가 총괄했다. 파울 바더 중장 예하 제56군단 3개 사단은 훈련 상태가 미흡하고 장비도 열악한 부대였다. 보복으로 대응하라는 지시에 이 사단들은 이미 집결시킨 유대인을 사살하는 일에 주로 의존했다. 그러나 주민 처형 장소가 공산당 빨치산의 매복 지점과 가까워 상황은 빨치산에게 유리하도록 돌아갔다. 가족을 잃은 사람들이 복수를 다짐하고 빨치산에 합류하면서 빨치산 대원 수가 급격히 늘어난 것이다.

총통 본부의 카이텔 육군 원수는 잔인한 보복을 원했다. '발칸 정신'[7]에는 폭력만이 있을 뿐이라며 독일군 1명이 죽을 때마다 세르비아인 사망자는 100명씩 늘어났다. 9월에 제342보병사단의 증원으로 응징성 공격이 이뤄졌다. 현지 독일군 사령관들은 이번에도 억류된 유대인을 사살하기로 했다. 그리하여 1941년 10월 중순에는 공산당 빨치산이 살해한 21명의 독일 병사에 대한 앙갚음으로 유대인과 '집시' 2100명이 사살되었다. 이 사건은 소비에트나 폴란드 영토 밖에서 이뤄진 최초의 유대인 대량 학살이었다.

빨치산 공격을 주도한 사람은 스페인 내전에서 힘을 발휘한 코민테른 조직가 요시프 브로즈, 일명 티토였다. 건장한 체격에 야성적이고 잘생긴 외모의 소유자인 티토는 유고슬라비아 공산당을 부활시킨 인물로, 전 세계의 공산당원들이 소련 동지들을 도와야 한다고 믿었다. 초국가적인 공산당의 성격 때문에 유고슬라비아를 구성하는 크로아티아 가톨릭교도, 세르비아 정교회교도, 보스니아 이슬람교도 간 최악의 민족적, 종교적 단층선은 피할 수 있었다.

티토의 라이벌 격인 드라자 미하일로비치 장군이 주도한 체트니크 저항 조직은 거의 세르비아인 일색이었다. 안경을 쓰고 수염을 기른 얼굴에 음침한 분위기를 풍겨 군인이라기보다 정교회 사제에 더 가까워 보이는 미하일로비치는 카리스마가 있는 티토의 리더십을 따라갈 수 없었다. 그는 연합국 군대가 상륙할 날에 대비해 군대를 집결시키면 연합국과 합세하여 어린 페타르 2세의 왕정을 복원할 수 있을 거라고 생각했다. 미하일로비치는 붉은 군대가 도착할 때쯤, 티토가 빨치산 전쟁으로 총력을 모을 거라고 정확하게 예측했다. 보복을 두려워하면서도 미하일로비치의 군대는 공산당의 선전과 반대로 이따금씩 독일군에 도전했다. 스스로를 체트니크라고 부른 다른 집단들도 있었다. 이들은 독일과 밀란 네디치 장군의 괴뢰정부에 긴밀하게 협조했다. 이러한 혼란으로 인해 나중에 영국이 미하일로비치를 나쁘게 보게

제2차 세계대전

되면서 공산당의 입장이 유리해졌다.

유고슬라비아에서 벌어지고 있는 내전 중에는 반세르비아, 반유대 성향의 크로아티아 우스타셰와 같이 적대적이고 훨씬 더 잔학무도한 집단도 활동하고 있었다. 안테 파벨리치가 수반으로 있던 크로아티아 독립국은 독일의 충성스런 동맹국이었고, 크로아티아 파시스트 조직인 우스타셰는 지역 내에서 공포 분위기를 조성했다. 라이벌 군대의 파벌 싸움으로 50만 명이 훨씬 넘는 유고슬라비아인이 목숨을 잃었다.

보복 목표 인원을 채우기 위해 수천 명의 세르비아 시민을 사살하는 등 몇 번의 소전투에 이어 독일의 학살 행위도 이어졌다. 몇몇 독일 장교는 자신들의 정책이 얼마나 어리석은지 깨닫기 시작했다. 달아나지 않은 사람들만 살해 대상으로 삼아 결국 독일군에 대한 공격과 아무 상관없는 이들만 피해를 입게 된 것이다. 약 1만 5000명이 살해되고 사살할 유대인과 '집시'가 거의 없어지자 보복 목표 인원은 줄어들기 시작했다. 베를린의 수뇌부에서는 이 사실을 알지 못했다.

수감된 인질의 수는 1942년 3월 베오그라드에 대형 가스 트럭이 도착하고부터 급격히 줄어들었다. 제문Zemun 당시 독일어 명은 젬린Semlin 수용소에 갇혀 있던 약 7500명의 유대인이 세르비아의 수도를 빠져나가 도시 변두리 사격장 옆에 미리 파놓은 공동묘지를 가는 동안 질식사했다. 독일 대사는 그렇게 노골적인 방식으로 학살을 자행한 데 대해 매우 난처해했지만, 1942년 5월 29일에 비밀경찰국장은 '베오그라드는 유럽에서 유일하게 유대인이 없는 멋진 대도시'[8]라고 보고했다.

독일군이 보스니아 산악지대를 공격할 때마다 유고슬라비아에서의 전쟁은 점점 더 잔혹해졌다. 독일 부대는 빨치산 부상자들을 모아 전차로 뭉개버렸다. 티토는 자신의 병력을 1000명 단위의 여단으로 조직했지만, 정규전을 시도해서는 안 된다는 것쯤은 알고 있었다. 규율은 엄격했고, 수가 꽤 많았던 젊은 여성 사병과 남성 사병 사이에는 성적 관계를 가져 계급 체계를 혼란스럽게 하는 것도 허용되지 않았다. 1942년 가을 티토의 빨치산은 보스니아 서부에서 크로아티아 동부에 걸친 산악지역을 실질적으로 장악하고 있었다. 그리고 티토는 우스타셰를 몰아낸 후 비하치에 사령부를 마련했다.

런던의 왕당파 유고슬라비아 망명정부를 인정한 영국은 유고슬라비아에서 망명정부를 대표하는 미하일로비치에게 원조를 제공했다. 소련 정부는 유고슬라비아 정부를 공식적으로 인정하고 있었기 때문에 반대하지 않았다. 그러나 1942년에 울트라 암호 해독 내용과 기타 보고서들의 내용을 조합한 결과, 티토의 군대는 독일을 공격하고 있는 반면 체트니크는 대기 상태임이 드러났다. 저항운동을 벌이는 두 라이벌이 힘을 합치도록 설득하고자 SOE 연락장교들이 낙하산을 타고 들어갔지만 별 소득은 없었다. 연합국이 지중해에 더 많은 관심을 갖게 하기 위해 영국은 독일이 북아프리카에서 패주했을 때 티토와 접촉했다.

연합군의 발칸 반도 상륙을 두려워한 독일군은 해안을 지키고 광물 공급선을 보호하기 위해 이탈리아 군대와 함께 새로 공격을 개시했다. 티토는 네레트바 강을 둘러싼 포위망을 간신히 피해 몬테네그로를 향해 치열하게 싸우면서 퇴각했다. 큰 피해 없이 이동한 티토의 빨치산은 공중투하되거나 비밀 활주로를 통한 영국의 원조를 받아 세력을 급성장시켰다. 구체적으로 요청받은 임무를 제대로 수행하지 못해 연합국으로부터 버림받은 미하일로비치는 평행선을 달리던 내전에서 필패의 운명에 놓이고 말았다.

남쪽으로는 알바니아가 여전히 이탈리아 군대의 지배를 받고 있었다. 무솔리니가 1939년에 알바니아를 침공했을 때 달아난 조구 1세의 지지자였던 압바스 쿠피가 1941년 봄 소규모 레지스탕스 운동을 시작했는데, 나치가 소련을 침공하자 엔베르 호자가 이끄는 알바니아 공산당도 남쪽에서 훨

제2차 세계대전

씬 더 공격적인 작전을 자체적으로 펼치기 시작했다. 유고슬라비아에서 그 랬듯, 영국은 더 열심히 싸우는 공산당을 돕기로 했다. 영국 SOE 연락장교 들의 미움을 샀던 압바스 쿠피에게는 지원이 적어 결국 호자가 이끈 공산 당이 라이벌을 제거할 수 있었다.

그리스는 영국의 관심을 훨씬 더 많이 받았다. 처칠은 게오르게 2세의 확고한 지지자였으며 공산당 EAM-ELAS(민족해방전선-그리스 인민해방군) 의 게릴라 활동에 그리스를 내줄 생각이 전혀 없었다. 하지만 많은 군주제 주의자가 반공과 기회주의로 똘똘 뭉쳐 독일, 이탈리아와 힘을 합쳤기 때문 에 영국의 상황은 난감했다. 메탁사스 장군의 권위주의적 통치가 군주제 에 대한 반감을 더 심화시켜 소수당인 그리스 공산당의 영향력이 급속도 로 커졌다.

추축국의 약탈이 이탈리아 점령 당국의 무능과 합쳐져 그리스는 1941년 겨울에 끔찍한 기근을 겪었다. 무자비한 공산당 지도자 아리스 벨루키오티 스가 1942년 핀두스 산맥에 빨치산 병력을 규합하기 시작했다. 그의 최대 라이벌은 나폴레온 제르바스 장군이었다. 제르바스는 쾌활한 성격에 수염 이 덥수룩한 사람으로, 중도좌파이자 비공산당 조직인 EDES(그리스 전국 공화당 연맹)를 조직했다. 규모가 훨씬 더 작았던 제르바스의 병력은 서북쪽 에피루스에 집중되어 있었다. 공산당의 힘이 커질수록 이들은 그리스 기타 지역에서 고립되어갔고, 그사이 EKKA와 같은 소규모 저항 단체들은 결국 공산당이 지휘한 EAM-ELAS의 손에 넘어가버렸다.

1942년 여름에 낙하산을 타고 그리스로 들어간 두 명의 영국 SOE 장교 는 수많은 우여곡절 끝에 제르바스와 ELAS에 접촉할 수 있었다. 이들의 주 요 임무는 독일이 북아프리카에 주둔 중인 로멜 기갑군에 보급품을 수송 할 때 사용하는 주요 철로를 공격할 작전을 수집하는 것이었다. 두 장교는 제르바스와 ELAS를 설득하여 고르고포타모스 철교 폭파 작전에 힘을 합치도록 했다. 철교 양쪽에 위치한 이탈리아군의 진지를 빨치산이 공격하는 동안, 카이로에서 날아온 파괴 팀이 철교를 지탱하고 있는 교각에 플라스틱 폭탄을 다량 설치하여 폭파시켰다. 이 작전은 4개월 동안 철로를 끊어놓아 전쟁 중에 수행된 파괴 임무 중 가장 성공적인 작전으로 평가받는다.

1943년 3월, 독일군과 SS는 수백 년 동안 유대인들이 큰 공동체를 이루고 살았던 살로니카 시를 중심으로 그리스 유대인 6만 명을 모으기 시작했다. 그리스 레지스탕스가 탈출한 유대인 몇 명을 보호했지만 유대인들을 폴란드 강제수용소로 끌고 가는 철도를 막을 수는 없었다. 끌려간 많은 유대인은 끔찍하기 짝이 없는 인체 실험을 당했다.

고르고포타모스 작전에서 ELAS와 EDES의 협력이라는 보기 드문 사례를 경험한 뒤, 그리스까지 게릴라 집단 간의 내전에 휘말리면서 SOE 연락장교들은 자신들이 두 정치적 앙숙의 지뢰밭에 서 있음을 알게 되었다. 함께 일하기에는 제르바스가 훨씬 더 편한 사람이었지만, 영국은 짐승 작전을 위해 ELAS도 무장시켜야 했다. 이 작전은 시칠리아 침공에 앞서 1943년 여름에 실행된 공격 작전이었다. 이 작전은 민스미트 작전이라는 기만 작전의 일부였다. 민스미트 작전은 시체 한 구를 중요한 임무를 띠고 파견된 영국 해병 장교의 모습으로 꾸며 스페인 남부 해안에 떨어뜨리는 것으로 시작되었으며, 목적은 연합국이 그리스에 상륙하기 일보 직전이라고 믿도록 독일을 속이는 것이었다. 다른 효과적인 정보 교란 작전들처럼 이것 또한 히틀러에게 먹혀들었고, 히틀러는 나름대로 적의 의도를 파악하여 영국이 발칸반도를 통해 남유럽을 침공할 계획을 꾸미고 있다고 굳게 믿었다. 히틀러는 오스트리아 출신이었기 때문에 그 지역에 더 집착했다. 그리하여 독일 기갑사단 등의 병력은 시칠리아 상륙 직전에 방향을 바꾸어 그리스를 향하게 된다.

ELAS 지도부는 영국을 대하는 방식에 따라 분열되었다. ELAS는 연합국과의 동맹으로 지원과 정당성을 얻고 싶었지만, 영국이 꿍꿍이를 품고 있다고 강하게 의심하고 있었다. 1943년 8월에 빨치산 대표단이 카이로에서 열릴 회담에 참석하기 위해 비행길에 올랐다. 당시 대부분의 그리스인과 마찬가지로 공산당원들은 군주제 부활을 반대했다. 공산당은 국민투표로 허용되지 않는 한 게오르게 2세가 그리스로 돌아와서는 안 된다고 주장했다. 하지만 처칠은 그리스 망명정부와 영국을 설득해 이 주장을 받아들이지 않게 만들었고 그러한 정치적 교착 상태를 전개시킨 점에 대해서는 SOE가 억울하게 비난을 받았다. ELAS 빨치산 대표단은 라이벌을 제압한 뒤 임시정부를 수립하여 영국이 군주제 재건을 시도하기 전에 선수를 치겠다는 굳은 결심을 하고 돌아왔다.

하지만 크레타에서 활동한 레지스탕스에는 정치적 문제가 거의 없었다. 카피탄으로 알려진 게릴라 부대 수장들은 대부분 영국의 지침을 수용했다. 이들은 비록 군주제주의자는 아니었지만 철저한 반공주의자였다. 크레타 동부 지역의 자잘한 집단들만이 EAM-ELAS를 지지했다.

프랑스에서는 공화주의자를 포함한 국민 대다수가 페탱의 휴전 협정을 환영하며 안도했다. 당시 독일이 프랑스를 '관광국'[9] 수준으로 전락시켜 알자스와 로렌을 제3제국으로 편입시키고, 그에 따라 그 지역 남성들을 독일군에 복무시킬 속셈이었다는 것을 프랑스 사람들은 알지 못했다.

머리를 조아린 채로 프랑스는 새로운 상황에 적응할 수 있는 데까지 적응해가며 일상을 이어나갔다. 아직 독일에 잡혀 있는 전쟁포로 150만 명의 아내들에게는 더없는 고통이었다. 독일 점령군이 프랑스 농산물의 상당량을 약탈하는 바람에 도시와 마을의 어려움은 커졌고, 특히 시골에 연고가 없는 사람들의 고통이 극심했다. 전쟁 중에 남자와 여자 어린이의 평균 신장은 각각 7센티미터, 11센티미터가 줄어들었다.[10]

전투를 계속하겠다고 선언한 드골의 런던 방송에 자극을 받은 대다수의 소규모 저항 집단이 1940년 말쯤 지하신문을 발행하기 시작했다. 이들 집단에 소속된 사람들의 배경과 정당은 각기 달랐다. 하지만 이때부터 독일에 대항하여 공공연하게 저항운동을 벌인 경우는 극히 드물었고 독일이 소비에트를 침공한 뒤에야 프랑스 공산당 지지자들에 의해 무장공격이 실시되었다. 나치-소비에트 조약으로 체면도 잃고 수많은 당원까지 잃은 공산당이 이제 지하조직을 제대로 꾸리기 시작한 것이다.

1940년부터 실시된 독일 군부의 지배는 비교적 올바른 방향으로 나아갔지만, 전쟁 국면이 총력전으로 흐르고 공산주의자가 독일 장교 및 사병을 암살하면서 SS가 통제에 나서기 시작했다. 1942년 5월, 하이드리히는 카를 오베르크 SS소장을 SS 및 경찰 지도자로 임명하기 위해 파리로 떠났다. 히틀러는 다른 점령국들보다 프랑스를 더 잘 대우해주었는데 그것은 실리적인 이유가 있어서였다. 프랑스가 스스로의 치안을 유지한다면 독일 입장에서는 점령에 필요한 국방군 병력을 아낄 수 있어 득이었다. 한편, 피멍이 든 나라를 자신의 프랑스국(비시 프랑스)으로 통일시킨다는 페탱의 바람은 그리 오래가지 못했다.

패배는 프랑스 사회를 더 심하게 갈라놓아 상생이 불가능하게 만들었다. 전쟁 전 우파였던 사람들조차 여러 갈래로 갈라졌다. 패배를 치욕스럽게 여긴 극소수만이 독일의 지배에 저항하려 했다. 반면에 친독 파시스트들은 페탱의 조심스러운 협력이 불충분하다며 그를 경멸했다. 자크 도리오의 프랑스 인민당, 마르셀 데아의 인민민족연합, 외젠 들롱클의 사회혁명운동은 프랑스가 제3제국에 이은 강대국의 지위에 다시 오를 수 있다고 믿으며 나치가 주창한 유럽 신질서를 옹호했다. 독일이 한동안은 이들을 심각하게 생각하지 않았기 때문에 이들은 늙은 페탱보다도 쉽게 망상에 사로잡혔다. 이들은 기껏해야 레닌이 말한 '유익한 바보들'의 나치판일 뿐이었다.

독일에서는 라이벌들에 의해 열광적 극우파 간의 내분이 일어났다. 친프랑스 성향의 주프랑스 대사 오토 아베츠는 나치 지도부, 특히 괴링에게 비웃음을 당할 때가 많았다. SS와 군부는 자주 다투었고, 각자의 정책을 따르는 많은 독일 사령부와 행정부에게는 프랑스 파리가 매력적이었다. 식민지 파리의 중심가는 중구난방으로 자신들의 목표를 추구하는 이들의 상징으로 뒤덮였다.

하지만 오베르크 SS소장은 비시 경찰의 도움을 받는 것에 크게 만족했다. 동부 전선에서 전투가 한창일 때 제3제국에는 프랑스에 투입할 인력이 부족했고, 실제로 오베르크 휘하에는 프랑스 점령지 전체에 배치할 독일 경찰이 3000명도 채 안 되었다. 피에르 라발이 경찰청장으로 임명한 르네 부스케는 젊고 활기찬 관료로, 우파 성향은 아니었다. 비시 정부 시스템을 조용히 재조직, 강화하고 있던 젊은 테크노크라트technocrate 과학적 지식이나 전문적 기술을 소유함으로써 사회 또는 조직의 의사 결정에 중요한 영향력을 행사하는 사람, 기술관료처럼 부스케는 명분만 있다면 프랑스가 안보 문제에 대한 권한을 유지할 것이라고 굳게 믿었다. 만약 외국계 유대인 강제 이주 문제를 해결하는 데 자신의 힘으로 부족하다면, 프랑스 경찰이 개입되지 않도록 하라는 페탱의 지시를 무시할 각오도 되어 있었다.

1942년 7월 16일, 부스케 휘하 총 9000명의 파리 경찰이 파리 내 '무국적' 유대인을 체포하기 위해 새벽 급습에 나섰다. 독일군이 요청하지 않았던 어린이 4000명을 포함한 약 1만3000명이 동계경륜장Vélodrome d'Hiver(약칭 '벨디브')과 파리 변두리의 드랑시Drancy 임시수용소를 거쳐 동부에 위치한 절멸수용소로 보내졌다. 남쪽 비점령 구역에서도 추가로 체포 작전이 펼쳐졌다. 아이히만은 계속 실망스러워했지만 오베르크는 그런 부스케의 노력이 더욱 만족스러웠다.

미군이 지중해에 도착하고 축축국이 패배할 징후가 뚜렷해지면서 레지스탕스도 힘을 얻어 규모가 급격히 커졌다. 독일의 비점령 구역 탈취와 1942년 말의 다를랑 암살 사건 또한 크게 작용했다. 1943년 1월 말, 비시 정권은 입지를 굳히기 위해 조제프 다르낭이 이끈 준군사 조직인 프랑스 민병대를 창설했다. 민병대에는 극우 성향의 반유대주의자, 몰락한 지방 귀족 출신의 극보수주의자, 총에 매료된 순진한 시골 소년, 체포된 사람들의 집을 약탈하게 해준다는 약속에 넘어간 질 나쁜 기회주의자 등이 모여들었다.

민병대 창설은 1789년 혁명 이후 계속 존재하다가 휴전 상태에 들었던 '두 갈래 프랑스' 사이의 내전에 다시 불을 지폈다. 한쪽에는 가톨릭 우파가 있었는데, 이들은 좌파이자 공화주의자들인 프리메이슨을 극히 혐오하여 '암캐'라고 불렀다. 다른 한쪽에는 공화주의자, 그리고 1936년 인민전선에 투표한 교권 반대자들이 있었다. 그런데 나치 치하 수많은 프랑스인은 일반화를 할 수 없다. 심지어 유대인을 비난하는 보수주의적 좌파도 있었고, 유대인을 구해주는 암거래상도 있었는데 늘 돈을 받고 구해준 것은 아니었다.

독일이 프랑스 남부와 동부 지역을 점령한 안톤 작전 또한 페탱을 지지하는 둥 마는 둥 했던 많은 사람을 자극하여 편을 바꾸게 만들었다. 휴전협정으로 제한된 병력 10만 명 중 유일하게 독일에 반기를 든 고위 장교 장드라트르 드타시니는 연합국의 도움으로 탈출한 뒤 나중에는 프랑스 제1군의 지휘관이 되었다. 다른 많은 장교는 새로운 활동 조직인 ORAOrganisation de Résistance de l'Armée(군사 저항 조직)에 몰래 가담했다. 드골을 지원하기 망설였던 ORA는 처음에는 지로 장군만 인정했다.

예상대로 프랑스 공산당은 이러한 뒤늦은 배반을 깊이 의심하여 '변절한 비시'라고 부르기도 했다. 다른 장교 및 관리들은 '미국 물을 먹은 비시'로 불리던 다를랑 정권이 있는 북아프리카로 탈출했다. 비시 정부 관료로서 훗날 프랑스 공화국의 대통령이 된 사회주의자 프랑수아 미테랑이 알제

제2차 세계대전

에 도착했을 때, 드골 장군은 그에게서 의심의 눈초리를 거두지 않았다. 비시에서 왔기 때문이 아니라, 영국 항공기를 타고 왔기 때문이다.

드골은 영국 SOE가 프랑스 저항 집단을 지원하는 등 프랑스의 일에 영국이 간섭하는 것을 불쾌하게 여겼다. 그는 모든 저항활동이 자신의 BCRABureau Central de Renseignements et d'Action(행동정보중앙국)의 일환이기를 원했고, 무엇보다도 모리스 벅마스터 대령이 이끄는 SOE 프랑스 지부가 프랑스 영토에서 거의 100개의 독립 단체를 구성한 것이 마음을 가장 불안하게 했다.

처음에 외무부는 런던 내 자유프랑스를 확실하게 조종하라고 프랑스 지부에 지시했었다. 프랑스 지부는 이 지시를 예민하게 받아들였는데, 보안상의 이유도 있었지만(자유프랑스는 태만하기로 유명하고 원시적인 암호 체계도 독일에 공개되다시피 했다) 프랑스 내 정치적 대립이 위험해질 수 있다는 사실이 곧 드러났기 때문이다. 한 고위 SOE 장교가 훗날 말했듯이, 무기 공급을 주도하면서 싸움을 관망해왔던 SOE의 큰 이점[11]이라면 마침내 해방이 찾아왔을 때 내전의 위험성을 줄이는 능력이라고 할 수 있었다.

SOE는 프랑스 공화국 지부도 설치하여 BCRA와 긴밀하게 협조하도록 하고, 무기와 항공기를 제공했다. 프랑스 공화국 지부는 옥스퍼드 거리의 북쪽, 듀크 거리에 있는 BCRA 본부 근처에 사무소를 두었다. BCRA 국장은 앙드레 드와브랭으로, 파시 대령이라는 가명으로 더 잘 알려져 있었다. 그의 조직은 원래 정보 담당 부서와 무장 저항을 담당하는 '실행부'로 나뉘어 있었다. 파시는 악랄한 반공 단체인 카굴라르cagoulard 제3공화제의 전복을 꾀하여 1932~1940년에 활약한 프랑스 혁명비밀행동위원회의 회원 단체의 일원이라는 의혹을 샀는데, 함께 일하는 사람 중 카굴라르가 한두 명 있기는 했어도 본인이 그렇다는 것은 증명된 바가 없었다. 듀크 거리의 본부 지하 석탄고는 방으로 개조하여 그곳에 비시 간첩이나 공산주의자로 의심되는 프랑스 자원자들을 감금하고 로제 위보 대위가 심문을 했다. 고문과 의문사에 관한 말들이 퍼지자, SOE는 분노함과 동시에 당황했다. 1943년 1월 14일에 가이 리델 정보부장은 자신의 일기에 "개인적인 생각이지만, 이제 듀크 거리는 끝난 것 같다"[12]고 썼다.

드골은 비록 일생을 직업 장교로 살아오며 비정규군을 그다지 신뢰하지는 않았지만, 자신의 지휘로 레지스탕스를 통합하겠다는 의지는 확고했다. 만약 프랑스 레지스탕스가 그의 탁월한 능력을 인정했더라면 영국과 더불어 미국이 특히 그 점을 알아봤을 것이다. 레미 대령(영화감독 질베르 르노의 예명)이 운영하는 노트르담 신심회와 같은 인적 네트워크를 제외하면 본래부터 드골파였던 사람은 거의 없었다. 그러나 앙리 프레네가 창설한 콩바와 같은 집단들은 점점 더 협력의 필요성을 인정하기 시작했다. 반면에 공산주의자들은 드골이 우익 군사 독재자가 될 것이 뻔하다며 그를 불신했다.

1941년 가을, 1940년 당시 최연소 도지사를 지낸 장 물랭이 런던에 나타났다. 타고난 지도자였던 물랭에게 SOE와 드골 모두 깊은 인상을 받았으며, 드골은 물랭이 레지스탕스를 통합할 인물임을 곧바로 알아보았다. 1942년 새해 첫날, 물랭은 드골에게 임무 지시를 받고 장군대리로 임명되어 프랑스로 돌아갔다. 그의 임무는 최대한 많은 연계망을 작은 점조직으로 재편하여 아프베르와 SD 및 자주 게슈타포와 혼동되는 SS방첩부 요원들에게 침투당할 위험을 줄이는 것이었다. 이 레지스탕스는 전쟁을 벌일 생각은 없었지만 연합군에 의하여 프랑스가 해방되었을 때를 대비한 준비는 하고 있었다.

훗날 비밀군의 지휘를 맡을 군인이 필요했던 물랭은 샤를 들리스트랑 장군을 사령탑에 앉혔다. 물랭은 쉴 새 없이 활동하며 비점령지에서 콩바, 리베라시옹, 의용대(공산당 조직인 항독의용유격대와 다르므로 헷갈리지 않도록 주의) 등 주요 네트워크를 끌어들였다. 이러한 성공적인 활동에도 영국 정부는 여전히 프랑스 지부를 자유프랑스에 넘겨주려 하지 않았다.

아이러니하게도, 미국이 다를랑을 지원한 일은 드골이 공산주의자들과 협정을 맺는 데 큰 도움을 주었다. 공산당원들이 인질로 잡혀 처형될 때 비시 정부의 부총리를 지낸 다를랑을 연합국이 도왔다는 사실에 공산당은 격분했다. 1943년 1월, 프랑스 공산당 대표로서 자유프랑스에 파견된 페르낭 그르니에가 런던에 도착했다. 다음 달, 제3제국으로 노동자들을 더 보내라는 독일의 압박에 굴복한 피에르 라발이 강제동원 체제를 마련했다. 프랑스는 이렇게 노골적인 징용으로 몹시 분개했고, 결국 청년 수만 명이 산이나 숲으로 탈출하기에 이르렀다. 레지스탕스 집단들은 밀려드는 청년들로 거의 포화 상태가 되었다. 무기는 물론 먹을 것도 공급하기 어려웠지만, 마키라 불리는 한 저항 조직은 나중에 크게 발전하게 된다.

봄에 물랭은 레지스탕스 전국평의회를 창설하고 프랑스 북부에 있는 네트워크에 접촉하여 평의회에 가입하도록 설득했다. 그러던 중 보안 체계에 구멍이 나면서 6월에 일련의 참사가 시작되었다. SD가 이 조직 저 조직에 침투했다. 들리스트랑 장군은 파리의 지하철 안에서 체포되었고, 6월 21일 장 물랭과 레지스탕스 전국평의회 회원 전원이 리옹 외곽의 한 주택에서 포위되었다. 물랭은 클라우스 바르비 SS대위에게 심한 고문을 당한 뒤 아무것도 누설하지 않은 채 2주 후에 사망했다. 보안상의 부주의와 계속되는 연행으로 충격을 받은 영국은 BCRA를 신뢰하기가 더 어려워졌다.

드골파는 이번에 정직하지만 카리스마가 없는 중도좌파 가톨릭교도 조르주 비도를 수장으로 하여 레지스탕스 평의회를 재건했다. 비도에게는 물랭과 같은 명쾌함과 결단력이 부족했던 탓에, 치밀하고 촘촘한 자신들의 체계를 거의 침투시키지 못해 고민하고 있던 공산당원들이 영향력을 크게 발휘하기 시작했다. 공산당원들은 드골의 비밀군과의 교류에 합의하고, SOE에서 대량의 무기와 자금을 지원받기를 희망했다. 게다가 당과는 관련 없는 척 활동하는 비밀 공산당원들인 '잠수함'을 여러 위원회에 침투시킬 방법을 모색했다. 이들이 꿈꾸는 프랑스의 해방은 드골파의 생각과는 전혀 달랐다. 위원회로 권력을 잡고 항독의용유격대 무장 조직들의 힘을 키움으로써 해방을 혁명으로 이끌어가고 싶었던 것이다. 하지만 공산당은 스탈린의 최대 관심사가 다른 곳에 있음을 알지 못했고, 게다가 드골파의 정치적 역량도 과소평가했다.

다를랑의 거래도 있었고 미국도 지로를 밀어주면서 거의 잊히다시피 한 드골은 곧 스스로 판세를 돌렸다. 루스벨트는 장 모네를 지로에게 보내 곁에서 조언하도록 했지만, 모네는 드골을 반대하는 인물이었음에도 이제는 드골의 현실 감각을 높게 인정하기 시작했다. 그는 유연한 힘의 전환을 위해 물밑 작업을 했다. 1943년 5월 30일, 알제의 메종 블랑슈 비행장에 드골이 도착했다. 지로는 프랑스 국가인 〈라 마르세예즈〉를 악대에게 연주하게 해 드골을 환영했다. 영국과 미국은 한쪽에서 지켜보았다. 뒤이어 도무지 의견 일치가 되지 않는 격론이 벌어졌고 음모설, 납치설까지 나왔다. 이러한 모의에 베누빌 장군은 "알제도 어쩜 저렇게 비시와 똑같은가"[13]라고 말하기에 이르렀다.

6월 3일, 출범을 기다리는 정부의 모든 영역을 실질적으로 주도하던 드골에 의해 프랑스 국민해방위원회Comité Français de Libération National(CFLN)가 창설되었다. 드골은 뚜렷한 선견지명으로 스탈린과의 교섭이 필요하다는 것도 알고 있었다. 이것은 단순히 프랑스 공산당을 더 효과적으로 관리하기 위해서만은 아니었다. 드골은 모스크바에 사절단을 보내기로 했다. 서부 연합국 가운데 자유프랑스만 동부 전선으로 전투기 부대를 지원한 상태였다. 1942년 9월 1일, 작전 및 야크-7 전투기 전환 훈련을 앞두고 아제르바이잔 바쿠에서 노르망디 전투부대가 만들어졌다. 1943년 3월 22일에 전투에 뛰어든 노르망디-니먼 비행전대라는 이름의 연합 군대는 최종적으로 총

273기의 루프트바페 항공기를 파괴[14]했다고 주장했다. 드골은 소비에트와 프랑스가 좋은 관계를 유지한 것이 스탈린에게는 서방에 대한 와일드카드가 된 셈이라고 판단했고, 이로써 영미인들과의 기싸움에서 자신의 입지를 높이게 되었다.

벨기에 정복 후, 히틀러는 플랑드르 지방 사람들을 우선적으로 대우하라고 지시했다. 그는 앞으로 유럽이 재구성되면 플라망인들이 일종의 예비 독일인으로 제3제국에 병합될 수도 있다고 생각했다. 아헨 남쪽 벨기에 영토 중 일부 구역도 룩셈부르크 대공국과 마찬가지로 제3제국에 합병되었다.

동부 전선에 인력이 더 많이 필요해지면서 1942년에 힘러는 스칸디나비아인, 네덜란드인, 플라망인을 포함한 '게르만 민족' 국가들로부터 부대를 동원해 무장친위대 규모를 늘릴 것을 촉구했다. 자신을 유럽 신질서 내 벨기에의 차기 지도자로 여긴 파시스트 레옹 드그렐이 만든 왈로니 군단과 더불어, 플라망 군단도 병합되었다. 양쪽 지역사회에서 모두 합해 약 4만 명의 벨기에인이 무장친위대에 복무했으며, 이것은 SS 샤를마뉴 사단을 구성한 프랑스인의 두 배에 달하는 숫자였다.

그러나 대다수의 벨기에인은 25년 만에 돌아온 독일의 제2차 지배에 큰 반감을 지니고 있었다. 지하신문이 꽃피웠고, 청년 저항가들은 점령자를 공격하는 내용의 낙서를 하기에 바빴다. 다른 피지배국처럼 벽에는 연합국의 승리를 기원하는 V 자가 분필로 쓰였다. 1941년에 루돌프 헤스가 영국으로 날아갔을 때는 벽에 '헤스 만세!'[15]라는 문구가 쓰여 있었다. 독일군은 그러한 성가신 공격을 거의 무시하는 실용적인 방식을 취했다. 하지만 공격이 여러 번 계속되면서 산업 생산까지 위협할 지경에 이르자 독일군도 더 엄중하게 대처했다.

무장 레지스탕스 활동은 자살이나 마찬가지였기 때문에, 전직 정보장교와 같이 믿을 수 있는 다수의 벨기에인은 연합국을 위한 간첩활동에 최선을 다했다. 머지않아 약 5만 명이 모여 지하 비밀군이 조직되었지만, 이들은 해방이 임박할 때까지 기다려야 했다. 런던에 있는 벨기에 망명정부와 벨기에를 책임진 SOE 지부 사이에는 불신이 팽배했다. 가장 유능한 관리자로는 1943년 중반 군에 배속된 하디 에이미스가 있었다. 에이미스는 훗날 여왕의 의상을 전담하는 디자이너가 된다.

더욱 전투적인 조직으로는 공산주의자가 이끄는 독립전선이 있었다. 이 조직은 공격을 선동하는 것은 물론, 적국에 협력한 자를 거리에서 암살하기도 했다. 그 밖에 용맹한 집단들은 독일을 폭격하다 격추된 연합군 공군대원을 위해 탈출로를 정비했다. 가장 큰 성과를 거둔 조직은 데데라는 암호명을 가진 젊은 여성 앙드리 드 종이 만든 혜성탈출로였다. 수많은 벨기에인은 위험을 무릅쓰고 벨기에 출신 유대인을 숨겨주기도 했다. 다른 나라에서 온 유대인 난민들은 이들보다 운이 없어, 3만 명 정도가 수용소로 이송되었다.

제1차 세계대전 때 중립국으로 남았던 네덜란드는 벨기에보다도 더 크게 점령의 충격에 휩싸인 듯했다. 비록 소수가 독일에 협력하거나 무장친위대 네덜란드 사단에 들어가기도 했지만, 네덜란드 국민 대부분은 극도의 반독주의자가 되었다. 벨기에의 경우처럼 1941년 2월에 유대인 몰이가 충돌을 일으키면서 심각한 보복이 이뤄졌다. 한 네덜란드 저항 단체는 암스테르담 호적신고소를 불태워 독일군의 수색을 방해했지만, 어린 안네 프랑크를 포함하여 네덜란드에 거주하던 14만 명의 유대인 대부분이 집단 처형장으로 이송되었다. 그 후 동부에서 전쟁이 시작되면서 독일 점령 당국은 더 살벌한 통치를 이어갔다. 1942년 5월 4일, 독일군은 네덜란드 레지스탕스 조직원 72명을 사살하고 수백 명을 투옥했다.

전쟁이 시작되기 전 네덜란드에서 SD가 활동하고 있었기에, 강제 노역에 반대하는 움직임이 커졌을 때 SD는 조심스럽게 반대자들을 체포할 준비를 했다. 그리고 1940년 펜로에서 잡힌 두 명의 영국 비밀정보부 요원에게 네덜란드 정보망 목록을 입수한 뒤 독일군은 목록에 있는 사람들을 신속하게 잡아들였다.

아프베르 또한 1942년 3월에 시작된 작전에서 네덜란드 레지스탕스를 상대로 큰 성과를 거두었다. 아프베르에서는 이 방첩전을 북극작전, 또는 엥글란트슈필[16]이라고 불렀다. 이 참사는 주로 SOE 네덜란드 지부가 지독히도 방만했기 때문에 일어난 것이었다. 어느 날 SOE의 한 무전 요원이 헤이그로 납치되었다. 아프베르는 런던으로 메시지를 전할 것을 그에게 강요했다. 그 무전 요원은 메시지를 마칠 때 늘 붙이던 보안 확인을 생략한 채 메시지를 보냈고, 그것으로 자기가 억류되어 있음을 런던에서 알아채리라 믿었다. 하지만 비극적이게도, 런던 본부에서는 그저 그가 보안 확인을 깜빡 잊었다고만 생각하고, 다른 요원을 낙하시킬 지점을 설정해달라고 답변했다.

독일 수신부에서는 새 요원을 기다리고 있었다. 그리고 잡힌 요원은 지시에 따라 차례로 본국에 신호를 보내야 했다. 이 사슬은 이어졌고, 한 명씩 차례차례 도착과 동시에 잡혀갔다. 각 요원은 자신들에 대해 영국에서 사용하는 상황실의 벽 색깔까지 속속들이 알고 있는 독일군을 보고 큰 충격을 받았다. 아프베르와 SD는 이번만큼은 함께 손발을 맞춰 일하면서 50명가량의 네덜란드 장교 및 정보원을 생포했다. 이 사건으로 영국과 네덜란드의 관계는 심각한 타격을 입었다. 사실상 네덜란드에 있는 많은 사람은 영국 정부의 기만이 극에 달했다고 의심했다. 음모는 없었다. 단지 무능함과 안일함, 피점령국 네덜란드의 상황에 관한 무지가 결합된 것일 뿐이었다.

1940년 나치의 침공으로 놀라 크게 당황한 덴마크는 점령 초기에 소극적 레지스탕스 구성을 선택했다. 독일 정권은 크게 간섭하지 않고 기본적으로 덴마크가 통치권을 갖도록 허용했다. 그렇게 해서 처칠이 덴마크를 '히틀러에게 길들여진 카나리아'라고 매도하도록 자극한 것이다. 높은 생산량을 자랑한 덴마크 농부들은 제3제국의 요구에 맞춰 생산한 버터와 돼지고기, 쇠고기의 5분의 1을 바쳐야만 했다.[17] 힘러는 특히 최대한 많은 수의 덴마크인을 무장친위대 대원으로 모집하고 싶어했지만, 지원자의 대부분은 독일어를 구사하는 남부 지역 출신 소수민족이었다.

크리스티안 국왕의 공공연한 반감 표시에 화가 난 히틀러는 1942년 11월에 더욱 순종적인 정부를 요구했다. 그리하여 친나치 성향으로 미움을 사고 있던 에리크 스카베니우스가 총리 자리에 앉았다. 스카베니우스는 덴마크를 방공협정에 가입시키고, 소련과의 전쟁을 위해 덴마크인들에게 자원입대할 것을 요구했다. 비록 유럽 내 나치 치하 국가 중에서는 덴마크의 운명이 그나마 양호한 편이었지만, 덴마크인들은 국내 거의 모든 유대인을 어선에 태워 카테가트 해협 너머 스웨덴 남부 지역으로 밀입국시킴으로써 유대인의 생명을 구해주기도 했다. 덴마크 지하단체인 덴마크 자유협회는 영국 정부, 특히 영국 공군에 중요한 정보를 제공했다. 자체적으로 파괴 공작을 실행하기도 하고, 1943년에는 준비 내각도 설치했다.

런던에 수립된 전체 망명정부 중에서는 노르웨이 정부가 권력이나 자원 두 가지 면에서 가장 강력했다. 노르웨이 상선이 대거 영국에 투입되어 운항하면서 대서양 및 북극 호송선단의 활동에 크게 기여했다. 또 호콘 7세를 폭넓게 지원하는 모습을 보여준 노르웨이는 피점령 당시나 종전 후에나 다른 피점령국보다는 잠재적 내란의 위협을 덜 겪었다.

노르웨이가 독일에 패배한 뒤, 장교들은 1940년 말경부터 지하군대 밀로르그를 조직하기 시작해 전쟁이 막바지에 이르렀을 때쯤에는 대원 수가 약

4만 명에 달했다. 연합국의 어이없는 개입에 크게 좌절한 적도 있었고, 독일이 점령한 초기에는 공격적인 작전을 펼치고 싶어하는 SOE와 노르웨이군 사이에 긴장도 조성되었다.

노르웨이 침공에 안달이 난 처칠이 로포텐 제도에 대한 1941년의 두 번에 걸친 공격에 이어 1942년 침공까지 옹호하자 그의 참모총장들은 짜증이 나서 미칠 지경이었다. 그런데 이 급습 작전은 히틀러로 하여금 연합국이 북해 너머를 공격하려 한다는 믿음을 갖게 했다. 그래서 이 독일 독재자가 병력 40만 명 이상을 노르웨이에 주둔시킬 것을 고집하는 바람에, 전쟁이 벌어졌던 약 5년간 상당수 병력이 그곳에 묶였고 다른 지역을 맡고 있던 장군들은 좌절할 수밖에 없었다. 점령군이 그렇게 많다보니 밀로르그는 어마어마한 민간인 피해가 예상되는 유격전을 펼칠 엄두를 내지 못했다.

자칭 노르웨이의 지도자 비드쿤 크비슬링은 전쟁 전에 나치 지지자들로 이뤄진 국민연합이라는 작은 정당을 이끌고 있었다. 독일의 침공 당시 크비슬링은 자신이 정부 수반임을 선포했다가 그를 경멸했던 제국사무관 요제프 테르보펜에 의해 곧장 자리에서 밀려났다. 1942년 2월, 히틀러는 크비슬링을 총리로 임명했지만, 테르보펜은 권력에 대한 크비슬링의 망상을 계속해서 깨부수려 노력했다. 나치 SA의 복사판인 히르덴이 창설되고, 대부분이 기회주의자인 5만 명의 대원이 모여들었다. 히틀러 유겐트 등의 다른 나치 조직들을 흉내 낸 조직도 생겨났다. 점령군의 규모가 커서 어쩔 수 없었던 탓인지, 상당수의 노르웨이 여성이 독일 군인과 인연을 맺었고, 이들의 관계에서 태어난 아이의 수가 1만 명을 조금 웃돌았다.

그러나 노르웨이 국민 대부분은 독일 점령군을 혐오했다. 1942년 4월, 엄청난 수의 루터교 성직자들이 크비슬링 정부 반대 선언을 했고, 독일군이 유대인 집결 지시를 내렸을 때는 2200명 중 단 767명만 강제 이주되었다. 나머지는 대부분 노르웨이인의 도움으로 국경을 넘어 스웨덴으로 밀입국했다. 스웨덴은 풍부한 철광석과 광물들을 독일에 팔아 짭짤한 수익을 남길 수 있었지만, 전세가 기울어 독일이 불리해지자 나치와의 무역 거래에 거리를 두기 시작했다.

영국 공군이 노린 중요한 목표물 중 하나는 텔레마르크 지역에 위치한 노르스크 하이드로 수력발전소로, 이곳에서 생산되는 중수는 독일 원자폭탄의 원형을 제조하는 데 쓰인다는 의혹이 있었다. 공중폭격은 불가능해 SOE는 사보타주 작전을 짜게 되었다. 1942년 영국 특공대의 작전은 궂은 날씨에 두 호르사 활공기가 충돌하면서 비참하게 끝났다. 독일군은 생존자들을 잡아 한곳에 모은 뒤 철조망으로 손을 묶고 그 자리에서 처형했다. 이 일은 군복을 입었든 안 입었든 특수부대나 기습특공대 대원이라면 모두 총살하라고 히틀러가 얼마 전에 지시한 특수부대 관련 지령을 따른 것이었다. 독일군은 부서진 항공기에서 나온 지도를 보고 적의 목적을 알아냈다.

3개 노르웨이 특공대의 선발대가 10월에 낙하산을 타고 산속으로 들어갔다. 이들은 산에서 지내며 혹독한 겨울을 보내고, 눈 속에 임시 막사를 지어 버티며, 야생 순록 고기를 먹으면서 연명했다. 비타민C를 섭취할 것이라고는 순록의 내장 속에서 반쯤 소화된 걸쭉한 녹색 덩어리뿐이었다. 1943년 2월 17일, 영국에서 훈련받은 6개 노르웨이 특공대가 마침내 추가로 낙하산을 타고 내려왔지만, 이들은 산속에서 제대로 얼지 않은 호수에 떨어졌다. 결국 두 팀만 만나, 2월 28일 밤 페르모르크 중수로 발전소에 폭약을 성공적으로 설치했다. 대원들은 부상을 입지 않고 마음대로 다니면서 상당한 피해를 입혔다. 독일은 시설 복구에 나선 지 4개월이 지난 후에야 다시 생산을 재개했다. 미국 제8비행단은 효과적인 기습 공격에 실패하여 노르웨이의 레지스탕스가 다시 소집되었다.

1944년 2월에 독일군은 충분히 마련된 중수를 연락선으로 보내기 위해 화물기차에 실었다. 하지만 이들은 노련한 노르웨이 레지스탕스 두 명이 전날 밤 몰래 승선하여 화물을 싣고 갈 연락선에 자명종 시계로 작동하는 시한폭탄을 설치했다는 사실을 알지 못했다. 연락선은 계획된 시간에 딱 맞춰 깊은 호수로 침몰했다. 민간인 14명도 목숨을 잃었지만, 런던의 노르웨이 당국은 목표가 위험을 정당화한다고 사전에 동의한 바 있었다. 비록 독일 과학자들은 핵무기 개발 단계 근처에도 가지 못했지만 연합국은 일말의 기회도 줄 수 없었다. 어쨌든 페르모르크에서 펼쳐진 두 작전[18]은 제2차 세계대전 중 가장 효과적인 파괴 공작이었다.

독일의 공격으로 첫 번째 희생이 된 체코슬로바키아는 1938년 영국과 프랑스에 의해 버려졌다가, 이듬해 3월 독일에게 완전히 점령되었다. 그러나 체코 학생들은 1939년 10월 28일을 독립일로 정하고 대규모 시위를 벌였다. 나치는 모든 대학을 폐교하고 경고의 의미로 학생 9명을 처형했다. 에드바르트 베네시 전 총리는 런던에 망명정부를 수립했고, 체코 군인과 항공기 조종사들은 영국으로 향했다. 체코 조종사들은 영국 공군에서 탁월한 실력과 용기를 보여주며 전투에 임했다.

독일은 체코슬로바키아를 분할했다. 수데텐란트는 이미 제3제국에 병합되었고, 슬로바키아는 성직자인 요제프 티소가 통치하는 파시스트 괴뢰국이 되었다. 그리고 나머지 영토는 보헤미아와 모라비아 제3제국 보호령으로 불렸다. 처음에 나치는 지나치게 가혹한 수단은 피했지만, SD는 특히 1941년 6월에 소련이 연합국 편에서 전쟁에 돌입한 뒤부터 불만분자를 보이는 대로 없애버리겠다는 각오를 다졌다. 그 무렵 체코 레지스탕스 UVODÚst eduí vedení odboje domácího가 연료 저장고와 철도 파괴 공작을 시작했고, 공산주의자 집단들도 나섰다.

히틀러는 라인하르트 하이드리히에게 보헤미아와 모라비아의 보호자 역할을 맡겨 반대파를 제압하도록 했다. 하이드리히는 군수물자 생산이 더 이상 방해받지 않도록 곧바로 공포 정책을 택했다. 주요 공직자들이 체포되고 사형 선고가 내려졌다. 처음 며칠 동안 총 92명이 총살되고, 수천 명이 마우트하우젠 강제수용소로 이송되었다. 하이드리히의 장기 계획은 대규모 강제 이주를 통해 영토를 독일화하는 것이었다. 또한 그 지역 유대인 10만 명을 강제수용소로 이송하기 시작했으며, 이송된 유대인은 거의 다 주검이 되었다.

런던의 체코 망명정부는 하이드리히를 암살하기로 했다. SOE의 훈련을 받은 두 명의 젊은 체코인 자원자가 1941년 말, 낙하산을 타고 체코로 들어갔다. 1942년 5월 27일, 이 2인조는 꼼꼼하게 정찰한 뒤 길가에 자리를 잡고 매복했다. 하이드리히가 탄 메르세데스 차량이 급커브에서 속도를 줄였을 때 한 명이 기관단총을 쏘려 했지만 총이 고장나버렸다. 그러자 다른 한 명이 사제폭탄을 던졌고, 이때의 폭발로 하이드리히는 부상을 입었다. 비록 그의 부상이 치명상은 아니었지만, 상처가 감염되어 하이드리히는 6월 4일 패혈증으로 사망했다.

히틀러는 하이드리히가 위험을 무릅쓰고 오픈카로 프라하 주위를 시찰한 것에도 화가 났지만, 체코인을 향한 분노는 결국 보복으로 이어져 대규모 학살과 강제 이주를 자행하게 만들었다. 리디체와 레자키 마을이 파괴되고, 16세 이상의 남성 주민은 모두 처형되었다. 여성은 라벤스브뤼크 강제수용소로 보내졌다. 리디체의 경우 일부 나치의 극악무도한 행위만큼 극단적이지는 않았지만, 이 마을은 서방세계 전체를 대표하여 독일의 억압을 나타내는 상징이 되었다.

대서양 전투와
전략 폭격

1942~1943년

영국 해군과 공군이 1941년 가을 로멜의 아프리카 군단으로 향하는 보급선을 격침하는 데 성공하자 히틀러는 U 보트 부대를 대서양에서 지중해로 이동시키고 접근 방식도 바꿨다. 되니츠 제독이 크게 반대했지만 소용없었다. 지중해로 간 이 U 보트는 11월에 HMS 아크 로열과 전함 HMS 바함 함을 보기 좋게 격침한 데 들떠 있었지만, 제8군이 북아프리카에서 살아남은 데는 울트라 암호해독기의 공헌이 상당히 컸다.

어니스트 킹 미국 해군 참모총장은 이제 독일과 전쟁에 돌입했는데도 미국 동해안에 호송선단 체계를 적용하기를 꺼렸다. 되니츠 제독은 자신의 9형 U 보트를 그 지역에 배치했고 잠수함들은 밤에 환하게 밝혀놓은 해안에서 선박들, 특히 유조선을 노렸다. 손실이 너무 크다보니, 4월 초에 킹은 마셜 장군의 압박으로 호송선단을 배치해야 했다. 그러자 독일군은 공격 지역을 카리브 해와 멕시코 만으로 바꿨다.

1942년 2월, 독일 해군은 이니그마 암호기에 네 번째 회전자를 추가했다. 블레츨리 파크에서는 이 새로운 암호 체계를 '샤크'라고 불렀으며, 몇 달 동안 해독하지 못해 애를 먹었다. 설상가상으로 독일군은 해군암호 3이라는 해군성 암호를 해독하여 미군과 해군성이 호송선단에 관해 주고받은 자세한 내용까지 알게 되었다. 8월경 영국도 암호가 해독당했을 거라고 의심했지만, 해군성은 어찌 된 일인지 그 후로도 열 달 동안 해군암호 3을 계속 사용했고, 이것은 결국 비참한 결과를 낳았다.

1942년에 총 1100척의 선박이 침몰하고 6월 한 달 동안에만 173척이 가라앉았다. 그러던 10월 말의 어느 날, 연합군은 지중해 동부에서 침몰하던 독일군 잠수함에서 사용 중이던 이니그마 암호기를 입수하게 된다. 그리고 12월 중순 블레츨리 암호 해독가들이 샤크를 해독했다. 호송선단은 다시 한번 이리떼를 피해 경로를 재설정할 수 있었고, 캐나다와 아이슬란드, 영국의 대잠수함 항공기는 U 보트 집결 지역으로 날아갈 수 있었다. 이 일 때문에 이리떼는 육상에 기지를 둔 항공기의 사정거리에서 벗어나기 위해 대서양 한가운데에 있는 '블랙갭'에 집결해야 했다.

진급하여 레더 대신 독일 해군의 수장을 맡게 된 되니츠 해군 제독은 U 보트의 공격 범위와 해상 운항 시간을 늘리기 위해 이리떼를 재급유, 재무장시킬 '젖소'라는 잠수함들을 만들었다. 12월에는 몇 척의 U 보트를 인도양으로 보내기도 했다. 햇불 작전이 펼쳐지는 동안 U-173호는 카사블랑카에서 침공 함대 3척을 격침했고, 다음 날 밤에는 에른스트 칼스 함장의 U-130호가 3척을 추가로 격침했다.

그때까지도 북극 호송선단의 '지옥행'은 계속되었다. 여름 동안에는 밤이 짧아 호위대와 무역선들 모두 노르웨이 북쪽 기지에서 끝없이 날아오는 독일의 공중 공격에 시달렸다. 독일 해군은 피오르 정박지에서 중구축함대를 U 보트와 함께 출격시켰다. 겨울이 되자 선루가 얼음에 묻혀 도끼로 얼음을 깨부수어야 했다. 침몰한 선박의 선원들은 바다로 뛰어들어야 할 경우 살아남을 가능성이 희박했다. 바다에 뛰어든 이들은 3분 이내에 저체온증으로 사망했다.

러시아로 가는 호송선단의 안전을 확보하기로 결심한 처칠은 목성 작전으로 노르웨이 북쪽에 침입해 안전을 확보하고자 했다. 1941년 가을부터 처칠은 노르웨이 북부 상륙 계획으로 참모부를 내내 괴롭혀왔다. 참모부는 왜 그것이 실행 불가능한지에 대해 몇 번이고 철저한 논거를 들이댔다. 선박도, 군함도 부족하고 공중 방호를 하기에도 너무 멀다는 것이었다. 처칠은 1942년 5월 다시 논의를 시작했다. 7월에 그는 악천후에 익숙한 캐나다 군단이 이 임무에 적합할 것이라는 생각이 들었다. 캐나다 군단의 지휘관인 앤드루 맥노턴 장군은 '5개 사단과 20개 비행 대대, 1개 대규모 함대'[1]가 필요하다고 판단했다. 처칠은 맥노턴을 모스크바로 보내 이 계획에 대해 스탈린과 논의하는 것이 좋겠다고 생각했다. 그러나 이것은 캐나다군과 참모부의 극심한 반대에 부딪혔고, 처칠이 이 문제를 내려놓기까지는 수개월이 걸렸다. 미국 정부에서는 마셜 장군도 그러한 병력 분산에 강력하게 반대했다.

1942년 12월 31일, 무르만스크로 향하던 JW-51B 선단이 노스 곶에서 독일의 중순양함 아드미랄 히퍼와 뤼초프 함, 구축함 6척의 공격을 받았다. 영국 해군 호위함 4척이 곧장 그쪽으로 향했다. 영국 해군은 비록 HMS 아카테스 구축함 1척과 소해정 1척이 격침되기는 했지만, 독일의 히퍼 함을 파손시키고 구축함 1척을 침몰시켰다. HMS 온즐로 함이 이끄는 이 호위대는 우세한 적의 부대를 쫓아내고 호송선단을 끝까지 목적지로 안내했다.

1943년 1월에 열린 카사블랑카 회담에서, 영국 폭격사령부의 주요 목표가 U 보트 기지와 조선소로 지정되었다. 2월 13일, 프랑스 대서양 해안 주요 기지 중 한 곳인 로리앙이 심한 폭격을 당한 데 이어 생나제르도 공격을 당했다. 그런데 한 번에 거의 1000톤씩 엄청난 양의 폭탄이 떨어졌음에도 철근 콘크리트로 만들어진 대피소들은 무척 튼튼했다. 브르타뉴 해안에 대량의 기뢰를 부설하는 것이 더 효과적이었다.

개량 레이더가 장착된 대잠용 리버레이터호와 선덜랜드호가 곧 제힘을 발휘하기 시작했다. 비스케이 만은 잉글랜드 서남쪽에서 활동하던 연안 사령부 비행대대들이 장악한 사형장이 되었다. 그런데도 '블랙갭' 안의 이리떼는 계속해서 많은 피해를 입혔다. 1943년 3월, 거친 바다를 빠르게 항해하던 HX-229 호송선단이 느린 SC-122 선단을 추월했다. 그러자 이리떼가 상선 90척을 표적으로 삼았다. 호위함은 단 16척뿐이었다. 되니츠는 그 지점에 U 보트 38척을 집중 투입했고, 3월 20일 밤에 U 보트 함대가 상선 21척을 침몰시켰다. 다음 날 아침 아이슬란드에서 리버레이터 편대가 날아온 후에야 두 호송선단에서 살아남은 선박들을 무사히 구할 수 있었다.

되니츠에게는 작전 수행이 가능한 U 보트 240척이 있었다. 4월 30일에 그는 240척 중 51척을 그린란드와 뉴펀들랜드 사이에 집결시켜 ONS-5 호송선단을 요격하기로 했다. 그런데 블레츨리 파크에서 샤크 암호를 해독함으로써 세인트존에서 5척의 구축함이 추가로 급파되고 캐나다 공군 카탈리나 편대가 대기에 들어갔다. 이번에는 장거리 폭격기인 리버레이터 편대가 '블랙갭'을 좁히고, 호송함들은 새로운 고주파 방향 탐지 시스템을 장착하여 65킬로미터 떨어진 곳에 있는 부상한 U 보트의 위치까지 파악할 수 있었다. 호송선단에는 호위항모, 고슴도치라 불리는 신형 장비를 갖춘 구축함과 코르벳 함이 포함되었다. 고슴도치 장치는 단순히 선미에서 폭뢰를 투하하는 것이 아니라 함체 앞쪽으로 투사했다. 5월 첫째 주에 되니츠의 U 보트 함대가 호송선단을 요격했다. U 보트는 선박 13척을 격침했지만, 호위대와 항공대가 반격에 나서는 바람에 U 보트도 7척이 침몰하고 말았다. 이로써 되니츠는 나머지 병력을 철수시켜야만 했다.

5월 내내 되니츠는 이리떼 밀집 전술이 먹혀들지 않고 있음을 시인하지 않을 수 없었다. U 보트 33척이 SC-130 호송선단을 향해 공격을 시도했다가, 결국 단 한 척도 침몰시키지 못하고 잠수함만 5척을 잃었다. 그중 U-954호는 연안사령부에서 날아온 리버레이터의 공격을 받고 침몰했다.

수병 전원이 전사했고, 스물한 살인 되니츠의 아들 페터도 이때 사망했다. 5월에 독일 해군은 총 33척의 U 보트를 잃었다. 5월 24일, 되니츠는 북대서양의 잠수함을 거의 다 철수시켜 아조레스 제도 남쪽으로 이동하도록 했다. 크게 걱정하고 있던 처칠도 이제 한시름 놓을 수 있었고, U 보트의 위협이 현저히 줄어들면서 미군도 유럽 침공 준비를 시작할 수 있었다.

히틀러는 영국을 상대로 한 U 보트 작전을 그저 제1차 세계대전에서 독일을 봉쇄한 것에 대한 복수로 여겼다. 마찬가지로 영국은 독일을 상대로 한 전략 폭격 작전을 런던 대공습에 대한 앙갚음으로 보았다. 전략 폭격에는 나치가 저지른 다른 범죄에 대한 보복이라는 면도 컸다. 하지만 가장 큰 추진력이 된 것은 바로 달리 반격할 능력이 없다는 영국의 약점이었다.

프랑스가 패배한 직후인 1940년 6월 29일, 처칠은 해군력으로 독일을 봉쇄하는 것이 더 이상 불가능하다는 것을 인정했다. 그리고 "이럴 때 우리가 가진 유일하고 결정적인 무기는 물량 공세로 독일을 무차별 공습하는 것뿐"[2]이라고 덧붙였다. 전략 폭격은 5월 15일 폭격기 99기가 루르 지방의 정유 시설을 공격하면서 이미 시작되었다. 그러나 영국 폭격 사령부의 공격은 첫해에 큰 성과를 거두지 못했다. 1941년 9월 말 버트 보고서[3]를 받은 처칠은 경악했다. 항공정찰 사진을 검토한 결과, 표적과의 거리 8킬로미터 이내에 폭탄을 투하한 폭격기가 5기 중 단 1기뿐이었던 것이다.

공군 참모총장인 포털 공군 대장은 얼마 전 처칠에게 중폭격기 4000기로 독일의 사기를 꺾어야 한다는 내용의 서신을 보냈다. 매우 지적인 사람이었던 포털은 처칠이 버트 보고서를 보고 당황하며 분노해도 아랑곳하지 않았다. 그는 영국 육군은 독일을 패주시킬 형편이 못 된다며 반론의 여지를 주지 않고 자기주장을 펼쳤다. 영국군이 유럽 대륙 본토로 다시 돌아갈 때를 대비하여 독일군의 힘을 치명적으로 약화시킬 만한 병력은 공군뿐이라는 것이었다. 그러자 처칠은 공군이 전쟁 전에 폭격의 효과를 당당하게도 과장했던 일을 상기하며 이에 반박했다. 그 당시 "공군의 예상 파괴력이 과장되는 바람에 전쟁 전 정책 책임자들이 잔뜩 주눅이 들었고 그 때문에 1938년 8월에 체코슬로바키아도 버림받았다"[4]라는 논리였다.

영국 공군의 주장이 육군 및 해군과의 대립관계와 크게 관련 있다는 점을 처칠이 철저히 강조하는 것은 어쩌면 당연했다. 제1차 세계대전에서 독일을 상대로 한 폭격은 소모적이고 비효율적이었다. 갓 태어난 영국 공군은 피해 규모에 대해 터무니없이 과장된 주장을 하며 생존 투쟁을 벌이다 시민들의 사기에 특히 큰 상처를 입혔다. 1918년 이래, 공군이 독립성을 유지하는 게 정당성을 갖게 된 이유는 폭격이 전략적 기능이라는 주장에서 비롯된 것이었다. 그로 인해 "과정이 습관이 되어 결과적으로 영국 공군의 발표 내용과 실제 능력 사이에 일정한 틈이 생겨버렸다"[5]고 처칠은 주장했다. 하지만 처칠은 폭격 사령부가 주장하는 장점을 부정하는 것은 꺼렸다. 역사에 정통했던 처칠은 적이 해상과 주변부에서 크게 약해지기 전까지는 유럽 땅에서 직접적인 충돌을 피한다는 영국의 고전적 전술을 지나치게 의식했다. 무엇보다도 처칠은 제1차 세계대전과 같은 유혈 사태가 다시 일어나는 것만은 피하겠다고 다짐했다.

1940년과 1941년 봄 영국이 루프트바페의 야간 공격을 받고 있을 때, 처칠에게 가장 시급했던 것은 한심함을 느끼고 지쳐버리기까지 한 대중에게 영국이 반격하고 있다고 안심시킬 수 있는 방법을 찾는 것이었다. 그리고 그리스, 크레타에서 벌어진 참사와 로멜의 북아프리카 진격으로 육군이 휘청거리고 있을 때, 영국 공군의 초대 참모총장 트렌처드가 공표한 RAF의 공격적 공군력 이론, 즉 '받은 것보다 더 많이 폭격해준다'[6]는 것은 의문의 여지가 없을 정도로 매력적이었다. 트렌처드가 이끌던 폭격기 부대가 제1차 세계대전에서 엄청난 사상자만 내고 결국 별 소득이 없었다는 사실은 언급되지 않았다. 루프트바페의 전략처럼 본질적으로 민간인의 '사기 저하'를 노리는 것인지, 그 전략의 목적도 분명하게 드러나지 않았다. 어쨌든 진실은 폭격이 정밀하게 이뤄지지 않아 인구가 밀집된 도시처럼 지역적인 표적을 고려해야 했다는 것이다.

육군과 전술적으로 긴밀하게 협조관계를 유지한 독일 항공대와는 달리, 영국 공군은 육군, 해군과 최대한 거리를 두어 독립을 위한 전쟁을 지나치게 확대했고, 근접 지원 개념도 받아들이기를 거부했다. 1930년대에 각 군 간의 불신이 커졌다. 영국 육군과 해군은 공군이 제안한 폭격 전략의 도덕성과 적법성에 의문을 제기했다. 해군성은 도시 폭격을 '혐오스럽고 영국답지 않은 발상'[7]이라고까지 표현했다. 공군은 '영아 살해'[8]가 폭격의 목적이 아니라며 격하게 항의했다. '적의 사기 저하를 노린 공격'을 계속 강조하는 것은 좋은 대안이라고 보기 어려웠다.

전쟁이 발발했을 때, 폭격 사령부는 주어진 임무를 수행할 준비가 전투기 사령부보다 훨씬 뒤떨어진 상태였다. 항공기도 적당하지 않았을 뿐 아니라 항법, 정보, 항공사진 정찰, 목표물 포착 시스템 등도 매우 허술한 상태였다. 폭격사령부는 독일군의 공중 수비력도 예측하지 못했다.

전쟁 초반에 영국 공군 사령관들은 '민간인을 향해 그렇게 고의 폭격을 하는 것은 불법'[9]이라는 말을 들었다. 이 말은 루스벨트 대통령이 도시 폭격을 피하라고 교전국들에 호소한 데서 나온 것이었다. 독일을 상대로 한 폭격 임무는 선박이나 항만 공격, 선전 전단 투하와 같이 비효율적인 작전으로 제한되었다. 루프트바페가 바르샤바와 로테르담 등의 도시를 공격한 뒤에도 영국군은 정책을 바꾸지 않고 있다가, 1940년 8월 24일 밤에 루프트바페가 템스 강 어귀의 항구가 아닌 런던 도심을 실수로 폭격하고 나서야 작전을 바꿨다. 이미 언급했듯이, 처칠의 보복 지시가 런던 대공습으로 이어졌고 영국 공군에게 걸린 목표물 제한도 완화되도록 했다. 그런데 양 대전

기간에 폭격사령부가 그렇게나 호언장담을 했음에도 불구하고, 소속 부대인 웰링턴 부대와 핸들리 페이지 햄프던 부대는 전투기의 공격에 스스로를 방어하지 못하고, 낮에도 표적을 찾지 못했으며, 찾았다고 해도 가공할 피해는 입히지 못했다. 영국 공군의 굴욕이 이루 말할 수 없을 정도였다.

처칠은 독일의 경제적 약점에 대해 오로지 낙관적인 생각만 하면서 기운을 돋우고, 폭격사령부의 힘을 키우는 계획을 단호하게 밀어붙였다. 폭격만으로 승리를 거둘 가능성을 계산할 때, 루프트바페가 영국을 공격하여 기간 시설을 파괴하거나 시민들의 사기를 저하시키는 데 실패했다는 사실은 무시했다. 하지만 독일의 석유 생산 공장과 항공기 공장은 공중 폭격의 표적으로는 너무 작았다. 그래서 포털은 독일이 1940년에 런던을 공격했기 때문에 영국이 "본격적으로 나서게 된 것"[10]이라고 주장하며, 도시를 폭격하여 '도의적 효과'를 낸다는 영국 공군의 오랜 염원을 되살릴 것을 제안했다. 폭격으로 도시는 명중시킬 수 있었다. 처칠은 찬성했다. 그리고 코번트리가 파괴된 지 한 달 후인 1940년 12월 16일, 폭격사령부는 만하임에 첫 고의적 '지역 공습'을 개시했다.

대서양의 전투 상황이 점점 더 극단으로 치닫자, 폭격사령부는 U 보트 수리독과 조선소, 그리고 호송선단에 대하여 사용되던 포케불프 콘도르 항공기의 생산 공장에 집중해야 했다. 그러나 1941년 7월, 트렌처드의 강력한 지원 아래 영국 공군 내에서 지역 폭격을 요구하는 의견이 강해졌다. 독일의 사기가 영국보다 훨씬 더 불안정하다는 오해, 사정없이 야간 작전을 펼치면 독일은 분명히 무너지게 된다는 오해도 있었다. 얼마 후 부정확한 폭격에 관한 버트 보고서가 나왔을 때는 비평가들조차 지역 폭격 외에는 선택의 여지가 없다고 확신했다.

1942년 2월, 폭격사령부는 내각으로부터 지역표적 전술 실행 승인을 받아냈고, 아서 해리스 공군 대장이 사령탑을 맡았다. 매우 호전적인 성격에

텁수룩한 콧수염을 기른 해리스는 독일 도시들을 파괴하는 것이 승리의 열쇠라고 믿어 의심치 않았다. 그의 생각에 그렇게 하면 부대를 대륙으로 보내 국방군과 대결할 필요성을 피할 수 있었다. 로디지아에서 힘든 시간을 보내 웬만해선 쉽게 동요하지 않는 아웃사이더였던 해리스는 소심한 신사들과 타협할 이유가 별로 없다고 생각했다.

런던 대공습이 벌어지는 동안 밤마다 항공성 옥상에서 런던에 떨어지는 루프트바페의 폭탄을 바라보며 시간을 보낸 해리스는 적군의 폭탄 공세를 압도할 만한 양의 소이탄으로 반격할 날을 갈망했다. 런던 등지에서 벌어진 대공습으로 민간인 4만1000명이 사망하고 13만7000명이 다쳤다. 해리스는 어떠한 비판도 받아들일 각오가 되어 있지 않았고, 육군이나 해군 장성들에 대해서는 공군의 독립 이후 부지중에 공군을 깎아내리려고 했던 사람들이라 생각하여 이들의 요청도 수용하려 하지 않았다. 해리스는 이들이 핵심 계획을 시행하려는 자신을 좌절시킬 생각만 하는 '편향자들'이라고 생각했다.

해리스의 첫 번째 임무는 항공기 대원들의 사기를 끌어올리는 것이었다. 버트 보고서에 의하면, 전쟁이 시작되고 첫 2년 동안 별 소득도 없이 항공기 대원은 거의 5000명을 잃고 항공기는 2331기를 잃었다. 초반 공습 때는 지상에서 사망한 대원의 수가 독일 상공에서 잃은 숫자보다 많은 경우가 허다했다.

폭격사령부에서는 동남쪽 스핏파이어 비행대대처럼 조종사들이 자주 런던을 오가며 축제를 즐기는 활기를 찾아볼 수 없었다. 폭격기 기지는 대부분 링컨셔와 노퍽 지역의 평평하고 바람이 휘몰아치는 시골 비행장이었는데, 이곳이 기지가 된 이유는 베를린과 같은 위도에 있기 때문이었다. 항공 대원들은 코크스를 땔 때는 난로의 연기 냄새와 담배 냄새가 밴 조립식 막사에서 지냈다. 비가 올 때마다 막사 지붕 위로 빗물이 후드득 떨어지는 것 같았다. 임무를 끝내고 복귀할 때 아침 식사로 제공되는 베이컨과 달걀 외에 나머지 식사는 마카로니 치즈와 심하게 익힌 채소, 근대 뿌리와 스팸 등 단조로운 식단으로 채워져 대원들 대부분이 변비를 호소했다. 성충동을 억제하는 브롬화물이 첨가되었다는 소문과 함께 무제한으로 제공되는 차외에 유일한 마실 거리는 비오는 밤 자전거나 버스를 타고 갈 수 있는 음침한 선술집의 김빠진 맥주뿐이었다. 운이 좋으면 비행장에서 공군 여자 보조부대WAAF 소속의 젊고 순진한 부대원과 동행할 수도 있었다. 다른 대원들은 무도회장에서 현지 여성이나 농업 지원 부인회 소속의 여성들을 만나고 싶어했다.[11]

전투기 사령부와 마찬가지로 폭격사령부의 조종사와 승무원들은 대부분 지원병이었다. 이들 중 4분의 1이 나치 독일에 침략당한 나라와 더불어 캐나다, 호주, 뉴질랜드, 로디지아, 남아프리카와 같은 자치령 출신이었다. 캐나다인의 수가 워낙 많아 캐나다 비행대대가 따로 분리될 정도였고, 나중에는 폴란드와 프랑스 비행대대도 따로 마련되었다. 폭격사령부 승무원 약 8000명이 훈련 중 사고로 목숨을 잃었다. 이것은 전체 사상자 수의 7분의 1 정도였다.

대원들은 '작전' 중에 몸을 얼얼하게 하는 추위, 지루함, 공포, 불편, 끊임없는 비행기 엔진 소음 등에 시달렸다. 대공 포화에 당하든 야간 요격 전투기에 당하든, 죽음은 언제나 가까이에 도사리고 있었다. 행운이든 불운이든 운을 믿는 분위기가 지배적이었으며, 다수는 미신에 집착하게 되어 개인적인 의식을 치르기도 하고 토끼 발이나 성 크리스토퍼 메달과 같은 부적에 의지하기도 했다. 목표가 무엇이든 간에 임무 수행 절차는 비슷하여 '오늘밤의 목표'라는 브리핑으로 시작하고 무전기 점검, 이륙, 상공에서 원을 그리며 대형 구성, 기관총 사수의 해협 시험 발포 등이 이어진 뒤, 인터컴을 통해 '적 해안에 접근'이라는 메시지가 들어오자마자 항공기 안에는 팽팽한 긴장감이 감돌게 되었다. 승무원들은 모두 육중한 폭탄이 떨어져나가면서 비행기가 갑자기 위로 튀어오르는 순간을 목 빠지게 기다렸다.

이 전쟁은 젊은 청년들의 전쟁이었다. 31세 조종사가 '영감'이라는 별명을 얻을 정도였으니 말이다. 모두 별명을 가지고 있었고 전우애도 깊었지만, 전우들의 죽음에 대처하기 위해 이들은 냉소적 태도를 익히고 생존자가 자책감에 빠지지 않도록 해야 했다. 불길에 휩싸인 다른 비행기를 보게 되면 공포감과 함께 남에게 일어난 일이라는 안도감이 뒤섞여 나타났다. 폭격기가 야간 요격 전투기로부터 호된 공격을 받고 돌아오면 지상 근무원은 기총좌 후방에 사수의 짓이겨진 유해를 모으기 위해 "호스로 씻어내야 했다".[12] 목표를 포착하기에 날씨가 무척 나빠서 '작전'이 실행될 것인지, 연기되었는지, 취소되었는지도 알지 못한 채 분산 비행 대기소에서 기다리는 일은 엄청난 긴장을 불러일으켰다. 특히 조종사들은 가끔 스스로를 '축복받은 버스 기사'[13]라고 말하면서도 "바이올린처럼 몹시 긴장했다".[14]

폭격기군단의 공격력은 햄프던과 웰링턴을 대체하여 스털링, 그다음에 4엔진 핼리팩스와 랭커스터로 구성된 중폭격기 부대가 투입되면서 그제야 강해지기 시작했다. 1942년 3월 3일 밤, 총 235기의 폭격기가 프랑스의 표적에 대한 첫 대규모 폭격인 파리 외곽 불로뉴 빌랑쿠르 지역의 르노 공장을 향한 폭격에 나섰다. 르노 공장에서 독일 국방군 차량을 제조했기 때문에 표적으로는 적절했다. 표적지시용 조명탄이 이때 처음으로 사용되었다. 그리고 지상에 대공포가 거의 없었기 때문에 폭격기들은 4000피트(약 1200미터) 아래까지 내려가 정확성을 높일 수 있었다. 공장 시설 파괴의 성과는 좋았지만, 근처에 주택가가 있었던 탓에 프랑스 민간인 367명이 목숨을 잃었다.

3월 28일, 영국 공군은 포털과 해리스의 계획대로 고폭탄과 소이탄을 조합하여 독일 북쪽 뤼베크 항을 폭격했다. 그 오래된 도시는 불바다가 되었고, 히틀러는 격분했다. 루프트바페 부관의 기록에 의하면 히틀러는 "이제 테러에는 테러로 대응할 것이다"[15]라고 말했다고 한다. 화가 난 나머지 히틀 러는 "동부 전선에 배치된 항공기를 서부 전선으로 끌어오라"고 했지만, 공 군참모총장 예쇼네크 장군은 프랑스 북부 지역에 있는 폭격기 부대를 이용 하면 된다고 간신히 히틀러를 설득했다. 하지만 영국군의 폭격 작전이 강화 되면서 독일 전투기 부대와 중 대공 포대들을 동부 전선에서 철수시켜 제 3제국을 방어하게 해야 한다는 압박이 곧 커져갔다. 뤼베크 공격 한 달 후, 폭격사령부는 동쪽으로 80킬로미터 떨어진 로스토크에 네 차례 공습을 개 시하여 더 큰 파괴력을 보여주었다. 괴벨스는 이것을 '테러 공격'이라고 표 현했고, 그때부터 폭격사령부를 '테러 공군'으로 불렀다. 폭격기군단이 몇몇 도시를 잿더미로 만듦으로써 해리스는 이제 성공을 자신하게 되었다.

1942년 5월 30일 밤, 해리스는 처음으로 폭격기 1000기를 동원하여 쾰 른을 급습했다. 원래 목표는 U 보트 조선소가 있는 함부르크였지만, 궂은 날씨 때문에 계획을 변경해야 했던 것이다. 반전을 준비하고 있던 처칠은 체커스에서 마련한 저녁 식사 자리에 존 위넌트 대사와 미 항공대 참모장 인 햅 아널드 장군을 초대했다. 초대 손님들이 식사 자리에 앉자 처칠이 현 황을 발표했다. 뻔뻔하기는 했지만 굴욕을 겪은 그해에 자랑할 만한 내용이 었다. 위넌트는 해외 전보를 쳐서 루스벨트에게 이렇게 전했다. "잉글랜드가 승산이 있습니다. 비행기와 군대를 최대한 빨리 여기로 보내십시오."[16]

쾰른 폭격의 파괴력은 대단했지만 쾰른 폭격 이후를 기준으로 하면 그렇 게 강한 편은 아니었다. 사망자는 약 480명이었다. 폭격사령부를 열심히 선 전한 해리스는 1000기라는 수를 맞추기 위해 훈련용까지 포함하여 비행할 수 있는 거의 모든 폭격기를 끌어모았다. 그리고 미국과 소련도 자극하고 싶었다. 『데일리 익스프레스』지 헤드라인에는 "복수가 시작된다!"고 실렸다. 그런데 해리스는 정유 시설, 교통통신 시설과 같이 군사적 속성을 띠는 건물들만 목표로 삼는 척해서 대중과 몇몇 상관은 물론, 매우 착잡한 기분에 빠져 있던 처칠까지 오도해야 한다고 생각했다. 주요 철도역을 구실로 삼으면 도심지 전체를 폭격하는 데 정당성을 얻을 수 있었다. 하지만 해리스는 대중이 자신을 지지하는 것을 알고 있었다. 치체스터의 주교인 조지 벨 등 소수의 사람만 외로이 반대 목소리를 냈다.

그해 8월, 북프랑스 침공이 불가능하다고 스탈린에게 설명하기 위해 모스크바로 날아가던 처칠에게 독일 도시 폭격은 가장 강력한 카드였다. 처칠은 폭격사령부 공격이 제2전선의 일환이라고 주장할 수 있었다. 나치의 알베르트 슈페어 군수장관도 같은 견해를 표명했다. 폭격 작전은 영국의 활동 중 스탈린이 찬성한 유일한 작전이었다. 소비에트 정보부는 전쟁포로 심문을 통해 동부 전선의 독일 군대가 고향에서 영국의 폭격을 당하고 있을 가족을 걱정하느라 사기가 점점 떨어지고 있다는 정보를 얻어 이미 보고하고 있었다. 특히 루프트바페의 폭격에 어림잡아 약 50만 명의 소비에트 민간인이 사망한 뒤로 스탈린은 보복 의지를 절대 잃지 않았다. 하지만 붉은 군대는 전략 폭격 무기를 개발하지 않았기 때문에 스탈린은 영국이 전략 폭격을 하는 것으로 만족했다.

무전응답기 기술로 항법기기를 개선하여 항공기를 목표물로 안내하는 것이 가능해지면서 폭격사령부의 항공기는 이제 표적을 찾을 가능성이 더 높아졌다. 조명탄으로 표적을 알려주는 선도기의 도입은 한마디로 혁신이었다. 선도기 사용은 처음에 해리스의 필사적인 반대에 부딪혔다가, 포털과 항공참모가 해리스의 의견을 각하시키면서 도입된 것이다. 그와 동시에 독일의 대공수비도 강화되었다. 히틀러는 베를린에서 거대한 콘크리트 대공포탑 건설을 지시하고, 꼭대기에 중 대공 포대를 배치하도록 했다.

독일을 향해 출격하는 횟수가 늘면서 폭격사령부의 사상자도 크게 늘어 특히 루르 지방은 '해피밸리'라는 쓴쓴한 별명으로 불렸다. 전사자의 근친

자는 공식 통보와 함께 비행대대장이나 주둔지 지휘관으로부터 애도의 편지를 받았다. 얼마 후에는 커프스단추, 옷, 머리빗, 면도 도구 등의 유품이 전달되었다. 전사자가 차를 소유한 경우에는 찾으러 갈 수 있었다.

"최악의 일은 대공 포화를 보고 있는 것이다. 다치지 않으려면 상상하지 말아야 한다."[17] 1943년 5월 16일 밤 '댐 파괴' 공습에 제617비행대대를 이끌었던 스물네 살의 가이 깁슨 공군 중령의 기록이다. 대공 포화의 느낌은 당연히 더 심했다. 핼리팩스에서 무선통신원으로 근무했던 배우 덴홈 엘리엇은 "아래에서 포탄이 터질 때 생기는 압력은 비행기를 50피트 상공으로 밀어올릴 수 있을 정도다. 그 찰나의 순간에 누구든 신을 찾게 된다"[18]고 기술했다.

30회 출격 임무가 끝나기 전에 쓰러져 존재가 알려지지 않은 사상자들도 있었다. 영국 공군은 소심함 또는 전쟁 충격과 관련하여 '사기 섬유 부족'이라는 말을 사용했다. 전쟁을 치르면서 공군은 정신적 상처 치료 면에서 육군보다 더 무감각했던 듯하다. 폭격사령부에서 총 2989명의 비행 요원이 전투스트레스 진단을 받았다. 이 중 3분의 1이 조종사였다. 무엇보다도 가장 놀라운 사실은, 야간 폭격보다 훈련 비행이 주는 스트레스가 더 커 보였다는 점이다.

1942년 여름, 미국 제8육군항공대가 영국에 집결하기 시작했다. 5월에는 유럽에서 미국의 모든 공중 작전을 지휘할 칼 스파츠 소장이 도착하고, 제8육군항공대의 폭격기 부대는 아이라 이커 준장이 사령탑을 맡았다. 미국이 폭격 작전을 낮에 수행하겠다고 공표하자, 주간 폭격을 시도했다가 고생만 한 영국 공군은 깜짝 놀랐다.

미국 육군항공대는 적의 사기를 꺾어놓겠다는 영국 공군의 이론이 논쟁의 여지가 있어 회피했다. 육군항공대 지도부에서는 노덴 폭격조준기로 적군의 '산업 뼈대'가 모인 '핵심 집합점'에 정밀 조준 폭격을 실행할 것이라고 주장했다. 그러나 목표에 관한 정보가 정확하지 않았고 정확성을 높이려면 완벽한 시야 확보는 물론 방어가 그리 강하지 않고 뚜렷이 식별할 수 있는 목표가 필요했다. 정밀한 폭격으로 '피클병도 맞힐 수 있다'고 주장했지만 현실은 폭탄이 넓게 퍼져 정밀조준폭격이 거의 이뤄지지 않았다. 조종사가 대공포화를 피해 곡예비행을 하면서 노덴 폭격조준기의 고감도 자이로스코프를 뒤집는 동안 폭격수가 침착하게 필요한 모든 데이터를 산출하고 연기, 구름 그리고 아지랑이 사이로 단번에 목표물을 발견하리라고 기대하는 것은 지나친 낙관이었다. 미국 육군항공대의 폭격 패턴도 영국 공군보다 나을 것이 없었다.

기총좌에 거치한 중기관총으로 무장한 B-17 폭격기를 가진 미 육군항공대는 촘촘한 대형으로 고도를 높여 비행하면 사계를 연결하여 들어오는 전투기 부대의 공격을 피할 수 있다고 믿었다. 그러나 경험이 없는 포수들은 메서슈미트를 공격하기보다는 대형 내의 아군 항공기를 쏠 가능성이 컸다. 1920년대 중반에 미국 육군항공대가 일찌감치 낙하식 보조연료탱크를 떨어뜨려 항속 거리를 추가로 확보하는 시험을 했는데도 스파츠는 호위 전투기의 필요성을 고려하지 않았다. 전에 영국이 그랬듯이, 미국도 스페인 내전과 중국에서 공중전을 펼쳤을 때 깨달은 바를 잊어버렸던 것이다.[19] 제8육군항공대가 임무를 수행하러 독일을 향해 날아오르기 시작하자, 그 모든 교훈은 곧 현실이 되었다.

처음에 스파츠는 미숙한 대원들의 임무를 비교적 쉬운 공격으로 제한하기로 하고 프랑스를 공습하도록 했다. 8월 17일, 이커의 지휘로 B-17 플라잉 포트리스 12기가 첫 임무 수행을 위해 이륙했다. 스파츠는 자신이 나서고 싶었지만, 울트라 작전에 내밀히 관여하고 있었기 때문에 그럴 수 없었다. 폭격기 부대의 표적은 프랑스 북부 루앙에 있는 조차장이었다. 이곳에서는 스핏파이어 전투기가 근접 방호를 할 수 있었다. 대공포도 없었고, 돌아오는 길에는 스핏파이어 호위대가 메서슈미트 몇 기를 쫓아냈다. 돌아온 대원들은 기자들로부터 영웅 대접을 받고 축하도 요란하게 받았다. 그러나 처칠과 포털은 미군이 영국에서 폭격기 병력을 구축하는 속도가 느린데다 완고하게 주간 폭격을 고집해 걱정이었다. 그러던 중 북아프리카에서 제12육군항공대의 작전을 돕기 위해 항공대와 사병들이 지중해로 전환 배치되면서 폭격은 연기되었다.

아널드 장군을 수장으로 한 미국 육군항공대는 눈부신 속도로 확장되어 갔다. 초반부터 수뇌부가 두터운 우정으로 엮인 것은 축복이나 다름없었다. 그 반면 영국 공군은 논쟁을 벌이느라 자주 분열되었는데, 이는 주로 해리스의 심술궂고 고집스러운 성격 때문이기도 했고, 평소 싫어했던 육해군보다 항공참모의 의지가 더 약하다며 해리스가 항공참모를 혐오했기 때문이기도 했다. 해리스는 연료 시설 폭격에 찬성하는 사람들을 '기름기'라 부르고 다른 특정 표적을 공격하자는 사람들을 '돌팔이 약장수'라고 하며 공공연하게 비웃었다. 그런데도 미군은 주간에 정밀 조준 폭격을 하겠다는 신조를 거의 변함없이 관철시켰다. 지상을 내려다볼 수 없을 만큼 짙은 구름이 자주 끼는 궂은 유럽 날씨도, 표적을 명중시키고 있다고 믿는 미국 육군항공대 지휘관들의 생각을 바꾸지는 못했다.

1942년 말 이후 대서양 전투가 중대 국면에 처해 있는 동안, 폭격사령부와 제8육군항공대 모두 프랑스 대서양 해안에 위치한 U 보트 수리독에 집중했다. 그러나 그해 겨울 혹독한 날씨에 보기 드물게 직격탄을 날리는 전과를 거두고도 거대한 콘크리트 건물들은 이들의 폭탄에 꿈쩍도 하지 않았다. 반면에 인근 항구도시인 생나제르와 로리앙의 건물들은 산산조각이 났다. 돌이켜보면 막대한 양의 콘크리트가 이곳에 사용되는 바람에 히틀러가 계획한 '대서양의 벽', 즉 서유럽 침공을 막아낼 해안방어선을 건설할 시간이 많이 늦춰졌다는 것이 연합국에 유일한 위안이 되었다.

11월 23일에 생나제르의 수리독에 제8육군항공대가 공습을 벌이는 동안, 루프트바페는 플라잉 포트리스를 상대할 새로운 전술을 시도했다. 그때까지 독일 조종사들은 늘 후방에서 공격했지만 이번에는 신형 포케불프 190호 30기를 사용하여 밀집대형으로 정면 공격했다. 전투기 조종사에게는 강인한 정신력과 기술이 요구되었지만, 폭격수가 탑승해 있는 플라잉 포트리스 앞부분은 투명한 플렉시 글라스로 되어 있어 아킬레스건과도 같았다. 폭격기 앞쪽에 탑승하는 대원에게는 공포 그 자체였다.

영국 공군 대원들과 마찬가지로 미국 군인들도 대기하는 것이 곤욕이었다. 기다리다보면 궂은 날씨 때문에 작전이 취소되거나 중단되었다. 열흘 중 표적이 제대로 보이는 날은 이틀에서 사흘 정도밖에 되지 않았다. 미군 폭격수들도 자기들만의 미신이나 의식이 있어서 스웨터를 앞뒤 반대로 입거나, 행운의 동전을 몸에 지니거나, 늘 같은 비행기에 탑승하기도 했다. 이들은 비행기가 교체되는 것을 싫어했다.

살을 에는 듯 차가운 바람은 특히 열린 문 앞의 측면 포수들을 둔하게 만들었다. 전기로 열을 내는 신발이나 장갑, 작업복 따위를 착용한 대원도 있었지만, 기능이 오래 지속되는 경우는 드물었다. 작전 수행 첫해에는 전투 부상보다 동상을 입은 사람이 더 많았다. 비좁은 공간에 갇혀 적군의 영토 위를 몇 시간 동안 비행한 기총좌 사수들은 소변을 바지에 지려야 했는데, 축축해진 천은 금방 얼었다. 총이 고장 나면 장갑을 벗어 장애물을 제거해야 했는데, 차가운 금속에 닿은 손가락 피부는 쩍쩍 달라붙었다. 대공포 파편이나 기관포에 맞아 크게 부상을 당한 대원은 공격받은 비행기가 기지에 도착하기도 전에 저체온으로 죽는 경우가 많았다. 만약 적의 포격으로 산소공급기가 망가지면 조종사가 비행기 고도를 2만 피트(약 6000미터) 아래로 내릴 때까지 대원들은 졸도한 채로 있어야 했다. 산소 결핍으로 사망한 사람은 100명 이내였지만, 대원 대부분이 한번씩은 다 같은 경험을 했다.

짙은 구름 속에서는 공중 충돌도 여러 번 있었고, 악천후 속에서 기지로 복귀하다 충돌하는 비행기도 많았다. 하지만 가장 충격적인 것은 바로 앞이나 옆에서 다른 비행기가 거대한 불덩어리가 되어 사라지는 모습을 보는 일이었다. 반복적인 악몽에 괴로워하는 병사는 점점 더 많아졌고 악몽에 시달리지 않기를 바라는 마음으로 많은 조종사가 저녁에 위스키를 마시며 마음을 달랜 것은 그리 놀라운 일도 아니다. 조종사들은 팔다리가 끔찍하게 잘려나간 전우들, 불타는 엔진, 기관포에 맞아 불길에 휩싸인 기체 등이 나오는 악몽을 꾸었다.

영국 공군처럼 전쟁신경증은 흔한 질병이 되었다. 혹은 자기들 말로 '대공포에 미쳤다'거나 '포케불프 불안증'에 시달리는 일이 생겼다. '경련'을 일으키는 사람이 많았고, 기절했다 깨어나는 사람, 일시적으로 시력을 잃거나 긴장증까지 겪는 사람도 더러 있었다. 이러한 증상은 극도로 위험한 순간에 무력함을 느껴 생기는 스트레스에 대한 당연한 반응이었다. 반응이 늦게 나타나는 경우도 있었다. 병사들은 끔찍한 경험을 극복해내는 듯하다가 몇 주 후 자제력을 잃었다. 그런데도 정신질환에 대해 유용하거나 신뢰할 만한 통계가 거의 없는 이유는 지휘관들이 문제를 숨기고 싶어했기 때문이다.

폭격비행전대를 이끌고 막 도착한 커티스 르메이 소령은 미군 조종사들이 표적 위에서 대공 포화를 교묘하게 피하며 나아가느라 폭격 조준이 완전히 빗나가는 것을 보고 충격을 받았다. 훗날 스탠리 큐브릭 감독의 영화 「닥터 스트레인지러브」에서 잭 리퍼 장군의 모델이 된 호전적인 르메이에게, 이것은 모든 훈련을 쓸모없게 만드는 것이었다. 그래서 르메이는 폭격항정 내에서 곧바로 날아가 정확하게 폭탄을 투하하라고 조종사들에게 지시했다. 11월 23일 생나제르 지역의 공중정찰 결과, 제305폭격대는 직격 횟수를 평소의 두 배로 늘렸다. 그런데 이렇게 르메이가 전술을 개선한 뒤에도 표적과의 거리 1000피트(약 300미터) 이내에 떨어진 폭탄은 3퍼센트 미만이었다. 육군항공대에서 처음에 주장했던 '피클병' 폭격은 아무래도 지나친야망인 듯했다. 그래서 이번에는 다른 시스템을 적용하기로 했다. 르메이는휘하 최고의 항법사와 폭격수를 선두 비행기에 배치하고, 나머지 비행기들은 모두 노덴 폭격조준기를 사용하지 말도록 했다. 기장들에게는 선두 그룹이 폭탄을 투하할 때 함께 투하하라고 말했다. 하지만 선두 그룹은 정확하게 투하했을지는 몰라도 비행 대형이 퍼지자 이번에도 역시 수많은 폭탄이표적 주변에 넓게 퍼지면서 떨어지고 말았다.

'상자' 안에서 발포하고 있는 독일군 대공포 부대, 그리고 더욱 공격적인적군의 전투기 공격이 결합되면서 폭격의 정확성은 한층 더 떨어졌다. 또한전투기 공격에 대비해 수비 진형을 촘촘하게 구성했다는 것은 지상에 있는 대공포의 표적이 한곳으로 더욱 집중된다는 뜻이기도 했다. 한 역사학자가 미국의 폭격 전술에 대해 다음과 같이 기술했다. "제8육군항공대는 최대한 정확하게, 그리고 최대한 다치지 않고 폭격하는 방법을 결코 찾지 못했다. 이것은 그들을 난제에 빠뜨렸고 결국 폭탄 몇 개로 표적을 맞추고 나머지는 그 주변에 흘리는 융단폭격이라는 돌이킬 수 없는 방향으로 이끌었다. 전쟁 전 이론이 아니라 전투 현실이 제8육군항공대를 '폭격기 해리스'의무차별 지역 공격에 가담시킨 것이다."[20]

1943년 1월 카사블랑카 회담에서, 이커 장군은 아널드 장군에게서 루스벨트가 제8육군항공대의 전술을 바꾸어 영국 공군과 함께 야간 폭격을 하는 것에 동의했다는 말을 전해 들었다. 이커는 주간 폭격이 더 효과적이라며 처칠을 설득하려 애썼다. 그는 아군이 폭격기 1기를 잃을 동안 독일 전투기는 최소 2~3기를 잃고 있다고 주장했지만, 영국은 이 말이 전혀 사실이 아님을 알고 있었다. 그러나 처칠은 아무 말도 하지 않았다. 포털이 사전에 주간 폭격 문제를 둘러싸고 미국과 싸우지 말라며 처칠에게 당부했기 때문이다. 결국 미 육군항공대는 낮에, 영국 공군은 밤에 공격하는 '24시간' 폭격 연합 체제 절충안으로 타협이 이뤄졌다.

연합군은 '독일의 군사 및 산업, 경제 시스템을 꾸준히 파괴하여 혼란스럽게 만들고, 독일 국민의 사기를 서서히 떨어뜨려 무장 저항 능력을 제거하는 것이 주요 목적'[21]이라고 하는 폭격 지령에 합의했다. 해리스는 이것을 당연히 자신의 전략을 인정하는 승인 도장이라고 생각했다. 비록 포털은 '연합 폭격'을 지휘하게 되었지만, 표적을 고르는 중요한 결정권은 이커와 해리스가 갖게 되었다.

포인트블랭크Pointblank(직격탄)라는 폭격 지령에 합의했고, 아무리 해리스와 이커의 사이가 좋고 해리스가 제8육군비행대 조직과 운영을 돕기 위해 최선을 다했다고는 해도 연합 폭격은 그저 연합일 뿐이었다. 마셜 장군으로부터 유럽 침공 준비와 관련한 지시를 일부 받고 있던 이커는 루프트바페 괴멸에 초점을 맞춰 지상은 비행기 공장, 공중은 전투기에 주시했다. 반면 해리스는 그저 평소처럼 군사적 목표물을 최우선으로 공격한다는 입에 발린 말을 하며 도시를 폭격할 생각이었다. 해리스는 하이위컴 사령부를 방문한 중요 손님들에게 가죽 장정본으로 된 큼직한 '청서'를 꺼내 자랑스레 내보이기를 좋아했다. 청서에는 표적 도시의 중요성에 대한 기록 및 파괴된 지역을 나타낸 표와 그래프가 빼곡했다. 폭격사령부가 마땅히 받아야할 관심과 존중을 받지 못하고 있다는 생각에 해리스의 분노는 점점 더 커져갔다.

1943년 1월 16일, 스탈린그라드 전투의 그 잔혹하고도 차가운 끝이 막 보이기 시작했을 때, 폭격사령부가 베를린에 첫 공습을 실시했다. 선도기를 이용하여 조명탄을 투하하는 공습도 이번이 처음이었다. 11일 후, 제8육군항공대는 북부 해안의 U 보트 건조장을 급습하여 처음으로 독일 내 표적을 공격했다. 그러고 나서 한 달 후, 제8육군항공대는 월터 크롱카이트 등 언론인 8명과 함께 빌헬름스하펜으로 돌아갔다. 곧 영화감독 윌리엄 와일러와 배우 클라크 게이블이 미국 제8육군항공대와 함께 비행하면서, 영국 공군 폭격사령부는 결코 바라지 못할 화려함을 더해주었다. 해리스도 신문 보도를 갈망했지만 스파츠와 이커의 홍보 수완에 그만 위축되고 말았다.

3월 5일, 폭격사령부는 다시 공격에 나서 특히 에센과 같은 독일 산업 중심지를 폭격했다. 3월 12일에 벌어진 공습으로 독일 전차 시설이 파괴되어 타이거 및 판터 전차의 생산이 지연되었고, 이 일로 그 유명한 쿠르스크 전투의 개시일도 늦춰졌다. 제8육군항공대는 곧이어 2만1000명의 독일군 사상자를 기록한 루르 전투에 참가했다.

연합국의 맹공격에 약한 모습을 보인 독일 항공대에 치욕을 느낀 괴링은 동부 전선 전투기 부대를 더 많이 철수시켜 본토 방어에 투입했다. 비록 이 일이 연합국의 공인된 목표에 속하지는 않았지만, 전쟁의 결과에 끼친 영향은 분명 당시 폭격으로 입은 피해 규모보다 훨씬 더 클 것이다. 게다가 우수하지는 않았지만 붉은 군대 항공대가 이 일을 계기로 곳곳에서 제공권을 회복하기 시작했다. 루프트바페로서는 정찰비행 횟수가 크게 줄어들 수밖에 없었다. 이런 변화 덕분에 붉은 군대는 다음 해에 본격적으로 마스키롭카, 즉 기만 작전을 펼칠 수 있었다.

비록 독일군의 사기는 연합국이 바라던 만큼 떨어지지는 않았지만, 괴벨스와 그 외 지도자들은 깊은 고민에 빠졌다. 나치의 선전은 대중 사이에서 풍자되었다. 당시에 잘 알려진 시가 있다.

Lieber Tommy fliege weiter,

Wir sind alle Ruhrarbeiter,

Fliege weiter nach Berlin,

Die haben alle 'ja' geschrien.

영국 병사여 비행하라
우리 모두는 루르의 노동자들
베를린을 향해 비행하라
모두가 "예"를 외치리

이것은 스탈린그라드 전투 후, 1943년 2월에 베를린 체육궁전에서 괴벨스가 발언한 내용을 인용한 것으로, 괴벨스가 "총력전을 원합니까?"라고 외치며 청중을 흥분시키고 청중 모두가 찬성의 뜻으로 "예"를 외친 것을 빗댄 풍자시다.

1943년 봄에 연합군 항공 전력의 손실은 끔찍할 정도로 커졌다. 30회 출격 임무를 완수한 인원이 5명 중 1명이 채 안 될 정도였다. 4월 17일에 제8육군항공대는 브레멘에서 독일 전투기의 공격을 받아 폭격기 15기를 잃었다. 약속된 증원군을 받지 못해 화가 나 있던 이커는 워싱턴으로 돌아간 아널드에게 공습 한 번에 동원되는 폭격기 수가 이제는 최대 123기밖에 안된다고 경고했다. 제8육군항공대는 해협 횡단 침공을 성공시키는 데 필요한 제공권도 확보하지 못할 형편이 된 것이다.

아널드는 곤란한 상황에 빠졌다. 모든 전역에서 더 많은 폭격기를 요구하고 있었다. 그러나 5월에 아널드는 증원군을 영국으로 보냈고, 이스트앵글리아에서는 비행장 건설에 관한 엄청난 계획이 수립되기 시작했다. 작전 첫해에 제8육군항공대가 폭격기 188기와 대원 1900명을 잃으면서 신병의 필요성이 절실해졌다. 이커는 마침내 장거리 전투기 호위대를 급히 요청하기에 이르렀다. 땅딸막한 P-47 선더볼트로는 독일 국경까지가 한계였다.

5월 29일, 영국 공군은 부퍼탈 공습의 첫 번째 주자였다. 선도기 부대가 조명탄을 투하한 뒤 선두에 나선 폭격기들이 소이탄을 떨어뜨려 화재를 일으키고, 이어서 다음 그룹이 고폭탄으로 건물을 폭파시켰다. 불길에 휩싸

제2차 세계대전

인 건물들은 곧 사방의 산소를 빨아들여 지옥 같은 맹화를 연출했다. 수많은 시민이 연기 또는 산소 부족으로 질식사했는데, 오히려 그것이 다행인지도 몰랐다. 거리에서는 아스팔트가 녹아 사람들의 신발이 푹푹 빠져들었다. 열을 피해 강으로 뛰어드는 사람도 있었다. 불길이 잦아든 후, 시신수습반은 지방질이 모두 타서 부피가 작아진 시체를 빨래통에 3구 정도, 함석통에는 7~8구 정도 담을 수 있었다. 그날 밤 약 3400명이 사망했다.[22] 1940년의 루프트바페처럼, 영국 공군은 대규모 파괴활동에 소이탄이 아주 유용하다는 사실을 알게 되었다. 소이탄은 일반 폭탄보다도 가볍고 한꺼번에 살포할 수도 있었다.

해리스는 폭격기들을 U 보트 기지 공격에 투입할 수밖에 없게 되면서 도시를 표적으로 하는 무자비한 계획이 계속 방해를 받자 화가 났다. 그래서 이미 폭격당한 도시를 대상으로 폭격 강도를 높였다. 1943년 6월 10일, 연합 폭격, 즉 포인트블랭크가 공식적으로 개시되었다. 2주 후, 폭격기 1000기로 공습 작전을 실행한 지 1년이 막 지났을 시점에 해리스는 폭격사령부를 다시 쾰른으로 보냈다. 성 베드로와 성 바울의 축일이었던 6월 29일 오전에 소이탄 등 각종 폭탄이 쾰른에 떨어지기 시작했다.

알베르트 베케르스는 이렇게 기록했다. "집 안의 거주자들은 모두 지하실에 있었다. 지상에서는 꽤 오랜 시간 동안 비행기 엔진 소리가 진동을 일으켰다. 우린 마치 토끼 사육장 안에 갇힌 토끼 같았다. 나는 혹시 수도관이 폭발하면 어쩌나, 우리 모두 물에 빠져 죽는 건 아닌가 하고 걱정했다. 폭발음으로 인한 진동이 느껴졌다. 우리는 지하실에 있어서 빗발치는 소이탄의 위력을 직접 느끼지는 못했지만, 머리 위에 있는 모든 것이 불타올랐다. 제2차 공격이 들어와 거대한 폭발이 일어났다. 공기가 크게 진동할 때 구멍 안에 웅크리고 있는 것이 어떤 느낌인지 아마 상상도 못 할 것이다. 폭발 충격으로 고막이 터지고 전등은 나가며 산소는 부족하고 천장에서는 먼지와 함께 모르타르 파편이 떨어진다. 우리는 갈라진 틈새를 통해 이웃집 지하실로 이동해야 했다."[23]

하인츠 페텐베르크 기자는 지상에서 화재가 시작된 가운데 안전한 곳을 찾아 300명의 사람이 모인 친구 집 지하실의 공포를 묘사했다. "피셔는 두 남자와 함께 집을 사수하기 위해 미친 듯이 싸웠다. 집을 사수하는 도중에 피셔 일행은 종종 지하실로 내려가 격하게 날뛰는 사람들이 공황에 빠지지 않도록 조치해야 했다. 피셔의 아내는 호루라기를 불고 피셔는 권총을 들고 내려가 소동을 진압했다. 자제력은 거의 바닥까지 떨어져 있었다."[24]

베케르스의 술회가 계속되었다. "바이드마르크트에서는 지독한 광경이 연출되었다. 불꽃이 소나기처럼 쏟아지며 허공을 가득 메웠다. 크고 작은 나무 조각들이 불에 타면서 여기저기 떠다니다 옷이나 머리카락에 내려앉았다. 부모와 떨어진 한 어린 소년이 내 옆에 서서 불꽃을 가리켰다. 곧 주변이 견딜 수 없이 뜨거워졌다. 바람이 불자 불길은 거세졌고 산소는 부족해졌다."

열여섯 살인 한 여학생의 일기다. "거리에서는 아이들이 정신없이 부모를 찾아 헤매고 있었다. 어린 여자애 한 명이 지난밤에 장님이 된 자기 엄마의 손을 잡고는 앞서 걸었다. 커다란 건물 잔해 더미 앞에서는 한 목사님이 이를 악물고 벽돌을 하나하나 치워가며 맨손으로 애타게 돌을 파내고 있었다. 폭탄이 터져 온 가족이 그곳에 묻혀버렸기 때문이다…… 우리는 작고 좁은 골목길을 걸었다. 빵 굽는 오븐 냄새와 함께 지하실에서는 시체 타는 냄새도 풍겨나왔다."[25]

히틀러 유겐트와 비슷한 여성청년 조직인 독일소녀단 소속의 14세 소녀의 기록이다. "가는 곳마다 다친 사람들의 비명 소리, 절박하게 부르는 소리, 아니면 땅속에 갇혀 뭔가를 두드리는 소리가 들렸다. 사람들은 저마다 실종자 이름을 불러댔고, 거리는 신원 확인을 기다리는 시신들로 뒤덮였다…… 나중에 돌아온 사람들은 집터였던 자리에 당혹스러운 얼굴로 서 있었다. 우리가 해야 할 일은 시체 조각을 모아 함석통에 담는 것이었다. 끔찍하고 구역질 나는 일이었다…… 공습을 당한 지 2주가 지났는데도 계속 토했다."[26] 강제수용소 포로들도 무너진 건물 아래에서 시신을 꺼내는 데 동원되었다.

SD는 쾰른 공습에 대한 반응과 대성당의 피해 상황을 보고했다. 많은 사람이 복수를 요구하는 가운데서도 나치스는 가톨릭교도들의 반응에 놀라고 있었다. "우리가 전쟁을 시작하지 않았더라면 이런 일은 일어나지 않았을 것이다"[27]라고 누군가가 이야기했다. 또 다른 누군가는 "정의가 우리 편이고 우리가 정당한 이유로 싸우고 있다면 주님은 이런 일을 허락하지 않으셨을 것이다"라고 했다. SD의 보고서에서는 쾰른 대성당을 포함하여 여러 독일 교회가 폭격당한 것이 독일 내 유대교 회당 파괴와도 어느 정도 관련이 있으며, 그 때문에 하느님이 벌을 내린 것이라고 보는 몇몇 사람의 의견도 실려 있었다. 괴벨스는 '파괴'를 선전에 최대한 이용하고 그와 관련된 뉴스 영화를 만드는 일에 열을 올리고 나서, 갑자기 이 선전물이 사람들을 분노시키기보다는 낙심시킬 수도 있다는 생각이 들어 덜컥 겁이 났다. SD는 시민 4377명이 목숨을 잃었는데 당국이 그러한 고통에 대해서는 아무런 언급도 하지 않고 선전물에는 죄다 파괴된 교회와 고대 건물들만 부각시키고 있다는 점에서 사람들의 불만이 터져나온다는 사실을 알고 있었다. 수천 명이 도시를 떠났고, 끔찍한 소문이 퍼져나갔다.

해리스는 방어가 아주 잘되어가고 있던 루르에서 자신의 병력을 빼내어 다른 곳에 배치하게 되었지만, 압박은 더 많이 가할 것이라고 다짐했다. 7월 24일, 함부르크 공격을 시작으로 무자비한 공습이 계속되었다. '윈도'라는 알루미늄 포일 조각을 사전에 투하하여 독일 레이더망이 이것을 포착하도록 함으로써 방어 체계를 교란시키는 전술이 처음으로 실행되었다. 폭격사령부는 밤에, 제8육군항공대는 낮에 두 번 공격했다. 해리스는 이것을 고모라 작전이라고 명명했다. 카를 카우프만 지방 장관이 특별한 허가 없이는 아무도 도시를 떠나서는 안 된다고 지시하면서 함부르크 시민들의 비극은 시작되었다. 이것은 수천 명에게 내리는 사형 선고나 다름없었다. 7월 27일, 밤이 되자 영국 공군이 비행기 722기를 이끌고 다시 나타났다. 그날은 불사르기에 더없이 좋은 날이었다. 10년 만에 찾아오는 가장 건조하고 더운 날이었던 것이다.

도시 동쪽에 평소보다 더 빽빽하게 소이탄을 퍼붓자 각각의 화재가 모여 하나의 거대한 용광로로 변해갔다. 그 화재로 인한 열기가 굴뚝이나 화산처럼 하늘을 향해 치솟았고, 지상에서는 태풍처럼 강력한 바람이 불기 시작했다. 그러자 이글거리는 불꽃이 더 거세졌다. 공군 대원들은 1만7000피트(약 5200미터) 상공에서도 살이 타는 냄새를 맡을 수 있었다. 땅에서는 뜨거운 바람이 한바탕 몰아치면서 사람들의 옷이 찢어지거나 벗겨지고 머리카락도 타버렸다. 살점은 말라비틀어져 페미컨_{pemmican 쇠고기를 말린 후 과실과 지방을 섞어 빵처럼 굳힌 것}처럼 되었다. 부퍼탈에서와 마찬가지로 아스팔트가 녹아 사람들은 마치 파리잡이 끈끈이에 달라붙은 벌레처럼 옴짝달싹 못하게 되었다. 집들은 순식간에 불타버렸다. 소화능력은 일찌감치 포화되었다. 지하실에 머물던 민간인들은 연기에 질식하거나 일산화탄소 중독으로 사망했다. 훗날 함부르크 당국이 발표한 내용에 의하면, 이렇게 죽어간 사람들의 비율이 사망자 4만 명 중 70~80퍼센트에 달했다고 한다. 다른 시신들은 심하게 타버려서 수습할 수 없는 것이 많았다.[28]

생존자들은 시골 등 더 멀리 떨어진 곳으로 달아났다. 재난의 규모를 감안할 때 지방 당국이 위기를 키우는 데 가장 큰 책임이 있었다. 피란민이 베를린을 지나간 후 입소문을 통해 온 나라에 무서운 소식이 번지기 시작하면서 동부와 남부 지역까지 퍼져나갔다. 많은 사람이 신경쇠약에 걸려 있었다. 쭈그러든 자식의 시체를 되찾고는 슬픔에 겨운 나머지 정신이 나가 시신을 가방에 넣어가는 사람도 많았다.

제3제국을 관통한 충격은 스탈린그라드의 민간인 버전이라고 묘사되었다. 슈페어와 독일 항공대 루프트바페의 행정 수장인 밀히 육군 원수 등 나치 지도자들조차 폭격 패턴이 지금과 같다면 패배는 시간문제일 것이라고 생각하기 시작했다. 한편 마음을 놓을 수 없었던 해리스는 7월 29일에 또 한 번 공습에 나섰지만 폭격사령부의 피해는 훨씬 더 많아 비행기 28기를 잃었다. 독일의 새 전투기 부대 빌데자우Wilde Sau(멧돼지)는 새로운 전술을 택하여 폭격기를 위쪽에서 공격하거나, 목표물이 가려져도 화염에 비친 실루엣을 보고 공격하기로 했다. 8월 2일, 폭격사령부가 또 한 번 출격했지만 심한 폭풍우가 그들을 기다리고 있었다. 그리하여 피해는 거의 주지 못한 채 항공기 30기를 잃는 참담한 결과만 얻었다.

'집중폭격주간'이 끝나고 플라잉 포트리스 97기를 잃은 후 8월 초에 이커 장군은 폭격기 공군병들을 작전에서 빼고 다른 임무를 수행하기에 앞서 휴식을 취하도록 했다. 그사이에 이커 예하 B-24 리버레이터 부대는 루마니아의 플로이에슈티 유전을 공격하고 북아프리카로 날아갔다. 이 해일 작전은 8월 1일에 시작된 것으로, B-24 리버레이터 부대는 수비의 경계를 늦추기 위해 정찰도 하지 않았다. 다뉴브 강 유역에서부터 접근해가며 저공 공격을 시도했지만 이것은 큰 실수였다. 독일군이 40밀리, 20밀리 대공포로 이미 주변을 둘러쌌고, 심지어 건물 지붕마다 기관총을 배치해두고 있었다. B-24 부대는 무전도 줄곧 자제했지만 독일군은 이미 대비되어 있었다. 미군의 암호를 해독하여 공습 계획을 미리 알아낸 것이다.

잔뜩 긴 시커먼 연기구름 속에서 비행하던 폭격기 부대는 대공포에 혼쭐이 난 뒤 가까운 기지에 있던 대규모 독일 전투기부대의 습격을 받았다. 리버레이터 178기 중 단 33기만이 비교적 온전하게 귀환했다. 비록 B-24 리버레이터 부대가 유전에 큰 피해를 주기는 했지만, 독일은 엄청난 수의 노동자를 유전에 투입하여 복구에 나섰고, 몇 주 후 정제소에서는 전보다 더 많은 양의 기름을 생산해냈다.

제8육군항공대를 독일 영토 깊숙이 투입하는 새 임무가 미국 정부로부터 하달되었다. 8월 17일, 제8육군항공대는 커티스 르메이의 지휘 아래 폭격기 146기를 동원해 레겐스부르크의 메서슈미트 공장을 공격하고, 230기로 슈바인푸르트의 볼베어링 공장을 공격했다. 르메이의 부대는 짙은 안개를 무릅쓰고 이륙하여 레겐스부르크에서 알프스 산맥을 넘어 북아프리카로 날며 독일군을 교란시켰다. 그러나 독일 항공대의 전투기 수비대는 그때 동부 전선에서 철수한 병력이 합쳐져 비행기 수가 400기로 늘어나 있던 상황이었다. 르메이의 부대는 레겐스부르크에 도달하기도 전에 폭격기 14기를 잃었다. 한 사수는 인터폰을 통해 모든 대원이 기도하는 소리가 들리자 "날고 있는 교회 같았다"[29]고 말했다. 하지만 폭탄을 투하한 뒤 알프스 산맥에만 도달하면 적어도 추격은 당하지 않았다.

안개가 걷힐 때까지 대기하고 있던 슈바인푸르트 폭격팀은 몇 시간 늦게 목표에 접근했다. 이 불행한 전개 덕분에, 르메이의 부대를 공격한 독일 전투기들은 착륙, 재급유, 재무장할 시간을 벌었다. 이번에도 항속 거리의 한계로 슈바인푸르트행 플라잉 포트리스를 호위하던 선더볼트 전투기 부대는 독일 국경을 바로 앞에 두고 벨기에 상공에서 귀환해야 했다. 그때부터 포케불프와 메서슈미트 109 비행대대가 사방에서 공격에 나섰다. 이때 약 300기가 긴급발진하면서 르메이 부대를 공격한 것보다 훨씬 더 많은 전투기가 공격한 것으로 추산된다. 플라잉 포트리스 안에서 사수들이 대형 사이로 날쌔게 움직이는 전투기들을 쫓아 미친 듯이 기총좌를 회전시키면서 사격을 가하자 금세 탄피가 발목 높이까지 쌓였다. 수많은 비행기가 공격을 당하고 수많은 공군병이 비행기에서 탈출하는 모습을 지켜보던 한 이병은 '마치 낙하산부대가 침공한 듯'[30] 보였다고 말했다.

슈바인푸르트로 가는 길에 살아남은 비행기도 폭격을 정확하게 할 수는 없었다. 대형은 완전히 흐트러졌고, 사방에서는 대공포가 만들어낸 시커먼 연기 속에서 끊임없이 포화가 날아들었으며, 독일군은 연막 발생기를 사용해 표적에 연막을 쳤다. 어쨌든 그들의 450킬로그램짜리 폭탄은 명중한다 해도 충분한 피해를 입히기에는 위력이 부족했다. 제8육군비행대의 폭격기는 60기가 파괴되었으며, 그 외에도 100기가 심하게 손상되어 폐기해야만 했다. 게다가 항공 승무원도 600명 정도 잃었다.

이렇게 피해를 입은 후, 처칠은 작전을 야간 폭격으로 전환하자며 미국 육군항공대를 다시 압박했다. 아널드는 강하게 반대했지만, 장거리 전투기 호위대를 가동할 수 있을 때까지는 변함없이 취약하리라는 것을 알고 있었다. 미군 육군항공대 지도부는 플라잉 포트리스 중무장 구상에 아주 오랫동안 매달려왔지만 거기에는 심각한 결점이 있었음을 인정하지 않을 수 없었다. 제8육군비행대가 다시 한번 전투기가 호위할 수 있는 거리를 넘어 슈투트가르트를 공격하는 모험을 했을 때, 이 쓰디쓴 교훈이 재현되었다. 플라잉 포트리스 338기 중 45기를 잃은 것이다.

레겐스부르크-슈바인푸르트 작전이 펼쳐지는 동안, 대규모 공중전에서 루프트바페는 전투기 47기를 잃어 8월에 총 334기가 격추된 셈이 되었다. 그러나 그보다 더 큰 문제가 있었다. 숙련된 조종사들을 너무 많이 잃고 있다는 점이었다. 르메이 부대의 공격으로 레겐스부르크의 메서슈미트 공장에 입은 피해보다 조종사들의 죽음이 독일의 방어선을 더 강하게 위협했다. 8월 18일, 함부르크가 파괴되고 그 밖의 지역들이 공격당하도록 내버려둔 독일군을 향해 히틀러가 격한 비난을 쏟아낸 후, 공군참모총장 예쇼네크 장군이 자살했다. 히틀러는 예쇼네크를 거들떠보지도 않고, 오히려 보복무기라 불린 V-1 무인비행폭탄과 V-2 로켓을 개발하는 데 더 많은 관심을 쏟았다. 히틀러의 최대 관심사는 적군에게 더 큰 공포를 안겨주는 것이었다.

폭격기군단은 발트 해 연안의 페네뮌데에 위치한 보복무기 연구 기지를 폭격하면서 베를린 전투를 시작했다. 해리스는 공군이 함부르크에 했던 것만큼 나치 수도를 폭격할 수 있다면 1944년 4월 1일에는 독일이 항복할 것이라고 확신했다. 히틀러는 전투기 생산을 늘리지 않겠다고 하여 루프트바페 전투기 사령관인 아돌프 갈란트 장군과 밀히 육군 원수를 절망에 빠뜨렸다. 괴링과 루프트바페에 대한 히틀러의 신뢰가 심각한 타격을 입은 것이다. 그는 베를린을 지킬 거대한 콘크리트 대공포탑을 믿었다. 그러나 대공포탄막과 교차하는 탐조등 불빛이 도시로 접근하는 영국 공군대원들을 아찔하게 하고는 있어도, 대공포가 영국 공군에 입힌 피해는 루프트바페 야간 폭격기가 입힌 것보다 훨씬 더 적었다.

선도기가 베를린 상공에서 적색과 녹색 조명탄을 떨어뜨렸다. 독일군은 이것을 크리스마스트리라고 불렀다. 뒤이어 랭커스터와 핼리팩스 편대가 도시 끝에서 끝까지 융단폭격을 가했다. 해리스의 지시로 랭커스터에는 폭탄이 각각 5톤씩 실렸다. 대규모 공습이 한 번 지나간 후 괴벨스는 일기를 썼다. "베를린 하늘에 핏빛같이 붉은 아치가 그려지며 으스스한 아름다움을 자아낸다. 더 이상 보고 서 있을 수가 없다."[31] 한편, 괴벨스는 밖으로 나가 폭격 피해자들 사이에 섞여 이야기를 나눈 몇 안 되는 나치 지도자 중 한 사람이었다.

평범한 베를린 시민들의 생활은 더 고달팠다. 제시간에 출근하려다보면 거리는 돌무더기로 막혀 있고, 전차선로는 기상천외한 모양으로 갈기갈기 찢겨 있었으며, 도시 고속 전철은 철로 손상으로 운행이 취소되어 있었다.

직장에 늦지 않으려 서두르는 시민들의 얼굴은 잠을 못 자 창백하고 핼쑥한 모습이었다. 집을 폭격당한 사람들은 친구 집으로 거처를 옮기거나, 당국으로부터 새 주택을 공급받길 기대했다. 숙소는 대개 유대인 가족들로부터 강제로 빼앗아 마련했고, 거처를 빼앗긴 유대인은 대부분 '동부 지역'으로 보내졌다. 대부분의 도시에서 그랬듯이 베를린 시민도 유대인 가정에서 옷이나 가정용품을 헐값에 사들여 사용할 수 있었다. 운명에 대해 생각해본 사람은 거의 없었다.

한편 약 5000~7000명에 달하는 적지 않은 수의 유대인이 지하 조직으로 들어가 '잠수함'이 되었다. 일부는 도시 안에 숨어서 호의적인 반나치주의자의 집이나 농장에 딸린 작은 여름 별장 등에 머물렀다. 얼핏 아리아 인종으로 보이는 사람들은 옷에 붙은 노란별 배지를 떼고 가짜 서류를 손에 넣어 사람들 사이에 섞였다. 거리에서는 '잠수함'의 위치에 대해 실토하면 가족이 무사할 것이라는 미덥지 않은 약속에 속아 고발자가 된 유대인이 SA 순찰대나 게슈타포 사복 경찰을 안내하고 있어 체포 위험이 항상 도사렸다.

밤에 사이렌이 구슬픈 소리를 내면 사람들은 방공호 지하실이나 대공포탑의 거대한 굴 안으로 줄지어 들어갔다. 사람들은 저마다 샌드위치나 귀중품, 중요한 서류 따위를 담은 작은 종이가방과 보온병을 지니고 있었다. 베를린 사람들은 사이렌을 '마이어의 트럼펫'이라고 부르며 짓궂은 농담을 했는데, 이것은 영국 공군이 만약 베를린을 폭격한다면 자기 성을 '마이어'로 바꾸겠다고 전쟁 초반에 괴링이 어쭙잖게 허풍을 떨었던 것을 비꼰 말이었다. 티어가르텐에 설치된 동물원 대공포탑에는 1만8000여 명을 수용할 수 있었다. 작가 우르줄라 폰 카르도르프는 그곳의 풍경을 "「피델리오」 중 감옥 장면을 연출하기 위한 무대장치 같았다"[32]고 묘사했다. 사랑하는 연인들은 콘크리트로 된 나선형 계단에서 꼭 껴안고 있어 마치 '우스꽝스러운 모습으로 가장무도회에 참석한 듯한' 모습이었다.

루프추츠로이메로 불린 평범한 대피소에서는 씻지 않은 몸 때문에 역겨운 냄새가 났고, 어딜 가나 심한 입 냄새가 풍겼다. 사람들은 대부분 비타민 결핍으로 이가 상했다. 대피소에는 푸른 조명이 켜졌고, 벽에 그려진 화살 그림과 글자는 정전에 대비해 발광도료로 칠해져 있었다. 대부분의 사람이 대피소로 사용했던 건물 아래 지하실에서는 마치 우반 지하철 전동차 안에서처럼 가족들이 서로 마주 보며 줄지어 앉았다. 폭탄이 터져 건물이 흔들리기 시작하면, 머리에 수건을 두르는 등 살아남기 위해 기묘한 의식을 치르는 사람도 있었다. 그러나 위쪽 건물이 타격을 입거나 불길에 휩싸이면 연기와 먼지가 지하로 새어들어 지하실은 그야말로 아수라장이 되었다. 벽이 뚫렸을 때는 상황에 따라 옆 블록 지하실로 탈출할 수 있었다. 외국인 노동자로 분류된 사람들은 등에 큰 글씨가 쓰여 있었는데, 이들은 보호소 입장이 금지되어 독일 여성과 아이들 틈에 섞여 친밀한 분위기를 나눌 수도 없었다.

처칠에게 호언장담했던 대로 해리스는 베를린 전투가 이번 전쟁에서 결정적 전투가 될 것이라고 병사들에게 말했다. 그러나 매일 밤 이어진 소모전으로 수많은 병사는 베를린 사람들만큼이나 녹초가 되어 있었다. 해리스 휘하의 공군병들은 전쟁을 단축시켜 결국은 많은 생명을 구하게 된다는 해리스의 주문에 이끌려 거듭 출격했다.

베를린 전투는 1943년 8월에 시작되어 1944년 3월까지 이어졌고, 연합국이 고폭탄 1만7000톤과 소이탄 1만6000톤을 투하했지만 베를린을 파괴하지는 못했다. 도시가 너무 넓어 화염 폭풍을 일으키기에는 적합하지 않았던 데다, 공터가 넓다보니 폭탄을 대량으로 쏟아부어도 그 파괴력이 흡수되어버리곤 했다. 완전히 잘못 판단한 해리스는 결국 물러나야 했다. 처칠에게 장담했던 모든 약속은 헛된 말들이 되어버렸다. 폭격사령부는 1000기가 넘는 비행기를 잃었는데 대부분 적의 야간 전투기에 의한 것이었다. 민간인 9390명의 목숨을 앗아갔지만 그 과정에서 공군병 2690명도 목숨을 잃었다.[33]

독일 국민의 사기를 꺾으려던 해리스의 시도는 실패했다. 그런데도 그는 여전히 패배를 인정하려 하지 않았고, 자신의 주장을 철회하려 하지도 않았다. 해리스는 영국 공군이 군 관련 표적만 공격하려 했다는 주장과 민간인의 사망은 피할 수 없었다는 주장으로 폭격 작전의 진실을 덮어두려 하는 정부를 경멸했다. 그는 그저 군국화된 근대 국가에서는 산업 노동자 및 그들의 주택이 표적으로 적절하다고 생각했다. "지역 폭격을 창피하게 생각해야 한다"[34]는 의견은 일절 받아들이지 않았다.

한편 미군은 항공성 내에서 해리스를 비평하는 사람들 때문에 조심스럽고 우회적인 태도를 취하게 되었다. 대다수의 경우 맹목폭격으로 사실상 지역 폭격을 했노라고 아널드 장군이 개인적으로 인정은 했지만 그 말을 공표하려 하지는 않았다. '피클병 폭격'을 보여주겠다고 호언장담한 뒤, 1943년 가을에 입증한 미군의 폭격 패턴은 버트 보고서에 기록된 내용과 별반 다르지 않았다. 한 공군 역사가는 "지속되는 악천후 속에서 활동한 미군의 폭격 정확도는 전체적으로 보아 폭격사령부와 다르지 않거나 더 낮을 때가 많았다"[35]고 했다. 그 증거를 들이밀어도 육군항공대 지휘관들은 믿으려 하지 않았다.

히틀러는 배스, 캔터베리, 엑서터, 노리치, 요크 등 유서 깊은 잉글랜드 도시에 보복 공격을 하도록 지시했다. 독일 외무성의 언론 관계자는 "독일 항공대는 베데커에서 별 세 개 이상을 받은 모든 건물을 폭파시킬 것이다"[36]라고 발표했다. 베데커는 붉은색 표지로 된 유명한 여행 안내서의 제목으로, 이번 보복 공격에 언급되어 베데커 공습이라는 말이 생겨났다. 괴벨스는 영국 고대 도시를 파괴하여 영국의 얼굴에 먹칠을 하고 싶어했으므로 이번과 같은 큰 실수에 몹시 화가 났다.

해리스가 하늘에서 벼락을 쳐 심판을 내리는 '주피터 콤플렉스'[37]에 시달렸든(영국 국민은 대개 그 생각을 지지했다) 어쨌든 간에, 해리스의 대응 방식은 괴벨스가 2월에 체육궁전의 연단에서 '총력전' 지지를 열광적으로 호소한 것과 비슷한 형태였다. 전쟁을 단기화하면 더 많은 생명을 구할 수 있다는 해리스의 믿음은 괴벨스가 연설할 때 연단 뒤에 걸려 있던 '총력전이 곧 단기전'이라는 커다란 슬로건과 무척 닮아 있었다. 독일 민간인을 상대로 공중에서 총력전을 벌이는 것이 과연 루프트바페의 윤리관과 무엇이 다른가 하는 피할 수 없는 질문에는 사실상 간단히 답하기가 어렵다. 하지만 통계상으로는 서유럽, 중유럽, 발칸 유럽, 소비에트 시민을 모두 포함하여 루프트바페가 앗아간 생명을 연합군이 앗아간 생명과 비교했을 때 연합군의 폭격으로 숨진 민간인 수는 결과적으로 독일군에 비해 조금 적다고 볼 수 있다.

태평양,
중국, 버마

과달카날과 파푸아뉴기니 동부 지역을 장악하기 위해 힘든 전투를 벌인 끝에, 미군은 라바울의 일본군 기지를 초토화시키는 것이 길고 어려운 작전임을 깨달았다. 지휘 체계를 놓고 맥아더와 미 해군 사이에 형성된 대립관계도 상황 해결에 어려움을 더했다. 그러나 남태평양 해역군 총사령관을 맡게 된 윌리엄 할지 제독이 브리즈번의 맥아더 사령부를 방문했을 때 두 사람은 놀랍게도 친밀한 모습을 보였다. 1943년 4월, 솔로몬 제도를 따라 과달카날에서 서북쪽으로 할지의 병력을 섬 건너뛰기 작전으로 전진시키는 데 합의가 이뤄졌다. 그와 동시에 맥아더의 병력은 뉴기니에서 일본군을 밀어내고 뉴브리튼을 마주 보는 후온 반도를 점령하기로 했다. 그렇게 해서 라바울로 협공하여 들어가기로 했다. 또한 뉴브리튼 남쪽의 두 섬, 키리위나와 우들라크까지 차지하여 항공 기지로 활용할 계획이었다.

일본군은 한국과 중국 등지에서 10만 명의 군사를 빼내어 라바울, 뉴기니, 서부 솔로몬으로 증원군을 보냈다. 이들의 최우선 과제는 제51사단을 후온 반도의 라에에 투입하여 병력을 강화하는 것이었다. 3월 1일, 일본군 수송선 8척이 구축함 8척의 호위를 받으며 뉴브리튼 서쪽 끝 비스마르크 해로 출발했다. 이들은 곧 맥아더 부대를 지원하고 있던 제5육군항공대

B-17 플라잉 포트리스의 시야에 포착되었다. 제5육군항공대는 새 사령관 조지 케니 장군의 지휘로 전투력이 크게 향상되어 있었다. 케니는 개혁적 전술을 추진하여 B-25 중형폭격기 대원들에게 선박을 상대로 하는 고공폭격은 쓸모없는 짓이니 그런 방식은 포기하라고 명령하기도 했다. 대신 대원들은 새로 탑재된 전방사격 기관총으로 선상에 있는 대공포 포수들을 제압하고 저공으로 선박 측면에 다가서서 폭탄을 떨어뜨려 해면에서 튀어오른 다음 명중시키는 방식을 사용했다.

호주 뷰파이터 편대의 저공 공격으로 비스마르크 해전이 시작되고, 뒤이어 고공폭격이 몇 차례 이어지면서 수송선 1척이 침몰하고 다른 몇 척의 선박이 파손되었다. 일본 제로전투기가 공중 방호에 나섰지만 곧 그보다 한 수 위인 P-38 라이트닝 편대가 도착하여 제로기를 격퇴했다. 그 후로 이틀 동안 일본군 호송선단은 비티아즈 해협을 건너 뉴기니로 가는 데 애를 먹었다. 셋째 날, 케니 휘하의 항공대 대원들은 처음으로 '스킵폭격skip bombing 고도를 낮추어 비행하면서 선박 따위의 근처 수면에 폭탄을 투하하여 튀어오른 다음 명중하는 폭격법이라는 새로운 기술을 실전에서 시험해보았다. 뷰파이터 부대가 기총소사 공격으로 대공포를 무력화시킨 후, B-25와 A-20 공격기들이 수면에 폭탄을 투하하여 튀어오르게 만들었다. 이 폭탄은 기폭 시간을 지연시켜 배 안에서 폭발하도록 만든 것으로, 그 효과는 가히 파괴적이었다. 남아 있던 수송선 7척과 구축함 4척이 침몰했다. 일본군은 절대로 항복하지 않는다는 생각으로 고속 어뢰정들과 전투기들이 물에 빠진 일본 병사들과 구명정을 향해 기관총을 난사했다. 약 3000명의 일본군이 전사했다. 미국이 스킵폭격이라는 해전용 살상 방법을 찾음으로써 일본군은 잠수함 수송이나 구축함대의 야간 고속 수송 외에는 주둔군을 증강하거나 재보급할 수 없게 되었다. 여러 지역에서 일본 군사들이 굶주리기 시작했다.

야마모토 제독은 이 지역 병력을 강화하기 위해 다시 노력을 배가했다.

제2차 세계대전

솔로몬 제도 서쪽 부건빌 섬과 라바울에 비행기 200대를 추가로 보내 병력을 두 배로 늘렸다. 야마모토는 작전을 지휘하기 위해 라바울로 날아갔다. 4월 17일, 제로기의 호위로 급강하폭격기 부대가 과달카날과 툴라기를 공격하면서 진주만 공습 이후 일본군 최대의 공격이 시작되었다. 또한 그 이후 며칠간 일본군 비행 편대는 파푸아뉴기니 최동단에 위치한 포트모르즈비와 밀른베이에 공격을 퍼부었다.

4월 14일, 미군은 4월 18일에 야마모토가 라바울에서 부건빌 섬으로 날아갈 것이라는 무전교신 내용을 포착했다. 니미츠 제독은 곧바로 워싱턴에서 매복 승인을 받아내었다. 미군은 야마모토가 부건빌 섬에 도착할 시간을 알고 있었다. 야마모토가 부건빌 섬 상공에 도착했을 때 그곳에는 과달카날의 헨더슨 비행장을 출격한 P-38 라이트닝 쌍발전투기 18기가 기다리고 있었다. 야마모토를 격추한 것은 존 미첼 소령의 제339전투비행대대였다. 제339전투비행대대는 24기의 P-38 전투기로 이뤄져 있었는데 미첼 소령은 상태가 조금이라도 의심스러운 6기를 제외하고 18기를 작전에 투입했다. 18기 중 1기는 이륙 중에 타이어가 펑크 났고, 다른 1기는 보조연료탱크가 제대로 부착되지 않아 도중에 돌아갔다. 따라서 야마모토를 공격한 P-38 전투기들은 18기가 아닌 16기였다. 라이트닝 편대 대부분이 일본 제로전투기 호위대를 공격할 동안, 다른 조종사들은 두 폭격기를 맡았다. 둘 중 한 곳에 야마모토가 탑승해 있었다. 토머스 랜피어 중위가 야마모토의 비행기 날개를 맞힌 뒤 비행기는 섬에 추락하고 말았다. 다른 폭격기는 바다에 떨어졌다. 검게 탄 일본 제국 해군 사령관의 시신은 나중에 일본군이 수색대를 투입한 뒤 밀림에서 발견되었다. 6월 5일, 도쿄에서 야마모토의 국장이 치러졌다.

카트휠 작전이라고 명명된 라바울 진격 작전이 6월 30일에 시작되었다. 맥아더의 지휘로 제41사단 소속의 한 연대가 뉴기니의 라에 인근에 상륙했다. 그런데 상륙주정 일부가 큰 파도에 휩쓸려 좌초되었으며, 어둠 속에서 벗어나려 애쓰며 내는 엔진 소리는 마치 전차의 상륙 소리 같았다. 이 소리를 들은 일본군 부대가 밀림 안으로 달아나는 바람에 미군은 교두보를 빠른 속도로 건설할 수 있었다. 같은 날 미군은 라바울에서 남쪽으로 약 500킬로미터 떨어진 키리위나와 우들라크 섬에 상륙했다. 아무런 방해 없이 미군은 비행장을 건설했고, 그리하여 P-38 라이트닝 비행대대는 거대한 일본군 기지를 쉽게 타격할 수 있는 거리 안으로 진출했다.

또한 6월 30일에는 할지 제독의 함대가 솔로몬 제도 과달카날 서북부에 위치한 뉴조지아 섬에 1만 명의 군사를 상륙시켰다. 미군은 수륙양용장갑차나 DUKW('덕')으로 불리는 수륙양용트럭을 더 많이 동원하는 등 이미 상륙 기술을 엄청나게 발전시켰다. 상륙군은 과달카날로부터 강력한 공중 지원을 보장받았지만, 뉴조지아를 뒤덮고 있는 울창한 밀림은 기획가들이 예상했던 것 이상으로 뚫고 들어가기 힘들었다. 제43사단 소속 병사들은 도착한 지 얼마 되지도 않아 밀림 속에서 지치고 방향 감각도 잃었으며, 밤에는 소음 때문에 순식간에 겁쟁이가 되었다. 한 연대는 1.5킬로미터 정도를 행군하는 데 사흘이 걸렸다. 병사들은 밀림 전투 요령을 아직 익히지 못해 제도 서쪽 끝 문다 기지에서 일본군 기습조가 소규모로 쳐들어와도 쉽게 초조해하고 겁을 냈다. 본격적으로 전투를 하기도 전에 부대원의 4분의 1이 전투신경증을 앓았다. 할지는 지휘관들을 해임하고 새로운 부대를 투입하여 지상군을 4만 명으로 늘려야 했다.

미군이 느리게 진군한 덕분에 일본군은 밤에 증원군을 받아 병력을 1만 명으로 늘릴 기회가 생겼다. 이 야간 호송선단을 봉쇄하려 한 월든 에인즈워스 해군 소장의 첫 시도가 처음에는 성공하여 일본군 기함인 진쓰호가 침몰했다. 그러나 에인즈워스의 선박들은 추격을 하는 과정에서 일본 군함들이 발사한 일명 롱랜스Long Lance(긴 창) 어뢰의 공격을 받아 구축함 1척이 격침되고 순양함 3척이 크게 파손되었다. 롱랜스 어뢰가 미군 무기고에 있는 여느 무기보다도 훨씬 더 효과적이었던 것이다.

이렇게 야간 전투를 치르는 사이, 케네디 해군 대위가원문에는 Lieutenant로 나와 있으나 당시 케네디의 계급은 해군중위Lieutenant junior grade였다 이끌던 고속어뢰정 PT 109호가 일본군 구축함의 공격으로 격침되었다. 케네디는 천신만고 끝에 생존자들을 가까운 섬으로 인도했다. 이들은 한 호주인 해안경비원의 도움으로 엿새 후 구조되었다. 8월 6일, 구축함 6척으로 야간 매복을 하고 있던 미국 해군함대의 레이더에 부대를 실은 일본군 구축함 4척이 포착되었다. 미 해군 군함들은 일본군 구축함이 사정거리 안에 들어올 때까지 기다리고 있다가 어뢰 24발을 발사했다. 4척 중 단 한 척만 달아나고 나머지 3척은 900명의 병사와 함께 침몰했다.

뉴조지아에 도달한 일본 증원군이 투입된 세 번의 반격 중 한 번은 제43사단의 사령부를 포위하는 데 성공했다. 미군 포병대가 방어선 둘레에 포탄을 쏘아 견고하게 탄막을 쳐서 가까스로 일본군을 밀어낼 수 있었다.

문다를 향한 진격은 미군이 예상했던 것보다 훨씬 더 힘들었다. 일본군은 밀림 안에 은폐형 벙커를 그물 형태로 건설했지만 벙커는 결국 대포와 박격포, 화염방사기, 경전차의 협공으로 파괴되었고, 문다 비행장은 8월 5일에 점령되었다. 뉴조지아 전투는 섬을 빼앗는 데 엄청난 해상 및 공중 지원은 말할 것도 없고, 수적으로도 4 대 1 정도로 우세해야 한다는 것을 뼈저리게 깨닫게 해준 사건이었다.

시간과 노력이 많이 들어 충격을 받은 할지 휘하의 장교단은 전략을 재검토했다. 그리하여 솔로몬 제도의 섬을 하나하나 장악하기보다 수비가 탄탄한 섬들은 뛰어넘고 다음 섬에 비행장을 건설한 뒤, 공군력과 해군력을 활용하여 앞서 남겨둔 수비대를 봉쇄하기로 했다. 그 결과, 다음 표적은 콜롬방가라 섬이 아니라 방어가 허술한 벨라라벨라 섬으로 결정되었다. 이 전술로 일본군은 막 병력을 보강한 콜롬방가라에서 철수해야 했다.

새로 확보한 거의 모든 섬에서 수행할 최우선 과제는 비행장 건설이었다.

CB, 혹은 바닷벌이라 불린 해군 건설대대가 밀림을 다이너마이트로 폭파하고 불도저로 땅을 평탄하게 한 뒤, 마스턴매트라는 이름의 구멍 뚫린 강철판을 깔고 그 위를 분쇄한 산호로 덮었다. 어쩌다 해병대가 먼저 들어온 직후에 CB가 상륙하면 열흘 안에 사용할 수 있는 새 착륙지를 확보하는 셈이었다. 한 장교는 엄청나게 다부지고 영리한 이 건설대대에 대해 "염소 냄새를 풍기면서 개처럼 생활하고 말처럼 힘차게 일했다"[1]고 표현했다. CB가 태평양 전쟁에 기여한 정도가 상당했던 것이다.

그사이 뉴기니에서는 맥아더 휘하의 미국, 호주 부대가 후온 반도를 장악하기에 앞서 라에에 위치한 일본군 기지 근처로 모여들었다. 미국 제503낙하산보병연대가 라에 바로 서쪽에 있는 나잡 비행장에원문에 Airfield of Dadzab이라고 되어 있는데 아마 Nadzab(나잡)의 오기로 보인다 낙하하고, 다음 날 C-47 수송기가 호주 제7사단 병사들을 태우고 착륙하기 시작했다. 동쪽에서 호주 제9사단이 오면서 라에는 9월 중순에 연합국의 손에 들어갔다. 하지만 후온 반도를 장악하기는 훨씬 더 어려웠다. 비티아즈 해협 너머 라바울을 필사적으로 보호하려는 일본군을 10월이 되어서야 해안에서 몰아낸 뒤에도, 위쪽 산맥에서 일본군을 제거하는 데 두 달이 더 걸렸다.

11월에 할지의 군대는 라바울로 가기 전 마지막으로 큰 섬인 부건빌 섬에 상륙했다. 맹그로브 늪지대와 밀림, 산악지대가 공존하는 부건빌 섬은 뉴조지아의 지세보다 훨씬 더 험난했다. 게다가 4만 명의 일본군 수비대는 4개 비행장으로부터 지원을 받고 있었다. 할지는 가까운 섬들을 대상으로 몇 번의 견제 공격을 개시한 다음, 서해안 가운데 수비가 약한 지점에 2개 사단을 상륙시키고 이어서 라바울을 향해 대규모 공습을 벌여 일본군 비행기 100기 이상을 파괴했다. 이때 속도가 빠른 신형 F4U 커세어 전투기가 제 역할을 톡톡히 해냈다. 일본군은 숙련된 수많은 조종사를 잃었으며, 1941년에 전쟁을 승리로 이끈 제로전투기는 이제 퇴물이 되어버렸다. 공습이 있은 지 이틀 후, 연합함대의 새 사령장관 고가 미네이치는 라바울에 있는 모든 군함을 북쪽으로 1300킬로미터 떨어져 있는 주요 태평양 기지인 트루크로 철수시키도록 지시했다.

부건빌 섬에 주둔 중이던 제17군 사령관 햐쿠타케 장군은 미군이 서해안으로 상륙하는 것이 또 다른 양동작전이라고 믿으며 반격을 하지 않았다. 이것은 햐쿠타케의 중대한 실수였다. 미군이 아주 견고하고 거대한 방어선을 구축할 기회를 얻은 것이다.

12월 15일에 맥아더의 전초부대가 뉴브리튼 섬 남부 해안에 상륙했다. 11일 후, 멜버른에서 긴 휴식을 취하고 재충전한 해병 제1사단이 뉴브리튼 섬 서남쪽 끝 케이프 글로스터에 도착했다. 이 지역은 필리핀 침공 경로의 측면을 확보하는 데 필요했기 때문에 맥아더에게 대단히 중요한 곳이었다.

크리스마스 다음 날 해병대는 화산모래가 검게 깔린 해안에 상륙했다. 지휘관은 상륙하는 내내 "고깃덩어리가 시야에 들어올 때까지 방아쇠를 당기지 마라. 피를 흘리더라도 노란 피를 흘리는 거다"[2]라고 대원들에게 말했다. 섬에 우기가 찾아와 대원들은 진흙, 마르지 않는 습기, 부패, 거머리, 열대피부병과 씨름해야 했고, 억수같이 내리는 비 때문에 앞도 제대로 보이지 않는 가운데 정찰을 돌고 소전투를 치렀다. 치열한 전투 후에 비행장이 내려다보이는 주요 장소인 660고지가 확보되자, 케이프 글로스터는 연합국의 통제하에 놓였다. 라바울은 일본군 함대가 떠나면서 중요성을 잃었지만 여러 방향에서 들어오는 폭격에 노출되었다. 하지만 맥아더의 부대는 그때까지도 뉴기니 북부 해안에서 전투를 마무리해야 했다.

맥아더가 필리핀에서 이룰 영광스러운 꿈의 실현에 더욱 가까워지는 동안, 니미츠는 태평양 중심부의 섬들을 하나하나 지나며 북쪽의 일본을 향하여 진격하기 시작했다. 니미츠가 맡은 군대에는 강력하게 구성된 스프루언스 해군 중장의 제5함대가 포함되어 있었는데, 함대는 각각 100기의 항공기를 실은 에식스급 고속 함대형 항공모함, 그리고 50기씩 실은 인디펜던스급 경항공모함으로 이뤄졌다. 이 강력한 항공모함 덕분에 열도 중 첫 번째 표적인 길버트 제도를 지상 기지의 공중엄호에 의지하지 않고 침공할 수 있었다. 해발고도가 야자나무 정도밖에 되지 않는 환초들은 커다란 남태평양 제도의 무더운 밀림과 늪, 산에 비하면 목가적인 분위기의 표적이었다. 불행히도 기획가들은 주변을 둘러싼 산호초가 안겨줄 문제점들을 대수롭지 않게 여겼다.

11월 20일, 해병 제2사단이 타라와 환초를 맹공격했다. 전함 3척, 중순양함 4척, 구축함 20척이 일본군 진지와 가설 활주로를 폭격했다. 던틀리스급강하폭격기도 공중 공격에 가세하면서 폭발을 지켜보던 해병대는 큰 힘을 얻었다. 마치 섬 전체가 산산이 부서지고 있는 듯한 광경이 연출되었다. 그러나 콘크리트와 야자나무 기둥으로 지어진 일본군 지하 벙커는 미군 사령관들이 예상했던 것보다 훨씬 더 튼튼했다.

수륙양용장갑차와 상륙주정이 해안에 도달하는 데는 계획보다 훨씬 더 오랜 시간이 걸렸다. 폭격이 끝나고 기함인 USS 메릴랜드에 통신 문제가 있어 장시간 공백이 생기자, 일본군은 충격을 이겨내고 위험에 빠진 전투 지구를 강화할 시간을 벌 수 있었다. 그러나 고집 센 기동부대 사령관 터너 제독이 섬의 조수 간만을 기록한 영국인 퇴역 장교의 경고를 들으려 하지 않은 것은 가장 큰 실수였다. 그 장교는 이맘때쯤 산호초의 수심은 상륙주정이 통과할 수 있는 1.2미터가 안 될 것이라고 경고했으며 해병대 지휘관도 동의했다.

선봉 부대를 실은 수륙양용장갑차들은 산호초를 잘 통과했지만, 그다음에는 끔찍한 집중 포격을 받게 되었다. 이들은 낮은 방조제에 막힌 채 일본군 보병대가 던지는 수류탄 공격의 표적이 되어버렸다. 야구 선수 출신의 한 해병대원이 날아오는 수류탄 다섯 개를 연달아 잡아서 되던졌는데, 여

제2차 세계대전

섯 번째 수류탄은 그만 그의 손에서 터지고 말았다. 그때 뒤에 있던 상륙주정이 암초에 걸리면서 손쉬운 표적이 되고 말았다. 무사한 수륙양용장갑차들이 해안과 산호초 사이를 정신없이 오가기 시작했다. 해안에서 헤매고 있던 해병대원들은 포화에 갇혀버렸고 무전기까지 바닷물에 젖는 바람에 작동이 되지 않아 해안과 앞바다 선박 간의 통신이 단절되었다.

해질녘에 약 5000명의 군사가 해안에 상륙했지만 곧 1500명이라는 엄청난 사상자가 발생하고 수륙양용차는 불타버렸다. 시체들은 해변 여기저기에 흩어져 있기도 했지만 파도에 휩쓸려 바다를 떠다니는 것도 많았다. 밤이 되자 일본군 보병대는 부서진 수륙양용차 쪽으로 기어가거나 만안에 들어와 있는 수륙양용차를 향해 헤엄쳐가서, 해변에 상륙한 해병대 뒤에 숨어 공격할 포좌를 마련했다. 심지어 기관총 사수들은 폭격으로 크게 파손된 일본 화물선에 올라가 그곳에서 전투를 치르기도 했다.

증원군이 상륙을 시도한 다음 날 새벽의 패턴도 비슷하게 반복되었다. 하지만 운 좋게도 한 대대가 섬 서북쪽 해안을 휩쓸어 그곳으로 전차가 상륙했다. 해병대가 폭발물과 가솔린, 화염방사기 등을 조합하여 벙커를 하나둘씩 제거해나가며 수비군을 거의 뼈만 남기고 불태워버리다시피 하면서 치열했던 전투는 마침내 연합군에 유리한 방향으로 전개되었다. 장갑 불도저가 발사구를 모래로 메워 산 채로 벙커 안에 묻힌 일본 병사들도 있었다.

일본 병사들이 포로로 잡히지 않기 위해 '명예를 지키기 위한 죽음'이라는 옥쇄 이론[3]에 따라 자살 시도나 다름없는 집단 돌격을 하면서 이 전투는 셋째 날에 끝났다. 해병대는 야만적 환희를 느끼며 이들을 처단했다.

사흘에 걸쳐 거의 5000명에 달하는 일본 군인과 한국인 건설노동자가 사망했다. 그러나 작은 섬 하나를 점령하는 데 1000명 이상의 사망자와 2000명 이상의 부상자가 발생하자 미군 지휘관들은 동요했고, 죽은 해병대원들의 사진을 본 국민은 경악했다. 한편으로는 이러한 손실 덕분에 향후 작전이 크게 개선되어 수중 폭파팀이나 더 강력하게 중무장한 수륙양용차를 도입하고, 상륙에 앞서 통신 및 첩보 내용 등도 무조건 전면 재검토하게 되었다. 폭격과 함포의 고폭탄이 가진 한계도 재검토했다. 타라와에서와 같은 벙커를 파괴하기 위해서는 철갑탄이 필요했다.

1943년 봄, 루스벨트와 마셜은 중국과 관련된 전략을 정리했다. 두 사람은 공중 공격을 선호했기에 중국 땅에 들어와 있는 일본군을 물리치려면 연합국의 지상 병력을 중국에 배치해야 한다는 스틸웰의 제안을 계속해서 거부했다. 이들의 최우선 과제는 중국 본토에서 셔놀트의 제14육군항공대의 세력을 건설하는 것이었다. 제14육군항공대의 역할은 더욱 커져서 남중국해의 일본 선박을 공격하고 일본군 보급 기지를 급습하여 태평양에서 활동 중인 미국 해군을 돕는 일까지 맡게 되었다. 그러나 이 계획에는 한 가지 결점이 있었다. 셔놀트의 작전 성공으로 일본군이 반응을 보이기 시작했기 때문에, 강력한 중국 군대를 충분히 확보하여 비행장을 방어하지 않으면 제14육군항공대의 작전은 끝장나게 되는 것이었다. 장제스 휘하의 윈난군이 이러한 목적으로 증원된 부대였지만, 윈난군은 무기를 거의 받지 못했다. 4700톤에 달하는 첫 보급품이 대부분 셔놀트 부대에 배당되었는데, 히말라야 험프 위를 날아 공수하면 한 달에 1만 톤은 공급할 수 있다고 보장했던 루스벨트의 약속은 그야말로 지나친 낙관이었던 것이다.

5월에 일본군은 둥팅 호 호숫가에서 상륙 작전을 펼쳐 후난 성의 창사를 향해 네 번째 공격을 개시했다. 후베이 성 남쪽에서도 공격이 들어왔기 때문에 이것이 중요 곡창지대를 장악하려는 포위작전임을 알 수 있었다. 셔놀트 예하 제14육군항공대의 B-24 리버레이터 편대가 일본군 보급 기지와 증원군 수송열차를 습격했다. 리버레이터와 전투기 호위대가 일본군 항공기 20기를 해치우면서 지상에 있는 국민당군의 사기가 올라갔다.

비록 국민당군의 손실이 일본군보다 훨씬 더 컸지만, 장제스의 군대는 후베이에서 공격이 들어오는 것을 확인하고 일본군을 몰아냈다. 베이징 남쪽 산둥 성에서는 일본군 전선에서 멀리 떨어진 국민당 사단이 일본군과 중국 공산당 부대로부터 모두 공격을 받고 있었다.

충칭 국민정부는 비시 프랑스와의 관계를 끊은 반면, 왕징웨이의 괴뢰정부는 미국과 영국에 전쟁을 선포했다. 비시 정권도 중국 내 프랑스의 이권을 왕징웨이에게 양보할 수밖에 없었다. 상하이를 거점으로 일본군에 긴밀하게 협조해온 거대 공동체인 백러시아인 사회[4]는 스탈린그라드에서 소비에트가 승리했다는 소식을 듣고 점점 더 무기력해져갔다. 그토록 혐오했던 소련 정권은 지난날보다 강해 보였으며, 태평양과 동부 전선에서 벌어진 양 전투는 이제 그들이 마음에 그려온 것과는 매우 다른 양상으로 흘러가고 있었다. 상하이 공산당의 생각대로 흘러갈 가능성이 현저히 높아지고 있었다. 일본군은 마오쩌둥의 병력을 비교적 평온한 상태로 동북쪽에 남겨두었다. 만약 독일이 패전한 뒤에 붉은 군대가 도착한다면 그때는 중국 공산당이 패권을 장악하게 될 터였다.

외교상의 그림자 놀이는 계속되었다. 일본 정부는 미얀마가 대동아공영권의 구성원으로서 독립을 인정받을 것이라고 발표했다. 그에 따라 괴뢰정부도 영국과 미국에 전쟁을 선포했다. 그리고 일본 정부는 식민 정책과의 전쟁이라는 주장을 더욱 뒷받침하기 위해 수바스 보스를 주축으로 한 인도국민군을 창설하여 일본군 포로수용소에서 징용된 인도인 포로들을 투입했다.

그해 봄을 지나면서 스틸웰과 셔놀트 사이의 언쟁은 한층 격해졌다. 두 사람의 다툼이 전쟁활동에 방해가 되기 시작하자 연합군 장교들은 당황했다. 브룩은 스틸웰을 '통찰력 없는 구제불능 괴짜',[5] 셔놀트를 '무식하고 용감한 비행사'라고 표현했다. 스틸웰은 또한 중국 공산당으로 원조를 보내길

원하여 장제스를 적으로 만들어버렸다. 장제스는 마오쩌둥의 공산당군이 국민당의 전투 서열에 포함되기를 거부한 것 때문에 격분했다. 그런 데다 공산당군이 일본군을 상대로 더 열심히 싸우고 있다는 스틸웰의 주장에 장제스는 더욱 화가 났다. 하지만 영국 정보부에서는 공산당군이 일본과 비공식적으로 거래를 하여 서로 간의 군사활동은 자제하기로 했음을 확실히 알고 있었다. 마오쩌둥은 최종적으로 일본군이 패하고 나서 벌어질 내전에 대비해 무장이 빈약한 자신의 병력을 일본군과의 전투에 투입하지 않고 남겨두고 있었다. 물론 그것은 장제스도 마찬가지였다.

1943년 5월, 스틸웰과 셔놀트 사이의 논쟁을 해결하기 위해 루스벨트가 제3차 워싱턴 회담을 앞두고 두 사람을 소환했다. 루스벨트는 중국에서 셔놀트가 공습을 벌이는 것이 최우선임을 인정했지만, 스틸웰에게도 미얀마 북부 지역 탈환 작전을 계속하도록 했다. 맥아더와 미 해군의 태평양 쌍축 작전처럼, 루스벨트는 지휘관들 사이의 논쟁을 피하기 위해 양쪽이 주장한 것을 동시에 추진하는 편이었다.

7월에는 벵골 만에서 일본군을 몰아내기 위한 미얀마 해안 대규모 상륙 작전인 해적작전에 대한 계획이 제기되었다. 장제스는 이 계획을 지지했지만, 연합군이 동남아시아 본토에 대규모 지상군을 보낼 준비가 되어 있지 않다고 의심했고 그런 의심은 맞아떨어졌다. 장제스 자신은 미얀마 탈환에 부대를 투입하기로 했건만 미군과 영국군이 중국 내 장제스의 병력을 그리 중요하게 생각하지 않아 그의 입장에서 화가 나는 것은 당연했다. 어쨌든 해적작전은 선박 부족으로 결국 수포로 돌아갔다.

8월 중순 퀘벡에서 열린 쿼드런트 회담 당시 루이스 마운트배튼 해군 중장을 연합군 최고사령관으로 임명하여 동남아시아 사령부South-East Asia Command(SEAC)를 구성하게 하는 의견에 합의한 사실은 장제스와의 관계에 별 도움이 되지 않았다. 마운트배튼의 역량을 우습게 본 브룩은 마운트배튼이 위기를 헤쳐나가려면 아주 똑똑한 참모가 필요할 것이라고 말했다. 그리하여 마운트배튼의 참모장에 헨리 파우놀 중장이 임명되었다. 그러나 그와 동시에 '초치는 조' 스틸웰도 평소 아주 싫어했던 마운트배튼의 부사령관으로 임명되었다. 매력 넘치고 왕족 출신으로서 왕가 인맥을 잘 활용했던 마운트배튼은 이미지 관리 능력이 탁월했지만, 그래도 능력 이상으로 초고속으로 진급한 구축함장이라는 이미지가 여전히 따라다녔다.

자신의 군대가 미얀마에서 영국군의 지휘를 받게 되었다는 사실을 안 장제스는 충격을 받았다. 장제스는 점점 더 괴팍해지는 스틸웰에 대해 임명 철회를 요청하고 싶었지만, 스틸웰 없이는 중국에서 자신의 군대가 미군의 지원을 받지 못할 수도 있다는 사실을 깨닫고 10월에는 마음을 바꿨다. 아이러니하게도, 장제스가 이렇게 마음을 바꾸도록 힘쓴 사람은 바로 마운트배튼이었다. 스틸웰의 임명을 철회하면 영국이 동남아시아를 장악하려 한다며 의심하는 미국 언론을 더욱 자극하게 될까봐 두려웠던 것이다. 미군 장교들은 SEAC가 '영국의 아시아 식민지 구하기Save England's Asian Colonies'의 약자라며 이미 조롱해대고 있었다. 전략을 혼란스럽게 만든 연합국 내부의 대립과 개인적 반목에 대해 스탈린이 자세한 내용을 알았더라면 그도 웃음을 참지 못했을 것이다.

브룩에게는 쿼드런트 회담이 열리기 전 처칠이 준장으로 진급한 지 얼마 되지 않은 윙게이트를 육군 사령관으로 임명하자고 제안한 것이 더 충격이었다. 지난 4월에 처칠은 영국의 대 미얀마 계획을 좋아하지 않아 "자네는 고슴도치를 먹으면서 한 번에 가시 하나씩 삼키려고 하고 있다"[6]고 말했었다. 그럼에도 일본군 전선 너머에서 비정규전을 펼친다는 의견은 대체로 반기는 모습을 보였다.

슬림 장군이 은자 피에르에 비유한 근본주의 크리스천이자 금욕주의 몽상가인 윙게이트는 허풍쟁이와는 거리가 먼 사람이었다. 그가 젊을 때 자기 목을 베어 자살을 시도한 것은 대뇌말라리아 때문이었지만 윙게이트는 거의 확실하게 조울증 환자였으며, 결코 다루기 쉬운 사람이 아니었던 것이다. 윙게이트는 휘하의 병사들을 가혹하게 다루었다. 실제로 그는 부상병에게조차 매정했을 뿐 아니라 자기 자신에게도 혹독했다. 수염을 기른 초라한 행색에, 너무 커서 맞지도 않는 촌스러운 솔라 토피sola topi 인도의 차양용 헬멧 모자를 쓴 모습은 도저히 왕립포병대 고위 장교로 보기 어려웠다. 나체로 배회하거나 생양파를 씹기도 하고, 양말에 차를 우려내기도 하며, 가끔 자명종 시계에 줄을 달아 목에 걸기도 했다. 윙게이트는 아랍군에 반격하기 위해 팔레스타인에서 유대인 '야간특수대'를 조직하고 에티오피아에서 기드온 부대를 이끈 후 비정규전의 대가라는 평을 얻었다. 처칠은 늘 틀에 박히지 않은 생각을 좋아했기 때문에 윙게이트가 교착 상태에 빠진 미얀마 북부 지역에 해결책을 제시할 수 있으리라 생각했다.

1942년 인도에서 윙게이트는 공중보급을 받으면서 일본군 후방을 휘젓고 다니는 부대는 적군의 보급로와 통신망을 공격하는 데 매우 유용할 것이라고 웨이블에게 제안했다. 1943년 2월, 윙게이트는 처음으로 자신의 이론을 증명할 기회를 얻었다. 그는 제77여단을 두 그룹으로 나누어 각각을 하위 종대로 다시 쪼갠 뒤 친드윈 강을 건넜다. 각 파견대는 미얀마 소총연대 소속의 수색대를 지원받으며, 짐 운반용 노새를 이용하여 식량과 탄약, 기관총, 박격포 등을 운반했다.

3월 셋째 주에는 윙게이트 휘하의 친디트 부대Chindits 제2차 세계대전 때 미얀마에서 활동한 영국 특공대원 병사 대부분이 이라와디 강을 건넌 상태였지만, 무선교신이 어려운 데다 일본군 2개 사단에게 쫓기면서 계속 이동해야 했으므로 보급품을 공수받기 어려웠다. 식량이 부족해지자 병사들은 노새를 잡아먹기 시작했고, 그에 따라 무거운 장비들은 대부분 버려야 했다. 윙게이트의 부대들은 만달레이-라시오 로드를 차단하는 데 실패하고 그 과정에서 처음에 3000명이었던 병사의 약 3분의 1을 잃어 곧 후퇴하게 되었다. 군기는 가혹해서 매질을 당하거나 심지어 처형되기까지 했다. 부상자와 환자 다수가 버려졌다. 귀환한 병사들은 완전히 무기력해지거나 열병을 앓고 굶어 죽기 직전이어서, 그중 600명이 향후 수개월간은 임무를 수행하기에 부적합한 상태에 빠졌다.

이 길고 긴 습격은 비록 성공적이지는 못했지만, 매우 낙관적인 보고 내용 덕분에 슬림 예하 제14군과 본국 국민의 사기를 끌어올리는 데는 한몫했다. 연합국은 이번 작전으로 중요한 교훈을 얻었는데 무엇보다 적절한 강하지대와 밀림 안의 가설 활주로까지 확보할 필요성을 절실히 느꼈다. 그리고 일단 연합국이 수송기 및 전투기를 충분히 지원할 수 있는 형편만 된다면 이러한 작전은 충분한 보상을 가져다줄 가능성이 컸다. 한편 이번 첫 장거리 침투 작전이 낳은 더 중대한 효과가 있었다. 자극을 받은 일본군이 1944년 봄을 목표로 공격을 준비하게 되었고, 결국 이것이 미얀마 전역에서 결정적인 전투가 벌어지는 계기가 된 것이다.

31
쿠르스크
전투

쿠르스크 주변의 소비에트 전선 돌출부를 잘라낸다는 독일군의 성채작전만큼 적의 눈에 훤히 보이는 공격은 좀처럼 보기 드물다. 스탈린의 사령관들은 독일군이 단 한 번밖에 공격할 수 없는 형편이며 소련 전선 중 가장 취약한 전투 지구는 쿠르스크 돌출부임이 분명했다. 주코프와 바실렙스키는 이 양면공격을 받아낸 다음 반격하는 것이 최선책이라며 성질 급한 스탈린을 겨우 설득했다.[1]

1943년 4월에 편성된 독일군은 항공 정찰비행과 전선 후방에 숨어 있는 빨치산 파병대, 소비에트 정보원들의 집중 감시를 받았다. 영국군이 독일군 암호를 해독한 내용에 기초하여 경고를 보냈지만, 정보의 출처는 철저히 감추었다. 소비에트 간첩인 존 케언크로스가 더욱 자세한 첩보를 제공했다. 그런데 독일군이 작전을 계속 미루자 소련 정부는 첩보 내용에 의구심을 갖기 시작했다. 폰 만슈타인 육군 원수는 봄비가 완전히 그친 후 5월 초에 작전을 개시하고자 했지만 히틀러는 평소와 달리 예민해져 작전 연기를 거듭했다.

스탈린그라드에서 패하고 캅카스에서 후퇴한 뒤, 갈팡질팡하는 동맹국을 안심시키기 위해 히틀러는 사실상 모든 예비 병력을 이 거대한 도박판

제2차 세계대전

에 쏟아넣어 전선을 축소하고 주도권을 되찾으려 하고 있었다. 히틀러는 4월 15일에 내린 지령에서 '쿠르스크에서의 승리는 전 세계를 비추는 등불이 될 것'[2]이라고 선언했다. 한편 튀니지에서 연합국이 승리할 동안 히틀러는 시칠리아와 이탈리아 지도를 걱정스럽게 바라보기 시작했다. 그는 구데리안에게 "이 공격을 생각하면 속이 뒤틀린다"[3]고 말했다.

고위 장교들도 저마다 이번 공격에 대해 회의적이었다. 수적 열세를 만회하기 위해 독일 육군은 늘 주특기인 기동전에 의존했다. 그러나 쿠르스크 공격은 자칫 소모전으로 갈 수도 있을 것 같았다. 체스게임에서 이미 말을 몇 개 빼앗긴 상태처럼 주도권을 잃은 상태에서 공격을 시도하면 위험이 배가된다. 독일 육군의 퀸이라고 할 수 있는 기갑병력은 이제 붉은 군대가 수적 우세, 무기의 우세를 점하게 되면서 국방군에게 더욱 불리해진 전투에 투입될 판이었다.

독일 국방군 총사령부 참모 장교들이 성채작전을 두고 회의적인 생각들을 뱉어내기 시작했지만 이것은 오히려 작전을 계속 추진하겠다는 히틀러의 의지만 공고히 한 셈이 되고 말았다. 계획에 가속도가 붙고, 히틀러는 물러설 수 없다고 생각했다. 그는 소비에트 방어 병력에 대한 공중 정찰 보고를 받고는 내용이 과장되었다고 주장하며 무시해버렸다. 그런데 만슈타인이 서둘러 공격을 하고 싶어했음에도 성채작전은 여전히 몇 번씩이나 연기되고 있었다. 영국 공군의 폭격 때문에 병사들과 신형 5호 전차 판터 등 더 많은 전차를 동원하여 전선으로 돌진하기 위함이었던 것이다. 결국 이 엄청난 공격은 7월 5일이 되어서야 시작하게 된다.

붉은 군대는 숨 돌릴 틈을 준 이 중요한 순간을 그냥 보내지 않았다. 붉은 군대 병사들과 전시 동원된 약 30만 명의 민간인이 8개 방어선 건설에 투입되어 대전차호를 깊게 파는 일과 더불어 지하벙커, 지뢰, 철조망 등을 설치하고, 참호 9000킬로미터를 팠다. 정통 소비에트 방식으로 모든 군인이 매일 참호 5미터를 팠는데, 이 일은 낮에 하기는 무척 위험해서 밤에 이뤄졌다. 여러 곳에서 방어선의 종심이 거의 300킬로미터에 달했다. 참호를 파는 일과 관련이 없으면서 전선에서 25킬로미터 이내에 사는 민간인은 모두 대피했다. 독일군 병사를 생포해 심문하고자 야간에는 정찰대가 투입되었다. 이 포획반은 보초병이나 식량운송병을 제압할 정도로 체격이 좋고 힘센 사병들로 구성되었다. "각 정찰대에는 공병이 두세 명씩 끼어 있어서 아군이 심어놓은 지뢰밭을 무사히 통과하도록 인도하고 독일군 지뢰밭에는 통로를 만들어주었다."[4]

가장 중요한 것은 코네프 상장이 이끌던 스텝 전선이라는 대규모 전략 예비군이 돌출부 후방으로 집결한 점이었다. 스텝 전선에는 제5근위전차군, 소총군 5개, 전차 및 기계화군단 3개, 기병군단 3개가 속해 있었다. 모두 합해 거의 57만5000명의 병사가 스텝 전선에 모였다. 이 군대는 제5항공군의 지원을 받았다. 독일에게 붉은 군대가 강력한 반격을 준비하고 있다는 사실을 속이기 위해 이들 진형의 움직임과 진지 구성은 최대한 은밀하게 이뤄졌다. 그 밖의 기만전술로는 다른 병력을 남쪽으로 모으고 가짜 비행장을 건설하여 그 지역에서 공격 준비를 하는 듯한 암시를 주는 방법도 있었다.

일반적으로 공격하는 쪽은 수비하는 쪽보다 3배 정도 수가 더 많아야 하지만, 1943년 7월에 이것이 역전되었다. 소비에트에서 투입한 군사는 로코솝스키의 중부 전선, 바투틴의 보로네시 전선, 말리놉스키의 서남 전선, 코네프의 스텝 전선 병사를 모두 합해 190만 명이 넘었다. 그러나 성채작전에 동원된 독일군 병력은 78만 명을 넘지 않았다.[5] 그야말로 간 큰 도박이었다.

독일군은 전차가 중간에서 쐐기 역할을 하리라 굳게 믿고 타이거 전차 중대를 선봉으로 내세워 소비에트군의 방어선에 구멍을 뚫을 생각이었다. 하리코프를 재탈환하고 3월에 벨고로트까지 장악한 제2SS기갑군단이 재편성을 받고 있었다. 주로 항공대 지상근무 요원의 투입으로 병력이 강화된

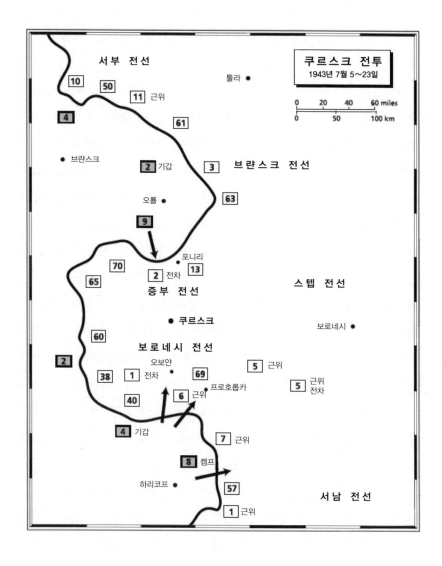

서 부 전 선

쿠르스크 전투
1943년 7월 5~23일

10
50
11 근위
4
61

툴라 •

0   20   40   60 miles
0   50   100 km

• 브랸스크
2 기갑
3 브랸스크 전선

오룔 •
63

9

70
65
2 전차
포니리
13
스 텝 전 선
증 부 전 선

• 쿠르스크
보로네시 •

60
2

보 로 네 시 전 선
오보얀
38
1 전차
69
5 근위
40
6 근위
프로호롭카
5 근위
전차
4 기갑
7 근위

8 켐프
하리코프 •
57
서 남 전 선
1 근위

제1SS기갑사단 LAH는 신병들을 집중적으로 훈련시켰다. 이번 전쟁에서 가
장 뛰어난 기갑군 에이스가 된 미하엘 비트만[6] SS소위는 이 시기에 처음으
로 타이거 소대를 지휘하게 되었다. 그러나 타이거 전차는 타의 추종을 불
허하는 우수성을 자랑했던 반면 무장친위대 기갑척탄병 사단은 장비의 열

악함을 절실히 느끼고 있었다. 심지어 SS 다스 라이히 부대도 포획한 T-34 전차로 중대 하나를 꾸려야 했다.

케언크로스가 런던에 있는 소련 해외정보부에 넘긴 자료에 의하면 울트라 정보국은 이 지역에 있는 루프트바페 비행장도 파악했다.[7] 약 2000기의 비행기가 작전 지역에 집중되어 있었으며, 많은 비행대대가 연합국 공군의 공격을 막기 위해 독일 본토로 돌아간 후에도 대부분 동부 전선에 남겨졌다. 그리하여 5월 초에 선제공격을 개시할 수 있게 된 붉은 군대 항공연대는 지상에 있던 항공기 500기 이상을 격파하는 전과를 올렸다. 게다가 루프트바페는 항공기 연료가 부족하여 공격 부대 지원능력이 제한되었다.

전선에서 한참 떨어진 후방에서 맹렬하게 싸우는 빨치산의 활동이 활발해지면서 독일군의 보급 문제가 심각해졌다. 레닌그라드 남쪽 숲과 벨라루스 대다수 지방 같은 특정 지역은 소련 정부의 지시로 움직이게 된 빨치산 부대가 거의 장악하다시피 했다. 독일군은 빨치산 소탕활동을 무자비하게 확대해나갔다. 오스카어 디를레방거 SS여단장은 석방된 죄수들로 부대를 조직하여 마을 전체를 불태워 초토화시키기 시작했다. 한편 소비에트 빨치산 부대들은 독일군의 쿠르스크 공격에 대비하여 보급을 늦추기 위해 철로를 부술 준비를 했다.

독일군이 공격을 계속해서 연기하자, 바투틴 상장과 같이 성질 급한 지휘관들이 기다려서는 안 된다고 주장했다. 붉은 군대는 대신 스스로 공격해야 한다는 것이었다. 주코프와 바실렙스키는 참아야 한다며 또다시 스탈린을 달래고 설득해야만 했다. 공격보다는 방어를 해야 붉은 군대의 손실은 줄이면서 독일군에게는 더 큰 피해를 입힐 수 있다는 것이었다. 스탈린은 6월 초에 연합국이 북프랑스 침공을 다음 해 5월로 미루게 되었다는 말을 처칠에게서 듣고 기분이 나쁜 상태였다.

스탈린은 카틴 숲 등지에서 벌어진 폴란드 전쟁포로 대량 학살 사건이 수면 위로 떠오르면서 불거진 국제적인 논란 때문에도 골치가 아팠다. 4월 말에 독일은 공동묘지 이야기를 듣고 증거를 조사하기 위해 동맹국과 피지배국의 의사들을 소집하여 다국적 위원회를 구성했다. 런던에 있던 폴란드 망명정부는 국제 적십자사를 통한 전면 조사를 요구했다. 스탈린은 격분하여 희생자들을 죽인 것은 독일군이고, 그 사실을 의심하는 이는 '히틀러를 돕거나 선동하는 자'라고 강하게 주장했다. 4월 26일, 소련 정부는 폴란드 망명정부와 외교관계를 단절했다. 7월 4일에는 시코르스키 장군이 비극적인 사고로 사망했다. 그가 탑승해 있던 리버레이터 항공기가 이륙하자마자 안에 있던 화물이 뒤쪽으로 밀려나는 바람에 기체가 추락하고 만 것이다.[8] 카틴 숲 소식이 보도되고 시코르스키가 전면 조사를 요구한 뒤라 폴란드 국민은 당연히 암살을 의심할 수밖에 없었다.

5월 15일, 스탈린은 영국을 비롯하여 특히 무기대여와 같이 중대한 원조를 제공한 미국을 안심시키려는 듯 코민테른을 해체했다고 발표했다. 그러나 이러한 행동에는 카틴 숲 학살 사건을 둘러싼 논란으로부터 관심을 돌리려는 계산이 숨어 있기도 했다. 사실 코민테른은 게오르기 디미트로프, 드미트리 마누일스키, 팔미로 톨리아티의 관리하에 그저 중앙위원회 국제부 안으로 옮겨졌을 뿐, 운영은 계속되었다.

이따금 갑작스레 폭우가 쏟아지기도 하는 덥고 습한 7월 4일 오후, 대독일 사단과 제11기갑사단의 기갑척탄병 부대들이 마침내 벨고로트 남쪽 지구의 소비에트 진지를 향해 탐색전을 시작했다. 그날 밤, 모델 예하 제9군 소속의 독일 공병 중대가 철조망을 절단함과 더불어 북쪽 지구의 지뢰 제거 작업에 나섰다. 그러던 중 독일 병사 한 명이 포로로 잡혀 심문을 당했다. 작전 개시 시간은 오전 3시가 될 거라는 정보가 곧 중부 전선 총사령관인 로코숍스키 장군에게 전달되었다. 로코숍스키는 야포 및 중박격포, 카추샤 로켓 발사기를 이용하여 모델의 제9군을 향해 대규모 교란 사격을 개시하라고 속히 명령을 내렸다. 주코프는 스탈린에게 전화를 걸어 전투가 마침내 시작되었다고 보고했다.

역시 독일 포로를 심문했던 바투틴의 군대는 돌출부 남쪽에서 머지않아 호트 예하 제4기갑군을 향해 먼저 발포를 시작했다. 제9군과 제4기갑군은 공격을 두 시간 후로 미뤄야 한다고 생각했다. 심지어 소비에트가 본격적으로 공격을 개시하려는 것인가 하고 의심하기도 했다. 이 선제 포격으로 독일군에 발생한 사상자 수는 비교적 적었지만, 붉은 군대가 공격 태세를 갖추고 전진축에서 자신들을 기다리고 있다는 사실은 확실히 알 수 있었다. 거센 폭풍우까지 몰아쳐서 시작은 그리 좋지 못했다.

동이 트자 붉은 군대 항공대는 독일군 비행장에 선제공격을 개시했지만 사실 그곳은 휑하니 비어 있었다. 일찌감치 비행에 나선 독일 항공대와 곧 대규모 항공전이 벌어졌는데, 이 싸움에서는 독일 조종사들이 유리했다. "전차 행군!"이라는 명령과 동시에 기갑 선봉 부대가 오전 5시에 전진했다. 남쪽 전투 지구에서는 호트의 '쐐기'가 구성되었는데 타이거 전차와 거대한 돌격포들이 선두에 나서고, 측면에는 판터와 마크 4가 배치되었으며, 그 뒤에는 보병대가 따라붙었다. 독일 공장에서 생산되자마자 바로 투입된 판터 전차는 얼마 지나지 않아 기계적으로 불완전함이 드러나면서 화재가 여러 차례 발생했다. 반면 성채작전에 동원된 총 2700대의 전차 중 타이거는 200대 미만이었지만 여전히 만만치 않은 파괴력을 자랑했다.

독일군의 사기는 높았던 것으로 보인다. 대공포 대대의 한 사관생도는 "이번에 러시아가 아주 호되게 당할 거라고 믿는다"[9]고 기록했다. 그리고 제19기갑사단 소속의 한 하사는 병기들이 폭발하는 모습과 소비에트 전투기의 피격 모습을 보며 생각했다. "뉴스영화에 나올 만한 멋진 장면이다. 물론 아무도 그걸 실제로 믿으려 하진 않겠지만."[10] 장교들도 고무적인 생각으로 병사들의 사기를 계속 고취시켰다. 스탈린은 제2전선이 없는 데 대해 영국에 점점 분노하고 있었다. 독일군 제36보병사단 소속의 한 병사는 '만약 그런 일이 가까운 미래에 일어나지 않는다면 스탈린은 우리에게 평화 협상을 제안할 것'[11]이라고 썼다.

호트는 부대를 세 갈래로 나누어 남쪽 지구를 공격했다. 좌익에서는 제3기갑사단, 제11기갑사단이 대독일 기갑척탄병 사단의 측면을 방어했다. 중앙에는 LAH, 다스 라이히, 그리고 토텐코프 기갑척탄병 사단으로 이뤄진 파울 하우서 SS대장의 제2 SS기갑군단을 배치했다. 그리고 우익에는 제6기갑사단, 제19기갑사단, 제7기갑사단이 제3기갑군단을 이끌었다. 이들의 오른쪽 후방에서는 켐프분견군이 벨고로트 남쪽을 공격하여 도네츠 강 북쪽에서 도하하려 했다. 북쪽에서는 중앙에서 포니리를 향해 밀고 들어갈 모델의 군대가 2개 기갑군단으로 구성되었는데, 각 군단의 선봉에는 타이거 대대, 그리고 페르디난트로 알려져 있기도 한 크고 육중한 엘레판트 자주포 부대가 나섰다.

약간의 숲과 농촌 마을이 있는 완만한 개활지는 전차 운용에 이상적일 수도 있지만, 기갑 부대원들은 숨어 있는 수백 문의 대전차포를 찾아내기가 어렵다는 사실을 곧 깨달았다. 대전차포는 붉은 군대의 선두 사단에 배치되어 소모전에서 독일군 기갑선봉이 가할 충격을 흡수할 제물로 활용되었다. 중포 포탄도 여러 진지 전방에 묻어두고 원격 조정으로 폭파할 수 있도록 해두었다.

볼품없는 갈매기 모양의 슈투카 부대가 경보를 울리며 머리 위에서 소비에트 진지와 T-34 전차호를 향해 급강하했다. 슈투카 에이스 한스 루델은 37밀리미터 포 2문을 날개 밑에 달아 스스로 개발한 '기관포새'[12]를 실험했다. 건초더미로 위장해 있던 다른 T-34호 전차들은 곧 별 소득 없이 공격당하고 말았다. 철갑탄의 공격을 받고도 살아난 전차병들은 불타는 짚더미

밖으로 기어 나와야 했다. 독일 병사들은 이러한 성과에 짜릿함을 느꼈다. 제 167보병사단의 한 원사는 고향으로 보내는 편지에 "우리 공군은 정말 환상적이다. 적군이 맞기만 하면 우리 전차들은 전속력으로 나아갈 수 있다"[13]라고 썼다.

하지만 소비에트 대전차포는 더욱 교묘하게 숨겨져 있었다. 숙련된 대원들은 독일 전차와의 거리가 20미터 정도 될 때까지는 거의 발포를 하지 않았다. 타이거 부대가 돌파한 포니리 바로 서쪽의 북부 전투 지구에서 바실리 그로스만은 전장 이야기를 들을 수 있었다. 45밀리 대전차포가 "타이거 전차를 향해 날아들었다가 콩알처럼 이리저리 튕겨나갔다. 이걸 보고 미쳐버린 포병도 있었다"고 그로스만은 기록했다. 남부 전투 지구의 상황도 다르지 않았다. "한 조준수가 45밀리 포로 타이거 전차를 직사했다. 포탄이 전차를 맞고 튕겨나가면서 그 조준수의 머리가 날아가고 몸체가 타이거 쪽으로 튀었다."[14]

비록 대전차포탄은 타이거 전차의 두꺼운 전면장갑을 맞고 대부분 튕겨나갔지만, 전차의 무한궤도는 지뢰에 취약했다. 소비에트 공병들은 전차 길목에 여분의 대전차 지뢰를 설치하기 위해 죽을 각오를 하고 달려갔다. 붉은 군대 보병들도 수류탄과 휴대 장약, 몰로토프칵테일을 투척하기 위해 접근했다.

포니리 서쪽이 뚫릴 것을 우려한 로코솝스키는 대전차포와 포병 및 박격포 여단을 보냈다. 또한 독일군 폭격기와 메서슈미트 편대를 격파하기 위해 제16항공 전투기들을 소집했지만 큰 피해를 입고 말았다. 독일 지휘관들은 독일군이 기습 공격을 전혀 시도하지 못한 점, 그리고 소비에트 병사들이 기갑군의 맹습에도 달아나지 않고 있는 점 때문에 동요했다. 엄청난 사상자가 발생했음에도 불구하고 독일군 선봉 부대는 15킬로미터의 폭으로 거의 10킬로미터를 진격했다. 로코솝스키는 다음 날 반격을 준비했지만, 혼란에 빠진 광활한 전장은 좀처럼 정리가 되질 않았다.

공중전 역시 무자비했다. 독일 제6항공함대와 소련 제16항공군은 날 수 있는 항공기를 사실상 모두 긴급 발진시켰다. 포케불프, 슈투카, 메서슈미트가 시투르모비크, 야크, 라보치킨과 뒤엉켰다. 절박한 소비에트 조종사들이 독일군 항공기에 그저 들이박는 경우도 여러 번 있었다.

돌출부 남쪽 호트의 제4기갑군 위에서 벌어진 공중전은 더욱 치열했다. 새벽에 들어온 소비에트 항공대의 선제공격에서 막 벗어난 독일 제4항공함대는 자신들을 공격한 항공대에 막대한 피해를 입혔다. 쿠르스크 전역은 수치상 과장된 부분도 있지만 역대 최대 규모의 전차전으로 오랫동안 인정되고 있으며, 이와 더불어 항공전도 제2차 세계대전에서 가장 격렬했던 것 중 하나로 기록되었다.

남쪽에서는 대독일 사단이 지난밤의 폭풍으로 땅 이곳저곳이 질퍽해진 지뢰밭을 통과하는 데 어려움을 겪고 있었다. 포화 속에서 전차를 구하기 위해 공병대대가 투입된 사이, 기갑척탄병들은 발로 직접 뛰며 필사적으로 돌격해야만 지뢰밭을 엄호하고 있는 소비에트 수비대를 물리칠 수 있었다. 전차를 구출하고 위험지대 사이로 길을 내는 데는 여전히 많은 시간이 걸렸다. 지원 투입된 신형 판터 전차가 또다시 기계 결함을 보이기 시작하자 독일군의 사기는 더욱 저하되었다. 문제는 기계 결함이 판터에만 국한된 것이 아니었다는 사실이다. 제4기갑사단에 소속된 한 하사는 "우리 사단은 이미 결딴나고 있다. 반 무한궤도 차량의 고장이 너무 잦고, 판처 전차도 고장이 만만치 않은 데다, 타이거도 묘안은 아니다"[15]라고 기록했다. 그런데도 진군은 재개되었다.

타타르족인 사드레디노프가 소속된 대공 포대는 슈투카에 의해 포 4문이 모두 박살났다. 주위에 높다랗게 자란 호밀은 불타버렸으며 포병들은 지하 벙커에 몸을 숨겼고 그들 위로 독일군 전차가 지나갔다. 마침내 붉은 군대 병사들이 나타났을 때, 자신들이 이미 전투 지역에서 멀리 떨어진 후방에 있다는 사실을 깨달았다. 사드레디노프와 그의 동료들은 죽은 독일군 병사들의 군복을 벗겨내서 입었다. 소비에트 전선에 다다르자 보초병들이 이들을 향해 수하했다. 사드레디노프 일행이 독일 군복을 입은 러시아인이라는 것을 안 붉은 군대 군인들은 "야, 이 자식들아. 너희는 배신자 블라소프 부하들이지?"[16]라고 외쳤다. 흠씬 두들겨 맞은 사드레디노프 일행은 사단 참모장과의 만남이 허락된 후에야 겨우 신분을 증명할 수 있었다.

대독일 사단과 전투 중이던 제27대전차 여단장 니키포르 체볼라는 이렇게 술회했다. "독일 항공대가 우리를 폭격하고 있었다. 우리는 화염과 연기 한가운데에 있었지만 우리 병사들은 더욱 거칠어졌다. 병사들은 이런 상황에 아랑곳하지 않고 계속 발포해댔다."[17] 붉은 군대 병사들이 '메서스'라고 불렀던 메서슈미트 전투기들은 참호 한쪽 끝에서 다른 쪽 끝까지 기총 소사를 해댔다. 병사들은 몇 번이나 부상을 입고도 응급치료소를 거의 찾지 않았다. "굉음이 끝없이 이어지고 땅은 진동하며 사방은 불바다였다. 우리는 고함을 질렀다. 독일군이 무전통신으로 우리를 속이려 했다. 놈들은 무전기에 대고 말했다. '나는 네크라소프, 네크라소프다.'(이곳 전투 지구와 인접해 있는 제52근위소총사단장이 네크라소프 대령이었다.) 내가 되받아서 '헛소리하지 마! 넌 크라소프가 아니다. 꺼져라!'라고 외쳤다. 놈들은 목소리가 울리게 방해전파를 넣어 우리의 통신을 방해했다."

트로핌 테플렌코라는 조준수는 이렇게 말했다. "이건 일대일 싸움이었다. 마치 전차 대 대전차포의 결투 같았다. 스미르노프 중사의 머리와 다리가 찢겨나갔다. 우리는 그의 머리와 다리를 되찾아와서 작은 도랑 안에 모두 내려놓고 덮어두었다." 흑색토에서 일어나는 먼지와 코르다이트 연기가 음식을 시커멓게 만들어버렸지만 병사들은 배급 식량이 도착할 것이라고 믿었다. 기묘한 소강상태가 유지되는 동안, 병사들은 고요함 속에서 잠을 이루기가 힘들었다. "조용할수록 더 긴장된다"[18]라고 체볼라 중령은 말했다.

동쪽으로 10여 킬로미터 떨어진 곳에서는 제2SS기갑군단이 네벨베르퍼 로켓여단의 지원을 받으며 네크라소프 예하 제52근위소총사단을 향해 맹렬하게 돌진했다. 선두 전차들 뒤에서 화염방사기 팀들이 전방으로 이동하며 벙커와 참호를 제거해나갔다. 적군이 화염방사기를 보면 곧장 발포를 해왔기 때문에 이 작업은 거의 자살행위나 다름없었다. 하지만 성공하는 경우, 화염방사기가 불꽃 세례를 퍼붓고 지나간 자리에는 살 타는 냄새와 석유 냄새만 남았다.

좌익의 LAH 사단은 가장 먼 프로호롭카를 향해 진군하고, 동시에 다스 라이히와 토텐코프는 우익에서 동북쪽으로 밀고 올라갔다. 그러나 다른 대전차여단이 전선 사수에 나서면서 그날 저녁에는 LAH의 활동마저 중지되었다. 동남쪽으로 30킬로미터 떨어진 벨고로트 동남쪽에서 도네츠 강을 넘은 켐프분견군은 작은 성공만을 거두었다. 호트 부대의 오른쪽 측면을 보호한다는 켐프분견군의 진격 목적은 달성하기 어렵게 되었다.

독일 기갑대원, 특히 장전병들은 찌는 듯한 더위 속에서 근무하느라 열사병을 앓을 때가 많았다. 타이거 전차는 88밀리 포의 포탄을 기존 90발에서 120발로 탑재할 수 있도록 개조되었다. 장전병들은 너무 많은 표적 때문에 찌는 듯이 더운 포탑 안에서 신속하게 움직이느라 피로가 쌓여 죽을 지경이었다. 어떤 때에는 하루에 전차 포탄을 두세 번 채우기도 했는데, 탄환 적재는 여럿이 함께 도와도 금방 지치는 일이었다. 타이거 중대에 배속된 한 독일 종군기자는 헤드폰으로 들리는 날카로우면서도 알 수 없는 소음과 끝없이 투투투투거리는 기관총 소리, 주포가 내뿜는 육중한 폭발 소음 때문에 거의 미칠 지경에 이르렀다.

전투 첫날 거의 대전차 부대에 의존하고 있었던 바투틴은 두 번째 주요 방어선을 강화하기 위해 카투코프 중장 예하 제1전차군과 2개의 근위전차 군단을 끌어와 충원하기 시작했다. 대규모 반격에 투입하기보다 방어용으로 이 기갑 예비군을 활용하기로 한 그의 결정이 훗날 비판을 받기는 했지만, 결국 바투틴의 결정이 거의 옳았다. 빈터에서 대규모 공격을 벌이면 소비에트 T-34 전차부대가 88밀리 포를 장착한 타이거 부대에 노출되어, 독일 기갑부대를 공격할 수 있는 사정거리 안으로 들어가기도 전에 2킬로미터 거리에서 괴멸될 수도 있었다. 타이거 전차 중 1대는 1시간 이내에 22대의 소련 전차를 파괴하여 전차장이 즉시 기사십자훈장을 받기도 했다.

7월 6일, 대독일 사단은 습한 땅과 좌익에서의 맹렬한 저항으로 진격을 멈추고 있었지만, LAH는 다스 라이히와 함께 북쪽으로 치고 올라가 제2방어선을 돌파했다. 그러나 측면이 노출되고 서쪽에서 소비에트군이 압박해옴에 따라 LAH와 다스 라이히는 북쪽으로 향하는 전진축에서 벗어나야 했다. 그리하여 이들은 프로호롭카의 철도 교차점을 향해 동북쪽으로 이동하는 수밖에 없었다.

한편 북쪽 전투 지구에서는 모델 예하 제9군이 막심한 피해를 입었다. 모델의 보병대도 기갑척탄병도 기갑군의 쐐기를 따라잡지 못했다. 숨어 있던 소비에트 보병들은 엘레판트 자주포를 매복 공격하고, 그사이 토목공병들은 엘레판트 자주포가 전진하는 길목에 지뢰를 계속 매설했다. 소련군이 이 무시무시한 괴물을 보고도 공황 상태에 빠지지 않자 독일군은 당황하기 시작했다.

7월 7일 포니리 역 주변에서 벌어진 전차전으로 차량과 사람 할 것 없이 모든 것이 불탔다. 주변 수 마일 거리의 집과 마을이 거의 모두 파괴되었다. 붉은 군대 병사들은 전차병들이 심한 화상을 입고 실려가는 모습을 보고는 겁에 질렸다. "전차의 공격을 받는 포대를 지휘하고 있던 한 중위는 다리에 부상을 입고 손이 찢겨나갔다. 적의 공격을 저지한 뒤 중위는 자살하고 말았다. 불구자로 살고 싶지 않았기 때문이다."[19] 신체 절단이란 붉은 군대 군인들이 가장 두려워하는 운명이었다. 그러한 두려움을 느끼는 이유는 장애인이 된 전우들이 어떤 취급을 받는지 생각해보면 당연히 알 수 있었다. 손발이 잘린 베테랑들은 야속하게도 '사모바르samovar 러시아 특유의 차 끓이는 주전자'라는 별명으로 불렸다.

모델은 아무리 자신의 병력이 포니리 서쪽 1개 지구에서 10여 킬로미터를 진군해냈다고 해도, 소비에트 방어선이 상상했던 것보다 훨씬 더 깊다는 사실을 깨달았다. 로코솝스키도 걱정을 하기는 마찬가지였다. 그는 새벽에 전차로 반격할 계획이었지만 전차를 규합하는 데 실패하고 말았다. 그가 할 수 있는 일이라고는 전차들을 포탑만 보이게 배치하여 전선을 강화하도록 지시하는 것뿐이었다. 모델이 휘하의 주요 예비 병력을 필사적인 돌파 시도에 급히 투입하기로 했기 때문에 로코솝스키의 선택이 잘 맞아떨어진 셈이었다.

7월 8일 밤까지 북쪽에서 계속된 격렬한 전투로 모델 휘하의 기갑 선봉 부대 병력이 소모되었다. 붉은 군대는 수비 과정에서 끔찍한 손실을 입었지만 여전히 전차와 대전차포에서 엄청난 수적 우위를 점하고 있었다. 시투르모비크 공격기도 독일군의 전차와 돌격포에 큰 피해를 입히기 시작했다. 모델 예하 제9군은 병사 2만 명과 전차 200대가량을 잃었다.[20] 일단 적의 맹습이 갑자기 삐걱거리다 중지될 것이 확실해졌을 때, 로코솝스키와 브랸스크 전선의 포포프 장군은 오룔 돌출부에서 7월 10일 반격을 준비하기 시작했다. 이것은 1812년에 나라를 구한 위대한 러시아인 지휘관의 이름을 따 쿠투조프 작전으로 불리게 되었다.

쿠르스크 돌출부 남쪽에서 바투틴의 군대는 위험에 처했다. 스탑카는 독일군의 주요 활동이 북쪽 측면에서 이뤄질 거라고 예상했지만, 사실은 호트 예하 제4기갑군에 의해 남쪽에서 이뤄졌다. 제2SS기갑군단을 선두로 프로호롭카를 향해 진격 중인 독일군은 수비대로 불려온 카투코프 예하 제1근위전차군도 이길 것 같은 기세였다. 7월 6일 저녁에 스탑카 대표 바실렙스키 장군의 도움으로 바투틴은 급히 증원군을 보내줄 것을 소련 정부에 요청했다.

상황이 매우 심각한 것으로 여겨져 코네프 예하 스텝 전선군은 전진 준비를 하라는 명령을 받았고, 파벨 로트미스트로프 중장 예하 제5근위전차군은 바투틴을 즉시 지원하라는 명령을 받았다. 스탈린은 제2항공군에 직접 명령을 내려 낮 동안 300킬로미터 행군 대열을 엄호하도록 했다. 전차 대열이 지나갈 때 피어오르는 먼지 구름을 보고 루프트바페가 즉시 공격에 나설 수도 있기 때문이었다.

7월 7일 이른 시간에 출발한 제5근위전차군은 대열을 약 30킬로미터 너비로 퍼지게 하여 드넓은 대초원으로 진군했다. 로트미스트로프가 다음과 같이 기록했다. "정오가 되자, 구름처럼 잔뜩 피어오른 먼지가 노변 덤불이나 곡식밭, 전차, 트럭 등에 두껍게 내려앉았다. 검붉은 빛의 둥근 태양은 잘 보이지도 않았다. 전차, 자주포, 대포 트랙터, 병력 수송용 장갑차, 트럭 등의 진군 행렬이 끝없이 이어지고 있었다. 병사들의 얼굴은 먼지와 배기가스로 시커멓게 변했다. 날씨는 견딜 수 없이 더웠다. 병사들은 땀에 젖어 몸에 들러붙은 셔츠와 갈증 때문에 괴로워했다."[21]

쿠르스크 돌출부 남쪽에서 벌어진 무시무시한 전투는 제6근위군 및 제1근위전차군 소속의 소련소총사단, 전차 여단과 대전차 부대의 맹렬한 자기희생적 방어로 7월 7일에도 계속되었다. 호트의 부대는 사단 하나를 괴멸시키자마자 다른 사단이 나타나 길목에 빗장을 친다는 사실을 깨달았다. 시체에 파리떼가 우글거리는데도 매장할 시간이 없었다. 양측 병사 모두 공포와 스트레스, 가혹한 전투 소음으로 미쳐갔다. 한 독일 병사는 캉캉 춤을 추기 시작해 동료들이 끌어내릴 때까지 멈추지 않았다. 어느 시점이 되자, 오보얀을 향한 대독일 사단의 돌파 시도가 마치 성공할 듯 보였지만, 대독일 사단은 때마침 그 길목으로 이동해 있던 제6전차군단 소속의 한 여단과 충돌했다. SS LAH와 다스 라이히 사단은 가까스로 제6근위군 동쪽 측면에서 프로호롭카를 향해 길을 트는 데 성공했지만, 측면이 노출되는 바람에 계속해서 반격을 물리쳐야 했다.

독일 항공대 파일럿들은 다수의 소비에트 항공기를 해치웠다. 전투기 에이스인 에리히 하르트만은 그날 하루 7기를 격추하고, 나중에는 전쟁 통산 352기를 격추하면서 최고 전적을 보유한 조종사가 되었다. 붉은 군대 항공대 대원들도 좋은 성적을 거두고 있었다. 이들은 남쪽 전투 지구에서 약 100기의 전투기와 폭격기를 격추했다. 독일 항공대는 지상군 보호 임무가 우선이었기 때문에 적기와 많이 교전하고 싶어도 할 수 없었고, 연료도 심각하게 부족하여 출격 횟수도 제한해야 했다. 소비에트군은 이번 전투에서 처음으로 제공권을 장악하기 시작했고 곧 밤마다 독일군 비행장을 폭격했다. 그런데 엄청난 손실에도 불구하고 이번에도 새벽이 되기 전에 이륙했다며 루델의 한 조종사가 기록했다. "슈투카의 정신력은 무너지지 않았다. 그래서 우리는 적군을 향해 비행기를 돌진시켰고, 파괴력이 엄청난 폭탄을 적에게 투하했다."[22]

7월 8일, 하우서는 SS 토텐코프 사단을 자신의 기갑군단 우측 측면에서 좌측으로 이동시켰다. 이것은 사단의 진격선을 프로호롭카 방향에서 멀리 떨어지게 하고 쿠르스크로 가는 주요 길목에 위치한 오보얀으로 다시 방향을 틀도록 하기 위함이었다. 군단이 재배치되는 동안 소비에트 제10전차군단이 공격에 나섰지만, 호흡이 맞지 않아 큰 피해를 입고 격퇴당했다. 그리고 SS기갑군단의 노출된 측면으로 치고 들어가기로 했던 소비에트 제2전차군단은 30밀리 캐넌포로 무장한 전차 격파용 헨셀 HS-109 항공기의 공격을 받아 무너졌다. 하우서의 사단들은 그날 하루 소비에트군 전차 121대를 파괴했다고 주장했다.(루프트바페의 격파 기록을 자신들의 전과로 포함시켰을 수도 있다.)

7월 9일에 제2SS기갑군단이 바투틴의 마지막 방어선을 향해 공격을 시작했다. "(SS용) 위장복을 입은 병사들이 기가 막히게 잘 싸웠다"[23]라고 소비에트 제6근위군 소속의 한 사병이 고백했다. 그는 또한 타이거 전차가 T-34 전차를 하나하나 격파하며 총 7대를 해치우는 모습을 지켜보았다. 독일 기갑부대원들은 완전히 녹초가 된 후에도 퍼비틴 알약을 복용하여 위험에 대한 감각이 무뎌진 각성 상태가 유지된 채로 계속 버텼다. 하우서는 우측 측면에 지원군이 와주기를 기대하고 있었지만, 그때 켐프분견군은 벨고로트 동쪽에서 끈질긴 저항에 부딪혀 여전히 고전하고 있었다. 그사이 우측 측면을 슈밀로프 장군 예하 제7근위군이 위협해 들어왔다.

SS 토텐코프의 기갑척탄병 연대가 프숄 강에 도달했다. 그러나 소비에트 사단들이 제6근위군과 제1근위전차군을 지원하는 데 투입되면서 제2SS기갑군단 잔여 병력의 진군은 느려진 상태였다. 오후 늦게 독일군 사령부는 하우서의 전진축을 다시 바꾸기로 하고 프로호롭카 쪽으로 물러나게 했다. 독일군은 신속한 돌파를 하기엔 이미 늦어버린 우익의 켐프분견군이 이제 북쪽으로 재빨리 진군하기를 바랐다. 그러나 켐프 휘하의 사단들은 양쪽 측면에서 끊임없이 공격을 받고 있었다.

연합군이 시칠리아에 상륙한 7월 10일, 제1전차군과 제6근위군은 끔찍한 희생을 치러가며 오보얀 축에 들어오는 공격을 계속 지연시키고 있었다. 이 때문에 오토 폰 크노벨스도르프 예하 제48기갑군단은 꼼짝할 수 없어 프로호롭카로 진군하는 하우서의 부대를 도울 수 없게 되었다. 대독일 사단은 완전히 지쳐버렸지만, 스탈린그라드 북쪽 볼가 강 유역에 가장 먼저 도달한 사람이자 '판처 기마병'으로 불리던 히아친트 그라프 슈트라흐비츠가 이끄는 기갑연대의 기갑척탄병들이 그때까지도 주요 고지 두 곳을 장악하고 있었다. 오보얀은 쌍안경으로도 잘 보이는 곳이었지만, 이들은 결코 오보얀에 도달하지 못할 거라고 느꼈다. 슈트라흐비츠에게는 친숙한 느낌이 었을 것이다. 1914년, 그의 기병정찰대도 마른에서 프랑스군이 반격하기 전까지는 파리가 보이는 곳에 있었다.

하우서 예하 SS사단들은 프로호롭카를 향해 생각만큼 빠르게 진군하지 못했는데, 가장 큰 이유는 다수의 연대가 사방에서 전투를 치르고 있었기 때문이다. 그래도 LAH는 대포 세례가 쏟아지는 가운데서도 다스 라이히 소속 부대와 함께 계속해서 밀고 나갔다. SS 토텐코프는 왼쪽 방향으로 5킬로미터 진격하여 프숄 강을 건너는 데 성공했지만, 동북쪽으로 이동하지 못하도록 프숄 강 뒤쪽의 고지에서 필사적으로 방어하고 있는 소비에트군에 의해 진격이 지연되었다. 이때쯤 젖은 땅은 완전히 말라 있었다. 한 의무병이 고향에 편지를 썼다. "지금 이곳은 매우 덥습니다. 도로는 무릎 깊이의 먼지로 덮여 있습니다. 얼굴을 뒤덮은 먼지의 두께가 1밀리미터는 족히 될 것 같아요."[24] 슈투카 조종사들의 출격 횟수는 전혀 줄어들지 않았다. 한 소위는 "닷새 동안 30회 출격 임무를 수행하여 총 285회를 달성했다"[25]라고 기록했다. 슈투카 조종사들이 이 엄청난 전차전에서 결정적인 역할을 하고 있다고 그는 덧붙였다.

7월 11일, 바투틴은 제2SS기갑군단의 진군을 막기 위해 제5근위군 소속 사단을 새로 투입하여 자신의 방어선을 프로호롭카 서남쪽으로 재배치했다. 켐프는 만슈타인으로부터 돌파해나가라는 강한 압박을 받고 제503중전차대대 소속의 타이거 전차부대와 제6기갑사단을 이용하여 두 소비에트 소총사단의 방어를 뚫었다. 제6기갑사단 소속의 한 병장은 닷새째 전차 밖으로 나오지도 못했다고 기록했다. "러시아 녀석들 때문에 바쁘다. 지난 석 달 동안 그들이 충분한 시간을 들여 우리가 전혀 경험해보지 못한 방어선을 구축했기 때문이다."[26] 제19기갑사단도 도네츠 강 한쪽 기슭에서 북쪽으로 프로호롭카를 향해 밀어붙였다.

스탈린과 계속 교신하던 바실렙스키 원수의 직접적인 감독을 받으며 이러한 위협을 잘 감지한 바투틴은 제5근위전차군이 도착하는 즉시 전선에 배치하라고 로트미스트로프 장군에게 말했다. 그러나 그날 저녁, 바실렙스키와 함께 전방에 나간 로트미스트로프는 쌍안경으로 멀리 보이는 전차들이 독일군임을 확인했다. 갑자기 진격한 제2SS기갑군단은 로트미스트로프가 다음 날 반격을 개시하려고 했던 그 지점에 벌써 도달해 있었던 것이다. 계획을 수정해야 했던 로트미스트로프는 렌드리스로 받은 지프를 최대한 빨리 몰아 사령부로 향했다.

로트미스트로프와 그의 참모들은 밤새 새로운 지시를 마련했지만, 7월 12일 오전 4시 바투틴에게서 독일 제6기갑사단이 도네츠 강 르자베츠 지역으로 접근하고 있다는 소식을 전해 들었다. 이것은 켐프분견군이 소비에트 제69군의 측면을 포위하고 있고 제5근위전차군의 후방을 위협할 수도 있다는 뜻이었다.

사실 제6기갑사단의 기동부대는 노획한 T-34 전차를 앞세우고 이미 어둠 속에서 감시망을 빠져나간 뒤 르자베츠에 도달해 있었다. 또 붉은 군대 공병부대가 도네츠 강에 놓인 다리를 폭파하기는 했지만, 혼동이 있었던지 인도교 한 곳이 온전하게 남아 독일군 기갑척탄병들은 새벽까지 강을 건널 수 있었다. 제19기갑사단 소속 기동부대가 기갑척탄병 부대의 병력을 보강하기 위해 질주해 갔지만, 루프트바페는 르자베츠에서 거둔 이러한 성공 사실을 알지 못했다. 그 결과 하잉켈 111편대가 교두보를 폭격하면서, 제6기갑사단장 발터 폰 휘네르스도르프 소장과 기동부대의 리더인 오펠른 브로니코브스키 대령이 부상을 입고 말았다.

르자베츠 인근에서 이러한 위협에 직면한 바투틴은 그 폭풍 같은 밤에 예비 병력을 차단부대로 전환하라고 로트미스트로프에게 지시했다. 크노벨 스도르프 예하 제48기갑군단이 프로호롭카 서쪽에 있는 오보얀 시를 다시 공격하려는 의도가 분명해지자, 바투틴은 제1전차군 소속의 전차 여단과 제22근위소총군단에 명령을 내려 기습 공격을 하게 했다. 호트의 부대는 병력이 고갈되고 있었다. 916대의 전차로 공격을 시작했지만 이제 전차는 500대도 채 남지 않은 것이다. 게다가 다시 쏟아진 폭우가 흙먼지를 진흙으로 만들어, 무한궤도가 넓은 T-34 전차를 운용하는 소비에트군보다도 독일군의 진격이 더욱 어려워졌다.

7월 12일 동이 튼 직후, 로트미스트로프 장군은 밀밭과 프로호롭카 동남쪽 철길이 내려다보이는 산허리 과수원 안의 제29전차군단 지휘소 벙커로 갔다. 반격에 관한 그의 모든 지시가 문서로 배포되었고, 밀집해 있던 포병대와 카추샤 연대가 아침 일찍 재배치되었다. 숲이 우거진 들판 너머에 제2SS기갑군단 소속 부대가 숨어 있었다. 맑은 하늘은 또다시 더 심한 폭우를 암시하는 구름에 가려졌다.

슈투카의 공격으로 전투가 시작되었다. 제2항공군의 야크와 라보치킨 전투기가 곧 등장하여 슈투카와 싸우기 시작했다. 전투기들에 이어 폭격기들이 도착했는데, 이 폭격기 부대는 귀청이 떨어질 듯한 굉음을 내는 대포와 숨 막히는 발사음을 내는 카추샤 로켓포대들과 함께 폭격을 가하여 밀밭을 불태워버렸다. 제2SS기갑군단이 숲 가장자리에서 나타나 빈터로 진격했을 때, 로트미스트로프는 "스탈! 스탈! 스탈!"이라는 암호로 전차에 돌격을 명령했다. 전차 부대는 작은 고개의 뒤쪽 경사면에 숨어 있다가, "스틸!"이라는 신호가 떨어지자 전속력으로 전진했다. 로트미스트로프는 전차 부대원들에게 지시를 내리면서 접근전과 압도적인 물량만이 타이거 전차에 맞설 수 있는 유일한 방법이라고 강조했다.

외무장관의 아들 루돌프 폰 리벤트로프 중위는 제1SS기갑연대 타이거 전차의 포탑에서 본 광경을 묘사했다. "현장을 보고 나는 말문이 막혔다. 전방 약 150 내지 200미터 거리에 있는 야트막한 언덕 너머에서 전차가 15대, 조금 있다가 30대, 그러다 40대가 나타났다. 나중에는 너무 많아져서 셀 수도 없게 되었다. T-34 부대가 보병들을 태우고 우리를 향해 빠른 속도로 밀려오고 있었다."[27]

전투는 마치 중세 시대 갑옷을 입은 기사들이 충돌하는 듯한 광경이었다. 병력이 마구 뒤섞여 야포도, 항공기도 도울 수 없었다. 전차끼리 직사거리에서 싸우면서 양쪽 군 다 대열과 통제력을 상실했다. 탄약과 연료가 폭발할 때는 전차 포탑이 공중으로 솟구쳐 올랐다. 독일군 포병들은 처음에는 무전으로 지시를 내리는 지휘 전차에 포격을 집중시켰다가, 나중에는 T-34 후면에 예비 연료 저장용으로 고정되어 있는 크고 둥근 금속제 기름통을 겨냥했다.

독일군 제2기갑척탄병연대 소속의 한 소위는 "그들은 온 사방에 있었다. 우리 머리 위에도, 우리 사이에도. 우리는 일대일로 싸웠다"[28]라고 썼다. 통신과 기동, 포술 등 독일군이 우세했던 모든 면이 혼돈과 소음, 연기에 파묻혀 사라졌다. 소비에트군 전차운전병은 이렇게 기록했다. "공기가 탁해 숨이 턱턱 막혔다. 숨을 쉬지 못해 내 얼굴에서는 식은땀이 비 오듯 흘러내렸다."[29] 정신적인 스트레스도 엄청났다. "우리는 언제 죽을지 모르는 사지에 있었다." 아직 살아 있거나 싸우고 있던 병사들은 몇 시간 후 깜짝 놀랐다. 전투를 지켜본 한 소비에트인은 "심지어 전차가 서로 들이받아 고철 덩어리가 불타기도 했다"[30]라고 기록했다. 전투가 집중된 지역에는 불타버린 장갑차량들이 가득 들어차 저마다 기름 냄새 나는 시커먼 연기를 뿜어내고 있었다.

켐프분견군을 로트미스트로프 예하 제5근위전차군의 측면으로 돌리려

제2차 세계대전

던 호트의 바람은 무너지고 말았다. 로트미스트로프의 예비 병력만으로 켐 프분견군이 19킬로미터 떨어진 곳에서 막혀버린 것이다. 한편 SS 토텐코프 가 프로호롭카 동북쪽에서 제5근위군을 곧 돌파할 것으로 보여 좌익에서 만 유일하게 성공할 수 있을 듯했다. 하지만 소비에트 증원군이 적시에 도 착하여 틈새를 없애버렸다. 크노벨스도르프 예하 제48기갑군단이 바투틴의 선제공격을 격퇴했지만 이런 부분적인 성공으로 돌파를 이루기에는 너무 늦 었다. 해질녘 다시 폭우가 쏟아지기 시작하자, 재급유와 재무장을 위해 양측 군대는 모두 후퇴했다. 의료팀은 부상자를 구출하고, 복구팀은 그날 밤 부서 지고 불타버린 수백 대의 전차가 널브러져 있는 전장을 돌아다녔다. 냉혹한 주코프조차 이틀 후 전장을 살펴보고는 가슴이 뭉클해졌다.

소비에트군은 독일군도 포로들의 목숨을 살려주지 않는다는 것을 알고 SS포로들을 즉시 살해했다. 그리고 죽은 자에 대한 예우도 거의 없었다. 한 젊은 소비에트 장교는 이렇게 기록했다. "독일군이 차량에 깔려 짓눌렀다. 독일군 시체가 맵홀더를 비롯한 소지품과 함께 쌓여 있었고 전차가 그 시 체들 위로 지나갔다."[31]

호트는 붉은 군대가 오룔 탈환을 위해 쿠르스크 돌출부 북쪽을 향해 쿠 투조프 작전을 막 개시했다는 사실을 그날 저녁이 되어서야 알았다. 병력이 거의 소진된 모델 예하 제9군과 제2기갑군은 공격 규모에 그만 놀라고 말 았다. 독일군 첩보부에서는 이번에도 후방에 집중된 붉은 군대의 병력을 과 소평가했다. 바그라만 장군의 제11근위군이 모델 부대의 후방을 공격한 뒤 이틀 만에 16킬로미터를 진격했다. 이러한 성과를 거두면서 제4전차군과 제3근위전차군, 심지어 지쳐빠진 로코솝스키의 제13군까지 공격을 계속해 나갔다.

7월 13일, 사흘 전 연합국이 시칠리아 섬 침공에 성공한 것을 두고 크게 고심하던 히틀러는 폰 만슈타인 육군 원수와 폰 클루게 육군 원수를 늑대소굴로 불러 회의를 하기로 했다. 만슈타인은 공격을 재개하라고 제2SS기갑군단과 켐프분견군에 명령을 내린 상태였지만, 히틀러는 동부 전선에서 병력을 철수한 뒤 이탈리아를 방어해야겠다고 발표했다. 그렇게 성채작전은 지체 없이 취소되었다. 히틀러는 이탈리아군이 시칠리아 섬을 방어할 준비가 되어 있지 않으며 일단 시칠리아 섬이 함락되면 이탈리아 본토가 곧 침공을 받을 위험이 있다고 판단한 것이다.

그런데 만슈타인은 호트도 자신에게 동의하는 것을 알고, 전선을 안정시킬 수만 있다면 전투를 계속할 생각이었다. 곳곳에서는 격렬한 전투가 여전히 계속되었다. 켐프분견군이 마침내 호트의 병력과 연결되었지만, 7월 17일에 독일 육군 총사령부는 제2SS기갑군단을 서유럽으로 전환 배치하기 위해 전선에서 철수시키라는 지시를 내렸다. 시칠리아 침공 작전은 비록 스탈린이 원했던 제2전선은 아니었지만 여전히 효력이 있었던 것이다. 그리고 그날 소비에트 서남 전선과 남부 전선이 도네츠 강과 아조프 해로 흘러들어가는 미우스 강 유역에서 연합 공격을 개시했다. 이것은 소비에트군이 하리코프 탈환이라는 주요 목표를 위해 독일군을 하리코프에서 끌어내기 위한 견제 작전의 일환이었다.

이번에는 스탈린의 총공격 의지가 적시에 발휘되었다. 독일군은 새로 충원되었거나 재편되어 나타난 붉은 군대 부대의 수에 놀라고, 지독했던 쿠르스크 전투가 끝난 직후 바로 새롭게 공격을 개시하는 붉은 군대의 능력에 동요했다. 한 슈투카 조종사는 엉뚱한 자기 연민에 빠져 "이 전쟁에서 가장 끔찍하고 잔인한 순간은 바로 지금이다. 끝낼 방법을 찾을 수가 없다"[32]라는 글을 남겼다. 설상가상으로 소비에트 빨치산의 철도 파괴 행위도 더 심해졌다. 7월 22일, 히틀러는 모델에게 오룔 돌출부에서 철수 준비를 하도록 허락했다.

쿠르스크에서의 승리가 갖는 의미가 컸기 때문에 스탈린은 전쟁을 치르는 동안 유일했던 전선 방문을 실행에 옮겼다. 8월 1일 경비가 삼엄한 위장 열차가 스탈린을 태우고 서부 전선 사령부로 향했다. 그다음에는 북쪽 칼리닌 전선으로 갔다. 그러나 스탈린이 장교나 사병들과는 이야기를 거의 나누지 않았기 때문에, 그의 방문 목적은 처칠과 루스벨트에게 보여주기용이었다고 할 수 있다.

8월 3일, 코네프의 스텝 전선군이 보로네시 전선과 함께 100만 명에 약간 모자라는 병력 야포 및 카추샤 포대 1만2000문 이상, 약 2500대에 달하는 전차와 자주포를 갖추고 루만체프 작전에 돌입했다. 만슈타인은 그렇게 강력한 맹공격이 이처럼 빨리 닥쳐오리라고는 예상하지 못했다. "지친 독일 보병대에게 그것은 마치 곤죽이 된 적군이 쌩쌩한 모습으로 다시 무덤에서 튀어나온 것이나 마찬가지였다."[33] 이틀 후 벨고로트를 탈환한 붉은 군대는 이제 하리코프로 초점을 돌렸다.

8월 5일에 소비에트군이 돌출부 북쪽 오룔에 진입했을 때 독일군은 막 철수한 뒤였다. 1941년 도시가 공황 상태에 빠졌을 때, 어떤 모습이었는지를 또렷하게 기억하고 있던 바실리 그로스만이 그날 오후 오룔에 들어갔다. "타는 냄새가 공기를 뒤덮고 있었다. 꺼져가는 불에서 담청색을 띠는 구름 같은 연기가 피어올랐다. 광장의 스피커에서는 〈인터내셔널가〉가 흘러나왔다…… 교차로마다 얼굴이 발그레한 소녀들이 서서 붉은색, 초록색의 작은 깃발을 제법 똑똑하게 흔들며 교통정리를 하고 있었다."[34]

8월 18일, 브랸스크가 해방되었다. 그러나 그 주에 코네프의 군대가 하리코프로 진군하자 독일군이 반격을 시작했다. 이번에는 붉은 군대가 당황하지 않고 반격했다. 하리코프는 제8군으로 이름이 바뀐 켐프분견군의 필사적인 방어에도 불구하고 8월 28일에 결국 무너졌다. 히틀러는 독일 동맹국의 사기가 떨어지는 것을 막으려는 하나의 방편으로 하리코프에서 최대한 오래 버티라고 일선 부대에 지시했다. 이탈리아에서 벌어진 재난에 동요한 히틀러는 그 영향이 루마니아군과 헝가리군에도 미칠까봐 걱정이었다. 히틀러가 쿠르스크 공격을 밀어붙인 덕분에 동맹국이 자극을 받게 된 것인데 그가 이러한 반응을 보인다는 것은 아이러니한 일이 아닐 수 없었다.

독일군은 심각한 타격을 받았다. 약 5만 명의 군사를 잃었다. 사단의 병사 수는 줄어 연대와 비슷하거나 더 적어졌다. 그러나 붉은 군대의 승리 또한 엄청난 대가를 치렀다. 주코프의 공성망치 전술 때문에 벨고로트-하리코프 공격에서만 25만 명 이상의 사상자가 발생한 것이다. 이것은 쿠르스크 돌출부에서 발생한 17만7000명보다 훨씬 더 많은 수치였다. 오룔 돌출부 탈환 작전인 쿠투조프 작전에서는 피해가 더 심각해서 사상자 수가 약 43만 명에 달했다. 전체적으로 보면 붉은 군대는 독일군 장갑차량 1대당 5대의 장갑차량을 잃은 셈이었다. 하지만 독일군도 드네프르 전선으로 철수하는 수밖에 없는 상황이어서 잔여 병력을 타만 반도에 남아 있는 교두보에서 빼내기 시작했다. 캅카스 유전을 확보한다는 히틀러의 숙원은 영원히 깨져버리고 말았다.

전력과 경험 면에서 붉은 군대는 한없이 성장했지만, 뿌리 깊은 결점은 여전히 남아 있었다. 전투 후 바실리 그로스만은 제13근위소총사단의 지휘를 맡았던 글레프 바클라노프 소장을 찾아갔다. 바클라노프가 말했다. "병사들이 이제는 흥분하지 않고 지능적으로 싸우고 있소. 마치 일하듯이 말이오."[35] 그러나 그는 붉은 군대의 공격 계획을 수립하는 참모부의 업무 행태는 물론 공격하기 전에 구체적인 사항들을 확인하지 않거나 부대 위치에 대해 거짓말을 하는 연대급 지휘관 다수의 태도에는 냉소적이었다. 그리고 그는 여전히 이렇게 생각했다. "'전진! 전진!' 하고 외치는 것은 멍청하거나 상관이 무서워서 하는 짓이오. 그래서 그렇게 많은 목숨이 희생된 것이지."

쿠르스크와 하리코프에서 주도권을 거의 잃은 후 독일군 내에서는 훨씬 더 격한 분노의 바람이 불었다. 나치 고위층에는 불안과 분노가 퍼졌다. 여전히 소비에트의 정치 지도원 체제를 시기하는 분위기 속에서 육군 장교들이 인민위원 역할을 해야 한다는 주장이 다시 제기되었던 것이다. 그러나 이 주장은 동부 전선과 쿠르스크 계획을 주도한 군사 지도부에 대한 비판을 거의 막지 못한다. 판터 부대를 기다리느라 히틀러가 작전을 여러 번 연기한 것도 당연히 재앙을 키우는 데 일조했지만, 7월이 아니라 5월에 작전을 개시했더라면 성공했을 것이라는 주장은 아무래도 설득력이 떨어진다.

전선에 있던 독일군 지휘관들은 병사들이 총체적인 상황에 대한 진실을 알고 싶어한다는 점을 지적했지만, 이에 대해 장교들은 명쾌한 답을 내놓기 어려웠다. 제8군 총사령관 오토 뵐러가 하리코프 함락 후의 상황을 기록했다. "1943년의 전사는 1939년에 봤던 그 전사가 아니다. 이 전사는 우리 민족의 생존을 위해 분투하는 것이 얼마나 중대한 일인지 오래전에 깨달았다. 진부한 표현이나 결점 감추기를 싫어하고, 사실을 알고 싶어하며, '자신만의 언어로' 그 사실을 듣고 싶어한다. 선전으로 보이는 것들은 본능적으로 거부한다."[36] 남부집단군 총사령관 만슈타인은 이 보고서의 내용을 전적으로 수용했다.

독일 육군 총사령부가 이번에는 새로 부임한 제8군 참모장 한스 슈파이델 육군 소장에게 책임을 돌리려 했다. 슈파이델은 '지적이고 내성적이며 연구하기 좋아하는 뷔르템베르크 군 출신에, 늘 단점을 강조하고 장점을 말하는 것은 빠뜨리는'[37] 인물이었다. 뵐러는 강하게 거부 의사를 밝히며 반박했고, 카이텔은 곧바로 그 문제에 대한 모든 추가 답변을 금지시켰다. 카이텔은 모든 장교가 자신의 지휘에 대해 당당해야 한다고 말했다. 그 외의 행동은 전부 패배주의나 마찬가지이며, 국가의 뜻을 꺾으려는 사람들을 처단하는 일은 아무리 냉정한 방법을 쓴다 해도 정당한 일이라고 했다. 결국 이 전쟁은 평화조약으로 끝날 수 없었고 승리 혹은 전멸만이 남게 되었다.

한편 우둔하고 오만한 카이텔의 의심이 이번에는 들어맞았다. 이미 히틀러에 대한 군부 저항의 주역이 되어가고 있던 슈파이델이 1년 후 7월에 있었던 암살 음모에서 중요한 역할을 하게 된 것이다.

32

시칠리아에서
이탈리아로

연합국 군대가 북태평양 알류샨 열도에 상륙한 1943년 5월 11일, 윈스턴 처칠과 참모총장들이 퀸 메리호를 타고 뉴욕에 당도했다. 앨런 브룩 장군은 다음 날 워싱턴 DC에서 열릴 트라이던트 회담을 크게 걱정하고 있었다. 그는 미군이 주요 증원군을 극동 지역으로 보내 은근히 '독일 우선' 정책을 회피하려 한다고 의심했다. 약 한 달 전에 브룩은 일기에 "미군은 태평양에 마음을 쏟고 있다. 우리는 두 전쟁을 한 번에 치르려 하고 있지만 무기 조달량이 한정된 까닭에 그건 절대 불가능하다"[1]라고 썼다.

브룩은 또한 수마트라 섬을 침공하여 일본군의 석유를 빼앗는다는 또다른 계획에 처칠이 다시 자원을 쏟아붓지 않도록 말려야 했다. 게다가 처칠은 목성 작전을 개시하여 노르웨이 북부 지역을 장악한다는 생각도 버리지 않고 있었다. 하지만 처칠이 영국의 자원, 무엇보다도 선적 능력 및 공중 엄호 능력을 아득히 뛰어넘는 일에 열을 올리고 있다는 사실이 브룩을 맥 빠지게 했다.

워싱턴에서 두 동맹국 간의 전선은 금방 드러났고 전보다 더 심각했다. 미국의 고위 장교 다수는 자신들이 영국군에 의해 "지중해 정원길로 이끌려갔다"고 생각했다. 허스키 작전, 즉 시칠리아 침공 작전을 허용해야 했던 마셜 장군은 미군이 지중해에서 꾸물거리면 안 된다는 믿음이 아직 강했다. 미군은 북프랑스 침공에 대비해 1944년 늦은 봄에 영국으로 다시 모이거나, 아니면 극동 지역으로 보내질 터였다. 이것은 아마 진지한 제안이라기보다는 영국으로 하여금 돌이킬 수 없는 약속을 하도록 압박한 위협이었다. 그것이 바로 킹 제독이 원했던 바였다.

브룩은 붉은 군대가 독일 국방군 대다수와 맞서야 하는 10개월 동안 서부 연합국 군대가 빈둥거리고 있을 수는 없다며 다시금 단호하게 주장했다. 쇠망치 작전 때 미국이 영국에 가했던 압박을 이번에는 반대로 영국이 미국에 가했던 것이다. 브룩은 히틀러가 동부 전선과 해협 방어를 포기한 채 탄탄한 병력을 이탈리아로 보내거나, 국토 대부분을 버리고 알프스 산맥의 고원들 사이에 흐르는 포 강 북쪽에 전선을 구축할 수도 있으며 게다가 일단 시칠리아를 점령하고 나서 메시나 해협 너머의 본토를 침공하면 무솔리니를 몰아내고 이탈리아를 물리칠 수 있다는 주장을 이어나갔다. 지중해의 제해권을 되찾으면 극동지역으로 가는 경로를 단축시키고 연간 100만 톤 상당의 선적을 절약할 수 있다는 것이었다.

영국이 이탈리아 전역에 9개 사단만 있으면 된다고 장담한 것은 솔직하지 못한 태도이거나 지나친 낙관이었다. 처칠이 처음에 스탈린에게 제시했던 '유럽의 부드러운 아랫배'라는 아이디어는 이제 주문이 되어버렸다. 처칠이 소비에트의 중부 유럽 지배를 방해하기 위해 심지어 발칸 반도 침공 안까지 내놓자 미국은 처칠에 대해 강한 불신을 드러냈다. 미국은 이것을 영국이 꾸미는 또 하나의 전후 정치 공작 사례로 보았다.

5월 19일, 양쪽 참모총장들만 참석한 비공식 회의에서 타협이 이뤄졌다. 1944년 봄 프랑스 침공을 위해 영국에 약 29개 사단을 준비하되, 이탈리아 침공을 먼저 실행하기로 한 것이다. 마셜은 한 가지 조건을 끝까지 고집했다. 시칠리아를 점령한 뒤, 7개 사단을 지중해에서 영국으로 귀환시켜 해협 횡단 공격을 준비해야 한다는 것이었다.

브룩은 자신의 나쁜 예감과 달리 회담 결과에 만족했다. 해협 횡단 침공 전에 독일군의 병력을 분산시킨다는 계획이 받아들여진 것이다. 어쨌든 1943년에 프랑스 침공을 가능케 하기에는 영국에서 미국 군대를 건설하는 속도가 지나치게 느렸고 연합국의 상륙주정도 현저히 부족했으며 작전을 성공시키기 위해 필요한 제공권도 확보하지 못한 상태였다.

처칠과 브룩은 워싱턴에서 내린 결정을 아이젠하워에게 설명하기 위해 마셜 장군과 함께 알제로 날아갔다. 마셜은 여전히 이탈리아 침공에 반대했고 시칠리아 전역 결과가 나오기 전까지 최종 결정을 내려서는 안 된다고 고집했다. 비행하는 동안 처칠이 전략적 문제에 대하여 마셜을 회유하려 할 때마다, 마셜은 처칠이 길게 설명할 수밖에 없는 주제에 대해 천진하게 질문함으로써 화제를 바꾸려 했다. 그러나 마셜이 시칠리아 다음 단계에 대해 침묵을 지켰지만 처칠과 브룩은 추축국의 저항이 붕괴될 거라며 이탈리아 침공의 이점을 아이젠하워에게 확신시켰다.

당시 쿠르스크 돌출부에서 독일군의 맹공격을 기다리고 있던 스탈린은 루스벨트와 처칠 모두에게 입장을 분명히 표명했기 때문에 이탈리아 침공 계획이 매우 불만스러웠다. 처칠은 빈틈없는 답변을 보냈지만, 브룩이 불가능하다고 판단했던 작전인 해협 횡단 침공을 8월에 개시하려 한다고 2월에 스탈린에게 말한 것은 완전히 실수였다. 그것은 스탈린 입장에서는 영국이 약속을 깼다고 의심할 수밖에 없는 너무나 불필요한 속임수였다.

허스키 작전, 즉 시칠리아 침공을 계획하는 일은 복잡한 데다 이따금 격론을 야기하기도 했다. 4월에 독일군 2개 사단이 섬에 배치되었다는 소식을 들은 아이젠하워는 작전 취소를 고려했다. 처칠은 프랑스를 침공하면 '2개 사단보다 많은 독일 군대를 만나게 될 것'[2]이라고 하며 경멸하듯이 지적했다. "나는 이 소심한 패배주의적 원칙이 누구의 머리에서 나오든 참모총장들이 그것을 수용하지 않을 것이라고 믿는다"라고 처칠은 기록했다.

튀니스 마지막 전투에서 중책을 맡았던 몽고메리는 당시에 허스키 작전 기획가들의 의도가 엇갈리고 있으며 서로 반대로 생각하고 있다고 느꼈다. 재보급 문제 때문에 상륙을 여러 번 실시하는 것이 더 낫다는 의견에 힘이 실렸다. 하지만 몽고메리는 이 방법을 거부하고, 제8군을 섬 동남부에 집중적으로 상륙시키며 패튼 예하 제7군을 왼쪽에 두어 상호 협력할 수 있도록 할 것을 주장했다. 패튼은 몽고메리가 미군을 측면 수비대 정도로만 활용하고 승리를 독식하려 한다고 의심했다.

이 일로 연합국 상호 간에 적지 않은 마찰이 일어났다. 패튼은 '연합국들이 전역을 나누어 싸우지 않으면 적군보다 서로를 더 미워하게 될 것'[3]이라는 생각까지 들었다. 지중해의 연합군 공군사령관 테더 대장은 몽고메리에 대한 패튼의 회의적 의견에 공감했다. 테더는 '몽고메리는 자신을 나폴레옹처럼 생각하지만 실제로는 그렇지 않은 보통 수준의 사람'[4]이라고 패튼에게 분명히 말했다. 패튼은 또한 알렉산더가 몽고메리를 두려워하여 그에게 엄격하게 대하지 못한다고 생각했다.

알제의 프랑스 식민지 지역 내에서는 연합군 사령부보다 훨씬 더 격렬한 음모 사건들이 들끓었다. 1월에 카사블랑카에서 루스벨트와 처칠의 강요로 마지못해 앙리 지로 장군과 샤를 드골 장군이 타협한 이후로, 드골파는 때를 기다리고 있었다. 독일의 프랑스 침공 3주년이 되던 5월 10일, 프랑스 피점령 지역의 레지스탕스 전국평의회는 드골을 수반으로 인정했다. 루스벨트와 처칠 다 이것이 얼마나 중요한 의미를 갖게 될지 알지 못했다.

드골 장군은 루스벨트의 부추김을 받은 미군 당국에 의해 알제행이 오랫동안 미뤄지고 있다가 5월 30일에 마침내 알제의 메종 블랑슈 비행장에 도착했다. 눈부신 햇살 아래서 악대가 프랑스 국가를 연주하는 동안, 영국

과 미국 장교들은 뒤로 물러나 있었다. 전날 지로가 아이젠하워에게 레종 도뇌르 코망되르 훈장을 수여했는데, 브룩이 느낀 바에 의하면 드골은 "지로가 자신과 상의하지 않고 그런 일을 처리한 것에 분개했던 것이다!"[5]

권력의 열쇠는 미국의 장비와 무기로 재무장하기 시작한 프랑스 아프리카군 지휘권에 있었다. 페탱에게 충성했던 전 비시군 소속의 기존 장교, 일명 무스타쉬와, 드골파에 합류하기 위해 런던으로 떠났던 일명 하지스라 불린 집단 사이에 의심이 깊어가는 것은 불가피한 일이었다. 수적 불균형이 상당했다. 무스타쉬는 23만 명을 지휘한 반면, 중동의 자유프랑스군 병력과 비르하케임에서 매우 독보적이었던 쾨니그의 병력은 고작 1만5000명에 지나지 않았다. 드골파가 자신들의 부대로 병력을 가로채기 시작하면서 지로파에서는 반발이 일어났지만, 결국에는 드골의 도덕적 권위와 탁월한 정치적 능력이 그를 정상으로 끌어올리게 된다.

7월 10일 동트기 전 공수 강하를 시작으로 허스키 작전이 시작된 뒤, 2600척의 선박이 8개 사단을 상륙시켰다. 이것은 11개월 후에 노르망디에 상륙한 병력과 맞먹는 수준이었다. 해질녘까지 연합국은 사병 8만 명, 차량 3000대, 전차 300대, 대포 900문을 상륙시켰다.

독일군은 기습 공격을 당했다. 연합국이 시체 한 구를 영국 해병장교로 보이도록 꾸며 가짜 계획서와 함께 스페인 해안에 떨어뜨리는 민스미트 작전 등 여러 기만 작전을 펼친 것이 성공하면서 히틀러는 연합국이 사르디니아와 그리스를 노리고 있다고 믿었다. 케셀링 육군 원수는 여전히 시칠리아나 이탈리아 남부 지역이 표적일 가능성이 높다고 생각했지만, 그의 의견은 무시되었다. 무솔리니는 연합국이 사르디니아 섬을 폭격한 뒤에 상륙할 것이라 확신하고 그곳에 병력을 충원했다. 토리노와 밀라노에도 몇 차례 공격이 가해져 파시스트 정권의 불안은 점점 더 커져갔다.

침공 함대가 출항할 때는 바다가 고요했지만, 곧 강한 바람이 바다를 휘저어놓아 배가 마구 흔들리고 배 안을 가득 메운 부대원들이 뱃멀미를 하기 시작했다. 바닥이 평평한 전차상륙함Landing Ship Tank(LST)에 탑승한 병사들은 사방으로 구르고 비틀거리는 등 최악의 상황을 경험했다. 다행히도 배가 해안에 도착할 때쯤 바람은 잔잔해졌다. 몽고메리 예하 제8군은 삼각형 형태의 시칠리아 섬 동남쪽 끝부분으로 향했다. 그런 다음에는 추축국 사단이 본토로 다시 건너가는 것을 막기 위해 메시나를 향해 북쪽으로 해안을 따라 올라가면서 공격하기로 했다. 패튼 예하 미 제7군은 영국군 서쪽의 남부 해안 3개 지점에 상륙하는 동안, 바다에서 푸른빛을 내뿜으며 봉화 역할을 하는 영국 해군 잠수함의 안내를 받았다. 일단 뭍에 도착한 제7군에는 뚜렷한 목표가 설정되지 않았다. 하지만 패튼은 그렇게 계획이 애매한 점을 적극 활용할 생각이었다.

7월 10일 오전 2시를 앞둔 시각, "상륙정을 내려라!"라는 명령이 떨어져 상륙주정들이 대빗davit 보트·닻 등을 달아 올리는 기둥에서 해면으로 풀려 내려갔다. 파도는 여전히 거칠었고, 병사들은 곧 뱃멀미로 게워낸 토사물을 밟고 미끄러지기 시작했다. 머지않아 공격용 주정이 발진했다. 한 종군기자는 '해안을 향해 돌진하는 갯강구 같은 작은 주정 떼'[6]를 지켜보았다. 파도가 높은 데다 해변에는 지뢰가 깔려 상륙하기가 쉽지는 않았다. 부대원들은 종종 엉뚱한 곳에 상륙하기도 했고, 가끔은 횃불 작전 때만큼이나 심한 혼란이 일어났다. 몇 시간 후 DUKW 수륙양용트럭이 활동을 시작해 군수품과 연료, 심지어 포병대까지 수송해왔다.

영국 제1공수사단과 미국 제82공수사단 낙하산병들이 강한 바람 때문에 중구난방으로 퍼지면서 공수부대의 내륙 강하는 어지럽게 이뤄졌다. 이들 중 다수는 다리에 부상을 입었다. 그란데 다리라 불리는 시라쿠사 바로 남쪽에 위치한 주요 교량이 목표였던 영국 글라이더 부대의 부상이 가장 심했다. 글라이더 예항기 조종사들은 경험이 거의 없어 조종 실력이 끔찍한 수준이었다. 글라이더 1대는 몰타 섬에 착륙했고, 다른 1대는 튀니지 남부 마레트 인근에 착륙했다. 글라이더 60대는 너무 일찍 활공하여 바다에 떨어지고 말았다. 그러나 표적에 도달한 30명은 교량을 장악하고 장착된 폭약을 제지했다. 여기에 추가로 아침에 50명이 합류했고, 오후 시간의 대부분은 대규모 공격을 물리치는 데 보냈다. 전투 후 몸이 성한 사람은 단 15명에 불과했다. 이들은 항복할 수밖에 없었지만, 교량은 해안에서 도착한 왕립 스코틀랜드 퓨질리어 부대가 신속하게 탈환해냈다. 이 작전을 통틀어 600명의 사상자가 발생했으며, 이 중 절반가량은 익사했다.

연합국 측에서 어떤 혼동이 있었든 간에, 추축국의 30만 병력은 더 큰 혼란에 빠졌다. 바다에 폭풍이 몰아치고 있었기 때문에 추축군 측은 연합군이 그날 밤에는 공격하지 않을 거라고 믿고 있었던 것이다. 알프레도 구초니 장군 예하 제6군의 병력은 공식적으로는 30만 명이었을지 몰라도 독일 사단은 2개, 즉 제15기갑척탄병사단과 헤르만 괴링 기갑사단뿐이었다. 제15기갑척탄병사단은 섬 서쪽에 배치되어 있어 반격을 하기에는 너무 멀었다. 그래서 케셀링은, 패튼의 중앙상륙군 소속 레인저 부대가 첫날 장악한 젤라로 즉시 진군하라며 헤르만 괴링 사단에 지시를 내렸다. 젤라 점령후 '빅 레드 원'이라 불리는 제1보병사단은 고지를 점령하고 현지 비행장을 장악하기 위해 내륙으로 이동했다.

7월 11일 아침 헤르만 괴링 사단은 공격 중에 전차 지원도 없이 공격 선봉으로 나선 보병대대를 만났다. 당시 셔먼 전차는 아직 상륙하지 않고 있었던 것이다. 서쪽에서는 이탈리아 리보르노 사단도 젤라로 진군했지만, 곧 패튼 장군이 직접 나서서 지휘한 박격포 부대의 황린탄黃燐 고체상의 담황색 인으로, 공기 중에서 발화하며 매우 유독한 물질 공격과 앞바다의 순양함 2척 및 구축함 4척에서 쏘아대는 함포 사격 때문에 진격이 중단되고 말았다. 반면 젤라 북쪽과 동북쪽으로 향하던 헤르만 괴링 사단은 해안에 거의 도달한 상태였다. 사단장은 미군이 재승선하고 있다며 구초니 장군에게 알리기까지 했다. 때마침 셔먼 전차 1개 소대와 야포 몇 문이 상륙했다. 155밀리 '롱 톰' 평사포가 즉시 직접 사격을 가했다.

동쪽으로 비아차 능선 아래 포도밭에서, 제임스 개빈 대령 예하 제505낙하산보병연대 소속 부대가 헤르만 괴링 사단 소속 타이거 전차 부대와 충돌했다. 개빈은 알제를 떠나기 전에 '위협이 될 것으로 보이는 아랍인'[7]을 상대로 사격술을 훈련한 부하들의 공격성을 믿어 의심치 않았다. 그러나 타이거를 상대할 때는 대전차 로켓포(바주카포)와 75밀리 팩하위처 몇 문밖에 쓸 수 없었다.

하지만 이들에게는 운이 따랐다. 무전기를 가진 해군 소위가 자발적으로 함포사격을 요청한 것이다. 명중률이 어떨지 몰라 개빈이 불안해한 것도 무리는 아니었다. 그래서 한 발만 우선 시험 발포하도록 부탁했는데, 포는 명중했다. 개빈은 집중 포격을 요청했다. 독일군이 후퇴하기 시작했을 때 해안을 출발한 첫 번째 셔먼 전차가 도착해 낙하산병들의 환호를 받았다. 이들은 함께 능선을 공격하고, 포획한 전차 밖에서 멍하니 서 있는 타이거 전차병들을 살해했다. 그런데 이들은 타이거 전차 정면에 맞은 바주카포의 흔적을 보고는 타이거의 두꺼운 전면 장갑에는 포탄 자국도 거의 남길 수 없음을 깨달았다. 한편 헤르만 괴링 기갑사단은 미 해군의 끊임없는 공격을 받아 전선의 부대들을 철수시켜야 했다. 욕설을 퍼부으면서 젤라 주변의 부하들을 격려하던 패튼은 크게 만족했다. 그는 "하느님께서 오늘은 나를 지켜보신 게 분명하다"[8]라고 일기에 쓸 정도였다.

밤새 패튼의 기분은 다시 바뀌게 된다. 제504낙하산보병연대가 이른 시각 튀니지에서 출발하여 제7군의 전선 안쪽에 강하한 뒤 긴급 충원될 예정이었다. 패튼은 이 작전을 취소하고 싶었지만, 너무 늦었음을 깨달았다. 그는 해변과 육상에 있는 대공포병들에게 사격을 중지하라는 명령을 이미 내린 상태였지만 혹시 명령이 제대로 전달되지 않았을지도 모른다는 의심이 들었다. 특히 어둠 속에서는 포병들이 아군과 적군을 구분할 수 없다보니 결국 그날 독일 항공대가 공격해오자 안절부절 못하는 상황이 연출되었다.

상륙부대 지휘관들은 연합군의 해안 공중 방호가 부족한 점을 불평했지만, 사실 연합국 대공포부대가 하늘을 나는 것이 보이면 무조건 쏴댔기 때문에 공군은 전투기가 손상될 위험을 최소화하려고 그런 조치를 취했던 것이다.

패튼이 가장 두려워하던 일이 벌어졌다. C-47 수송기들이 나타나자 한 기관총 사수가 사격을 시작했고 이어서 다른 사수들도 모두 가담했으며 심지어 전차까지 포탑에 장착된 50구경 기관총으로 사격했다. 패튼의 병사들은 스스로 통제가 되지 않았다. 부대원들은 강하하는 낙하산병에게도 총을 쏘았고, 병사들이 땅이나 물에 떨어진 후에도 발포는 멈추지 않았다. 이 일로 비행기 23기가 파괴되고, 37기가 크게 파손되었으며, 400명의 사상자가 발생했다. 이번 전쟁 중 연합국 측에서 최악의 '오폭' 사례를 남긴 것이다. 결국 이 사실을 알게 된 아이젠하워는 격분하여 패튼을 맹비난했다.

하지만 구초니 장군이 헤르만 괴링 사단에게 동쪽으로 가서 도로를 따라 메시나로 북상하는 제8군을 막으라고 명령하면서 패튼의 처지는 나아졌다. 영국군은 미약한 저항을 뚫고 시라쿠사를 장악했다. 그러나 그 후 며칠간, 영국군이 카타니아를 향해 해안 도로를 따라 진군해 올라갈수록 전투는 더욱 거칠어졌다. 독일군은 제29기갑척탄병 사단과 제1공수사단을 끌어와 섬 병력을 강화하는 중이었다. 그사이 국방군 부대를 지휘할 후베 장군의 제14기갑군단 사령부가 섬으로 날아왔다. 그러나 후베가 구초니와 합의하에 최우선으로 목표했던 바는 메시나와 해협을 보호하기 위해 싸워서 버티는 것이었고, 그렇게 하면 이들의 병력은 튀니스에서처럼 또다시 항복하는 사태를 피하고 본토로 철수할 수 있을 터였다.

7월 13일에 영국군은 이번에 카타니아 인근 프리모솔레 다리를 장악하기 위해 낙하산부대를 투하했다. 이번에도 항공기들은 연합군 함대와 추축국 대공포의 공격을 당해 혼란을 겪었다. 제1낙하산여단 사병 1856명

중 300명이 조금 못 되는 인원이 교량 인근 집결지에 도달했다. 이들은 다음 날 아침까지 교량을 지키며 매설된 폭탄을 제거했다. 그러던 중 도착한 지 얼마 안 된 독일 제4공수군단의 반격으로 거의 밀려날 뻔했지만, 병력의 3분의 1을 잃었음에도 영국 낙하산 부대는 가까스로 위치를 고수할 수 있었다.

구원을 위해 제151여단이 더럼 경보병대 3개 대대와 함께 35도의 날씨 속에서 완전군장을 하고 40킬로미터를 행군하고 있었다. 행군 중에 이들은 독일 전투기의 기총소사 공격과 미국 항공기의 폭격을 받았다. 더럼의 제9대대는 바로 공격했다가 위장하고 있던 독일 낙하산부대가 영국이 슈판다우라고 불렀던 MG42 기관총을 낮게 사격하는 바람에 큰 피해를 입었다. "고지에서 제9대대의 정면 공격을 지켜보았던 우리 눈에 들어온 광경은 충격적이었다. 시메토 강은 그야말로 제9대대의 피로 물든 붉은 강이 되어버렸다. 오전 9시 30분경에 모든 것이 끝났다. 이들은 독일군이 교량을 폭파하지 못하게 하는 데 성공했다."[9] 한 더럼 부대원의 기록이다.

더럼 경보병대 소속의 또 다른 한 대대는 이후 가까스로 강을 건너 독일군을 기습 공격했지만, 치열한 전투는 계속되었다. 더럼 부대는 부상자를 후송하던 운반병들을 독일 저격수들이 쐈다고 주장했다. 대대의 탄약이 바닥나자, 브렌 건 캐리어가 왕복하며 보급했다. 열기 속에서 시체 썩는 냄새 때문에 운반차 운전병들은 그 지역을 '악취골'이라고 불렀다. 그러나 영국 제4기갑여단이 도착하면서 결국 독일 낙하산부대는 후퇴해야 했다.

프리모솔레 다리를 둘러싼 전투가 계속되는 동안, 서쪽에서는 제51하일랜드 사단이 계단식 올리브 과수원 너머로 구불구불하고 경사가 급한 비포장도로로만 갈 수 있는 평범한 시칠리아 마을인 프랑코포르테를 공격했고 좌측에서는 사단의 다른 연대가 짧고 치열한 전투 끝에 비치니를 점령하는 데 성공했다. 하일랜드 사단의 스코틀랜드 병사들은 엄청난 기세로 밀어붙였다. 그러나 이들은 곧 비행장과 인접한 제르비니에서 강력한 방어선을 구축하고 있던 독일군을 만나 심한 충격을 받게 된다. 헤르만 괴링 사단과 공수사단은 가공할 파괴력을 지닌 88밀리 대전차포를 배치했다. 해안 평야에서 영국 제13군단의 진로가 막혀 있는 동안 제30군단은 능선과 능선을 오가며 싸워야 했다. 시칠리아의 바위 언덕에서 싸우는 것이 싫었던 영국 병사들은 북아프리카 사막의 향수에 젖기 시작했다.

몽고메리는 제30군단을 패튼의 지휘 구역으로 보내기로 했다. 그렇게 하면 에트나 산 서쪽 측면 주변을 공격할 수 있었다. 패튼이 화를 낼 것이 뻔했기 때문에 알렉산더는 처음에 패튼과 상의하지 않고 이 의견에 동의했다. 제2군단장 오마 브래들리 소장마저 화를 내면서 영국군이 그런 식으로 행동하도록 허용해서는 안 된다고 패튼에게 말했다. 그러나 공수부대에 벌어진 참사로 아이젠하워의 분노가 폭발한 뒤인 데다, 제7군 사령부에서 얻은 정보도 부족했던 패튼은 또다시 상관과 싸움을 일으키고 싶지 않았다. 브래들리는 패튼이 그렇게 유순해지리라고는 상상도 못 했다.

브래들리는 비록 겉으로 보아 허세가 없고 소박한 외모 때문에 '지아이 제너럴'이라고 불렸지만, 사실은 냉혹한 야심가였다. 패튼은 브래들리가 얼마나 자기를 원망하는지 알지 못했다. 그런데 브래들리와 패튼 둘 다 불명예를 얻을 일이 생겼다. 패튼이 침공 전에 '킬러 사단'으로 이름을 떨치라고 부추겼던 주 방위군 부대인 브래들리 예하 제45보병사단에서 한 부사관과 대위가 무장하지 않은 포로 70명 이상을 학살하는 일이 벌어진 것이다. 패튼은 살해된 군인들을 우선 저격수 혹은 탈출을 시도하다 사살된 포로로 간주하도록 했다. 군 당국은 독일군이 연합군 포로들에게 보복을 할 수도 있기 때문에 그곳에서 벌어진 사건 전체에 대해 입을 다물기로 했다.

패튼은 단순히 몽고메리의 왼쪽 측면만 보호하기보다 서부 해안의 아그리젠토 항구도 장악하여 보급 상황을 안정시켜야 한다며 겨우 알렉산더를

제2차 세계대전

설득했다. 알렉산더는 그의 진짜 의도가 무엇인지 생각해보지도 않고 찬성했다. 패튼은 해안 서북쪽과 팔레르모 방향 산맥을 넘어 북쪽으로 밀고 올라갈 기회를 잡았다. 영국군이 산허리의 포도밭과 햇볕이 강한 산에서 좌절하며 전투를 치르는 사이, 미 육군은 풍부한 차량과 자주포로 영국군보다 훨씬 더 빠르게 이동할 수 있었다. 패튼은 카세리네 고지전에 실패하고 나서 가장 높은 고지를 가장 먼저 확보해야 한다는 교훈을 얻어 지형 측량을 가장 중요한 규칙으로 여겼지만, 영국군은 이 규칙을 따르지 않았다.

7월 17일, 패튼은 알렉산더와 몽고메리가 미 제7군을 측면 보초병 역할 정도로 생각한다는 사실을 알게 되었다. 패튼은 더 이상 부수적인 역할을 받아들일 수 없었다. 그는 마셜 장군의 대리인으로 큰 영향력을 행사했던 지독한 영국 혐오주의자 웨드마이어 장군과 함께 튀니스에 있는 알렉산더를 만나러 갔다. 패튼이 몽고메리의 고집을 헐뜯자, 난처해진 알렉산더는 즉시 패튼에게 진격을 계속할 것을 허락했다. 알렉산더를 향한 패튼의 존경심이 처음 같지는 않았지만, 그는 이제 자신의 집단군 사령관의 허락을 받아 사단을 자유롭게 운용할 수 있게 되었다.

휘하의 사병들처럼 패튼 장군은 시칠리아의 도시 및 마을에서 본 빈곤함과 불결함, 오물더미, 질병 등에 경악했다. 패튼은 일기에 "이곳 사람들의 생활은 내가 지금까지 본 것 중 가장 빈곤하다. 신이 이들의 존재를 잊은 것 같다"[10]라고 썼다. 시칠리아의 생활 여건이 북아프리카보다 못하다고 생각하는 미군 부대도 많았다. 굶어서 반쯤 죽어가는 시민들이 군인들에게 음식을 구걸했다. 가끔 도시 안에서는 식량 폭동이 일어났는데, 이때 제압에 나선 헌병대는 톰프슨 기관단총으로 시위자의 머리 위 허공을 쏘아 위협하거나, 직접 시위자에게 발사하기도 했다.

올리브와 감귤 밭이 있는 암석 지형과 더운 날씨 속에서도 경치가 아름다운 곳들은 있었지만, 당나귀와 달구지 등에 의존하며 원시적인 삶을 사는 사람들의 모습은 거의 중세 시대에 가까웠다. 패튼은 아내에게 이런 내용의 편지를 썼다. "이 섬에서는 통조림 콩 한 통으로 아무 여자나 살 수 있지만 사려는 사람이 많지는 않다."[11] 그러나 이 말은 사실과 전혀 달랐다. 양측 군대에서 성병 발병률이 치솟았기 때문이다. 한 영국군 야전병원에서는 하루에 186명의 성병 환자[12]를 받기도 했다.

7월 19일에 히틀러와 무솔리니는 이탈리아 북쪽 펠트레에서 만났다. 무솔리니의 거만한 태도와 콧대 높은 자신감은 어디론가 사라지고 없었다. 히틀러는 이제 그를 위협했고, 무솔리니는 두 시간 동안 이탈리아군의 결점에 대해 훈계를 들으면서 아무 말도 하지 않았다. 당시에 암페타민을 투약한 탓인지 히틀러는 에너지를 주체하지 못해 경련을 일으키는 듯했다. 한편 이탈리아의 총리 무솔리니는 육체적, 정신적으로 움츠러들었다. 자신의 건강함을 과시하기 위해 한때는 몸통을 드러내는 것도 좋아했던 무솔리니는 (히틀러는 이러한 행동을 품위 없다고 여겼다) 이제 복통을 앓고, 우울증과 매너리즘에 쉽게 빠지며 우유부단한 사람이 되어버렸다. 당시 무솔리니는 자신의 동포들이 쓸모없는 민족이며 자신의 지도력도 그들에게 과분하다는 생각에 이르렀는데, 훗날 히틀러도 독일군에 대해 똑같은 느낌을 받게 된다. 게다가 히틀러와 마찬가지로 전선을 방문하거나 폭격 피해자들을 방문하는 일은 결코 하지 않았다.

주변 사람들을 믿지 못하는 무솔리니의 성격은 그를 현실과 동떨어지게 만들었다. 전지전능한 독재자 행세를 하던 무솔리니에게, 측근 중 어느 누구도 그가 대다수 이탈리아 사람들의 미움을 받고 있다는 사실과, 그들이 무솔리니가 치르고 있는 전쟁에 더 이상 관여하고 싶어하지 않는다는 사실을 감히 말하지 못했다. 파시스트 당서기의 말로는 세상만사에 대해 끊임없이 지시를 강요하는 '역사상 가장 반항적인 남자'[13]의 모습이었다. 정부는 표류했고, 무솔리니의 사위 치아노는 비록 공개적으로 수령에게 반대하지는 않았지만 자신이 그 자리를 이어받아 서방 연합국과 평화 협상을 할 수 있기를 바라며 무솔리니의 몰락을 꾀하기 시작했다.

펠트레에서 만나는 동안, 미군이 로마 외곽의 조차장에 첫 폭격을 개시했다는 소식이 전해졌다. 무솔리니는 동요했다. 게다가 이 소식으로 로마가 공황에 빠졌다는 사실을 알고는 더욱 착잡한 심정이 되었다. 히틀러는 무솔리니 정권이 붕괴 직전이 아닌가 하는 걱정에서, 이탈리아를 점령할 대규모의 독일군 파견대를 준비할 뿐만 아니라 이탈리아 검은 셔츠단 의용대에 전차부대를 보내 반파시스트 쿠데타 시도를 저지할 수 있도록 했다.

7월 22일에 루션 트러스콧 소장 예하 제3사단이 폐허가 된 시칠리아의 수도 팔레르모를 휩쓸고, 브래들리 예하 제2군단은 테르미니이메레세 북부 해안에 도달했다. 승리에 도취한 패튼은 웅장한 팔레르모 궁전에서 지내며 만찬장에서 문장이 새겨진 도자기 접시에 K 레이션을 담아 먹고 샴페인을 마셨다. 그러는 동안 영국군은 에트나 산 양쪽에서 여전히 악전고투하고 있었다. 캐나다 제1사단 소속의 한 여단은 약 200년 전에 울프 장군이 퀘벡을 점령했을 때처럼 절벽을 기어올라 아소로를 점령했다.

7월 24일, 파시즘 대평의회가 로마에서 열렸다. 비판이 나오기 시작했고, 무솔리니는 무슨 일이 벌어지고 있는지도 몰랐다. 고통이 컸던 탓에 무관심한 모습을 보인 그는 거의 마비된 상태 같았다. 회의는 밤새도록 진행되었다. 10시간 후, 전쟁 전 주영대사였던 디노 그란디가 입헌군주국과 민주적 의회로의 회귀를 제안했다. 무솔리니가 아무런 반응을 보이지 않자, 그가 그저 출구를 찾고 있는 것일 뿐이라고 믿는 사람도 있었다. 그란디의 발의는 19 대 7로 가결되었다.

다음 날, 면도하는 것도 잊은 무솔리니는 빌라 사보이아 저택에 있던 비토리오 에마누엘레 3세를 만나러 갔다. 무솔리니는 아무 일도 없다는 듯이 행동했다. 그러나 그가 말문을 열자, 작은 체구의 국왕은 무솔리니의 말을 막고는 피에트로 바돌리오 원수가 수상직을 인수할 것이라고 말했다. 명해진 무솔리니는 국왕을 만나고 나온 뒤 경찰에 체포되어 구급차에 실린 채 경비가 삼엄한 막사로 향했다. 그날 밤 라디오 방송을 들은 사람들이 거리로 나와 "베니토는 끝났다"고 외쳐댔다. 새로운 작품을 위해 기존 무대장치가 사라지듯이 이탈리아 파시즘이 무너지는 것은 시간문제였다. 독일 전차로 무장한 검은 셔츠단 의용대조차 무솔리니를 몰락으로부터 구하려 하지 않았다. 밀라노에서는 노동자들이 교도소를 습격하여 반파시스트들을 석방시켰다.

로마 쿠데타 소식을 듣고 있던 히틀러는 낙하산사단을 투하하여 새 정부와 왕가를 체포할 생각이었다. 그는 프리메이슨과 로마 교황청이 무솔리니 몰락의 배후에서 어떻게든 작용을 했으리라고 의심했다. 로멜과 요들, 케셀링이 결국 로마를 공격하지 않도록 히틀러를 설득했다. 히틀러는 이탈리아가 전쟁을 계속할 것이라는 바돌리오 원수의 약속을 전혀 믿지 않았다. 독일군은 8개 사단으로 브렌네르 고개와 이탈리아 북부 지역의 주요 건물들을 점령했다. 이탈리아가 항복할 경우 전 국토를 지배할 것에 대비해 암호명 알라리히라는 작전이 마련되었다. 히틀러는 무솔리니가 어디에 잡혀 있는지, 뇌물을 쓰든 초능력을 쓰든 수단을 가리지 말고 무조건 찾아낼 것을 첩보부에 지시했다.

흥분한 패튼은 몽고메리보다 먼저 메시나를 장악하기로 결심했다. 그는 많은 병사가 찌는 듯한 열기와 탈수증으로 쓰러져가는데도 아랑곳하지 않고 병사들을 가혹하게 다루었다. 전투 이외의 사상 원인 중에는 말라리아, 이질, 뎅기열, 모래파리열이 높은 비중을 차지했다. 말라리아만으로도 시칠리아에 주둔 중이던 두 연합국 군대의 사병 2만2000명이 전장을 떠나야 했다.

7월 25일에 패튼은 몽고메리의 요청으로 메시나로 진격하는 것에 대해 논의하기 위해 시라쿠사로 날아갔다. 연합국 사령부의 지시가 적었기 때문에 두 사람의 논의는 필수적이었다. 몽고메리는 자신이 카타니아 북쪽에 봉쇄되었음을 암묵적으로 인정했고, 두 사람은 알렉산더를 기다리지 않고 바로 몽고메리의 지휘 차량인 험버 앞에 지도를 펼쳐 상황에 대한 논의를 시작했다. 미국 군대가 군 사이의 경계를 넘는 것이 메시나에 빨리 당도하는 데 도움이 된다면 그렇게 하자고 몽고메리가 찬성하자 패튼은 놀랐다. 마침내 알렉산더가 로마에서 벌어진 중대한 사건 소식으로 일정이 지연된 끝에 월터 스미스와 함께 도착했다. 집단군 사령관 알렉산더는 자기가 없는 자리에서 두 장군이 합의하여 결론을 낸 것을 알고 짜증을 냈다. 그러나 시라쿠사의 몽고메리가 아무리 진격의 몫을 반 이상 제7군에 맡겼다고는 해도 패튼은 완승을 거둘 각오가 되어 있었다.

땀으로 얼룩지고 먼지를 뒤집어쓴 패튼의 병사들은 바위투성이 언덕을 지나 진군했다. 영국군과 마찬가지로 이들은 탄약 등의 보급품을 노새에 실어 운반해야 했다. 진군 내내 독일군 기갑척탄병 2개 사단이 교량을 폭파하고 주요 지점마다 지뢰와 부비트랩을 설치하는 등 방해를 계속했다. 독일군의 부비트랩으로 사상자가 발생하자 화가 난 미군은 때로 포로들에게 복수를 했다. 시골에는 시체 썩는 악취가 풍겼으며, 연합국의 포격과 폭격으로 엄청난 민간인 사상자가 발생한 도시에서도 사정은 다르지 않았다. 질병을 막기 위해 폐허가 된 건물 사이에 시체를 높이 쌓은 다음 기름을 부어 불태웠다.

8월 첫째 주, 산촌마을 트로이나에서 벌어진 전투로 미군 제1보병사단에 500명의 사상자가 발생했다. 패튼은 이미 제1보병사단장 테리 앨런이 한계에 달했다고 판단한 상태였다. 트로이나에서 전투가 끝나는 대로 패튼은 앨런과 부사단장 테디 루스벨트 브래들리 준장을 해임했다. 공공연히 무시하는 태도 때문에 앨런을 싫어했던 패튼은 이에 만족했다.

8월 3일에 패튼은 제15임시병원을 방문했다. 부상자를 살펴보면서 측은해하는 듯했던 패튼이지만, 신경쇠약은 두고 볼 수 없었다. 패튼은 전투쇼크로 치료를 받고 있던 인디애나 주 출신의 젊은 카펫 전문가로 제1사단에 소속된 한 병사에게 어디가 아프냐고 물었다. "견디질 못할 것 같습니다." 병사가 무기력하게 대답했다. 그러자 패튼은 격분하여 이성을 잃고 장갑을 낀 채 그의 뺨을 후려친 뒤 천막 밖으로 끌어냈다. 등 뒤에서 그를 걷어찬 뒤 패튼은 외쳤다. "이 겁쟁이 놈아, 넌 전선으로 다시 보내버릴 줄 알아!" 일주일 후, 패튼은 제93임시병원을 방문하고 또 한 번 폭발했다. 이번에는 겁쟁이를 쏴버리겠다고 위협하며 피해 군인에게 권총을 겨누기까지 했다. 현장에 있었던 한 영국 통신원은 패튼이 곧바로 이어서 한 말을 들을 수 있었다. "전쟁신경증 같은 건 없다. 그따위 것은 유대인이 지어낸 것이다!"[14]

북부 해안을 따라 진군 속도를 높이기 위해 패튼은 독일 전선 후방 15킬로미터 지점에 대대를 투입해야 하니 상륙주정을 충분히 공급해달라고 미 해군을 설득했다. 브래들리와 트러스콧 둘 다 그 계획에 반대했지만, 그 계획은 강행되었고 우려했던 대로 대대는 몬테치폴라라는 주요 고지를 점령한 뒤 사실상 괴멸되었다. 패튼은 이 같은 도박에 따르는 희생을 감수할 만하다고 생각했다. 한편 그는 독일군이 치밀한 작전을 세워 이미 메시나 해협 너머로 철수하기 시작한 것을 몰랐다. 독일군의 퇴각 속도는 8월 11일 절정에 달했으며, 연합군 사령부는 퇴각을 막을 뾰족한 수를 내놓지 못했다. 대신 테더는 B-17 포트리스로 로마 주변의 조차장을 폭격하기로 했고, 영국 해군과 미국 해군은 이탈리아 해안선에 추축국 포병대가 모두 자리 잡고 있었기 때문에 대형 함정을 활용하기를 꺼리고 있었다. 아이젠하워는 병력을 해협에서 먼 곳에 상륙시킨 실수를 후회했으며,

결과적으로 추축국 군대는 거의 아무런 피해 없이 11만 명의 군사를 구출해냈다. 이러한 부주의의 원인으로는 본토에서 총력전 펼치기를 망설인 마셜 장군 탓이 컸다.

패튼은 자신의 부대가 몽고메리보다 먼저 메시나에 도착했다는 사실을 훨씬 더 중요하게 여기고 8월 17일 아침에는 폐허가 된 도시로 개선 행진을 했다. 그러나 승리감도 잠시뿐이었다. 병원 두 곳에서 있었던 패튼의 병사 학대 사건을 아이젠하워가 그날 아침, 알제에서 미국 종군기자에게 전해 들으면서 문제가 불거진 것이다. 미국 본국은 아무것도 전해 들은 바가 없었다. 루스벨트 대통령은 다혈질의 패튼에게, 해리 홉킨스가 "전쟁이 끝난 후 패튼에게 에트나 후작 작위를 수여해야겠다"[15]라고 추천했다는 말과 함께 축하 메시지를 전하기까지 했다.

장교가 부하를 때리는 행위는 군법회의에 회부되어야 할 일이지만, 아이젠하워는 패튼의 행동에 격분하면서도 그를 잃고 싶지는 않았다. 아이젠하워는 사건 기사를 쓰지 않도록 미국과 영국 기자들을 설득한 뒤, 며칠 밤낮을 고민해서 패튼에게 두 사병은 물론 사건을 목격한 의료진에게도 사과하고, 해당 부대에 공개적으로 사과할 것을 명했다. 패튼을 응원하는 부대도 있었지만, 앨런과 테디 브래들리를 해임한 것에 여전히 화가 나 있던 제1보병사단은 패튼의 사과를 조용히 듣기만 했다.

비록 추축국 군사 다수가 탈출하기는 했지만, 시칠리아 작전은 분명히 의미가 있었다. 사상자 수는 제8군 1만2800명, 패튼의 제7군 8800명으로 많은 편이었지만 군의 사기는 크게 고무되었고 상륙 작전과 상륙 이후의 전투 양면에서 많은 기술이 향상되었다. 연합국은 이제 지중해 지배권, 그리고 이탈리아와 그 밖의 나라들을 공격할 발판이 될 수많은 비행장에 대한 실질적인 지배권을 갖게 되었다. 시칠리아 침공은 또한 무솔리니의 몰락을 초래함과 동시에 늑대소굴에 있던 히틀러를 분노와 공황, 우울감에 빠뜨리기도 했다. 영국 공군이 함부르크를 파괴한 것으로 이미 히틀러는 말할 수 없이 크게 동요했으며, 쿠르스크 전투에 이어 붉은 군대가 동부 전선을 공격한 일은 히틀러의 군사력이 얼마나 부족한가를 잘 보여주고 있었다.

8월에 처칠과 루스벨트, 그리고 그들의 참모총장들은 캐나다 수상 윌리엄 매켄지 킹이 주최한 쿼드런트 회담을 위해 이번에는 퀘벡에 다시 모였다. 며칠 앞서 처칠은 루스벨트와 함께 핵무기 계획에 대한 문제를 제기했었다. 미국은 암호명 '튜브합금'으로 알려진 이 연구의 공유 대상에서 영국을 제외하려 애썼지만, 처칠은 공동 사업으로 계속해나가야 한다며 루스벨트를 설득했다.

퀘벡에서 열린 회담에서는 바돌리오의 밀사인 주세페 카스텔라노 장군이 마드리드와 리스본을 통해 비밀리에 교섭을 제의해옴에 따라 임박한 이탈리아의 항복에 관해 논의했다. 이로써 고무적인 결과를 기대할 수 있었다. 미 항공대 참모장 '햅' 아널드 장군이 강조했듯이, 이탈리아 비행장은 독일과 플로이에슈티 유전을 폭격하는 데 활용될 수도 있었다. 그러나 포 강 전선 북쪽으로 진군하여 이탈리아 전역에서 총력전을 펼치고자 했던 영국은 브룩을 내세워 독일군 사단이 노르망디 전선에서 물러나게 될 것이라고 강력하게 주장해가면서까지 열정을 보였지만, 미국은 이에 동의하지 않았다.

루스벨트와 마셜은 이탈리아에서 병력을 놀리게 되더라도 로마를 넘어 진격을 계속할 생각이 없었다. 두 사람은 영국이 프랑스 침공을 늦추고 병력을 동북쪽의 발칸 반도와 중부 유럽으로 전환시키기 위해 이탈리아 전역을 도구로 활용하려는 것이라고 어느 정도 정당한 의심을 품고 있었다. 그러나 안타깝게도 처칠의 끈질김은(그는 터키를 전쟁으로 끌어들이기 위해 로도스 섬과 도데카네스 제도를 침공할 생각이었다) 루스벨트와 마셜의 의심만 더 키우는 듯했다. 마셜은 이미 트라이던트 회담에서 합의되었듯이, 노르망디 침공에 할당된 7개 사단을 11월 1일까지 이탈리아에서 철수시켜야 한다는 입장을 고수했다.

오늘날 오버로드 작전으로 불리는 노르망디 침공은 어쨌거나 1944년 5월로 정해졌다. 연합군 최고사령관(정식 명칭이 아직 없었다)의 참모장 프레더릭 모건 중장이 이미 초기 계획을 세우고 있었다. 그는 아널드 장군의 지지에 힘입어, 루프트바페를 가장 먼저 무력화시키는 것이 시급하다고 강조했다. 처칠은 브룩 장군에게 최고사령관으로 임명해주겠다는 무모한 약속을 세 차례나 했다. 한편 루스벨트는 미군이 대부분의 군대를 지원했으니 미국인 장군이 그 일을 맡아야 한다고 강력하게 주장했다. 미군은 또한 브룩이 프랑스 침공을 반대한다고 오해하고 있었다.

처칠로부터 결국 오버로드 작전 지휘를 맡을 수 없게 됐다는 말을 듣고 크게 실망한 브룩은 충격에서 헤어나지 못했다. 그러고는 처칠이 내밀하게 루이스 마운트배튼 제독을 다시 SEAC 수장으로 복귀시키기로 한 것을 알고 더욱 심란해했다. 오버로드 작전 사령관 후보로는 마셜 장군이 확실시되었는데, 정작 마셜 자신은 스스로를 내세우지 않았다.

9월 3일, 처칠은 열차를 타고 퀘벡에서 워싱턴으로 향했다. 중요한 날인 만큼 제시간에 도착했다. 바돌리오의 참모장인 깔끔한 외모의 카스텔라노 장군, 그리고 아이젠하워의 참모장 월터 스미스는 힘든 협상 끝에 이탈리아와의 휴전 협정을 비밀리에 체결했다. 독일은 이탈리아에서 16개 사단으로 군대를 구성했다. 이에 이탈리아가 독일의 보복을 두려워하는 것도 무리는 아니었다.

그날 새벽, 영국군과 캐나다군이 레조디칼라브리아 인근에 상륙했다. 두 군대는 메시나 해협 너머에서 군함과 대포의 도움을 받았지만, 아름다운 9월의 아침에 실시한 상륙은 저항을 받지 않았고, 바다마저도 고요했다. 영국군은 이것을 '메시나 해협 보트 경주'라고 불렀다. 그 밖에도 이탈리아 지도상의 발가락 부분과 타란토 해군 기지에도 곧 상륙이 이어졌다. 커닝엄 제독은 제1공수사단을 영국 해군 순양함에 실어 타란토로 보냄으로써 위험을 감수하기로 했다. 이탈리아 함대가 항복을 하러 몰타 섬으로 출항했지만, 루프트바페가 신형 로켓추진식 폭탄으로 전함 로마 함을 침몰시켜 1300명의 수병이 전장을 떠나야 했다.원문에 Rocket-propelled bomb이라고 되어 있으나 이때 로마를 격침한 프리츠 엑스는 로켓추진식이 아니라 자유낙하식의 유도폭탄이었다.

이탈리아 전역에는 오해와 희망 사항이 끈질기게 따라다녔다. 미리 울트라 작전으로 도청을 해둔 덕분에, 연합군 사령부는 이탈리아가 항복할 경우 독일군이 이탈리아 북부 피사-리미니 전선으로 물러날 거라고 믿었다. 하지만 나중에 히틀러는 그렇게 하는 것이 동맹국인 크로아티아, 루마니아, 헝가리의 등 뒤에서 발칸 반도를 버리는 행위나 다름없다는 생각에 이르게 되었다. 게다가 이탈리아는 앞서 월터 스미스에게 장담했음에도 불구하고 독일군에 맞서 로마를 방어할 준비를 하고 있지 않았다. 살레르노에 주요 상륙 병력을 보내는 동시에 제82공수사단을 로마에 강하시키려 했던 연합군의 계획은 이륙하던 도중에 다행히 취소되었다. 만약 그대로 진행했더라면 부대 전체가 괴멸되었을 것이다.

이탈리아에서 벌어진 일들로 애태우느라 지나치게 많은 시간을 허비한 히틀러는 동부 전선에 닥친 위기에 관해 논의하고자 9월 8일 러시아 남쪽 만슈타인의 사령부로 날아갔다. 붉은 군대가 클루게의 중부집단군과 만슈타인의 남부집단군 사이를 돌파했다. 히틀러는 그날 저녁 늑대소굴로 돌아와서 이탈리아의 휴전 협정이 막 발표되었다는 소식과 함께 마크 클라크 장군이 지휘하는 미 제5군이 나폴리에서 동남쪽으로 50킬로미터 떨어진 살레르노에 상륙했다는 소식을 접했다. 이미 예상하고 있었더라도 바돌리오의 '배반'을 직접 들은 히틀러의 기분이 어땠을지는 상상이 될 것이다. 그는 다음 날 괴벨스와 그 외 나치 지도자들을 불러 회의를 열었다. 괴벨스는 일기장에 "총통께서는 이탈리아를 완전히 쓸어버리기로 하셨다"[16]라고 적었다.

추축 작전Operation Axis(구舊알라리히 작전)은 무지막지한 속도로 개시되었다. 케셀링 육군 원수의 당면한 과제 중 하나는 로마를 점령하는 것이었다. 전쟁이 끝났다는 생각에 거주민들이 축하 분위기에 휩싸여 있던 로마로 독일 낙하산 부대가 진입했다. 국왕과 바돌리오 원수는 때맞춰 탈출했다. 16개 독일 사단은 이탈리아 군대의 무장을 해제하고, 저항하는 자를 모조리 살해했다. 약 65만 명이 전쟁포로로 잡혔는데, 그중 대부분은 나중에 강제 노동을 위해 이송되었다. 힘러는 로마에 있는 비밀경찰국장 헤르베르트 카플러 SS중위를 시켜 곧 로마 시내에 있는 유대인 8000명을 모으도록 했다.

로마를 점령하는 동안 독일군은 영미 군대가 티레니아 해에서 더할 나위 없는 침공 지점인 살레르노 만灣에 상륙할지도 모르니 병력을 보내 막도록 했다. 창설된 지 얼마 되지 않은 독일 제10군의 지휘를 맡은 비팅호프 장군은 거대한 만이 내려다보이는 곳에 우뚝 솟아 있는 고지를 차지하기 위해, 스탈린그라드에서 괴멸된 사단의 이름을 계승한 제16기갑사단을 신속하게 보냈다. 9월 8일 저녁에 연합군 부대가 침공 선박에서 이탈리아의 항복 소식을 기념한 직후, 독일군 부대는 이미 다음 날 아침 일찍 상륙할 이 연합군 부대를 맞이할 준비를 하고 있었다.

예상치 못한 강한 저항으로 연합국은 당황했다. 소해정이 이튿날 아침까지 수로를 개척해야만 전투함들이 전차부대와 독일 포병대를 식별할 정도로 해안 가까이에 접근할 수 있었다. 살레르노에서는 그야말로 최악의 사태가 벌어졌다. 이에 더해 미 제6군단 사령관 어니스트 돌리 소장은 육상에서 혼란만 가중시켰다. 그는 영국군 상륙 병력과 연결하지 않고 관망하기만 하다가 사흘이 지난 후에야 클라크의 지시로 행동에 나섰지만, 그사이 독일군의 병력은 더욱 강화되었다. 헤르만 괴링 기갑사단과 제15기갑척탄병, 제29기갑척탄병 사단이 살레르노 전선에 속속 도착했다.

영국군과 미군 모두 담배밭 또는 사과, 배 과수원에 갇히거나, 엄폐물이라고는 관목과 해초밖에 없는 모래언덕에서 발목이 잡혔다. 고지에 자리 잡은 독일 포병대의 감시 때문에 낮에는 사상자 구조가 어려웠으며, 의무병으로서는 설파제 가루 사용과 응급치료만이 최선이었다.

좌측 끝에서는 윌리엄 다비 중령의 레인저 부대만이 빠르게 내륙으로 진격하여 키운치 고개의 주요 지점들을 점령하면서 성공의 기쁨을 만끽했다. 이 구불구불한 길은 소렌토 반도의 산악 지형을 지나 나폴리로 이어진다. 이곳에 진지를 둔 레인저 부대가 만에 있는 대구경 함포를 유도하여 최대 앙각으로 포를 쏘게 하면, 나폴리에서 해안 도로로 내려오는 독일 보급대와 증원군을 포격할 수 있었다.

상륙 부대가 스스로 이 덫에서 빠져나갈 수 없음을 잘 알고 있었던 클라크는 돌리에게 텍사스 주 방위군 제36보병사단을 보내 9월 13일 아침에 언덕 꼭대기 마을을 점령하라고 강요했다. 독일군의 대응은 맹렬했고 텍사스인들은 큰 타격을 받았다. 악재는 여기서 끝나지 않았다. 비팅호프 장군은 연합국의 두 군단이 재승선하려 한다고 생각하고, 기갑부대와 자주포를 동원해 에볼리에서 정남향으로 공격을 개시했다. 전투는 필사적이었다. 독일군의 돌파가 대단히 위협적이어서 클라크는 철수를 고려했고 비팅호프는 전투에서 이긴 것이나 마찬가지라고 믿었다.

제8군의 북쪽 진군은 전초부대가 아직 동남쪽으로 거의 100킬로미터 거리에 있을 정도로 좀처럼 속도가 나지 않았다. 속도가 느려진 이유는 독일군이 철수하면서 다수의 교량을 파괴했기 때문이다. 살레르노 기동부대 사령관 휴잇 제독은 재승선을 해야 할까봐 긴장했다. 휴잇 제독은 몰타 섬에 있던 커닝엄 제독에게 연락하여 대구경 함포를 증원할 목적으로 9월 14일 아침에 전함 HMS 워스파이트와 HMS 밸리언트를 즉시 파견하도록 했다. 커닝엄은 또한 트리폴리로 순양함 3척을 최대한 빨리 보내 증원군을 싣고 오도록 했다. 그러나 그사이 상황은 조금 안정되었다. 105밀리 야포들이 직접 사격으로 독일 전차의 진격을 멈추게 했고, 클라크의 긴급 요청에 의해 제82공수사단의 1개 연대가 교두 보내에 강하했다.

9월 15일 아침에 알렉산더 장군이 구축함을 타고 도착했다. 휴잇 제독과 전면 합의한 뒤 그는 구조 계획을 모두 취소했다. 곧 폭격기 지원 및 육중하고 정확한 연합군 함포의 공격으로 살레르노 교두보 사수 작전이 시작되었다. 미국 해군과 영국 해군 전투함들은 독일 전차와 대포에 큰 타격을 입혔다. 그런데 루프트바페가 야간 공습을 펼치는 동안, 저공비행하는 항공기를 향해 워스파이트 함에서 쏜 25밀리 포가 안타깝게도 HMS 피타드 구축함[17]에 맞는 바람에 큰 피해가 발생했다.

제임스 둘리틀 소장의 폭격기 부대가 독일 전선 안쪽의 바티팔리아 시를 완전히 부수어놓은 뒤, 스파츠 장군은 이런 메시지를 보냈다. "빠뜨린 게 있어, 지미. 꽃사과 한 그루와 마구간 하나가 아직 남아 있잖아." 그런데 그때 미군이 '도시를 길바닥으로'[18]라 불렀던 새로운 폭격 사조가 생겨나고 있었다. 내용인즉, 도시를 일부러 파괴하여 파편밭을 만듦으로써 적의 증원군과 보급 물자가 통과할 수 없게 만든다는 것이었다. 이 전술은 이듬해 6월 노르망디에서 주요 전술로 쓰이게 된다.

그 무렵 독일 첩보부에서는 무솔리니의 소재를 알아냈다. 바돌리오 원수는 무솔리니를 처음에 폰차 섬, 다음에는 라마달레나에 구금했다가, 나중에는 그란사소로 알려진 로마 북쪽 아펜니노 산맥의 한 스키장으로 비밀리에 이동시켰다. 동맹국의 이러한 굴욕에 어이가 없어진 히틀러는 무솔리니 구출을 시도했다. 9월 12일에 오토 슈코르체니가 글라이더 8대에 탑승한 무장친위대 특수부대를 이끌고 산에 불시착했다. 무솔리니를 지키고 있던 경찰은 막아서지 않았다. 무솔리니는 슈코르체니를 끌어안고, 자신의 친구인 아돌프 히틀러가 자기를 버리지 않을 것을 알고 있었다고 말했다. 특수부대는 곧 무솔리니를 늑대소굴로 데려갔다. 히틀러의 루프트바페 부관은 무솔리니를 '망가진 남자'[19]라고 표현했다. 독일은 무솔리니를 일명 이탈리아 사회 공화국Repubblica Sociale Italiana(RSI)의 명목상 수장으로 내세워 추축국의 이탈리아 지배가 여전히 정당하다는 식으로 꾸밀 계획을 세웠다.

9월 21일에 자유프랑스군은 독일군이 본토 강화를 위해 버려둔 코르시카 섬에 상륙했다. 살레르노에서는 사흘 전부터 독일군이 철수하기 시작했다. 케셀링이 비팅호프에게 나폴리 북쪽 볼투르노 강 전선으로 천천히 군대를 철수시키라고 말했던 것이다. 클라크는 결국 휘하의 군단 지휘관인 돌리 장군을 해임했고, 교두보 좌편의 영국군은 북쪽을 공격하여 소렌토 반도의 밑둥을 점령하고 나폴리를 향해 북진할 준비를 했다. 콜드스트림 근위 보병 제2연대가 야간공격으로 고지를 장악한 뒤, 소대장 마이클 하워드는 눈앞의 광경을 다음과 같이 묘사했다. "우리는 새벽에 대기했다. 컴컴했던 하늘에 회색빛이 돌기 시작하자 우리는 독일군의 시체를 묻었다. 내가 태어나서 처음으로 수습한 송장들이었다. 불쌍하게 쭈그러든 인형이 몸은 뒤틀린 채 흐린 눈을 하고 뻣뻣하게 누워 있는 것 같았다. 스무 살이 넘어 보이는 시체는 한 구도 없었고, 몇몇은 갓 어린아이 티를 벗은 나이였다. 우리는 지독히도 무심하게 이 시체들을 참호 속으로 밀어넣고 흙을 덮었다."[20]

9월 25일에 제8군과 클라크 예하 제5군이 만나 이탈리아를 가로지르는 전선을 구축했다. 살레르노에서 미군에는 약 3500명, 영국군에는 5500명의 사상자가 발생했다. 아드리아 해 쪽에서 진군하던 제8군은 포자 평원에서 독일 남쪽, 오스트리아, 플로이에슈티 유전을 폭격하는 데 활용할 모든 비행장을 장악했다. 클라크의 제5군은 서쪽에서 베수비오 산을 관통했고, 10월 1일에는 왕실 근위 용기병대가 장갑차를 타고 거리마다 빨랫줄이 즐비해 있는 나폴리를 향해 앞장서서 진군했다. 하지만 빨랫줄에는 아무것도 걸려 있지 않았다. 나폴리 시민들이 독일의 가혹한 지배 행위에 저항했다가 보복 공격을 받고 수도관이 폭파되어 물을 쓸 수 없게 되었던 것이다. 독일은 고대 도서관, 하수구, 전력발전소, 공장 할 것 없이 닥치는 대로 파괴했고, 특히 항구란 항구는 모조리 초토화시켰다. 다른 주요 건물들에는 시한폭탄도 설치되어 폭발이 몇 주 동안 이어졌다. 이탈리아에서 벌어진 전쟁은 이미 동부 전선의 공포를 답습하기 시작했다.

블레츨리 파크에서는 히틀러가 이탈리아 대다수 지역에서 철수할 계획을 하고 있다는 암호를 해독해냈지만, 그 뒤 로마 남쪽에서 이탈리아를 수비하려 한 케셀링의 압박 때문에 총통 본부에서 계획을 바꾸고 있다는 상황은 알아내지 못했다. 퇴각하는 것이 좋을 거라고 한 로멜의 조언은 무시되었다. 이는 발칸 동맹국들에 미칠 영향을 히틀러가 두려워한 데다, 연합국의 침공이 지지부진하기 때문이기도 했다. 국방군이 동부 전선에서 사활을 걸고 싸우는 동안, 이탈리아 전역에서 싸우던 총 37개 독일 사단은 히틀러가 이탈리아에서 버틸 것을 고집하는 데다 영국군이 발칸 반도와 에게해 국가들을 침공할 것이라고 믿었기 때문에 그 자리에서 꼼짝 못하는 신세가 되고 말았다.

괴벨스와 리벤트로프는 스탈린과의 평화 회담을 시작하라며 히틀러를 재촉했지만, 히틀러는 화를 내며 거부했다. 그는 절대 약자의 입장에서 협상하려 하지 않았다. 국방군 총사령부 요들 장군은 자신들을 세뇌시켰던 '최종 승리'라는 나치의 주문이 미친 논리였음을 인정했다. 얼마 후 요들은 "이겨야 하니까 이길 것이라는 말은 세계 역사가 분별력을 완전히 잃었을 때 나온다"[21]고 기록했다. 당시 상황으로는 강자의 카드를 쥐고 협상할 가

능성이 없었기 때문에, 요들의 말이 시사하는 바는 매우 명확했다. 독일은
완전히 무너질 때까지 전투를 계속할 생각이었다.

33

우크라이나 그리고
테헤란 회담

1943년 8월 23일에 붉은 군대가 하리코프를 수복한 뒤, 독일군은 남쪽에서 위기에 봉착했다. 미우스 강 방어선은 무너졌고, 8월 26일에는 로코숍스키의 중부 전선군이 남부집단군과 중부집단군 사이의 방어선을 뚫고 나갔다. 9월 3일, 클루게와 만슈타인은 히틀러에게 동부 전선 총사령관을 임명해줄 것을 요청했다. 하지만 히틀러는 이 요청을 들어주지 않았고, 미우스 강에서 당장 철수할 필요가 있더라도 도네츠 석탄분지의 산업지역만은 사수할 것을 변함없이 고집했다. 히틀러는 이번에도 증원군을 약속했지만 만슈타인은 이제 히틀러를 믿을 수 없었다. 이날은 영국군이 이탈리아 본토 남쪽에 상륙한 날이기도 했다.

닷새 후, 만슈타인에게서 소비에트의 공격 규모에 대해 전신으로 보고를 받은 히틀러는 자포로제에 위치한 남부집단군 사령부로 날아갔고 만슈타인의 명료한 설명을 듣고는 히틀러조차 드네프르 강으로 퇴각하지 않으면 안 될 것 같은 생각에 사로잡혔다. 이번 방문이 히틀러가 소련 내 점령 지역을 마지막으로 방문하는 것이었다. 운 나쁜 하루가 끝날 무렵 늑대소굴로 돌아오는 길에 히틀러는 연합국이 살레르노에 상륙했다는 소식과 이탈리아군의 항복이 임박했다는 소식을 전해 들었다.

얼마간 망설이던 히틀러가 결정을 내리자, 독일군은 봉쇄당하지 않기 위해 드네프르로 급히 후퇴해야 했다. 쿠르스크 전투 때문에 국방군이나 붉은 군대나 병력이 약해지기는 마찬가지였지만, 붉은 군대는 독일군이 효과적인 방어 체계를 구축하기 전에 강의 교두보를 장악하기 위해 전속력으로 밀어붙였다. 이 거대한 강은 스몰렌스크에서 키예프로 흐르다 흑해로 내려가는 방어선의 기반을 형성하게 되어 있었다. 북쪽에서 남쪽으로 흐르는 대부분의 거대한 러시아 강들처럼, 드네프르 강은 유난히 서쪽 둑이 높아 자연스레 성벽을 이루고 있었다.

독일군은 우크라이나 동쪽을 가로질러 퇴각하는 동안 무자비한 초토화 작전을 실행하려 했지만, 의도한 만큼 많은 것을 파괴할 시간은 없었다. 가방과 주머니를 가득 채운 보병대는 자신들의 보급소가 화염에 휩싸이는 것을 보고 울음이 터져나올 뻔했다. 이들은 낮에 시투르모비크의 공격에 시달리다가, 밤과 이른 아침 안개 속에서 드네프르 강 너머로 후퇴했다.

스탈린은 제일 먼저 강을 건너는 병사에게 소비에트 연방 영웅 칭호를 수여하겠다고 약속했다. 기름통과 두꺼운 판자를 엮어 임시로 만든 뗏목을 타거나 작은 배를 타기도 하고 헤엄을 치면서까지 붉은 군대 병사들은 몸을 던져 도전했다. 그 결과 기관단총 사수 4명이 9월 22일에 서쪽 제방으로 돌진한 뒤 소비에트 연방 영웅 칭호를 받았다. 바실리 그로스만은 일기에 "나무 문짝에 연대 야전포를 실어서 옮기거나, 건초를 채운 방수깔개를 타고 드네프르 강을 건너는 병사도 있었다"[1]라고 기록했다. 9월 셋째 주에 바투틴의 부대가 키예프 북쪽과 남쪽의 교두보를 점령했다. 부대는 곧 약 40개 지점에서 강을 건넜지만, 추가로 내륙 공격을 개시하기에는 대부분 인원이 몹시 적었다. 어떤 일행은 배가 침몰한 뒤 농촌 오두막에 도달했다. 한 노파가 "자식 같은 우리 아들들, 어서 와요"[2]라고 말하며 이들을 반갑게 맞이했다. 노파는 병사들의 몸을 데우고 해진 군복을 말리며 밀주 보드카인

사모곤을 건넸다.

소비에트군은 여러 곳에서 많은 사상자가 발생했다. 이에 후속 부대는 시체를 수습해야 했다. 어느 분대원은 다음과 같이 술회했다. "살해되었거나 익사한 병사들의 시체를 모아 참호 안에 50구씩 묻었다. 수많은 병사가 그곳에 죽어 있었다. 독일군은 비탈진 둑을 견고하게 방어한 반면 우리 병사들은 공터에서 행군해나갔다."[3]

키예프 동남쪽 벨리키부린에서 교두보를 늘리려 3개 공수여단이 강 서쪽 둑에 낙하했다. 그러나 소비에트 첩보부는 그 지역에 독일군 2개 기갑사단과 3개 보병사단이 밀집해 있음을 알아내지 못했다. 낙하산병의 다수가 독일 제19기갑사단이 포진한 자리에 떨어져 학살되었다. 가장 성공적으로 교두보를 확보한 곳은 키예프 북쪽 리테시였다. 독일군이 도하 불가 판단을 내렸던 습지에서 붉은 군대 소총사단은 드네프르 강을 가까스로 건너갔다. 기회를 잡은 바투틴은 큰 위험을 감수했지만 그만큼의 성과가 있었다. 그는 제5근위전차군단을 투입하여 교두보를 강화했다. 수많은 T-34 전차를 늪에서 잃었지만 전속력으로 달리며 습지를 잘 통과한 전차도 충분히 많았다.

월말에 북쪽에서 격렬한 전투가 벌어진 뒤 스몰렌스크가 결국 점령당했다. 르제프 공세를 통해 이 지역 전선을 서쪽으로 밀어내기 시작하면서, 공세가 지나간 자리에는 철저하게 유린당한 흔적만 남았다. 호주 종군기자 고드프리 블런던이 공세 지역을 따라다녔다. "나이 드신 할머니, 할아버지, 그리고 아이들로 이뤄진 농촌 가족들이 마을로 돌아와 원형 천막에서 야영을 하고 있었다. 피폐해진 이 황무지에서 사람들은 빨래하기가 일상인 양 나무 사이에 줄을 매어 여러 곳에 옷가지를 널어놓고 있었다. 이 사람들이 고향으로 돌아온 것을 보면 인간의 의지가 얼마나 강한지 알 수 있지만, 이들이 다가오는 겨울에 어떻게 살아남을지 궁금하지 않을 수 없다." 블런던은 그곳에서 얼굴이 약간 주름진 노파를 만났는데,[4] 그 노파가 사실은 열세 살 소녀였다는 사실을 알고 깜짝 놀랐다.

그때 남쪽에서는 캅카스의 쿠반 교두보에서 철수하여 크림 반도에 주둔해 있던 제17군을 톨부힌 장군 예하 남부 전선군이 봉쇄했다. 로코솝스키 예하 중부 전선군은 쿠르스크 정서향에 위치한 거대한 돌출부를 일격하고, 10월에는 벨라루스 변두리에 있는 고멜로 향했다. 바투틴은 물론 스탈린에게도 진정한 포상은 우크라이나의 수도 키예프였다. 10월 말에 바투틴은 밤마다 리발코 중장 예하 제3근위전차군과 제38군을 리테시 교두보에 침투시켰다. 이렇듯 소비에트군이 영리하게 위장술을 펼치고 다른 곳에서 기만 작전을 펼친 데다, 루프트바페의 공중 정찰까지 부족한 상태여서 독일군은 이 중요한 위협을 간과하게 된다. 그리하여 두 부대는 교두보에서 튀어나와 키예프를 포위할 수 있었으며, 키예프는 모스크바에서 러시아 혁명 기념 행사를 하기 전날인 11월 6일에 함락되었다. 스탈린은 뛸 듯이 기뻐했다. 바투틴은 지토미르와 코로스텐을 장악하기 위해 지체하지 않고 다른 군대를 계속 내보냈다. 가을 라스푸티차 때문에 길이 진흙투성이임에도 불구하고, 바투틴의 군대는 곧 길이 150킬로미터, 너비 300킬로미터의 전선 돌출부를 형성했다.

바투틴의 군대는 진군하는 동안 고통에 말없이 신음하는 농민들과 황량함을 목격했다. 바실리 그로스만은 이렇게 기록했다. "러시아어를 들은 노인들이 부대로 달려가 조용히 흐느꼈다. 말 한마디 꺼낼 수 없었다. 늙은 촌부들이 말했다. '우리 군인들을 만나면 신이 나서 노래를 부르고 웃을 줄 알았는데, 우리 마음속에 있는 슬픔이 너무 커서 눈물이 흐르네요.'"[5] 촌부들은 독일 군인들이 부녀자와 어린 소녀들 앞에서도 나체로 돌아다니던 역겨운 모습을 자세히 이야기했다. 게다가 식욕은 어찌나 대단했던지, 달걀을 한꺼번에 스무 알씩, 혹은 꿀을 1킬로그램씩 먹기도 했다고 했다.

하지만 다시 소비에트의 통치를 받게 된 것을 반기지 않는 우크라이나인들도 있었다. 우크라이나인 중 다수가 독일군에 협력하여 민병대를 창설하거나, 군인 또는 강제수용소 경비로 활동했던 것이다. 그리고 독일군에 반기를 들었던 우크라이나 봉기군Ukrainska povstanska armiia(UPA)의 민족주의자들은 이번에는 붉은 군대를 상대로 게릴라 작전을 펼칠 준비를 했다. 이들에 의한 가장 유명한 희생자는 바로 매복을 당해 살해된 바투틴 장군 자신이었다.

그로스만이 발견한 실상은 자신이 경험한 최악의 악몽보다 더 처참했다. 키예프가 소련에 의해 점령됨으로써 바비야르 대학살 보고서의 사실관계에 관한 확인이 이뤄진 것이다. 독일은 시체를 불태우거나 없애버려 죄상을 은폐하려 했지만, 손바닥으로 하늘을 가리는 수준이었다. 1941년 9월에 첫 학살이 자행된 후, 학살 현장은 유대인과 집시, 공산주의자들을 처형하는 용도로 계속 활용되고 있었다. 1943년 가을까지 무려 10만 명에 이르는 사람들이 그곳에서 살해된 것으로 추산되었다.

그로스만이 찾은 통계 내용은 부실하기 짝이 없었다. 각 희생자의 이름도 제대로 나와 있지 않아 그로스만은 이전에 상상도 하지 못한 이 범죄에 희생된 인간상을 그리려 애썼다. "이것은 수천 명의 장인 가족과 지식인들이 한 세대에서 다른 세대로 전해온 위대하고 오랜 전문 경험에 대한 살인이었다. 이것은 할아버지가 손주들에게 전해준 일상적인 관습에 대한 살인이었다. 이것은 추억과 구슬픈 노래와 민속 시, 삶, 행복과 슬픔에 대한 살인이었다. 이것은 가정과 묘지의 파괴였다. 이것은 수백 년 동안 우크라이나 사람들과 부대끼며 살아온 민족의 죽음이었다."[6] 그로스만은 또 우크라이나 촌부들이 독일 지휘관에게 탄원하여 1941년에 처형을 면한 펠드만이라는 존경받던 유대인 의사의 운명에 관해 서술했다. "펠드만은 브로바리에서 계속 지내며 현지 농민들을 치료했다. 그러다 올해 봄에 처형당했다. 흐리스티야 추냐크라는 여인은 펠드만이 자기 손으로 무덤을 파야 했던 이야기를 하며 이내 눈물을 터뜨렸다. 펠드만은 홀로 쓸쓸히 생을 마감해야 했다. 1943년 봄에는 살아남은 유대인이 아무도 없었기 때문이다."

그해 소련이 거둔 군사적 대성과에 뿌듯해진 스탈린은 마침내 루스벨트, 처칠과의 3대국 회담에 동의했다. 이란 대부분의 지역이 유전 및 캅카스 행 육상 보급로 확보를 위해 영국과 소련 군대의 지배를 받고 있었으므로 이 들은 1943년 11월에 테헤란에서 모이기로 했다. 스탈린이 이란의 수도를 택 한 것도 스탑카와 계속 직접적인 연락을 취할 수 있기 때문이었다.

테헤란 회담을 준비하는 과정은 10월에 모스크바에서 열린 외무장관급 회담으로 시작되었다. 스피리도놉카 궁에서 쏟아진 의제는 가히 엄청난 것 이었다. 영국의 관심사는 폴란드 문제부터 전후 국제관계, 적국 처리, 독일 문제에 관한 유럽 자문위원회 활동, 전범 재판, 프랑스, 유고슬라비아, 이란 관련 계획 등에 이르기까지 여러 분야를 포괄하고 있었다. 그리고 코델 헐 미 국무장관은 신뢰도가 떨어진 국제연맹을 대신할 국제기구 설립에 대한 루스벨트의 의지를 강조했다. 1939년 핀란드 침공으로 소련이 국제연맹에 서 퇴출된 후라 이것은 몰로토프와 리트비노프 외무인민위원보에게는 민감 한 문제였다. 루스벨트의 계획에 따라 전후 국제연합United Nations(UN)이 창 설되면 핵심 승전국에게는 더 큰 힘이 생길 것이기 때문이었다.

소비에트는 영미 측이 내놓은 안건들이 본회담인 테헤란에서 다뤄야 할 정도로 너무 구체적이라고 주장했다. 그들은 자신들의 입장에 대해서는 아 무 정보도 내놓지 않은 채 오로지 한 가지 사항, 즉 '독일과 그 동맹국에 대 한 전쟁을 하루빨리 끝낼 방법'[7]을 찾는 것만 고집하고 있었다. 다시 말해 서 이들은 프랑스를 침공할 날짜를 확정할 의도였던 것이다. 또한 터키를 연합국으로 끌어들이는 문제도 제기하고, 중립국 스웨덴을 압박하여 스웨 덴 영토에 연합국 공군 기지 건설 허가를 내도록 하는 안건도 내놓았다. 이번 회담은 전반적으로 양측의 의견이 잘 반영된 것으로 간주되었다.

호주인인 고드프리 블런던의 말에 의하면, 모스크바에서 가장 획기적이었던 것은 '접안경 두 개가 붙어 있는 작은 나무 상자'[8]였다. 이 상자는 "폭격을 당한 독일의 모습을 놀랄 만큼 입체적으로 표현한 사진 몇 장이 무희가 있어야 할 자리를 차지하고 있는 것을 빼고는 유원지에서 봤던 요지경과 비슷했다." 해리스 공군 대장의 이 발명품은 파괴된 도시를 3차원 이미지로 구현하여 모스크바의 붉은 군대 장군들을 매료시켰다.

블런던은 폭격기군단 사령부로 해리스를 만나러 가서 직접 이 모든 이야기를 들었다. 해리스는 특히 손님 접대를 위해 공군용 청색 가죽으로 장정한 큰 사진첩을 블런던에게 보여주었다. 투사지에 덮여 있는 같은 배율의 공중사진들은 산업지역과 주거지역의 외형을 보여주고 있었다. 사진첩의 첫 페이지에는 파괴된 코번트리의 전경이 담겨 있었다. 해리스는 이어서 파괴된 독일 도시들의 사진을 배치했다. 사진첩들을 훑어보던 블런던은 엄청난 피해 규모에 놀라 외쳤다. "적어도 코번트리 면적의 여섯 배는 되겠는데요."

"아니, 틀렸소. 열 배요." 해리스는 흡족한 듯 대답했다. 피해 면적이 그리 넓지 않은 도시의 사진이 펼쳐졌을 때 해리스가 말했다. "제대로 된 공격을 한 번 더 받았더라면 완전히 초토화되었을 겁니다."

블런던은 다음과 같이 기록했다. "이 사진들은 독일군이 처음 실행했던 지역 폭격이 얼마나 강력한 무기로 발전했는지 실로 아주 생생하게 보여준다. 독일인 사이에서 도시를 말살한다는 의미인 '코번트리화하다'라는 말을 만들어낸 3년 전 코번트리가 입은 피해는 오늘날 독일 도시들이 입은 피해에 비하면 사소한 수준이라고 볼 수 있다."

미국은 이번에도 중국 국민정부를 '4대' 동맹국의 일원으로 격상시키려고 시도했다. 그것을 노리는 장제스의 야심을 알고 있던 루스벨트는 연합국

내에서 국민당 정부의 지위가 격상되어 국민당을 지원하는 보급품이 부족하여 장제스에게 실망을 안기더라도 국민당군이 전쟁을 멈추지 않기를 바랐다. 장제스는 전에 소련을 상대로 두었던 것과 같은 수를 미국에 사용했다. 즉 더 많은 지원을 얻기 위해 일본과 단독 강화를 맺을 수도 있다고 은근히 위협한 것이다. 비록 카드치고는 약한 편이었지만 장제스의 책략은 적어도 이론상으로는 중국 군대가 본토에서 100만 명 이상의 일본군을 붙잡아두고 있었기 때문에 어느 정도 효과가 있었다. 한편 루스벨트는 전후 중국이 국제연합에 소속될 경우 중요한 역할을 할 것으로 보고 그에 대비하고 있었다. 이러한 루스벨트의 의견을 처칠과 그 측근은 지지하지 않았다. 소비에트는 장제스가 신장 성에서 자기들을 몰아내려 압박한 뒤로 더욱 망설였지만, 모스크바 회담에서는 원칙상 합의에 도달했다.

장제스는 중요한 점에서 입장을 바꿨다. 그는 앞으로 소련이 일본에 전쟁을 선포할 경우 미국의 지원을 받아 중국 북부 지역의 안전을 보장받고 싶어했다. 전에는 루스벨트를 설득하여 소련을 참전시키려 백방으로 노력한 장제스였지만, 이제는 소련의 도움 없이 일본이 패망하는 모습을 보고 싶어졌다. 소비에트가 끼어들면 중국 공산당군의 힘과 병력이 늘어날 것이 뻔하기 때문에 두려웠던 것이다.

1943년 11월 넷째 주, 루스벨트와 처칠이 테헤란으로 가는 길에 카이로에서 만났다. 즉흥적으로 실시된 이 회담에서, 영국이 상상한 대로 루스벨트는 개인적으로 장제스와 이 과정의 시작은 함께하되 끝은 함께하지 않을 계획이었지만, 계획은 오히려 틀어지고 말았다. 브룩은 "장제스 총사령관을 보자 솔담비와 흰담비를 섞어놓은 듯한 이미지가 떠올랐다. 명민하고 교활한 얼굴이었다. 분명 여러 면에서 전쟁을 주도하고 있지는 않으나, 교섭 의지만은 단호했다"[9]라고 기록했다. 장제스의 부인이 인상적인 검은 창산長衫 깃이 높고 치마 한쪽이 터진 중국 여성복을 입고 자주 대화에 끼어들어 장제스가 한 말의 통역을 정정하고, 나중에는 남편이 말했어야 할 내용에 대해 자신의 해석을 덧붙이기 시작하자 영국 장군들은 또 한 번 당황했다. 신장 성에서 밀려나 여전히 화가 나 있던 스탈린은 소비에트와 일본과의 불가침 조약이 유효한 상태라는 핑계를 대고는 회담 현장에 대표단을 보내지 않았다.

처칠은 루스벨트와의 '특별한 관계'가 격하되었음을 아주 잘 알고 있었다. 그 이유로는 처칠이 오버로드 작전 수행을 망설인 탓도 있었지만, 소비에트가 중부 유럽을 지배하기 전에 선제공격을 가하겠다는 간절한 소망 때문이기도 했다. 게다가 처칠은 대영제국을 향한 애착심 때문에 이러지도 저러지도 못하는 처지였다. 루스벨트는 일본을 이기고 아시아에서 서방 제국주의를 끝내야 한다는 내용을 장제스와 합의하고 선언하면서, 인도차이나를 프랑스령으로 복원시키지 않겠다고 약속했다. 이러한 제안을 드골이 알았더라면 분명 격노했을 것이다. 회담 내내 분위기는 화기애애한 것과는 거리가 멀었고, 때로는 적대감이 그대로 드러나기도 했다. 미국은 특히 노르망디에서 방향을 틀어 발칸 반도를 향하게 된다면 더 이상은 '정원길'로 끌려가지 않겠다는 결의를 다졌다. 영국은 미국이 자신들의 주장에 귀를 닫고 있음을 알고, 테헤란에서 핵심 주제들을 놓고 루스벨트가 스탈린을 제 편으로 만들기 위해 어떤 수를 쓸지 의심의 눈으로 지켜보게 되었다.

루스벨트와 처칠은 11월 28일에 시작될 스탈린과의 회의를 위해 카이로에서 테헤란으로 날아갔다. 스탈린의 요청으로 루스벨트는 영국 대사관 바로 맞은편 소비에트 대사관에 묵었다. 원수 제복을 갖춰 입고 캅카스 군화에 바지를 넣어 키가 더 커 보이는 스탈린이 루스벨트를 만나러 갔다. 두 정치인은 서로 편안하고 친밀한 모습을 보이며 마음 잡기를 시작했는데, 이에 마음이 흔들린 이는 루스벨트뿐이었다.

루스벨트는 처칠을 희생시켜가며 소비에트 독재자 스탈린의 비위를 맞춰주려 애썼다. 그는 식민지 정책에 관한 문제를 이야기했다. "우리 동지 처칠은 이런 주제에 대해 이야기하는 걸 별로 좋아하지 않으니까 없는 자리에서 우리끼리 이야기합시다. 미국과 소련은 식민지 강국이 아니니 우리가 이 문제들에 대해 논의하는 편이 낫겠지요."[10] 이 은밀한 대화 자리에 참석했던 스탈린의 통역관의 말에 의하면, 스탈린은 그런 '까다로운 주제'에 관해 별로 논의하고 싶어하지 않았지만, '인도가 처칠의 약점'[11]이라는 말에는 동의했다. 그런데 상호 신뢰를 쌓으려는 루스벨트의 부단한 노력에도, 스탈린은 그저 소련이 전쟁을 계속 치르게 하기 위해 1942년에 제2전선을 개시하겠다고 했던 루스벨트의 음흉한 약속을 잊을 수 없었다.

하지만 스탈린은 자유프랑스 군대가 레바논에서 식민 권력을 회복하려 하여 불안이 조성된 만큼 프랑스와 관련된 주제에는 강하게 의견을 표출했다. 그는 프랑스군 대부분을 친독파로 간주하고, 심지어 프랑스를 "독일군에 도움을 준 혐의로 처벌해야 한다"[12]라고까지 말했다. 스탈린은 1940년에 프랑스군이 항복하면서 독일 국방군에 차량 대부분을 지원했고, 그 물자를 이끌고 그해 말 독일이 소련을 침공한 것이라고 믿어 의심치 않았다.

그날 오후 늦게 시작된 본회의의 토의 주제는 오버로드 작전이었다. 스탈린은 루스벨트의 암묵적인 지지를 받으며, 중부 유럽을 노리고 아드리아 해 북부 지역에서 작전을 펼치고자 하는 처칠의 욕망과 대결을 펼쳤다. 스탈린은 오버로드 작전을 최우선으로 고집하면서 남프랑스 동시 침공 계획에 동의했다. 그 밖에 병력을 분산시키는 작전에는 모두 반대했다. 스탈린은 처칠이 자신의 계획이 붉은 군대에 도움이 될 것이라고 주장하려 하자 유쾌하게 응수했다. 소비에트 통역관의 말에 의하면, 루스벨트는 헤르체고비나 플로르 담배를 부러뜨려 파이프를 채우는 스탈린에게 윙크를 했다고 한다. 스탈린은 이 문제를 놓고 조용히 처칠을 괴롭힐 수 있을 것 같다는 생각이 들었다. 왜냐하면 미국이 그 의견에 반대한다는 것을 자기 자신도 알고 있었고, 어쨌든 연합국 전략을 결정하는 데 있어서 모든 카드는 본인이 쥐고 있기 때문이다. 스탈린은 연합국을 향해 1944년 봄에 프랑스를 침공하겠다는 약속을 지키라고 끝까지 요구했는데, 연합국이 북유럽을 향해 진격해가면 처칠이 우려한 대로 발칸 반도와 중부 유럽을 붉은 군대가 지배하게 되는 것이다.

세 지도자의 상호 작용을 지켜보면서, 브룩 장군은 스탈린이 논의를 펼쳐나가는 모습에 깊은 인상을 받았다. 스탈린은 이탈리아 쪽에서 펼치자는 작전을 계속 반대했다. 아마도 동맹국들이 이탈리아를 항복시켰을 때 소련을 개입시키지 않은 것 때문에 배알이 꼬였기 때문일 것이다. 동맹국의 이러한 태도는 훗날 붉은 군대 피지배국들의 미래에 관해 논의할 때 스탈린이 이의를 제기할 수 있기 때문에 결국 동맹국의 실수라고 할 수 있었다. 스탈린그라드와 쿠르스크에서 거둔 승리로 소련이 초강대국으로 거듭난 사실을 크게 의식하고 있던 스탈린은 이미 측근들에게 "이제 유럽의 운명에 대해서는 연합국이 합의를 보았으니, 우리는 연합국의 동의하에 우리가 하고 싶은 대로 할 것이다"[13]라며 과시하듯 말했다.

스탈린은 영국이나 미국의 생각과 반응도 잘 파악하고 있었다. 회의가 있기 전, 스탈린은 라브렌티 베리야의 아들 세르고 베리야를 불러 '까다로우면서 도덕적으로 지탄받을 만한 임무'[14]를 맡겼다. 미국인과 영국인들이 개인적으로 어떤 이야기를 나누는지 모두 알고 싶었던 것이다. 세르고 베리야는 그들의 방에 마이크를 숨겨 모든 이야기를 녹음하고 아침마다 대화 내용에 대해 스탈린에게 보고했다. 스탈린은 도청당하고 있다는 것도 모른 채 터놓고 대화하는 연합국의 순진함에 적잖이 놀랐다. 스탈린은 대화 내용은 물론 이들의 어조도 분석하고자 했다. 확신에 차서 말했는지, 아니면 열의 없이 말했는지, 그리고 루스벨트의 반응은 어땠는지.

스탈린은 루스벨트가 강경 노선을 취하라는 레이히 제독의 충고를 무시하고 스탈린에 대해 순수한 존경심을 보인다는 내용을 세르고 베리야로부터 보고받고 만족스러워했다. 그러나 회담하는 동안 처칠이 스탈린에게 아첨할 때마다, 스탈린은 과거에 처칠이 자신에게 적대적으로 말했던 기억을 상기시키며 대꾸했다. 비밀 녹취록은 스탈린이 처칠과 루스벨트 사이의 차이점을 이용하는 데도 활용되었다. 처칠은 루스벨트가 스탈린을 도와 폴란드에 공산당 정부를 수립하도록 돕고 있다며 개인적으로 충고하자 루스벨트는 처칠이 반공정부를 지지하고 있는데 처칠과 스탈린의 차이는 무엇이냐고 대꾸했다.

폴란드는 실제로 처칠과 스탈린에게 중요한 문제였던 데 반해, 루스벨트는 이듬해에 있을 대통령 선거에서 재미 폴란드인의 표를 확보하는 데만 신경을 쓰는 듯했다. 이것은 투표 결과가 나올 때까지 스탈린에 대하여 강경하게 나갈 것이라는 의미였다. 전에 루스벨트가 대서양헌장에 의거하여 폴란드 국경 변경안을 거부했던 것을 감안하면, 이제는 루스벨트와 처칠 모두 1939년에 소비에트가 '서벨라루스'와 '서우크라이나'라는 이름으로 흡수했던 폴란드 동부 지역에 대한 스탈린의 영토권 주장을 고마운 마음으로 숙고해야 할 것만 같은 생각이 들었다. 그 지역을 붉은 군대가 빠르게 점령해 버리면 영토권은 기정사실화될 터였다. 스탈린은 독일 영토 중 오데르 강까지를 보상으로 폴란드에 줄 계획이었다. 루스벨트와 처칠은 소비에트가 그러한 값진 전리품을 다시 내놓도록 강요할 수 없다는 것을 알았지만, 루스벨트가 양보하는 태도를 취하자 스탈린은 폴란드에 공산주의 정권을 수립하는 데 아무런 문제가 없으리라고 생각하게 되었다.[15]

스탈린은 프랑스 침공 날짜를 정하는 데 성공했지만, 미국과 영국이 아직 총사령관을 임명하지 못했다고 고백하자 그런 중요한 일에 대해 계획성이 부족하다며 두 지도자에게 모욕감을 주었다. 하지만 스탈린은 상륙 직후 본격적으로 공격을 개시한다는 의견에 동의하고, 독일이 패하는 대로 일본과의 전쟁에 참여하겠다는 의사를 밝혔다. 이것은 장제스가 우려하던 일이었지만 루스벨트는 원하던 바이기도 했다. 회담이 끝난 뒤, 스탈린은 자기가 '게임에서 이겼다'[16]고 생각했다. 처칠은 개인적으로 그러한 평가에 수긍했다. 그리고 스탈린을 감당할 수 있으리라 믿고 계속 스탈린 편을 든 루스벨트 때문에 크게 낙담했다. 처칠의 주치의 모런 경은 처칠이 미래에 대한 두려움을 호소한 뒤 일기에 "이제 수상은 루스벨트 대통령의 도움에 의지할 수 없다는 것을 안다. 설상가상으로 러시아도 똑같이 생각하고 있다는 사실을 그는 깨달았다"[17]라고 기록했다.

루스벨트는 테헤란 회담에서 오버로드 작전에 관해 이야기하며 굴욕을 맛본 후, 연합국 대표단과 함께 카이로에 돌아와 총사령관을 임명하기로 결심했다. 루스벨트는 마셜에게 아이젠하워 장군을 불러달라고 부탁했다. 아이젠하워와 루스벨트가 대통령 차량에 탑승하자마자, 루스벨트는 아이젠하워를 돌아보며 말했다. "아이크, 오버로드 작전 지휘를 맡아주시오."[18] 루스벨트는 마셜이 전체 전역에 대한 지식과 우수한 조직능력, 그리고 무엇보다 의회에 대응하는 능력을 갖추었기 때문에 육군 참모총장인 그를 잃을 수는 없다고 판단했다. 게다가 마셜은 태평양의 맥아더 장군을 통제할 수 있는 유일한 사람으로 간주되었다. 마셜은 실망했지만(브룩만큼은 아니었어도) 대통령의 결정을 고이 받아들였다. 패튼이 아이젠하워의 이름 철자 두 자를 따서 붙인 '신성한 운명Divine Destiny'이라는 별명이 아이젠하워에게 행운을 가져다준 듯했다.

카이로에서 연합국 참모총장들은 비이성적인 행복감에 도취되어 있었다. 참모총장들은 모두 전쟁이 1944년 3월, 늦어도 11월에는 끝날 거라고 확신하는 듯 내기까지 준비했다. 오버로드 작전 개시까지 6개월이 넘게 남았고, 붉은 군대가 아직 베를린에서 수백 킬로미터 떨어져 있다는 점을 감안하면, 참모총장들의 이러한 판단은 지나친 낙관이라고 볼 수 있었다.[19] 반면 카이로와 테헤란에서 한바탕 전투를 치른 후 완전히 지쳐버린 처칠은 튀니지에서 폐렴으로 쓰러져 죽음 직전까지 갔지만 크리스마스를 지나면서 약간의 브랜디와 영국 해군이 순양전함 샤른호르스트 함을 노르웨이 북부 해안에서 격침했다는 소식 덕분에 건강을 회복해갔다. 얼음 같은 바다에서 거의 2000명에 달하는 독일 수병이 목숨을 잃었다.

스탈린이 테헤란에서 강조했던 대로, 바투틴의 군대는 만슈타인 예하 남부집단군으로부터 끊임없이 역습을 받고 있었다. 그해 초 하리코프에서와 같은 일격을 다시 가하고자 했던 만슈타인은 이름이 바뀐 바투틴의 우크라이나 제1전선군의 측면에 2개 기갑군단을 보냈다. 만슈타인은 소비에트군을 드네프르 강으로 다시 밀어내고 키예프를 탈환한 뒤, 코로스텐 부근의 붉은 군대 주력을 포위할 생각이었다.

지난 몇 달 동안 급격하게 늙어버린 데다 스트레스로 고생하고 있던 히틀러는 더 심한 거부 상태에 돌입했다. 그는 퇴각 제의를 모두 거절했다. 히틀러가 아끼던 모델 장군조차 동부 전선의 독일군 상황이 '후진 기어를 넣고 싸우는 형국'[20]이라고 묘사할 정도였다. 독일 군사들 사이에는 운명론이 만연했다. 레닌그라드 전선에서 잡힌 한 보병대 장교는 심문 과정에서 "우리는 시궁창에서 지내고 있다. 희망이 없다"[21]라고 고백했다. 한편 히틀러는 장군들을 비난하고 역전의 의지가 부족한 것을 비난하면서도, '반파시스트' 독일인 전쟁포로로 구성된 조직인 자유독일Freies Deutschland(프라이스 도이칠란트)이 전선에 살포한 선전물에는 크게 불안해했다. 자극을 받은 히틀러는 11월 22일에 소비에트의 인민위원이나 정치 지도원에 해당되는 국가사회주의 지도 장교를 모든 부대에 배치하도록 했다.

전선을 안정화시켰다고 생각하고 있던 만슈타인은 사흘 뒤 매우 불쾌한 기습 공격을 받았다. 붉은 군대는 제1전차군과 제3근위전차군을 노출되지 않도록 하여 브루실로프 근처로 보내고, 크리스마스에는 지토미르와 베르디체프를 향해 돌진했다. 얼마 지나지 않아 코네프 예하 우크라이나 제2전선군도 남쪽으로 돌파했고, 키예프 동남쪽 드네프르 전선에서 계속 버티고 있던 2개 독일 군단이 곧 코르순에서 포위되었다. 히틀러가 퇴각 명령 내리기를 거부하면서 이 군단은 동부 전선에서 전투를 치른 국방군 중 가장 비참한 운명을 맞이하게 되었다.

34

독가스
홀로코스트

1942년 1월 반제 회의에서 소개된 하이드리히의 계획은 그 범위가 가히 놀라울 정도였다. 그의 가까운 동료 중 한 명이 인정했듯이, 하이드리히는 '만족을 모르는 야심과 지식, 무자비한 에너지'[1]를 가진 사람이었다. 아돌프 아이히만의 계산에 의하면, 민족 말살 최종 해결책의 유대인 1100만 명을 포함하는 이 수치에는 독일에 점령되지 않은 적국인 유대인들은 물론이고 터키, 포르투갈, 아일랜드와 같은 중립국의 유대인 수도 포함되었다.

국방군이 모스크바 앞에서 차질을 빚고 미국이 전쟁에 뛰어든 지 몇주 이내에 이러한 논의가 이뤄졌다는 사실로 미루어보아, 자신들의 '최종 승리'에 대한 확신이 흔들리지 않았거나, 또 다른 방해 요인에 맞닥뜨려 과업 수행이 불가능해지기 전에 억지로라도 '역사적 과업'[2]을 완수해야 한다고 느끼고 있었음을 알 수 있다. 아마도 이 두 가지 이유가 결합되어 나타났다고 보는 것이 사실에 가까운 설명이리라. 1941년 늦여름에 승리의 가망성이 점 쳐지자 나치 정책이 대단히 과격해진 것은 사실이었다. 그리고 이제 세계정세가 중대한 국면에 이르러 돌이킬 수 없게 되었다. 그리하여 '총탄 홀로코스트'는 이제 '독가스 홀로코스트'로 진보했다.

기아 계획 및 소비에트 전쟁포로 처리와 민족 말살 최종 해결책에는 두

가지 목적이 있었다. 바로 인종의 적과 이념의 적을 말살하는 것, 그리고 독일에 보급할 식량을 확보하는 것이었다. 독일은 엄청난 수의 외국인 노동자들이 제3제국으로 유입된 탓에 이 일을 아주 시급한 것으로 여겼다. 민족말살 최종 해결책 그 자체는 SS해골부대가 자행하는 강제노동과 즉결 처형을 병행하는 체계로 진행되었다. 유대인 중 고령자, 또는 중요한 기술을 보유한 노동자이거나 혼혈 유대인으로서 테레지엔슈타트에서 보여 주기용으로 뽑힌 사람들은 제외되었다. 이들의 운명은 나중에 결정되었다.

헤움노 절멸수용소는 이미 가동되기 시작했고, 곧 베우제츠와 아우슈비츠-비르케나우 복합수용소에서도 학살이 이어졌다. 헤움노에서는 그 지역도시에서 잡아온 유대인을 살해하는 데 가스 트럭을 활용했다. 1942년 1월, 오스트리아에서 잡혀온 약 4400명의 집시가 헤움노에서 독가스로 학살당했다. 시체는 질서경찰의 감독하에 유대인들을 뽑아 숲에 묻도록 했다. 그리하여 헤움노는 그때까지도 남쪽으로 55킬로미터 떨어진 우치의 게토를 가득 메운 유대인들을 대량 학살하는 중심지가 되었다.

루블린과 르부프 사이에 위치한 베우제츠 수용소는 학살 체계가 더 진화한 곳으로, 가스실을 지어 건물 밖에 세워둔 차량이 뿜어내는 일산화탄소를 독가스로 활용했다. 1월에 유대인 150명을 시험 삼아 살해한 뒤, 3월 중순에 갈리시아 유대인을 중심으로 한 독가스 살해가 시작되었다. 루블린 외곽에는 마이다네크 수용소가 설치되었다.

폴란드어 이름으로 오시비엥침인 아우슈비츠는 19세기 오스트리아-헝가리 제국 시대부터 사용된 기병 막사가 있는 크라쿠프 인근에 위치한 슐레지엔의 도시였다. 막사는 1940년에 SS가 폴란드 포로들을 수용하기 위해 탈취한 것이었다. 아우슈비츠 1호 수용소로 불린 이곳에서, 해충 박멸용으로 제작된 수소 시안화물 알약 치클론 B가 1941년 9월에 처음으로 소비에트와 폴란드 포로를 대상으로 시험 사용되었다.

1941년 말에 아우슈비츠 2호 수용소로 알려진 비르케나우 부근에서 학살이 시작되었다. 1942년 3월부터는 농가 두 채를 임시 가스실로 바꾸어 사용했다. 5월이 되어서야 상당한 규모로 학살이 시작되었으나, 10월이 되자 SS사령관 루돌프 회스는 시설이 턱없이 부족하고 대량 매장으로 지하수가 오염되고 있다는 사실을 알게 된다. 그리하여 겨울에는 완전히 새로운 가스실 및 화장 체계가 마련되었다.

아우슈비츠는 습지와 강, 자작나무 숲 등으로 이뤄진 지역에 고립되어 있었지만 철도로는 접근하기가 용이한 곳이었다. 그러한 이유로 화학공업 카르텔인 이게파르벤이 그곳에 부나, 즉 합성고무를 생산하는 공장을 건설하는 데 관심을 갖게 되었다. 이 지역을 독일화하고 싶었던 힘러는 강제수용소 포로들로 노동력을 제공하면서 이게파르벤을 열성적으로 밀어주었다. 힘러는 회스에게 직접 설명을 하러 가기도 하고 이게파르벤 대표들과 연락을 취하기도 했다. 어마어마한 프로젝트의 규모와 필요한 노예 노동의 규모를 알고 놀란 힘러는 회스에게 현재 포로 수용 능력이 1만 명인 수용소의 규모를 세 배로 늘려야 한다고 말했다. SS재무부에서는 이게파르벤에 공급하는 노예 한 명당 하루에 4라이히스마르크는 받아야 한다고 주장했다. 그 대신 SS는 다른 곳에 수감된 죄수 중에서 잔인하고 폭력적인 사람들을 카포Kapo(감독관)로 뽑아 유대인 노예들이 일을 더 열심히 하도록 구타하게 했다.

1941년 여름, 동쪽의 독일 사단들이 소련에 대한 승리의 가닥을 잡아가는 동안 거대한 부나 고무 노동수용소 건설이 순조롭게 진행되었다. 여전히 노동력이 부족했던 탓에, 힘러는 10월에 처음으로 붉은 군대 포로 1만 명을 차출하여 보내기로 했다. 회스가 전범으로 처형되기 전에 직접 쓴 기록에는 도착한 포로들의 상태가 말이 아니었다고 했다. "포로들은 행군 중에 음식을 거의 먹지 못했고, 쉬는 동안에는 가까운 들로 보내져 먹을 수 있는 것이면 무조건 소처럼 '뜯어 먹으라'는 지시를 받았다."[3] 깊어가는 겨울 내 내 일하면서도 옷도 제대로 갖춰 입지 못한 데다 인육을 먹기도 하면서 지치고 병든 포로들은 모두 "파리처럼 죽어갔다"라고 기록했다. "그들은 더 이상 인간이 아니었다. 먹을 것만 찾는 짐승으로 변해 있었다."[4] 이런 환경에서 포로들은 막사를 명령받은 28채는커녕 서너 채밖에 지을 수 없었다.

노동을 이용한 SS의 학살 전략은 베리야의 굴라크 교정 노동수용소보다도 효율이 떨어졌다. 나치스가 유일하게 한발 물러나서 실용성을 택한 사례를 꼽자면 부나 공장과 인접한 곳에 아우슈비츠 3호 또는 모노비츠라는 이름의 새 수용소를 설치하는 일이었다. 그리하여 이게파르벤의 노예들이 멀리까지 행군하며 시간을 낭비할 필요가 없도록 한 것이다. 그럼에도 SS친위대와 카포는 반 사유화된 이 강제수용소에서 노동자들을 계속 구타하여 강제로라도 도구와 능력의 한계를 넘어 일을 끝낼 수 있도록 채찍질했다.

전쟁이 끝난 후, 치클론 B 생산 공장 일부를 소유했던 이게파르벤 중역들은 유대인 대량 학살에 관해 아는 바가 전혀 없다고 주장했다. 그런데 이게파르벤의 거대한 부나 공장들은 그 도시에 거주하며 아우슈비츠-비르케나우 수용소의 SS친위대와 교류하던 제3제국 출신의 독일인 직원 2500명에 의해 운영되었다. 이들 중 한 명이 도착하자마자 지역 전체를 뒤덮고 있는 끔찍한 냄새에 대해 SS친위대원에게 물었다. SS대원은 볼셰비키주의 유대인이 '비르케나우에서 굴뚝을 타고 올라가고 있는 것'[5]이라고 대답했다.

1942년 5월, 여느 때와 마찬가지로 아우슈비츠로 실려오는 유대인이 늘어나는 가운데, SS친위대는 남아 있는 폴란드 정치범들을 독일로 보내 강제노동을 시켰다. 7월 17일, 점점 확장되는 아우슈비츠 건물을 시찰하기 위해 힘러가 찾아왔다. 힘러가 탑승한 리무진 차량이 아우슈비츠 1호 수용소 정문을 지나치자, 수용소의 유대인 관현악단이 베르디의 오페라 〈아이다〉 중 '개선행진곡'을 연주하기 시작했다.

차에서 내린 힘러 SS제국총통은 음악을 들으며 서 있다가 회스의 경례에 답했다. 두 사람은 새로 지급된 줄무늬 제복을 입은 포로들의 의장대를 함께 사열했다. 턱이 좁고 안경을 쓴 힘러는 의장대를 지나며 초연한 태도로 관찰했다. 회스는 최근에 새로 지은 가스실과 화장로를 활용한 구상을 소개하기 위해 힘러를 사무소로 데려갔다. 그 뒤 힘러와 그의 측근은 철도 선로 쪽으로 가서 네덜란드 유대인들이 수송되어오는 모습을 지켜보았다. 그때 음악이 다시 울렸다. 아우슈비츠로 강제 이송된 한 자유프랑스 장교가 훗날 붉은 군대에 다음과 같이 증언했다. "사람들은 처음에 음악 연주와 의례에 깜빡 속아 착각을 했습니다. 하지만 머지않아 죽은 시체 냄새가 나고 포로들이 신체 조건에 따라 분류되기 시작하면 이들도 곧 알아차리지요."[6]

우선 남성은 여성 및 어린이와 분리되었는데, 가족을 떼어놓자 큰 동요가 일어나 채찍을 든 친위대와 군견이 제압했다. 힘러는 특히 SS군의관 두 명이 '램프'에서 실시하는 선별 과정을 보고 싶어했다. 이 선별 과정에서는 노동에 적합해 보이는 사람을 뽑고 그렇지 않은 사람은 즉시 처형했다. 일꾼으로 뽑혔다고 해서 즉시 살해된 사람들보다 운이 더 좋은 것은 아니었다. 두세 달이 지나면 이들도 가스실에서 죽거나 일을 하다 죽는 운명을 맞이했다.

힘러는 벙커 1호 가스실행이 결정된 그룹을 따라가 작은 창을 통해 그들이 죽는 모습을 지켜보았다. 또한 전해에 SS절멸부대가 겪은 정신적 부담으로 매우 불안해하던 힘러는 SS대원들이 받을 영향에 대해서도 알아보았다. 그런 다음 시체를 처리하는 노동부대 내 유대인을 관찰하더니, 향후에는 시체를 태우는 것이 좋겠다고 회스에게 말했다. 도살장에서 대량으로 동물을 죽이는 것을 생각하면 몸서리를 치는 힘러인데도, 인간 대량 학살에는 '인간쓰레기'를 처리한다는 생각으로 직업의식을 가지고 임했다. 나중에 힘러는 한 부하에게 편지를 남겼다. "이 일은 포괄적인 문제가 아니라 이 잡기와 같은 위생 문제다."[7] SS를 기사단으로 묘사하며 신고딕풍 전사의 환상에 젖어 있던 힘러였지만, 치아를 치료할 때는 무균실을 이용하는 사람이었다.

힘러 일행은 아우슈비츠-비르케나우에서 차를 타고 가까운 아우슈비츠-모노비츠의 부나 공장을 방문했다. 이게파르벤은 강제 노동으로 수만 명의 목숨을 앗아갔지만 그 거대한 공장에서는 합성 고무를 전혀 생산하지 않았다. 이 회사는 또한 아우슈비츠-비르케나우에서 SS대위 요제프 멩겔레 박사가 일란성 쌍둥이 어린이와 성인을 대상으로 실시한 비인간적인 실험에도 돈을 대주었다. 멩겔레는 장기 적출, 불임화, 고의로 병균 감염시키기 등과는 별도로 '혈청 및 약물 표본'[8]도 시험하고 있었는데, 약물의 상당량은 이게파르벤에 속한 바이엘 제약부에서 공급받은 것이었다.

멩겔레는 혼자가 아니었다. SS구성원이기는 했지만 헬무트 페터 박사도 아우슈비츠에서 이게파르벤에 고용되었다. 그는 여성을 대상으로 실험을 했다. 이게파르벤에서 페터의 실험에 쓸 여성 포로 150명을 요청하자 회스는 실험 재료 한 명당 200라이히스마르크를 요구했지만, 이게파르벤은 호가를 낮추어 170라이히스마르크를 고집했다. 회사는 그렇게 실험 재료가 된 여성은 결국 한 명도 빠짐없이 사망했음을 서신으로 회스에게 알렸다. 페터는 자신의 업무에 짜릿함을 느꼈다. 그는 동료에게 편지를 썼다. "우리 새 조제약을 시험할 기회가 생겼어. 천국에 온 듯한 기분이야."[9] 한편 마우트하우젠과 부헨발트 강제수용소 포로들에게는 위험한 약물 실험도 실시되었다. 이게파르벤은 특히 소련 내 점령 지역에 사용할 효과적인 화학적 거세 방법을 찾는 데 열중했다.

힘러는 아우슈비츠에서 카를 클라우베르크 교수가 진행한 불임화 실험도 열심히 지원했다. 수많은 일류 독일 의사가 나치즘에 물들어 '의사로서의 의무'라는 이름으로 기괴한 도착 증세를 보였는데, 이것은 비밀 연구로 거의 무한한 힘과 명성을 얻을 수 있다는 가능성을 제시했을 때 지식인들의 판단력이 얼마나 흐려지는가를 섬뜩하게 드러낸다. 이 의사들은 불필요하게 잔인한 실험들을 인류 전반에 도움이 되는 연구로 정당화하려 했다. 중요한 것은 나치 독일과 당시의 다른 독재자들이 의식적으로든 무의식적으로든 의료계와 공생하면서, 특히 국가의 암세포가 성장하는 것을 막기 위해 잘라낸다는 등의 외과적 비유를 자주 사용했다는 점이다. 그리고 치클론 B를 적십자 표시가 된 트럭으로 공급했던 일은 쓴웃음을 짓게 하는 나치의 억지스런 기만 사례라고 할 수 있을 것이다.

SS장교 및 사병들까지 자신들의 활동에 대해 함구한다는 서약을 했음에도 불구하고 소문은 퍼질 수밖에 없었고, 때로는 엉뚱한 방향으로 퍼지기도 했다. 1942년 늦은 여름, 가스 전문가였던 SS중위 쿠르트 게르슈타인 박사는 시찰 중에 본 광경에 충격을 받아 바르샤바에서 베를린으로 가는 야간열차의 어두컴컴한 객실칸에서 스웨덴 외교관 예란 본 오테르에게 자기가 알고 있는 모든 것을 털어놓았다. 오테르는 모든 이야기를 스웨덴 외무부에 보고했지만, 스웨덴 정부는 나치스를 자극하고 싶지 않아 그러한 정보를 그저 방치하기만 했다. 하지만 집단 처형장 소식은 폴란드 국내군을 중심으로 한 다른 경로를 통해 곧 연합국에 전달되기 시작했다.

아우슈비츠 수용소장 루돌프 회스는 주로 SD에 집중된 SS 지적 엘리트와 별반 다르지 않았다. 회스는 둔감한 중년의 퇴역 군인으로, 명령에 대해 일체 질문하지 않은 채 강제수용소 체제의 직위를 통해 재기한 사람이었다. 프리모 레비는 회스를 두고 '괴물'이나 '사디스트'가 아니라, '교양 없고 멍청하며 거만하고 지루하게 말하는 건달'[10]이라며 깎아내렸다. 회스는 상관에게 늘 아부했으며, 특히 자신이 거의 총통만큼이나 위대한 신처럼 여겼던

SS제국의 총통인 힘러에게 절대적으로 아첨했다. 스스로 이야기를 꾸며내는 능력은 없었던지, 자신의 가정생활을 본보기로 내세우면서 날마다 다른 가족을 수천, 수만 명씩 죽이는 그가 가족의 가치를 내세울 때는 진정성이 없어 보였다.

자기 연민에 빠져 있던 회스는 아우슈비츠에 파견된 SS친위대원들에 대해서는 물론이고 특히 일반 죄수로 구성된 카포들의 저급함에 대해 불평했다. 카포는 '초록'으로 불렸는데, 그 이유는 죄수들을 구분하는 삼각형의 색이 녹색이었기 때문이다(유대인은 노란색 삼각형, 정치범은 빨간색, 마우트하우젠의 스페인 공화주의자들은 진청색, 동성애자는 연자주색 삼각형이 옷에 표시되었다). 잔혹함으로 유명했던 카포로는 특히 부디에 있던 수용소 외부에서 처벌파견대를 맡고 있던 여성 죄수들의 악명이 높았다. 회스는 "인간이 그런 야수가 될 수 있다는 사실이 무척 놀랍다. 프랑스 유대인을 갈기갈기 찢고, 도끼로 죽이고, 목 졸라 죽이는 등 '초록'의 학대 방식을 보면 소름이 끼친다"[11]고 썼다.

카포의 잔인함에 대해 공공연히 두려움을 드러내면서도 회스는 남성 죄수들에게 '매춘소'를 제공했다. 매춘 행위는 임시 막사에서 이뤄졌으며, 이곳에서 유대인 여성 죄수들은 남성 죄수에게 가학적인 만족감을 주는 데 이용된 뒤 가스실로 함께 보내졌다. 이들과 정반대로, 가장 특권을 누린 여성 죄수는 종교적 신앙에 따라 군사활동 일체를 거부하여 수용소로 보내진 '성경벌레', 여호와의 증인이었다. SS장교들은 그녀들을 가정이나 식당에서 하녀로 사용했다. 회스는 여호와의 증인 한 명을 보모로 두고 자신의 어린 자녀들을 돌보게 했다. 이들은 신뢰할 수 있는 사람들이었기 때문에 평화주의 원칙에 따라 군복을 세탁하는 일이나 만지는 것을 거부할 때에도 SS친위대는 크게 불평하지 않았다.

수용소 안의 여성들은 군견부대 군견병들의 명령에 따라 질서 정연하게 움직였다. 군견병들이 이따금씩 재미로 개를 풀어두면 남성 포로보다 여성 포로들이 으르렁거리는 짐승들에 더 겁을 먹은 듯 보였다. 자살을 선택한 남성 포로들은 '철조망으로 달려가' 경비대의 총탄에 쓰러진 데 비해, 여성들이 그토록 쉬운 죽음의 길을 선택하지 못한 것은 아마도 군견들이 주변에 있기 때문이었을 것이다. 여성들 중에는 군견의 공격을 받아 사망하는 사람이 더 많았다.

회스의 기록에 의하면, 여성은 다루기가 더 까다로웠다. 가스실로 보낼 때 탈의실에서는 한 가지 문제가 있었다. "많은 여성이 옷 꾸러미 사이에 아기를 숨긴다"[12]는 것이었다. 이 문제 때문에 유대인 노동자 특별반이 확인에 나섰다. 특별반은 찾아낸 아기를 모조리 가스실 안에 던져넣은 다음, 곧바로 문을 닫고 빗장을 걸었다.

회스는 악마와 계약한 파우스트처럼 복종하며 임시로 목숨을 부지하고 있는 이 유대인 포로들의 모습에 흥미를 느꼈다. 그는 이 포로들이 자진해서 자신들과 한패가 되고자 한 듯이 묘사하려 했다. 사실 살고자 하는 이들의 절박한 의지는 비참하게 타락한 아우슈비츠에서 더 이상 상상하기 힘든 보편적 윤리를 짓눌러버렸고, 자신들이 죽음에 임박해 있다는 분명한 사실조차 점점 잊어버리게 했다. 새로 온 포로들에게 앞으로 일어날 일에 대해 경고하는 사람은 거의 없었다. 나치스는 자신들이 신봉했던 자율적 사회진화론을 실현한다는 명분을 내세워 아주 비인간적인 방법들을 실행했다.

이 모든 사회적 본능과 애정의 파괴는 지독한 노동이라는 비현실적인 악몽과 결합되어 인간을 짐승으로 만들어갔다. 회스는 이렇게 기록했다. "그들은 이 모든 업무를 마치 평범하고 일상적인 일인 양 아무렇지 않게 처리했다. 시체를 끌면서 무언가를 먹거나 담배를 피우기도 했다. 공동묘지에 한동안 묻혀 있던 시체를 불태우는 끔찍한 일도 음식을 먹으면서 했다."[13]

가장 특권을 누린 남성 포로는 '카나다'로, 창고에서 소유물이나 옷, 신발, 안경 등을 골라내고 사람의 머리카락 뭉치를 꾸리는 일을 한 사람들이었다. 하지만 이들도 살아 있는 시체나 다름없었다. 결국 1944년 가을에 유대인 포로들로 구성된 카나다 존더코만도는 아우슈비츠-비르케나우에서 무장반란을 일으키고 탈출을 시도했다. 이때 4명의 친위대원이 죽고, 455명의 포로가 총살되었다.

　헤움노와 베우제츠, 아우슈비츠-비르케나우에 설치된 절멸수용소와 마찬가지로, 트레블링카와 소비부르 등 다른 곳에도 처형장이 마련되었다. 이 계획은 암살된 하이드리히를 기리는 의미에서 아크티온 라인하르트로 명명되었다.

　SS경제정책본부의 오스발트 폴 SS대장은 수용소 활동을 감독하고 조정하는 일을 맡았는데, 이 업무는 경쟁관계에 있는 모든 나치 당파가 어려워했다. 헌신적인 관료였던 폴은 전체 과정을 가능한 한 효율적이고 이익이 나도록 만들기로 결심했다. 그리하여 모든 희생자의 귀중품을 수거한 뒤 보고하도록 했지만, 일부 수용소에서는 부정행위가 발생해 힘러를 난처하게 했다. 시체를 땅에 묻거나 불태우기 전에는 금니를 모두 뽑았으며, 옷과 신발, 안경, 여행 가방, 속옷 등은 모두 수거한 뒤 제3제국으로 보내 폭격으로 모든 것을 잃은 빈민에게 대부분 지급될 수 있도록 했다. 희생자들이 가스실로 들어가기 전에 잘라낸 머리카락은 양모보다 보온성이 좋아 항공대 대원이나 U 보트 수병들의 양말 속에 넣고 누비는 데 사용되기도 했지만, 대부분은 매트리스 속을 채우는 데 쓰였다. 또 대서양에서 돌아오는 U 보트 수병들을 위해서는 손목시계가 담긴 선물 상자가 기다리고 있었다. 수병들은 곧 이 선물의 출처를 알게 되었다.

　대량 학살이 성공하는 데는 쉴 없이 돌아가며 아무런 소란 없이 알몸의 희생자들을 가스실로 들여보내는 컨베이어벨트 덕이 컸다. 그러나 이 체계를 노예노동 측면에서 본다면 폴은 강제수용소의 기초적인 문제를 절대 해결할 수 없었다. 반복적으로 나타난 바와 같이, 열악한 처우로 노동자를 죽이고자 한다면 노동자에게서 노동력을 효과적으로 뽑아낼 수가 없는 것이다.

1944년 여름에 바실리 그로스만이 트레블링카에서 실시한 조사에서는 흐름을 읽는 것이 중요했다. 그로스만은 붉은 군대 심문자들이 포로로 잡힌 보초병, 폴란드 현지인, 트레블링카 1호 노동자수용소에서 살아남은 40명의 생존자와 면담할 때 그 자리에 동석할 수 있도록 허락을 받았다.(트레블링카 2호 수용소는 절멸수용소와 인접해 있었다.) 면담을 지켜본 그로스만은 이것이 나치 체제의 핵심 측면임을 직감했다. 트레블링카에 있었던 약 25명의 SS친위 대원과 100명가량의 우크라이나 보조 위병대가 1942년 7월부터 1943년 8월까지 유대인과 '집시' 약 80만 명을 살해했다. 그로스만의 설명에 따르면, 이 수치는 '유럽의 작은 수도 한 곳'의 인구수와 맞먹는 수준이었다. 절대다수의 사람들이 이 정도로 극소수 집행자의 손에 죽은 경우는 그때까지 인류 역사에는 없었다.

매끄러운 작전 수행에 가장 중요한 요소는 기밀 유지와 거짓말이었다. "사람들은 우크라이나로 이송되어 농사일을 하게 될 거라는 말을 들었다."[14] 그리고 희생자들은 마지막 순간이 되어서야 자신들의 진짜 운명을 알게 되었다. 확신을 심어주기 위해, 열차에 동승한 경비대에게도 진실을 숨기거나, 혹은 수용소 중심 구역으로 진입하지 못하게 했다.

트레블링카에서는 "철로 한쪽 면이 여객역처럼 만들어져서…… 매표소와 수화물 보관소, 식당도 있었다. '비알리스토크 방면' '바라노비치 방면'을 알리는 이정표가 곳곳에 있었다. 기차가 도착하자, 깔끔하게 차려입은 악대 연주자들이 역사에서 음악을 연주했다." 그러던 중 트레블링카에 관한 소문이 돌기 시작하자, 역 이름이 오베르마이단으로 바뀌었다.

하지만 모두가 속아 넘어간 것은 아니었다. 예리하고 호기심 많은 사람은 앞서 수송이 이뤄진 뒤 작업반이 제대로 치우지 않은 개인 물품이 역 뒤쪽 광장에 버려져 있고, 벽이 높으며, 철길이 어느 쪽으로도 나 있지 않은 것을 보고 곧 뭔가 잘못되었음을 감지했다. SS는 게토나 임시수용소에서 빠져나와 이곳에서 사는 것이 더 나으리라고 간절히 희망하는 사람들 대부분이 갖는 낙관적인 본능을 이용하기 시작했다. 하지만 아주 간혹, 앞으로 닥칠 운명을 간파한 희생자들은 가축차의 문이 열렸을 때 경비대를 쓰러뜨리기도 했다. 희생자들은 숲을 향해 도망치다가 기관총 총탄에 맞아 목숨을 잃었다.

새로 도착한 3000~4000명의 사람들은 짐을 광장에 두라는 명령을 받은 후, 혼란스러운 와중에 짐을 다시 찾을 수 있을지 걱정했다. SS하사가 귀중품과 서류, 목욕 용품만 챙겨오라고 큰소리로 지시했다. 능글맞게 웃고 있는 무장경비대가 기관총좌가 지키는 6미터 높이의 철조망 안에 설치된 문으로 가족들을 안내하자, 불안감은 증폭되었다. 뒤쪽 역 광장에서는 트레블링카 1호에서 온 '유대인 작업반'이 이미 소지품 분류를 시작해, 독일로 보내기 위해 보관할 것과 불태워버릴 것을 골라내고 있었다. 몰래 가방에 있던 음식을 꺼내 입안에 잔뜩 집어넣기라도 했다면 최대한 조심해야 했다. 우크라이나인 경비가 끌고 가 잔인하게 구타하거나 총살시켰기 때문이다.

수용소 중심부 가까이에 위치한 두 번째 광장에서는 고령자와 환자들이 '요양소'라고 표시된 곳으로 끌려갔다. 그곳에는 흰색 가운을 입고 적십자 완장을 찬 의사가 기다리고 있었다. 그다음 SS중사가 남아 있는 사람들에게, 여성과 어린이는 왼쪽에 있는 막사로 가서 옷을 벗으라고 말했다. 그러자 영원히 떨어져 있게 될까봐 본능적으로 두려워진 가족들 사이에서 큰 탄식이 터져나왔다. 그러나 이런 마음을 알고 있는 친위대는 짧고 날카롭게 "차렷!" "빨리해!"라고 명령하며 한층 더 압박을 가했다. 그런 다음, "남자는 이쪽! 여자와 어린이는 왼쪽에 있는 막사에서 옷을 벗는다!"라고 소리쳤다.

명령 소리가 더 커지고, 모든 것이 결국은 정상으로 되돌아올 거라는 희망적인 메시지가 주입되자 비통한 탄식의 목소리는 잠잠해졌다. "여자와 어린이는 막사에 들어갈 때 신발을 반드시 벗어야 한다. 양말은 구두 속에 넣고, 아이들 양말은 샌들이나 장화, 구두 속에 넣도록. 깔끔하게! …… 목욕탕에 갈 때는 서류와 돈, 수건, 비누를 반드시 소지한다. 반복하겠다……."

막사 안의 여성들은 옷을 벗은 뒤, 이가 생기지 않도록 한다는 구실로 머리를 깎았다. 이 여성들은 알몸인 채로 서류와 돈, 보석, 손목시계 등을 부스에 있던 또 다른 SS하사에게 넘겨야 했다. 그로스만은 "사람이 알몸이 되면 그 즉시 운명에 맞서 싸울 저항력을 잃는다"라고 말했지만 그럼에도 예외는 있었다. 바르샤바 게토에서 레지스탕스와 연루되어 잡혀온 한 젊은 유대인은 수류탄을 용케 숨겨두었다가 SS친위대와 우크라이나 위병대에 투척했다. 또 어떤 유대인은 칼을 숨기고 있다가 한 위병을 찔렀다. 그리고 키가 큰 한 젊은 여성은 기병총을 빼앗아 저항하고자 위병을 기습했다. 그러나 힘에서 밀린 이 여성은 결국 최악의 고문을 당한 뒤 살해되었다.

이제 희생자들에게도 죽음이 임박했다는 것은 더 이상 의심의 여지가 없었으므로, 회색 제복을 입은 SS친위대와 검은 제복을 입은 위병대는 더 큰소리로 끝없이 고함치며 희생자들을 재촉하고 혼란에 빠뜨리기 시작했다. "빨리, 빨리!" 유대인들은 뒤쪽 철조망을 가리는 전나무 숲 사이에서 모래가 깔린 샛길 안으로 몰렸다. 이들은 명령에 따라 손을 머리 위로 올린 채, 곤봉과 채찍에 구타당한 뒤 기관단총의 일격에 쓰러져갔다. 독일군은 이것을 '돌아올 수 없는 길'이라고 불렀다.

이유 없는 가학 행위로 희생자들이 받는 충격이 점점 커지다보니 죽음의

제2차 세계대전

순간에 저항하는 일도 줄어들었다. 그러나 어떤 경비대는 비뚤어진 욕구를 만족시키기 위해 가학 행위를 하기도 했다. '체프'라는 아주 힘센 친위대원은 어린아이의 다리를 '마치 곤봉처럼' 잡고 머리를 바닥에 내리쳤다. 세 번째 광장으로 보내진 희생자들은 가스실이 숨겨져 있는 돌과 나무로 된 절 같은 건물 앞에 섰다. 자신들의 미래를 아직 예상하지 못하고 있던 순진한 집시 여성들은 건물 외관에 감탄하여 양손을 꼭 쥐었다. 그러자 SS친위대와 우크라이나 경비병들이 자지러지게 웃었다.

경비대는 포로들을 가스실에 강제로 밀어넣기 위해 개를 풀었다. 개들이 포로들을 물어뜯을 때는 사람들의 비명 소리가 몇 마일 밖에서도 들릴 듯했다. 훗날 포로로 잡힌 한 경비대원이 그로스만에게 말했다. "그들은 죽음이 머지않았음을 알 수 있었소. 게다가 그곳은 아주 혼잡했지요. 사람들은 죽도록 맞고, 개들은 그들의 몸통을 물어뜯었소." 가스실 열 곳의 육중한 문이 닫혀야만 비로소 조용해졌다. 독가스가 주입되고 25분 후 뒷문이 열리면 트레블링카 1호에서 온 작업반 포로들이 얼굴이 노래진 시체를 치우기 시작했다. 다른 유대인 포로 그룹에는 집게로 금니를 빼내는 일이 주어졌다. 이 포로들은 자기들이 처리하고 있는 시신들보다 오래 살아남았지만 딱히 부러워할 만한 생존은 아니었다. '총살당하는 것은 사치'라고 생존자 중 한 명이 그로스만에게 말했다.

발 디딜 틈 없는 가스실에서 희생자들이 죽기까지는 20분 내지 25분이 걸렸다. 작은 유리창으로 지켜보고 있던 경비대장은 안에서 더 이상 움직임이 없을 때까지 기다렸다. 잠시 후, 입구 반대편 끝에서 커다란 문이 열리고 시체가 끌려나갔다. 살아 있는 기미가 보이기라도 하면 SS하사가 권총으로 곧장 최후의 일격을 가했다. 그런 다음 하사는 치아 담당 작업반에 신호를 보내 집게로 시체의 금니를 빼도록 했다. 마지막으로 트레블링카 1호에서 일시적으로 처형이 연기된 또 다른 작업반이 시신을 수레나 노면전차에 실어, 굴착기로 무덤 파기 작업이 이뤄지고 있던 공동묘지로 옮겼다.

한편 '요양소'로 보내진 고령자와 환자는 머리에 총을 맞고 학살되었다. 트레블링카 1호 '유대인 작업반'이 이들의 시체를 구덩이로 끌고 갔다. 그러나 아우슈비츠와 마찬가지로, 이렇게 일시적으로 살아남은 유대인들의 삶도 비참하기 짝이 없었다. 이들 또한 포로 총살부터 곧 살해될 젊은 유대인 여성을 강간하는 것에 이르기까지 상상도 못 할 가학의 대상이 되었다. 독일 SS친위대원들은 친위대원 중 한 명이 특별히 작곡한 '트레블링카' 찬송가를 포로들에게 강제로 부르게 했다. 그로스만은 트레블링카 1호에 대해 더 자세히 기록했다. "오데사 출신이며 외눈박이인 독일인 슈비데르스키라는 자는 '망치대장'이라는 별명으로 불렸다. 그는 노동 부적합 판정을 받은 8~13세 아동 15명을 몇 분 사이에 죽여버린 '차가운' 죽음의 탁월한 전문가로 인정받고 있었다."[15]

1943년 초, 힘러가 트레블링카를 방문하여 묻은 시체를 모두 파내 불태우라고 지시했다. 시체를 태운 재가 먼 곳까지 널리 퍼져나갔다. 이것은 스탈린그라드 전투 이후 만약 붉은 군대가 대량 학살 현장을 발견한다면 후폭풍이 클 것으로 보고 SS지배층이 갑자기 내린 결단이었던 듯하다. 선로를 따라 일명 '화덕'이라는 거대한 불구덩이 속에 부패한 시신들이 한 번에 4000구까지 놓였다. 처리해야 할 시신의 양이 많아 이 작업은 무려 8개월간 지속되었다.

이 끔찍한 업무를 처리해야 했던 800명의 '유대인 작업반'이 보복을 준비했다. 이들은 시체를 모두 불태운 후에는 자신들도 살아남지 못하리라는 것을 알고 있었다. 긴 무더위가 이어지던 1943년 8월 2일, 유대인 작업반은 체코군에 소속되어 있던 유대인 젤로 블로흐 중위를 주축으로 반란을 꾀했다. 삽이나 도끼 정도에 불과한 무기로 무장한 이들은 망루와 위병소를 공격하여 16명의 SS대원과 위병대원을 살해했다. 수용소 곳곳에 불을 지르고

제2차 세계대전

담을 폭파시켰다. 뒤이어 약 750명이 수용소를 탈출하자, SS는 증원군과 수색견을 동원하여 숲과 습지를 샅샅이 뒤졌다. 머리 위로는 정찰기가 끊임없이 날아다녔다. 약 550명이 수용소로 다시 잡혀와 살해되었고, 그 밖의 사람들은 발견 즉시 사살되었다. 이듬해에 붉은 군대가 도착했을 때까지 살아남은 사람은 단 70명뿐이었다.

하지만 반란으로 결국 트레블링카는 종말을 고했다. 가스실과 가짜 기차역 등 나머지 건물들도 파괴되었다. 불구덩이에서 마지막 재가 퍼져나간 뒤, 독일은 수용소가 애초에 존재하지 않았던 양 꾸미려는 터무니없는 시도로 키가 큰 식물인 루핀의 씨앗을 사방에 뿌렸다. 그러나 그로스만은 그곳을 걸어다니며 이렇게 묘사했다. "땅이 부서진 뼈와 이, 옷, 종이 등을 토해내고 있다. 비밀을 지키기 싫은 것이다."[16]

트레블링카의 학살 속도는 아우슈비츠-비르케나우보다 훨씬 더 빠르게 돌아갔다. 13개월간 사망자 수가 80만 명에 달했는데, 아우슈비츠-비르케나우에서 33개월간 100만 명이 학살된 것과 비교했을 때 그리 큰 차이는 나지 않았다. 트레블링카에서는 폴란드 유대인을 중심으로 제3제국 유대인 약간, 그 밖에는 불가리아 유대인을 강제 수용한 반면, 아우슈비츠-비르케나우는 유럽 전역에서 희생자를 잡아들였다. 폴란드 유대인은 물론 네덜란드, 벨기에, 프랑스, 그리스, 이탈리아, 노르웨이, 크로아티아, 헝가리 출신의 유대인도 포함되었다. 베우제츠에서는 약 55만 명이 학살되었는데, 이들 중 대부분은 폴란드 유대인이었다. 약 20만 명이 사망한 소비부르 수용소에는 루블린 지역 유대인과 더불어 소수의 네덜란드, 프랑스, 벨라루스 출신 유대인도 있었다. 헤움노에서도 폴란드 유대인을 중심으로 약 15만 명, 마이다네크에서 폴란드, 프랑스 출신 유대인 5만 명이 학살되었다.

1943년 10월 6일, 힘러는 포젠에서 열린 회담에서 제3제국 지도자와 지방 장관들을 향해 연설했다. 되니츠 제독과 밀히 육군 원수, 알베르트 슈페어도 힘러의 연설을 들었다.(슈페어는 죽을 때까지 이 사실을 부인하려 애썼다.) 힘러는 이번만큼은 민족 말살 최종 해결책을 이른바 '동부 지역 철수' '특별처리'라고 완곡하게 표현하며 자신들이 벌이고 있는 일에 대해서 마지막으로 제 3자들에게 솔직한 발언을 했다. "우리는 여성과 어린이는 어떻게 처리할 것인가 하는 문제에 봉착했습니다. 그리고 이 문제에 대해서도 아주 확실한 해결책을 찾아야겠다고 판단했습니다. 나는 남성들을 절멸시키는 것, 다시 말해 죽이거나 죽게 하는 것으로 그 자녀들이 우리네 후손들에게 복수를 다짐하게 놔두는 것이 정당하지 않다고 생각했습니다. 지구상에서 이 사람들이 사라지도록 하기 위해 어려운 결정을 내려야 했던 것입니다."[17]

1944년 1월 25일, 힘러는 포젠에서 다시 한번 200명에 가까운 장군 및 제독 앞에서 연설했다. 이 사람들도 SS의 희생을 알 필요가 있다고 생각했기 때문이다. 힘러는 자신의 '이념적 부대'가 실시한 '인종 투쟁'[18]으로 '우리 아이들을 향한 복수의 싹이 자라지 않도록 할 것'이라고 다시 설명했다. 이 유대인 절멸 계획에 예외란 없었다.

힘러는 아주 적은 수의 대원이 아주 많은 수의 유대인을 처단할 수 있었노라고 청중에게 자랑스레 이야기했다. 극소수의 박해자가 철저한 거짓말과 불확실성, 그리고 말로 표현하기 어려운 잔인함을 활용하여 300만 명 가까운 사람을 학살하는 데 성공했다. 문명의 요람이라고도 할 수 있는 유럽에 그런 절멸수용소가 존재할 수 있었다는 것은 믿기 힘든 일이었다.

제2차 세계대전

35

단단한 아랫배,
이탈리아

1943년 10월~1944년 3월

1943년 9월 파시즘을 무너뜨리고 비행장을 확보한다는 계산하에 이뤄진 연합국의 이탈리아 본토 침공안은 당시에는 그럴듯해 보였다. 그런데 작전 목표와 그 목표를 어떻게 달성할 것인지에 대한 명확한 생각은 턱없이 부족했다. 이탈리아에 주둔 중이던 연합국 제15집단군의 알렉산더 사령관은 마크 클라크 장군 예하 제5군과 버나드 몽고메리 예하 제8군의 작전을 조정하지 못했다. 비록 몽고메리가 "기다려라, 우리가 간다!"[1]라는 응원 메시지를 열심히 보냈지만 살레르노의 클라크는 자기를 구원하려는 몽고메리의 움직임이 굼떠 여전히 불만이었다. 설상가상으로 몽고메리는 어쨌든 자신이 살레르노에서 제5군을 구했다고 믿는 모양이었다.

키가 작고 강인한 몸집의 몽고메리와 키가 크고 호리호리한 클라크 모두 각자의 이미지 관리에 정신이 팔려 있었는데 이런 상황은 연합군 사이의 관계에 별 도움이 되지 않았다. 자신의 홍보팀을 곧 50명으로 늘린 클라크는 실제로도 위엄 있어 보이는 코가 가장 돋보이도록 옆얼굴을 찍어달라고 사진가에게 고집스레 주문했다. 휘하의 장교들 중에는 클라크를 마르쿠스 아우렐리우스 클라쿠스[2]라는 별명으로 부르는 사람도 있었다. 그리고 몽고메리는 마치 영화배우인 양 자신의 친필 서명이 담긴 사진을 나누어주

35_단단한 아랫배, 이탈리아

795

기 시작했다.

　매력적이지만 내성적인 알렉산더는 상황의 진행을 봐가며 계획을 수립할 수 있다고 생각하는 듯했다. 그의 이런 태도는 미군이 예상했던 것 이상으로 이탈리아에서의 작전을 계속 진행하고자 했던 처칠과 확실히 일치했다. 반면에 몽고메리는 미리 신중하게 계획을 짜놓지 않으면 아무것도 하려 하지 않았다. 그는 신랄한 문투로 일기를 썼다. "이탈리아에서 전쟁을 전개하는 것과 관련하여 내가 아는 계획은 아직 없지만 그런 것에 꽤 익숙하다고!"[3] 그러나 알렉산더가 경험으로 알고 있듯이, 몽고메리는 어떻게든 자신이 원하는 것만 하는 인물이었다. 전기작가의 말처럼 알렉산더는 '순탄치 않은 결혼생활에 이해심 많은 남편'[4] 역할을 했다. 게다가 아이젠하워는 부하들을 장악하지도 못하고 연합군이 이탈리아에서 무엇을 하려 하는지도 명확하게 짚어내지 못했다.

　물론 진짜 문제는 1942년부터 연합국 전략을 계속해서 물고 늘어진 최고위층 사이의 핵심적인 의견 충돌이었다. 루스벨트와 마셜은 오버로드 작전을 절대 지연시키지 않겠다고 결심했다. 한편 처칠과 브룩은 전과 다름없이 지중해를 당분간 이탈리아군의 항복을 이용할 중요한 전역으로 보고 있었다. 제공권을 장악하지 않고 해협횡단 침공을 하기가 걱정스러웠던 두 사람은 사실상 지중해에서 작전을 성공적으로 수행하여 오버로드 작전을 미루는 데 좋은 구실이 생기기를 어느 정도는 바라고 있었다. 이들의 의견에 동의한 미국 고위 장교는 지중해 전역의 미 항공대 사령관 스파츠 장군뿐이었다. 해리스와 마찬가지로 스파츠는 폭격만으로 3개월 안에 전쟁에서 승리할 수 있다고 믿었으며, '오버로드는 불필요하거나 바람직하지 않은 작전'[5]이라고 생각했다. 그는 폭격기 부대가 독일에 다다를 수 있도록 이탈리아 포 강 너머로 작전을 이어가 오스트리아까지 뻗어나가길 바라고 있었다.

　처칠이 마셜의 반대를 무릅쓰고 횃불 작전과 허스키 작전을 밀어붙인 것은 틀림없이 옳은 선택이었다. 이유야 어찌 됐든 적어도 1943년에 프랑스를 침공하는 불행한 시도는 막은 것이다. 그런데 이제는 처칠이 이탈리아의 지배를 받고 있던 에게 해 로도스 등의 섬을 탈환하는 것에 새로이 집착하게 되면서 미군과 쌓은 모든 신뢰를 잃어가고 있었다. 마셜 장군은 처칠이 지중해 동쪽 섬들에 이토록 집착하는 것은 발칸 반도를 침공하려는 비밀 계획의 일환이 아닌가 하고 자연히 의심하게 되었다. 당연히 마셜은 미군의 지원이나 일체의 관여를 필사적으로 거부했다.

심지어 이탈리아 작전과 더불어 그 지역에서 펼칠 다른 작전들까지 지지했던 브룩조차 처칠 수상이 일명 '로도스 삼매경'[6]에 빠져 완전히 판단력을 잃어버린 점을 걱정했다. "그는 로도스를 공격할 생각에 광적으로 흥분할 정도였고, 그 중요성을 과장하여 그 밖의 것들을 더 이상 보지 못하는 지경이며, 루스벨트 대통령 및 미군과의 관계, 그리고 이탈리아 전역의 전체 미래를 위험에 빠뜨리는 희생을 치르더라도 이 섬 하나를 점령하겠다는 데 온 정신이 쏠려 있었다…… 미군은 이미 수상을 크게 의심하고 있으며, 이로써 사태는 더욱 악화될 것이다."[7]

연합국이 곧 로마에 입성할 것이라는 낙관에 처칠은 물론 미군 사령관들까지 젖어들었다. 마크 클라크는 로마 정복자가 되기로 확고하게 결심을 굳혔고, 아이젠하워도 이탈리아의 수도 로마가 10월 말까지 함락될 것이라고 믿었다. 알렉산더는 크리스마스까지 피렌체에 입성하겠다는 무모한 선언을 했다. 그러나 독일군이 퇴각 중에도 인정사정없이 싸움에 임할 것이라는 징후, 그리고 연합국을 적극적으로 돕고 있는 이탈리아 군대와 빨치산에 보복할 것이라는 징후는 이미 분명하게 드러나고 있었다.

나폴리 동쪽 아체라 인근 마을 공동묘지에서 제11경기병대 소속 B 대대는 벽 앞에 서서 독일군의 총탄에 맞아 살해된 남성 10명의 시신을 묻고 있는 현지 주민들을 발견했다. 연대에서는 "(우리) 장갑차들이 자리에서 떠난 직후, 갑자기 더 많은 독일군이 묘지 담장을 뛰어넘어 들어와 무덤가에서 있는 사람들에게 기관단총을 쏘아댔다"[8]라고 기록했다. 적군 편으로 돌아선 이탈리아를 향한 히틀러의 분노가 평범한 독일 병사들에게까지 퍼진 것이었다.

클라크 예하 제5군은 나폴리에서 서북쪽으로 30킬로미터 정도 진군하던 중에 볼투르노 강에서 첫 번째 장애물을 만났다. 10월 13일 이른 시각, 사단 및 군단 포병대가 강 너머를 목표로 대규모로 포문을 열었다. 영국 제56사단은 해안 근처에서 힘든 시간을 보냈지만, 강의 너비가 넓기는 해도 걸어서 건널 수는 있었기 때문에 다음 날 넓은 교두보를 확보했다. 히틀러와 마찬가지로 케셀링은 연합국을 최대한 반도 아래쪽에 고립시킬 생각이었다. 북쪽에서 독일 사단을 지휘하며 철수를 주장했던 로멜은 뒷전으로 밀려났다.

궂은 날씨 속 산악지대에서 진군을 거듭하던 연합군 병사들은 전쟁 전에 여행 포스터를 보고 상상해왔던 '화창한 이탈리아'가 그저 상상에 불과한 것임을 곧 깨달았다. 그해 이탈리아의 가을은 마치 비는 하염없이 내리고 진흙길은 깊어만 갔던 러시아 라스푸티차 같았다. 영국군의 전투복과 미군의 녹갈색 군복 모두 한번 입으면 몇 주 동안 젖어 있기 마련이었다. 그래서 하루에 한 번씩 마른 양말로 갈아 신지 않으면 얼마 지나지 않아 참호족염塹壕足炎 냉습한 참호 속에서 장시간 지낼 경우 동상, 세균 감염 등으로 발이 썩는 병에 걸렸다. 늦가을의 폭우는 강을 격류로, 길은 습지로 바꾸어버렸으며, 후퇴하는 독일군은 교량을 모두 폭파하고 통로에는 모조리 지뢰를 묻었다. 비록 영국군이 베일리교Bailey bridge 주로 군사용의 조립식 임시 철제 교량를 고안해내기는 했지만, 영국군은 좋은 장비를 쓰고 수 또한 많은 미국 공병여단을 부러워했다. 그러나 미군조차 끝없이 이어지는 산골짜기에서는 교량 공사 장비가 부족했다.

독일군은 잘 위장된 대전차포로 도로 바리케이드를 둘러싸 방어선을 형성하고 지뢰를 부설한 뒤 부대를 철수했다. 선두에 있는 전차나 장갑차가 지뢰를 건드리거나 갑자기 날아오는 철갑탄에 맞아 박살이 나야만 적과 접촉할 수 있었다. 사막전에서의 폭넓은 기동은 이제 옛말이 되었다. 좁은 골짜기와 잘 방어된 고지 마을에 나 있는 좁은 길들 때문에 보병대는 진지를 하나씩 탈취해야 했다. 볼투르노 강 북쪽으로 이동한 지 30킬로미터도 채 되지 않아, 진군은 완전히 중단되고 말았다.

케셀링이 정한 구스타프 전선 또는 겨울전선은 아드리아 해의 오르토나 바로 아래에서 티레니아 해 쪽 가에타 만까지 140킬로미터 길이로 이어졌다. 이 전선은 장화 모양의 이탈리아 지형 중 가장 좁은 곳에 있어 방어하기에도 좋았다. 구스타프 전선에는 주요 방위 거점으로 자연 요새인 몬테카시노가 있었다. 울트라 암호해독기로 히틀러와 케셀링이 맹렬한 방어전을 펼칠 것이라는 사실이 확인되자, 대책 없이 낙관만 하고 있던 연합국 지휘관들은 정신이 번쩍 들었다. 이 시점에서 아이젠하워가 전체 작전의 재평가를 강력히 주장했어야 했다. 오버로드 작전 수행을 위해 7개 사단이 영국으로 되돌아가게 되면서, 연합국에는 이제 주요 공격에 필요한 수적 우세가 없어졌다. 처칠과 브룩은 미군이 5월 트라이던트 회담에서 이뤄진 합의를 관철하겠다고 고집하는 것이 다소 불공평하다고 생각하는 모양이었다.

지상 정찰을 통해 지도상에 표시된 것들이 곧 확인되었다. 클라크 예하 제5군이 로마로 갈 수 있는 길은 양쪽이 거대한 산으로 막힌 미냐노 협곡을 관통하는 6번 경로가 유일했다. 뒤쪽으로는 라피도 강이 흘렀으며, 강굽이 쪽에는 몬테카시노가 우뚝 솟아 있었다.

좌익에서는 영국 제10군단이 가릴리아노 강이라는 장애물을 만났다. 11월 5일, 제10군단은 몬테카미노를 장악하여 미냐노 협곡을 측면에서 포위하려고 시도했는데, 마치 산등성이처럼 보이는 지형들이 이어진 이 거대한 지대는 겨울전선 선봉에 나선 독일 제15기갑척탄병 사단이 견고하게 방어하고 있었다. 독일군의 방어선을 뚫을 수 없었던 제201근위여단 병사들은 일명 '벌거벗은 엉덩이 같은 산등성이'에 참호를 파는 것이 불가능함을 깨달았다. 대신 얼음 같은 빗속에서 바위를 이용해 임시 방벽을 쌓아야 했다. 독일군의 박격포가 날아오면 돌 파편이 사방으로 튀어 보통 때보다 더욱 위력적이었다. 며칠 후, 클라크는 사람 죽이는 산이 되어버린 곳에서 후퇴할 수밖에 없었다. 전사자들은 전방 진지에 기대어 적을 향해 무기를 겨냥한 채 남겨졌고, 생존자들은 철수했다.

더 높은 서북쪽 아펜니노 산맥에서는 미 제34사단과 제45사단이 후퇴하는 독일군을 산악초원 너머 지뢰밭 쪽으로 모는 데 성공했다. 그런데 영국군도 미군도 산악전을 제대로 익히지 못했다는 약점이 있었다. 그런 지형에서는 트럭이 진지 가까이 다가갈 수 없었던 것이다. 식량과 탄약은 경사지고 구불구불한 길로 노새나 사람이 끌어 운반해야 했다. 돌아오는 길에는 노새가 끄는 수레에 시체를 실어왔다. 노새 마부는 주로 일용직으로 고용된 숯꾼들이었는데, 소름끼치는 짐을 보고 기겁했다. 부상자는 들것에 실려 밤에만 운반되었으며, 오르락내리락 가파르고 미끄러운 길은 운반자와 부상자 모두를 힘들게 했다.[9]

12월 2일 오후, 시커먼 하늘 아래로 또 한 번 몰아치는 폭풍우 속에서 영국군은 다시 몬테카미노를, 미군은 제1특전대를 선두로 보병들이 경사로를 따라 라디펜사 산을 기어오르는 사이, 제5군 포병대의 대포 900문이 엄청난 포화를 터뜨렸다. 다음 날 새벽이 되자, 이 반 비정규군은 산 정상을 점령하고 독일 기갑척탄병들의 역습에 대비했다. 그 후 며칠 동안 라디펜사를 둘러싸고 양쪽 모두 무자비한 전투를 벌였다. 그러면서 미군은 속임수에 넘어가 포로를 한 명도 잡지 못했다.

서남쪽에서 영국군이 마침내 몬테카미노를 장악하여 6번 경로를 가로막고 있는 독일군 진지 중심부의 일부를 측면 포위할 수 있게 되었다. 클라크는 산피에트로 마을 전방에 구축된 베른하르트 전선을 돌파하기 위해 동북쪽으로 제36사단을 투입했다. 첫 목표물은 미나노 협곡 서남쪽 몬테룽고가 될 수밖에 없었는데, 그렇지 않으면 그곳에 포진한 독일군 포병대가 공격을 저지할 것이기 때문이었다. 자신들을 가혹하게 대한 전前 동맹국에게 패기 있는 모습을 꼭 보여주고 싶었던 이탈리아 산악여단은 용감하게 공격했지만 맹렬한 기관총 사격에 만신창이가 되고 말았다. 클라크는 전차를 활용하려고도 해봤지만, 산악지대에서 궤도가 자꾸 끊겨 진격이 힘들었다. 큰 피해를 입고 며칠이 지난 뒤 연합국은 서쪽으로부터 몬테룽고를 장악했고, 뒤이어 산피에트로가 함락되었다. 독일군은 단지 다음 전선으로 물러났다.

12월 중순, 클라크 예하 병사들의 꼴은 말이 아니었다. 수염은 덥수룩하고 머리카락은 길고 축축했으며 눈 밑은 피로로 그늘져 있었다. 군복에는 진흙이 스몄으며 군화는 너덜너덜해졌고 피부는 내내 젖어 있어 하얗게 주름진 상태였다. 이들 중 다수는 참호족염으로 고생했다. 산피에트로에 거주하다가 전투를 피해 동굴로 대피한 이탈리아인 주민들 또한 곤란한 상황에 놓였다. 동굴에서 나온 주민들에게 남겨진 것이라곤 완전히 폐허가 된 집과 짓이겨진 채소밭과 포도밭뿐이었다. 산허리 주변에 있던 나무는 거의 모두 포탄에 맞아 엉망이 되어버렸다.

몽고메리 예하 제8군은 아펜니노 산맥의 오른쪽, 즉 아드리아 해를 면한 쪽에서 따로 떨어져 전쟁을 치르게 되었다. 항구가 정리될 때까지 군수품 집적이 늦어져 제8군의 활동은 군수품 부족, 특히 연료 부족으로 제약을 받았다. 바리로 오던 보급선 대부분은 포자 13개 비행장에 기지를 둔 제임스 둘리틀 소장 예하 제15육군항공대에 할당되어 군사활동이 신속하게 이뤄지도록 도왔다.

몽고메리는 이탈리아 작전의 가장 큰 목적이 최대한 많은 독일군 사단을 꽁꽁 묶어두는 것, 그리고 포자 기지를 이용하여 바이에른, 오스트리아, 다뉴브 강 유역에 있는 독일군을 폭격하는 것이 되어야 한다는 사실을 깨달았다. 이탈리아 중남부의 산악지형에서는 독일군이 방어하기에 유리할 뿐 아니라, 연합군에는 전차 병력이 훨씬 더 많은데도 그것을 사용하는 것이 거의 불가능했다. 병사들은 이 전투가 사막전보다 훨씬 더 무자비함을 깨달았다. 독일군 쪽에서 자행한 일을 두고 한 종군기자는 '질서 정연한 만행'[10]이라고 표현했다. 독일군은 "포위, 고립되거나 항복 의사를 표한 캐나다군 소대의 모든 병사를 쏴 죽였다. 또한 전투 지역에서 발견된 민간인은 그곳에 집이 있더라도 즉시 총살된다".

몽고메리는 클라크의 제5군과 마주하고 있는 독일군의 측면으로 우회하기 위해 돌파하려 했지만, 11월 둘째 주 억수같이 쏟아지는 가을비로 산그로 강을 건너는 일이 미루어졌다. 땅은 물에 잠겨 전차가 움직일 수 없었고, 구름은 낮게 깔려 당시까지 사막공군이라 불리던 공중 병력의 지원도 불가능했다. 산그로 강물이 범람해 부교가 순식간에 휩쓸려 내려가버렸다. 11월 27일, 비는 좀처럼 잦아들지 않았지만 뉴질랜드 제2사단은 결국 강을 건넜고 "고지 선점을 두고 본격적으로 격전이 시작되었다".[11]

몽고메리는 전황 설명을 위해 이탈리아 전선에 종군기자들을 모두 불러 모았다. 그는 아직도 사막용 위장색을 칠한 채 산그로 강이 내려다보이는 올리브 숲속에 숨겨놓은 그의 캐러밴으로부터 몇 걸음 떨어진 곳에서 이야기했다. 몽고메리는 스웨이드 가죽으로 된 사막용 군화와 카키색 코르덴 바지를 착용하고, 전투복 상의는 목 부분을 풀고 실크스카프를 맸다. 호주 종군기자 고드프리 블런던은 몽고메리에 대해 이렇게 기록했다. "그는 체구가 약간 작고 콧날이 날카로우며, 잿빛 눈썹 아래 푸른 눈은 빈틈없고 신중해 보였다. 혀짤배기소리를 거의 내지 않으며 딱딱하고 정확한 목소리로 이야기해나갔다."[12] 자신의 '훌륭한 전쟁 원칙'을 강력하게 주장하던 몽고메리의 연설을 방해하는 것은 '캐러밴 한쪽 구석에 놓여 있는 새장 안에서 모란앵무와 카나리아가 지저귀는 소리뿐'이었다.

12월이 시작되었을 때, 몽고메리는 캐나다 제1사단에 해안을 따라 오르토나 쪽으로 공격하라고 지시했다. 오르토나 뒤로 25킬로미터 지점에는 로마를 향해 내륙을 가로지르는 아펜니노 산맥이 시작되는 곳에 페스카라 시와 5번 도로가 있었다. 캐나다 제1사단장이자 빨간 머리의 산악인인 크리스토퍼 보크스 소장은 독일 제90기갑척탄병 사단을 향해 일련의 정면 공격을 시도할 것을 병사들에게 명령했다. 첫 공격을 성공시킨 후, 병사들은 오르토나 서남쪽으로 흐르는 계곡을 지키고 있던 독일군 진지와 맞닥뜨렸다. 독일군은 계곡에 지뢰를 매설해두었다. 9일 동안 보크스는 대대를 하나씩 공격으로 내몰았고, 나중에는 병사들로부터 도살자라는 별명까지 얻었다. 몽고메리는 메시지를 보내 진행이 왜 그리 더딘지 물었다. 캐나다군은 기갑척탄병뿐만 아니라, 특유의 둥근 헬멧이 트레이드마크인 제1낙하산사단과도 대치하고 있었던 것이다.

12월 21일, 캐나다군이 마침내 돌파에 성공했다. 독일군 파괴반들은 캐나다군의 눈앞에서 고대 도시를 산산조각 내버리는가 하면, 낙하산병들은 한 주가 지나도록 여전히 폐허에서 버티며 남아 있는 거의 모든 것에 부비트랩을 설치했다. 덩치가 큰 보크스는 그달 자신의 사단이 입은 피해에 분노하여 눈물을 흘리며 무너졌다. 사상자 2300명 중 500명이 전사했고, 전투피로증으로 무기력해지거나 실어증을 앓게 된 병사도 많았던 것이다. 몽고메리는 당분간 추가 공격 계획을 취소했다.

몽고메리가 구축한 보급 체계는 또다시 혼란에 빠졌다. 12월 2일, 루프트바페의 대규모 공습이 바리 항에 날아들어 연합군의 허를 찔렀다. 머스터드 가스 폭탄 1350톤을 싣고 있던 리버티 선 SS 존 하비 함 1척을 포함해 선박 17척이 침몰했다. 극비에 운송된 머스터드 가스 폭탄은 독일군이 화학전까지 시도할 경우에 대비해 예비용으로 보관만 하고 있으려 한 것이었다. 송수관이 터져 불길에 휩싸이면서 항구는 혼란에 빠졌다. 탄약 5000톤을 실은 다른 선박도 화재로 폭발했다. 하비 함이 폭발하면서 선장과 수병들은 모두 죽었고, 폭발할 때마다 물에서는 거센 파도가 일었다. 머스터드 가스가 부두 곳곳의 병사들은 물론 바다에 빠진 모든 사람을 뒤덮었다. 종군기자들은 공습에 관해 언급한 것이라면 어떠한 형태든 검열을 받아야 한다는 사실을 곧 깨달았다.

머스터드 가스와 존 하비 함 승선자 전원 사망 사건을 둘러싼 내용이 기밀이었던 탓에, 군인과 민간인들을 돌보던 의사들은 왜 그토록 많은 사람이 눈도 뜨지 못한 채 고통 속에서 죽어갔는지 알 수 없었다. 의사들이 타당한 원인을 밝혀내기까지는 이틀이 걸렸다. 1000명이 넘는 연합군 군인과 수병들이 주검이 되었으며, 그 수는 분명치 않지만 이탈리아인도 섞여 있었던 게 확실하다. 이 항구는 1944년 2월까지 사용이 중단되었다. 이번 공습은 제2차 세계대전을 통틀어 루프트바페가 연합군에게 가장 치명적인 타격을 준 공격 중 하나였다.

알렉산더가 지휘한 양군은 이제 가혹한 환경에서 희생이 큰 작전을 펼쳐야 할 처지에 놓였다. 이탈리아 남부 지역은 "1943년의 추운 겨울을 나기에는 행복한 곳이 아니었다"라고 어느 아일랜드 근위대원이 말했다. 다른 누구보다 더 불행하고 가장 궁핍한 사람은 바로 시민들이었다. 시민들은 음식 부스러기를 잡아채거나 군인이 버린 담배꽁초라도 주워 피울 기세였다. 모두가 생존하기 위해 안간힘을 썼다. 나폴리에서는 한 풋내기 창녀가 25센트 혹은 식량 한 캔에 몸을 팔았다. 아드리아 해 바리에서는 담배 다섯 개비로 여자를 살 수 있었다고 한다.[13] 검진을 받지 않은 매춘굴에는 '출입금지'라고 표시되어 있었지만, 수많은 군인에게는 그저 금지된 것에 대한 도전쯤으로 보였다. 흰색 헬멧을 써서 '스노드롭'으로 불리던 미군 헌병대는 군인들이 있는지 확인하기 위해 그런 시설들에 난입하는 일을 큰 즐거움으로 삼았다. 성병 발병률이 시칠리아 때보다 훨씬 더 높은 수준으로 증가해, 병사 10명 중 1명 이상이 성병에 감염되었다. 처음에는 그러한 비군사적인 용도로 페니실린을 사용하는 것이 공식적으로 허용되지 않았지만, 더 많은 병사를 일선에 돌려보낼 수 있는 유일한 방도라고 하여 1944년 이른 봄에 페니실린 사용이 정당화되었다.

풍요로운 미국에서 만든 물건들이 나폴리 항으로 유입되면서 거대한 암시장의 장물아비들은 신이 난 반면, 평범한 이탈리아인들은 거의 아사 직전이었다. 파시스트의 행정 실책으로 이미 크게 줄어 있던 시민들의 보급 식량을 독일군이 점유하고 있었던 것이다. 점령자들이 손을 대지 않아 시민들이 유일하게 먹을 수 있었던 것은 돼지 여물이나 다름없다고 여겨졌던 산속 숲 지대의 밤나무 열매뿐이었다. 밀가루를 빼앗긴 이탈리아인들은 밤을 갈아 가루로 만들었다. 가장 부족했던 것은 소금이었는데, 소금이 부족하다는 것은 돼지를 도살한 뒤 보존 처리를 할 수 없다는 뜻이었다. 물론 독일군이 지나간 뒤에 돼지가 한 마리라도 남아 있었다면 말이다. 독일군 지휘관과 공무원들은 농사를 지을 수 있게 해달라는 이탈리아 장관의 간청도 무시했다. 독일군이 이탈리아 병사들을 강제 노역장으로 끌고 갔기 때문에 사실상 밭에서 일할 남성도 거의 없었다. 영양실조가 만연해 어린이들은 구루병을 앓을 수밖에 없었다. 그러나 특히 나폴리에서 악명 높았던 살인자는 바로 발진티푸스였다. 비누가 부족하고 더운 물을 거의 사용할 수 없어 우글거리던 이가 빠르게 병을 옮긴 것이다. 미군이 다량의 DDT 살충제를 가져와 주민들에게 뿌린 후에야 어느 정도 진정되었다.

크리스마스 이후 폐렴에 걸려 마라케시에서 건강을 회복하고 있던 처칠은 바다 건너 이탈리아에서 전선이 정체되어 있는 꼴을 두고 볼 수 없었다. 그는 로마 가까이로 또 한 번 상륙 작전을 실시하여 독일 전선을 측면 포위한다는 마크 클라크 장군의 예전 작전을 다시 열정적으로 지지했다. 아이젠하워는 안치오 상륙 작전이라 불리는 그 의견을 몹시 불안해했지만, 이미 아이젠하워와 몽고메리는 둘 다 오버로드 작전을 준비하기 위해 지중해를 떠나 런던으로 향하고 있었다. 처칠은 사실상 이 작전을 자기가 맡아 지휘한다고 믿었다. 클라크도 이제는 단 2개 사단만 배정된 안치오 작전이 성공하리라는 확신이 들지 않았다. 만약 제5군이 구스타프 전선을 돌파하지 못한다면, 이 상륙부대는 손쉽게 덫에 걸릴 수 있기 때문이었다.

2개 사단을 상륙시키고, 보급하는 이 작전에는 상당한 양의 물자가 필요해 거의 전차상륙함 90척과 상륙주정 160척을 투입해야 했다. 그러나 투입할 선박 대부분은 오버로드 작전에 대비하여 1944년 1월 중순에는 영국으로 출발해야만 했다. 처칠은 앞으로의 시나리오를 아주 그럴듯하게 설명하면서, 안치오 작전으로 다른 일들이 지연되는 것은 결코 없으리라며 루스벨트를 설득했다. 브룩은 그 계획을 지지했지만, 지중해에서 총사령관 역할을 하고자 하는 처칠의 소망은 불안하게 생각했다. 새로 진급한 육군 원수 브룩은 이렇게 일기를 썼다. "마라케시에 앉아 있는 윈스턴이 이제 원기 왕성해져 그곳에서 전쟁을 이기려 하고 있구나! 신께서 그를 고국으로 데려가 말렸으면 좋겠다."[14]

라 마무니아 호텔에 자리 잡은 처칠은 지중해에 있는 고위 장교를 모두 불러들였다. 그는 모든 의심을 묵살하고, 예행연습 시간을 벌고자 1월 22일로 정해져 있는 날짜를 뒤로 미루자는 건의도 무시했다. 상륙지역으로는 독일군 전선 뒤로 100킬로미터 떨어진 안치오 주위의 해변이 선택되었다. 무엇보다도 교착 상태를 깨야 했기 때문에 자리에 있던 장교 대부분은 그 계획을 지지했으나, 이것이 꽤 도박성 짙은 결정이라는 것도 잘 알고 있었다. 처칠은 병참 문제들을 과소평가한 것은 물론, 연합국이 교두보를 강화하는 속도보다 더 빠르게 부대를 움직여 상륙부대를 역습하는 독일군의 능력도 대수롭지 않게 생각했다. 따라서 모든 것은 제5군이 라피도 강을 넘는 능력과 방어가 탄탄한 카시노 시를 점령하는 능력, 그 뒤 무엇보다도 가장 어려운 것으로 카시노 너머 어렴풋이 보이는 몬테카시노의 요새를 장악하는 능력에 달려 있었다. 몬테카시노는 가까운 주변 지역이 내려다보이는 위치에 있었을 뿐만 아니라, 특히 독일군 포병대 관측 요원에게는 전체 지역의 전망이 한눈에 보이는 곳이기도 했다.

다시 한번 영국 제10군단은 바다와 가장 가까운 좌측에서 진군하게 되었다. 클라크는 현명하게도 강인한 북아프리카 군대 2개 사단으로 구성해 새로 투입된 프랑스 원정군단을 자신의 우측에 배치해두었다. 북아프리카 토착민 병사들은 훌륭한 산악 전사였다. 움직임도 가벼웠고 지상에 있는 모든 습곡을 매우 능숙하게 활용했으며 칼과 총검으로 적을 조용히 살상해 무자비함을 보여주었다. 주요 공격은 다시 중앙에서 이뤄졌는데, 이번에는 카시노에서 남쪽으로 몇 킬로미터 떨어진 리리 계곡 방향으로 진격했다. 공격대는 포화 속에서 라피도 강과 지뢰 깔린 둑을 건넌 다음 고지에 있는 강력한 독일 수비대를 공격해야 했다.

클라크의 계획은 독창적이지 못했다. 사단장 중 몇 명은 불안해했지만 자기들이 의심스럽게 여기는 바를 공공연히 말하지는 않았다. 이들은 로마를 장악하려는 클라크의 집착이 수많은 병사의 목숨을 앗아갈지도 모른다고 생각했다. 그럼에도 클라크는 총공격을 개시하여 안치오 상륙 작전을 성공시킬 기회를 마련해야 했다. 살레르노 전투로 전력이 많이 손실된 제36사단이 제2군단의 선두에서, 라피도 강이 내려다보이는 산탄젤로 마을, 즉 독일 제15기갑척탄병 사단이 지키고 있는 마을을 공격하기로 했다. 제

36사단의 남쪽에서는 1월 19일 밤 영국 제46사단이 가릴리아노 강을 건 넜다. 그러나 제46사단은 독일군이 빠르게 반격하고 독일 공병들이 상류의 수문을 열어 리리 계곡 합류점을 물로 뒤덮어버리자 혼란에 빠져 후퇴해야 했다. 급류가 콸콸 쏟아지며 공격 주정들을 흩어지게 했던 것이다.

1월 20일 밤, 제36사단은 뿌연 물안개 속에서 라피도 강 쪽으로 접근하기 시작했다. 많은 중대가 길을 잃어 혼돈은 계속되었다. 독일군 공병들은 동쪽 둑에 지뢰를 부설하기 위해 조심조심 강을 건넜다. 잠시 후 공격을 준비하던 연합군이 대형 강습 보트를 끌고 발걸음을 옮기고 있을 때, 한 병사가 지뢰를 밟고 발이 터져 비명을 질렀다. 이 소리를 들은 기갑척탄병 부대 박격포병들이 소리 나는 쪽을 조준하며 재빨리 포탄을 연발했다. 미리 조준을 맞춰놓은 선을 따라 쏟아진 기관총탄 때문에, 물에 띄운 공격 주정 다수에 구멍이 났다.

반대편에 도달한 대대들은 어쩔 수 없이 물러났고, 이튿날 사단장은 다시 도하하라는 지시를 받았다. 두 번째 시도는 좀더 성공적이었지만 부대는 작은 교두보에 갇힌 채 야포와 박격포에게 사정없이 얻어터졌다. 결국 2000명 이상의 사상자가 발생한 뒤 사단의 나머지 병력들은 후퇴해야 했다. 이것은 당시에나 그 이후에나, 많은 비난을 받은 헛된 유혈 전투였다. 그러나 좌측에서 영국군의 공격이 함께 들어오면서 케셀링은 위기의 순간이 가까워졌음을 확신했다. 케셀링은 가릴리아노 강과 라피도 강을 따라 전선을 강화하기 위해 로마 가까이에 있는 두 예비사단, 즉 제29기갑척탄병 사단과 제90기갑척탄병 사단을 전진시켰다. 따라서 이틀 밤이 지난 후 안치오-네투노 구역은 무방비 상태가 되었다.

1월 20일, 코만도와 다비 대령이 지휘하는 3개 레인저 대대의 지원을 받는 영국 제1보병사단과 미국 제3사단이 나폴리 항에서 승선을 시작했다.

악대와 함께 선박으로 행진하는 부대들의 모습은 전투가 시작되기도 전에 승전 퍼레이드를 하는 듯한 인상을 주었다. 아일랜드 근위 보병 제1대대는 〈성 패트릭의 날〉에 맞춰 행진했다. 대대 소속 병사 중 한 명은 "거리에 길게 늘어선 이탈리아 사람들이 행진하는 우리에게 환호와 박수를 보내는 모습에 놀랐다. 수많은 근위병의 이탈리아인 여자 친구들도 환호하는 사람들 사이에 섞여 있다는 것을 알았다. 여자 친구들이 병사들과 보조를 맞춰 걸으며 꽃과 장신구 따위를 건넸다"[15]라고 기록했다. 보안이 취약해서 현지인들도 대부분 병사들이 어디로 가는지 알 정도였다.

제6군단 및 안치오 상륙 작전의 전체 지휘를 맡은 사람은 존 루커스 소장이었다. 루커스는 흰 콧수염과 가는 테 안경 때문에 중년 아저씨 같은 인상을 주는 다정한 사람이었지만, 공격성이 모자랐다. 고위 장교들은 그에게 격려 섞인 조언을 하지 않을 수 없었는데, 그런 조언들은 거의 모순에 가깝고 이치에 맞지도 않았다. 최악의 재난은 클라크 장군으로 인해 찾아왔다. 클라크는 루커스에게 이렇게 말했다. "존, 목을 바깥으로 내밀지 말게. 내가 살레르노에서 그렇게 했다가 일이 꼬여 혼쭐이 났었다네."[16] 클라크는 명확한 목표를 제시하지 않았다. 그는 교두보를 지키고 휘하의 군단을 위험에 빠뜨리지 말아야 한다는 뜻을 넌지시 나타냈다.

놀랍게도 왁자지껄한 이탈리아 사람들의 전송에도 불구하고, 독일군은 안치오와 네투노에서 약간의 상륙 조짐도 느끼지 못하고 있었다. 완전히 허를 찔린 것이다. 사실 미군과 영국군이 1월 22일 이른 시각에 상륙하여 현지인들에게 독일군이 어디 있느냐고 물었을 때 받은 답변은 고개를 갸우뚱하거나 로마 쪽이냐는 말에 고개를 끄덕이는 것이 전부였다. 붙잡힌 독일 병사는 소수에 불과했다. 그들은 로마 파시스트 관리들이 해변으로 찾아와 여유를 부리던 이 평온한 휴양지에서 자신들의 부대를 위해 약탈하던 중이었다.

독일군은 전형적인 군사방어선을 마련하지는 않았지만, 그 지역 환경을 구성하는 요소들을 교묘하게 파괴해두었다. 1930년대에 막대한 비용을 들여 배수시킨 폰티노 습지에 무솔리니가 제1차 세계대전에 참전했던 고참병 10만 명을 정착시켜 농사를 짓게 하면서, 이 지역에 들끓던 모기는 사실상 모두 사라졌다. 이탈리아가 항복한 뒤, 힐러 수하의 과학자 두 명이 전 동맹국에 대한 복수를 계획했다. 두 사람은 펌프를 꺼서 이 지역 전체를 물에 잠기게 한 뒤 갑문을 파괴했다. 그런 다음, 소금기 있는 물에서도 살 수 있는 말라리아모기를 퍼뜨렸다. 독일 군 당국 또한 말라리아 치료제인 퀴닌을 몰수하여 질병을 확산시켰다. 주민들의 땅과 집이 파괴되었을 뿐만 아니라, 이듬해 5만5000명 이상이 말라리아에 감염[17]되었다. 이것은 명백한 생물학전 사례였다.

　말라리아의 위협을 의식하지 못한 채, 알렉산더와 클라크는 평화로운 상륙 장소를 방문했다. 수뇌부가 전진할 의지를 보이지 않는 것에 대해서 두 사람은 별로 신경쓰지 않는 듯 보였지만, 전방 대대에서는 불안감과 당혹감이 커지기 시작했다. 한 아일랜드 근위대원은 "우리 모두는 뜻밖의 반전에 불쾌감을 느꼈다. 대담하게 로마를 향해 진군한다는 생각에 모두가 하나같이 몹시 흥분한 상태였다. 거칠고 지독할지 몰라도 우리는 로마로 가려 했었다. 우리는 기습에 성공했다. 그곳에는 독일군이 없다. 대체 무엇이 사단의 진군을 가로막고 있는 것인가?"[18]라고 기록했다. 영국군 장병들 사이에서는 미군이 로마에 먼저 입성하려고 이들을 저지하고 있다는 근거 없는 의혹도 나왔다. 그런데 루커스는 북쪽 고지를 점령하거나 7번 도로에 의존하는 제10군의 보급선을 차단할 필요가 있음에도 불구하고, 트러스콧 소장 예하 제3사단을 재촉하여 진군을 밀어붙이려 하지도 않았다.

　연합군의 상륙은 로마를 공황 상태에 빠뜨렸으며, 특히 케셀링이 2개 예비사단을 가릴리아노 강과 라피도 강 전선에 투입했기 때문에 티베르 강 유역 케셀링의 사령부에서도 난리가 났다. 케셀링은 동트기 직전 이 소식 때문에 잠에서 깬 뒤 베를린으로 전화를 걸었다. 비상대책인 리하르트 작전이 즉시 개시되어 이탈리아 북쪽에 있던 사단과 다른 곳에 있던 증원군이 남하했다. 에버하르트 폰 마켄젠 기병 대장은 자신의 제14군 사령부를 베로나에서 다른 곳으로 옮기도록 했다. 비팅호프 예하 제10군 사령부는 전투 상태가 아닌 모든 부대를 해안 평원의 폰티노 습지가 내려다보이는 알바니 구릉지대와 라치알리 구릉지대로 돌려보내라는 지시를 받았다. 케셀링은 무엇보다도 이 고지들에 대포를 가능한 한 많이 배치해야 한다고 생각했다. 그러나 우선은 휘하의 '나는 포병'을 보내고 루프트바페는 앞바다에 정박 중인 함정들을 향해 '활공폭탄'을 사용했다. 활공폭탄 하나가 영국 해군 구축함 HMS 야누스호를 두동강 냈다. 또 하나는 밝게 빛나고 있어서 눈에 잘 띄는 병원선을 침몰시켰다. 침공 함대에는 기뢰라는 또 다른 위험이 도사리고 있었다.

교두보 서쪽의 영국 제1사단은 마침내 1월 24일에 신속하게 진군을 시작하여 다음 날 아프릴리아라는 작은 도시를 장악했다. 트러스콧 예하 제3사단은 위치 자체가 헤르만 괴링 기갑사단과 대립하는 치스테르나 쪽을 공격했다. 얼마 안 있어 케셀링 휘하의 포병들이 고지에서 평원 아래를 향해 거의 쉬지 않고 포탄을 날리기 시작했다. 루커스가 고지 점령을 서두르라는 지시를 내리지 않은 것이 이제는 참사로 이어질 형국이었다. 쓸데없는 고집을 부리다 기습할 아주 좋은 기회를 날려버린 것이다. 그러나 그 실수에 대한 책임은 클라크나 알렉산더에게도 있었다. 그들은 처음 48시간 이내에 병력을 밀고 나오도록 루커스를 더 많이 압박했어야 했다. 반면 루커스 예하 제6군단은 단 2개 사단으로 구성되어 있어 내륙으로 진군하여 측면을 보호할 힘이 부족했다고 볼 수도 있으며, 작전 전체에 결함이 있었다고 볼 수도 있다.

클라크가 1월 28일에 다시 교두보를 방문했을 때, 독일군은 재빨리 병력을 모아 6만 명 남짓의 연합국 침공 병력과 맞먹는 수를 배치한 상태였다. 게다가 적의 증원 병력들이 추가로 남하 중이었다. 연합국의 공군력으로 이러한 적군의 병력 배치를 막을 거라는 안일한 생각은 환상에 지나지 않았음이 드러난 사이, 독일군의 대포 포화는 점점 더 거세졌다. 민간인과 군인들이 포격을 벗어나 묘지로 대피하려 할 때, 임신 중이던 열여덟 살 먹은 한 이탈리아 여성이 진통을 겪고 있었다. 그녀의 어머니가 온갖 성자들에게 수다스레 기도하는 동안, 영국 육군 의무대의 한 상병은 마치 일상 업무를 보듯 건강한 남자 아이를 받아냈다.

다비가 이끈 레인저 부대와 트러스콧이 이끈 제3사단이 다음 날 밤 공격에 돌입했을 때, 이들은 예상보다 몇 배나 많은 독일 병력에 밀려 그만 물러나고 말았다. 진형을 정비한 다음 다시 공격했지만 결국 이 공격은 레인저 부대를 재앙으로 몰고 가, 대원 다수가 전사하거나 포로로 잡혔다. 나중에 로마에서 독일군은 사진기자들과 독일 주간 뉴스 뉴스영화 제작 카메라 앞에서 기쁜 듯이 포로들을 행진시켰다. 수도가 지니는 상징적인 의미에 집착했던 히틀러는 가장 중요한 동맹국의 수도를 사수하기로 결심했다. 결과적으로 히틀러는 케셀링이 요구한 것보다 훨씬 더 많은 자원을 제공했다.

독일군이 포격량을 급격하게 늘리면서 연합국 연대 응급치료소, 응급치료 후송소, 임시 병원은 모두 부상병으로 넘쳐났다. 소규모 독일 전투수색대들이 진지 주변에 침투했다. 한 아일랜드 근위대 병장은 전투가 '짧고 강한 교전의 집합체'[19]라고 기록했다. "배수구와 깊은 용수로에는 숨을 곳이 아주 많아 어느 순간 적들이 코앞에 나타난다." 하늘이 잔뜩 흐렸기 때문에 연합국은 더 이상 공중 지원에 의존할 수 없었다. 미군과 영국군은 새로 증원군이 도착해 이제 약 10만 명이 된 마켄젠 부대의 맹렬한 역습을 땅을 파서 만든 참호 안에서 맞이해야 했다.

가릴리아노 강과 라피도 강의 제10군 방어선을 약화시키려던 안치오 상륙 작전은 완전히 실패했다. 꼭대기에 베네딕토회 수도원이 있는 바위투성이의 몬테카시노 산이 제10군의 방어 지점이었다. 그러나 동북쪽으로 10킬로미터가 채 되지 않는 곳에서는 북아프리카군 2개 사단으로 이뤄져 알퐁스 쥐앵 장군의 지휘를 받는 프랑스 군단이 세코 강을 건너 구스타프 전선 안쪽 몬테벨베데레 산을 장악했다. 이 군단은 가장 혹독한 산악 전투로 8000명의 사상자를 냈다. 라피도 강 유역으로 다시 내려오며, 대포 공격을 주고받는 치열한 싸움이 계속되었다.

처음에는 부득이 물러날 수밖에 없었던 미군 제34보병사단이 1월 30일에 카시노 북쪽 라피도 강을 얕은 여울을 이용해 걸어서 건넜다. 그 후 며칠 동안 거대한 산의 뒤쪽 둘레에 즐비한 고개와 고개를 오가며 치열한 전투를 벌였다. 그러나 카시노 시와 몬테카시노 산 자체를 놓고 벌어진 전투는 차가운 날씨와 눈보라 속에서 전진과 후퇴를 반복했다. 용감한 진군으로 지치고 만신창이가 된 제34사단은 얼마 후 인도 제4사단으로 교체되었다.

이번에는 뉴질랜드 군단 사령관 버나드 프라이버그 중장이 그 구역을 맡았다. 영국군 동료들에게 '뇌가 아주 작은 곰'으로 불리던 용감무쌍하고 큰 체구의 프라이버그는 눈앞의 일들을 있는 그대로 받아들였다. 그는 몬테카시노의 거대한 베네딕토회 수도원이 그대로는 난공불락이라고 결론지었다. 아이젠하워와 알렉산더가 전에 주장했듯이 수도원을 그대로 두려 애쓰기보다는, 연합국은 수도원을 완전히 파괴해야 했다. 독일군이 비밀리에 수도원을 요새로 만들었다는 정확하지 않은 보고는 믿고, 수도원이 피란민으로 가득 찼다는 보고는 무시한 것이다. 쥐앵 장군은 수도원 파괴를 강하게 반대했으며, 클라크와 미국 제2군단장도 반대하기는 마찬가지였다. 그러나 알렉산더는 프라이버그를 강력 지지하고 나섰다. 가시적 결과를 바라는 처칠이 런던에서 가하는 압박이 너무나 컸던 것이다.

2월 4일, 마켄젠의 기갑척탄병들이 안치오에 있던 영국군 요새 돌출부 전방 지뢰밭에 엄청난 수의 양떼를 풀면서 공격을 시작했다. 아일랜드 근위대 제1대대와 고든 산악부대 제6대대는 독일의 4호 전차가 뒤에서 나타나면서 치열한 전투에 휘말렸다. 제1보병사단은 포로로 잡힌 900명을 포함하여 총 1500명의 병사를 잃고 물러나야 했다. 사흘 후, 아프릴리아에서도 독일군의 공격이 시작되었다. 다시 한번 집중적인 야포사격과 앞바다에 떠 있는 연합군 함정들의 함포 덕분에 해안을 향한 돌파를 저지했다.

늑대소굴에 있던 히틀러는 안치오 교두보의 대축척 지도를 들여다보며 마켄젠에게 대규모 공격으로 연합군을 완전히 박살내버리라는 지시를 구체적으로 내렸다. 히틀러는 연합군에 이해하기 쉽고 유익한 가르침을 주어, 그해 말 영국 해협에서 연합군이 벌이려는 더 큰 계획이 좌절되기를 바랐다. 2월 16일에 전투는 다시 격렬해졌다. 제3기갑척탄병 사단과 제26기갑사단은 아프릴리아를 다시 공격하고, 미국 제45사단과 투입된 지 얼마 되지 않은 영국 제56사단 사이 지역도 공격했다. 이틀 후 마켄젠은 예비부대까지 투입했다.

기갑척탄병들은 카로체토를 축으로 아래쪽을 향해 거의 나폴레옹식 종대대형을 유지하며 공격했다. 이들이 오는 것을 포병대 관측 요원들이 보고 야포의 포격을 유도하여 큰 타격을 주었다. 미군은 이 접근로를 '볼링장'[20]이라고 불렀다. 연합군 사상자 수가 여전히 많기는 했지만 마켄젠도 5000명 이상의 병사를 잃었다.

알렉산더에게서 압박을 받고 있던 클라크는 안치오 교두보로 돌아와 제6군 사령관인 루커스를 해임하고 트러스콧이 그 자리를 대신하도록 했다. 전투가 연합군에게 유리해지기 시작한 직후에 이러한 결정이 이뤄진 것은 아이러니한 일이 아닐 수 없었다. 일주일 뒤 런던에서 참모장들과 가진 회의에서 처칠이 안치오 작전에 대해 유명한 말을 남긴 타이밍도 박자가 어긋

났다. "우리는 독일 놈들의 창자를 갈기갈기 찢어버릴 들고양이를 풀어놓길 바랐습니다. 그런데 오히려 거대한 고래 한 마리를 물가에 올려놓고 꼬리만 물속에서 흔들게 했던 것입니다!"[21]

2월 29일 케셀링과 총통 본부의 지시로 마켄젠은 또다시 대규모 공격을 실시했다. 연합군은 마켄젠이 이끄는 이 군대를 향해 포탄 6만6000발을 쏘았다. 히틀러는 10여 킬로미터에 불과한 안치오 교두보에 동부 전선만큼이나 큰 흥미를 갖고 있었다. 그러나 연합군이 물량전에 점점 더 강해지고 있는 가운데 만약 독일군에 대포 탄약과 공중 방호가 부족하다면 전투에서 승리할 수 없다는 사실을 히틀러는 인정하려 하지 않았다. 한편 케셀링은 이탈리아에서 전쟁이 새로운 국면을 맞았음을 느끼고 있었다. 국방군은 무한한 화력을 비축해둔 적을 상대로 더 이상 군대와 무기를 계속 소비할 수 없었다. 안치오에서 국방군 사상자의 75퍼센트가 포격에 의해 발생했던 것이다.

2월 15일, 몬테카시노에서는 연합국 안에 잠재되어 있던 파괴성이 완전히 폭발했다. 수도원에 대피 중인 사람들은 안전을 위해 최대한 빨리 그곳을 떠나라는 경고가 실린 전단이 전날 저녁 고대 수도원에 뿌려졌다. 그러나 몇몇 사람은 혼란과 의심에 둘러싸여 그곳에 남기로 했다. 대수도원장은 연합군이 그런 짓을 할 수 있으리라고는 생각지 않았다. B-17 플라잉 포트리스와 B-25 미첼, B-26 머로더 편대가 연달아 산꼭대기를 폭격하는 동안, 라피도 강 유역에 있던 제5군의 전체 포병대는 나름대로 폭격에 이바지했다. 피란민 수백 명이 목숨을 잃었다.

프라이버그의 계획은 모든 면에서 엉뚱한 결과를 낳았다. 그는 폭격기들이 떠나고 한참이 지나도록 공격 개시를 하지 못했다. 그때까지도 병력이 불충분하고 정비 상태도 엉망이었다. 연합군의 폭격 덕분에 독일군은 일부 파괴된 수도원을 진짜 요새로 바꿀 권리와 기회를 얻었다. 그리고 연합국은 독일군이 수도원을 점령했다고 하는 거짓 주장으로 독일을 비난하려 했지만, 그것은 제14기갑군단장 폰 젱거 운트 에테를린 기갑대장과의 면담에 담긴 대수도원장의 말과는 완전히 모순되는 것이었다.

제1낙하산사단이 방어하게 된 카시노 시는 이제 프라이버그의 주목표가 되었지만, 뉴질랜드 제2단과 인도 제4사단으로 공격하려 했던 그의 결정은 억수같이 퍼붓는 비 때문에 좌절되었다. 전차가 지나가려면 땅이 말라 있어야 했는데, 온 사방이 물에 잠겼다. 3월 15일, 비가 그치고 카시노는 폭격과 포격을 받았다. 제15육군항공대 승무원들의 주장에도 불구하고 항법 및 조준은 만족스럽지 않았다. 5개 도시가 실수로 폭격 피해를 입었다. 사실상 미군 항공대는 인도 사단, 제8군사령부, 새로 투입된 폴란드군과 쥐앵 장군의 사령부 등 아군의 다국적 군대를 각각 거의 한 번씩 폭격했던 것이다. 그리하여 연합군에는 350명의 사상자가 발생하고 민간인 75명이 죽거나 다쳤다.

공격이 예상될 때 독일군이 해오던 관행에 따라 카시노에서는 소수 병력만이 도시를 지키고 있었다. 낙하산 부대 대부분은 제2방어선, 제3방어선으로 물러나 있었다. 뒤이어 프라이버그의 군대가 진군했지만 길을 막고 있는 파편과 거대한 포탄 구멍 때문에 움직임도 쉽지 않았고 셔먼 전차도 지나갈 수 없었다. 그때 일기예보의 내용과는 달리 다시 비가 내리기 시작했다.

독일군 낙하산 부대는 대단히 능숙하게 파괴된 도시를 방어했다. 크레타 섬에서 당한 패배를 설욕하러 온 뉴질랜드군은 물론이고, 인도 사단, 특히 제9구르카 소총부대도 용기와 결의 면에서는 뒤처지지 않았다. 그러나 프라이버그가 자기만의 페이스로 전략적 안목도 없이 집요하게 적을 공격하자 클라크는 좌절했다. 전투는 8일 동안 계속되었고, 프라이버그의 군단은 독일군보다 두 배나 많은 수의 병사를 잃었다. 큰 희생을 치르고 고지를 점령한 구르카 부대와 같은 고립된 파견대에 복귀 명령이 떨어졌다. 군단 전체가 기진맥진한 채로 철수했고, 병사들은 분개하면서도 풀이 죽어 있었다.

한편 안치오에서는 교두보 주변의 연합군이 거의 10만 명으로 늘어남에 따라 독일군과 같은 수준이 유지되면서 이탈리아에서 전쟁을 지속할 수 있는 상태가 유지되었다. 그러나 가장 잔인한 전쟁터였던 이곳에서 이제 전투수색대들의 야간 교전은 일상이 되어버렸다. 군인들은 이탈리아 사람들이 피란을 떠나기 전 가축을 모조리 사들이고 채소를 심었다. 심심한 군인들은 딱정벌레 경주부터 야구에 이르기까지 어떤 것이든 내기를 했다. 미국 사업체들은 증류기를 급히 마련하여 밀주를 만들어 팔며 짭짤한 수익을 얻었다. "제133보병연대 소속 밀주업자들이 발효된 건포도 50파운드와 약간의 바닐라를 섞어 '파리에 취해'를 만들었다." 영국군 병사들은 쥐를 잡아넣은 모래주머니를 마치 휴대 장약처럼 독일군 참호를 향해 던졌다.[22] 자해하는 병사도 많아 우려스러운 수준이었는데, 이것은 눈앞에 닥친 공포 그자체보다는 예상되는 공포가 오히려 더 크기 때문이었던 것으로 보인다. 얼마 후 정신과 의사들이 설명했듯이, 전투피로증은 포위된 교두보에서 증가하게 마련이었다. 그러나 기동전만 시작되면 현저히 줄어들었다.

3월 23일 카시노를 둘러싼 전투가 절정에 달했을 때, 이탈리아 빨치산들은 로마에 매복하고 있다가 도시를 행진하는 독일 경찰 파견대를 습격했다. 격분한 히틀러는 보복을 지시하여 독일군 한 명이 살해당할 때마다 이탈리아인 열 명을 처형하도록 했다. SS의 로마 책임자 카플러는 다음 날 로마 외곽 아르데아티네 동굴에서 처형할 인질 335명을 뽑았다. 카플러의 유대인 사냥은 1259명만이 아우슈비츠로 보내져 그리 성공한 편은 아니었다. 교황이 유대인 박해에 대해 아무 말 하지 않았더라도 가톨릭 성당 등에서 이탈리아 사람들이 유대인 대다수를 숨겨주었기 때문이다.

아드리아 해 너머 유고슬라비아에서 독일군의 복수는 좀더 잔인해졌다. 힘러는 보스니아 무슬림을 제13SS산악사단 한트샤르에 보충할 것을 정식으로 승인하여, 혐오스런 세르비아인으로 묘사되던 티토의 빨치산과 싸우도록 했다. 보스니아 무슬림은 SS해골 부대 마크가 새겨진 회색 터키모자를 썼다. 사실상 빨치산은 유고 국가 전역에서 오는 지원자로 규모가 점점 커진 반면, 거의 단독으로 활동했던 미하일로비치 장군의 세르비아 체트니크는 1941년 10월 지독한 보복 후 독일과의 충돌에서 꽁무니를 뺐다. 그에 반해 티토의 공산당 병력은 독일군이 잔인할수록 공산당 수는 불어날 거라 믿으며 충돌을 망설이지 않았다. 체트니크가 주춤거리고 있다는 사실이 분명해지자, 영국 SOE는 체트니크에 대한 지원을 중단하고 티토의 조직에 대한 지원을 늘렸다. 바리에 위치한 SOE 기지에서 군수품이 날아들었고, 1944년 3월 2일 유고슬라비아에 있는 표적을 향한 폭격이 포자 비행장에서 시작되었다.

연합국이 독일을 맹렬하게 폭격하자 히틀러는 영국을 복수와 테러로 응징하고 싶었지만, 평범한 독일 국민은 나치의 광기 때문에 암담해했다. 국민은 폭격기로부터 보호받고 싶었고, 전쟁이 끝날 거라는 희망의 메시지를 듣고 싶어했다. 이제는 오로지 충성스런 나치주의자만이 "히틀러 만세!"를 외치며 나치식 경례를 했다. 이탈리아에서 무솔리니의 전복은 수많은 독일인의 마음속에 희망적인 생각을 품게 해주었지만, 두 정권의 지배력 차이는 천양지차였다. 히틀러는 나치스가 독일에서 계속 권력을 지키도록 하기 위해 하인리히 힘러 SS제국총통을 내무부 장관으로 임명했다. 그러나 히틀러가 독일 국민과의 접촉을 끊고 폭격 피해를 입은 시민들이나 부상병들을 찾아가는 일도 계속 거부하자, 괴벨스는 당황했다.

의식적이었든 무의식적이었든 간에 히틀러는 배수진을 쳤다. 승리 아니

제2차 세계대전

면 멸망, 그 외에는 아무것도 없었다. 그리고 나치의 승리가 불가피하다며 호언장담해온 히틀러는 상황이 변했다는 사실이나 이 참담한 사태에 대해 어떤 식으로든 자기에게 책임이 있음을 결코 인정하지 않으면서, 이제는 아주 뻔뻔스럽게 패배에 대한 공포로 위협을 가했다. 히틀러는 근래에 역전을 당한 것이 북아프리카에서 배신한 프랑스군, 더 심하게 배신한 이탈리아군, 그리고 나치에 대한 믿음이 부족하고 자신의 명령을 따르지 않은 국방군 내 반동 성향을 지닌 장군들 때문이라고 비난했다.

전쟁이 어떻게 끝날지에 대해서 히틀러는 보기 드물게 맑은 정신으로 상상할 수 있었던 모양이다. 적어도 그는 힘이 언제나 옳다고 하는 사회적 진화론을 일관성 있게 주장했다. 스탈린그라드에서 끔찍한 패배를 경험한 뒤에는 이러한 관념을 독일인들에게 적용하기 시작했다. 히틀러는 괴벨스에게 말했다. "만약 독일인들이 약해진다면 더 강한 사람들에 의해 소멸될 수밖에 없소. 그리고 아무도 그런 독일인을 동정할 필요는 없을 거요."[23] 제3제국의 몰락이 가까워오자 히틀러는 다시 이러한 이야기들을 하게 된다.

36

소비에트의
춘계 공격

1944년 1월 4일, 폰 만슈타인 육군 원수는 남부집단군이 직면한 위협을 강조하고자 늑대소굴로 날아갔다. 빈니차와 베르디체프 사이 제4기갑군은 파멸 위협에 놓여 있었다. 이 때문에 만슈타인의 군대와 중부집단군 사이에는 커다란 틈새가 생겼다. 유일한 답은 크림 반도와 드네프르 강 굽이에서 군대를 철수시키는 것뿐이었다.

히틀러는 이를 거부했다. 크림 반도를 버리면 루마니아군과 불가리아군의 지원을 잃을 위험이 있으며, 북쪽에서 병력을 빼면 이에 고무된 핀란드군이 전쟁에서 빠지려 할 수도 있었기 때문에 그렇게 하기 어려웠다. 히틀러는 적군의 의견 충돌이 심해 동맹이 깨질 것이라고 주장했다. 그저 끈기의 문제라는 것이었다. 만슈타인은 히틀러와 단둘이 만나기를 청했다. 두 사람과 함께 육군 참모총장 쿠르트 차이츨러만 남아 있었다. 히틀러는 곧 벌어질 일을 직감적으로 눈치채고는 언짢아했다.

만슈타인은 동부 전선 지휘권을 자기에게 넘겨달라며 전처럼 다시 한번 히틀러를 설득했다. 만슈타인은 너무 늦기 전에 후퇴를 허용하지 않았던 총통 본부의 고집스런 거부 행태를 생각하며, 일부 문제의 원인은 지휘 방식 때문이라고 말했다. "육군 원수도 내 말을 따르지 않는군!" 화가 난 히틀러는 냉담하게 대답했다. "그럼 이 이상 얼마나 더 성실하게 명령을 따라야 합니까?" 만슈타인은 히틀러의 명령을 거역한 것이 아니라고 되받아쳤다. 만슈타인이 한 점을 따내기는 했지만 히틀러는 갑자기 회의를 끝내버렸다. 주제넘게 굴었다가 히틀러의 불신만 키운 것이다. 그가 총사령관으로 지낼 날도 얼마 남지 않았다.[1]

1944년 1월, 그때까지 420만 명이나 잃고도 독일은 전시 동원 병력을 최대로 끌어내 정복을 갖춰 입은 군인 950만 명을 보유하고 있었다. 250만 명에서 약간 적은 숫자가 2년 6개월 전 바르바로사 작전 때 동원된 수보다 약간 많은 약 70만 명의 동맹군 병력[2]과 함께 동부 전선에 배치되어 있었다. 그러나 이 수치에는 오해의 소지가 있다. 이 시기의 독일군은 전쟁을 시작했을 때의 독일군과는 성격이 매우 다른 조직이었다. 평균 하루에 1개 연대와 맞먹는 수의 병사를 잃고 있었고,[3] 유능한 하급 장교와 부사관 다수가 교전 중 전사했다. 그래서 폴란드인, 체코인, 알자스인, 재외 독일인 등을 독일군이나 무장친위대에 강제 징집함으로써 관념상의 병력은 유지하고 있었지만, 사단에서 급식을 담당하는 병력의 10~20퍼센트가 히비와 강제노동자들로 구성되었다. 그 밖에 큰 차이점이라면, 독일 항공대 대부분이 전선에서 철수해 연합국의 폭격에서 독일 본토를 지키는 데 투입된 탓에 독일 육군이 더 이상 항공대의 효과적인 지원을 기대할 수 없다는 것이었다.

붉은 군대는 640만 명을 거의 다 동부 전선에 배치했으며, 전차, 대포, 항공기도 수적으로 크게 앞섰다. 하지만 소련은 지난 2년간 막대한 손실을 입고 군수산업에 막대한 인력을 투입했기 때문에 인력난에 시달리고 있었다.[4] 소총사단 중 병력 수가 2000명 이하로 떨어진 곳이 많았다. 그럼에도 붉은 군대는 1941년 재앙 때와는 비교가 안 될 정도로 전문화되고 효율적인 조직으로 거듭났다. NKVD의 압박이 주던 질식할 것 같은 공포는 훨씬 더 독창적인 것으로, 심지어 실험법으로 대체되었다. 1944년 초 소비에트의 우선 과제는 명확했다. 독일군을 레닌그라드에서 몰아낸 뒤, 벨라루스를 재점령하고 우크라이나 나머지 지역을 해방하는 것이었다.

만슈타인의 반격을 모두 물리친 바투틴의 우크라이나 제1전선군이 지토미르-베르디체프 작전을 성공으로 이끈 후, 스탑카의 대표 주코프 원수는 코르순 근처에 있는 강력한 독일군 돌출부를 괴멸시키기로 결정한다. 1월 24일, 히틀러가 철수를 금지시킨 제11군단과 제42군단은 코네프 예하 제2우크라이나전선군 소속인 제5근위전차군 및 제6전차군의 기습 공격을 받아 고립되었다. 스탈린그라드에서 포위되었던 군대를 구출하는 데 실패했던 만슈타인은 이번에 고립된 두 군단을 구해내기로 결심하고 4개 기갑사단을 결집시켰다.

주코프의 라이벌 코네프도 4개 보병사단과 제5SS기갑부대 비킹 사단을 처단하기를 열망했다. 베리야 아들의 말에 의하면 코네프는 '눈이 작고 사악하며, 머리는 호박처럼 깎고, 자만심으로 가득한 말투를 쓰는'[5] 아주 냉혹한 사람이었다. 그는 자신을 돕고 있는 제2항공군에 지시를 내려 체르카시 포위망 내 도시와 마을의 목조건물에 소이탄을 퍼붓게 했다.[6] 그리하여 영양 결핍 상태의 독일군은 혹독한 추위 속으로 내몰리게 된다.

포위된 부대는 2월 17일에 잔뜩 쌓인 눈을 힘겹게 뚫고 돌파 시도를 했다. 준비하고 있던 코네프는 덫을 튕겼다. T-34 전차는 궤도가 넓어 눈 더미를 잘 헤치고 나갈 수 있었기 때문에, 코네프의 전차 대원들은 체력이 약해진 독일군 보병들을 금세 쫓아가 전차로 깔아뭉개버렸다. 그런 다음 기병대가 코사크 말을 타고 돌진하여, 두 손을 들고 항복하려는 자들의 팔을 군도로 베어버렸다. 그날 하루 동안만 그곳에서 약 2만 명의 독일 병사가 전사했다고 한다. 코네프의 복수에 감동받은 스탈린은 코네프를 원수로 진급시켰다. 2월 29일에 우크라이나 민족주의자들에게 매복 공격을 당해 바투틴이 치명상을 입지 않았더라면 바투틴도 진급되었을지 모른다. 주코프가 바투틴의 우크라이나 제1전선군 사령탑을 인계받아 남부집단군의 북쪽 측면 공격을 이어가는 사이, 말리놉스키 예하 우크라이나 제3전선군과 톨부힌 예하 우크라이나 제4전선군이 드네프르 강 굽이에서 독일군을 괴멸 또는 후퇴시키고 있었다.

히틀러는 레닌그라드에서의 철수 고려를 더욱 망설였다. '볼셰비즘의 요람'을 파괴하고자 했던 바람은 다 사라졌지만, 철수할 경우 핀란드가 소련과 평화협정을 맺는 구실이 될까봐 두려웠다. 그러잖아도 붉은 군대가 남쪽에서 진격에 나섰다는 말이 퍼지는 가운데 히틀러의 군사들은 자신들이 왜 이런 늪지대에서 버티고 있는지 이해할 수 없었다.

곧 공격이 들어올 것을 예상한 독일 군 당국은 북러시아 주민들을 좀더 후방으로 강제 이동시켜 붉은 군대가 징병을 하지 못하도록 선수를 쳤다. 고드프리 블런던이 벨리키예루키 부근에서 기록한 내용이다. "우리 차가 눈 위에 쓰러져 있는 한 여성의 시체 옆을 지나갔다. 차는 멈추지 않았다. 러시아 전투지역에서는 흔히 볼 수 있는 광경이기 때문이다. 아마도 독일을 향해 행진하던 중 대열에서 낙오한 그 여성은 총에 맞았거나 얼어 죽었을 것이다. 그 여자가 어떤 사람인지 누가 알겠는가? 그녀는 그저 수백만 러시아인 중 한 명일 뿐이다."[7]

1944년 1월 14일에 레닌그라드와 볼호프, 제2발틱전선군은 포위를 뚫기 위해 일련의 공격을 시작했다. 지난 두 달간 레닌그라드 전선군은 밤에 몰래 제2충격군을 도시 서쪽 발트 해안가 오라니엔바움 교두보로 실어 나르고 있었다. 그러다 핀란드 만이 단단하게 얼자 추가로 군사 2만2000명과 전차 140대, 대포 380문을 포위망 안으로 보냈다.

짙고 차가운 안개 속에서 붉은 군대와 발틱 함대는 대포 2만1600문, 카추샤 로켓포 1500문을 동원해 이례적으로 대규모 포격 공세를 벌였다.

100분 동안 포탄 22만 발이 사용되었는데, 그 진동이 어찌나 컸던지 20킬로미터 떨어진 레닌그라드에서 건물 천장의 석고가 떨어질 정도였다.[8] 한 박격포병은 "포화가 땅속을 헤집고 연기와 먼지를 뿜어내며 벽이란 벽은 죄다 뽑아낼 기세였다"[9]라고 술회했다. 오라니엔바움 교두보에서 시작한 공격과 도시 서남쪽 측면 풀코보 고지에서 시작한 공격이 하나로 이어졌다. 북부집단군 총사령관 게오르크 폰 퀴흘러 육군 원수는 그토록 정교한 합동 공격을 예상하지 못했다. 그러나 독일 전투단은 평소처럼 노련하게 저항했다. 튼튼한 특화점에 자리 잡은 88밀리 포가 소비에트군 전차에 연달아 명중되었다. 진격하고 있던 소비에트 보병대는 전차 안에 있던 병사들의 살 타는 냄새를 맡을 수 있었다.

주민들이 독일군 전선 안쪽으로 이송되었기 때문에 마을에서는 민간인을 찾아볼 수 없었다. 진군은 푸시킨(차르스코예 셀로)과 페테르호프를 향해 계속되었다. 눈 속에 얼굴을 파묻은 독일군 시체들은 진군해오는 T-34 전차 아래에 깔려 뭉개졌다. 진군하는 동안 어떤 병사는 노래를 부르고 또 다른 병사는 기도를 했다. 한 장교는 "문득 어린 시절 배운 기도문을 기억해내려 애쓰는 나 자신을 발견했다. 하지만 아무것도 생각나지 않았다"고 술회했다. 얼마 후 그들이 가치나에 도달했을 때 궁궐은 오물로 뒤덮여 있었다.[10] 궁궐을 점령한 독일군들이 추운 날씨에 밖에 나가려고 하지 않았던 것이다. 하지만 영국 종군기자 알렉산더 워스는 가치나 궁궐의 일부가 독일군 장교들의 매춘굴로 전락한 사실을 안 붉은 군대 병사들이 격분했다고 주장했다.[11]

1월 22일 아침, 퀴흘러 장군은 후퇴를 멈출 수 없었기 때문에 군사활동의 의미가 없어져버린 푸시킨 파견 군대의 철수 허가를 히틀러에게 요청하기 위해 늑대소굴로 날아갔다. 다음 날, 독일군의 마지막 포탄이 레닌그라드에 떨어졌다. 포위가 시작된 지 880일이 지난 1944년 1월 27일, 포위가 풀렸다. 레닌그라드에서 승리의 예포가 울려 퍼졌지만 기념식은 죽은 사람들에 대한 애도로 그늘졌다. 살아남은 사람들 대부분은 살아 있다는 데 죄책감을 느끼고 있었다.

최전선 부대들은 복수에의 열망이 강했다. 바실리 추르킨은 이들이 비리차에 들어가서 벌인 일을 자신의 일기장에 다음과 같이 기록했다. "대원들이 독일 군복을 입은 러시아 10대 소년 네 명을 잡았다. 소년들에겐 즉시 총살당했다. 독일의 모든 것이 너무나도 증오스러웠던 것이다. 그러나 소년들에겐 죄가 없었다. 독일군은 후방에서 이 소년들을 마부로 부렸다. 독일군이 소년들에게 방한 외투를 주고 강제로 입혔던 것이다."[12]

히틀러는 곧 퀴흘러를 해임하고 그 자리를 위기 때마다 기용했던 모델 육군 원수로 대체했지만, 200킬로미터나 계속된 소비에트군의 진군을 멈춰 세우지는 못했다. 레옹 드그렐이 이끈 벨기에 왈로니 군단 등 외인 무장 친위대 부대들도 나르바에서 밀려났다. 남쪽에서는 벨라루스를 가로지르는 중부 전선이 1944년 초반 몇 달간 안정적으로 유지되었다. 그러나 벨라루스에서 빨치산을 상대로 벌인 독일군의 전투는 전방에서의 싸움만큼이나 잔혹했다. 독일 제9군은 노동에 적합하지 않다고 판단되는 소비에트 민간인 5만 명을 황무지에 강제로 보내버렸는데, 이는 사실상 사형 선고나 다름없었다.[13]

우크라이나 서부에서는 독일군이 중간중간에 회복할 시간도 없이 계속해서 공격을 당했다. 3월 4일, 주코프 예하 우크라이나 제1전선군은 2개 전차군으로 독일 전선을 격파하고 루마니아 국경으로 향했다. 또 다른 전차군은 드네스트르 강을 건너서 루마니아 동북쪽으로 진군했다.

총통 본부가 이제 소비에트 항공대의 공격 범위에 들면서, 콘크리트 벙커가 건설되는 사이 히틀러는 2월 22일에 동프로이센의 늑대소굴을 떠났다.

그는 베르크호프로 이동했으나, 그곳도 점점 의지할 수 없게 되어버린 발칸 동맹국과 가까운 곳이었다. 3월 초 히틀러는 호르티 제독이 연합군에게 종전을 제안했다는 정보를 입수하고 헝가리의 '배반' 문제를 처리하기로 결심했다. 히틀러는 헝가리를 점령하고 호르티를 구금하며 헝가리 유대인을 처리할 생각이었다.

3월 18일, 호르티가 헝가리 정부의 고위 인사들과 함께 클레스하임 성에 도착했다. 호르티와 그의 측근은 카르파티아 전선을 붉은 군대의 공격으로부터 방어하기 위해 헝가리 군대를 동부 전선에서 철수하게 해달라고 했던 요청에 관해 논의하고자 소환되었다고 생각했다. 그러나 히틀러는 호르티에게 최후통첩을 날릴 뿐이었다. 호르티는 히틀러가 자기 가족에게까지 위협을 가한 데 대해 분노했지만 선택의 여지가 없었다. 호르티는 죄수나 다름없는 신세가 되어 RSHA의 수장인 에른스트 칼텐브루너 SS대장과 함께 열차를 타고 부다페스트로 돌아왔다. 다음 날 괴뢰정부가 수립되고 독일 군대가 헝가리로 들어왔다. 곧바로 아이히만의 '전문가들'이 이끌고 뒤따라 들어와 헝가리의 유대인 75만 명을 집결시켜 아우슈비츠로 보낼 준비를 했다.

3월 19일에 독일 군대가 부다페스트로 들어가고 히틀러 또한 베르크호프에서 별난 의식을 거행했다. 그는 국방군 육군 원수들을 모두 소환하여 자신에게 충성을 맹세하도록 했다. 의식은 육군 원수 전원이 서명한 성명서를 고참인 폰 룬트슈테트 육군 원수가 낭독하는 것으로 시작되었다. 히틀러는 매우 인위적인 이런 의식에 감동받은 듯 보였지만, 육군 원수들은 히틀러가 이성을 잃었다며 걱정하고 있었다.

히틀러와 괴벨스는 독일 장교연맹이 벌이고 있는 '반파시스트' 선전 때문에 점점 더 불안해졌다. 소련에 잡힌 독일군 주요 포로들로 구성되어 NKVD에 의해 조종되는 이 단체는 포병대장 발터 폰 제위들리츠-쿠르츠바흐와 스탈린그라드에서 잡힌 고위 장교들이 함께 이끌고 있었다.[14] 철저한 반나치주의자가 된 제위들리츠는 히틀러 정권을 뒤엎을 병력 3만 명을 독일 전쟁포로들로 구성하겠다고 9월에 NKVD에 제안했다. 이 사실을 안 베리야는 이것을 치밀하며 지나치게 야심찬 대규모 탈출 시도로 오해했다.

3월 30일에 남부집단군의 만슈타인과 중부집단군의 클라이스트가 베르 크호프로 불려와 직위를 잃으면서 육군 원수들의 충성 맹세식은 더욱 진정 성을 잃는 듯 보였다. 또다시 포위당하는 사태를 피하기 위해 병력 철수 허 가를 요청했다는 것이 두 사람의 죄목이었다.

일주일 후, 크림 반도에서 우크라이나 제4전선군에 의해 고립된 독일군 과 루마니아군은 페레코프 지협에서 치명타를 입은 뒤 물러나야 했다. 오 데사에 있던 독일군은 4월 10일에 바닷가로 탈출할 수밖에 없었다. 그리고 한 달이 지난 후, 세바스토폴에 남아 있던 독일군과 루마니아군의 마지막 병력 2만5000명이 항복했다. 국방군은 이제 흑해 연안에서 철수하여 폴란 드 외곽 프리퍄티 습지로 이동했다. 남쪽에서는 붉은 군대가 거의 모든 소 비에트 영토를 되찾은 뒤 외국 영토로 들어갔다. 북쪽에서는 레닌그라드 전 선이 에스토니아 국경에까지 이르렀다. 스탈린의 다음 목표는 뚜렷했다. 만 약 스탑카가 벨라루스에서 중부집단군 전체를 괴멸시킬 계획을 차질 없이 실행해낸다면, 게다가 연합군이 노르망디를 침공하는 타이밍과 맞아떨어지 기까지 한다면, 이로써 이번 전쟁에서는 가장 큰 승리를 거두게 되는 것이 었다.

밤에는 역국 공군의 랭카스터 폭격기들이 폭격기와 공군대원들을 엄청 나게 희생시키면서도 영국의 최초 '제2전선'에서 계속 베를린에 폭격을 퍼 부었다. 괴링은 더 이상 대중 앞에 모습을 보이지 않았다. 히틀러는 독일 항 공대 루프트바페가 잉글랜드에 복수하려다 실패한 데 대해 절망하면서도, 자신의 오랜 동료였던 괴링을 차마 제거하지 못했다. 그러나 '베를린을 구석까지 철저히 파괴'하여 전쟁에서 승리할 거라는 해리스 영국 공군 대장의 이동계획은 그의 고집이 만들어낸 상상의 산물로만 남았다. 해리스의 베를린 전투로 베를린은 심하게 파괴되었지만 불타지는 않았다.

미 항공대와 영국 공군의 공습이 점점 절정으로 치달으며 1944년 2월 하순에는 '빅위크'로 이어졌다. 미군의 중폭격기들이 레겐스부르크, 퓌르트, 그라츠, 슈타이어, 고타, 슈바인푸르트, 아우크스부르크, 아셰르슬레벤, 브레멘, 로스토크에서 연료탱크 및 항공기를 표적으로 공격하는 동안 무스탕 장거리전투기들이 호위하면서 미군의 손실은 극적으로 줄어들었다. 미국 항공대 참모진은 자신들이 주장한 호위기 없는 주간 폭격 원칙에 결점이 있었다는 사실을 받아들이기까지 오랜 시간이 걸렸지만, 무스탕에 롤스로이스 엔진을 장착하여 결국은 그 기계가 제 역할을 하게 만들었다. 이 새로운 전술은 또한 오버로드 작전 전에 독일 항공대의 힘을 약화시켜야 하는 목표에도 크게 이바지했다.

연합국의 폭격에도 불구하고, 비행기 공장 일부가 터널 공장으로 바뀌는 우여곡절을 겪기는 했지만 독일의 항공기 생산은 증가했다. 그러나 문제는 공중전을 치르느라 독일 항공대에는 숙련된 조종사가 거의 남아 있지 않다는 것이었다. 연료 부족으로 항공학교에서 제대로 훈련을 받지 못한 채 일선 비행대대에 곧장 투입된 풋내기 조종사들은 연합국 조종사들의 손쉬운 먹잇감이 되었다. 일본 제국 해군과 마찬가지로 독일 공군 역시 가장 우수한 조종사들을 후방으로 보내 비행 및 공중전 교관으로 활용하지 않았다. 대신 그들이 지쳐서 치명적인 실수를 저지를 때까지 가차 없이 출격시켰다. 연합국이 침공해온 6월, 독일 항공대는 이미 힘을 잃은 군대였다.

37

태평양,
중국, 미얀마

1944년

1943년 11월에 타라와 환초와 마킨 섬을 확보한 뒤, 교훈을 얻은 니미츠는 북쪽의 마셜 군도를 점령할 계획을 세우기 시작했다. 그의 첫 번째 목표는 중앙에 있는 콰절린 환초였다. 일부 지휘관은 그 지역 일본군의 항공대 기지 수 때문에 우려를 표하기도 했지만, 니미츠는 단호했다.

태평양에서의 힘의 균형은 이제 결정적으로 미 해군에 유리하게 바뀌었다. 미국의 놀라운 선박 건조 체계는 전사한 야마모토 제독이 진주만을 공격하기 전부터 두려워했을 정도로 일본에 월등히 앞서 있었다. 미국은 또한 항공 기술 면에서도 일본을 따라잡고 추월할 수 있다는 것을 입증해 보였다. 일본 제국 해군은 매우 우수한 제로전투기로 전쟁을 시작했지만, 개량에 실패했다. 반면에 미 해군은 새 항공기, 특히 그루먼 F6F 헬캣을 도입하고 지속적으로 새로운 기술을 실험했다.

1944년 1월 31일, 마크 미처 해군 소장 예하 제58기동부대는 고속함모 12척과 신형 전함 8척을 이끌고, 침공 병력보다 훨씬 앞서서 마셜 군도로 진격했다. 제58기동부대의 항공기 650대가 선제공격으로 일본군 항공기를 거의 모두 파괴하고 전함들은 활주로를 포격했다. 미군은 또 훨씬 더 길게 더욱 강력한 함포 사격을 가하고, 장갑이 한층 강화된 수륙양용차를 도입했다. 그 결과 2월 1일에 콰절린 및 그 주변에서 시작된 상륙 작전은 타라와에서 1056명이 전사한 것과는 반대로 단 334명이 전사함으로써 인명피해를 크게 줄이는 데 성공했다.

콰절린 작전으로 고무된 니미츠 제독은 서쪽으로 거의 650킬로미터 떨어진 에니웨토크 환초 점령 작전을 곧장 밀어붙이기로 결심한다. 니미츠는 이번에도 고속함모 비행부대를 활용하여 공중에서 날아오는 일본군의 위협을 없애기로 했다. 에니웨토크의 경우, 서쪽으로 1240킬로미터 떨어진 캐롤라인 제도의 트루크에 위치한 거대한 일본 해군 기지 및 항공대 기지에서 일본기들이 공격해올 수도 있었다. 미처 소장은 항공모함 9척을 이끌고 트루크로 가서, 사정거리에 드는 즉시 전투기 및 강하폭격기를 차례차례 내보내며 공격을 개시했다. 36시간 후, 미 해군 조종사들은 지상에 있던 비행기 200기를 파괴하고, 일본군 수상함 41척, 총 20만 톤 이상을 격침했다. 일본 연합함대는 트루크 기지를 다시 사용할 수 없게 되었고, 에니웨토크와 주변 섬들은 함락되었다.

브리즈번에 기지를 둔 서남태평양의 총독 맥아더 장군은 필리핀을 탈환하겠다는 자신의 다짐을 실현하기 위해 병력을 점점 더 늘리고 있었다. 연말까지 맥아더는 제6군과 제8군, 제5육군항공대와 '맥아더 해군'으로 불리던 제7함대를 자신의 지휘 아래 두었다.

맥아더는 비록 공식적으로는 자신의 필리핀 진격과 니미츠의 태평양 중부 진격의 중요도가 같다고 되어 있지만 정황상 미 해군이 이길 수밖에 없다고 생각하고 있었다. 군도를 통해 일본으로 진격한다는 해군의 전략은 이제 항공대 참모장 '햅' 아널드의 강력한 지지를 등에 업고 있었다. 일단 폭격 범위가 2400킬로미터에 달하는 신형 B-29 슈퍼포트리스가 가동을 시작하면 미국은 마리아나 제도에서 일본을 직접 공격할 수 있었다.

맥아더는 뉴기니 북쪽 해안을 따라 서쪽으로 계속 나아가는 것 외에 달리 선택의 여지가 없었다. 그렇게 하면 자신이 필리핀 재점령을 시작하는 데 필요한 자원을 합동참모본부가 할당해줄 것이라는 희망을 품고 있었다. 그런데 돌연 맥아더는 북쪽으로 240킬로미터 지점에 위치한 애드미럴티 제도를 일정에 앞서 점령하기로 결심하고 공중 정찰을 통해 일본군 비행장이 비어 있음을 포착한다. 이 작전은 특히 적은 수의 침공 병력으로는 극도로 위험한 모험이었지만 결국 보상을 받았다. 이 작전의 결과 일본군은 뉴기니 북부 해안의 마당 시 방어를 포기해야 했던 반면, 미군 군함들은 애드미럴티 제도의 훌륭한 자연항을 이용하게 된 것은 물론 뉴기니로 가는 일본군의 보급로도 차단할 수 있게 되었다.

갓 도착한 육군 병사들은 태평양 섬 전투에 느리게 적응했다. 밤중에 들려오는 밀림의 소음에 겁을 먹거나 일본군이 고의로 펼치는 겁주기 작전에 과민 반응한 보초병들이 혼돈을 일으키기도 했다. 뉴기니 서쪽 끝 홀란디아에 위치한 로버트 아이첼버거 중장의 제1군단 사령부를 지키고 있던 제24사단 소속 병사들은 심지어 근처에 일본군이 없는데도 부대원끼리 기관총을 쏘고 수류탄을 던지며 야간 교전을 벌이기도 했다. 아이첼버거는 그것을 '불명예스러운 망신'[1]으로 묘사했고, 고위 장교들이 '난사'에 대해 끊임없이 불평함에도 불구하고 다수의 미군 부대에서 사격 군기는 늘 낯선 개념이었다.

장제스는 맥아더와 미 해군의 병진 전략이 자신의 조국을 더욱 뒷전으로 몰아내고 있다는 쓸쓸한 사실을 알고 있었다. 그는 테헤란 회담 이후, 오버로드 작전에 상륙주정이 필요한 까닭에 벵골 만 상륙 계획인 해적 작전이 취소되었음을 알게 되었다. 워싱턴 합동참모본부는 중국의 역할을 이제는 그저 일본을 폭격할 수 있는 거리 내에 자리 잡은 가라앉지 않는 항공모함 정도로만 생각했다. 하지만 마리아나 제도가 점령되고 B-29 슈퍼포트리스 기지가 건설되면 그 역할마저도 줄어들 것이었다.

연합국이 프랑스 침공에 초점을 맞추는 사이, 장제스는 미국이 유럽에서 극동지역으로 병력을 재배치하기 전에 일본군이 자신을 향해 대규모 공격을 개시할 것을 두려워했다. 그는 1944년 1월 1일 루스벨트에게 이 점에 대한 경고를 보냈다. 스틸웰 장군도 전해에 벌어진 저장浙江-창시 공세 이후 재정비된 일본군이 미국 항공대의 중국 내 기지를 파괴하려는 시도에 대해 염려했다. 그러나 중국군을 더욱 근대화하려는 스틸웰의 계획은 내리막길로만 치닫고 있었다. 일본군은 미국 제14육군항공대가 포르모사의 신주 해군 비행장을 공습하고 이어서 일본 본토를 폭격한 데 특히 분노를 느꼈다.[2]

미군과 영국군은 일본이 복수할 것이라는 경고를 무시했는데, 여기에는 장제스가 전에 '늑대가 나타났다'고 외친 점도 일부 작용했지만, 가장 큰 이유는 미군과 영국군의 정보 분석에 큰 결점이 있었기 때문이다. 두 나라는 일본 제국 육군이 본격적으로 작전을 펼칠 만한 능력이 없다고 간주하고, 필리핀 병력을 강화하기 위해 중국에서 부대를 철수하기 시작할 거라고 단정 짓기까지 했다.

사실상 대본영은 중국 남부에 병사 50만 명을 보내는 대륙타통작전과 병력 8만5000명으로 미얀마 북부에서 인도로 공격해 들어간다는 우호작전을 이미 승인한 상태였다. 1943년 상반기에 대본영 작전반은 '장기 전략계획'[3]을 짜고 있었다. 여기서 일본은 이제 태평양에서 미국의 제해권에 맞서 승리할 수 없음을 사실상 인정했다. 따라서 일본은 중국 국민당군을 괴멸시키기 위한 대륙전을 다시 시작할 것이었다.

히로히토 천황은 일본이 대승을 거두면 서구 열강들과 유리한 협상을 벌이게 될 것이라 믿고 있었다. 한편 중국 파견군 총사령관 오카무라 야스지 장군은 대륙타통작전을 미군이 1945년 중국 서남부 해안으로 병력을 상륙시키기 전에 국민당군을 처단할 하나의 기회로 보았다. 대본영에서 결정한 대륙타통작전의 주목표 두 가지는 중국 내 미군 비행장을 파괴하는 것, 그리고 '육로 청소 작전'[4]을 통해 중국 내 일본 육군을 베트남, 타이, 말레이에 주둔 중인 병력과 연결시키는 것이었다.

1월 24일, 도조 장군은 미군 비행장을 파괴하는 것으로 목표를 제한했고, 일왕도 장군의 의견에 찬성했다. 그러나 대본영은 만주에서 중국을 관통하여 인도차이나와 타이, 말레이까지 이어져 내려오는 연결로를 확보하고 싶다는 생각을 떨쳐버릴 수 없었다. 남중국해 해상에서 미군이 제공권을 장악하고 그와 동시에 미 잠수함이 공격하는 바람에 해상을 통한 연결에 위협이 되었기 때문에 육로의 중요성이 커진 것이다.

미얀마에서는 양측이 저마다 공격을 준비하고 있었다. 미얀마에서 15만 6000명의 병력을 이끈 일본 제15군 사령관 무타구치 렌야 중장은 인도 침공에 점점 더 집착하게 되었다. 하지만 그 밖의 일본 고위 장교들, 특히 미얀마 동북쪽에 있던 제33군 장교들은 다분히 회의적이었다. 이들은 서쪽으로부터 살윈 강을 건너 중국 국민당군을 공격하고 쿤밍에 위치한 미국 항공대기지를 파괴하고 싶어했다.

영국은 1944년 미얀마 작전을 친디트 부대 대열이 밀림 깊숙한 곳에서 벌인 전투로 보고, 임팔, 코히마 전투를 슬림 장군이 리더십을 발휘해 패배를 승리로 바꾼 용감한 방어전으로 보는 경향이 있다. 미국은 미얀마만 놓고 봤을 때 '식초 장군' 스틸웰과 메릴의 습격부대의 이미지를 떠올린다. 이 전투를 중국에서는 윈난 성-북미얀마 전투라고 하는데, 대륙타통작전에 맞서 중국 남부를 보호해야 하는 상황에 중국군 최정예 사단들은 윈난 성-북미얀마에서 주역을 맡았다. 대륙타통작전에 의하여 국민당 세력이 약해졌고 다가오

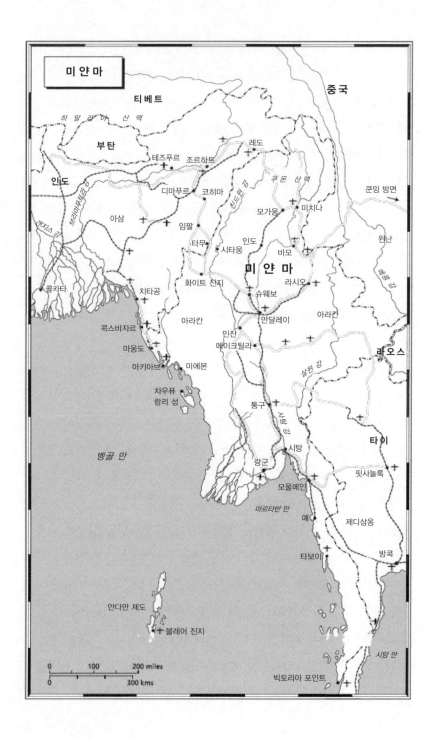

는 내전에서 공산당군이 승리하는 데 결정적인 원인으로 작용했다.

아라칸 연안으로 진군해 내려가던 제14군의 인도군 및 영국군 부대가 1월 9일에 마웅도를 장악했다. 이들은 이번에도 아키아브 섬의 비행장을 차지할 생각이었지만, 일본 제55사단의 공격으로 고립 위기에 처하자 다시 후퇴해야 했다. 그사이 스틸웰은 인도에서 미군이 장비를 제공하고 훈련시킨 중국 X부대 소속 사단과 함께 미안마 동북쪽으로 진군하고 있었다. 스틸웰의 계획은 비행장과 더불어 교역 중심지인 미치나를 점거하는 것이었다. 연합국은 이곳 항공대가 히말라야 산맥을 넘어 중국으로 가는 가장 직접적인 항공로를 위협했기 때문에 이곳의 일본군 기지를 없애버리고 싶었다. 그리고 일단 미치나가 확보되자, 레도 로드가 미안마 로드와 연결되어 다시 한번 쿤밍과 충칭을 육로로 연결할 수 있게 되었다. 이후 X부대는 남하하여 윈난 성에서 살윈 강을 건너 공격하는 Y부대로 알려진 중국 원정군과 합류할 계획이었다.

Y부대의 병력은 9만 명에 조금 못 미치는 정도로, 계획의 절반도 안 되는 규모였다. 게다가 무기와 장비도 한심할 정도로 부족했다. 히말라야 산맥 너머로 공수된 보급품은 대부분 셔놀트 예하 제14육군항공대가 가져간 데다, 공급 물자는 월 7000톤으로 정해진 목표에 못 미칠 때가 많아 중국 사단은 거의 물자를 받지 못했다. 스틸웰은 Y부대를 재무장시키는 일을 '4만 제곱미터나 되는 대지에 참새 똥으로 거름을 주는 일'[5]에 비유했다. 셔놀트와 스틸웰의 관계는 더욱더 나빠졌다. 셔놀트는 자신의 항공대가 1943년 여름에 일본군 선박 4만 톤을 격침했다는 주장[6]으로 자기 군대가 우선적으로 보급받는 것을 정당화하려 했는데, 실제로는 3000톤이 조금 넘는 선박을 격침했을 뿐이다.

아시아 대륙 본토에서 유일한 미국의 전투 부대 덕분에 스틸웰의 동북부 지휘권은 더욱 커져갔다. 이 부대는 암호명이 갤러해드인 제5307임시연대였는데 기자들은 연대장인 프랭크 메릴 준장의 이름을 따서 '메릴의 습격부대'라 불렀다. 워싱턴의 합동참모본부에서는 오드 윙게이트에게 깊은 인상을 받아 미국판 친디트를 정식 편성하도록 했다. 그리하여 대영제국 군대처럼 동북부 산악 지방 출신의 충직한 원주민을 선발하여 카친 유격대를 편성했다.

스틸웰의 군대는 노련한 일본 제18사단을 후콩 계곡으로 밀어냈지만 포획하는 데에는 실패했다. 3월 5일 윙게이트의 친디트 부대가 남쪽으로 한참 떨어진 곳에 글라이더로 상륙하여 미치나에 위치한 일본군 기지와 비행장으로 이어지는 철로를 끊어버렸다. 목요일 작전은 극동지역에서 벌어진 전투 중 가장 야심찬 침투 공세였다. 일본군 전선 안쪽을 친디트가 처음 급습했을 때보다 훨씬 더 철저한 준비와 지원이 이뤄진 작전이었다.

버나드 퍼거슨 준장 예하 제16여단은 레도에서 인도를 향해 '매우 지루한' 행군을 하는 바람에 고생을 해야 했다. 직선거리로는 360킬로미터였지만 하늘도 잘 보이지 않는 울창한 밀림과 높은 언덕들 때문에 곧게 뻗은 길은 거의 없었다. 심지어 55킬로미터를 가는 데 일주일이 걸린 적도 있었다. 퍼거슨은 열대성 호우로 친디트는 "몇 주 동안 젖은 채로 지냈다. 길이 넓지 않아 병사 4000명, 가축 700마리가 길이 100킬로미터의 행렬을 이룬 채 이동했다"[7]고 술회했다.

미국의 대형 웨이코 글라이더로 경불도저를 수송해 밀림에서 비행장을 확보하자, 곧 또 다른 2개 여단과 2개 대대가 글라이더 및 C-47 수송기로 날아왔다. 노새와 25파운드 야전포, 보포스 대공포, 그 밖의 중장비까지도 공수로 보급되었다. 광분한 노새 한 마리만 C-47 수송기로 비행하던 중 총살되었고, 사상자 대부분은 맨 처음 출격한 글라이더들이 땅에 추락하면서 발생했다. 불도저를 사용하여 활주로 가장자리로 밀어낸 수송기 잔해 안에서는 시체가 그대로 썩어갔다. 아무도 시체를 묻을 시간이 없었기 때문이다. 불쾌한 냄새가 나중에 도착한 부대를 맞이했다.

활주로가 마련되자, 일본군의 역습에 대비해 밀림 기지 주변에는 철조망과 방어 진지가 설치되었다. 여단 사령부의 한 참모장교는 "적군의 영역에 속한 활주로에 조명을 밝혀 다코타 수송기를 야간에 착륙시킨다는 것은 정말이지 엄청난 일이었다"[8]라고 말했다. 일본군의 공격은 거의 항상 같은 시간에 같은 지점을 목표로 했기 때문에 그 규칙성이 자살 수준이었다. 자존심 때문에 같은 방식을 고수했지만 그로 인해 많은 병사를 잃었다. 기관총 진지들은 몰려오는 일본군들을 거듭 사살했고 철조망 위에 쓰러진 채 걸려 있는 일본군 병사들의 시체에는 파리떼가 몰려들었다.

얼마 후에는 영국 공군 허리케인 편대가 가장 큰 기지인 브로드웨이 기지에서 운용될 수 있었다. 3월 24일에 B-25가 윙게이트를 태우고 브로드웨이 기지에 도착했다. 윙게이트가 떠날 때 종군기자 두 명이 동승을 부탁했는데, 조종사가 탑승 정원이 초과됐다는 이유로 승낙하지 않았음에도 불구하고 윙게이트는 기자들을 함께 태웠다. 이 항공기는 밀림에 추락했고 탑승자 전원이 사망했다.

동북쪽에서는 갤러해드 부대가 지치고 병들며 영양 상태도 좋지 않은 악조건 속에서 미치나로 가기 위해 분투하고 있었다. 장마와 거머리, 이, 그리고 흔한 밀림 질병, 그 가운데 말라리아, 특히 뇌말라리아가 군대에 큰 타격을 입혔다. 패혈증, 폐렴, 뇌막염도 마찬가지였다. 시체는 땅에 묻었지만 곧 들개들이 시체를 파헤쳤다. 1800미터 높이로 솟아 있는 쿠몬 산맥은 능선이 가파른 데다, 헤치고 들어가기도 어려운 대나무 덤불과 부들 숲으로 뒤덮여 있고 골짜기가 깊은 지형이라 메릴의 병사들에게 비행기로 재보급을 한다는 것은 거의 불가능했다.

친디트 또한 지치고 굶주린 데다 다수가 병에 걸렸지만, 이번에는 이들이 활주로 가까이에 있어서 앞서 벌어졌던 습격 때처럼 버려지기보다는 부상병과 함께 경비행기로 구조될 수 있었다. 부상이 무척 심해 옮길 수 없는 부상병들은 '치사량의 모르핀'을 투여하거나 리볼버 권총으로 쏴 죽여, 산 채로 일본군의 손에 넘어가지 않도록 했다.

K-레이션으로 연명하게 된 뒤로는 열량이 충분히 공급되지 않아 거의 모두가 야위어 있었다. 피로와 긴장은 수많은 병사를 정신질환으로 몰아 죽음에 이르게 했다. 제111여단의 의무대장은 "사람들의 상태는 더욱 나빠졌다. 잠을 자다가 죽는 사람도 몇몇 있었다. 그나마 구르카 부대가 우리 여단에서 회복력이 가장 좋았다. 구르카는 네팔에서 아주 고된 훈련을 받아 고난과 재난에 익숙하다"[9]라고 설명했다.

스틸웰은 친디트 부대가 무엇을 하고 있는지, 그리고 미치나를 남쪽과 서쪽에서 봉쇄하여 어떤 성과를 거두었는지 거의 알지 못했다. 스틸웰과 영국군 사이에 연락도 거의 없어서 악감정은 훨씬 더 커졌다. 어떤 주변 인물은 병적으로 영국인을 혐오한 스틸웰이 '독립전쟁을 처음부터 다시 치르고 있는 듯'[10] 보였다고 말했다.

스틸웰의 군대가 미치나를 향해 고군분투하는 동안 미얀마 서북쪽에서는 결정적 전투가 치러지고 있었다. 제15군에 대한 무타구치 장군의 야심은 끝이 없었다. 그는 특히 수바스 찬드라 보스의 영향으로 일본군 수용소에 있던 포로들로 구성된 소위 인도국민군이라 불리는 군대를 이용해 '델리로 진군'하면 영국의 인도 지배 체제가 쉽게 뒤집힐 수 있을 거라는 고무적인 생각을 갖게 되었다. 그러나 무타구치는 3개 사단으로 공격에 나섰을 때 직면하게 될 병참 문제를 대수롭지 않게 생각했다.

무타구치는 일단 물품 비축이 잘되어 있는 임팔의 영국군 기지를 점령하여 일명 '처칠 보급품'을 이용하는 것을 기본으로 계획을 수립했다. 임팔에서 인도 사단을 물리친 후, 무타구치는 스틸웰이 이끄는 중국 사단의 보급로인 벵골-아삼 철도를 끊어 중국 사단을 레도의 출발점으로 후퇴시킬 생각이었다. 그런 다음에는, 슬림 예하 제14군을 지원하고 히말라야 너머 중국으로 보급품을 공수하는 데 사용된 아삼 비행장을 파괴할 계획을 세웠다.

친디트가 일본군의 후방에 착륙한 지 사흘 후인 3월 8일, 무타구치 예하 제15군이 친드윈 강을 건너기 시작했다. 슬림은 제4군단 사령부에 지시를 내려 사단들을 임팔 평원 방어 진지 쪽으로 퇴각시키도록 했다. 이번 퇴각으로 병사들의 사기가 떨어지는 한이 있더라도, 슬림은 일본군이 보급로를 늘리도록 놔두고 아군의 보급로는 짧게 줄일 필요가 있다고 보았다. 이러한 지형에서 전투가 벌어졌을 때는 병참 문제가 중요했다. 마운트배튼도 서둘렀다. 그는 증원군으로 인도 제5사단을 보내기 위해 미국 수송기들을 징발했고, 그 후 워싱턴 합동참모본부에 승인을 요청했다.

영국 사령부는 상상했던 것보다 훨씬 더 강력한 일본군 부대가 임팔 북쪽 80킬로미터 지점에 있는 코히마를 위협하고 있다는 사실을 알지 못했다. 이 병력은 제4군단을 고립시키고 나머지 보급 기지와 디마푸르 비행장을 위협하게 된다. 일본 제31사단은 주로 밀림 속 좁은 길을 이용하여 친드윈 강에서 코히마를 향해 북쪽으로 신속하게 진군했다. 적군이 자동차 없이 이동할 것이라고 예상하지 못한 영국군은 기습 공격을 받았다. 그러나 인도 제50낙하산여단은 상샤크 주위에서 한 주 동안 사투를 벌이며 버텨냈다.

코히마는 나가 구릉에 위치한 1500미터 높이의 작은 산간 휴양지였다. 그곳에는 영국 식민지 시대풍의 흰색 방갈로와 물결 모양의 붉은 철지붕으로 덮인 기독교 예배당이 있었는데, 배경에 펼쳐진 숲과 멀리 보이는 푸른 산과는 대조적인 모습이었다. 개리슨 고지에 위치한 지방 행정장관의 방갈로는 클레이 테니스 코트를 뽐내는 곳이었으나, 다가오는 치열한 전투에서 황무지로 변하게 된다.

제50낙하산여단의 선전으로 슬림은 원군 일부를 재배치할 시간을 벌었다. 그러나 4월 6일 일본군이 당도했을 때, 코히마를 방어한 것은 영국 제4왕립웨스트켄트연대, 라지푸트 파견대, 현지에서 결성된 아삼 소총부대, 산악포병대와 공병 몇 명뿐이었다. 일본군이 일단 도시를 포위하고 디마푸르로 향하는 길을 차단하자, 이 수비대는 고립되고 말았다.

개리슨 고지와 테니스코트를 둘러싼 전투는 잔인하기 그지없었다. 특이한 것은 일본군이 공격하기 전에 영어로 "포기해라!"라고 외친 것이 방어자 입장에서 충분한 경고가 되었던 것이다. 영국군은 새로운 복수전을 펼쳤다. 아라칸에서 일본군이 부상당한 포로들을 총검으로 찌른 일이 있은 후, 웨스트켄트연대의 한 중대장이 말했다. "그들이 인간이기를 포기했으니, 우리는 그들을 박멸해야 할 벌레쯤으로 생각했다…… 우리는 배수진을 치고, 우리 목숨을 최대한 비싼 가격에 팔기로 했다."[11]

전투에서 영국군 수비대는 경기관총과 수류탄, 소총을 써서 적군에 엄청난 피해를 입혔다. "맹렬한 공격의 중압이 대대를 위협했다. 방어선 바깥쪽에는 일본군 시체가 쌓여갔다"[12]라고 앞서 언급된 사령부 중대장이 말했다. 영국군의 사상자는 주로 저격수나 경포병에게 당했다. 참호 안에는 끝에서 끝까지 영국군 부상병들을 눕혀놓았다. 부상병 중 다수는 참호에 누워 있다가 유산탄 파편에 제2차 공격을 받았다. 식수가 매우 부족하여 식수를 채운 제리 캔을 낙하산으로 공수해야 했다. 반면에 일본군은 무타구치가 영국군의 보급품을 쉽게 탈취할 수 있으리라 믿고 안주한 탓에 쌀이 떨어져가고 있었다. 약간의 식량을 손에 넣으려고 자포자기하듯, 심지어 무모하게 용기를 내는 경우도 있었다.

영국 제2사단은 제3근위스코틀랜드 용기병연대의 전차를 이끌고 디마푸르에서 남하하며 코히마 수비군을 구하기 위해 싸워나가기 시작했다. 제2사단이 마침내 개리슨 고지에 도달했을 때, 그곳에 펼쳐진 광경은 산산조각 난 나무와 포탄에 붕괴된 참호, 시체에서 풍기는 악취로 마치 제1차 세계대전을 방불케 했다. 그러나 녹초가 된 웨스트켄트를 구하고도 코히마 전투는 이후 거의 4주 동안이나 계속되었다. 하지만 우기가 시작되면서 일본군의 보급이 더욱 줄어들 것이 예상되었다. 5월 13일에 일본군은 전투를 중단했고, 그들 중 다수는 철수하는 도중 학살되었다.

이틀 전인 5월 11일, 윈난 성에 있던 Y부대 소속 중국 사단이 스틸웰의 X부대와 합류하기 위해 살윈 강을 건너기 시작했다. 살윈 전선을 방어하고 있던 일본 제56사단은 그들의 계획을 잘 알고 있었다. 중국군을 윈난 성 깊숙이 밀어내려가 강 너머를 미리 급습했지만 셔놀트 예하 제14육군항공대 일부 병력의 지원으로 국민당군의 힘은 더욱 커져 있었는데, 이는 본격적인 공격을 준비하고 있음을 암시하는 것이었다. 이 사실은 통신 감청으로 확인되었다. 중국군 암호첩을 손에 넣은 일본군은 쿤밍과 충칭에서 송수신되는 모든 무전 내용을 해독할 수 있었다. 일본군은 강을 건너는 군대를 역습하여 확실한 성과를 거두었지만, 중국군은 무척 강력했다.[13]

5월 17일, 스틸웰은 갤러해드 부대 일부를 투입한 글라이더 공격을 개시하여 미치나 비행장을 장악했다. "영국놈들 속 좀 끓을 거다."[14] 스틸웰이 자신의 일기에 흐뭇한 듯 기록했다. 그러나 일본군은 미치나에서 300명의 수비대를 신속하게 보강하여 곧 미군을 포위했다. 일본군은 그곳에 많은 양의 탄약을 비축해두고 있었다. 밀림에서 얻은 피부 염증으로 병들고 지친 메릴의 병사들이 무너지기 시작했다. 심한 이질에 걸려 시간을 아끼고자 엉덩이 부분의 바지 천을 잘라 펄럭거리며 다니는 병사들도 있었다.

스틸웰은 자신의 병사나 친디트 병사들을 가엾게 여기지 않았다. 그러나 보강된 스틸웰의 중국 사단이 도시를 둘러싸면서 이제는 일본군이 포위되기 시작했다. 그리고 6월 24일, 중국군 부대는 병력이 매우 약해져 있던 마이클 칼버트 준장 예하 제77여단 소속 친디트와 동시 공격을 펼쳐 서쪽의 주요 도시인 모가웅을 점령했다. 하지만 모가웅을 점령하는 일은 일본군 지휘관이 미치나에서 할복자살한 8월 초에나 이뤄진 것이며, 살아남은 일본 군대는 이라와디 강 너머 밀림 속으로 사라졌다. 마침내 레도 로드에서 중국으로 향하는 도로 공사를 시작할 수 있었고, 미군 수송기들은 거리가 훨씬 더 짧고 덜 위험한 경로를 비행할 수 있게 되어 이전보다 거의 두 배에 달하는 보급품을 중국으로 수송했다.

임팔에서 무타구치의 제15군을 상대로 벌어진 격렬한 전투에서 연합국 연대들이 역습에 나섰다. 그러나 미군과 마찬가지로 이들도 고지에 땅굴을 파 벙커를 만드는 일본군의 탁월한 능력에 깜짝 놀라 얼이 빠졌다. 새로 부임한 한 소위는 제2국경연대에 합류하면서 중사에게 이런 말을 들었다. "저 난쟁이들 땅 잘 파는 건 알아줘야 합니다. 우리 애들이 피 묻은 손에 침을 다 뱉기도 전에 땅속으로 들어가 있지 뭡니까."[15]

우기가 되면 일본군의 보급로가 아군보다 훨씬 더 타격을 입을 것이라는 슬림 장군의 예측은 사실로 드러났다. 슬림 예하 제14군은 공수 보급에 의지할 수 있었던 반면 무타구치의 병사들은 굶주리고 있었다. 5월 23일에 도착해 남쪽에서 제33사단 지휘봉을 인계받은 다나카 노부로 중장은 다음과 같은 일기를 남겼다. "장교고 사병이고 모두 형편없어 보였다. 머리와 수염이 자라서 그야말로 산속에 사는 미개인이나 다름없는 모습이었다…… 먹을 것이 거의 없어 영양실조에 얼굴은 창백하다."[16] 6월까지 그의 사단은 병력의 70퍼센트를 잃었다. 몇몇 병사는 며칠 동안 잡초와 도마뱀만 먹으면서 끝까지 버텼다. 장교들은 얼마 안 되는 보급 식량을 자기 몫으로 챙겨두기도 했다. 연합군 참호에서 쇠고기 통조림을 얻을 수 있지 않을까 하는 헛된 희망을 가지고 공격하는 경우도 많았다.

일본군 병사들이라고 전투피로증과 정신병에 면역력이 더 높을 리는 없건만 후송된 병사는 소수에 불과했다. 긴장 상태로 괴로워하다 더 이상 견디지 못하고 자살하는 병사들도 있었다.[17] 일본군 병사들은 두려워서 꼼짝 못하는 상태를 여러 가지로 표현하여, '다리를 잃는 것'으로 말하거나 통제되지 않는 떨림을 '사무라이의 떨림'이라고 불렀다. 이들은 죽을 수밖에 없다는 사실을 받아들이는 심오한 운명론 혹은 스스로 무적이라 믿는 죽음 부정론이라는 두 극단 중 하나를 받아들여 공포에 대처했다. 입영할 때 병사들은 대부분 총알을 피하게 해준다며 어머니들이 직접 '천 땀'을 수놓아 만든 스카프를 받았다. 그러나 일본의 패배가 점점 더 확실해지자, 야전 근무 규정에는 병사들이 심각한 부상을 입더라도 포로로 잡히는 일은 허락하지 않았기 때문에 운명론을 받아들이는 일이 거의 의무처럼 되어갔다.

무타구치 장군은 점점 미쳐가고 있었다. 그는 공격에 또 공격을 하도록 요구했지만 사단 지휘관들은 무타구치의 명령을 무시했다. 7월 3일, 임팔 작전은 마침내 취소되었다. 친드윈 강 너머 일본군은 퇴각하면서 공포의 흔적을 남겼다. 그 지역을 지나가던 연합국 군대가 버려져서 구더기가 들끓는 일본 부상병들을 발견했던 것이다. 연합군은 대부분 이들의 고통을 끝내주었다. 무타구치의 제15군은 5만5000명을 잃었는데, 사상자의 절반가량은 굶주림이나 질병 때문에 발생했다. 그 결과 미얀마방면군 총사령관 가와베 마사카즈 장군과 무타구치 둘 다 지휘권을 빼앗겼다. 임팔 전투와 코히마 전투를 치르는 동안 발생한 연합군의 사상자 수는 1만7587명이었다.

중국에서는 대륙타통작전이 4월에 시작되었다. 이 작전은 일본 제국 육군이 실행한 작전 중 가장 큰 규모로, 중국파견군 병력 총 62만 명 중 51만 명이 여기에 동원되었다. 그러나 이번만은 일본군이 제공권을 장악하지 못했다. 사실상 1944년 초까지 전력비가 역전되어 있었다. 국민당군은 항공기 170기, 미국 제14육군항공대는 230기를 보유한 반면, 일본 제국 해군은 단

100기밖에 없었다.[18] 일본군이 막대한 손실을 만회하기 위해 나머지를 철수하여 태평양으로 보낸 것이었다. 셔놀트는 기지를 방어할 항공기가 충분하다고 생각했지만, 일본 대본영은 향후 작전을 위해 공중 병력을 두 배로 늘릴 것을 허가했다.

대륙타통작전의 주목표는 장제스도 경고했던 바와 같이, 제14육군항공대의 비행장을 없애는 것이었다. 첫 번째 단계인 고호작전은 만주의 관동군을 대거 충원받은 동북쪽 일본 제1군이 시작했다. 일본군은 서쪽의 옌안을 기지로 하며 한동안 적국 협력자들을 살해하는 것 외에는 거의 아무것도 하지 않은 마오쩌둥의 공산당군에는 공격을 가하지 않았다. 일본군은 오로지 국민당군을 물리치는 데만 관심이 있었다.

4월에 제1군은 황허 강 너머로 남쪽을 공격하여, 우한 방면에서 북쪽으로 진군하던 제11군 일부 병력과 조우했다. 이들은 베이징-우한 철도를 장악하여 회랑 첫 부분을 완성했다. 일이 이렇게 되자 허난 성의 국민당 군대는 정신없이 후퇴하기 시작했다. 장교들은 가족을 구하고 도시 및 시골에서 약탈한 전리품을 모두 지키려고 군용 트럭과 수레, 소 등을 강제로 빼앗아 달아났다. 그러자 식량과 얼마 안 되는 소유물을 강탈당해 분노한 농민들이 장교와 일반 사병들의 무기를 빼앗아 수많은 군인을 죽이고 산 채로 묻기까지 했다.

농민들은 지역 당국과 육군을 증오하지 않을 수 없었다. 1942년에 심각한 가뭄이 들었던 데다, 국민당군이 식량을 세금으로 거두고 인정 없는 지역 관리들과 지주들이 착취를 일삼아 농민들의 삶을 더욱 피폐하게 만들면서, 그해 겨울에는 끔찍한 기근이 발생했기 때문이다. 기근의 고통은 1943년 봄까지 계속되었고 그 지역 주민 3000만 명 중 300만 명이 기근으로 사망한 것으로 추산된다.

장제스가 우려한 최악의 상황은 실제로 일어나버렸고, 최고 장비를 갖춘 사단들은 미군이 미얀마-윈난 전투를 고집하는 바람에 발이 묶여버렸다. 셔놀트가 보급품을 제일 많이 떼어가고 나머지를 스틸웰이 X부대와 Y부대에 할당하고 나면 다른 국민당 군대를 재정비할 물자는 거의 남아 있지 않았다. 중국 중부와 남부 지역 군대에는 무기값을 지불하지 않아 무기 및 탄약이 부족한 경우가 많았다. 장제스가 군대를 유지하기 위해 루스벨트에게 10억 달러를 빌려달라고 요청하자 미국 정부는 즉시 이런 행동을 개인적 축재를 위해 중국 국민당을 계속 참전하게 한 대가를 내놓으라고 협박하는 것으로 간주했다.

1월에 장제스가 일본군의 공격이 두려워 Y부대를 살윈 강 전방으로 보내기를 망설이자, 루스벨트는 무기대여 협정을 완전히 중단시키겠다고 으름장을 놓았다. 그리고 대륙타통작전이 시작되었을 때, 루스벨트는 셔놀트 예하 제14육군항공대나, 투입된 지 얼마 안 된 제20폭격사령부의 B-29들이 국민당 군대 지원용으로 쓰이기를 원하지 않았다. 셔놀트의 공격이 일본군의 맹습을 일으킨 주원인이었는데도 말이다. 중국 국민당을 전적으로 옹호하면서도 루스벨트는 단기간에 미군의 승리를 앞당겨줄 수 없는 모든 것에 대해서 늘 냉소적이고 멸시하는 태도를 보였다. 미국과 소련이 이끄는 국제연합에서 향후 모든 문제를 풀 수 있을 거라 믿으며 루스벨트는 위험하게도 전쟁 후에 생겨날 일들을 무시했다.[19]

6월 1일 허난 성에서 중국군 30만 명이 괴멸되자, 우한에서 창사를 향해 일본군의 남하가 시작되었다. 창사와 헝양 남쪽, 구이린에 위치한 미군 항공대기지가 일본군의 주요 목표였다. 일본군 정보부에서는 매춘굴로 첩보원을 대거 투입해 도시 내 육군항공대 대원들의 욕구를 만족시켜가며 세세한 것까지 알아냈다. 이미 세 번이나 창사를 성공적으로 방어해낸 광저우 사령관 쉐웨薛岳 장군은 미국의 물자를 받지 못한 데 대해 크게 실망했다. 그러나 그의 군대는 미국의 보급 물자를 받지 않고도 제14육군항공대를 지켜줄 것이라는 기대를 받고 있었다. 심지어 국민당군에 가장 가혹한 평을 쏟아내던 시어도어 화이트조차 "쉐웨는 늘 하던 대로 같은 전술과 같은 부대로 도시를 방어해냈다. 지난번 승리보다 3년 늙은 부대와, 3년 치 닳은 무기와, 3년 더 굶은 병사들을 이끌고 말이다"[20]라고 기록했다.

셔놀트는 망설이지 않고 무스탕 전투기 및 B-25 폭격기 편대를 투입하여 창사 남쪽으로 이동하는 일본군 대열을 야간에 공격했다. 일본군이 창사와 형양에 있는 셔놀트의 기지를 노렸던 것이다. 제14육군항공대 조종사들은 하루에 서너 번씩 출격하고 커피와 샌드위치로 버티면서도 제 할 일을 확실히 해냈다. 일본군의 공세가 강화되던 6월 15일에는 B-29 슈퍼포트리스가 서쪽 청두에서 날아올라 일본 본토에 공습을 펼치기 시작했다. 하지만 공습은 항공기 연료가 고갈되면서 급속도로 줄어들었다.

쉐웨 장군은 전에 창사에서 썼던 것과 같은 전술을 펼쳐 중앙을 내어주고 측면과 후방을 공격하기로 했다. 그러나 휘하의 병사들은 영양 결핍으로 일본군을 저지할 힘이 부족했던 한편, 지휘관들 사이에서는 싸움이 벌어져 결국 이 작전은 재앙으로 이어졌다. 일본군은 최소한의 피해만 입고 창사와 쉐웨의 포병대를 휩쓸었으며 개인 소지품과 전리품을 군용 차량에 실어 탈출한 중국 제4군 사령관이 장제스의 명령으로 체포, 총살되었다. 이로써 중국 서남부가 열렸고 형양의 미 항공대기지는 6월 26일에 함락되었다.

일본군은 중국 본토의 미 항공대기지를 파괴하기 위해 공격을 강화하는 동안 자신들의 노력이 곧 쓸모없어지리라는 사실을 알지 못했다. 스프루언스 제독 예하 제5함대는 군함 535척을 갖추고 있는 세계에서 가장 규모가 큰 함대였다. 제5함대는 마리아나 제도를 향하고 있었는데, 이는 마리아나 제도를 비행장으로 활용하여 B-29 슈퍼포트리스가 일본을 폭격할 수 있

스틸웰 장군과 함께 있는 장제스 총통과 그의 부인

1944년 7월 26일 진주만에서 맥아더와 루스벨트, 니미츠

왼쪽 위
1944년 4월 6일 부건빌 섬에
상륙한 미군

왼쪽
항공모함에 불시착한
헬캣 전투기

위
1944년 8월 26일
파리의 독일 포로들

<u>위</u>
바르샤바 봉기 당시 들것을 나르는 사람들

<u>오른쪽</u>
베를린 공습 당시 의무반의 모습

왼쪽
1944년 12월 아테네에서
처칠과 다마스키노스 대주교의 모습

오른쪽
아테네를 점령한 영국군

아래
1945년 2월 이오 섬의 붉은 해변

1945년 2월 마닐라 전투 당시 구조되는 필리핀 여성들

도록 하기 위함이었다. 제5함대와 함께 터너 해군 중장의 합동원정군 12만 7000명이 항해에 나섰다.

가장 큰 섬이자사이판은 마리아나 제도에서 두 번째로 큰 섬이다. 가장 큰 섬은 괌이다 첫 번째 목표였던 사이판의 일본군 진지는 한동안 육상기지 항공대로부터 폭격을 받았다. 6월 초가 되면서 마리아나 제도 내 일본 항공대의 힘은 크게 약화되었다. 그러나 3만2000명에 달하는 방어 병력은 여전히 예상보다 훨씬 더 강력했다. 미처 소장의 제58기동부대는 해병대가 상륙하기 전에 전함 7척으로 이틀간 폭격을 퍼부었지만 그다지 효과적이지는 않았다. 사탕수수 가공 공장처럼 눈에 잘 띄는 표적들은 파괴했으나, 근처에 있던 벙커를 맞히지는 못했던 것이다.

6월 15일 아침, 제2해병사단, 제4해병사단의 선두 제파들이 수륙양용 장갑차를 타고 대포와 박격포, 중기관총의 포화를 뚫으며 사이판에 상륙하기 시작했다. 수륙양용차로 해변 너머를 맹공격한다는 발상 자체는 좋았지만 실제로는 거의 성공하지 못했다. 장애물도 아주 많았고 일본군의 포탄과 정면 승부를 펼치기에는 기갑 병력이 부족했다. 그나마 보병대는 파도 속을 지나오면서 큰 피해를 면할 수 있었다. 해질녘 22킬로미터 길이의 섬에 약 2만 명의 군사가 교두보를 형성했다. 일본군은 두 차례 자살돌격대를 보냈지만, 미군 구축함에서 조명탄을 공중에 터뜨려주는 가운데 해병들이 일본군을 제압했다.

그날 밤, 서쪽으로 2400킬로미터 떨어진 필리핀 바깥쪽 산베르나르디노 해협에서 미군 잠수함 플라잉피시 함이 일본 제국 해군 함대를 발견했다. 플라잉피시는 제5함대에 경고 신호를 보내기 위해 부상했다. 오자와 지사부로 해군 중장의 제1기동함대는 거함인 야마토 함과 무사시 함을 증원받았다. 오자와는 결전을 위해 항공기 430기를 실은 항공모함 9척, 전함 5척, 순양함 13척, 구축함 28척 등 일본의 주요 군함들을 거의 모두 태평양에 띄웠다. 한편 스프루언스는 항공기 891대를 실은 고속항모 15척으로 이뤄진 미처의 제58기동부대를 이끌었는데, 오자와는 그 지역 육상기지에 있던 일본군 비행기 대부분이 제거된 사실을 모르고 있었다. 그러나 오자와의 최대 약점은 경험이 부족한 조종사들이었다. 근무할 수 있었던 기간은 길어봐야 6개월이었고, 비행 훈련을 두 달도 채 받지 못한 조종사가 태반이었으니 말이다.

스프루언스는 마리아나 서쪽 290킬로미터 지점으로 오자와의 함대를 봉쇄하기 위해 일본군이 병력을 분산시킬 것에 대비해 미처의 기동부대를 다시 사이판 근해로 철수시켰다. 6월 18일에 오자와 부대의 정찰기가 기동부대를 발견했고, 다음 날 아침 일찍 오자와는 항공기 69기를 출격시켜 첫 공격에 나섰다. 이 항공기들은 미처의 전위 구축함의 레이더에 포착되었다. 미처는 괌을 공습하려던 헬캣 전투기들을 항공모함으로 복귀시킨 한편, 오자와의 조종사들이 괌에 착륙할 경우에 대비해 활주로를 파괴하도록 폭격기 부대를 괌으로 파견했다. 미군은 이제 수적으로 크게 우세해졌다. 항공모함 15척에는 전투 내내 전투기 우산이 유지될 정도로 비행기가 많았던 것이다.

오전 10시 36분, 전투 초계 중이던 헬캣들이 공격해 들어오는 일본기들을 발견하고는 강하했다. 그들은 일본 항공기 69기 중 42기를 격추했으며, 자신들의 손실은 단 1기에 불과했다. 그 뒤 128기가 제2차 공격을 해왔을 때도 미 해군 전투기 조종사들이 70기를 격추했다. 패배를 인정할 수 없었던 오자와는 추가로 두 차례 공격을 더 감행했다. 항공모함에서 발진한 일본 항공기 총 240기가 격추되었으며, 괌에서도 거의 50기가 파괴되었다. 미군 군함들은 사소한 공격에 노출된 것이 전부였으며, 잠수함대는 쇼카쿠와 오자와의 기함인 다이호, 이렇게 두 척의 항공모함을 격침하는 전과를 올렸다.

휘하의 항공대가 대부분 귀환하지 못하고 있을 때, 오자와는 치명적인 판단 착오를 저질렀다. 오자와는 항공기 대부분이 괌에 착륙했으니 곧 항공모함으로 돌아올 거라 믿으며 함대를 계속 그 자리에 두었던 것이다. 미처 소장은 스프루언스의 동의를 얻어 다음 날 일본 함대를 쫓아갔다. 6월 20일 늦은 오후, 마침내 미처 부대의 정찰기가 일본 함대를 발견했다. 적은 최대 사정거리에 있었고 곧 어둠이 찾아올 시각이었지만, 이것이 그들의 마지막 기회였다. 미 항공모함들은 바람을 향해 변침했고 20분 만에 216기의 항공기를 출격시켰다. 헬캣들이 곧 오자와의 방호 전투기를 만나 65기를 추가로 격추하는 동안, 급강하폭격기와 뇌격기들은 항공모함 히요와 유조선 2척을 격침하고, 다른 군함들에는 심각한 피해를 입혔다.

잠수함의 위협에도 불구하고 미처는 항공기가 복귀할 수 있도록 다른 군함들에게 조명과 서치라이트를 켜고 조명탄을 발사하라고 명령했다. 한 조종사는 그 광경을 '할리우드 프리미어와 동양의 설날, 미국 독립기념일을 모두 합쳐놓은 모습'[21]이라고 묘사했다. 비행기 중 다수는 연료가 바닥나고 있었다. 총 80기가 착륙 도중 추락하거나 바다에 불시착했는데, 이는 전투 중에 잃은 비행기보다 4배나 많은 수였다. 결말은 혼란스러웠지만, 거대한 마리아나 칠면조 사냥으로(해군 항공대원들은 그렇게 부르는 것을 좋아했다) 미군은 일본군 항공기 400기 이상과 항공모함 3척을 격파할 수 있었다. 만일 스프루언스가 미처의 기동부대를 사이판과 아주 가까운 곳에 둠으로써 안전을 꾀하지 않았더라면 전과는 더욱 커졌을 것이다. 그러나 오자와 제독이 일본함대의 진형을 교묘하게 배치했기 때문에 미함대가 과감하게 접근하여 공격했다면 미 함대의 피해도 실제 역사보다는 훨씬 더 커졌을 가능성이 많다. 오늘날 대부분의 역사가는 6월 19일에 미처의 기동부대를 사이판 근해에 배치했던 스프루언스의 판단이 당시 상황에서 최선이었다는 데 동의한다.

사이판 전투에서 해병대 장군인 군단장 홀랜드 스미스 중장이 미 육군의 장군인 제27사단을 해임했다. 느리고 조심스럽고 연계도 잘 되지 않는 공격으로 해병대 2개 사단의 활동을 방해한 데 매우 화가 난 홀랜드 스미스는 결국 스프루언스 제독의 지원을 받아 해임을 강행했다. 근본적인 문제는 해병대과 육군과는 전혀 다른 단도직입적인 전투 방식을 가지고 있었다는 점이었다.

어쨌거나 일본군은 섬 북쪽 끝으로 밀려났고, 7월 7일에는 생존병들이 이번 전쟁에서 가장 큰 규모의 자살돌격을 실시했다. 3000명이 넘는 일본 육군 및 수병들이 검이나 총검, 수류탄 등을 들고 제27사단 2개 대대를 습격했다. 해병과 육군 모두 빨리 총을 쏘려 노력했지만 순식간에 덮쳐오는 일본군을 제압하기는 어려웠다. 전투는 이틀 후에 끝났다. 미군에는 1만 4000명의 사상자가 발생한 반면, 일본군은 3만 구의 시신이 섬에 남았다. 여기에 더해 일본 민간인 1만2000명 중 약 7000명이 목숨을 잃었으며, 그중 대다수는 절벽 아래 바다로 뛰어내려 자살했다. 통역사가 확성기를 통해 자살하지 말라고 호소했지만 거의 듣지 않았다. 사이판에 이어 티니언과 괌이 침공을 받았다. 티니언 섬은 섬 반대쪽에서 대규모 양동작전을 벌이는 동안 2개 해병연대가 불시에 상륙하는 영리한 기습 공격에 의해 점령되었다. 미국 영토 중 가장 먼저 탈환된 괌에서는 일본군이 또다시 대규모 역습을 벌였다. 그러나 이번에 일본군은 포병대가 날리는 집중 포화 속으로 곧장 밀고 들어갔다. 미군은 7월 말이 되기 전까지 괌의 비행장들을 확보했고, 곧 공병대대와 해군건설대대가 B-29 슈퍼포트리스를 띄우기 위해 비행장을 확장했다. 마리아나 제도에 있는 기지는 중국 본토보다는 일본 본토 섬들을 폭격하기에 훨씬 더 좋았다. 일본 지상군에게 위협받지도 않았고, 동시에 폭탄이나 예비 부품, 항공기 연료 등을 히말라야 산맥을 넘지 않고 바다를 통해 보급한다는 이점이 있었다. 일본 대본영은 전쟁이 종반으로 치닫고 있다는 것을 확실히 느끼고 있었다.

기다렸던
봄

오랜 지연 끝에 오버로드 작전에 관한 구체적인 작전 구상이 1944년 1월에 본격적으로 시작되었다. 중요한 업무는 연합군 최고사령관COSSAC의 참모장 프레더릭 모건 중장을 필두로 한 팀이 이미 실시한 상태였다. 그러나 사령관 없이 진행되어온 작전이어서 중요한 결정을 내리는 데는 어려움을 겪었다.

연합군 최고사령관 아이젠하워와 제21집단군 사령관 몽고메리 둘 다 노르망디 침공 계획에 관한 모건의 초안을 검토하면서 같은 반응을 보였다. 두 사람은 3개 사단으로는 병력이 부족하며, 연합군에 더 많은 해변이 필요하다는 결론을 내렸다. 코탕탱 반도의 밑둥을 포함시키려면 침공 구역을 늘려야 했다. 아이젠하워는 자신이 연합국 공군에 대한 총지휘권을 가져야 한다고 주장하기도 했다. 이 주장은 독일 폭격에 개입하겠다는 것으로, '폭격기의 제왕들'인 해리스와 스파츠 모두 이에 언짢은 반응을 보였다.

아이젠하워의 참모장 월터 스미스는 몽고메리와 충분한 논의를 해야 했다. 공격 개시일을 연기한 데에는 영국이 침공 개시를 망설인 이유도 있었지만 상륙정의 부족도 큰 원인으로 작용했다. 이제 오버로드 작전은 브룩과 처칠의 우려에도 불구하고 눈앞에 다가온 현실이었다. 더 큰 그림을 들여

다볼 수 있었던 영국 고위 장교들은 병사와 선박, 무기, 장비 등을 태평양으로 대거 전환시킨 뒤에는 미국이 약속한 '독일 우선' 정책을 신뢰하기가 어려워진다는 점을 인정하지 않을 수 없었다. 워싱턴에서 벌어진 이 싸움에서는 결국 미 해군과 맥아더가 승리했다. '햅' 아널드 장군의 묵인으로 태평양 전역에 신형 슈퍼포트리스를 보내 도쿄를 공격하기로 한 반면, 아이라 이커 예하 제8육군항공대는 독일을 폭격할 슈퍼포트리스를 전혀 받지 못했다.

아이젠하워의 짧은 본국 체류 기간에 월터 스미스가 처리하려 했던 또 다른 문제는 남프랑스 침공 작전인 앤빌 작전에 관한 것이었다. 아이젠하워는 미국이 프랑스군을 재정비하는 데 '매우 중요한 투자'[1]를 해왔으니, '프랑스군이 프랑스로 들어가는 관문은 확보되어야 마땅하다'고 느꼈다. 그러나 처칠이 안치오 상륙을 고집한 탓에 상륙정이 부족해졌기 때문에 남프랑스를 동시 침공하면 오버로드 작전의 위력이 약해질 수 있었다. 월터 스미스는 앤빌 작전을 버리지 못하면 보류라도 해야 한다는 영국의 의견에 동의했다. 하지만 아이젠하워는 '앤빌 작전을 포기해야 한다'[2]는 암시가 조금이라도 보이면 크게 화를 냈다. 이러한 완고한 입장에도 불구하고 아이젠하워는 앤빌 작전을 보류할 수도 있음을 인정해야 했다.

오랫동안 기다려온 프랑스 침공은 비록 연합국의 공통 목표이기는 했으나, 프랑스군과의 긴장을 조성할 수밖에 없었다. 루스벨트도, 처칠도, 프랑스의 사정은 물론 드골과 본래 임시정부 성격을 띤 예비 정부에 대한 대대적인 지원에 대해서도 명확한 아이디어를 가지고 있지 않았다. 레지스탕스 전국평의회는 드골이 지도자임을 천명했으며 프랑스 공산당까지도 동조했다. 그럼에도 드골을 향한 루스벨트의 깊은 불신은 줄어들지 않았고, 더 호의적이었던 영국조차 알제에서 있었던 일 때문에 3월이 되자 동요했다. 1941년에 독일이 처형할 공산당 인질을 선발했던 피에르 퓌쇠 전 비시 프랑스 내무장관이 살아남기 위해 발버둥쳤다. 퓌쇠는 반독투쟁에 합류하고

자 알제로 가려 했다. 그는 지로 장군에게서 통행증처럼 보이는 종이 한 장을 받았는데, 그 종이가 오랜 지로파의 희망을 좌절시켰다.

알제의 공산주의자와 그 동지들은 즉시 복수하여 정의를 세울 것을 요구했다. 드골은 비시 정권을 처음으로 심판하는 이 재판에서 퓌쇠의 사형 선고를 확정했다. 그는 달리 선택의 여지가 없다고 생각했다. 규모가 매우 커진 비시 민병대와 점점 불어나는 레지스탕스가 프랑스에서 '인정사정 없는 내전'[3]을 펼치면서 『리베라시옹』프랑스의 진보적 일간지에 린치를 가하는 폭도들의 보복 위협도 거세졌다. 드골이 우려했던 대로, 이러한 혼돈은 미국이 프랑스에 점령 지역 연합군 군사정부Allied Military Government of Occupied Territory(AMGOT)라는 무서운 이름표를 달 만한 구실로 충분한 것이었다.

레지스탕스 집단들은 너 나 할 것 없이 프랑스의 해방을 국가 과제로 삼기로 결정 내렸으며, 연합국의 침공이 가까워올수록 더욱 반항적으로 변해가고 있었다. 안시 너머 글리에르 고원에 자리 잡은 오트사부아 지역의 산맥에서 스페인 공화주의자 56명을 포함하여 450명의 레지스탕스가 불운한 영웅이 되어 2000명의 이동경비대, 자위단, 프랑스 민병대, 그리고 독일군 5개 대대에 맞서 싸워야 했다.

이탈리아에서는 오버로드 이전에 미 제5군을 이끌고 로마를 장악하려는 마크 클라크 장군의 의지가 강렬해지고만 있었다. 그런데 제공권을 장악한 연합군이 낮에 독일군의 자동차 및 철도 수송을 방해했음에도 불구하고, 이탈리아에서 케셀링이 지휘한 국방군의 저항은 히틀러의 예상보다 훨씬 더 오래 지속되었다.

아펜니노 산맥에서 지독한 교착 상태가 이어지자 연합군의 사기는 점점 더 꺾여갔다. 자해를 하거나 전투피로증을 앓는 병사의 비율도 높았다. 이탈리아에 파병된 영국 군사 중 무려 3만 명에 이르는 병사들이 탈영하거나 무단이탈했으며, 미군도 괴롭기는 마찬가지였다.

브와디스와프 안데르스 장군이 이끈 폴란드 제2군단의 병사 5만6000명 가운데 전투피로증을 앓는 장병은 소수에 불과했다. 프라이버그의 뉴질랜드 사단과 인도 군대가 3월에 몬테카시노를 장악하는 데 실패한 뒤, 임무는 폴란드군에게로 넘어갔다. 폴란드군은 영국군 동료들에게 자신들은 독일군을 포로로 잡을 생각이 전혀 없다는 뜻을 충분히 전했다. 복수에 목말라 있었을 뿐만 아니라, 보기 좋게 승리를 거두어 폴란드를 해방시키는 데 도움이 되고자 했던 것이다. 스탈린은 카틴 숲 폴란드 장교 살해 사건이 NKVD의 소행으로 드러난 뒤 폴란드 망명정부에 공공연히 적대감을 표했다. 스탈린은 붉은 군대가 다시 한번 폴란드를 침공하는 것과 때를 맞춰 괴뢰공산정권을 수립할 계획을 세웠다.

카시노 재습격은 알렉산더가 계획한 총공세 작전인 다이아뎀 작전의 일환이었다. 여기에는 10개 민족 출신자 약 50만 명이 참여했다. 티레니아 해안 서쪽 클라크 예하 제5군이 산악지대에 있던 쥐앵의 프랑스 군단, 그리고 몽고메리의 후임으로 지휘봉을 잡은 올리버 리즈 중장 예하 제8군과 함께 구스타프 전선에 포진한 케셀링의 군대를 괴멸시키기로 했다. 알렉산더는 기만술을 충분히 활용하라고 지시했다. 공격 지역에 가짜 벙커를 눈에 잘 띄도록 설치하고, 그와 동시에 무전통신과 모형 상륙정으로 상륙 공격을 실시할 것이라는 인상을 주도록 했다. 해안 교두보를 형성한 트러스콧 군대의 병력이 크게 강화되었다. 알렉산더는 구스타프 전선을 공격하여 독일군의 예비 병력을 전방으로 끌어낸 뒤, 트러스콧 예하 군단들을 동북쪽 발몬토네 방향으로 올려보내 비팅호프의 제10군을 차단할 계획이었다.

클라크는 제10군을 가두는 데 관심이 없었기 때문에 이에 격분했다. 그는 트러스콧에게 "로마 점령만이 주목표"[4]라고 말했다. 편집 증세를 보일 정도였던 클라크는 알렉산더의 계획이 클라크가 로마를 점령하는 것을 막고 제8군이 영광을 가져가도록 하기 위해 영국군이 쓴 속임수라고 생각하는 듯했다. 제5군이 로마를 점령하도록 해주겠다고 알렉산더가 단언했지만 오히려 클라크의 의심은 가중될 뿐이었다. 집단군의 명령이 명확했는데도 클라크는 내밀히 명령을 어길 각오를 하고 있었다.

5월 11일 밤 11시, 25파운드 포와 105밀리 곡사포, 140밀리 중구경대포, 155밀리 롱톰 평사포를 갖춘 연합국 포병대가 포격을 시작하자 엄청난 굉음과 함께 눈부신 불빛이 지평선을 뒤덮었다. 폴란드군은 곧바로 공격에 들어갔지만, 독일군이 그날 밤 모든 일선 대대를 방어선에 배치시킨 걸 알고 크게 당황했다. 적군 병력은 예상의 두 배에 가까웠고, 이에 따라 폴란드군에는 엄청난 수의 사상자가 발생했다. 서쪽에서 방어가 견고한 산탄젤로 마을 앞을 흐르는 라피도 강을 도하하던 인도 제8사단의 사정도 마찬가지였다. 라피도 강은 미국 제36사단이 그해 초 큰 피해를 입었던 곳이기도 했다. 공병들은 가까스로 적절한 곳에 다리를 놓고, 구르카 부대는 전차의 도움으로 마을을 일소할 수 있었다. 그러나 영국군의 교두보는 작았고 몬테카시노 산이 여전히 전체 지역을 압도하고 있었다.

해안 가까이에 있던 미국 제2군단은 가릴리아노 강을 건너면서 적군의 강력한 저항에 부딪혔다. 미군과 영국군 사이에 있던 쥐앵의 프랑스 식민지 사단 또한 치명적인 저항에 부딪혔다. 쥐앵은 전술을 바꿨다. 그는 방향을 전환하여 강력한 포병대의 지원 아래 몬테마요를 기습했다. 이 공격으로 쥐앵의 군대에는 2000명 이상의 사상자가 발생했지만 구스타프 전선을 뚫을 수는 있었다. 그가 이끌었던 식민지 사단의 토착민 병사들은 피와 전리품에 굶주려 서둘러 나아갔다. "병사들은 대부분 샌들과 털양말을 신고, 방아쇠를 당길 손가락 부위를 잘라낸 장갑을 끼거나, 줄무늬 젤라바를 입었다. 게다가 턱수염도 덥수룩했고 국 그릇 같은 철모를 썼으며, 벨트에는 발까지 내려오는 긴 칼을 찼다."[5] 칼은 독일군 시체의 손가락이나 귀를 잘라 전리품을 취하는 데 사용했다. 토착민 병사들은 무시무시한 산악 전사들이었다. 그러나 이들이 이탈리아 민간인들을 위협하고 강간을 일삼는 야만스러운 짓을 했다는 소문도 있었는데, 해당 프랑스 장교들은 대개 전쟁에서 치르게 되는 대가로 여기고 무시하는 편이었다.

클라크는 미 군단이 프랑스군만큼 빠르게 진격하지 않는 것에 격분했고, 독일 제1공수사단 때문에 여전히 몬테카시노에 묶여 있는 제8군을 경멸했다. 하지만 폴란드군이 용감하게 포위 작전을 단계적으로 펼쳐 독일 제1공수사단을 물리쳤다. 5월 18일, 거대한 베네딕토회 대수도원의 폐허에 흰색과 붉은색으로 된 폴란드 국기가 휘날렸다. 폴란드군 사상자는 약 4000명에 달했다.

독일군이 구스타프 전선 뒤쪽 10~12킬로미터 떨어진 히틀러 전선으로 철수하는 일은 결코 순조롭지 않았다. 쥐앵의 군대가 쉴 새 없이 독일군을 괴롭혔고, 제8군이 마침내 병목같이 좁은 리리 계곡의 통로까지 진군하자 이 제2차 방어선까지도 위험에 처했다. 필사적으로 버티려던 케셀링은 안치오 교두보를 누르고 있던 마켄젠 예하 제14군 소속 사단을 이동시켰다. 알렉산더가 기다리던 순간이 온 것이다.

비밀리에 사단 수를 7개로 늘린 트러스콧 예하 제6군단의 병력은 이제 마켄젠의 전체 병력보다 더 강력해졌다. 5월 22일, 클라크는 알렉산더가 아닌 자신이 이 작전을 지휘한다는 사실을 전 세계에 보여주고자 안치오 교두보로 날아갔다. 다음 날 아침, 트러스콧의 사단은 알렉산더가 지시한 대로 동북쪽 발몬토네를 향해 공격을 시작했다. 피해는 컸지만, 이튿날 독일군이 철수하자 해안에 있던 제2군단이 안치오 교두보로 합류했다. 이 일을 영원한 기록으로 남겨두기 위해 클라크는 종군기자단 및 촬영기자들과 함께 지프를 타고 질주했다.

5월 25일, 트러스콧 예하 제1기갑사단은 발몬토네 공격 범위 안에 있어서 24시간 내에 제10군의 퇴로를 끊을 수도 있었다. 그러나 그날 오후 트러스콧은 클라크에게 진군 축을 서북쪽으로 바꾸어 로마로 향하라는 지시를 받게 된다. 트러스콧과 사단 지휘관들은 크게 동요했지만, 트러스콧은 클라크의 지시를 성실하게 따르기로 했다. 사실 클라크는 알렉산더에게 자신의 의도를 숨기고 있었다. 클라크의 망상이 무척 심해서 그가 살짝 미쳤다고 볼 수도 있는 노릇이었다. 나중에 클라크는 자신의 행동을 합리화하려고 했지만 그러한 시도에는 혼란과 모순이 뒤섞여 있었다. 만약 제8군부대들이 자기 부대보다 먼저 로마에 입성하려 한다면 발포하겠다고 알렉산더에게 으름장을 놓았다는 주장을 한 적도 있다.

클라크는 알렉산더를 불신했을 뿐 아니라 트러스콧의 역할을 인정할 생각조차 없었다. 제2차 세계대전에서는 지나친 독선에 빠진 사례를 많이 관찰할 수 있다. 그중에서도 오버로드 작전 수행 이전에 로마에 입성해 정복자가 되려 했던 클라크의 야망이 가장 두드러진다. 육군 원수 브룩은 일기에 다음과 같이 기록했다. "좀스럽고 왜소한 남자들이 어쩌나 지휘 문제에 잘 엮이는지 놀라울 정도다."[6] 알렉산더는 클라크의 행동을 '이해할 수 없는 행동'[7]이라 묘사하고 이어서 설명을 덧붙였다. "로마라는 이름이 갖는 엄청난 대중적 가치가 그를 매혹시켜 진격 방향을 바꾸게 만들었다고 추정할 수밖에 없다."

알렉산더의 부대가 이탈리아 주요 전투에서 싸우는 동안, 유럽 서북쪽에서는 훨씬 더 방대한 계획이 준비되고 있었다. 오버로드 작전은 역대 최대 규모의 상륙 작전으로 기록되는데, 제1차 투입 병력만 선박 5000척 이상, 항공기 8000기 이상, 사단 8개에 달했다. 상당한 긴장이 감돌면서 '디데이 신경과민'이라는 말까지 생겨났다. 영국군 고위 장교들은 참담했던 디에프 기습은 물론이고 됭케르크를 비롯한 그 밖의 구출 작전에 대해서도 쓰라린 기억을 안고 있었다. 하지만 오버로드 작전 중 영국 해협 횡단 단계인 넵튠 작전 계획은 엄청나게 꼼꼼했다. 수백 쪽에 달하는 작전지시서를 받은 캐나다 제3사단은 이 작전을 '오버보드 작전'이라 불렀다.

독일군은 침공을 예상하고 있었지만, 정확히 언제, 어디에서 시작될지는 알지 못했다. 영국군은 포티튜드 작전에 따라 복잡한 기만전술들을 전개했다. 포티튜드 노스에 '영국 제4군'이 노르웨이에 상륙할 것이라는 암시가 내포되어 있어서 히틀러는 노르웨이에 40만 명 이상의 군사를 배치할 것을 고집하여 장군들을 절망에 빠뜨렸다. 전차와 비행기, 심지어 상륙주정 모형까지 잉글랜드 동남쪽에 배치한 포티튜드 사우스는 독일군이 가장 두려워하는 인물인 조지 패튼 장군이 제1집단군을 이끌고 파드칼레로 제2차 침공을 개시할 것이라는 인상을 주었다.

독일군으로 하여금 노르망디 상륙은 그저 예비 작전 혹은 양동작전일 뿐이며 실제 공격은 이후 불로뉴 남쪽에서 이뤄질 거라고 믿게 만들고자, 연합군은 이중간첩과 체포된 스파이들을 이용해 이중 기만 체계를 마련했다. 독일 첩보 기관에서는 연합국이 활용할 수 있는 병력과 인력을 매우 과대평가하여 이 시나리오를 그대로 믿어버렸다. 나중에 이 기만 작전의 규모가 명확해지고 반나치 장교들이 7월에 히틀러 암살을 도모하자, 게슈타포는 정보장교들이 스스로 오도당하게 내버려두고 전쟁에서 지기 위한 하나의 반역모의 방편으로 활용한 것이 아니냐는 의혹을 제기하기 시작했다.

오버로드 작전 기획가들은 상륙 직후 위험한 며칠 동안 성패가 판가름 날 것으로 예견했다. 연합군이 병력을 모아도 교두보로 반격하러 오는 독일 증원 병력에 필적하지 못할 수도 있었다. 이에 대한 대응책은 이탈리아에서의 경험으로부터 나왔는데, 적군의 후방으로 연결되는 교량, 철로, 조차장, 주요 교차로 등 모든 교통수단을 파괴함으로써 전투 구역을 봉쇄하라는 것이었다. 연합국은 적군이 동쪽으로는 센 강, 남쪽으로는 루아르 강을 넘어

제2차 세계대전

오지 못하도록 하여 노르망디 침공 지역을 고립시키기로 했다. 그러나 침공 목표 지역을 들키지 않기 위해서는 공격 범위를 네덜란드, 심지어 덴마크까지 확장해야 했다.

고집불통 해리스는 요지부동이었다. 그는 자신이 이끄는 랭커스터 부대가 베를린을 비롯한 여러 도시를 계속 폭격한다면 굳이 프랑스를 침공할 필요가 없다고 믿었다. 그는 또한 철도와 같은 목표를 폭격기가 정확하게 조준하여 공격할 수는 없다고 주장했다. 스파츠 장군은 '석유 고갈 계획'을 밀고 나가 정제소와 합성석유저장고를 공격하고 비행기 공장도 폭격할 생각이었다. 그러나 제8육군항공대의 사기는 그리 높지 않았다. 거의 90명에 달하는 대원들이 고의로 비행기를 스웨덴이나 스위스에 착륙시켜 남은 전쟁 기간 내내 중립국에 억류되었던 것이다. 미 육군항공대는 정밀한 주간 폭격을 강력하게 주장했는데, 사실상 그것은 영국 폭격사령부의 야간 폭격 효과와 크게 다르지 않았다. 육군항공대가 독일이 아닌 스위스 도시들까지도 폭격했던 것이다.

하지만 아이젠하워는 부관인 테더 공군 대장을 통해 폭격기 제왕들을 굴복시키기로 마음먹었다. 그러나 영국 공군 내의 혐오가 심해 테더는 루스벨트의 후광을 입고 있는 아이젠하워의 지위를 끌어들여야만 했다. 해리스와 스파츠는 명령 계통에 굴복했다. 처칠은 기획자들이 주요 교차로를 차단하는 유일한 방도라는 명목으로 프랑스 도시들을 집중적으로 파괴할 계획을 세우고 있음을 알고 깜짝 놀랐다. 민간인 사상자가 대량으로 발생하고 도시가 폐허로 변하면 프랑스인들의 분노를 사게 될 터였다. 처칠은 이 '교통수단 관련 계획'이 연합군을 살리는 길이라고 주장하는 아이젠하워에 대해 반박하고, 그 뒤 아이젠하워의 주장을 옹호했던 루스벨트를 설득하기 위해 나섰다. 처칠은 민간인 사상자 수를 1만 명으로 제한하자고 했지만, 이 명분상의 수치조차 받아들여지지 않았다. 결국 디데이에 앞선 사전 공격에서 프랑스 민간인 약 1만5000명이 사망하고 1만9000명이 중상을 입었다.

처칠은 샤를 드골 장군에 관한 일에도 신경을 쓰고 있었다. 영국군과 미군 지휘관들은 전에 프랑스군이 쓰던 구식 암호를 독일이 해독한 적이 있기 때문에 오버로드 작전 기밀 사항을 알제의 프랑스 지도자들에게 전달하려 하지 않았다. 하지만 아이젠하워는 쾨니그 장군에게 기밀을 이야기하겠다고 고집했다. 프랑스 국내 항독군으로 알려진 전체 레지스탕스 집단의 총사령관인 쾨니그는 교통 및 통신 수단을 파괴하라는 명령을 상륙 직전에 내릴 것이었다. 그리고 약간의 프랑스 군함, 항공대, 지상군 또한 침공에 가담하고 있었다.

루스벨트는 연합국이 드골 장군의 집권을 위해 프랑스를 해방시키는 것이 아님을 부하들에게 상기시키고 싶었다. 미국 고위 장교 대부분은 대통령의 비타협적 태도에 낙담했고, 처칠은 드골과 협력해야 한다고 루스벨트를 설득하는 데 최선을 다했다. 그러나 루스벨트는 해방된 프랑스에서 대선을 치를 때까지 군사정부를 두게 할 생각이었으며, 점령 통화 발행을 고집했다. 점령 통화는 이렇게 빈약한 뒷받침만 받은 채 발행되어 화폐로서의 역할을 하지 못했으므로 군대에서는 이를 '담배 교환권'에 비유했다.

루스벨트는 드골을 런던으로 초대하자는 처칠의 의견에 마지못해 찬성하고, 요크기 2기를 알제로 보내 드골과 그의 간부들을 데려오게 했다. 처음에 드골은 루스벨트가 프랑스 민정 수립에 관한 논의를 일체 거절했기 때문에 런던행을 거부했다. 처칠의 대리인 자격으로 알제에 간 더프 쿠퍼는 드골에게 런던으로 가지 않으면 루스벨트의 수에 넘어가게 된다고 경고했다. 알제에서 구성된 프랑스 국가해방위원회가 6월 3일 공식 명칭을 프랑스 공화국 임시정부로 바꾸고 난 뒤, 드골은 마침내 쿠퍼와 함께 잉글랜드로 가기로 했다.

로마 남쪽에서는 마크 클라크의 꿈이 실현되기 직전이었다. 미국 보병사단이 독일군 최후 방어선의 틈새를 통과해 독일군을 무너뜨리는 데 성공한 것이다. 케셀링은 즉시 퇴각을 명령했다. 히틀러는 로마를 무방비 도시로 선언하게 하고 파괴 명령은 내리지 않았다. 이것은 고대 유적과 예술에 대한 관용이나 존중에서 나온 것이 아니라, 히틀러가 영국 해협에 초점을 맞추고 있고 비행 폭탄으로 곧 런던을 파괴할 수 있을 거라 믿었기 때문이다.

6월 4일에 로마에서는, 마크 클라크가 브리핑을 위해 캄피돌리오에 부하 사령관들을 소환하고, 이탈리아 내 종군기자들도 모두 모이게 했다. 사진 촬영 기회가 생기자 신이 난 클라크는 지도를 들고 독일군의 퇴로 쪽인 북쪽을 가리켰고, 당황한 군단 지휘관들은 부끄러워 어쩔 줄 몰라 했다. 그러나 로마에서 마르쿠스 아우렐리우스 클라쿠스가 누린 승리의 기쁨은 그리 오래가지 않았다. 6월 6일 동이 튼 직후, 참모장교가 로마 엑셀시오르 호텔 스위트룸에서 자고 있던 클라크를 깨워 연합군의 노르망디 침공 소식을 전했다. "왜 그리 호들갑인가?"[8] 클라크는 씁쓸한 반응을 보였다. "로마 함락 소식은 신문 헤드라인에 하루도 안 실어주더니만."

침공을 몹시 고대하던 히틀러는 연합국이 대서양의 벽에 막혀 괴멸될 거라고 믿었다. 그리하여 영국군과 미군이 전쟁에서 큰 타격을 입고 나면 자신은 붉은 군대를 상대할 독일 병력을 모두 집중시킬 수 있을 것이었다. 히틀러의 지시에 따라 북프랑스 방어를 맡은 로멜 육군 원수는 대서양의 벽이 실제 존재하는 것보다 선전적 성격이 더 강하다는 사실을 알고 있었고, 로멜의 상관인 게르트 폰 룬트슈테트 육군 원수도 '그저 별 볼일 없는 허풍'[9]으로 치부했다.

북아프리카에서 연합국의 공군력을 경험한 뒤라 로멜은 증원 병력과 보급 물자를 수송해오기가 대단히 어려우리라는 것을 알았다. 그는 서부기

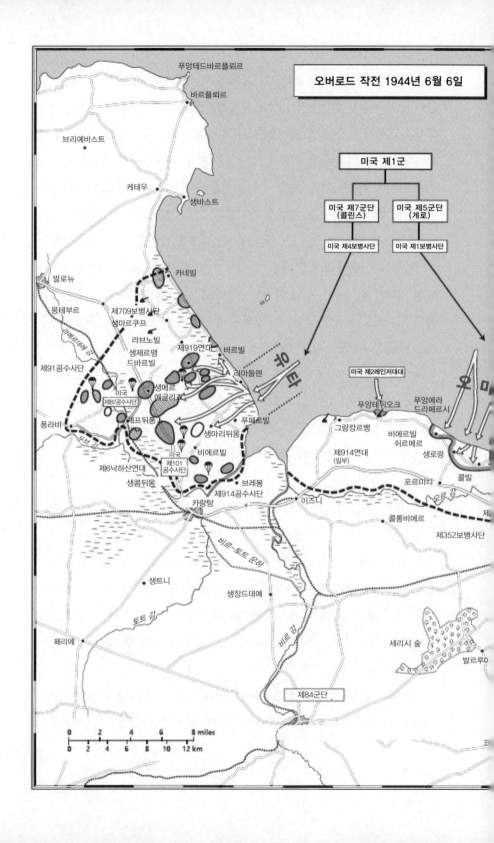

오버로드 작전 1944년 6월 6일

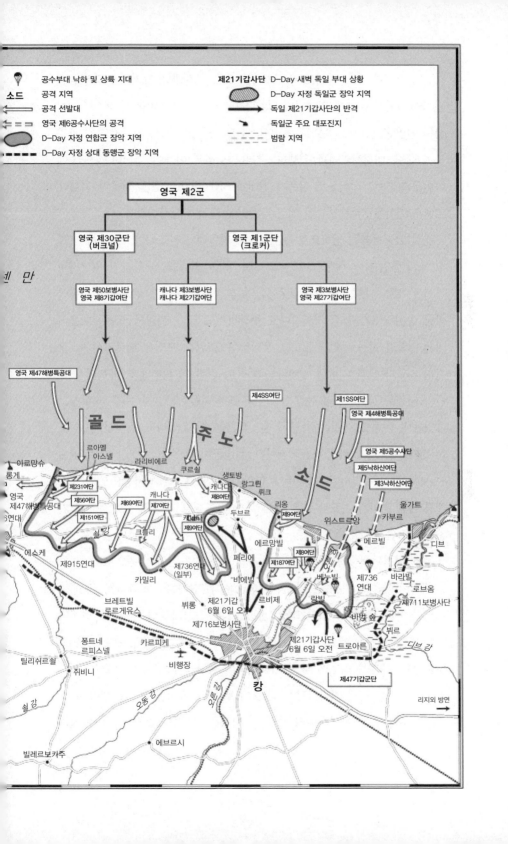

범례

공수부대 낙하 및 상륙 지대

소 드 공격 지역

← 공격 선발대

⇐ ═ ═ 영국 제6공수사단의 공격

D–Day 자정 연합군 장악 지역

▬ ▬ D–Day 자정 상대 동맹군 장악 지역

제21기갑사단 D–Day 새벽 독일 부대 상황

D–Day 자정 독일군 장악 지역

➤ 독일 제21기갑사단의 반격

독일군 주요 대포진지

⋯⋯ 범람 지역

영국 제2군

영국 제30군단 (버크널)

영국 제1군단 (크로커)

영국 제50보병사단 영국 제8기갑여단

캐나다 제3보병사단 캐나다 제2기갑여단

영국 제3보병사단 영국 제27기갑여단

영국 제47해병특공대

제4SS여단

제1SS여단

영국 제4해병특공대

골 드

주 노

소 드

영국 제5공수사단

제5낙하산여단

제3낙하산여단

르아멜 아스넬

라리비에르

쿠르쇨

생토방

랑그륀 뤼크

리옹

위스트르앙

카부르

울가트

디브

아료망쉬 롱게

제231여단

제56여단

제69여단

캐나다 제7여단

캐나다 제8여단

캐나다 제9여단

두브르

제9여단

제8여단

메르빌

영국 제47해병특공대 연대

설 강

크륄리

카뮈리

에르망빌

페리에

비에빌

제187여단

베누빌

랑빌

제736 연대

바라빌

로브옴

에스케

제915연대

제736연대 (일부)

브레트빌 루르게유스

뷔롱

제21기갑 6월 6일 오후

르비제

제21기갑사단 6월 6일 오전

트로아른

제711보병사단

뷔르

디브 강

퐁트네 르피스넬

카르피케

제716보병사단

리지외 방면

틸리쉬르쇨

쥐비니

비행장

캉

제47기갑군단

설 강

빌레르보카주

에브르시

오동 강

오른 강

갑집단 사령관 레오 가이르 폰 슈베펜부르크 기갑대장, 그리고 기갑총감이 된 구데리안과 논쟁에 휘말리게 되었다. 이들은 노르망디에서든 파드칼레에서든 연합군을 바다 쪽으로 물리칠 대규모 역습을 위해 기갑사단을 파리 북쪽 숲에 대기시키기를 원했다. 그러나 로멜은 이들이 행군하는 도중에 타이푼과 P-47 선더볼트 전폭기 편대에 의해 대량 살상될 것을 우려했다. 로멜은 전차를 상륙 가능한 지점 가까이에 배치할 생각이었다.

분할과 통치라는 정책으로 지휘권을 유지하려던 히틀러는 프랑스에서 지휘 체계 통일을 거부했다. 그 결과 독일 항공대와 해군을 통솔할 최고사령관이 존재하지 않는 상황이 발생했다. 히틀러는 기갑사단 대부분을 독일 국방군 총사령부가 직접 지휘하자고 주장하기도 했다. 기갑사단들은 히틀러에게 명확한 지시를 받지 않고는 움직일 수 없었다. 로멜은 노르망디 제7군 전투 지구가 상륙 지점일 것이라는 예상이 점점 더 확신으로 바뀌면서 해안 방어선을 강화하느라 동분서주했다. 한편 히틀러는 계속 마음을 바꾸고 있었는데, 아마도 이것은 나중에 자신의 예측이 옳았다고 주장할 수 있도록 핑계를 만들기 위해서였을 것이다. 제15군이 방어하고 있던 파드칼레에는 보복 무기를 발사할 지점이 더 많았을 뿐만 아니라 위치상으로도 영국 해협 횡단 거리가 비교적 짧은 곳이었고, 공중 방호를 맡은 켄트 전투기 기지와도 훨씬 더 가까웠다.

독일 방첩부에서는 레지스탕스의 활동과 무전통신의 내용으로 보아 침공이 임박했음을 확신했으나, 독일 해군은 일기예보를 보고 6월 5일에서 7일 사이에는 날씨가 나빠 침공 걱정이 없는 것으로 결론지었다. 심지어 6월 5일 밤에는 영국 해협을 정찰하는 일까지 모두 취소했다. 이와 같은 소식을 접한 로멜은 독일에 들러 아내의 생일을 축하해준 뒤, 베르크호프에 있는 히틀러를 만나 기갑사단을 더 많이 보내달라고 설득하기로 했다.

6월 첫째 주, 아이젠하워의 가장 큰 걱정은 날씨였다. 6월 1일 아이젠하위의 전임 측후관은 갑작스럽게 더운 날씨가 머지않아 끝날 것이라고 경고했다. 바로 그날 포격 부대의 전함들이 스캐파플로를 떠나고 있었다. 6월 5일 아침에 침공을 시작하는 데 모든 일정이 맞춰져 있었던 것이다. 날씨 상태는 6월 4일에도 계속 나빠 아이젠하워는 작전을 연기해야 하는 상황에 직면했다. 그러던 중 6월 5일 밤에는 날씨가 풀릴 것이라는 새로운 소식이 들어왔다. 해협에서 폭풍우가 휘몰아치고 거센 파도가 이는 동안 아이젠하워는 끔찍한 딜레마에 빠졌다. 이 기상 예보의 정확성을 과연 믿을 수 있는가? 침공 당시 영국 제2군을 지휘했던 마일스 뎀프시 장군은 아이젠하워가 '출격'하기로 결정한 일을 이번 전쟁에서 가장 용감했던 행동으로 여겼다.[10]

아이젠하워가 결정하고 몽고메리가 동의하자 긴장은 즉시 완화되었다. 그의 결정은 옳았다. 또 연기하면 다음 만조 때에 맞춰 2주 뒤로 침공을 미루어야 했기 때문이다. 사기는 곤두박질칠 것이고 기습 기회를 놓칠 수도 있었다. 게다가 2주가 지체되었다면 영국 해협에서 40년 만에 발생한 최악의 폭풍우에 노출되었을 것이다. 연합군이 제공권과 제해권을 장악하고 있었으니 오버로드 작전은 성공하게 되어 있었다고 지나치게 쉽게 생각하는 경향이 있다.

6월 5일 초저녁 BBC 프랑스 방송에서는 레지스탕스의 활동 개시를 알리는 암호 메시지를 송출했다. 미국 제82공수사단, 제101공수사단과 영국 제6공수사단 낙하산병들도 묵직한 군장을 메고 각각 비행기와 글라이더에 몸을 싣기 시작했다. 와이트 섬 남쪽에서는 온갖 크기의 함정과 갖은 종류의 상륙함으로 이뤄진 침공 선단이 집결하기 시작했다. 병사들은 난간에 모여 잿빛 파도가 이는 해협을 가득 메운 세계 곳곳의 10개국 이상에서 모인 300척 이상의 전함, 모니터함, 순양함, 구축함, 코르벳 함을 놀란 눈으로 바라보고 있었다.

먼저 소해정 277척이 깊어가는 어둠 속에서 노르망디 해안을 향해 남쪽으로 진격했다. 램지 제독은 이 목조 선박들에 큰 피해가 발생할까봐 걱정되었다. 해안 사령부의 리버레이터와 선덜랜드 비행정은 아일랜드 남쪽 해상에서 독일 U 보트를 비스케이 만으로 계속 쫓아냈다. 단 한 척의 독일 잠수함도 침공 함대를 공격하기 위해 해협에 도달하지 못하자, 되니츠 제독은 크게 당황했다.

공수부대를 싣고 글라이더를 견인하는 수송기 100여 기는 시칠리아 침공 당시 있었던 재앙을 피하기 위해 해협에서 침공 함대 위를 피하여 날았다. 그렇게 했는데도 C-47 스카이트레인 3기는 코탕탱 반도에 미국 공수부대를 낙하시킨 뒤 연합군 군함에 격추되었다.[11]

공수부대 투하는 계획대로 이뤄지지 않았다. 수송기 행렬이 해안을 넘자 맹렬한 대공포의 포격으로 대열이 흩어졌다. 항법도 자주 틀렸다. 낙하지역에 제대로 뛰어내린 병사는 소수에 불과했고, 낙하산병 다수는 자신의 부대를 찾아 수 킬로미터를 무거운 걸음으로 걸어야 했다. 독일군 진지에 떨어진 대원들은 사살되었다. 몇몇은 강에 떨어지거나 물이 불어난 습지에 떨어졌는데, 무거운 장비 때문에 물에 가라앉거나 낙하산에 걸린 채로 익사했다. 그런데 강하가 매끄럽지 않게 이뤄지면서 예상 밖의 효과가 생겼다. 독일군이 작전 대상을 파악하는 데 혼란이 생겼고, 실제 목표인 파드칼레 공격을 앞두고 노르망디에 대규모 양동작전을 실시하고 있다는 인상을 주게 된 것이다. 차질 없이 진행된 작전은 오직 하나, 상륙 지역의 동쪽 경계인 오르 강에 놓인 페가수스 다리를 장악하는 일뿐이었다. 글라이더 조종사들이 정확한 위치에 기체를 착륙시켰기 때문에 목표물 장악은 몇 분 내로 이뤄졌다.

6월 6일 동트기 전 폭격기, 전투기, 전폭기 비행대대가 이륙하기 시작하면서 빨라지는 엔진의 움직임에 잉글랜드 내 거의 모든 비행장이 고동치기 시작했다. 비행기들은 충돌이나 추락을 피하기 위해 정확하게 표시된 통로를 따라 움직였다. 조종사와 승무원들은 영국, 미국, 캐나다, 호주, 뉴질랜드, 남아프리카, 로디지아, 폴란드, 프랑스, 체코슬로바키아, 벨기에, 노르웨이, 네덜란드, 덴마크 등 연합국의 거의 모든 나라 출신이 다 있었다. 일찍이 이륙해 기만 임무를 수행한 핼리팩스나 스털링 같은 일부 비행대대는 알루미늄 '윈도'와 지상에서 폭발하는 인형을 낙하산에 매달아 투하했다.

소해정 승무원들과 램지 제독은 운 좋게도 총 한 발 맞지 않고 임무를 완수한 뒤 돌아가게 된 것을 믿기 힘들었다. 거친 파도 때문에 독일 해군이 항구에 있어야 했던 것이 가장 고마운 일이었다. 이들은 동트기 전에 포격을 가하기 위해 육지 쪽으로 천천히 다가오는 구축함에 행운의 신호를 보냈다. 순양함 및 전함들은 훨씬 더 먼 바다에 닻을 내렸다.

선박 가득 들어찬 13만 명의 군사들은 그날 밤 잠을 거의 자지 않고 도박을 하거나, 프랑스 말을 공부하거나, 고향 생각을 하거나, 마지막 편지를 쓰거나, 성경을 읽으며 시간을 보냈다. 새벽 1시가 갓 넘은 시각에 특히 미 해군 선박에 있던 부대들은 푸짐하게 식사를 한 뒤 긴장감에 담배를 피워대며 계속 만지작거리던 군장을 메었다. 새벽 4시경에 부대는 갑판으로 집합했다. 많은 수의 병사가 무기와 탄약을 잔뜩 짊어진 상황에서 그물을 타고 기어 내려가 높은 파도의 장단에 맞춰 걷잡을 수 없이 출렁이는 상륙정에 올라타는 것은 무척이나 위험한 일이었다.

각 상륙정이 준비를 모두 마치자마자, 타수가 조종을 시작해 선박 옆면에서 빠져나와 앞에 있는 상륙정 뒤쪽 작은 불빛을 따라 둥그렇게 둘러선 무리로 합류했다. USS 새뮤얼 체이스 함에서 내려온 제1보병사단 소속 대원은 "우리가 파도와 함께 오르락내리락 굽이칠 때마다 불빛이 사라졌다 다시 나타나기를 반복했다"[12]고 묘사했다. 얼마 지나지 않아 병사들은 푸짐하게 먹었던 것을 후회하기 시작했고, 속이 울렁거려 헬멧 속이나 바닥에 토하기도 했다. 갑판은 토사물과 바닷물로 범벅이 되어 미끄러웠다.

흐린 하늘을 회색 햇빛이 관통하기 시작하자, 전함들은 주무기인 355밀리 포로 공격을 개시했다. 순양함과 구축함도 곧바로 합류했다. 해안에서 바라보던 제711보병사단 요제프 라이헤르트 중장은 "수평선 전체가 거대한 불덩어리로 보였다"[13]라고 기록했다. 당시에는 새벽빛이 밝아 독일군이 침공 함대의 규모를 식별할 수 있을 정도였다. 지휘소에서 야전 전화가 요란하게 울렸다. 센 강 유역 라로슈기용에 위치한 B 집단군 사령부에서, 그리고 파리 외곽 생제르맹의 룬트슈테트 사령부에서도 전신타자기가 바쁘게 소식을 전하고 있었다.

함포사격이 지속되는 동안 로켓탄을 가득 실은 상륙정들이 해안에 접근했다. 그러나 그들의 로켓탄은 대부분 해안에 도달하지 못한 채 물에 떨어졌다. 그러다 수륙양용(DD) 셔먼 전차 대원들에게 가장 끔찍한 순간이 닥쳤다. 전차들은 그들이 수면부양 테스트를 실시했던 것보다 훨씬 더 심한 파도 속에서 상륙정을 나섰다. 대부분 포탑 주변에 설치한 캔버스 차폐막이 파도의 위력에 쓰러졌고 많은 승무원이 가라앉는 전차에서 탈출하지 못했다.

코탕탱 반도 밑둥의 유타 해안에 미국 제4보병사단이 예상보다 훨씬 더 적은 피해를 입고 상륙해, 제82공수사단, 제101공수사단 낙하산병들을 구하고자 내륙으로 이동하기 시작했다. 긴 곡선을 그리는 오마하 해변은 해초로 뒤덮인 절벽에 감제당했기 때문에 연합군이 예상했던 것보다 훨씬 더 위험한 목표였다. 제1보병사단, 제29보병사단이 상륙하기도 전에 일이 잘못되기 시작했다. 함포 공격은 격렬했지만 제대로 효과를 보기에는 시간이 지나치게 짧았고, 폭격은 시간 낭비나 다름없었다. 미군 항공대 지휘관들은 시야 확보가 어려운 가운데 조준하기가 더 수월한 해안선을 따라가기보다, 해안선에 배치된 대공포화를 피하기 위해 바다로부터 해안선에 직각으로 비행하면서 폭격하겠다고 고집했다. 항공대가 상륙정 위를 지나게 되자 항공대 대원들은 아군이 타격을 입지 않도록 잠시 기다렸고 결국 내륙의 벌판과 마을에 폭탄을 떨어뜨렸다. 해안 방어선이나 벙커, 포좌는 건드리지 않았다. 해변에는 강습에 나선 보병대가 몸을 숨길 만한 포탄 구멍도 없었다. 그 결과 제1차 상륙 시도에서는 상륙정의 앞문이 열리는 순간 적군의 기관포 및 경포에 공격을 당해 엄청난 수의 사상자가 발생했다. 그리고 상륙정 다수가 모래톱에 갇혔다.

제1사단의 어느 대원은 다음과 같이 기록했다. "어떤 보트는 양륙 후 돌아오고 있었고, 또 어떤 보트는 다소 침수되기는 했지만 여전히 분투하고 있었다. 어떤 보트는 좌초되어 프로펠러가 물 밖에 나와 열심히 돌아가고 있었지만 움직이지 못했다. 어떤 보트는 뒤로 약간 물러났다가 다시 접안을 시도했다…… 나는 옆에서 파도에 뒤집혀 부대원들이 물속에 모두 빠져버린 상륙정의 모습을 보았다. 포탄에 맞아 크게 훼손된 상륙정이 파도를 타고 이리저리 흔들리는 모습도 보았다. 버려져서 병력은 없고 침수된 채 파도에 씻기는 보트도 보았다. 전우들은 그 비참한 가운데서도 어떻게든 자신을 지키려 애쓰고 있었다."[14]

정신적으로 충격을 받은 병사들은 절벽 발치에서 꽁꽁 얼어붙었다. 보다 못한 장교들이 내륙으로 들어가 독일군을 죽이지 않는다면 해변에서 죽게 될 것이라고 경고하면서 병사들을 억지로 일으켜 세웠다. 수비군에는 독일 제352보병사단의 일부 소규모 병력이 충원되었지만, 일각에서 주장하는 만큼 많은 수는 아니었다. 낙하산병 인형 폭발에 반응을 보인 제352보병사단의 주요 예비 군사 약 3000명이 아침 일찍 헛수고를 한 뒤, 골드 해안에서 내륙을 향해 대각선으로 진군하던 영국 여단에 의해 괴멸된 것이 미국에는 다행이었다. 어찌 되었든, 아침에 벌어진 살육과 혼돈으로 브래들리 장군은 오마하 해변에서 완전히 물러날 것을 고려하게 된다. 그런데 때마침 일부 부대가 비교적 온전하게 절벽 위에 도달했으니 오마하 장악에 아직 가능성이 있다는 소식이 날아들었다. 소수의 셔먼 전차들이 벙커를 상대하고, 미국과 영국 구축함들이 위험할 정도로 독일 진지 가까이로 항해하며 대단히 정확하게 포격을 가한 덕분에 전세를 연합군에 유리한 방향으로 돌려놓을 수 있었다.

골드 해안에서 영국 제50사단은 곧바로 내륙으로 밀고 들어갔다. 한 여단은 해질녘 진군을 중지할 때까지 바이외 코앞까지 전진했고 다음 날 아침 사상자 없이 도시를 장악했다. 캐나다 제3사단은 주노 해안 전투 지구에서 해변 마을에 요새와 터널망을 구축한 독일군 때문에 훨씬 더 힘든 시간을 보냈다. 위스트르앙의 작은 항구와 이어진 소드 해안에서는 때아닌 만조로 전차 상륙이 지연되어 영국 제3사단의 진격에 차질이 생겼다. 길 양쪽으로 즐비한 지뢰밭과 대포 때문에 차량은 불타고 진로는 막혀 내륙 도시 캉을 향한 빠른 공격은 불가능해졌다. 게다가 커다란 독일군 벙커들의 끈질긴 방어는 사태를 더욱 악화시켰다. 측면에서는 오른 강과 디브 강 사이에 배치된 제6공수사단이 동쪽에서 들어올지 모르는 독일 기갑군의 반격을 막기 위해 교량을 폭파하고 전투 지역을 확보하고 있었다.

몽고메리는 비행장을 위해 최대한 빨리 캉과 그 너머 지역을 장악할 계획이었지만, 기관총과 대전차포로 무장한 채 노르망디 농가의 뜰과 촌락에 빈틈없이 숨어 있던 독일군의 저항은 생각보다 훨씬 더 뚫기 힘들었다. 연합군 정보부에서도 독일 제21기갑사단이 이미 캉 지역에 있음을 알아내지 못했다. 몽고메리의 계획에는 이상한 모순도 있었다. 그는 전투를 시작한 지 24시간 안에 고대 도시인 캉을 장악하는 것이 지나치게 낙관적인 목표임이 분명한데도 밀어붙이려 했다. 그러나 한편으로는 6월 6일 중폭격기로 대규모 공습을 벌여 캉을 파괴할 것을 지시하기도 했었다. 하지만 막상 길거리에 돌덩이들이 널려 있게 되자 몽고메리의 부대에는 방해가 되고 독일 수비군에는 오히려 도움이 되었다. 이 공습으로 독일 군사들은 거의 모두 살아남았지만, 일반 시민들이 받은 충격과 고통은 끔찍한 수준이었다.

연합군 지휘관들은 독일 기갑부대의 대반격이 두려워 신중에 또 신중을 기했다. 운 좋게도 히틀러가 6월 6일 늦은 오후까지 전차부대를 파견할지에 대해 결정하지 못한 덕분에 연합군은 이점을 얻었다. 그리고 지상군 지휘관들은 중폭격기를 이용한 작전의 효과를 과대평가한 반면, 침공 지역으로 향하는 독일 기갑군 대열을 공격하기 위해 내륙을 돌아다니는 전폭기 비행대대의 성공에 대해서는 과소평가했다. 제1SS기갑사단 LAH, 제12SS기갑군단 히틀러 유겐트, 그리고 무엇보다도 교도기갑사단이 타이푼과 P-47 선더볼트에 의해 타격을 입었다.

캐나다 제3사단은 마을을 점령하고 대전차포를 신속하게 전진 배치하여 방어를 강화할 필요성을 느꼈다. 그러나 영국 제3보병사단은 훌륭한 예외도 물론 있었지만 대체로 추진 속도가 느렸다. 그 결과 영국 제2군은 동쪽 측면에서 사상자를 비교적 적게 내고 지역을 장악할 수 있었음에도 결국 그렇게 하지 못했다. 로멜이 영국군과 캐나다군 전투 지역에 서부기갑집단을 투입하자, 모건 장군의 예측대로 몽고메리의 군대가 첫 번째 목표 도시를 점령하기까지는 꼬박 한 달이 걸렸다. 침공 지역 중 영국군 쪽에는 공간이 부족해 영국 공군이 전진비행장을 건설하지 못한 데다 병력 구축 속도도 느렸다. 캉이나 카르피케 비행장 중 어느 것 하나 손에 넣지 못했다는 사실에 비춰봤을 때, 몽고메리가 6월 8일 아이젠하워에게 보낸 메시지의 내용은 놀라운 것이었다. "상황은 매우 만족스럽습니다."[15]

캉 서쪽과 코탕탱 반도에 있던 브래들리 예하는 약한 저항을 받았지만 문제는 험한 지형이었다. 브룩 육군 원수가 이미 노르망디 보카주bocage 프랑스 북부 등에서 들과 숲이 혼재하는 전원 풍경의 밭들은 어려움에 대해 경고한 적이 있는데, 그곳의 작은 둑에 단단한 강둑에 높게 솟은 무성한 산울타리에 둘러싸여 있었으며, 둘 사이에 푹 꺼진 공간에 길이 나 있었다. 브룩은 1940년에 지형학을 공부했지만, 그토록 독특한 지형을 본 적이 없는 사람들은 서면 전차가 쉽게 돌파할 수 있을 정도의 작은 산울타리가 있는 잉글랜드 서부 지역쯤으로 상상했다. 그러나 미군이 접한 제일 큰 문제는 바로 습지와 침수 지역이었다. 그곳에 낙하한 공수부대는 다수가 치명적인 결과를 얻었고, 장악해야 할 코탕탱 반도의 목 부분은 대부분 물에 잠겨 있었다.

오마하 교두보가 확보된 뒤, 레너드 '지' 게로 중장은 사단을 가능한 한 빠르게 내륙으로 진군시켰다. 제1보병사단은 남쪽과 동쪽으로 진군하여 6월 7일 포르앙베생에서 영국군과 연결했다. 큰 타격을 입은 제29보병사단은 예비 연대를 서쪽 이즈니로 보냈다. 브래들리는 오마하와 유타 해안 교두보가 최대한 빨리 연결되기를 바랐다. 그러나 두 공수사단이 아직 메르데레 강과 두브 강, 그리고 생메르에글리즈 주변에서 치열한 전투를 벌이는 중이었는데, 유타 해안에서 제4보병사단이 전차 대대를 이끌고 내륙으로 지원을 올 때까지 그 전투는 계속되었다.

독일군이 일단 코탕탱 반도 동남쪽 끝에서 후퇴하자, 제101공수사단은 가까스로 카랑탕을 장악할 수 있었는데, 이것은 독일 쪽이 혼란에 빠진 덕분에 얻은 결과이기도 했다. 6월 13일, 제17SS기갑척탄병 사단 괴츠 폰 베를리힝겐 부대가 반격에 나섰다. 브래들리는 울트라 암호해독기 덕분에 이들의 접근 계획을 알게 되었고 신속하게 제2기갑사단 일부 병력을 맞은편으로 전환 배치할 수 있었다. 카랑탕 남쪽에서는 미군 낙하산병들이 반 게릴라전을 펼치면서 도시 쪽으로 물러나고 있었는데 모리스 로즈 준장이 개방형 반 무한궤도 차량을 타고 서면 전차부대를 이끌며 나타났다. 혼란에 빠진 SS기갑척탄병들이 달아나기 시작했고, 다음 날 유타 교두보와 오마하 교두보가 합쳐졌다.

독일군은 주공이 카랑탕 남쪽으로 들어올 것으로 예상했지만, 브래들리에게는 그보다 훨씬 더 우선시되는 과제가 있었다. 바로 코탕탱 반도 끝 셰르부르 항구를 확보하는 일이었다. 6월 14일에 새로 상륙한 제9보병사단과 제82공수사단이 해협 너머를 공격했다. '라이트닝 조'라 불리는 제7군단 사령관 로턴 콜린스 소장의 재촉으로 이들은 나흘 만에 대서양 해안에 도달했다. 그 뒤 제7군단은 반도에 걸쳐 있는 3개 사단을 배치하고 든든한 공중 지원을 받으며 북쪽으로 진군하여 6월 26일 셰르부르를 장악했다. 히틀러는 카를빌헬름 폰 슐리벤 중장이 항복했다는 소식을 듣고 격분했다.

날씨 덕분에 운 좋게 침공할 수 있었던 연합군에게 곧 큰 괴로움이 닥쳤다. 해협으로 몰려온 거대한 폭풍우가 오마하에 건설된 멀베리 인공 항구를 파괴하고, 해안에 있던 선박과 상륙정들을 강타한 것이다. 미군은 대포의 탄약이 매우 부족함을 알고, 셰르부르 작전 중에 남하하려던 계획을 결국 포기하고 말았다.

영국군도 병력 집결이 중단되면서 교착 상태가 길어졌다. 캉 주변 독일군의 저항은 SS 히틀러 유겐트 부대가 도착하면서 한층 더 격렬해졌다. 설상가상으로 구름이 낮게 깔려 연합군 공군이 땅에 머물러야 했다. 영국 제50사단은 제8기갑여단과 함께 바이외에서 남쪽으로 진군했지만, 틸리쉬르쇨과 르제브르 인근에서 독일 교도기갑사단의 맹렬한 반격에 직면했다.

6월 10일 몽고메리는 포르앙베생에서 브래들리를 만나 지휘 차량 앞에 지도를 펼쳐놓고는 캉으로 정면 돌파하고 싶지는 않다고 말했다. 그는 오른강 동쪽 제6공수사단의 전투 지역에서 제51하일랜드 사단을 공격에 내보내 캉을 포위할 생각이었다. 그와 동시에 제7기갑사단은 자신의 오른쪽 측면에서 남쪽으로 재빨리 내려가 코몽 인근 미국 전투 지역 가장자리로 들어간 뒤, 독일 교도기갑사단 뒤쪽 비예르보카주를 향해 동쪽으로 돌아오게 하는 것이었다. 그야말로 대담한 작전이었고, 전력을 모아 즉각 실시한다면 여러 면에서 좋은 작전이었다. 그러나 결국 이 작전은 초라할 정도로 지원이 부족해 정찰 수준에 머무르고 말았다.

6월 13일, 단 1개 연대급 부대만으로 구성된 최전선 부대가 비예르보카주에 도달했지만, 전방으로 정찰병도 내보내지 않은 상태였다. 그 결과 샤프슈터스Sharpshooters(제4런던기마농민의용군)의 크롬웰 전차부대는 SS제101중전차대대의 에이스인 미하엘 비트만이 이끌던 타이거 전차의 파괴적인 매복 공격을 만났다. 그와 동시에 노출된 영국 제7기갑사단의 남쪽 측면에 독일 제2기갑사단이 갑자기 들이닥치면서 영국군은 굴욕적인 후퇴를 해야 했다. 프랑스 시민들은 일명 사막쥐들을 전날 기쁜 마음으로 환영했지만 이제는 자신들의 도시가 영국군 폭격기 때문에 잿더미가 되어버렸다.

몽고메리는 휘하의 3개 사막 사단, 즉 제7기갑사단, 제50노섬브리아 사단, 제51하일랜드 사단을 노르망디에서 직접 지휘하겠다고 주장했다. 이 노련한 연대 중 몇몇은 노르망디에서 잘 싸울 수 있었지만 다른 연대들의 사기는 낮았으며 따라서 군기도 그리 좋지 않았다. 너무 오랫동안 전투를 해와서 위험을 감수할 각오가 되어 있지 않았던 것이다. 지나치게 조심하느라 활동은 더욱 둔화되었다. 기갑연대의 경우, 88밀리 포가 1마일이 넘는 거리에서도 자신들을 쓰러뜨릴 수 있을 정도이니, 감쪽같이 위장한 독일군 대전차포가 얼마나 두려운 존재인지 알 만했다. 그리고 적당한 거리에서 타이거나 판터 전차를 처치할 수 있는 훌륭한 17파운드 포를 장착한 영국 전차는 3분의 1도 채 되지 않았다. 비예르보카주 참패 이후 제7기갑사단의 자신감은 크게 흔들렸다. 캉 동쪽을 공격하려 했던 제51하일랜드 사단도 무너졌다. 몽고메리는 제51하일랜드 사단의 성적에 충격을 받은 나머지 지휘관을 해임하고, 사단 전체를 영국으로 돌려보내 재훈련을 시킬 생각까지 하게 되었다. 하일랜드 사단은 노르망디 작전이 거의 끝날 때까지 명예를 회복하지 못했다.

미 육군에서도 전투 성적은 사단마다, 심지어 각 사단 내에서도 천차만별이었다. 신생 사단에서는 정신적인 충격으로 발생한 사상자가 많은 편이었고, 훈련 상태가 좋지 않거나 제대로 관리되지 않은 보충병 중에서 신경쇠약을 앓는 비율이 높아 불필요한 재난이 되어버렸다. 아는 사람 하나 없는 전방 부대에 밤에 도착한 한심할 정도로 미숙한 신병의 사기는 최악으로 떨어졌다. 다른 병사들은 신병을 피했다. 전우가 막 전사해 비탄함이 아직 가시지 않은 가운데 전사자의 후임으로 신병들이 온 것이기 때문이었다.

동부 전선에서 익혔던 온갖 치명적인 속임수를 동원해 유지한 독일군 방어선이 무서울 정도로 효과를 보이자, 독일군이 전쟁에서 패했음을 인정해야 한다는 생각은 쑥 들어가버렸다. 공수부대나 레인저부대와 같은 최정예부대를 제외한 나머지 연합국 측 병사들은 대부분 전쟁을 극복하고 참여해보고 싶어 입대한 시민이었다. 어린 시절부터 나치의 군사정신에 세뇌되고, 지금은 괴벨스에게 선동되어 노르망디에서 버티지 못한다면 가족과 집, 조국까지 영원히 파멸할 거라고 믿는 사람들의 열정만큼 연합국 병사들의 정신력이 강할 수는 없는 것이었다.

제12SS 히틀러 유겐트가 가장 광신적이었다. 장교들은 큰 부상을 입지 않고 성한 몸으로 항복하는 SS군인들을 반역자로 간주하겠다며 전투 시작 전 병사들에게 말했다. 히틀러 유겐트의 병사들은 포로가 될 경우 외국의 피를 수혈받기를 거부하고 총통을 위해 죽겠다는 각오가 되어 있었다. 하지만 영국이나 미국 전쟁포로들이 조지 6세나 처칠 혹은 루스벨트를 위해 죽는다는 것은 상상할 수도 없는 일이었다. 물론 독일 군인들이 모두 그런 신념을 보인 것은 아니었다. 평범한 전선 보병 사단의 병사들은 그저 여자 친구나 가족을 다시 만나고 싶어 살아남길 바랄 뿐이었다.

미군이 셰르부르를 장악하자, 반도 남쪽 보카주와 습지에서 본격적으로 전투가 시작되었다. 넓게 트인 지역에서는 미국 기갑사단의 능력을 십분 발휘할 수 있었기 때문에 코몽에서 대서양 해안에 걸쳐 펼쳐진 브래들리의 사단들은 좀더 넓은 곳으로 나가기 위해 전진하며 싸웠지만, 결국은 수많은 사상자만 내고 전투는 걷잡을 수 없는 난항으로 빠져들었다.

독일 장군들은 전차 몇 대와 자주 대전차포 몇 문만 가지고 1개 남짓한 대대로 공격에 임한 브래들리의 전투 방식이 독일군 입장에서는 다루기 쉬웠다고 주장했는데, 어느 정도 정당성은 있는 듯하다. 독일 제3낙하산사단 지휘관은 그저 머릿수를 채우기 위해 항공대나 비행훈련소에서 전출되어온 신참병들을 훈련시키기에 안성맞춤이었다고 거드름을 피우기까지 했다. 독일군은 보병, 지뢰와 부비트랩을 부설할 공병, 돌격포, 잘 배치된 대전차포로 이뤄진 소규모 부대를 활용하여 공격해오는 미군에 자신들이 입은 것보다 훨씬 더 큰 피해를 입힐 수 있었다. 독일군의 가장 큰 문제는 탄약을 비롯한 보급품 부족이었는데, 이는 연합 공군이 후방에서 수송대를 닥치는 대로 공격했기 때문이다.

브래들리의 목표는 생로를 점령하고 페리에-생로 도로를 확보해 주요 공격 출발선으로 활용하는 것이었던 반면, 몽고메리는 다시 캉을 포위하려 했다. 그는 로멜과 룬트슈테트가 6월 17일 히틀러에게 독일 병력을 방어가 용이한 오른 강 뒤쪽 전선으로 철수시켜 연합군의 함포 공격 범위에서 벗어나게 해달라고 요청했다는 사실을 몰랐다. 자신의 의지를 장군들에게 확고히 전하기 위해 프랑스를 잠시 방문 중이던 히틀러는 그런 것을 고려하기조차 거부했다. 이렇듯 병적인 고집과 지휘권 남용이 노르망디 전투의 흐름뿐만 아니라 프랑스 전체의 운명까지 결정했다.

자신만의 환상 속에 갇힌 히틀러는 런던을 향해 막 발사하기 시작한 V-1 무인비행폭탄이 영국을 무릎 꿇게 만들 것이고, 신형 제트전투기가 곧 연합국 공군을 괴멸시킬 것이라고 믿었다. 이것이 환상임을 알고 있던 로멜은 전쟁을 끝내라고 히틀러를 재촉했다. 히틀러는 연합국이 협상하지 않을 것이라고 대꾸했는데, 이번만은 그의 말이 옳았다. 이 간단한 방문을 마친 히틀러는 베르크호프로 돌아갔다. 닷새 후, 동부 전선의 독일군은 이 전쟁을 통틀어 가장 큰 패배를 맛보게 된다.

바그라티온 작전과
노르망디 상륙작전

　독일 육군 총사령부와 총통 본부에서 벨라루스 공격 가능성을 과소평가
하는 사이, 중부집단군 최전선 부대에서는 불안감이 커져갔다. 1944년 6월
20일, '멀리서 천둥소리가 들려오는 한여름의 열기 속'[1]에서, 빨치산이 후방
을 점점 더 거세게 공격해옴에 따라 긴장은 더욱 고조되었다. 열흘 전 독일
정보부에서는 제4군 후방에서 활동량을 늘리라는 소비에트의 지시 내용을
감청했었다. 그에 따라 독일군은 코르모란 작전이라는 대대적인 빨치산 소
탕 작전을 개시했다. 이 작전에는 악명 높은 카민스키 여단도 참여했다. 카
민스키 여단이 민간인을 대상으로 보인 극악무도함은 마치 중세 시대를 연
상케 했으며, 워낙 난폭하고 기강이 해이해 전통적인 독일 장교들에게 모욕
감을 줄 정도였다.

　벨라루스 숲속과 습지에서 활동하는 거대한 빨치산 무리에 전하는 소련
정부의 지시 내용은 꽤 구체적이었다. 먼저 철도망을 공격한 뒤, 일단 공격
이 시작되면 독일 국방군 부대를 괴롭히라는 지령이었다. 내용인즉, 교량 점
거, 숲속 나무를 쓰러뜨려 길을 막아 보급로를 차단하는 일, 전선 병력 충
원을 지연시키기 위한 공격 개시 등이 있었다.

　6월 20일 새벽, 독일 제25기갑척탄병 사단은 약 한 시간 동안 포격과 함

께 짧은 공격을 당했다. 모든 것은 다시 고요해졌다. 이번 공격은 탐색전이 었거나 사단을 동요시키려는 의도로 이뤄진 것이었다. 총통 본부에서는 소비에트군이 이번 하계 공세에 중부집단군을 노리지는 않을 것이라고 생각했다. 오히려 레닌그라드 북쪽 핀란드군을 공격하거나, 폴란드 남부와 발칸을 노리고 프리퍄티 습지 남쪽을 대규모 맹습할 것으로 예상했다.

히틀러는 스탈린이 독일의 동맹국인 핀란드, 헝가리, 루마니아, 불가리아 군대를 공격해 이탈리아처럼 전쟁에서 물러나게 할 계획이라고 생각했다. 이러한 의심은 레닌그라드 전선군에 이어 카렐리야 전선군이 공격에 돌입하면서 사실로 확인되는 듯했다. 스탈린은 이제 복수보다 실용주의를 택할 정도로 자신이 있었기 때문에 핀란드를 완전히 무너뜨릴 생각은 없었다. 그렇게 하려면 다른 곳에서 필요한 병력을 너무 많이 투입해야 했다. 스탈린은 그저 핀란드를 굴복시키고 1940년에 핀란드로부터 빼앗은 땅을 다시 빼앗고 싶을 뿐이었다. 스탈린의 바람대로, 북쪽 지역에서 펼쳐진 이 작전 때문에 히틀러는 벨라루스에서 눈을 돌리게 된다.

붉은 군대의 마스키롭카 기만 작전은 성공적이었다. 우크라이나에 주력이 집결하고 있다는 암시를 주면서 사실은 비밀리에 전차와 육군 부대들을 북쪽으로 이동시키고 있었던 것이다. 이 작전은 독일 항공대가 사실상 모습을 감춘 덕분에 더 수월하게 이뤄졌다. 연합국의 전략 폭격과 노르망디 침공 때문에 독일 항공대는 동부 전선에서 육군에 대한 지원을 거의 하지 못하고 있었다. 소비에트가 제공권을 잡음으로써 독일의 정찰 비행이 거의 이뤄지지 못해, 민스크의 중부집단군 사령부는 소비에트 병력이 대거 집중되고 있다는 낌새를 거의 알아차리지 못했다. 스탑카는 모두 합해 15개 군, 병력 총 167만 명, 자주포 전차 약 6000대, 카추샤 포를 포함한 대포 및 중박격포 3만 문 이상을 모았다. 게다가 항공기 7500기 이상이 공중 방호에 투입되었다.

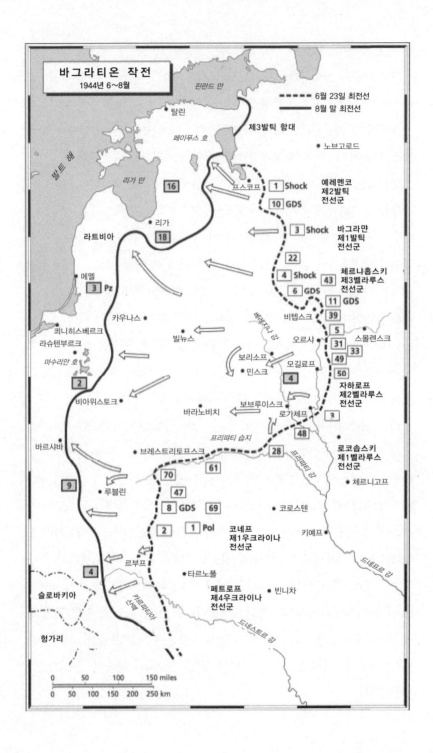

바그라티온 작전
1944년 6~8월

핀란드 만

6월 23일 최전선
8월 말 최전선

탈린

페이푸스 호

제3발틱 함대

노브고로드

발트 해

리가 만

16

프스코프

1 Shock
10 GDS

예레멘코
제2발틱
전선군

리가

18

3 Shock

바그라먄
제1발틱
전선군

라트비아

22

메멜

3 Pz

4 Shock
6 GDS

43

체르냐홉스키
제3벨라루스
전선군

카우나스

11 GDS

39

쾨니히스베르크

비텝스크

5

라슈텐부르크

빌뉴스

벨라지나 강

오르샤

31

스몰렌스크

마수리안 호

49

33

2

보리소프

민스크

모길료프

50

비아위스토크

4

자하로프
제2벨라루스
전선군

바라노비치

보브루이스크

바르샤바

로가체프

3

9

루블린

브레스트리토프스크

프리퍄티 습지

48

28

프리퍄티 강

로코솝스키
제1벨라루스
전선군

70

61

체르니고프

47

8 GDS

69

코로스텐

2

1 Pol

코네프
제1우크라이나
전선군

키예프

4

르부프

타르노폴

드네프르 강

슬로바키아

페트로프
제4우크라이나
전선군

빈니차

헝가리

드네스트르 강

카르파티아
산맥

0   50   100   150 miles
0   50   100 150 200 250 km

중부집단군의 상황은 열악했다. 몇몇 전투 지역은 인원이 적어 보초병들이 밤마다 6시간 단위로 교대 근무를 해야 했다. 병사 및 장교들은 소비에트 전선 안쪽에서 분주히 벌어지고 있는 일에 대해 전혀 알지 못했다. 숲속 길은 육중한 기갑차량들이 다닐 수 있도록 확장되었고, 습지에는 전차가 다닐 통나무 길이 설치되었으며, 부교가 등장하고, 도하 지점에는 튼튼한 바닥이 생겼으며, 강수면 바로 아래에는 수중교가 건설되었다.

이렇게 병력 배치를 대규모로 전환함으로써 공격 개시일은 사흘 늦춰졌다. 바르바로사 작전 3주년이 된 6월 22일, 제1발틱전선군과 제3벨라루스전선군이 정찰을 실시했다. 1812년의 전투에서 이름을 떨친 조지아러시아어명으로 그루지야로 불렸었다가 낳은 위대한 영웅의 이름을 따 스탈린이 직접 명명한 바그라티온 작전은 이튿날 본격적으로 시작되었다.

스탑카의 계획은 먼저 중부집단군의 돌출된 전선 북쪽에서 비텝스크를, 남쪽에서 보브루이스크를 포위한 다음, 이 양쪽 지점에서부터 대각선으로 밀어붙여 가운데에 있는 민스크를 포위하는 것이었다. 북쪽 측면에서 바그라만 육군 원수 예하 제1발틱전선군, 그리고 젊은 이반 체르냐홉스키 상장의 제3벨라루스전선군이 재빨리 공격을 감행하여 독일군이 대응 능력을 갖추기 전에 비텝스크 돌출부를 포위했다. 군이 포격할 필요가 없는 특정 구역에서는 포격을 배제하기도 했고 전차 선봉대는 시투르모비크 전폭기의 도움을 받기도 했다. 기습 공격을 받은 독일 제3기갑군은 완전히 허를 찔리고 말았다. 비텝스크는 취약한 돌출부 가운데에 있었는데, 중심부에는 병력이 약한 독일 항공대 지상 병력 2개 사단이 지키고 있을 뿐이었다. 군단장은 요새 진지인 비텝스크를 지키라는 명령을 받았지만 불행히도 임무를 수행할 병력은 턱없이 부족했다.

중앙에서는 오르샤에서부터 제1차 세계대전 때 러시아 황제의 사령부가 있었던 모길료프까지, 쿠르트 폰 티펠슈키르히 보병대장 예하 제4군도 기습 공격을 받았다. 제25기갑척탄병 사단 소속 부사관은 다음과 같은 내용의 편지를 고향에 보냈다. "우리는 쉽게 잊히지 않을 그야말로 암울한 날을 보냈다. 러시아군이 가히 최대 규모의 포격을 시작했다. 포격은 세 시간 동안 벌어졌다. 놈들은 총력을 다해 돌파 시도를 했다. 적의 위력은 거침없었다. 나는 그들의 손에 넘어가지 않기 위해 서둘러 달아나야 했다. 러시아군의 전차가 붉은 기를 휘날리며 진격해오고 있었다."[2] 오직 제25기갑척탄병 사단, 그리고 돌격포를 갖춘 제78돌격사단만이 오르샤 동쪽에서 맹렬하게 저항했다.

이튿날 티펠슈키르히는 북부 드네프르 강을 건너 후퇴하도록 허락해줄 것을 요청했지만 총통 본부에서는 거절했다. 몇몇 사단이 괴멸되고 병사들도 지치자, 티펠슈키르히는 앵무새처럼 굴종하기만 하는 민스크 집단군 사령관 에른스트 부슈 육군 원수가 내린 위치를 고수하라는 정신 나간 명령에 불복종하기로 결심했다. 지휘관들은 철수를 정당화하기 위해 상황보고서와 전쟁일지를 허위로 작성하는 것만이 자신들의 부대를 살리는 유일한 길임을 깨달았다.

오르샤 전방에 있던 독일 제12보병사단은 제때 후퇴했다. 대대가 강을 넘은 뒤 소령이 공병장교에게 교량 폭파를 왜 그리 서두르냐고 묻자, 공병장교는 쌍안경을 내밀며 강 너머를 가리켰다. 가리키는 곳을 돌아보던 소령은 이미 공격 범위 안에 들어온 T-34 전차 대열을 볼 수 있었다. 드네프르 강유역에 있던 오르샤와 모길료프는 차단된 뒤 사흘이 지나 모두 함락되었다. 부상병 수백 명은 전선에 버려질 수밖에 없었고 모길료프를 끝까지 사수하라는 지시를 받은 독일 장군은 거의 신경쇠약에 걸릴 지경이었다.

소비에트 전선 안쪽에서는 군 차량들이 지독한 교통 정체를 빚어 최대의 난관에 봉착했다. 길 양쪽으로 늘어선 숲과 습지 때문에 고장난 전차를 쉽게 피해갈 수 없었던 것이다. 때로는 '갈림길에서는 대령이 교통정리에 나설 정도로'[3] 혼돈이 극심했다고 훗날 붉은 군대 장교는 술회했다. 장교는 또한 루프트바페의 활동 기미가 거의 보이지 않아 소비에트 군대가 운이 좋았다는 점도 지적했다. 모든 차량이 꼬리에 꼬리를 물고 정체되어 있어 항공대의 손쉬운 목표물이 될 수도 있었기 때문이다.

남쪽 측면에서는 육군 원수 로코솝스키 예하 제1벨라루스전선군이 새벽 4시에 대규모 예비 포격으로 공격을 개시했다. 폭발 때문에 땅에 있는 샘물이 분수처럼 솟아올랐으며 넓은 지역에 걸쳐 땅이 파이고 폭탄 구멍이 생겼다. 나무는 쓰러져갔고, 본능적으로 벙커에서 웅크린 자세를 취하고 있던 독일군 병사들은 지진 같은 땅의 진동과 함께 몸을 떨었다.

로코솝스키의 북익은 보브루이스크 전투 지역을 맡고 있던 티펠슈키르히의 제4군과 제9군 사이를 돌파했다. 제9군 사령관 한스 요르단 보병대장은 예비 부대인 제20기갑사단을 동원했다. 그러나 그날 밤에 역습이 시작되면서, 제20기갑사단은 후퇴하여 보브루이스크 남쪽으로 이동하라는 지시를 받았다. 제1근위전차군단이 이끈 남익의 침투는 훨씬 더 위험해, 도시 포위망을 좁혀오고 제9군의 좌익까지 차단했다. 프리퍄티 습지 가장자리를 통한 로코솝스키의 기습은 1940년 아르덴에서의 독일군과 비슷한 성공을 거두었다.

히틀러가 여전히 퇴각을 허락하지 않자, 6월 26일에 부슈 육군 원수는 베르크호프에 있는 히틀러에게 보고하기 위해 베르히테스가덴으로 날아갔다. 요르단이 제20기갑사단을 이용한 것에 대해 히틀러가 심문하고자 했기 때문에 부슈는 요르단과 동행했다. 그러나 두 사람이 각자의 사령부를 비운 동안 제9군은 거의 전체가 포위되었다. 다음 날 부슈와 요르단은 파면되었다. 히틀러는 곧바로 모델 육군 원수에게 의존했다. 그런데 민스크에 닥친 이러한 재앙과 위협에도 독일 국방군 총사령부는 소비에트의 야망이 어느 정도인지 어렴풋이나마도 감지하지 못하고 있었다.

히틀러에게 제대로 맞설 수 있는 몇 안 되는 장군 중 한 명이었던 모델은 민스크 전방의 베레지나 강 전선으로 철수를 단행했다. 히틀러 또한 민스크 동북쪽 바리사프에 진지를 형성하도록 제5기갑사단을 투입했다. 제5기갑사단은 6월 28일에 도착했지만, 곧 시투르모비크의 공격을 받았다. 타이거 전차 대대와 자투리 SS부대로 충원한 제5기갑사단은 오르샤와 바리사프 및 민스크를 연결하는 길 양쪽에 포진했다. 북쪽에서 붉은 군대가 베레지나 강을 건넜다는 소문을 듣기는 했지만 장교나 사병이나 총체적인 상황을 거의 모르기는 마찬가지였다.

그날 밤, 제5근위전차군 선발 부대가 독일 제5기갑사단 소속 기갑척탄병들과 충돌했다. 독일군 전선을 강화하기 위해 판터 전차 대대가 도착했지만, 북쪽 체르냐홉스키의 부대가 독일 제3기갑군과 제4군 사이를 돌파했다. 시투르모비크와 소비에트 포병대의 공격이 끝없이 이어지는 가운데 혼란스러운 철수 작전이 시작되었다. 오싹해진 독일 수송대는 베레지나 강에 남아 있는 마지막 교량이 적에게 공격당하기 전에 그곳을 건너고자 서로 밀치며 전속력으로 달렸다. 나폴레옹의 군대가 1812년의 무시무시한 철수 도중 건넜던 곳이 바로 바리사프 북쪽이었다.

독일 제53군단이 제3기갑군과 재결합하기 위해 포위망을 뚫으려는 허망한 시도를 포기했을 때, 비텝스크는 이미 화염으로 뒤덮인 상태였다. 보급소와 연료창고는 화염에 휩싸여 시커먼 연기를 내뿜었고 약 3만 명의 병사가 전사하거나 포로로 잡혔다. 재앙은 많은 이가 총통에 대해, 전쟁의 향방에 대해 품고 있던 믿음을 흔들리게 만들었다. 제206보병사단 하사가 고향에 편지를 썼다. "러시아군이 오늘 아침에 돌파했어요. 지금은 잠깐 짬이 나서 편지를 씁니다. 우리에게 주어진 명령은 적으로부터 철수하는 것입니다. 사랑하는 가족이여, 상황은 매우 절망적입니다. 지금 같은 상태로는 아무도 믿지 못하겠어요."[4]

남쪽에서는 로코솝스키의 군대가 제9군 거의 전체와 그들이 장악한 도시 보브루이스크를 포위했다. 바실리 그로스만은 스탈린그라드에서 알게 된 제120근위소총사단에 있으면서 이렇게 기록했다. "우리가 보브루이스크에 들어갔을 때, 그곳에 있던 몇몇 건물은 불타고 또 어떤 건물들은 폐허가 되었다. 보브루이스크행은 복수의 길이었다! 어려움 속에서 우리 차량은 시커멓게 그을리고 뒤틀어진 독일 전차와 자주포 사이를 헤쳐나간다. 병사들은 독일군 시체 위를 걷고 있다. 수만 구의 독일군 시체가 길을 뒤덮고, 참호 안에, 소나무 아래, 푸른 보리밭에 쓰러져 있다. 어떤 곳에서는 시체들이 땅 위에 빼곡하게 들어차서 차량이 그 위를 지나야 할 때도 있다. 사람들이 쉴 틈 없이 시체를 묻고 있는데도 하루에 끝내지 못할 정도로 시신이 많다. 낮에는 기진맥진할 정도로 덥고 평온하며, 사람들은 손수건으로 코를 막고 걷거나 운전한다. 죽음의 가마솥이 바로 여기에서 끓고 있었다. 투항하지 않고 서쪽으로 탈출하지 않은 자들에 대한 무자비하고 끔찍한 복수인 것이다."[5]

독일군을 물리치자 시민들이 나타났다. 한 젊은 붉은 군대 병사가 고향에 편지를 썼다. "우리가 해방시켜준 우리 나라 사람들이 그간의 이야기를 들려주며 울기도 합니다(우는 사람은 대부분 노인들이고요). 그리고 젊은 사람들은 쉴 새 없이 웃고 입을 다물지 않을 정도로 기분이 매우 좋아요. 마구 웃고 떠든다니까요."[6]

독일군에게 후퇴는 재앙이었다. 연료가 떨어져 온갖 종류의 차량을 버려야 했다. 심지어 공격이 시작되기 전에도 하루 사용량이 10 내지 15리터로 제한되어 있었다. 스파츠 장군이 구상했던 정유시설 폭격 전략이 확실히 노르망디의 연합군은 물론 동부 전선 붉은 군대에도 도움이 되고 있었던 것이다. 운 좋게 구출될 수 있었던 독일군 부상병들은 덜거덕거리고 흔들리는 마차 뒤에 실려 끔찍한 고통에 신음해야 했으며, 이 중 다수는 응급치료소에 도달하기도 전에 과다출혈로 사망했다. 전방에서는 의무병을 잃어 구호소가 급격히 줄었기 때문에, 중상자들은 거의 목숨을 잃는다고 볼 수 있었다. 최전선에서 구출된 사람들은 민스크에 위치한 군병원으로 이송되었지만, 이제 민스크도 소비에트의 주요 표적이 되어버렸다.

숲에서는 독일 패잔병들이 탈출을 위해 서쪽으로 나아갔다. 식수가 부족한 탓에 더위 속에서 탈수증을 겪는 병사의 수가 늘어갔다. 이들 모두는 빨치산의 매복이나 붉은 군대의 포획을 두려워하여 극심한 스트레스에 시달렸다. 철수 대열을 괴롭히는 폭격기와 대포 공세에 나무들이 쓰러져 파편을 뿌렸다. 도처에서 벌어진 전투는 중부집단군의 독일 장성 최소 7명이 작전 중 전사할 만큼 격렬했다.

히틀러조차 너무나 부적당한 도시들을 요새로 지정하려는 강박관념을 떨쳐야 했다. 요새로 지정될까 두려워하여 지휘관들이 이제는 도시 방어를 피하려 했다. 6월 말에 소비에트 제5근위전차군은 불도저로 땅을 밀어 길을 만들고 민스크를 북쪽에서부터 포위하기 시작했다. 중부집단군 사령부와 후방 지역의 모든 독일 시설에서 군사들이 서둘러 탈출하면서 도시는 혼돈에 빠져들었다. 병원에 있던 중상자들은 그대로 버려져 운명에 맡겨졌다. 민스크는 7월 3일 남쪽에서 점령되었고, 독일 제4군 병력의 대부분은 도심과 베레지나 강 사이에 갇히고 말았다.

군사 지도를 접하지 않은 의무병장조차 자신들의 상황이 아주 씁쓸하게 돌아가고 있음을 분명히 알 수 있었다. 그는 "적군은 지금 우리가 1941년에 구사했던 대로, 포위에는 포위 작전을 쓰고 있다"[7]라고 기록했다. 루프트 바페 병장은 동프로이센에 있는 아내에게 보내는 편지에, 이제 아내와의 거리가 200킬로미터밖에 되지 않는다고 썼다. "만약 러시아군이 공격 방향을 유지한다면 그들이 당신 눈앞에 나타날 날도 머지않았다오."[8]

민스크에서는 주로 국방군과 함께 히비로 활동한 전 붉은 군대 병사들을 대상으로 보복이 가해졌다. 그 외에도 벨라루스에서 잔인한 억압으로 전체 국민의 4분의 1이 학살된 후 개인적인 복수가 이어졌다. 그로스만은 다음과 같이 기록했다. "체구가 작은 어느 빨치산 부대원이 독일군인 두 명을 자기에게 넘겨달라며 대열 보초병들에게 간청해서는 막대기로 그 독일군인 두 명을 죽였다. 이들이 자신의 딸 올랴와 어린 두 아들을 죽였다고 확신한 그는 두 사람의 뼈를 모두 부러뜨리고, 두개골을 으스러뜨렸다. 그리고 구타하는 동안 울면서 외쳤다. '자, 이건 올랴의 몫이다! 이건 콜랴의 몫이다!' 두 독일 군인이 죽었을 때, 그는 나무 그루터기에 시체를 기대놓고 계속해서 때렸다."[9]

기계화된 로코솝스키와 체르냐홉스키의 군대는 갇혀 있는 독일군을 뒤쪽의 소총사단이 괴멸시키는 동안 서둘러 앞으로 나아갔다. 이제 소비에트 지휘관들은 적이 쏜살같이 달아날 때 저돌적으로 돌진하는 편이 유리하다는 것을 알고 있었다. 독일군은 전력을 회복하고 새 방어선을 준비할 시간도 없었다. 제5근위전차군이 빌뉴스로 향하는 사이, 다른 진형들은 바라노비치로 이동했다. 치열한 전투가 벌어진 후 빌뉴스는 7월 13일에 함락되었다. 다음 목표는 카우나스였다. 동프로이센이라는 이름의 독일령이 바로 너머에 있었다.

이제 스탑카는 리가 만으로 치고 올라가 에스토니아와 라트비아에 있는 북부집단군을 차단할 계획을 세웠다. 북부집단군은 동쪽에서 쳐들어오는 소련 8개 군의 공격에 저항하면서 그와 동시에 서쪽으로 이어지는 통로가 막히지 않게 하고자 필사적으로 분투하고 있었다. 7월 13일 프리퍄티 습지 남쪽에서 코네프 원수가 이끈 제1우크라이나전선군이 공세를 펼치기 시작했는데, 이것은 훗날 르부프-산도미에시 작전으로 불리게 된다. 코네프 부대는 약한 독일군 전선을 격파한 뒤 르부프를 포위하기 위해 진군했다. 열흘 후 르부프에서 맹공격을 펼쳤을 때는 브와디스와프 필립코프스키 대령이 이끌었던 폴란드 국내군 3000명의 도움을 받기도 했다. 그러나 도시가 점령되자마자 게슈타포 본부와 그 안의 정보들을 확보한 NKVD에 의하여, 폴란드 국내군 장교들은 체포되고 사병들은 공산주의 부대인 폴란드 제1군에 강제로 배속되었다.[10]

르부프를 장악한 뒤 코네프 예하 제1우크라이나전선군은 비스와 강을 향해 서쪽으로 계속 이동했는데, '옛 제3제국' 영토인 동프로이센으로 접근하는 일이 독일에게 가장 큰 심리적 공포를 안겨줄 것이라는 생각은 소비에트 부대의 오산이었다. 노르망디에서처럼 독일군에게는 유일한 희망의 원천인 보복 무기, 그중에서도 V-2 로켓이 있었다. 루프트바페의 어느 병장은 고향으로 보낼 편지에 "V-2의 위력은 V-1보다 몇 배나 더 강력하다"[11]라고 썼지만, 그를 비롯해 연합군이 독가스로 보복할 것을 두려워한 사람은 적지 않았다. 한두 명은 고국에 있는 가족에게 혹시 필요할지 모르니 가스마스크를 사두라고 주의시키기까지 했다. 다른 이들은 아군이 '(최후의 수단으로) 가스 사용을 시작할 수도 있다'며 공포에 떨기 시작했다.

독일군 일부 부대는 돌격이 멈출 것이라는 헛된 믿음을 가지고 한 방어선에서 다른 방어선으로 후퇴했다. 보병대로 징병된 건설회사 출신 상병은 이렇게 기록했다. "러시아군이 끊임없이 공격을 하고 있다. 오전 5시부터 포격이 계속되고 있다. 방어선을 뚫을 생각인 것이다. 놈들의 공격기와 대포 포격이 장단을 맞춰서 공격해온다. 충격에 충격이 이어진다. 나는 지금 튼튼한 벙커에 앉아서 마지막 몇 글자가 될지도 모를 편지를 쓰고 있다."[12] 병사들은 대부분 살아서 집에 갈 수 있기를 마음속으로 기도하고 있었지만, 정말 그렇게 되리라고 믿지는 않았다.

급조된 기동부대에 투입된 어느 병장이 술회한 대로, 상황은 빠르게 바뀌어 '더 이상 전방의 상황을 이야기할 수 없게' 되었다. 그는 "내가 알려줄 수 있는 것은 우리가 지금 동프로이센에서 멀지 않은 곳에 있고, 곧 최악의 일이 닥칠 거라는 사실뿐이다"[13]라고 덧붙였다. 동프로이센에서는 커져가는 불안 때문에 피란민이 늘어나 도로는 점점 더 복잡해지고 있었다. 동쪽 국경 가까이에 사는 한 여성은 '폭격 피해를 심하게 입은 틸지트에서 온 군인과 난민 행렬'[14]이 자신의 집 앞을 지나가는 모습을 지켜보았다. 소비에트의 폭격으로 시민들은 각자 지하실로 대피해야 했고, 깨진 창문에는 판자를 대야 했다. 작업장과 공장들은 출근한 여성이 극소수에 불과해 사실상 운영이 중단되었다. 100킬로미터가 넘는 거리를 이동하는 것은 금지되었다. 동프로이센 지방 장관 에리히 코흐는 달아나는 사람을 패배자로 여겼기 때문에 시민들이 서쪽으로 달아나는 것을 원치 않았다.

바로 서쪽에 마이다네크 강제수용소가 있는 루블린에서부터 코네프 부대의 진군은 빠른 속도로 이어졌다. 그로스만은 이제 제8근위군이 된 스탈린그라드군을 이끌고 도시를 점령한 추이코프 장군을 만났다. 추이코프의 가장 큰 걱정거리는 자신이 베를린으로 진군할 기회를 놓칠지도 모른다는 것이었다. 로마가 마크 클라크 장군에게 중요했던 만큼 추이코프에게는 베를린이 중요했던 것이다. 추이코프는 "이 얼마나 논리적이고 상식적인가? 생각해보게. 스탈린그라드의 병사들이 베를린으로 진군한다는 것이!"[15]라고 주장했다. 지휘관들의 병적인 자기중심주의에 신물이 난 데다 마이다네크 이야기를 취재하는 일에 본인이 아닌 콘스탄틴 시모노프가 파견된 데 화가 난 그로스만은, 막 발견된 트레블링카 수용소를 향해 북쪽으로 움직였다.

시모노프는 나치스의 만행을 입증하기 위해 붉은 군대 정치국에서 마이다네크에 파견한 대규모 해외특파원단의 일원이었다. '죽은 자를 나누지 말라'는 표어를 내건 스탈린의 입장은 명확했다. 피해 내용에 대해서는 유대인을 특별 범주로 언급하는 일이 없도록 했다. 마이다네크 수용소 희생자들은 오로지 소비에트와 폴란드 국민으로만 표현되었다. 외국 언론에서 마이다네크의 학살 시설에 대해 자세히 보도하자, 폴란드의 나치 총독 한스 프랑크는 충격에 휩싸였다. 빠르게 진격해온 소비에트군이 SS를 기습하는 바람에 관련 증거를 없앨 틈조차 없었다. 한스 프랑크 일당은 종전 후 올가미가 기다리는 상황을 처음으로 맞게 된다.

SS는 트레블링카에서 조금 더 시간 여유를 가졌다. 7월 23일, 코네프 부대의 대포 소리가 먼 곳에서 들려오자, 트레블링카 1호에 있던 간수들은 수용소에 남아 있는 생존자들을 모두 처리하라는 명령을 받았다. 나머지 포로 작업반 처형을 시작하기 전에 SS와 우크라이나 위병대에 증류주인 슈납스가 지급되었다. 바르샤바에서 목공 일을 하던 막스 레비트가 유일한 생존자였다. 레비트는 첫 번째 일제사격에서 부상을 입은 채로 다른 시체들에 덮여 있었다. 가까스로 숲으로 기어나온 그는 산발적으로 터져나오는 일제사격 소리를 들을 수 있었다. "스탈린이 우리의 원수를 갚아줄 거야!"[16] 한 무리의 러시아 소년들이 총살 직전에 울부짖었다.

바그라티온 작전으로 동쪽에서 독일군이 격파되기 직전, 히틀러는 제9SS 기갑사단 호엔슈타우펜과 제10SS기갑사단 프룬트슈베르크로 구성된 제2SS기갑군단을 노르망디로 이동시켰다. 울트라 작전부에서는 제9SS기갑사단이 오고 있다고 노르망디의 연합군 지휘부에 경고했다. 아이젠하워는 몽고메리가 비예르보카주에 이어 6월 26일이 되도록 캉에 대한 다음 공세 준비를 마치지 않은 탓에 안달이 나 화가 치밀었다. 심한 폭풍우로 이른바 엡섬 작전을 수행할 병력 집결이 지연되고 있었기 때문에 이것이 몽고메리의 잘못이라고 보기는 어려웠다. 몽고메리는 다시 한번 캉 서쪽을 공격하고 빙돌아 캉을 포위할 생각이었다.

6월 25일에 서쪽으로 한참 떨어진 곳에서 영국 제30군단이 독일 교도기갑사단과의 전투를 재개하며 양동 공격이 시작되었다. 휘장 때문에 북극

제2차 세계대전

곰사단이라 불린 제49사단이 가까스로 교도기갑사단을 테셀과 로레 마을로 밀어냈는데, 그곳에서의 전투는 특히나 잔혹했다. 제12SS기갑군단 히틀러 유겐트가 포로들을 살해하기 시작한 뒤로는 양군 모두 자비심을 찾아보기 힘들었다. 테셀 숲 공격이 벌어지기 직전, 제1/4 KOYLI(국왕 직속 요크셔 경보병대)의 박격포소대장 쿨먼 병장은 야전 수첩에 명령 내용을 기록했다. 마지막 줄에는 '소령 이하는 NPT'라고 쓰여 있었는데 NPT는 풀어 쓰면 'no prisoners to be taken',[17] 즉 '소령 계급 밑으로는 포로로 잡을 필요 없음'[18]이라는 뜻이 된다. 다른 지휘관들도 NPT 명령을 받았던 기억을 떠올리면서, 그 명령 때문에 독일이 선전활동을 할 때 제49사단을 '북극곰 도살자들'이라 부르기 시작하게 된 것이라고 주장했다. 울트라 암호 해독 작전부에서는 교도기갑사단이 '큰 피해'[19]를 입었음을 확인했다.

몽고메리는 아이젠하워에게 엡섬 작전을 '막판 대결'이라고 말하면서도, 평소와 다름없이 신중하게 전투를 지휘하겠다는 생각을 여실히 드러냈다. 훗날 이탈리아 전투에 관한 공식 역사서에서는 몽고메리를 '매우 대담한 언변과 아주 신중한 행동을 설득력 있게 조합하는 비범한 재주를 지닌 사람'[20]으로 평했다. 특히 노르망디에서 실제로 그런 면이 잘 드러났다.

새로 투입된 제8군단은 전방에 스코틀랜드 제15사단과 웨식스 제43사단을 투입하고 돌파구가 만들어지면 투입할 제11기갑사단을 예비로 보유한 채 공격을 시작했다. 사단 및 군단의 야포들과 더불어 앞바다에 있던 전함의 주포들로 포격이 시작되었다. 스코틀랜드 제15사단은 빠르게 진격했지만, 왼쪽에 있던 웨식스 제43사단은 제12SS기갑군단의 반격을 물리쳐야 하는 상황에 놓여 있었다. 해질녘이 되어 스코틀랜드 사단은 오동 강 유역에 이르렀다. 좁은 노르망디 길에서 위험할 정도로 차량들이 밀집되는 바람에 움직임이 느리기는 했지만 진군은 계속되었다. 이튿날에는 제2아가일 서덜랜드 하일랜더 연대가 전술 교리를 영리하게 무시하고 적은 인원으로 조를 짜서 오동 강을 몰래 건너가 교량을 장악했다.

이탈리아 포로수용소에서 탈출한 뒤 제8군단을 지휘하게 된 리처드 오코너 중장은 6월 28일 제11기갑사단을 한참 앞세워 진격시킴으로써 오동 강 너머 오른 강 교두보를 점거하고자 했다. 영국 제2군 사령관 마일스 뎀프시 장군은 울트라 암호해독기 덕분에 제2SS기갑군단의 도착이 임박했음을 알고, 가까이에 있던 몽고메리와 함께 신중하게 움직이기로 결정했다. 만약 뎀프시가 독일 쪽 상황을 알았더라면 오히려 더 확고한 결정을 내렸을지도 모른다.

히틀러는 전투가 한창일 때 어이없게도 로멜을 베르크호프로 소환했다. 제7군 총사령관 프리드리히 돌만 상급대장이 갑자기 사망하자(공식적으로는 심장마비) 혼란이 가중되었는데, 독일 장교 대부분은 셰르부르가 항복한 일 때문에 자살했으리라고 추측했다. 히틀러는 로멜과 의논하지 않고 제2SS기갑군단 사령관 파울 하우서 SS대장에게 제7군 지휘를 맡겼다. 호엔슈타우펜과 프룬트슈베르크 SS기갑사단을 투입해 영국군의 공세에 반격하라는 명령을 수행 중이던 하우서는 부군단장에게 임무를 넘기고 서둘러 르망에 위치한 자신의 새 사령부로 이동해야 했다.

걸출한 지휘관 필립 '핍' 로버츠 소장이 이끌고 있던 제11기갑사단은 6월 29일 오동 강과 오른 강 사이 주요 지형인 112번 고지에 전차 선봉 부대를 투입했다. 뒤이어 이들은 독일 제1SS기갑사단 LAH와 제21기갑사단 일부, 그리고 시끄러운 당나귀 울음소리를 내는 네벨베르퍼 다중 로켓탄 발사기로 무장한 제7박격포여단의 역습을 물리쳤다. 독일군은 112번 고지 장악의 중요성을 인지했다. 하우서의 후임인 빌헬름 비트리히 SS소장에게, SS기갑사단 다스 라이히 부대의 전투 집단을 SS기갑군단에 보충하여 한 시간 안에 다른 쪽 측면을 공격하라는 긴급 명령이 하달되었다. 따라서 영국 제2군은 4개 SS기갑사단과 다섯 번째 사단의 일부를 포함하여 총 7개 독일 기갑

제2차 세계대전

사단의 공격을 받았다. 그때 벨라루스에 있던 중부집단군의 병력은 증원된 후에도 3개 기갑사단에 지나지 않았다. 따라서 노르망디 연합군이 독일군 찌꺼기와 싸우고 있었다는 일리야 예렌부르크의 비아냥거리는 말은 전혀 근거가 없었다.

몽고메리가 독일 기갑사단 대부분의 병력과 직접 부딪친 이유는 침공 전에 그가 경고했던 대로 매우 간단했다. 동쪽의 영국 제2군은 파리에서 가장 가까운 곳에 있었다. 만약 영국군과 캐나다군이 돌파하면 서쪽의 독일 제7군과 브르타뉴에 있는 부대들은 모두 차단될 터였다.

영국 전투 지구에서는 독일군의 저항이 강해 몽고메리는 캉 남쪽의 평평한 땅을 점령하여 비행장으로 쓰자는 생각을 재고하게 되었다. 그는 미군에게 서쪽으로 벗어날 기회를 주기 위해 자기가 독일 기갑사단들을 억누르고 있는 것이라며, 불가피하게 어려움에 처한 상황을 선행으로 둔갑시키려 했다. 하지만 미군이나 영국 공군이나 가설 활주로가 절실히 필요했기 때문에 몽고메리의 말은 납득하기 힘들었다.

아이젠하워에게 단정적으로 말했음에도 불구하고, 몽고메리는 제7기갑사단 조지 어스킨 소장에게 어찌 됐든 자신은 '막판 대결'을 벌일 생각이 없다는 뜻을 내비쳤다. 어스킨의 정보장교는 엡섬 작전을 실행하기 직전에 일기를 썼다. "우리가 전진하는 것을 몽고메리가 원치 않아 우리 상황에 큰 변화가 생겼다. 몽고메리는 제2군이 적의 기갑사단을 모조리 끌어낸 것에 만족하고, 이제는 자신이 이 전선에서 캉만 맡고 미군이 브르타뉴 항구 쪽으로 계속 압박해나가기를 원한다. 그러면 제8군단은 공격에 들어가겠지만 우리의 목표는 한정되는 것이다."[21]

6월 29일 오후에 독일군은 주로 돌출부 서쪽 스코틀랜드 제15사단을 상대로 역습을 노렸다. 스코틀랜드 사단도 선전했지만, 새로 투입된 SS기갑군단에 실제로 피해를 입힌 것은 영국 해군이었다. 112번 고지 동남쪽에 더 큰 규모의 역습이 들어올 것을 염려한 뎀프시는 오코너에게 전차를 후퇴시키라고 말했다. 다음 날 몽고메리는 공세를 멈추었는데, 이는 제8군단이 4000명 이상의 군사를 잃었기 때문이다. 이번에도 영국군 지휘부에서는 승기를 빠르게 굳히는 데 실패한 것이다. 안타깝게도 그 뒤 몇 주간 112번 고지 탈환을 둘러싸고 싸움을 벌인 결과, 고지를 방어했을 경우보다 훨씬 더 많은 사람이 목숨을 잃었다.

로멜과 가이르 둘 다 30킬로미터나 떨어진 곳에서 호엔슈타우펜과 프룬트슈베르크 부대로 날아오는 함포의 파괴력을 보고 눈이 휘둥그레졌다. 폭탄 구멍은 직경이 4미터, 깊이가 2미터나 되었다. 부대를 오른 강 뒤쪽으로 철수시켜야 한다고 히틀러를 설득하는 일이 더 시급해졌다. 가이르는 대규모 반격에 쓰려고 했던 휘하의 기갑사단을 이번 방어전에서 잃고는 동요했다. 약한 보병사단에 '코르셋 끈을 조이는' 역할을 하기 위해 기갑사단을 전투에 투입했던 것인데, 이제는 보병사단이 충분히 투입되지 않아 가이르가 기갑부대를 철수시켜 재보급할 수도 없게 되었다. 따라서 전쟁터에서 자신이 하고 싶은 대로 방침을 결정하고 지시하는 것과는 거리가 먼 사람인 몽고메리가 이 소모전에 휘말린 것은 사실 독일군 내부의 문제 때문이었던 것이다.

가이르는 유연한 방어와 오른 강 뒤쪽으로의 병력 철수가 요구되는 노르망디에서 독일군이 전략을 어떻게 펼치고 있는지에 관해 아주 신랄하게 비판하는 보고서를 썼다. 그는 국방군 총사령부의 간섭, 정확히 말하자면 히틀러의 간섭에 대해 언급한 것 때문에 곧바로 해임되었다. 가이르의 후임으로 한스 에버바흐 기갑대장이 그 자리를 대신했다. 다음 고위급 희생자는 연합군을 노르망디에 잡아둘 수 없을 것이라고 카이텔에게 경고했던 폰 룬트슈테트 육군 원수였다. 룬트슈테트는 카이텔에게 "전쟁을 모두 끝내야 한다"[22]고 말했다. 룬트슈테트는 가이르의 보고서에 배서하여 귄터 폰 클루게 육군 원수에게 후임 자리를 내어주고 말았다. 히틀러는 아마 로멜도 교체하고 싶어했던 듯하지만 그렇게 하면 독일 국내외 모두에 아주 좋지 않은 인상을 줄 우려가 있었다.

클루게는 센 강에 위치한 로멜의 사령부 라로슈기용 성에 도착해 지금까지의 전투 지휘를 비웃었다. 분노가 폭발한 로멜은 클루게에게 일단 전방에 가서 전황을 직접 보라고 말했다. 며칠간 전방을 살펴본 클루게는 충격을 받았다. 총통 본부에서는 로멜이 연합군의 공군력에 대해 지나치게 비관적인 태도를 보인다고 했는데, 실제 상황은 총통 본부에서 본 것과 매우 달랐던 것이다.

서쪽으로 조금 더 나아가서는, 브래들리 예하 미국 제1군이 코탕탱 반도 남쪽 습지와 생로 북쪽 시골의 보카주 수풀 지대에서 치열하게 전투를 벌이다 꼼짝도 못하는 신세가 되었다. 제1군은 독일 제2낙하산군단에 맞서 대대급 규모의 공격을 이어가다 많은 인명 피해를 입었다. 미군의 어느 사단장은 "독일군은 남아 있는 것이 많지 않지만 그걸 어떻게 써야 할지 지독히도 잘 알고 있다"[23]며 씁쓸하게 말했다.

독일군은 동부 전선에서 익힌 요령을 활용하여 대포는 물론이고 특히 항공기의 수적 열세를 가까스로 만회할 수 있었다. 이들은 제1차 방어선에 기관총좌를 만들기 위해 덤불이 무성한 산울타리에 마련된 기지 안에 작은 벙커를 팠는데, 오래된 뿌리가 서로 엉켜 있어서 작업은 힘들고 고되었다. 약간 뒤쪽의 주요 방어선에는 즉시 반격이 가능하도록 충분한 병력을 배치했다. 이 병력의 뒤쪽, 대개 둔덕 위에는 보병대의 공격을 돕는 서면 전차를 쓰러뜨릴 88밀리 포를 배치했다. 모든 진지와 차량이 정교하게 위장했기 때문에 연합국 전투폭격기가 상대적으로 도움이 안 될 수 있었다. 브래들리와 그의 지휘관들이 의지했던 무기는 대포였다. 당연히 프랑스 시민들은 이들이 대포에 지나치게 의존한다고 생각했다.

　독일군은 보카주에서 치른 전투를 '비열한 수풀전'[24]으로 묘사했다. 진지 앞 폭탄 구멍 바닥에는 지뢰를 부설하여 미군이 몸을 숨기러 뛰어들었을 때 다리가 날아가도록 해두었다. 길옆으로는 가랑이 높이만큼 튀어올라 폭발한다고 해서 미군이 지은 이름인 카스트라토 지뢰 또는 '도약식 지뢰'를 설치했다. 전차병 및 야전포병들은 나무를 폭파하는 데도 요령이 생겨, 나무 꼭대기에 포탄을 터뜨려 그 밑에 몸을 피하고 있는 사람에게 나무 파편이 튀도록 했다.

　미군은 보병대가 진군할 때 앞쪽에 적진이 있을지 몰라 끊임없이 포격하는 '진군 포격' 전술에 의존하는 경향이 있었다. 그 결과 엄청난 양의 탄약이 소진되었다. 독일군은 더 능률적으로 대응할 필요가 있었다. 독일군은 소총병 한 명이 나무 뒤에 숨어 기다리고 있다가, 보병대가 지나가면 그때 뒤에서 보병 한 명을 총으로 쏘는 작전을 썼다. 그렇게 하면 탁 트인 곳을 지나는 나머지 병사들은 즉시 납작 엎드리게 되고, 바닥에 길게 엎드려 몸 전체가 완전히 노출되면 그때 독일군 박격포부대가 공중폭발탄을 쏘았다. 부상자를 도우러 달려가는 의무병은 고의로 독일 병사 혼자서 양팔을 들고 투항하며 나타나는 경우도 꽤 자주 있었는데, 미군이 그를 포로로 잡으려고 다가가면 그 병사는 옆으로 몸을 던졌고, 그때 숨어 있던 기관총들이 미군을 향해 불을 뿜었다. 이런 사건들이 있었으니 미군 병사들이 포로를 거의 잡지 않은 것은 어쩌면 당연한 일이었다.

　전투 피로는 독일군에서는 병으로 인정되지 않고 겁쟁이의 증거로 여겨졌다. 전투에 나가지 않으려고 자해를 시도한 병사들은 바로 총살되었다. 그에 비해 미국, 캐나다, 영국군은 이 문제를 유난히 잘 이해했다. 정신적인 고통을 호소한 사상자의 대부분은 보카주 수풀 지대에서 전투를 벌인 후에 발생했으며, 희생자 대다수는 훈련 상태가 미숙하고 전투로 죽거나 다칠 각오도 되지 않은 채 투입된 보충병이었다. 전투가 끝났을 때 미국 제1군의 정신적 사상자는 약 3만 명으로 집계되었다. 미국 육군 의무감은 최전선 부대의 경우 10퍼센트가량이 신경쇠약에 걸린 것으로 추산했다.[25]

종전 후 영국과 미국 정신과 군의관들은 모두 독일군이 연합군의 폭격과 포격으로 입은 피해가 훨씬 더 컸는데도 독일 전쟁포로들 사이에서 전투피로증 사례를 거의 찾아볼 수 없었다는 점이 인상적이었다고 기록했다. 결국 1933년부터 시작된 나치 정권의 선전이 군사들을 정신적으로 무장시키는 데 확실히 영향을 끼쳤다고 결론 내렸다. 이와 상당히 비슷한 경우로, 소비에트 연방에서의 힘든 생활이 붉은 군대 병사 모두를 강인하게 단련시켰다고 볼 수도 있다. 서방 민주주의 국가의 군인들이 이들과 비슷한 수준의 어려움을 이겨내리라고 보기는 어려웠다.

로멜과 클루게는 노르망디 전선에서 있을 돌파 작전 중 주요한 작전이 캉 전선의 영국-캐나다 전투 지역에서 시도될 것이고 그와 동시에 미군의 공격이 대서양 연안 가까이로 내려갈 것도 예상하고 있었다. 하지만 브래들리는 대규모 공격을 위한 발진 지역의 동쪽 끝부분으로서 생로에 초점을 맞췄다.

엡섬 작전으로 실망스러운 결과를 얻은 뒤 몽고메리는 아이젠하워에게 거의 설명을 하지 않았다. 아이젠하워는 몽고메리가 명백하게 안주하자 점점 더 분노가 커졌다. 몽고메리는 자신이 치른 전투들이 자신의 '기본 계획'에 따라 이뤄지고 있지 않다고는 결코 인정할 수 없었다. 하지만 진전이 거의 없는 자기 자신을 향해 아이젠하워의 사령부에서도, 그리고 영국 정부에서도 점점 더 분노하고 있다는 사실은 알고 있었다. 또한 몽고메리는 국가의 인력이 부족하다는 것도 정확하게 인식하고 있었다. 처칠은 만약 영국의 군사력이 약해진다면 종전 합의에서 목소리를 제대로 내지 못하게 될 것을 우려했다.

더 많은 군사를 잃지 않고 돌파를 하기 위해 몽고메리는 자신이 단언했던 말을 뒤집기로 했다. 전해 가을에 이탈리아에서 종군기자들에게 브리핑을 할 때, 그는 "중폭격기는 최전선에서 펼치는 지상전에 적극 참여할 수 없다"[26]고 딱 잘라 말했었다. 7월 6일, 몽고메리는 결국 캉을 장악하도록 도와달라고 영국 공군에 분명하게 요청하게 된다. 진격이 절실했던 아이젠하워는 몽고메리를 전폭적으로 지원하기로 하고 다음 날 해리스 공군 대장을 만났다. 해리스는 그날 저녁 제12SS기갑군단 히틀러 유겐트가 방어선을 치고 있는 캉 북쪽 교외에 랭커스터와 핼리팩스 폭격기 457기를 보내기로 합의했다. 그러나 표적이 서서히 움직이는 바람에 공격이 쉽지는 않았다.

오마하에서 그랬듯, 폭격수들은 아군 전진 부대를 다치지 않게 하느라 1~2분 늦게 폭탄을 투하했고 결국 폭탄은 대부분 옛 노르만의 도시 중심부에 떨어지고 말았다. 이렇듯 노르망디 전투에서 알려지지 않고 희생된 프랑스 시민들은 독일군 사상자들에 비해 많은 편이었다. 이번 전투에서는 끔찍하고 어이없는 일도 발생했다. 서방 민주주의 국가 출신 지휘관들이 아군 사상자를 줄이겠다며 고성능 폭약을 과도하게 사용해 애꿎은 민간인을 더 많이 죽인 것이다.

영국군과 캐나다군은 이튿날 아침 공격을 시작했는데, 이들의 공격이 지연되면서 약 12시간의 회복 시간을 번 히틀러 유겐트 사단은 무섭게 저항하여 수많은 사상자를 발생시켰다. 그러고 나서 히틀러 유겐트는 오른 강 남쪽으로 후퇴하라는 명령을 받고 갑자기 사라져버렸으며, 영국군과 캐나다군은 재빨리 캉 북부와 중부 지역을 확보했다. 그러나 연합군이 이렇게 부분적으로나마 선전해도 제2군의 핵심 문제가 해결되는 것은 아니었다. 아직 전진비행장을 건설할 충분한 부지나 영국에서 대기하고 있는 캐나다 제1군 나머지 병력을 배치할 공간도 확보하지 못한 상태였던 것이다.

한참 망설이던 몽고메리는 결국 뎀프시의 계획에 동의하고 3개 기갑사단, 즉 제7기갑사단, 제11기갑사단, 그리고 새로 투입된 근위기갑사단을 모두 활용하여 오른 강 동쪽 교두보에서 팔레즈를 향해 돌파하기로 했다. 몽고메리가 기병에 대해 편견을 가진 것은 '속 편하게 어슬렁거리는' 기갑 진형의 모습이 싫었기 때문이다. 철저한 보수주의 군인으로서 각본대로 공세하자는 것은 그의 생각이 아니었지만, 보병대를 더 희생시킬 수는 없었기 때문에 뭔가를 해야만 했다. 불만과 조롱을 늘어놓는 것은 미군뿐만이 아니었다. 영국 공군은 격분했다. 몽고메리를 해임시켜야 한다는 불만의 목소리가 아이젠하워의 부사령관 테더 공군 대장과 커닝엄 공군 중장에게서 터져나왔다. 커닝엄은 북아프리카에서 이룬 모든 영광을 몽고메리가 독차지하고, 그가 이끌었던 사막공군의 공에 대해서는 거의 언급하지 않은 몽고메리를 결코 잊을 수 없었다.

7월 18일에 개시된 굿우드 작전은 몽고메리의 이력에서 '매우 대담한 언변과 아주 신중한 행동'이 가장 두드러진 사례로 남았다. 그가 과감한 돌파의 가능성에 대해 열변을 토하자 아이젠하워가 대답했다. "나는 대단한 낙관과 열망으로 전투를 기대하고 있소. 장군이 옛날의 격전들을 정찰대 사이의 교전쯤으로 보이게 만들 커다란 승리를 거두어도 전혀 놀라지 않을 거요."[27] 몽고메리는 런던에 있는 브룩 육군 원수에게도 똑같은 인상을 주었지만, 그는 바로 다음 날 뎀프시와 오코너에게 팔레즈까지의 3분의 1까지 전진하며 형세를 살피게 하라는 훨씬 더 얌전한 과제를 주었다. 하지만 몽고메리는 안타깝게도 장교들에게 이 작전을 설명할 때는 알알라메인 돌파보다 더 큰 규모의 돌파 작전이 될 것이라고 암시했고, 기자단에는 제2군을 100마일이나 추월할지도 모르는 '러시아 스타일' 돌파라고 떠벌렸다. 100마일이면 파리를 의미하는 것이었으므로 기자들은 깜짝 놀랄 수밖에 없었다.

아직도 전진비행장이 절실히 필요했던 영국 공군은 다시 폭격기를 내보낼 준비를 했다. 그리하여 7월 18일 오전 5시 30분에 영국 공군과 미국 육군항공대 폭격기들이 700미터에 걸친 지역에 폭탄 7567톤을 투하했다. 그런데 제2군 정보부에서는 독일군이 다시 방어선을 5개로 확장하여 부르게뷔스 능선까지 포진한 사실을 감지해내지 못했다. 만약 제2군이 팔레즈로 진군한다면 부르게뷔스 능선은 반드시 점령해야 할 곳이었다. 엎친 데 덮친 격으로, 3개 기갑사단은 복잡한 길로 행군하면서 캉 운하 너머 베일리교를 건너 오른 강의 좁은 교두보 쪽으로 이동하게 되었는데, 그곳은 제51하일랜드 사단이 지뢰를 엄청나게 많이 부설한 곳이었다. 적이 경계 태세를 보일까봐 걱정된 오코너는 많이 움직이지 말고 끝까지 기다렸다가 통로를 확보하라고 지시했다. 그러나 독일군은 공격이 임박했음을 잘 알고 있었다. 동쪽으로 멀리 떨어진 높은 공장 건물에서 전투 준비 모습을 지켜보고 공중정찰로도 확인했던 것이다. 울트라 작전 센터에서는 작전 내용이 루프트바페에 유출된 사실을 감지했지만, 제2군은 작전을 고수했다.

군사들은 폭격기가 파괴한 현장을 놀람과 흥분 속에서 지켜보며 전차를 계속 전진시켰지만, 지뢰로 좁아진 통로 때문에 뒤쪽으로 교통이 마비되어 공격은 느려질 수밖에 없었다. 사실 이번 지체의 여파가 커서 오코너는 트럭으로 수송 중이던 보병대를 멈춰 세우고 전차가 먼저 지나가도록 했다. 일단 그곳을 통과한 제11기갑사단은 신속하게 진군했지만, 곧이어 석조 농장 건물과 마을 곳곳에 잘 위장되어 숨어 있던 대전차포의 매복 공격을 받았다. 보병대가 나섰어야 할 일이었는데 먼저 전진한 전차 부대밖에 없어 피해가 막심했다. 사단은 또한 일찍부터 공군 연락장교를 잃어 공중에서 돌고 있는 타이푼 편대에 도움을 요청할 수도 없게 되었다. 그 후에는 부르게뷔스 능선에서 88밀리 포의 지독한 포격을 받고 제1SS기갑사단에게 역습까지 당했다. 제11기갑사단과 근위기갑사단은 이날 합쳐서 200대 이상의 전차를 잃었다.

제2차 세계대전

에버바흐 장군은 지나치게 늘어진 자신의 군대를 영국 기갑부대가 완전히 뚫을 것으로 예상했을 뿐만 아니라 행운을 기대하기도 힘들다고 생각하고 있었다. 제2군과 캐나다군은 다음 날 여러 지점으로 계속 나아가 캉 남쪽을 점점 더 넓게 장악해나갔지만, 부르게뷔스 능선은 완전히 독일군 손안에 있었다. 곧 비가 억수같이 쏟아지기 시작했다. 몽고메리는 공격을 취소할 빌미가 생겼지만 평판에는 손상을 입었다.

미군과 영국 공군은 성급하게 주장하고 이후에 이룬 것이 거의 없는데도 자기만족을 느끼는 몽고메리에게 더욱 화가 났다. 너무나 불명예스러웠던 굿우드 작전이었지만 한편으로는 클루게와 에버바흐에게 노르망디 전선의 주요 공세가 팔레즈를 향할 것이라는 확신을 심어주기도 했다. 결과적으로, 닷새 후 브래들리 장군이 마침내 코브라 작전을 개시했을 때, 클루게는 처음에 기갑사단을 옮겨 그들과 대면시키려 하지 않았다. 그리고 노르망디에 비가 내리던 7월 20일 아침, 라슈텐부르크 근처 늑대소굴에서 폭탄이 터졌다.

베를린,
바르샤바, 파리

일단 전쟁이 시작되자, 오직 독일 육군에서만 히틀러와 나치 정권을 타도할 음모자들이 생겨날 수 있었다. 육군 장교들은 히틀러에게 접근할 수 있었고 나치를 대체할 정권을 지킬 수 있는 군대를 통제했다. 1938년과 전쟁 초반에 독재자 히틀러를 제거하려던 일부 장군이 임시 계획을 세웠지만 겁을 먹거나 복종과 명예에 대한 생각이 달라 모두 실패했다.

1942년 겨울에 스탈린그라드에서 참사를 겪는 동안 히틀러를 암살하려는 치밀한 계획들이 처음으로 등장했다. 암살에 대한 논의는 헤닝 폰 트레스코 소장 주도하에 중부집단군 사령부에서 이뤄졌다. 첫 번째 암살 시도는 1943년에 있었는데, 이때는 카나리스 제독이 제공한 폭약을 히틀러가 탑승한 포케불프 콘도르에 설치했다. 그런데 극심한 추위 때문인지 기폭장치가 작동하지 않았고, 쿠앵트로 코냐크병으로 위장해서 숨긴 폭탄은 회수되었다. 히틀러가 새 제복을 입은 군대를 사열할 때, 자살폭탄 테러를 하려고 했던 악셀 폰 뎀 부셰의 시도까지 포함하여 두 번의 암살 시도가 그해에 더 있었지만 모두 실패했다.

슈타우펜베르크 대령은 티어가르텐 북쪽 끝 벤들러 가에 위치한 육군 예비군 사령부에 배치되면서 새로운 계획을 고안해낸다. 그는 발퀴레 작전을 역이용할 생각이었는데, 발퀴레 작전이란 원래 1941년 겨울에 동부 전선에서 기안한 비상대책이었다. 1943년 7월에는 프리드리히 올브리히트 소장이 발퀴레 작전에 미묘한 변화를 가하기 시작해 행동 개시 준비가 되었을 때는 군부 내의 저항자들이 이 작전을 사용할 수도 있었다. 이 비상대책은 베를린 안팎에서 취식하는 외국인 강제노동자들이 반란을 일으켰을 때 진압하기 위해 마련된 것이었다. 그해 가을, 트레스코와 슈타우펜베르크는 발퀴레 작전 세부 실행 계획에 일단 히틀러가 사망하면 공표되는 기밀 명령을 추가했다. SS의 모든 간섭을 교묘히 피하고 내부 명령에 대한 모든 권한을 예비군의 수중에 유지하려는 묘안이었다.

하지만 공모자들은 많은 장애물에 부딪혔다. 찬성하는 장교들은 먼 곳으로 배치되었고, 예비군 총사령관이 된 프리드리히 프롬 상급대장에게 의지할 수 없다는 사실은 금세 명확해졌다. 무엇보다도 이들은 환상을 갖고 있지 않았다. 자신들은 대중의 지지를 거의 받지 못하는 전형적인 소수자라는 사실 말이다. 국가 전반에 걸쳐서는 역적으로 몰리게 될 것이며 나치스가 자신들은 물론 가족에게까지 잔인한 보복을 하리라는 것도 알고 있었다. 대개 깊은 종교적 믿음의 형태를 띤 이들의 도덕관은 보수적인 정치적 견해와 결합되기도 했고, 일부는 바르바로사 작전 실행 전에 히틀러의 지지 기반이 되기도 했었다. 이들이 세우고자 했던 정부는 근대 민주주의 정부라기보다는 빌헬름 왕가가 이끄는 독일 제국과 공통점이 더 많았다. 그리고 연합국과의 평화 협상에 제안하려 한 조건들은 전혀 비현실적이었다. 소련에 맞서 동부 전선을 유지하고 이미 점령한 지역의 일부를 계속 점유하기를 희망했던 것이다. 그런데 이러한 어려움에도 불구하고, 음모자들은 현 정권의 범죄 행위에 대해 도덕적 입장을 취해야 한다는 강한 의무감을 느꼈다.

실제적인 문제는 이번 음모의 중요 주동자가 된 슈타우펜베르크가 유일하게 폭탄을 설치할 수 있는 위치에 있는 사람이었다는 것이다. 그는 튀니지에서 눈과 손을 각각 한쪽씩 잃어 폭탄을 장착하기에는 불리했지만, 프롬의 참모장으로서 총통 본부에 접근할 수 있는 유일한 내부 조직 구성원이었다.

음모에 가담한 몇몇 동료 장교는 주로 친족이나 친구, 그리고 제17기병대 소속 또는 프로이센 근위대를 승계한 부대인 포츠담의 제9보병연대 소속 전직 장교들이었다. 그중 몇 명은 현 전쟁 국면에서 '중간에 말을 갈아타는 것'[1]은 독일에 지나치게 위험하다는 이유로 음모에 가담하기를 거부했고 다른 사람들은 복종 의무를 언급하며 난색을 표했다. 그들은 히틀러의 범죄 행위를 언급하는 것으로는 움직이지 않을 만큼 그에게 충성해야 한다는 일종의 의무감을 보여주었다.

7월 9일에 슈타우펜베르크의 사촌인 케자어 폰 호파커 육군 중령이 라 로슈기용에 있는 로멜을 방문했다. 호파커는 로멜에게 노르망디 독일군이 얼마나 오래 견딜 수 있을지 물었고, 로멜은 2~3주 정도로 추측한다는 답을 주었다. 음모자들은 미국, 영국과 협상할 시간이 얼마 남지 않았다고 판단했기 때문에 이 작은 정보가 이들에게는 대단히 중요했다. 그러나 두 사람이 나눈 더욱 구체적인 대화 내용에 대해서는 논란이 많다. 로멜이 히틀러 암살 음모에 가담할 것을 수락했는지 여부는커녕 호파커가 로멜에게 그런 부탁을 했는지조차 확실하지 않다. 그러나 로멜이 협상 조건에 대해 의논하기 위해 몽고메리 장군을 자신의 사령부로 초대하는 서신 초안을 작성해줄 것을 호파커에게 부탁한 것은 사실인 듯하다.

슈타우펜베르크의 추측대로, 가장 신뢰할 수 없는 사람들은 최고위 장교들이었다. 육군 원수 폰 만슈타인은 물론 전에 중부집단군 사령부에서 트레스코의 저항 집단이 자라나는 것을 허용했던 클루게조차 이번 일에 반대했다. 그러나 일단 히틀러가 사망하면 그때 클루게는 합류할 것이라고 음모자들은 확신했다. 프랑스에서는 로멜의 참모장 한스 슈파이델 중장이 주요 공모자였는데, 비록 로멜이 히틀러 암살에 반대하고는 있지만 차후에는 로멜도 합류할 것이라고 믿어 의심치 않았다. 그러나 7월 17일 전방에서 라 로슈기용으로 돌아가던 로멜의 지휘 차량이 스핏파이어의 기총소사를 받는 바람에 사실상 로멜은 공모자 목록에서 제외되었다.

슈타우펜베르크의 계획은 기존의 지휘 체계에 지나치게 의존했는데, 이러한 의존관계는 나치가 국방군을 정치화한 뒤라 위험했다. 특히 베를린에 배치된 대독일 근위대대장 오토 에른스트 레머 소령의 경우 더욱 그러했다. 슈타우펜베르크는 레머가 충실한 나치주의자라고 들었다. 그러나 레머의 상관이자 공모자 중 한 명인 파울 폰 하제 중장은 레머가 명령을 따르리라고 확신했다. 쿠데타를 지원하기 위해 음모자들은 크람프니츠의 기갑훈련 부대와 베를린 외부의 파견대에 의지했다. 하지만 이들만으로는 베를린 안팎의 주요 통신소와 송신기를 확보하는 데 턱없이 부족했다.

운이 따라주지 않아 몇 번의 시도는 좌절되었고, 7월 15일 늑대소굴에서는 지나치게 완벽을 추구하느라 암살은 시도조차 하지 못했다. 힘러와 괴링이 없었기 때문에 베를린에 있던 음모자들은 슈타우펜베르크에게 다음 기회를 기다리라고 말했다. 그러나 노르망디의 시한이 끝나가고 있었기 때문에 이번이야말로 마지막 기회가 될 터였다. 모든 것은 7월 20일로 정해졌다.

베를린에서 늑대소굴로 간 슈타우펜베르크는 소나무 목재 건물 안에서 히틀러가 소집한 상황 점검 회의에 참여했다. 적당한 기회를 보아, 슈타우펜베르크는 서류 가방을 들고 슬그머니 화장실로 빠져나와 폭탄 두 개에 도화선을 달았다. 부상 때문에 몸이 불편해 시간은 오래 걸렸고, 준비를 마치기도 전에 회의장에서는 그를 다시 불러댔다. 예비군에 대한 질문에 대답한 뒤, 슈타우펜베르크는 폭탄이 단 한 개만 들어 있는 서류 가방을 히틀러 앞에 있던 단단한 탁자 아래에 밀어넣었다. 모두가 탁자 주변에서 몸을 굽힌 채 지도를 보고 있는 사이 슈타우펜베르크는 그곳을 조심스레 빠져나왔다. 폭탄이 터졌을 때 그는 이미 차를 몰고 떠나는 중이었다.

히틀러가 죽었다고 확신한 슈타우펜베르크는 베를린으로 돌아왔다. 베를린에서의 불확실함과 혼란, 그리고 예기치 못한 문제들이 쿠데타의 실패에 영향을 끼쳤다. 음모자들이 작전 구상 및 실행 과정에서 실수를 많이 한 것도 사실이지만, 결국 히틀러가 폭발에서 살아남은 이상 음모자들은 성공에 대한 약간의 희망도 가질 수 없었다.

오래전부터 방문하기로 예정되어 있던 7월 20일 오후 무솔리니가 늑대소굴에 도착했다. 무솔리니를 만난 히틀러는 미친 듯이 기뻐하면서 자신이 기적적으로 죽음을 모면한 현장을 보여주려 했다. 히틀러는 신이 자기를 구해 전쟁을 계속하도록 해주신 것이 틀림없다며 쉴 새 없이 말했다. 한편 무솔리니는 "히틀러가 폭탄 공세를 받은 것은 배신자가 이탈리아에만 국한된 것이 아니라는 증거였기 때문에 아주 불쾌하지는 않았다".[2]

그날 밤 대국민 연설에서 히틀러는 이번 암살 시도를 1918년에 있었던 배신행위와 비교했다. 히틀러는 독일이 소련을 쓰러뜨리지 못한 유일한 이유는 처음부터 육군 장교들이 고의적인 방해 공작을 해왔기 때문임을 깨달았다. 노르망디에서도 비슷한 방해 음모설이 제기되었는데, 이것들은 오늘날 일부 독일 서적이나 신나치 웹사이트에서 찾아볼 수 있다. 이들은 로멜이 독일에 없었던 6월 6일에 B 집단군을 맡고 있던 슈파이델이 고의로 기갑사단 배치를 방해했다고 주장했다. 슈파이델이 '서부 전선 독일 육군 내의 배신자 암덩어리'의 핵으로 묘사되고 있는 것이다.

몇몇 사람은 6월 6일에 모든 일이 잘못된 것은 슈파이델 때문이라고 생각한다. 즉 슈파이델은 그날 아침 제21기갑사단을 공연히 오른 강 서쪽으로 보냈다는 의혹을 받고 있는데, 사실 제21기갑사단은 영국 공수부대를 측면에서 공격하라는 지역 사령관의 명령을 받고 이동했다. 또한 슈파이델은 제12SS기갑군단 히틀러 유겐트와 제2기갑사단, 제116기갑사단을 침공 지역으로 이동시키지 못하게 방해했다는 혐의도 받았다. 이것은 슈파이델이 세운 계획의 일부로서, 7월 20일 음모자들이 한 달 반 뒤 다시 파리를 점령할 수 있도록 그가 제2기갑사단, 제116기갑사단을 따로 빼두려 했던 것으로 알려져 있다.

사실 슈파이델이 공모단의 핵심 구성원이었던 것은 분명하지만, 그가 6월 6일 노르망디 방어선 전체에 파괴 공작을 벌였다고 몰아가는 것은 매우 터무니없다. 7월 20일 이후 그가 게슈타포의 손에 죽을 뻔하다가 기적적으로 탈출한 것이 그 후 나치스가 슈파이델을 비난한 사실을 설명해준다. 그는 1950년대에 서독 연방군의 고위 장교가 되었고 훗날 NATO 유럽 사령관이 되었다. 나치주의자와 신나치주의자들은 이러한 그의 출세를 노르망디 작전 당시 연합국을 도운 배반 행위에 대한 대가로 본다. 이렇게 제2차 세계 대전의 배반 역사를 총망라했을 때, 이번 반역자들은 1918년처럼 유대인이나 공산주의자가 아니라 귀족과 참모장교들이었다.

육군을 비롯하여 특히 육군 참모단에 마땅한 보복을 하는 데 혈안이 된 게슈타포와 SS는 사건에 연루된 사람과 그 친족들을 잡아오기 시작했다. 모든 전선에서 독일군이 퇴각을 하고, 동부 전선에서 히틀러가 저지른 실수를 '반역자들'의 잘못으로 몰아 비난함에 따라, 육군 원수들의 영향력도 이제는 급격히 약해졌다. 나치에게 이것은 집안싸움에서 이긴 것이나 마찬가지였다. 그들이 가장 우선시했던 것은 '전쟁을 수행하는 능력을 최고로 끌어올리는 것이 아니라 제3제국 내 권력 구조를 바꾸어 기존 엘리트들에게 해를 끼치는 것'[3]이었다. 모두 합해 5000명 이상[4]이 정권에 반대한 불온 분자 혐의를 받았고 그들의 친족도 체포되었다.

음모자들이 우려했던 대로, 대부분의 독일인은 그토록 중요한 전쟁 도중에 히틀러의 목숨이 위협을 받았다는 사실에 충격을 받았다. 노르망디에 파병된 병사들은 충성심을 보이거나 고향에 편지를 쓰는 것을 더 조심하거나 하는 정도였지만, 동부 전선, 그중 특히 중부집단군으로 간 병사들은 변화의 필요성에 대해 훨씬 더 거리낌 없이 말하는 편이었다. 7월 26일에 한 상병은 이런 글을 썼다. "총통 암살을 시도한 장군들은 이 전쟁이 우리 독일에게는 아무런 희망도 주지 않기에 정권에 변화가 필요하다는 것을 매우 잘 알고 있다. 그러므로 만약 세 남자, 즉 히틀러, 괴링, 괴벨스가 사라진다면 그것은 유럽 전체의 해방이 될 것이다. 인간에게는 평화가 필요한 법이니 그렇게 되면 갈등은 끝날 것이다. 그 외의 것은 거짓말이다······.[5] 이들이 각자의 자리에 머무는 한 우리 삶은 살아갈 가치가 없다."[6] 다른 병사들도 정권을 비판하는 내용의 글을 썼다가 편지를 검열당하는 경우 체포되기도 했다.

7월 23일, 나치스는 의례적인 거수경례 대신 '독일식 경례' 혹은 히틀러식 경례를 하도록 육군에 강요했다. 이것은 나치를 지지하지 않는 사람들 대부분에게 모욕감을 주는 것이었다. "독일식 경례를 하면 우리는 전쟁에서 이길 것이다!"[7] 한 군의관이 비꼬듯 기록했다. 실제 나치 신봉자와 회의론자 사이의 의견이 극명하게 나뉘는 것은 피할 수 없는 일이었다. 7월 28일, 독일 국방군 총사령부에서는 마침내 루블린과 브레스트리토프스크를 포함해 동부 지역 주요 도시 네 곳에서 병력을 철수한다는 내용을 공지했다. 제12기갑사단 소속의 한 하사가 아내에게 편지를 썼다. "상황이 나쁜 것은 분명해 보이지만 용기를 잃을 이유는 없소. 엊그제 괴벨스 박사가 연설에서 새로운 대책(신무기, 힘러의 예비군 대책, 총력전 공약)을 마련한다고 말했으니, 긴박한 동부 전선 상황에 긍정적인 영향을 줄 거요. 우리 모두 그렇게 믿고 있소."[8]

예비군의 수장으로 힘러가 임명되었다는 소식과 신병 소집 소식을 전선의 모든 병사가 반긴 것은 아니었다. 한 포수는 7월 26일에 고향으로 편지를 썼다. "그리고 곧 어린애들도 소집할 거야. 이곳 전선에서는 코흘리개 애들이랑 노인 말고는 거의 찾아보기 힘들거든."9

한편 패배의 현실을 직시하고 싶어하지 않는 병사도 있었다. 이들은 절박한 상황이 발생해야만 용기를 내어 고향에 있는 가족을 지키고자 더욱 노력하게 된다고 믿었다. 한 병장은 나치 선전 문구를 그대로 읊었다. "여보, 러시아 놈들이 우리 조국에 들어가게 하지 않을 테니 걱정하지 말아요. 우리는 이들이 독일로 들어가도록 허락할 수 없기에 끝까지 싸워야 하오. 놈들이 우리 독일 여자와 아이들에게 무슨 짓부터 하겠소? 그런 일이 벌어지게 할 순 없지. 그런 일은 우리에게 몹시 치욕적일 거요. 그래서 이런 구호도 나왔소. '승리를 얻을 때까지 더욱 격렬하게 분투하라!'"10

실패한 음모에 광분한 나치스가 제3제국을 쥐고 흔드는 동안, 서부 전선에서 동부 전선과 맞먹는 수준의 붕괴가 일어났다. 7월 25일 브래들리 장군은 생로-페리에 도로 북쪽에서 코브라 작전을 개시했다. 첫 번째 시도는 7월 24일에 예정되어 있었지만 미군 폭격기들이 아군을 오폭한 뒤에 취소되었다. 이번 작전 지연은 묘하게도 연합군에 유리한 방향으로 바뀌었다. 폰 클루게 육군 원수는 이것을 몽고메리가 팔레즈 길 아래쪽으로 또 한 번 펼치려는 공세에서 자기를 꾀어내려는 교란 작전이 틀림없다고 생각했다. 그 뒤 두 번째 시도에서는, 공격 대기를 하고 있던 미군 부대들이 강한 남풍 때문에 먼지를 뒤집어쓰고, 폭격기들은 먼지구름에 조준하면서 오히려 아군에 더 많은 사상자가 생겼다. 하지만 브래들리는 계속 전진했다.

공세 시작이 늦어지는 듯하여 콜린스 소장은 기갑부대를 일찍 보냈고, 곧 독일군의 방어선은 무너졌다. 셔먼 전차와 반 무한궤도 차량에 올라탄 보병, 그리고 불도저를 보유한 공병으로 구성된 기갑사단의 전투단은 전진했다. 결국 패배의 악순환에 빠진 것은 독일군이었다. 급히 후퇴하느라 통신망은 무너졌고 지휘관들은 상황 파악도 못 했으며 차량에는 연료가 바닥나고 병사들은 보급품이나 탄약을 전혀 받지 못했다. 독일군의 후퇴는 전투기의 기총소사로 인해 고생스러웠던 한편, 매복 공격을 위해 대기하고 있던 기갑부대 대열 위로는 P-47 선더볼트 전폭기의 '산탄총' 세례가 날아들었다. 이것이 주력 부대의 돌파 공격이라는 것을 마침내 깨달은 클루게가 제2기갑사단, 제116기갑사단을 서쪽으로 이동시켰지만 도착도, 반격도 모두 너무 늦어버렸다.

영국 정부 전시 내각은 V-1의 공격력에 점점 더 불안해졌다. 7월 24일, 사상자가 '3만여 명이고 그중 4000여 명이 사망했다'[11]는 소식이 전시 내각에 전해졌다. 그 후 며칠 동안 장관들은 V-2 로켓이 곧 등장할 것을 예측하고 V-2의 위협에 대해서도 논의했다.

7월 30일, 몽고메리는 브래들리의 왼쪽 측면을 보호하기 위해 급히 준비한 블루코트 작전을 발동했다. 이튿날 미국 기갑부대 대열이 아브랑슈에 도달하여 셀룬 강을 건넜다. 그곳은 노르망디의 외곽 지역으로 저항이 없는 곳이었다. 다음 날인 8월 1일, 조지 패튼 장군의 제3군이 편성되었다. 패튼은 브르타뉴 연안에 있는 항구들을 점령하라는 명령을 받았지만, 센 강으로 향하는 다른 쪽 길이 무방비 상태라는 것을 잘 알고 있었다.

서부 전선 사령부가 병력 충원을 요청함과 동시에 제2SS기갑군단이 노르망디로 이동하자, 동부 전선 지휘관들은 자기들이 부당한 대우를 받는다고 생각했다. 전쟁 말미에 요들은 심문에서 "서부에서의 충돌과 동부에서의 충돌은 그 효과가 상호 연관되어 있었다"라고 인정하며, "양면 전쟁의 혹독함이 실제로 드러나기 시작했다"[12]고 덧붙였다. 동부 전선의 수많은 병사 사이에서는 부담이 지나치게 커져 견디기 힘들 정도였다.

제2차 세계대전

고향으로 보내는 편지에서 신경쇠약은 이제 흔한 주제가 되었다. 중포병대의 어느 포수는 다음과 같이 썼다. "조금 전까지 동료와 즐겁게 수다를 떨었는데 반시간도 지나지 않아 마치 이 세상에 존재하지 않았던 것처럼 살덩어리로 변해버린 동료의 시신을 볼 때나, 크게 다쳐 피를 철철 흘리며 내 눈앞에 쓰러져 있는 동료들을 볼 때나, 그리고 고통 때문에 말을 할 수가 없어서 애원하는 눈빛으로 도움을 요청하는 동료들을 볼 때면 나는 이성을 유지하기가 점점 더 어려워진다. 끔찍한 일이다…… 이 전쟁은 신경말살전이다."[13]

7월 마지막 날, 붉은 군대 제1근위전차군과 제13군은 산도미에서 남쪽 비스와 강 너머로 간신히 병력을 도하시키고, 독일군의 필사적인 반격에도 불구하고 교두보들을 점령하여 연결되게 했다. 독일 육군 총사령부는 비스와 강 서쪽 붉은 군대의 거점이 얼마나 중요한지 아주 잘 알고 있었다. 두 부대는 다시 한번 돌격하여 베를린에서 약 80킬로미터 떨어진 오데르 강까지 적군을 제압하게 된다.

"우리는 매년 여름 받을 공격을 지금 다 받았다." 경대전차포 파견대를 지휘하던 소위는 냉소적으로 이렇게 말했다. "러시아군은 기습적인 일격을 가하며 루블린에서 데블린 쪽으로 왔다. 대공포 부대와 해체된 몇몇 부대 말고 그들을 가로막을 것은 아무것도 없었다. 교량이 폭발한 뒤 우리는 비스와 강 반대편(서쪽) 둑에 새로 만든 참호 진지에 포진했다." 그는 또한 독일군이 기습 공격을 받을 수 있고 그런 식으로 패배할 가능성이 있다는 사실을 믿기 힘들었다. "우리는 동부 전선에서 맞은 이 위기에 책임이 있는 돼지들에게 화가 난다."[14]

한편 일부 대공포 부대에서는 전투에서 자신들이 거둔 성과를 자랑스러워했다. 제11보병사단의 한 병장은 자랑스럽게 "파괴되어 우리 주변에 흩어져 있는 적의 전차는 최소한 46대가 넘는다! 우리는 닷새 동안 공격기(시투르모비크) 10기를 격추했다"라고 말했다.[15] 사실상 붉은 군대는 바그라티온 작전을 수행하면서 엄청난 피해를 입어, 사상자 총 77만888명 가운데 18만 명이 '회복 불가능' 상태였다.[16] 독일 중부집단군의 손실은 전사자, 실종자, 부상자를 합해 39만9102명으로 붉은 군대만큼 많지는 않았지만, 이 손실을 벌충할 수도 없었고, 무기와 전차도 500킬로미터가 넘는 퇴로에 버려야 했다. 전체적으로 보면 이번 석 달 동안에만 총 58만9425만 명의 국방군 병사가 동부 전선에서 전사한 셈이었다.[17]

북쪽으로 더 올라가서는 7월 28일에 제2전차군이 바르샤바와 단 40킬로미터 떨어진 지점에서 헤르만 괴링 기갑사단과 제73보병사단을 공격했다. 폴란드의 수도를 향해 접근하는 군대에 걸맞게 치열한 전투가 벌어졌다. 얼마 전에 있었던 일들과 폴란드에 대한 스탈린의 처우에 대해 전혀 모르고 있던 붉은 군대 병사들은 폴란드를 어떻게 대해야 할지 알 수 없었다. 병사 한 명이 편지를 썼다. "폴란드 사람들은 이상해. 어째서 우리를 받아주는 걸까? 대답하기가 너무 어려워. 처음에는 그렇게도 우리를 (독일군만큼이나) 무서워하더니. 폴란드의 방식은 러시아 방식과는 완전히 달라. 독일을 원하지는 않지만, 그렇다고 우리를 쉽게 받아들이지도 않아…… 물론 거칠고 정직하지 않은 우리 병사들 때문에 자주 당황하고 있긴 하지."[18]

바르샤바 인구수는 크게 줄어들기는 했으나 여전히 100만 명 정도는 되었다. 7월 27일에 독일인 총독은 다음 날 할 요새화 작업에 남성 10만 명을 동원할 것을 지시했다. 이 지시는 무시되었다. 이틀 후, 런던의 망명정부 대리 얀 노바크 예지오란스키가 도착했다. 그는 바르샤바의 부총리 얀 스타니스와프 얀코프스키와 이야기하다가 봉기가 임박했다는 말을 듣고는, 서방 열강들이 도움을 줄 수 없다고 경고하고는 봉기가 늦춰질 수 있을 것인지 물었다. 얀코프스키는 선택의 여지가 거의 없다고 대답했다.[19] 훈련을 받고 무장한 젊은 청년들은 싸우고 싶어 안달이 났다. 청년들은 자유를 원했고, 그 자유를 어느 누구에게도 저당 잡히고 싶지 않아 했다.

그와 동시에 얀코프스키는 만약 자신들이 전투를 선포하지 않는다면 공산당 인민군이 그렇게 할 것이라고 생각했다. 바르샤바의 공산당 인민군 병력은 단 400명에 불과했지만, 만약 이들이 시청을 장악하고 붉은 군대가 도시에 들어갈 때 붉은 기를 올린다면 그때는 이들이 폴란드의 지도자라고 주장할 터였다. 그리고 만약 국내군이 아무것도 하지 않는다면, 소비에트는 국내군이 독일에 협력했다는 혐의와, 붉은 군대에 저항하기 위해 무기를 소유했다는 혐의를 씌울 수도 있었다. 어쨌든 국내군은 뭔가 일을 도모해도 큰일, 하지 않아도 큰일이었다.

그날 라디오 모스크바는 "행동할 시간이 이미 도래했다"[20]라고 발표하며 바르샤바 시민들에게 봉기하여 '독일에 맞서 함께 싸울 것'을 요구했다. 하지만 소비에트도 국내군도 서로에게 연락을 시도하지는 않았다. 몬테카시노에서와 마찬가지로 폴란드인들은 지리적으로 독일과 소련 사이에서 비참한 운명을 맞이하더라도 자유 민족으로 살아갈 권리가 있음을 전 세계에 보여주기로 했다.

그때 폴란드는 소비에트에 맞서서 영국과 미국 연합국에 의지할 수 없다는 것을 알았다. 제2차 세계대전의 잔인한 현실 정치는 미국과 영국이 스탈린과 협력할 수밖에 없도록 만들었다. 붉은 군대가 엄청난 희생을 감수하고 국방군의 등뼈를 부러뜨렸기 때문이다. 카틴 숲 학살 사건을 독일의 책임으로 돌리려는 소비에트의 태도에 두 연합국이 침묵한 것만 봐도 이들이 스탈린을 얼마나 필요로 하는지 알 수 있었다. 스탈린은 폴란드 국내군 대원 40만 명을 '무법자'라는 이유로 해산시키고, 바투틴 장군을 매복 살해한 우크라이나 게릴라 부대와 이들을 연관시키려 했다. 그는 곧 폴란드 국내군이 붉은 군대 병사 200명을 죽였다고 하면서 연합국을 속이려 했다. 사실은 스탈린 눈에는 폴란드에서 독립적인 조직은 모조리 반소비에트파로 보였던 것이었다. 그리고 스탈린이 요구한 '친소 정부'는 소련 정부에 완전히 종속되는 정부일 뿐이었다.

국내군 사령관 타데우시 부르 코모로프스키 장군은 8월 1일 오후 5시 일명 'W 아워'에 봉기를 시작하라는 명령을 내렸다. 그는 붉은 군대가 곧바로 도시에 쳐들어올 것이라고 생각하는 듯했다. 그러나 기대감이 만연한 분위기에서 그런 주장을 했다가는 오히려 자기가 비난을 받을 수도 있었다. 바르샤바에서는 자원병과 도시 외부에서의 유입 등으로 2배로 불어난 거의 2만5000명에 달하는 국내군 병사가 봉기 개시를 서두르고 있었다. 이들은 붉은 군대 점령 지역에서 동료들이 NKVD에게 박해를 받았다는 사실을 이미 들은 바 있었기 때문에 소비에트 지도자를 신뢰하기 어렵다는 사실도 알았다. "만약 스탈린이 (1940년 폴란드 장교 학살이라는) 자신의 만행을 구실로 폴란드 정부와의 관계를 끝내려 한다면, 무엇을 협상한들 정직하게 하려 하겠는가?"[21]

국내군의 최우선 과제는 독일군 막사를 공격하여 무기를 빼앗는 것이었다. 특히 낮에는 독일군에서 일종의 반란이 일어날 것을 예상하고 있었기 때문에 이 과제를 수행하기란 쉽지 않았다. 구시가지와 도심부는 삽시간에 폴란드 봉기군의 손에 넘어갔지만, 붉은 군대에 맞서 바르샤바를 방어할 독일군 대부분이 모여 있는 비스와 강 동쪽 일부 지역에는 손이 미치지 않았다. 그 후 국내군 대원들은 신노르만 양식으로 웅장하고 거대하게 지어진 폴란드 전화교환국 건물에 휘발유를 주입하고 불을 지른 뒤 그곳을 점거했다. 주둔군이 항복하면서 국내군은 독일군 포로 115명을 포획하고 무기를 탈취했다.

국내군 대원들은 흰색과 붉은색 완장을 차고 있어서 이들이 곧 전투원임을 식별할 수 있었다. 이 중 다수는 곧 독일군에게서 빼앗은 전투모를 착용했지만 둘레에는 흰색과 붉은색으로 띠를 칠했다. 폴란드 공산주의자, 그리고 게토 봉기 이후 숨어 있던 유대인들도 전투에 가담했다. 8월 5일, 국내군은 평탄화된 게토 위에 세워진 강제수용소를 공격하여 SS대원들을 살해하고 그곳에 남아 있던 유대인 포로 348명을 석방시켰다.[22]

의사와 간호사들이 운영하는 응급치료소와 야전병원 등 조직적인 기반시설을 토대로 자발적인 대중 동원이 이뤄졌다. 현지 성직자들은 군목으로 활동했다. 금속노동자들은 무기 제조자가 되었다. 이들은 화염방사기와 영국제 스텐건을 기반으로 자신들의 브위스카비차 기관단총을 만들어냈다. 그 밖의 지하 작업장에서는 깡통과 수제폭약, 또는 독일군이 던진 불발탄의 내용물을 모아 임시로 수류탄을 만들었다. 전에 식당이었던 곳들은 조직화되어 야전취사장 역할을 하며 보급을 책임졌다. 선전부에서는 『비울레틴 인포르마치이니』 뉴스레터와 『제츠포스폴리타 폴스카』 잡지와 전단지를 발행했다. 이들은 또한 '총탄 한 알에 독일군 한 명'[23]을 표어로 내건 포스터를 제작하여 도시 곳곳에 붙였다. 그리고 봉기군 자체 방송국이 있었는데, 독일군이 방송국을 파괴하려고 갖은 노력을 다 했음에도 방송은 10월 2일까지 계속되었다.

젊은 여성들은 들것을 운반했다. 너무 어려 전투를 할 수 없는 소년들은 전령을 자처했다. 독일군 전차로 기어 올라가 그 안에 수류탄을 투척하는 아홉 살 소년도 있었다. 독일군과 폴란드군 모두 그 광경을 보고 믿을 수 없다는 듯 얼어버렸다. 목격자의 기록에 의하면 "소년은 전차에서 뛰어내려 (근처 건물) 문으로 재빨리 달려갔고, 곧 비명이 터져나왔다."[24] 어린 소년이 보여준 용기와 살신성인은 대단한 것이었다.

8월 4일, 스탈린은 마지못해 폴란드 망명정부 대표단을 만나기로 했다. 스타니스와프 미코와이치크 총리는 회담을 잘 이끌어가지는 못했지만, 어차피 이 만남으로 결과가 크게 달라질 게 없었다는 것만은 거의 확실했다.

스탈린은 망명정부 대표단에게 소비에트 괴뢰정부인 '폴란드 국민 해방위원회'와 이야기를 나누라고만 했다. 그는 자신의 입맛에 맞게 구성한 임시정부를 붉은 군대 수송열차 화물칸에 실어 폴란드 땅으로 옮겨야 한다는 지시를 이미 전한 상태였다. 구성원들은 루블린에서 임시정부를 수립했고, 서방에는 '런던 폴란드'의 반대 개념으로서 '루블린 폴란드'로 알려지게 되었다.

루블린 위원회는 커즌 선과 비슷하게 몰로토프-리벤트로프 선으로 국경을 설정하는 것을 당연하게 받아들였다. 커즌 선은 1919년에 이 국경선을 처음 제안한 영국 외무상의 이름을 딴 것이었다. 루블린 폴란드 정부는 니콜라이 불가닌과 국가보안부 인민위원 이반 세로프의 통제를 받았다. 이반 세로프는 1939년에 NKVD 국장을 지내며 폴란드인 대규모 강제 이주 및 살해를 감독한 사람이었다. 불가닌과 세로프는 또한 폴란드 영토에서 제1벨라루스전선군을 지휘하던 혼혈 폴란드인 로코솝스키 장군에게서도 눈을 떼지 않았다. 스탈린은 폴란드를 향해 '내 적의 적도 여전히 나의 적'이라는 태도를 취한 듯 보인다.

런던 폴란드 정부에 관한 일에서 거의 손을 뗐던 처칠은 폴란드 국내군의 용기에 깊은 감동을 받아 그들을 돕기 위해 최선을 다했다. 8월 4일에 그는 모스크바로 연통을 넣어 영국 공군이 봉기군에게 무기와 보급품을 공수할 것이라고 스탈린에게 전했다. 바로 그날, 이탈리아를 거점으로 하여 폴란드와 남아프리카 폭격기 대원들을 중심으로 위험한 임무가 시작되었다.

8월 9일, 스탈린은 체면 때문이었는지, 폴란드의 봉기가 시기상조이기는 해도 소련은 봉기군을 도울 것이라며 미코와이치크에게 약속했다. 그는 독일군의 반격으로 자신의 군대가 도시 밖으로 밀려났다고 주장했다. 이것은 부분적으로 사실이나, 더 중요한 사실은 바그라티온 작전으로 장거리를 진격한 뒤라 붉은 군대의 선두는 군사들도 지치고 연료도 부족했으며 차량 수리 또한 급했다는 점이다. 어찌 되었든 스탈린은 곧 자신이 정말로 도움을 줄 생각도 없고 서방 연합군의 물자 공수를 도와줄 생각도 거의 없음을 드러내게 된다. 소비에트 점령 영토에는 1개 편대의 미국 폭격기들이 재급유 허가를 받아 한 번 착륙했을 뿐 연합군 항공기가 착륙하도록 허락하지 않았다. 또 소비에트 항공대는 봉기군에게 약간의 무기를 투하했지만 낙하산이 없었기 때문에 떨어진 무기들은 그대로 무용지물이 되어버렸다. 스탈린은 그저 나중에 비판의 목소리가 나오는 것을 막기 위해 요식으로 원조를 몇 번 지원할 생각이었던 것이다.

독일군은 가학성과 잔혹성을 예찬하는 가장 악독한 반빨치산 부대를 동원했다. 여기에는 악명 높은 카민스키 여단과 제15SS코사크 기병군단 일부가 포함되었으며, 살육을 지시할 때마다 어깨에 애완용 원숭이를 올려놓고 다니는 오슈카어 디를레방거 SS여단장이 지휘한 SS디를레방거 돌격여단도 포함되었다.[25] 군단 집단은 에리히 폰 뎀 바흐 SS대장이 이끌었다. 그는 힘러가 벨라루스에서 유대인 학살을 지휘할 때 함께했던 주요 집행관 중 한 명으로, 학살을 집행하는 대원들이 정신적 부담으로 고통받고 있다고 힘러에게 보고하기도 한 사람이었다. 하지만 바르샤바에서는 그의 대원들이 일을 즐기는 듯 보였다. 이들은 폴란드 야전병원에 있던 부상자들을 화염방사기를 이용해 산 채로 화형시키고, 어린아이들을 재미삼아 학살했다. 국내군 간호사들은 매질과 강간을 당한 뒤 살해되었다. 힘러는 바르샤바와 그 시민들을 물리적, 이념적으로 모두 절멸시키도록 독려했다. 이제 그는 폴란드인을 유대인만큼이나 위험한 민족으로 여기는 듯했다. 바르샤바 구시가지에서만 약 3만 명의 비전투원이 학살되었다.

8월 첫째 주 프랑스에서는 캐나다군과 영국군, 폴란드 제1기갑사단이 힘겹게 팔레즈를 향해 남하하고 있었다. 패튼 예하 제3군은 렌을 장악하고 브르타뉴로 돌진했다. 8월 6일에 히틀러는 해안에 위치한 아브랑슈로 진군하면 패튼을 막을 수 있으리라는 바람으로, 폰 클루게 육군 원수에게 모르탱에서의 파멸적인 반격에 기갑사단을 투입하라고 명령했다. 그러나 미군이 모르탱을 필사적, 적극적으로 방어했기 때문에 이 계획은 군사적으로 무모한 일이 되었으며, 노르망디 주둔 독일군의 붕괴 속도도 더욱 빨라졌다. 히틀러는 클루게에게 공격 재개를 재촉하여 더 큰 참사를 자초했는데, 그때 패튼의 기갑 선봉 부대는 이미 센 강을 향해 동쪽으로 방향을 돌려 독일군의 후방으로 상당히 진격한 뒤 클루게의 보급 기지를 위협하는 중이었다. 독일 제7군과 제5기갑군은 이제 팔레즈 갭에서 완전히 포위될 위기에 봉착해 있었다.

8월 15일, 팔레즈 포위망이 좁아지기 시작한 사이, 앤빌 작전(용기병 작전으로 개칭)으로 마르세유와 니스 사이 코트다쥐르에 대부분 이탈리아 전선에서 이동해온 연합국 군사 15만1000명이 상륙했다. 이번 침공으로 7개 사단을 잃어 심기가 불편했던 알렉산더 육군 원수는 용기병 작전을 '전략적으로 쓸모없는'[26] 작전으로 묘사했다. 처칠과 마찬가지로 알렉산더도 발칸반도와 빈에 신경을 쓰고 있었다. 그러나 영국이 용기병 작전을 반대한 것은 잘못이었다. 프랑스 남쪽에 연합군이 상륙하자 곧바로 독일군이 철수하면서 프랑스도 피해를 덜 입게 된 것이다.

팔레즈 갭 탈출로는 효과적으로 봉쇄되지 않았는데, 여기에는 몇 가지 이유가 있지만 제12집단군을 맡게 된 브래들리와 제21집단군을 지휘한 몽고메리가 연락을 제대로 취하지 못했거나 우선순위를 정하지 못한 탓이 가장 컸다. 팔레즈에서 '근접포위망'을 형성하자는 데 동의한 뒤, 캐나다 제1군이 빨리 도달할 거라고 생각한 몽고메리가 거기에 필요한 병력을 충분히 집중시키지 않았던 것이다. 몽고메리는 센 강을 주시하면서 가용 병력 대부분을 강 쪽으로 전환시켰다. 그는 독일군을 강 앞에 가두어 언제든지 '장거리 포위'를 할 수 있다고 생각했다. 결국 팔레즈 갭의 목 부분은 반쯤 열린 채로 있었다. 폴란드 제1기갑사단은 터무니없이 적은 지원만을 받은 채로 SS기갑사단 나머지 병력과 그 밖에 포위망을 벗어나려 분투하는 군대를 상대했다.

그 외에 출구를 봉쇄하려던 사단으로는 필리프 르클레르 장군이 지휘했던 프랑스 제2기갑사단이 있었다. 르클레르는 자신의 사단이 패튼 예하 제3군에서 다른 곳으로 이전되자 미국 지휘관들에게 격하게 항의했다. 르클레르와 드골 모두 미군의 장비를 갖춘 자신들의 사단이 아이젠하워의 약속대로 파리에 먼저 입성하기를 원했던 것이다. 하지만 군단장 게로 장군은 프랑스의 정치적 이해관계에 냉담한 태도를 분명히 했다. 그러나 그는 프랑스군이 무단으로 파리에 진격할 때 필요한 물자를 비축해두기 위해 틈만 나면 가솔린을 훔치고 있다는 사실을 모르고 있었다.

파리 해방은 아이젠하워가 생각한 우선 과제 순위에서 많이 밀려나 있었다. 아이젠하워는 독일군을 제3제국 국경까지 밀어내고 싶어했는데, 파리를 해방시키려면 많은 노력과 보급을 대거 그쪽으로 전환시켜야 했다. 패튼의 사단들은 패튼의 장기인 일종의 기갑 기병대 작전으로 독일군의 후방을 갈라놓았다. 패튼이 샤르트르 외곽의 제7기갑사단을 방문했을 때, 그는 사단장에게 언제 도시를 장악할 거냐고 물었다. 사단장은 아직 도시 안에서 독일군이 저항하고 있으니 시간이 좀 걸릴 것이라고 대답했다. 패튼은 사단장의 말을 가로막았다. "독일군은 없소. 지금 시각이 3시요. 5시에 내가 샤르트르에 있게 되든지, 새 사단장이 오든지 둘 중 하나요."[27]

팔레즈 포위망에서 전투가 시작되기 전날인 8월 19일, 드골 장군이 알제에서 아이젠하워의 사령부로 와서 "파리로 계속 행군해야 합니다. 내부 질서를 잡을 조직적인 힘이 있어야 한단 말입니다"[28]라고 주장했다. 당연히 드골도 항독의용유격대를 조직한 공산주의자들이 봉기를 부추기고 혁명정부를 수립할까봐 겁이 날 수밖에 없었던 것이다. 그와 동시에 드골은 행정부의 뼈대를 만들고 내각을 인수하기 위해 자신이 선별한 관료들을 파리로 잠입시키고 있었다.

이튿날 렌에 있던 드골은 수도에서 봉기가 시작되었다는 소식을 들었다. 그는 즉시 르클레르 예하 사단을 파리로 곧장 보내야 한다는 주장을 담은 서신을 쥐앵 장군 편으로 아이젠하워에게 전달하도록 했다. 파리 경찰은 무장을 해제하라는 독일군의 명령에 저항하여 닷새 전에 이미 반란을 일으킨 상태였다. 런던에 있던 쾨니그 장군은 레지스탕스가 아직은 반란을 일으키지 않도록 자크 샤방델마스를 보내 설득하게 했다. 그러나 프랑스 국내 항독군의 지역 지도자인 앙리 롤탕기 대령이 이끌던 공산당군은 파리가 스스로 자유를 얻길 원했다. 8월 19일, 사복을 입은 채 권총으로 무장한 파리 경찰은 경찰청을 장악하고 프랑스 국기를 게양했다.

파리의 독일군 지휘관 디트리히 폰 콜티츠 중장은 군대를 투입할 수밖에 없다고 생각했으며, 그 뒤 지지부진한 교전이 벌어졌다. 콜티츠는 히틀러에게서 끝까지 도시에 방어선을 치고 도시를 파괴하라는 지시를 받았지만, 다른 장교들은 이것이 군사적인 목적이 될 수 없다며 콜티츠를 설득했다. 8월 20일, 드골파가 주요 정부 건물 탈취 전략의 첫 번째 목표인 시청을 점거했다. 권력은 민중의 것이라는 자신들의 선전 문구를 천명으로 여기던 공산주의자들은 자신들이 이렇게 노련하게 압도당하리라고는 생각지 못하고 있었다.

즉석에서 만든 프랑스 삼색 국기가 창문에 걸리고 어느 틈엔가 〈마르세예즈〉를 부르면서, 애국심이 충만해진 군중은 흥분하기 시작했다. 거리에는 독일군의 움직임을 제한할 바리케이드가 쳐졌고, 국방군 트럭은 매복 습격을 받았으며, 고립된 군인들은 무장해제되거나 살해되었다. 스웨덴 총영사는 정전 협상을 했다. 콜티츠는 프랑스 국내 항독군을 정규군으로 인정하기로 하고 현재 그들이 장악한 건물에 머무르는 것을 인정했다. 그 대신 레지스탕스는 독일군 막사와 사령부 공격을 중지해야 했다. 자신들의 의견이 제대로 반영되지 않았다고 생각한 프랑스 공산주의자들은 협상 내용을 비난했다. 샤방델마스는 독일군을 다시 공격할 때까지 하루만 기다리자며 공산주의자들을 설득했다.

노르망디에서 나머지 독일 군사들이 센 강 너머로 빠져나오기 시작하면서, 캐나다 제1군과 영국 제2군은 벨기에 제1보병여단, 체코 기갑여단, 네덜란드 왕립여단과 합류했다. 최소 7개국 병력으로 구성된 몽고메리 예하 제21집단군은 루스벨트의 꿈인 UN을 닮아가기 시작했다.

8월 22일, 프랑스 국내 항독군이 '전원 바리케이드로!'라는 롤탕기의 명령을 수행하는 사이, 아이젠하워와 브래들리는 결국 파리로 들어가야 한다는 생각을 점점 굳혀가고 있었다. 아이젠하워는 순수히 군사적인 결정이라는 점을 마셜 장군과 루스벨트에게 납득시켜야 한다는 것을 알고 있었다. 미군이 드골에게 정권을 쥐여준다는 생각을 하면 루스벨트는 화를 낼 것이기 때문이었다. 한편 드골은 미국이 파리 해방에 어떻게든 일조했다는 사실을 애써 무시하려 했다.

브래들리는 르클레르에게 파리로 진군할 수 있다는 희소식을 가지고 파이퍼컵 정찰기로 돌아왔다. 프랑스 병사들은 격한 기쁨의 반응을 보였다. 프랑스 제2기갑사단은 다음 날 아침에 떠나라는 게로 장군의 명령을 무시하고 그날 밤에 출격했다. 8월 24일 변두리 지역에서 다소 격렬한 전투가 벌어진 뒤, 르클레르는 뒷길을 통해 소규모 대열을 파리로 먼저 보냈다. 그날 밤 이 대열이 시청 광장에 도달한 직후, 자전거를 탄 사람들은 도시를 누비며 말을 퍼뜨렸고 노트르담 성당에서는 종소리가 크게 울려 퍼지기 시작했다. 폰 콜티츠 장군과 부하 장교들은 그것이 무슨 의미인지 바로 알 수 있었다.

이튿날 아침, 프랑스 제2기갑사단과 미국 제4보병사단이 요란한 환호를 받으며 파리에 진입하여 산발적으로 전투를 벌였다. 전투는 실제로 독일군이 점거하고 있는 건물 주변에서 치른 몇 번의 격한 소전투에 지나지 않아서, 콜티츠가 항복문서에 서명하기 전에 저항하는 척했을 정도였다. 항복문서를 받아들였을 때, 드골은 롤탕기가 어쨌든 르클레르보다 위쪽에 서명한 것을 알고 몹시 화가 났지만, 결국은 드골파의 전략이 승리했다. 드골파가 선임한 인사로 내각을 구성함으로써, 프랑스 공화국 임시정부가 사실상 지배권을 잡은 것이다. 공산당과 루스벨트 모두 이것을 기정사실로 받아들였다.

파리는 구원받았지만, 바르샤바는 파괴되었다. 환호성과 프랑스 삼색 국기, 기념주, 너 나 할 것 없이 해방된 자들이 나누는 입맞춤은 전 세계로 퍼져나갔다. 한편 폴란드 국내군이 점점 더 절망적으로 변해가는 역경에 맞서 고군분투할 때 SS대원군의 잔혹하고 이유 없는 살인은 계속되었다. 어느 폴란드 시인은 "바르샤바가 투쟁할 때는 아무도 울지 않는다"[29]라고 썼다. 독일군의 대포와 슈투카 폭격기가 지상 공격으로 바르샤바 시내를 파괴하는 동안 폴란드군은 지하실과 하수구 등에서 계속 저항했다. 독일군은 한 구역씩 공격해나가며 구시가지를 다시 장악했다. 교회와 같이 익숙한 랜드마크들이 하나둘 파괴되었다. 불을 끄는 데 필요한 물도 없었고, 야전병원에서는 심각한 화상을 입은 환자들도 치료할 수 없었다. 환자들은 그저 고통 속에서 죽어갔다.

술을 거의 마시지 않는 봉기군 내에서는 질서가 매우 잘 잡혔다. 폴란드 국내군은 술을 모두 없앨 것을 지시했다. 봉기군 중 일부는 부족한 물 대신 남아 있던 술로 발을 씻기도 했다. 이들의 목숨과 방어력은 공중에서 투하되는 물자에 달려 있었지만, 국내군이 장악한 지역이 좁아지면서 공수 물자 중 다수가 독일군 전선 쪽으로 떨어졌다. 연합국 폭격기들이 귀중한 물자를 싣고 매일 온 것은 아니어서, 봉기군은 BBC 폴란드 방송에서 오랜 애창곡 〈다시 마주르카를 춥시다〉[30]를 틀어 폭격기의 도착을 알리는 순간만을 기다렸다.

봉기군은 공수받은 몇몇 PIAT 대전차포 발사기를 제외하고는 대전차 무기가 부족했는데도 화염병과 수제 수류탄으로 전차와 장갑차를 파괴하며 버텼다. 바리케이드와 수비 병력들은 전차 아래에 깔려 뭉개졌다. 부서진 건물에서 피어오른 먼지가 불타는 서까래에서 피어오른 연기와 뒤섞여 분간할 수조차 없었다. 게다가 근처에 있던 다른 건물들의 상태는 훨씬 더 심했다.

폴란드 국내군이 바르샤바에서 봉기를 시작했을 때, 우치 게토에는 아직 6만7000명의 유대인이 격리되어 있었다. 소비에트군이 바그라티온 작전으로 놀라운 진군을 하자 이곳 유대인들은 해방의 순간이 마침내 도래했다고 생각했다. 그러나 힘러는 붉은 군대가 여전히 비스와 강 반대편에서 멈춰 있는 동안 시간을 낭비해서는 안 된다고 판단하고, 이곳 유대인 대부분을 아우슈비츠 수용소로 보내 학살했다.

영국 공군 폭격기군단이 아우슈비츠 공격 요청을 받은 것은 1941년 1월 폴란드 참모부의 스테판 자모이스키 백작에게 받은 게 처음이었다. 포털은 영국군의 폭격 기술이 철로를 파괴할 만큼 정교하지 않다는 이유로 거절했다. 아우슈비츠 가스실의 존재에 관해 확증이 드러난 뒤인 1944년 6월 말, 수용소로 이어진 철로를 폭파해달라는 내용으로 더 많은 탄원서가 런던과 워싱턴에 전달되었다.

운영 중이던 주요 절멸수용소 중 이제 아우슈비츠-비르케나우 수용소가 마지막으로 남았다. 당시 헝가리 유대인을 대상으로 한 공장식 학살은 점점 더 강도가 높아져서 몇 달 사이에 무려 43만 명이 살해되었다. 8월에는 우치 게토로부터 마지막으로 끌려온 유대인들이 그곳에서 학살되었으며, 이어서 슬로바키아 유대인, 그다음에는 테레지엔슈타트에서 특권층이었을 것으로 추정되는 유대인들이 차례로 학살되었다. 이번 학살은 수용소가 철수, 파괴되기 전 힘러가 마지막으로 시도한 민족 말살 최종 해결책이었다.

해리스는 포로를 포함한 모든 사람에게 최선책은 자신이 독일을 상대로 폭격 전략을 수행하여 전쟁 기간을 줄이는 것이라는 생각에 아직 사로잡혀 있었다. 또한 어쨌든 이것은 주간 목표이므로 미 육군항공대의 임무라고 주장할 수도 있었다. 미군 역시 거절했지만, 이상하게도 연합군 공군은 8월 20일부터 포자 공군 기지에서 아우슈비츠 3호의 모노비츠 공장을 폭격[31]하기 시작했다. 이곳이 메탄올을 생산하는 곳이어서 스파츠의 정유시설 파괴 계획에 포함되었기 때문이다. 이 공습으로 아우슈비츠에서 합성고무와 합성연료를 생산하던 이게파르벤의 희망은 사라져버렸다. 그리고 바그라티온 작전이 실행된 후 붉은 군대가 코앞에 닥쳐왔다. 회사 직원들은 서쪽으로 피신했다.

바르샤바를 마주한 붉은 군대는 움직이려 하지 않았다. 스탈린은 봉기가 실패하기를 바라는 마음이 뚜렷했다. 독일군이 폴란드의 잠재적 지도자들을 많이 살해할수록 스탈린에게는 더 좋은 일이 되는 셈이었다. 봉기 63일째 되던 10월 2일, 마침내 코모로프스키 장군이 항복했다. 바흐는 힘러 몰래 생존자들에게 합법적인 군사로 대우받을 수 있는 특권을 주겠다고 제안했다. 그는 이들을 징집하여 붉은 군대를 상대하게 할 생각이었지만, 아무도 그 제안을 수락하지 않았다. 바흐는 바르샤바에서 더 이상의 파괴 행위는 없을 것이라고 약속했지만, 힘러는 곧 방화와 폭약으로 도시를 모두 파괴하라는 명령을 내렸다. 게토 자리에 있던 강제수용소만이 국내군 포로들을 가둘 장소로 보존되었다. 폴란드 국민은 서로 으르렁거리는 무자비한 두 전체주의 체제 사이에 갇혀서 어느 쪽으로든 가시밭길을 걸어가게 될 처지였다. 또 한 명의 국내군 시인은 이렇게 썼다. "우리는 기다리리 / 검은 죽음에서 우릴 구할 붉은 재앙을."[32]

대륙타통작전과
레이테 만 해전

1944년 7월 26일, 미군이 노르망디에서 빠져나오고 붉은 군대가 비스와 강에 도달하고 미군 해병대가 마리아나 제도를 점령했을 때, 순양함 USS 볼티모어가 대통령기를 휘날리며 진주만으로 들어왔다. 부둣가에서는 하얗고 빳빳한 제복을 입은 한 무리의 해군 장성들이 기다리고 있었다.

니미츠 제독은 브리즈번에서 출발한 더글러스 맥아더 장군의 비행기가 막 착륙했다는 소식을 루스벨트 대통령에게 전하기 위해 승선했다. 성대한 등장을 준비하느라 늦게 도착한 맥아더가 30분 후 커다란 개방형 지휘 차량을 타고 안내자들과 함께 나타났다. 군중을 향해 손을 흔들며, 맥아더는 마치 쇼 초연 무대에 선 스타처럼 순양함에 올랐다.

맥아더는 부풀려진 자신의 전설에 집착하는 극단적인 자기중심적 인물이었다. 또한 루스벨트를 사실상 공산주의자로 여기며 그를 향한 경멸을 감추지 않았다. 왜 조지 마셜 장군의 권위를 인정해야 하는지도 몰랐을 뿐 아니라, 니미츠 제독이 자신의 휘하에 들어오지 않은 사실에는 크게 분노했다. 하지만 이제 맥아더는 그것이 비록 자존심을 억누르고 프랭클린 델라노 루스벨트에게 친근한 태도를 보이는 일이라 하더라도 자신의 힘과 명성을 지키기 위해 필요한 것이 무엇인지를 정확하게 알고 있었다.

맥아더는 11월 선거를 치르기 전에 루스벨트가 총사령관 역할을 한다는 걸 보여주기 위한 정치적인 동기로 이번 회의가 열린다고 생각했다. 다행히 도 맥아더가 파푸아뉴기니를 점령한 결과는 기대 이상이었고, 그의 군대는 이제 서쪽 끝에 위치한 홀란디아에 자리 잡았다. 맥아더만의 임무인 필리핀 재정복을 이뤄내어 꼭 되찾겠다고 했던 약속을 지켜야 할 순간이 왔다. 맥 아더는 기자들 앞에서 "필리핀이 나를 기다리고 있다"며 거드름 피우듯 발 표했다. 최고사령관들과 참모총장들 중에서 필리핀의 완전 해방을 옹호한 사람은 맥아더뿐이었지만 그러한 사실은 그를 조금도 주눅 들게 하지 않았 다. 다른 사람들은 맥아더가 코레히도르와 바탄을 버렸을 때, '그것이 아무 리 대통령의 명령이었다고는 해도 조금이나마 양심의 가책은 느꼈나보다'라 고 생각했다. 그러나 어쨌든 필리핀은 맥아더의 인생에서 중요한 부분이었 다. 맥아더가 친구인 마누엘 케손 필리핀 대통령에게서 50만 달러를 받아 부를 얻게 된 사실과 더불어서 말이다.

맥아더의 몇몇 동료는 필리핀 제도 중 최대인 루손 섬을 해방시켜 포르 모사로 가는 징검다리로 쓰자는 의견을 받아들였다. 이 의견은 중국 땅을 일본에 맞설 주요 폭격 기지로 활용한다는 의견과도 조화를 이루었다. 그 밖의 사람들, 특히 킹 제독은 루손 섬을 그냥 지나치고 포르모사로 곧장 가야 한다고 주장하기도 했다.

맥아더는 흥미로운 동시에 저돌적인 전략을 사용하여, 단지 명예만을 위 해서라도 필리핀을 해방시켜야 한다며 루스벨트를 설득했다. 11월 대통령 선거를 앞둔 상황에서 이 제안을 거부할 경우 언론과 여론의 뭇매를 맞을 수도 있다는 것을 알고 있었던 루스벨트는 결국 맥아더의 설득에 넘어가기 로 했다. 혹자들은 이 과정에서 내밀한 거래가 있었다고 주장하기도 한다. 맥아더가 필리핀을 탈환하게 되면 본국에서 루스벨트를 공격하지 않는다 는 조건을 걸었다는 것이다. 반면에 마셜과 '햅' 아널드 항공대 참모장은 맥아더가 추진하려고 안달인 계획이 태평양 전쟁을 더 빨리 종식시키는 데는 별로 도움이 되지 않는다는 것을 알고 있었다. 마리아나 제도를 확보했기 때문에 그들은 이미 일본 본토를 공격할 항공대기지를 확보한 셈이었던 것이다. 바탄에서 자행된 죽음의 행군에 대해 구체적인 내용이 얼마 전에 공개되면서 일본 본토 폭격을 요구하는 목소리가 높아지고 있었다.

결국 할지 제독이 제3함대와 미처의 고속함대를 이끌고 필리핀에서 일련의 습격을 감행한 뒤, 합동참모본부는 제2차 퀘벡 회담(옥타곤 회담)에서 맥아더를 먼저 진출시키는 데 동의했다. 맥아더는 10월에 필리핀 서북쪽 레이테 섬에서 작전을 시작하게 되었다. 예비 작전들은 레이테 섬 동쪽 약 800킬로미터 거리에 있는 팔라우 제도의 펠렐리우 섬을 점령하는 것을 제외하고 모두 취소되었다. 포르모사 침공은 여러 이유로 중단되었는데, 그중 하나는 일본군이 대륙타통작전을 계속함에 따라 중국 본토가 처참한 상황에 처했기 때문이다.

파리와 바르샤바에서 벌어진 극적인 사건들을 지구 반대편에서 순수하게 해전만 치르고 있는 사람들이 상상하기 힘든 것만큼, 야자수 나무와 맹그로브 습지, 암청색의 태평양은 유럽 대륙에 고립된 채 사투를 벌이던 사람들이 상상할 수 없는 장면이었다.

항복을 거부하는 일본군과 벌인 섬 전투에서 미군 지휘관들은 적군의 벙커와 터널을 없애기 위해 화학전을 고려하게 되지만, 루스벨트는 그 계획을 거부했다. 미 해군은 태평양으로 진군할 때 어느 군도와 어느 환초를 건너뛸 것인지를 결정하는 일에 전체적으로 점점 더 능숙해졌다. 고립된 제도에서는 일본군의 처지가 절박하다는 것을 잘 알고 있었기 때문에 그저 굶주리도록 내버려두기만 하면 되었다.

미군 잠수함의 봉쇄는 치명적이었다. 일본군은 호송선단 체계를 마련하기 시작했을 뿐이며 수송선이 부족했는데, 이것은 일본 제국 해군이 주력함에만 자원을 집중시키기를 선호했던 것이 주요 원인이었다. 도쿄 대본영에서 버림받은 일본 군대에는 항복이 허락되지 않았다. 그저 보급도, 원군도 기대하지 말라는 뜻으로 '자급자족'하라는 지시가 있을 뿐이었다. 전사한 일본군인 174만 명 중 10명에 6명꼴로 질병과 굶주림에 죽어간 것으로 추산된다.[1] 전쟁 상대국에 일본군이 자행한 전쟁 범죄의 규모가 어느 정도이든 간에 자국의 병사들에게 죄를 지은 일본 대본영은 일본 국민에게 비난받아야 마땅하지만, 당시 일본과 같은 순응주의적 사회에서는 결코 생각할 수 없는 일이었다.

일본군 병사들은 현지 주민들의 식량을 닥치는 대로 빼앗았지만, 시골 사람들은 연명할 수 있을 정도의 식량을 용케도 숨겨두었다. 하지만 도시 지역에서는 상황이 더 악화되었고, 그만큼 강제노동자와 연합군 전쟁포로들의 고통도 더해갔다. 일본군 장교 및 사병들은 식인 행위에 의지하게 되었으며, 그 대상은 적군의 시체뿐만이 아니었다. 인육은 식량으로 취급되었고, 일명 '사냥꾼들'은 인육을 얻으러 다녔다. 뉴기니에서 사냥꾼들은 아시아인을 일컫는 '흑돼지'의 반대 개념인 '백돼지',[2] 즉 수많은 호주인과 미국인 전쟁포로는 물론 현지 주민과 노예 노동자까지 죽여서 먹었다. 이들은 희생자들의 살과 뇌, 간을 조리해서 먹었다. 지휘관들이 아군의 시체는 먹지 말라고 했지만 이들은 듣지 않았다. 이따금씩 인육 식사를 거부하는 동료를 고르거나, 다른 부대에서 병사를 잡아오기도 했다. 필리핀에 고립된 일본군 병사들은 훗날 "우리를 두려움에 떨게 한 것은 게릴라 부대가 아니라 아군 병사들이었다"[3]라고 고백했다.

일본군의 징발과 농사 방해로 동남아시아 일부 지역과 네덜란드령 동인도 제도, 필리핀 등에는 이미 기근이 발생했다. 이들은 약탈을 일삼아 농사를 망치고 이듬해 뿌릴 씨앗도 거의 남겨두지 않았다. 이 지역에 쌀을 공급하는 거대한 곡창이었던 미얀마는 종전 무렵 최소한의 필요량밖에 수확하지 못했다. 인도차이나에서 비시 프랑스 당국은 일본인 감독자들의 승인을 받아 고정 가격을 매기고 할당량을 정했다. 그런데 그렇게 하자 일본 제국 육군이 이 마을 저 마을을 다니며 프랑스인 관리들이 나타나기 전에 모든 것을 빼앗아가는 것이었다.

북부 인도차이나에서는 농부들이 강제로 황마를 심어야 했기 때문에 상황이 훨씬 더 비참했으며, 일본군이 상선을 거의 다 빼앗아버려서 농민들은 남쪽에서 쌀을 얻어올 방도도 없었다. 그 결과 1944년과 1945년에 통킹 농민들은 대기근을 겪어 200만 명 이상이 목숨을 잃었다. 일본은 이 지역을 도울 생각이 없었다. 왜냐하면 호찌민이 이끈 공산당 조직 베트민의 지지 세력이 점점 성장하고 있었기 때문이다. 이들은 미국 OSS(전략정보국)의 원조를 받아 무장했는데, 수십 년 후의 관점에서 보면 이 사실은 참 아이러니하다. 루스벨트는 테헤란 회담에서 스탈린의 합의를 얻어 프랑스가 본래의 식민지를 되찾지 못하게 하기로 결정했지만, 이 정책은 유럽 전쟁이 끝나기 직전에 루스벨트 본인이 사망하면서 함께 사라지고 말았다.

군부가 지배하고 있던 일본 정권은 독일이 유럽 전쟁에서 승리하고 미국이 실제 전투를 벌일 마음이 별로 없을 것이라고 생각했다. 일본 지도자들은 진주만 사건으로 미국이 분노했음에도 불구하고 자기 편한 대로만 생각해 여전히 일본이 평화 협상에서 유리한 조건을 얻어낼 수 있으리라 상상했던 것이다. 이 치명적인 오판은 일본군 지배층의 융통성 없는 태도 때문에 더 심각해졌다. 일본군 지휘관들은 혁신을 거부한 반면, 미군은 각계각층에서 동원된 지적이고 역동적인 병사들로 구성되어 기술적으로나 전술적으로나 학습 속도가 매우 빨랐다. 무엇보다도 활발해진 미 군수산업은 1944년 말까지 무려 100척에 이르는 항공모함을 제작해 해상에 투입하는 등 압도적인 무기 생산량을 자랑했다.

일부 사학자는 일본군의 상선 손실의 타격이 워낙 컸기 때문에 중국 본
토에 가 있던 대규모 육군이 다른 곳에 재배치되지 못했을 것이며, 따라서
장제스의 군대가 일본군을 붙잡고 있었는지 아닌지를 따지는 것은 의미가
없다고 주장한다. 사실 일부 지상군과 해군 항공대 상당수가 재배치되었지
만, 이 학파는 중국에 대한 지원이 전적으로 낭비였다는 생각에는 변함이
없다. 이 주장은 중국군이 일찍이 저항하지 않고 전쟁을 계속 치르기로 고
집하지 않았더라면 그 밖의 지역에서 일본군의 병력이 훨씬 더 강력했을 것
이라는 점을 간과하고 있다.

1944년 4월에 시작된 일본군의 대륙타통작전은 장제스 수하의 직속 장
교들조차 체념할 정도로 국민당군의 전투 능력에 대해 가장 비관적인 견해
를 뒷받침하는 듯 보였다. 어느 대위는 다음과 같이 기록했다. "퇴각 명령
을 받았다. 수많은 병사와 말, 수레가 되돌아가고 있었다. 아수라장이 따로
없었다. 갑자기 우리 부대의 지휘관인 황즈샹 장군이 잠옷 차림에 신발은
한 짝만 신은 채로 말을 타고 서둘러 우리를 지나쳐갔다. 기가 막힐 정도
로 품위 없는 모습이었다. 장군들이 달아난다면 일반 사병들이 버티고 싸
울 이유가 있나? 일본군은 전차를 투입하고 있는데 우리는 전차를 대적할
무기가 없다."[4]

최소한의 지원으로 중국을 최대한 이용하려 한 미국은 이러한 모순적인
정책을 결합시켜 오히려 역효과를 키웠다. 스틸웰은 길을 트기 위해 미얀마
에 거의 집중적으로 초점을 맞추고, 그곳에 배치된 국민당군 사단에 재군
비 및 훈련 프로그램을 집중시키면서, 정작 중국 본토에 들어온 일본군과
싸우고 있는 장제스의 군대에는 거의 아무것도 해주지 않았다. 장제스의 군
대가 아무리 좋은 무기를 받아도 영양 부족으로 병사들의 체력이 너무 약
해 싸울 수 없을 정도라는 것은 미군도 아주 잘 알고 있었다. 따라서 미군
이 처음부터 일본 열도 등을 폭격함으로써 일본의 대응을 유발한 면도 있

기 때문에 미군의 항공대기지를 지키지 못한 책임을 중국군에 떠넘기는 것은 불공평했다. 그리고 루스벨트는 B-29 폭격기들을 일본 본토 폭격에서 빼내어 중국 지상군을 돕고 싶어하지 않았다. 11월과 12월 B-29 슈퍼포트리스가 우한에 있는 일본군 보급고를 초토화시킨 것만이 유일한 예외였다.

중국군이 선전할 때도 있었다. 헝양에서는 포위된 제10군이 셔놀트의 전투기와 폭격기를 지원받아 일본군의 진격을 6주 이상 저지했다. 미국의 한 기자는 제10군을 구하려 했던 군대를 이렇게 표현했다. "세 명 중 한 명이 소총을 가졌다…… 대열 전체를 둘러봐도 차량 한 대, 트럭 한 대가 없었다. 대포 하나 보이지 않았다. 아주 가끔 우마들도 짐을 지고 움직였다…… 병사들은 절망적인 사태만 예측하는 중국 병사들의 알 수 없는 괴로움 속에서 말없이 걸었다…… 이들의 총은 노후했고 노란색과 갈색으로 된 군복은 닳아빠졌다. 저마다 벨트 부분에 수류탄 두 개를 쑤셔넣었다. 목에는 유일한 휴대 식량인 말린 쌀알을 채워 마치 볼로냐소시지처럼 길게 부푼 파란 양말을 둘렀다. 발은 상처를 입어 짚신 위로 부어올라 있었다."[5] 극동지역에서 벌어진 전쟁을 통틀어 가장 규모가 컸던 일본 지상군의 공세를 막지 못했다며 미국 정부로부터 비난을 받은, 안쓰러울 정도로 열악한 연합국 군대의 모습이었다.

8월 8일에 국민당군이 헝양을 잃음으로써 구이린과 류저우에 있는 미군 항공대기지로 가는 길이 열려버렸다. 미군과 장제스 사이에는 긴장감이 한 계점에 이르렀다. 셔놀트는 대륙타통작전에 대한 경고를 무시한 스틸웰을 비난한 한편, 스틸웰은 처음부터 셔놀트가 히말라야 산맥 너머로 보내진 보급품 대부분을 가져가는 바람에 실제로 중국 지상군은 아무것도 받지 못했다며 셔놀트를 비난했다. 앞서 자신의 제14육군항공대가 일본군의 진격을 물리칠 수 있었다는 셔놀트의 주장은 이제 허울뿐인 듯 보였다. 스틸웰은 셔놀트가 해임되기를 바랐지만 마셜이 이를 거부했다. 마셜과 아널드 장군은 B-29 슈퍼포트리스 폭격사령부로 보내진 보급품도 모두 받아야 한다는 셔놀트의 요청도 거부했다.

1941년에는 일본에 대한 장제스와 국민당 정권의 저항을 이상적인 것으로 여겼던 루스벨트 정부와 미국 언론이, 이제는 등을 돌리고 과장된 혐오감을 내비쳤다. 명백한 결점이 있는 기초적인 문제들을 이해하지 못한 데서 미국의 정책적 모순이 또 한 번 드러났다. 장제스와 국민당에 분노를 느낀 스틸웰과 국무부, OSS는 마오쩌둥과 공산당을 이상화하기 시작했다.

7월에 루스벨트는 공산당군을 포함한 중국 군대의 총사령관으로 스틸웰을 임명하자고 장제스에게 말했다. 장제스는 미군이 설령 공산당군을 무장시킬 생각을 하고 있을지라도 루스벨트의 말을 따를 의도가 전혀 없었으며 단지 시간을 벌었다. 그 자리에서 거절하면 경제적, 군사적 원조가 끊길 위험이 있었기 때문이다. 대륙타통작전은 국민당군에 치명적인 반면 공산당군에는 큰 도움이 되는 작전이었는데, 그 이유는 작전에 참여한 일본 군사 대부분이 중국 북부 지방과 만주에서 왔기 때문이다. 그러면 공산당군은 국민당군이 포기해야 했던 지역으로 군대를 보냄으로써 국민당의 패배로부터 득을 보게 되는 셈이었다.

양쪽의 협력을 이끌어내려는 절망적인 시도 중 하나로 미국은 옌안에 있는 마오쩌둥의 사령부에 진상조사팀을 보낼 권한을 요구했다. 7월에 도착한 '딕시 군사시찰단'은 마오쩌둥이 의도했던 대로 아주 좋은 인상을 깊게 받았다. 그들이 볼 수 있는 것과 자유롭게 대화할 수 있는 인물은 극히 제한되어 있어서, 국민당을 완전히 파멸시키기로 작정한 마오쩌둥의 마음에 대해서도 알지 못했고, '(중국 공산당) 내부에서 반역자를 색출, 근절하고 당내 고위층 전체에 걸쳐 마오쩌둥 사상을 강요'[6]하기 위해 잔인한 숙청을 실시하고 있다는 사실에 대해서도 알지 못했다. 군중대회에서 혐의자들에게 슬로건을 외치게 하거나 모욕을 주며 고발이 난무하는 공포 시대가 들어섰다.[7] 신체적, 정신적 고문과 세뇌로 이들에게서 자백을 받아냈다. 사상 통제와 '자기비판' 수법을 과도하게 사용하는 마오쩌둥의 정권은 스탈린주의보다 훨씬 더 전체주의적이었다. 마오쩌둥은 비밀경찰을 쓰지 않았다. 하지만 일반 시민들은 반역이 의심되는 자를 찾아 마녀 사냥을 하고 고문, 살해하는 데 억지로 참여할 수밖에 없었다. 더욱이 마오쩌둥의 우상화는 스탈린을 넘어서는 수준이었다.

공산당 간부와 군 지휘관들은 실수라도 할까봐 두려움에 떨었다. 전쟁이 순수한 게릴라전에서 다른 방향으로 전개되기 시작했기 때문에, 그들은 처참했던 백단대전 이래로 틀에 박힌 전쟁을 비난하는 마오쩌둥 사상을 반대하고 있다는 혐의를 받을 것을 우려했다. 마오쩌둥은 병력이 아무리 급속도로 커지고 있다 하더라도 훗날 국민당군과의 싸움을 위해 아껴두려 했던 군대를 위험한 전투에 내보내는 것을 망설이고 있었다. 1944년 말, 중국 공산당군은 정규군을 90만 명으로 늘린 반면, 지역 농민병은 약 250만 명이나 되었다.

대륙타통작전이 실시되는 동안 중국 내 상황은 절박해져서 장제스는 살윈 전선에 있는 Y부대 사단들을 다시 불러들여 일본군의 진격을 막는 데 힘을 보태고자 했다. 이때가 미얀마 전역에서는 아주 중대한 순간이었던 만큼 루스벨트와 마셜, 스틸웰 세 사람은 격분하면서도 한편으로는 궁지에 몰려 절박한 국민당군의 상황에 대해 여전히 책임을 인정하지 않고 있었다. 마셜은 최후통첩과 맞먹을 정도로 아주 강력한 내용의 문서를 작성했다. 장제스에게 스틸웰을 즉시 총사령관으로 임명하고 살윈 전선을 강화하라는 지시를 내렸던 것이다.

문서를 받아 읽은 스틸웰은 아주 기뻐했다. 그는 사실상 루스벨트의 새 특사인 패트릭 헐리 소장과 장제스와의 만남에 끼어들었다.[8] 스틸웰은 자신의 일기에 당당하게 기록했다. "이 붉은색 꾸러미를 그 시시한 녀석에게 전하자 한숨을 쉬며 자리에 풀썩 앉았다. 작살이 그 작고 성가신 놈의 명치를 치고 곧바로 관통한 것이다." 반면에 헐리는 스틸웰의 어조와 그로 인해 장제스가 느낄 굴욕감에 당황하여 어쩔 줄 몰라 했다. 장제스는 화가 나는 것을 꾹 참고, 그저 "알겠소"라고 말한 뒤 회의를 끝냈다.

장제스는 나중에 헐리를 통해 루스벨트에게 스틸웰 소환을 요구하는 내용의 메시지를 보냈다. 그는 중국군 사령관으로 스틸웰만 아니라면 미국인 장군을 받아들일 준비가 완벽히 되어 있다고 말했다. 스탈린이 독일과의 전쟁이 끝나는 대로 만주를 침공할 계획에 몰두하고 있었기 때문에 루스벨트는 더 이상 중국을 대일전 종식에 필수적인 요소로 보지 않았다. 그리하여 루스벨트는 장제스의 스틸웰 소환 요구에 대한 대처가 11월 대통령 선거에서 그의 입지에 어떻게 작용할 것인지만 평가했다.

미국 언론은 이제 국민당 정권을 독재적이고 무능하며 부패한 족벌주의 정권으로 묘사하며 등을 돌렸다. 신문에서는 장제스의 태도가 일본과의 싸움을 거부하는 행태라며 비난했고, 특히 전해 허난 성에서 대기근이 발생했을 때는 중국 사람들에게 무심했다며 장제스를 비난했다. 『뉴욕타임스』에서는 중국 국민당에 협력함으로써 미국은 '교양 없고 냉정한 독재 정권에 동의하는 꼴'[9]이 되었다는 내용의 기사를 실었다. 시어도어 화이트와 같이 영향력 있는 언론인들은 장제스를 비방하고 공산당과 비교하여 부정적으로 평했다. 당시와 같은 뉴딜 자유주의 시대에는 많은 국무부 관료가 이 같은 평가에 동의했다.[10]

대선 캠페인 기간에 미국에서 실시된 여론 조사에서는 루스벨트의 지지율이 토머스 듀이를 근소하게 앞서나가다 급격히 떨어지고 있었다. 그리하여 중국 국민당의 붕괴가 자신의 선거활동에 악영향을 끼칠지 모른다는 생각에 겁이 난 루스벨트는 스틸웰을 워싱턴으로 소환하되, 스틸웰이 장제스를 설득하는 데 최선을 다했지만 더 이상 어떻게 할 수 없었다는 인상을 주기로 했다. 일본이 대륙타통작전을 펼치면서 중국군이 버려졌다는 사실은 물론 스틸웰이 장제스와 셔놀트, 마운트배튼과 신경전을 벌인 사실도 철저히 은폐되었다.

처음에 스틸웰을 임명하고 큰일이 있을 때는 그의 역할을 대부분 무시했던 마셜 장군은 장제스의 소환 요구에 대한 답신을 작성했다. "스틸웰 장군의 소환을 요구하는 이유를 자세하고 솔직하게 설명해야 할 것입니다."[11] 마셜은 또 루스벨트가 장제스에게 보낼 문건의 초안도 작성했다. "미국인들은 이러한 대응 때문에 충격과 혼란에 빠질 것이며, 개인적으로 중국을 향한 미국 사람들의 동정어린 태도에 불가피하게 해가 생길 것이 유감입니다."

루스벨트는 결국 스틸웰 소환 요구에 관한 구체적인 이유를 공표하라는 마셜의 은근한 위협을 장제스에게 보내는 메시지에 담지는 않았지만, 미국 언론에 알려지게 될 것은 확신하고 있었다. 어쨌든 스틸웰은 출발하기 전에 일련의 일들에 대한 자신의 의견을 충칭에 있는 통신원들에게 전달했다. 스틸웰 또한 미국 내 동조자들이 장제스를 못된 군사 독재자라며 비난하고, 그가 일본을 공격하지 않은 것은 공산당군과 싸우기 위해 미국 무기를 축적해두려는 것이라고 의심하고 있음을 알았다. 마오쩌둥이 전면적 내전에 대비해 교묘히 자신의 병력을 따로 남겨두고 있으며 일본과 내밀히 거래를 하고 있다는 사실은 의심받지 않았다.

마운트배튼의 참모장으로 복무하던 앨버트 웨드마이어 소장은 일본군이 작전을 재개함과 동시에 10월에 스틸웰의 후임이 되었다. 피란민의 상태가 곧 패배한 군대의 상태를 반증했다. 극도로 사기가 떨어지고 굶주린 장제스의 군대는 또다시 무너져 혼란에 빠졌고, 일본군은 더 많은 항공대기지를 손에 넣게 되었는데, 이 기지들은 모두 미군이 바로 직전에 파괴한 것이었다. 이제 이들은 임시 막사와 격납고, 창고 등을 모조리 폭파시키고 더 이

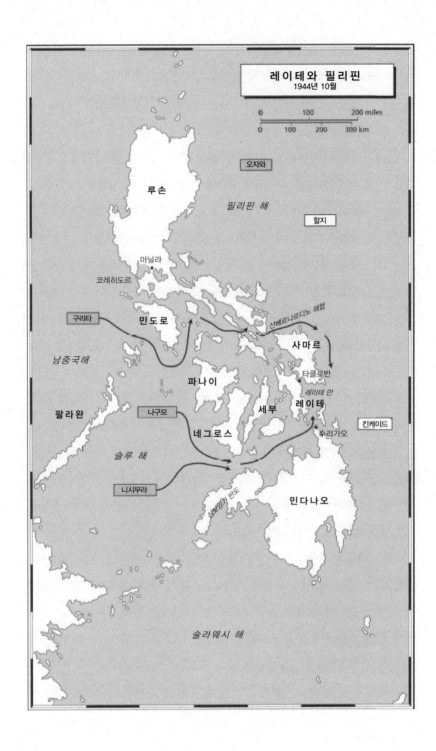

상 활주로를 사용할 수 없도록 1000파운드의 폭탄을 설치해 폭탄 구멍을 내는 일상에 익숙했다. 상황이 절박하여 웨드마이어는 Y부대 사단들의 복귀를 수락하고, 미얀마에서 전투를 지원하던 전체 항공대를 급히 이동시켰다. 그럼에도 일본군의 공세는 그대로 끝을 향해 가고 있었다. 대륙타통작전은 목표를 달성했고, 이제 겨울이 다가오고 있었다. 13개의 미군 비행장이 전열에서 탈락했고, 국민당군은 30만 명 이상의 사상자를 냈으며, 중국 내 일본 군대는 인도차이나 주둔 병력과 연결되었다.[12]

제14군이 거대한 이라와디 강을 건너려던 참이었기 때문에 공중 지원 병력을 모두 잃은 것은 제14군 사령관 슬림 장군에게는 큰 충격이었다. 몇몇 영국 장교는 영국 혐오주의자인 웨드마이어 장군이 중국으로 가는 미얀마 로드를 지키는 데 도움이 되는데도 불구하고 제14군을 적극적으로 도울 생각이 없는 것이 아니냐며 의심했다.

맥아더가 루스벨트에게서 루손 섬 침공 계획을 허락받아 킹 제독을 이겼다며 기뻐하는 사이, 레이테 섬 예비 상륙 작전이 먼저 준비되고 있었다. 그러나 니미츠 제독은 팔라우 제도 내 일본군의 주요 비행장이 있는 펠렐리우 섬 공격 계획을 취소하려 하지 않았다. 지휘관들은 제1해병사단이 펠렐리우를 장악하는 데 사나흘이 걸릴 것으로 예상했다.

9월 15일, 평소처럼 전함에서 거대한 포를 쏘고 항공모함에서 출발한 급강하폭격기가 폭격을 가하면서 상륙 작전이 시작되었다. 전차상륙함의 둥그스름한 뱃머리가 열리고, 해병대를 실은 수백 대의 수륙양용차가 쏟아져 나왔다. 길이 8킬로미터, 너비 3킬로미터가 채 안 되는 펠렐리우 섬은 마치 입을 살짝 벌린 악어의 두개골 같은 모양이었다. 이 섬의 서북쪽 해안에는 뾰족한 산호가 산처럼 등마루를 이루고 있고, 평평한 중심부에 비행장이 있었으며, 동남쪽 해안에는 맹그로브 습지가 있었다. 섬은 산호초로 둘러싸여 있어 상륙주정 사용이 불가능했으며, 오직 수륙양용차만 산호초를 넘어갈 수 있었다.

섬 전투에 대부분 참전했던 해병대원들에게 펠렐리우는 최악의 섬이었다. 이따금 기온이 46도까지 올라가 열기는 숨이 막힐 지경이었고 병사들의 수통에 있는 물은 주전자에 고여 있던 것이었지만 그래도 그 물을 마실 수밖에 없었다. 갈증과 탈수증은 점점 더 큰 문제가 되어갔다. 섬에 물이 부족해 함대 선박에서 씻지도 않은 오래된 기름통에 물을 채워서 섬으로 가져왔다. 그 때문에 물에서는 녹과 기름 맛이 났고 곧이어 복통을 호소하는 병사도 있었지만, 달리 방도가 없었다. 첫 24시간 동안 열사병으로 쓰러지는 병사가 속출했다.

비행장 끝에 도달한 해병대는 얼마 후 전차 소리를 들었다. 처음에는 미군일 거라 생각했지만, 일본군 전차 10여 대가 모습을 드러내자, 현장은 순식간에 아수라장으로 변했다. 해병대는 대전차 무기가 거의 없었지만 셔면 전차 몇 대와 전폭기들이 구식 전차들을 곧 연기 뿜는 고철덩어리로 만들어버렸다.

해병대는 일본군이 다른 섬에서 그랬듯 곧 대규모 자살돌격을 시도하기를 기대했다. 그렇게 해야 상황이 빨리 종료되기 때문이었다. 그러나 전술을 바꾼 적군은 자살 공격을 시도하지 않았다. 단단한 산호로 뒤덮인 땅을 파는 것은 불가능했다. 무엇보다 최악은 포탄이 터지면서 날카로운 파편이 사방으로 튀어 치사 효과가 크게 증가했다는 것이다. 유일한 대피 장소는 폭탄 구멍이었다. 사상자들이 사방에 퍼져 있는 데다 일본군이 기관총으로 구역을 엄호하고 있어 부상병을 구출하는 일이 더 큰 피해를 불러일으켰다. 결국 한 젊은 장교가 망설이고 있던 수륙양용차 운전병을 붙잡아 머리에 총을 겨눈 채 강제로 운전을 시키고 부상자를 구출하러 나섰다.

비행장에서 섬 동북쪽으로 이어진 산호 능선은 산호 속 자연동굴 사이

제2차 세계대전

에 터널들이 뚫려 있어 벌집 같은 모양이었다. 일본군은 터널 안 미닫이 철문 안쪽에 야전포를 배치했다. 게다가 전기식 환풍기도 설치해 코르다이트 폭약이 터질 때 나는 연기를 바깥으로 빼냈다. 해병대가 수비대와 정면으로 맞서기 위해서는 먼저 비행장을 건너가 콘크리트 요새와 막사를 처리해야 했다. 수많은 병사에게 지난 과달카날 전투는 휴일 소풍처럼 느껴졌다.

9월 16일 오전, 4개 대대가 비행장의 무인지대를 가로질러 돌격했다. 몸을 낮추어 전진하던 병사들 중 일부는 공격을 받고 그대로 쓰러졌지만, 나머지 병사들이 건물을 장악하는 데 성공했고 수비대도 처치했다. 제1해병사단에서는 상륙 후 1000명 이상의 사상자가 발생했다. 그런 데다 산호의 돌기가 60미터에서 90미터 높이까지 솟아 있다 하여 이들이 이름 붙인 '코피가 흐르는 능선'과 씨름하기 시작했을 때는 더 심한 일이 닥쳤다. 밤에는 잠도 제대로 잘 수 없었다. 캄캄한 밤에는 일본군 병사들이 한 명 혹은 두 명씩 짝을 지어 미군 전선에 침투한 뒤 포좌 속 기관총 사수나 박격포병을 칼로 찌르기도 하고, 나무 높이 올라가 몸을 묶고 새벽이 오면 저격수 역할을 했던 것이다.

코피가 흐르는 능선을 확보하는 것은 수류탄과 화염방사기가 절대적으로 필요한 매우 힘든 일이었다. 동굴에 만들어진 총좌의 사계는 중첩되어 있었고 9월 말까지 미군은 섬 대부분을 확보하지 못했다. 결국 이곳은 10월 말까지도 확보가 되지 않았다. 그때까지 제1해병사단의 사상자 수는 6526명으로 증가했고, 그중 1252명이 전사했다. 그리고 원군으로 투입된 제81사단은 3278명을 잃었다. 전체적으로 보아 펠렐리우는 그냥 지나칠 수도 있는 섬이었는데, 니미츠가 보기 드물게 실수를 한 것이다.

제2차 세계대전 중 가장 큰 규모의 해전에서 할지 제독 때문에 또 한 번의 실수가 일어날 뻔했지만, 일본군 제독이 다 잡은 기회를 놓치는 바람에 미군 태평양함대는 한시름 놓게 되었다. 일본군은 필리핀 공격을 예상하고 전투가 벌어졌을 때는 그곳에서 결전을 치를 생각이었다.

일본 연합함대에 남아 있던 전함들은 일본의 주요 산유지인 네덜란드령 동인도 제도와 가까운 곳에 기지를 두고 있었다. US 잠수함대에 의해 격침된 유조선이 무척 많아 다른 방법이 없었다. 이들의 마지막 항공모함 몇 척은 본토 가까이에 있었다. 오키나와에 있던 후쿠도메 시게루 제독은 10월 들어 미국 제3함대의 공격으로 500대 이상의 일본기가 격추되자 미숙한 조종사들의 사망률에 충격을 받았다.저자는 공중전이 주로 오키나와에서 벌어진 것처럼 묘사하나 실제로는 주로 타이완 상공과 근해에서 벌어졌으며 후쿠도메 제독도 타이완에서 지휘했다 그는 '막강한 적 함대에 신참들이 뛰어드는 것은 계란으로 바위치기'[13]라고 묘사했다. 그런데 일본군은 체면을 깎이지 않으려는 강박관념이 있어 이러한 재난을 승리로 묘사하려 애썼다. 연합군은 교전 중 순양함 2척이 손상을 입었을 뿐이었는데도 일본군은 전함 2척과 항공모함 11척을 격침했다고 주장했다. 그래서 히로히토 천황이 국가적으로 이를 기념할 것을 지시하기도 했다. 일본 제국 해군은 육군에게도 교전에 관한 진실을 말하지 못했다. 그 결과 육군 원수 데라우치 히사이시는 루손 섬은 물론 레이테 섬까지 결국에는 지켜낼 수 있으리라 판단했고, 그에 따라 대본영을 설득하여 계획을 바꿨다.

운명의 순간이 코앞에 닥쳤음을 확신한 맥아더 장군은 침공에 나선 미국 제6군의 수송선단과 합류하기 위해 순양함 USS 내슈빌호에 올랐다. 수송선단은 토머스 킨케이드 해군 중장 예하 호위 항공모함 18척과 구형 전함 6척을 중심으로 구성된 제7함대의 보호를 받았다. 당연히 제7함대는 '맥아더 해군'으로 알려져 있었다. 함대는 남쪽에서 레이테 섬에 접근할 계획이었다. 고속항모 16척, 고속전함 6척, 순양함 및 구축함 81척으로 구성된 할지의 제3함대는 동북쪽 접근로를 감시하기로 했다. 모두 합쳐 미국 해군은 레이테 만 해전에 225척의 전투함을 투입했다.

할지도, 킨케이드도, 일본군이 이번 기회에 싸우러 나올 것이라고는 예상하지 않았다. 일본군이 루손 섬 침공에 대비하여 병력을 집중시키기 위해 대기할 것이라는 논리가 지배적이었다. 사실 일본군의 작전도 그와 같았지만, 연합군이 필리핀 어디에 상륙을 하든 일본은 자와 섬 및 수마트라 섬 유전지대와 단절될 위험이 있었다. 단지 대본영에서는 그런 위협을 무시할 수 없었다. 할지는 여유로운 마음에 항공모함 한 무리를 보급하기 위해 캐롤라인 제도 울리티 환초의 초호에 위치한 거대한 새 해군 기지로 돌려보냈다.

10월 20일 이른 시각, 침공 함대와 호위함들이 레이테 만으로 이어지는 해협에 진입했다. 아침에 4개 사단의 상륙을 시작으로 작전에 따른 행동이 이어졌다. 맥아더는 필리핀의 새 대통령과 함께 이른 오후 해안으로 갔다. 신문기자와 뉴스영화 카메라 및 사진기자들을 참석하게 한 맥아더는 물속을 힘차게 걸어 해안으로 올라가서 발표했다. "필리핀 국민 여러분, 제가 돌아왔습니다! 전능하신 신의 은총으로 우리 군대가 필리핀 땅에 다시 섰습니다." 지난 한 해 거의 대통령 선거활동을 방불케 한 맥아더의 활동에는 온통 맥아더 장군의 초상화와 미국 국기, 필리핀 국기, 그리고 '나는 돌아올 것이다'라는 그의 슬로건으로 장식된 전단지와 성냥갑, 담배, 선전 배지 등을 몰래 들여오는 일도 포함되었다. 이 물건들은 필리핀 내 거대 저항 조직망을 통해 배포되었으며, 상륙군이 올 때쯤 필리핀 사람 대부분이 영어로 된 이 문구를 기억하고 있을 정도였다.

레이테 섬에서 벌어진 전투는 곧 격렬해졌다. 소대들이 어느 순간 교묘하게 숨어 있던 기관총좌와 참호에 맞닥뜨리면 처참한 결과가 발생했다. 제77사단을 지원하던 카루스 대위의 제302공병대대는 장갑 불도저를 진격시켜 일본군이 파놓은 참호와 기관총좌를 덮거나 파묻고, 때로 운전석 옆으로 몸을 내밀어 노출된 일본군 병사에게 톰프슨 기관단총을 쏘기도 했다.

10월 23일, 주도인 타클로반에서 또 기념식을 치르는 사이, 연안의 침공 함대는 '전투 배치'를 서두르고 있었다. 미군 잠수함 2척이 미군 함대 쪽으로 다가오는 일본 연합함대를 발견했다.

연합함대 총사령관 도요다 소에무 제독은 강력한 전함과 중순양함 세력을 보유하고 있었다. 그의 함대에는 6만8000톤의 배수량과 460밀리 포를 자랑하는 세계 최대의 야마토급 전함 2척도 합류했다. 포르모사에서 벌인 교전으로 막심한 피해를 입어 항공기와 조종사가 거의 남아 있지 않았던 도요다는 항공모함 두 척을 미끼로 미군 함대를 유인하여 레이테 만에서 멀리 보내버리기로 했다.당시 일본 연합함대가 미군 함대를 유인하기 위해 미끼로 사용한 항공모함은 두 척이 아니라 네 척이다 그런 다음에는 침공해온 수송선단과 호위함을 공격할 생각이었다.

어쩌면 도요다의 작전은 그 자체로 지나치게 복잡했던 것인지도 모른다. 도요다는 군대를 넷으로 나누었다. 북쪽에는 미끼 항공모함을 두었고, 수리가오 해협에서 2개 함대를 합류시키기로 했는데, 지휘관들이 서로를 몹시 싫어한 탓에 결국은 합류하지 못했다. 그리고 마지막으로는 슈퍼 전함인 야마토 함과 무사시 함이 소속되어 있고 구리타 다케오 해군 중장이 이끄는 최대 규모의 함대인 제1유격부대가 준비되어 있었다. 도요다는 자신의 함대가 필리핀 다도해 사이를 뚫고 나가 레이테 북쪽에 있는 산베르나르디노 해협을 통과하여 레이테 섬에 접근할 수 있기를 바랐다. 2척의 미군 잠수함이 발견한 것은 보르네오 북해안의 브루나이로부터 북상하던 제1유격부대였다.

잠수함들은 접촉 보고를 한 뒤 재빨리 어뢰 공격을 가해 구리타의 기함인 중순양함 아타고를 격침하고 다카오를 크게 파손시켰으며, 세 번째로 마야 함을 격침했다. 크게 낙심한 구리타 중장은 암청색 제복을 입고 흰 장갑을 착용한 채, 물속으로 가라앉고 있는 아타고 함을 버리고 야마토 함으로 옮겨 탔다.

10월 24일, 흥분한 할지 제독이 행동을 준비했다. 그는 미처의 고속항공모함 함대에게 구리타의 함대를 공격하라고 지시했지만, 그때 일본군의 지상발진항공기 약 200기가 다가오는 것이 레이더에 감지되었다. 그러자 헬캣 전투기부대가 신속하게 날아올라 70기를 파괴했다. 이 교전에서 미군 조종사 한 명이 적기를 무려 9기나 격추했다. 하지만 일본군 폭격기 하나가 방어망을 빠져나갔다. 폭격기는 곧 USS 프린스턴 함의 비행갑판에 폭탄을 투하했고, 갑판 아래 연료와 어뢰가 폭발해 불길이 치솟았다. 오전 10시 30분, 헬다이버 급강하폭격기와 어벤저 뇌격기가 중무장한 야마토와 무사시를 포함한 구리타 중장의 거대한 전투함대를 공격했다. 어벤저 부대는 무사시 함을 어뢰로 공격하여 상대적으로 좀더 취약한 뱃머리를 맞히고 진격 속도를 늦추었다. 추가로 날아온 미군 조종사들은 폭탄 17발을 명중시키고 어뢰 총 19발을 맞춰 무사시 함을 손상시켰다. 무사시 함이 기울기 시작하자 해군 트럼펫 주자는 일본 국가를 연주했고, 선체에 걸려 있던 군기는 헤엄을 잘 치는 수병이 몸에다 묶고 물속으로 뛰어들었다. 비스마르크 함보다 큰 거대한 전함이 곧 뒤집혀 1000명 이상의 수병과 함께 침몰했다. 야마토 함과 다른 2척의 전함도 파손되어 속도가 느려졌으며, 순양함과 구축함 9척은 침몰하거나 큰 타격을 입었다.

구리타 중장은 낮에 산베르나르디노 해협으로 진격하는 것도 망설였지만 그다음에도 뾰족한 수가 떠오르지 않아 함대의 방향을 돌렸다. 조종사들은 실제로 입힌 피해 내용을 크게 부풀려 할지에게 낙관적으로 보고했고, 구리타 함대의 회군 소식을 들은 할지는 적이 달아나는 중이라고 믿었다. 그날 오후, 할지는 제3함대에서 전함 4척, 순양함 5척, 구축함 14척을 따로 분리하겠다는 신호를 보냈다. 이 함정들은 제34기동부대가 되었다. 레이테 만에 있던 킨케이드 제독과 진주만에 있던 니미츠 제독, 워싱턴에 있던 킹 제독이 이러한 움직임을 전해 듣고는 제34기동부대로 산베르나르디노 해협을 감시하게 한다는 데 모두 찬성했다. 그러나 오후 5시 30분경 할지에게 일본 항공모함들이 해협 북쪽 300마일 거리에서 포착되었다는 메시지가 날아들었다. 보고서를 쓴 조종사는 오자와 지사부로 해군 중장 휘하의 전함 수를 별 뜻 없이 4척으로 과장해서 기록했다. 오자와가 적의 눈에 띄기 위해 직사각형 대형으로 항해하고 있었다는 사실을 알 턱이 없는 할지는 성급하게 미끼를 덥석 물었다.

킨케이드와 맥아더는 제3함대가 교두보를 지켜줄 것으로 예상했다. 반면에 할지는 니미츠의 생각대로, 만약 적군 함대를 상당 부분 파괴할 기회가 생기면 적 함대의 파괴를 최우선으로 두고 행동할 생각이었다. 할지는 또한 마리아나 제도에서 일본군 항공모함을 추격하지 않았던 레이먼드 스프루언스 제독을 향해 쏟아졌던 비난도 떠올렸다. 그래서 그는 제34기동부대를 산베르나르디노 해협 감시용으로 남겨두지 않고 제3함대 전체를 출격시켜 적을 추적하게 했다. 할지는 직속 기동전대 지휘관들의 경고에도 불구하고 미끼에 넘어가고 말았다.

어둠이 깔리자, 킨케이드 제독은 제7함대의 전함들을 수리가오 해협 출구에 배치했다. 그는 공중정찰과 통신 감청으로 도요다의 다른 전투함대 2개가 곧 자신이 있는 곳으로 공격해올 것이라는 사실을 알고 있었다. 그리고 산베르나르디노에서 레이테로 이어지는 통로는 여전히 제34기동부대가 단단히 지키고 있을 것이라 믿고 있었다. 킨케이드가 이끈 구형 전함 6척 가운데 5척은 진주만에서 공격을 받은 뒤 소생된 것들이었다. 나머지 매복 병력은 구축함으로 구성되어 있었다. 먼저 자정 직전에 고속 PT보트가 공격에 투입되었지만, 어뢰 항주 거리의 문제로 공격에 실패했다.

구축함 4척, 전함 2척 및 순양함 1척으로 구성된 일본 전투함대는 야간에 덫 안으로 곧장 들어왔다. 미국과 호주 구축함대가 어둠 속에서 어뢰를 발사하며 빠르게 지나갔다. 그런 다음 전통적이기는 하지만 매우 효과적인 전술을 펼쳐, 구형 전함 6척이 해협을 가로질러 종진을 형성했다. 주포의 사격통제 레이더가 대규모 현측 일제사격의 정확성을 보장했다. 일본군 구축함 단 한 척만이 탈출했다. 전함 후소와 야마시로를 포함한 다른 모든 함정은 그 자리에서 침몰하거나 나중에 침몰했다. 킨케이드의 함대는 구축함 단 한 척만 크게 손상되었을 뿐이었다. 평소 몹시 싫어하던 라이벌과 연합하지 않았던 일본군의 두 번째 전투함대 사령관은 라이벌과 같은 운명에 뛰어드는 위험을 감수하지 않고 철수했다.

킨케이드 제독은 당연히 그날 밤 사건에 만족했다. 그러나 10월 25일 새벽 4시가 되었을 무렵, 함대를 되돌리기 전에 그는 참모장에게 생각해봐야 할 다른 문제는 없는지 물었다. 참모장은 제34기동부대가 아직도 레이테 북쪽에서 산베르나르디노 해협을 지키고 있는지 할지에게 다시 확인해봐야 할 것 같다고 말했다. 킨케이드는 이에 동의하고 신호를 보냈다. 할지는 해독할 메시지가 쌓여 있어 세 시간 후에나 메시지를 받았다. 할지가 응답했다. "아니오. 제34기동부대는 내가 이끌고 적의 항모부대를 쫓고 있소." 이 답변은 꽤나 중요한 것이었지만, 아침 7시 20분이었던 그 당시 킨케이드는 이미 레이테 연안에 있던 소규모 호위항모 부대가 맹공격을 받고 있다는 신호를 수신하던 중이었다. 야마토 함 등 구리타 중장의 전함들은 다시 돌아와 산베르나르디노 해협을 순조롭게 통과했다. 맥아더의 침공 함대는 전체가 위기에 봉착했다.

할지와 제3함대에 도움을 요청했지만 예상했던 대응은 이뤄지지 않았다. 할지는 자신의 실수를 인정하기는커녕 끈질기게 추적을 계속했다. 미처가 이끈 항공모함 함대에서는 항공기가 출격해 오자와의 병력을 공격하러 나서서, 그때까지 항공모함 2척과 구축함 1척을 격침했다. 위기에 대응하여

할지가 한 일은 울리티 환초로 보급을 받으러 가던 항모기동전대를 소환한 것이 전부였다. 전투가 일단 시작되면 부하 사령관에게 간섭하지 않는 니미츠조차 오전 9시 45분에 제34기동부대의 위치를 묻는 신호를 보냈다. '황소' 할지는 몹시 화가 났고, 시간이 갈수록 더욱 고집스럽게 변해갔다.

그사이 킨케이드는 구리타의 거대한 전투함대를 만난 호위항모와 구축함을 돕기 위해 자신의 전함 일부를 북쪽으로 보냈다. 하지만 투입된 전함들은 속도가 빠르지 않아 쓸모가 없었다. 호위항모에서 대잠작전을 전담하는 조종사들이 대단한 기량과 용기를 발휘하여 공격에 나섰지만 어뢰나 폭탄 따위가 없어 구리타의 함대를 혼란에 빠뜨리기 위해 가짜 공격을 잇달아 시도했다. 그러던 어느 순간 야마토 함은 달려오는 어뢰를 피하여 반대방향으로 달려야 했고, 다른 함정들과 다시 합류하려 했을 때는 이미 까마득히 뒤처져 있었다.

미군 구축함들은 어뢰를 발사하기 위해 연막 사이를 줄곧 왔다 갔다 했다. 때마침 비를 동반한 돌풍도 도움이 되었다. 호위항모인 USS 갬비어베이와 구축함 3척이 격침되었지만, 상황을 감안했을 때 기동전대가 입은 피해는 아주 미미했다고 할 수 있다. 갑자기 구리타의 함정들이 북쪽으로 돌아서자, 그 광경을 본 나머지 호위항모와 구축함은 놀라움과 안도감에 기쁨을 감추지 못했다. 할지가 자신의 함대를 계속 쫓아오고 있다는 오자와의 메시지를 전해 듣지 못한 상태에서 킨케이드가 제3함대의 복귀를 요청하는 메시지를 또렷하게 포착한 구리타는 이러다 할지의 제3함대에 따라잡힐지도 모른다는 생각에 두려워졌던 것이다. 아침나절이 되자 구리타는 산베르나르디노 해협을 통해 다시 철수하기로 결정한다.

그때까지 오자와의 항공모함 4척을 모두 격침한 할지는 마침내 제정신이 들었다. 그는 휘하의 고속전함들을 다시 남쪽으로 보냈지만, 구리타의 탈출을 막기에는 너무 늦은 때였다. 할지는 적의 함대를 파괴하라는 니미츠의 명령을 따르느라 그랬다며 자신의 행동을 정당화했지만, 자신이 엉뚱한 것을 추격하고 있었다고는 여전히 인정하지 않으려 했다. 언론에서는 할지의 추격을 '황소 달리기 전투'로 표현했다. 하지만 니미츠는 그런 뻔뻔한 지휘관에 대해 아무런 조치도 취하지 않았다. 레이테 만 전투는 일본군이 스스로 인정했듯이 어쨌든 일본의 결정적인 패배였다. 일본군은 항공모함 4척과 거함 무사시와 다른 전함 2척, 순양함 9척, 구축함 12척을 잃었다.

전투가 끝난 10월 25일 바로 그날 아침, 일본군은 루손 섬에 기지를 둔 제1항공함대 소속 조종사들의 자살 공습이라는 새로운 공격 카드를 꺼내 들었다. 이들은 13세기에 쿠빌라이 칸의 침공 함대를 휩쓸어버린 태풍을 일컫는 가미카제神風(신성한 바람)라고 불렸다. 가미카제는 일본 제국 해군에게 상당한 이점을 가져다주었다. 남아 있던 조종사들이 대부분 공중전이 불가능해서, 이 젊은 청년들이 해야 할 일이라고는 각자의 비행기를 비행폭탄 삼아 함정, 특히 항공모함의 비행갑판을 노리는 일뿐이었던 것이다. 미군은 호위항모 한 척을 잃고 다른 3척이 크게 파손되었지만, 가미카제 공격의 충격 효과는 결국 일본을 더 큰 위험에 빠뜨리게 된다. 그 후 1년도 채 되지 않은 시점에 미국이 일본 본토를 종래의 방법으로 침공하기보다 핵무기로 제압하게 된 데에는 가미카제를 통해 보여준 일본의 정신세계가 적잖이 영향을 준 것만은 분명하다.

42

1944년 9~12월

실현되지
않은 꿈

1944년 8월의 마지막 며칠 동안, 노르망디에 주둔했던 독일군의 붕괴와 파리의 해방은 서방세계로 하여금 전쟁이 '크리스마스 때' 끝날 거라는 행복감에 도취하게 만들었다. 이러한 느낌은 연합군이 라인 강을 향해 저돌적으로 진격하면서 더욱 강해졌다. 9월 3일, 브뤼셀에 입성한 근위기갑사단은 일주일 전에 파리가 해방되었을 때처럼 열광적인 환호를 받았다. 패튼예하 제3군은 메스로 접근하고 있었다.

브뤼셀에 입성한 다음 날, 엿새 동안 550킬로미터를 진군한 제11기갑사단이 앤트워프를 손에 넣었다. 제11기갑사단의 우측, 몽스 인근에서는 미제7군단이 노르망디와 파드칼레에서 철수하던 독일군 병력을 대거 함정에 빠뜨렸다. 제7군단은 독일군 2000명을 사살하고 3만 명을 포로로 잡았다. 이들 가운데 벨기에 레지스탕스의 공격에 대응하고 있던 부대들은 몽스 인근 주택에 불을 지르고 민간인 60여 명을 보복 살해했다. 그 밖에도 독일군이 철수하던 며칠 동안 무장친위대는 벨기에 내 다른 지역에서 잔학 행위[1]나 약탈 행위를 자행했다.

그 뒤 미국 제1군이 첫 번째 독일 도시인 아헨을 거의 장악할 듯 보였다. 수많은 주민이 공황 상태에 빠져 동쪽으로 피란했다. 연합군의 기세는 막을 수 없을 듯했고, 독일의 저항은 거의 무너지기 직전이었다. 연합군은 일명 지크프리트선이라 불렸던 버려진 베스트발을 큰 장애물로 생각하지 않았으나 실제로는 중대한 장애물이었다. 히틀러는 폰 룬트슈테트 육군 원수를 다시 불러 서부 전선 총사령관으로 임명했지만, 오마 브래들리의 말대로 '독일군에 새로운 지휘 체계를 놀랄 정도로 잘 이식'[2]시키고 혼란을 잠재운 사람은 다름 아닌 모델 육군 원수였다. 괴링은 6개 공수연대를 제공하고, 거기에 더해 연료 부족으로 비행 수업이 중단된 신입 조종사와 지상 요원을 포함하여 독일 항공대 대원 1만 명을 추가로 제공했다. 이들은 네덜란드 남쪽에 배치된 쿠르트 슈투덴트 상급대장 예하 제1낙하산군의 토대를 형성했다.

이 시기는 또한 연합군이 셰르부르에서 '레드볼 익스프레스' 특별보급대의 트럭으로 보급을 계속해야 하는 때에 교만해진 나머지 연료 부족을 겪게 된 시기이기도 했다. 전체 진군의 성패 여부는 조달된 전체 톤수 및 연료와 탄약의 비율을 얼마나 잘 맞추느냐에 달려 있었다. 캐나다 제1군은 히틀러의 명령으로 독일군이 단단히 방어하고 있는 해협 항구들을 아직 탈환하지 못하고 있었다. 따라서 앤트워프가 유일한 해결책이었다. 그런데 영국 제2군은 도시와 항구를 사실상 별 피해 없이 장악한 한편, 몽고메리는 북해에서 스헬더 강 어귀를 따라 위치한 땅과 섬들을 확보하지 못했다. 램지 제독이 발헤런 섬을 비롯한 섬들에는 독일 해안포대가 있고 주변 해역에는 기뢰도 깔려 있어 항행이 불가능해지면서 중요한 항구가 쓸모없어질 수 있다고 경고했지만 몽고메리는 이를 무시했다.

몽고메리가 라인 강으로 돌격 시도를 하기 전에 그에게 강어귀를 확보해야 한다고 강하게 주장하지 않은 아이젠하워와 연합국 파견군 최고사령부 SHAEF(Supreme Headquarters Allied Expeditionary Forces)에도 잘못은 있었다. 독일군은 제도 내 주둔군을 강화할 시간을 벌었다. 그 결과 나중에는 이 실수를 바로잡기 위해 캐나다군이 상륙 작전을 포함한 까다로운 전투를 오랜 기간 치러야 했다. 이들은 앤트워프 점령 후 곧바로 실시했다면 피해를 적게 입고 성공할 수 있었을 작전에서 무려 1만2873명의 사상자를 내는 피해를 입었다. 스헬더 강의 통로는 11월 9일까지 확보되지 않았고 첫 번째 선단은 11월 26일이 되어서야 앤트워프에 도달했다. 이렇게 보급이 지연되는 바람에 겨울이 오기 전에 병력을 구축하려던 연합군은 심각한 타격을 입었다.

몽고메리는 드넓은 라인 강 전선에서 독일로 진격하자는 아이젠하워의 결정에 여전히 속이 끓고 있었다. 이것은 늘 압도적인 병력에 의지하는 미국의 통상적인 신조였기 때문에 몽고메리가 놀랄 일은 아니었다. 그러나 몽고메리는 아이젠하워가 야전사령관은 아니며, 자기 자신이 그 역할을 맡아야 한다고 철저히 믿었다. 그는 자신이 이끄는 제21집단군과 브래들리의 제12집단군을 아르덴 북쪽으로 함께 진격시켜 루르를 포위하고 싶었다. 그러나 8월 23일에 열린 회의에서 아이젠하워는 패튼의 제3군이 미국 제7군, 프랑스 남쪽에서 올라오는 프랑스 제1군과 연결할 것을 주장했다.

노르망디에서 몽고메리가 솔직하게 연락을 취하지 않아 그에게 아직 화가 나 있던 아이젠하워는 기존 계획을 바꾸지 않기로 했다. 아이젠하워가 제시한 유일한 절충안은 제21집단군의 자원 할당량을 늘리고 패튼의 제3군을 모젤 강에 대기시키는 것이었다. 패튼의 반응은 뻔했다. 그는 일기에 "몽고메리는 자기가 하고 싶어하는 것을 하고 아이젠하워는 '예, 장군님' 한다"[3]라고 썼다. 9월 1일에 아이젠하워가 작전 지휘권을 인수했을 때, 영국 언론을 잠재우기 위해 처칠이 몽고메리의 공적을 인정하여 그를 육군 원수로 승진시킨 데 대해 이가 갈린 사람은 패튼뿐만이 아니었다. 패튼은 어떻게든 전진하여 모젤 강을 건넜지만, 메스의 요새는 생각보다 훨씬 더 견고했다.

비록 아이젠하워가 야전사령관직을 인수하기는 했지만, 이 중요한 시기에 작전 지휘는 물론이고 심지어 효과적인 연락조차 한심할 정도로 적었다. 아이젠하워는 무릎을 다쳐 그때까지 노르망디 대서양 해안의 그랑빌에 남아 있던 연합국 파견군 최고사령부로 돌아가 꼼짝도 못하고 있었다. 몽고메리는 신호에 대한 응답이 바로 오지 않자 점점 더 화가 났다. 그래서 아이젠하워가 브뤼셀로 날아왔을 때, 몽고메리는 장애인이 된 최고사령관을 활주로 옆 비행기 안에서 만나 눈치 없이 행동했다. 주고받았던 통신들의 목록을 늘어놓고 제시된 전략에 대한 자신의 생각을 장황하게 늘어놓기 시작한 것이다. 아이젠하워는 몽고메리가 숨을 고르기를 기다리다가, 이내 몸을 앞으로 구부리고는, 손을 무릎으로 가져가며 조용히 말했다. "조심하시오, 몽고메리! 내가 당신 상관이오. 그런 식으로 말하면 쓰나."[4] 콧대가 완전히 꺾인 몽고메리는 이렇게 중얼거렸다. "죄송합니다."

몽고메리는 라인 강을 제일 먼저 건너서 자신이 지휘를 하며 독일 땅으로 밀고 들어갈 길을 트기로 했다. 이러한 그의 생각은 제2차 세계대전 중 연합국에 가장 뼈아픈 재앙을 안겨주게 된다. 브래들리는 공수부대를 투입해 아른헴 지역 라인 강 하류를 도하시킴으로써 일약 전진한다는 몽고메리의 대담한 계획에 대경실색했다. 브래들리 등은 전혀 예상치 못한 일에 어안이 벙벙해졌다. 훗날 브래들리는 이렇게 썼다. "철저한 금주가인 몽고메리가 술에 잔뜩 취해 연합국 파견군 최고사령부로 비틀거리며 들어온 셈이다. 몽고메리가 제안한 그 대담한 모험만큼 나를 놀라게 한 일은 없었다."[5] 그러나 몽고메리의 의견에는 한 가지 정당성이 있었는데, 브래들리는 그것을 인정하지 않았다. 네덜란드 북쪽에서 V-2 로켓이 날아와 막 런던에 떨어지기 시작해 전시 내각에서 대책을 강구하려는 상황이 발생한 것이다.

9월 17일에 마켓가든 작전이 시작되었다. 이 작전에 투입된 부대는 영국, 미국, 폴란드의 공수부대로 2개의 운하, 마스 강, 발 강 다음에는 라인 강에 놓인 교량들을 장악할 계획이었다. 아른헴 지역에서 SS기갑사단이 확인되었다는 경고는 무시되었다. 공수부대 작전은 나쁜 운과 궂은 날씨가 끈질기게 괴롭혀 목표 지점에서 너무 멀리 낙하하는 바람에 실패하고, 무전통신은 끔찍하게도 불통이었으며, 독일군은 예상보다 훨씬 더 빠른 속도로 반응했다. 이것은 독일 제9SS기갑사단, 제10SS기갑사단이 아른헴 가까이 있었기 때문이기도 하고, 정력적인 모델의 발 빠른 대처 때문이기도 했다.

몽고메리의 계획은 호록스의 제30군단이 단 하나의 도로를 빠르게 진군해 올라가 낙하산 병력을 구하는 데 달려 있었지만, 독일군이 주요 지점들에서 저항하고 있어 그 기세를 유지하기는 어려웠다. 모든 공수부대, 특히 대낮에 포격을 받으면서도 발 강을 건넌 미 제82공수부대가 보여준 실로 영웅적인 용기에도 불구하고 제30군단은 제1공수사단과 연결되지 못했다. 9월 27일, 물과 군량 그리고 무엇보다 탄약이 부족한 채로 아른헴 다리를 점거하고 있던 낙하산 대원들은 항복하는 수밖에 없었다. 타격을 입은 제1공수사단 나머지 병력들은 밤에 라인 강 하류를 건너 철수해야 했다. 독일군은 무려 6000명의 포로를 잡았는데, 그중 절반은 부상병이었다. 연합군의 손실은 총 1만 5000명에 달했다.

동부 전선에서는, 붉은 군대가 8월 20일 남쪽에서 또 다른 공세를 펼침으로써 바그라티온 작전의 성과는 더욱 커졌다. 7월, 음모 사건 직후 히틀러에 의해 육군 참모총장으로 새로 임명된 구데리안 장군은 중부집단군을 재정비하기 위해 우크라이나 남부집단군에서 5개 기갑사단과 6개 보병사단을 흡수하게 했다. 페르디난트 쇠르너 상급대장에게는 자신이 이끌던 독일 보병부대와 루마니아군을 강화할 병력인 기갑사단 및 기갑척탄병 사단을 각각 하나씩 남겨주었다. 이 병력은 흑해에서 드네스트르 강과 카르파티아 산맥 동쪽을 따라 한껏 늘어져 배치되었다.

스탑카는 두 육군 원수, 말리놉스키와 톨부힌에게 설명했다. 제2우크라이나전선군, 제3우크라이나전선군은 루마니아를 전쟁에서 몰아내고 플로이에슈티 유전을 점령할 계획이었다. 루마니아 부대는 첫날부터 분열, 탈주하기 시작했다. 스탈린그라드에서 전멸한 뒤 히틀러가 재편성한 제6군 또한 포위, 괴멸되었다. 남우크라이나 집단군 병사는 35만 명이 죽거나 포로가 되었다. 루마니아는 소련과 타협하기 위해 독일을 버렸고, 불가리아도 2주후 뒤따라 독일을 버렸다. 루마니아와 불가리아의 붕괴는 독일과 소련 양쪽의 예상보다 훨씬 더 빠르게 다가왔다.

독일에게 가장 타격이 컸던 일은 플로이에슈티 유전을 잃은 것이었다. 게다가 발칸 반도 내 독일의 점령국 군대, 특히 유고슬라비아와 그리스의 군대는 고립될 위기에 놓였다. 그리고 소비에트군이 카르파티아 산맥과 슬로바키아 너머로 쏟아져 들어오면서, 헝가리 벌러톤 호 인근 히틀러의 마지막 석유 공급원이 붉은 군대에 노출되었다.

소련군이 부쿠레슈티와 플로이에슈티 유전을 확보한 날인 9월 2일, 스탈린의 예상대로 핀란드도 소련과의 협상에 합의했다. 이제 발트 해안의 북부집단군은 유난히 잔인해 탈영병과 패배주의자들을 교수형에 처하는 일에 희열을 느끼는 철저한 나치주의자인 쇠르너가 지휘하게 되었는데, 스탈린은 여전히 이 북부집단군을 차단하려 하고 있었다. 구데리안은 반격을 지시해 엄청난 피해를 입어가며 리가 만으로 이어진 소비에트 회랑을 격파했고, 쇠르너는 제18군과 제19군에게 싸우면서 리가로 후퇴하라고 명령했다. 그러나 소비에트군이 메멜을 향해 곧장 서쪽으로 공격하는 바람에 북부집단군은 쿠를란드 반도에 완전히 고립되었다.

제16군 사령부를 지키고 있던 대공 포대의 어느 병사는, "우리는 정신적으로나 도덕적으로나 힘이 거의 다 떨어진 상태다. 내가 할 수 있는 거라곤 무엇을 위해서 싸우는지도 모른 채 죽어간 수많은 전우를 애도하는 일뿐이다"[6]라고 기록했다. 북부집단군 일부 부대는 바다로 철수했지만, 이제 쓸모없는 지역을 포기하지 못한 히틀러 때문에 약 25만 명의 병사가 제3제국을 지키지 못하고 그곳에 포위된 채 남겨졌다.

이 중대한 국면에 처칠은 브룩 육군 원수, 해군참모총장이 된 커닝엄 제독, 그리고 포털 공군 대장과 함께 퀸 메리호를 타고 대서양을 건넜다. 9월 13일에 퀘벡에서 또 한 번 연합국 회담이 열렸다. 브룩은 처칠에게 실망했다. 처칠이 폐렴에서 완전히 회복되지 않았기 때문에 브룩은 처칠을 환자로 여겼다. 처칠은 미국의 심기만 건드릴 혼란스런 의견들을 버리지 못했다. 그는 수마트라 섬에 군대를 상륙시켜 일본군이 차지한 유전을 다시 빼앗고 싱가포르를 장악하고 싶은 마음이 아직 남아 있었다. 미얀마에는 완전히 흥미를 잃은 것이다.

처칠은 또한 아드리아 해 최북단 이스트리아 해안에 상륙하여 트리에스테를 점령하고, 나아가 붉은 군대보다 먼저 빈에 입성한다는 계획을 특히 선호했다. 처칠은 이 꿈을 따라, 알렉산더나 마크 클라크 장군과 마찬가지로 피사와 리미니를 잇는 고딕 전선을 한참 넘어서서 이탈리아 전투를 계속해야 한다는 의견을 지지했다. 이탈리아 전역은 이제 그 중요성이 뒤로 밀려났다고 처칠의 참모총장들이 주장했을 때, 처칠은 그들이 비밀리에 한통속이 되어 자신을 공격하고 있다고 생각했다. 처칠은 아무리 알렉산더의 병력이 포 계곡을 뚫고 들어간다 하더라도 산지에서 필사적으로 방어하는 독일군에 맞서 알프스 산맥에서 류블랴나 협곡을 지나 빈을 향해 동북쪽으로 진격하는 일은 사실상 불가능하다는 의견을 받아들일 수 없었다.

결국 퀘벡에서 열린 옥타곤 회담은 브룩이 우려한 만큼 나쁘게 흘러가지는 않았다. 놀랍게도 브룩 자신은 처칠의 빈 전략을 지지하려다 마음을 바꿔버렸다. 비록 나중에는 이러한 판단 과오 때문에 곤혹스러워했지만 말이다. 그런데 아마도 이보다 더 놀라운 사실은 미군이 유럽 중남부에서 벌어진 전투에 엮이지 않으려 했음에도 마셜 장군이 상륙정을 이스트리아 작전에 제공하겠다고 제의한 일일 것이다.

하지만 킹 제독이 서방 해역에서 제 역할도 못 하는 영국 해군에게 태평양에서 중요한 역할을 맡기고 싶지 않다고 폭로했을 때는 긴장이 고조되었다. 그는 처칠이 극동지역에서 두드러지는 역할을 하는 데 유독 신경 쓰는 것을 볼 때, 영국이 식민지 체제를 재건하려는 꿍꿍이일지도 모른다고 정확하게 의심하고 있었다. 게다가 합동참모 회의에서 영국 해군을 '골칫거리'[7]라고 부르기까지 하며 공격적인 행동을 보여 마셜 장군과 레이히 제독의 지지를 얻을 기회를 잃고 말았다.

9월 15일, 루스벨트와 처칠은 이번 전쟁에서 가장 신중하지 못한 결정 중 하나라고도 볼 수 있는 헨리 모건도 재무장관의 계획에 동의했다. 그의 계획은 독일을 분할하고 '국가의 성격을 주로 농업국가, 목가적 국가'[8]로 만들자는 것이었다. 처칠은 사실상 그 계획을 처음 들었을 때 반감을 표했지만, 65억 달러짜리 무기대여 협정에 대한 이야기가 나오자, 지지를 맹세했다.

앤서니 이든은 모건도 계획에 강하게 반대했다. 브룩 또한 경악했다. 그는 서유럽 민주주의 국가들이 향후 소비에트에 대한 방벽으로서 독일을 필요로 하게 될 것이라고 예견했다. 다행히 루스벨트는 미국 언론의 뭇매를 맞은 뒤 뒤늦게 정신을 차렸다. 그러나 타격은 있었다. 천부적인 선동가 괴벨스는 소련은 물론 서방 연합국에서도 더 이상 자비를 기대하기 어렵다며 독일 국민을 설득했다. 훗날 연합군 점령 당국이 "우리는 정복자이지만 압제자는 아니다"라는 아이젠하워 장군의 선언을 공표하자 독일 국민은 놀라서 '입이 떡 벌어진 채'[9] 포고문을 읽었다.

퀘벡 회담에서 소련과의 관계에 대해서는 거의 언급되지 않았고, 놀랍게도 그때까지 계속되던 폴란드와 바르샤바 봉기에 대해서도 많은 이야기가 오가지 않았다. 곧 처칠은 제2차 모스크바 회담 길에 올랐다. 루스벨트와 처칠은 스탈린과 그의 체제에 대한 관점이 매우 달랐다. 루스벨트는 전후 소련의 위협을 크게 신경 쓰지 않았다. 그는 자신이 스탈린을 끌어당길 수 있다고 확신했으며, 어쨌든 소련은 서로 다른 수많은 민족으로 이뤄져 있어 공동의 적인 독일이 패망하면 뿔뿔이 흩어질 나라라고 말했다. 반면에 여전히 처칠은 여러 면에서 보아 일관성이 별로 없기는 해도 붉은 군대가 중, 남부 유럽을 지배하는 상황이 전후에 평화를 유지하는 데에 주요한 위협이 될 것으로 보았다. 이탈리아에서 벗어나 동북쪽으로 진격함으로써 붉은 군대에 선수를 칠 기회가 거의 없음을 깨달았기 때문에, 처칠은 현실 정치 외교 역사상 가장 수치스럽고 어리석은 움직임을 시도하게 된다.

10월 9일 저녁, 처칠과 스탈린이 통역사만 곁에 두고 크렘린 궁 내 스탈린의 집무실에서 만났다. 처칠은 '가장 지루한 사안인 폴란드 문제'[10]부터 시작하는 것이 어떻겠냐며 말문을 열었다. 폭군에게 친근하게 굴려는 처칠의 시도는 섬세하지도, 매력적이지도 않았다. 스탈린은 앞으로 나올 이야기를 눈치 채고는 곧바로 대화를 즐기기 시작한 것으로 보인다. 그 뒤 처칠은 전에 테헤란에서 은밀히 내린 결정에 대한 논의를 폴란드 망명정부와 여태 진행하지 못했다 하더라도 전후 폴란드 동부 지역 국경은 이미 "정해져 있다"고 말했다. 이 사실을 비밀로 한 것은 대통령 선거를 치르기 전에 폴란드계 유권자들의 마음을 들쑤셔놓고 싶어하지 않았던 루스벨트 때문이었다. 처칠의 요구로 이뤄진 또 다른 자리에서 이 사실을 알게 된 미코와이치크 총리는 이러한 기만행위에 뼛속까지 동요했다. 미코와이치크는 처칠이 제기한 모든 주장과, 심지어 동쪽에서 커즌 선을 국경으로 받아들이라는 협박까지도 물리쳤다. 하지만 얼마 지나지 않아 그는 사임했고, 스탈린은 망명정부의 항의를 무시했다. 스탈린의 관점에서는 소련의 괴뢰정부인 '루블린 폴란드'가 이제 진짜 정부였다. 지그문트 베를링 장군이 이끄는 폴란드 제1군이 루블린 폴란드를 후원했는데 폴란드 제1군에 복무하는 붉은 군대

제2차 세계대전

장교 대부분은 자신들이 폴란드인 행세를 하는 광대라고 생각했다. 중요한 것은 안데르스 장군의 군단과 달리, 폴란드 제1군은 폴란드 영토 내에 있었다는 점이다. 먼저 가진 사람이 임자라는 말을 스탈린은 아주 잘 이해했다. 처칠도 그 말을 잘 이해했지만 그는 약한 패를 쥐고 있었다.

논의 주제가 발칸 국가로 옮겨가자, 처칠은 어떤 문서를 작성해 스스로 '나쁜' 문서라고 불렀다. 훗날 이 문서는 '퍼센티지 협정'으로 알려지는데, 내용인즉 국가별로 소련과 서방 연합국이 행사할 영향력 비율을 제시한 것이었다.

루마니아: 러시아 90퍼센트, 나머지 국가 10퍼센트
그리스: 영국(미국과의 합의하에) 90퍼센트, 러시아 10퍼센트
유고슬라비아: 50퍼센트, 50퍼센트
헝가리: 50퍼센트, 50퍼센트
불가리아: 러시아 75퍼센트, 나머지 국가 25퍼센트

스탈린은 한동안 문서를 가만히 보더니, 그 유명한 파란 연필로 종이 왼쪽 위 끄트머리에 불가리아에 대한 비율을 '90퍼센트'로 올려 표시했다. 그는 문서를 탁자 너머 마주 앉은 처칠에게 다시 내밀었다. 처칠은 "수백만 명의 사람에게 매우 중요한 이 문제들을 우리가 이렇게 즉석에서 처리하면 꽤나 냉소적으로 보일 수 있겠다는 생각이 든다"며 오히려 부끄러운 듯 말했다. 이들이 문서를 태울 수는 없었을까?

"총리가 가지고 계시오."[11] 스탈린이 태연하게 대답했다. 처칠은 종이를 접어 주머니에 넣었다.

처칠은 스탈린을 영국 대사관 저녁 만찬에 초대했는데, 스탈린이 수락하자 소련 정부 관료들은 하나같이 깜짝 놀랐다. 수령이 외국 대사관을 방

문한 유례가 없었기 때문이다. 만찬 자리에서는 중부 유럽과 발칸 국가들에 대한 생각이 모두 크게 다르지 않았다. 식사 도중에 손님들은 헝가리 세게드를 점령한 일을 기념하는 천둥 같은 축포 소리를 들을 수 있었다. 식사후 연설에서, 처칠은 폴란드에 관한 주제로 되돌아갔다. "영국은 폴란드의자유와 독립을 유지하기 위해 참전했습니다. 영국 국민은 폴란드 국민과 그들의 정신적 가치에 대해 도덕적 책임을 가지고 있습니다. 폴란드가 가톨릭국가라는 사실 또한 중요합니다. 우리는 폴란드에서 일어나는 내부 현상들이 우리와 바티칸과의 관계를 복잡하게 하도록 내버려둘 수는 없습니다."

"그러면 교황은 몇 개의 사단을 가지고 있소?"[12] 스탈린이 끼어들었다. 이단순하고 유명한 한마디는 스탈린이 가진 것, 지키고 있는 것을 설명해주는말이었다. 붉은 군대의 점령은 자동적으로 '친소' 정부의 수립으로 이어졌다. 놀랍게도 처칠은 볼셰비즘을 본능적으로 싫어함에도 불구하고, 자신이이번 여행에서 큰 성과를 거두었고 스탈린이 자기를 존중하며 심지어 자기를 좋아한다고 생각했다. 처칠의 자기기만은 때때로 루스벨트와 맞먹었다.

하지만 처칠은 적어도 그리스가 '볼셰비즘 홍수'[13]에 휩쓸리는 것을 막기위해 영국이 개입하겠다는 의견에는 스탈린의 동의를 얻었다고 훗날 주장했다. 독일이 철수하자마자 공산당이 주도하는 EAM-ELAS가 정권을 잡으려 하는 시도를 미연에 방지하기 위해 로널드 스코비 중장 예하 제3군단이대기했다. 그리스 왕가에 큰 호감을 가진 처칠은 친영 아테네 정부를 수립할 생각이었다.

비록 브룩 육군 원수가 스탑카의 알렉세이 안토노프 장군 등과 군사 상황에 대해 논의하기는 했지만 퀘벡에서도, 모스크바에서도 국방군을 패주시키는 것에 관한 주제는 지도자들이 좀처럼 꺼내질 않았다. 제3제국은 양쪽에서 공격을 받는 처지였다. 베스트발에 대응하는 오스트발을 만들라는 명령이 내려졌다. 동프로이센에서는 에리히 코흐 지방 장관과 나치당 관료들에 의해 성인 남성과 여성 대부분이 요새를 파는 데 강제 동원되었다. 군대에 자문을 구하지 않아 이런 공사는 대부분 완전히 헛수고가 되었다.

10월 5일, 붉은 군대가 메멜을 향해 공격에 나섰다. 민간인에게 대피 명령이 떨어질 때까지 이틀이 걸렸는데, 명령은 곧 철회되었다. 코흐는 민간인을 소개하면 제3제국 나머지 지역에 패배적인 메시지가 전해진다는 이유로 그 의견을 별로 반기지 않았으며, 히틀러도 코흐를 옹호했다. 공황 상태가 계속되었고 그 결과 수많은 여성과 아이가 메멜에서 고립되었다. 불타고 약탈당한 도시를 탈출하려다 네멘 강에 빠져 익사한 사람도 많았다.

10월 16일에 스탑카는 체르냐홉스키 예하 제3벨라루스전선군을 동프로이센의 에벤로데와 골다프 사이로 출격시켰다. 구데리안은 붉은 군대를 밀어내기 위해 위협을 받는 전선에 기갑 증원군을 보냈다. 네메르스도르프 마을에서는 다수의 성인 여성과 소녀가 강간 및 살해를 당했고, 희생자들의 시신은 헛간 문에 못 박힌 채로 발견되기도 했다. 괴벨스는 사진기자들에게 달려갔다. 의분을 참지 못한 괴벨스는 이 기회에 자신들이 왜 끝까지 싸워야 하는지를 독일 국민에게 보여주려 했다. 단기적으로는 이러한 괴벨스의 노력이 역효과를 낳은 것으로 보인다. 그러나 석 달 후 실제로 동프로이센 침공이 시작되자, 나치 언론에서 찍어낸 그 끔찍한 이미지들이 사람들의 마음속에 다시 떠올랐다.

네메르스도르프에서 일이 터지기도 전에 수많은 여성이 앞으로 닥칠 일로 두려움에 떨었다. 전후 시대에는 모른 체했다고 해도, 전쟁 당시에는 많은 독일 시민이 동부 전선에서 아군이 자행한 참사를 좋게 생각하고 있었다. 그리고 붉은 군대가 제3제국으로 진격하자, 사람들은 끔찍한 보복을 당할 것이라고 생각했다. 9월에 어느 젊은 어머니가 편지를 썼다. "러시아군이 정말로 우리 쪽을 향해 오고 있다. 그래서 난 기다리지 않고 나와 내 자식들과 함께 자살을 선택하련다."[14]

10월 18일 힘러가 국민돌격대라 불리는 대규모 민병 징집 계획을 발표한 일은 저항 의지를 다소 불러일으키기도 했지만 많은 사람을 우울하게 했다. 국민돌격대의 무기는 측은할 정도여서, 전쟁 초기에 여러 군대에서 빼앗은 오래된 각종 소총과, 견착식 대전차총류탄인 판처파우스트였다. 그리고 병역 적령기의 남성은 모두 징병되어버렸기 때문에, 국민돌격대의 구성원들은 고령자와 어린 소년들로 채워졌다. 이 부대는 '오래된 고기와 푸른 채소'로 이뤄져 있다고 하여 곧 냄비 요리인 '아인토프'라고 불렸다. 정부가 완장 외에 따로 군복을 지급하지 않아서 병사들은 정부가 자신들을 합법적인 전투원으로 취급하기나 하는 것인지 의심스러워했다. 더군다나 국방군이 동부 전선에서 빨치산을 어떻게 대했는지 확인한 터라 의심은 더 클 수밖에 없었다. 나중에 괴벨스는 베를린에서 뉴스영화 촬영 카메라를 준비해두고 성대한 퍼레이드를 벌였다. 징병된 사람들은 그곳에서 아돌프 히틀러에게 충성 맹세를 해야 했다. 동부 전선 참전 용사들은 그 광경을 보고 웃어야 할지 울어야 할지 알 수 없었다.

패튼 예하 제3군의 위협이 가장 클 것이라고 확신한 히틀러는 기갑사단 대부분을 자르에 배치하게 했다. 하소 폰 만토이펠 상급대장의 지휘로 독일은 제5기갑군을 새로 만들었다. 이 부대의 명칭은 앞의 두 기갑군이 괴멸되었기 때문에 그다지 힘이 되는 이름은 아니었다. 룬트슈테트는 미군이 처음에는 아헨에 병력을 집중시킬 것이라 추측하고 소집 가능한 보병사단을 최대한 모아 투입했다.

코트니 하지 중장이 이끈 미국 제1군은 아헨으로 진격하여 마침내 독일 영토에 들어섰음을 실감했다. 그들은 국경을 지나 불과 몇백 미터 떨어진 곳에 '비스마르크 양식'으로 지어져 철제 장식과 커다란 가구들이 즐비한

19세기 신고딕 양식의 성을 공격했다. 이 성은 히틀러의 전직 총사령관 폰 브라우히치 육군 원수의 조카가 소유한 건물이었다. 호주 통신원인 고드프리 블런던은 서부 전선 최초로 독일 땅에서 벌어진 전투를 다음과 같이 묘사했다. "구름 한 점 없는 푸른 하늘 아래 눈부신 햇살을 받으며 병사들은 싸우고 있고 파이퍼컵 정찰기가 마치 솔개처럼 허공을 맴도는 전장이었다. 아름다운 자연경관 속에서, 예쁜 산울타리로 뒤덮인 푸른 들판 너머에서, 나무가 우거진 완만한 언덕과 첨탑이 있는 교회가 있는 작은 마을 안에서 벌어진 전투였다."[15]

그러나 모델이 지크프리트선에 인원을 배치했기 때문에 독일군의 저항은 격렬했다. 지크프리트선을 코앞에 둔 연합군은 9월 초부터 보급 체계가 위기를 맞아 이제 진격이 중단될 상황에 이르자 뉘우치기 시작했다. 제1군 사령부에서 한 참모장교가 말했다. "그때 내가 딸과 우리 집 개를 데리고 거기를 지나갈 수 있었는데."[16] 이제 그곳에는 민간인 강제노동자들이 들판에 파놓은 요새, 특화점이 된 별장, 철문이 달린 콘크리트 벙커가 있었다. 철갑탄으로 이것들을 처리하기 위해 셔먼 전차가 동원되었다. 미군 보병 소대들이 벙커를 수류탄과 화염방사기로 소탕하자마자, 공병들이 닫힌 문을 산소 아세틸렌 토치로 용접해 다른 독일 군인들이 슬그머니 돌아와 재점거하지 못하게 했다.

10월 12일에 하지는 무조건 항복하지 않으면 아헨이 폭격과 포격으로 초토화될 것이라는 최후통첩을 날렸다. 피란민들은 나치당의 명령에도 불구하고 5000~1만여 명에 달하는 시민이 떠나기를 거부했다고 장교들에게 말했다. 히틀러는 샤를마뉴 대제와 독일 황제들의 수도 아헨을 끝까지 사수해야 한다고 선언했다. 하지가 이끌고 온 제1군은 아헨을 포위했고, 포위한 군대가 독일군의 격심한 반격에 맞닥뜨리면서 스탈린그라드와 비슷하게 상당히 혼란스러운 상황이 연출되었다. 하지만 미군의 포격이 집중되면서 독일군의 반격은 비교적 쉽게 진압되었다. 미군이 여기서 사용한 포탄 중 다수는 프랑스를 장악했을 때 얻은 독일군의 포탄이었다.

독일군 수비대에는 보병과 기갑척탄병, 루프트바페, SS친위대원, 해군보병, 히틀러 유겐트 자원병 등이 섞여 있었다. 건물 피해 정도가 상당해서 시청 청사가 완전히 파괴되었다. 거리에는 돌덩이와 깨진 유리가 널려 있고, 창문은 뻥 뚫렸으며, 전화선이 널브러진 아헨은 '패배한 도시의 고약한 모습'[17]을 고스란히 보여주고 있었다. 다행히도 거대한 대성당은 미군 포병대와 P-47 선더볼트 전폭기 조종사들이 그곳을 피하라는 명령을 받았기 때문에 피해를 면할 수 있었다.

10월 내내 시가전이 무자비하게 이어졌다. 미군은 바주카포를 사용해 주택 지붕부터 폭파시키고 옆 건물 쪽으로 길을 냈다. 거리에서는 이 방법이 무척 위험해서 시도할 수 없었다. 제30사단은 사상자가 많아 전투가 시작될 때 보충병으로 들어온 이등병이 3주 후에 소대를 책임진 병장이 될 정도였다.

아헨은 주로 중산층이 사는 부유한 도시였다. 미군 병사들은 건물의 방이란 방은 모두 뒤져 크고 무거운 가구나 힌덴부르크와 카이저의 초상화, 메르샤움 파이프, 장식용 맥주잔, 대학 남학생 사교 클럽에서 포즈를 잡고 찍은 결투 사진 등을 찾아냈다. 그러나 독일 병사들은 이미 건물 안에 인계철선과 폭발물로 부비트랩을 설치해둔 상태였다. 미군들은 그것을 '아기 포대기'라고 불렀다. 한 미군 병사가 화난 목소리로 말했다. "이해가 안 되는군. 곧 죽을 운명이라는 걸 스스로 잘 알면서 어떻게 포기하지 않을 수 있지?"[18] 미군 병사들은 방 안에 독일군 수비대가 숨어 있다가 역공을 해왔기 때문에 거의 모든 방에 수류탄을 먼저 던진 후 들어갔다. 독일군 중 몇몇은 미군을 등 뒤에서 쏘아 쓰러뜨린 뒤 항복이라며 양팔을 들고 마치 아이들이 놀이하듯 뛰어올랐다. 몇몇 포로가 거칠게 다루어진 것도 놀랄 일은 아니었다.

여덟 살이 조금 넘은 독일 소년 네 명이 버려진 소총을 주워 미군 야전 포병들을 쏜 적도 있었다. 정찰조가 총격의 근원지를 찾아 나섰고, "그 미군 정찰조의 조장은 아이들의 행동에 화가 나 넷 중 가장 형뻘 되는 아이의 뺨을 손으로 때렸다. 조장은 그 소년이 마치 군인인 양 차렷 자세로 서서 뺨을 맞았다고 보고했다."[19]

전투가 계속되는 동안 미 군사 당국은 지하실과 방공호에서 독일 시민들을 구출했다. 미군은 구출된 시민들이 나치 선전의 영향 때문인지 자기들을 보호소로 데려다주는 흑인 미군 트럭 운전병을 곱지 않은 눈으로 본다는 사실에 주목했다. 시민들 사이에서 나치 당원을 가려내는 과정이 있었지만 실제로 가려내기란 거의 불가능했다. 이들 대부분은 도시를 지키고 있는 독일 군대가 자신들을 대하는 태도가 마뜩잖아 불만이었는데, 독일군이 그런 태도를 취한 이유는 그들이 소개 명령을 거부하고 도시에 남았기 때문이다. 민간인의 옷을 구해 입은 탈영병도 있었다. 아헨 외곽에서 지프 차량 한 대가 매복 공격을 받은 뒤 암호명 베어볼프라는 나치 게릴라에 관한 소문이 이어지면서 공포감이 가중되었다.

미 군사 당국은 또한 폴란드 및 러시아 강제노동자들 약 3000명을 처리하느라 어려움을 겪었다. 강제노동자 중에는 '무표정한 얼굴을 하고 머리에는 스카프를 두르며 낡고 해진 치마를 입은 채 옷꾸러미를 들고 있는 여성'[20]도 많았다. 몇몇 남성은 독일 주택에 들어가 집주인을 칼로 위협하고 식량을 빼앗거나 약탈하기도 했다. 이들은 복수에 목말라 있었지만, 헌병대는 이렇게 범죄를 저지른 사람 700~800명을 붙잡아 영창으로 보냈다. 그러나 이것은 독일로 끌려간 강제노동자 약 800만 명이 앞으로 겪게 될 혼란에 비하면 맛보기에 불과했다.

나치 정권은 어떠한 형태로든 무질서가 만연하게 할 의도는 없었다. 7월 음모가 실패로 돌아가 나치당 비서 마르틴 보르만과 괴벨스와 힘러의 힘이 막강해진 뒤로는 나치 이념이 점점 국방군에 주입되어갔다. 이로써 히틀러를 제거하려는 후속 시도는 불가능해졌다. 거수경례를 '나치식 경례'로 바꾸는 등 상징적인 행위를 넘어서서, NSFO, 즉 국가사회당 지도장교의 수도 늘어났다. 퇴각 허가 없이 전선 뒤에 숨어 있다가 발견된 사병과 장교들은 거의 총살되었으며, 참모장교들은 총통 본부에 들어갈 때 SS친위대원들에게 몸수색을 받았다.

소비에트 장병들 사이에서도 억압이 커지기 시작했다. 크나큰 손실을 메우기 위해 붉은 군대는 다시 소련의 지배하에 들어온 우크라이나, 벨라루스, 폴란드, 그리고 발트 3국에서 강제 징용을 실시했다. 붉은 군대 병사가 10월 11일에 고향으로 편지를 썼다. "폴란드인보다 리투아니아인이 우리를 훨씬 더 싫어한다. 그래서 우리도 똑같이 되갚아주려 한다."[21] 입대한 지 얼마 되지 않은 이런 병사들은 탈영할 가능성이 높을 수밖에 없었다. 훗날 어느 부사관은 "특수부(스메르시)에서는 숙청당한 인물의 아들인 나를 주시하고 있었다"[22]고 말했다. "우리 부대에는 주로 후방으로 혹은 독일군 진영으로 도망치는 아시아인이 많았다. 한번은 단체로 탈영한 적도 있었다. 그 일이 있은 후 우리 러시아인들은 우즈베크인을 잘 감시하라는 지시를 받았다. 그때 나는 하사였는데, 한 정치 지도원이 나에게 '너희 반에서 탈영병이 한 명이라도 나올 때에는 네 목숨을 걸어야 할 것'이라고 말했다. 그들은 금방이라도 나를 총살시킬 수 있었다. 한번은 벨라루스인이 탈출했다. 탈영병은 곧 잡혀 부대로 소환되었다. 특수부 소속의 한 남자가 탈영병에게, 제대로 싸우겠다고 약속하면 이 일을 묵인해주겠다고 말했다. 그러나 그는 다시 탈출했고, 또 잡히고 말았다. 그는 교수형에 처해졌다. 탈영자는 총살이 아닌 교수형이었다. 우리는 숲길에서 줄을 섰다. 교수대를 실은 트럭 한 대가 나타났다. (NKVD의) 비밀경찰 체카가 판결문을 읽었다. '조국을 배반한 죄로 처형한다.' 탈영병이 교수형에 처해진 뒤 체카가 총까지 쏘았다."

중부집단군이 무너진 후 벨라루스에서 퇴각하던 독일군은 자신들을 친근하게 대해주었던 민간인들의 운명에 대해 환상을 갖지 않았다. 아슬아슬하게 포위를 피한 어느 의무병장은 의문이 생겼다. "남아 있어야만 하는 불쌍한 사람들, 그러니까 현지인들은 어떻게 되는 걸까?"[23] 독일 군인들은 전투부대에 이어 곧바로 NKVD와 스메르시가 도착해 독일군에 협력한 민간인을 색출할 것이라는 사실을 잘 알고 있었다.

소비에트군이 루마니아로 진군하는 동안, 한 장교는 중대를 구성하고 있는 병사들이 대부분 적에게 '일시적으로 점령당했던' 지역 출신의 우크라이나 농민들이었다고 기록했다. "그들 대부분은 싸울 의지가 없어서 억지로 시켜야 했다. 나는 참호를 따라 걸었던 일을 기억한다. 병사 한 명만 빼고 모두가 참호를 파고 있었다. 그 병사는 맥심 기관총 포좌를 파기로 되어 있었는데, 가만히 서서는 아무것도 하지 않았다. 나는 무슨 일이 있냐고 물어보았다. 그가 내 앞에서 무릎을 꿇더니 애원하기 시작했다. '저에게 자비를 베풀어주십시오! 자식이 셋입니다. 살고 싶습니다!' 나는 무슨 말을 해야 하나? 우리 모두는 전방에 투입된 보병들의 운명이 단 두 가지뿐이라는 것을 알고 있었다. 병원행이거나, 무덤행이거나."[24] 대부분의 붉은 군대 장교와 마찬가지로, 이 장교도 중대를 성공적으로 운영하려면 중추를 이루는 러시아나 시베리아 군인들의 역할이 가장 중요하다고 믿었다. "나는 공격하기 전에 늘 믿을 만한 러시아 병사들 중 몇 명을 고르는 편이었고, 중대가 공격에 나설 때면 이 병사들을 참호로 보내, 숨으려 하거나 전진하지 않으려는 놈들을 모두 쫓아냈다."

후방에서는 1941년과 1942년에 독일군을 환영한 소수민족들을 대상으로 대규모 보복이 펼쳐지고 있었다. 1943년 12월, 베리야는 크림타타르족

20만 명을 우즈베키스탄으로 강제 이주시켰다. 이 무슬림 중 독일군 군복을 입은 이는 약 2만 명일 뿐이고 그 외 다수는 붉은 군대에서 열심히 싸웠는데도, 나머지 90퍼센트가 고통을 받아야 했던 것이다. 크림타타르족은 5월 18일에 소집되었으며 여장을 꾸릴 시간도 없었다. 약 7000명이 이송 도중 사망했고 그보다 몇 배나 더 많은 수가 유배 기간에 굶주림으로 사망했다. 약 39만 명의 체첸인도 소집되어 미국이 붉은 군대에 대여해준 스튜드베이커 트럭에 실린 채 철도 종점으로 보내졌다. 그중 약 7만 8000명이 이송 도중에 사망했다고 한다. 스탈린은 적국과 더불어 이론상의 동맹국인 폴란드에서 강제 이주를 시작하기 전에, 자국 국민을 대상으로 먼저 시작했던 것이다.

독일의 저항이 거세지고 있었기 때문에 스탈린과 장군들은 신병들의 전투능력이 불만스러웠다. 헝가리 동부와 슬로바키아를 방어하기 위해 카르파티아 산맥에서 벌어진 전투에서는, 히틀러의 마지막 동맹국 군대가 소련군 베테랑들을 놀라게 했는데 특히 루마니아군이 순식간에 붕괴된 것을 본 이후라 놀라움이 더 컸다. 어느 붉은 군대 장교는 "헝가리군은 사실 트란실바니아에 있는 우리에게 큰 골칫덩어리였다. 그들은 끝까지, 그리고 최후의 한 명까지도 매우 용감하게 싸웠다. 항복이란 건 절대 없었다"[25]라고 기록했다.

말리놉스키는 증강된 제2우크라이나전선군을 이끌고 헝가리 동부 지역에서 큰 포위망을 만들려고 했다. 이 전선군은 10월 6일에 대담한 공격으로 데브레첸 작전을 펼치기 시작했지만, 2주 후 독일 제3기갑군단과 제17군단의 역습을 받아 작전이 좌절되었다. 말리놉스키는 스탑카의 재촉에 못 이겨 남쪽 세게드 인근에서 부다페스트 쪽으로 또 다른 공격을 개시하여 헝가리 제3군을 돌파해나갔다. 그러나 말리놉스키의 병력은 대부분 독일군 기갑사단 3개와 기갑척탄병 사단 펠트헤른할레의 반격으로 수도에 도달하지 못하고 진격을 중단할 수밖에 없었다. 부다페스트 전투가 이번 전쟁에서 가장 격렬한 전투 중 하나로 손꼽힐 게 분명해지고 있었다.[26]

루마니아와 불가리아의 배신에 이어 헝가리 섭정 호르티 제독이 소련과 비밀리에 접촉했다. 몰로토프는 헝가리가 즉시 독일에 선전포고할 것을 요구했다. 10월 11일, 호르티의 대리인단이 모스크바에서 협정에 서명했다. 나흘 후, 호르티는 부다페스트에서 독일 사절에게 이 사실을 알리고 방송을 통해 휴전 협정을 발표했다. 호르티의 움직임을 이미 눈치 채고 있던 독일군은 신속하게 대응했다. 무솔리니를 구출했던 SS특공대 리더 오토 슈코르체니는 히틀러의 명령으로 다뉴브 강이 내려다보이는 호르티의 거처인 치타델 요새에서 호르티를 잡을 준비를 미리 해두고 있었다. 독일군은 호르티의 자리를 헝가리 나치인 화살십자당의 활동을 주도한 지독한 반유대주의 지도자 페렌츠 살러시에게 넘겨주게 된다.

일명 판처파우스트 작전은 바르샤바에서 잔혹한 과제를 막 끝낸 폰 뎀 바흐 SS대장이 감독했다. 슈코르체니는 똑같이 가혹한 전술을 반복하지 말고, 치타델로 돌격해 굴복시키는 것은 피하라고 바흐를 설득했다. 대신 10월 15일 아침 호르티가 휴전 협정을 발표하기 직전에 슈코르체니의 SS특공대는 거리에 매복해 있다가 호르티의 아들에게 다가가 경호원들과 총격전을 벌인 후 아들을 납치했다. 호르티의 아들은 포박을 당한 채 빈으로 날아갔다가, 스페인 공화국의 전직 총리 프란시스코 라르고 카바예로와 같은 저명인사가 이미 수감되어 있던 마우트하우젠 강제수용소로 옮겨졌다.

만약 '배신' 행위를 고집한다면 아들이 처형될 것이라는 냉혹한 말이 호르티에게 들려왔다. 호르티 제독은 비록 협박 때문에 신경쇠약 상태이기는 했지만 방송을 계속했다. 그 직후 화살십자당 돌격대원들이 건물을 장악한 뒤 호르티의 말을 부정하는 내용을 발표하며, 계속 싸울 것이라는 헝가리의 결연한 의지를 강력하게 주장했다. 그날 오후 늦게 페렌츠 살러시가 정권을 잡았다. 호르티가 선택할 수 있는 길은 거의 없었다. 그는 보호 구치 명목으로 독일로 보내졌다.

호르티는 여름부터 진행되었던 아이히만의 유대인 강제 이주 작업을 중단했다. 그때까지 유대인 43만7402명이 대부분 아우슈비츠에서 살해되었다. 붉은 군대가 접근하고 있었기 때문에 힘러는 대량 학살 프로그램을 중단할 수밖에 없었지만, 살아남은 나머지 유대인은 노예노동자로 전락하거나 철도편 부족 때문에 독일까지 강제 행군해야 했다. 이 중 수천 명이 SS와 화살십자당 대원들에게 고문과 구타를 당하거나 몽둥이에 맞아 행군 도중 목숨을 잃었다. 비록 살러시는 이 죽음의 행군을 11월에 중단했지만, 6만 명 이상의 유대인이 부다페스트의 작은 게토에 포로로 남겨졌다. 살러시의 추종자 대부분은 이제 자체적으로 '유대인 문제 최종 해결책'에 착수하기로 했다. 훗날 500명을 살해한 혐의로 기소된 악명 높은 화살십자당 운동가인 알프레트 쿤 신부는 이런 명령을 자주 내리곤 했다. "주 예수의 이름으로, 발사!"[27]

14세에서 16세 소년들도 더러 소속되어 있던 화살십자당 민병대는 게토에서 유대인 집단을 붙잡아 속옷만 남기고 옷을 모두 벗긴 후 처형을 위해 다뉴브 강둑 쪽으로 빙판길을 맨발로 행군시켰다. 발포가 정확하지 않아 희생자 다수가 얼음 같은 강으로 뛰어들어 헤엄쳐 달아나기도 했다. 한번은 독일군 장교가 대량 학살을 중단하고 유대인들을 집으로 돌려보내기도 했는데, 이것은 아마도 일시적인 유예에 지나지 않았을 것이다.[28]

비록 헝가리군 헌병대의 몇몇 부사관이 4000명 규모의 화살십자당 민병대에 합류하여 유대인을 고문, 살해하는 일에 참여하기는 했지만, 그 밖의 부사관들은 유대인을 도왔다. 화살십자당 자체에 유대인의 탈출을 도운 구성원들도 더러 있었기 때문에 절대 포괄적으로 일반화할 수는 없다. 그중 한 명인 의사 아라 제레지안의 노력은 훗날 이스라엘의 야드 바솀 홀로코스트 박물관에서 모두 인정해준 바 있다.

유대인 구하기 작전은 스웨덴 외교관 라울 발렌베리에 의해 절정에 달했다. 헝가리에서 그의 지위가 반 공식적이었음에도, 그는 지위를 이용해 스웨덴 정부의 보호 아래에 있다는 문서를 수만 장 발행했다. 그 후 포위 기간에 화살십자당은 이러한 활동에 대한 보복으로 스웨덴 대사관에 침입해 직원 몇 명을 살해했다. 스웨덴과 더불어, 스위스 외교관 카를 루츠, 포르투갈 외교관 카를루스 브랑키뉴, 적십자 국제연맹, 교황청 대사가 다른 헝가리 유대인의 탈출을 돕기 위해 보호문서를 발행했다.

엘살바도르와 니카라과 대사관은 수백 개의 시민권증명서를 발행해주었지만, 스페인 대사관에서는 아주 비범한 속임수가 등장했다. 스페인 대사 앙헬 산스브리스는 살러시 정권이 스페인 정부의 인정을 받기를 간절히 바라고 있음을 알았다. 그는 살러시 정권 구성원들에게 그들이 원하는 환상을 심어줌과 동시에, 화살십자당에는 스웨덴 대사관보다 더 강경하게 맞섰다. 그러던 중 산스브리스가 어쩔 수 없이 떠나게 되면서 새 '대사'인 조르조 페를라스카에게 임무를 인계했다. 페를라스카는 사실 이탈리아 반파시스트였다. 그는 스페인이 보호하는 안전한 가옥에 유대인 5000명을 모았으며, 그동안 마드리드의 프랑코 정부는 정부의 이름으로 무슨 일이 일어나고 있는지 알지 못했다. 유대인 평의회 구성원 믹셔 도몬코시는 경찰서장 명의로 된 통행권을 위조해 아주 용감하게 선의의 사기극을 펼쳤다. 생명을 살리려는 이 모든 시도는 붉은 군대가 부다페스트로 진군하고 화살십자당의 활동이 극단으로 치달으면서 더욱 절박해졌다.

10월 18일, 제1군이 아헨을 확보하고 있던 바로 그때, 아이젠하워는 브뤼셀의 제21집단군 사령부에서 전략을 논의하기 위해 회의를 열었다. 몽고메리가 지난 9월 22일 베르사유의 연합국 파견군 최고사령부에서 열린 회의에 참석하지 않아 미군 동료들은 화가 나 있었기 때문에 이번에는 신중하게 장소를 골랐다. 그때는 몽고메리가 아끼는 참모장이자 브래들리가 '온화한 중재자'라고 칭했던 프레디 드 긴간드 중장을 대신 보냈었다. 이번에 몽고메리는 참석을 피할 수 없었다.

선택 가능한 한 가지 대안은 앤트워프가 일단 열리면 그곳으로 더 많은 미군이 도착하고 보급 물자가 들어와 비축될 때까지 기다리며 겨울을 나는 것이었고, 다른 대안은 사용 가능한 자원들로 11월에 본격적인 공세를 개시하는 것이었다. 서방 쪽에서 잠시 쉬는 것을 고려하려 해도, 연합국이 싸움을 주저한다며 스탈린이 쓴소리를 해댈 것이기 때문에 고려할 수 없었다. 루르 북쪽으로 밀고 나가자는 몽고메리의 새로운 의견은 또다시 기각되었다. 브래들리의 든든한 지지를 받던 아이젠하워는 제1군과 제9군이 북쪽에서 공격하고 패튼의 제3군이 자르에서 공격하는 이중 습격을 원했다. 그래서 몽고메리에게는 라인 강과 마스 강 사이 네이메헌 남쪽에서 방향을 바꾸라는 지시가 떨어졌다. 이렇게 아르덴 북쪽과 남쪽에 병력을 집중시키면 중앙은 방어가 매우 취약한 구역이 된다. 이 구역을 방호하기 위해 브래들리가 브르타뉴에서 임무를 마치는 중이던 트로이 미들턴 소장의 제8군단을 끌어왔다.

아헨은 10월 셋째 주 주말이 되어서야 정리가 되었다. 10월 30일, 해리스의 폭격기군단이 또 한 번 맹폭격을 실시해 쾰른에 사실상 최후의 일격을 가했다. 국영철도가 파괴되면서 폐허 속에 남아 있는 사람들을 구해낼 열차도 충분하지 않게 되었다. 그 뒤 이 도시에서는 나치에 대항한 민간인으로 구성된 무장 레지스탕스의 유일한 표본을 볼 수 있게 되는데, 바로 공산주의자와 외국인 노동자들이 고립된 경찰관들에게서 무기를 빼앗은 것이다. 이들은 게릴라 시가전을 치르며 경찰을 공격하고 심지어 게슈타포 지역국장을 살해하기까지 했다. 이들의 활동은 지독한 보복에 의해 소탕될 때

까지 계속되었다.[29]

연합군의 폭격은 더욱 격렬해졌다. 스파츠는 신형 Me 262 제트전투기가 갑자기 나타나 공중에서 자신의 폭격기들을 공격할 것을 걱정했지만, 영국 공군과 미국 육군항공대는 더 이상 독일 루프트바페를 크게 겁내지 않았다. 독일에 투하된 전체 폭탄의 약 60퍼센트가 제2차 세계대전 마지막 9개월 동안 투하된 것[30]이었다. 알베르트 슈페어 나치 군수장관은 독일의 경제 기반시설이 입은 피해에 대해 "결정적으로 연합군이 10월에 무자비한 폭격 작전을 실시하면서 그로 인해 교통, 통신망이 조직적으로 파괴된 결과, 1944년 가을에는 극복하기 어려운 지경에 이르렀다"[31]고 인정했다. 그리고 해리스의 회의적인 태도에도 불구하고, 정유소 및 벤졸 공장을 대상으로 한 스파츠의 정유시설 파괴 계획 또한 국방군의 작전, 특히 루프트바페의 작전에 가공할 영향력을 보이고 있었다. 하지만 독일 측은 슈페어의 노력과 재능 덕분에 무기 생산만은 계속할 수 있었다.

지역 폭격 작전으로 루르를 계속 폭격하겠다는 해리스의 의지도 사실상 그곳에 있는 다수의 벤졸 공장을 무력화하여 11월이 될 때까지 전부 가동 불가 상태로 만드는 데 한몫했다. 영국 공군과 미국 제8육군항공대의 전략상의 차이는 실제 결과보다 발표 방식에 있었다. 미 육군항공대는 늘 정확한 폭격으로 작전 범위를 설정한 반면, 실상은 매우 달랐다. 목표물에 붙여진 '조차장'이라는 말은 실제로 '인접한 도시 전체 폭격'의 완곡한 표현이었다. 겨울에는 시야 확보가 어렵기 때문에 제8육군항공대가 투하한 폭탄의 70퍼센트 이상이 '눈먼 폭탄'이었으며, 영국 폭격사령부도 사정은 마찬가지였다. 해리스는 도시 폭격에 대해 크게 신경 쓰지 않았고, 그 주제에 대해 양심을 운운하는 사람을 경멸했다. 해리스가 전적으로 잘못한 일을 꼽자면 폭격만으로 전쟁을 끝낼 수 있다고 반복적으로 주장한 것이었다.

1942년 암흑기 이래로 영국은 폭격사령부를 거의 막을 수 없는 기세로 키워오며 재정적으로나 산업상으로 많은 투자를 해왔고 또한 많은 생명을 희생시켰다. 폭격사령부의 수많은 공격은 도덕적 정당성은 물론이고 군사적 논리도 빈약했지만 계속되었다. 강박관념에 사로잡힌 해리스에게 전쟁이 끝날 때까지 면적을 불문하고 독일 도시 중 성한 도시가 없도록 하는 것은 명예가 걸린 문제였다. 11월 27일, 슈바르츠발트Schwarzwald(검은 숲) 끝에 위치한 프라이부르크가 폭격을 받아 3000명이 사망하고 중세풍 도심지가 파괴되었다. 도심지는 전선 안에 있는 교통 요충지였기 때문에 결국 원래의 포인트블랭크 지령에 어긋나지 않는 표적이었지만, 이로써 전쟁이 하루, 아니면 한 시간, 1분이라도 짧아진 것인지는 알 수 없다.

대포를 집중적으로 사용했을 때와 마찬가지로, 이번 폭격으로 민주주의 개념을 혼란스럽게 하는 역설이 드러났다. 본국에서 언론과 여론이 더 심하게 압박을 가했기 때문에 지휘관들은 아군의 피해를 최소화하지 않을 수 없었다. 그리고 곧 더 많은 민간인이 목숨을 잃을 수밖에 없는 고폭탄을 최대한 응용하는 데 의지했다. 수많은 독일인이 하늘을 향해 복수를 부르짖었다. V-1으로 영국의 무릎을 꿇리지 못하고 V-2로도 전세를 뒤엎지 못한 듯하자 V-3에 관한 소문이 돌았다. 한 여성이 이렇게 기록했다. "총통과 국민을 위해 우리가 하는 기도가 곧 무기다. 주 하느님은 우리의 총통을 버리지 않으신다."[32]

11월 8일에 패튼 장군은 더 이상 날씨가 갤 때를 기다릴 수 없다며 항공대의 지원 없이 자르에서 제3군의 공세를 시작했다. "오전 5시 15분, 준비 포격 소리에 잠이 깼다. 400문이 넘는 대포의 발사 소리는 마치 빈집에서 문을 쾅 닫는 소리 같았다."[33] 패튼의 제20군단은 요새화된 도시 메스를 공략하기 시작했다. 하늘도 맑게 개 전폭기도 투입되었지만 그동안 내린 호우로 모젤 강은 전례 없이 불어나 있었다. 패튼은 브래들리에게 공병중대 하나가 이틀간 좌절감을 느끼고 고된 노동을 하면서 급류가 흐르는 강 너머로 부교를 연결해낸 이야기를 했다. 먼저 맞은편으로 건너간 차량들 중 한 전차 공격차에 밧줄이 걸려 끊어지면서 다리가 떨어져 이내 하류 쪽으로 휩쓸려 내려갔다. "망할 중대원 전체가 진흙에 주저앉아서는 아기처럼 큰소리로 울고 있지 뭔가."[34] 패튼이 말했다.

제1군과 제9군이 있는 북쪽도 날씨가 나쁘기는 마찬가지였다. 엘우드 '피트' 케사다 소장 예하 제9전술항공사령부는 원군이 넘어오는 것을 막기 위해 라인 강에 놓인 교량들을 계속 공격하던 중이었다. 11월 5일, 한 전투기 조종사는 독일 공병이 적의 돌파에 대비해 설치해둔 발파용 폭약을 무심코 쏘았다가 교량 하나가 몽땅 무너져 내리자 깜짝 놀랐다.

13일 동안 쉬지 않고 비가 내리는 끔찍한 날씨가 계속되었다. 11월 14일에 브래들리는 막 첫눈이 내려 얇게 쌓인 아르덴을 지나갔다. 그는 제1차 세계대전 당시 독일군 총사령부가 있던 벨기에 휴양지 스파에 위치한 제1군 사령부로 향했다. 하지의 참모가 카지노 안의 화려한 샹들리에 아래 테이블 앞에 앉는 순간, 런던과 앤트워프 상공을 향하는 V-1 비행폭탄과 V-2 로켓이 하늘을 가르며 빠른 속도로 비행하고 있었다.

11월 16일 이른 시각, 하지가 무조건 공격을 결정한 직후 기상보고에서는 맑은 날씨를 전망했다. 동이 튼 지 얼마 되지 않아 몇 주 만에 처음으로 해가 모습을 드러냈다. 모두 믿기지 않는다는 눈으로 해를 바라보았다. 정오 직후에 제8비행단의 포트리스, 리버레이터와 폭격기군단의 랭커스터가 지크프리트선 통로를 격파하기 위해 상공에 나타났다. 코브라 작전 초기에 재난을 겪어 신경이 날카로웠던 브래들리는 공격을 기다리고 있는 자신의 부대를 폭격기들이 공격하지 않도록 신중에 또 신중을 당부했다. 그러나 이번에 미군 사상자는 없었지만 진군하던 보병대와 기갑부대는 독일군이 또 넓고 깊은 '악마의 정원'을 꾸며놓았다는 사실을 곧 발견하게 된다.

제1군은 아헨에서 휘르트겐 숲을 지나 루르 강으로 진군할 계획이었다. 그리고 독일군이 뒤렌 남쪽의 댐을 이용해 이후 연합군이 루르 강을 도하하려는 시도를 막을 수도 있었기 때문에 댐을 장악할 필요가 있었다. 브래들리와 하지 두 사람 다 통로를 열어줄 공중 공격과 대포 포격만 믿고 다가올 공포를 대수롭지 않게 여겼다. 노르망디의 보카주 수풀지대에서 겪은 것보다 훨씬 더 끔찍한 일이 기다리고 있었는데도 말이다.

아헨 동남쪽 휘르트겐 숲은 경사진 언덕 비탈에 30미터 높이로 자란 소나무가 모여 있어 어두컴컴하고 불안한 분위기를 풍기는 곳이었다. 숲이 무섭도록 깊다보니 병사들은 자주 길을 잃었다. 그들에게 이 지역은 '마녀굴에 딱 어울릴 법한 으스스한 곳'[35]으로 보였다. 이번 전투는 보병전이 될 터였지만 투입된 대대와 연대, 사단의 훈련 상태도 미숙한 데다 앞으로 전개될 일에 대한 준비마저 제대로 되어 있지 않은 상태였다. 나무들 간의 간격도 좁고 협곡까지 있어 전차나 전차공격차가 평소처럼 지원에 나설 수는 없었으며, 포병대나 전폭기부대도 활동이 어려웠다. 반면에 위장술과 지하 벙커, 지뢰, 부비트랩 사용에 능한 독일 제275보병사단이 방어하기에는 안성맞춤인 땅이었다.

디데이 이래 보병대가 엄청난 손실을 입으면서 최전선 소대에서는 훈련을 거의 받지 못한 신병들의 비중이 더 커졌다. 브래들리는 신병들의 기량뿐만 아니라, 유럽 전선에 투입된 병사 수가 너무 적은 데에도 화가 났다. 그는 맥아더 장군이 필리핀 전선으로 알짜를 챙겨갔다는 사실을 알고 있었다. 워싱턴에서는 더 이상 '독일 우선'이라는 말이 씨알도 먹히지 않는 듯했고, 국방부는 아이젠하워에게 할당된 월 8만 명의 증원군 수[36]를 6만 7000명으로 감축했다.

미국 육군의 군사 보충 체계는 잔인하리만큼 상상력이 부족했으며 영국 육군도 더 나을 게 없었다. 큰 피해를 입은 뒤, 후방 지역의 예비 대원들은 일명 '레플 데플'이라는 보충대에 본국에서 막 배를 타고 넘어온 새내기들이 자신들과 함께 섞여 있음을 일순간 발견했다. 신병들이 해질녘 현 위치도 모르고 적군이 누구인지도 모른 채 전투에 내몰리지 않도록 조직의 기량을 향상시키려면 많은 노력이 필요했다. 그런데도 신병들은 여전히 앞으로의 일에 대해 비참할 정도로 대비가 되어 있지 않았다. '레플'들이 첫 번째 전투에서 살아남아 주변을 둘러싼 공포에 조금씩 익숙해져야만 다음 전투에서도 살아남을 가능성이 커지는 것이다.

독일군의 전술은 아주 단순했다. 그들은 사상자를 최대한 많이 만들어 낼 생각이었다. 독일 병사들은 지뢰선에 연결된 텔러 지뢰 등 온갖 종류의 부비트랩을 활용하는 데 악마적인 천재성을 지닌 듯했는데, 이번에는 압력을 받음과 동시에 발을 날려버리는 악명 높은 대인 무기인 슈첸미네 지뢰를 쏟아부었다. 모든 통로와 방화대를 지뢰밭으로 만들고 나무를 쓰러뜨려 차단막을 형성했다. 바리케이드에는 부비트랩이 설치되어 있었으며 박격포와 야포들이 미리 조준을 맞춰두었다. 공격은 계속 실패했다. 다음은 불운한 제28사단의 기록이다. "분대와 소대가 길을 잃었다. 화약이 장약된 박격포 포탄이 공격 진영으로 날아와 터지기 시작하며 병사들을 날려버렸다. 누구라도 움직이면 한결같이 기관총탄이 연발로 날아와 나무를 관통했다. 대체 투입된 한 병사는 흐느껴 울며 미친 듯이 손으로 땅을 파려 했다. 늦은 오후에 이 대대는 비틀거리며 출발선으로 돌아왔다."[37]

그러나 비는 좀처럼 잦아들지 않았다. 나무에서는 끊임없이 빗방울이 떨어지고, 땅은 흠뻑 젖었으며, 참호에는 물이 가득 찼다. 악천후에 입을 옷이 도착하지 않은 데다 25년 전에 있었던 참호전이 주는 교훈을 기억하는 사람이 드물었기 때문에 미군 병사들 사이에서는 참호족, 또는 침족병에 걸려 발을 못쓰게 된 사상자가 발생했다. 이질에 걸린 병사도 많았다. 더 놀라운 것은 공황 상태에 빠져 후퇴와 자해, 신경쇠약, 자살, 탈영 등의 사례가 급격히 늘었다는 사실인데, 이로써 숲의 분위기가 얼마나 고약했는지 알 수 있다. 휘르트겐에 주둔하던 제28사단 소속 사병 에디 슬로빅은 미군으로서는 유일하게 전쟁 중에 총살 집행대에서 처형당했다. 국방군은 연합군이 이토록 허약하다는 사실을 믿기 힘들었다. 독일 군대에서 탈영병은 무조건 총살될 뿐만 아니라, 이제는 힘러의 지령에 따라 그의 가족까지도 총살될 수 있었기 때문이다.

병사들을 공격에 내보낼 수 없게 되자 장교들이 하나둘 해임되기 시작했다. 제8사단에서는 한 대대의 거의 모든 장교가 해임되었고, 후임 장교들도 똑같이 힘든 처지에 놓였다. 이렇게 끔찍하고 피비린내 나는 질퍽한 전투를 치른 사단들은 전선에서 하나둘 철수할 수밖에 없었다. 신체적, 정신적 피로에 시달리던 병사들은 깜빡이지도 않는 시체 같은 눈을 하고 나타나 일명 '2000년째 뜬눈'[38]으로 불렸다. 결국 휘르트겐 숲에서 발생한 미군 사상자[39]는 총 3만3000명으로 집계되었는데, 이는 투입된 병사의 4분의 1이 넘는 수치였다.

하지는 처음부터 미군의 약점과 독일군의 강점이 두드러질 수밖에 없는 불리한 전투에서 싸울 시도를 했다는 점에서 상상력이 부족하다며 심한 비판을 받았다. 그러나 숲은 강을 건너려면 먼저 확보해야 하는 슈미트 마을과 루르 댐으로 가는 유일한 경로였다. 심지어 더욱 트여 있는 아헨 북쪽 시골 지역에서도 독일군 부대들은 마을마다 높은 곳에 자리 잡고 방비를 견고히 하여 마을이 파괴될 때까지 방어했다. 미군 정보장교가 포로가 된 젊은 소위에게 자기 나라를 그렇게 파괴한 것에 대해 후회하지 않느냐고 물었을 때, 그 소위는 그저 어깨를 으쓱하며 무심하게 대답했다. "전쟁이 끝나면 남의 땅이 될 텐데 파괴하지 않을 이유가 있겠소?"[40] 그리고 북쪽에서도, 네이메헌에서 남쪽으로 방향을 바꾸던 영국 제2군이 울창한 라이히스발트 숲에서 하지의 병사들과 비슷한 상황을 맞이했다. (웨일스) 제53사단[41]에서 9일간 5000명의 사상자가 발생했다.

남쪽으로 한참 떨어져 있던 연합국 군대는 훨씬 더 좋은 결과를 얻고 있었다. 11월 19일, 장 드라트르 드타시니 예하 프랑스 제1군이 벨포르 협곡을 돌파하여 라인 강 상류에 도달했다. 사흘 후, 제이컵 디버스 예하 제6집단군의 북쪽 전투 지구에서 웨이드 헤이슬립이 이끄는 제15군단이 사베른 협로에 침투하고 11월 23일에는 르클레르 장군이 지휘하는 제2기갑사단이 스트라스부르에 입성함에 따라, 그가 북아프리카 사막에서 맹세했던 약속은 지킨 셈이 되었다.

크게 만족한 드골 장군은 모스크바로 가 스탈린을 만나기 위해 다음 날 먼 길을 돌아 여정을 떠났다. 그의 옆에는 가스통 팔레브스키 비서실장과 조르주 비도 외무장관, 쥐앵 장군이 동행했다.

여정은 당황스러울 정도로 오래 걸렸는데, 이는 정부의 수뇌가 타는 쌍발 비행기가 워낙 노후해서 자주 고장을 일으켰기 때문이다. 이들은 마침내 바쿠에 도착해 비행기에서 내린 뒤 소비에트 정부에서 제공한 열차에 올랐다. 이들은 제1차 세계대전 당시 제정 러시아군 총사령관 니콜라이 대공이 사용했던 오래된 객차를 탔다. 눈이 쌓인 초원을 가로지르는 속도가 너무 느려서 드골은 자기가 자리를 비운 사이에 혁명이나 일어나지 않았으면 좋겠다고 우스갯소리를 할 정도였다.

드골은 프랑스 공산당을 통제하기 위해 스탈린과 좋은 관계를 형성하고 싶어했다. 결과는 실망스럽지 않았다. 스탈린은 프랑스에서 당분간은 혁명적인 사건이 벌어지는 것을 원치 않았다. 공산당이 봉기하면 루스벨트가 협정에 따라 소련에 대여하는 무기 및 물자를 더 이상 공급하지 않거나, 최악의 경우 이를 빌미로 독일과 협상을 벌일 수도 있었다. 스탈린은 루스벨트가 프랑스를 얼마나 불신하는지 알고 있었다. 드골이 생각한 또 다른 목표는 스탈린의 도움을 받아 프랑스가 평화 회담에 대표단을 참석시키고 미국에게 따돌림 당하지 않도록 확답을 받아두는 것이었다.

모스크바에 도착한 날, 프랑스 대표단은 크렘린 궁 안에서 스탈린의 짓궂은 연회를 견뎌야 했다. 스탈린이 육군 원수와 장관들을 한 명씩 드골에게 보내 건배하라고 시켰기 때문이다. 그런 다음 교수형에 처해 꼴사나운 모습을 보이게 해주겠다는 농담으로 협박하며 건배 제의를 했다. 드골은 스탈린을 '육군 원수 복장을 한 공산주의자, 교활함이 감춰져 있는 독재자, 온화한 분위기를 풍기는 정복자'[42]라며 인상 깊게 묘사했다. 이야기를 나누면서 스탈린은 소련의 괴뢰정부인 루블린 폴란드를 인정받는 것을 목표로 삼았다. 그는 서방 동맹이 깨지기를 분명히 바라고 있었다. 드골은 정중하고 단호하게 거부 의지를 고수했다. 어느 순간 스탈린은 가스통 팔레브스키에게 악의적인 웃음을 보이며 말했다. "폴란드인임을 부정할 수 없는 사람이 한 명 있지요, 팔레브스키 씨."[43]

스탈린은 1940년 프랑스의 함락으로 자신의 계획이 엎어진 것이 못내 화가 나기는 했지만 자기 나름대로 관대하게 손님을 맞이할 준비를 했다.(드골의 속을 더 긁어놓은 일화로, 스탈린은 일리야 예렌부르크를 시켜 파리의 함락에 관해 예렌부르크가 쓴 소설의 사본을 드골에게 선물하게 했다고 한다.) 한편 드골이 루스벨트에게 화가 났음을 잘 알고 있던 스탈린은 향후 서방 동맹에서 프랑스를 유용한 와일드카드로 키울 수도 있다고 느꼈다. 스탈린은 영국과 미국을 믿지 않았다. 스탈린이 가장 두려워한 것은 훗날 영국과 미국이 독일을 재무장시키는 것이었다. 스탈린은 드골이 독일의 완전한 패배뿐만 아니라 독일 국토 분할도 진심으로 원하고 있음을 알았다. 이렇게 해서 두 사람은 합의에 이르게 되었다. 비록 스탈린은 전후 합의에서 라인란트의 소유권을 주장하는 드골을 지지하지 않았지만 말이다.

연회에서 비도가 술에 많이 취하기는 했지만 어쨌든 모스크바 방문 일정은 순조롭게 진행되었다. 그리고 프랑스 대표단이 떠나기 직전인 새벽 4시에 마침내 프랑스-소비에트 협정이 체결되었다. 스탈린이 제시한 폴란드 괴뢰정부 수립 안에 대해서는 타협이 이뤄져야 했지만, 적어도 드골은 프랑스 공산당 때문에 골치 아플 일은 없으리라는 것을 확신하게 되었다. 드골이 자리를 비운 사이 프랑스로 온 공산당 지도자 모리스 토레즈는 당원들에게 바리케이드를 치거나 추가 공격을 개시하라는 명령을 내리지 않았다. 그는 독일을 패망시키기 위해 피와 땀, 생산성 증대와 민족 통일을 요구했다. 공산당 레지스탕스는 어안이 벙벙했지만, 다음 날 당의 보도를 통해 토레즈가 한 말을 확인할 수 있었다. 소련 정부에서는 명확하게 발표했다. 드골 일행은 12월 17일에 마침내 프랑스로 돌아왔는데, 놀랍게도 고국에는 전혀 예기치 못한 위기가 닥쳐오고 있었다. 독일군이 아르덴을 돌파한 뒤 파리를 향해 오고 있는 듯하다는 것이었다.

아르덴과
아테네

1944년 11월, 트로이 미들턴 소장이 지휘하는 제8군단 병사들은 아르덴 전선에서 권태감에 시달리고 있었다. 브래들리 장군은 삼림관리인에게서 '미군이 돼지고기 바비큐를 즐기려고'[1] 정찰기인 파이퍼컵을 타고 저공비행을 하면서 톰프슨 기관단총으로 멧돼지를 사냥하고 있다는 불만의 목소리를 듣게 된다. 심지어 병사들은 늘 똑같은 K호 휴대식량에서 벗어나고자 송어가 사는 개울에 수류탄까지 사용하고 있었다.

9월에 베스트발을 향한 혼란스러운 후퇴를 경험한 뒤, 히틀러는 1940년에 이룬 대승리의 기쁨을 다시 한번 만끽하고 싶어 안달이 나 있었다. 이번에도 그는 앤트워프 탈환을 목표로 연합국의 안일함과 충격 효과, 빠른 기동을 기대했다. 만슈타인이 실행했던 낫질작전의 축소판이라 할 수 있는 이 계획으로 캐나다 제1군, 영국 제2군, 윌리엄 심프슨 중장의 제9군, 그리고 하지의 제1군 대다수를 차단할 수 있었다. 히틀러는 제2의 됭케르크를 꿈꾸기까지 했다. 수하의 장군들은 히틀러의 그런 환상에 경악하지 않을 수 없었다. 구데리안은 소비에트군이 동계 공세를 펼치기 전에 동부 전선을 강화하고 싶었다. 그러나 히로히토가 꿈꾸었던 대륙타통작전과 비슷하게 히틀러가 구상했던 전략은 바로, 압도적인 승리를 거두어 적어도 1개국 이상을 전쟁에서 물러서게 하는 것, 그런 다음에는 강자의 입장에서 협상을 벌이는 것이었다.

11월 20일 오후, 히틀러는 숲에 가려진 철도 측선에 위장해 있던 특별열차에 올라 마지막으로 늑대소굴을 떠났다. 당시 히틀러는 몸 상태가 좋지 않았는데, 목 수술도 받아야 하는 상황이어서 이 점이 위협을 받고 있던 동프로이센 전선을 버릴 명분이 되어주었다. 그는 독일에 재앙이 닥쳤음을 알고 크게 상심해 있었다. 괴벨스는 히틀러가 위중하다는 둥 미쳐버렸다는 둥, 심지어 죽었다는 소문까지 퍼지고 있으니 대국민 방송을 하라고 열심히 설득했다. 하지만 히틀러는 확고부동하게 괴벨스의 제안을 거부했다.

오로지 복수를 다짐하는 것만이 히틀러를 기운차게 했으며, 아르덴 공세만이 강한 기대감을 주었다. 히틀러는 독일 국방군 총사령부 참모들의 도움을 받아 아주 상세하게 지령을 작성했다. 이 지령은 원래 방어 작전이라는 의미를 내포한 표면상의 이름인 '라인감시작전'으로 불렸는데, 진짜 이름은 '가을안개'였다. 공격 부대들은 48시간 안에 뫼즈 강에 도달한 다음 14일 이내에 앤트워프를 탈환해야 했다. 히틀러는 이 작전으로 캐나다 제1군을 함정에 빠뜨리고 캐나다를 전쟁에서 물러나게 할 것이며, 그다음에는 미국이 평화 협상을 고려하게 만들 것이라고 사령관들에게 말했다.

아헨 돌출부를 격파할 제한적인 공세를 완벽하게 준비한 룬트슈테트 육군 원수는 앤트워프 탈환이 매우 비현실적인 목표라는 것을 알고 있었다. 연합군 공중 병력의 이륙이 아무리 날씨 때문에 어렵다고 해도, 그리고 독일군이 연합군의 연료창고를 온전하게 장악한다고 해도, 독일군은 돌파로 만든 통로를 지킬 힘도 없을 정도였다. 상황은 8월 초에 히틀러의 집착으로 폰 클루게 육군 원수가 아브랑슈에서 억지로 반격을 실시했을 때와 비슷했다. 극적이면서도 허를 찌르는 공격은 지속하지 못하면 아무 소용이 없는 것이었다. 룬트슈테트는 연합국이 이 작전을 마치 자신의 작전인 양 '룬트슈테트 공세'라고 부른다는 것을 알고 훗날 크게 마음 상해했다.

11월 3일 요들이 관련 지휘관들에게 계획의 개요를 설명하자, 지휘관들은 모두 경악했다. 서부 총사령관 룬트슈테트, B 집단군 총사령관 모델, 제6SS기갑군 사령관 요제프 디트리히 SS상급대장, 제5기갑군 사령관 하소 폰 만토이펠 상급대장이 바로 그들이었다. 그럼에도 6주 후 마침내 전투 전날이 되었을 때 다수의 젊은 장교와 사병은 영국에 대한 V-2 발사와 더불어 이번 공세가 자신들이 오랫동안 기다려온 전환점이 될 것이라고 믿거나 혹은 믿으려고 노력했다.

11월 28일, 독일 북쪽 국경에서 비에 이어 진눈깨비가 내리는 가운데 격렬한 전투가 계속되는 동안 아이젠하워는 벨기에 사령부에 있는 몽고메리를 방문했다. 지도가 펼쳐진 카라반에 아이젠하워가 앉으려는 순간 몽고메리는 현재 벌어지고 있는 전투에서 성공한 사례가 거의 없다는 점을 들어 그를 못살게 굴기 시작했다. 몽고메리는 자신에게 단호하게 '노'라고 말하지 못하는 아이젠하워의 성격을 다시 한번 이용하여 자신이 아르덴 북쪽에 있는 모든 연합군 병력을 지휘해야 한다는 의견에 동의를 얻을 생각이었다. 그러나 브래들리는 자기 병력 일부를 몽고메리에게 맡기고 싶지 않아 곧바로 아이젠하워의 마음을 바꾸어버렸다. 12월 7일, 아이젠하워와 브래들리, 몽고메리 세 사람이 마스트리흐트에서 만났을 때, 아이젠하워는 몽고메리에게 북진 병력을 보강할 계획이 더 이상 없다는 말을 했고, 그 말을 들은 브래들리는 만족감에 흘러나오는 미소를 꾹 참아야만 했다.

아이젠하워와 수하의 집단군 사령관들이 다음 공격지를 아르덴 북쪽으로 할 것인지 남쪽으로 할 것인지를 두고 또다시 옥신각신하는 사이, 연합군 정보부는 어느새 독일 제6SS기갑군의 행로를 놓치고 있었다. 연합군은 제6SS기갑군이 쾰른 주변에 있다가 만토이펠의 제5기갑군과 힘을 합친 뒤,

미 제1군이 루르 강을 넘으면 그 즉시 제1군을 역습할 준비를 하고 있다고 예상했다. 마스트리흐트에서 아이젠하워는 브래들리에게 미들턴 예하 제8군단이 홀로 지키고 있는 아르덴 지구에 대한 문제를 제기했지만, 브래들리는 개의치 않았다. 그는 북쪽과 남쪽으로 공세를 강화했기 때문에 아르덴 지구가 약화된 것이라고 설명했다. 마스트리흐트 회의에서 대규모 반격을 예상하는 장군은 아무도 없었다. 독일군은 기갑병력에 사용할 연료가 절대적으로 부족했다. 돌파한들 어디로 가겠는가? 정보통에 의하면 독일군이 앤트워프에 눈독을 들이고 있다는 소문도 있었지만 고위 장교들은 심각하게 여기지 않았다. 몽고메리는 크리스마스를 보내기 위해 영국으로 돌아갈 계획이었다.

12월 15일, 히틀러와 그의 측근들은 전용 열차를 타고 바트나우하임 근처 치겐베르크에 위치한 총통 본부인 독수리둥지로 이동했다. 룬트슈테트의 사령부는 이미 부근의 슐로스에 마련되어 있었다. 마르틴 보르만의 나치당 사무국도 그곳에 와 있어 장군들은 두려움에 떨었고, 보르만은 타자수들을 모두 수용할 시설이 불충분하다며 불만을 늘어놓았다.[2] 나치의 관료주의는 베를린에서나 지방에서나 재난 위협이 있을 때마다 심해지는 듯했다. 당이 변함없이 중요한 일들을 통제하고 있다는 인상을 심어주려는 것이었다. 연합군의 폭격에 교통 체계가 파괴되어 우편 체계도 무너지려 하자, 모든 것에 대한 지시와 지침, 규제 등이 한꺼번에 쏟아져 나왔다.

기갑부대와 보병부대 모두 준비가 되지 않은 탓에 공세는 2주 넘게 지연되었다. 히틀러는 이번 공세에 30개 사단을 집결시키고자 했으나, 결국에는 공격 부대에 20개 사단, 예비 부대에 5개 사단이 배치되었다. 주공 중에서 북쪽에서는 디트리히 예하 제6SS기갑군이 앤트워프로 향하고 오른쪽 측면을 제15군이 지키게 할 계획이었다. 남쪽에서는 제15기갑군이 먼저 브뤼셀로 향하고, 왼쪽 측면은 제7군이 방어하기로 했다.

아르덴에 대한 독일군의 공세가 있을 수도 있다는 우려의 목소리를 내고 동료들의 동조를 얻은 미군 고위 장교는 극소수에 불과했다. 공중정찰을 통해 라인 강 너머 독일군의 활동이 증가했음이 감지되었지만, 이것은 독일군이 북쪽 루르 강을 일단 도하한 뒤 역습하려 하기 때문이라고 생각했다. 제12집단군 사령부는 독일군의 병력이 약해져 있어 전혀 위협이 되지 않으리라고 확신했다. 미들턴이 브래들리에게 135킬로미터에 이르는 아르덴 지구에 제8군단 병력이 매우 적다고 말하자, 집단군 사령관이 이렇게 대답했다. "걱정 마시오, 트로이. 놈들은 이곳을 지나지 않을 거요." 미들턴은 전투를 한 번도 경험하지 않은 제99사단과 제106사단, 그리고 휘르트겐 숲에서 전투를 치른 후 사기가 꺾이고 지쳐 있던 제28사단과 제4사단 등, 총 4개 보병사단을 이끌었다. 그는 또한 제9기갑사단을 예비 병력으로 두고 제14기병대를 정찰대로 배치했다.

12월 16일 오전 5시 30분, 독일군 포병대가 포문을 열었다. 전선을 따라 동시다발적으로 발포되는 포 1900문의 효과는 감각을 완전히 마비시킬 정도였다. 동요한 미군은 정신없이 침낭 밖으로 나와 무기를 들고 포격이 끝날 때까지 참호 바닥에 웅크리고 있었다. 그러나 포격이 끝나자 으스스한 불빛이 보였다. 이 가짜 여명은 사실 독일군이 전선 안쪽에서 구름에 서치라이트를 비추어 반사시킨 '인공 달빛'이었다. 눈 속에서 위장한 채 얼음 같은 안개와 아르덴 숲속의 키 큰 나무들 사이로 나아가는 독일 보병대의 모습은 마치 유령 같았다. 고립된 전위대가 용감하게 저항하는 동안, 북쪽에서 2개의 신생 미군 사단 병력 대부분이 독일의 2개 기갑군 선봉 부대의 공격을 받았다. 연락 체계가 무너졌음에도 불구하고, 아직 실력이 입증되지 않은 제99보병사단의 최전선 중대들은 제2사단 일부 병력의 지원을 받아 국

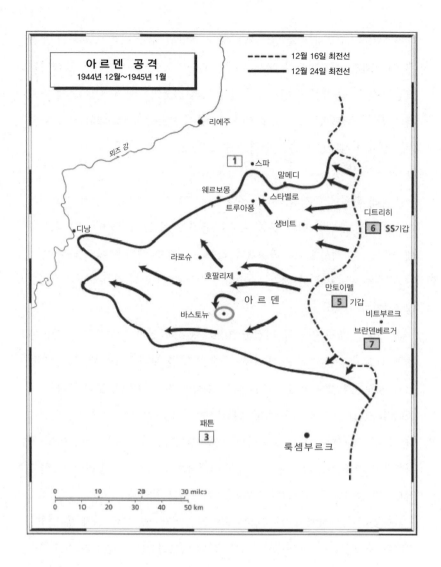

아르덴 공격
1944년 12월~1945년 1월

----- 12월 16일 최전선
━━━ 12월 24일 최전선

뫼즈 강

리에주

1 · 스파
말메디
웨르보몽 · 스타벨로
트루아퐁
생비트   디트리히
6 SS기갑

디낭

라로슈
호팔리제
아 르 덴   만토이펠
5 기갑
바스토뉴   비트부르크
브란덴베르거
7

패튼
3   룩셈부르크

0   10   20   30 miles
0   10   20   30   40   50 km

민척탄병 사단과 제12SS기갑군단인 히틀러 유겐트 사단을 상대로 끈질기
게 싸우면서 후퇴했다. 그러나 바로 남쪽에서는 제106보병사단의 2개 연대
가 포위되었다.

디트리히가 이끈 남부 최전선 부대는 그가 전에 지휘했던 LAH 소속 부

대인 제1SS기갑연대로 편성되었다. 68톤 무게의 로열 타이거 전차가 보충된 이 연대는 무자비함의 대가 요아힘 파이퍼 SS중령이 지휘했다. 폭파된 교량과 좁은 길 때문에 대열이 혼란에 빠져 진군이 어렵게 되었을 때 파이퍼는 전차를 지뢰밭으로 그냥 지나가도록 지시했고, 결국 6대의 전차를 잃기는 했지만 빼앗긴 시간은 만회할 수 있었다.

스파에 위치한 하지의 제1군 사령부는 포격으로 절단된 야전 전화선과 대혼란 때문에 얼마 받지 못한 보고 내용을 토대로, 독일군이 국지적인 파쇄 공격을 막 개시했다고 단정했다. 하지는 전세가 이미 크게 달라져 있다는 사실을 깨닫지 못한 채 제2보병사단에 루르 댐 탐색 작전을 계속하라고 명령하기까지 했다.

베르사유 소재 연합국 파견군 최고사령부에 있던 아이젠하워 장군은 누구의 방해도 받지 않은 채 기분 좋은 하루를 보내고 있었다. 그는 다섯 번째 별을 틀림없이 달게 될 것이라는 소식을 전해 들었다. 그의 부하인 몽고메리가 9월 초 다섯 번째 별을 달았다는 사실은 분명히 짜증나는 일이었다. 그 뒤 그는 편지를 쓰고, 자신의 당번병과 자신의 사령부 소속 여군 운전병과의 결혼식에 참석했다. 그리고 저녁에는 신선하게 배송된 굴을 함께 먹으려고 준비한 브래들리와의 만찬을 기다리고 있었다.

브래들리가 도착하자 두 사람은 회의실로 가서 보충대에 관해 논의했다. 그러던 중 한 참모장교가 불쑥 들어오더니 아르덴 지구가 뚫렸다는 소식을 전했다. 브래들리는 그 공격을 임박한 패튼의 공격을 방해하기 위한 견제 공격 이상으로는 여기지 않았지만, 아이젠하워의 본능은 꿈틀거렸다. 그는 사태가 더 심각하다고 판단했다. 그리하여 브래들리에게 미들턴의 제8군단에 지원 병력을 보내라고 말했다. 예비 병력으로는 북쪽의 제7기갑사단, 그리고 남쪽의 패튼 예하 제10기갑사단이 있었다. 두 사람이 예상한 대로 패튼은 유쾌해하지 않았으나, 어쨌든 양쪽 사단 모두 이동하라는 명령을 받았다. 브래들리는 굴 알레르기가 있어 저녁 식사로 굴 대신 스크램블드에그를 먹었고, 식사 후 두 사람은 연합국 파견군 최고사령부 참모장교 서너 명과 다섯 판짜리 브리지 게임을 했다.

자신이 틀렸을지도 모른다는 생각에 두려움을 느끼기 시작한 브래들리는 다음 날 패커드 지휘 차량을 타고 룩셈부르크에 있는 자신의 전술사령부로 급히 돌아갔다. 그는 상황실을 향해 문자 그대로 계단을 뛰어올라가 벽에 붙은 커다란 상황도를 응시했다. 빨간 화살표가 큼직하게 독일군의 진격을 표시하고 있었다. 브래들리는 믿을 수 없다는 듯, "이 개자식은 도대체 어디에서 이 병력을 모두 모은 거야?"[3]라고 혼잣말을 했다. 아직 정확한 정보를 얻기는 어려웠다. 스파에 있는 제1군 사령부로 이어진 전신기 선은 끊어져 있었다. 아이젠하워의 부관인 해리 부처가 베르됭에 있는 제12집단군 주사령부에 당도했을 때, 그는 그곳이 카세리네에서 참사가 벌어졌던 직후의 기분을 느끼게 한다는 사실을 알아차렸다.

한편 제3군 사령부에서는 싸울 태세를 취하고 있었다. 패튼은 반신반의하며 아르덴에서 역습이 있을 것을 예상했다. "좋아. 우리는 공간을 열어줘서 그들을 곧장 파리로 보내버려야 한다. 그런 다음에는 밑둥을 잘라낼 것이다."[4] 북쪽의 제9군 사령부는 독일군이 어떤 식으로 나올지 몰라 여전히 혼돈에 빠져 있었다. 제9군에 루프트바페가 전례 없이 많은 공격을 감행하자 이것이 '제1군 구역에서 대규모 역공을 펼치기 위한 양동작전'일 것이라는 예측이 나왔다. 참모장교들은 "모든 것은 폰 룬트슈테트가 어떤 군대를 데리고 나오느냐에 달려 있다"[5]고 말했다. 한편 제1군 사령부의 하지가 정말로 병을 얻었거나 스트레스로 쓰러졌다는 이야기가 나돌았다. 그런데 최고정보장교의 경고를 무시한 사람은 다름 아닌 하지였다.

12월 17일 연합국 파견군 최고사령부에서 아이젠하워와 그의 참모들은 독일군의 의도를 알아내고 대응책을 마련하기 위해 안간힘을 쓰며 활용 가능한 모든 정보를 살펴보았다. 이들은 독일군이 단순히 제12집단군과 제21집단군을 갈라놓으려 한다고 단정했다. 남아 있는 예비군은 마켓가든 작전을 수행한 뒤 랭스 부근에서 휴식을 취하고 있던 제82공수사단과 제101공수사단뿐이었다. 아이젠하워 일행은 지도를 꼼꼼히 검토한 뒤에 바스토뉴행을 결정했다. 영국에서 대기하고 있던 3개 사단에 추가로 즉시 이동할 준비를 하라는 명령이 떨어졌다. 제82공수사단은 결국 스파 인근의 웨르보몽으로 전환 배치되었다.

독일군이 프랑스 수도를 향하고 있다는 오해는 시끄러운 소문이 되어 더 멀리 퍼졌다. 독일군 계획의 핵심 요소에는 뫼즈 강에 놓인 교량을 장악하여 진격 속도를 높이고자 프리드리히 폰 데어 하이테 대령이 이끄는 제6낙하산연대를 투하하는 작전이 포함되어 있었다. 낙하산연대의 접근로를 대공포가 방해하고 있어서 하이테 휘하의 병사들은 대부분 목표하던 투하 지점을 제외한 나머지 지점에 흩어져 떨어지게 되었다. 하이테는 그렇게 적은 병력으로는 교량 주변에 숨어서 기갑 선봉 부대가 도착하기만 기다리며 상황을 관찰하는 일밖에 할 수 없다는 사실을 깨달았다. 하지만 어쨌거나 낙하산연대가 넓게 흩어져 낙하함으로써 연합군 쪽에 혼란이 가중된 것만은 사실이었다.

독일군은 기만 작전도 세웠다. SS특공대 리더 오토 슈코르체니는 영어를 구사하는 자원병으로 소규모 군대를 구성해 미군 복장을 하고 포획한 미군 차량을 몰며 미군 후방에 침투하라는 지시를 히틀러에게서 직접 받았다. 이들은 뫼즈 강에 놓인 또 다른 교량 하나를 장악하고 후방을 전반적으로 혼란스럽게 하기로 했다. 슈코르체니의 주요 작전팀은 엄청난 교통 정체에 가로막혀 침투를 해내지 못했지만, 소규모 팀 중 몇 명은 침투에 성공했다.

12월 18일, 그중 세 명이 지프 차량을 타고 가다 검문소에서 막혔다. 이들은 암호를 몰랐다. 미군 병사들은 세 사람의 몸을 수색한 뒤 이들이 담갈색 미군 군복 안에 독일군 군복을 입고 있다는 사실을 알아냈다. 비록 이들의 임무는 실패로 끝나고 세 사람은 처형당했지만, 미군 심문관에게 아이젠하워 암살조가 베르사유로 오는 중이라고 말해둠으로써 엄청난 혼란을 일으키는 데는 성공했다.

아이젠하워는 기관단총으로 무장한 경호원들에 둘러싸인 채 숙소에 연금당했다. 곧 독일군 특별반이 브래들리와 몽고메리까지 쫓고 있다는 소문이 퍼졌다. 모든 사병과 장교는 지위 고하를 막론하고 바리케이드 앞에서 헌병들에게 미국 지리나 야구 등 미국인만 알 법한 다양한 질문으로 검문을 받았다. 파리에서는 야간 통행 금지령이 내려졌고, 연합국 파견군 최고 사령부에서는 48시간 동안 뉴스 기사를 통제해 갖가지 억측이 난무하게 되었다.

사람들은 독일군이 곧 도시를 탈환할 것이라고 점점 더 확신하게 되었다. 프렌 감옥에 수감된 프랑스인 나치 협력자들은 독일군이 곧 자신들을 다시 자유의 몸으로 만들어줄 거라고 말하며 교도관들을 조롱하기 시작했다. 교도관들은 적이 파리 관문에 도달하기 전에 자신들과 레지스탕스가 그들을 모두 죽일 것이라고 대답했다. 히스테리가 멀리 브르타뉴까지 확산되면서 브르타뉴 후방 지역 주둔군에는 철수 준비를 하라는 명령이 떨어졌다. 중상을 입고 렌의 어느 병원에서 회복 중이던 공군 특수부대의 푸트 대위는 웬 소란이냐며 영국인 간호사에게 물었다. 간호사는 짐을 싸는 중[6]이라고 말했다. 푸트는 다시 "그러면 몸을 움직이지 못하는 부상자는 어떡합니까?" 라고 물었다. 간호사가 대답했다. "옆방에 있는 수녀들이 돌봐줄 겁니다."

그 외에 더 정확한 정보가 퍼지기 시작했다. 공세 이틀째인 12월 17일, LAH에 소속된 파이퍼의 SS부대는 전쟁포로 69명을 가차 없이 살해한 뒤,

눈 속에서 86명을 추가로 살해했다. 이 두 번째 학살 사건은 말메디 학살 사건으로 알려지게 된다. 두 명은 탈출해 미군 진영에 도달했다. 학살 사건에 대한 이야기가 입에서 입으로 전해지면서 복수를 향한 목마름이 표면으로 드러난 결과 수많은 독일군 포로가 총살되었다. 과열된 분위기에도 불구하고 모든 것이 독일군의 계획대로 움직이고 있지는 않다는 징후가 몇가지 있었다. 제99보병사단의 신참들과 제2보병사단 고참병들이 제12SS사단 히틀러 유겐트의 진격을 막아낸 것이다. 그러고 나서 이들은 자연 방어 진지인 엘센보른 능선으로 순조롭게 철수했다. 디트리히 예하 제6SS기갑군은 적어도 작은 연료창고 하나는 장악했지만 기대한 만큼 진전을 이루지는 못했다. 디트리히의 군대가 400만 갤런(약 1500만 리터)을 저장해두고 있던 스타벨로 인근의 주요 연료창고에 이르지 못한 것이 연합군에게는 다행스러운 일이었다.

구름이 낮게 깔려 연합군 공중 병력은 지상에 묶여 있었지만, 이런 날씨가 독일군 입장에서는 완벽한 기상 조건이었다. 바로 밑에 있던 만토이펠 예하 제5기갑군은 디트리히의 SS기갑군보다 사정이 나아서, 불운한 제28보병사단을 격파해가면서 바스토뉴로 향했다. 남쪽 측면에 있던 노련한 미군 부대인 제4보병사단은 제7군에 용감하게 저항하고 있었다.

아이젠하워는 12월 19일 베르됭에서 회의를 소집했다. 아르덴에 닥친 위기는 아이젠하워가 총사령관으로서 확실한 전성기를 누리게 해주었다. 줏대 없이 다른 장군의 의견에 타협하거나 굴복하는 경향이 있어 전부터 비판을 받아왔음에도 불구하고, 아이젠하워는 탁월한 판단력과 강력한 리더십을 보여주었다. 그는 이것이 적을 지뢰밭과 방어 진지 뒤쪽에서 애써 끌어내기보다는 노출된 곳에 있는 적에게 최대한의 피해를 입힐 큰 기회라고 역설했다. 그들의 임무는 독일군 선봉 부대가 뫼즈 강을 넘지 못하게 막는 것이었다. 즉 날씨가 바뀌어 연합공군이 상황을 호전시킬 때까지 적군을 저지한다는 것이었다. 그러기 위해서는 먼저 돌파구 양쪽 가장자리를 강화해야 했다. 그래야만 반격을 시작할 수 있기 때문이었다.

자신의 최고 정보장교에게 충분한 설명을 들은 패튼은 독일군 돌파구의 남쪽 측면을 공격하기 위해 자르에서 떨어진 곳으로 공격 축을 변경할 비상대책을 마련하라고 이미 그의 참모들에게 말해두었다. 그는 '퇴비로 가득 차고 물에 잠긴'[7] 로렌 마을을 버리자는 의견이 마음에 들었다. 독일군의 공세는 패튼으로 하여금 1918년 3월에 있었던 루덴도르프 장군의 유명한 돌격 작전인 춘계 공세를 떠올리게 했다. 패튼은 아이젠하워가 자신에게 의지할 정도로 위기에 몰린 순간에 여유로운 상태였던 것으로 보인다. "언제 공격할 수 있소?"[8] 아이젠하워가 물었다.

패튼은 "12월 22일, 3개 사단으로 갑니다. 제4기갑사단, 제26사단, 제80사단입니다"라고 대답했다. 패튼에게는 최고의 순간이었다. 그 자리에 있던 모든 집단군 및 군사령관과 참모장들은 놀란 눈으로 바라보았다. 패튼의 말대로 움직이려면 그가 맡은 군사 대부분을 90도 각도로 돌리고 교차된 보급로들을 정리해야 했다. 패튼은 "꽤나 소란스러웠다"고 자신의 일기에 만족스러운 듯 기록했다. 그러나 아이젠하워는 3개 사단으로는 부족하다고 말했다. 패튼은 자기가 단 3개 사단으로 독일군을 무찌를 수 있지만, 시간을 더 지체한다면 기습 기회를 잃을 것이라며 특유의 자신만만한 말투로 대답했다. 아이젠하워는 작전을 허가했다.

다음 날인 12월 20일 아침, 브래들리의 예상대로 아이젠하워가 몽고메리에게 제9군과 미국 제1군 지휘권을 주기로 결정했다는 소식이 들려왔다. 요점은, 몽고메리는 그들과 지속적으로 연락을 주고받을 수 있지만 그동안 룩셈부르크 제12집단군 사령부는 독일군의 진격으로 형성된 돌출부인 일명 '벌지' 남쪽에 갇혀 있게 된다는 점이었다. 아이젠하워는 이 점을 거론하는 자신의 참모장 월터 베델 스미스의 의견을 받아들였는데 이는 부분적으로 제1군의 혼란과 하지가 쓰러졌을지도 모른다는 우려 때문이기도 했다. 이번 공세로 수세에 몰린 브래들리는 이러한 전개가 자신의 지휘에 대한 불신임의 표시로 보일 수도 있어 걱정되었다. 무엇보다도 그는 이번 일로 몽고메리가 더욱 당당하게 연합군 야전 지휘권을 내놓으라고 요구할 수도 있다는 생각에 치가 떨렸다. 긴장되고 불편한 가운데 이뤄진 전화 통화에서 브래들리는 사임하겠다고 으름장을 놓기까지 했다. 그러나 오랜 우정에도 불구하고 아이젠하워의 의지는 확고했다. "브래드, 이건 다 나의 명령이네."[9] 아이젠하워는 이렇게 말하고 전화를 끊었다.

한편 패튼은 휘하의 군대를 재정렬하고, 기갑병력을 보강하기 위해 전차 공격차 대대를 전환 배치하는 등 공격을 준비하면서 자신의 기량을 한껏 발휘했다. 제101공수사단은 간발의 차이로 만토이펠의 제5기갑군보다 앞서 바스토뉴에 당도했다. 트럭이 멈추었을 때 약한 경계지역은 사실상 이미 소화기의 공격에 노출되고 있었다. 낙하산 대원들은 달아나는 미군 병사들에게서 탄약을 나눠 받고 그들을 뒤로한 채 무거운 걸음으로 전진했다. 제10기갑사단의 한 장교는 공수부대의 탄약이 부족한 것을 보고 보급소로 트럭을 몰고 가서는 탄약과 수류탄을 가득 싣고 돌아와, 진군하는 공수사단에 던져주었다. 포격 소리가 더욱 격렬해지자, 공수사단은 눈으로 뒤덮인 땅에 포탄호와 참호를 파기 시작했다.

아르덴 전투에 투입된 거의 모든 미군 부대와 마찬가지로 제101공수사단도 겨울 전투 장비를 제대로 갖추지 못했다. 지난 석 달 동안 보급 문제가 있었기 때문에 연료와 군수품이 절대적으로 중요시되었다. 병사 대부분은 아직도 여름 군복을 입고 있어서, 특히 기온이 급격히 떨어지는 긴 밤을 보낼 때는 한파 속에서 끔찍한 고통을 겪었다. 독일군의 대포와 박격포 공격이 언제 날아올지 몰라 불도 피울 수 없었다. 참호족을 앓는 병사도 눈 깜짝할 사이에 증가해 사상자 중에서도 큰 비중을 차지했다. 참호에서는 포화 세례를 받고, 낮에는 진창이었다가 밤에는 단단하게 얼어붙는 땅에 서 있으면서, 신발을 벗고 마른 양말을 신을 기회도 별로 없었다. 몸을 씻거나 면도를 하는 것은 꿈도 꾸지 못했다. 이질에 걸려 고생한 병사도 많았는데 대부분 참호 안에 고립된 채 전투모나 K호 식량 상자에 해결할 수밖에 없었다. 그러는 중에 더 큰 공포가 엄습해왔다. 숲속에서 멧돼지가 나타나 매장하지 않은 전사자의 내장을 파먹었던 것이다. 전투가 시작되기 전 난잡하게 사냥 원정을 다니며 재미를 봤던 병사들은 구역질이 날 것만 같았다. 대부분의 병사는 시신에게 벌어진 광경에 점점 무관심해졌지만, 그 후 수습에 나선 영현등록英顯登錄 사상자의 식별, 후송 및 매장과 그들의 유품 수집 및 처리에 관련된 사항에 대한 감독과 집행을 하는 특기병들은 달리 선택의 여지가 없었다.

패튼은 여전히 독일군이 더 멀리 진격하도록 놔두면 괴멸시키기가 더 용이하다고 생각했지만, 무슨 일이 있어도 중요한 길목인 바스토뉴는 사수해야 한다는 브래들리의 결정을 받아들이기로 했다. 제101공수사단은 2개 기갑전투단과 2개 전차 공격차중대, 그리고 포탄이 부족한 포병대대의 지원을 받았다. 이제 관건은 하늘이 맑아지는 것이었다. C-47 수송기가 포위망 안에 탄약과 보급품을 낙하해야 했기 때문이다.

몽고메리도 한가하지는 않았다. 그는 후방의 위협을 감지하자마자 호록스 예하 제30군단을 뫼즈 강 서북쪽 제방에 있는 봉쇄 진지 안으로 우회시켜 교량을 확보하고자 했다. 이 일은 독일군이 장악하지 못하도록 뫼즈 강 교량을 무너뜨린다는 아이젠하워의 작전과 완전히 일치했다.

몽고메리는 아이젠하워가 미 제1군을 인계할 것이라는 이야기를 듣자마자 스파로 떠났다. 그가 하지의 사령부에 도착했을 때, 한 직속 참모장교는 "마치 신전을 깨끗이 쓸어버리러 온 그리스도의 모습 같았다"[10]고 말했다. 하지는 처음에 충격을 받아 결정을 내리지 못한 것으로 보인다. 하지와 브래들리 사이에 이틀 동안 연락이 없었다는 사실이 밝혀지면서, 결국 아이젠하워가 몽고메리를 불러들인 게 옳았음이 증명되었다.

패튼은 아이젠하워에게 말했던 작전을 일명 '밤 따기 여행'이라 부르며 12월 22일에 개시할 준비를 했다. 그는 아내에게 편지를 썼다. "우리는 적의 심장부로 들어가 보급로를 끊어야 하오. 상황이 까다로워지니 운명이 나를 이리로 급히 불러들였소. 아마 이번 일 때문에 신께서 나를 구해주신 듯하오."[11]

한편 전세는 결의와 용기로 무장한 미군에게 유리한 방향으로 이미 기울고 있었다. 돌파구 북쪽 가장자리에서는 아이젠하워의 오랜 친구인 '지' 게로가 지휘하는 제5군단이 보병대와 전차 공격차, 공병대, 그리고 특히 포병대를 혼합 배치하여 엘센보른 능선을 방어하고 있었다. 제5군단은 12월 20일 밤부터 이튿날까지 제12SS기갑군단 히틀러 유겐트를 격퇴했다. 진지 앞에서 모두 합해 782구의 독일군 시체[12]가 발견되었다.

몽고메리는 돌파구 옆에서 버티고 있는 미군 부대의 엄청난 탄력과 용기를 인정하지 않고, 제1군에 만연한 혼란과 그것을 잠재운 자신의 역할만 강조했다. 브룩 육군 원수는 몽고메리가 그토록 원하던 지휘권을 마침내 얻어냈을 때 어떻게 행동할 것인지에 대해 불안해하고 있었고, 몽고메리는 브룩이 우려한 최악의 상황을 몸소 확인시켜주었다.

크리스마스에 브래들리와 만났을 때 몽고메리는 자신의 충고가 반영되지 않았기 때문에 노르망디 작전부터 일이 잘못된 것이라고 말했다. 브래들리는 속이 끓었지만 잠자코 듣고 있었다. 장갑을 두른 듯 자만심으로 똘똘 뭉친 몽고메리는 노르망디에서도 그랬듯이, 침묵은 자신의 말에 모두 동의한다는 뜻으로 받아들였다.

브래들리는 몽고메리를 만나러 가서 최대한 빨리 반격을 개시하라고 설득했다. 그러나 이때는 반격을 미루어야 한다는 몽고메리의 판단이 거의 옳았다. 패튼은 빠른 대응으로 독일군을 깜짝 놀라게 했지만, 아이젠하워가 원했던 6개 사단이 아니라 단 3개 사단만으로 공격을 했기 때문에 그 길로 바스토뉴 전투는 끝나는 것이 아니라 오히려 연장되어버렸다. 몽고메리는 느긋하게 벌지를 봉쇄, 격파할 생각이었다. 연합 공군이 공격에 나서려면 날씨가 좋아야 했기 때문에 그는 날짜를 정해두려 하지 않았던 것이다.

날씨는 더욱 악화되어 공중 작전에 큰 제약이 생겼다. 해리스의 폭격기 군단이 함께 참여한 트리어 공습 외에는 거의 성사되지 않았는데, 이것은 결코 공격 시도 부족이나 협력 부족의 문제가 아니었다. 영국 제2전술공군의 사령탑을 맡게 된 뉴질랜드의 커닝엄은 케사다와 매우 친밀한 사이였다. 12월 23일이 되어서야 하늘이 맑아지기 시작했다. 이틀 후가 크리스마스였는데, 패튼은 자신의 일기에 이렇게 썼다. "맑고 추운 크리스마스, 독일 놈들을 죽이기 좋은 날씨다."[13] 공군은 기회를 놓치지 않았다. P-47 선더볼트와 영국 공군 타이푼이 지상 공격과 연계하여 작전을 펼치는 동안 전투기 부대는 첫날 총 900회 출격한 독일 항공기들을 처리했다. 전세는 연합군이 급속도로 우세해졌다. 루프트바페는 일주일 내에 200기밖에 출격시킬 수 없는 상태였다.

케사다 예하 제9전술항공사령부는 당당한 기백으로 미군 지상군의 커다란 감탄을 자아냈지만, 항법 능력이 떨어지고 목표물 인식 능력이 나쁘다는 평판을 얻고 있었다. 10월에 독일 베스트발에 있는 특정 진지를 공격하는 데 동원되었을 때는 목표물을 찾아낸 비행기가 단 한 기도 없었다. 심지어 벨기에 겡크의 광산 마을을 초토화시켜 80명의 민간인 사상자를 내기도 했다. 제30사단이 말메디에 이르렀을 때 제9전술항공사령부의 공격으로 큰 타격을 입은 적도 있었다. 이것으로 노르망디 상륙 이후 제9전술항공사령부의 오폭은 열세 번째가 되었으며, 그때부터 미군은 제9전술항공사령부를 '미국 루프트바페'[14]라고 부르기까지 했다. 노르망디 상륙 이후에는 독일군의 농담도 눈에 띄었다. "영국군이면 우리가 피하고, 미군이면 모두가 피하고, 루프트바페면 아무도 피하지 않는다."

1945년 1월 1일, 루프트바페는 괴링의 명령으로 독일 전 지역에서 전투기 800기를 모아 최대 전력을 투입하여 연합군 비행장 공격에 나섰다. 기습 공격을 위해 이들은 연합군의 레이더망에 포착되지 않도록 나무 꼭대기 높이 정도로 저공비행하여 잠입하기로 했다. 그러나 보덴플라테 작전[15]에 대해 극도의 기밀이 유지되었기에 수많은 조종사는 정보를 충분히 얻을 수 없었고 독일군 대공포 부대는 통보조차 받지 못했다. 그리하여 그들 자신의 대공포에 의해 100기가량의 비행기가 격추된 것으로 추산된다. 전체적으로 봤을 때 연합군은 약 150기를 잃은 반면 독일 항공대는 300기가량을 잃었고, 조종사 214명이 전사하거나 포로가 되었다. 루프트바페의 마지막 굴욕이었다. 이제 연합군의 공군력은 무적이었다.

1944년 12월 27일에 마침내 바스토뉴 포위망이 풀리면서, 몽고메리는 1월 3일까지 반격을 개시해야 한다는 압박을 받게 되었다. 그러나 몽고메리는 여전히 지휘권 문제에 집착하고 있었다. 몽고메리가 브래들리에게 말할 때와 같은 어조로 아이젠하워를 또다시 훈계하기 시작했기 때문에 브룩의 마음이 거북한 것은 당연했다. 브룩은 일기에 "나에게는 마치 몽고메리가 평소처럼 눈치 없이 그저 자신의 충고를 듣지 않은 결과가 어땠는지 아이젠하워에게 주입시키고 있는 것으로 보인다! 두 사람이 친밀한 관계를 형성해야 할 시기에 '내가 그랬잖습니까'라는 말을 그리도 남발하면 어떡하나."[16] 이번에도 아이젠하워가 몽고메리에게 강경한 태도를 취하지 못하자, 몽고메리는 곧바로 아이젠하워에게 추가로 재앙과도 같은 서신을 보내 전략 규정을 정하고 자신이 브래들리의 제12집단군까지도 지휘해야 한다는 주장을 펼쳤다. 사실상 독립적인 지휘권을 반복적으로 요구하는 몽고메리를 영국 언론이 편들고 나서자 마셜 장군도 화가 났다. 이에 마셜은 아이젠하워에게 서신을 보내 양보하지 말 것을 촉구했다. 몽고메리의 서신에 이어 마셜의 서신을 읽어본 아이젠하워는 결국 몽고메리를 알렉산더로 교체하지 않으면 사임하겠다는 내용으로 연합참모본부에 보낼 메시지를 작성했다. 몽고메리의 참모장인 긴간드가 이 최후통첩을 전해 들었다. 그는 아이젠하워를 설득해 24시간만 유보해줄 것을 요청하고, 지난번 서신은 찢어버리라며 이미 아이젠하워에게 보낼 사과문을 쓰고 있던 몽고메리에게 곧장 달려갔다. 몽고메리는 본연의 자세로 돌아와 있었지만, 그때뿐이었다.

아이젠하워가 패튼의 제3군을 활용한 일은 남쪽에서 여러 부작용을 낳았다. 디버스는 패튼의 전선 일부를 떠맡아야 했다. 이것은 군대를 남쪽에서 이동시키고 전선을 정돈하기 위해 스트라스부르에서 철수한다는 것을 의미했다. 논의에서 빠졌던 드골은 그 소식을 듣고 화를 내며 반대했다. 해방된 지 한 달이 갓 지났는데 스트라스부르를 포기한다면 자신의 정부가 매우 불안해질 것이기 때문이었다. 정치적인 이해관계에 숨은 의미들이 아이젠하워가 생각한 것보다 훨씬 더 중요했던 것이다.

1월 3일, 처칠의 재촉으로 베르사유에 위치한 아이젠하워의 사령부에서 열린 회의에 드골, 처칠, 브룩이 참석했다. 아이젠하워는 스트라스부르를 결국 사수할 것이라며 양보했고, 드골은 곧바로 성명서를 작성했다. 드골의 비서실장 가스통 팔레브스키는 성명서를 영국 대사관으로 가지고 가 더프 쿠퍼 영국 대사에게 가장 먼저 보여주었다. 자만 가득한 이 성명서에는 "드골이 처칠 총리와 아이젠하워가 참석하는 군사 회의를 소집했다"[17]는 암시가 실려 있었다. 더프 쿠퍼는 팔레브스키에게 표현의 수위를 낮추라고 다그쳤다.

공군력의 도움으로 바스토뉴는 위기에서 벗어나 재보급을 받았지만, 독일군이 자신들은 뫼즈 강까지도 도달할 수 없다는 사실을 일단 인정하자

바스토뉴는 곧 독일군의 공격 대상이 되어버렸다. 그사이에 히틀러는 알자스에서 암호명 북풍이라는 또 다른 공세를 펼치기로 했다. 이것은 그저 양동작전에 지나지 않았으며 성과도 거의 없었다.

몽고메리의 반격은 1월 3일에 최종적으로 개시되었다. 전투는 고되었고 폭설까지 내려 더 힘든 상황이었지만 결과는 이미 정해져 있었다. 나흘 후 기자회견을 열었을 때 몽고메리의 자존심이 또다시 말썽을 일으켰다. 몽고메리는 기자회견을 함으로써 연합국의 단결을 끌어올릴 것이라고 처칠에게 장담하고 회견을 허락받은 터였다. 기자회견은 정확하게 정반대 결과를 가져왔다. 몽고메리는 미군 병사의 전투 기량에 찬사를 보내고 아이젠하워를 향한 자신의 충성심을 강조하면서도, 자신은 거의 단독으로 전투를 꾸려왔으며 영국의 공이 매우 컸다는 점을 넌지시 내비쳤다. 처칠과 브룩은 충격을 받고 즉시 '몽고메리의 기자회견이 끼칠 악영향'[18]에 대해 논의했다. 처칠은 의회 연설을 통해 그것이 미군의 전투였다는 것과, 영국의 공헌은 미미한 수준임을 강조했다. 그러나 연합국 관계는 이미 타격을 입은 터였다.

영미 동맹은 또한 이 시기에 그리스를 공산당의 통치로부터 지키겠다는 처칠의 결정과 동남부 유럽에서 벌어진 일들로 타격을 입고 있었다. 10월에 붉은 군대가 루마니아와 헝가리로 진격해 그 지역에서 독일의 힘이 빠르게 약화되면서 동남부 유럽에서 내전이 가시화되었다. 그리스는 내전 때문에 제2차 세계대전이 제3차 세계대전으로 번질 가능성을 안고 있었다.

전쟁이 벌어지기 전 사회적으로 보수 성향이었던 국민은 외국의 지배를 받으며 기아와 경제 붕괴로 끔찍한 고통을 겪은 뒤 급진적으로 변했다. 본능적으로 좌파로 이동했던 것이다. 이념적 성향이 분명하지 않은 사람들이 EAM-ELAS를 폭넓게 지지하기도 했다. 비록 공산당이 이끌기는 했지만, EAM에는 특히 사회주의와 자유에 관해 서로 다른 수많은 관점이 존재해 정치적인 모순으로 가득했다. 그중에서도 토지 개혁과 여성 해방이 가장 뜨거운 주제였다. 유일하게 전반적으로 일치된 의견은 전통적인 정치 시스템, 특히 군주제가 이제 그리스가 직면한 문제들을 다루기에 부적절하다는 것이었다. 공산당 지도자들조차 민주주의 노선에 따라 정권을 잡을 것인지 무력으로 획득할 것인지에 대해 생각이 서로 나뉘어 있었다.

처칠의 '나쁜' 협정이 등장하기 몇 달 전에 스탈린은 그리스로 군사 사절단을 보냈었다. 이들의 임무는 그리스 공산당인 KKE와 접촉해 '지정학적 현실을 직시하고 영국과 협력할 것'[19]을 경고하는 일이었다. 이 사실 하나만으로도 왜 스탈린이 크렘린 궁 집무실에서 처칠의 '퍼센티지 협정'을 검토하며 즐거움을 감추어야 했는지 어느 정도 설명이 된다.

스탈린의 경고에도 불구하고 EAM-ELAS 내 반영 감정은 격해지기만 했는데, 이는 독일군이 떠나는 즉시 그리스로 돌아오기로 결심한 게오르게 2세를 처칠이 지지했기 때문이다. 영국 SOE 장교들은 연초에 EAM-ELAS 와 비공산당인 EDES 사이의 싸움을 끝내기 위해 협상을 벌였다. 그 뒤 1944년 4월에 EAM은 이른바 적법한 정부라는 명분을 얻을 목적으로 '혁명적인 선거'를 치를 것을 발표했다. 선거는 말할 필요도 없이 EAM 후보들이 압승할 수밖에 없었다. 게오르기오스 파판드레우는 명목상 수장으로 모시겠다는 EAM의 제안을 거부했다. 배후에서 조종하는 공산당의 움직임을 가려줄 가리개가 되고 싶지 않았기 때문이다. 대신 그는 카이로의 그리스 망명정부 수반이 되었다. 하지만 다른 중도좌파 정치인들은 설득 끝에 EAM과 협력했다.

EAM-ELAS는 자신들과 의견이 다른 사람들을 민족의 반역자 혹은 적으로 묘사하며 더 심하게 억압했고, 많은 사람이 처형되었다. 아테네 나치 협력 정부는 독일군의 독려로 EAM-ELAS를 공격할 보안대대를 모집했다. 테러에는 테러로 보복한다는 것이었다. 아테네에서는 한쪽에 ELAS 도시 게릴라군과 다른 한쪽인 보안대대와 헌병대가 3월을 기점으로 추악한 전쟁을 벌였다. 여기서 붙잡힌 수많은 ELAS 전사가 독일로 끌려가 강제노동자가 되었다. 보안대대는 독일군의 철수가 임박해오면서 스스로 대대를 재건하려 애썼다. 죄수들의 탈옥 빈도는 더 높아졌다. 보안대대는 조국의 해방을 막지 않고 기꺼이 받아들일 것이라는 메시지를 카이로에 전달해 그리스 망명정부와 영국을 안심시키기도 했다.

9월 초에는 EAM-ELAS에까지 평화 협상 가능성이 타진되었지만, 대부분의 사람이 폭력의 종식을 갈망하는 가운데서도 EAM-ELAS는 협상을 거부했다. 시가전은 다시 시작되었다. 아직 그리스에 남아 있던 독일군은 북쪽에서 진격해오는 붉은 군대에 의해 차단될 것을 우려했으며, 강제로 국방군에 편입된 비독일계 군대에서는 많은 수의 병사가 탈영했다. 10월 초 독일군의 철수가 시작되자, 나치 최대 협력자들도 그리스 게릴라군인 안다르테스의 손에 학살당하지 않기 위해 북쪽으로 달아났다. EAM-ELAS는 임시정부로서의 자신들의 역할을 인정하는 곳에 질서를 부여하려 했지만 곳에 따라 사정이 다 달랐다. 10월 12일, 마지막으로 남은 독일 군대가 아크로폴리스에 휘날리던 스바스티카 기를 떼어내고 아테네에서 철수했다. 대규모 EAM-ELAS 시위대가 〈인민의 지배〉라는 노래를 부르며 집회를 열고 있던 거리를 열광적인 군중이 가득 메웠다.

그 직후 도착한 로널드 스코비 중장의 제3군단 소속 영국 부대들은 야단스레 환영을 받았다. 그러나 영국의 그리스 정책은 처칠의 군주제 찬성론, 지배에 대한 무지 및 그로 인한 정치적 현실, 그리고 무엇보다 그리스를 소련의 지배하에 두지 않으려는 처칠의 결의로부터 영향을 받았다. 처음에 EAM 구성원들이 포함된 통일 정부를 이끌었던 게오르기오스 파판드레우는 보안대대에 연줄이 있는 유명한 우익 인사들도 자신의 행정부에 기용했다. 처칠은 스탈린과의 합의 이후로 더욱 타협할 생각이 없었다. 그는 장교 중에서도 정치적으로 민감하지 않은 스코비에게 엄중한 지시를 내려 영국 군대가 공격을 받으면 무조건 강하게 대응하도록 했다. 12월 2일, EAM 소속의 정부 구성원들은 안다르테스를 무장해제하라는 명령에 불복하며 사임을 선언했다. 정부가 국군 구성을 계획하고 있었는데, 그 구성원 중 다수가 공산주의자들이 혐오했던 보안대대 출신이었던 것이다. 다음 날 신타그마 광장에서 EAM이 벌인 대규모 집회 때 경찰은 고조되는 불안감 때문이든 아니면 군중의 발포에 대한 대응이든 발포를 시작했다. 좌파 진영은 경찰이 이러한 대응으로 고의로 싸움을 유발했다고 주장했다. 이후 도시 내 경찰서들이 습격당했다. 영국 군대에는 피해가 없었지만, 스코비는 아테네 시를 보호하기 위해 자신의 군대를 투입했다. ELAS의 사수들도 총을 쏘았다. 교전이 점점 더 커지고 상황이 걷잡을 수 없이 악화되면서 영국 공군이 뷰파이터와 스핏파이어 부대를 투입해 ELAS의 진지에 총격을 가했는데, 이것은 잘못된 판단이었으며 결국 참사가 일어나고 말았다. ELAS는 아테네 내 민간 '반동분자'들을 대량 학살하기 시작했고, 아테네와 살로니카 양쪽에서 인질을 잡았다.

지중해에서 아직 변리공사 역할을 수행하고 있던 해럴드 맥밀런과 렉스 리퍼 영국 대사는 국민투표가 열릴 때까지 국왕이 돌아와서는 안 된다며 처칠을 설득했다. 망설이던 처칠은 다마스키노스 대주교를 섭정으로 내세우자는 두 사람의 제안에 동의했다. 그리스의 게오르게 국왕은 격노하여 섭정은 물론이고 다마스키노스를 선택하는 것도 반대했다. 미국 언론은 영국의 정책을 강한 어조로 비난하기 시작했다. 레지스탕스 전사들이 독일군에 대항하는 것은 자유를 사랑하기 때문이라고 순진하게 믿는 사람도 많아서, 유고슬라비아에서 티토가 자행한 살인적인 억압과 더불어 폴란드 국내군에 행사한 스탈린의 폭력은 곧 묻혀버리게 되었다. 미국 언론인들은 영국에 이어서 처칠에게로 화살을 돌려 자결권에 입각한 대서양헌장을 무시하는 제국주의자라며 공격했다. 그리스의 질서를 재건하는 데 필요한 5000명 대신 안다르테스를 무장해제하려고 약 8만 명의 영국군을 배치했다는 것이다. 킹 제독은 이탈리아에서 그리스로 더 많은 군사를 보내기 위해 상륙 함정을 사용하는 일을 거부하려 했다.

처칠은 하원에서도 강한 비난을 받았지만 자신만이 그리스의 공산화를 막을 수 있다는 강한 믿음을 가지고 크리스마스이브에 아테네로 떠났다. 아 테네는 교전 지대였기 때문에 처칠은 팔레론 해안에 HMS 아이아스 순양 함을 정박시키고 배를 거처로 삼아야 했다. 키가 크고 풍채가 당당한 다마 스키노스 대주교가 그리스 정교회 정식 제복을 갖춰 입고 아이아스호에 승 선했다. 다마스키노스가 그리 미덥지 않았던 처칠은 그를 만나자마자 매료 되었다. 다음 날 처칠과 앤서니 이든, 맥밀런, 그 밖의 일행은 강력한 호위대 가 딸린 장갑차를 타고 교전 현장을 지나 영국 대사관으로 이동했다. 한 역 사가의 기록에 의하면, 대사관 건물은 '인도 세포이 항쟁 때 포위되었던 전초기지를 닮았으며',[20] 그곳에서 대사의 부인이 '용감하고 정력적으로 내부 운영을 지휘해 빅토리아 시대를 그린 드라마를 방불케 할 정도'였다 고 한다.

오후에 그리스 외무부에서는 휴전 협정을 위한 회담이 시작되었다. 다마 스키노스가 의장을 맡고, 미국, 프랑스, 소비에트 대표단과 더불어 그리스 당파별 대표단이 참여했다. 처칠은 러시아인인 그레고리 포포프 대령을 붙 들고 장황하게 이야기를 나누며 불과 몇 주 전에 스탈린 대원수와 매우 유 익한 대화를 나누었음을 강조했다. 포포프는 깊은 인상을 받은 척할 수밖 에 없었다.

ELAS 대표단이 무기 없이 입장하기를 꺼린 탓에 참석이 지연되자 회의 참석자들은 이들을 기다리고 있어야 했다. 결국 유일하게 처칠만 소형 권총 을 소지한 채 참석했다. 처칠은 훗날 묘사하기를 '초라한 세 무법자'[21]와 악수를 나누었다고 했다. 그는 그리스에서 군주제를 시행할 것인지, 혹은 공화제를 택할 것인지는 오직 그리스인들이 결정할 문제라는 발언으로 회의를 시작했다. 그 뒤 처칠을 비롯한 나머지 비그리스계 대표단 전체는 다마스키노스에게 나머지 회의 진행을 맡기고 자리를 떴다.

다음 날 처칠은 회의 분위기가 격앙되고 때로 험악해지기까지 했다는 말을 전해 들었다. 전 독재자였던 니콜라오스 플라스티라스 장군이 어느 순간 공산당 대표단의 한 구성원에게 "앉아, 이 살인자야!"라며 소리를 질렀다는 것이다. 다마스키노스는 파판드레우의 총리직 사퇴 후 후임으로 플라스티라스 장군을 임명한다고 발표했지만, 그 후 플라스티라스가 피지배 기간에 나치 협력 정부의 수반직을 제안받았다는 사실이 드러나면서 플라스티라스도 사퇴해야 했다.

새해에도 아테네 전투는 계속되었고, 안다르테스는 대규모 영국 병력을 이길 수 없게 되어 도시에서 물러났다. 자유정부 수립과는 거리가 멀었기 때문에 영광스런 승리라고 할 수는 없었다. 양편 다 온갖 잔인한 방법을 동원하여 그리스 내전은 이럭저럭 1949년까지 계속되었다. 그러나 처칠의 집요한 개입으로, 적어도 그리스가 공산당의 폭정으로 무려 40여 년 동안 고통받은 북쪽 이웃 나라들과 같은 운명에 놓이게 하는 것만은 막아냈다.

연합군 전선 후방의 벨기에도 심한 불안정 상태에 빠져 있었다. 1944년 9월 해방의 기쁨이 가을을 지나면서 쓰라림과 분노의 감정으로 변질된 것이다. 벨기에로 돌아온 후베르 피에를로의 망명정부는 국가의 문제를 해결할 능력이 없었다. 벨기에 시민 50만 명이 독일에 강제노동자로 끌려가는 바람에 국내 인력은 턱없이 부족했다. 석탄 생산량이 전쟁 전의 10분의 1로 떨어져 전력 공급은 계속 중단되었다. 철도망도 제 기능을 못 하게 되었는데, 이는 연합군의 폭격 때문이기도 했지만 독일군이 긴급 철수하면서 사보타주를 벌인 탓이기도 했다.[22]

가장 논란이 많았던 것은 나치 협력자와 반역자를 체포, 처벌하는 문제였다. 벨기에 레지스탕스 구성원 9만 명은 가혹한 점령의 현실과 거기에서 득을 보는 자들에 대한 분노를 헤아릴 줄 모를 뿐만 아니라 전쟁이 벌어진 동안 망명하여 지낸 장관들의 무능함에 격분했다. 연합군 당국은 약 40만명이 나치에 협력한 것으로 추산했으나, 체포된 이는 단 6만 명에 불과했다. 이 중 다수는 그해 말에 석방되었으며 재판을 받은 사람들도 매우 가벼운 형량을 받았다.

아이젠하워는 사태를 진정시키려 했다. 10월 2일에 그는 레지스탕스 구성원들에게 그들의 용맹함을 찬사함과 동시에 투항하라는 명령을 내렸다. 공산당 레지스탕스인 독립전선은 정부에 도전하기로 결단을 내렸다. 피에를로는 공산당이 봉기를 계획하고 있다는 소식을 전하며 연합국 파견군 최고사령부에 경고했고, 영국군은 신속하게 벨기에 경찰을 무장시켰다. 11월에 공산당이 당 외부 저항자들을 끌어와 본격적으로 시위대를 조직하자, 영국은 브뤼셀에 군대를 배치하여 주요 건물 사수에 나섰다.

벨기에 시민들의 고통은 여전히 끝나지 않고 있었다. V-1 비행폭탄과 V-2 로켓이 앤트워프는 물론이고 리에주까지 공격함으로써 수많은 사상자가 발생했다. 그해 가을 주요 격전지에서는 사람들이 집을 떠나 피신했지만, 12월 아르덴 공세 때는 전광석화 같은 독일군의 공격을 미처 피할 겨를도 없었다.[23]

LAH 소속의 파이퍼 예하 기동부대는 미군 포로들을 단순하게 살해하는 데 그치지 않았다. 기동부대는 SS가 석 달 전에 떠나는 것을 통쾌하게 바라봤던 벨기에인에 대한 복수를 시작했다. 말메디 인근에서 대학살이 벌어진 다음 날 아침, 파이퍼의 군대가 스타벨로에 진입하여 민간인 9명을 총살했다. 그러나 그 뒤 이들은 미군 병력에 의해 북쪽이 막혔음을 깨달았고, 그동안 미 제30사단 소속 부대는 파이퍼 부대 후방의 교량을 폭파하는 데 성공했다.

뫼즈 강으로 돌격할 것으로 예상했던 파이퍼의 무장친위대 부대원들은 주변 민가에 계속해서 분노를 발산했다. 그 후 며칠 동안 약 130명의 성인 남자, 여자, 심지어 어린이까지 가족 단위 혹은 무차별로 총살되었다. 모두 합해 약 3000명의 시민이 아르덴 전투로 목숨을 잃었으며, 연합군의 포격 및 폭격으로 사망한 경우도 물론 많이 있었다. 말메디에서는 제9육군항공대가 엉뚱한 표적을 공격하는 바람에 미군 병사 37명과 함께 민간인도 202명이나 사망했다. 생비트, 후팔리제, 생레, 라로슈 등 전투가 벌어진 도시와 마을에 갇힌 사람들은 지하실로 대피하려 했지만 그들 위로 집이 무너져 내리거나 황린탄과 포탄에 의해 불에 타서 죽기도 했다. 바스토뉴에서는 독일군의 포격으로 인한 사망자가 20명에 지나지 않았다. 또한 그 마을은 적어도 연합 공군의 표적은 아니었다.

독일 군대는 약탈하는 데 양심의 가책을 느끼지 않았는데, 그것은 연합국 군대도 별반 다르지 않았다. 때때로 병사들이 군량 없이 포위된 경우, 혹은 몸을 따뜻하게 하기 위해 담요를 빼앗거나 눈 속에서 위장하기 위해 시트를 빼앗는 경우 정당한 약탈로 인정되기도 했다. 그러나 대부분은 전쟁 속 냉소적 기회주의일 뿐이었다. 가정과 지역사회가 입은 피해는 훨씬 더 심각했다. 생비트 시는 초토화되어 다른 많은 도시와 마찬가지로 생존자들에게 남은 것이라고는 아무것도 없었다.

아르덴 공세는 독일군에 큰 패배를 안겼다. 독일군은 전차 및 총포의 절반가량을 잃었고, 수많은 사상자가 발생해 전사자 1만2652명, 부상자 3만8600명, 실종자 3만 명으로 기록되었는데, 실종자 대부분은 포로가 되었다. 이번 소모전으로 발생한 미군의 전사자는 1만276명, 부상자는 4만7493명, 실종자는 2만3218명이었다.

벨기에 민간인들의 고통이 커지는 사이, 네덜란드인 대부분은 훨씬 더 열악한 상황에 처해 있었다. 연합군 전선 안쪽에 있는 사람들조차 굶주릴 정도여서, 캐나다와 영국, 미국 병사들에게 몸을 팔고 식량을 구걸하기도 했다. 방어 수단으로 제방이 파괴되어 경작지가 범람하면서 상황은 훨씬 더 악화되었다.

마스 강 북쪽의 네덜란드인들은 점령자들 때문에 악화된 기근에 시달리며 전쟁이 끝날 때까지 독일의 지배하에 놓인다. 마켓가든 작전이 펼쳐지던 당시 연합군을 돕기 위해 철도원들이 파업에 돌입하자, 제3제국 네덜란드 자치정부의 수반이었던 오스트리아인 아르투르 자이스잉크바르트는 이에 대한 보복으로 식량 수입을 전면 중단했다. 국민은 튤립 알뿌리와 독일군이 빼앗지 않은 사탕무를 먹는 처지로 전락했다. 어린아이들은 구루병에 걸려 불구가 되었고, 영양실조 때문에 장티푸스와 디프테리아 같은 질병에 모두가 노출되었다. 자이스잉크바르트는 1940년 5월 독일이 네덜란드를 점령한 직후 네덜란드로 오기 전 폴란드에서 무자비하다는 평판을 얻었던 사람이었다. 서유럽에서는 그리스 다음으로 네덜란드가 가장 광범위하게 약탈당한 국가였다. 1944년 10월에는 이미 인재의 결과가 뚜렷하게 나타나고 있었다.[24]

네덜란드 망명정부는 처칠에게 접근하여 스웨덴이 네덜란드에 식량을 지원하도록 해달라고 요청했지만, 처칠은 단호하게 반대했다. 그는 스웨덴이 공급한 식량을 독일이 빼앗아갈 것이라고 생각했다. 아이젠하워와 영국 참모총장들 모두 이러한 위험을 감수해야 한다고 봤으며, 겨울 동안 스웨덴은 선박으로 2만 톤의 식량을 암스테르담으로 보냈다. 이와 같은 노력 덕분에 자칫 아사할 수도 있었던 수많은 사람의 목숨을 구했지만 이러한 대응은 그저 수박 겉핥기에 지나지 않았다. 영국 참모총장들도 동정심을 느끼기는 했지만, 독일 해안에서 기뢰 부설을 멈추고 독일 선박들이 킬 운하를 자유롭게 드나들게 할 생각은 없었다.

굶주리는 사람들을 필사적으로 도우려 했던 빌헬미나 여왕은 루스벨트와 처칠을 상대로 로비를 벌였다. 여왕은 대규모 재난을 피하기 위해 루르 지역 대신 네덜란드 북쪽 지역을 침공하는 것으로 연합국의 전략을 변경해 달라고 요청했다. 그러나 다수의 독일 병력이 끝까지 싸울 가능성이 있었고 그로 인해 더 넓은 국토가 범람하게 될 것이며, 작전 변경은 곧 독일의 패배를 늦추는 셈이 될 것이었다.

마침내 1945년 4월, 처칠은 공산당의 영향으로 급진화된 네덜란드 국민이 전면적 구호물자 지원을 계속 요구한다는 보고를 받고 사태의 심각성을 인식했다. 독일군은 배나 비행기를 통해 네덜란드 북부로 전달되는 식량 공급을 중단시키거나 빼돌릴 경우 전쟁 범죄로 간주할 것이라는 경고를 받게 된다. 이 경고는 루스벨트가 사망하기 바로 이틀 전에 동의하여 이뤄진 것이었다. 그러나 구호물자가 도착했을 때는 이미 최소 2만2000명의 네덜란드 민간인이 아사한 뒤였다. 질병에 대한 면역력이 부족했다는 점을 고려한다면 실제 수치는 훨씬 더 높을 것이다.

연합군 부대는 비록 굶주림으로 고생하지는 않았지만 눈과 서리, 물이 찬 참호가 있던 그해 겨울은 이들에게도 끔찍한 계절이었다. 동상과 참호족을 앓는 병사의 수가 거의 적의 공격으로 발생한 사상자 수만큼이나 많았다. 캐나다 제1군은 스헬더 강 어귀를 확보하느라 매우 어렵고 힘든 시간을 보낸 뒤, 마스 강변에서 불쾌하고 지독한 겨울을 맞았다. 높이가 3~4미터 정도 되는 제방을 독일군이 방어하고 있었기 때문이다. "그곳 말고 캐나다 군이 공격해 들어갈 수 있는 유일한 접근로는 어느 포병대에서 나온 말장난처럼, '지방 맥주처럼 밋밋하게' 솟은 제방 사이에 움푹 들어간 지대밖에 없었다. 엄폐물이라고는 전혀 없었다."[25]

캐나다군 부대들은 매켄지 킹의 정부가 군인들을 자신들의 의지에 반하여 해외로 파병하지는 하지는 않았기 때문에 위험할 정도로 병력이 부족했다. 5개 사단에 준하는 부대가 캐나다에서 독일군 전쟁포로들이나 지키고 있게 되자, 진흙과 얼음으로 뒤덮여 1864년 이래 가장 습한 겨울을 나며 추위에 떠는 캐나다군 자원병들은 크게 분노할 수밖에 없었다. 직물로 된 장비와 군복은 젖은 채로 마를 기미가 없었고, 군화는 썩어가기만 했다. 주둔군이 자신들의 주둔지와 주변 시골 환경을 더럽히면서 생활 여건은 말할 수 없이 불결해졌다.

영국군 또한 전쟁의 끝이 보이는 가운데 전쟁으로 인한 피폐함과 냉소주의, 종전이 눈에 보이는 시점에서 죽지 않으려는 의지가 작용해 사기가 낮은 편이었다. 탈영 문제는 점점 커져서 약 2만 명의 병사가 부대를 이탈했다. 병사들에게 공격하라고 설득하는 일은 점점 더 어려워졌으며, 특히 전문성이 있고 공격성이 왕성한 슈투덴트의 제1낙하산군과 싸울 때는 더 힘들었다. 여전히 위기에 빠져 있는 캐나다 부대만큼은 아니더라도 고위 장교들 모두 아군의 인력 문제를 분명히 직시하고 있었다. 미군은 사상자 내기를 꺼리는 영국군을 업신여긴 한편, 영국군은 독일군과 마찬가지로 먼저 막대한 양의 포탄을 소비하지 않고는 공격하기를 거부하는 미군을 비난했다. 그러나 영국군 보병대도 집중 포화의 지원 없이 진격하는 것을 주저하기는 마찬가지였다. 사실상 동서 양쪽에서 연합국은 모두 전쟁이 지속될수록 '대포와 공군력에 대한 정신적 의존도'[26]를 높여가고 있었다.

44

비스와에서
오데르까지

1940년 프랑스에서든 이듬해 소련에서든, 전쟁 초반에는 수많은 독일 병사가 다음과 같이 편지를 써서 고향에 부쳤다. "전쟁이 우리 조국까지 퍼지지 않게 해주심을 하느님께 감사드립니다."[1] 1945년 1월이 되자, 다른 나라에 퍼부었던 국방군의 맹공격이 이제는 자신들에게 돌아오려 한다는 사실을 부인할 수 없게 되었다. 히틀러의 신년 연설도 사람들의 기운을 거의 북돋워주지 못했다. 히틀러는 아르덴 대공세가 실패했다는 등의 이야기를 한마디도 언급하지 않았다. 그리고 초강력 무기인 분더바페에 대해서도 거의 이야기하지 않았는데, 이는 현실을 직시하고도 희망을 간직하기 위해 남겨둔 나치의 주무기였다. 히틀러의 말투가 단조로워서 많은 독일인이 미리 녹음된 것이거나 가짜라고까지 생각했다. 믿을 만한 소식통이 없다보니 좋지 않은 소문이 난무했다.

육군 참모총장인 구데리안은 동부 전선에서 비스와 강을 따라 동프로이센 쪽으로 적군의 쇄도가 임박했다며 히틀러에게 경고하려 했지만, 히틀러는 들으려 하지 않았다. 그는 이번만큼은 꽤나 정확했던 소비에트 병력 예측 정보를 무시해버렸다. 발트 해에서 아드리아 해까지 붉은 군대 670만 명이 배치되었는데, 이는 바르바로사 작전에 투입된 추축국 병력의 두 배가 넘는 수였다.

히틀러의 최대 관심사는 부다페스트와 벌러톤 호수 전선이었다. 동쪽에서 위협이 다가오는데도 총통 본부에서는 상황 점검 회의를 할 때 헝가리 이야기부터 꺼냈다. 스탈린에게 강한 압박을 받고 있던 톨부힌 예하 제3우크라이나전선군은 부다페스트 남쪽 수비대를 상대로 병사들을 잇달아 내보냈다. 스탈린은 10월에 처칠이 헝가리 내 영향력 행사 비율을 50 대 50으로 하자고 했던 제안을 무력으로 무효화시켜야 한다고 판단했다.

어느 헝가리군 장교는 폭격을 받아 철조망에 걸린 채로 죽은 소비에트 병사들에 대해 묘사했다. 한 명은 겨우 살아 있었다. "짧게 깎은 머리에 광대뼈가 몽골족 계열인 젊은 군인이 반듯이 누워 있었다. 입만 움직인다. 두 다리와 양 손목이 없다. 잘려나간 나머지 몸통은 피와 부엽토가 섞인 흙에 두텁게 덮여 있다. 나는 몸을 숙여 가까이 다가갔다. '부다페스트…… 부다페스트.' 그가 죽음의 고통 속에서 속삭인다. 내 머릿속에서는 한 가지 생각이 맴돈다. 이 군인은 아마도 '부다페스트'를 전리품과 아름다운 여자들이 가득한 도시로 연상하고 있을 거라고. 그런 생각이 들자, 나는 총을 꺼내 장전하고는 죽어가는 남자의 관자놀이를 누른 뒤 발사했다. 나 자신도 깜짝 놀랐다."[2] 그러나 소련군의 사상자가 셀 수 없이 많았음에도 불구하고 독일군과 헝가리군은 쇄도하는 적군을 막아낼 수 없다는 것을 알고 있었다.

호르티 제독의 후임이 된 화살십자당 소속 독재자 살러시는 군대를 철수하고 부다페스트를 무방비 도시로 선언하고 싶어했지만, 수도를 절대 버리지 않으려 한 히틀러는 끝까지 방어할 것을 고집했다. 하지만 살러시에게는 도시를 구하는 것보다 불충한 국민에 의하여 등에 칼을 맞는 일을 피하는 것이 더 중요한 문제였다. 이러한 우려에 공감했던 독일군 지휘관 요하네스 프리스너 상급대장은 카를 페퍼빌덴브루흐 SS대장의 이름으로 대 전복

對顧覆 전복활동을 실시하고 있거나 또는 실시할 가능성이 있는 개인, 집단 또는 조직들을 식별, 이용, 침투, 조종, 기만 및 진압하여 전복활동들을 탐지, 격멸, 무력화 또는 저지하기 위해 계획된 대 정보활동의 한 가지 방법 전문가를 불러들였다. 앞서 협정을 체결했음에도 불구하고 독일군은 헝가리 참모와는 아무런 상의도 하지 않은 채, 그저 퉁명스럽고 모욕적인 태도를 보일 뿐이었다.

히틀러의 특사 에드문트 페젠마이어는 부다페스트를 끝까지 방어해야 한다는 히틀러의 지시를 고수했다. 그는 "빈을 방어할 수만 있다면 부다페스트는 열 번 파괴되어도 상관없다"[3]고 말했다. 하지만 프리스너는 다뉴브 강 서쪽 제방에 높이 솟은 언덕과 요새가 있는 부다를 방어하기 위해 강 동쪽 페스트의 평평한 제방에서 군을 철수하고자 했다. 히틀러는 강하게 반대했다. 그는 프리스너를 해임하고 헤르만 발크 기갑대장을 그 자리에 앉혔다.

수많은 부다페스트 시민은 도시가 어떤 위험에 처해 있는지도 모르고 있었다. 라디오 부다페스트에서는 마치 아무 일도 없다는 듯 연말 마지막 주에 크리스마스캐롤을 틀어댔다. 크리스마스트리는 연합군 폭격기가 떨어뜨린 '윈도' 알루미늄 포일 조각으로 장식되고, 극장과 영화관은 평소와 다름없이 공연을 계속했다. 1944년 12월 26일, 부다페스트가 포위되었다. 제3우크라이나전선군 병력들은 서남쪽으로는 벌러톤 호 너머에, 그리고 서북쪽으로는 에스테르곰 시에 이르렀다. 다뉴브 강 서쪽 제방인 부다, 동쪽 제방인 페스트, 이렇게 두 도시에 모두 합해 7만9000명의 독일군과 헝가리군이 갇히고 말았던 것이다. 독일군 진영에는 제8플로리안가이어와 제22마리아테레지아 SS기병사단, 기갑척탄병 사단 펠트헤른할레, 제13기갑사단 외 다수의 잔여 병력을 포함하여 제500처벌대대까지 속해 있었다.

히틀러는 크리스마스 날 이 위기에 대응했다. 히틀러의 마지막 연료 공급원은 헝가리 유전이었으므로 절박해진 히틀러는 구테리안의 반대를 누르고 포위망을 뚫기 위해 바르샤바 북쪽에 있던 토텐코프 사단과 바이킹 사단으로 구성된 제14SS기갑군단을 이동시켰다.

페스트에서는 근교에서 전투가 시작되자마자 혼돈이 잇따랐다. 수천 명의 시민이 늦기 전에 도시를 벗어나려 애썼고, 사방에서 날아오는 포화 속에 갇힌 사람도 많았다. 아직 부다페스트에 남아 있던 유대인 약 5만 명은 붉은 군대가 도착하기만 하면 곧바로 구출될 수 있었지만, 아돌프 아이히만이 12월 23일 이미 비행기를 타고 도시를 떠나버렸음에도 붉은 군대가 도착했을 때 살아남은 유대인은 거의 없었다. 민간인을 위한 식량은 비축되어 있지 않았다. 사람들은 곧 군의 야외 취사장으로 가서 구걸하기 시작했다. 물도, 가스도, 전기도 없었다. 하수구는 점점 막히고 물이 부족해져서 위생 상태는 위험한 수준에 다다라갔다.

헝가리 대학생은 물론 초, 중, 고등학교 남학생들까지 자원병으로 나서거나 대학돌격대대와 같은 임시 편성 부대에 징병되었다. 그러나 판처파우스트 로켓 추진 대전차탄 외에 이들이 가진 무기는 거의 없었다.원문에서 판처파우스트를 'Rocket-propelled grenades'라고 표현했으나 실제로 판처파우스트는 바주카포나 판처 슈렉과 달리 로켓 추진이 아니고 장약을 폭발시켜 그 가스압으로 대전차 탄두를 날려 보내는 방식이다. 따라서 원리상으로는 로켓 추진보다 오히려 휴대형 무반동총에 더 가깝다 대부분의 사람은 당원 중 다수가 달아난 파시스트 화살십자당을 경멸하면서도, 부다페스트가 볼셰비키주의자들의 손에 넘어가는 것을 두고 볼 수는 없었다. 그와 동시에 헝가리 정규군 중 점점 더 많은 수의 장교와 사병이 소비에트 쪽으로 이탈하기 시작했다. 다수가 붉은 군대 중대에 병합되었으며, 한 대대 전체가 소비에트군과 함께 싸우기도 했다. 동맹임을 식별하기 위해, 이들은 독일군 탄약통에서 가져온 붉은색 낙하산 천 조각으로 만든 완장과 머리띠를 받았다.

도시가 포위되기 전에 화살십자당원 다수가 떠나기는 했지만 열성적인

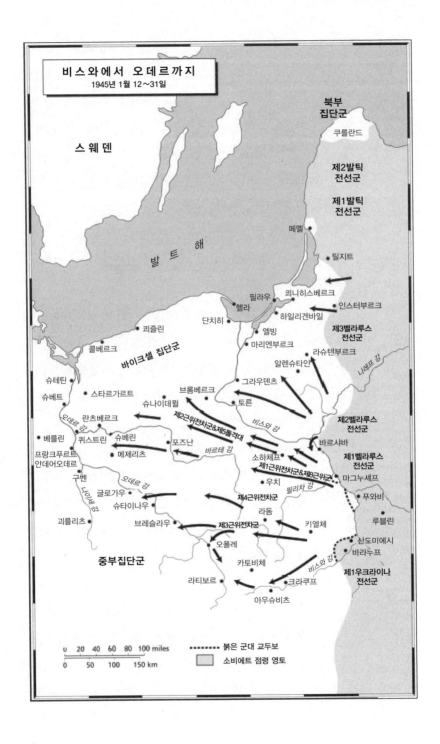

비스와에서 오데르까지
1945년 1월 12~31일

스웨덴

북부
집단군

쿠를란드

제2발틱
전선군

제1발틱
전선군

발트 해

메멜

틸지트

쾨니히스베르크

필라우
헬라

인스터부르크

하일리겐바일

제3벨라루스
전선군

단치히

엘빙

쾨즐린

마리엔부르크

콜베르크

바이크셀 집단군

브롬베르크

슈테틴

스타르가르트

토른

슈베트

슈나이데뮐

제2근위전차군&제5돌격대

란츠베르크

포즈난

비스와 강

바르샤바

제2벨라루스
전선군

제1벨라루스
전선군

베를린

슈베린

바르테 강

소하체프

퀴스트린

메제리츠

제1근위전차군&제8근위군

마그누셰프

프랑크푸르트

우치

안데어오데르

오데르 강

필리차 강

푸와비

구벤

글로가우

슈타이나우

제4근위전차군

라돔

루블린

괴를리츠

브레슬라우

제3근위전차군

키엘체

산도미에시

바라누프

오폴레

카토비체

제1우크라이나
전선군

중부집단군

라티보르

크라쿠프

비스와 강

아우슈비츠

나레프 강

라슈텐부르크

알렌슈타인

그라우덴츠

바르샤바

오데르 강

나이세 강

u   20   40   60   80 100 miles

0   50   100   150 km

----- 붉은 군대 교두보

소비에트 점령 영토

준군사 조직에는 2000명이 남아 있었다. 이 자원자들은 적군과 싸우기보다 시내에 남아 있는 유대인을 살해하는 데 시간을 더 보낸 듯하다. 놀랍게도 페퍼빌덴브루흐 SS대장은 독일 군인들이 살해에 참여하는 것을 금지한 반면, 다른 독일 고위 관료들은 헝가리군이 잔혹한 일에 열성적으로 참여하고 있다는 사실을 반겼다. 배고픔을 견디지 못하고 자살을 선택하는 유대인 수가 점점 더 늘어났다. 1945년 1월 첫째 주에 화살십자당은 스웨덴 정부가 살러시 정권을 인정하지 않았다는 이유로 스웨덴 정부의 이름으로 발행된 문서의 접수를 거부하고, 스웨덴의 보호를 받고 있던 유대인 다수를 잡아들였다. 화살십자당은 이 유대인들을 모아 무분별하게 구타한 뒤 조를 짜서 다뉴브 강둑으로 보내 처형했다.

1월 14일, 쿤 신부는 화살십자당의 일부 군대를 부다의 유대인 병원으로 보냈다. 이들은 환자와 간호사 등 병원에 있는 사람을 닥치는 대로 살해하여 총 170명의 목숨을 빼앗았다. 그 밖에도 대량 학살을 자행하여 자신들에게 반대한 헝가리 장교들까지 살해했다. 쿤 신부가 보낸 패거리 중 일부는 수녀 몇 명을 강간한 것으로 보인다.

페스트 내 게토를 공격하겠다는 화살십자당의 계획을 들은 라울 발렌베리는 독일군 지휘관인 게르하르트 슈미트후버 소장에게 연락하여 학살을 막지 않으면 소장이 직접 책임을 져야 할 것이라고 경고했다. 슈미트후버는 화살십자당의 기선을 제압하기 위해 국방군 부대를 게토로 보냈다. 며칠 후, 게토에 붉은 군대가 쳐들어왔다.

12월 30일 항복을 받아내려는 소비에트의 시도가 실패로 돌아간 뒤, 사흘간의 포격 및 대규모 폭격과 함께 말리놉스키의 부다페스트 공세가 본격적으로 시작되었다. 시민들로 가득 찬 지하실에는 천장에 맺힌 물방울이 벽을 따라 흘러내렸다. 페퍼빌덴브루흐는 버스로 시민들을 구출해달라는 간청을 거절했다. 그 후 2주 동안 압도적인 병력을 내세운 소비에트군은 탄약이 떨어져가던 독일과 헝가리 수비대를 다뉴브 강 쪽으로 밀어냈다. 부다 지역의 성에 위치한 제9SS산악군단 사령부에서는 보급을 요청하는 긴급 메시지를 더 많이 보냈지만, 낙하산에 매달린 용기들은 전선 밖으로 떨어질 때가 잦았다. 음식이 든 이 상자들을 건드리면 즉시 처형하겠다는 위협에도 불구하고 굶주린 시민들이 달려들어 차지했다.

말리놉스키는 페스트를 점령하는 일은 시간문제라고 보고, 루마니아 제7군단을 멀리 떨어진 헝가리 북쪽 전선으로 보냈다. 그는 부다페스트 점령이 소비에트의 독자적인 승리가 되기를 원했다. 1월 17일, 말리놉스키는 다뉴브 강 제방을 향해 마지막 진격을 개시했다. 머지않아 다뉴브 강을 따라 페스트 서쪽 대다수 지역이 화염에 휩싸여 건물에서는 열기가 뿜어져 나왔고, 사람들은 열기를 피해 거리로 뛰쳐나왔다. 대부분의 헝가리군 부대는 부다를 방어하다 목숨을 잃을까봐 다뉴브 강 너머로 후퇴하기를 망설였다. 그러다보니 불타지 않은 몇몇 장소에 숨기 시작해 붉은 군대에 항복하는 병사가 점점 늘어났다. 장교들조차 명령을 거스를 정도였다.

소비에트군의 시투르모비크는 세체니 체인브리지와 에르제베트 다리의 잔해를 혼란스럽게 건너는 철수 행렬에 총격을 가했다. 다음은 한 SS기병의 기록이다. "다리에는 대규모 폭격이 끊임없이 날아왔지만, 사람들은 개의치 않고 다리로 몰려들었다. 수많은 자동차와 트럭, 방수천이 덮인 달구지, 겁을 먹은 말들, 민간인 피란 행렬, 울부짖는 여자들, 우는 아이를 데리고 가는 엄마들, 그리고 셀 수 없이 많은 부상자가 부다를 향해 바삐 움직이고 있었다."[4] 다리 위를 아직 벗어나지 못한 민간인들은 소비에트 군대가 접근해오자 독일군이 다리를 폭파시키는 바람에 목숨을 잃었다. 헝가리 레지스탕스 구성원 한 명도 에르제베트 다리에 설치된 폭약을 제거하려다 이때 사망했다.

12월 말에 제4SS기갑군단은 다뉴브 전선에 병력을 배치할 준비를 했다. 새해 첫날 제4SS기갑군단은 기습 공격으로 제4근위군을 격파하고 돌파에 거의 성공했다. 일주일 후 남쪽에서도 독일 제3기갑군단이 공격을 개시했다. 이 공격은 제4SS기갑군단이 부다페스트 북쪽에서 전투를 중단하고 남쪽의 제3기갑군단에 합류하느라 1월 18일에 재개되었다. 독일군 전차부대가 처음으로 적외선 탐지기를 사용한 것도 이때였다. 그러나 초반에 좋은 성과를 거두었음에도 불구하고, 또다시 기갑군의 진격은 말리놉스키가 제2우크라이나전선군에서 6개 군단을 신속하게 이동시켜 기갑군과 대치시키는 바람에 막히고 말았다.

강 건너에서 날아오는 포화로 시커메진 눈에 뒤덮인 부다 전투 지구는 면적도 훨씬 작고 방어하기도 수월했다. 소비에트군은 경사진 언덕 위로 공격했지만, 독일군이 주요 지점에서 집중적으로 MG-42 기관총을 발사하는 바람에 큰 피해를 입고 격퇴되었다. 제8SS기병대나 펠트헤른할레 잔존병 등의 정규 부대와 더불어, 번너이 대대나 대학돌격대대와 같이 어느 누구보다도 지형을 잘 아는 현지 자원병들도 있었다. 캐슬힐 성 아래 다뉴브 제방은 헝가리 제1기갑사단 내 생존병들이 지키고 있었는데, 이들은 포탄 구멍이 숭숭 뚫린 얇은 얼음층을 건너 소비에트군이 공격하지는 않으리라 예상했다. 그러나 곧 얼음이 단단하게 얼면서, 부다에서 빠져나와 소비에트군에 투항하기 위해 페스트로 달아나던 소규모 헝가리 탈영병 무리 정도는 그 위를 건널 수 있게 되었다.

1월 하순경이 되자 소비에트군은 화염방사전차와 돌격대를 동원하여 공격을 늘렸다. 독일군과 헝가리군의 피해는 심각할 정도로 커졌으며, 여건이 아주 형편없었던 임시 병원에는 부상자들로 발 디딜 틈이 없었다. 그중 일부는 지휘소 통로에 그대로 쌓이기도 했다. 보고서를 전달하기 위해 걸어가던 한 나이 어린 병사는 무언가가 자신의 외투를 잡는 것을 느끼고 아래를 내려다보았다. "금발에다 예쁘장하게 생긴 열여덟 내지 스무 살 정도로 보이는 소녀였다. 소녀는 속삭이듯이 나에게 애원했다. '아저씨 권총으로 날 쏴주세요.' 나는 소녀를 더 가까이에서 보고 이내 기겁하고 말았다…… 소녀는 두 다리가 없었다."[5]

수비대 구원에 실패한 뒤에도 히틀러는 계속 탈출에 관한 이야기를 일체 금했다. 부다페스트를 끝까지 지켜야 한다는 것이었다. 스탈린그라드에 갇혔던 병력을 구출하지 못한 만슈타인처럼, 남부집단군은 부다페스트에도 최후의 날이 왔음을 알고 있었다. 정확히 2월 5일까지 국가사회주의자 항공대NSFKN, ational Socialist Flying Corps 소속 십대 청소년 자원병들이 조종한 독일 글라이더 부대가 베르메죄 초원에 불시착하여 탄약과 연료, 약간의 식량을 전달했지만 충분하지는 않았다. 소비에트군은 탄약이 떨어진 대포를 곧 전차로 깔아뭉갰다. 피란민과 더불어 약 30만 명이 마지막 요새인 캐슬힐 안에 꽉 들어찼다. 기병대에서 쓰던 말은 모두 먹어버렸고 어딜 가나 기아가 만연했다. 이가 득실거리고 발진티푸스가 처음으로 발생해 비상이 걸렸다. 2월 3일, 고통을 끝내달라는 교황청 대사의 탄원이 있은 후, 페퍼빌덴브루흐 SS대장은 총통 본부에 알려 탈출을 허가해줄 것을 요청했다. 하지만 이번에도 거절되었고, 이틀 후 또다시 거절되었다.

헝가리 탈주자나 레지스탕스 구성원들의 인도를 받은 소비에트 군대가 포위된 일부 수비대와 캐슬힐을 정리하기 시작했다. 2월 11일에는 백기가 나타나기 시작했다. 어떤 곳에서는 계속 싸우려던 독일군을 헝가리 군대가 무장해제시키기도 했다. 저녁이 되자 저항이 멈춘 듯 보였다. 그러나 페퍼빌덴브루흐는 히틀러의 명령에도 불구하고 탈출하기로 결심했다. 그날 밤 페퍼빌덴브루흐는 남아 있는 차량을 동원하여 제1차로 제13기갑사단 잔존병과 제8플로리안가이어 SS기병사단을, 제2차로 펠트헤른할레와 제22SS기병대를 서북쪽으로 보내 돌파하기로 했다. 그는 남부집단군에 무전을 쳐서 자신들의 진로에서 공격을 해달라고 요청했다. 그러나 붉은 군대 지휘관들은 이러한 시도를 예상하고 있었고, 예상 경로까지 추측해둔 상태였다. 결국 군인과 민간인이 학살된 가장 끔찍한 전투가 벌어졌다. 혼돈 속에서 수천 명이 도시 북쪽 고지로 탈출하려 애썼지만, 대부분은 공격을 피하지 못했다. 소비에트 군대는 주로 독일군에 총을 쏘고 헝가리군은 살려두었다. 약 2만8000명의 병사가 부다에서 탈출을 시도했으나, 독일군 진영에 도달한 병사는 700명 남짓했다.

2월 12일 이따금씩 총성과 포화가 터질 뿐 도시에 쥐 죽은 듯 고요한 순간이 찾아왔다. 작가 산도르 마러이는 부다를 돌아다니다 주변 광경을 보고는 충격을 받았다. 그는 일기에 이렇게 썼다. "어디에 무엇이 있었는지 짐작할 수 있는 곳이 몇 군데 있었다. 여기는 플로리안 카페가 있던 길모퉁이 주택, 저기는 옛날 내가 살던 동네 거리인데 지금은 건물의 흔적조차 없다. 슈터티스티커 가와 머르기트 대로 모퉁이의 이 자갈더미는 며칠 전만 해도 여러 가구가 거주하고 카페 하나가 딸려 있던 5층짜리 주택 건물이었다."[6]

전투의 여파로, 붉은 군대 병사들은 독일 부상병들을 총살하거나 전차 밑으로 끌고 가 뭉개버렸다. 또한 SS를 비롯해 블라소프 계통으로 잘못 분류된 히비 외인부대 병사도 총으로 쏴 살해했다. 독일 군복을 입고도 독일어로 대답하지 않는 사람 역시 살해 위험에 노출되었다. 헝가리 전투원들은 총살된 경우가 거의 없었고, 화살십자당에 맞서 레지스탕스와 싸우던 공산주의자들까지 합해 거의 모든 남성이 강제노동에 끌려갔다. 팔 에슈테르하지 왕자는 페스트에서 말 시체를 매장하는 일을 했다.

NKVD와 스메르시는 외국과 접촉하는 자는 무조건 시온주의자를 포함한 간첩으로 의심하며 전형적인 스탈린식 망상증을 보여주었다. 라울 발렌베리는 사체 부검 전문가인 페렌츠 오르쇼시와 함께 1월 19일에 체포되었다. 특히 페렌츠 오르쇼시는 독일군이 카틴 숲에서 폴란드인의 시체를 발굴할 때 옆에서 지켜봤던 국제 감시관 중 한 명이었다. 발렌베리도 카틴 숲 사건에 관한 보고서를 보았고 영국과 미국 등의 정보국과도 긴밀하게 접촉한 혐의가 있었던 것으로 여겨진다. 발렌베리는 스메르시에 체포되어 1947년 7월에 처형되었다.[7]

약탈 행위는 개인 및 국가 차원에서 대규모로 이뤄졌다. 유대인이 소장하고 있던 아주 유명한 미술품들도 약탈 대상이었다. 심지어 중립국 대사관도 구석구석 약탈당하고 금고는 폭발물을 설치해 털어갔다. 거리의 시민들은 총으로 위협받으며 시계와 지갑, 서류 등을 빼앗겼다. 살아남은 유대인들도 비유대인과 마찬가지로 소지품을 강탈당했다. 몇몇 군인은 주변에서 얻은 전리품들을 유모차에 실어 끌고 가기도 했다.

소비에트군은 독일 병사보다 헝가리 병사들에게 더 관대한 편이었지만, 말리놉스키가 승리를 기념하며 부다페스트를 마음대로 주무를 수 있게 해둔 터라 헝가리 여성들에게는 가혹하게 대했다. 어느 열다섯 살 소년은 일기에 "도처에서 여자들이 강간을 당하고 있다. 그래서 여자들은 곳곳에 숨어 지낸다"[8]라고 썼다. 임시 병원의 간호사들은 강간을 당한 뒤 칼에 찔려 살해되었다. 희생자들 중에서도 첫 대상은 대학생들이었다. 몇몇 증언에 따르면, 아주 매력적인 여성들은 최대 2주까지 잡혀 있으면서 강제로 성노예가 되었다. 요제프 그뢰스 주교는 "열두 살 소녀부터 만삭의 산모에 이르기까지 약 70퍼센트의 여성이 강간을 당했다"[9]고 전해 들었다. 그 밖의 믿을 만한 보고서에서는 그 비율을 10퍼센트로 기록하고 있다.

헝가리 공산주의자들은 아군 동료들까지도 고통받고 있는 당시의 분위기에 대해 '미치도록 혐오스럽고 흉포한 광경'[10]이라고 묘사하면서 붉은 군대에 호소했다. "부녀자들은 자식과 남편이 보는 앞에서 술에 취한 군인들에게 강간당했다. 열두 살밖에 안 되는 어린 소녀들이 부모의 품에서 끌려나와 군인 10~15명에게 윤간을 당해 성병에 감염되는 일도 허다했다.

첫 번째 무리가 윤간을 끝내면 또 다른 무리가 똑같이 그 과정을 반복했다…… 몇몇 동료는 부인과 딸을 지키려다 목숨을 잃었다." 심지어 헝가리 공산당 서기장인 마차시 라코시까지 소비에트 당국에 호소했지만 소용없었다. 하지만 모든 붉은 군대 병사가 강간을 저지른 것은 아니었다. 일부 병사는 가족, 특히 아이들에게 매우 친절했다.

부다페스트만큼은 아니더라도 거의 모든 도시가 고통을 겪었다. 제9근위군 병사들은 자신들의 진군 축에는 "여자도 없고 전리품도 없다"[11]며 불평했다. 이런 내용을 기록한 박격포 장교는 자신의 병사들을 '대단히 용감한 사나이이면서도 엄청난 불한당'이라고 묘사했다. "해결책은 금세 찾았다. 병사들을 4분의 1가량씩 교대로 모르에 보냈더니, 민가로 들어가 아직 달아나거나 숨지 못한 여자들을 잡으러 다녔다. 한 조에 한 시간이 주어졌고, 시간이 다 되면 다음 조의 발길이 이어졌다. 그들은 열네 살에서 쉰 살에 이르는 여자들을 이용했다. 집 안에서는 대학살을 자행했고, 모든 물건을 바닥에 내동댕이쳐 부수었으며, 지갑이나 손목시계 따위를 뒤지고 다녔다. 와인이라도 발견하면 마셔버리는 게 당연했다. 모르에는 와인 창고가 많았지만 이들이 입성하고부터는 창고가 모두 텅텅 비어버렸고, 바닥에는 깨진 술통과 빈 와인병만 굴러다녔다. 우리가 와인에 잔뜩 취한 두 병사를 만난 곳도 바로 여기였다."

축제는 최고위층에서도 벌어졌다. 티토와 논의하기 위해 베오그라드에 가 있던 알렉산더 육군 원수는 헝가리로 가서 제3우크라이나전선군 사령관 톨부힌 육군 원수를 만났다. 덩치가 크고 연배가 더 높은 톨부힌은 알렉산더에게 성대한 연회를 베풀고, 붉은 군대 간호병을 그의 방으로 보내 동침하도록 해주기까지 했다. 그러나 알렉산더는 "그것이 바람직한 일은 아닌 것 같아 그 간호병을 방 밖에서 자게 했다".[12] 저녁 식사 직전 알렉산더와 톨부힌 단둘이 있는 동안 톨부힌은 알렉산더의 훈장을 살펴보았다. 그중에서 두 검이 교차된 성 안나 훈장에 주목했다. 그것은 알렉산더가 제1차 세계대전 당시 동부 전선에서 연락장교로 복무하던 시절에 제정 러시아 국왕에게 받은 훈장이었다. 톨부힌은 훈장을 만지며 한숨을 쉬었다. "나도 같은 훈장이 있는데 착용할 수가 없군요."

아르덴에서 이동해온 제6SS기갑군이 헝가리에 막 도달한 것을 고려했을 때 톨부힌은 놀랍도록 여유로웠다. 도착이 너무 늦어 부다페스트 수비대를 도울 수도 없었지만, 히틀러는 변함없이 1945년 2월 13일에 입춘 작전을 개시할 것을 지시했다. 그는 수비대를 구할 의도는 전혀 없이, 오히려 수비대를 강화하고 벌러톤 호 근처 헝가리 유전을 지킬 생각만 할 뿐이었다. 반격은 실패했다. 무장친위대 사단들이 명령도 받지 않고 퇴각했다는 소식을 들은 히틀러는 화가 나서 힘러를 보내 LAH까지 포함해 사단의 휘장을 벗겨내도록 했다. 이것은 굴욕적인 처벌이었다. "이번 헝가리 임무로 총통은 무장친위대에게 정이 떨어졌다."[13] 구데리안이 고소하다는 듯 말했다.

히틀러의 측근 중 힘러도 폴란드에서 소비에트의 대규모 공세가 있을 것이라는 구데리안의 경고를 '지나친 엄포'라며 무시했다. 하지만 구데리안 육군 참모총장의 예측은 1월 둘째 주에 현실로 드러났다. 스탈린은 미군이 아르덴 문제에서 벗어날 수 있도록 도우려고 자신이 날짜를 앞당긴 것이라며 연합국을 향해 그럴듯하게 둘러댔지만, 그것은 사실이 아니었다. 아르덴에서 벌어진 전투는 크리스마스를 전후하여 연합군 쪽이 결정적으로 유리해졌다. 스탈린에게는 좀더 현실적인 이유가 있었다. 붉은 군대 전차부대가 이동하려면 땅이 얼어 있어야 하는데 소련 기상학자들이 1월 하순경에는 '폭우와 진눈깨비'[14]가 내릴 것이라고 스탑카에 경고했다는 것이다. 또 스탈린이 날짜를 앞당기려 한 데에는 더 악랄한 의도가 하나 있었는데, 3주 후인 2월 초 얄타에서 열릴 연합국의 만남 이전에 폴란드를 완전히 지배하고 싶었던 것이다.

주코프 원수가 지휘하게 된 제1벨라루스전선군과 코네프 원수 예하 제1우크라이나전선군은 비스와 강을 따라 서쪽을 공격할 준비를 했다. 로코솝스키는 주코프에게 사령관 자리를 빼앗겨 화가 났지만, 스탈린은 폴란드 사람인 로코솝스키가 베를린 점령의 영광을 누리게 하고 싶지는 않았다. 대신 로코솝스키는 제2벨라루스전선군을 맡아, 체르냐홉스키의 제3벨라루스전선군이 동쪽 측면에서 침공할 동안 동프로이센을 남쪽에서 공격하게 되었다.

1월 12일 코네프의 부대는 1킬로미터당 300문씩 대규모로 대포를 배치한 뒤 정신없는 포격을 시작했다. T-34 전차와 스탈린 중전차를 갖춘 휘하의 제3근위전차군, 제4근위전차군이 오데르 강 서쪽 산도미에시 교두보에서 진군하여, 크라쿠프 및 오데르 강 유역 브레슬라우로 향했다. 스탈린은 코네프에게 슐레지엔을 장악하되 산업시설과 광산은 크게 파괴하지 말 것을 당부했다. 1월 13일 체르냐홉스키는 동프로이센 공격을 계획대로 개시했다. 이어서 이튿날에는 로코솝스키가 작전을 개시하여 나레프 강 북쪽 교두보에서 진군했다. 주코프도 1월 14일에 공격을 시작했다.

독일군 최전선을 뚫고 나가자, 주코프의 군대 앞에는 필리차 강이라는 장벽이 놓여 있었다. 독일군이 전력을 회복할 기회를 주지 않으려면 속도를 매우 중시해야 한다는 사실을 지휘관이라면 누구나 알고 있었다. 근위전차여단을 지휘하던 대령은 가교 장비가 올 때까지 기다릴 수 없었다. 대령은 그 지점의 강물이 그다지 깊지 않을 것이라 추측하고 전차로 포를 쏘아 얼음을 부수라고 한 뒤 강바닥으로 전차를 운행하여 건너게 했는데, 운전병에게는 정말이지 끔찍한 경험이었다. 주코프 부대의 우측에서는 제47군이 폐허가 된 바르샤바를 포위하는 동안 폴란드 제1군이 그 근교로 들어갔다.

병력이 얼마 안 되는 독일 수비대가 항복하자 히틀러는 격분하여 제정신이 아니었다. 그는 아직도 참모단 내에 반역자가 있어서 항복한 것이라 생

　　　　　　　　　　　　　　　제2차 세계대전

각했고, 결국 장교 세 명이 게슈타포 본부로 잡혀갔다. 구데리안조차 칼텐브루너에게 심문을 받아야 했다. 히틀러는 치겐베르크의 총통 본부에 있다가 군대를 직접 지휘하기 위해 베를린으로 돌아왔고 예상대로 결과는 치명적이었다. 그는 장군들에게 군대 철수를 절대 허가하지 않았으며, 소비에트군의 빠른 진격과 독일군의 통신 체계가 붕괴된 탓에 더 이상 정확한 정보를 받아 의사 결정을 내릴 수도 없게 되었다. 히틀러의 명령은 대개 적시보다 24시간 늦게 전선에 전해지곤 했다.

게다가 히틀러는 구데리안에게 알리지도 않고 지휘에 간섭했다. 그는 대독일 군단을 동프로이센에서 이동시켜 비스와 전선을 강화하기로 했지만, 그것은 곧 재배치에 걸리는 시간 동안 이 강력한 부대는 매우 중요했던 며칠 사이에 전선에서 자취를 감추게 된다는 걸 의미했다. 히틀러는 쿠를란드에 묶어둔 사단들을 제3제국 강화를 위해 출동시키는 것을 반대함으로써 구데리안을 좌절에 빠뜨렸다. 노르웨이에서도 이와 비슷하게 독일 병력이 불필요하게 다수 주둔하고 있었다. 구데리안이 보기에 제6SS기갑군을 헝가리 전선으로 전환시키기로 한 히틀러의 결정이 그중에서도 최악이었다.

체르냐홉스키는 동프로이센의 인스터부르크 전선을 지키고 있는 독일 수비군이 예상보다 훨씬 더 강력하다는 사실을 깨달았다. 그리하여 체르냐홉스키는 제11근위군을 철수시키고 다른 3개 군 뒤쪽으로 선회하게 한 다음, 상대적으로 방어가 약한 북쪽 수비군의 측면으로 보내는 영리한 움직임을 보였다. 이 돌파는 틸지트 인근에서 니멘 강을 건넌 제43군의 공격과 함께 독일군의 후방을 공황 상태에 빠뜨렸다.

남쪽에서 오고 있던 로코솝스키의 군대는 동프로이센을 완전히 고립시키기 위해 비스와 강 어귀를 노렸다. 1월 20일, 스탑카는 갑자기 로코솝스키에게 체르냐홉스키를 도와 동북쪽으로도 공격하라고 지시했다. 이틀도 채 지나지 않아 그의 제3근위기병군단은 오른쪽 측면에서 알렌슈타인 시에 입성하고, 다음 날 바실리 볼스키 대령이 이끈 제5근위전차군의 선두가 엘빙을 우회하여 발트 해와 모래톱으로 분리되어 길게 얼어붙은 석호인 프리셰스 하프 해안에 도달했다. 동프로이센은 거의 봉쇄된 것이나 다름없었다. 비스와 강 어귀 바로 서쪽에는 슈투트호프 강제수용소가 있었는데, 붉은 군대가 접근해오자 공포에 질린 수용소 위병대는 유대인 여성을 총으로 쏘거나 얇은 얼음 위를 강제로 걷게 하여 차디찬 물속에 빠지게 하는 방법으로 총 3000명의 여성을 살해했다.

동프로이센 지방 장관 에리히 코흐는 민간인 소개를 여전히 거부하고 있었다. 민간인들은 붉은 군대의 공세가 시작되었을 때 멀리서 쏟아지는 대포의 굉음을 들었지만, 현지 나치당의 수뇌부 때문에 이주 요청은 거절당했다. 그러나 정작 이와 같은 관리들은 대부분 사람을 내버려두고 몰래 달아났다. 후퇴하던 독일 병사들은 모두들 최대한 빨리 떠나라고 농장과 마을에 경고했다. 민간인 중 일부, 특히 집을 떠나서는 살 수 없는 고령의 노인들은 그대로 머무르기로 했다. 남자들은 거의 다 국민돌격대에 징집되었기 때문에 자식이 딸린 여자들은 프랑스인 전쟁포로들이 그곳에서 일을 도울 때 썼을 달구지를 직접 끌고, 아이와 함께 쓸 이불과 음식을 실었다. 영하 20도의 눈 덮인 시골길에서 이들의 '트레킹Trekking 원래는 '서두르지 않고 느긋하게 소 달구지를 타고 하는 여행'이란 뜻으로 유럽 사람들이 대자연을 찾아 아시아의 고원을 천천히 걸어 여행한 데서 생긴 말이 시작되었다.

동프로이센의 수도 쾨니히스베르크에서 빠져나온 피란민들은 자신들이 기차로 안전하게 탈출했다고 생각했지만 알렌슈타인에 다다랐을 때 제3근위기병군단이 이들을 객차에서 끌어내렸고, 군인들은 약탈거리와 여자가 생겼다며 좋아했다. 길을 따라 달아나려던 사람들은 대부분 소비에트 부대에 따라잡혔다. 따라잡힌 사람들은 소비에트군 전차 바퀴에 수레와 함께 깔려 죽기도 했다. 더 가혹한 운명을 맞은 사람들도 있었다.

제31군 통신장교 레오니트 라비체프 중위는 골다프 너머로 펼쳐진 광경들에 대해 묘사했다. "온통 노인과 여자, 어린아이들로 가득 찬 길에는 수많은 가족이 수레나 자동차로, 또는 도보로 천천히 서쪽으로 이동하고 있었다. 우리 전차부대와 보병, 포병, 통신병들은 이 피란민들을 따라잡았을 때 길을 트기 위해 말과 수레, 짐 따위를 길 양쪽 구덩이 속으로 밀어버렸다. 그러더니 수천 명이 나이 든 여자와 어린아이들을 옆으로 밀쳐냈다. 그들은 명예나 의무도 잊고, 후퇴하고 있는 독일군도 잊고 정신없이 젊은 여성과 소녀들에게 덤벼들었다."[15]

"도로 양쪽으로 바지를 내린 채 낄낄거리며 서 있는 병사 무리 앞에 여자들, 엄마와 딸들이 각각 한 명씩 누웠다. 이미 피범벅이 되어 의식을 잃은 여자들은 옆으로 끌려갔고 여자들을 도우려던 아이들은 총살당했다. 웃음과 고함 소리, 야유, 비명, 신음 소리가 들린다. 그리고 사병들의 지휘관인 소령, 중령들이 도로 위에 서 있다. 어떤 이들은 웃고 있지만, 또 어떤 이들은 병사들이 예외 없이 모두 참여할 수 있도록 이 일을 지휘하기도 한다. 성인식도 아니고, 가증스런 점령군에 대한 복수와도 관련 없는, 그냥 지옥같이 극악무도한 집단 난교일 뿐이다. 완전히 통제 불능에다가 미쳐버린 군중의 야만적인 논리다. 나는 우리 군의 1.5톤 트럭 운전석에 앉아 동요하고 있었고, 운전병 데미도프는 줄을 서서 기다리고 있었다. 나는 플로베르가 지은 소설 속 카르타고를 생각하고 있었다. 지휘만 하고 있던 그 대령은 유혹을 견딜 수 없었던지 어느새 줄에 합류했고, 소령은 이 참상을 보고 히스테리를 일으킨 늙은 여자와 아이들을 총으로 쏘았다."

마침내 병사들에게 빨리 끝내고 각자의 차량으로 돌아가라는 지시가 떨어졌다. 뒤따라오는 부대의 진로가 막혔기 때문이다. 얼마 후 또 다른 피란민 행렬을 따라잡았을 때 라비체프는 비슷한 광경을 다시 보게 되었다. "눈에 보이는 것이라고는 온통 옷 뭉치와 뒤집힌 수레 사이에 널브러진 여자들과 노인, 아이들 시체뿐이다…… 날이 어두워진다. 도로 인근 독일 마을에서 밤을 지낼 곳을 찾으라는 명령을 받았다. 나는 우리 소대원들과 함께 도로에서 2킬로미터를 이동해 한 촌락을 찾았다. 방마다 아이의 시체, 노인의 시체, 강간 후 총살당한 여자들의 시체가 널려 있다. 우리는 몹시 피곤해서 시체는 거들떠보지도 않고 시체 사이에 누워 잠이 들었다."

사하로프의 절친한 친구인 소비에트 종군기자 나탈랴 게세가 말했다. "러시아 군인들은 여덟 살부터 여든 살에 이르는 모든 독일 여성을 강간했다. 강간범 군대나 다름없었다. 성욕을 주체하지 못해서이기도 하지만, 일종의 복수이기도 했다."[16]

이 무자비한 행동을 단순히 성욕이나 복수심 탓으로 돌리는 것은 심한 비약이다. 우선 강간에 가담하지 않고 동료들의 행동에 경악한 장교와 사병이 많았다. 충실한 공산주의자들은 그런 무질서한 광경에 충격을 받았으며, 규제성 짙은 소비에트 사회에서 그러한 풍기 문란은 상상하기도 어려웠다. 그러나 최전선 사람들은 극도로 모진 생활을 해 공동체의 성격이 여느 공동체와는 달라서 다수는 자신들의 삶을 지배하는 집단농장과 압제를 향한 증오를 놀라울 정도로 거침없이 표현했다. 병사들은 그들이 견뎌야 했던 모욕적 처우는 물론 의미 없는 공격 때문에 발생한 셀 수 없이 많은 희생에 몹시 분노했다. 신병들이 입을 옷을 마련하기 위해 위험 지대로 가서 죽은 동료들의 군복은 물론 속옷까지 벗겨내기도 했다. 그 결과 비록 조국을 짓밟고 동포를 죽인 독일군을 향한 강한 복수심은 있었지만, 일본군에게서 나타났던 억압의 연쇄 효과가 이들에게서도 강하게 나타나게 되었다. 이제껏 견뎌왔던 지난날의 굴욕과 고통을 해소하려는 유혹에 압도되어, 적국의 약한 여자들을 상대로 이런 일을 벌이게 된 것이다.

스탈린 체제에서는 '개인을 몰개성화'하려는 정치 풍토가 만연해 있었기

제2차 세계대전

때문에 사랑과 성에 관한 의견을 나누는 것이 철저히 금기시되고 있었다. 성교육도 금지되어 있었다. 사람들의 성욕을 억제하려는 소비에트 연방의 시도는 어느 러시아의 표현에 따르면 '지저분하기 짝이 없는 외국 포르노그래피'보다도 훨씬 더 원시적이고 폭력적인 이른바 '병영 에로티시즘'[17]을 낳았다. 그리고 동부 전선의 살육이 인간을 지독하게 야만화하는 효과와 기사 및 정치 지도원들의 장광설을 통해 조장된 무차별 보복에 대한 선전 효과 등과 결합하여, 소비에트 군대가 동프로이센을 침공했을 때 비로소 잠재적 폭탄에 불이 붙은 것이다.

처벌대대 소속으로 살아 있는 시체나 다름없었던 처벌대원만큼 야만화된 부대도 없었다. 이들 중 다수는 굴라크에서 이동된 상습범들이었다.(베리야는 정치범들에게는 절대 전투를 허락하지 않았다.) 이들을 맡은 장교들조차 무자비하기 짝이 없는 이들의 생활에 영향을 받았다. 처벌중대 군의관은 다음과 같이 기록했다. "전방이든 후방이든 범죄자는 어디까지나 범죄자다. 전방의 처벌대원들은 자신들의 임무를 통해 스스로 범죄 성향을 드러냈다. 그래서 우리 중대는 재미있게 지냈다. 한 젊은 독일 여자가 할슈베르크에 있던 나에게 달려와 독일어로 외쳤다. '열네 명이 나를 강간했어요!' 나는 계속 걸으며 생각했다. 스물여덟 명이 아니라 열네 명이라서 애석하다, 요 망할 독일 년을 총으로 쏘지 않아서 애석하다라고…… 우리는, 그러니까 처벌중대 장교들은 모든 일을 보고도 못 본 척했고, 독일인에게 손톱만큼의 연민도 느끼지 않았으며, 처벌대원이 민간인을 대상으로 무슨 짓을 하든 하고 싶은 대로 놔두었다."[18]

약탈 행위와 더불어, 앞뒤 계산하지 않고 마구 파괴하기도 했는데, 군인들이 민가를 모두 불태워버려 나중에는 추위를 피할 곳이 없게 된 적도 있었다. 라비체프는 골다프에서 자행된 약탈 행위에 대해 묘사했다. "상점 안에 있던 물건들은 부서진 출입문으로 모조리 보도에 던져졌다. 신발 수천 켤레, 접시, 라디오, 온갖 종류의 가재도구와 약품, 식품 등이 뒤섞였다. 주택 창문으로는 옷가지와 베개, 솜이불, 그림, 축음기, 악기 등이 거리로 내던져졌고 이 물건들 때문에 도로가 온통 막혀 있었다. 바로 그때, 독일군 포병대와 박격포부대가 포격을 시작했다. 독일의 몇몇 예비 사단이 당황한 우리 군대를 즉시 도시 밖으로 몰아냈다. 그러나 전선사령부에서는 독일에서 첫 도시를 점령했다고 이미 보고한 상태였다. 선택의 여지가 없었다. 우리는 다시 그곳을 탈환해야 했다."[19]

젊은 포병장교 알렉산드르 솔제니친은 동프로이센에서 군인들이 프로이센 여자들의 큼직한 속바지를 입어보곤 했던 약탈 현장을 '떠들썩한 시장'[20]이라고 묘사했다. 어떤 붉은 군대 병사는 굼비넨 지역 약탈 행위에 대해 이렇게 썼다. "독일인들은 모든 것을 버렸다. 그리고 우리 군대는 거대한 훈족 패거리처럼 주택가로 쳐들어갔다. 모든 것이 불타고, 베개와 이불에서 나온 깃털이 마구 날아다닌다. 사병부터 대령까지 모두 전리품을 챙기고 있다. 아름답게 꾸며진 방, 호화로운 집들이 몇 시간 만에 부서져 쓰레기 더미가 되었고, 그곳에 달려 있던 커튼은 찢어진 채 깨진 병에서 흘러나온 잼으로 얼룩져 있다…… 이곳은 박해받은 도시다." 사흘 후 그가 다시 글을 썼다. "병사들은 탐욕스런 짐승이 되어버렸다. 들판에는 수백 마리의 소가 총에 맞아 누워 있고, 도로에는 대가리가 잘린 돼지와 닭이 쓰러져 있다. 민가는 약탈당한 뒤 불타고 있다. 가져가지 못하는 것은 모조리 부수고 파괴하고 있다. 독일인들이 이런 역병 같은 우리를 피해 달아나는 것은 당연한 일이다."[21]

프로이센 왕가가 소유하고 있다가 괴링에게 인계된 로민텐 숲의 사냥막사에서는 소비에트 보병대가 거울을 모조리 다 깨버렸다. 그중 한 명은 루벤스의 작품인 아프로디테 누드화 위에 '음경'을 의미하는 러시아어 'khuy'를 검은색 페인트로 휘갈겨 썼다.

걷잡을 수 없는 분노는 대부분 독일 사람들의 생활수준을 목격하면서부터 나타났다. 농부들의 집만 봐도 소련에서는 상상도 할 수 없을 정도로 여건이 좋았다. 대부분이 씁쓸한 생각에 사로잡혔다. "이렇게나 부유하면서 왜 우리 나라를 침략하고 약탈한 거지?" 야전 검열반은 병사들이 고향에 쓴 편지에다 독일에서 발견한 사실들에 대해 언급한 것을 보고 놀라 편지들을 NKVD로 넘겼다. 자본주의 국가의 열악한 여건과는 반대로 자신들의 나라가 '노동자들의 천국'이라던 그 모든 선전 내용이 거짓이었다는 인식이 소련군 사이에 퍼지자, 소비에트 당국은 점점 더 불안해졌다. 당국에서는 1814년 러시아 군대가 자신들보다 풍족한 삶을 사는 서유럽 사람들의 모습을 직접 눈으로 확인하고 그 영향으로 1825년에 데카브리스트의 난을 일으켰다는 사실을 크게 의식하고 있었다.

주코프 예하 제1벨라루스전선군은 밤낮을 가리지 않고 저돌적인 추적을 계속했다. 전차운전병들은 극심한 피로로 인해 곧잘 잠들었지만, 추적의 기쁨에 들떠 계속 나아갈 수가 있었다. 후퇴하던 독일 부대들에게는 기관총 세례를 퍼부었으며, 독일군 장교들이 탑승한 지휘 차량을 따라잡기라도 하면 전차 밑에 그대로 깔아뭉갰다.

1월 18일, 추이코프 장군의 제8근위군이 일정보다 닷새 앞서서 우치를 공격했다. 폴란드 국내군 대원들이 전투를 도우러 나타났다. 추이코프는 자신이 이끄는 스탈린그라드군으로 요새 도시인 포즈난을 처리하는 데 협력해야 하는 상황이 되자 기분이 좋지 않았다. 이들의 시가전 기술은 포즈난에서는 별 도움이 되지 않았다. 최대 화력으로 포격을 하고 휴대 장약 및 화염방사기로 공격을 해도 생존자들을 항복시키기까지 한 달이 걸렸던 것이다.

비스와 강 진격선상의 남쪽 측면에서는 코네프의 군대가 크라쿠프를 점

령했다. 다행히 이 고대 도시는 전투를 거치지 않고 온전하게 버려졌다. 그
러던 1월 27일 오후 한낮에 제107소총사단 정찰대가 눈 덮인 숲을 벗어나
근대 역사상 가장 끔찍한 상징물을 발견했다.

붉은 군대의 진격을 앞두고 지난 일주일 동안 걸을 수 있을 것으로 판단
되는 아우슈비츠 피수용자 5만8000명이 강제로 서쪽으로 보내졌다. 그때
까지 겪은 모든 공포보다 더 힘든 경험을 안겨준 이 죽음의 행군에서 살아
남은 사람들은 다른 강제수용소로 떠밀려갈 뿐이었고, 그렇게 떠밀려간 곳
은 전쟁의 마지막 3개월 동안 불결함과 기아, 질병이 급격하게 늘어난 수용
소였다.[22] 멩겔레 박사는 자신의 실험 내용이 담긴 노트를 모두 챙겨 베를
린으로 떠났다. 이게파르벤 간부들은 아우슈비츠 3호에서 작성한 기록들을
모두 파기했다. 비르케나우의 가스실과 화장터는 폭파되었다. 몸을 움직이
지 못할 정도로 아픈 수감자는 모두 없애버리라는 명령이 떨어졌지만, 어쩐
일인지 SS는 남아 있는 8000명 중 몇백 명 정도만 살해했다. 이들은 증거
를 없애는 데 치중했지만, 무려 7톤에 달하는 사람의 머리카락은 물론이고
남성복 36만8820벌, 여성복과 외투 83만6255벌 등을 포함해 남아 있는 것
만으로도 증거는 충분했다.

제60군은 즉시 모든 군의관에게 아우슈비츠로 가서 생존자들을 보살피
라는 지시를 내렸고, 소비에트 장교들은 몇몇 피수용자에게 질문을 하기 시
작했다. 1941년 6월에 수용소로 보내진 폴란드 철도노동조합의 전 조합장
아담 쿠리워비치는 붉은 군대 병사 80명과 폴란드 죄수 600명을 대상으로
첫 가스실 시험이 어떻게 이뤄졌는지 이야기했다.[23] 헝가리인 교수는 '의학
실험'에 대해 말해주었다. 이 모든 정보는 붉은 군대의 선전을 담당하던 알
렉산드로프에게 다시 전달되었지만, 붉은 군대 신문에 기사가 작게 실린 것
외에는 전쟁이 끝나는 날까지 어떠한 사실도 전 세계로 퍼지지 않았다. 이
것은 아마도 당 차원에서 유대인을 특별 범주로 다루려 하지 않았기 때문

이었을 것이다. 소비에트 국민이 겪은 고통만 강조되어야 했던 것이다.

트레킹 행렬은 동프로이센은 물론 슐레지엔에서도 증가했고, 곧 포메라니아에서도 시작되었다. 나치 관료들은 1월 29일까지 '피란지역에서 나온 약 400만 명의 사람'[24]이 제3제국 중심부로 향하고 있다고 추측했다. 하지만 2주 사이에 700만 명으로 늘어난 데다 2월 19일에는 835만 명이 된 것으로 볼 때, 처음에 잡은 400만이라는 수치는 너무 적은 듯하다. 붉은 군대의 침입 때문에 역사상 가장 대규모의 국민 이동이 이뤄진 셈이었다. 이 인종 청소는 폴란드 국경을 오데르 서쪽으로 옮긴다는 스탈린의 계획과 완벽하게 맞아떨어졌다.

프리셰스 하프 해안의 하일리겐바일에 포위된 제4군뿐만 아니라 쾨니히스베르크와 잠란트 반도에는 민간인도 아직 수십만 명이 갇혀 있었다. 독일 해군은 필라우의 작은 항구에서 최대한 많은 사람을 구조하기 위해 부단히 노력했고, 포메라니아 동쪽 항구에서도 구출이 시작되었다. 그러던 중 소비에트 잠수함대가 수많은 대형 선박에 어뢰를 발사했다. 1월 30일 밤에 침몰한 정기선인 빌헬름 구스틀로프호도 이때 어뢰 공격을 받은 것이었다. 탑승자가 몇 명이었는지는 알 수 없지만, 사망자 수는 5300명에서 7400명 정도로 추산된다.

바다에 위험이 도사리고 있는데도 불구하고, 지치고 굶주린 여자들은 아이를 안고 배를 기다렸지만 헛된 기다림일 때가 많았다. 쾨니히스베르크에서는 식량이 부족해 하루에 빵 180그램도 배급하기 어려워지게 되자 많은 사람이 눈 속을 걸어 붉은 군대를 직접 찾아가서 자비를 베풀어달라며 애원했지만, 이들에게 돌아오는 연민은 거의 없었다. 도시 내 탈영병 처형은 점점 더 광적인 분위기로 변해갔다. 북쪽 역에는 독일군 80명의 시체가 "이들은 겁쟁이였지만 죽는 건 매한가지였다"[25]라는 내용의 플래카드와 함께 전시되었다.

소비에트군은 개인적으로, 또는 무리를 지어서 서쪽으로 이동하던 수천 명의 독일 군사를 무시하고 지나감으로써 오데르 강을 향해 빠르게 진군할 수 있었다. 후방 지역 방어를 맡고 있던 NKVD 소총사단은 막상막하의 격전을 치르게 되었다. 코네프의 병력이 브레슬라우로 진군하면서, 민간인들이 열차를 급습하여 혼란스레 탈출을 시작했다. 두껍게 쌓인 눈 위로 터벅터벅 걸어가는 사람들도 있었다. 걸어가던 이들 중에는 대다수는 아니더라도 많은 수가 추위로 사망했다. 몇몇은 꽁꽁 언 아기나 어린아이 시신에 꼭 붙어서 계속해서 시신을 보호했다. 종전 때까지 계속된 브레슬라우 포위 공격은 광적으로 공포 정책을 펼쳤던 카를 항케 지방 장관이 감독했는데, 그는 군인들을 처형하기도 하고 어린아이를 포함한 민간인들을 소비에트군의 대규모 포화 세례에 노출시켜가면서까지 강제로 활주로 청소를 시키기도 했다.

주코프의 군대는 제3제국으로 합병된 폴란드 서쪽 바르테가우를 돌파했다. 달아나던 독일인들은 1939년과 1940년에 폴란드가 겪어야 했던 운명에 대해 앙갚음을 하려고 달려든 폴란드인들에게 가진 것을 빼앗기고 말았다. 오데르 강으로 빠르게 진군하던 제1근위전차군, 제2근위전차군의 오른쪽 측면은 포메라니아 남쪽을 가로질러 퍼져 있던 또 다른 4개 군이 방호했다. 이들의 최대 문제는 독일군의 저항이 아니라 보급의 어려움이었다. 보급부대는 겨울이라 도로 조건도 나쁘고 제대로 기능하는 철로도 없는 가운데 필사적으로 보급 체계를 유지하려 애쓰고 있었다. 무기대여 협정으로 받은 미군 트럭이 없었다면, 붉은 군대는 결코 미군보다 앞서서 베를린에 당도하지 못했을 것이다.

어느 병사가 기록했다. "우리 전차는 뭐든 빳빳하게 다리고 납작하게 눌러버렸다. 수레, 자동차, 말 등 도로에 있는 것들은 전차 무한궤도로 죄다 부숴버렸다. '서쪽으로 전진!'이라는 구호는 '베를린으로 전진!'으로 바뀌었다."[26] 길목에 있던 슈베린 시는 약탈당했다. 바실리 그로스만은 자신의 노트에 "모든 것이 불타고 있다. 한 노파가 불타는 건물 창문에서 뛰어내린다"[27]라고 기록했다. 화염이 사방을 밝게 비추어 약탈하는 군인들의 모습도 보였다. 그로스만은 덧붙여 써내려갔다. "여자, 소녀들의 눈에 공포가 서려 있다. 독일 여성들에게 뭔가 끔찍한 일이 벌어지고 있는 것이다…… 수용소에서 해방된 소비에트 소녀들도 큰 고통을 겪고 있다."

그 후 소련에서 강제노동에 끌려간 젊은 여성과 소녀들이 붉은 군대에 윤간을 당하기도 했다는 사실이 제1우크라이나전선군 보고서를 통해 자세히 드러났다. 자유를 갈망하던 이들은 동료 내지 형제로 생각했던 남자들에게 학대당하며 몸과 마음이 망가졌다. 치간코프 장군은 이렇게 결론을 내렸다. "이 모든 것은 해방된 소비에트 시민들 사이에 불건전하고 부정적인 분위기를 조성하는 데 밑거름이 되며, 조국으로 돌아가기 전에 불만과 불신부터 키운다."[28] 그러나 그의 권고 내용에는 붉은 군대의 군기를 강화해야 한다는 말은 없었다. 오히려 그들이 붉은 군대에 대해 부정적인 생각을 갖고 고국으로 돌아오지 않도록 정치 부문과 콤소몰이 '본국으로 송환된 소비에트 시민들과 정치적, 문화적으로 협력을 도모'하는 데 집중해야 한다고 조언했다.

드물기는 했지만 순수한 기쁨의 순간도 있었다. 레닌그라드와 라도가 호의 얼음판 위에서 끔찍한 날들을 보내고 줄곧 진군했던 바실리 추르킨이 주코프 예하 제1벨라루스전선군에 있으면서 1월 말에 일기를 썼다. "우리는 베를린 가까이로 이동했다. 이제 베를린까지 135킬로미터를 남겨두고 있다. 독일군의 저항은 약하다. 하늘에는 우리 비행기밖에 없다. 우리는 강제수용소를 지났다. 우리 나라 여자들이 구금되어 있던 막사 둘레에는 철조망이 쳐 있다. 거대한 문을 통해 수많은 여성 포로가 마구 쏟아져 나온다.

그들은 울부짖으며 우리에게 달려오고 있었다. 그들은 눈앞에 펼쳐진 일을 믿을 수 없어 했고, 마지막 순간까지 아무것도 모르고 있었다. 그 광경은 정말 인상적이었다. 하지만 내 가슴을 가장 뭉클하게 한 것은 바로 친남매의 상봉이었다. 병사들 사이에 있는 친오빠를 알아보고 여동생이 그에게로 달려가던 모습. 서로 얼싸안으며 모두 앞에서 엉엉 울던 모습. 이건 마치 동화의 한 장면 같았다."[29]

나치의 통치 12주년을 맞이한 날이자 히틀러가 마지막으로 대국민 방송을 한 날인 1월 30일, 베를린에는 공황 상태가 번져갔다. 주코프의 전차 선봉 부대가 베를린에서 60킬로미터 정도밖에 떨어지지 않은 오데르 강에 이르렀다. 그날 밤, 제89근위소총사단은 퀴스트린 바로 북쪽 꽁꽁 언 강 너머로 작은 교두보를 장악했다. 다음 날 아침 일찍, 제5충격군도 강을 건너 키니츠 마을을 점령했다. 세 번째 교두보는 퀴스트린 남쪽에서 형성되었다. 선전장관인 괴벨스가 전투는 아직도 바르샤바 인근에서 벌어지고 있다는 듯이 꾸미고 있었기 때문에 베를린에서는 더욱 당황할 수밖에 없었다. 이 정권에게는 인간이 겪는 고통보다 나치의 위상이 훨씬 더 중요했다. 아무리 자국민의 고통이라 할지라도 말이다. 1945년 1월 한 달 동안 국방군 전사자는 45만1742명으로 늘어났으며, 이는 제2차 세계대전을 통틀어 미군 전사자 수 전체와 대략 맞먹는 수치였다.

국민돌격대 지역파견대와 몇몇 캅카스 자원병(나중에는 동포 병사들에게 발포하기를 거부해 체포되었다), 히틀러 유겐트, 십대들로 구성된 훈련대대를 긁어모은 부대들이 편성되었다. 훈련대대들은 부다페스트에 갇혀 있던 펠트헤른할레 기갑척탄병 사단에 투입될 예정이었다. 한 해 전 7월 음모 사건을 진압한 대독일 사단의 수비연대는 버스로 젤로 고지에 투입되었다. 오데르 강의 범람원이 내려다보이는 이 급경사면은 베를린을 앞둔 최후의 방어선이 된다.

제2차 세계대전

2월 3일 오전, 미국 제8육군항공대는 베를린 상공에서 최대 규모의 공습을 벌여 3000명의 목숨을 앗아갔다. 총통 관저와 보르만의 당 사무국도 공격을 받았다. 프린츠알브레히트 가에 있는 게슈타포 본부와 인민궁전도 크게 손상되었다. 7월 음모자들에게 욕설을 내뱉었던 롤란트 프라이슬러 재판장은 지하실에 있다가 건물이 무너져 내려 사망했다.

그 사이 주코프는 빠른 진격 후 성공을 거둔 장군이라면 누구나 겪는 곤혹스러움에 빠져 있었다. 적이 혼란에 빠져 있고 방어 병력도 없을 때, 붉은 군대로 베를린을 쳐들어갈 것인가, 아니면 지친 병사들을 쉬게 하거나 재보급을 하고 전차를 정비하여 전력을 강화할 것인가? 주코프 수하의 장군들 사이에서도 활발한 논의가 펼쳐졌다. 그중 제8근위군의 추이코프는 즉시 공격을 해야 한다고 강하게 주장했다. 이 문제는 2월 6일에 크림 반도의 얄타에서 전화를 걸어온 스탈린에 의해 결정되었다. 베를린을 공격하기 전에 장군들은 우선 로코솝스키와 합류하여 포메라니아 북쪽 측면 '발트 해 발코니'를 처리해야 했다. 그곳에서는 힘러가 비스와 집단군을 직접 지휘해 구데리안을 비롯한 고위 장교들을 절망에 빠뜨리고 있었다.

필리핀, 이오 섬,
오키나와,
도쿄 공습

1944년 10월 맥아더 장군이 의기양양하게 레이테 섬에 상륙한 직후 그가 이끈 제6군은 예상보다 훨씬 더 어려운 적과 맞닥뜨렸다. 일본군은 섬에 주둔한 병력을 늘리고 신속하게 제공권을 확보했다. 할지 제독의 항공모함들은 이미 떠난 후였고, 우기에 비가 890밀리미터나 쏟아지는 바람에 땅이 젖어 비행장은 건설할 수 없었다. 일본군은 필리핀의 주요 섬인 루손 섬을 방어하기 위해 병력을 비축할 생각이었지만, 대본영에서는 레이테 섬에 더 많은 원군을 보내야 한다고 주장했다. 그런데 먼 만주에서까지 항공기를 이동시켜 가져다놓고 보니, 미군은 가설 활주로 5개만 가동 중이었고 할지의 중형 항공모함들은 돌아가버린 상태였다.

레이테 섬에서 벌어진 전투는 12월에도 한참 동안 계속되었는데, 이는 제6군을 지휘한 월터 크루거 중장이 지나치게 신중을 기한 탓이기도 했다. 제6군은 섬 북쪽 카리가라 인근에서 '브레이크넥 능선'을 둘러싸고 일본군의 맹렬한 방어에 맞서 치열한 전투를 벌였다. 하지만 크루거는 일본군이 활주로를 향해 파멸적인 역습을 감행함으로써 도움을 받았다. 그런데 12월 말이 되자 미군에서는 일본군 6만 명을 처단했다는 추산을 내놓게 된다. 일본 수송선이 섬으로 접근하던 도중 격침되면서 일본 증원군 1만 명가량이 익사했다. 미군은 약 3500명이 사망하고 1만2000명이 부상을 입었다. 겸손과 거리가 먼 맥아더는 '아마도 일본 군사 역사상 가장 큰 규모의 패배'일 것이라고 단언했다.

대본영이 루손에 주둔해 있던 병력으로 레이테를 계속 강화할 것을 고집함에 따라 1945년 1월 9일로 계획된 루손 침공은 추진하기가 꽤 쉬워졌다. 그러나 첫째로 루손 본토 바로 남쪽에 위치한 민도로 섬을 확보하여 비행장을 더 많이 건설해야 했다. 상륙이나 지상 작전은 순조로웠지만, 기동부대는 가미카제의 공격으로 어려움을 많이 겪었다.

병력을 늘려 레이테를 방어한다는 전략에 반대했지만 막을 수는 없었던 루손 섬 지휘관 야마시타 장군은 자신을 향해 다가오는 적군을 패주시킬 수 있으리라 생각지 않았다. 그는 루손 북쪽 중앙에 솟아 있는 고지로 군사의 대부분인 15만2000명을 철수시키려 했다. 3만 명 정도 되는 소규모 병력이 클라크 비행장을 지키는 동안, 마닐라 부근의 고지에 눌러앉아 마닐라에 대한 식수 공급을 끊어버릴 수 있었다.

링가얀 만으로부터 루손 섬을 침공하면서 마닐라 남쪽에 부차적인 상륙 작전을 실시할 생각이었다. 이것은 3년 전 일본군이 실시한 침공 작전을 비슷하게 따라한 것이었다. 1월 첫째 주에 맥아더의 호위함대는 섬 상공에 낮게 뜬 가미카제의 공격으로 피해를 입었다. 호위항모와 구축함이 각각 1척씩 격침되었고, 순양함 5척, USS 캘리포니아와 뉴멕시코 등 여러 척의 선박과 함께 항공모함 1척도 크게 파손되었다. 대공포와 호위전투기로 적기를 많이 격추하기는 했지만 그들 모두를 상대하기란 불가능했던 것이다. 상륙함정들의 피해는 가벼웠으며 1월 9일의 침공은 거의 저항을 받지 않았다. 필리핀 게릴라군이 그 지역에 일본군이 없다고 미군 사령부에 알려온 덕분에 사전 포격은 필요 없었지만, 제시 올든도프 해군소장은 자신이 받은 명령을 수행해야 한다고 느꼈다. 결국 적에게는 아무런 피해를 입히지 못하고 애꿎은 민가와 농장만 파괴하고 말았다.

좌측에서는 제1군단이 고지를 방어하는 강력한 일본군과 곧 만나게 되었고, 우측에서는 제14군단이 마닐라를 향하여 좀더 평탄한 지형을 남하했다.[1] 크루거 장군은 맥아더가 자신의 생일인 1월 26일에 마닐라로 복귀하고 싶어서 빨리 진군하라고 압박하는 것은 아닐까 하고 의심했다. 그러한 의심은 아마도 부당한 것이었다. 맥아더는 수용소에 잡혀 있는 연합군 포로들을 석방시키고 싶어했고, 가능하다면 마닐라 항구를 일본군이 파괴하기 전에 장악하고 싶어했다. 미군 레인저스 파견대는 필리핀 게릴라군의 전폭적인 지원을 받아 마닐라에서 북쪽으로 95킬로미터 떨어진 곳에 있는 카바나투안 인근 수용소를 공격하는 데 성공하여 바탄 죽음의 행군에 참가했던 486명의 미군 전쟁포로를 구출했다. 맥아더는 일본군의 저항보다 작은 강들과 논, 양어장 때문에 전진 속도가 느려지자 화가 치밀어올라 제1기병사단을 앞서 보내기로 했다. 산토 토마스 대학교에 갇혀 있던 다른 연합군 포로들을 구출하고자 했던 것이다.

1월 29일 바탄 반도 북쪽에 제12군단 병사 4만 명이 추가로 상륙했지만, 이들은 곧 매우 강력한 일본군 방어선과 마주하게 되었다. 그 밖에 마닐라 남쪽에 상륙한 제11공수사단은 오히려 평원으로 남하한 군대보다 더 빨리 작전을 수행해낸 듯했다. 2월 4일에 이들은 전날 밤 마닐라로 향하는 길이 트인 사실을 모른 채 마닐라 남쪽 일본군의 방어선에 이르렀다. 북쪽에서 제1기병사단 유격대가 극적으로 돌진해와, 해군 대위 한 명이 다리를 폭파시키려던 폭약의 불붙은 도화선을 끊고 다리를 확보한 덕분에 제1기병사단이 마닐라 북쪽 지구로 들어갈 수 있었던 것이다. 그날 저녁 이들은 연합국 민간인 4000명이 구금되어 있던 산토 토마스 대학교 주변의 벽을 전차로 뚫고 들어갔다.

7000여 개의 군도로 이뤄진 필리핀은 게릴라 레지스탕스가 활동하기에 이상적인 지형이었으며, 다른 어느 극동지역보다도 더 많은 수의 국민이 일본의 지배가 시작된 직후부터 필리핀 독립 준비를 시작했다. 섬 전역에서 게릴라 부대가 만들어진 배경에는 1946년 완전 독립을 약속했던 미군에 대한 믿음도 있었고, 고문과 공개참수 등을 일삼던 잔인하고 오만한 일본군에 대한 증오도 있었다. 그중 일부는 1942년 필리핀에 남겨진 미군 장교들이 이끌었다. 많은 필리핀 군대가 항복할 때 무기를 숨겨두었다. 브리즈번의 맥아더 사령부에서 저항운동의 규모를 확인하고 난 후에는 무기와 무전기, 의약품 등을 잠수함으로 더 많이 실어왔다. 물론 맥아더의 선전용 물품들도 빼놓지 않았다.

일본군이 거의 출몰하지 않은 넓은 지역에서는 지역 게릴라들이 시민의 생활과 생산활동을 통제하고 심지어 자체적으로 화폐를 발행하기까지 했는데, 사람들은 이 화폐를 일본군표보다 더 선호하는 편이었다. 해안 감시 대원들은 일본 선박에 대한 정보를 무전으로 보고하여 미군 잠수함들이 엄청난 전과를 올릴 수 있도록 도왔다. 일본군의 무전탐지반만 주의하면 되었다. 필리핀 현지인들의 비난을 살 위험은 거의 없었으며, 오히려 현지인들은 일본군이 몰려올 때 부피가 큰 장비를 운반하는 일을 도왔다. 필리핀에는 친일파도 현저히 적었다. 마닐라에서 일본 정부에 협력했던 친일파도 대부분 레지스탕스에 최대한 많은 정보를 제공했을 정도였다.

일본군의 복수는 맥아더의 군대가 상륙하고 나서 수도 마닐라를 둘러싸고 전투를 치를 때 특히 두드러졌다. 야마시타는 마닐라를 방어할 생각이 없었고, 현지 육군 사령관도 야마시타의 명령에 따라 철수를 계획했지만, 그에게 해군을 지휘할 권한은 없었다. 이와부치 산지 해군 소장은 야마시타의 명령을 무시한 채 병사들에게 마닐라에서 계속 싸우라고 말했다. 남아 있던 육군 부대들도 전투에 합류해야 한다고 생각했고, 그리하여 약 1만 9000명이 전투를 치렀다. 이들은 도심 안 스페인 식민지 시대에 조성된 오랜 요새 지역인 인트라무로스와 항구 지역으로 철수하면서 교량과 건물을 파괴했다. 일반 목재와 대나무로 지어진 집들이 가득한 빈민 지역에는 사나운 불길이 번져나갔다. 하지만 도시 중심부 건물들은 대부분 콘크리트로 지어져서 방어 진지로 쓸 수 있었다.

승전 퍼레이드를 벌이고 싶었던 맥아더는 도심에서 치러진 전투 때문에 교전지대에 민간인이 70만 명 이상 갇혀 있는 것을 알고 크게 당황했다. 제1기병사단과 제37보병사단, 제11공수사단이 시가전에 참여하게 되었다. 아헨에서 공격을 펼칠 때와 마찬가지로, 미군은 곧 수류탄과 기관단총, 화염방사기를 사용하여 각 건물 위에서 아래로 내려가며 싸울 필요가 있음을 깨달았다. 미군 공병들은 장갑 불도저로 노상 장애물을 제거했다. 일본 해군과 육군 수비대는 자신들이 모두 죽게 되리라는 것을 알고 필리핀 사람들을 대량 학살하고 여성들을 무자비하게 강간한 뒤 살해했다. 민간인의 생명이 희생되는 것을 최대한 막기 위해 맥아더가 비행기 사용을 거부했음에도 불구하고, 3월 3일까지 계속된 전투로 마닐라 인구의 8분의 1인 약 10만 명이 사망했다.

크루거 장군의 군대에 가장 시급했던 과제는 마닐라 동쪽에서 상수도를 장악한 일본군을 제거하는 것이었다. 일본군은 또다시 산허리에 굴과 터널을 건설했고, 미군은 또다시 황린수류탄과 화염방사기로 그것들을 없애야 했다. 미군은 터널 입구를 폭파한 다음 가솔린과 폭약을 주요 통풍구에 붓고 불을 붙여 안에 남아 있는 적군을 질식시키거나 매장시켰다. P-38 라이트닝기는 일반 폭탄보다 훨씬 더 효과적인 네이팜탄을 투하했다. 상수도를 장악한 일본군을 몰아내는 데는 기습 돌격으로 가장 먼저 주요 댐에 도달한 게릴라군 연대의 도움이 컸다. 일본군은 설치한 폭약을 터뜨릴 시간도 없었다. 생존병들은 5월 말에 고지 안으로 사라졌다.

마닐라에서 전투가 계속되는 동안에도 맥아더는 일본군이 필리핀 제도 중부와 남부 섬에서 병력을 강화할 수 없다는 것을 확인하고 아이첼버 거 중장의 제8군과 함께 그곳을 탈환하기 위해 진격했다. 그는 이 일이 루 손 섬 북쪽 고지에 있는 야마시타의 주요 병력을 처리하는 것보다 더 급하 다고 생각했는데, 그 이유는 서두르지 않아도 야마시타의 군대는 봉쇄하고 포격하여 제압할 수 있기 때문이었다. 항공대와 공조한 상륙 작전이 계속 이어졌다. 아이첼버거는 단 44일 동안 열네 번의 주요 상륙 작전과 스물네 번의 소규모 상륙 작전을 지휘했다고 주장했다. 많은 경우 그의 부하들이 상륙했을 때는 필리핀 게릴라들이 그들을 위해 소규모 수비대를 이미 처리 한 뒤였다.

2월 28일, 민도로와 북보르네오 사이에 있는 서쪽으로 길쭉한 팔라완 섬 에 군대가 들이닥쳤다. 이 군대는 12월에 경비대가 가솔린을 뒤집어씌우고 불태워 죽인 시커먼 미군 전쟁포로 시체 150구를 발견했다. 3월 10일에 이 들은 민다나오로 쳐들어갔다. 그곳에서는 미군 공병 웬들 퍼티그 대령이 대 규모 게릴라군을 이끌고 가설 활주로를 지키고 있었다. C-47 수송기들이 공격에 앞서 제24보병사단 2개 중대를 싣고 착륙했다. 그 뒤 해병대 커세어 전투기들이 그곳을 전진 기지로 쓰기 위해 도착했다. 민다나오에서는 미군 보병대와 게릴라군, 해병대의 항공기 지원이 긴밀한 공조를 이뤄 서쪽의 삼 보앙가 반도에 남아 있던 일본군 생존병들을 고지 쪽으로 쫓아냈다. 그러나 동쪽에 대거 포진한 주요 병력을 약화시키는 작전은 4월 17일이 되어서야 시작되었다.

다시 한번 퍼티그의 게릴라군이 비행장을 확보하고 미군 부대가 일부 도 로 사정이 나쁜 길을 따라 내륙으로 진출하는 동안, 1개 연대가 보트와 바 지선에 올라 구잠정의 호위를 받으며 드넓은 민다나오 강을 거슬러 올라가 일본군 수비대를 기습 공격했다. 이들은 우기와의 경주라는 것을 잘 알고 있었다. 밀림이 우거진 데다 물이 흐르는 골짜기에는 일본군이 교량을 거의 다 파괴하고 접근로마다 지뢰를 부설해두었기 때문에 진격 속도가 느려져 전투는 예상보다 길어졌다. 결국 이 전투는 유럽에서 전쟁이 끝나고 한 달 후인 6월 10일까지 이어지게 된다. 야마시타 장군은 루손 섬 북쪽 산계에서 끈질기게 저항하며 전투를 끝까지 끌고 갔다. 그는 일본의 공식 항복일인 1945년 9월 2일이 되어서야 항복하러 나타났다.

중국에서 펼쳐진 대륙타통작전은 1944년 12월에 끝났다. 일본군은 충칭과 쿤밍 쪽으로 정찰을 나섰지만 보급로가 지나치게 늘어났다. 스틸웰의 후임 웨드마이어 장군은 방어선을 구축하기 위해 미얀마 북쪽에서 미군에게 훈련받은 X전대 2개 사단과 함께 부임했지만, 일본군이 이미 철수하기 시작한 뒤였다. 두 사단은 미얀마로 돌아갔고, 2월 말에 마침내 살원에서 Y전대와 연합했다. 나머지 일본군 부대들은 산으로 퇴각했고 미얀마 로드는 마침내 재개방되었다. 첫 번째 트럭 호송대가 2월 4일에 쿤밍에 도착했다.

그동안 슬림은 이라와디 강을 따라 진군하다가, 기무라 헤타로 중장이 그 강력한 방어벽 뒤에 버마 방면군의 나머지 병력을 배치하는 바람에 진군을 잠시 멈추게 되었다. 슬림은 제33군단과 함께 본격적으로 도하하는 체하면서 제4군단을 측면으로 몰래 철수시켰다. 전선 뒤에 가짜 군단 사령부도 남겨두고 메시지를 계속 송출하도록 했고, 그사이에 사단들은 무전을 끄고 남쪽으로 진군한 뒤 훨씬 하류에 있는 강물을 건너, 아무런 방해도 받지 않고 기무라 부대의 후방을 위협했다. 일본군은 재빨리 철수해야 했고, 슬림은 치열한 전투를 벌인 후 3월 20일에 만달레이를 장악했다.

슬림은 지체하지 않고 랑군으로 향하는 이라와디 계곡을 따라 남쪽으로 밀고 나갔다. 마치 비가 먼저 내리느냐, 내가 먼저 도착하느냐를 겨루는 경기 같았다. 한편, 마운트배튼은 드라큘라 작전을 세워 5월 초 아라칸에서 영국 제15군단을 활용하여 상륙 작전과 공수 작전을 펼쳤다. 우기가 2주 일찍 찾아와 슬림의 군대는 목표 지점까지 65킬로미터를 남겨두고 행군을 중단해야 했다. 5월 3일, 연합군 편으로 돌아선 미얀마 독립군의 도움으로 제 15군단이 랑군을 장악했다. 기무라의 부대는 대안이 없어 타이로 퇴각하는 수밖에 없었다. 아라칸에서 연합군 전선 안에 고립된 처지가 된 일본 제28군 잔존병들은 시탕 강 너머 동쪽으로 빠져나가려 했다. 그러나 영국군은 이들의 계획을 알고 있었다. 일본군이 강에 이르렀을 때, 매복하고 있던 인도 제17사단이 나타나 그들을 학살했다. 1만7000명 중 탈출한 병사는 단 6000명뿐이었다.

일본군 입장에서 대륙타통작전은 목표를 달성했다. 일본군 부대는 국민당군에 50만 명의 사상자를 내고 8개의 성에서 1억 명이 넘는 인구와 함께 국민당군을 몰아냈다. 한편 이것은 공산당군의 승리이기도 했다. 국민당군은 식량 생산지역을 잃었을 뿐만 아니라 징용을 위한 인력에도 큰 손실을 입었다. 하지만 현지 주민들은 일본군을 증오했을지 몰라도 안도했을 것이다. 웨드마이어 장군의 말처럼 말이다. "중국 농민들에게 징용은 마치 기근이나 홍수와 같다. 단 더 주기적으로 찾아올 뿐."[2]

대륙타통작전으로 미군 비행장 열세 곳이 파괴된 후, 라오허커우老河口(한커우에서 서북쪽으로 300킬로미터 떨어진 곳에 있다)와 즈장(형양에서 서쪽으로 250킬로미터)에 새 항공대기지가 건설되었다. 1945년 4월, 일본군은 제12군 병사 6만 명을 진격시켜 라오허커우 비행장을 파괴했지만, 제20군의 즈장 기지 공격은 덜 성공적이었다. 웨드마이어 장군의 근대화 계획을 통해 잘 무장된 국민당군의 5개 사단, 그리고 부분적으로 근대화된 15개 사단이 즈장 방어 병력으로 전환되었다. 4월 25일, 중일전쟁의 마지막 주요 교전에서 이들은 비행기 200기의 지원을 받아 5만 명의 군사를 갖춘 일본군을 격파했다. 이것은 적절한 훈련과 장비, 그리고 특히 식량을 충분히 갖추면 국민당 사단이 일본군을 효과적으로 상대할 수 있다는 것을 보여준 사례였다.

중국과 만주에 있던 일본군 병력은 많은 수가 필리핀으로 이동하면서 이미 조금씩 줄어들고 있었다. 그때 대본영에서는 중국파견군을 전환 배치하여 오키나와 방어에 투입해야 한다고 생각했다. 대륙타통작전에 참여했던 제62사단은 이미 오키나와로 이전 배치되어 슈리 시를 방어하고 있었다.

일본군은 인도차이나에서 병력을 규합하기로 했던 또 다른 우선 과제도 완수했다. 1945년 1월, 중국에서 일본 사단들이 국경을 넘었을 때, 인도차이나에 있던 일본군 고위 장교들은 사단의 상태를 보고 충격을 받았다. 제37사단 병사들은 수염과 머리카락을 길게 기른 데다 군복은 너덜너덜해진 모습이었고, 계급장을 달고 있는 병사는 거의 없었다.[3] 제37사단은 새로 편성된 제38군에 편입되어 통킹 북쪽에서 호찌민 게릴라군과 싸우게 되었다. 호찌민의 병사들은 연합군에 정보를 제공하고 익사한 공군대원을 찾아오는 등 많은 도움을 주었으며, SOE와 OSS가 인도로부터 공수해준 무전기와 무기를 지원받은 타이 무장단체들도 마찬가지였다.

1월 12일, 할지의 제3함대가 인도차이나 해역에 도착하여 일본의 전함-항공모함인 휴가와 아세를 노리고 깜라인 만을 공습했다. 남중국해에서의 이러한 방랑과도 같은 출격은 할지가 스프루언스 제독에게 지휘권을 인계하기 전 그의 마지막 작품이었다. 미군 잠수함이 유조선을 격침한 뒤 두 일본 군함은 싱가포르로 떠난 후였지만, 할지가 이끌던 13척의 함대형 항공모함에서 날아오른 비행기들이 경순양함 1척과 소형군함 11척, 화물선 13척, 유조선 10척, 게다가 일본군에 의해 무장해제된 프랑스 순양함 라모트피케함까지 격침시켰다. 인도차이나 해역에서 머무는 동안 해군 항공대원들은 호찌민 주변 비행장을 공격하여 운항하지 않고 있는 비행기와 연료창고를 파괴했다.

3월 9일, 일본군은 드쿠 제독의 비시 프랑스 행정부를 몰아내고, 특히 북쪽에서 저항하던 일부 프랑스 군대를 무장해제시켰다. 드골파 대리인단과

제2차 세계대전

OSS는 프랑스 장교들을 설득하고 있었고, 장교들도 이미 연합군 편으로 전향하기를 몹시 갈망하던 터였다. 일본군은 이어서 7000명이 주둔 중이던 량산 요새 등 방위 거점을 지키고 있는 프랑스 식민지 군대를 상대로 명호 작전을 개시했다.

인도차이나에 있던 일본군 지휘관들은 비축해둔 쌀 50만 톤을 일본 본토와 그 밖의 일본군 주둔 지역으로 다시 보낼 생각이었지만, 미군의 봉쇄와 선박 부족 때문에 실행이 불가능했다. 비축된 쌀 일부는 썩어버렸고, 나머지는 1945년 11월에 일본군을 무장해제시키기 위해 투입된 중국 국민당 군대가 빼앗아 중국으로 보내버렸다. 이 시기에 수많은 인도차이나 지역 사람은 프랑스에 맞서 독립전쟁을 치를 때나 베트남 전쟁을 치를 때보다 훨씬 더 극심한 기근을 경험했다.[4]

도쿄 주재 타이 외교관들이 일본 폭격 대상에 관해 제공한 첫 정보가 타이 레지스탕스를 통해 OSS로 전달되었다. 1944년 12월에 괌과 티니언, 사이판에 있는 공군 기지들이 가동되었다. 미 육군항공대는 중국 비행장보다는 마리아나 제도의 큰 이점을 활용하여 모든 B-29 슈퍼포트리스 작전을 서서히 그곳에 집중시켜 커티스 르메이 소장의 지휘 아래 두었다. 그래도 폭격기의 손실은 상당했는데 이는 도중에 자리 잡은 섬들, 특히 이오 섬에서 폭격기 요격에 나선 전투기 때문이기도 했다. 규슈의 분산 주기장에서 일본 제국 해군 전투기 조종사들은 도쿄로 향하는 길 상공에 나타날 슈퍼포트리스를 공격하기 위해 긴급 발진을 기다리며 브리지 게임을 했다.[5] 게임을 향한 이들의 열정은 일본 제국 해군이 한창 영국 해군을 따라 하던 시기에 형성된 기묘한 유산이었다.

미군 사령부는 일본 전투기들이 폭격기와 마리아나 제도의 기지를 공격할 때 거점으로 사용했던 비행장들을 가진 이오 섬을 침공하기로 했다. 이오 섬을 점령하면 손상을 입은 비행기를 위한 비상착륙기지로 쓸 수 있었다.

일본군이 인도차이나에서 프랑스 행정부를 몰아낸 3월 9일, 르메이가 이끈 제21폭격사령부가 도쿄에 처음으로 대규모 소이탄 공격을 시작했다. 그로부터 한 달 전에는 B-29 편대가 두 번째로 네이팜탄을 실험 삼아 투하했었다. 고베 시의 공장지대는 화재로 거의 초토화되었다. 초겨울에 우한에서 B-29가 무시무시한 공습을 벌인 적이 있어서 르메이는 소이탄 공격의 파괴력이 어느 정도인지 잘 알고 있었다.

슈퍼포트리스 334기는 주거지역과 산업지역을 가리지 않고 도쿄를 융단폭격했다. 강한 바람 때문에 불길이 번져 건물 25만 채 이상이 화염에 휩싸였다. 나무와 종이로 만들어진 집들은 순식간에 불타버렸다. 총 8만3000명이 죽고 4만1000명이 중상을 입었는데, 이는 다섯 달 후 나가사키에 두 번째 원자폭탄이 투하되었을 때보다도 훨씬 더 많은 숫자였다.

맥아더 장군은 도쿄지역에 폭격을 가하는 것을 반대했지만, 미군 함정에 날아온 가미카제의 자살공격 때문에 미국인의 감정은 악화되어 있었다. 하지만 르메이는 맥아더의 의견에 답하지 않은 채, 공업도시 주민들은 모두 도시를 떠나라고 경고하는 내용의 전단을 살포하자는 의견만 유일하게 수용했다. 르메이는 일본의 주요 산업 중심지가 모두 불타버릴 때까지 작전을 계속하기로 결심했다. 미 육군항공대는 기이하게도 소이탄을 사용한 이러한 야간 지역 폭격을 '정밀 폭격'이라고 계속 주장했다. 내해 안팎에 기뢰가 투하되면서 본도들 사이의 해운도 사실상 중단되었다.

작전 초반에 활약했던 폭격기 대원들은 피해를 입고 동요했다. 그들은 35회 출격으로도 살아남을 수 있을 것인지 계산하기 시작했다. 누군가는 "1945년에는 살아 있자"[6]라는 주문을 나름 걸기도 했다. 그러나 비행기공장이 파괴되고 일본 전투기들이 대부분 미 해군을 상대로 한 자살공격에 투입되어 없어진 까닭에, 미 폭격기 대원들은 곧 일본 상공을 비교적 안전하게 날아다닐 수 있었다.

　이오 섬은 길이가 7킬로미터밖에 되지 않았지만, 공중정찰 결과 결코 정복하기 쉬운 섬은 아니었다. 르메이는 자신이 일본 본토에 폭격 공세를 펼치려면 이오 섬을 반드시 정복해야 한다는 말로 스프루언스 제독에게 이오 섬의 가치를 알려주어야 했다. 커다란 오키나와 섬은 6주 후에 침공하게 된다.

　이오 섬을 지키던 일본 수비대는 세련되고 두뇌가 명석한 기병 구리바야시 다다미치 중장이 지휘했다. 그는 전투가 최종적으로 어떤 결과를 맞을지 예상하고 있었지만, 전투를 최대한 오래 끌고 갈 수 있도록 진지를 배치했다. 그래서 이번에도 굴과 터널을 조직적으로 건설하고 시멘트와 화산석을 섞어 콘크리트 벙커를 짓는 등 방어를 단단히 했다. 그 작은 섬에 터널 길이가 무려 25킬로미터에 달했다. 많지 않았던 섬 주민들을 피신시키고 나자, 증원군이 도착해 그의 병력은 일본 육군과 해군 육전대 2만1000명이 되었다. 이들은 전사하기 전에 미군 병사를 최소 열 명 이상 죽이겠다고 맹세했다.

　미 항공대는 마리아나 제도에서 출격하여 76일 동안 이오 섬을 폭격했다. 그러던 2월 16일 새벽, 일본군은 굴과 벙커 안에 있다가 밤중에 도착한 침공 함대를 목격하게 되었다. 전함 8척, 호위항모 12척, 순양함 19척, 앞바다에 정박한 구축함 44척으로 이뤄진 해군 기동부대가 섬을 구역별로 나누어 포탄 세례를 퍼붓기 시작했다. 그러나 적의 병력을 약화시키려던 이 작전은 해병대 지휘관들이 요청했던 열흘이 아니라, 스프루언스 제독의 지시에 따라 사흘로 그 기간이 줄어들었다. 하지만 이런 사정을 감안하더라도 섬에 퍼부은 포탄의 톤수에 비해 수비대에 입힌 피해는 미미한 수준이었다. 유일한 예외가 있다면 일본군 포병대가 로켓장착 상륙정 몇 척에 너무 일찍 포격을 개시했을 때였다. 구리바야시 중장이 이들을 제1파로 착각한 것이었다. 포병대가 진지를 드러냄과 동시에 전함의 중포 공격이 그들을 향해 쏟아졌다. 그러나 2월 19일에 상륙 공격이 시작되었을 때, 구리바야시의 대포는 대부분 여전히 온전한 상태였다.

제4해병사단, 제5해병사단이 동남쪽 해안에 선발대로 상륙한 뒤 제3해병사단이 이어서 들어왔다. 부드러운 화산모래가 쌓인 해변은 경사가 심해 위장용 헬멧을 쓰고 짐을 잔뜩 짊어진 해병들은 상륙하는 데 어려움을 겪었다. 일본군은 320밀리 구경의 거대한 박격포로 상륙 지점에 포탄을 쏘며 더욱 격렬하게 저항했다. 해변으로 실려 나온 부상병들은 배 안으로 옮겨지기도 전에 전사하는 경우가 많았다. 사지가 떨어져나가고 짓이겨진 시체들이 즐비한 해변의 광경은 끔찍함이 이루 말할 수 없을 정도였다.

제5해병사단 일부 부대는 남쪽 끝에서 휴화산인 스리바치 산을 공격하기 위해 좌측으로 선회했다. 한 장교는 산꼭대기에서 깃발을 들어올릴 준비를 했다. 우익을 담당한 제4사단 소속 연대는 우측으로 이동하여 강력하게 요새화된 채석장을 공격했다. 셔먼 전차의 도움으로 가파른 모래 경사를 오르는 데는 겨우 성공했지만, 격렬한 전투는 하루 종일 계속되어 700명의 군사 중 걸을 수 있는 병사가 150명도 채 남지 않은 대대가 있을 정도였다.

사정없이 날아오는 포탄과 박격포 공세에도 불구하고 해질녘까지 해병 3만 명이 상륙했다. 이들은 역습에 대비해 참호를 팠지만 화산재가 부드러워 그것도 쉽지 않았다. 농촌 출신의 어느 해병은 참호 파는 일을 통에 담긴 밀 가운데 구덩이를 파는 것으로 비유했다. 그러나 역습은 없었다. 구리바야시가 노출된 곳에서 감행하는 자살돌격을 금하고, 방어 진지에서 더 많은 미군 병사를 죽이기로 했던 것이다.

포격으로 스리바치 산의 기저부에 있는 대부분의 포대는 무력화했지만, 제28연대가 고지에 올라 보니 다른 진지들은 별 영향을 받지 않은 채로 있었다. 어느 해병대원은 "일본 놈들이 돌을 던지고 우리 군도 함포를 쏴대는

제2차 세계대전

통에 우리 머리 위로 낙석이 쏟아졌다. 각각의 특화점은 복잡하게 설계된 요새로서 하나씩 따로 박살내야 했다. 철책에 둘러싸인 두께 60센티미터 정도의 콘크리트 벽이 먼저 나타나고 이어서 이오 섬의 진흙과 지저분한 재로 뒤덮인 3~3.5미터 되는 돌들이 나타났다"[7]고 기록했다.

스리바치 산 터널과 벙커 안에는 1200명의 수비대가 있었다. 대포와 바주카포에 끄떡도 하지 않는 벙커는 가까운 거리에서만 파괴할 수 있었다. 해병대는 '폭파!'라는 경고와 함께 폭약통이나 휴대 장약을 사용하기도 하고, 황린수류탄을 투척하기도 했다. 화염방사기는 계속 사용했지만, 화염방사병들은 짊어지고 있는 연료탱크를 불태우려는 일본군 기관총 사수들이 자신들을 가장 먼저 표적으로 삼을 수 있었기 때문에 오싹하기 마련이었다. 일본군은 용의 입김처럼 뿜어대는 화염방사기의 공격을 받는 것은 '닭튀김이 되는 것'과 다를 바 없다는 사실을 알았다. 어떤 때에 해병대는 일본군의 목소리가 바위틈에서 새어나오고 있다는 것을 눈치 채고는 기름통을 직접 들고 산으로 올라가 소리가 나는 곳에 가솔린을 붓고 불을 붙이기도 했다.

끝없이 전투가 이어진 지 사흘째 되던 날, 제28연대 부대원들이 화산 정상에 이르러 쇠파이프에 성조기를 게양했다. 감정이 북받치는 순간이었다. 산 밑에서도, 바다에서도, 병사들이 환호성을 지르고 안도의 눈물을 흘리는 광경이 연출되었다. 앞바다에 있던 배들은 '부우' 하고 뱃고동을 울렸다. 전체 작전을 지켜보던 제임스 포레스털 해군 장관은 홀랜드 스미스 소장을 돌아보며 말했다. "스리바치 산에 올라간 저 깃발이 앞으로 500년 동안 해병대가 갖게 될 가치를 말해주는군요."[8] 병사 6명이 긴 건설용 비계를 깃대로 삼아 더 큰 깃발을 달아서 올렸고, 이때 찍은 사진은 태평양 전쟁의 아이콘이 되었다. 해병대는 스리바치 산에서 800명의 병사를 잃었지만, 그곳이 섬 내 주요 방어 진지는 아니었다.

구리바야시의 사령부는 이오 섬에서 굴과 터널망이 가장 복잡한 북쪽 끝 지하 깊은 곳에 있었다. 스리바치 산에서 살아남은 병사 몇 명이 미군 전선을 뚫고 사령부에 나타나자, 사령부 분위기는 분노에 휩싸였다. 죽어가던 지휘관에게서 전선을 뚫고 가서 스리바치의 함락 소식을 전하라는 명령을 받고 온 것이기는 했으나, 이들을 맞이한 것은 끝까지 싸우지 않았다는 사실이 주는 공포와 충격이었다. 담당 장교인 해군 대위는 뺨을 맞고 겁쟁이라는 모욕을 당한 뒤 거의 참수를 당할 뻔했다. 이노우에 사마지 대령이 칼을 뽑아들었을 때 그는 이미 무릎을 꿇은 채 고개를 숙이고 있었다.

전투 넷째 날, 해병대는 섬 중심부에 있는 비행장 두 곳을 확보했지만, 그 뒤 화산암에 묻힌 복잡한 북쪽 지대를 장악하러 3개 사단이 나란히 진군해야 했다. 그곳의 지형은 정말이지 황량한 지옥 같았다. 일본군 저격병들은 바위틈에 몸을 숨겼고, 굴 입구마다 기관총이 이리저리 옮겨다녀 미군 사상자 수가 증가했다. 터널에 독가스를 쓰라는 허락이 떨어지지 않아 해병대는 속이 부글부글 끓었다. 전투 스트레스로 쓰러진 병사도 있었지만, 큰 부상을 입고도 계속 싸우며 믿기 힘들 정도로 용감한 모습을 보여준 병사가 더 많았다. 이오 섬 전투로 무려 27명의 군인이 명예훈장을 받았다. 포로는 거의 없었다. 심하게 부상을 입은 일본군 병사들도 사살되었는데 대개는 수류탄을 숨겨두어 자기 자신은 물론 도와주려는 해군 의무병까지 폭사시켰기 때문이다. 어떤 해병대원들은 일본군 병사 시신의 목을 베기도 했는데, 이는 고국으로 돌아가 베어낸 머리를 삶은 후 두개골을 팔기 위해서였다.

협곡을 지나 또 협곡, 능선을 지나 또 능선이 나타나는 이른바 '고기 분쇄기' 또는 '죽음의 계곡' '피의 능선' 지형을 따라 진군하는 것은 속도도 느리고 끔찍한 일이었다. 일본군 병사들은 죽은 해병대원의 군복을 입고 밤에 미군 전선을 통과하여 후방에서 살육전을 펼치고 한바탕 혼란을 일으켰

제 2 차 세계대전

다. 3월 8일 밤, 구리바야시가 자살돌격을 하지 말라고 명령했음에도 불구하고, 이노우에 대령은 1000명의 병사와 함께 이오지마 섬에서 가장 동쪽에 위치한 다치와 포인트 인근에 포위되었을 때 자살돌격을 실시했다. 그들은 제23연대에 소속된 한 대대를 공격하여 한바탕 전투를 벌이고 약 350명의 사상자를 냈지만, 살아남은 해병대원들은 다음 날 아침 진지 주변에서 784구의 일본군 시체를 확인했다.

이오 섬 전투가 종료된 3월 25일까지 해병대원 6821명이 전사하거나 치명상을 입었고, 1만9217명이 중상을 입었다. 자살한 두 명을 포함하여 포로로 잡힌 일본군 병사 54명을 제외하고, 구리바야시의 병력 2만1000명은 모두 사망했다. 구리바야시가 마지막 전투에서 중상을 입고 사망하자 그가 이끌던 병사들이 굴 깊숙한 곳에 그를 묻었다.

3월 중순 무렵, 함대형 항공모함 16척을 보유한 미처 제독의 제58기동부대가 규슈와 혼슈에 있는 비행장을 공격하기 위해 일본 해역으로 향했다. 이것은 오키나와 침공에 앞선 선제공격이었다. 휘하의 항공대원들은 지상에 있던 일본 비행기를 파괴함과 동시에 거함 야마토 함과 항공모함 4척에도 손상을 입혔다. 그러나 가미카제가 아닌 폭격기 하나가 기습적으로 공격하는 바람에 USS 프랭클린 항공모함이 엄청난 피해를 입었다. 함을 포기해도 좋다는 허락이 떨어졌지만 함장과 생존병들은 갑판 아래에 번진 불을 끝내 진압해냈다. 미처의 기동부대는 상륙군을 보호하기 위해 오키나와 부근에 머무르면서 훨씬 더 심한 공격을 받게 된다. 차례차례 쇄도하는 가미카제 비행기의 표적이 되었던 것이다.

3월의 마지막 며칠 동안, 미군은 오키나와 서남쪽에 위치한 작은 군도 두 곳을 점령했다. 이 군도들은 예상했던 것보다 훨씬 더 유용했다. 미군은 그곳에서 일본군이 미군 군함을 들이받기 위해 마련한 폭약을 실은 자살보트의 기지를 발견하고는 파괴해버렸다. 가장 가까이 있는 섬들에는 155밀리 장거리 포를 쏠 포좌를 마련하기에 좋아 일단 육상으로 올라온 군대를 도울 수 있었다.

인구 45만 명의 오키나와는 류큐 열도 중 가장 큰 섬이었는데, 일본은 1879년에 류큐 왕국을 강제로 편입시켰다. 본도 사람들과는 전통과 문화가 매우 달랐던 오키나와 사람들은 지배자 민족의 군국주의 정신을 받아들이지 않았다. 그 결과 오키나와 징집병들은 일본 제국 육군 내에서도 남들보다 더 많은 괴롭힘을 당했다.

길이 100킬로미터의 오키나와는 일본 서남쪽 약 550킬로미터 지점에 위치한 섬으로, 섬 남쪽 15세기 성채도시 슈리를 포함하여 몇 개의 큰 마을이 있었다. 섬 중심부를 가로질러 척추를 형성하는 바위 능선과 더불어, 섬 대다수 지역은 개간되어 사탕수수밭과 논으로 사용되고 있었다. 우시지마 미쓰루 장군이 이끄는 제32군은 병력이 10만 명 넘었는데, 그중 2만 명이 오키나와 출신 민병이기는 했지만 어쨌든 미군 정보부에서 추산한 것보다는 많은 수였다. 특히 민병은 오키나와 방언 때문에 일본 병사들의 놀림을 받았다. 대본영의 명령에 따라 제9사단이 필리핀으로 이전 배치되면서 우시지마는 최정예 사단을 떠나보내야 했다. 하지만 그는 일본군 기준으로는 예외적일 정도로 강력한 야포와 중박격포 세력을 보유했다.

슈리 성에 위치한 자신의 사령부에서 우시지마는 섬에서 인구가 가장 많은 남부 지역 일대를 끝까지 방어할 계획을 세웠다. 가장 저항이 심할 곳으로 미군이 예상했던 구릉지역인 북쪽에서는 우도 다케히토 대령이 지휘하는 소규모 병력만 배치했다. 우시지마는 해안선을 방어할 생각이 없었다. 이오 섬의 구리바야시처럼, 우시지마도 미군이 접근할 때까지 기다리기로 했다.

터너 제독의 함대는 전함과 순양함으로 엿새 동안 포격을 한 뒤 4월 1일 부활절에 수륙양용차와 상륙정을 띄울 준비를 했다. 이오 섬 상륙이 공포였다면, 오키나와 상륙은 실망과 안도가 뒤섞인 것이었다. 제2해병사단은 동남쪽 끝에서 양동 공격을 실시한 뒤 사이판으로 돌아갔다. 첫날에는 서해안에 상륙한 2개 해병사단과 2개 육군사단 군사 총 6만 명 중 단 28명만 전사했다. 이들은 비행장 두 곳을 점령하기 위해 보잘것없는 저항을 받으면서 내륙으로 진격했다.

제1해병사단과 제6해병사단은 이시카와 지협을 가로질러 동북쪽으로 진군하여, 우시지마가 최소한의 병력으로 방어하고 있던 섬 주요 지역으로 향했다. 무사히 상륙하여 안심했던 해병사단은 긴장하기 시작했다. "일본 놈들은 도대체 어디에 있는 거야?"[9] 해병대원들은 의아함을 떨칠 수 없었다. 이들은 겁에 질린 채 당혹해하는 수많은 오키나와 사람을 후방에 마련된 수용소로 인도했다. 해병대원들은 어른들과 달리 자신들을 두려워하지 않는 아이들에게 사탕과 휴대 식량을 나누어주었다. 육군 제7사단과 제96사단은 남쪽으로 선회했다. 자신들이 슈리 전방에서 섬을 가로지르는 우시지마의 주요 방어선으로 향하고 있다는 사실도 모르는 채 말이다.

두 육군 사단은 4월 5일 자연동굴과 인공굴이 있는 석회암 언덕에 이르러서야 그곳에서 전투가 기다리고 있음을 알았다. 각각의 굴은 이번에도 터널망과 연결되어 있었고, 언덕 곳곳에는 돌로 된 오키나와 전통 묘지가 있어 기관총좌를 마련하기에 안성맞춤이었다. 우시지마 군대의 포병대는 후방에 포진하고 있었으며, 전방 관측장교는 언덕 위에서 포격을 유도할 준비를 했다. 우시지마가 구사한 주요 전술은, 미군 보병들을 전차와 분리시킨 다음 매복부대를 출격시켜 서면 전차를 화염병과 휴대 장약으로 공격하는 것이었다. 불타는 전차에서 탈출한 전차 승무원들은 사격을 받아 쓰러졌다.

두 사단이 눈앞에 닥친 일을 두고 혼란에 빠져 있는 동안, 앞바다에서 터너 제독이 이끌던 함대는 규슈와 포르모사에서 날아온 일본 가미카제의 집중 공격을 받기 시작했다. 4월 6일과 7일에 가미카제 특공대원 355명이 날아올랐다. 각각에는 숙련된 대원이 조종하는 비행기가 따라붙어 그들을 호위했다. 가미카제 특공대원 대부분은 비행 훈련을 거의 마치지 못한 훈련병이었기 때문에 자원입대를 하도록 권고받았다. 숙련된 조종사들은 기지로 돌아와 다음 출격팀을 호위했다. 이들은 항공모함을 표적으로 삼으라는 지시를 받았지만 대다수는 가장 먼저 눈에 들어온 함정을 향해 돌진했다. 그 결과 반원형으로 분산 배치되어 레이더 피켓 임무를 맡고 있던 구축함들이 가장 먼저 최악의 공격을 받았다. 얇은 장갑판과 소수의 대공포로는 상대할 수가 없었던 것이다.

일본군은 거함 야마토 함과 경순양함 1척, 구축함 8척을 이끌고 공중 공격과 결합된 가장 두드러진 자살 임무를 수행했다. 이들은 연합함대 총사령관의 지시로 내해를 항해하여 규슈와 혼슈 사이 해협을 통과했다. 이들은 오키나와 해상에 있는 미국 함대를 공격한 뒤 배들을 좌초시켜 그것을 고정 요새로 활용하며 우시지마 장군의 병력을 도울 계획이었다. 많은 해군 고위 장교들은 야마토 함에 편도 운항 분량의 연료만 주입하여 거함을 일회용으로 쓰겠다는 작전에 충격을 받았다.

4월 7일 미처 제독은 미군 잠수함으로부터 야마토 함이 접근하고 있다는 경고를 받고는 스프루언스 제독이 전함으로 야마토 함을 격침하는 영광을 누리고 싶어하는 것을 알면서도 항공대를 띄웠다. 스프루언스는 해군 항공대에 공격을 허용했다. 일본 자살함대에 미군 정찰기들이 따라붙어 헬다이버와 어벤저 뇌격기를 자살함대 쪽으로 인도했다.

선발대는 폭탄 2발과 어뢰 1발을 명중시켰다. 한 시간도 채 지나지 않아 도착한 제2차 공격대는 야마토 함에 어뢰 다섯 발을 명중시켰다. 추가로 폭탄 열 발을 명중시키자, 거대한 함정은 속도가 느려지더니 물속으로 가라앉기 시작했다. 순양함 야하기 함도 공격을 받았다. 그 뒤 야마토 함은 천천히

제2차 세계대전

기울다가 폭발했다. 야하기 함도 구축함 4척과 함께 침몰했다. 이 거창한 자살돌격은 수병 수천 명의 목숨만 희생시켜 현대 전쟁사에서 가장 쓸데없는 행위로 손꼽히게 되었다.

가미카제 특공대는 4월 11일에 함대를 향해 제2차 공격을 시작했고, 이번에는 항공모함을 노렸다. USS 엔터프라이즈 함이 두 번의 공격을 받았지만 크게 손상된 채로 살아남았다. 에식스 함도 타격을 입었지만 작전은 계속 수행했다. 다음 날 전함 USS 테네시 함이 공격을 받고 구축함 한 척이 격침되었다. 구축함에 있던 대원들은 해상에서 고군분투하던 중 다른 전투기의 기총소사를 받았다. 제3차 공격은 4월 15일에 시작되었으며, 이때쯤 해군 병사들이 받는 압박도 심해지기 시작했다. 병원선으로 확인된 선박과 더불어 벙커힐 함과 엔터프라이즈 함 등의 항공모함에도 추가 공격이 이뤄졌다.

가미카제는 영국 해군의 태평양함대도 공격했다. 당시 킹 제독은 태평양을 자신의 전투 지역으로 여기고 이곳에 영국 함대를 들이는 것을 주저했다. 스프루언스가 제57기동부대로 이름 붙여준 영국 함대는 포르모사 쪽 사키시마 제도 내 비행장들에 포격과 폭격을 퍼붓고 있었다. 영국 항공모함의 비행갑판은 76밀리미터 두께의 장갑판으로 이뤄져 있었다. 제케라고 불린 제로 전투기가 영국 해군의 HMS 인디패티저블 함에 돌진하여 비행갑판에 충돌했지만 그저 움푹 패인 흔적만 남았다. 배 안에 있던 미 해군 연락장교는 "가미카제가 미 항공모함을 공격하면 진주만에서 6개월간 수리를 받아야 한다. 하지만 영국 함을 공격하면 청소부들이 비질만 하면 된다"[10]고 말했다.

미 해군은 큰 피해를 입었다. 오키나와에서 전투를 벌인 결과, 조종사 1465명의 자살공격으로 선박 29척이 침몰하고 120척이 손상되었으며, 수병 3048명이 전사하고 6035명이 부상을 입었다.

제7보병사단은 슈리 북쪽에서 일주일 동안 6킬로미터 정도를 진군했다. 제96보병사단은 선인장 능선을 장악하기까지 사흘이 필요했다. 그 후 이들은 동트기 전에 기습 공격을 감행하여 가카즈 능선 너머를 장악하는 데 성공했지만, 산등성이에 자리 잡고 있던 일본군 포병대가 집중 포격을 가하는 바람에 물러나야 했다. 9일이라는 전투 기간에 양 사단은 진격하지 못한 채 총 2500명의 군사를 잃었다.

제10군 사령관 사이먼 버크너 장군은 북진하는 해병대에게서 그나마 좋은 소식을 들을 수 있었다. 해병대는 썩은 내가 진동하는 밀림 속 전투를 끝내고 향기로운 소나무 숲을 지나 거의 섬 북쪽 끝에 이르렀다. 우도 대령의 군대는 어딘가에 숨어 있었는데, 호의적이고 영어를 구사하는 오키나와 사람 몇 명을 만난 제29해병연대는 우도의 기지가 어디인지 알아낼 수 있었다. 우도는 강이 내려다보이는 숲속 깊은 곳 야에 산 봉우리를 택했다. 4월 14일, 제29해병연대와 제4해병연대가 양쪽에서 공격했다. 이틀 동안 전투를 벌여 무수한 사상자를 낸 뒤 두 연대는 결국 야에 산을 장악했지만, 숲속 다른 곳에서 전투를 이어나가기 위해 우도 대령은 몇몇 병사와 함께 그곳에서 빠져나간 후였다.

4월 19일, 조바심이 난 버크너 장군은 3개 사단을 공격에 내보낼 준비를 하며 대포와 해군 항공대, 그리고 거대한 함포를 이용하여 일본군 전선과 슈리 성을 맹포격할 것을 명령했다. 그러나 섬을 가로지르는 능선에 대한 공격은 실패했다. 4월 23일, 니미츠 제독이 오키나와로 날아왔다. 그는 앞바다에 있는 자신의 함정들이 피해를 입을까봐 몹시 걱정하며 오키나와 점령을 하루빨리 완수하고 싶어했다. 제2해병사단이 남쪽 해안에서 추가로 상륙 작전을 펼쳐야 한다는 주장이 제기되자 버크너는 강하게 반대했다. 그는 해병대가 해안 교두보에 갇힐 것이며, 보급도 어려워질 것이라고 주장했다. 니미츠는 딱히 반박하진 않았지만, 빠른 시일 내에 섬을 완전히 정복하지 않으면 버크너가 경질될 것이라는 말은 분명히 전했다.

그날 밤 일본군은 짙은 안개와 일본 포병대의 엄포하에 제1방어선에서 물러났다. 그러나 절벽 지대인 우라소에 촌 급경사지에 있었던 제2방어선에서는 전세를 쉽게 전망할 수 없었다. 전투에 참여한 보충병들은 일본 병사를 처음 봤을 때 그 자리에서 굳어버릴 때가 많았다. 어떤 이들은 자기도 무기를 가지고 있다는 사실조차 잊고 다른 사람에게 적을 쏘라고 외치기도 했다. 제77사단 제307연대는 거의 수류탄만 가지고 일본군의 반격을 막았다. 병사들은 "핀을 뽑을 수 있는 한 최대한 빨리 많은 수류탄을 던졌다"[11]라고 한 소대장이 기록했다. 보급이 끊기지 않도록 뒤쪽에서 인간 사슬을 만들어 수류탄이 가득 들어 있는 상자를 앞쪽으로 보냈다.

4월 말, 버크너는 결국 오키나와 북쪽에 주둔 중이던 두 해병사단을 남하시켰다. 그 후 5월 3일, 우시지마는 엄청난 실수를 저지르게 된다. 그는 휘하의 참모장인 조 이사무 중장의 열성적인 조언을 받아들여 반격을 개시했다. 1937년 난징에서 대학살과 강간을 지휘한 바 있는 극단적 군국주의자였던 조는 미군 전선 안쪽으로 상륙 작전을 함께 펼쳐야 한다고 주장했다. 결국 병사를 가득 실은 배가 미 해군 순찰선에 발견되었고, 해상과 해변에서 대학살이 이어졌다. 육로 공격 또한 재앙이었다. 굴욕을 당한 우시지마는 결국 정신 나간 짓이라고 작전 전체를 반대했던 참모에게 사과했다.

5월 8일, 독일의 항복 소식이 제1해병사단 소총중대에 전해졌을 때, 병사들은 대체로 "그래서 어쩌라고?"[12]라는 반응을 보였다. 이들에게 그것은 다른 행성의 다른 전쟁이나 마찬가지였다. 병사들은 지치고 불결했으며, 주변의 모든 것이 고약한 악취를 풍겼다. 오키나와에는 군대가 비정상적으로 밀집되어 있었다. 하나의 대대가 맡고 있는 전선의 길이가 550미터도 채 되지 않을 정도였다. 오키나와에 파병된 저술가 윌리엄 맨체스터 해병대 병장은 "하수 오물은 당연히 끔찍했다. 최전선이 눈에 들어오기도 전에 냄새가 날 정도였다. 거대한 오수 구덩이가 따로 없다"[13]라고 기록했다.

5월 10일 버크너는 슈리 전선에 5개 사단을 투입해 총공세를 지시했다. 전투는 지독했다. 보병이 일반 셔먼 전차 및 화염방사전차와 함께 공격해야만 수비 굴 몇 곳을 처리할 수 있었다. 해병대는 슈거로프라는 작은 언덕에서 사상자를 2662명이나 발생시키며 열흘 동안 전투를 치렀다. 일본군 박격포와 대포 포격이 워낙 정확해 다부지기로 유명한 몇몇 해병대원도 신경쇠약에 걸릴 정도였다. 포성과 폭발음 때문에 모든 대원이 지끈거리는 두통을 호소했다. 밤에는 일본군이 해병대 전선에 침투하려 했기 때문에 하늘에 끊임없이 조명탄을 터뜨려 창백하고 푸르스름한 빛으로 악몽 같은 지대를 비추었다. 밤에 일본군 병사가 기어와 시체 사이에 가만히 누워 죽은 체할 수도 있었기 때문에 보초병들은 전선에 있는 모든 시체의 위치를 기록해둘 필요가 있었다.

5월 21일, 미군이 전차를 쓸 수 있는 지역으로 돌파함과 동시에 비가 내리기 시작해 차량이 진흙탕에 빠지고 비행기 출격이 제한되었다. 사람, 물건 할 것 없이 모조리 진흙투성이가 되었다. 보병대와 해병대는 진흙 속에서 이리저리 미끄러지며 탄약을 운반하느라 몹시 힘들어했다. 물이 찬 참호, 그리고 포탄 구멍 안에서 썩어가는 시체와 함께 생활하는 것은 더 힘들었다. 땅위에 노출되거나 일부만 묻힌 시체에는 구더기가 우글거리고 있었다.

우시지마의 군대는 폭우를 방패 삼아 오키나와 남쪽 끝을 가로지르는 최후 방어 진지로 철수하기 시작했다. 우시지마는 슈리 전선을 사수할 수 없다는 것과, 미군 전차부대가 돌파함에 따라 자신의 군대는 포위될 위험에 처했다는 것을 알고 있었다. 그는 강력한 후위부대를 남겨두었지만, 결국 제5해병연대의 한 대대가 슈리 성을 함락했다. 그런데 대대에 있는 깃발이라고는 남부연맹기뿐이어서 성조기로 대체할 때까지 일단 남부연맹기를 세워두어야 했기 때문에 몇몇 미군 장교는 당혹감을 감추지 못했다.

제2차 세계대전

5월 26일, 구름이 옅어진 뒤 항공모함에서 정찰에 나선 항공대는 슈리에서 남쪽으로 이동하는 차량 행렬을 발견했다. 미군에 대한 일본의 선전 때문에 겁을 먹고 있던 오키나와 현지 주민들이 부대와 함께 도망가겠다고 고집했던 것이다. 우시지마가 다른 곳에서 대피소를 찾아보라고 지시했는데도 소용없었다. 미군 사령관들은 그 행렬을 향해 발포하는 수밖에 없다고 생각했고, 곧 순양함 USS 뉴올리언스에서 길 쪽으로 203밀리 포를 쏘기 시작했다. 그리하여 민간인 1만5000명이 퇴각병들과 함께 목숨을 잃었다.

우시지마의 병력은 철수한 뒤 3만 명 이하로 줄어들었지만, 끝이 보인다 해도 힘든 전투는 아직 남아 있었다. 6월 18일에 버크너는 제2해병사단의 공격을 지켜보다가 포탄 파편에 맞아 전사했다. 나흘 후, 사면초가에 몰려 그때까지 지휘 벙커에 갇혀 있던 우시지마 장군과 조 중장은 각각 할복과 동시에 이들을 존경하던 부하들의 손에 참수를 당하기로 하고 자살 의식을 준비했다. 두 사람이 이끈 군사들의 시신은 10만7539구로 집계되었지만, 그 외에 이미 매장되었거나 파괴된 굴속에 묻혀 버린 시신도 많았다.

해병 및 육군 부대는 7613명이 전사하고 3만1807명이 부상을 입었으며, 2만6211명이 주로 신경쇠약 계통의 '기타 상해'를 입었다. 오키나와 주민은 약 4만2000명이 사망한 것으로 알려져 있지만 실제로는 훨씬 더 많을 수도 있다. 함포 공격으로 사망한 사람들을 제외하고도 많은 사람이 굴속에 있다가 양쪽 군대의 포격으로 그대로 생매장되었기 때문이다. 어쨌든 이번 전투는 미군 당국자들에게 이미 계획되고 있던 일본 본토 침공으로 얼마나 많은 민간인이 희생될 것인가 하는 질문을 던져주었다. 사실 오키나와 점령으로 전쟁의 종식이 앞당겨지지 않았을 수도 있다. 오키나와 점령의 주목적은 일본 침공에 사용할 기지를 마련하는 것이었지만, 일본 수비군의 결사적인 저항이 틀림없이 미국 정부의 모든 인사에게 다음 단계에 대해 다시 한 번 생각해보도록 만들었기 때문이다.

얄타, 드레스덴, 쾨니히스베르크

1945년 1월 말, 부다페스트 전투가 절정에 달하고 소련군이 오데르 강에 도착한 사이, 연합군 지도자 세 명은 전후 세계의 운명을 결정하기 위해 얄타에서 모일 준비를 하고 있었다. 비행을 두려워했던 스탈린은 크림 반도의 얄타에서 회담을 열자고 주장했다. 그래야만 초록색 황제석에 앉아 기차여행을 할 수 있기 때문이었다.

1월 20일, 4선에 성공한 루스벨트가 대통령에 취임했다. 루스벨트는 취임 연설에서 곧 다가올 평화를 예견했는데 자신은 그걸 볼 때까지 살아 있지 못할 운명이었다. 사흘 후, 루스벨트는 전례 없이 철저한 보안 속에 중순양함 퀸시 함에 승선했다. 11일 후 퀸시 함과 호위 군함들은 처칠이 애타게 기다리고 있는 몰타에 도착했다. 그러나 루스벨트는 매력과 환대라는 연막으로 얄타에서 반드시 말해야 할 사항들에 대한 논의를 피해갔다. 루스벨트는 스탈린이 '집단 공격'을 당하고 있다고 생각하는 것이 싫었다. 그는 분명 전략 합의를 거치지 않는 자유재량을 원했다. 영국 대표단은 점차 불안해지기 시작했다. 스탈린은 자신이 원하는 것이 무엇인지 정확하게 알고 있었고 미국과 영국을 서로 대립하게 만들어 어부지리를 얻을 수도 있다. 루스벨트는 무엇보다 국제연합에 대한 소련의 지지를 확보하길 원했던 반면, 영국은 폴란드가 독립하여 진정한 자유국가로 거듭날 수 있도록 확답을 받는 일을 최우선 과제로 삼았다.

두 대표단은 밤새 몰타에서 흑해로 날아가 2월 3일 사키에 착륙했다. 이들은 크림 산맥과 해안을 따라 긴 여행을 하면서 전쟁으로 폐허가 된 지역을 숱하게 보았다. 대표단은 제정 러시아 여름 궁전에 여장을 풀었다. 루스벨트와 미국 대표단은 회담이 열릴 리바디아 궁전에 묵었다.

스탈린 입장에서 얄타 회담의 주목적은 소련이 중부 유럽과 발칸 반도를 통치할 권한을 인정받는 것이었다. 스탈린은 자신의 입장에 매우 자신만만했기 때문에 류블랴나 협곡 공세를 제안함으로써 예비 회담에서 처칠을 괴롭힐 수 있을 것이라 생각했다. 스탈린은 붉은 군대에 선수를 치려 한 처칠의 계획이 미국인들의 끊임없는 반대에 부딪혔다는 사실을 아주 잘 알고 있었다. 이제 소련군이 부다페스트의 서북쪽에 도달했으니 영국은 너무 늦은 것이다. 어쨌든 미국은 더 많은 부대를 이탈리아에서 서부 전선으로 이동시키자고 주장했다. 처칠은 분명 스탈린이 진실로 가장한 채 상처를 건드린 데에 매우 분해했을 것이다.

루스벨트는 여전히 서방 연합국이 스탈린에게 집단 공격을 퍼붓지 않을 것이라는 인상을 주기를 바랐기 때문에 진짜 중요한 판이 시작되기 전까지 처칠을 만나려 하지 않았다. 그러나 이러한 주의 깊은 행동은 별 의미가 없었다. 소련 대표단은 루스벨트와 처칠이 몰타에서 이미 전략을 논했을 것이라 생각했기 때문이다. 회의가 시작되기 바로 전에 스탈린은 루스벨트를 방문했고, 루스벨트는 곧바로 처칠을 폄하하며 스탈린의 신뢰를 얻으려 했다. 루스벨트는 전략상 이견이 있었던 부분들에 대해 이야기를 꺼냈으며 심지어 예전 테헤란 회담 때 말했던 5만 명 독일인 장교 학살 공약에 찬성할 것처럼 다시 언급하기도 했다. 테헤란 회담 당시 이 발언에 심기가 불편해진 처칠은 회담장을 떠나버렸었다.

루스벨트는 영국이 '꿩도 먹고 알도 먹기'를 원한다고 언급하면서 결국 영국이 독일 북부를 장악할 것이라며 불만을 토로했다. 그는 미국이 독일 북부를 장악하기를 바랐지만 그런 말을 하기는 너무 늦어버렸다. 하지만 루스벨트는 프랑스가 독일의 서남쪽을 지켜야 한다는 처칠의 간청을 지지할 준비를 하고 있었다. 그런데 루스벨트는 그마저도 영국과 드골을 얕보는 태도로 빈정대면서 그렇게 했다.

2월 4일 늦은 오후 리바디아 궁전에서 첫 번째 회담이 시작되었을 때, 스탈린은 루스벨트에게 회의 진행을 요청했다. 그 후 며칠간 이들은 군사적 상황과 전력, 독일의 분열 가능성, 점령 지역 및 스탈린의 최대 관심사인 배상금 문제에 대해 논의했다. 루스벨트가 미국인들이 더 이상 유럽에 미군을 주둔시키려 하지 않을 것이라고 발표하자 처칠은 경악했다. 특히 미군 지휘관들은 유럽에서 발을 빼고 일본과의 전쟁을 끝내고 싶어했다. 그러나 처칠은 이것을 협상상의 심각한 실수라고 정확하게 파악했다. 스탈린은 즉시 고무되었다. 그는 나중에 베리아에게 "민주주의의 최대 약점은 소련 정부가 가진 것과 같은 영구적인 권한을 대중이 위임하지 못한다는 사실에 있다"[1]라고 말했다.

2월 6일, 국제연합 결성이라는 루스벨트의 원대한 꿈이 힘겹고 오랜 논의의 대상이 되었다. 안전보장이사회의 구성과 총회 회원국 자격에 관해서 스탈린은 미국과 영국이 함정을 만들었다고 의심했다. 스탈린은 1939년 겨울, 소련이 핀란드를 침공했다고 비난한 국제연맹의 표결을 잊지 않고 있었다.

스탈린은 약삭빠르고 대담했다. 그는 차분하고 권위 있게 말했으며, 14개월 전에 테헤란 회담에서 유럽의 절반을 차지할 수 있는 전략을 구상했듯이 이번에도 자신에게 유리하도록 명석하게 판을 장악하고 있었다. 스탈린은 또한 베리야가 영국에 첩보원을 심어둔 덕분에 서방 연합국과의 협상에서 우위를 차지했다. 이 3자 회담의 다른 두 협상인, 즉 루스벨트와 처칠은

제2차 세계대전

스탈린의 상대가 되지 않았다. 가뜩이나 노쇠해 보이는 루스벨트는 대부분의 시간에 입을 벌리고 있었으며, 어떤 때에는 상황이 어떻게 돌아가는지 파악하지 못하는 듯했다. 처칠도 실제 사실에 집중하기보다는 감정에 휘말려 논의에서 중요한 요소들을 대부분 놓치고 있었다. 특히 처칠에게 무척 소중한 폴란드 문제에 있어서는 더욱 감정적이 되었다. 처칠은 폴란드 문제에 대한 스탈린의 미묘하지만 명백한 신호를 놓친 듯했다.

처칠이 소련의 선한 의도를 시험해볼 수 있는 방법은 폴란드를 어떻게 다루는지를 살피는 것이었다. 그러나 스탈린은 타협할 이유가 없었다. 붉은 군대와 NKVD는 이제 폴란드 전체를 완전히 장악하고 있었다. 베리야는 얄타에서 그의 아들 세르고에게 "폴란드에서 이오시프 비사리오노비치Iosef Vissarionovich 스탈린의 이름는 조금도 물러서지 않았다"[2]고 말했다.(모든 방의 도청을 담당하고 있던 세르고 베리야는 밖에서 루스벨트의 대화를 들을 수 있도록 지향성 마이크를 설치하기까지 했다.)

처칠은 자기편이 없다는 것을 알아챘다. "미국은 폴란드 문제에 대해 하나도 모르더군. 몰타에서 폴란드의 독립에 대해 얘기했더니 '그런데 그게 중요한 게 아닙니다'라는 말이 돌아오더이다"[3]라며 이든과 주치의인 모런 경에게 푸념했다. 사실 에드워드 스테티니어스 국무장관은 이든의 의견에 동의했지만 루스벨트는 폴란드에 대해 스탈린과의 불화를 피하고 싶었다. 특히 이 문제가 국제연합과 관련된 협정을 방해하게 된다면 말이다.

2월 6일 폴란드에 대한 논의에서 루스벨트는 자신이 영국과 소련 간의 정직한 중개인인 양 행동하려 애썼다. 커즌 선을 따르는 동쪽 국경선에 대해서는 3개국 간에 어느 정도 합의가 이뤄졌다. 그러나 처칠이 오히려 놀란 것은 루스벨트가 스탈린에게 폴란드가 르부프 지역을 지킬 수 있도록 아량을 베풀어달라고 호소한 점이었다. 스탈린은 이러한 아량을 베풀 생각이 전혀 없었다. 스탈린이 보기에 르부프는 우크라이나에 속해 있었고, 폴란드인이 절대다수를 차지하기는 했지만 이미 인종 청소도 시작되고 있었던 것이다. 스탈린은 폴란드에 보상하는 차원으로 르부프 내 폴란드인을 독일 동부 지역으로 이주시킬 작정이었다. 르부프 시민은 결국 브레슬라우로 대규모 이주하게 되었고, 그곳의 지명은 브로츠와프로 바뀌게 되었다.

스탈린은 모든 주요 정당의 리더들을 기반으로 하여 폴란드 연립정부를 세우고 자유선거를 감독하게 하자는 서방의 제안이 훨씬 더 걱정스러웠다. 그는 임시정부, 즉 바르샤바로 옮기게 된 루블린 폴란드 정부가 이미 자리를 잡고 있다고 생각했다. 스탈린은 "장식적인 목적으로 한두 명의 망명자만 받아주고 그 이상 허용해서는 안 된다"[4]고 베리야에게 말했다. 1월 초, 스탈린은 영국과 미국의 반대에도 불구하고 자신의 괴뢰정부를 인정했다. 프랑스는 앞서 12월에 드골이 입장을 표명했음에도 불구하고 스탈린의 괴뢰정부를 인정했다. 체코도 압력에 못 이겨 인정하고야 말았다.

이러한 논의 중에 스탈린은 불안해졌다. 휴정 후 그는 갑자기 일어나 발언했다. 그는 러시아인들이 "과거에 폴란드인에게 많은 죄를 저질렀다"고 인정했지만 폴란드가 소련의 안보에 매우 중요하다고 주장했다. 소련은 20세기에 폴란드 영토를 지나온 적에게 침략을 두 번이나 당했고, 이러한 이유로라도 폴란드가 '강하고 자유롭고 독립적'[5]이어야 할 필요가 있다는 것이었다. 처칠과 루스벨트는 모두 1941년 독일 침공의 충격도, 러시아가 절대로 다시는 놀라는 일이 없도록 위성국 저지선을 세우려는 스탈린의 결연한 마음도 완전히 이해하지 못했다. 아마도 혹자는 냉전의 기원이 이러한 충격적인 경험에 기인한다고 주장할 수도 있을 것이다.

스탈린이 생각한 '자유'와 '독립'의 개념은 물론 영국이나 미국의 정의와는 매우 달랐다. 스탈린은 '우호적'이어야 한다고 주장했기 때문이다. 그는 망명정부의 대표자들이 소련 전선 뒤에서 문제를 일으킨다고 비난하며 그들이 자신의 정부에 간섭하는 것을 일체 거부했다. 그는 폴란드 국내군이 붉은 군대 장교와 사병 212명을 죽였다고 주장했지만, NKVD가 폴란드 비공산주의자들에게 자행한 끔찍한 억압에 대해서는 언급하지 않았다. 따라서 폴란드 국내군이 독일을 도와주고 있는 것이라고 그는 주장했다.

다음 날 폴란드 및 국제연합에 대한 어떠한 타협도 이뤄지지 않을 것임이 분명해졌다. 스탈린은 폴란드 정부에 대한 논의를 연기했고, 국제연합 투표제도에 동의함으로써 미국 측에 환희를 안겨주었다. 그는 소련이 총회에서 참패하는 것을 보고 싶지 않았다. 따라서 스탈린은 몰로토프를 시켜, 자치령들이 영국을 따라 투표하면 영국이 복수표결권을 갖는다는 전제하에, 최소한 소비에트 사회주의공화국 연방의 일부 국가, 특히 우크라이나와 벨라루스를 국제연합 회원국으로 받아들여야 한다고 주장하게 했다.

하지만 루스벨트는 여기에 넘어가지 않았다. 그 누구도 이 두 나라를 어떠한 형태로든 소련으로부터 독립한 국가로 인정하지 않았으며, 이는 1국 1투표권 원칙에 위배되는 것이다. 그런데 처칠이 스탈린 편을 들자 루스벨트는 놀란 동시에 화가 났다. 그러나 루스벨트는 다음 날 스탈린의 일본에 대한 전쟁 선포를 희망하면서 이를 인정했다. 그런데 스탈린이 국제연합에 대해 타협한 데에는 루스벨트를 설득하여 폴란드에 대한 그의 노선을 완화하려는 속셈이 숨어 있었다. 이 삼자 게임은 점점 더 복잡해져갔는데, 이것은 또한 미국 대표단 내의 불화로 더더욱 복잡하게 전개되었다.

회담 주제가 폴란드 문제로 넘어갔을 때, 스탈린은 폴란드 정부 지위를 놓고 서로 경합하는 정치 세력들의 사절단을 얄타 회담에 불러야 한다는 루스벨트의 제안을 짐짓 이행하기 불가능한 척했다. 사절단의 거처도 모르고 시간도 충분하지 않다는 것이었다. 한편 그는 임시정부의 비공산당 폴란드인 영입 가능성에 이어 총선 실시에 관한 이야기를 하며 절충을 이끌어내는 듯 보였다. 그는 바르샤바 임시정부로부터 독립된 국가위원회가 선거를 감독해야 한다는 미국의 제안을 거부했다. 몰로토프와 스탈린은 바르샤바 임시정부가 교체될 수 없으며 단지 확장될 수 있다고 단호히 주장했다.

처칠은 폴란드에서 폭넓은 지지를 받지 못하는 정부에 대해 왜 서구에서 분노 아니면 깊은 불신이 생기는지 설명하면서 강력하게 대응했다. 그러자 스탈린은 처칠에게 확실한 경고 신호로 답했다. 그는 영국군이 아테네에서 공산당을 억압할 때 그리스에 대한 약속을 지키느라 대항하지 않았었다. 그리고 폴란드의 후방지역 경계 문제를 사실상 스탈린이 프랑스 공산당을 제어하고 있었던 프랑스의 상황에 비교했다. 어쨌든 그는 드골 정부가 바르샤바의 공산당 임시정부처럼 민주주의 정부가 아니라고 주장했다.

스탈린은 소련에 의한 폴란드의 해방과 그의 임시정부는 현지에서 널리 환영받고 있다고 말했다. 이 노골적인 거짓말은 거의 설득력이 없었지만 메시지는 분명했다. 폴란드는 스탈린의 프랑스이자 그리스였던 것이다. 그 의미가 더하면 더했지 작지는 않았다. 스탈린이 알기로 그리스는 처칠의 아킬레스건이었는데, 스탈린의 화살이 제대로 명중했다. 처칠은 그리스 문제에 스탈린이 중립적 입장을 취한 데 대해 억지로 감사를 표했다. 국제연합의 기반을 잃을까 두려워하던 루스벨트는 폴란드 문제는 일단 접어두고 외무장관 위원회에서 논의해야 한다고 주장했다.

루스벨트는 일본과의 전쟁에 대해 스탈린이 요구한 대가에 합의했다. 소련은 극동지역에서 1905년 일본과의 참혹한 전쟁 때 러시아가 잃어버린 사할린 섬 남쪽 지대와 쿠릴 열도를 원했다. 루스벨트는 또한 소련이 몽골 지배권을 갖도록 용인했는데, 이 일을 장제스와 논의하지 않았다는 사실은 비밀로 했다. 이는 대서양헌장의 정신에 크게 위배될 뿐만 아니라 2월 9일 스테티니어스가 발표한 폴란드에 대한 미국의 타협안과도 거리가 멀었다.

루스벨트는 두 가지 우선 과제, 즉 국제연합 관련 사안과 소련의 대 일본 전쟁 개입에 관해 이뤄낸 협의를 위태롭게 하고 싶지 않았다. 그는 스탈린에게 어떻게든 폴란드의 민주정부를 받아들이도록 강요하려던 생각을 접었다. 이제 루스벨트가 원하는 것은 폴란드의 '국가통일임시정부'와 그가 본국으로 돌아갔을 때 미국 국민을 설득할 수 있는 '자유롭고 구속받지 않는 선거'에 대한 협의였다. 이러한 접근은 암묵적으로 런던 망명정부를 어두운 바깥으로 내던짐으로써 공산당 임시정부가 새로운 정부의 근저를 이뤄야 한다는 소련의 요구를 받아들이는 것이었다. 몰로토프는 사소한 변화를 추진하는 체하면서 '완전한 대표'와 같은 용어를 버리고 싶어했으며, '민주적 정당'이라는 제한적인 말을 '반파시스트와 비파시스트'로 바꾸고 싶어했다. 소련과 NKVD가 이미 폴란드 국내군과 그 지지 세력을 '객관적 파시스트'로 규정했기 때문에, 이는 결코 사소한 변경으로 보기 어려웠다.

루스벨트는 처칠의 우려를 단지 몇몇 단어의 해석 때문이라고 일축했다. 그러나 나중에 밝혀졌지만 자세히 들여다보면 진짜 골치 아픈 문제가 숨어 있었다. 처칠 수상은 물러서지 않았다. 임시정부 구성 문제에서 이기지 못할 것을 안 처칠은 자유선거 문제에 초점을 맞추고 외교 참관인을 요구했다. 스탈린은 이것이 폴란드인에게 모욕이 될 것이라고 뻔뻔하게 반박했다. 루스벨트는 처칠을 지지해야 할 의무감을 느꼈지만 다음 날 미국은 영국에 사전 경고도 없이 선거 감시에 대한 주장을 갑자기 철회했다. 처칠과 이든의 편은 아무도 없었다. 이들이 얻을 수 있었던 것이라고는 대사들이 폴란드에서 벌어지는 일들을 보고할 수 있도록 이동의 자유를 가져야 한다는 내용의 협의안뿐이었다.

레이히 제독은 루스벨트에게 협의서의 문구가 '지나치게 탄력적이어서 기술적으로 고치지 않고도 러시아가 이를 얄타에서 워싱턴까지 늘릴 수 있을 것'[6]이라고 지적했다. 루스벨트는 자신이 더 이상 할 수 있는 것이 없다고 답했다. 스탈린은 그 누가 뭐라 해도 폴란드 문제에서 물러서지 않았고, 스탈린이 파견한 부대와 비밀경찰이 폴란드를 통제하고 있었다. 세계 평화에 대한 더 큰 대의로 볼 수 있는 폴란드 문제에 대해 루스벨트는 소련의 독재자에게 과감히 맞설 각오가 되어 있지 않았다. 호의적인 루스벨트의 상태가 병약해져 불안해진 스탈린은 베리야에게 루스벨트 사후 중요한 역할을 할 것 같은 주변 인물에 관한 세부적인 정보를 달라고 말했다. 그는 해리 트루먼 부통령에 관한 세세한 정보를 모두 알고 싶어했다. 차기 정부가 상대하기 어려울까봐 두려웠던 것이다. 사실 스탈린은 두 달 후 루스벨트 대통령이 서거하자 그가 암살당한 것이리라 확신했다. 베리야에 따르면, 스탈린은 NKGB(국가보안인민위원부) 제1국이 이 문제에 대해 아무런 정보도 제공하지 못하자 격분했다고 한다.[7]

얄타에서 해결해야 할 마지막 문제 중 하나는 전쟁포로 송환 문제였다. 몇몇 수용소를 이미 붉은 군대가 장악했기 때문에, 민주주의 국가들은 자국 군인들은 물론이고 수많은 소련인 전쟁포로와 독일군 군복을 입은 소련인 포로들을 본국으로 돌려보내고자 했다. 영국과 미국은 모두 이 협정이 암시하는 바를 완전히 이해하지 못하고 있었다. 소비에트 당국은 자국 국민이 자신들의 의지에 반해 강제로 독일군 병사가 되었다고 주장함으로써 동맹국을 오도했다. 이들은 독일군 포로와 분리되어야 하며, 예우를 해주어 전쟁포로로 분류되지 않아야 한다는 것이다. 소비에트 당국은 심지어 자신들이 대량 학살하거나 송환되자마자 강제노동 수용소로 보내버릴 포로들을 연합군이 구타했다며 비난하기까지 했다.

영국과 미국은 스탈린이 독일 군복을 입고 싸웠거나 굶주림을 못 이겨 히비를 결성한 100만 명가량의 소련인에게 복수할 것이라고 짐작했다. 그러나 이들은 독일군에게 붙잡힌 포로들도 반역자로 간주할 것이라고는 생각도 못 하고 있었다. 연합국은 송환된 소련군 포로들이 처형되었다는 사실을 알아내고도 연합국의 전쟁포로 송환이 지연될까봐 침묵을 지켰다. 죄상을 조사하여 진짜 전범들을 효과적으로 가려내기가 불가능하니, 때에 따라 무력이라도 써가며 포로 전체를 돌려보내는 것이 더 쉬울 듯 보였다.

회담에서 마지막으로 해결해야 할 문제는 군사적 사안들이었다. 미국은 아이젠하워가 스탑카와 직접 연락할 권한을 갖고 계획을 조율할 수 있기를 바랐다. 이는 매우 일리 있는 계획이기는 했지만 얼마 지나지 않아 그다지 간단한 문제가 아님이 드러났다. 마셜 장군과 그의 동료들은 그 어떤 소련 지휘관도 스탈린의 허락 없이 외국인과 감히 먼저 접촉할 수 없다는 사실을 이해하지 못했다. 마셜은 순수한 정보 교환이 양측 모두에 도움이 될 것이라 생각했지만, 소련을 직접 겪지 않은 다른 모든 미국인과 마찬가지로 마셜 역시 '자본주의 국가들은 언제나 우리를 속이려고 하므로, 우리가 먼저 속여야 한다'는 러시아인의 신념을 이해할 수 없었다. 아이젠하워는 자신의 의도와 일정에 대해 전적으로 솔직했다. 그러나 사실 처칠의 눈에 아이젠하워는 솔직하다 못해 순진한 사람이었다. 반면 소련은 베를린 작전 계획 및 일정에 관해 아이젠하워를 교묘하게 속이고 있었다.

마셜은 서방과 소비에트 작전 구역의 경계인 '폭격선'을 분명히 하는 것을 매우 시급한 문제로 생각했다. 미국 항공기는 이미 소련 군대를 독일군이라 생각하고 공격을 가하는 실수를 저질렀다. 다시 한번 마셜은 참모총장 알렉세이 안토노프가 우선 스탈린과의 상의 없이는 아무런 논의도 하지 않을 것이라는 사실을 알고 충격을 받았다.

처칠은 루스벨트와 스탈린을 설득하여 프랑스를 점령지대와 함께 연합국관리위원회에 합류시킬 수 있도록 한 데 대하여 드골에게서 감사 인사를 거의 받지 못했다. 드골은 얄타에 초대받지 못한 것과 프랑스로의 라인 지방 영토 할양이 거부된 것 때문에 심통이 나 있었다. 루스벨트가 본국으로 돌아가는 길에 얄타에서 결정된 사항들을 개략적으로 설명해주고자 드골을 알제로 초대했음에도 드골의 기분은 나아지지 않았다. 과민한 드골은 미국이 프랑스령으로 자신을 초대한 것이 전혀 달갑지 않아 곧바로 거절했다. 이때 루스벨트가 드골을 '프리마돈나'라고 불렀다는 소문이 새어나갔고, 이로 인해 상황은 더 악화되었다.

미국과 영국 대표단에 동시에 뿌려진 요술가루, 즉 '얄타의 정신' 덕분에 두 나라는 빈틈없는 협정은 아니었더라도 스탈린이 협력하고 협조하는 분위기로 보아 전쟁이 끝난 뒤 평화가 유지될 것이라고 믿게 되었다. 그러나 이러한 낙관적인 전망은 얼마 지나지 않아 뒤집혔다.

얄타에서 폭격선 문제를 논의할 때, 안토노프 장군은 동부 전선의 독일 전선 뒤 교통 요충지를 공격해달라고 요청했다. 이는 독일 군대가 서부 전선에서 붉은 군대가 있는 동부 전선으로 이동해오지 못하게 하기 위한 것이었다. '이 협정이 낳은 직접적인 결과가 바로 연합군 폭격에 의한 드레스덴 파괴[8]라는 주장도 있다. 그러나 안토노프는 드레스덴을 절대 언급하지 않았다.

얄타 회담 전부터도 영국 육군이 인력 부족으로 심히 약화되어 있었음에도 처칠은 폭격기군단의 파괴력으로 소련에게 깊은 인상을 주려고 혈안이 되어 있었다. 또한 처칠이 전쟁 초반에도 여러 번 스탈린을 납득시키려 했던 것처럼, 전략폭격 작전이 최초의 제2전선이었음을 폭격기군단이 상기시켜주었다.

해리스 또한 드레스덴이 아직 파괴되지 않은 몇 안 남은 주요 도시 중 하나라는 단순한 이유로 드레스덴 공격에 열을 올렸다. 10월에 제8비행단이 드레스덴의 조차장을 폭격했지만 해리스의 청서에 기록되지는 못했다. 엘베 강 위의 이 바로크 보석이 유럽의 훌륭한 건축적, 예술적 보물 중 하나라는 사실에 해리스는 전혀 개의치 않았다.[9] 자신이 호언장담한 대로 중폭격기를 동원해 독일을 붕괴시키겠다는 포부를 이루지 못했다는 사실이 그의 투지를 더욱 북돋을 뿐이었다. 2월 1일, 포털과 스파츠, 테더는 '베를린, 라이프치히, 드레스덴을 우선순위에서 정유시설 바로 아래에'[10] 두는 새로운 지령에 동의했다.

해리스는 정유시설 폭격 전략에 회의적이었다. 그는 공군 참모총장이었던 포털과 겨울 동안 교신하면서 자신의 입장을 여러 번 밝혔다. 1944년 11월 1일, 합동참모본부의 지령 때문에 그는 정유시설을 최우선 목표로 하고 두 번째로 교통 요충지를 노릴 수밖에 없었다. 울트라 암호해독을 통해 스파츠의 정유시설 폭격 전략에 주력하는 것이 가장 효과적임이 증명되었지만, 해리스는 자신만의 목표에서 벗어나고 싶지 않았다. 그는 스스로 질문을 던졌다. "우리는 이제 이 광대한 임무를 포기해야 하는가? 이렇게 끝이 가까워왔는데?"[11] 해리스는 포털의 압박에 반응해야 한다는 의무감을 느꼈지만, 겨울에 악화되는 가시거리 문제를 핑계로 삼아 도시 폭격이라는 자신의 목표를 계속 추진해나갔다. 논쟁이 지속되자 해리스는 1월에 사직서까지 제출했지만, 포털은 해리스를 해임할 수 없었다. 해리스는 자신의 고정 관념이 거의 다 틀린 것으로 판명났음에도 대중지나 여론에서 많은 지지를 받았다.

대부분의 영국 공군대원에게 '드레스덴은 멀리 떨어져 있는 또 하나의 목표일 뿐'[12]이었다. 이들은 드레스덴 공습이 독일의 전시활동을 방해하고 붉은 군대를 도울 것이라고 들었다. 작전 브리핑에서는 '수많은 난민을 발생시켜 독일군의 이동을 방해하는 것이 목표 중 하나'라는 언급이 없었다. 이것은 1940년에 독일 항공대가 실시했다가 영국에게 비난을 받았던 전술이었다.

미국 폭격기 부대는 2월 13일에 첫 공격을 개시할 예정이었다. 그러나 기상 조건이 좋지 않았기 때문에 일정은 24시간 늦춰졌고, 그 결과 드레스덴 공격은 2월 13일 밤에 시작되었다. 영국 공군의 랭커스터 796기가 두 번에 걸쳐 공격에 나섰다. 고폭탄 및 소이탄 투하로 시작된 제1차 공격으로 도시는 화염에 휩싸였다. 화재는 불에 타기 쉬운 구시가지에서 특히 심했다. 더 큰 규모의 제2차 공격대는 목표물에서 150킬로미터나 떨어져 있었음에도 지평선 위로 타오르는 밝은 불빛을 볼 수 있었다. 불길은 곧 거대한 화염으로 변했고, 지상에서는 마치 거대한 불가마처럼 허리케인과 같은 위력으로 바람을 빨아들였다.

재의 수요일로 불리게 되는 다음 날, 미국 포트리스 폭격기가 도착했을 즈음에는 도시의 연기가 4.6킬로미터 상공으로까지 피어올랐다. 지상의 상황은 화염 폭풍이 몰아친 함부르크, 하일브론, 다름슈타트 등 여느 도시와 마찬가지로 끔찍했다. 일산화탄소 중독으로 사망한 사람들의 시체는 불에 타서 쪼그라들었고, 지붕에서는 납이 녹아내려 쏟아졌으며, 도로에는 아스팔트가 녹아 사람들은 파리끈끈이에 달라붙은 것처럼 오도 가도 못했다. 원래는 드레스덴의 중요한 철도시설 및 군사 교통시설이 목표였지만, 해리스는 전멸이라는 집착과도 같은 욕망에 다시 사로잡혔다. 다음 목표는 포르츠하임으로, 열흘 후에 공격 예정이었다. 포르츠하임은 해리스가 화염 폭풍으로 파괴한 63번째 도시가 되었다. 아름다운 도시 뷔르츠부르크는 군사적으로 그리 중요한 곳이 아니었음에도 3월 중순에 재로 변했다. 해리스는 죽을 때까지 자신의 전략으로 엄청나게 많은 연합군 병사들의 목숨을 살렸다는 주장을 견지했다.

드레스덴 폭격 후 미국과 영국, 양측 모두에서 의문이 제기됐다. 연합 공군이 '무차별 폭격' 정책을 택했다는 혐의가 있었다. 드레스덴과 더불어 독일 동부의 다른 교통 요충지를 공격할 것을 주장했던 처칠은 전략 폭격 작전의 '격렬함'에 겁을 먹기 시작했다. 그는 영국 육군 참모총장에게 "드레스덴 파괴는 연합군의 폭격에 대해 심각한 의문을 남긴다"[13]라는 메모를 보냈다. 포털은 이것이 매우 위선적이라 생각했고 처칠에게 이를 철회할 것을 요구했다.

해리스와의 의견 충돌에도 불구하고 포털은 폭격기군단의 희생을 굳게 지키고자 결심했다. 폭격에 참여했던 12만5000명의 항공대원 중 5만 5573명이 사망했다. 미국 제8비행단은 2만6000명의 전사자를 냈는데,[14] 이는 미 해병대원 전체를 합한 것보다도 더 많은 수였다. 약 350여 명의 연합군 항공대원은 추락한 뒤 린치를 당하거나 살해당한 것으로 추정된다. 독일 민간인 사망자 수에 대해서는 의견이 분분하지만 약 50만 명 정도로 집계되는데, 독일 항공대는 더 많은 사상자를 내어 소련에서만 민간인 50만 명을 사망케 했다. 하지만 그것이 도시를 폭격하는 것만으로 전쟁을 승리로 이끌 수 있다는 해리스의 오산에 타당성을 부여해주지는 않는다.

괴벨스는 드레스덴이 파괴되었다는 소식을 듣고는 분노로 치를 떨었다. 그는 25만 명이 죽었다며, 죽은 민간인 수만큼 전쟁포로로 잡혀 있는 연합군 병사들을 처형해야 한다고 주장했다.(독일 역사학자 위원회는 최근 사망자 수를 '2만5000명보다는 확실히 적은 1만8000명 정도'[15]라고 줄여 발표했다.) 연합군 전쟁포로를 처형하자는 의견이 히틀러의 관심을 끌었다. 이러한 일방적인 제네바 협약 위반은 독일군으로 하여금 항복할 생각은 꿈도 꾸지 못하고 끝까지 싸울 수밖에 없도록 만들 것이었다. 그러나 카이텔, 요들, 되니츠, 리벤트로프 등 신중한 인물들이 히틀러를 말렸다.

전쟁 초기, 독일의 영광스러운 미래에 대한 약속은 '두려움으로 더욱 강해진다'[16]라는 공포 선전으로 대체되었다. 괴벨스는 은연중이든 노골적으로든 패배의 결과로 독일이 멸망할 것이고, 소련의 정복으로 강간과 강제 노역에 시달릴 것이라는 분위기를 자아냈다. '승리 아니면 시베리아'[17]라는 구호는 마니교 사상처럼 만사를 극단적으로 이분화하는 분위기로 몰고 갔다. 어느 젊은 장교는 "전쟁에서 질 경우 따라올 비참함은 정말이지 생각할 수조차 없다"[18]라고 썼다. 그러나 나치 정권은 협상을 전면 반대하면서도 국민으로 하여금 서방 연합국과 일종의 협의가 있다고 믿게 하여, '최종 승리'에 대한 믿음까지는 아니더라도 어느 정도 희망을 품도록 유도했다. 공식 언론 매체가 국민 대다수의 신뢰를 모두 잃은 마당이라 국민은 방공호와 공습대피소에 떠도는 소문 및 풍문에 의존했다.

가장 끔찍한 이야기는 동프로이센, 포메라니아, 슐레지엔에서 탈출한 난민들로부터 흘러나왔다. 무려 30만여 명의 군인과 민간인이 아직도 쾨니히스베르크와 잠란트 반도에 갇혀 있다는 것이었다. 그때까지 이들의 유일한 희망은 독일 해군이었다. 포메라니아의 민간인도 머지않아 고립될 위기에 처했다. 얄타 회담에 참석 중이던 스탈린으로부터 북쪽 측면의 '발트 해 발코니'를 처리하라는 명령을 받은 주코프는 자신이 지휘하던 몇 개 군을 재배치했다.

2월 16일, 이들 독일군은 참모장교가 암호명 후자렌리트Husarenritt('경기병의 길')라고 이름 붙인 작전을 펼쳐 스타르가르트 지역의 남쪽을 공격하라는 명령을 받았다. 그러나 힘러의 SS전투부대는 암호명을 조넨벤데Sonnenwende(동지)로 해야 한다고 주장했다. 전차 1200대 이상이 공세에 배정되었지만 다수는 출발선을 밟지도 못했다. 갑작스런 해빙으로 땅은 깊은 진흙탕이 되어버렸고, 엎친 데 덮친 격으로 연료와 탄약이 부족해 조넨벤데 작전은 재앙으로 변해버렸다. 결국 이틀 후에 작전을 포기해야 했다.

자신의 군대를 재배치한 주코프는 제1근위전차군, 제2근위전차군과 제3충격군에 슈테틴 동부의 해안까지 밀어붙이라고 명령했다. 이후 로코솝스키가 4개 군을 이끌고 비스와 강 서쪽 단치히 시를 향해 진군했다. 선봉에 나선 전차여단들이 취약한 방어선을 치고 들어갔다. 전선에서 한참 떨어진 도시에 산다고 믿었던 독일 민간인들은 T-34 전차가 대로를 돌진해 들어오며 진로를 방해하는 장애물들을 모조리 깔아뭉개는 광경을 보고 기겁을 했다. 한 해변 마을은 진격해온 기병대에 점령당했다. 소련군 선봉 부대의 진격으로 차단된 독일 국방군은 서쪽으로 이동을 시도했고, 눈 덮인 고

제2차 세계대전

요한 숲속을 무리지어 힘들게 행군했다. 프랑스 SS 샤를마뉴 사단에서 파견된 약 1000명의 군인들도 비아워가르트에서 같은 길로 탈출했다.

이번에도 나치당은 민간인들이 미리 피란하는 것을 허용하지 않았다. 서둘러 모인 피란민 행렬이 살을 에는 듯한 바람을 막기 위해 임시 차양을 두른 달구지를 타고 눈 속을 뚫고 지나갔다. 독일군의 후퇴 진로는 '교수대 길'로 불렸는데, SS와 헌병대가 탈영병들의 목에 죄상을 적어둔 카드를 두르게 하고 교수형에 처했기 때문이다. 동쪽의 단치히나 고텐하펜(그디니아)으로 향하든, 서쪽의 슈테틴으로 향하든, 붉은 군대가 항상 난민보다 앞서 있어 난민들은 결국 발걸음을 돌려야 했다. 토지를 소유한 집들은 소련군이 도착하면 자신들이 제일 먼저 총살될 것을 알았다. 그래서 다수가 먼저 자살을 시도했다.

곧 붉은 군대에 둘러싸이게 된 단치히는 화염과 검은 연기에 휩싸인 아수라장이 되었다. 인구는 난민까지 모두 합해 150만 명으로 늘어났고, 부상자들은 부둣가로 내몰려 구조를 기다렸다. 독일 해군은 사용 가능한 선박을 모두 동원하여 이들을 북쪽 헬라 반도로 실어 날랐고, 그곳에서 다른 선박들이 오데르 강 어귀 서쪽 항구나 코펜하겐으로 다시 실어 날랐다. 오직 프란츠 오이겐과 구형 전함 슐레지엔의 중포만이 3월 22일까지 소련군이 마을로 밀고 들어오는 것을 막을 수 있었다. 독일 해군 수병들은 해안에 도달한 전차의 포화를 받으면서도 계속 민간인들을 구출했다.

그디니아에 쳐들어온 소련군의 약탈 행위는 끔찍하기 그지없었다. 소비에트 군 당국조차 놀랄 정도였다. 정치부에서는 복잡한 완곡 어구를 써서 이렇게 보고했다. "부도덕한 현상일 뿐 아니라 군 범죄이기도 한 상식을 벗어나는 사건이 수도 없이 일어나고 있다. 군대에서는 수치스럽고도 정치 풍토를 해치는 현상들이 일어나고 있다. 복수라는 기치 아래 일부 장교와 군인들은 모국에 대한 자신의 의무를 정직하고 이타적으로 준수하지 아니하고 약탈과 범죄를 일삼고 있다."[19] 단치히에 남겨진 독일 시민들도 나중에 동일한 운명을 맞이했다.

소비에트가 독일이 저지른 수많은 만행의 흔적을 밝혀내면서 복수는 의심의 여지 없이 불가피해졌다. 독일은 1만6000명의 죄수가 장티푸스로 6주 안에 사망하기도 했던 슈투트호프 수용소[20]를 증거 인멸 목적으로 파괴해버렸다. 독일 군인들과 국민돌격대는 그곳에 남아 있는 붉은 군대의 포로, 폴란드인과 유대인들을 처형하는 데 참여했다. 그러나 단치히 해부학 연구소에서는 더 끔찍한 일을 행한 증거가 발견되었다. 슈파너 교수와 조교 볼만이 1943년부터 슈투트호프 수용소의 시체들로 가죽과 비누를 만드는 실험을 실시한 것이다.

공식 소련 보고서에서는 "해부학 연구소 부지를 조사한 결과, 비누를 만들기 위해 보관해두었던 시체 148구가 나왔다…… 비누 재료 추출용으로 처형된 사람들의 국적은 다양했지만 대부분 폴란드인, 러시아인, 우즈베크인이었다"[21]라고 밝히고 있다. '교육부 장관 루스트와 보건부 장관 콘티가 방문'한 것으로 보아 슈파너의 작업은 명백히 고위층의 승인을 받은 것이었다. "단치히 지방 장관 알베르트 포르스터가 비누가 생산되고 있던 1944년에 이 시설을 방문했다"라는 기록도 있다. 나치 당국은 놀랍게도 붉은 군대가 도착하기 전에 그 끔찍한 증거들을 처분하지 않고 있었다. 더 놀라운 사실은 시체를 처리하는 일이 법적으로 죄가 아니라는 이유로 슈파너와 그의 조교가 재판을 한 번도 받지 않았다는 것이다.

약탈은 특히 처벌중대에서 게임인 동시에 자존심의 문제가 되었다. 어느 젊은 장교는 회상했다. "우리 옆에 자리한 처벌중대는 유대인인 리요프카 코르순스키가 지휘했다. 이 사람은 전형적인 오데사 출신 사람처럼 행동했다. 그는 훌륭한 종마가 이끄는 아름다운 포획마차를 타고 우리를 방문했다. 그는 왼쪽 손목에서 커다란 스위스제 시계를 풀더니 아무에게나 던졌다. 그러더니 이번에는 오른쪽 손목에서 다른 시계를 풀러 또 다른 사람에게 던졌다. 시계는 누구나 갖고 싶어하는 물건이어서 어떤 때는 포상으로 주어지기도 했다. 독일 말을 전혀 못 하는 우리 병사들이 재빨리 한마디 배웠다. '지금 몇 시입니까?' 그러면 순진한 독일 민간인은 주머니에서 회중시계를 꺼냈고, 시계는 곧바로 승리자의 주머니로 옮겨졌다."[22]

동프로이센은 복수의 주요 대상이었다. 한 젊은 장교가 고향에 편지를 썼다. "나는 고작 1년을 전쟁터에 있었습니다. 전선에서 4년을 보낸 사람들의 마음은 어떨까요? 그들의 심장은 지금 돌과 같습니다. 만일 당신이 그들에게 '이 독일인을 죽이지 않아도 된다. 그가 파괴한 것을 다시 세우게 해라'라고 말하죠? 그럼 그들은 눈을 치켜뜨고 이렇게 말할 겁니다. '저들이 내 아내와 딸을 앗아갔다'라고요. 그리고 총을 쏘죠. 그가 옳은 겁니다."[23]

프리셰스 하프를 따라 나 있는 발트 해의 모래톱은 동프로이센을 빠져나온 사람들에게 유일하게 열려 있는 경로였다. 민간인 수천 명이 프레셰스 하프의 얼음판을 건너 모래톱으로 향했다. 포화와 해빙으로 약해진 얼음 속에 빠지는 사람도 많았다. 라비체프는 이렇게 썼다. "프리셰스 하프 해안에 도착했을 때, 해안 전체에 독일군 헬멧, 기관단총, 사용하지 않은 수류탄, 통조림 음식, 담뱃갑 등이 널려 있었다. 오두막들이 해안을 따라 즐비해 있었다. 오두막 안에는 부상당한 독일인들이 침대나 바닥에 누워 있었다. 그들은 조용히 우리를 바라보았다. 그들의 얼굴에는 두려움도, 증오도 없었다. 그저 무감각한 무관심뿐이었다. 우리가 모두 기관단총을 집어들고 쏠 것이라는 사실을 알았음에도."[24]

하일리겐바일 포위망 안의 부대들은 바다를 등진 채 포켓 전함 아드미랄 셰어 함과 뤼초프 함의 포격 덕분에 주위에 있던 소비에트군과 대치할 수 있었다. 하지만 3월 13일, 붉은 군대는 대규모 공격을 감행했다.

로젠베르크 항구의 더 작은 포위망 속의 부대에 대하여 히틀러는 해상 철수를 허락하지 않았다. 그리하여 3월 28일에 이들은 공격을 받고 괴멸되었다. 붉은 군대의 한 중위가 어머니에게 보낼 편지를 써내려갔다. "로젠베르크 항은 금속, 먼지, 살점이 뒤범벅된 죽 같았어요. 독일군의 시체가 땅을 뒤덮었고요. 여기에 있는 것들이 1944년 민스크의 고속도로에서 있었던 사건을 무색하게 만듭니다. 사람들은 시체 위를 걷고, 시체 위에 앉아서 쉬기도 하며, 밥을 먹기도 해요. 10킬로미터 거리 안에 1제곱미터마다 독일군 시체가 2구씩 널브러져 있어요…… 포로들은 지휘관을 앞세워 대대로 끌려가고 있습니다. 왜 이 죄수들을 힘들게 데리고 다녀야 하는지 이해가 안 돼요. 이미 많이 잡았는데 여기에서 또 5만 명을 잡았네요. 이들은 경비병 없이도 양떼처럼 잘만 걸어갑니다."[25]

필라우항 해상 피란 작전을 방어하기 위해 육군과 국민돌격대가 연합하여 쾨니히스베르크 서쪽 잠란트 반도를 지켰다. 제551국민척탄병 사단의 한 장교는 확성기를 통해 음악이 흘러나오는데, 음악 사이사이에 무기를 내려놓으라는 독일어 방송이 흘러나왔던 상황을 기술했다. "그러나 우리는 고민할 필요도 없었다. 우리 눈에 강간당해 죽은 크라틀라우와 엔헨탈 마을 여자들의 영상이 선명했고, 우리 뒤에 아직 수천 명의 여성과 어린이가 대피하지 않고 있었기 때문이다."[26]

쾨니히스베르크에서는, 목에 금속 표식을 걸고 다녀 '체인 하운드'라고 알려진 야전헌병대가 국민돌격대에 들어가지 않으려 숨어 있는 남자들을 찾기 위해 지하실과 부서진 가택을 수색했다. 많은 시민이 고통이 끝나도록 도시가 항복하기를 간절히 원했지만 오토 라슈 장군은 끝까지 싸우라는 히틀러의 엄격한 명령을 받들어야 했다. 일찍감치 도망쳤고 가족까지 안전한 곳으로 대피시킨 코흐 지방 장관은 가끔 슈토르히 정찰기를 타고 돌아와 자신의 명령이 잘 수행되고 있는지 살폈다.

쾨니히스베르크는 기존의 요새와 해자뿐만 아니라 새로 만든 벙커와 토루까지 있어 강력한 방어 체계를 갖추고 있었다. 3월 말, 포탄에 사망한 체르냐홉스키의 뒤를 이어 제3벨라루스전선군의 지휘권을 인계받은 바실렙스키 원수가 대규모 공격을 명령했다. 그런데 소련군의 대포와 항공기가 실수로 아군 부대에 사상을 입히면서 작전은 혼란에 빠졌다. 붉은 군대의 사상자 수는 엄청났으며, 부대가 마침내 요새 도시에 이르렀을 때는 심지어 항복의 표시로 창문에 흰 천을 걸어놓은 민간인들에게도 연민을 느끼지 않았다. 여성들은 공격해온 군인들에게 자기를 죽여달라고 빌었다. 가슴을 찢는 듯한 비명이 사방의 폐허 속에서 들려왔다. 수천 명의 민간인과 군인이 자살했다.

4월 10일, 라슈 장군이 마침내 항복하고 히틀러의 명령에 따라 궐석재판으로 즉시 사형 선고를 받았다. 게슈타포는 나치 지펜하프트법Sippenhaft 가족의 연대 책임을 물었던 법에 따라 그의 가족을 체포했다. SS부대와 경찰은 성에서 싸웠지만 이들도 곧 화염 속에서 죽었다. 레닌그라드 포위작전 중 약탈해서 쾨니히스베르크로 가져왔던 호박방의 귀중한 장식용 판들은 거의 모두 파괴되었다.

포위작전 초기 쾨니히스베르크에는 약 12만 명의 민간인이 있었을 것으로 추정되었다. 하지만 NKVD가 마지막으로 집계한 수는 6만526명이었다. 국민돌격대원 중 일부는 군복이 없어 '빨치산'이라는 죄목으로 즉결처형을 당했다. 그 밖에 여성 다수를 포함한 모든 사람이 그 지역 혹은 소비에트로 끌려가 강제 노역에 동원되었다. 동프로이센 전투는 마침내 끝이 났다. 로코숍스키가 지휘하는 제2벨라루스전선군은 15만9490명의 사상자를 냈고, 제3벨라루스전선군은 42만1763명의 사상자를 냈다. 그러나 이러한 희생에도 불구하고 이 전쟁은 아직 결판난 것이 아니었다. 궁지에 몰린 독일군은 여전히 위험한 존재였다. 소련에서 전범으로 보복당할 것이 두려워서였든, 볼셰비키가 두려워서였든, 시베리아에 끌려가 강제 노역을 하는 것이 두려

위서였든 간에 독일군은 계속 싸웠다. 탈영병 수는 늘어만 갔지만 즉결처형을 실시하는 '군법회의'의 무서움과, 잡히면 즉시 교수형에 처하는 SS와 헌병대에 대한 두려움은 확실히 효과가 있었다. 붉은 군대의 한 고위 장교는 "사기는 낮아도 규율은 강하다"[27]라고 말했다.

엘베 강의
미군

  미군 지휘관들은 늘 몽고메리의 신중함을 흠잡았었지만 아르덴에서 기습 공격을 당한 뒤부터는 아이젠하워가 극도로 신중해졌다. 벌지 반격이 느리고 신중하게 이뤄져 모델은 자신의 병력 대부분을 철수시킬 수 있었다. 한때 아이젠하워는 3월에도 라인 강이 범람해 있으리라 생각하고 그때까지는 강을 넘지 못할 거라고 예상했다. 그는 자신과 대치하고 있는 독일군이 사실은 연료와 탄약 부족으로 전력이 몹시 약화된 상태였는데도 그들의 전력을 아주 과대평가했다. 1944년에 슈페어가 무기를 양산했지만 탄약이 부족했다.

  미군 병사들은 "독일군은 상황 파악을 못하는 것 같다"[1]라며 자주 불만을 표했다. 패전이 뻔히 보이는데도 싸움을 계속하는 이유가 무엇인가? 패튼 장군은 11월에 포로로 잡은 독일 대령에게 같은 질문을 한 적이 있었다. 대령은 "러시아에 대한 두려움이 우리 국민 한 사람, 한 사람을 전사로 만드는 것이다"[2]라고 대답했다. 일부 역사학자는 연합국이 무조건 항복을 끈질기게 요구했기 때문에 독일군이 끝까지 싸운 것이라고 주장했지만, 이것이 주요인은 아니었다. 루스벨트와 처칠은 독일 사람들이 1918년에는 패배의 순간에도 망상을 가졌지만 이번에는 어쩔 수 없이 완전히 패배했음을 인정해야 한다고 확신했다. 반면에 모건도 계획은 큰 실책이었다.

더 중요한 점은 나치 고위 간부들은 자신들이 전범으로 처형되리라는 사실을 알고 있었다는 것이다. 히틀러는 착각하지 않았다. 어떠한 형태로든 항복은 히틀러에게 혐오스러운 것이었으며, 그의 측근들은 히틀러가 살아 있는 한 전쟁을 끝낼 수 없다는 것을 알고 있었다. 히틀러가 가장 두려워했던 것은 처형이 아니라, 잡혀서 철창에 갇힌 채 모스크바로 후송되는 것이었다. 히틀러의 계획을 살펴보면 늘 군부 및 민간 지배층이 나치의 국가적 범죄에 연루되어 있었기 때문에 이들은 연루 사실을 부인하기 힘들어 더 이상 희망을 가질 수도 없었다.

1945년 2월 초, 미 제1군은 살을 에는 듯한 추위 속에서 휘르트겐 숲 남쪽으로 공세를 시작했다. 2월 9일, 하지의 군대가 마침내 슈미트 인근 루르 댐을 장악했다. 같은 날 프랑스 제1군은 미군 기갑사단의 도움으로 콜마르 포켓을 제거했다. 매슈 리지웨이 소장의 제18공수군단을 주축으로 한 브래들리의 공세는 공수부대원들의 탁월한 전투 역량 덕분에 순조롭게 진행되었다. 그러나 자우어 강을 넘을 때는 갑작스런 해빙으로 물이 불어나는 바람에 수많은 사상자를 내고 사흘 뒤에나 도하할 수 있었다. 베스트발은 깨져버렸고, 전선 중앙의 전투 지구에 있던 수많은 독일 부대가 항복을 준비했다.

그때 아이젠하워가 콜린스 예하 제7군단의 쾰른 진군을 중지시키자, 브래들리는 대경실색했다. 그리하여 몽고메리는 네이메헌으로부터 라인 강과 마스 강 사이 라이히스발트 숲을 통해 동남쪽으로 공격하는 베리터블 작전에 필요한 보급품을 우선적으로 받을 수 있게 되었다. 그곳에서 독일군은 모든 사단을 한데 모아 저항했고, 비와 진눈깨비 속에서 지독한 전투가 벌어졌다. 강 사이에는 기동할 공간이 없었으며, 라이히스발트 숲의 독일군 수비대는 투지에 불타는 슈투덴트의 낙하산부대로 채워졌다. 땅이 여전히 젖어 있어 전차 궤도가 질척거리는 진흙에 빠진 터라 숲에서는 효과적으로 운용할 수 없었다. 미군이 휘르트겐 숲에서 경험했던 것을 이제는 영국군이 그대로 맛보게 된 것이다. 유서 깊은 도시인 클레페에 이르렀을 때에도 사정은 나아지지 않았다. 해리스의 폭격기들이 소이탄이 아닌 고성능 폭약으로 시내를 폭격한 뒤 독일군과 폐허 속에서 싸워야 했기 때문에 도시를 장악하기가 훨씬 더 어려워졌던 것이다.

독일군이 영국군의 공세에 맞서 병력을 총집결함으로써 최소한 심프슨의 제9군이 2월 19일 루르 강을 도하하려 할 때 좋은 기회를 잡을 수 있었지만, 양쪽에서 침수된 평원이 작전을 더 어렵고 복잡하게 만들었다. 독일 민간인들은 자신들의 도시와 마을이 막심한 피해를 입기 전에 아군이 후퇴하기를 기도하는 수밖에 없었다. 또한 점점 늘어만 가는 젊은 탈영병들을 돕기도 했다. 3월 1일에 패튼의 제3군이 트리어를 장악했다. 빠른 속도의 피비린내 나는 진격이 될 것을 직감한 패튼은 기운을 북돋아주는 말로 사단장들을 계속 격려했다.

영국 제2군이 3월 10일에 라인 강 유역 베젤 지역에 도달하자, 몽고메리는 무려 5만9000명에 달하는 공병을 동원하여 참모대학이 입안한 모델인 일명 세트피스 도하를 준비하기 시작했다. 이번 공격에는 제21집단군과 심프슨 예하 제9군, 그리고 동쪽 제방에 강하할 2개 공수사단도 참가했다. 공수부대원과 글라이더 보병대는 상륙 공격 때보다 훨씬 더 많은 사상자를 냈다. 미군은 대규모 군 편성과 편성 기간에 대해 독설을 날렸다.

몽고메리의 야심찬 작전은 시작 전부터 삐걱거리게 된다. 3월 7일, 미국 제9기갑사단이 본 남쪽 레마겐에서 교량을 장악했는데, 교량은 폭약으로 일부 파괴되었다. 힘차게 돌진하여 기회를 잡은 사단은 독일군이 대응하기 전에 강을 건넜다. 이 소식을 들은 히틀러는 지휘한 장교들을 즉시 처형하라고 명령했다. 그는 룬트슈테트를 세 번째로 해임하고 케셀링을 후임으로 내세웠다. 히틀러는 또한 대규모 원군으로 교두보를 격파하라고 지시했다. 그리하여 다른 지구의 독일군 방어선에 공백이 생겼고 라인 강 서쪽의 팔츠 지역을 재빨리 소탕하고 있던 패튼의 제3군은 코블렌츠 남쪽의 몇 군데에서 도하에 성공했다.

레마겐 기습에 관한 보고서가 연합국 파견군 최고사령부에 파견된 붉은 군대 연락장교 수슬로파로프 소장에 의해 곧바로 모스크바에 전달되었다. 다음 날 아침, 스탈린은 주코프가 포메라니아에서 군대를 지휘하고 있는데도 그에게 모스크바로 돌아오라고 명령했다. 주코프는 스탈린의 별장으로 곧장 갔다. 그곳에서 스탈린은 스트레스를 풀곤 했다. 스탈린은 주코프를 정원으로 데리고 나와 걸으며 이야기를 나누었다. 주코프는 스탈린에게 포메라니아와 오데르 교두보의 상태를 간단히 설명했다. 그러자 스탈린은 얄타 회담 이야기를 꺼내 루스벨트가 가장 우호적이었다고 말했다. 차를 마신 후 주코프가 막 떠나려는 찰나, 그제야 스탈린이 소환 이유를 말하기 시작했다. "스탑카로 가서 안토노프와 베를린 작전에 대해 생각 좀 해보게. 내일 오후 1시에 여기서 만나지."

스탈린의 명령이 시급하다는 것을 감지한 안토노프와 주코프는 거의 밤새도록 일을 처리했다. 두 사람은 훗날 주코프가 인정했던 바와 같이 '우리는 동맹국의 움직임을 고려'[3]해야 한다는 것을 알고 있었다. 미군이 라인 강을 건넜다는 소식을 듣고부터 스탈린은 베를린 선점 경쟁이 이미 시작되었다는 것을 알았다. 스탈린의 몸 상태가 아직 좋지 않았지만 회의를 앞당기면서 모스크바로 돌아왔기 때문에, 주코프와 안토노프가 밤새 일을 처리해둔 것은 잘한 일이었다.

스탈린이 연합국보다 먼저 베를린을 장악하고 싶어하는 두 가지 중요한 이유가 있었다. 하나는 '파시스트 짐승의 소굴'이야말로 소련이 고통을 겪은 끝에 얻어낸 승리의 상징이었고, 또 하나는 베를린에 다른 깃발이 휘날리는 것을 스탈린이 용납할 수 없었다는 것이다. 베를린은 또한 달렘 소재 카이저 빌헬름 물리학 연구소를 중심으로 한 나치 독일 핵 연구의 중심지이기도 했다. 스탈린은 첩보원들을 통해 정보를 얻어 미국의 맨해튼 프로젝트와 원자폭탄 제작 진척 상황에 대해 소상히 알고 있었다. 소비에트는 핵 연구 프로그램 보로디노 작전을 최우선 과제로 여겼지만 러시아에 우라늄이 부족했기 때문에 베를린에서 빼앗기를 바랐던 것이다. 소비에트 정보부는 이미 맨해튼 프로젝트에 대해서는 구체적으로 알고 있었으면서도, 대부분의 우라늄과 그들이 원하는 과학자 대부분이 베를린에서 슈바르츠발트 Schwarzwald(검은 숲) 지대 안의 하이걸로흐로 이송되었다는 사실은 알지 못했다.

3월 9일 회의에서 스탈린은 주코프와 안토노프가 구상한 베를린 작전의 개요를 승인했다. 스탑카는 구체적인 내용을 무서운 기세로 작성했다. 가장 큰 문제는 로코솝스키의 제2벨라루스전선군이 포메라니아를 완전히 함락시키는 데 필요한 시간이었다. 함락 후에는 오데르 강 하류에서 슈테틴으로 올라가는 경로에 군대를 재배치하여 베를린을 마주 보는 주코프의 제1벨라루스전선군, 그리고 나이세 강 남쪽 코네프의 제1우크라이나전선군과 동시에 공격을 할 수 있기 때문이었다.

스탈린이 가장 우려했던 것은 독일군이 서쪽 전선의 영국군과 미군 쪽은 비워두고 부대를 옮겨 동쪽의 붉은 군대와 대치시키는 일이었다. 스탈린은 편집 성향이 발동해 서방 연합국이 아직은 독일과 비밀리에 협상을 할 가능성이 있다고 의심하기에 이르렀다. 미국이 베른에서 카를 볼프 SS대장과 회담을 벌여 이탈리아 북부 지역에서의 항복 가능성에 대해 논의할 때 스탈린의 우려는 최고조에 달했다. 스탑카의 계획이 마무리되기 직전인 3월 27일, 로이터 통신은 제21집단군사령부가 제공한 정보에 기초하여 영국군과 미군이 독일군의 저항을 거의 받고 있지 않다고 보도했다.

몽고메리는 자신에게 베를린 진군 임무가 주어질 거라 굳게 믿고 있었기 때문에 영미 관계에는 이번에 또다시 긴장이 조성되었다. 그러나 3월 30일에 아이젠하워는 명령을 내렸고, 제21집단군 함부르크와 덴마크로 진격하게 되었다. 몽고메리는 심프슨의 제9군을 잃었다. 제9군은 모델 육군 원수의 집단군이 방어하고 있는 루르 지역을 미국 제1군이 남쪽에서 포위하는 사이 북쪽에서 포위하는 역할을 맡게 되었다. 이후에 브래들리의 군들은 라이프치히와 드레스덴으로 향할 것이었다. 주목표는 독일 중부와 남부 지역이었다. 아이젠하워는 베를린이 '서방 연합국 병력이 노리기에는 논리적이지도, 아주 이상적이지도 않은 목표'[4]라고 우겼다. 그는 히틀러가 남쪽 '알프스 요새'에서 끝까지 싸우리라는 것을 암시하는 몇몇 불확실한 정보를 손에 넣고 있었던 것이다.

화가 난 것은 몽고메리뿐만이 아니었다. 처칠과 영국 참모총장들은 아이젠하워가 자신들과 상의하지 않고 이렇게 전쟁의 진로를 베를린에서 돌려버린 데 대해 충격을 받았다. 처칠이 베젤에서 몽고메리가 펼치는 엄청난 작전을 지켜보기 위해 라인 강 제방으로 오기 전에 아이젠하워와 일주일 가까이 함께 있었는데도, 아이젠하워는 심경의 변화를 암시조차 하지 않았다. 거기에 더해 아이젠하워는 영국인 부사령관 테더 공군 대장에게 알리지도 않은 채 모든 세부 사항을 스탈린과 이미 주고받은 터였다. SCAF-252라는 이 통신문은 상당한 마찰을 일으켰다. 아이젠하워는 자신이 베를린으로 진격할 생각이 없다고 스탈린에게 단언했다. 그보다 더 남쪽으로 진군하기를 바랐던 것이다.

처칠은 얄타의 정신이 이미 변질된 가운데 마셜과 아이젠하워가 스탈린을 달래는 데 너무 열을 올리자 겁이 났다. 루마니아에서는 비신스키가 2월 말에 괴뢰정부를 수립했다. 연합국관리위원회는 그의 행보가 얄타에서 모든 민주 정당을 대표하는 정부들이 자유선거를 실시하는 것으로 합의된 해방 유럽에 관한 선언을 뻔뻔스럽게 위반하는 행위라며 항의했지만 비신스키는 이를 무시했다. 그사이 NKVD가 폴란드에서 나치스를 도왔다는 혐의로 폴란드 국내군 구성원들을 체포 및 사살하고 있다는 보고가 속속 들어왔다. 약 9만1000명의 폴란드인이 체포되어 소련으로 추방되었다.

몰로토프는 3월 17일 서방 대표들이 상황 파악을 위해 폴란드에 들어가겠다는 것을 이 또한 얄타 협정에 명백히 위배되는 행위라면서 화를 내며 일체 거부했다. 그는 선거를 치르기 전에는 바르샤바 공산당 임시정부를 공식적으로 인정하지 않겠다는 미국과 영국이 대표단 파견 같은 행위로 임시정부에 모욕을 준다는 양 대응했다. 영국과 미국이 폴란드에 새 정부를 구성해야 한다는 입장임을 알고 있었던 것이다. 이 정보는 워싱턴에 침투한 영국 첩보원인 도널드 매클레인에게서 입수된 것이었고, 국무부의 앨저 히스도 같은 정보를 흘렸을 수 있다.

소비에트가 정의한 '파시스트'에는 공산당의 명령을 따르지 않는 자라면 누구나 포함되었다. 3월 28일 폴란드 국내군과 그의 정치적 계파 소속 16명이 소비에트 당국과의 논의에 초청되었다. 이들은 논의가 안전하게 진행될 것이라는 약속을 받았지만, 즉시 NKVD에 연행되어 모스크바로 압송되었다. 나중에는 재판에 회부되었고, 국내군 리더 레오폴트 오쿨리츠키 장군은 1946년 감옥에서 살해되었다. 처칠은 루스벨트에게 '최후의 결전'을 재촉했지만, 루스벨트는 스탈린의 배신에 흔들리기는 했어도 '총체적인 소비에트 문제를 가능한 한 최소화'[5]하고자 했다.

영국의 분노가 촉발된 것은 아이젠하워가 자신의 전략에 정치적 암시가 담겨 있다는 것을 끝까지 부인했던 탓이 컸다. 아이젠하워는 자신이 맡은 임무로 유럽 전쟁을 최대한 빨리 끝낼 수 있으리라 믿었고, 스탈린과 폴란드에 관해서는 영국의 의견에 동의하지 않았다. 영국 고위 장교들은 아이젠하워가 스탈린에게 복종하는 것을 두고 "이봐, 한번 해봐"[6]라고 표현했는데,

이것은 런던에서 창녀들이 미군을 상대로 호객 행위를 할 때 쓰는 말이었다. 아이젠하워는 정치적으로 순진했을지 모르나, 이 당시 지정학적 현실을 파악하지 못하는 더 심각한 실수를 저지른 이는 처칠이었다. 적어도 한 가지 의미에서는, 알타 회담에서 내려진 결정과 처칠 자신이 제시한 퍼센티지 협정은 서로 관계가 없었다. 스탈린이 루스벨트의 도움을 받아 서유럽 내 연합국의 전략을 규정했던 1943년 말 테헤란 회담 이후로, 유럽은 스탈린의 입맛에 맞게 분할될 수밖에 없었다. 서방 연합국들은 유럽의 절반을 다시 노예로 만들어야만 나머지 반을 해방시킬 수 있다는 사실을 깨닫는 중이었다.

스탈린은 아이젠하워가 연합국의 의도를 솔직하게 털어놓는 것이 속임수는 아닐까 하고 아직 의심하고 있었다. 3월 31일에 스탈린은 크렘린 궁에서 애버렐 해리먼 미국 대사와 아치볼드 클라크 커 영국 대사를 만났다. 이들은 아이젠하워가 SCAF-252라고 명명한 계획의 전반적인 내용과 아이젠하워가 베를린으로 진격하지 않으려는 의도에 대해 논의했다. 스탈린은 좋은 계획인 것 같다고 말했지만 처음에는 참모와 의논을 해야 했다.[7]

바로 다음 날인 4월 1일 아침, 주코프 원수와 코네프 원수가 스탈린의 집무실로 불려갔다. "귀관들은 상황이 어찌 돌아가고 있는지 알고 있나?"[8] 스탈린이 물었다. 두 사람은 무슨 말을 해야 할지 몰라 망설이다 조심스럽게 대답했다.

"읽어주게." 스탈린이 스탑카 작전참모 시테멘코 장군에게 말했다. 이 메시지는 몽고메리가 베를린으로 향할 것이라는 내용과 패튼의 제3군이 진격 방향을 라이프치히와 드레스덴으로부터 돌려 베를린 남쪽에서 공격할 것이라는 내용이었다. 스탈린은 SCAF-252와 관련이 거의 없는 가짜 문서를 가지고 눈앞의 두 지휘관을 압박했던 것이다.

"자, 그럼 누가 베를린을 장악할 것인가? 우리인가, 아니면 연합국인가?" 스탈린이 두 원수를 응시하며 말했다.

"우리가 베를린을 장악해야 합니다. 그리고 우리가 연합국보다 먼저 장악해낼 것입니다." 코네프가 곧바로 대답했다. 코네프는 누가 봐도 공적을 두고 주코프를 누르고 싶어 혈안이 되어 있었고, 지휘관들 사이에서 라이벌 구도를 형성하기 좋아하는 스탈린은 그의 말에 찬성했다. 그는 안토노프 장군의 계획 중 한 가지를 변경하여, 두 전선 사이의 경계 부분을 없앰으로써 코네프에게 베를린을 남쪽에서부터 공격할 기회를 주었다. 스탑카는 곧 맹렬하게 일을 처리했다. 작전에는 병력 250만 명, 대포 및 중박격포 4만 1600문, 전차 및 자주포 6250대, 비행기 7500기가 필요했다. 이 모든 것을 4월 16일까지 2주 안에 마련해야 했다.

회담이 일단 끝나자 스탈린은 아이젠하워에게 답신을 보냈다. 그는 아이젠하워의 계획이 붉은 군대의 것과 '완전히 일치'[9]하며 "베를린은 전과 같은 전략적 중요성을 잃었다"고 아이젠하워에게 전했다. 소련군의 주력은 남쪽으로 가서 미군과 합류하고 베를린을 점령하는 데는 6월 하순에 그저 제2선 병력을 배치하겠다는 것이었다. "하지만 이 계획에는 상황에 따라 몇 가지 손봐야 할 사항이 있소." 이것은 근대 역사상 가장 엄청난 만우절 쇼였다.

해리먼과 클라크 커와의 만남에서 스탈린은 연합군이 서방에서 잡아들이고 있던 엄청나게 많은 포로의 수에 '매우 깊은 인상을 받은 듯'[10] 보였다. 패튼의 제3군에서만 30만 명을 포획했다. 그러나 그 수치는 당연히 독일군이 동부 전선에 병력을 집결시키면서 영국군과 미군에게는 항복하고 있다는 스탈린의 의심을 키웠다. 일리야 예렌부르크는 이것을 『크라스나야 즈베즈다』지의 기사에 반영했다. 그는 "미국 전차병들은 그림같이 아름다운 하르츠 산맥에서 소풍을 즐기고 있다"[11]라고 썼다. 독일군은 '광적인 의지로' 항복하고 있었다. 그러나 애버렐 해리먼을 가장 화나게 한 문구는 미국은 "카메라로 정복하고 있다"[12]라는 표현이었는데, 이는 미군이 그저 여행자에 지나지 않는다는 의미를 함축하고 있기 때문이었다.

히틀러의 충실한 추종자들 사이에서도 '최종 승리'에 대한 믿음이 흔들리기 시작했다. 슈바르츠발트 숲에 있던 SS군단의 참모 중 어느 육군 장교가 4월 2일 일기에 남긴 기록이다. "마지막 며칠 동안 우리는 여러 번 쫓겨왔다. 뒤셀도르프도 잃었고, 쾰른도 잃었다. 레마겐의 교두보에는 재앙이 닥쳤다…… 동남쪽에서는 볼셰비키들이 비너노이슈타트까지 왔구나. 급습, 또 급습. 우린 끝을 향해 가고 있다. 우리 지도자들은 설마 가능성이 있으리라고 보는 걸까? 지금에 와서 우리 병사들의 죽음과 도시와 마을의 파괴가 무슨 의미를 지니지?"[13] 그래도 그는 아직 다른 명령이 떨어질 때까지 싸움을 계속해야 한다고 생각했다.

종군 기자 고드프리 블런던의 기록에 의하면 독일군은 여전히 매복을 하고 미군을 죽이고 "전우여!"라고 외치면서 더 나은 취급을 받기를 기대하며 두 손을 들고 뛰어올라 투항했다. 블런던은 진군 중에 대조적인 광경을 보고 깜짝 놀랐다. "우리는 전쟁의 손길이 전혀 닿지 않은 작은 도시들을 지나 몇 마일을 더 가서 폐허가 된 도시에 입성했다."[14] 거의 모든 마을이 항복의 표시인 베갯잇과 이불을 창문에 매단 채 그들을 맞이했다. 연합 폭격기 공세가 도시를 파괴하는 현장을 지상에서 지켜본 모든 사람이 공포에 질려 부들부들 떨었다. 시인 스펜더는 훗날 쾰른에 대해 다음과 같이 기록했다. "주택가를 지날 때 집집마다 창들은 마치 불에 탄 송장이 입을 벌리고 있는 것처럼 어둡고 텅 비어 보인다."[15] 부퍼탈에서는 노면전차 궤도가 "셀러리 줄기처럼 둥글게 말려 있었다"고 묘사했다. "꾸준히 서쪽으로 이동하는 노예노동자들 때문에 도로는 여전히 혼잡하다. 오늘 나는 삼색 프랑스 국기가 달린 짐꾸러미를 둘러멘 노동자를 보았다."[16] 블런던은 또한 풀려난 노예노동자들이 양조장을 습격한 뒤 거리에서 춤추고 창문을 부수는 모습도 목격했다.

나치 정권의 공포가 완전히 드러나기까지는 그리 오래 걸리지 않았다. 4월 4일 미군 부대들은 부헨발트 수용소 중 하나인 오어드루프 강제수용소로 들어가, 매장되지 않은 시체에 둘러싸여 골격만 남은 채 무표정하게 있는 생존자들을 발견했다. 아이젠하워는 경악한 나머지 병사들에게 수용소를 견학시키라고 지시하고, 종군기자를 보내 현장을 목격하게 했다. 몇몇 경비대원은 변장을 시도했지만, 포로들이 지적해내자 연합군에 의해 그 자리에서 총살되었다. 다른 경비대원들은 포로들의 손에 이미 살해되었지만 포로들은 거의 힘이 없었다. 4월 11일, 미군 병사들이 미텔바우-도라의 터널 공장으로 넘어왔고 나흘 후 영국 군대가 벨젠에 입성했다. 현장의 악취로 대부분의 병사가 신체적 고통을 호소했는데, 약 3만 명의 포로가 부패해가는 시체 1만여 구에 둘러싸여 생사의 갈림길에 있었던 것이다. 벨젠의 인구는 죽음의 행군에서 살아남아 그곳에 버려진 생존자들로 인해 터무니없이 늘어나 있었다. 지난 2주 사이에 9000명 이상, 6주 사이에는 3만7000명이 기아와 유행성 발진티푸스로 사망했다. 그 와중에도 살아남았던 사람 중 1만4000명은 영국 육군 의무대의 온갖 노력에도 불구하고 사망하고 말았다. 그곳에 있던 고위 장교는 강력한 파견 부대를 이웃 도시인 베르겐으로 보내 무력으로 그곳 사람들을 모두 데려오게 했다. 이 독일 민간인들이 시체를 공동묘지로 옮기는 작업에 투입되자, 이들은 모두 충격을 받아 자신들은 아무것도 모른 채 왔다고 주장하며 영국 장교들에 대한 강한 불신을 표했다.

강제수용소 수감자들은 무익하고 잔혹하게 한 곳에서 다른 곳으로 목적 없는 이동을 계속했다. 라벤스브뤼크와 작센하우젠에서 약 5만7000명의 여성과 남성이 아직도 서쪽으로 무리지어 가고 있었다. 모두 합해 20만에서 35만 명의 수감자가 죽음의 행군 도중 사망한 것으로 추정되었다. 독일 민간인들은 수감자를 거의 동정하지 않았다. 블런던은 SS친위대원들이 미텔바우-도라에서 수천 명의 수감자를 루프트바페 대원들, 히틀러 유겐트, 지방 SA 구성원들이 혼합된 집단에게 넘겨 가르델레겐 대학살[17]을 자행했다는 소식을 접했다. 이들은 수감자를 광 안에 강제로 밀어넣고 불을 지른 뒤, 빠져나오려는 사람들을 모조리 총으로 쐈다. 연합군이 서쪽에서 빠르게 진군해오자 조급해진 SS부대들은 즉시 또 다른 수많은 수감자 학살을 자행했고, 종종 국민돌격대의 도움을 받기도 했다.

연합군은 수용소에서 석방되어 진로에 넘쳐나는 자신들의 전쟁포로도 챙겨야 했다. 4월 한 달 동안 약 25만 명에게 음식을 먹이고 그들을 본국으로 송환해야 했다. 아이젠하워는 영국 공군과 미국 육군항공대 폭격기들의 임무는 사실상 끝났으니 그들을 전환 배치하여 포로 송환에 투입할 것을 요청했다.

굶주림에 허덕이고 있던 네덜란드를 위해 최대 규모의 원조 작전이 계획되었다. 아르투르 자이스잉크바르트 지방 장관이 넓은 지역을 범람시키겠다고 위협하자, 아이젠하워의 연합국 파견군 최고사령부는 그런 일이 일어날 경우 자이스잉크바르트와 네덜란드군 총사령관 블라스코비츠 상급대장을 전범으로 간주하겠다고 발표했다. 그 뒤 네덜란드 레지스탕스를 통해 복잡한 교섭이 오간 뒤 독일 당국은 로테르담과 헤이그를 포함하여 가장 심각한 지역에 식량을 투하하는 일을 막지 않기로 합의했다. 만나 작전을 통해 영국 폭격기들이 3000번에 걸쳐 6000톤 이상의 구호물자를 낙하산으로 투하했다. 셀 수 없이 많은 사람이 죽음에 임박해 있었기 때문에 아슬아슬하게 때를 놓치지 않은 셈이었다.

4월 첫째 주 루르에서 모델 육군 원수의 B 집단군이 포위된 뒤, 심프슨 예하 제9군 소속 사단들은 엘베 강을 향해 신속하게 나아갔다. 자신의 전략 변경에 대한 영국군의 반응에 깜짝 놀란 아이젠하워는 베를린 장악을 고려하게 되었다. 심프슨은 아이젠하워에게서 엘베 강 교두보를 장악할 모든 기회를 이용하고 베를린이나 동북쪽을 향해 진군을 계속할 준비를 하라는 지시를 받았다. 심프슨의 우측 제1군은 라이프치히와 드레스덴을 향하고 있었고, 그사이 패튼 예하 제3군은 이미 하르츠 산맥에서 체코슬로바키아로 향하고 있었다. 독일 남쪽에서는 알렉산더 패치 중장의 제7군과 장 드라트르 드타시니의 프랑스 제1군이 슈바르츠발트 숲을 지나 진군하는 중이었다.

4월 8일 아이젠하워는 하노버 시를 장악한 뒤 제84보병사단 사령관 알렉산더 볼링 소장을 방문했다.

"알렉스, 다음은 어디요?"[18] 아이젠하워가 물었다.

"장군, 우리는 계속 밀어붙일 겁니다. 베를린으로 나아갈 것이며 아무도 우리를 막을 수 없습니다."

"계속 진행하시오." 아이젠하워는 알렉산더에게 이렇게 말하고 그의 어깨에 손을 올렸다. "행운을 빌겠소. 그리고 나는 아무도 당신을 막지 못하게 하겠소." 볼링은 이로써 베를린이 그들의 목표라는 것을 확인한 셈이라고 이해했다.

4월 11일 미군 부대들은 하노버에서 아우토반으로 이어진 마그데부르크에 도달하여 다음 날 데사우 남쪽에서 엘베 강을 건넜다. 그 후 이틀 동안 강 너머 그 밖의 몇몇 교두보를 장악했다. 볼링의 제84보병사단은 가볍게 무장한 발터 벵크의 제12군 일부 부대의 역습을 물리쳤다. 그는 제2기갑사단을 내보내기 위해 엘베 강에 다리를 마련했고, 4월 14일 밤에는 전차들이 다리를 건너 베를린 진군을 준비할 수 있었다. 심프슨과 볼링 모두 적의 저항이 약할 것으로 예상했고, 이는 적중했다. SS부대들은 베를린에 공격이 쏟아질 것을 알고 거의 다 붉은 군대와 대치 중이었다. 국방군 부대 대부분은 소비에트군이 도착하기 전에 미군에게 항복하는 것만으로도 감사할 정도였다.

아이젠하워는 브래들리와 이야기를 나눈 후 갑자기 마음을 바꿨다. 브래들리는 베를린 점령 작전으로 10만 명의 사상자가 날 수도 있다고 생각했다. 물론 나중에는 사상자 수를 지나치게 많이 잡았음을 인정했지만 말이다. 두 사람 다 상징적인 목표 때문에 큰 피해를 감수하는 것은 용납할 수 없으며, 전투가 끝나면 어쨌든 그곳에서 철수해야 한다는 데 동의했다. 유럽 자문위원회는 이미 엘베 강을 따라 소비에트 점령 지역의 경계를 정해둔 한편, 베를린은 분할의 운명에 놓인다. 루스벨트는 4월 12일에 뇌출혈로 사망했으며, 아마도 그의 서거에 영향을 받아 아이젠하워가 마음을 바꾼 듯하다.

4월 15일 이른 시각, 심프슨은 비스바덴 근처 제12집단군 사령부로 불려갔다. 비행기가 착륙할 때 브래들리가 비행장에서 기다리고 있었다. 브래들리는 단도직입적으로 제9군이 엘베 강에서 진격을 중단할 것이라고 말했다. 베를린 진격은 없었다. "누가 그럽니까?"[19] 심프슨이 물었다.

"아이젠하워 최고사령관이오." 브래들리가 대답했다. 멍해진 심프슨은 낙심한 채 사령부로 돌아와 루스벨트 서거 소식보다 파장이 더 클 이 소식을 장교와 사병들에게 어떻게 알려야 할지 고민했다.

아이젠하워는 이유야 어찌 됐든 옳은 결정을 내렸다. 스탈린은 미군이 베를린을 먼저 장악하도록 놔두지 않을 터였다. 붉은 군대 조종사들이 진군하는 미군을 발견하면 스탈린은 틀림없이 소련 공군에게 미군을 공격하라고 명령했을 것이다. 그 뒤, 스탈린은 아마도 연합군이 남쪽으로 진군하겠다고 약속해놓고 자신을 속이려 했으니 연합군의 잘못이라고 주장했을 것이다. 아이젠하워는 어떻게든 붉은 군대와의 충돌을 피하고 싶어했다. 그리고 마셜에게 든든한 지지를 받으며 그는 미국과 영국이 "최대한 동쪽으로 가서 러시아와 손을 잡아야 한다"[20]는 처칠의 주장을 받아들이지 않았다. 이들은 처칠이 폴란드에 대한 처우가 더 나아지리라는 기대를 안고 스탈린을 압박하려 한다는 것을 알고 있었지만, 두 사람 다 전후 유럽 정치활동의 영향을 받는 것을 거부했다.

루스벨트 서거 소식을 들은 괴벨스는 과도하게 기뻐했다. 그는 총통 관저 벙커에서 침울함에 빠져 있는 히틀러에게 즉시 전화를 걸었다. "총통 각하, 축하드립니다! 루스벨트가 죽었습니다. 운명이 우리에게 4월 중후반이 전환점이 되리라는 사실을 암시하는 것입니다. 이번 4월 13일 금요일, 그날이 전환점입니다!"[21] 괴벨스는 칼라일의 『프로이센 프리드리히 대왕사』를 펴놓고, 7년 전쟁에서 최대의 위기에 몰린 프리드리히 2세가 자살 충동을 느끼고 있을 때 갑자기 러시아 제국의 엘리자베타 여제의 사망 소식을 접하게 되는 부분을 히틀러에게 읽어주는 등 며칠 전부터 히틀러의 기운을 북돋우려 애쓰고 있었다. "브란덴부르크의 기적이 일어난 것이다." 하지만 다음 날 밤 연합군 폭격기들이 프리드리히 2세의 도시인 포츠담 시 대부분을 돌무더기로 만들어버렸다.

4월 8일, 적군이 가까워왔을 때 히틀러와 나치 지도자들은 또 다른 배신의 음모를 미리 차단하고자 숙청에 착수했다. 특히 7월 음모 가담자와 그 밖의 반역 혐의자와 같이 눈에 띄는 죄인들이 살해되었다. 살해된 사람 중에는 카나리스 제독, 디트리히 본회퍼, 그리고 1939년 11월에 히틀러 암살을 시도했던 목수 게오르크 엘저도 포함되어 있었다. '즉심 군법회의'에서는 탈영병 및 명령을 받지 않고 퇴각한 군인들에게 사형을 선고했다. 군인들은 계급을 막론하고 후퇴를 지시하는 장교를 모조리 총살하라는 명령을 받았다. 가까운 측근들에게 '전 세계와 함께 파멸'[22]하겠다고 이미 선언한 히틀러는 3월 19일에 교량 및 공장, 시설물을 파괴하라는 일명 '네로 지령'을 내리기에 이르렀다. 독일 국민이 승리하지 못한다면, 히틀러 입장에서 그들은 생존할 가치가 없는 것이었다. 알베르트 슈페어는 실업가들과 몇몇 장군의 도움을 받아, 반격으로 수복할 수도 있는 시설물들을 일부러 파괴하는 것은 패배주의자나 하는 짓이라고 주장하며 히틀러의 파괴 지령을 일부나마 저지할 수 있었다.

히틀러는 알 수 없는 행동을 하는 슈페어를 의심하기 시작했고, 유대인들을 연합국에 '팔거나' 포로 교환 흥정에 쓰려고 했던 가장 충성스런 심복 하인리히 힘러까지 수상하게 여기기 시작했다. 나치당의 권위는 지방 장관들이 다른 모든 사람에게는 죽을 때까지 싸우라고 지시하면서 정작 자신들은 가족을 데리고 안전한 곳으로 탈출하고 있다는 말이 퍼지자 붕괴했다. 허풍선이 내지 악당인 줄 알았던 이들은 실제로 겁 많은 위선자임이 드러났다. '히틀러 만세!'라는 구호와 나치식 경례는 이제 완강한 광신자들이나 그들의 눈치를 보는 사람들만 사용했다. SD 보고서에서 기록하고 있듯이, 히틀러의 '공허한 말들과 공허한 약속'[23]을 믿는 사람은 더 이상 보기 힘들었다. 사람들은 나치 체제가 패전의 현실을 직시하지 않으려 하고 더는 무고한 희생을 막으려 하지도 않는 데 대해 분노했다. 가장 필사적이었던 사람들만이 연합국 사이가 틀어져 어떻게든 독일을 구하게 될 것이라는 히틀러의 환상을 믿었다.

나치 제국은 이제 노르웨이와 이탈리아 북부를 잇는 끈으로 전락했다. 고립된 몇몇 포위 지역만이 외부에 남아 있었다. 구데리안은 특히 노르웨이에 있는 대규모 주둔군과 쿠를란드 반도에 갇혀 있는 북부집단군 잔존병을 본국으로 소환하자고 요구했지만, 히틀러는 화를 내며 모두 거부했다. 히틀러가 군사 논리를 완전히 무시하자 군 지휘관들은 실의에 빠졌다. 구데리안은 퀴스트린 구원 시도에 실패한 뒤 3월 28일에 해임되었다. 총통 벙커에서 소동이 일어나면서 그것을 지켜본 모든 사람이 동요했다. 참모장의 부관이 한 기록에 따르면 "히틀러는 점점 창백해졌고, 반대로 구데리안은 점점 벌겋게 달아올랐다".[24]

구데리안의 자리는 바르바로사 작전이 실시되기 직전에 스탈린이 모스크바의 승강장에서 가볍게 등을 쳤던 한스 크렙스 장군으로 대체되었다. 키가 작고 재치 있는 기회주의자 크렙스는 지휘 경험이 없어 히틀러가 마음에 들어했다. 히틀러에게는 그저 자신의 명령을 받들어줄 유능한 부하가 필요했기 때문이다. 초센 외곽지역 국방군 사령부에 있던 참모장교들은 아무 생각도 할 수 없었다. 이들은 이미 '주어진 임무가 전혀 무의미하다는 것을 알면서도 그 임무를 수행해야 한다는' 의무감에 '신경의 긴장과 이완을 동시에 겪는 고통'[25]에 시달리고 있었다.

4월 9일 이탈리아에서는 마크 클라크 장군이 맡게 된 제15집단군이 고딕 전선 너머 포 강을 향해 북쪽으로 공격을 개시했다. 미국 제5군과 영국 제8군은 9월에 리미니를 장악한 캐나다 제1사단을 비롯해 인도 제8사단, 뉴질랜드 제2사단, 남아프리카 제6기갑사단, 폴란드 제2군단, 이탈리아 부대 두 개, 그리스 산악 여단, 브라질 군대 및 유대 여단이 모여 더 큰 국제적 집합체가 되어 있었다. 4월 21일, 루션 트러스콧이 지휘한 제5군은 폴란드 군단과 함께 마침내 볼로냐를 점령했으며, 제8군은 페라라를 장악하고 포 강에도 도달했다.[26]

처칠은 빠른 진격을 바라고 있었다. 그는 이틀 후 체결된 소비에트-유고슬라비아 조약이 아드리아 해 상부에 있는 트리에스테와 이스트리아 영유권에 대한 티토의 주장을 뒷받침하게 될까봐 염려스러웠다. 처칠은 티토의 추가 원조 요청을 거절했다. 유고슬라비아가 소비에트의 지배하에 들어갔기 때문에 소련 정부의 도움을 기대할 수 있다는 이유에서였다. 처칠은 또한 이탈리아 북쪽에 이미 강력한 빨치산 병력을 갖춘 이탈리아 공산주의자들이 유고 지역 내 소비에트 세력 때문에 고무될 수도 있다는 점을 우려했다.

4월 11일 붉은 군대가 빈 중심부에 이르렀다. 베를린 공방전이 시작되기도 전에, 전후 유럽에서 자리를 차지하기 위한 경쟁이 벌어졌다. 처칠은 아이젠하워에게 패튼의 제3군을 프라하로 진격시키라고 촉구했지만, 아이젠하워는 스탑카와 논의하겠다고 고집했다. 아이젠하워의 거절은 단호하고 위압적이었다. 처칠은 덴마크도 걱정되었다. 로코솝스키의 제2벨라루스전선군이 일단 슈테틴 인근 오데르 강 어귀를 넘으면 메클렌부르크를 가로질러 돌진할 수 있었다.

4월 14일 히틀러는 오데르 전선과 나이세 전선에 있는 독일군 부대에 일일명령[27]을 시달했다. 이번 명령에도 자신의 의무를 다하지 못하는 자는 무조건 '자국민에 대한 반역자로 취급'될 것이라는 위협이 감돌았다. 히틀러는 1683년 튀르크족이 빈을 뚫지 못하고 패배했던 일을 이야기하며 "이번에는 볼셰비키가 그 옛날 아시아의 운명을 경험하게 될 것이다"라고 주장했다.(히틀러는 사실상 폴란드의 중기병 덕분에 도시를 구할 수 있었다는 것을 언급하지 않았다.) 히틀러는 또한 빈이 붉은 군대에 막 함락되었다는 사실을 무시하는 듯했다. 괴벨스는 대신 "베를린은 변함없이 독일이고, 빈은 다시 독일이 될 것이다"라는 슬로건을 새로 만들었다. 역사적으로 비슷한 사건을 선전에 쓰는 것도 이제 독일인들에게 더 이상 먹혀들지 않았다.

불길한 예감이 든 베를린 사람들은 맹공격에 대비했다. 여자들은 권총 사격 훈련을 받았다. 국민돌격대 대원들은 이미 벽돌과 깨진 유리가 흩어진 거리로 나가 바리케이드를 치는 데 동원되었다. 그중에는 1940년에 포획한 프랑스군 헬멧을 쓴 대원들도 있었다. 석재 및 잡석 등을 잔뜩 실은 노면전차와 철도 화차는 필요한 곳으로 옮겨졌고, 보도블록을 제거한 인도에는 판처파우스트 로켓 발사기로 무장한 성인 남성과 소년들이 사용할 개인 호를 팠다. 부녀자들은 자신들이 공급할 수 있는 것들을 내놓았고, 수돗물이 끊길 것에 대비하여 식수로 사용하고자 물을 끓여 주전자에 보관했다.

준군사활동으로 군역을 하고 있던 전국노동봉사단의 십대 청소년 대원들은 한꺼번에 현역으로 입대하게 되었다. 이들 중 다수는 처형 현장을 억지로 봐야 했다. 한 장교는 그들에게 "죽음에 익숙해져야 한다!"고 충고했다. 어머니와 여자 친구들이 전송을 나왔다. 이 신병들은 부사관들의 인솔하에 지방 철도망을 통해 달릴 에스반 고속전철에 오른 뒤 오데르 전선으로 출발하면서 으스스한 농담으로 마음을 다잡으려 애썼다. "공동묘지에서 보자!"[28] 누군가의 작별 인사였다.

베를린
작전

4월 14일 밤, 오데르 강 서쪽 젤로 고지 참호에 들어가 있던 독일 군대는 전차 엔진 소리를 들었다. 확성기에서 최대 음량으로 울려 퍼지는 음악과 기분 나쁜 소비에트 선전 메시지도 제2근위전차군이 강을 건너 교두보 안으로 들어오며 내는 소음을 숨기지는 못했다. 소음은 그들 아래 물안개에 뒤덮인 저습지가 있는 오데르브루흐 범람원 너머로까지 퍼졌다. 주코프 예하 제1벨라루스전선군 중 총 9개 군이 북쪽 호엔촐레른 운하와 남쪽 프랑크푸르트안데어오데르 사이에서 공격 태세를 갖추었다.

추이코프 장군의 제8근위군은 전날 독일 제20기갑척탄병 사단을 밀어내고 교두보를 늘려둔 상태였다. 히틀러는 그 소식을 듣고 화가 나서 사단 구성원들의 훈장을 모두 떼어내고 교두보를 되찾을 때까지는 달 생각도 하지 말라고 명령했다. 반면 추이코프는 매우 다른 이유로 불쾌해졌다. 4월 15일 밤에 그는 오데르 범람원과 젤로 고지를 가장 잘 볼 수 있는 곳이라는 이유로 라이트바인슈푸르에 있는 자신의 지휘소를 주코프 원수가 차지하게 될 것이라는 소식을 접했다. 2월 초 베를린으로 즉시 돌진하지 못한 점을 추이코프가 강하게 비난한 뒤로 두 지휘관의 관계는 악화되어 있었던 것이다.

주코프의 왼쪽 측면 남쪽으로 80킬로미터 이상 떨어져 있던 코네프 원수의 제1우크라이나전선군은 나이세 강에 7개 군을 배치했다. 정치부에서는 복수심을 돋우는 메시지를 강하게 전달했다. "동정 따위는 없다. 저들은 바람을 심었고 이제 폭풍을 거두어들이고 있다."[1]

전날 모스크바 정치 노선이 바뀌었다는 소식은 전선에는 전달되지 않았다. 스탈린은 복수에 관한 발언과 그 실현이 독일의 저항을 격화시키기만 한다는 것을 마침내 이해했다. 독일군 대부분이 소련군보다는 서방 연합군에 항복하기를 간절히 바라고 있던 것도 이 때문이었다. 이렇게 되면 스탈린 입장에서는 미군이 붉은 군대보다 먼저 베를린을 장악할 위험이 매우 커지는 셈이었다.

4월 14일 소비에트 선전을 담당하던 게오르기 알렉산드로프는 스탈린의 말을 거의 받아적다시피 하여 『프라우다』 지에 중요한 기사를 실었다. 이 기사는 일리야 예렌부르크가 복수를 촉구한 사실과 독일을 '그저 거대한 깡패 집단'으로 표현한 점을 비난했다. '예렌부르크 동지, 단순화가 지나치다'[2]라는 제목이 붙은 알렉산드로프의 기사는 몇몇 독일 장교가 "식인종 같은 정권을 위해 싸울 동안, 다른 이들은 히틀러와 그의 파벌에게 폭탄을 던지거나(7월 공모자들), 독일군이 투항할 것을 설득하고 있다(폰 자이들리츠 장군과 독일장교연맹). 게슈타포가 정권에 대한 반대자를 잡으러 다니고 독일 국민에게 그들을 비난하라고 호소하는 것은 독일인이 모두 똑같지는 않다는 사실을 증명한다"라는 내용이었다. 알렉산드로프는 또한 스탈린의 말을 인용했다. "히틀러란 사람은 나타났다 사라지지만, 독일과 독일인은 남는다." 예렌부르크는 자신이 이런 식으로 희생되고 있다는 사실에 망연자실해진 반면, 장교와 사병 대부분은 정책의 변화를 거의 알아차리지 못했다. 선전을 통해 독일을 탐욕스런 짐승에 빗댄 이미지가 아주 깊게 박혀버린 것이다.

소비에트 당국은 승리를 눈앞에 두고도 아군을 신뢰하지 않았다. 장교들은 탈영하여 적군에게 공격 사실을 알릴지도 모르는 '도덕적, 정치적으로 불안한'[3] 사병들을 스메르시가 체포할 수 있도록 명단을 제출하라는 지시를 받았다. 그리고 1939년 폴란드 동부 지역 탄압을 감독했던 NKVD 국장 세로프 장군은 '폴란드 제1군 장교 및 사병 사이에 조성된 불온한 분위기'[4]에 점점 불안감을 느꼈다. 이들은 불법으로 BBC 방송을 들으며 서방의 영국군과 미군이 빠르게 진격해오고 있다는 소식에 점점 흥분했다. 이들은 안데르스 장군이 이끄는 군대가 베를린으로 접근해오는 중이라고 믿으며 스스로를 안심시켰다. 스메르시 정보원에 의해 폴란드군 포병대 지휘 장교 한 명이 다음과 같은 말을 했다는 혐의를 받았다. "우리 부대가 안데르스의 병사들을 만나는 순간 (소련의 지배를 받는) 임시정부에 안녕을 고할 수 있겠군. 런던 망명정부가 다시 정권을 잡을 것이고, 폴란드는 다시 1939년 전으로 돌아가겠지. 영국과 미국이 폴란드를 러시아의 손아귀에서 빼내도록 도와줄 거야." 세로프의 요원들은 공세 직전 무려 2000명의 병사를 체포했다.

독일군 장교들은 장병들이 이반할까봐 더욱 겁을 냈다. 이들은 젊은 병사들이 확성기에서 나오는 포기하라는 소비에트의 방송을 듣고는 '무기를 버리고 투항하면 시베리아에 끌려가는 것이냐'고 물어보자 공포에 질렸다. 나이세 강에서 코네프의 부대와 대치하고 있던 독일 제4기갑군 장교들은 흰 손수건을 몰수하여 병사들이 항복하지 못하게 했고 숨어 있다가 발각되거나 탈영을 시도한 병사들은 전선 사이의 무인지대로 강제로 보내져 참호를 파야 했다. 절박한 나머지 많은 지휘관이 거짓말에 의지했다. 이들은 전차 수천 대가 자신들을 돕기 위해 오는 중이고, 적에게는 기적의 신무기를 쓸 것이며, 서방 연합군이 볼셰비키와 싸우기 위해 자신들과 연합하는 중이라고 주장하기도 했다. 신임 장교들은 흔들리는 병사들을 가차 없이 총살할 것과 휘하 병사들이 모두 달아난다면 자살하는 것이 낫다는 말도 들었다.

훈련교관들로 급조된 중대를 지휘하고 있던 한 독일 항공대 중위가 참호에서 상급 부사관 옆에 서 있었다. 그는 오들오들 떨고 있었다. 중위는 그 본부중대 반장 쪽으로 몸을 돌리며 물었다. "자네도 추운가?"[5] 그러자 본부중대 반장이 대답했다. "우리는 춥지 않습니다, 중위님. 두려울 뿐입니다."

공방전이 벌어지기 전날 붉은 군대 병사들은 면도를 하고 편지를 썼다. 토목공병들은 이미 어둠 속으로 투입되어 진로에 방해되는 지뢰를 미리 제거하고 있었다. 추이코프는 주코프 원수와 그 측근들을 태운 지휘 차량들이 전조등을 켠 채 라이트바인슈푸르에 있는 자신의 지휘소로 접근해오는 것을 보면서 울분을 억눌러야 했다.

베를린보다 두 시간 빠른 모스크바 시각으로 4월 16일 오전 5시, 총 8983문의 대포와 중박격포, 카추샤 로켓포를 동원한 주코프의 '전쟁의 신'이 포문을 열었다. 이번 포격은 첫날에만 포탄 123만6000발을 발사하여 제2차 세계대전 중 가장 격렬한 포격이었다. 충격이 엄청나서 60킬로미터나 떨어진 베를린 동쪽의 벽이 진동할 정도였다. 큰 전투가 벌어졌음을 직감한 부녀자들이 현관문 밖으로 나와 불안한 눈으로 동쪽을 바라보며 숨죽여 이웃 사람들과 이야기하기 시작했다. 성인 여성과 소녀들은 미군이 베를린에 먼저 당도하여 자신들을 붉은 군대에서 구해주기를 바랐다.

주코프는 서치라이트 143개로 적의 눈을 부시게 한다는 자신의 생각이 마음에 들었다. 그러나 포격도 서치라이트도 아군 병사들에게는 별 도움이 되지 못했다. 보병대가 "베를린으로!"라는 구호를 외치며 앞으로 돌격하자 뒤에 있는 서치라이트 때문에 실루엣이 드러났고, 이들 앞에 펼쳐진 땅은 포탄 구멍으로 파헤쳐져 진격이 느려지고 말았다. 놀라운 것은 대포 공격이 제1차 방어선에 집중되었다는 사실이다. 공격을 예상한 독일군이 소규모 엄호 병력만 놓아두고 전부 철수하는 전술을 펼칠 거라는 사실을 붉은 군대 역시 잘 알고 있었는데도 말이다.

공격을 시작하기 전에 대개 전장을 꼼꼼하게 정찰하던 주코프도 이번만은 그렇게 하지 못했다. 그는 공중정찰을 통한 항공사진에 의지했지만, 이 사진들로는 젤로 고지 중 방어가 강한 부분이 어디인지 알 수 없었다. 처음에 좌익을 맡은 추이코프의 제8근위군, 그리고 우익을 맡은 니콜라이 베르자린 상장의 제5충격군은 순조롭게 진군했다. 두 부대가 일단 고지 정상을 장악하면 그다음에 제1근위전차군이 그들을 추월하여 진격할 것이었다. 새벽이 되자 흙분수를 뿜어내는 곳 위로 시투르모비크 공격기가 재빨리 날아가 독일군 수비대와 차량들을 향해 폭격과 기총소사를 실시했다. 시투르모비크 부대가 거둔 최대 성과는 독일 제9군의 탄약고를 공격하여 엄청난 폭발을 일으킨 일이었다.

최전선에서 정신적 충격을 받은 독일 생존병들은 "러시아군이 오고 있다!"라고 외치며 젤로 고지의 가파른 경사를 서둘러 올라갔다. 한참 뒤 현지 농민들과 그 가족도 달아나기 시작했다. 한 젊은 병사의 기록이다. "피란민들은 마치 저승에서 온 존재들을 피해 서둘러 달아나는 것 같다. 여자와 아이, 노인들은 자다가 깨서 놀란 듯했고, 몇몇은 옷을 반만 걸쳤다. 얼굴에는 절망과 극도의 공포가 서려 있다. 엄마 손을 잡고 우는 아이들은 놀란 눈으로 세계의 멸망을 지켜본다."[6]

라이트바인슈푸르의 지휘소에 있던 주코프는 아침이 다가올수록 점점 더 불안해졌다. 고성능 쌍안경으로 확인하는 진군 상황은 중단되지는 않았지만 느려지고 있었다. 자신이 돌파에 실패할 경우 스탈린이 베를린이라는 목표를 코네프에게 넘기리라는 것을 잘 알고 있었던 주코프는 군대를 아직도 범람원 끝에 도달시키지 못하고 있는 추이코프에게 욕설과 저주를 퍼붓기 시작했다. 주코프는 지휘관들의 계급장을 떼고 처벌중대로 보내버리겠

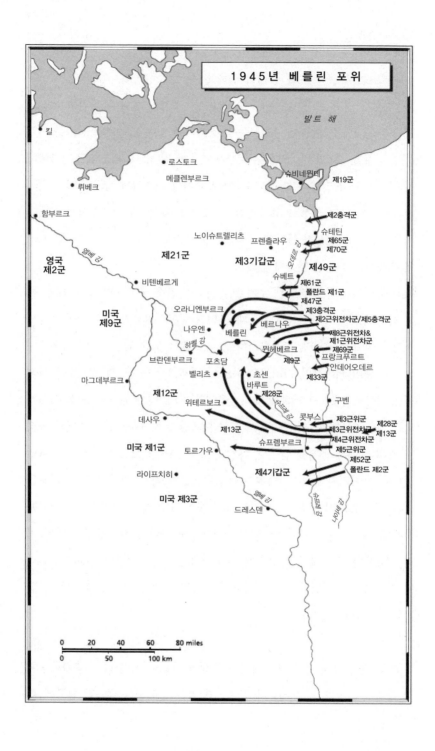

1945년 베를린 포위

발트 해

킬

로스토크
메클렌부르크
뤼베크
슈비네뮌데
제19군

함부르크
제2충격군

노이슈트렐리츠
프렌츨라우
슈테틴
제65군
제70군

제21군
제3기갑군
제49군

영국
제2군
비텐베르게
슈베트
제61군
폴란드 제1군
제47군
제3충격군
제2근위전차군/제5충격군

미국
제9군
오라니엔부르크
나우엔
베르나우
제8근위전차&
제1근위전차군
제69군
프랑크푸르트
안데어오데르

하펠 강
베를린
뮌헤베르크
제9군

브란덴부르크
포츠담
초센
제33군

마그데부르크
벨리츠
제12군
바루트
제28군
구벤

위테르보크
콧부스
제3근위군
제28군
제3근위전차군
제13군

데사우
제13군
슈프렘부르크
제4근위전차군
제5근위군

미국 제1군
토르가우
제52군
폴란드 2군

라이프치히
제4기갑군

미국 제3군
드레스덴

0   20   40   60   80 miles
0   50   100 km

다고 위협했다. 그러다 갑자기 공격 계획을 완전히 변경하기로 결심했다.

주코프는 진군 속도를 올리기 위해 카투코프 상장의 제1근위전차군을 보병대보다 먼저 보내기로 했다. 추이코프는 충격을 받았다. 혼란이 예상되었기 때문이다. 오후 3시, 주코프는 모스크바에 있는 스탈린과 전화를 연결하여 상황을 설명했다. 스탈린은 "그래서, 베를린 축의 적을 과소평가했다 이 말이지"라고 말했다. "그리고 난 자네가 이미 베를린에 접근해 있을 거라 생각했는데 아직도 젤로 고지에 있군. 코네프 쪽은 더 순조롭게 시작했다 네."[7] 스탈린은 일부러 한마디를 덧붙였다. 그리고 주코프의 작전 변경 제안에 대해서는 아무런 언급이 없었다.

작전 변경은 추이코프가 우려했던 대로 혼란을 일으켰다. 진군 대기 중인 다른 두 군의 차량들 때문에 제1근위전차군의 진로가 막혀 이미 대규모 정체가 빚어져 있었다. 혼잡한 상황을 정리해야 하는 교통 통제원들에게는 점점 악몽이 되어갔다. 그리고 전차들이 정체에서 빠져나와 전진하기 시작해 노이하르덴베르크 남쪽에 다다랐을 때는 88밀리 포의 공격을 받고 제거되는 일도 발생했다. 연기 속에서 그들은 독일 판처파우스트 보병대와 돌격포 소대의 매복 공격을 받았다. 마침내 젤로 고지를 오르기 시작했을 때도 상황은 나아지지 않았다. 포화가 헤집어놓은 가파른 경사에 깔린 진흙은 중전차인 스탈린뿐 아니라 T-34에게도 무척 힘든 난관이었다. 좌측에서는 카투코프의 선두 여단이 SS제502중전차대대 타이거 전차부대의 매복 공격을 당했다. 중앙에서만 독일 제9낙하산사단이 무너지면서 그런대로 진격에 성공했다. 해질녘이 될 때까지도 주코프의 군대는 젤로 고지 정상을 장악하지 못하고 있었다.

총통 관저 아래 총통 벙커에서는 초센에 자리한 독일 육군 총사령부에서 끊임없이 상황 보고 전화가 걸려오고 있었다. 그러나 베를린 남쪽에 위치한 초센 역시 코네프 원수의 병력이 돌파할 경우 취약할 수밖에 없었다.

스탈린이 주코프에게 말했듯이 제1우크라이나전선군은 나이세 건너편에 교두보가 없었음에도 작전을 꽤 잘 수행하고 있었다. 선두 대대들이 공격 주정을 타고 강을 돌진할 동안 코네프의 포병대와 지원한 항공기들이 독일군을 깊숙한 참호에서 나오지 못하게 했다. 제2항공군이 깔아놓은 연막도 때마침 적절히 불어준 산들바람의 도움으로 짙게 퍼졌다. 독일 제4기갑군은 공격이 어디에 집중되고 있는지 분간할 수 없었다. 토목공병들이 부교 건설을 시작한 사이 교두보가 마련되었고, 얼마 지나지 않아 전차가 부교를 건널 수 있게 되었다.

주코프가 작전을 바꾸는 바람에 피해가 커졌지만 코네프에게는 별 영향이 없었다. 코네프는 이미 제3근위전차군, 제4근위전차군으로 공격을 주도할 계획을 세워두었던 것이다. 정오가 지난 직후, 첫 교량이 완성되어 두 근위전차군이 다리를 건넜다. 독일군이 여전히 포격 때문에 동요하고 연막 안에서 혼란스러워하는 동안, 코네프는 멈추지 말라는 명령과 함께 전차여단 선봉대를 독일 전선으로 곧장 통과시켰다. 보병대는 전차여단 뒤에서 남아 있는 적들을 해치웠다.

4월 16일 밤은 주코프에게 굴욕을 안겼다. 그는 무선 전화로 스탈린에게 다시 연락하여 아직 젤로 고지를 장악하지 못했다고 고백해야 했다. 스탈린은 주코프가 공격 계획을 바꾼 것이 잘못이라고 말했다. 그리고 나서 스탈린은 주코프에게 다음 날까지 고지를 틀림없이 확보할 수 있는지 물었다. 주코프는 그렇다고 하며 스탈린을 안심시켰다. 그는 베를린에서보다 탁 트인 곳에서 독일 병력을 괴멸시키는 것이 더 수월하며 장기적으로 보면 시간도 덜 소요될 것이라고 주장했다. 그러자 스탈린은 코네프에게 말해 두 전차군의 방향을 베를린 남쪽으로 바꾸어 북진시켜야겠다며 주코프에게 경고의 말을 남기고 퉁명스럽게 전화를 끊어버렸다. 스탈린은 곧 코네프에게 말했다. "주코프는 지금 일처리가 신통찮네. 리발코(제3근위전차군)와 렐류셴코(제4근위전차군)를 첼렌도르프 쪽으로 돌리게."[8]

스탈린이 첼렌도르프를 선택한 데는 중요한 의미가 있었다. 첼렌도르프는 베를린 최남단 근교이자 엘베 강을 넘어온 미군의 교두보에서 가장 가까운 곳이었다. 카이저 빌헬름 핵연구 시설이 있는 달렘과 인접해 있는 것도 우연은 아니었을 것이다. 세 시간 전, 안토노프 장군은 미군이 소비에트군의 베를린 공세 정보를 요청할 경우 소비에트군은 '독일 수비군에 대한 자세한 정보를 얻기 위해 전선 중앙부에서 단순히 대규모 정찰을 실시하는 중'[9]이라고 답신하라는 지시를 받았다. 만우절 거짓말이 아직 끝나지 않은 것이다. 250만 병력으로 '정찰'을 실시한 전례가 없었기 때문이다.

스탈린의 도움으로 코네프는 라이벌을 꺾고 영예를 얻겠다는 야심을 채우기 위해 자신의 전차여단들을 몰아붙였다. 주코프는 작전이 좀처럼 진척되지 않아 이성을 잃어가고 있었다. 젤로 고지에서는 청명한 하늘 아래 시투르모비크 전폭기의 지원으로 정신없는 전투가 계속되었다. 공수대원이 아닌 독일 항공대 지상 요원들로 구성된 제9낙하산사단이 괴멸되면서 카투코프의 전차부대는 상황이 유리해졌지만, 판터 전차로 무장한 쿠르마르크사단, 그리고 근거리용 판처파우스트로 무장한 히틀러 유겐트의 역습을 받을 위험은 아직 남아 있었다.

독일 응급치료소와 야전병원의 상황은 소름 끼칠 정도로 참담했다. 외과 의사들은 어마어마한 부상자 수에 혼이 쏙 빠질 지경이었다. 소비에트 쪽도 상황은 크게 다르지 않았다. 나중에 확인된 보고에 의하면 전투 첫날 다친 부상병조차 제대로 처치를 받지 못하는 실정이었다. 제5충격군 포병대가 카투코프의 전차여단을 실수로 포격하기 시작하면서 부상자 수는 더 늘어났다.

제2차 세계대전

위테르보크에 기지를 둔 독일 항공대 레오니다스 비행대대는 일본의 자살특공대를 흉내 내 오데르 강의 교량들을 파괴하려는 아주 쓸데없는 시도를 했다. 이러한 자살공격은 젤브스토페어아인자츠, 즉 자기 희생 임무로 명명되었다. 이 임무로 35명이 사망했다. 지휘관인 로베르트 푹스 소장은 히틀러가 기뻐하리라 생각하면서 이들의 명단을 '다가오는 총통의 쉰여섯 번째 생일'에 히틀러에게 선물로 보냈다. 그러나 이 미친 짓은 제4근위전차군이 비행대대의 비행장으로 진격함에 따라 곧 중단되고 말았다.

코네프가 이끈 전차여단은 독일군이 콧부스 남쪽 슈프레 강에 방어선을 조직하기 전에 강을 건너기 위해 빠르게 나아갔다. 선두 여단에 있던 리발코 장군은 부교를 짓느라 시간을 지체하고 싶지 않았다. 그래서 그는 폭이 약 50미터나 되는 슈프레 강에 곧바로 전차 한 대를 먼저 뛰어들게 했다. 물 높이가 궤도보다 높았지만 운전실 해치까지 잠기지는 않았다. 전차는 계속 전진했고, 이어서 나머지 전차들이 장갑에 부딪혀 덜그럭거리는 기관포 탄환을 무시한 채 줄지어 따라갔다. 그 지역 독일군에게는 대전차포가 없었다. 초센에 있는 육군 총사령부로 가는 길이 열리게 된 것이다.

독일 육군 총사령부에 있던 참모장교들은 남쪽이 돌파당한 것도 모르고 여전히 젤로 고지에 신경을 쓰고 있었다. 고트하르트 하인리치 상급대장은 유일한 예비 병력인 펠릭스 슈타이너 SS대장의 제3SS게르마니셰 기갑군단을 그곳에 투입했다. 이 군단에는 덴마크, 노르웨이, 스웨덴, 핀란드, 에스토니아 자원병들로 구성된 제11SS사단 노를란도 포함되어 있었다.

4월 18일 아침, 젤로 고지를 둘러싼 전투는 한층 더 격렬해진다. 스탈린이 주코프에게 코네프의 전차군이 베를린으로 빠르게 진격하고 있다는 이야기와 만약 주코프의 제1벨라루스전선군이 진척을 보이지 않는다면 북쪽의 로코솝스키 예하 제2벨라루스전선군도 베를린 쪽으로 돌리겠다는 이야기를 했기 때문이다. 로코솝스키의 군대는 진군이 지연되어 4월 20일까지 오데르 강을 건널 수 없었기 때문에 스탈린의 말이 사실상 공연한 협박에 불과했지만, 벼랑 끝에 내몰린 주코프는 끊임없이 공격을 외쳤다. 그리고 드디어 그날 아침 늦게 돌파에 성공하게 된다. 카투코프의 전차여단 중 한 부대는 이미 파괴된 동프로이센의 수도 쾨니히스베르크와 베를린을 한번에 잇는 주요 도로인 라이히스슈트라세 1번 도로를 따라 돌진해 들어갔다. 테오도어 부세 상급대장의 제9군은 분리되어 곧 붕괴되었다. 피해는 컸다. 독일군의 전사자가 1만2000명인 데 비해 제1벨라루스전선군에서는 3만 명 이상이 전사했다. 주코프는 자책하지 않았다. 그의 관심사는 오로지 목표뿐이었다.

그날 코네프의 문제는 남쪽 측면의 제52군이 쇠르너 육군 원수의 공격을 받은 것뿐이었다. 이 공격은 제대로 준비되지 않은 채 황급히 이뤄졌기 때문에 쉽게 물리칠 수 있었다. 코네프의 두 전차군은 35~45킬로미터를 진군했다. 나치 지도자들이 베를린을 수호하려는 사람들에게 간섭하여 혼돈을 일으켰다는 사실을 코네프가 알고 있었더라면 그는 훨씬 더 고무되었을 것이다.

제3제국 베를린 국방위원 괴벨스는 군 지휘관 역할을 하려 했다. 그는 베를린 내 모든 국민돌격대 부대에 새 방어선을 만들러 나가라는 명령을 내렸다. 베를린 방위군 사령관이 어이가 없어 항의했다. 괴벨스는 베를린이 파괴되는 것을 막기 위해 다름 아닌 알베르트 슈페어와 하인리치 장군이 비밀리에 이러한 계획을 추진했다는 사실을 알지 못했다. 제56기갑군단을 지휘하고 있던 헬무트 바이들링 장군은 판처파우스트로 무장한 소년병들을 더 보내겠다며 찾아온 리벤트로프와 히틀러 유겐트 지도자 아르투르 악스만 때문에 골머리를 앓았다. 바이들링은 '이미 가망 없는 일로 아이들을 희생시키는 것'[10]은 그만두라며 악스만을 설득했다.

붉은 군대가 접근해오면서 나치 정권의 살인 본능은 더 커졌다. 그날 플뢰첸제 감옥에서 정치범 30명이 참수당했다. SS순찰대는 도심지 내에서 탈영병으로 의심되는 자들은 체포하지 않고 겁쟁이임을 나타내는 플래카드를 목에 걸어 가로등 기둥에 매달았다. 이러한 SS의 행태는 아무리 봐도 위선에 지나지 않았다. SS순찰대가 육군 탈영병은 물론 몇몇 히틀러 유겐트 대원까지 처형하는 동안, 하인리히 힘러와 무장친위대 고위 장교들은 비밀리에 각자의 부대를 해산하여 덴마크로 철수시킬 계획을 짜고 있었다.

4월 19일에 제9군은 돌이킬 수 없이 3개로 갈라져 비틀거렸다. 그 지역에 있던 성인 여성과 소녀들은 앞으로 다가올 일이 두려워 군인들에게 자신들을 함께 데려가달라고 애원했다. 제1근위전차군은 추이코프 예하 제8근위군의 지원을 받으면서 라이히스슈트라세 1번 도로를 따라 진군하여 뮌헤베르크에 이르렀다. 이들이 베를린 동쪽과 동남쪽 근교로 향하는 동안, 주코프가 이끌던 다른 군들은 베를린 북쪽 가장자리 쪽으로 진군하기 시작했다. 스탈린은 최후의 순간까지도 미군의 돌파 시도를 확실히 차단하기 위해 완전 포위를 고집했다. 그날 미군 부대는 라이프치히에 입성하고 뉘른베르크에서 격렬한 전투를 벌인 뒤 도시를 장악했지만, 심프슨의 사단은 아이젠하워의 명령에 따라 엘베 강 유역에 그대로 남아 있었다.

히틀러의 생일인 4월 20일은 아름다운 봄 날씨로 그야말로 '총통을 위한 날'이었다. 연합공군은 이날 그들의 방식대로 축하 인사를 전했다. 그날 아침 괴링은 베를린 북쪽에 있는 으리으리한 자신의 별장 카린할에서 약탈한 미술품과 보물을 이송하는 작업을 감시하며 시간을 보냈다. 소유물들을 독일 항공대 트럭에 실은 뒤, 그는 내부에 설치된 폭약과 연결된 피스톤을 눌렀고 별장은 먼지구름을 일으키며 무너져 내렸다. 괴링은 차 쪽으로 발길을 돌려 다른 나치 지도자들과 함께 히틀러의 마지막 생일을 축하하기 위해 총통 관저로 향했다.

히틀러는 실제 나이인 56세보다 적어도 20년은 더 늙어 보였다. 그는 창백해진 얼굴로 몸을 구부린 채 왼팔을 떨었다. 그날 아침 라디오에서는 괴벨스가 모든 독일 국민에게 히틀러를 무조건 믿으라고 당부했었다. 그러나 히틀러의 가장 충실한 동료들조차 총통이 이성적인 판단을 할 수 없는 상태라는 것을 분명히 알고 있었다. 자기만의 방식에 따라 자정에 지도자의 만수무강을 빌며 샴페인 축배를 들었던 힘러는 비밀리에 미군과의 접촉을 시도했다. 그는 독일의 질서를 유지하려면 자신이 필요하다는 것을 아이젠하워도 인정할 것이라 생각했다.

반 정도 파괴된 웅장한 총통 관저에는 되니츠 제독, 리벤트로프, 슈페어, 칼텐브루너, 카이텔 육군 원수 등 지도자들이 모였다. 하지만 히틀러와 함께 베를린에 남으려는 사람은 괴벨스뿐이라는 사실이 곧 드러나게 된다. 북부 독일 최고사령관에 임명된 되니츠는 히틀러의 축복 속에서 전장으로 떠났다. 나머지는 모두 붉은 군대가 완전히 포위하고 비행장을 빼앗기 전에 베를린에서 벗어날 궁리만 하고 있었다. 히틀러는 충성스런 용사들인 줄로만 알았던 그들에게 실망했고, 특히 바이에른에서 레지스탕스를 조직하겠다고 주장했던 괴링에 대한 실망이 유난히 컸다. 몇몇은 히틀러에게 남쪽으로 떠나라고 재촉했지만 히틀러는 거부했다. 남쪽 진로가 아직 열려 있는 동안 나치 고위 당원들이 가족과 함께 베를린에서 탈출하기 위해 각자 갈색, 붉은색, 금색 제복을 벗어버린 이날은 '금계의 비행'으로 알려지게 되었다.

베를린 내 부녀자들은 마지막 '비상식량'을 배급받으려고 줄을 섰다. 멀리서 대포 소리가 뚜렷하게 들려왔다. 그날 오후 제3충격군은 베를린 북쪽 근교에서 중포를 발사하기 시작했다. 주코프는 수단을 가리지 않고 전차여단을 베를린으로 침투시키라고 카투코프에게 명령했다. 그는 코네프 예하 제3근위전차군이 베를린 남쪽 끝으로 향하고 있음을 알고 있었다. 그러나 주코프는 그들이 예상치 못한 강력한 군대와 맞닥뜨리게 되리라고 전혀 상상하지 못했다. 부세 예하 제9군이 이들의 진로를 가로질러 슈프레발트를 통해 탈출하고 있었던 것이다.

오데르 전선에서 베를린 시내로 퇴각하는 독일군은 공포에 질린 채 적의 진군을 피해 피란하려는 수천 명의 시민 때문에 큰 어려움을 겪었다. 몇몇 사람은 남아 있기로 했다. 어느 젊은 병사는 "농민들은 각자의 정원 울타리 밖에 서서 무거운 표정으로 탈출 행렬을 지켜보았다. 부인들이 눈물을 머금고 내놓은 커피를 우리는 허겁지겁 들이켰다. 우리는 쉬지도 않고 불안감을 간직한 채 행군하고 또 달렸다"[11]라고 기록했다. 수많은 독일 병사가 행군 도중 민가를 내키는 대로 마구 약탈했고, 어떤 이들은 술을 찾아내 기억을 잃을 때까지 마셨는데, 깨어났을 때 이들은 포로가 되어 있었다.

SS 노를란 사단은 베를린 동쪽 소나무 숲에서 얼마간의 피해를 감수하고 지연 작전을 펼쳤지만, 다른 부대들은 효과적으로 저항할 수 있는 상황이 아니었다. 미군 항공대가 자신들이 도우러 올 테니 베를린 시민들은 잘 버티고 있으라는 내용의 전단을 뿌렸다는 소문이 퍼졌지만, 사람들은 거의 믿지 않았다. 야전헌병대와 SS는 적을 막기 위해서가 아니라 낙오자를 붙잡아 임시로 분견대를 구성하기 위해 교차로를 지키고 서 있었다. 무기나 군장, 전투모 등을 버리는 사람은 체포, 총살되었다. 허락 없이 퇴각하는 사람들을 처형하기 위해 경찰대대가 슈트라우스베르크로 투입되었지만, 경찰들은 대부분 그곳에 도착하기도 전에 슬그머니 달아나 숨어버렸다.

4월 21일, 연합군의 마지막 베를린 공습이 아침 일찍 끝났다. 도시 안에는 평소와 다른 정적이 감돌았지만, 몇 시간 후 여러 번의 폭발음이 정적을 깨면서 소비에트 포병대가 도심 포격이 가능한 거리 내로 들어왔음을 알 수 있었다. 늦게 잠자리에 드는 습관이 있던 히틀러가 잠에서 깼다. 그는 병커 안 침실에서 나와 무슨 일인지 물었다. 자초지종을 들은 히틀러의 얼굴에 당황한 기색이 역력했다. 주코프 휘하의 포병대 지휘관인 바실리 카자코프 상장은 152밀리, 203밀리 곡사포를 갖춘 중포부대를 전진 배치하고 있었다. 주요 희생자는 그때까지도 계속 줄을 서 있던 부녀자들이었는데, 이들은 식량을 비축해둘 마지막 기회를 놓치지 않으려고 자리를 지키다가 봉변을 당했다. 포격이 격해지자, 이들도 대부분 지하실이나 방공호로 곧장 대피해야 했다.

베를린을 둘러싼 포위망은 거의 완성되었지만, 스탈린의 편집증은 NKVD 제7국 심문자들에게까지 전염되었다. 심문자들은 포로로 잡힌 독일 고위 장교들에게 미군이 국방군과 연합하여 소비에트군을 베를린에서 몰아내려는 계획을 꾸미고 있는지에 대해 질문했다. 스탈린은 주코프에게 완전히 지어낸 위협을 가하며 빨리 포위망을 완성하라고 닦달했다. "우리 군의 진군이 느리니까 연합군이 베를린으로 진군하는 것 아닌가. 이러다가 곧 선수를 빼앗기겠어."[12] 주코프는 코네프의 베를린 진격을 막는 데만 관심이 있었다. 그리하여 카투코프 예하 제1근위전차군과 추이코프 예하 제8근위군을 서남쪽으로 더욱 밀어붙였다.

코네프의 전차 선봉 부대가 초센으로 접근하는 모습이 포착되었다. 크렙스 장군은 휘하의 참모가 이끌던 장갑차 수비분견대가 T-34와 비교해 수적으로 열세한 상황에서 전투를 벌이다 괴멸되었다는 소식을 전해 들었다. 그는 총통 관저에 전화를 걸었지만 히틀러는 철수 명령을 내리려 하지 않았다. 그러자 크렙스와 그의 참모 장교들은 소비에트 포로수용소의 삶을 머릿속에 그리기 시작했지만, 소비에트 전차들이 연료 부족으로 몇 킬로미터 앞에서 멈추는 바람에 포로 신세를 면할 수 있었다. 베를린에서 다시 전화가 와 마침내 철수 허가가 떨어졌고, 이들은 트럭을 타고 진지를 떠났다.

제2차 세계대전

베를린 시민들은 붉은 군대의 입성을 앞두고 점령군을 경솔하거나 비극적인 방법으로 맞을 준비를 했다. 아들론 호텔 직원과 손님들의 귀에 포성이 들려왔다. 어느 노르웨이인 기자는 "식당에 있던 손님 몇 명은 웨이터들이 잔이 넘치도록 계속 와인을 따르자 당황했다"[13]라고 썼다. 그들은 러시아군 때문에 베를린을 떠나고 싶어하지 않았다. 아버지들은 국민돌격대에 징용되면서 오로지 남아 있는 가족의 안위만 생각했다. 한 아버지는 딸의 손에 권총을 쥐여주며 "이제 다 끝났단다, 얘야. 러시아군이 너에게 다가오면 이 총으로 자결하겠다고 약속하렴."[14] 그러고는 딸에게 입을 맞추고 떠났다. 아내와 아이들을 죽이고 나서 자살한 사람들도 있었다.[15]

베를린은 8개 구역으로 나뉘었고, 중심지구 남쪽의 란트베르 운하와 북쪽의 슈프레 강에 최후의 방어선을 구축했다. 제9군 소속 바이들링 예하 제56기갑군단만이 병사 8만 명을 동원하여 방위군을 강화했다. 제101군단은 베를린 북쪽으로 철수한 상태였다. 제12SS기갑군단과 제5SS산악군단 등 나머지 군대는 베를린 남쪽 숲에서 코네프의 군대와 여전히 싸우고 있었다. 코네프는 제3근위전차군, 제4근위전차군을 전진시키고 서둘러 보병군들을 보내 부세의 병력을 처리하게 했다. 비록 이 독일 부대들은 수많은 피란민과 한데 뒤섞여 질서라고는 찾아볼 수 없는 거대한 덩어리가 되었지만, 소비에트 노동수용소에 끌려가지 않기 위해 엘베 강 쪽으로 탈출하려고 싸우려는 의지만은 누구보다 필사적이었다.

상황을 무시하고 환상에 의지하고 있던 히틀러는 제9군에 오데르 전선에서 위치를 고수하라는 명령을 내렸다. 그는 독일 항공대가 아무것도 하지 않고 있다고 비난하면서 공군참모총장 카를 콜러를 처형하겠다고 협박했다. 하인리치가 제3SS게르마니셰 군단을 예비 병력으로 두고 있다는 사실을 기억해낸 히틀러는 슈타이너 SS대장과 전화를 연결했다. 그는 제1벨라루스전선군의 북쪽 측면에서 반격을 개시하라고 말했다. "귀관도 알겠지만,

러시아군은 베를린의 관문 앞에서 사상 최대의 패배를 겪게 될 것이오. 서쪽으로 물러나는 것은 절대 금지요. 이 명령을 무조건적으로 따르지 않는 장교들은 즉시 체포하여 총살하시오. 슈타이너, 귀관은 목이 날아갈 각오를 하고 이 명령을 수행하시오."[16] 슈타이너는 믿기지 않아 할 말을 잃었다. 게르마니셰 군단은 소속 부대가 거의 제9군을 강화하는 데 동원되는 바람에 몇 개 대대밖에 남아 있지 않았다. 충격에서 헤어나온 슈타이너는 크렙스 장군에게 전화를 걸어 실제 상황을 상기시켰지만, 크렙스는 총통이 한창 바빠 이야기를 나누기 어렵다면서 명령을 반복했다.

루르에서 포위된 모델의 집단군 32만5000명이 항복한 사실을 이미 알고도 현실을 직시하려 하지 않는 히틀러의 태도는 더욱 가관이었다. 모델은 숲으로 들어가 자살했으며, 이는 나치 육군 원수로서 마땅한 행동이었다. 독일 북쪽에서 영국 제7기갑사단이 함부르크로 접근하는 동안, 제11기갑사단은 발트 해안 쪽 뤼베크를 향해 빠르게 진군했다. 이것은 붉은 군대가 덴마크를 점령하지 못하게 하라며 사흘 전 처칠이 몽고메리 육군 원수에게 내린 비밀 지시에 따른 것이었다. 프랑스 제1군도 슈투트가르트에 입성했다. 다수의 북아프리카 군대로 이뤄진 프랑스 제1군은 그곳에서 약탈을 일삼고 현지 주민들을 강간하기 시작했다.

4월 22일 힘러는 뤼베크에서 스웨덴 적십자 폴케 베르나도테를 비밀리에 만났다. 그는 베르나도테에게, 미군과 영국군을 접촉하여 독일이 서방 연합군에 항복할 수 있게 해달라고 부탁했다. 성의 표시로 그는 라벤스브뤼크 수용소에 있는 7000명의 여성 포로를 스웨덴으로 보내겠다고 약속했지만, 그들 대부분이 서쪽으로 보내졌기 때문에 이것은 그리 믿을 만한 약속이 못 되었다. 처칠은 힘러의 교섭 제의 소식을 접하자마자, 이탈리아를 둘러싼 카를 볼프 SS대장과의 실패한 협상처럼 또다시 스탈린과 언쟁을 하게 될까봐 소련 정부에 이 사실을 알렸다.

히틀러는 슈타이너의 공격 소식이 들어오기를 기다리는 동안 몹시 흥분해 있었다. 그러나 히틀러가 '슈타이너 분견군'이라고 부르기를 고집했던 이 부대가 결국 진군에 실패했다는 소식이 전해지자, SS 내에 반역자가 있다는 의심은 더 커지기 시작했다. 정오 무렵 상황 점검 회의를 하던 중 히틀러는 화가 나서 괴성을 지른 뒤 눈물을 흘리며 의자에 털썩 주저앉았다. 처음으로 히틀러는 이 전쟁에서 패했다는 말을 공개적으로 꺼내게 된다. 히틀러의 측근들은 그에게 바이에른으로 피신할 것을 종용했지만, 히틀러는 베를린에 남아 자살하겠다고 고집을 피웠다. 이제는 싸울 힘도 없었다. 괴벨스가 다가와 히틀러를 진정시켰지만 떠나라고 권하지는 않았다. 선전장관 괴벨스는 히틀러와 함께 끝까지 남아 미래에 남길 나치 신화를 만들기로 결심했다. 총통과 마찬가지로 극적인 종말을 생각하던 괴벨스는 베를린 함락과 동시에 목숨을 끊는 것이 베르크호프에 고립되는 것보다 더 드라마틱할 것이라 여겼다.

히틀러는 괴벨스와의 대화를 통해 마음을 다잡고 다시 나타났다. 그러고는 엘베 강에서 미군과 대치하고 있는 벵크의 제12군을 베를린으로 불러들여 반격하게 해야 한다는 요들의 제안을 채택했다. 하지만 이것은 헛된 계획이었다. 제12군은 전력이 몹시 약했고, 베를린은 사실상 완전히 포위된 상태였기 때문이다. 그날 총통의 벙커에서 감정의 소용돌이를 지켜봤던 참모장교 울리히 데메지에르 육군 중령은 히틀러의 '정신적인 아픔은 독일 국민과의 일체의식이 너무나 큰 데서 비롯'[17]되었다는 점을 확신하게 되었다. 히틀러는 이제 베를린 시민들이 자신의 자결을 함께 나누어야 한다고 생각했다. 히틀러가 없는 독일은 살아갈 가치가 없는 세계라고 믿었던 마그다 괴벨스는 그날 밤 여섯 자녀와 함께 벙커로 들어갔다. 참모장교들은 끝이 코앞에 다가왔음을 느끼며 마지막 연극을 두려운 시선으로 바라보았다.

그날 저녁 리발코가 이끈 제3근위전차군이 베를린 남쪽 끝 텔토 운하에 이르렀다. 이들은 다음 날 실시할 공격에 대비해 중포를 동원했다. 포로 심문 및 선전을 담당하고 있던 NKVD 제7국은 베를린 여성들이 장교들을 설득해 항복을 종용하라는 촉구 메시지를 선전물에 담아 살포했다. 이것은 당의 정책 노선 변화를 반영한 것이었으나 진실한 것은 아니었다. "파시스트파는 처벌을 두려워하기 때문에 전쟁을 지속시키려는 것이다. 그러나 여성인 그대들은 전혀 두려워할 것이 없다. 아무도 그대들을 해치지 않을 것이다."[18] 라디오 방송에서도 비슷한 메시지가 반복해서 흘러나왔다.

4월 23일, 육군 원수 카이텔이 벵크의 사령부에 도착했다. 그는 나치당 전당대회를 방불케 하듯 모여 있는 장교들 앞에서 육군 원수 지휘봉을 흔들며 베를린으로 진군하여 총통을 구하라는 명령을 내렸다. 벵크는 이미 판이한 계획을 세워두었다. 그는 동쪽을 공격할 생각이었지만 베를린을 향하지는 않을 것이었다. 부세의 제9군이 숲속에서 엘베 강으로 빠져나올 수 있도록 통로를 열고자 했던 것이다.

제56기갑군단을 맡고 있던 바이들링 장군이 그날 아침 총통 벙커에 전화를 걸어 군단을 베를린으로 철수시키고 있다고 보고했다. 크렙스 장군은 그에게 겁쟁이라면서 죽음을 면치 못할 것이라고 말했다. 바이들링은 죽일 테면 죽이라며 꽤 대담한 태도를 보였다. 그러고는 보고한 그대로 자신의 사령부를 베를린 서쪽으로 철수시키지 않았다. 히틀러는 처형이라는 부담을 안고도 물러서지 않는 바이들링의 태도에 깊은 감동을 받아 즉시 그에게 베를린 방위군과 수비대 전체 지휘를 맡겼다. 어느 고위 장교의 말대로, 그것은 나치 정권의 전형적인 '희비극'[19]이었다. 바이들링에게 이번 임명은 독배나 다름없었다.

바이들링은 제20기갑척탄병 사단만 예비 병력으로 남겨두고 나머지 군사를 모두 재배치했다. 시간이 별로 없었다. 그날 오후 제8근위군과 제1근위전차군이 연합하여 베를린 동남쪽으로 진격한 것이다. 두 군대는 곧 템 펠호프 비행장 안팎 불타버린 포케불프 전투기 잔해들 가운데서 SS 노를란 과 치열한 전투를 벌이게 되었다. 제5충격군은 동쪽에서 진군했고, 제3충격 군은 북쪽 근교에 입성했으며, 제47군은 거대한 벽돌 요새로 둘러싸인 슈 판다우 서북쪽을 맡고, 코네프의 제3근위전차군과 제28군은 텔토 운하 너 머로 공격하기 시작했다. 카자코프 장군의 대규모 포병대가 끊임없이 도시 를 포격하는 동안(전투가 끝날 때까지 포탄 약 180만 발을 쏜 것으로 집계되었 다), 지원에 나선 항공대는 상공을 자유롭게 날아다니며 기총소사를 하거 나 폭격을 퍼부었다.

그날 저녁 알베르트 슈페어가 마지막으로 히틀러를 만나러 경비행기를 타고 베를린에 돌아왔다. 히틀러는 에바 브라운과 동반 자살할 생각이라고 슈페어에게 말했다. 잠시 후 마르틴 보르만이 바이에른에 있던 괴링의 메시 지를 들고 왔다. 괴링은 베를린에서 일어난 일련의 사건들과 더불어 전날 히틀러의 감정이 폭발했다는 이해할 수 없는 이야기를 들은 바 있었다. 그 는 '제3제국 총통치권'을 자신에게 인계할 것을 제안했다. 보르만은 히틀러 에게 이것은 반역이라고 주장했고, 괴링 제국 원수에게는 모든 지위와 명예 를 박탈한다는 답신이 전달되었다. 보르만은 바이에른 SS에 추가로 메시지 를 보내 괴링을 가택 연금했다.

육군 장교보다는 SS장교들이 포기하는 성향이 더 많았다. SS군단에서 근무하던 육군 장교 프리츠 호켄요스는 슈바르츠발트 숲에서 프랑스 군대 에 둘러싸인 날, 직속 사령관과의 대화 내용을 일기로 남겼다. "계속 싸우는 게 아직도 의미가 있다고 생각하나?"[20] SS사령관이 호켄요스에게 물었다. "예, 군인으로서 그렇게 생각합니다. 제가 보기에도 지금 상황은 희망이 없 어 보입니다만, 전투를 중단하라는 명령이 하달되지 않는 한 저는 총지도부 에서 아직 계획을 가지고 있다고 믿습니다." 호켄요스가 대답했다.

4월 24일 아침, 코네프의 부대가 중포를 동원해 텔토 운하를 공격하기 시작했다. 주코프는 제1근위전차군에게서 리발코의 전차여단이 베를린에 도착했다는 소식을 듣고 크게 당황했다. 그는 자신의 보병대가 그날 아침 운하를 건넜다는 소식과 정오 직후에는 전차부대가 부교를 건너고 있다는 소식을 듣고도 별로 기뻐하지 않았다. 그러나 코네프도 그 당시에 불쾌하기는 마찬가지였다. 운하를 건너는 것을 지켜본 뒤 벵크의 사단들이 자신의 후방에서 제9군 잔여 병력과 연합하기 위해 동쪽으로 행군하고 있다는 사실을 알았기 때문이다.

라디오를 듣기 위한 전지를 가지고 있던 수많은 베를린 시민은 벵크의 제12군이 베를린으로 향하고 있다는 괴벨스의 발표를 듣고 흥분을 감추지 못했다. 어떤 사람들은 이대로 전투가 이어질 것을 우려했다. 히틀러는 다시 희망을 갖고 부세의 제9군에 '벵크군'과 합류하여 베를린으로 진군하라는 지시를 내렸다. 그러나 벵크와 부세 모두 그러한 지시를 따를 생각이 전혀 없어 무산되고 말았다. 되니츠도 북쪽 항구에서 수병들을 보내 수비군을 돕겠다고 약속했다. 이들은 융커스 52 수송기를 타고 티어가르텐을 지나 브란덴부르크 문의 서쪽으로 이어지는 도로인 '동서쪽 축'에 착륙하기로 했다. 그날 밤 베를린에 당도한 원군 중 프랑스 SS 샤를마뉴 사단 소속 잔존병 90명은 자원병으로서 놀랍게도 트럭을 타고 북쪽의 소련군을 뚫고 베를린에 들어왔다.

지하실과 방공호, 거대한 콘크리트 대공포탑 안에 발 디딜 틈도 없이 들어찬 베를린 시민들은 그저 전투가 끝나기만을 바라고 있었다. 산소는 점점 부족해져서 숨을 쉬기 어려운 지경에 이르렀고, 사람이 너무 많아 화장실을 가거나 물을 먹기 위해 움직일 수조차 없었다. 수도꼭지에서는 물이 단 한 방울도 나오지 않았다. 물을 구하려면 포화 속을 뚫고 거리에 있는 소화용 수동펌프까지 가야 했다. 박살 난 도시의 전경은 '제3제국 화장용 장작

제2차 세계대전

더미'로 불리게 되었다. 게다가 소비에트 군대가 중심부로 진격하면서 시가전이 펼쳐지자 지하실도 위험해졌다. 붉은 군대 병사들은 근처에서 저항에 부딪히면 지하실에 수류탄을 던지기도 했기 때문이다.

국민돌격대와 히틀러 유겐트, 그리고 무장친위대 소속 소규모 전투부대는 바리케이드 뒤에서, 창가에서, 지붕에서 판처파우스트를 사용하여 소비에트 전차와 싸웠다. 소련 전차들은 처음에 도로 한복판으로 곧장 들어갔다가, 얼마 후 전술을 바꿔 도로 가장자리에서 의심되는 곳에 기관총을 난사했다. 베를린 북쪽에 포진한 제3충격군은 전차가 포문을 들어 올리는 데 한계를 보이자 대공포로 지붕을 공격했다. 그리고 판처파우스트의 성형작약탄에 대응하여, 전차부대원들은 매트리스 속의 용수철을 차량 앞과 옆에 달아 탄두가 전차 본체에 닿기 전에 미리 폭발할 수 있게 만들었다. 목측에 의한 중포의 수평 사격으로 바리케이드는 파괴되었다. 중심부로 진격하는 동안 아군의 지원 사격 때문에, 혹은 다른 소비에트 부대의 공격 때문에 소비에트 병사들의 사상자 수가 늘어났다. 도시가 연기와 먼지구름으로 뒤덮여, 시투르모비크 조종사들은 표적을 제대로 분간하기가 힘들었다. 추이코프는 라이벌인 제3근위전차군의 진군을 막기 위해 제8근위군 일부 병력을 서쪽으로 밀어 보냈다. 그로 인해 추이코프는 코네프 부대의 중포와 카추샤 로켓 공격으로 많은 병사를 잃었다.

그날 이탈리아 국민해방위원회는 이탈리아 북쪽에 남아 있는 모든 독일 군대에 대항하여 반란을 일으킬 것을 호소했다. 이 레지스탕스는 퇴각 중이던 독일군 대열을 공격하고, 이튿날 밀라노를 장악했다.

4월 25일, 미군 제69보병사단 소속 부대들과 소비에트 제58근위소총사단 병사들이 엘베 강 유역 토르가우에서 만났다. 나치의 제3제국이 둘로 갈라졌다는 소식이 전 세계로 퍼져나갔다. 스탈린은 미군이 베를린으로 돌진하고 있지 않다는 사실을 확인하고 마침내 안심했지만, 전선 사령관들에게는 엘베 강 쪽으로 이동이 가능한 군대를 모조리 투입하라고 재촉했다. NKVD의 세로프 장군은 3개 국경수비연대를 동원하여 독일 장교들이 베를린을 빠져나가지 못하게 막았다. 베리야가 선발한 군대는 제3근위전차군을 따라 핵연구 시설을 확보하기 위해 달렘으로 갈 준비를 했다.

난징 대학살 당시에 있었던 사건들을 기록했던 독일의 일기작가 욘 라베는 이번에 베를린 서북쪽 끝 지멘스슈타트에 와 있었다. 그는 러시아 군인들에 대해 기록했다. "지금까지는 매우 우호적이다. 우리를 괴롭히지도 않고 음식을 나눠주기도 하지만, 술이라면 사족을 못 쓰고 한번 과음하면 종잡을 수가 없다."[21] 그러다 시계를 빼앗고 여성을 학대하는 패턴이 시작되었다. 라베는 곧 인근 주민들이 자식들을 죽이고 자살한 사건, 17세 소녀가 다섯 번이나 강간을 당한 뒤 총살된 사건 등에 대해서도 기록했다. "켈베크 방공호 안에 있던 여자들은 남편이 보는 앞에서 강간을 당했다."

베를린에서는 동프로이센에서 맹렬한 복수전이 벌어졌을 때만큼 폭력과 가학 행위가 심하지는 않았다. 소비에트 병사들은 지하실이나 대피소에서 횃불로 여자들 얼굴을 먼저 확인하며 희생자를 고르는 데 시간을 들였다. 어머니들은 포격의 위험을 무릅쓰고 딸들을 다락방에 숨기려 했지만, 이웃들은 가끔 군인들의 주의를 돌리거나 자신의 딸을 지키기 위해 군인들에게 은신처를 알려주기도 했다. 유대인 여성들도 안전하지는 않았다. 붉은 군대 병사들은 소련이 선전을 통해 나치의 인종 박해 사실을 감추었기 때문에 그러한 만행에 대해 거의 모르고 있었다. 그래서 그저 '여자는 여자일 뿐'[22]이라는 반응이었다. 베딩의 슐 가의 임시수용소에 아직 잡혀 있던 유대인 여성과 소녀들은 SS친위대가 자취를 감춘 뒤 강간당했다.

베를린의 주요 병원 두 곳인 자선 병원과 아우구스테 빅토리아 병원에서는 강간당한 여성의 수를 9만5000명에서 13만 명으로 추산했고, 대부분 여러 차례 겁탈당한 것으로 보았다. 어느 의사는 약 1만 명이 윤간 혹은 윤간당한 뒤 자살로 사망한 것으로 추산했다. 어떤 딸들에게는 아버지가 '치욕'을 씻으라며 자살을 종용하기도 했다. 독일 영토에서 모두 합해 약 200만 명의 성인 여성과 소녀들이 강간을 당한 것으로 여겨진다.[23] NKVD 지휘관들이 베리야에게 전한 수많은 보고 내용에서도 확인되었듯, 특히 동프로이센에서 자행된 폭력 행위가 가장 심했던 것으로 보인다.

베를린에서는 붉은 군대의 식사와 빨래를 자발적으로 도왔던 공산주의자의 아내와 딸까지도 같은 운명을 맞았다. 해방군을 맞이하기 위해 나타난 독일 공산당 KPD의 당원들은 '간첩' 혐의로 체포되어 어리둥절해할 때가 많았다. NKVD는 이들이 조국 소비에트를 돕지 않은 것을 배신으로 여겼다. 사형 집행자는 소련 정부가 사전에 지정한 질문을 던졌다. "왜 빨치산과 함께 있지 않았지?"

4월 27일 제8근위군과 제1근위전차군은 공관지구를 가로막은 마지막 장애물인 란트베르 운하의 방어선을 돌파했다. 베를린 남쪽에서는 부세의 군사 8만 명이 베를린-드레스덴 아우토반을 가로지르면서 전투를 계속하고 있었다. 그곳은 코네프의 병력 중 몇몇 사단이 저지선을 형성하고 있던 곳이었다. 코네프의 군대는 유난히 키가 큰 소나무 숲의 나무를 쓰러뜨려 서쪽을 향하던 적의 진로를 막았다. 그러나 부세의 부대 중 다수는 아직 연료가 남아 있는 몇몇 SS 타이거 전차 중 한 대를 선봉에 내세워 붉은 군대 저지선에서 틈새를 발견했다. 버려지지 않은 모든 차량에는 부상병이 실렸는데, 움푹 팬 곳을 지날 때마다 이들은 고통스러운 비명을 질러야 했다. 차에서 떨어지기라도 하면 바로 뒤 차에 깔렸다. 멈춰서 도와주려는 사람은 거의 없었다.

서쪽으로 향하던 부대의 행렬은 독일 항공대에 포착되어 총통 벙커로 곧장 보고되었다. 히틀러는 부세가 자신의 명령을 거역하리라고는 생각하지 않았다. 그래서 부세에게 연락하여 그의 임무는 제9군이 아니라 베를린을 구하는 것이라고 전했다. 다음이 전문 중 일부다. "베를린에 계신 총통은 각 군대가 의무를 따르기를 기대하신다. 지금과 같은 상황에 난국을 타개하고 총통을 지키기 위해 최선을 다하지 않는 자는 역사와 독일 국민의 심판대에 오를 것이다."[24] 그러나 이제는 모든 지휘관이 히틀러의 명령을 무시했다. 하인리치는 총통 본부에 보고하지도 않은 채, 만토이펠 상급대장에게 로코솝스키의 제2벨라루스전선군이 오데르 강 하류에서 진격해오고 있으니 메클렌부르크를 지나 북쪽으로 철수하라고 말했다. 하인리치가 명령을 거스른 사실을 안 카이텔은 그에게 베를린 서북쪽에 새로 마련한 독일 국방군 총사령부에 출두하여 보고하라고 지시했지만, 하인리치의 참모장교들은 전쟁이 끝날 때까지 피신하여 목숨을 보전하라며 하인리치를 설득했다. 베를린에서는 항복의 의미로 시트나 베갯잇을 내건 집들이 점점 늘어났다. SS순찰대가 들이닥쳐 안에 있는 사람을 모조리 처형할 위험이 있었는데도 말이다.

4월 28일에 미군 병력이 뮌헨 북쪽 다하우 강제수용소로 진입했다. 망루에서 약 30명의 SS친위대원이 저항했지만 곧 사살되었다. 이곳에서 총 500명 이상의 SS친위대원이 살해되었는데, 일부는 포로들 손에 죽었지만 대부분은 수용소의 참상을 보고 역겨움을 못 이긴 미군 병사들의 손에 죽었다. 수용소 주변에는 해골이 된 시체가 잔뜩 실린 가축 차량이 있었다. 중위 한 명은 SS대원 346명을 벽에 세워놓고 기관총을 난사했다. 살아남은 포로 3만 명 중 2466명은 몸 상태가 워낙 나빠서 치료를 받았음에도 불구하고 몇 주 후 사망하고 말았다.

스웨덴 정부가 라디오 방송으로 하인리히 힘러가 연합국과의 협상을 시도하고 있다고 발표하자, SS 내에 반역자가 있다는 히틀러의 의심이 결국

제2차 세계대전

사실로 확인되었다. 전날 저녁 히틀러는 총통 본부 내 힘러의 대리이자 에바 브라운의 여동생과 결혼한 헤르만 페겔라인 SS대장의 부재를 알아차렸다. 그를 찾아 나선 장교들은 술에 취한 채 정부와 함께 집에 있는 페겔라인을 발견했다. 이들은 곧바로 떠나려고 짐 가방을 챙겨둔 상태였는데, 페겔라인은 자택에서 연행되어 총통 관저로 압송되었다. 에바 브라운은 부정한 매부를 위해 탄원하기를 거부했다.

히틀러는 괴링이 지도자 자리를 노렸던 것보다 '충실한 심복 하인리히'의 변절이 더 씁쓸하게 느껴졌다. 그리고 슈타이너가 공격에 실패한 뒤에는 주변의 모든 사람을 배신자로 보았다. 히틀러는 발트 해안 플렌스부르크에 있던 되니츠에게 전화를 걸었다. 되니츠는 힘러를 심문했고 힘러는 보도 내용을 부인했지만, 로이터에서는 이를 기사화했다. 분노로 얼굴이 하얗게 질린 히틀러는 밀러 게슈타포 국장에게 페겔라인을 심문하라고 명령했다. 페겔라인은 힘러가 베르나도테에게 접근했다는 사실을 고백한 뒤, 훈장과 계급장을 빼앗기고 안마당으로 끌려가 히틀러의 경호원들에게 처형되었다. 히틀러는 힘러의 배신이 결정타라고 주장했다. 슈페어의 말에 따르면, 힘러를 배신의 길로 떠민 것은 히틀러가 헝가리에 있던 무장친위대 사단의 완장을 떼어내 처벌하겠다는 결정을 내리고부터였다.

제부가 처형된 지 몇 시간 지나지 않아 에바 브라운은 아돌프 히틀러와 결혼했다. 괴벨스와 보르만이 증인이 되어주었다. 국민돌격대 분견대에서 끌려와 주눅이 들어 있던 호적 담당자에게 중대한 업무가 주어졌다. 나치법에 따라 히틀러와 브라운이 순수 아리아인 혈통인지 그리고 유전병은 없는지 두 사람에게 직접 물어봐야 했던 것이다.

4월 29일 이른 시각, 히틀러는 구술필기 방식으로 신부 에바 브라운에게 유언장을 남겼다. 평소 상태로 돌아온 히틀러는 자신은 전쟁을 원한 적이 없었다고 고백하며 다시금 착각에 빠져 과장된 말을 늘어놓았다. 그는 전

세계의 유대인들이 자신을 전쟁으로 몰아넣었다고 했다. 그는 되니츠를 제 3제국 대통령으로, 괴벨스를 제3제국 수상으로 임명했다. 당시 브레슬라우에서 경비행기로 슬그머니 빠져나가기 전까지 맹렬하게 도시를 수비하고 있던 카를 항케 지방 장관을 힘러 대신 친위대 제국 총통에 임명했다. 히틀러의 비서 트라우들 융게가 참담한 업무를 끝냈을 때, 그녀는 괴벨스의 자녀들을 보살펴줄 사람이 없다는 사실을 깨달았다. 융게는 먹을거리를 찾으러 총통 관저로 들어갔는데, 그곳에서 그녀는 SS장교들이 술과 음식으로 젊은 여성들을 꾀어내 난잡하게 파티를 벌이는 충격적인 장면을 목격하게 되었다.

히틀러의 측근들은 걱정스런 마음으로 히틀러의 자살을 기다리고 있었다. 페겔라인이 처형된 뒤에는 히틀러가 죽을 때까지 탈출을 기대할 수 없었다. 빌헬름 가 남쪽 끝을 방어하고 있던 노를란 사단 잔존병과 프랑스 SS가 전투를 치르며 만들어내는 소리는 더욱 격심해졌다. 폐허가 된 안할터역과 프린츠알브레히트 가에 위치한 게슈타포 본부는 소비에트 전투부대가 점령했다. 프랑스 SS자원병들은 소비에트 전차를 추적하고 판처파우스트로 그들을 제압하는 데 탁월한 능력을 보였다. 티어가르텐은 나무가 부러지고 포탄 구멍이 생기는 등 제1차 세계대전 당시 전쟁터를 방불케 하는 모습으로 변해버렸다.

제3충격군 2개 사단은 일명 '힘러의 의사당'이라 불렸던 내부무를 장악하기 위해 모아비트에서 슈프레 강을 건넜다. 4월 30일 새벽, 이들은 스탈린이 베를린 점령의 상징으로 여겼던 국회를 공격하기 시작했다. 가장 먼저 소비에트 국기를 게양하는 병사에게는 소련 영웅 훈장이 주어지기로 되어 있었다. 국회는 SS와 히틀러 유겐트, 그리고 융커스 수송기를 타고 불시착한 몇몇 수병이 지키고 있었다. 공격군에 대한 커다란 위험은 뒤에서 다가왔다. 그들이 광대한 국왕광장을 가로지르자, 티어가르텐에 설치된 거대한 동물원 대공포탑에서는 적군을 향해 대포가 불을 뿜었다. 국왕광장은 슈페어가 새로운 수도 게르마니아를 계획하면서 랜드마크가 될 만한 폴크스할레Volkshalle(시민 홀)를 건설하려고 했던 곳이기도 하다.

그날 아침 히틀러는 총통 벙커에서 자신이 아끼는 셰퍼드 블론디에게 청산가리로 시험을 했다. 시험에 성공하여 만족한 히틀러는 자기가 쓸 것을 준비하기 시작했다. 마침 무솔리니와 그의 애인 클라라 페타치의 사망 소식을 접한 뒤였다. 두 사람의 시체는 총알이 무수히 박힌 채 밀라노의 어느 주유소 지붕에 거꾸로 매달렸다. 히틀러가 안경 없이 문서를 읽을 수 있도록 특별 타자수가 커다란 글자로 자세한 내용을 입력했다.(이 문서는 러시아 기록보관소에 보존되어 있다.) 오후 3시경, 히틀러는 측근들에게 작별 인사를 했다. 장엄한 의식이 치러져야 했지만 총통 관저 안에서 벌이는 파티 소리와 히틀러를 잃을 생각에 히스테리를 일으킨 마그다 괴벨스 때문에 장엄함은 오히려 반감되고 말았다.

히틀러는 마침내 신부와 함께 거실로 퇴장했다. 신부는 앞으로 무슨 일이 일어날지 정확히 알면서도 즐겁게 점심 식사를 했다. 총성은 아무도 듣지 못했지만, 오후 3시 15분이 막 지났을 때 히틀러의 수행원 링게가 측근들과 함께 안으로 들어갔다. 히틀러는 머리에 총을 쏘았고, 신부 에바 히틀러는 청산가리를 먹었다. 두 사람의 시신은 회색 국방군 담요에 싸여 총통 관저 정원으로 옮겨졌으며, 히틀러의 생전 지시에 따라 기름이 뿌려진 후 화장되었다. 괴벨스, 보르만, 크렙스 장군은 재빨리 차렷 자세를 취하고 나치식 경례를 했다.

그날 저녁, 모스크바에서 노동절 기념행사를 하는 시각에 맞춰 승리의 깃발을 게양하기 위해 소비에트 군대가 독일 국회를 향해 전투를 벌이는 동안, 바이들링 장군은 최대한 많은 군대를 이끌고 서쪽으로 벗어날 계획을 세웠다. 그러나 SS장교들이 바이들링을 총통 관저로 소환하기 위해 포화를 뚫고 찾아왔다. 괴벨스는 바이들링에게 히틀러의 사망 소식을 전하고, 곧이어 크렙스 장군이 소비에트 지휘관과 협상을 벌일 밀사 역할을 하게 될 것이라고 덧붙였다.

크렙스는 전면적인 저항을 주장하는 인물로 여겨지고 있었지만, 아침마다 면도용 거울을 보며 남몰래 러시아어를 공부하고 있었다. 제8근위군 전투 지구가 휴전지역으로 설정되자마자 크렙스가 제8근위군 사령부로 안내되었다. 추이코프는 주코프에게 연락을 했고, 주코프는 즉시 참모장 바실리 소콜롭스키 장군을 사령부로 보냈다. 주코프는 추이코프가 베를린의 항복을 받았다고 주장할 수 있게 되는 것을 원하지 않았던 것이다. 그러고는 스탈린에게 전화를 걸어 잠을 깨운 뒤 히틀러가 죽었다고 말했다. 스탈린이 말했다. "이제야 죽었군. 생포하지 못해 안타까운걸. 히틀러의 시체는 어디에 있나?"[25] 스탈린은 주코프에게 어떠한 협상도 허용하지 않는다고 말했다. 무조건 항복만 허락할 뿐이었다. 크렙스는 휴전을 원했다. 그는 되니츠 제독의 새 정부만이 무조건 항복을 선언할 수 있다고 주장하려 했다. 소콜롭스키는 만약 괴벨스와 보르만이 5월 1일 그날 바로 오전 10시 15분까지 무조건 항복에 동의하지 않으면 '베를린을 폐허로 만들어버릴 것'이라는 메시지를 전하고 크렙스를 돌려보냈다. 시한이 지나도록 아무런 답신이 오지 않아, 베를린 도심지에는 '화염 폭풍'이 휘몰아쳤다.

공관지구 수비대 중 가장 끈질긴 군대는 무장친위대 외국 분견대인 스칸디나비아와 프랑스 SS였다. 노를란 사단 토목공병들은 란트베르 운하 밑에 성형작약탄을 설치해 지하철 터널을 폭파했다. 에스반과 우반이 다니는 지하 터널 25킬로미터 구간에 물이 가득 찼다. 익사자 수는 50명에서 최대 1만5000명까지 추산되고 있지만, 실제 수치는 50명을 크게 넘지 않을 가능성이 높다. 지하에 떠다니던 수많은 시체는 물난리가 나기 전에 이미 사망한 사람들의 것이었는데, 이는 터널 내 야전병원에서 시신을 쌓아두고 있

불타는 독일 도시에 진주한 소비에트군

위
대공포탑 안에 만들어진
대피소에 들어가기 위해 기다리는
베를린 시민들

오른쪽 위
베를린으로 향하는 도로에서
교통정리를 하고 있는 교통 통제원

오른쪽
1945년 2월, 무너진 건물 잔해를
치우는 드레스덴 시민들

왼쪽 위	왼쪽 아래	위	아래
쿤밍에 착륙하고 있는 C-46 수송기	일본 가미카제 특공대원들의 기념사진	폐허가 된 총통 관저 내 마블 갤러리	1945년 5월 2일 베를린의 부상당한 독일인들

1945년 9월 2일
USS 미주리 함에서 있었던
일본의 항복 조인식

집을 잃은 오키나와 주민들

었기 때문이다.

베를린 남쪽 벨리츠 인근 숲에서 부세의 제9군 잔존병 중 약 2만5000명이 피로와 굶주림으로 완전히 기진맥진한 채 나타났다. 수천 명의 민간인이 이들과 함께 탈출했다. 이들과 포츠담 수비대가 탈출할 수 있도록 통로를 개방한 벵크의 사단은, 소련의 포로가 되는 운명을 피하기 위해 차량을 있는 대로 모아서 이들을 엘베 강으로 수송했다.

그날 오후, 공관지구 수비대를 지휘했던 빌헬름 몽케 여단장은 SS 노를란의 타이거 전차부대에 마지막으로 후퇴 명령을 내렸다. 괴벨스가 계속 무조건 항복을 거부하고 있기는 했지만, 마르틴 보르만과 몽케는 이미 민간인 옷을 총통 관저로 몰래 들여와 그날 밤 탈출할 준비를 해두었다. 두 사람은 탈출할 동안 공관지구를 둘러싼 소련군을 수비대가 계속 저지하기를 기대했다. 저녁 무렵, 총통 관저를 빠져나가고자 했던 사람들은 마그다 괴벨스가 독극물로 여섯 자녀를 죽이고 남편과 함께 자살할 때까지 초조하게 기다려야 했다.

오후 9시 30분, 함부르크의 도이칠란트젠더 라디오 방송국에서는 되니츠가 '독일군을 진두지휘'[26]했던 히틀러의 죽음을 알리는 대국민 연설을 하기 전에 장송곡을 내보냈다. 요제프 괴벨스와 마그다 괴벨스는 자녀들이 죽고 난 뒤에야 총통 관저 정원으로 갔다. 마그다 괴벨스는 히틀러가 준 그의 나치당 금배지를 꼭 쥐고 있었다. 괴벨스 부부는 청산가리 캡슐을 동시에 깨물었다. 그 뒤 괴벨스 선전장관의 보좌관 중 한 명이 두 사람을 총으로 확인사살하고, 기름을 부어 시체를 불태웠다.

탈출하려는 사람들은 예정보다 두 시간 늦은 밤 11시에 출발했다. 이들은 두 무리로 나뉘어 북쪽을 향해 서로 다른 경로를 따라 슈프레 강을 건너기로 했다. 타이거 전차를 비롯한 장갑차량들을 갖춘 노를란 부대들은 바이덴다머 다리 너머로 돌진해 통로를 뚫으려 했다. 탈출을 예상하고 그 지역의 병력을 강화한 붉은 군대는 정신없이 야간 전투를 벌여 탈출자 대부분을 살해했지만, 보르만과 히틀러 유겐트 리더인 아르투르 악스만 등 몇 명은 혼란 속에서 용케 빠져나갔다. 보르만은 아마 무리에서 떨어져 부주의하게 소련군 사이로 들어갔다가 독약을 마시고 자결한 것으로 보인다.

바이들링의 무조건 항복이 발효되는 자정이 다가오고 있었기 때문에, 제18기갑척탄병 사단 잔존병과 뮌헤베르크 기갑사단을 중심으로 이뤄진 더 큰 무리가 서쪽으로 탈출을 시도했다. 하펠 강 유역 샤를로텐 다리 주변에서 슈판다우까지 치열한 전투가 벌어졌다. 장갑차량들이 이번에도 소비에트 제47군부대를 향해 격돌을 시도했다. 민간인과 군인들이 함께 다리로 몰려들면서 자주대공포 차량의 엄호 아래 정신없는 대학살이 계속되었다. 사망자 수는 알 수 없지만, 엘베 강에 도착한 사람은 소수에 불과했다. 주코프는 시체와 차량을 모두 살펴 그 사이에 나치 지도자들이 있는지 확인하라고 지시했지만, 시체는 대부분 얼굴을 알아볼 수 없을 정도로 타버린 상태였다.

5월 2일, 그을리고 연기가 자욱한 도시에 평소와 달리 정적이 흘렀다. 멀리서 들려오는 SS병사들의 자살 총성과 이따금씩 터져나오는 소련군의 기관총 소리만이 정적을 깰 뿐이었다. 총통 관저에서는 크렙스 장군과 히틀러의 부관 빌헬름 부르크도르프 장군이 다량의 브랜디를 마신 후 총으로 자살했다. 제5충격군은 총통 관저 건물을 점령하고, 마침내 국회에 게양한 깃발과 짝을 이루듯 붉은색의 커다란 기를 달았다.

지하실과 방공호에서 조심스럽게 밖으로 나온 시민들에게 파편이 흩어진 거리 위로 시체가 너부러진 도심 속 전쟁터는 충격 그 자체였다. 사방에는 가까운 거리에서 SS외인부대와 히틀러 유겐트가 발사한 판처파우스트에 맞아 불에 탄 소련 전차가 널려 있었다. 독일 여성들은 신문이나 천으로

제2차 세계대전

시신의 얼굴을 덮어주었다. 사망자 대부분은 소년이나 다름없는 어린 병사들이었다. 국민돌격대 대원들은 나이가 많을수록 일찍 투항하는 편이었다. 소비에트 부대는 러시아어로 "가자! 가자!"를 외치며 포로들을 계속 그러모았다. 군인이든, 경찰이든, 소방관이든, 제복을 입고 있는 사람은 무조건 도시 밖으로 쫓겨나 행군하는 대열에 껴야 했다. 부인들이 남편들을 전송하러 와서 음식과 옷가지를 쥐여줄 때는 수많은 사람이 눈물을 흘렸다. 이들은 시베리아 노동수용소로 끌려갈까봐 두려움에 떨었다.

4월 16일부터 5월 2일까지 실시된 베를린 작전으로 주코프와 코네프, 로코솝스키의 전선군은 총 35만2425명의 사상자를 냈고, 그중 약 3분의 1이 전사했다. 주코프가 젤로 고지에서 자포자기하는 바람에 제1벨라루스전선군이 가장 막대한 피해를 입었다.

히틀러의 죽음에 대해 소상히 듣고 싶어 안달이 난 스탈린은 그가 정말로 죽었는지 확인하기 위해 제3충격군 스메르시 파견대를 조사단으로 보냈다. 조사단이 일을 처리하는 동안 총통 관저 벙커는 봉쇄되었다. 주코프 원수조차 공병들이 아직 지뢰 및 부비트랩 확인 작업을 마치지 않았다는 핑계로 진입을 거부당했다. 심문단은 그곳에서 있었던 일을 목격한 포로들을 심문하기 시작했으며, 요제프 괴벨스와 마그다 괴벨스의 시신은 법의학적 검사를 위해 베를린 외부로 이송되었다. 한편 히틀러의 시신을 찾지 못하자 소련 정부의 압박이 거세졌다. 스메르시 조사단은 5월 5일이 되어서야 포탄구멍 안에 에바 브라운과 함께 묻혀 있는 히틀러의 시신을 발굴했다. 시신은 극비리에 외부로 옮겨졌다. 주코프를 포함한 붉은 군대 장교 중 어느 누구도 시신 발견 사실을 알 수 없었다.

49

죽음의
도시들

베를린에서 한 소련 병사가 고향에 편지를 썼다. "그 어떤 미사여구로도 표현할 수가 없습니다. 모두가, 그리고 모든 것이 취했어요. 여기도 깃발, 저기도 깃발! 운터덴린덴에, 그리고 국회에 나부끼는 저 깃발들! 모두가 백기를 내걸고 있습니다. 저들은 폐허 속에서 살고 있어요. 베를린은 십자가에 못 박힌 것입니다."[1] 소련 점령군들은 "승자는 심판받지 않는다"[2]라는 러시아 옛 격언을 믿는 것처럼 보였다.

많은 독일인은 1918년 패전 당시보다 훨씬 더 큰 치욕을 안겨준 이번 일들을 한탄하기보다는 그저 살아남으려 애썼다. 베를린 사람들은 "사람들이 운명을 받아들이고 있다"[3]라고 말했다. 히틀러의 지지자들 대부분은 소련군의 행동으로 보아 소련을 파괴하려 했던 그들의 시도는 옳았다며 스스로를 위로했다. 다른 사람들은 끔찍한 의심을 품기 시작했다.

슈바르츠발트에서 SS군단을 지휘한 육군 참모장교 프리츠 호켄요스는 독일 패배의 책임에 대한 글을 일기에 기록했다. "사람들은 전쟁에서 졌다고 누군가를 책망하지는 않았다. 군인과 노동자, 농민들은 다 같이 초인적인 힘을 발휘하여 어려움을 견뎌왔다. 그리고 그들은 끝까지 믿고 순종하고 일하고 싸웠다. 정치인과 당직자들이 죄인일까? 경제지도자와 육군 원수들이 죄인일까? 이들이 총통에게 진실을 말하지 않고 과연 뒤에서 자기들끼리 계략을 꾸몄을까? 아니면 히틀러가 이런 사람들 사이에 있을 만한 인물이 아니었던 것일까? 통찰력과 편협함, 평이함과 불안함, 충성과 허언, 신뢰와 기만이 한 사람의 마음에 공존하는 것이 가능했을까? 아돌프 히틀러는 과연 일반적인 기준으로는 평가할 수 없는 위대하고 탁월한 지도자였을까? 아니면 협잡꾼이나 범죄자, 무능한 호사가, 혹은 미치광이였을까? 그는 신의 피조물이었을까 아니면 악마의 피조물이었을까? 1944년 7월 공모자들은 결국 반역자가 아닌 것일까? 물음은 끝이 없다. 나는 답도 얻지 못했고, 마음의 평화도 얻지 못했다."[4]

히틀러 사망 소식이 발표된 후 곧바로 전쟁이 끝나지는 않았지만, 마지막 붕괴 과정이 가속화된 것만은 분명했다. 이탈리아 북쪽과 오스트리아 남쪽에 주둔 중이던 폰 비팅호프 장군의 군대가 5월 2일 항복했다. 영국군은 서둘러 아드리아 해 상부 트리에스테를 확보하러 나섰다. 티토가 이끈 빨치산은 이미 트리에스테에 도착했지만, 변화를 꾀하기에는 병력이 충분하지 않았다.

프라하의 시민들은 패튼이 제3군을 이끌고 곧 도착하리라 믿으며 독일군에 대항해 반란을 일으켰다. 체코인들은 독일 동맹에서 등을 돌리고 반란에 가담한 2만 명이 넘는 블라소프의 러시아 해방군의 지원을 받았지만 미국의 지원은 받지 못했다. 마셜 장군은 이번에도 체코의 수도로 진군하자는 처칠의 호소를 단호하게 거절했다.

붉은 군대가 너무 먼 곳에 있어 개입할 수 없었기 때문에, 쇠르너 육군 원수는 거의 바르샤바 봉기 때만큼 가혹하게 억압했다. 블라소프와 그의 군대는 편을 바꾸고도 소련의 보복에서 벗어나지 못했다. 블라소프는 담요를 덮어쓰고 차량 뒷자리에 숨어 탈출하려다 발각되어 직속 부하 장교에게 비난을 받았다. 스탈린은 코네프의 제1우크라이나전선군을 통해 곧장 '조국의 반역자 블라소프 장군'[5]의 생포 사실을 전해 들었다. 블라소프는 모스크바로 압송되었고, 훗날 그곳에서 처형되었다.

5월 5일, 부세 휘하의 부상병들은 심프슨 예하 제9군 고위 장교들과 협상을 벌인 후 엘베 강을 건널 수 있게 되었다. 그런데 심프슨은 민간인의 도하는 거부했는데 자신들의 집 부근에 머물기로 소련과 합의했기 때문이다. 곧 몸이 성한 군인들, 그리고 국방군의 방한 외투와 전투모로 위장한 젊은 여성들이 반쯤 파괴된 철교를 건너기 시작했다. 미군 부대는 민간인을 막고 SS부대원들을 가려내어 체포하기 위해 행렬을 검문했다. SS에는 외국인도 소수 있었는데, 특히 SS네덜란드 사단에 소속된 네덜란드인들은 독일인인 척하거나 집으로 돌아가려는 강제노동자인 척했다. 히비도 NKVD에 잡힐 것이 두려워 탈출을 시도했다. 전력이 약한 뱅크의 사단이 지키고 있던 교두보가 소련군의 포격에 노출되자, 미군은 사상자를 내지 않으려 군을 철수시켰고, 탈출 행렬이 앞 다투어 서쪽 제방에 속속 도달하기 시작했다. 수많은 군인과 민간인이 보트를 입수하거나 나무, 기름통 따위를 끈으로 엮어 즉석에서 뗏목을 만들었다. 어떤 사람들은 주인 없는 말을 잡아타고 억지로 강을 건너려 애쓰기도 했다. 헤엄을 쳐서 건너려던 수많은 사람은 급류에 휘말려 익사했다. 물 앞에서 자포자기하거나 삶에 미련이 없다고 느낀 사람들은 자살을 시도했다.

브래들리 장군은 코네프 장군을 만나 미군 사단 각각의 위치를 표시한 지도를 보여주었다. 그러나 돌아온 것은 미군이 체코슬로바키아 일에 간섭하지 말라는 분명한 경고뿐, 소련군의 위치에 대한 정보는 얻지 못했다. 오스트리아에서는 소비에트가 아무런 논의도 하지 않고 임시정부를 수립했다. 소련 정부에서 우호적인 태도란 찾아볼 수 없었다. 국제연합 결성에 관한 회담을 위해 샌프란시스코에 가 있던 몰로토프는, 안전통행증이 있음에도 불구하고 NKVD에 잡혀 있는 16명의 폴란드 대표단이 사실은 붉은 군대 대원 200명을 살해한 혐의로 기소된 상태라고 언급하여 에드워드 스테티니어스를 충격에 빠뜨렸다.

5월 4일 오후, 스탈린은 독일 해군 상급대장인 폰 프리데부르크와 킨첼 보병 대장이 네덜란드, 덴마크, 독일 서북쪽 지역 독일군의 항복 의사를 전하기 위해 뤼네부르거 하이데 황야에 위치한 몽고메리의 사령부로 찾아갔다는 소식을 듣고 화가 나 있었다. 몽고메리는 독일 대표단을 랭스의 연합국 파견군 최고사령부로 보내 전면적인 무조건 항복을 선언하게 했다. 절차는 상상을 초월할 정도로 복잡했다. 연합국 파견군 최고사령부가 항복이나 프랑스의 참여 등에 관해 분명한 지시를 받지 못한 상태였기 때문이다. 독일은 오로지 서구 열강들과 항복 협상을 하길 원했다.

연합국 파견군 최고사령부는 스탈린을 적으로 돌리고 싶지 않아 서방 연합군의 소련군 고위 연락장교 수슬로파로프 장군을 협상 과정에 참여시켰다. 아이젠하워의 참모장 월터 스미스는 항복 절차를 능숙하게 진행했다. 5월 6일, 그는 독일 대표단을 이끌고 와 있던 요들 장군에게, 만약 자정까지 전면 항복하는 데 서명하지 않으면 연합군이 전선을 봉쇄할 것이고 대표단은 모두 붉은 군대에 끌려가게 될 것이라며 위협했다. 독일 대표단은 사령부 간 통신 체계가 마비되었기 때문에 서명 후 항복 명령을 전선에 전달하려면 48시간이 필요하다고 주장했다. 사실 이것은 더 많은 군대를 서쪽으로 보낼 시간을 벌려는 핑계였다. 아이젠하워는 시한 연장에 동의했다. 그리하여 5월 7일 아침 일찍 요들과 프리데부르크는 '군사항복문서'에 서명했고, 이것은 5월 9일 0시 1분부터 발효되었다.

스탈린은 서방 연합국이 최종 기념식을 벌이도록 놔둘 수 없어, 랭스에서 합의된 항복문서가 발효되는 시점인 5월 9일 0시 1분에 베를린으로부터 또 하나의 항복문서를 받아내도록 했다. 그러나 이 엄청난 일에 관한 정보가 미국과 영국으로 누설되었고, 처칠은 스탈린에게 전보를 쳐서 군중이

전승 기념을 위해 이미 런던으로 모여들고 있으니 영국에서는 유럽 전승 기념일 행사를 5월 8일에 치를 것이며 미국도 그렇게 할 것이라고 설명했다. 스탈린은 불쾌해하며 소련군이 아직 전투 중이라고 반박했다. 독일군이 아직도 동프로이센과 쿠를란드 반도, 체코슬로바키아 등 수많은 지역에서 저항하고 있다는 것이었다. 유고슬라비아의 독일군은 그 뒤로도 일주일 동안 항복하지 않았다. 따라서 스탈린은 5월 9일까지는 소련에서 전승 기념행사를 시작할 수 없다고 대답했다.

영국군은 노르웨이군을 도와 노르웨이에서 항복한 독일군 40만 명을 관리하기 위해 북해를 건널 준비를 했다. 이들 독일군은 국방군 중에서도 규모가 가장 크고 온전하게 남아 있던 병력이었다. 최북단에서는 노르웨이 원정군이 소비에트군의 도움으로 이미 핀마르크를 재점령했다. 요제프 테르보펜 제국사무관은 노르웨이를 제3제국의 마지막 요새로 만들려는 계획을 세워두었지만, 되니츠가 그를 독일로 다시 불러들이고 대신 프란츠 뵈메 상급대장에게 전권을 주는 바람에 계획은 실현되지 못했다. 5월 7일 저녁, 뵈메가 방송으로 항복 사실을 발표했다. 노르웨이 정부 조직은 치안 확보를 위해 곧 노르웨이 레지스탕스 구성원 약 4만 명을 소집했다. 그 직후 테르보펜은 폭탄을 터뜨려 자살했다.

5월 8일 자정이 되기 직전, 베를린 카를스호르스트에 있는 주코프의 사령부에서는 항복식이 시작되었다. 소련 육군 원수 주코프가 테더 공군대장, 스파츠 장군, 드타시니 장군 옆에 자리했다. 독일 쪽은 카이텔 육군 원수, 폰 프리데부르크 제독, 한스위르겐 슈툼프 상급대장이 참석했다. 이들은 서명을 마치자마자 빠져나와야 했다. 바로 파티가 시작되었기 때문이다. 붉은 군대 장교 및 장병들이 오랫동안 기다려온 이 순간을 위해서 쌓아두었던 보드카를 비롯한 온갖 종류의 술을 마시고는 잔뜩 취해서 남아 있던 탄약을 모조리 발사하는 바람에 온 도시에 포성이 울려퍼졌다. 이렇게 터뜨린 예포에 많은 사람이 목숨을 잃었다. 베를린 여성들은 군인들이 술을 마시면 어떤 일이 일어날지 알고 있었기 때문에 불안에 떨었다.

소련과 외국에서 주코프가 엄청난 주목을 받게 될까봐 두려워진 스탈린은 치사한 방법으로 그를 괴롭히기 시작했다. 스탈린은 스메르시에서 이미 히틀러의 시체를 확인한 바 있는데도 주코프에게는 히틀러를 찾지 못했다며 비난을 퍼부었다. 스메르시는 이미 히틀러의 치과 주치의의 조수를 찾아 시신의 부분의치를 검사하여 신원을 확인한 뒤였다. 주코프는 히틀러의 시체가 발견되었다는 사실을 20년 후에나 알게 된다. 스탈린은 또한 히틀러가 미군이 점령한 바이에른으로 도망쳤다는 듯이 암시하여 일부러 진실을 미궁에 빠뜨렸다. 이것은 미국이 나치와 비밀조약을 체결했음을 넌지시 암시하려는 스탈린의 작전이었다.

붉은 군대 장병들 사이에서는 정책 변화를 갈망하는 분위기가 조성되면서 소비에트의 지도력에 대한 회의가 매우 커졌다. 장교와 일반 사병들이 하나같이 공산주의 체제에 대해 비판의 목소리를 내기 시작했다. 장병들이 독일에서 훨씬 나은 생활 여건을 경험한 뒤라 소비에트 당국도 외국의 영향을 받는 것을 우려하고 있었다. 스메르시는 나폴레옹 패배 후 파리에서 돌아온 젊은 장교들이 러시아가 정치적으로 미성숙하다는 것을 깨달았던 사례를 언급하며 이번에도 '데카브리스트' 분위기가 조성될 위험이 있다고 보았다. 결국 스메르시 보고서에서는 '이와 같은 태도에 맞서 무자비한 싸움이 필요'[6]하다는 결론을 내렸다. '조직적인 반소비에트 공론 및 테러 분자'[7] 체포 사례가 급격하게 늘었다. 전쟁에서 승리한 그해 4개월 남짓 동안, 붉은 군대 장교 및 사병 13만5056명과 고위 장교 273명이 '반혁명적 범죄'[8]로 체포되었다. 소련에서는 정보원들이 활동을 시작했고, 이른 아침에 이뤄지는 NKVD의 체포활동은 다시 일상이 되었다.

굴라크나 강제 노역에 끌려가는 사람은 하염없이 늘어나 그 수가 최대치를 기록했다. 새로 들어온 죄수들 중에는 민간인은 물론이고 히비로 활동하며 독일군을 도왔거나 단순히 항복했다는 이유로 형을 선고받은 약 300만 명의 붉은 군대 병사들이 포함되어 있었다. 장군 7명을 포함하여 그 밖에 많은 사람이 스메르시와 NKVD가 관할하던 조사 시설에서 가혹한 심문를 당한 뒤 처형되었다. 1941년 무능하거나 겁 많은 상관들에게 버려진 소비에트 병사들은 독일 수용소에서 형언할 수 없는 공포 속에서 굶주려야 했다. 그런데 이번에는 자결하지 않았다는 이유로 '조국의 배신자' 취급을 받게 된 것이다. 이러한 제2차 형벌에서 살아남은 사람들은 평생 낙인이 찍혀 비천한 일밖에 할 수 없었다. 공산주의가 붕괴된 직후인 1998년까지 공식적인 문서에는 지원자의 가족 중 전쟁포로였던 사람의 자세한 정보를 요구했다. 전쟁 직후 굴라크 수용소에서 벌어진 유혈 폭동은 거의 다 전직 붉은 군대 장교 및 사병들이 일으킨 것이었다.

나치가 광활한 대륙 전체에 어떤 혼돈을 불러일으켰는지는 수십만 명의 난민이 입증해주고 있다. 고드프리 블런던은 이렇게 기록했다. "오늘날 독일의 길 위에는 유럽 전체, 혹은 그와 관련된 세계의 이야기가 있다."[9] 프랑스, 이탈리아, 네덜란드, 벨기에, 중부 유럽, 발칸 국가, 그리고 특히 소련에서 제3제국으로 끌려간 수백만 명의 강제노동자는 고국을 향해 걸어가기 시작했다. 바실리 그로스만의 기록이다. "난민들 사이에서 한 노파가 머리에 숄을 걸친 채 베를린에서 벗어나 걷고 있다. 여지없는 성지 순례자의 모습이다. 광활한 러시아 한복판을 지나는 성지 순례다. 어깨 위에는 우산을 걸치고 있다. 커다란 알루미늄 냄비가 우산 손잡이에 걸려 있다."[10]

블런던은 많이 굶주린 젊은 미군 전쟁포로 무리에게 다가갔다. 이들은 "갈비뼈가 앙상하게 드러나고" 볼이 푹 들어갔으며, 목은 가늘고 "팔은 야위었다". 이들은 영어를 구사하는 사람을 만나자 기뻐서 "잠시 이성을 잃었다. 오늘 아침에 만난 미군 포로 가운데 몇 명이 내가 지금까지 본 포로 중 가장 안쓰러워 보였다. 그들은 지난 12월에 유럽으로 와서 곧바로 최전선으로 투입되어 그달 아르덴에서 독일군의 반격을 온몸으로 받아냈다. 포로가 된 뒤로는 거의 쉬지 않고 어딘가로 이동해야 했다. 그들은 밭에서 사탕무를 뽑아 먹으려고 대열을 이탈했다는 이유만으로 독일 경비대에게 몽둥이로 맞아 죽은 동료들의 이야기를 해주었다. 유럽에 대해 아는 것도 없이 좋은 나라, 좋은 집에서 살다가 징집된 소년병에 불과했기 때문에 비참함이 더했다. 호주인처럼 억세지도 않고, 프랑스인처럼 약삭빠르거나 영국인처럼 남다른 고집이 있는 것도 아니었다. 뭐가 뭔지 하나도 모른 채 싸워야 했던 것이다."11

난민 가운데는 가혹한 취급을 받아 흉포해진 나머지 독일에 대한 복수를 갈망하는 범죄자가 많았다. 이들은 마음대로 돌아다니며 약탈과 강간을 일삼고, 혼란과 공포를 퍼뜨렸다. 헌병 사령관들은 즉결심판을 내리라고 명령했다. "살인이나 강간을 저지른 것으로 확인된 사람들은 즉시 총살되었다"12라고 한 영국 군인이 기록했다. 그런데 독일 민간인들이 점령 당국으로 와서 강제노동자들이 식량을 강탈했다고 불만을 토로하는 경우에는 그다지 동정을 받지 못했다. 독일 민간인들 중 극소수만 나치가 힘을 가졌을 때 강제노동자들에게 측은함을 느꼈을 뿐이다.

전후 시대가 막 도래한 상황에서 폴란드 문제는 처칠에게 다른 모든 것보다 더 중대하게 다가왔다. 처칠이 루스벨트의 장례식에 참석하지 않자, 대서양 양쪽 대륙 사람들 모두가 충격을 받았다. 물론 훗날 처칠이 두 사람 사이의 우정을 자랑 삼아 이야기한 것은 틀림없지만, 루스벨트가 스탈린을 상대로 유화 정책을 펼쳐 처칠을 크게 실망시킨 것도 사실이었다. 처칠은 새 대통령 해리 트루먼이 애버렐 해리먼의 조언에 따라 스탈린에 대해 훨씬 더 강경한 노선을 취하려는 듯 보이자 처음에는 고무되었다.

얄타에서 루스벨트는 미군을 되도록 빨리 유럽에서 철수시킬 생각이라고 갑작스레 발표해 처칠을 불안하게 했다. 영국 혼자 힘으로는 붉은 군대의 병력과, 황폐해진 유럽에서 득을 보고 있는 현지 공산주의자들의 위협에 동시에 저항할 수가 없었던 것이다. 처칠은 자신이 이미 사용하고 있던 '철의 장막' 뒤에서 자행된 소비에트의 보복과 억압에 관한 보고서를 받고 공포에 휩싸였다.(안타깝게도 '철의 장막'은 괴벨스가 이미 사용했던 말이다.)

독일이 항복한 지 일주일 안에 처칠은 참모총장들을 소환했다. 그가 '폴란드를 둘러싼 공정한 거래'를 확보하기 위해 붉은 군대를 후퇴시킬 수 있을지 묻자 참모총장들은 당황했다. 처칠은 이번 공세를 7월 1일, 즉 동원 해제 또는 극동으로의 이동 때문에 서부 전선에서 연합국의 군사력이 약해지기 전에 실시해야 한다고 말했다.

언싱커블 작전이라는 이 비상 계획은 극비에 부쳐졌지만 베리야가 화이트홀에 심어놓은 정보원들에 의해 결국 구체적인 내용이 모스크바로 전달되었다. 가장 괘씸한 것은 독일 국방군 부대가 재편성되어 이 정신 나간 계획에 가담하게 될 경우를 대비해 몽고메리에게 항복한 독일군의 무기류를 회수하라고 지시한 내용이었다. 소비에트가 예상했던 최악의 시나리오가 확인된 셈이었다.

기획자들은 상당 부분 추측에 의지해야 했지만 작전 시나리오를 매우 자세하게 만들었다. 그런데 이들은 자국 병사들의 상태를 완전히 잘못 알고 있었다. 그들은 자국 군대가 그러한 지시를 따르리라 생각한 것이다. 하지만 사실은 영국 병사 대다수가 집으로 돌아가기만을 고대하고 있었기 때문에 지시에 따를 가능성이 무척 낮았다. 그리고 어쨌든 소비에트군의 엄청난 희생으로 자신들이 사상자 수를 크게 줄일 수 있었다는 사실을 안 이상, 동맹을 적으로 돌린다는 생각은 회의와 분노를 일으킬 뿐이었다. 기획 장교들 또한 미국이 이 작전에 참여할 것이라는 터무니없는 믿음은 거의 갖지 않았다.

다행히도 이들의 보고로 큰 줄기의 결론은 꽤 명확하게 내려졌다. 이것은 매우 '위험한' 계획이기도 했지만, 만약 초반에 성공하여 붉은 군대를 강제로 철수시키게 되더라도 충돌은 길어지고 희생도 커질 수 있었다. 브룩 육군 원수는 일기에 다음과 같이 기록했다. "그것은 엉뚱하기 짝이 없는 발상이며 성공할 가능성도 거의 없다고 봐야 한다. 러시아가 이제부터 유럽에서 전능한 존재임에는 의심의 여지가 없다." 나중에는 이렇게 덧붙였다. "이 연구 결과를 통해, 우리가 바랄 수 있는 최선은 러시아군을 독일군이 이르렀던 전선과 비슷한 위치까지 밀어내는 것임을 확인할 수 있었다. 그리고 그다음은? 그곳을 지키기 위해 동원 태세를 막연하게 유지할 것인가?"[13] 제2차 세계대전이 폴란드를 둘러싸고 유럽에서 시작되었듯이, 끔찍하게도 그와 대칭되는 똑같은 패턴으로 제3차 세계대전의 그림이 그려지고 있었던 것이다.

5월 31일, 브룩, 포털, 커닝엄은 "다시 러시아와의 '언싱커블 전쟁'에 대해 논의했다…… 그리고 그것이 '언싱커블'이라는 글자 뜻 그대로 '터무니없다'는 것을 여느 때보다 더 확신하게 되었다."[14] 처칠에게 보고할 때 이들의 의견은 만장일치였다. 트루먼도 이들과 마찬가지로 협상을 위해 붉은 군대를 밀어내겠다는 견해를 수용하지 않았다. 그는 심지어 유럽 자문위원회가 정한 규정에 따라 소비에트에 넘기기로 되어 있는 독일 및 체코슬로바키아 지역에 미군을 계속 주둔시킬 준비도 되어 있지 않았다. 트루먼은 전 모스크바 주재 미국 대사이자 스탈린을 열렬히 숭배했던 조지프 데이비스의 말을 듣고는 마음을 바꿔 소련 쪽에 더욱 협조적으로 접근하기로 결심한 것이다. 데이비스는 1930년대 공개 재판에서 끝까지 자리를 지키고 앉아, 피고인을 구타하여 받아낸 이상한 자백 내용에 의심할 만한 부분이 없다고 했던 사람이었다.

처칠은 실패를 받아들여야 했지만, 곧 참모총장들에게 소련이 저지대 국가와 프랑스를 점령할 경우 영국 제도를 방어할 계획을 연구할 것을 부탁했다. 이 시기에 처칠은 총선활동으로 지쳐 있어 점점 분별력을 잃어갔다. 심지어 미래의 노동당 정부가 운영할 게슈타포에 대해 경고하기까지 했다. 선거는 7월 5일에 실시되었지만, 전 세계에 나가 있는 군사들의 투표용지를 회수해야 했기 때문에 결과는 3주 후에나 알 수 있었다. 처칠은 폴란드 문제만큼이나 프랑스의 식민 통치 부활이 저항에 부딪히고 있는 시리아로 군대를 보내겠다는 드골 장군의 경솔한 판단 때문에 골머리를 앓았다. 이때 드골은 반영, 반미 기질이 발동하는 바람에 조르주 비도 외무장관을 곤란하게 하기도 했다. 드골은 얄타에서 열린 3대국 회담에 자신이 포함되지 않은 데 대해 아직도 분이 풀리지 않았으며, 다가오는 포츠담 회담에서도 무시되리라는 것을 알게 되었다.

조지프 데이비스의 조언을 들은 트루먼은 스탈린에게 우호적으로 접근해야만 문제를 해결할 수 있다고 판단했다. 그리하여 서구인 중에서 소련의 신임을 가장 많이 얻었던 해리 홉킨스가 '새로운 얄타'[15]를 준비하기 위해 모스크바로 급파되었다. 비록 중병을 앓고 있기는 했지만 홉킨스는 파견 요청을 받아들였고, 그 결과 5월 말과 6월 초에 스탈린과 몇 번의 회의가 성사되어 폴란드 정부 구성을 둘러싼 불협화음은 스탈린이 제시한 조건대로 정리되었다.

폴란드 문제는 향후 현실 정책 실현을 위해 용기 있는 동맹국을 조용히 저버리는 난처한 일이 되어버렸다. 브룩이 7월 2일자 일기에 남긴 내용이다. "며칠 후면 우리는 바르샤바 정부를 공식적으로 인정하고 폴란드 런던 망명정부를 정리해야 할 것이다. 그러면 5월 이래 지속적으로 통치권 인정을 요청받았음에도 불구하고 해결 노력을 거의 하지 않았던 외무부는 폴란드 군대라는 중대한 난제를 떠안게 된다!"[16] 이튿날 그는 "폴란드 군대가 그것을 어떻게 받아들일 것인가"에 의문이 생겼다. 브룩은 얼마 전 안데르스 장군이 이탈리아에 있는 폴란드 군단으로 돌아가기 전에 그와 이야기를 나누었다. 안데르스는 브룩에게 기회만 된다면 폴란드로 다시 돌아가기 위해 분투하고 싶다는 의사를 분명히 밝혔다.

7월 5일, 미국과 영국은 다 몇몇 비공산당 인사를 포함시키기로 하고 폴란드 괴뢰정부를 인정했다. 그러나 NKVD에 체포된 16인은 붉은 군대 장병 200명을 살해했다는 근거 없는 혐의로 아직도 재판을 받는 중이었다. 그리고 스탈린에게 아첨하기 위해 차기 영국 정부는 폴란드군을 승전 퍼레이드에서 제외하는 부끄러운 결정을 내리기까지 했다.

포츠담 회담 전날인 7월 16일, 트루먼과 처칠이 처음 만났다. 트루먼은 다정했지만, 처칠이 그를 계속 소련과의 전쟁에 끌어들이려 할 것이라는 경고를 데이비스에게서 들은 바 있었기 때문에 조심스러운 모습이었다. 스탈린은 모스크바에서 특별열차를 타고 그날 베를린에 도착했다. 스탈린의 이동 경로에는 베리야의 지시로 1만9000명 이상의 NKVD 대원이 배치되었고, 보안을 위해 포츠담에도 7개 NKVD 연대와 900명의 경호원이 배치되었다.[17] 폴란드와 이어지는 통신선에는 특별 보안대비책이 마련되었다. 스탈린은 역에서 주코프와 함께 숙소인 루덴도르프 장군의 생전 자택으로 이동했다. 모두 원수로 진급한 베리야가 까다롭게 준비한 것들이었다.

그날 늦게 트루먼은 '아가들이 건강하게 태어났다'는 전문을 받았다. 오전 5시 30분에 로스앨러모스 인근 사막에서 원자폭탄 폭발 시험이 실시되었던 것이다. 언싱커블 작전이 불가능하다는 것을 인정해야만 했던 처칠은 그 소식을 듣고 크게 기뻐했다. 브룩 육군 원수는 "처칠 수상이 가능성을 두고 있다는 사실에, 그리고 그 소식을 접하고 흥분하여 완전히 넋이 나 간 모습에 큰 충격을 받았다."[18] 처칠의 시각에서는 "신무기만으로 충분히 문제를 해결할 수 있기 때문에, 이제 더 이상 일본과의 전쟁에 러시아가 필 요하지 않았다". 그런데 그는 어쨌건 미국이 스탈린에게 극동지역에서 큰 이 득을 보게 해주겠다고 약속해 소련을 일본과의 전쟁에 끌어들이기로 한 이 상, 지금에 와서 취소할 수 없다는 사실은 생각하지 않는 듯했다.

브룩은 처칠이 중요하게 여기는 것에 대해 그의 발언을 빌려 이야기했다. "더욱이 우리는 이제 러시아와의 균형을 바로잡을 무언가를 손에 넣었습니 다! 이 비밀스러운 폭탄, 그리고 그 파괴력이 독일 패전 이래 표류하고 있던 외교상의 균형을 완전히 바꿀 것입니다. 이제 우리는 우리의 입지를 바로 잡을 새로운 가치 기준을 가졌습니다. (턱을 내밀고 험악한 인상을 지으며) 이 제 이것저것 자꾸 고집하면 우리는 모스크바를, 다음에는 스탈린그라드를, 키예프를, 쿠이비셰프를, 하리코프를, 세바스토폴 등을 간단히 없애버릴 수 있다고 말할 수 있게 되었습니다."

처칠은 아무것도 바꿀 수 없는 영국의 무능함에 쏙쓸한 좌절을 맛보고 자극을 받기도 했지만 그와 동시에 새로운 발명품이 갖는 영향력에 고무되 기도 해 전투적인 기분이었던 것만은 확실했다. 회담이 진행될수록, 다양한 방향으로 소비에트의 힘을 확장하고자 하는 스탈린의 욕망은 매우 뚜렷해 졌다. 그는 아프리카의 이탈리아 식민지에 관심을 보였으며, 연합국에 프랑 코를 제거할 것을 제안하기도 했다. 처칠이 만약 휴식 시간에 애버렐 해리먼 과 스탈린이 나누는 거래 내용을 우연히 들었더라면, 그때야말로 처칠이 가 장 우려했던 일이 일어나리라는 불안감을 느꼈을 것이다. 두 사람이 대화를 나누는 동안 해리먼이 말했다. "온 국민이 고생한 끝에 지금 이렇게 베를린에 계시니 서기장께서는 매우 기쁘시겠습니다."[19] 스탈린이 해리먼을 바라보며 대답했다. "알렉산드르 황제도 온 힘을 다해 파리까지 진출했었지요."

이 말이 전적으로 농담은 아니었다. 시테멘코 장군이 나중에 베리야의 아들에게 말한 바에 따르면, 처칠이 언싱커블 작전에 환상을 갖기 훨씬 더 전인 1944년에 소련 정치국 회의에서 스탑카에 프랑스 및 이탈리아 침공을 지시하기로 결정했던 것이다. 붉은 군대의 공세는 현지 공산당이 권력을 쥐는 일과 동시에 진행하기로 되어 있었다. 게다가 시테멘코는 이렇게 이야기했다. "(노르웨이와 덴마크 사이)의 해협 장악은 물론이고 노르웨이에 군대를 상륙시켜야 했다네. 이 계획을 실현하려면 상당한 예산이 필요했지. 미국이 혼돈에 빠진 유럽을 버릴 거라는 예상이 오가는 중, 영국과 프랑스는 식민지 문제 때문에 꼼짝도 못하게 되는 거였거든. 소련에는 경험 있는 400개 사단이 굶주린 호랑이처럼 묶여 있어서 언제든 튀어나갈 준비가 되어 있었지. 작전 전체를 실행하는 데 한 달밖에 걸리지 않을 것으로 예상됐는데…… 서기장께서 (베리야에게) 미국이 원자폭탄을 보유하고 있고 대량생산 체제에 들어갔다는 보고를 받고는 이 모든 계획이 엎어지고 말았던 것이네."[20] 스탈린은 베리야에게 '루스벨트가 아직 살아 있었다면 우리는 성공했을 것'이라고 말한 모양이었다. 스탈린이 루스벨트가 비밀리에 암살되었을 것이라는 의혹을 갖게 된 가장 큰 이유는 바로 이 점이었던 것으로 보인다.

처칠은 트루먼의 협조를 거의 받지 못했다. 새 대통령 트루먼은 사람 조종에 능한 독재자 스탈린에게 매료되어 경외심을 가진 반면, 처칠은 멸시를 받았다. 처칠과 트루먼이 가장 친밀했던 순간은 트루먼이 스탈린에게 원자폭탄 이야기를 어떻게 전할 것인가에 대해 논의할 때였다. 그러나 스탈린은 그 소식을 접했을 때 어떻게 반응해야 하는지에 대해 이미 베리야와 두 번이나 의논을 해둔 상태였다. 7월 17일 베리야는 맨해튼 프로젝트 첩보원을 통해 얻은 핵무기 시험 성공에 관한 구체적인 정보를 스탈린에게 전했다. 그래서 트루먼이 스탈린에게 은밀한 어조로 원자폭탄에 대해 이야기했을 때 스탈린은 반응이 거의 없었던 것이다. 그 직후 스탈린은 몰로토프와 베리야를 불러 '키득거리며' 당시 상황에 대해 이야기했다. "처칠은 문 옆에 가만히 서 있는데 시선은 서치라이트처럼 나를 졸졸 따라다니더군. 반면 트루먼은 위선적인 분위기를 풍기면서 무관심한 어조로 사정을 이야기했지."[21] NKVD에서 도청한 내용을 틀자 상황은 더 재미있어졌다. 처칠이 트루먼에게 스탈린의 반응을 묻자, 트루먼은 "스탈린이 아무래도 이해를 못 한 것 같다"고 대답했던 것이다.

7월 26일, 포츠담에서 본회의가 보류되었다. 그 전에 처칠은 총선거 결과를 발표하기 위해 앤서니 이든과 클레멘트 애틀리와 함께 런던으로 돌아왔다. 포츠담에서 출발하자마자 처칠은 자신이 선거에서 사회주의자에게 패배했다며 스탈린에게서 위로를 받는 이상한 입장에 놓였음을 깨달았다.

처칠은 영국 군대가 가혹했던 1930년대의 경험은 물론이고 전쟁 그 자체에도 질려버려 과거와는 다른 세상을 원하고 있기 때문에 일이 자신의 뜻대로 굴러가지 않을 것이라는 경고를 받은 바 있었다. 몇 주 전 런던에서 가진 만찬 자리에서 처칠이 선거 캠페인에 대해 이야기했을 때, 미얀마에서 돌아온 슬림 장군이 그에게 이렇게 말했다. "수상 각하, 제가 한 가지 아는 것이 있다면 우리 군대는 각하께 투표하지 않을 거라는 사실입니다."[22]

대부분의 사병과 부사관에게 군사 계급제도는 사회 계급 체계와 매우 비슷한 것이었다. 어느 육군 대위가 한 부사관에게 누구한테 투표할 것인지를 물었더니, 그 부사관은 "사회주의자를 찍을 것입니다. 고리타분한 장교들의 명령을 수행하는 건 이제 진저리가 나기 때문입니다"[23]라고 대답했다. 개표 후, 영국 군대가 노동당과 개혁안에 몰표를 주었음이 점점 더 확실해졌다. 처칠의 참패는 전쟁 중에도, 캠페인 중에도 사회 개혁의 의지가 보이지 않았음을 방증하는 것이었다.

처칠의 참패 소식이 포츠담에 전해지자, 스탈린은 처칠을 싫어했으면서도 선거 결과에는 충격을 받지 않을 수 없었다. 그는 명성을 떨치던 사람이 투표로 한순간에 권력을 잃을 수 있는 상황을 쉽게 상상할 수 없었다. 스탈린에게 의회민주주의는 일국을 운영하기에 분명 위험하고 불안정한 방식으로 보였다. 그는 소련이 아닌 다른 체제에서 독일 침공을 지휘하면서 자신처럼 재앙을 일으켰다가는 집무실에서 쫓겨났을 것이라고 느끼고 있었다.

이제 신임 총리 클레멘트 애틀리와 이든의 후임으로 외무장관이 된 어니스트 베빈이 회담에서 영국 대표 자리를 차지하게 되었다. 그러나 이들은 아무런 잘못이 없었는데도 회의장에서 영향력을 거의 발휘하지 못했다. 미국의 신임 국무장관 제임스 번스는 오데르-나이세 선을 따라 폴란드의 서부 국경을 인정하자는 데 동의했고, 두 영국 대표도 따라서 같은 의견을 냈다. 스탈린은 원자폭탄에 대한 두려움으로 서유럽 침공 계획은 취소해야 했지만, 그 외에 자신이 원하는 것은 포츠담에서 모두 이뤄냈다.

얄타에서 합의된 전쟁포로 송환 문제는 머지않아 연합국을 매우 골치 아프게 했다. 미국 방첩부대CIC(Counter Intelligence Corps)와 영국 현장보안부가 심문을 통해 전범은 물론 국적을 가려내는 데에도 애를 먹었던 것이다. 동유럽과 소련 출신자 다수가 서유럽에 머물기 위해 독일인 행세를 했기 때문이다.

전례 없이 다양한 국적과 인종이 섞인 무리가 오스트리아 동남쪽 케른텐 지방에 집결했다. 영국 제5군단 소속 부대들이 아름다운 드라우 계곡에 도착했을 때 그곳에는 수만 명의 사람이 야영을 하고 있었다. 그들은 크로아티아인, 슬로베니아인, 세르비아 체트니크 대원, 그리고 코사크 군단의 대부분이었다. 이 유고슬라비아 사람들은 지독한 내전 속에서 티토의 보복을 피해 달아나고 있었다. 독일군 장교들이 지휘했던 코사크군은 살인적이기로 소문난 빨치산 소탕활동에서 큰 역할을 한 바 있었다.

더 많은 영토를 얻고자 한다는 점에서 티토는 스탈린과 일치하는 데가 있었다. 그는 이스트리아와 트리에스테, 심지어 케른텐 일부 지역까지 점령하기를 바라고 있었다. 티토의 빨치산 중 일부는 영국군보다 한발 앞서서 케른텐의 주도 클라겐푸르트에 이르렀다. 이들은 시골 지역에서 테러를 자행하며 대규모 난민들을 위협하고 있었다. 위에서 확실한 지시를 받지 못한 영국군 장교들은 오스트리아로 들어가고 있는 티토의 병력이 더 위협적으로 늘어나면서 혼돈스런 상황에 직면하게 되었다. 그런 다음 이들은 소련 시민들을 동쪽 국경 너머 붉은 군대 쪽으로 돌려보내는 다소 언짢은 임무를 수행해야 했다.

코사크군은 잔학무도한 행위를 자행하기로 악명이 높았다. 괴벨스조차 코사크군이 유고슬라비아와 이탈리아 북부 지역에서 활동한 내용을 보고받고 충격을 받을 정도였다. 하지만 이들 중에는 1921년에 볼셰비키가 승리한 뒤부터 서유럽에 살고 있던 일부 벨라루스인뿐만 아니라 여성과 아이들까지 포함되어 있었다. 그중 가장 눈에 띄는 두 사람은 바로 내전에서만큼은 훌륭한 장교였던 코사크족 지도자 표트르 크라스노프, 그리고 잔인한 사이코패스 안드레이 시쿠로 장군이었다. 제5군단 사령부 참모장교들은 선악을 가려내기가 사실상 불가능하니 이들 모두를 붉은 군대에 인도하도록 지시했다. 스탈린이 어떤 식으로 보복할지 잘 알고 있었던 코사크군은 곡괭이의 나무 자루로 무장한 영국 병사들에 의해 억지로 수송기에 올라야 했다. 이들은 붉은 군대에 감탄하기는 했지만, 이번 본국 강제 송환 대상에 포함된 부대는 대부분 앞으로 벌어질 일이 소름 끼치도록 두려워 송환 과정에서 거의 폭동을 일으키다시피 했다.

그와 동시에 영국 부대들은 점점 더 공격성을 보이는 티토의 군대와 마주하기를 꺼리게 되었다. 전쟁이 끝난 후 죽고 싶어하는 사람은 아무도 없었던 것이다. 그 위험한 상황을 하루빨리 해결해야 한다는 압박에 시달리던 제5군단 사령부는 유고슬라비아인들을 국경 너머로 강제 송환하라는 지시를 내렸다. 그래서 이번에도 크로아티아 우스타셰와 같은 전범들과 별다른 죄를 짓지 않은 사람들이 섞이게 되었다. 영국 장교와 장병들은 동맹국들이 티토 편에 서면서 버려진 체트니크를 유고슬라비아 국경 너머로 강제 송환해야 한다는 것이 끔찍하게 느껴졌다. 송환된 체트니크 대원은 대부분 송환과 동시에 살해되었다. 독일의 붕괴가 도화선이 되어 유고 내전에서 티토의 빨치산이 최악의 학살을 자행하게 된 것이었다.[24] 2009년, 공동묘지 600개소를 조사한 슬로베니아 비밀묘지위원회에서는 당시 학살된 희생자의 시신 10만 구 이상이 이 공동묘지에 묻혀 있는 것으로 추산하고 있다.

보복 행위와 인종 청소는 북유럽과 중부 유럽에서도 잔혹하기는 마찬가지였다. 오데르 선 동쪽에 위치한 독일 영토, 즉 동프로이센과 슐레지엔, 포메라니아가 폴란드로 할양될 것이라는 소문이 돌자, 수많은 독일인이 더없는 공포에 떨기 시작했다. 전투가 끝나자, 거의 100만 명에 달하는 난민이 버려진 자신들의 집을 찾아 돌아왔지만, 또다시 쫓겨다니는 신세가 될 뿐이었다.

스탈린이 의도했던 대로 인종 청소에는 보복이 뒤따랐다. 폴란드 제1군과 제2군 소속 부대들은 독일인들을 집에서 강제로 끌어내 오데르 강 너머로 보내버렸다. 제일 먼저 쫓겨난 사람들은 1944년 이전 폴란드 영토였던 곳에 사는 이들이었다. 그중에는 대대로 그곳에 살아온 사람들도 있었지만, 다른 이들은 1940년 나치의 인종 청소로 덕을 본 독일인 수혜자들이었다. 사람들은 가축차에 가득 실린 채 서쪽으로 보내졌고, 이동 중에 소지품을 강탈당하기도 했다. 그대로 머물기로 한 사람들이나 폴란드 영토에 속하게 된 포메라니아와 슐레지엔으로 송환된 이들에게도 비슷한 운명이 기다리고 있었다. 동프로이센에는 독일인 220만 명 중 단 19만3000명만이 남게 되었다.

폴란드 영토에서 추방이 이뤄지는 동안 약 20만 명의 독일인이 노동수용소에 수감되고 약 3만 명이 사망한 것으로 추산된다. 나머지 중 독일인 60만 명은 소련 강제노동 수용소로 끌려갔다. 체코인들도 최대 300만 명의 독일인을 추방했으며, 대부분 수데텐란트 지역에서 이뤄졌다. 추방 과정에서 3만 명이 살해되고 5558명이 자살했다.[25] 아이가 딸린 여자들은 걸어서 이동해야 했는데, 독일 내 대피소를 찾기 위해 수백 킬로미터를 걷기도 했다.

이토록 믿기 힘들 정도로 잔혹한 전쟁이 잔인한 보복 없이 끝나리라고 보기는 어렵다. 폴란드 시인 체스와프 미워시가 지적했듯이, 집단적 폭력은 보편적인 인간성과 본능적 정의감 모두를 파괴했다. "전쟁 중 살인은 평범한 일이 되어갔다. 심지어 저항을 위한 살인이라면 합법적인 것으로 간주되기까지 했다. 도둑질은 물론이고 거짓말과 위조도 모두 예사로운 일이 되어버렸다. 사람들은 기관총을 쏠 때 철컥하는 소리, 고통 속에서 울부짖는 사람의 목소리, 주민들을 끌어내는 경찰의 욕설 등 한때는 마을 사람 모두를 깨울 법했던 소리를 들으며 잠자는 것에도 익숙해졌다."[26] 미워시는 이런 모든 근거를 들면서 "동쪽 사람들은 미국인을(또는 다른 서양인들을) 심각하게 여길 수가 없다"라고 설명했다. 그들은 이와 같은 경험을 한 적이 없기 때문에 이러한 일들이 의미하는 바를 짐작하지 못할 것이고, 또한 어떻게 일어나게 되었는지도 상상하지 못하리라는 것이었다.

다음은 앤 애플바움의 기록이다. "우리가 만약 미국인이라면, 우리는 '전쟁'을 1941년 진주만에서 시작되어 1945년에 원자폭탄으로 끝난 것으로 생각할 것이다. 우리가 영국인이라면, 1940년 런던 대공습과 벨젠 해방을 떠올릴 것이다. 우리가 프랑스인이라면, 비시와 레지스탕스를 떠올릴 것이다. 우리가 네덜란드인이라면, 안네 프랑크를 생각할 것이다. 우리가 만약 독일인이었어도 우리는 그저 전쟁의 단편밖에 알지 못할 것이다."[27]

제2차 세계대전

원자폭탄과
일본 정복

1945년 5월 독일이 항복했을 때, 중국 내 일본군은 일본 정부로부터 동부 해안으로 철수를 시작하라는 지시를 받았다. 장제스의 국민당군은 여전히 대륙타통작전의 타격으로 허덕이고 있었고, 국민당군 사령관들은 미리 경고를 주지 않은 미국에 대해 깊은 쓸쓸함을 느꼈다.

스틸웰의 후임 앨버트 웨드마이어 장군은 39개 사단에 대한 재무장 및 훈련 프로그램을 시작했다. 그는 장제스의 최정예 부대를 남쪽의 인도차이나 경계선 쪽에 강제로 집중시켰다. 미군의 계획은 일본군이 동남아에서 탈출하는 경로를 차단하는 것이었다. 한편 장제스는 군인들은 물론 국민당 지역에서 굶주리고 있는 사람들을 먹여 살리기 위해 북쪽 농업지역을 재점령하고자 했지만, 웨드마이어는 자신의 명령을 거부할 경우 미국의 원조를 모두 보류하겠다고 으름장을 놓았다. 장제스는 공산당군이 일본군 퇴각 후 생긴 공백을 메우기 위해 이미 남쪽으로 이동한 사실을 알고 있었다. 이후 국민당군이 내전에서 패배하게 된 데에는 웨드마이어가 개입한 탓도 있었다. 당시 미국 정부는 일본군의 저항이 1946년까지 지속될 것이라 생각했던 것이다.

종잡을 수 없는 인물인 패트릭 헐리는 루스벨트의 대리로 중국에 파견되어 1944년 11월 공산당과 국민당 사이에서 협상을 시작했다. 협상은 이듬해 2월에 결렬되었는데, 장제스는 권력을 나눌 준비가 되어 있지 않았고 공산당은 군대를 종속시킬 준비가 되어 있지 않은 것이 주원인이었다. 국민당이 자유주의와 반동주의로 갈라진 이때 장제스는 봄이 오면 전면 쇄신하겠다고 약속했지만, 유일하게 변화된 것이라고는 미군을 만족시키기 위한 쇄신뿐이었다. 과거에 위대했던 개혁파는 이제 보수파를 지지하게 되었고, 부패는 여전히 줄어들지 않았다. 공개적으로 불만을 표출했다가는 비밀경찰의 주시 대상으로 찍혀 괴롭힘을 당할 수도 있었다.

국민정부의 수도 충칭에서는 소수의 부자와 악성 인플레이션에 허덕이던 다수의 빈민 사이에 엄청난 격차가 벌어져 있었다. 미군은 특히 도시의 즐거움을 만끽하는 모습이 눈에 띄었다. 시어도어 화이트의 기록이다. "미군 사령부에서 약 800미터 떨어진 곳에 자리한 싸구려 술집에서는 물 탄 위스키와 아무것도 안 들어간 타르트를 팔았다. 여자들이 미 육군 대원들과 지프를 타고 도로를 누비는 모습에 시민들은 아연실색했다."[1] 시골에서는 장려금을 받는 강제징병대에 의한 강제징집이 이뤄지면서 농민들이 슬슬 분노하기 시작했다. 뇌물을 많이 건넬 형편이 되는 사람만이 병역에서 면제되었으며, 세곡 때문에 농민들은 농작물을 팔 의욕도 잃어버렸다. 옌안 지역에 사령부를 두고 있던 공산당도 세곡 제도를 실시하고 있었고, 공산당 통치하의 농민들의 삶이 목가적이라는 인상은 사실과 크게 달랐다. 마오쩌둥이 군자금 마련책으로 아편을 거래함에 따라 인플레이션이 국민당 지역만큼이나 악화되었고, 마오쩌둥 주석을 향해 반기를 들거나 비판하는 사람들은 모두 대중의 적으로 취급받았다.[2]

공산당군과 국민당군의 싸움은 허난 성 안은 물론 상하이 안팎에서도 이미 시작되고 있었다. 이 지역들에 일본군이 대규모로 집중되어 있었음에도, 공산당군과 국민당군은 점령군이 떠난 뒤 거대 항구와 경제 중심지를

제2차 세계대전

장악하는 것이 무엇보다도 중요하다는 생각에 음지에서 전쟁을 벌였다.

패전이 임박했는데도 아직 100만 명의 일본 군사가 버티고 있는 지역에서는 특히 여성을 대상으로 잔학 행위가 계속되었다. 뉴기니나 필리핀과 같은 점령지와 마찬가지로, 일본군 병사들은 군량이 부족해지자 현지 주민이나 포로들을 식량으로 여겼다. 일본군인 에노모토 마사요는 자신이 어린 중국 여성들을 강간 및 살해, 도살했음을 훗날 고백했다. 그는 고기가 많은 부분을 고른 뒤 동료들과 나누어 먹었다[3]고 했다. 그러고는 육질에 대해 "부드럽고 맛있었다. 돼지고기보다 더 맛있는 것 같았다"라고 표현했다. 음식의 정체를 안 지휘 장교도 에노모토를 꾸짖지 않았다.

그 밖의 끔찍한 일들은 이미 연합국에 알려져 있었다. 1938년에 관동군 주관으로 만주 하얼빈 외곽지역에 세균전 시설인 731부대가 편성되었다.[4] 이시이 시로가 관장한 이 거대한 복합체에는 얼마 안 있어 일본 내 종합대학 및 의과대학의 과학자와 의사 3000명이 핵심 연구진으로 고용되었으며, 부속 시설에는 총 2만 명이 배속되었다. 이들은 희생자들을 마루타, 즉 '통나무'라 부르며 3000명이 넘는 중국인 포로를 대상으로 페스트나 장티푸스, 탄저병, 콜레라 등을 퍼뜨릴 무기를 개발하는 실험을 했고 또한 탄저균과 머스터드 가스, 동상 실험도 진행했다. 연간 600여 명에 달했던 이 인간 모르모트는 만주에서 헌병대에 체포되어 731부대로 이송된 사람들이었다.

1939년 관동군이 주코프 원수의 병력에 맞서 노몬한에서 전투를 벌이고 있는 동안 731부대는 마을 인근 강물에 장티푸스 병원균을 풀었지만, 그 효과는 기록되어 있지 않다. 1940년과 1941년에는 페스트에 오염된 목화와 쌀겨를 항공기에 실어 중국 중심부에 떨어뜨렸고, 1942년 3월에는 일본 제국 육군이 바탄 반도를 수비하고 있는 미군과 필리핀군에 페스트균 감염 벼룩을 살포하려고 했으나, 준비하기도 전에 항복하는 바람에 실현되지는 않았다. 그리고 그해 말쯤에는 일본 본토를 폭격당한 데 대한 첫 보복으로 장티푸스와 페스트, 콜레라 병원균을 저장 성에 살포했다. 그 지역 내에서 수백 명의 중국인과 더불어 일본 군인도 1700명가량 사망한 것으로 보인다.

사이판에 미군이 상륙하기 전에 세균전을 수행할 대대가 투입되었지만, 미군 잠수함의 공격으로 선박이 격침되면서 대원들은 대부분 뭍에 도착하지 못한 채 익사했다. 콰절린에서는 호주와 인도를 생물무기로 폭격한다는 계획서를 해병대가 노획하기도 했지만, 이러한 공격은 실현되지 않았다. 일본군은 또한 필리핀 루손 섬에 미군이 공격해오기 전에 콜레라를 퍼뜨리려고도 했지만 이것 역시 실행되지 않았다.

일본 제국 해군은 트루크와 라바울의 기지에서 주로 미국인 조종사들로 구성된 연합군 전쟁포로들에게 말라리아에 감염된 사람의 피를 주사하는 실험을 했다. 다른 포로들도 그 밖의 여러 치명적인 주사 실험에 의하여 살해되었다. 1945년 4월의 끝자락에서, 호주군 전쟁포로들도 몸이 성한 사람과 성하지 않은 사람을 합해 100여 명이 알 수 없는 주사를 맞았다. 만주에서는 무크덴에 수감되어 있던 1485명의 미국, 호주, 영국, 뉴질랜드 전쟁포로들이 다양한 병원균 실험에 동원되었다.

731부대에 관한 이야기 중 가장 충격적인 것은 아마도 일본의 항복 후, 맥아더가 이시이 장군을 비롯한 관련자들의 기소 면제에 동의했다는 사실일 것이다. 이 거래로 미국은 실험에 관한 모든 자료를 얻을 수 있었다. 맥아더는 연합국 전쟁포로들 역시 731부대의 실험으로 사망했다는 사실을 안 뒤에도 전범 조사를 모두 중단하라고 지시했다. 이시이와 그의 간부들을 도쿄 전범재판에 회부하라는 소비에트의 요청은 전면 거부되었다.

포획한 미군 폭격기 부대원들을 마취 및 해부한 소수의 군의관이 기소되었지만, 이들은 731부대와 관련이 없었다.[5] 또 다른 일본 군의관들은 수많은 병원에서 중국인 포로 수백 명을 마취도 하지 않고 해부했지만 기소되지 않았다. 일본군 의무대 군의관들은 '회복할 가능성이 있어도 전투력이 없는 병사는 일왕(천황)에게 아무런 도움이 되지 않으므로'[6] 처리해버리라는 명령을 충실히 따랐기 때문에 인간의 생명을 경시하는 경향이 강했다. 이들은 또한 포로로 잡혔을 때 자살하는 방법을 병사들에게 가르치기도 했다.

오키나와에서 일본군의 저항이 끝났을 때, 태평양에 있던 미군 사령관들은 다음 단계인 본토 침공 작전을 재검토하기에 이르렀다. 가미카제의 공격과 일본의 항복 거부가 세균전 가능성과 맞물려 있었기 때문에 이번 작전은 여느 때보다도 정신을 똑바로 차리고 수행해야 했다. 이 작전은 1944년 초 합동참모본부에서 합의되었다. 11월에 올림픽 작전을 실시하여 일본 남쪽 규슈 섬을 점령하면 10만 명의 사상자, 1946년 3월에 코로넷 작전을 실시하여 혼슈 본토를 침공하면 25만 명의 사상자가 발생할 것이라는 추산이 나왔다. 킹 제독과 아널드 장군은 일본을 폭격, 봉쇄하여 굶주리게 한 뒤 항복을 받아내는 작전을 선호했다. 맥아더와 미국 육군은 그렇게 한다면 시간이 몇 년이나 걸릴 것이고 불필요한 고통도 감내해야 할 것이라며 불만을 표했다. 또 연합군 포로들과 강제노동자들도 굶어 죽게 된다는 것이었다. 그리고 독일 폭격이 승리로 이어지지 않았기 때문에 침공 방법 면에서는 육군이 해군보다 우위를 점할 수 있었다.

일본 제국 육군은 한편으로는 공산주의자들이 폭동을 일으킬 것이라는 우려 때문에, 다른 한편으로는 무사도의 자존심을 지키기 위해 끝까지 싸우기로 굳게 결심했다. 도조 장군이 군인 지침을 통해 "포로가 되어 수치스럽게 살아남지 말라. 죽어라. 불명예를 남기지 않도록 죽어라"[7]라고 선언했을 때 제국 육군 지도자들은 절대 항복할 수 없다고 생각했다. 협상을 원했던 '화평파'의 재야 정객들은 일왕의 향후 행보가 뚜렷해지기만 하면 체포되거나 암살될 운명이었다. 고노에 후미마로 전 총리는 훗날 "육군은 산속에 스스로 굴을 파고 들어가서 그 안에 있는 온갖 종류의 구멍과 바위에 의지하여 전투를 계속할 생각이었다"[8]라고 지적했다. 또한 일본군은 민간인들도 함께 죽어야 한다고 생각했다. 그리하여 국민의용전투대가 편성되었지만, 구성원 중 다수는 대나무창만 가지고 무장하는 수준이었다. 어떤 사람들은 몸에 두르고 전차를 향해 몸을 던져 자폭할 폭탄을 받았다. 심지어 젊은 여성들도 자발적으로 희생하라는 압박을 받았다.

일본 군사 지도자들도 점령군이 일왕을 폐위시킬 것이라고 믿었기 때문에 무조건 항복을 거부했다. 비록 미국 대중의 압도적 다수가 일왕 폐위를 원하고 있었지만, 국무부와 합동참모본부에서는 일왕을 헌법상의 군주로만 남겨두는 것으로 조건을 완화하는 게 어떻겠냐는 의견을 제시했다. 7월 26일에 발표된 대 일본 포츠담 선언에서는 미국 내 정치적 반발을 피하기 위해 일왕에 관한 언급을 하지 않았다. 일본 정부는 이미 소련 정부에 접근하여 소련이 중재에 나서주기를 바랐지만, 스탈린이 만주를 공격하기 위해 극동지역으로 군사를 재배치하고 있다는 사실은 알지 못했다.

7월에 원자폭탄 시험에 성공하자 미국은 부담스러운 본토 침공을 피하면서 일본에게 충격을 주어 항복을 이끌어낼 수단을 갖게 되었다. 수많은 연구와 충분한 논의 끝에 도쿄와 고대 수도인 교토는 표적에서 제외되었다. 그리하여 르메이의 폭격기 공세로 폐허가 된 다른 도시들만큼 파괴되지는 않았던 히로시마가 제1차 표적이 되었고, 폭격 후에도 일본이 항복하지 않을 경우 나가사키를 제2차 표적으로 삼아 원자폭탄을 투하하기로 했다.원자폭탄의 표적으로 선정된 일본 도시는 히로시마, 나가사키, 고쿠라, 니가타였다. 히로시마가 8월 6일의 목표였으며, 8월 9일의 목표는 애당초 고쿠라였다. 그런데 원자폭탄을 실은 폭격기가 고쿠라 상공에 도착하자 구름이 짙어 지상을 볼 수 없었다. 당시 원자폭탄은 반드시 육안으로 목표를 확인하고 투하하도록 되어 있었기

8월 6일 아침 히로시마 상공에 B-29 슈퍼포트리스 3기가 나타났다. 그 중 2기는 원자폭탄의 효과를 기록하기 위해 카메라와 과학 장비를 싣고 있었다. 나머지 1기인 에놀라 게이는 오전 8시 15분에 폭탄을 투하했고, 1분도 채 지나지 않아 히로시마 시 대부분의 지역은 앞이 보이지 않을 정도의 빛을 뿜으며 붕괴되었다. 약 10만 명이 즉사했으며, 그 밖에 수천 명이 나중에 방사능 중독이나 화상, 쇼크 등으로 사망했다. 트루먼 정부의 각료들은 즉시 항복하지 않으면 '지금까지 지구상에서 본 적도 없는 파멸의 비를 맞게 될 것'[9]이라고 일본 정부에 경고했다.

이틀 후 붉은 군대가 만주 국경 너머로 밀려 들어왔다. 스탈린은 자신에게 주어진 영토를 놓칠 생각이 없었다. 한편 일본 정부에서 아무런 답이 없자, 미국은 8월 9일 나가사키에 두 번째 원자폭탄을 투하해 3만5000명의 목숨을 앗아갔다. 히로히토 일왕은 끔찍한 최후를 맞이한 사람들을 보고 크게 상심하여 최대한 많은 정보를 요청했다. 원자폭탄이 없었다면 이후 종전을 맞았을 때, 일왕이 그토록 얌전하게 일을 처리하려 하지는 않았으리라는 것은 꽤 분명한 사실이다.

도쿄 소이탄 폭격과 원자폭탄 투하는 '이것으로 이 일을 끝내려는' 미군의 촉구로 결정된 것이었다. 만약 미군이 일본 본토에 상륙을 시도했다면 생물무기와 가미카제의 위협 때문에 오키나와보다 훨씬 더 지독한 전투가 벌어질 위험이 있었다. 오키나와 민간인의 약 4분의 1이 오키나와 전투에서 사망한 사실을 감안하면, 본토 전투에서 죽을 일본 시민의 수는 원폭으로 사망한 숫자의 몇 배가 되었으리라는 추측이 가능하다. 그 외에도 비록 결정적인 원인은 아니지만 미국이 특히 중부 유럽을 무자비하게 위압하고 있는 소련에 미국의 힘을 보여주려 했다는 것이 원자폭탄을 사용하기로 결정한 이유 중 하나일 것이다.

일본 정권의 몇몇 재야 정객이 협상을 간절히 원하고 있었던 것은 사실이나, 이들의 기본적인 주장, 즉 일본이 한국과 만주를 점유해야 한다는 주장은 연합국에 결코 받아들여지지 않았다. 그리고 이러한 화평파조차 일본이 전쟁을 일으켰다는 점을 범죄로 인정하려 하지 않았으며, 1931년 중국 영토를 처음 침공한 이래 제국 육군이 저지른 범죄에 대해 국제재판에 회부해야 한다는 점도 받아들이려 하지 않았다.

나가사키에 두 번째 원자폭탄이 투하되기 몇 시간 전, 포츠담 선언을 받아들일 것인지에 대해 논의하기 위해 전쟁최고회의가 소집되었다. 대본영 대표단은 변함없이 강력하게 반대했다. 나가사키에 폭탄이 떨어진 직후인 8월 9일 저녁, 일왕은 최고회의 구성원들을 다시 불렀다. 그는 왕가와 그 후손들을 유지시킨다는 조건으로 협상을 받아들여야 한다고 말했다. 이 조건은 다음 날 워싱턴으로 전달되었다. 백악관에서 논의가 이뤄지는 내내 참석자들의 만감이 교차하는 분위기였다. 제임스 번스를 포함한 몇 명은 조건을 허용해서는 안 된다고 주장했다. 육군장관 헨리 스팀슨은 일본군이 항복하도록 설득할 수 있는 이는 오로지 일왕뿐이라며 더욱 설득력 있는 주장을 펼쳤다. 그렇게 해야 미군은 앞으로 수없이 많은 전투를 치르지 않아도 되고, 소련군이 극동 지역에서 기세를 떨칠 기회도 줄어들게 되는 것이었다.

일본이 원하는 대로 정부의 형태를 선택할 수 있음을 강조한 미국의 답변이 스위스 일본 대사관을 통해 도쿄로 전달되었다. 군 지도자들은 여전히 패전을 인정하려 하지 않았다. 미군 폭격기 부대가 계속해서 임무를 수행하는 동안, 비록 트루먼의 지시에 더 이상 원자폭탄은 사용하지 않았지만 논쟁은 며칠 동안 계속되었다. 8월 14일, 마침내 일왕은 포츠담 선언을 받아들이기로 결정했다는 내용을 발표했다. 장관과 군 지도자들은 흐느끼기 시작했다. 게다가 일왕은 전례 없이 대국민 방송을 녹음하겠다고 말했다.

그날 밤 육군 장교들은 일왕의 발표 방송을 막기 위해 쿠데타를 시도했다. 이들은 속임수를 써서 제2제국근위연대를 설득하여 가담하게 한 뒤, 왕궁으로 난입해 일왕이 항복을 선언한 녹음 메시지를 없애려 했다. 일왕과 궁정 고관 기도 고이치 후작은 가까스로 몸을 숨겼다. 결국 이 반역자들은 아무것도 찾지 못했고, 일왕을 지키려는 군대가 도착했을 때 쿠데타의 주동자였던 하타나카 겐지 소령은 자결하는 것밖에 대안이 없음을 깨달았다. 다른 군 지도자들도 같은 운명을 맞았다.

8월 15일 정오에 일본 라디오 방송국에서는 전황이 '일본에 결코 유리하지 않은 단계'까지 전개되었으니 모든 군대는 항복하라는 일왕의 메시지를 방송했다. 장교와 사병들은 라디오에서 흘러나오는 일왕의 말을 들으며 눈물을 흘렸다. 많은 병사가 한 번도 들어본 적 없는 고귀한 일왕 폐하의 목소리가 흘러나오는 곳을 향해 무릎을 꿇고 엎드려 절을 하고 있었다. 몇몇 조종사는 '영예로운 자멸'을 의미하는 옥쇄 임무를 마지막으로 수행했다. 이들 대부분은 미군 전투기에 요격 및 격추되었다. 일본의 인종적 자아상은 나치의 자아상인 '지배 민족'과 비슷한 점이 많았다. 수많은 일본 병사는 "일본은 전쟁에서 졌지만 전투에서는 결코 지지 않았다"[10]라며 계속해서 스스로를 달랬다. 마치 제1차 세계대전 후의 독일군처럼 말이다.

8월 30일 미군은 일본을 점령하기 위해 요코하마에 상륙했다. 그 후 열흘 동안 요코하마와 가나가와 주변 지역에서 1336건의 강간 사건[11]이 보고되었다. 히로시마에서는 호주군도 강간을 많이 저지른 모양이었다. 물론 이것은 일본 당국에서도 예상하고 있던 것이었다. 연합군이 도착하기 9일 전이었던 8월 21일, 일본 정부는 점령군에 위안부 여성을 제공하기 위해 장관 회의를 소집하여 특수위안시설협회 설립에 대해 논의했다. 지방 공무원과 경시정_{우리나라의 경찰서장에 해당되는 계급}들에게는 기존의 매춘부뿐만 아니라 게이샤와 그 밖의 젊은 여성들까지 모아 전국적인 규모로 군사 매춘소를 구성하라는 명령이 떨어졌다. 이는 강간 사건을 줄이려는 의도로 고안된 것이었다. 8월 27일에 도쿄 근교에서 첫 매춘소가 문을 연 뒤 수백 곳이 따라서 문을 열었다. 매춘소 중 한 곳은 731부대의 부대장이었던 이시이 시로의 정부가 운영하기도 했다. 그해 말까지 여러 강제적인 방법을 동원하여 젊은 여성 약 2만 명을 모아 점령군의 욕구를 해소시켜주는 데 이용했다.

일본의 공식적인 항복은 9월 2일이 되어서야 이뤄졌다. 이는 요코하마의 도쿄 만에 정박한 전함 USS 미주리 함 갑판에서 맥아더 장군이 니미츠 제독과 함께 받아낸 것이었다. 포로로 구금되어 있다가 갓 풀려난 수척해진 모습의 두 장군이 이들을 지켜보았다. 바로 싱가포르에서 영국군의 항복을 지휘했던 퍼시벌 장군과 코레히도르 섬에 주둔하던 미군 사령관 웨인라이트 장군이었다.

비록 태평양과 동남아시아 전역에 걸친 전투는 8월 15일에 중지되었지만, 전쟁은 도쿄 만에서 항복식을 치르기 전날까지 만주 지역에서 계속되었다. 8월 9일, 바실렙스키 원수의 지휘로 3개 소비에트 전선 총 166만9500명의 군사가 중국 북부 지역과 만주를 공격했다. 맨 우측에 있던 몽골 기병군단은 고비 사막과 대싱안링 산맥을 넘었다. 빠른 속도로 적시에 들어온 붉은 군대에게 일본군은 기습 공격을 받게 된다. 병력이 100만이나 되고도 이들의 군대는 급속히 무너져갔다. 끝까지 싸우다 전사하거나 자살한 병사도 많았지만, 67만4000명은 포로로 잡혔다.

시베리아와 마가단 노동수용소로 보내진 이들의 운명은 가혹하기 짝이 없었다. 살아남은 사람은 겨우 절반 정도였다. 군에서 버려진 일본인 이주자 가족들도 고통을 겪었다. 아기를 업은 엄마들은 산속으로 숨기 바빴다. 이주민 22만 명 중 약 8만 명이 사망했다. 어떤 이주민은 중국인에게 살해당하기도 했고, 약 6만7000명은 아사하거나 자살했다. 그리하여 단 14만 명만이 살아남아 고국 일본으로 돌아갈 수 있었다.[12] 결국 이들도 폴란드에 정착했던 독일인 이주민들과 비슷한 과정을 겪은 셈이다.

붉은 군대는 전 괴뢰국이었던 만주국에서 일본 여성들을 마구 강간했다. 다수의 여성이 모여 있던 한 무리는 일본인 장교에게서 패전 소식과 함께 서로 붙어 있으라는 권고 지시를 들었다. 그리하여 베이안 시의 어느 비행장 격납고에는 거의 1000명이 들어가 있었다. 요시다 레이코라는 고아 소녀는 이렇게 기록했다. "그때부터 지옥이었다. 러시아 군인들이 우리 대장들에게 와서는 러시아 부대에 여자들을 전리품으로 보내야 한다고 말했다…… 러시아 군인들은 매일 10명 정도의 여자들을 데려갔다. 그 여자들은 아침이 되어서야 돌아왔고, 그중 몇 명은 자살했다…… 러시아 군인들은 우리에게 아무도 나오지 않으면 격납고에 가두고 완전히 불태워 없애버릴 것이라고 말했다. 그러자 어떤 여자들이(대부분 미혼) 일어나 밖으로 나갔다. 그때 나는 이 여자들이 무슨 일을 겪고 있었는지 알지 못했지만, 아이가 있는 여자들이 자발적으로 나간 여자들의 희생에 감사하며 그들을 위해 기도해주었다는 사실만은 뚜렷하게 기억한다."[13] 민간인과 마찬가지로 후방 기지 병원에 있던 군 간호사들도 고통을 겪었다. 쑨우 소재 군 병원에서는 75명의 간호사가 소비에트판 위안부로 잡혀 있었다.

붉은 군대는 쿠릴 열도와 사할린 남쪽을 장악해야 하는 훨씬 더 어려운 임무에 맞닥뜨렸다. 상륙 작전 준비가 워낙 형편없어 이들은 육지로 접근하는 중에도, 그리고 해안에서도 많은 병사를 잃고 말았다. 스탈린은 본토 북쪽 홋카이도를 점령할 계획도 세웠지만, 트루먼은 퉁명스럽게 그의 제안을 거부했다.

소련군이 만주와 중국 북쪽을 침공하자 마오쩌둥의 추종자들은 환영했다. 그런데 붉은 군대 대열이 차하얼로 진군하다가 중국 공산당 팔로군 게릴라 부대를 만나자, 붉은 군대는 그들의 남루한 차림새와 원시적인 무기를 보고는 산적이라고 생각해 무장을 해제시켜버렸다.[14] 하지만 상황은 곧 바뀌었고, 스탈린은 비록 장제스 정부를 공식적으로 인정했지만 소비에트군은 일본군에게서 탈취한 소총과 기관총을 중국 공산당군에게 내주었다. 그리하여 마오쩌둥의 군대는 곧 장제스가 우려한 대로 만만찮은 전력을 갖춘 군대로 거듭나게 되었다.

웨드마이어 장군은 국민당의 복귀를 도우라는 미국 정부의 지시에 따라 미군 수송기를 제공하여 국민당군 일부 부대를 중국 중앙부와 동부 도시로 이동시켰다. 장제스는 특히 난징을 다시 수도로 지정하고 싶어했다. 그는 영토를 최대한 많이 확보하기 위해 공산당과 경쟁을 벌이는 중이었다. 그러나 주민들을 대거 끌어들이는 데 있어서 국민당 최대의 적은 바로 국민당 그 자체였다. 국민당군 지휘관들은 시골에 관심이 없었다. 이들은 전에 일본군이 점령했던 도시들을 피점령지로 여겨 마음대로 약탈했다. 그리고 국민당 통화가 다시 발행되자, 물가는 걷잡을 수 없이 치솟기 시작했다.

공산당군은 훨씬 더 지능적이었다. 그들은 앞으로 벌어질 내전에서 식량을 지배하는 쪽이 결국 모든 것을 지배하게 될 것이므로 시골이야말로 힘을 가진 곳이라는 사실을 알고 있었다. 농민들에게는 좀더 나은 대우를 해줘 공산당군에 필요한 대로 민중을 동원할 수 있었는데, 이는 일본군의 패색이 짙어지면서 국민당군에 대한 지원이 이미 줄어들고 있었기 때문에 어려운 일은 아니었다. 청년들, 특히 학생들이 공산당에 가입하기 위해 구름떼처럼 몰려들었다.

중국 공산당은 '대중의 적'을 계속 사냥하면서 한편으로는 미래의 공산당 체제가 갖게 될 전체주의 성향을 아주 교묘하게 숨겨 수도 옌안을 방문하는 외국인들에게 드러나지 않도록 했다. 존경받는 여행가이자 한때 코민테른 조직원이기도 했던 저널리스트 아그네스 스메들리는 공산당의 원칙에 대해 기록했다. "중국을 인도하고 보호해줄 원칙이고, 모든 아시아 피지배 민족의 해방에 가장 큰 추진력이 될 원칙이며, 새로운 인간사회를 열어 줄 원칙임을 깊이, 그리고 틀림없이 확신하게 되었다. 내 마음이 이런 확신에 차면서 여느 때보다 더 커다란 평온이 찾아왔다."[15]

스메들리와 시어도어 화이트 등 영향력 있는 미국 저술가들은 당시에는 마오쩌둥이 장제스보다 훨씬 더 악랄한 폭군이 될 것이라고 생각하지 않았다. 우상화, 제2차 세계대전 전체를 통틀어 희생된 사람의 수보다 더 많은 사람을 희생시킨 대약진 정책, 잔혹한 광기의 발로인 문화대혁명, 여러 면에서 스탈린주의보다 더 악랄한 체제에 희생된 7000만여 명의 인민, 이런 일들을 저술가들은 전혀 상상하지 못했던 것이다.

미 해군이 제해권과 제공권을 장악하고 있었기 때문에 대규모 일본군은 광저우와 홍콩, 상하이, 우한, 베이징, 톈진, 그 밖의 중국 동부 소도시에 계속 갇혀 있었다. 영국은 전에 중국 국민당에 암시했듯이, 식민지 요구를 철회하거나 양도할 생각이 없었다. 미국이 처칠을 압박하려 했지만, 연합국이 이미 스탈린에게 사할린 남쪽과 쿠릴 열도, 그리고 중국 영토였던 만주지역 일부 영토를 주겠다고 약속해둔 상태였기 때문에 처칠로서는 양보할 이유가 없었다. 그러나 중국 본토에서는 미군 부대가, 그리고 남중국해는 미 해군이 장악함에 따라 영국 정부는 서둘러 움직여야 했다. 매우 냉담한 인물인 웨드마이어는 그 지역에서 SOE의 작전은 어떠한 것도 허락하지 않았다. 국민당군은 일본군이 물러간 뒤 홍콩을 인수할 목적으로 소규모 부대를 홍콩에 잠입시켰는데, 같은 이유로 공산당군인 둥장종대도 그 지역에서 활동하는 중이었다. 영국은 지상군 없이는 식민지 홍콩을 되찾을 수 없다는 것을 알고 있었다.

8월 초, 영국 해군에 유일한 기회가 찾아왔고, 곧 에설레드 작전이 탄생했다. 당시 시드니에 있던 해군소장 세실 하코트 예하 제11항모전대는 8월 15일 일본의 항복이 발표되자마자 홍콩을 향해 전속력으로 이동하라는 지시를 받았다. 영국의 태평양함대가 미국의 지휘를 받고 있어서 신임 총리인 애틀리는 트루먼 대통령에게 허락을 구해야 한다고 생각해 사흘 뒤 허락을 받아냈다. 같은 날 외무장관 어니스트 베빈은 장제스에게 연락하여, 홍콩을 일본 손에 넘어가게 한 당사자가 영국이니 영국 스스로 일본의 항복을 받아내 명예를 회복할 수 있도록 군인으로서 이해해달라고 이야기했다.[16]

장제스는 이 권고를 받아들일 수 없어 미국 정부에 호소했다. 트루먼은 루스벨트처럼 반식민지적 열정을 가진 사람이 아니었기 때문에 중국보다는 영국을 더 중요한 동맹국으로 여겼다. 맥아더 장군도 영국의 주장을 옹호했다. 웨드마이어는 계속 단호하게 반대하고 있었지만, 자신이 맡은 중국 사단은 아직 재배치하지 않았다. 장제스는 트루먼에게 퇴짜를 맞고도 2개 군을 광둥 성으로 보냈는데, 나중에 내전을 치르려면 미국과 영국의 도움이 필요하기 때문에 두 나라의 반감을 사지 않으려 신경을 쓰고는 있었다. 둥장종대 게릴라 부대도 광저우와 홍콩 신계에 있던 일본군을 무장해제시키려고 이동했지만 이들도 영국군과 싸울 계획은 없었다. 그저 국민당군이 장악하지 않기만을 바랄 뿐이었던 것이다.

하코트 전대가 8월 30일 빅토리아 항에 입성했다. 영국 해병대와 수병들은 '얼굴'을 드러내 3년 반 전에 영국이 잃은 체면을 모두 회복하라는 지시를 들으며 능숙하게 육상으로 행군했다. 임시집행부는 그곳에 구금되어 있는 공직자들 중 총독 대행을 두어 집행부의 뼈대를 만들기 위한 시험 단계를 이미 밟고 있었다. 이것은 국민당이나 공산당보다는 영국에 항복하는 것이 훨씬 낫다고 생각했던 일본군 장교들의 동의하에 이뤄졌다.

상하이에서는 8월 19일 킨케이드 제독의 제7함대 일부 병력이 도착함에 따라 공산당군과 국민당군 사이의 지하 내전이 일시적으로 중지되었다. 함대는 일본 침공을 위해 비축해두었던 물품들을 싣고 와 굶주리고 있던 주민과 연합군 포로들에게 환영을 받았다. 전쟁도, 그와 관련된 말들도 그들을 지나

제2차 세계대전

쳤다. "지프가 뭐야?"[17] 상하이 출신의 어느 민간 피억류자가 물었다.

　일본이 항복한 뒤에 가장 먼저 구조해야 할 대상은 연합군 전쟁포로들이었다. 빨리 구조되는 경우도 있었지만, 몇 주씩이나 기다려야 하는 경우도 있었다. 항복 후, 일부 포로가 경비대의 손에 학살당했다. 싱가포르 변두리에 자리한 창이 교도소에 구금된 포로들은 일본군 경비대가 갑자기 자신들에게 경례를 하고 물을 주자 모멸감을 느꼈다. 연합 공군은 이미 확인된 수용소에 식량을 투하했다. 의료진이 수용소 안으로 낙하해 들어와 포로들을 돌보기라도 하면 포로들은 안도의 눈물을 흘리며 이들을 맞이하거나, 불행이 끝났음을 실감하지 못하기도 했다. 이들 대부분은 뼈와 가죽만 남은 채로 걸어다녔고, 그 밖에는 각기병 등의 질병에 걸려 몸이 약해진 나머지 일어설 수조차 없는 사람도 있었다.

　일본군에 잡혀 있던 연합군 전쟁포로 13만2134명 중 3만5756명이 사망하여, 사망률은 27퍼센트였다. 일본군에게 잡혀 노예노동을 했던 사람들은 가혹한 대우를 받은 탓에 연합군 전쟁포로보다 훨씬 더 많은 수가 목숨을 잃었다. 일본군에 의해 강제로 동원된 다양한 국적의 위안부 여성들은 여생 동안 심각한 정신질환으로 고통받았다. 온갖 치욕을 떠안고는 고국으로 돌아갈 수 없다는 생각에 셀 수 없이 많은 여성이 자살했다.

　일본군에 잡힌 수많은 포로는 유난히 섬뜩하고 잔혹한 운명에 놓여 있었다. 맥아더 장군은 호주 군대에 뉴기니와 보르네오에 고립되어 있는 일본군을 모두 제거하라는 암울한 임무를 지시했다. 훗날 미국 당국과 호주 전쟁범죄부에서 정리한 보고서를 모두 종합해보면, 다음과 같은 점이 분명해진다. "아시아-태평양 전쟁에서 일본군 병사들이 광범위하게 행한 식인 행위는 단순히 극한의 상황에 처한 개인이나 소집단들이 자행한 임의의 행위가 아니다. 식인 행위가 조직적이고 체계적인 군사 전략이었음을 여러 증거가 말해주고 있다."[18]

일본군이 포로들을 '인간 가축'으로 취급한 것은 군대 내 규율이 무너졌기 때문은 아니었다. 식인 행위는 주로 장교들이 지시했다. 현지 주민들을 제외하고, 식인 행위의 희생자들은 파푸아뉴기니 군인들이나 호주, 미국, 그리고 인도 국민군에 합류하기를 거부한 인도 전쟁포로들이었다. 전쟁이 끝날 무렵, 이들을 포획한 일본군은 인도인들을 산 채로 잡아두고 한 번에 한 명씩 도륙하여 먹을 수 있도록 했다. 나치가 동부 지역에서 비인간적인 기아 계획을 실시했을 때도 이 정도는 아니었다. 이러한 이야기는 태평양 전쟁에서 전사한 군인들의 가족을 크게 자극할 수 있었기 때문에 연합국은 식인 행위에 대한 모든 정보를 감추려 했으며, 1946년 도쿄 전범재판에서도 범죄로 간주하지 않았다.

동남아시아와 태평양에서 벌어진 전쟁은 이루 말할 수 없이 엄청난 파괴를 불러왔다. 중국은 농지가 파괴되어 폐허만 남았고, 지친 국민은 이제 내전을 맞아 1949년까지 계속 고통 속에서 살았다. 2000만 명 이상의 민간인이 사망했다. 중국 역사가들은 최근 이 수치를 5000만 명으로 늘려서 잡고 있다. 5000만 내지는 9000만 명의 피란민이 일본군에게서 달아났지만 이제는 돌아갈 집도, 가족도 남아 있지 않았다. 이들의 삶은 정치적인 긴장에 의해서도 갈가리 찢겨 그 고통이 거의 유럽 사람들의 고통을 무색하게 할 정도였다.

1945년 8월부터 이탈리아군 일반 사병들이 소비에트 당국에 의해 본국으로 귀환했다. 공산주의자 집단들은 붉은 기를 흔들며 포로들을 고향으로 싣고 온 열차를 맞이하기 위해 모여들었다. 이들은 석방된 포로들이 호송차에 '공산주의 타도'라고 낙서해둔 것을 보고 격분했으며, 역에서는 곧 싸움이 일어났다. 공산주의 언론에서는 소비에트 수용소의 환경에 대해 비난하거나, 소련은 노동자의 천국이 아니라고 말하는 사람을 모조리 '파시스트'로 취급했다. 이탈리아 공산당 당수 팔미로 톨리아티는 1946년 6월 2일에 있을 총선이 끝난 뒤로 이탈리아 장교들의 귀환 날짜를 늦춰달라고 소비에트 공산당 수뇌부에 간청했다. 그리하여 7월이 되어서야 선발대가 고국에 도착할 수 있었다.

폴란드에서 비공산주의자들에 대한 소비에트의 억압은 계속되었다. 니콜라이 셀리바놉스키 장군이 치안부대 15개 연대를 폴란드에 배정받은 반면 세로프는 독일에서 단 10개 여단만 배정받은 사실을 통해 NKVD의 최우선 과제가 무엇인지 확실히 드러났다. 셀리바놉스키는 베리야에게 '소련 NKVD의 대표 임무와 폴란드 공안부 위원의 임무를 결합'[19]하라는 지시를 받았다. 스탈린이 얄타에서 약속한 '폴란드의 자유와 독립'의 의미가 매우 주관적이었던 것은 단순히 폴란드에 대한 그의 증오 때문만이 아니었다. 1941년에 소련이 패전할 뻔했던 일이 아직도 기억에 선했던 스탈린은 공산당 위성 국가들을 완충지대로 만들고 싶었던 것이다. 1800만 명의 시민은 물론이고, 900만 병사의 희생만이 스탈린을 구할 수 있었다.

제2차 세계대전 중 유럽에서 가장 고통받은 사람은 전체주의라는 막다른 길에 갇힌 이들과, '두 체제 사이의 상호 작용에 의해 숨진'[20] 이들이었다. 1933년 이래 우크라이나와 벨라루스, 폴란드, 발트 국가, 발칸 반도국에서 1400만 명이 사망했다. 히틀러의 대용 승리를 위해 나치가 살해한 540만 명의 유대인 중 대다수는 이 지역들에서 나왔다.

범세계적으로 치러진 제2차 세계대전은 인간이 저지른 사상 최악의 재앙이었다. 통계상 사망자 수는 6000만 명인지 7000만 명인지 정확하지 않지만 어쨌든 우리의 이해 범위를 훨씬 넘어서는 수준이다. 바실리 그로스만이 직감한 대로 이 엄청난 수는 위험할 정도로 아찔한 규모다. 그로스만은 공동묘지에 묻힌 수백만 명의 넋을 그저 특징만으로 분류된 이름 없는 사람이 아니라 각각의 개인으로서 알아봐주려 노력하는 것이 생존자의 임무라고 생각했다. 그렇게 이름 없는 사람으로 남기는 인간성 말살이야말로 가해자들이 추구하고자 한 것이기 때문이었다.

사망자와 더불어 신체적, 정신적으로 불구가 된 사람들도 셀 수 없이 많았다. 소련에서는 사지가 절단된 '사모바르'는 거리로 나올 수 없었다. 암묵적으로 인간으로서의 자격을 상실하게 되는 이러한 운명을 붉은 군대 병사 모두가 죽음보다 훨씬 더 두려워했다. 불구자들은 영웅이 되어 비장하게 죽은 사람들과 영웅이 되어 살아남아 기념일 때마다 훈장을 목에 걸고 퍼레이드를 벌이는 사람들 사이에서 속죄해야 하는 수치스러운 존재였다.

제2차 세계대전은 '선을 위한 전쟁'이라는 장막에 가려진 채 역사상 어떠한 대립보다도 다음 세대들에게 더 큰 영향을 미쳤다. 특히 유럽 인구의 절반이 나머지 절반을 구하기 위해 스탈린주의의 수렁에서 희생되어야 했던 점에서는 이러한 선한 이미지와 결코 부합하지 않기 때문에 착잡한 심정이 되어버린다. 그리고 나치 독일과 일본의 압도적인 패배로 전쟁은 끝이 났을지 몰라도, 승리가 세계 평화를 눈에 띄게 이룩하지는 못했다. 우선 유럽과 아시아에 잠재하고 있던 내전의 기운이 1945년에 터져버렸다. 그다음에는 스탈린의 대 폴란드 및 중부 유럽 정책 때문에 냉전시대가 도래했다. 냉전과 함께 동남아시아와 아프리카에서는 반식민지주의에 기인한 충돌이 일어났다. 그리고 우리는 중동 분쟁의 원인이 수용소에서 해방된 유대인들이 팔레스타인으로 대규모 이주한 데 있다는 사실을 잊을 수 없다.

어떤 이들은 책이나 영상, 언론 매체 등이 편중된 방식으로 제2차 세계대전사를 다루고 있고 박물관에서는 지속적으로 기념사업을 벌이고 있다고 하며, 종전 후 거의 70년이 지나도록 제2차 세계대전이 여전히 강한 영향을 미친다고 불평한다. 자극적이고 매혹적인 것만 끝없이 보여주려 하는 것이 악마의 본성이라면 이러한 현상이 놀라운 것도 아니다. 휴먼 드라마에서 도덕적인 선택은 기본 요소다. 바로 인간의 마음 그 자체에 갈려 있는 것이기 때문이다.

역사상 딜레마나 개인과 대중의 비극, 부패한 정치권력, 이념적 위선, 지휘관들의 독선, 배신, 사악함, 자기희생, 상상을 초월하는 가학성, 가늠할 수 없는 깊은 연민 등을 연구하는 데 이렇게 소재가 풍부한 사례는 찾아보기 힘들다. 다시 말해 그로스만이 인간 분류에 그토록 격한 거부 반응을 보였듯이 제2차 세계대전 역시 다른 전쟁과의 일반화를 거부한다는 것이다.

그럼에도 제2차 세계대전은 근대 역사 속에서나 현대의 모든 대립 속에서 점점 더 간편한 판단 기준이 되어가고 있어 정말 위험하지 않을 수 없다. 위기에 처했을 때 언론인이나 정치인들은 상황의 심각성을 극적으로 표현하기 위해서든 루스벨트주의나 처칠주의 같은 말을 꺼내기 위해서든, 어쨌든 본능적으로 제2차 세계대전의 평행 이론에 도달한다. 9.11 테러를 진주만 공격과 비교하거나, 나세르나 사담 후세인을 히틀러와 비교하는 것은 단순히 부정확하게 역사적 평행선을 긋는 것이 아니다. 이런 식의 비교는 중대한 오해의 소지가 있으며 잘못된 전략적 대응책을 만들어낼 위험도 있다. 민주주의 체제의 지도자들이 마치 독재자들처럼 자신의 혀에 사로잡히는 포로가 될 수도 있다는 것이다.

우리는 제2차 세계대전의 심각성과 그 희생자들을 다룰 때 국가적, 민족적 비극에 관한 모든 통계를 모으려 한다. 그러다보면 제2차 세계대전이 모든 사람의 삶을 예측 불가능하게 바꾸어놓았다는 사실을 간과하게 된다. 강제 징집되어 일본 제국 육군과 붉은 군대, 국방군에서 복무한 한국 청년 양경종씨처럼 아주 특이한 경험을 한 사람도 아주 드물게는 있을지도 모른다. 그 밖에도 각기 다른 방식과 각기 다른 이유를 가진 놀라운 사연들이 있다.

1945년 6월 프랑스 비밀경찰인 DST의 보고서에는 프랑스 강제 이주자들을 독일 수용소에서 본국으로 송환하는 열차에 어느 독일 농부의 아내가 몰래 타고 파리로 왔다는 짧은 기록이 있었다. 이 여성은 남편이 동부전선에 나가 있는 동안 독일에 있는 자신의 농장에 배정된 프랑스인 포로와 불륜을 저지른 것으로 드러났다. 그녀는 이 적국의 남자를 몹시 사랑한나머지 그를 쫓아 파리까지 왔고, 그곳에서 경찰에 잡히고 말았다. 우리가알 수 있는 것은 여기까지다.

이 기록은 몇 줄 되지 않지만 수많은 의문을 남겼다. 경찰에 잡히지 않았다고 해도 그 여성의 힘들었던 여정이 결국 헛된 것은 아니었을까? 그 여성이 유부녀였기 때문에 애인이 잘못된 주소를 알려주지는 않았을까? 그리고 적잖은 수의 사람이 경험했듯, 그 애인도 집으로 돌아와서 자기가 없는사이 독일 군인의 아이를 밴 아내와 마주하게 되지는 않았을까? 물론 이것은 더 동쪽에서 벌어진 일들에 비하면 아주 사소한 비극에 불과하다. 그러나 히틀러나 스탈린과 같은 지도자들의 판단 때문에 기존의 생활양식이 어땠는지 알 수도 없을 정도로 삶이 황폐화되었다는 사실은 여전히 우리의가슴을 아프게 한다.

감사의 말

이 책은 매우 단순하고 영웅적이지 않은 이야기를 담고 있다. 나는 내가 가진 지식들 사이에 커다란 빈틈이 있다는 것을 아주 잘 의식하고 있기 때문에 제2차 세계대전 전반을 다루는 전문가로서 자문을 할 때마다 늘 자기기만에 빠진 느낌이었는데, 특히 익숙하지 않은 면들을 다룰 때는 더 그랬다. 따라서 이 책은 일종의 보상물로 내놓은 것이라고도 할 수 있지만, 더 중요한 것은 전혀 다른 영역에서 펼쳐지는 전쟁에 어떠한 행동이나 의사결정의 결과가 직간접적으로 어떤 영향을 끼치는지 살피고 복잡한 퍼즐들을 짜맞춰 거대한 하나의 그림으로 만드는 방법을 이해하기 위해 펴낸 책이라는 것이다.

지난 20년간 많은 동료 및 친구가 이 방대한 주제에 관해 훌륭한 연구 자료와 도서들을 풍부하게 세상에 내놓았다. 따라서 이 책은 그들의 노고와 예리한 판단력에 어마어마한 빚을 지고 있는 셈이다. 앤 애플바움, 릭 앳킨슨, 오머 바르토프, 크리스 벨라미, 패트릭 비숍, 크리스토퍼 브라우닝, 마이클 버얼리, 알렉스 단체브, 노먼 데이비스, 타미 데이비스 비들, 카를로 데스트, 리처드 에번스, M. R. D. 푸트, 마틴 길버트, 데이비드 글랜츠, 크리스찬 괴셸, 맥스 헤스팅스, 윌리엄 히치콕, 마이클 하워드, 존 키건, 이언 커쇼,

존 루카치, 벤 매킨타이어, 마크 머자우어, 캐서린 메리데일, 돈 밀러, 리처드 오버리, 로런스 리스, 애나 리드, 앤드루 로버츠, 사이먼 몬테피어리, 벤 셰퍼드, 티머시 스나이더, 애덤 투즈, 한스 판드펜, 니콜라우스 박스만, 애덤 자모이스키, 니클라스 세텔링이 바로 그들이다.

스탈린그라드를 비롯한 동부 전선 곳곳에서 벌어졌던 전투를 취재하고, 이탈리아 전선에서, 그리고 독일 진격 당시에 종군기자로 활약했던 호주 종군기자 고드프리 블런던의 이야기를 쓸 수 있도록 지면을 할애해준 프랑스 발행인이자 그의 아들인 로널드 블런던에게도 깊은 감사를 전하고 싶다. 그 밖에도 자료나 충고 및 조언을 아끼지 않은 오머 바르토브 교수, 필립 부비어 박사, 톰 뷰캐넌 박사, 존 코셀리스, 영국 공군 역사부의 세바스천 콕스, 미 육군 대학원의 타미 데이비스 비들 교수, 제임스 홀랜드, 벤 매킨타이어, 하비에르 마리아스, HMAS 시드니 함의 침몰을 다루었던 마이클 몽고메리, 노르웨이 레지스탕스에 참여했던 옌스 안톤 풀손, 바르샤바 봉기 박물관 역사부 부장인 피오트르 슬리보프스키 박사, 라나 미터 교수, 질 드마르제리, 휴 스트라찬 교수, 다마키 노로, 핀란드 국방대학 마르티 투르톨라 교수, 한스 반드벤 교수, 스튜어트 휠러, 슬로베니아 티토주의자 대학살에 관한 문서를 제공해준 키스 마일스와 요제 데주만, 캉 기념관의 스테판 그리말디와 스테판 시모네에게도 감사드린다.

원고 전체를 읽고 소중한 비평과 조언을 해준 마이클 하워드 교수, 중일 전쟁의 전말을 검토하여 많은 오류를 정정해준 존 할리데이와 장융, 독일어 번역문을 검토해준 앙겔리카 폰 하제에게도 심심한 감사의 말씀을 전한다. 또한 독일과 러시아에서 이 책을 위해 연구를 아끼지 않은 앙겔리카 폰 하제와 류보프 비노그라도바 박사에게 다시 한번 깊은 감사를 표하고 싶다. 아직 오류가 남아 있다면 그것이 전적으로 필자의 책임이라는 점은 당연하다.

늘 그랬듯 내 오랜 친구이자 저작권 대리인인 앤드루 넌버그에게, 그리고 특히 집필 초기 단계부터 든든한 지원군이 되어주고 과정마다 훌륭한 조언을 아끼지 않은 바이덴펠드 앤 니콜슨의 발행인 앨런 샘슨에게, 또한 침착한 지도로 집필에서 출간에 이르는 모든 과정을 무리 없이 진행하게 해준 비 혜밍 편집장에게, 그리고 런던 최고의 편집자라는 명성을 재확인시켜준 피터 제임스에게도 크게 감사하지 않을 수 없다. 마지막으로 두 팔을 걷어붙이고 원고 전체를 검토해 큰 도움을 준 내 아내 아르테미스 쿠퍼, 그리고 참고문헌 및 문서 작업을 도와준 아들 애덤에게 다시 한번 고마움을 전한다.

약어 해설

AMPSB	Arkhiv Muzeya Panorami Stalingradskoy Bitvi(스탈린그라드 전투 파노라마관 기록보관소), 볼고그라드
AN	Archives Nationales, 파리
BA-B	Bundesarchiv, 베를린-리히터펠데
BA-MA	Bundesarchiv-Militärarchiv, 프라이부르크임브라이스가우
BfZ-SS	Bibliothek für Zeitgeschichte, Sammlung Sterz, 슈투트가르트
CCA	Churchill College Archives, 케임브리지
DCD	Duff Cooper Diaries(미발표된 개인 소장품, 런던)
DGFP	*Documents on German Foreign Policy, 1918~1945*, Series D, 워싱턴, DC, 1951~1954
Domarus	Max Domarus (ed.), *Hitler: Reden und Proklamationen, 1932~1945*, 2 vols, 비스바덴, 1973
ETHINT	European Theater Historical Interrogations, 1945, USAMHI
FMS	Foreign Military Studies, USAMHI
FRNH	*Final Report by Sir Nevile Henderson, 20 September 1939*, 런던, 1939
FRUS	Department of State, *The Foreign Relations of the United States*, 23 vols, 워싱턴, DC, 1955~2003
GARF	Gosudarstvennyi Arkhiv Rossiiskoi Federatsii(러시아 연방 주립 기록보관소), 모스크바

GBP   Godfrey Blunden Papers(개인 소장품, 파리)

GSWW   Militärgeschichtliches Forschungsamt(군사역사 연구소), *Germany and the Second World War*, 10 vols, 옥스퍼드, 1990~2012,(*Das Deutsche Reich und der Zweite Weltkrieg*, 13 vols, 슈투트가르트, 1979~2008)

IMT   International Military Tribunal, *Trial of of the Major German War Criminals*, Proceedings of the International Military Tribunal at Nuremberg, 런던, 1946

IWM   Imperial War Museum sound archive, 런던

JJG   Journal of Joan Gibbons, Sir Nevile Henderson의 보좌관의 미발표 일기(개인 소장품)

KTB   Kriegstagebuch

KTB OKW   *Kriegstagebuch des Oberkommandos der Wehrmacht (Wehrmachtführungsstab), 1939~1945*, Frankfurt am Main, 1965

MP   George C. Marshall Papers, 버지니아 주 렉싱턴

MPW   Muzeum Powstania Warszawskiego(바르샤바 봉기 기념관), 바르샤바

NA II   National Archives II, 메릴랜드 주 칼리지파크

NHHC   Naval History and Heritage Command, 워싱턴 DC

OCMH-FPP   Office of the Chief of Military History, Forest Pogue Papers, USAMHI

PDDE   *The Papers of Dwight David Eisenhower*, vol. iii: *The War Years*, ed. Alfred D. Chandler, 메릴랜드 주 볼티모어, 1970

PP   Papers of Lord Portal, Christ Church Library, 옥스퍼드

RGALI   Rossiiskii Gosudarstvennyi Arkhiv Literatury i Iskusstva (Russian State Archive of Literature and the Arts), 모스크바

RGASPI   Rossiiskii Gosudarstvennyi Arkhiv Sotsialno-Politicheskoi Istorii(러시아 사회정치 역사 기록보관소), 모스크바

RGVA   Rossiiskii Gosudarstvennyi Voennyi Arkhiv(러시아 군사기록보관소), 모스크바

RGVA-SA   RGVA에서 입수한 독일 문서 중 'Special Archive'

SHD-DAT   Service Historique de la Défense, Département de l'Armée de Terre, 뱅센

SOAG   Sir Charles Webster and Noble Frankland, *The Strategic Air Offensive against Germany, 1939~1945*, 4 vols, 런던, 1961

SWWEC   Second World War Experience Centre, Walton, 웨스트요크셔

TBJG   *Die Tagebücher von Joseph Goebbels,* ed. Elke Fröhlich, Munich, 29 vols, 뮌헨, 1992~2005

TNA   The National Archives, 큐

TsAFSB   Tsentralnyi Arkhiv Federalnoi Sluzhby Bezopasnosti(FSB 중앙 기록보관소, 구KGB), 모스크바

TsAMO   Tsentralnyi Arkhiv Ministerstva Oborony(국방부 중앙기록보관소), 포돌스크

TsKhIDK   Tsentr Khraneniya i Izucheniya Dokumentalnykh Kolletsii(역 사문서 보존 및 연구 센터), 모스크바

USACMH   US Army Center of Military History, 워싱턴 DC

USAMHI   US Army Military History Institute, US Army War College, 펜실 베이니아 주 칼라일

VCD   Vasily Churkin diary, *Voennaya literatura: dnevniki i pisma*, http://militera.lib.ru/db/churkin

VIZh   *Voenno-Istoricheskii Zhurnal*

VOV   *Velikaya otechestvennaya voina, 1941~1945*, 모스크바, 1984

주

머리말

1 George Kennan의 말; Stephan Burgdorffand Klaus Wiegrefe (eds), *Der Erste Weltkrieg. Die Urkatastrophe des 20. Jahrhunderts*, Munich, 2004, pp. 23~25를 보라. Ian Kersha, *Fateful Choices: Ten Decisions that Changed the World, 1940~1941*, London, 2007, p. 3 인용

2 Ernst Nolte, *Der europäische Bürgerkrieg, 1917~1945*, Frankfurt am Main, 1988

3 Michael Howard, *Liberation or Catastrophe? Reflections on the History of the Twentieth Century*, London, 2007, pp. 35, 67에서 'A Thirty Years War? The Two World Wars in Historical Perspective'; Gerhard Weinberg, A World at *Arms: A Global History of World War II*, New York, 2005, p. 2

4 독일 법규의 죽음에 관해서는 다음을 보라. Michael Burleigh, *The Third Reich*, London, 2000, pp. 149~215; Richard J. Evans, *The Coming of the Third Reich*, London, 2005; Ian Kershaw, *Hitler*, 1889~1936: Hubris, London, 1998

5 독일인의 도덕적 비겁함에 관한 비스마르크의 발언: Sebastian Haffner, *Defying Hitler*, London, 2002, p. 72

6 TBJG, part I, vol. iii, p. 351. 홀로코스트의 유래를 다룬 가장 좋은 연구 분석과 그로 인한 역사 논쟁에 관해서는 Ian Kershaw, *The Nazi Dictatorship: Problems and Perspectives of Interpretation*, London, 2000, pp. 93~133, 그리고 Kershaw, Hitler, *the Germans and the Final Solution*, New Haven, 2008에서 찾아볼 수 있다.

7 Adolf Hitler, *Mein Kampf*, Mumbai, 1988, p. 1

8 Adam Tooze, *The Wages of Destruction: The Making and the Breaking of the Nazi Economy*, London, 2006, p. 264를 보라.

9 같은 출처, p. 274

10 Sebastian Haffner, *The Meaning of Hitler*, London, 1979, p. 18

11 같은 출처, p. 19

12 1939년 1월 30일 히틀러의 연설: Domarus, vol. ii, p. 1058, Ian Kershaw, *Hitler*, 1936~1945: *Nemesis*, London, 2000, pp. 152~153 인용

13 CCA, Duff Cooper의 기록, DUFC 8/1/14, Richard Overy, 1939: *Countdown to War*, London, 2009, p. 29 인용

1 Otto Preston Chaney, *Zhukov*, Norman, Okla., 1971, pp. 62~65

2 *Marshal Zhukov: Polkovodets I chelovek*, I. G. Aleksandrov (ed.), 2 vols, Moscow, 1988, vol. i, p. 38에서 Ella Zhukova, 'Interesy ottsa' 인용

3 *Stalin's Generals*, Harold Shukman (ed.), London, 1993, p. 313에서 Dimitri Volkogonov.

4 Robert Edwards, *White Death: Russia's War on Finland, 1939~1940*, London, 2006, p. 96 인용

5 갈등의 전개 과정에 관해서는 다음을 보라. Alvin D. Coox, *Nomonhan: Japan against Russia*, 1939, 2 vols, Stanford, 1985; Katsu H. Young, *Monumenta Nipponica*에서 'The Nomonhan Incident: Imperial Japan and the Soviet Union', vol. 22, no. 1/2, 1967, pp. 82~102

6 Mark Peattie, Edward Drea and Hans van de Ven, *The Battle for China: Essays on the Military History of the Sino-Japanese War of 1937~1945*, Stanford, 2011, p. 55에서 Mark R. Peattie, 'The Dragon's Seed'

7 Chaney, *Zhukov*, pp. 69~70

8 전투에 관한 자세한 설명은 다음을 보라. Edward J. Drea, *Nomonhan: Japanese–Soviet Tactical Combat, 1939*, Fort Leavenworth, 1981; Coox, Nomonhan: Japan against Russia; Georgii Zhukov, *Marshal Zhukov: Kakim my yego pomnim*, Moscow, 1988

9 Chaney, *Zhukov*, p. 73 인용

10 G. F. Krivosheev, *Soviet Casualties and Combat Losses in the Twentieth Century*, London, 1997, p. 53

11 *GSWW*, vol. i, p. 685

12 David Dilks (ed.), *The Diaries of Sir Alexander Cadogan*, London, 1971, p. 175

13 Terry Charman, *Outbreak 1939: The World Goes to War*, London, 2009, p. 46 인용

14 Raymond James Sontag and James Stuart Beddie (eds), *Nazi–Soviet Relations, 1939~1941*, New York, 1948, p. 38

15 Simon Sebag Montefiore, *Stalin: The Court of the Red Tsar*, London, 2003, p. 269 인용

16 JJG, 1939년 8월 17일

17 *GSWW*, vol. ii, p. 153

18 Albert Speer, Gitta Sereny, *Albert Speer: His Battle with Truth*, London, 1995, p. 207 인용

19 JJG, 1939년 8월 21일

20 *FRNH*, p. 9

21 같은 출처, p. 10

22 JJG, 1939년 8월 25일

23 *FRNH*, p. 17

24 Overy, 1939, p. 68

2장

1 Hitler, 1939년 8월 22일, *DGFP*, Series D, vol. vii, no. 193

2 BA-MA, RH39/618, Jochen Böhler, *Auftakt zum Vernichtungskrieg. Die Wehrmacht in Polen*, 1939, Frankfurt am Main, 2006, p. 52 인용

3 Overy, 1939, pp. 69~70

4 GARF 9401/2/96과 RGVA 32904/1/19

5 *GSWW*, vol. ii, p. 90

6 SHD-DAT, Claude Quetel, *L'Impardonnable Défaite*, Paris, 2010, p. 196 인용

7 BA-MA RH37/1381; RH26-208/5, Böhler, *Auftakt zum Vernichtungskrieg*, p. 40 인용

8 NA II RG 242, T-79, R.131, 595

9 *GSWW*, vol. ii, p. 82

10 1939년 9월 1일, Domarus, vol. ii, p. 1307

11 Anatole de Monzie, *Ci-devant*, Paris, 1941, Quetel, *L'Impardonnable Défaite*, p. 204 인용

12 Georges Bonnet, *Dans la tourmente*: 1938~1948, Paris, 1971, Quetel, *L'Impardonnable Défaite*, p. 195 인용

13 Paul Schmidt, *Hitler'ts Interpreter*, New York, 1950, pp. 157~158

14 Harold Nicolson, *Friday Mornings*, 1941~1944, London, 1944, p. 218 인용

15 Mass Observation, Daniel Swift, *Bomber County*, London, 2010, p. 118 인용

16 런던의 변신: Molly Panter-Downes, *London War Notes*, 1939~1945, London, 1971, pp. 3~6

17 Overy, 1939, pp. 107~108

18 P. de Villelume 장군, *Journal d'une défaite: août 1939~juin 1940*, Paris, 1976, Quetel, *L'Impardonnable Défaite*, p. 211 인용

19 *GSWW*, vol. ii, p. 138

20 Richard J. Evans, *The Third Reich at War: How the Nazis Led Germany from*

Conquest to Disaster, London, 2008, p. 8

21 1939년 9월 17일 편지, BfZ-SS 28774, Böhler, *Auftakt zum Vernichtungskrieg*, p. 43 인용; BA-MA RH37/5024; RH53-18/152; RH37/5024도 보라.

22 Klaus Latzel, *Deutsche Soldaten – nationalsozialistischer Krieg? Kriegserlebnis – Kriegserfahrung 1939~1945*, Paderborn, 1998, p. 153 인용

23 BA-MA RH37/6891, p. 11 ('zogen respektvoll den Hut')

24 BA-MA RH41/1012 ('katzenfreundlich')

25 BA-MA RH28-1/255

26 BA-MA RH53-18/17

27 BA-MA RH26-4/3, Böhler, *Auftakt zum Vernichtungskrieg*, p. 109 인용

28 Böhler, *Auftakt zum Vernichtungskrieg*, pp. 241~242

29 Evans, *The Third Reich at War*, pp. 14~15

30 *TBJG*, part I, vol. vii, p. 92

31 Panter-Downes, *London War Notes*, p. 19

32 Adam Zamoyski, *The Forgotten Few: The Polish Air Force in the Second World War*, London, 1995, pp. 35~43

33 K. S. Karol, *Between Two Worlds: The Life of a Young Pole in Russia*에서 'A Polish Cadet in Inaction', New York, 1987, Jon E. Lewis, *Eyewitness World War II*, Philadelphia, 2008, pp. 36~37 인용

34 V. N. Zemskov, 'Prinuditelnye Migratsii iz Pribaltiki v 1940~1950-kh godakh', *Otechestvennyy Arkhiv*, no. 1, 1993, p. 4, Geoffrey Roberts, *Stalin's Wars: From World War to Cold War, 1939~1953*, New Haven, 2006, p. 45 인용

35 *GSWW*, vol. ii, p. 124; 소비에트 사상자, Krivosheev, *Soviet Casualties and Combat Losses*, p. 59

36 Joseph W. Grigg, 'Poland: Inside fallen Warsaw', United Press, 1939년 10월 6일

37 Franz Halder, *Generaloberst Halder: Kriegstagebuch. Tägliche Aufzeichnungen des Chefs des Generalstabes des Heeres, 1939~1942*, 3 vols, Stuttgart, 1962~1964, vol. i: *Vom Polenfeldzug bis zum Ende der Westoffensive*, p. 107

38 *GSWW*, vol. ix/1, p. 811

39 1939년 10월 12일, BA-MA RH41/1177, Böhler, *Auftakt zum Vernichtungskrieg*, p. 7 인용

40 *GSWW*, vol. ix/1, p. 811

41 Halder, *Kriegstagebuch*, vol. i, p. 79, Evans, *The Third Reich at War*, p. 16 인용

42 Timothy Snyder, *Bloodlands: Europe between Hitler and Stalin*, London, 2010, pp. 89~104를 보라.

43 Leonid Naumov, *Stalin i NKVD*, Moscow, 2007, pp. 299~300, 같은 출처, p. 96 인용

44 Wesley Adamczyk, *When God Looked the Other Way: An Odyssey of War, Exile and Redemption*, Chicago, 2006, pp. 26~27, Matthew Kelly, Finding Poland, London, 2010, p. 62 인용

45 Snyder, *Bloodlands*, p. 86 인용

46 Kelly, *Finding Poland*, p. 63. *Stalin's Ethnic Cleansing in Eastern Poland: Tales of the Deported*, 1940~1946, London, 2000에서 Association of the Families of the Borderland Settlers의 기술 내용도 보라.

3장

1   Panter-Downes, *London War Notes*, p. 21

2   Charman, *Outbreak* 1939, pp. 322~323

3   SWWEC, *Everyone's War*, no. 20, 2009 겨울, p. 60

4   Tooze, *The Wages of Destruction*, p. 330 인용

5   *GSWW*, vol. ii, p. 12

6   Virginia Cowles, *Sunday Times*, 1940년 2월 4일

7   Geoffrey Cox, *Countdown to War: A Personal Memoir of Europe*, 1938~1940, London, 1988, pp. 176~177

8   Panter-Downes, *London War Notes*, p. 25

9   Weinberg, *A World at Arms*, pp. 96~97, 그리고 Evans, *The Third Reich at War*, pp. 75~105

10 Krivosheev, *Soviet Casualties and Combat Losses*, p. 58

11 Snyder, *Bloodlands*, pp. 140~141

12 *Pravda*, 1935년 3월 29일

13 Gordon Waterfield, *What Happened to France*, London, 1940, p. 16

14 Georges Sadoul, *Journal de guerre*, Paris, 1972, 1939년 12월 12일

15 Jean-Paul Sartre, *Les Carnets de la drôle de guerre (2 septembre 1939~20 juillet 1940)*, Paris, 1983, p. 142

16 Edouard Ruby, *Sedan, terre d'preuve*, Paris, 1948, Alistair Horne, *To Lose a Battle*, London, 1969, p. 163 인용

17 Quetel, *L'Impardonnable Défaite*, p. 253 인용

18 Cox, *Countdown to War*, p. 142

19 같은 출처, p. 138

20 *GSWW*, vol. ii, pp. 141~142

4장

1 Agnes Smedley, *China Fights Back*, London, 1938, p. 30; 같은 출처, p. 28

2 Theodore H. White and Annalee Jacoby, *Thunder out of China*, New York, 1946, p. xiii

3 Smedley, *China Fights Back*, p. 31

4 Stephen Mackinnon, Peattie, Drea and van de Ven, *The Battle for China*, p. 184, 'The Defense of the Central Yangtze' 인용

5 Edward J. Drea, Peattie, Drea and van de Ven, *The Battle for China*, p. 107, 'The Japanese Army on the Eve of War' 인용

6 Peattie, Drea and van de Ven, *The Battle for China*, p. 143에서 Yang Tianshi, 'Chiang Kai-shek and the Battles of Shanghai and Nanjing'

7 Smedley, *China Fights Back*, p. 132

8 Jung Chang and Jon Halliday, *Mao: The Unknown Story*, London, 2007, pp. 245~246

9 Diana Lary, *The Chinese People at War: Human Suffering and Social Transformation*, 1937~1945, Cambridge, 2010, pp. 22~23

10 Peattie, Drea and van de Ven, *The Battle for China*, pp. 145~154에서 Yang Tianshi, 'Chiang Kai-shek and the Battles of Shanghai and Nanjing'을 보라.

11 Peattie, Drea and van de Ven, *The Battle for China*, p. 176에서 Hattori Satoshi, 'Japanese Operations from July to December 1937'

12 같은 출처, p. 179

13 Rosen 박사가 독일 외무부에 보고, 1938년 1월 20일, John Rabe, *The Good German of Nanking: The Diaries of John Rabe*, New York, 1998, p. 145 인용 지멘스 사의 지역 책임자이자 난징에 국제 안전지대를 만든 사람인 욘 라베의 일기를 통해 난징에서 자행된 잔학 행위에 대해 가장 신뢰할 만한 설명을 접할 수 있다.

14 일본의 군인 육성에 관해서는 Peattie, Drea and van de Ven, *The Battle for China*, pp. 332~334에서 Kawano Hitoshi, 'Japanese Combat Morale'을 보라.

15 Kondo Hajime, Laurence Rees, *Their Darkest Hour: People Tested to the Extreme in WWII*, London, 2007, p. 61 인용

16 신사군이 나카무라 하사의 시체에서 발견한 일기장, Agnes Smedley, *Battle Hymn of China*, London, 1944, p. 186 인용

17 Shimada Toshio, Kawano, Peattie, Drea and van de Ven, *The Battle for China*, p. 341, 'Japanese Combat Morale' 인용

18 Rabe, *The Good German of Nanking*, 1938년 1월 22일, p. 148;

19 같은 출처, p. 172

20 Smedley, *China Fights Back*, pp. 227과 230

21 Lary, *The Chinese People at War*, p. 25

22 Peattie, Drea and van de Ven, *The Battle for China*, p. 351에서 Kawano, 'Japanese Combat Morale'

23 '위안부 여성'과 강간에 관해서는, Yuki Tanaka, *Hidden Horrors: Japanese War Crimes in World War II*, Oxford, 1996, pp. 94~97을 보라.

24 Smedley, *Battle Hymn of China*, p. 206

25 우한과 타이얼좡에 관해서는 Peattie, Drea and van de Ven, *The Battle for China*, pp. 208~209에서 Tobe Ryoichi, 'The Japanese Eleventh Army in Central China, 1938~1941'을 보라.

26 Lary, *The Chinese People at War*, p. 61 인용

27 John W. Garver, *Chinese–Soviet Relations, 1937~1945: The Diplomacy of Chinese Nationalism*, Oxford, 1988, pp. 40~41; 그리고 Peattie, Drea and van de Ven, *The Battle for China*, pp. 245~246에서 Hagiwara Mitsuru, 'Japanese Air Campaigns in China'

28 Chang and Halliday, *Mao*, pp. 260~264를 보라.

29 Smedley, *China Fights Back*, p. 156

30 신사군이 입수한 일기장, Smedley, *Battle Hymn of China*, pp. 185~186 인용

31 Garver, *Chinese–Soviet Relations*, pp. 81~82

32 van de Ven, *War and Nationalism in China*, p. 237

5장

1 Tooze, *The Wages of Destruction*, pp. 328~357를 보라.

2 괴링이 토마스 소장에게 한 말, 1940년 1월 30일, 같은 출처, p. 357 인용

3 *GSWW*, vol. ii, pp. 170~171

4 같은 출처, p. 212

5 Karl-Heinz Frieser, *The Blitzkrieg Legend: The 1940 Campaign in the West*, Annapolis, Md, pp. 79~81을 보라.

6 Horne, *To Lose a Battle*, p. 155

7   *GSWW,* vol. ii, p. 280

6장

1   Cox, *Countdown to War,* pp. 194~195

2   Horne, *To Lose a Battle,* pp. 171~172를 보라.

3   Nicolaus von Below, *Als Hitlers Adjutant,* 1937~1945, Mainz, 1980, p. 228

4   Horne, *To Lose a Battle,* p. 169

5   같은 출처, p. 165를 보라: 그리고 코라프에 관해서는 Julian Jackson, *The Fall of France: The Nazi Invasion of 1940,* Oxford, 2003, p. 35를 보라.

6   Frieser, *The Blitzkrieg Legend,* p. 87

7   Zamoyski, *The Forgotten Few,* p. 51

8   James Holland, *The Battle of Britain,* London, 2010, pp. 67~68

9   Robin McNish, Iron Division: *The History of the 3rd Division,* London, 2000, p. 77

10   *GSWW,* vol. ii, p. 283

11   Cox, *Countdown to War,* p. 203

12   같은 출처, p. 213

13   Horne, *To Lose a Battle,* p. 209 인용

14   Hans von Luck, *Panzer Commander,* London, 1989, p. 38

15   Andre Beaufre, *The Fall of France,* London, 1967, p. 183

16   Lev Kopelev, *Ease my Sorrows,* New York, 1983, pp. 198~199 인용

17   Alexander Stahlberg, *Bounden Duty,* London, 1990, p. 132

18   Riedel, 1940년 5월 20일, BfZ-SS

19   Frieser, *The Blitzkrieg Legend,* pp. 21~23

20   Horne, *To Lose a Battle,* p. 331 인용

21   Roland de Margerie, *Journal, 1939~1940,* Paris, 2010, pp. 180~181

22   TNA PREM 3/468/201

23   같은 출처

24   Margerie, *Journal,* p. 181

25   Winston S. Churchill, *The Second World War,* 6 vols, London, 1948~1953, vol. ii: *Their Finest Hour,* p. 42

26   같은 출처, p. 192

27   Field Marshal Lord Alanbrooke, *War Diaries, 1939~1945,* London, 2001, p. 67

7장

1   p. 99 생캉탱에서 클라이스트와 구데리안: *GSWW*, vol. ii, p. 287

2   Margerie, *Journal*, p. 12

3   Charles de Gaulle, *Mémoires de guerre*, 3 vols, Paris, 1954~1959, vol. i: *L'Appel*, 1940~1942, p. 30

4   Margerie, *Journal*, p. 201

5   Martin Gilbert, *Finest Hour: Winston S. Churchill, 1940~1941*, London, 1983, p. 358 인용

6   Gabriel Gorodetsky, *Grand Delusion: Stalin and the German Invasion of Russia*, New Haven and London, 1999, pp. 19~22를 보라.

7   아라스 반격에 관해서는 Hugh Sebag-Montefiore, *Dunkirk: Fight to the Last Man*, London, 2007, pp. 142~155를 보라.

8   Hans B. 사병, 7.kl.Kw.Kol.f.Betr.St./Inf.Div.Kol.269, BfZ-SS

9   Ludwig D. 상병, Rgts.Stab/Art.Rgt.69, 1940년 5월 21일 화요일, BfZ-SS

10 Konrad F. 상병, 5.Kp./Inf.Rgt.43, 1.Inf.Div., 1940년 5월 22일 수요일, BfZ-SS

11 Christophe Dutrone, *Ils se sont battus: mai–juin 1940*, Paris, 2010, p. 150

12 TNA WO 106/1693과 1750, Sebag-Montefiore, *Dunkirk*, p. 228 인용

13 Paul Addison and Jeremy Crang (eds), *Listening to Britain*, London, 2010, 1940년 5월 22일, p. 19

14 같은 출처, p. 39

15 같은 출처, p. 31

16 Alanbrooke, *War Diaries*, p. 67

17 BA-MA, W 6965a와 Wi/1F5.366, *GSWW*, vol. ii, p. 290 인용

18 Frieser, *The Blitzkrieg Legend*, p. 29

19 TNA WO 106/1750, Sebag-Montefiore, *Dunkirk*, p. 250 인용

20 J. Paul-Boncour, *Entre deux guerres*, vol. iii, Paris, 1946, Quetel, *L'Impardonnable Défaite*, p. 303 인용

21 *GSWW*, vol. iii, p. 62 인용

22 John Lukacs, *Five Days in London: May 1940*, New Haven, 1999 인용

23 Riedel, 1940년 5월 26일, BfZ-SS

24 TNA CAB 66~67

25 Margerie, *Journal*, p. 239

26 TNA CAB 65/13

27 TNA WO 106/1750

28 Sebag-Montefiore, *Dunkirk*, pp. 272~273을 보라.

29 TNA CAB 65/13/161, Gilbert, *Finest Hour*, p. 412 인용.

30 Leca가 Margerie, *Journal*, p. 253 인용.

31 TNA CAB 65/13

32 같은 출처

33 Lieutenant P. D. Elliman, 1st HAA Regiment, Sebag-Montefiore, *Dunkirk*, p. 387 인용.

34 같은 출처, pp. 404~411을 보라.

35 *GSWW*, vol. ii, pp. 293과 295; Sebag-Montefiore, *Dunkirk*, pp. 540~541, 628~629

36 SHD-DAT 1 K 543 1

37 Addison and Crang, *Listening to Britain*, pp. 71, 53

38 *GSWW*, vol. iii, p. 247

39 Cox, *Countdown to War*, p. 236

40 Edward Spears, *Assignment to Catastrophe*, vol. ii: *The Fall of France*, London, 1954, p. 138

41 Quetel, *L'Impardonnable Défaite*, p. 330 인용.

42 Jackson, *The Fall of France*, 2003, p. 135에서 Paul Baudouin, *Private Diaries: March 1940~January 1941*, London, 1948 인용.

43 Spears, *Assignment to Catastrophe*, vol. ii, p. 171

44 Charles Glass, *Americans in Paris: Life and Death under Nazi Occupation, 1940~1944*, London, 2009, pp. 11~22

45 Philippe Petain, *Actes et écrits*, Paris, 1974, p. 365

46 Alanbrooke, *War Diaries*, p. 80

47 같은 출처, p. 81

48 Paul Lehmann 사병, Inf.Div.62, 1940년 6월 28일, BfZ-SS

49 Sebag-Montefiore, *Dunkirk*, pp. 486~495

8장

1 *TBJG*, part I, vol. viii, p. 186

2 BA-MA RM 7/255, *GSWW*, vol. iii, p. 131 인용.

3 Quetel, *L'Impardonnable Défaite*, p. 384 인용.

4 Domarus, vol. ii, p. 1533, Kershaw, *Hitler, 1936~1945: Nemesis*, p. 299 인용.

5 Colin Smith, *England's Last War against France*, London, 2009, p. 62 인용.

6 TNA ADM 399/192

7 TNA ADM 199/391

8 Kershaw, *Hitler, 1936~1945: Nemesis*, pp. 300~301; 그리고 Roger Moorhouse, *Berlin at War: Life and Death in Hitler's Capital, 1939~1945*, London, 2010, pp. 61~63

9 *New York Times*, 1940년 7월 7일

10 1940년 12월 13일에 완성, BA-MA RM 7/894, *GSWW*, vol. ix/1, p. 525, n. 11 인용

11 Walter Schellenberg, *Invasion 1940: The Nazi Invasion Plan for Britain*, London, 2000

12 Domarus, vol. ii, p. 1558

13 Paul Lehmann 사병, Inf.Div.62, 1940년 6월 28일, BfZ-SS

14 Max Hastings, *Finest Years: Churchill as Warlord, 1940~1945*, London, 2009, p. 67 인용

15 영국에 온 폴란드 공군병에 관해서는 Zamoyski, *The Forgotten Few*를 보라.

16 Halder, *Kriegstagebuch*, vol. ii : *Von der geplantenLandung in England bis zum Beginn des Ostfeldzuges*, p. 49 인용

17 BA-MA RH 19I/50, GSWW, vol. ix/1, p. 529 인용

18 Albert Speer, *Erinnerungen*, Frankfurt am Main, 1969, p. 188, Kershaw, *Hitler, 1936~1945: Nemesis*, p. 305 인용

9 BA-A RL 2/v. 3021, *GSWW*, vol. ii, p. 378 인용

20 Patrick Bishop, *Fighter Boys*, London, 2003, p. 239

21 같은 출처; Holland, *The Battle of Britain Larry Forrester, Fly for your Life*, London, 1956

22 Zamoyski, *The Forgotten Few*, p. 84 인용

23 Bishop, *Fighter Boys*, p. 204 인용

24 Zamoyski, *The Forgotten Few*, p. 71

25 *GSWW*, vol. ii, p. 388; 같은 출처, p. 403

26 *Novaya i noveishaya istoriya*, Moscow, 2000, p. 105에서 V. N. Pavlov, 'Avtobiograficheskie Zametki' 인용

27 Panter-Downes, *London War Notes*, pp. 97~98 인용; 같은 출처

28 Peter Quennell, *The Wanton Chase*, London, 1980, p. 15

29 Ernst von Weizsacker, *Die Weizsäcker-Papiere,1933~1950*, Berlin, 1974, p. 225

9장

1 이창 작전에 관해서는 Peattie, Drea and van de Ven, *The Battle for China*, pp.

207~229에서 Tobe Ryoichi, 'The Japanese Eleventh Army in Central China, 1938~1941'을 보라.

2 Smedley, *Battle Hymn of China*, pp. 343~344

3 같은 출처, p. 348

4 Kershaw, *Fateful Choices*, p. 99

5 Garver, *Chinese-iSoviet Relations*, pp. 140~141

6 *GSWW*, vol. iii, p. 2

7 같은 출처, p. 68

8 Weizsäcker, *Die Weizsäcker-Papiere*, p. 206

9 Stanley G. Payne, *Franco and Hitler*, New Haven, 2008, pp. 90~94; 그리고 Javier Tusell, Franco, *España y la II Guerra Mundial: Entre el Eje y la Neutralidad*, Madrid, 1995, pp. 83~201

10 Tusell, *Franco, España y la II Guerra Mundial*, p. 159

11 *KTB OKW*, vol. i, 1940년 11월 15일, p. 177

12 같은 출처, p. 144 ('como un judio que quiere traficar con las más sagradas posesiones')

13 Halder, *Kriegstagebuch*, vol. i, p. 670

14 *GSWW*, vol. iii, p. 194

15 *The Times*, 1940년 7월 2일

16 Dudley Clarke, *The Eleventh at War*, London, 1952, p. 95; 그리고 Michael Carver, *Out of Step*, London, 1989, pp. 54~55

17 Count Galeazzo Ciano, *Ciano's Diplomatic Papers*, London, 1948, p. 273

18 같은 출처, 1940년 10월 12일, p. 297

19 Mark Mazower, *Inside Hitler's Greece: The Experience of Occupation*, 1941~1944, New Haven, 1993

20 Artemis Cooper, *Cairo in the War*, 1939~1945, London, 1989, p. 59

21 *GSWW*, vol. iii, p. 448

22 Churchill, *The Second World War*, vol. ii, p. 480

10장

1 *KTB OKW*, vol. i, 1940년 12월 10일, p. 222

2 Sir Francis de Guingand, *Generals at War*, London, 1964, p. 33

3 Schmidt, *Hitler's Interpreter*, p. 223

4 Domarus, vol. ii, pp. 1726ff.

5 베오그라드에서 민간인 사상 피해: *GSWW*, vol. iii, p. 498

6 G. 상병, Art.Rgt.119, 11. Pz.Div., BfZ-SS 13/517A

7 Richthofen KTB, 1941년 4월 6일, BA-MA N671/2/7/9, p. 53

8 Richthofen KTB, 1941년 4월 10일, BA-MA N671/2/7/9, p. 59

9 Richthofen KTB, 1941년 4월 9일, BA-MA N671/2/7/9, p. 58

10 de Winton 소장, Antony Beevor, *Crete: The Battle and the Resistance*, London, 1990, p. 36 인용

11 OL 2042, TNA DEFE 3/891

12 G. 상병, Art.Rgt.119, 11. Pz.Div., 1941년 4월 17일, BfZ-SS 13 517A

13 Erich N. 사병, 8.Kp./SS-Rgt.(mot.) DF, SS-Div. Reich, 1941년 5월 10일, BfZ-SS 11 707 E

14 Beevor, *Crete*, p. 38

15 Mazower, *Inside Hitler's Greece*, p. xiii

16 Richthofen KTB, 1941년 4월 10일, BA-MA N671/2/7/9, p. 60

17 *GSWW*, vol. ix/1, p. 536 인용

18 Friedrich M. 대위, 73.Inf.Div., BfZ-SS 20 305

19 바르바로사 작전 연기를 둘러싼 논쟁에 관해서는 다음을 보라. Martin van Creveld, *Hitler's Strategy, 1940~1941: The Balkan Clue*, London, 1973; Salonika symposium, 1991년 5월; *GSWW*, vol. iii, p. 525; Müller-Hillebrand, 'Improvisierung', 78, MGFA-P 030; Andreas Hillgruber, *Hitlers Strategie*, Frankfurt am Main, 1965, pp. 504 이하; Andrew L. Zapantis, *Greek-Soviet Relations, 1917~1941*, New York, 1983, pp. 498 이하.

20 OL 2167, TNA DEFE 3/891

21 TNA PREM 3/109

22 Churchill, *The Second World War*, vol. iii: *The Grand Alliance*, p. 243 인용

23 Freyberg, John Connell, *Wavell: Scholar and Soldier*, London, 1964, p. 454 인용

24 Ian Stewart, *The Struggle for Crete*, Oxford, 1955, p. 108 인용

25 Churchill, *The Second World War*, vol. iii, p. 241 인용

26 Woodhouse, C. Hadjipateras and M. Fafalios, *Crete 1941*, Athens, 1989, p. 13 인용

27 Ray Sandover 준장, 저자와의 대화, 1990년 10월 12일

28 New Zealand Division war diary, Stewart, *The Struggle for Crete*, p. 278 인용

29 Einsatz Kreta', BA-MA RL 33/98

30 Richthofen KTB, 1941년 5월 28일, BA-MA N671/2/7/9, p. 115

31 BA-MA ZA 3/19 그리고 RL2 III/95

11장

1 Walter Warlimont 포병대장, ETHINT 1

2 von Taysen, *Tobruk 1941: Der Kampf in Nordafrika*, Freiburg, 1976, Martin Kitchen, *Rommel's Desert War: Waging World War II in North Africa, 1941~1943*, Cambridge, 2009, p. 54 인용

3 Kitchen, *Rommel's Desert War*, p. 17

4 Halder, *Kriegstagebuch*, vol. ii, 1941년 4월 23일, p. 381, 같은 출처, p. 100 인용

5 Halder, *Kriegstagebuch*, vol. ii, 1941년 4월 23일, p. 385

6 같은 출처, p. 412

7 Richthofen KTB, 1941년 5월 19일, BA-MA N671/2/7/9, p. 100

8 Wolfgang H. 상병, 15.Pz.Div., 1941년 6월 21일, BfZ-SS 17 338

9 루스벨트와 마셜에 관해서는 Andrew Roberts, *Masters and Commanders: How Roosevelt, Churchill, Marshall and Alanbrooke Won the War in the West*, London, 2008, pp. 24~34를 보라.

10 처칠이 루스벨트에게 보낸 서신, Winston Churchill, *The Second World War*, vol. ii, p. 498 인용

11 같은 출처, p. 503

12 Hastings, *Finest Years*, pp. 171~174

13 *DGFP*, Series D, vol. xii, no. 146, 1941년 3월 10일, pp. 258~259

14 *GSWW*, vol. ii, p. 343

15 같은 출처, p. 353

12장

1 Garver, *Chinese-Soviet Relations*, pp. 112~118

2 Valentin M. Berezhkov, *At Stalin's Side*, New York, 1994, p. 205

3 1941년 4월 15일에 보낸 크렙스의 서신, BA-MA MSg1/1207

4 바케와 기아 계획에 관해서는 Lizzie Collingham, *The Taste of War: World War II and the Battle for Food*, London, 2011, pp. 32~38; Tooze, *The Wages of Destruction*, pp. 173~175, 476~480을 보라.

5 5월 15일 문서의 가장 좋은 분석 자료를 얻으려면 다음을 보라. Chris Bellamy, *Absolute War: Soviet Russia in the Second World War*, London, 2007, pp. 99~121; Constantine Pleshakov, *Stalin's Folly: The Secret History of the German Invasion*

of Russia, June 1941, London, 2005, pp. 75~84; Bianka Pietrow Ennker (ed.), *Präventivkrieg? Der deutsche Angriff auf die Sowjetunion*, Frankfurt am Main, 2000; 그리고 음모론자들에 관해서는 다음을 보라. Viktor Suvorov, *Icebreaker: Who Started the Second World War?*, London, 1990; Heinz Magenheimer, *Hitler's War*, London, 2002, pp. 51~64. 전체 논쟁은 1997년 12월 28일 러시아 제2차 세계대전 역사가연합회에서 이뤄졌으며(Information Bulletin, No.4, 1998), 그 결과 붉은 군대가 공격을 개시할 상황이 아니었다고 보는 것이 타당하다는 결론이 나왔다. 구술 자료를 보내준 연합회 회장 O.A. Rzheshevsky 교수에게 감사드린다.

6 Christopher Andrew and Oleg Gordievsky, *KGB: The Inside Story of its Foreign Operations from Lenin to Gorbachev*, London, 1990, p. 203

7 Halder, *Kriegstagebuch*, vol. ii, pp. 336~337

8 *KTB OKW*, vol. i, p. 417

9 Paul B. 사병, Flak-Sonderger Wrkst. Zug 13, 1941년 6월 22일, BfZ-SS L 46 281

10 Kurt U. 사병, 1.San.Kp.91, 6.Geb.Div., 1941년 6월 21일, BfZ-SS

11 통신부사관 Herbert E. 상사, 2.Kp./Nachr.Abt.SS, SS-Div.Reich, BfZ-SS

12 Maslennikov, RGVA 38652/1/58

13 *KTB OKW*, vol. i, p. 417

14 Erich von Manstein, *Lost Victories*, London, 1982, p. 187

15 Schmidt, *Hitler's Interpreter*, p. 233

16 Richard Lourie, *Sakharov: A Biography*, Hanover, NH, 2002, p. 52 인용

17 RGALI 1710/3/43

18 Rudolf B. 사병, Stab/Nachsch.Btl.553, 1941년 7월 27일, BfZ-SS

19 Anne Applebaum, *Gulag: A History of the Soviet Camps*, London, 2003, pp. 377~378; 폴란드 포로 학살, Snyder, *Bloodlands*, p. 194

20 Richard Overy, *Russia's War*, London, 1999, p. 78 인용

21 Aleksandr Tvardovsky, *Dnevniki i pisma*, 1941~1945, Moscow, 2005, p. 32

22 Vasily Grossman의 기록, RGALI 1710/3/43

23 RGVA 32904/1/81, p. 28, Anna Reid, *Leningrad:The Epic Siege of World War II, 1941~1944*, New York, 2011, p. 43 인용

24 TsAMO 35/107559/5 p.364

25 같은 출처

26 Ilya Zbarsky, *Lenin's Embalmers*, London, 1998, pp. 118~121

27 Halder, *Kriegstagebuch*, vol. iii: *Der Russlandfeldzug bis zum Marsch auf Stalingrad*, p. 38

28 Grossman의 기록, RGALI 1710/3/43

29 Halder, *Kriegstagebuch*, vol. iii, p. 506

30 RGALI 1710/3/43

31 Grossman의 기록, RGALI 1710/3/49

32 RGASPI 558/11/49, p. 1, Reid, *Leningrad*, pp. 65~66 인용

33 David M. Glantz, *The Battle for Leningrad*, 1941~1944, Lawrence, Kan., 2002, p. 46

34 Reid, *Leningrad*, p. 116

35 RGASPI 558/11/492, p. 27, 같은 출처, p. 106 인용

36 RGASPI 83/1/18, p. 18

37 VCD, 1941년 8월 21일

38 1941년 9월 20일, RGALI 1817/2/185

39 Hans B. 상병, 269.Inf.Div., BfZ-SS

40 VCD, 1941년 9월 4일

13장

1 Hanns W. 병장, 387.Inf.Div., 1942년 5월 31일, BfZ-SS 45 842

2 Snyder, *Bloodlands*, p. 53을 보라.

3 Grossman의 기록, RGALI 1710/3/49

4 Josef Z. 사병, 3.Kp/Ldsschtz. Btl.619, 1941년 9월 21일, BfZ-SS 20 355 D

5 Paul Roser의 증언, IMT VI, p. 291, Peter Padfield, *Himmler, Reichsführer-SS*, London, 2001, p. 431 인용

6 1941년 9월 2일, Bellamy, *Absolute War*, pp. 267~268

7 Grossman의 기록, RGALI 1710/3/43

8 Vasily Grossman, *The Road*, London, 2009, p. 60

9 Christopher Browning, *The Path to Genocide: Essays on Launching the Final Solution*, Cambridge, 1992, pp. 16~17에서 'Nazi Resettlement Policy and the Search for a Solution to the Jewish Question, 1939~1941', Mark Mazower, *Dark Continent: Europe's Twentieth Century*, London, 1998, p. 170 인용

10 Christopher R. Browning, *The Origins of the Final Solution*, London, 2004, pp. 81~89

11 Kershaw, *The Nazi Dictatorship*, p. 112 인용

12 같은 출처, p. 266 인용

13 SS절멸부대에 관해서는 같은 출처, pp. 224~243을 보라.

14 같은 출처, p. 228

15 같은 출처, p. 219

16 Raul Hilberg, *The Destruction of the European Jews*, New York, 1985, p. 146

17 TsA FSB 14/4/326, pp. 264~267

18 Hans R. 상병, SWF TV 'Die Deutschen im Zweiten Weltkrieg' 인터뷰, 1985, Robert
    Kershaw, *War without Garlands*, London, 2009, pp. 285~286 인용

19 RGALI 1710/3/49

20 TNA WO 208/4363

21 Ludwig B. 상병, Nachsch.Btl.563, 1942년 7월 27일, BfZ-SS 28 743

22 Grossman의 기록, RGALI 1710/1/123

23 Ida S. Belozovskaya, GARF 8114/1/965, pp. 68~75

24 Hannes Heer (ed.), *Vernichtungskrieg. Verbrechen der Wehrmacht 1941 bis 1944*,
    Hamburg, 1996

25 Ida S. Belozovskaya, GARF 8114/1/965, pp. 68~75

26 Henry Friedlander, *The Origins of Nazi Genocide:From Euthanasia to the Final
    Solution*, Chapel Hill, 1995, p. 43. 안락사 프로그램에 관한 부분은 주로 Friedlander의
    자료를 참고했다.

27 Hilberg, *The Destruction of the European Jews*, p. 137 인용

14장

1   1941년 6월 22일 Winant와 Churchill의 연설, Valentin M. Berezhkov, *History in the
    Making*, Moscow, 1983, p. 123

2   TNA HW 1/6, C/6863, David Stafford, *Roosevelt and Churchill*, London, 2000, p. 65
    인용

3   Kenneth S. Davis, *FDR: The War President*, New York, 2000, p. 212

4   Berezhkov, *History in the Making*, p. 126

5   같은 출처, p. 141 인용

6   *GSWW*, vol. iii, p. 712

7   Wolf Heckmann, *Rommel's War in Africa*, New York, 1981, p. 157

8   André F. 소위, 15.P.Div., 1941년 5월 28일, BfZ-SS 37 007

9   Geoffrey Cox, *A Tale of Two Battles*, London, 1987, p. 134

10 BA-MA RM 7/29

11 Ilya Ehrenburg, Men, *Years – Life, vol. v: The War: 1941~1945*, New York, 1964, p. 19

15장

1 Lourie, *Sakharov*, p. 53 인용

2 Yuri Vladimirov, *Voina soldata-zenitchika*, 1941~1942, Moscow, 2009, p. 118

3 Grossman의 기록, RGALI 1710/3/49

4 Artem Drabkin (ed.), *Svyashchennaya voina. Ya pomnyu*, Moscow, 2010, p. 12에 서 Vladimir Voitsekhovich

5 John Erickson, *The Road to Stalingrad*, London, 1975, p. 217

6 Hans Sch. 소령, Stab/Pi.Btl.652, BfZ-SS 33 691

7 같은 출처

8 Grossman의 기록, RGALI 1710/3/49

9 같은 출처

10 Vladimir Ogryzko, Laurence Rees, *World War II behind Closed Doors: Stalin, the Nazis and the West*, London, 2009, p. 112 인용

11 Drabkin (ed.), *Svyashchennaya voina*, p. 15에서 Vladimir Voitsekhovich

12 Dmitri Volkogonov, *Stalin: Triumph and Tragedy*, London, 1991, p. 422 인용

13 Drabkin (ed.), *Svyashchennaya voina*, p. 79에서 Yefim Abelevich Golbraikh

14 Lowrie, *Sakharov*, p. 55 인용

15 같은 출처

16 Ehrenburg, *Men, Years – Life*, vol. v, p. 17

17 Alexander Werth, *Russia at War*, London, 1964, p. 246

18 같은 출처, p. 15

19 Volkogonov, *Stalin: Triumph and Tragedy*, p. 456 인용

20 Vladimirov, *Voina soldata-zenitchika*, p. 119

21 Bellamy, *Absolute War*, p. 317

22 Drabkin (ed.), *Svyashchennaya voina*, 2010에서 Vladimir Viktorovich Voitsekhovich

23 Richthofen KTB, 1941년 4월 10일, BA-MA N671/2/7/9, p. 59

24 Charles Messenger, *The Last Prussian: A Biography of Field Marshal Gerd von Rundstedt, 1875~1953*, London, 1991, p. 61 인용

25 Reid, *Leningrad*, pp. 168~169

26 VCD, 1941년 10월 28일

27 같은 출처, 1941년 11월 20일

28 같은 출처, 1941년 12월 8일

29 같은 출처, 1941년 12월 8~9일

30 Hans Joachim C. 상병, 6.Kp/Infantry.Rgt.67, 23.Inf.Div., 1941년 12월 4일, BfZ-SS

31 Herbert B. 병장, Nachschubkp.31, 1941년 12월 6일, BfZ-SS

32 Helmut G. 일병, 1941년 12월 8일, BfZ-SS

33 Ehrenburg, *Men, Years – Life*, vol. v, p. 35

34 Helmut G. 일병, BfZ-SS, N:Gil

35 Helmut G. 일병, BfZ-SS

36 Ehrenburg, *Men, Years – Life*, vol. v, p. 18

16장

1 Robert E. Sherwood, *The White House Papers of Harry L.Hopkins*, 2 vols, New York, 1948, vol. i, p. 430

2 D. K. R. Crosswell, *Beetle: The Life of General Walter Bedell Smit*h, Lexington, Ky, 2010, pp. 227~228

3 Kershaw, *Fateful Choices*, p. 7

4 Arthur Zich, The Rising Sun, Alexandria. Va, 1977, p. 19

5 Joseph C. Grew, *Ten Years in Japan*, New York, 1944, p. 468, 같은 출처, p. 366 인용

6 Nobutaka Ike (ed.), *Japan's Decision for War: Records of the 1941 Policy Conferences*, Stanford, 1967, pp. 208~239, Kershaw, Fateful Choices, p. 365 인용

7 Zich, *The Rising Sun*, p. 51

8 Stanley M. Ulanoff (ed.), *Bombs Away!*, New York, 1971에서 Fuchida Mitsuo, 'Pearl Harbor: The View from the Japanese Cockpit', Lewis, *Eyewitness World War II*, pp. 260~261 인용

9 *Philippine Islands*, USACMH, Washington, DC, 1992, pp. 4~9

10 Carlos P. Romula, USMC, Lewis, *Eyewitness World War II*, p. 268 인용

11 Peter Thompson, *The Battle for Singapore*, London, 2005, p. 16 인용

12 TNA PREM 3/469/13

13 O. D. Gallagher, 'The Loss of the *Repulse* and the *Prince of Wales*', *Daily Express*, 1941년 12월 12일

14 같은 출처, p. 35

15 Philip Snow, *The Fall of Hong Kong: Britain, China and the Japanese Occupation*, New Haven and London, 2003, p. 41 인용

16 같은 출처, pp. 53~57을 보라.

17 같은 출처, pp. 66~67

18 같은 출처, p. 67

19 같은 출처, pp. 81~82; Rees, *Their Darkest Hour*, pp. 129~135에서 Connie Sully의 증언도 참고하라.

20 Alan brooke, *War Diaries*, 1942년 2월 12일, p. 229

21 Terence Cole 판사가 주관한 2008~2009 특별조사위원회 소식을 계속해서 알려준 순양 함 함장의 아들 Michael Montgomery에게 감사드린다.

22 Theodore White (ed.), *The Stilwell Papers*, New York, 1948, p. 60

17장

1 신사군 사건에 관해서는 Chang and Halliday, *Mao*, pp. 278~285를 보라.

2 Peattie, Drea and van de Ven, *The Battle for China*, p. 331에서 Kawano, 'Japanese Combat Morale' 인용

3 Caroline Moorehead, *Martha Gellhorn: A Life*, London, 2003, p. 213

4 A. S. Panyushkin, *Zapiski Posla: Kitay 1939~1944*, Moscow, 1981, p. 278, Chang and Halliday, *Mao*, p. 3 인용

5 Edward L. Dreyer, *China at War, 1901~1949*, London, 1995, p. 253

6 Chalmers A. Johnson, *Peasant Nationalism and Communist Power: The Emergence of Revolutionary China, 1937~1945*, Stanford, 1962, p. 58

7 Garver, *Chinese–Soviet Relations*, p. 239

8 같은 출처, p. 40; Peattie, Drea and van de Ven, *The Battle for China*, pp. 288~293 에서 Zhang Baijia, 'China's Quest for Foreign Military Aid'

9 일본군의 전략 폭격에 관해서는 Peattie, Drea and van de Ven, *The Battle for China*, pp. 256~282에서 Edna Tow, 'The Great Bombing of Chongqing and the Anti-Japanese War, 1937~1945'를 보라.

10 Smedley, *Battle Hymn of China*, p. 158

11 Peattie, Drea and van de Ven, *The Battle for China*, p. 227에서 Tobe Ryoichi, 'The Japanese Eleventh Army in Central China, 1938~1941'

12 van de Ven, *War and Nationalism in China*, p. 13

13 국민당 징병 문제와 식량 조달 문제에 관해서는 같은 출처, pp. 253~283을 보라.

14 Collingham, *The Taste of War*, pp. 250~255

15 van de Ven, *War and Nationalism in China*, p. 10

16 *Philippine Islands*, USACMH, 1992

17 *Philippine Islands*, USACMH, 1992

18장

1   Berezhkov, *History in the Making*, pp. 159~160 인용

2   *TBJG*, part II, vol. ii, p. 453

3   Ernst von Weizsacker, *Erinnerungen*, Munich, 1950, p. 280, Kershaw, *Fateful Choices*, p. 422 인용

4   Bisch 상병, 2.Kp./Pz.Rgt.3, 2.Pz.Div., 1941년 12월 21일, BfZ-SS

5   Kershaw, *Fateful Choices*, p. 384

6   Lady Soames 인터뷰, Brendon의 기록, Carlo D'Este, *Warlord: A Life of Churchill at War, 1874~1945*, London, 2008, p. 622 인용

7   Hastings, *Finest Years*, pp. 217~239

8   Anthony Eden, *The Eden Memoirs: The Reckoning*, London, 1965, p. 319

9   John Ellis, *Brute Force: Allied Strategy and Tactics in the Second World War*, New York, 1990, p. 525 인용

10 Robert Dallek, *Franklin D. Roosevelt and American Foreign Policy, 1932~1945*, New York, 1979, p. 338

11 Warren F. Kimball (ed.), *Churchill and Roosevelt: The Complete Correspondence*, 3 vols, Princeton, 1984, vol. i: *Alliance Emerging*, p. 421

12 Georgii Zhukov, *Vospominaniya i Razmyshleniya*, 2 vols, Moscow, 2002, vol. ii, p. 51

13 P. Gerasimov, VIZh, no. 7, 1967, Rodric Braithwaite, *Moscow 1941: A City and its People at War*, London, 2007, pp. 327~328 인용

14 Volkogonov, *Stalin: Triumph and Tragedy*, pp. 443~444

15 Leonid Rabichev, *Voina vsyo spishet, vospominaniya ofi tserasvyazista,31-i armii, 1941~1945*, Moscow, 2009, p. 75

16 M. Gorinov (ed.), *Moskva Prifrontovaya, 1941~1942: Arkhivnye Dokumenty i Materialy*, Moscow, 2001, p. 415, Braithwaite, *Moscow 1941*, p. 323 인용

17 Krivosheev, *Soviet Casualties and Combat Losses*, pp. 122~123

18 Braithwaite, *Moscow 1941*, pp. 333~339

19 Bellamy, *Absolute War*, pp. 366~370

20 Reid, *Leningrad*, p. 278 인용

21 Alexander Werth, *Leningrad*, London, 1944, p. 89

22 같은 출처, p. 22 인용

23 Bellamy, *Absolute War*, pp. 377~384; Reid, *Leningrad*; Werth, *Leningrad*; David Glantz, *The Siege of Leningrad, 1941~1944*, London, 2004

24 Yelena Skrjabina, *Siege and Survival: The Odyssey of a Leningrader*, Carbondale, Ill., 1971, p. 28

25 Bellamy, *Absolute War*, pp. 379~380; A. R. Dzheniskevich, 'Banditizm (osobaya kategoriya) v blokirovannom Leningrade', *Istoriya Peterburga*, no. 1, 2001, pp. 47~51

26 Vasily Yershov, 제목 없는 타자 인쇄물, Bakhmeteff Archive, Columbia University, Reid, *Leningrad*, p. 320 인용

27 Werth, *Leningrad*, p. 97 인용

28 K.B. 사병, 1942년 1월 23일, BfZ-SS

29 Hans-Hermann H., 1942년 3월 13일, BfZ-SS N91.2

19장

1 Hilberg, *The Destruction of the European Jews*, p. 163; 같은 출처, p. 163

2 *TBJG*, part II, vol. ii, pp. 498~499, Kershaw, *The Nazi Dictatorship*, p. 124 인용

3 *TBJG*, part II, vol. ii, 1941년 12월 13일, pp. 498~499

4 Echart Conze, Norbert Frei, Peter Hayes and Moshe Zimmermann, *Das Amt und die Vergangenheit. Deutsche Diplomaten im Dritten Reich und in der Bundesrepublik*, Munich, 2010을 보라; 마틴 루서와 유대인에 관한 원문은 Hilberg, *The Destruction of the European Jews*, pp. 13~15를 보라.

5 Hilberg, The Destruction of the European Jews, p. 270

6 같은 출처, p. 99

7 헨리 포드와 나치스에 관해서는 Charles Patterson, *Eternal Treblinka*, New York, 2002, pp. 71~79를 보라; 포드가 시카고 도살장에서 얻은 영감에 관해서는 Henry Ford, *My Life and Work*, New York, 1922, p. 81; David L. Lewis, *The Public Image of Henry Ford: An American Folk Hero and his Company*, Detroit, 1976, p. 135; Albert Lee, Henry Ford and the Jews, New York, 1980을 보라.

8 IMT 29:145

9 Ian Kershaw, *Popular Opinion and Political Dissent in the Third Reich: Bavaria, 1933~1945*, New York, 1983, p. 277

10 Franz Blaha, 'Holocaust: Medical experiments at Dachau', IMT; NA II RG 238, Box 16

11 GARF 9401/2/96. 시체 실험을 금지하는 법이 없었기 때문에 슈파너는 기소되지 않았다.

12 Grossman의 기록, RGALI 1710/1/123

13 Zahlm.d.R. Heinrich K., H.K.P. 610 Brest/Bug, 1942년 7월 18일, BfZ-SS 37 634

14 Hilberg, *The Destruction of the European Jews*, p. 145

15 같은 출처, pp. 204~211을 보라.

16 Padfield, *Himmler*, p. 449 인용

17 RGALI, 1710/3/21

20장

1 Snow, *The Fall of Hong Kong*, pp. 77~148

2 일본의 상하이 지배에 관해서는 Bernard Wasserstein, *Secret War in Shanghai*, London, 1998, pp. 216~239를 보라.

3 Peter Thompson, *The Battle for Singapore*, London, 2005, p. 380

4 Tanaka, *Hidden Horrors*, p. 93

5 Max Hastings, *Nemesis: The Battle for Japan 1944~1945*, London, 2007, p. 13

6 Ralph B. Smith, 'The Japanese Period in Indochina and the Coup of 9 March 1945', *Journal of Southeast Asian Studies*, vol. 9, no. 2, 1978년 9월, pp. 268~301

7 Ronald H. Spector, *Eagle against the Sun: The American War with Japan*, London, 2001, p. 397

8 Snow, *The Fall of Hong Kong*, pp. 142~148을 보라.

9 같은 출처, p. 185

10 Justice H. L. Braund, 동부 지역 식량 관리관, Lizzie Collingham, *The Taste of War*, p. 143 인용; 벵골 기근, 같은 출처, pp. 141~154

11 *World War II Quarterly*, 5.2, p. 64

12 Nagumo Chuichi 제독, Office of Naval Intelligence, 1947년 6월, NHHC, OPNAV P32 1002 인용

13 같은 출처

14 Ulanoff (ed.), *Bombs Away!*, p. 305에서 Fuchida Mitsuo, 'Pearl Harbor: The View from the Japanese Cockpit'

15 일본군 뇌격기 재무장 문제에 관해서는 Jeffrey G. Barlow in *World War II Quarterly*, 5.1, pp. 66~69; Dallas Woodbury Isom, *Midway Inquest: Why the Japanese Lost the Battle of Midway*, Bloomington Ind., 2007, p. 269; Jonathan Parshall and Anthony Tully, *Shattered Sword: The Untold Story of the Battle of Midway*, Dulles, va, 2005, p. 171; John B. Lundstrom, *Black Shoe Carrier Admiral: Frank Jack Fletcher at Coral Sea, Midway and Guadalcanal*, Annapolis, 2006, pp. 254~255를 보라.

16 Nagumo 제독, Office of Naval Intelligence, June 1947, NHHC, OPNAV P32~1002 인용

17 같은 출처

18 태평양 함대 총사령관이 함대사령관에게 한 말, 1942년 6월 28일, NHHC, 미드웨이 해전: 1942년 6월 4~7일 Action Reports, F-2042

21장

1 Hans-Hermann H. 하사, 1942년 4월 8일, BfZ-SS N91.2

2 James Holland, *Together We Stand: North Africa, 1942~1943 - Turning the Tide in the West*, London, 2005, p. 80 인용

3 Kitchen, *Rommel's Desert War*, pp. 225~226

4 de Gaulle, *Mémoires de guerre*, vol. i, p. 323

5 Below, *Als Hitlers Adjutant*, p. 311

6 de Gaulle, *Mémoires de guerre*, vol. i, p. 325

7 Hans-Hermann H. 하사, 1942년 6월 30일, BFZ-SS N91.2

8 Churchill, *The Second World War*, vol. iv: *The Hinge of Fate*, p. 344

9 Cooper, *Cairo in the War*, pp. 190~201

10 *Global War Studies*, vol. 7, no. 2, 2010, p. 79

11 Victor Gregg, *Rifleman: A Front Line Life*, London, 2011, p. 127

12 Roberts, *Masters and Commanders*, p. 233 인용

22장

1 Fritz S. 사병, 25.Inf.Div.(mot.), 1942년 5월 1일, BfZ-SS 26 312

2 Ferdinand S. 사병, 88.Inf.Div., BfZ-SS 05831 E

3 David M. Glantz and Jonathan House, *When Titans Clashed*, Lawrence, Kan., 1995, p. 105

4 입수된 일기장, TsAFSB 14/4/328, pp. 367~371

5 1942년 1월 31일의 지시, TsAMO 206/294/48, p. 346

6 입수된 일기장, TsAFSB 14/4/328, pp. 367~371

7 Montefiore, *Stalin: The Court of the Red Tsar*, p. 365

8 TsAFSB 14/4/328, pp. 367~371

9 Vladimirov, *Voina soldata-zenitchika*, p. 234

10　Yevgeny Fyodorovich Okishev in Drabkin (ed.), *Svyashchennaya voina*, p. 210

11　Montefiore, *Stalin: The Court of the Red Tsar*, pp. 366~367

12　Heinrich R. 사병, 389.Inf.Div., 1942년 5월 20일, BfZ-SS 43 260

13　Vladimirov, Voina soldatazenitchika, p. 300

14　Karl H. 병장, Aufkl.Stffl .4 (F) 122, 1942년 6월 7일, BfZ-SS L 28 420

15　Kurt P. 병장, Radf.Rgt.4, 1942년 6월 15일, BfZ-SS 29 962

16　Yu. S. Naumov, *Trudnaya sudba zashchitnikov Seva-stopolya (1941~1942)*, Nizhni Novgorod, 2009, p. 15

17　Arnold N. 하사, 377.Inf.Div., 1942년 7월 8일, BfZ-SS 41 967

18　Weisung Nr. 41, Below, *Als Hitlers Adjutant*, p. 309 인용

19　Clemens Podewils, *Don und Volga*, Munich, 1952, p. 47

20　Helmuth Groscurth, *Tagebücher eines Abwehroffiziers*, Stuttgart, 1970, p. 527

21　Fritz W. 병장, Ldsschutz.Btl.389, 1942년 7월 9일, BfZ-SS 05 951

22　Friedrich Paulus, *Ich stehe hier auf Befehl*, Frankfurt am Main, 1960, p. 157

23　TsAMO 48/486/28, p. 8

24　GARF 9401/1a/128, p. 121

25　Yefim Abelevich Golbraikh in Drabkin (ed.), *Svyashchennaya voina*, pp. 114~115

26　Podewils, *Don und Volga*, p. 107

27　Richthofen KTB, 1942년 8월 23일, BA-MA N671/2/7/9, p. 140

28　A.d. Bernd Freiherr Freytag von Loringhoven 중장과의 대화, 1995년 10월 23일

29　Berezhkov, *History in the Making*, p. 193

30　Alanbrooke, *War Diaries*, p. 301

31　Ehrenburg, *Men, Years – Life*, vol. v, p. 78

32　Bellamy, *Absolute War*, pp. 389~390

33　'Ot party do obeliska'에서 Boris Antonov의 편지, *Nasha voina*, Moscow, 2005, p. 256

34　Below, *Als Hitlers Adjutant*, p. 313

35　ADAP Series E, vol. iii, pp. 304~307, Kitchen, *Rommel's Desert War*, p. 286 인용

36　Heinrich R. 사병, 389.Inf.Div., 1942년 8월 28일, BfZ-SS 43 260

37　Eduard R. 상병, 16.Pz.Div., 1942년 8월 25일, BfZ-SS 28 148

38　Richthofen KTB, 1942년 8월 23일, BA-MA N671/2/7/9, p. 140

39　TsAMO FSB 14/4/326, pp. 269~270

40　TsA FSB 14/4/777, pp. 32~34

23장

1 1942년 3월 30일, Ernest J. King의 기록, Spector, *Eagle against the Sun*, p. 143 인용

2 Robert Leckie, *Helmet for my Pillow*, London, 2010, p. 82

3 같은 출처, p. 89

4 Spector, *Eagle against the Sun*, p. 205

5 같은 출처, pp. 216~217 인용

6 Frank Owen 중령, William Fowler, *We Gave our Today: Burma*, 1941~1945, London, 2009, p. 82 인용

7 같은 출처, p. 85 인용

8 Joint Chiefs of Staff 비망록, MP, II, pp. 475~476

9 van de Ven, *War and Nationalism in China*, p. 36 인용

24장

1 Volkogonov, *Stalin: Triumph and Tragedy*, p. 461 인용

2 RGALI 1710/3/50

3 *KTB OKW*, vol. ii/I, p. 669

4 TsA FSB 114/4/326, pp. 167~168

5 TsA FSB 14/4/943, pp. 38~39

6 Domarus, vol. ii, p. 1908

7 총통 본부에서 리스트와 요들이 맞은 위기에 관해서는 Kershaw, *Hitler, 1936~1945: Nemesis*, pp. 532~533도 참고하라.

8 Walter Warlimont, *Im Hauptquartier der deutschen Wehrmacht, 1939~1945*, Frankfurt am Main, 1962, p. 269

9 Sergo Beria, *Beria, my Father: Inside Stalin's Kremlin*, London, 2001, p. 85

10 Vasily Chuikov, *The Beginning of the Road: The Battle for Stalingrad*, London, 1963, p. 84;

11 같은 출처, p. 89

12 제92예비연대 부정치 지도원 Sokolov의 일기, 1942년 9월 11일, TsA FSB 40/31/577, p. 42

13 상병, 389.Inf.Div., BfZ–SS

14 스탈린그라드 전선 특수부 Selivanovsky 부장, TsA FSB 14/4/326, pp. 220~223

15 Anurin의 일기, 1942년 9월 7일 (개인 소장품, Moscow)

16 1943년 4월 1일, TsA FSB 3/10/136, pp. 45~73

17 TsAMO 48/486/24, p. 162

18 Dobronin이 Shcherbakov에게 보고, 1942년 10월 8일, TsAMO 48/486/24, p. 74

19 같은 출처, p. 77

20 Dobronin이 Shcherbakov에게 보고, 1942년 11월 11일, TsAMO 48/486/25, pp. 138~139

21 Amza Amzaevich Mamutov, http://www.iremember.ru/pekhotintsi/mamutov-amzaamzaevich/stranitsa-3.html

22 *Stalinskoe Znamya*, 1942년 9월 8일, TsAMO 230/586/1, p. 79

23 Koshcheev가 Shcherbakov에게 보고, 1942년 11월 17일, TsAMO 48/486/25, p. 216

24 익명인, 29.Inf.Div.(mot.), 1942년 9월 15일, BfZ-SS

25 Dobronin이 Shcherbakov에게 보고, 1942년 10월 4일, TsAMO 48/486/24, p. 48

26 Amza Amzaevich Mamutov, http://www.iremember.ru/pekhotintsi/mamutov-amza-amzaevich/stranitsa-3.html

27 Belousov, 스탈린그라드 전선 특수부, 1942년 9월 21일, TsA FSB 14/4/326, pp. 229~230

28 *Vsem smertyam nazlo*, Moscow, 2000에서 Ilya Shatunovsky, 'I ostanetsya dobryi sled'

29 NKVD 특수2부에서 Beria와 Abakumov에게 보고, 1942년 9월 4일, TsA FSB 14/4/913, pp. 27~31

30 TsA FSB 41/51/814, p. 7

31 Grossman의 기록, RGALI 1710/3/50

32 제297보병사단 Alois Heimesser 하사, 1942년 11월 14일, TsA FSB 40/22/11, pp. 62~65

33 Vladimir Vladimirovich Gormin, *Novgorodskaya Pravda*, 1995년 4월 21일

34 같은 출처

35 1942년 11월 4일, TsAMO 48/486/25, p. 47

36 TsAMO 48/486/25, pp. 176~177

37 Koshcheev가 Shcherbakov에게 보고, 1942년 11월 14일, TsAMO 48/486/25, p. 179

38 TsAMO 62/335/7, 48/453/13, 206/294/12, 206/294/47, 206/294/48, 226/335/7

39 Dobronin이 Shcherbakov에게 보고, 1942년 10월 8일, TsAMO 48/486/24, p. 81

40 1943년 3월 4일 심문, TsAMO 226/335/7, p. 364

41 Garver, *Chinese-Soviet Relations*, pp. 169~177

42 Vladimir Vladimirovich Gormin, *Novgorodskaya Pravda*, 1995년 4월 21일

43 TsAMO, 48/486/24, p. 200

44 Koshcheev가 Shcherbakov에게 보고, 1942년 11월 6일, TsAMO 48/486/25, p. 69

45 TsAFSB 40/22/12, pp. 96~100

46 Gelman 상병, Volgograd University project, AMPSB에서 인용

47 H.S. 상병, 389.Inf.Div., 1942년 11월 5일, BfZ-SS

48 Grossman의 기록, RGALI 1710/1/100 인용

49 Domarus, vol. ii, pp. 1937~1938

50 Grossman의 기록, RGALI 618/2/108

51 TsA FSB 14/4/326, p. 307

52 Zhukov, *Kakim my yego pomnim*, p. 140

53 TsAMO 48/453/13, p. 4

54 루마니아군 기병대 중위 심문, 1942년 9월 26일, TsAMO 206/294/47, p. 561

55 TsAMO 48/453/13, pp. 4~7

56 TsA FSB 14/4/326, pp. 264~267

57 스탈린그라드 세미나에서 O. A. Rzheshevsky 교수, London, 2000년 5월 9일

58 S. I. Isaev, 'Vekhi frontovogo puti', VIZh, no. 10, 1991년 10월, pp. 22~25

59 David Glantz, *General Zhukov's Greatest Defeat: The Red Army's Epic Disaster in Operation Mars, 1942*, London, 2000을 보라.

60 1999년 12월 28일 제2차 세계대전 역사가회 러시아 연합 회의에서 M.A. Gareev 육군 원수의 주장. Information Bulletin No.5, 2000회의 구술 기록을 제공해준 러시아 제2차 세계대전 역사가연합회 회장 Oleg Rzheshevsky 교수에게 감사드린다.

61 Pavel Sudoplatov, *Special Tasks: The Memoirs of an Unwanted Witness – A Soviet Spymaster*, London, 1994, p. 159

62 Ehrenburg, *Men, Years – Life*, vol. v, pp. 80~81

63 Glantz, *Zhukov's Greatest Defeat*, pp. 304, 318~319, 379를 보라.

64 BA-MA RW4/v.264, p. 157

65 Koshcheev가 Shcherbakov에게 보고, 1942년 11월 21일, TsAMO 48/486/25, p. 264

66 BA-MA RH 20-6/241

67 1942년 9월 21일 편지, TsA FSB 40/22/142, p. 152

25장

1 Below, *Als Hitlers Adjutant*, p. 322

2 Kitchen, *Rommel's Desert War*, p. 316 인용

3 BA-MA RH/19/VIII/34a

4 Kershaw, *Hitler, 1936~1945: Nemesis*, p. 539

5 *TBJG*, part II, vol. vi, p. 259

6 마다가스카르 철갑작전에 관해서는 Smith, *England's Last War against France*, pp. 281~355를 보라.

7 Edouard Herriot, *Épisodes, 1940~1944*, Paris, 1950, p. 75

8 Jean Lacouture, *De Gaulle: The Rebel, 1890~1944*, New York, 1990, p. 397 인용

9 Rick Atkinson, *An Army at Dawn: The War in North Africa, 1942~1943*, New York, 2003, p. 123 인용

10 Guy Liddell의 일기, 1943년 1월 6일, TNA KV 4/191

11 Atkinson, *An Army at Dawn*, p. 160

26장

1 BA-MA RH 20-6/241

2 GBP

3 BA-MA N601/v.4, p. 3

4 Manfred Kehrig, *Stalingrad: Analyse und Dokumentation einer Schlacht*, Stuttgart, 1974, p. 562

5 포위된 군사 수에 대한 논의와 각각의 출처에 관해서는 다음을 보라. Antony Beevor, *Stalingrad*, London, 1998, pp. 439~440; Jurgen Forster (ed.), *Stalingrad: Ereignis, Wirkung, Symbol*, Munich, 1992, p. 442에서 Rudiger Overmans, 'Das andere Gesicht des Krieges. Leben und Sterben der 6. Armee'; BA-MA RH20-6/239, p. 226; A. E. Epifanov (ed.), *Die Tragödie der deutschen Kriegsgefangenen in Stalingrad*, Osnabrück, 1996, p. 29에서 Peter Hild, 'Partnergruppe zur Aufklarung von Vermisstenschicksalen deutscher und russischer Soldaten des 2. Weltkrieges'

6 1942년 12월 12일, TsA FSB 40/22/11, pp. 77~80

7 NKVD 돈 전선 심문, 제376보병사단 Karl Wilniker 사병, 1942년 12월 12일, TsA FSB 14/5/173, p. 223

8 K.P. 사병, 1942년 12월 14일, BfZ-SS

9 제305보병사단 군목 Hans Muhle, 1943년 1월 18일, BA-MA N241/42

10 H. Paschke; Hugo Miller, 모두 1943년 1월 25일, GBP

11 Atkinson, *An Army at Dawn*, p. 197 인용

12 고故 Sir Douglas Dodds Parker, Sir Brookes Richards, Evangeline Bruce, Lloyd Cutler와의 대화를 기반으로 한 내용

13 Susan-Mary Alsop과의 대화

14 BA-MA N395/12

15 제305보병사단 군목 Hans Muhle, 1943년 1월 18일, BA-MA N241/42

16 BA-MA RH20-6/236

17 TsA FSB 40/28/38, pp. 69~72

18 TsA FSB 40/28/38, pp. 52~53

19 제305보병사단 군목 Hans Muhle, 1943년 1월 18일, BA-MA N241/42

20 TsA FSB 14/4/1330, p. 17

21 독일 병사들이 소련 전쟁포로들에게 자행한 잔학 행위에 대해 Abakumov가 Vishinsky에게 보고한 내용, 1943년 9월 2일, TsA FSB 14/5/1, pp. 228~235

22 Yevgeny Fyodorovich Okishev in Drabkin (ed.), *Svyashchennaya voina*, p. 222

23 BA-MA RH19VI/12, p. 324

24 BA-MA RW4/v.264

25 Zakhary Rayzman, 개인 기록. 기록물을 제공해준 Zakhary Rayzman의 손자 Val Rayzman에게 감사드린다.

26 BA-MA RL 5/793

27 *GSWW*, vol. ix/1, p. 589

28 Deutsche Wochenshau, 1943년 2월. Ursula von Kardorff, *Berliner Aufzeichnungen, 1942 bis 1945*, Munich, 1997, pp. 67~68

27장

1 Keith Douglas, *Alamein to Zem-Zem*, London, 1992, p. 73

2 같은 출처, p. 80

3 Atkinson, *An Army at Dawn*, p. 289 인용

4 1943년 1월 16일 일기, Martin Blumenson (ed.), *The Patton Papers*, vol. ii: 1940~1945, Boston, 1974, p. 155

5 Alanbrooke, *War Diaries*, p. 361

6 1943년 4월 21일 일기, Blumenson (ed.), *The Patton Papers*, vol. ii, p. 218

7 Nigel Fisher, *Harold Macmillan*, New York, 1967, pp. 100~101에서 Macmillan이 Richard Crossman에게 한 말.

8 Eisenhower가 Paul Hodgson에게 한 말, 1942년 12월 4일, EP 687, Crosswell, *Beetle*, p. 360 인용

9 *Zvezda*, no. 5, 2010, p. 64에서 Irina Dunaevskaya, 1943년 1월 15~16일

10 Dmitri Kabanov, *Pamyat pisem ili chelovek iz tridzatchetverki*, Moscow, 2006, p. 36

11 VCD, 1943년 2월 22일

12 Payne, Franco and Hitler, pp. 146~154; X. Moreno Julia, *La División Azul: Sangre española en Rusia, 1941~1945*, Barcelona, 2004; Jorge M. Reverte, *La División Azul: Rusia 1941~1944*, Barcelona, 2011

13 Nikolai Ayrkhayev, *Far Eastern Affairs*, no. 4, 1990, p. 124

14 *Pisma s ognennogo rubezha (1941~1945)*, St Petersburg, 1992, pp. 30~34에서 Ivan Ivanovich Korolkov, 1943년 2월 10일

15 Guy Sajer, *The Forgotten Soldier*, London, 1993, p. 149

16 Glantz and House, *When Titans Clashed*, p. 151

17 Ljubica Erickson and Mark Erickson (eds), *Russia: War, Peace and Diplomacy*, London, 2005에서 Reina Pennington, 'Women and the Battle of Stalingrad'를 보라.

18 Ehrenburg, *Men, Years – Life*, vol. v, pp. 81~82

19 Drabkin (ed.), *Svyashchennaya voina*, p. 172에서 Yevgeny Fyodorovich Okishev

20 'Grossman의 기록, RGALI 1710/3/50

21 Karl B. 상병, 334.Inf.Div., 1942년 12월 28일, BfZ–SS 48 037A

22 Siegfried K. 상병, 15.Pz.Div., 1943년 2월 16일, BfZ–SS 09 348

23 John Ellis, *The Sharp End: The Fighting Man in World War II*, London, 1993, p. 265 인용

24 Atkinson, *An Army at Dawn*, p. 389

25 Blumenson (ed.), *The Patton Papers*, vol. ii, p. 163

26 Atkinson, *An Army at Dawn*, p. 402

27 John Kenneally, *The Honour and the Shame*, London, 1991, pp. 83~85

28장

1 Mark Mazower, *Hitler's Empire: Nazi Rule in Occupied Europe*, London, 2008, p. 459

2 같은 출처, p. 152 인용

3 *GSWW*, vol. ii, p. 322

4 Mark Seaman (ed.), *Special Operations Executive: A New Instrument of War*, London, 2006, p. 62에서 Terry Charman, 'Hugh Dalton, Poland and SOE, 1940~1942' 인용

5 J. G. Beevor, *SOE: Recollections and Reflections, 1940~1945*, London, 1981, p. 64 인용

6 Peter G. 소위, 714.Inf.Div., 1941년 6월 24일, BfZ-SS 41 768 B

7 Browning, *The Origins of the Final Solution*, p. 339

8 같은 출처, p. 423 인용

9 *GSWW*, vol. ii, p. 323

10 Collingham, *The Taste of War*, p. 172

11 Sir Brookes Richards와의 대화, 1993

12 Guy Liddell의 일기, 1943년 1월 14일, TNA KV 4/191

13 Pierre de Benouville 장군과의 대화, 1993년 1월

14 Thomas Polak, *Stalin's Falcons: The Aces of the Red Star*, London, 1999, p. 355

15 Mazower, *Hitler's Empire*, pp. 476~477

16 가장 좋은 설명을 보려면 M. R. D. Foot, *SOE in the Low Countries*, London, 2001을 참조하라.

17 Collingham, *The Taste of War*, p. 175

18 Jens-Anton Poulsson, *The Heavy Water Raid*, Oslo, 2009

29장

1 Alanbrooke, *War Diaries*, p. 285

2 John Colville, *The Fringes of Power*, p. 145

3 *SOAG*, vol. iv, pp. 205~213을 보라.

4 PP, folder 2c, Tami Davis Biddle, *Rhetoric and Reality in Air Warfare: The Evolution of British and American Ideas about Strategic Bombing, 1914~1945*, Princeton, 2002, p. 2 인용

5 같은 출처, p. 69

6 Trenchard, 같은 출처, p. 71 인용

7 1932년 4월 Admiralty 비망록, Uri Bialer, *The Shadow of the Bomber*, London, 1980, p. 24 인용

8 P. B. Joubert de la Ferte, 'The Aim of the Royal Air Force', 1933년 5월, TNA AIR 2/675

9 TNA AIR 14/249

10 Biddle, *Rhetoric and Reality in Air Warfare*, p. 188 인용

11 폭격기 군단 대원들의 일상에 관해서는 Patrick Bishop, *Bomber Boys*, London, 2008, 그리고 Daniel Swift, *Bomber County*, London, 2010을 보라.

12 Swift, *Bomber County*, p. 56 인용

13 Bishop, *Bomber Boys*, p. 48

14 같은 출처, p. 70

15 Below, *Als Hitlers Adjutant*, p. 308

16 Donald L. Miller, *The Eighth Air Force: The American Bomber Crews in Britain*, New York, 2006, pp. 58~59

17 Swift, *Bomber County*, p. 95 인용

18 Bishop, *Bomber Boys*, p. 103 인용

19 Miller, *Eighth Air Force*, pp. 89~136을 보라.

20 Donald L. Miller, *Eighth Air Force*, p. 109

21 Casablanca Directive, Biddle, *Rhetoric and Reality in Air Warfare*, p. 215 인용

22 독일의 설명에 관해서는 다음을 보라. Jorg Echternkamp (ed.), *Die Deutsche Kriegsgesellschaft, 1939 bis 1945*, Munich 2004; Rosa Maria Ellscheid, *Erinnerungen von 1896~1987*, Cologne, 1988; Jorg Friedrich, Der Brand. *Deutschland im Bombenkrieg, 1940~1945*, Munich, 2002; Olaf Groehler, *Bombenkrieg gegen Deutschland*, Berlin, 1990; Hans-Willi Hermans, *Köln im Bombenkrieg, 1942~1945*, Wartberg, 2004; Heinz Pettenberg, *Starke Verbände im Anflug auf Köln.Eine Kriegschronik in Tagebuchnotizen 1939~1945*, Cologne, 1981; Martin Rüther, *Köln im Zweiten Weltkrieg. Alltag und Erfahrungen zwischen 1939 und 1945*, Cologne, 2005; Martin Ruther, 31. Mai 1942. *Der Tausend-Bomber-Angriff*, Cologne, 1992; Dr P. Simon, *Köln im Luftkrieg. Ein Tatsachenbericht über Fliegeralarme und Fliegerangriffe*, Cologne, 1954; Anja vom Stein, *Unser Köln. Erinnerungen 1910~1960. Erzählte Geschichte*, Cologne, 1999

23 Hermans, *Köln im Bombenkrieg*, p. 30

24 Pettenberg, *Starke Verbände im Anfl ug auf Köln*, pp. 162~168

25 Ruther, *Köln im Zweiten Weltkrieg*, p. 167에서 Lina S.

26 같은 출처, p. 243

27 Heinz Boberach (ed.), *Meldungen aus dem Reich. Die Geheimen Lageberichte des Sicherheitsdienstes der SS*, 1938~1945, Herrsching, 1984

28 Friedrich, *Der Brand*, pp. 112~118, 191~196; Bishop, *Bomber Boys*, pp. 125~129; Miller, *Eighth Air Force*, pp. 180~184; Keith Lowe, *The Devastation of Hamburg, 1943*, London, 2007

29 Miller, *Eighth Air Force*, p. 198 인용

30 같은 출처, p. 199

31 *TBJG*, part II, vol. x, 1943년 11월 27일, p. 136

32 Kardorff, *Berliner Aufzeichnungen*, p. 153

33 Friedrich, Der Brand, pp. 119~121, 483~487; Bishop, *Bomber Boys*, pp. 206~214, 293~294; Moorhouse, *Berlin at War*, 318~335

34 Harris가 항공부에서 Sir Arthur Street 국무차관에게 한 말, 1943년 10월 25일, TNA AIR 14/843, Biddle, *Rhetoric and Reality in Air Warfare*, p. 22 인용

35 Biddle, *Rhetoric and Reality in Air Warfare*, p. 229

36 Swift, *Bomber County*, p. 143

37 Friedrich, *Der Brand*, p. 101 인용

30장

1 Rafael Steinberg, *Island Fighting*, New York, 1978, p. 194 인용

2 Leckie, *Helmet for my Pillow*, p. 214

3 Peattie, Drea and van de Ven, *The Battle for China*, p. 328에서 Kawano, ʼJapanese Combat Moraleʼ

4 Wasserstein, *Secret War in Shanghai*, p. 239

5 Alanbrooke, *War Diaries*, p. 479

6 같은 출처, 19.4.43, p. 394

31장

1 쿠르스크 작전에 대한 가장 좋은 분석은 David M. Glantz and Jonathan M. House, *The Battle of Kursk*, Lawrence, Kan., 1999; 그리고 Bellamy, *Absolute War*를 참고하라.

2 Bellamy, *Absolute War*, p. 577 인용

3 Heinz Guderian 장군, *Panzer Leader*, New York, 1952, p. 247

4 Mikhail Petrovich Chebykin, http://www.iremember.ru/pekhotintsi/chebikin-mikhail-petrovich/

5 Glantz and House, *The Battle of Kursk*, p. 65

6 Patrick Agte, *Michael Wittmann and the Waffen SS Tiger Commanders of the Leibstandarte in World War II*, Mechanicsburg, pa, 2006, vol. i, p. 60

7 Christopher Andrew and Vasiliy Mitrokhin, *The Mitrokhin Archive: The KGB in Europe and the West*, London, 2000, pp. 135, 156, 159

8 Victor Cazalet과의 대화

9 Werner K. 사관학교 하사, 2.Bttr./le.Flak-Abt.74, BfZ-SS L 20 909

10 Herbert Peter S. 하사, 19.Pz.Div., 1943년 7월 7일, BfZ-SS 13 925

11 Karl K. 사병, 36.Inf.Div., 1943년 7월 7일, BfZ-SS 08 818C

12 Agte, *Michael Wittmann*, p. 100

13 Willy P. 상사, 167.Inf.Div., BfZ-SS 19 279 D

14 RGALI 1710/3/51

15 Ludwig D. 하사, Stabs-Bttr./Art.Rgt.103, 4.Pz.Div., 1943년 7월 12일, BfZ-SS 44 705

16 Drabkin (ed.), *Svyashchennaya voina*, p. 137에서 제25대공포사단 제1362대공포연대 제4포병중대 Reshat Zevadinovich Sadredinov

17 RGALI 1710/3/51

18 RGALI 1710/3/51

19 RGALI 1710/3/51

20 제9군의 피해: Glantz and House, *The Battle of Kursk*, p. 121

21 John Erickson (ed.), *Main Front: Soviet Leaders Look Back on World War II*, London, 1987, pp. 106~109에서 Pavel Rotmistrov, 'Tanks against Tanks'

22 Paul D. 소위, III.Gru./St.G.2 'Immelmann', 1943년 7월 18일, BfZ-SS L 16 641

23 Amza Amzaevich Mamutov, http://www.iremember.ru/pekhotintsi/mamutov-amza-amzaevich/stranitsa-3.html

24 Helmut P. 의무병, 198.Inf.Div., 1943년 7월 10일, BfZ-SS 29 740

25 Paul D. 소위, III.Gru./St.G.2 'Immelmann', 1943년 7월 10일, BfZ-SS L 16 641

26 Robert B. 병장, 6.Pz.Div., 1943년 7월 10일, BfZ-SS 24 924

27 Frank Kurowski, *Panzer Aces*, Winnipeg, 1992, p. 279 인용

28 Rudolf Lehmann, *The Leibstandarte*, vol. iii, Winnipeg, 1993, p. 234, Glantz and House, *The Battle of Kursk*, p. 185 인용

29 Anatoly Volkov, *The Wishstream*, 2010, p. 140에서 Lloyd Clark, 'The Battle of Kursk 1943' 인용

30 Amza Amzaevich Mamutov, http://www.iremember.ru/pekhotintsi/mamutov-amza-amzaevich/stranitsa-3.html

31 같은 출처

32 Paul D. 소위, III.Gru./St.G.2 'Immelmann', 1943년 7월 18일, BfZ-SS L 16 641

33 Glantz and House, *The Battle of Kursk*, pp. 246~247

34 RGALI 1710/3/50

35 RGALI 1710/3/50

36 BA-MA RH 13/50, GSWW, vol. ix/1, p. 597 인용

37 같은 출처, p. 598

32장

1 Alanbrooke, *War Diaries*, 1943년 4월 15일, p. 393

2 Hastings, *Finest Years*, p. 375 인용

3 Blumenson (ed.), *The Patton Papers*, vol. ii, 1943년 4월 28일, p. 234

4 같은 출처, p. 237

5 Alanbrooke, *War Diaries*, p. 414

6 Jack Belden, *Still Time to Die*, New York, 1943, p. 269

7 Rick Atkinson, *The Day of Battle: The War in Sicily and Italy*, 1943~1944, New York, 2007, p. 40 인용

8 Blumenson (ed.), *The Patton Papers*, vol. ii, p. 280

9 Joe Kelley, SWWEC

10 Blumenson (ed.), *The Patton Papers*, vol. ii, p. 291

11 같은 출처, 1943년 7월 20일, p. 295

12 Jim Williams, SWWEC

13 Denis Mack Smith, *Mussolini*, London, 1981, p. 327 인용

14 Atkinson, *The Day of Battle*, pp. 147~148

15 Blumenson (ed.), *The Patton Papers*, vol. ii, pp. 313~314

16 *TBJG*, part II, vol. ix, p. 460

17 Reg Crang, SWWEC, *Everyone's War*, no. 20, 2009년 겨울

18 GBP, 1943년 12월

19 Below, *Als Hitlers Adjutant*, p. 347 ('ein gebrochener Mann')

20 Michael Howard, *Captain Professor: A Life in War and Peace*, London, 2006, p. 73

21 Nachlass Jodl, 1943년 7월 11일, BA–MA N 69/17

33장

1 RGALI 619/1/953

2 Drabkin (ed.), *Svyashchennaya voina*, p. 196에서 Reshat Zevadinovich Sadredinov

3 Mikhail Petrovich Chebykin, http://www.iremember.ru/pekhotintsi/chebikin-mikhail-petrovich/

4 GBP

5 RGALI 1710/1/100

6 RGALI 1710/1/101

7 *Moskovskaya Konferentsiya Ministrov Inostrannykh Del SSSR*, SShA i Velikobritanii, Moscow, 1984, Roberts, *Stalin's Wars*, p. 177 인용

8 GBP

9 Alanbrooke, *War Diaries*, 1943년 11월 23일, p. 477

10 Berezhkov, *At Stalin's Side*, p. 239

11 Berezhkov, *History in the Making*, p. 259

12 Roberts, *Stalin's Wars*, p. 181 인용

13 Beria, *Beria, my Father*, p. 92

14 같은 출처, p. 93

15 같은 출처, p. 94

16 같은 출처, p. 95

17 Charles Moran, *Winston Churchill: The Struggle for Survival*, 1940~1945, London, 1966, 1943년 11월 28일과 29일

18 Dwight D. Eisenhower, *Crusade in Europe*, London, 1948, p. 227

19 Alanbrooke, *War Diaries*, 1943년 12월 7일, p. 492

20 1944년 1월 27일, *GSWW*, vol. ix/1, p. 614

21 Werth, *Leningrad*, p. 81

34장

1 Dr Werner Best SS여단장, Padfield, *Himmler*, p. 361 인용

2 Browning, *The Origins of the Final Solution*, p. 415

3 Rudolf Hoess, *Commandant of Auschwitz*, London, 2000, p. 121

4 같은 출처, p. 124

5 Hermann Muller, Diarmuid Jeffreys, *Hell's Cartel: IG Farben and the Making of Hitler's War Machine*, New York, 2008, p. 322 인용

6 Shikin 붉은 군대 정치국 부국장의 보고, 1945년 2월 9일, RGASPI 17/125/323, pp. 1~4

7 1943년 4월 24일, IMT 1919 PS

8 Jeffreys, *Hell's Cartel*, p. 327

9 같은 출처, p. 328

10 *Commandant of Auschwitz*, p. 19, Primo Levi의 소개

11 같은 출처, p. 135

12 같은 출처, p. 149

13 같은 출처, p. 152

14 RGALI 1710/1/123

15 같은 출처

16 같은 출처

17 Kershaw, *Hitler*, 1936~1945: *Nemesis*, p. 605 인용

18 BA–B NS 19/4014, *GSWW*, vol. ix/1, pp. 628~629 인용

35장

1 Nigel Hamilton, *Monty: Master of the Battlefield*, 1942~1944, London, 1985, p. 405

2 Atkinson, *The Day of Battle*, p. 237

3 Hamilton, *Monty: Master of the Battlefield*, p. 409

4 Nigel Nicolson, *Alex: The Life of Field Marshal Earl Alexander of Tunis*, London, 1973, p. 163

5 Harry C. Butcher, *Three Years with Eisenhower*, London, 1946, 1943년 11월 23일, p. 384

6 Alanbrooke, *War Diaries*, 1943년 10월 7일, p. 458

7 같은 출처, p. 459

8 Clarke, *The Eleventh at War*, p. 319

9 Atkinson, *The Day of Battle*, p. 260

10 GBP, 1943년 11월

11 Hamilton, *Monty: Master of the Battlefield*, p. 439

12 GBP

13 Kenneally, *The Honour and the Shame*, p. 142

14 Alanbrooke, *War Diaries*, 1944년 1월 6일, p. 510

15 Kenneally, *The Honour and the Shame*, p. 152

16 Atkinson, *The Day of Battle*, p. 355 인용

17 Richard Evans, *The Third Reich at War*, pp. 477~478

18 Kenneally, *The Honour and the Shame*, p. 158

19 같은 출처, p. 165

20 Atkinson, *The Day of Battle*, p. 426

21 Alanbrooke, *War Diaries*, 1944년 2월 29일, p. 527

22 Atkinson, *The Day of Battle*, pp. 488~489

23 *TBJG*, part II, vol. vii, 1943년 2월 8일, p. 296

36장

1 1944년 1월 4일, Manstein, *Lost Victories*, pp. 500~505

2 같은 출처, p. 671

3 *GSWW*, vol. ix/1, p. 805

4 Glantz and House, *When Titans Clashed*, pp. 179~181

5 Beria, *Beria, my Father*, p. 130

6 John Erickson, *The Road to Berlin*, London, 1983, pp. 177~179를 보라.

7 GBP, 1943년 12월

8 Bellamy, *Absolute War*, pp. 404~408

9 Pavel Zolotov, *Zapiski minomyotchika, 1942~1945*, Moscow, 2009, p. 107

10 같은 출처, pp. 112, 119

11 Werth, *Leningrad*, p. 188

12 VCD, 1944년 2월 8일

13 *GSWW*, vol. ix/1, pp. 689~690

14 TsKhIDK 451p/3/7

37장

1 Eichelberger, Ellis, *The Sharp End*, p. 19 인용

2 van de Ven, *War and Nationalism in China*, p. 46

3 Peattie, Drea and van de Ven, *The Battle for China*, pp. 393~394에서 Hara Takeshi, 'The Ichi-gō Offensive'

4 같은 출처, p. 397

5 Theodore H. White, *In Search of History*, New York, 1978, p. 142 인용

6 Spector, *Eagle against the Sun*, p. 350

7 Bernard Fergusson 준장, IMW 2586, Julian Thompson, *Forgotten Voices of Burma*, London, 2009, p. 158 인용

8 제111여단 Richard Rhodes-James 소위, IWM 19593

9 제111여단 Desmond Whyte 소령, RAMC, IWM 12570

10 Louis Allen, *Burma: The Longest War*, London, 1984, pp. 320~321 인용

11 여왕 직속 왕립웨스트캔트연대 제4대대 B 중대 John Winstanley 소령, IWM 17955

12 제4왕립웨스트캔트부대 본부중대 Harry Smith 소령, IWM 19090

13 살윈 강의 일본 제56사단: Peattie, Drea and van de Ven, *The Battle for China*, pp.

365~366, 369~371에서 Asano Toyomi, 'Japanese Operations in Yunnan and North Burma'

14 Spector, *Eagle against the Sun*, p. 359

15 K. Cooper 소위, Ellis, *The Sharp End*, p. 84 인용

16 Fowler, *We Gave our Today*, p. 147 인용

17 Peattie, Drea and van de Ven, *The Battle for China*, p. 349에서 Kawano, 'Japanese Combat Morale'

18 Peattie, Drea and van de Ven, *The Battle for China*, pp. 250~251에서 Hagiwara, 'Japanese Air Campaigns in China'

19 Dreyer, *China at War*, pp. 284~285

20 White and Jacoby, *Thunder out of China*, p. 183

21 Samuel Eliot Morison, *History of United States Naval Operations in World War II*, vol. viii: *New Guinea and the Marianas*, Annapolis, Md, 2011, p. 302

38장

1 Butcher, *Three Years with Eisenhower*, 1944년 1월 18일, p. 403

2 Bedell Smith가 Eisenhower에게 한 말, 1944년 1월 5일, COSSAC File, W. Bedell Smith의 기록, Crosswell, *Beetle*, p. 557 인용

3 Lacouture, *De Gaulle: The Rebel*, p. 508 인용

4 Atkinson, *The Day of Battle*, p. 516 인용

5 같은 출처, p. 528

6 Alanbrooke, *War Diaries*, p. 561

7 Earl Alexander of Tunis 육군 원수, *The Alexander Memoirs*, 1940~1945, London, 1962, p. 127

8 Vernon A. Walters, *Silent Missions*, New York, 1978, p. 97, Atkinson, *The Day of Battle*, p. 575 인용

9 Blumentritt 보병대장, 1945년 8월 6일 보고, NA II 407/427/24231

10 Clive Duncan과의 대화, 2011년 9월 7일 서신으로 자세한 내용을 제공해준 Clive Duncan에게 크게 감사드린다.

11 Bill Goff, HMS *Scylla*, SWWEC, *Everyone's War*, no. 20, 2009년 겨울

12 Harley A. Reynolds, 'The First Wave', *American Valor Quarterly*, 2009년 봄/여름, pp. 15~22

13 FMS B-403

14 Reynolds, 'The First Wave', *American ValorQuarterly*, 2009년 봄/여름, pp. 15~22

15 Hamilton, *Monty: Master of the Battlefield*, p. 621

39장

1   Rudolf F.소위, 6.Inf.Div., 1944년 6월 23일, BfZ-SS 27 662 A

2   Julfried K. 하사, Pz.Aufkl.Abt.125, 25.Pz.Gren.Div., 1944년 6월 24일, BfZ-SS 45 402

3   Degan 소위, Paul Adair, *Hitler's Greatest Defeat*, London, 1994, p. 106 인용

4   Alfons F. 하사, 206th Inf.Div., 1944년 6월 28일, BfZ-SS 56 601 C

5   Grossman의 기록, RGALI 1710/3/50

6   I. Altman (ed.), *Sokhrani moi pisma*, Moscow, 2007, pp. 260~275에서 Vladimir Tsoglin이 어머니에게 보낸 편지

7   Otto H. 간호병장, Herres-Betr.Kp. 6, 1944년 7월 13일, BfZ-SS 24 740

8   Otto L. 병장, Fl.H.Kdtr.(E) 209/XVII, 1944년 7월 10일, BfZ-SS L 55 922

9   Grossman의 기록, RGALI 1710/3/47

10 Rees, *World War II behind Closed Doors*, p. 274

11 Otto L. 병장, Fl.H.Kdtr.(E) 209/XVII, 1944년 7월 10일, BfZ-SS L 55 922

12 Heinrich R. 상병, Bau-Pi.Btl.735, 1944년 7월 26일, BfZ-SS 03 707 D

13 Karl B. 병장, Rgts.Gru.332, 1944년 7월 28일, BA-MA H 34/1

14 Erika S., Ragnit, 1944년 7월 28, BA-MA H34/1

15 P. I. Troyanovsky, *Na vosmi frontakh*, Moscow, 1982, p. 183

16 RGALI 1710/1/123

17 2011년 2월 5일 이 명령에 관한 내용이 실려 있는 부친의 야전 일지 사본을 보내준 S. W. Kulhmann 씨에게 감사드린다.

18 G. Steer, 1/4th KOYLI, SWWEC 2002.1644

19 944년 6월 27일, TNA KV 9826

20 C. J. C. Molony, *The Mediterranean and Middle East*, London, 1984, vol. vi, part 1, p. 511, Atkinson, *The Day of Battle*, p. 300 인용

21 Myles Hildyard 미발표 일기, 1944년 6월 22일(개인 소장품)

22 Blumentritt, ETHINT 73

23 Martin Blumenson, *The Duel for France 1944*, New York, 2000, p. 23 인용

24 Peter Lieb, *Konventioneller Krieg oder Weltanschauungskrieg? Kriegführung und Partisanenbekämpfung in Frankreich 1943/44*, Munich, 2007, p. 176 ('schmutziger Buschkrieg')

25 Albert J. Glass (ed.), *Neuropsychiatry in World War II*, Washington, DC, Office of the Surgeon General, 1973, vol. ii, pp. 1015~1023에서 Albert J. Glass, 'Lessons Learned'

26 Montgomery가 GBP 인용

27 1944년 7월 14일, PDDE, p. 2004

40장

1 *GSWW*, vol. ix/1, p. 855

2 Smith, *Mussolini*, p. 358

3 *GSWW*, vol. ix/1, p. 829

4 같은 출처, p. 912

5 Heinrich R. 상병, Bau-Pi.Btl.735, 1944년 7월 5일, BfZ-SS 03 707 D

6 같은 출처

7 Dr K., Feldlaz.8, 8.Jag.Div., BA-MA RH 13 v.53

8 Werner F 하사, 12.Pz.Div., 1944년 7월 28일, BfZ-SS 23 151 E

9 E.H., 1944년 7월 26일, BA-MA H 34/1

10 M. 병장, Div.Vers.Rgt.195, 1944년 7월 27일, BA-MA H 34/1

11 Roberts, *Masters and Commanders*, p. 504 인용

12 Keitel and Jodl, FMS A-915

13 Karl B. 상병, schw.Art.Abt.460, 1944년 7월 20일, BfZ-SS 25 345 D

14 Hans R. 소위, le.Flak-Abt.783(v.), 1944년 7월 30일, BfZ-SS L49 812

15 F.-H.B. 병장, 11.Inf.Div., 1944년 7월 30일, BfZ-SS 34 427

16 Krivosheev, *Soviet Casualties and Combat Losses*, pp. 144~146

17 Rudiger Overmans, *Deutsche militärische Verluste im Zweiten Weltkriege*, Munich, 1999, pp. 238과 279. *GSWW*, vol. ix/1, pp. 66과 805 인용

18 Altman (ed.), *Sokhrani moi pisma*, Moscow, 2007, pp. 276~282에서 Efraim Genkin 이 가족에게 보낸 편지, 1944년 8월 18일

19 Władysław Bartoszewski, *Abandoned Heroes of the Warsaw Uprising*, Krakow, 2008, p. 17

20 MPW

21 Timothy Snyder, *Bloodlands*, p. 298

22 1944년 8월 5일, Snyder, *Bloodlands*, p. 302

23 Dorota Niemczyk (ed.), *Brok Eugeniusz Lokajski*, 1908~1944, Warsaw, 2007; 그리

고 MPW

24 Bartoszewski, *Abandoned Heroes of the Warsaw Uprising*, p. 50

25 Hans Friessner 상급대장, *Verratene Schlachten*, Hamburg, 1956, p. 205

26 Alexander, *The Alexander Memoirs*, p. 136

27 SHAEF 의무사령관 Kenner 소장, OCMH-FPP 인용

28 de Faulle 장군 인터뷰, OCMH-FPP

29 Niemczyk (ed.), *Brok Eugeniusz Lokajski*에서 Jan Lissowski

30 Niemczyk (ed.), *Brok Eugeniusz Lokajski*에서 Roman Loth

31 Jeffreys, *Hell's Cartel*, pp. 288~289를 보라.

32 Snyder, *Bloodlands*, p. 308 인용

41장

1 Akira Fujiwara, *Uejini shita eireitachi*, Tokyo, 2001, pp. 135~138, Collingham, *The Taste of War*, pp. 10과 303 인용

2 Ogawa Shoji, *Kyokugen no Naka no Ningen: Shi no Shima Nyuginia*, Tokyo, 1983, p. 167

3 Nogi Harumichi, *Kaigun Tokubetsu Keisatsutai: Anbon Shima Bomber Command Kyu Senpan no Shuki*, Tokyo, 1975, p. 207, Tanaka, *Hidden Horrors*, p. 114 인용

4 Al Ying Yunping, Hastings, *Nemesis*, p. 12 인용

5 White and Jacoby, *Thunder out of China*, p. 187

6 Peattie, Drea and van de Ven, *The Battle for China*, p. 324에서 Yang Kuisong, 'Nationalist and Communist Guerrilla Warfare'

7 억압과 고문, 마오쩌둥 우상화에 관해서는 Chang and Halliday, *Mao*, pp. 288~305를 보라.

8 스틸웰과 헐리와 장제스의 만남에 관해서는 다음을 보라. Romanus and Sunderland, *Stilwell's Command Problems*, pp. 379~384; Tuchman, *Stilwell*, pp. 493~194; Spector, *Eagle against the Sun*, pp. 368~369

9 Barbara W. Tuchman, *Stilwell and the American Experience in China, 1911~1945*, New York, 1971, p. 646에서 인용

10 van de Ven, *War and Nationalism in China*, p. 3; White and Jacoby, *Thunder out of China*, New York, 1946

11 van de Ven, *War and Nationalism in China*, p. 60 인용

12 Peattie, Drea and van de Ven, *The Battle for China*, p. 361에서 Asano Toyomi,

'Japanese Operations in Yunnan and North Burma'

13 Fukudome, Spector, *Eagle against the Sun*, p. 424 인용

42장

1   William I. Hitchcock, *Liberation: The Bitter Road to Freedom: Europe, 1944~1945*, London, 2008, pp. 61~63

2   Bradley, *A Soldier's Story*, New York, 1965

3   Blumenson (ed.), *The Patton Papers*, vol. ii, p. 548

4   M. A. P. Graham 소장의 보고, Wilmot, *The Struggle for Europe*, p. 560 인용

5   Omar N. Bradley, *A Soldier's Story*, New York, 1961, p. 409 인용

6   W. W. 사병, Flak-Rg.291, A.O.K.16, BA-MA RH 13 v. 53

7   Roberts, *Masters and Commanders*, p. 523 인용

8   Martin Gilbert, *The Second World War*, London, 1989, p. 592 인용

9   GBP, 1945년 4월 2일

10 TNA PREM 3/434/2, pp. 4~5, Rees, *World War II behind Closed Doors*, p. 309 인용

11 Berezhkov, At Stalin's Side, p. 304

12 같은 출처, pp. 309~310

13 Roberts, *Masters and Commanders*, p. 527 인용

14 Detlef Vogel and Wolfram Wette (eds), *Andere Helme – Andere Menschen? Heimaterfahrung und Frontalltag im Zweiten Weltkrieg*, Essen, 1995, pp. 48~49 에서 Detlef Vogel, 'Der Deutsche Kriegsalltag im Spiegel von Feldpostbriefen' 인용

15 GBP, 1944년 10월 4일

16 같은 출처

17 같은 출처

18 같은 출처

19 GBP, 1944년 10월 20일

20 같은 출처

21 Altman (ed.), *Sokhrani moi pisma*, pp. 276~282에서 Efraim Genkin

22 Mikhail Petrovich Chebikin, http://www.iremember.ru/pekhotintsi/chebikin-mikhail-petrovich/

23 Hans W. 간호병장, 2.Kriegslaz./Kriegslaz. Abt.529(R), 1944년 7월 30일, BfZ-SS 24 231

24 http://iremember.ru/pekhotintsi/avrotinskiyefim-mironovich.html

25 Efim Mironovich Avrotinskii, http://iremember.ru/pekhotintsi/avrotinskiy-efim-mironovich.html

26 나치스가 부다페스트에서 일으킨 쿠데타에 관해서는 Kershaw, *Hitler, 1936-1945: Nemesis*, pp. 734~737을 보라.

27 Krisztian Ungvary, *Battle for Budapest: 100 Days in World War II*, London, 2010, p. 241

28 같은 출처, pp. 236~252

29 Ian Kershaw, *The End: Hitler's Germany, 1944~1945*, London, 2011, p. 149

30 같은 출처, p. 79

31 같은 출처, p. 134

32 Vogel and Wette (eds), *Andere Helme – Andere Menschen?*, p. 47에서 Vogel, 'Der Deutsche Kriegsalltag im Spiegel von Feldpostbriefen' 인용

33 Blumenson (ed.), *The Patton Papers*, vol. ii, p. 571

34 Bradley, *A Soldier's Story*, pp. 430~431

35 Russell F. Weigley, *Eisenhower's Lieutenants*, Bloomington Ind., 1990, p. 365

36 Bradley, *A Soldier's Story*, p. 438

37 Paul Fussell, *The Boys' Crusade*, New York, 2003, p. 87 인용

38 Ellis, *The Sharp End*, p. 252

39 Fussell, *The Boys' Crusade*, p. 83을 보라.

40 Bradley, *A Soldier's Story*, p. 433

41 Ellis, *The Sharp End*, p. 169

42 de Gaulle, *Mémoires de guerre*, vol. iii: *Le Salut, 1944~1946*, p. 61

43 Herve Alphand, *L'Étonnement d'être: journal, 1939~1973*, Paris, 1977, p. 180

43장

1 Bradley, *A Soldier's Story*, p. 428

2 Kershaw, *The End*, p. 145

3 Chester B. Hansen, 1944년 12월 17일 일기, Hansen의 기록, USAMHI

4 Butcher, *Three Years with Eisenhower*, p. 613

5 GBP, 1944년 12월 17일

6 M. R. D. Foot와의 대화, 2009년 12월 2일

7 Blumenson (ed.), *The Patton Papers*, vol. ii, 1944년 12월 9일, p. 589

8 같은 출처, pp. 599~600

9 ˝Crosswell, *Beetle*, p. 816 인용

10 Hamilton, *Montgomery: Master of the Battlefield*, p. 213 인용

11 1944년 12월 21일 편지, Blumenson (ed.), *The Patton Papers*, vol. ii, p. 603

12 Harold R. Winton, *Corps Commanders of the Bulge*, Lawrence, Kan., 2007, p. 135

13 Blumenson (ed.), *The Patton Papers*, vol. ii, 1944년 12월 25일, p. 606

14 Ellis, *The Sharp End*, p. 72

15 Winton, *Corps Commanders of the Bulge*, pp. 213~215

16 Alanbrooke, *War Diaries*, 1944년 12월 23~30일, p. 638

17 DCD, 1945년 1월 4일

18 Alanbrooke, *War Diaries*, 1945년 1월 8일, p. 644

19 Mazower, *Inside Hitler's Greece*, p. 268; 그리스에서 일어난 일들에 대해 여기에 기술된 내용은 주로 Mazower의 자세한 설명을 기초로 한 것이다.

20 Hastings, *Finest Years*, p. 536

21 같은 출처, p. 537

22 1944년 늦가을과 겨울에 벨기에가 겪은 고통에 관해서는 Hitchcock, *Liberation*, pp. 64~69를 보라.

23 같은 출처, pp. 81~90을 보라.

24 같은 출처, pp. 98~122; Collingham, *The Taste of War*, pp. 175~179

25 Ellis, *The Sharp End*, p. 363 인용

26 Max Hastings, *Armageddon: The Battle for Germany, 1944~1945*, London, 2007, p. 171

44장

1 BA-MA MSg 2/5275 v. 1940년 6월 1일

2 Gyorgy Thuroczy, *Kropotov nem tréfál*, Debrecen, 1993, p. 103

3 Ungvary, *Battle for Budapest*, London, 2010, p. 32 인용. 포위 공격에 관해서는 Ungvary의 설명이 가장 신뢰할 만하다.

4 Hans Bayer, *Kavalleriedivisionen der Waffen-SS*, Heidelberg, 1980, p. 347

5 Denes Vass, Ungvary, *Battle for Budapest*, p. 141 인용

6 *Budapest*, 1945년 12월, p. 96에서 Sandor Marai, 'Budai seta', 같은 출처, p. 234 인용

7 Ungvary, *Battle for Budapest*, p. 281; Beria, *Beria, my Father*, pp. 111, 336

8 Laszlo Deseodiary, Ungváry, *Battle for Budapest*, p. 234 인용; Rees, *World War II behind Closed Doors*, pp. 322~329도 참고하라.

9 Ungvary, *Battle for Budapest*, p. 285 인용

10 같은 출처, p. 287 인용

11 Zolotov, *Zapiski minomyotchika*, pp. 187~188

12 Alexander, *The Alexander Memoirs*, pp. 132~133

13 Guderian, *Panzer Leader*, p. 420

14 RGVA 38680/1/3, p. 40

15 Rabichev, *Voina vsyo spishet,vospominaniya ofitsera-svyazista*, pp. 193~195

16 Richard Lourie (ed.), *Russia Speaks: An Oral History from the Revolution to the Present*, New York, 1991, pp. 254~255에서 Natalya Gesse

17 Yuri Polakov, Igor Kon, *Sex and Russian Society*, Bloomington Ind., 1993, p. 26에 인용

18 Nikolai Abramovich Vinokur, http://www.iremember.ru/mediki/vinokur-nikolay-abramovich

19 Rabichev, *Voina vsyo spishet, vospominaniya ofitserasvyazista*, p. 143

20 Aleksandr Solzhenitsyn, *Prussian Nights*, New York, 1983, p. 67

21 Altman (ed.), *Sokhrani moi pisma*, p. 321에서 Efraim Genkin이 가족에게 보낸 편지, 1945년 1월 22일

22 Hilberg, *The Destruction of the European Jews*, p. 254

23 1945년 2월 9일, RGASPI 17/125/323, pp. 1~4

24 BA-B R55/616, p. 158

25 SMERSh의 Tkachenko가 Beria에게 보고, GARF 9401/2/93, p. 324

26 VCD, 1945년 1월 23일

27 Grossman의 기록, RGALI 1710/3/51, p. 231

28 RGASPI 17/125/314, pp. 40~45

29 VCD, 1945년 1월 31일

45장

1 Spector, *Eagle against the Sun*, pp. 520~523

2 Charles F. Romanus and Riley Sunderland, *The United States Army in World War II: The China–Burma–India Theater*, vol. iii, Washington, DC, 1959, p. 369

3 Peattie, Drea and van de Ven, *The Battle for China*, p. 328에서 Kawano, 'Japanese Combat Morale'

4 1944년과 1945년 인도차이나에 관해서는 다음을 보라. Gary R. Hess, 'Franklin

Roosevelt and Indochina', *Journal of American History*, vol. 59, no. 2, 1972년 9월; Ralph B. Smith, 'The Japanese Period in Indochina and the Coup of 9 March, 1945', *Journal of Southeast Asian Studies*, vol. 9, no. 2, 1978년 9월; Collingham, *The Taste of War*, pp. 240~242

5   Toshio Hijikata, Hastings, *Nemesis*, pp. xxiii–xxiv 인용

6   Swift, *Bomber County*, p. 99

7   Ellis, *The Sharp End*, p. 82

8   George W. Garand and Truman R. Strobridge, *History of US Marine Corps Operations in World War II*, vol. iv· *Western Pacific Operations*, Washington, DC, 1971, p. 542 인용

9   E. B. Sledge, *With the Old Breed*, London, 2010, p. 195

10   Keith Wheeler, *The Road to Tokyo*, Alexandria, Va, 1979, p. 187

11   Ellis, *The Sharp End*, p. 83

12   Sledge, *With the Old Breed*, p. 226

13   William Manchester, *Goodbye Darkness:A Memoir of the Pacific War*, New York, 1980, p. 359

46장

1   Beria, *Beria, my Father*, p. 105

2   같은 출처, p. 106

3   Lord Moran, *Churchill at War, 1940–45*, London, 2002, p. 268, S. M. Plokhy, *Yalta: The Price of Peace*, New York, 2010, p. 153 인용

4   Beria, *Beria, my Father*, p. 106

5   *Tegeran. Yalta. Potsdam. Sbornik dokumentov, Moscow*, 1970, p. 22

6   William D. Leahy, *I Was There*, Stanford, NH, 1979, pp. 315–316, Plokhy, *Yalta*, p. 251 인용

7   Beria, *Beria, my Father*, p. 113

8   Plokhy, *Yalta*, p. 208

9   드레스덴에 관해서는 다음을 보라. Frederick Taylor, *Dresden*, London, 2004; Sir Charles Webster and Noble Frankland, *The Strategic Air Offensive against Germany, 1939–1945*, 4 vols, London, 1961, vol. iii; Biddle, *Rhetoric and Reality in Air Warfare*, pp. 232–261; Miller, *Eighth Air Force*, pp. 427–441; Friedrich, *Der Brand*, pp. 358–363

10 Biddle, *Rhetoric and Reality in Air Warfare*, p. 254

11 *SOAG*, vol. iii, p. 112

12 Bishop, *Bomber Boys*, p. 342

13 *SOAG*, vol. iii, p. 112

14 Miller, *The Eighth Air Force*, p. 7

15 *Der Spiegel*에서 Frederick Taylor, 2008년 2월 10일

16 *GSWW*, vol. ix/1, p. 23

17 TNA PREM 3 193/2, 같은 출처 인용

18 Vogel and Wette, *Andere Helme–Andere Menschen?*, p. 45에서 Vogel, 'Der Deutsche Kriegsalltag im Spiegel von Feldpostbriefen' 인용

19 1945년 4월 12일 보고, TsAMO 372/6570/88, pp. 17~20

20 RGVA 32904/1/19

21 Shvernik가 Molotov에게 보고, GARF 9401/2/96, pp. 255~261

22 Drabkin (ed.), *Svyashchennaya voina*, p. 107에서 Yefim Abelevich Golbraikh

23 Altman (ed.), *Sokhrani moi pisma*, pp. 260~275에서 Vladimir Tsoglin이 어머니에게 보낸 편지, 1945년 2월 14일

24 Rabichev, *Voina vsyo spishet, vospominaniya ofitsera-svyazista*, p. 166

25 Altman (ed.), *Sokhrani moi pisma*, pp. 260~275에서 Vladimir Tsoglin

26 Karl-Heinz Schulze, 'Der Verlorene Haufen', BA-MA MSg2 242

27 RGALI 1710/3/47, p. 25

47장

1 GBP, 1945년 4월 2일

2 Blumenson (ed.), *The Patton Papers*, vol. ii, p. 1944년 11월 22일, p. 580

3 Georgii Zhukov, *Vospominaniya i razmyshleniya*, Moscow, 2002, vol. iv, p. 216

4 Eisenhower, *Crusade in Europe*, p. 433

5 TNA PREM 3/356/6

6 Robert Cowley (ed.), *What If ?*, New York, 1999, p. 355에 David Clay Large, 'Funeral in Berlin: The Cold War Turns Hot' 인용

7 NA II RG334/Entry 309/Box 2

8 I. S. Konev, *Year of Victory*, Moscow, 1984, p. 79; Zhukov, *Vospominania i Razmyshlenia*, vol. iv, p. 226

9 VOV, vol. iii, p. 269

10 같은 출처

11 *Krasnaya Zvezda*, 1945년 4월 11일

12 NA II 740.0011 EW/4-1345

13 Fritz Hockenjos, BA-MA MSg2 4038, p. 16

14 GBP, 1945년 4월 16일

15 Stephen Spender, *European Witness*, London, 1946, Swift, *Bomber County*, p. 164 인용

16 GBP, 1945년 4월 2일 인용

17 GBP, 1945년 4월 16일

18 Bolling, Cornelius Ryan, *The Last Battle*, New York, 1995, p. 229 인용

19 같은 출처, p. 261 인용

20 NAII 7400011 EW/4-2345

21 Hugh Trevor-Roper, *The Last Days of Hitler*, London, 1995, pp. 89~90

22 Below, *Als Hitlers Adjutant*, p. 398

23 1945년 3월 28일 보고, Evans, *The Third Reich at War*, p. 714 인용

24 Bernd Freiherr Freytag von Loringhoven 퇴역 중장과의 대화, 1999년 10월 4일

25 Ulrich de Maizière 퇴임 총감과의 대화, 1999년 10월 9일

26 Churchill의 기록 20/215, Martin Gilbert, *Road to Victory: Winston S. Churchill, 1941–1945*, London, 1986, pp. 1288~1289 인용

27 BA-MA RH19/XV/9b, p. 34

28 Helmut Altner, *Berlin Dance of Death*, Staplehurst, Kent, 2002, pp. 41과 17

48장

1 TsAMO 233/2374/92, p. 240

2 *Pravda*, 1945년 4월 14일

3 TsAMO 233/2374/93, p. 454

4 Serov가 Beria에게 보고, 1945년 4월 19일, GARF 9401/2/95, pp. 31~35, 91

5 Wust 퇴역 장군과의 대화, 1999년 10월 10일

6 Altner, *Berlin Dance of Death*, p. 54

7 Zhukov, *Vospominania i Razmyshlenia*, vol. iii, p. 245

8 TsAMO TsGV/70500/2, pp. 145~149

9 NA II RG 334/Entry 309/Box 2

10 BA-MA MSg2/1096, p. 6

11 Altner, *Berlin Dance of Death*, p. 69

12 TsAMO 233/2374/92, pp. 359~360

13 Theo Findahl, *Letzter Akt: Berlin, 1939–1945*, Hamburg, 1946, p. 146

14 Moorhouse, *Berlin at War*, p. 360

15 종전 당시 독일에서 자살한 사람들에 관해서는 Christian Goeschel, *Suicide in Nazi Germany*, Oxford, 2009를 보라.

16 Gilbert, *The Second World War*, p. 670 인용

17 Ulrich de Maizière 퇴임 총감과의 대화, 1999년 10월 9일

18 TsAMO 233/2374/93, p. 414

19 BA-MA MSg1/976, p. 22

20 Fritz Hockenjos, BA-MA MSg 2 4038, p. 24

21 Rabe, *The Good German of Nanking*, pp. 218~220

22 Magda Wieland와의 대화, 2000년 7월 11일

23 Helke Sander and Barbara Johr, *Befreier und Befreite. Krieg, Vergewaltigungen, Kinder*, Munich, 1992, pp. 54, 59에서 Dr Gerhard Reichling

24 NA II RG 338 R-79, pp. 37~38

25 Zhukov, *Vospominania i Razmyshlenia*, vol. iv, pp. 269~270

26 Trevor-Roper, *The Last Days of Hitler*, p. 188

49장

1 Altman (ed.), *Sokhrani moi pisma*, p. 282에서 Efraim Genkin

2 Ehrenburg, *Men, Years – Life*, vol. v, p. 37

3 Lothar Loewe와의 대화, 2001년 10월 9일

4 Fritz Hockenjos, BA-MA MSg 2 4038, p. 25

5 GLAVPURKKA, RGASPI 17/125/310

6 TsAMO 372/6570/78, pp. 30~32

7 RGVA 38686/1/26, p. 36

8 GARF 9401/1a/165, pp. 181~183

9 GBP, 1945년 4월 19일

10 RGALI 1710/3/51

11 GBP, 1945년 4월 19일

12 Kenneally, *The Honour and the Shame*, pp. 205~206

13 Alanbrooke, *War Diaries*, 1945년 5월 24일, pp. 693~694

14 같은 출처, p. 695

15 Plokhy, *Yalta*, p. 383

16 Alanbrooke, *War Diaries*, 1945년 7월 2일, 1945년 7월 3일, p. 701

17 Montefiore, *Stalin: The Court of the Red Tsar*, pp. 439~440

18 Alanbrooke, *War Diaries*, p. 709

19 Berezhkov, *History in the Making*, p. 168

20 Beria, *Beria, my Father*, pp. 112~113

21 같은 출처, p. 118

22 Hastings, *Finest Years*, p. 578 인용

23 故 A. H. Brodhurst가 저자에게

24 슬로베니아에서 티토주의자가 자행한 대학살에 관한 문서를 제공해준 Keith Miles와 Jože
    Dežman에게 감사드린다; 그리고 타이나호 심포지엄에서 기록된 문서, Austria, 1995년 6
    월 30일

25 Snyder, *Bloodlands*, p. 320

26 Czesław Miłosz, *The Captive Mind*, London, 2001, pp. 26~29

27 Anne Applebaum, *New York Review of Books*, 2010년 11월 11일

50장

1 White and Jacoby, *Thunder out of China*, p. 267

2 Chang and Halliday, Mao, pp. 337~341을 보라.

3 Enomoto Masayo in Rees, *Their Darkest Hour*, p. 74; 일본군의 식인 행위에 관해서는
   Tanaka, *Hidden Horrors*, pp. 111~134를 보라

4 731부대와 일본의 세균전에 관해서는 Tanaka, *Hidden Horrors*, pp. 135~165를 보라.

5 NA II RG 153/Entry 143/Boxes 1062~1073과 1362~1363; Tanaka, *Hidden Horrors*,
   p. 160

6 Allied Translator and Interpreter Section Southwest Pacific Area, Tanaka, *Hidden
   Horrors*, p. 160에서 서남태평양에 관한 연합군의 번역 및 통역 부분 인용

7 Hastings, *Nemesis*, p. 57 인용

8 Robert P. Newman, *Truman and the Hiroshima Cult*, East Lansing, Mich., 1995, p.
   43 인용

9 Spector, *Eagle against the Sun*, p. 555

10 Peattie, Drea and van de Ven, *The Battle for China*, p. 328에서 제37사단 사병들,
    Kawano, 'Japanese Combat Morale' 인용

11 Tanaka, *Hidden Horrors*, p. 103

12 만주의 일본인 이주자에 관해서는 Collingham, *The Taste of War*, p. 62를 보라.

13 Tanaka, *Hidden Horrors*, p. 102 인용

14 Peattie, Drea and van de Ven, *The Battle for China*, p. 32에서 Yang Kuisong, 'Nationalist and Communist Guerrilla Warfare in North China'

15 Smedley, *China Fights Back*, p. 116

16 홍콩을 장악하기 위한 분투에 관해서는 Snow, *The Fall of Hong Kong*, pp. 231~262를 보라.

17 Wasserstein, *Secret War in Shanghai*, p. 266

18 Tanaka, *Hidden Horrors*, p. 126

19 Beria가 Stalin에게 보고, 1945년 6월 22일, GARF 9401/2/97, pp. 8~10

20 Snyder, *Bloodlands*, p. 381

옮긴이의 말

    퍼즐이 드디어 완성되었다. 셀 수 없이 많고 크기도 제각각인 퍼즐 조각을 오랜 시간 맞춰온 느낌이다. 그동안 앤터니 비버의 책을 읽어온 독자들은 그의 책 마지막 장을 넘기는 순간 바로 이런 기분이었으리라.

    어쩌면 앤 애플바움의 말처럼 "우리는 그저 전쟁의 단편밖에 알지 못하는" 존재임에 틀림없다. 수많은 퍼즐 조각 중 손에 잡히는 몇 개만 가지고 이리저리 돌려도 보고 붙여도 보면서 '아, 이런 그림이구나' 하며 전체 그림을 대강 그리고 만다. 이미 틀린 자리에 놓인 조각은 눈에 익은 나머지 정작 진짜 자리를 찾았을 때는 그곳으로 옮겨놓기가 쉽지 않다. 역사라는 퍼즐은 바르게 맞춰도 틀렸다고 외치는 사람이 있게 마련이다.

    앤터니 비버의 『제2차 세계대전』이라는 큰 조각 사이사이에는 작은 조각들이 끼여 있다. 틈새가 메워지면서 비로소 하나의 유연한 스토리가 완성된다. 저자가 여러 문헌을 뒤져가며 이 거대한 역사서의 씨줄과 날줄을 엮을 때 얼마나 많은 수고와 시간을 들였을지 짐작조차 하기 어렵다. 그만큼 번역 과정에서도 많은 자료가 필요했다. 일화들 뒤에 깔린 배경이나 거기서 더 세세히 갈라지는 일화들을 찾아보느라 시간을 많이 들였는데, 단순히 일화들의 묶음이라고 여기면 재미있는 작업이 될 수도 있었겠지만 이 책의 두께만큼이나 많은 이야기를 살펴본다는 것은 결코 녹록지 않은 작업이었다.

오스트리아 태생의 미국 물리학자 이시도어 라비는 "제2차 세계대전이 진행되는 동안 우리가 배운 놀라운 점은 사람의 마음이 바뀌자 너무나 쉽게 사람들을 죽일 수 있었다는 것이다"라고 썼다. 이것은 무기 기술, 특히 원자폭탄의 발명을 염두에 둔 말이었다. 하지만 그는 도덕적 붕괴 또한 이런 살인 행위를 유발할 수 있다는 사실을 잘 알고 있었다. 여러 국가에서 죄수들은 의학 실험에 이용되었고, 여자들은 성적 착취의 대상이 되었다. 독일에서는 과학자들이 시체를 이용해 비누와 가죽을 만드는 기술을 개발했다. 태평양전쟁에서는 몇몇 일본 부대가 전쟁 포로의 시체를 상습적으로 먹기도 했다. 전쟁 기간에 일어난 이 같은 잔혹한 행위는 평시에는 그저 상상 속에서나 벌어질 법한 것이었다.

이 정도 규모의 대학살을 이야기한다는 것은 역사가들에게 보통 엄청난 도전이다. 문제는 폭과 깊이다. 즉 작가는 상황을 자세하게 설명함으로써 독자들을 진력나게 하지 않고 전쟁의 방대함을 담아내야 한다. 앤터니 비버의 이 책은 그의 『스탈린그라드』 『베를린: 몰락』 『디데이』로 이어지는 그의 제2차 세계대전 연구의 결정판이라고 할 수 있다. 그간의 책들이 '전투'들을 다룬 것이었다면, 이번 책은 이런 전투들이 모여서 완성된 '전쟁'의 전체 그림이다.

비버의 책은 인간의 도덕성을 떠받치고 있는 기둥이 얼마나 공허한 것인지를 보여준다. 사회가 붕괴되고 살인 행위가 쉽게 이루어질 때 말이다. 그런 때가 오면 인간의 풍부한 창조력은 대량 학살에도 가닿게 된다. 예를 들어 유대인 죄수들을 담당하는 독일군은 죄수들에게 몸을 정어리처럼 차곡차곡 쌓아 올리라고 명령했다. 이는 공동묘지 공간을 좀더 효율적으로 사용하고 탄약을 더 절약하는 기술이기도 했다.

이 책이 나오자 『인디펜던트』는 서평에서 "제대로 된 전쟁 역사에서는 피비린내, 배설물 냄새 그리고 공포의 냄새가 나야 한다. 비버의 책에선 이런 냄새가 난다"고 평했다. 비버의 책은 대규모 전투를 재구성하고 있지만, 엄청난 고통에 시달리는 수많은 개인을 함께 엮어나가고 있다. 전쟁을 가장 개인적인 수준에서 표현했다고 해도 괜찮을 것이다. 가령 이 책은 우리에게 1941년 10월 19일 외진 필리핀 북쪽 섬에서 영국 정찰병에게 붙잡혀 두들겨 맞는 5명의 일본 해군 수병이 무슨 소리를 질렀는지를 알게 해준다. 찬양받을 만한 가치가 있는 인물들에 대한 묘사는 흐릿하게 하면서, 세부적인 사항에 대한 묘사의 폭을 넓혔다. 이 책은 공포로 가득 차 있다. 하지만 전쟁에 관한 책은 그래야만 한다.

이 책이 1938년 일본군에 강제 징집돼 만주에 배치된 양경종이라는 한국인의 이야기로 시작된다는 것 또한 인상적이다. 1939년 양경종은 러시아군에 붙잡혀 포로수용소로 호송된다. 1942년 병력이 모자라자 러시아군은 그에게 소총을 한 자루를 쥐여주고는 우크라이나로 파병한다. 그곳에서 그는 또다시 독일군 포로가 되고, 병력이 부족했던 독일군은 그를 노르망디에 배치한다. 1944년 6월 그는 미군에 항복하고 영국 포로수용소에서 종전을 맞는다.

비버는 양경종을 "너무도 강력한 역사의 힘에 직면한 가장 평범한 개인의 무기력함을 보여주는 인상적인 사례"라고 말했다. 이는 사실이다. 하지만 이 책의 가치는 작가가 이런 강력한 힘을 다루는 방식에 있다. 전쟁은 주로 인간이 만들었지만 인간이 통제할 수 없는 프랑켄슈타인이라는 거대한 괴물로 표현된다. 하지만 이는 자칫하면 전쟁 공포를 회피하려는 핑곗거리가 될 수 있다. 비버는 제2차 세계대전이 전쟁 참가자의 수적인 면에서 그 어떤 것보다 더 큰 전쟁이었음을 인정하는 한편, 이 엄청난 대량 학살에서 개인들이 어떻게 고통받았는지 그 자세한 상황을 보여주고 있다.

이 책을 번역하면서 자료를 찾는 것만큼이나 어려웠던 것은 군사 용어와 익숙하지 않은 이름들을 번역하는 일이었다. 군사용어사전만으로는 해결되지 않아 주변의 군필자들까지 동원했다. 물론 군대를 다녀왔다고 해서 군사 용어를 다 아는 것은 아니지만 번역상의 어려움을 해결하는 데는 큰 도움이 되었다. 게다가 지금으로부터 70~80년 전에 쓰던 무기 이름이나 용어들을 하나하나 찾아보느라 도서관에도 수시로 들락거렸다. 번역가와 도서관은 떼려야 뗄 수 없는 관계인 것이다. 또한 익숙하지 않은 지명이나 인명의 번역은 예상했던 대로 가장 까다로운 영역이었다. 유럽과 아프리카, 아시아 각지의 언어들이 쏟아져 나오다보니 그 지역에 대한 공부도 하지 않을 수 없었는데, 자료를 찾아봐도 한국어 표기가 서로 다른 것이 많고 국립국어원 외래어 표기 규정만으로는 애매한 명칭도 많았다. 이 과정에서는 제2외국어 전공자들의 도움을 많이 받았다. 그런데 언어별 전공자가 다 있는 것은 아니어서 여전히 어렵기만 하다.

전쟁을 떠올리면 늘 그려지는 그림이 있다. 내 또래의 사람들은 전쟁을 겪지 않은 세대라 전쟁 영화 속 장면들과 실제 전쟁이 얼마나 다른지 전혀 알지 못하지만, 아마도 이 책에서 묘사하는 것과 비슷하리라 생각한다. 참으로 아이러니한 것은 강간과 살인, 고문 등의 잔인한 행위들이 전쟁이라는 상황 속으로 들어가면 곧바로 정당성을 확보하기도 한다는 점이다. 러시아 격언 "승자는 심판받지 않는다"를 번역하던 순간에는 그것이 온갖 잔학 행위보다 더한 폭력처럼 느껴져 가슴이 쓰라렸다. 전쟁, 과연 그 안에서는 진정한 의미의 피해자와 가해자가 있기나 한 걸까? 어쩌면 양쪽 모두가 피해자인 동시에 가해자인 것은 아닐까? 위인으로 추앙받는 인물이 사실 우리에게는 무척 잔인했던 사람인데 승자라는 이유로 역사 속에 신화적 존재로 남아 판단력을 흐리게 하는 건 아닐까? 전쟁이 과연 필요악일까? 번역하는 내내 머릿속 어딘가에는 이런 의심들이 단단히 자리 잡고 있었다.

제2차 세계대전 이후 전 세계가 전쟁에 진저리쳤음에도 불구하고, 한국 전쟁으로, 베트남전쟁으로 세상은 다시금 대규모 전쟁을 이어나갔다. 지금 이 순간에도 우리는 전쟁의 위협에 그대로 노출되어 있다. 국익을 위해서라지만, 그 국익 때문에 희생될 국민에게는 어떤 이익이 돌아가는가? 희생된 목숨은 무엇으로 보상받으며, 대중이 기억한다 한들 기억 속 얼마나 깊은 곳에 그것을 새겨두겠는가? 우리의 경우 한국전쟁은커녕 서해교전에서 희생된 장병들의 이름도 다 기억하지 못하는 것이 현실이니 말이다. "이기든 지든 희생자의 눈물은 아무도 닦아주지 않는 법"인가보다.

미텔바우-도라(강제수용소 내 공장) 1099 ~1100

미하일로비치, 드라자 장군 638, 640, 818

민다나오 1049

민도로 1045, 1049

민스미트 작전(시칠리아 기만) 642, 740

민스크 295, 297, 300~302, 306, 332, 367, 887~892, 894~895, 1086

민족해방전선-그리스 인민해방군EAM-ELAS 게릴라 활동 641, 643, 966, 1006~1009

밀라노 740, 750, 1129, 1135

밀른베이 519, 695

밀히, 에르하르트 원수 685, 688, 794

ㅂ

바그라만 장군 729, 888

바그라티온 작전(벨라루스 중부 집단군) 889, 898, 920, 924, 931~932, 960

바다사자 작전(젤로브) 192, 206~207, 210

바돌리오, 피에트로 원수 750, 754~757, 759, 869

바르디아 221, 227~229

바르바로사 작전(소련) 33, 224, 233, 238, 245, 247, 263, 281, 290, 319~320, 322~323, 357, 479, 491, 493~494, 500~501, 503, 505, 511, 513, 637, 821, 889, 911, 1017, 1105

바르벤코보 494~495, 503

바르샤바 47, 54, 57, 60, 61~62, 66, 266, 295, 448~449, 637, 665, 784, 790, 850, 898, 920~922, 925, 930~932, 935, 963, 975, 1020~1021, 1030, 1042, 1072~1074, 1095, 1149, 1158, 1188

-게토 봉기 923

-봉기 850, 963, 1149, 1188

바르테가우 63, 66, 439, 443, 1040

바를리몬트, 발터 포병대장 419, 535

바리 801, 803~804, 818

바비야르 329~330, 430, 767

바스토뉴 127, 135, 993, 996, 998, 1000~1001, 1003~1006, 1013

바실렙스키, 알렉산드르 원수 504, 533, 552~553, 556, 568, 591, 708, 712, 726, 1087, 1176

바이들링, 헬무트 포병대장 1118, 1123, 1126, 1135~1136, 1146

바이마르 공화국 86

바이츠제커, 에른스트 폰 국무장관 210

바케, 헤르베르트 국무장관 287, 633

-기아 계획 287, 320, 633, 778, 1182

바쿠 81, 114, 290, 650, 985

바타비아(자카르타) 400

바탄 반도 414~416, 456~457, 516, 934~935, 1046, 1169

-방어 1169

-죽음의 바탄 행군 935, 976, 1038, 1046, 1099, 1100

바투틴, 니콜라이, 연대장 310, 710, 712, 714, 720, 722, 724~727, 729, 764~767, 776, 822~823, 921

바흐, 에리히 폰 뎀 SS대장 332, 448, 925, 932, 975

반제 회의 333, 445, 639, 778

발렌베리, 라울 977, 1022, 1026~1027

발몬토네 862, 864

발보, 이탈로 원수 221, 222

발트 국가들 36~38, 60~63, 71, 111, 285,

제2차 세계대전

옮긴이 김규태
고려대 신문방송학과와 동대학원을 졸업했으며, 미국 워싱턴대학에서 MBA 학위를 취득했다. 현재 전문 번역가로
활동 중이다. 옮긴 책으로『창조적 지성』『세계 역사 이야기 시리즈』『역사연구: 아놀드 토인비』『경건한 지성』『한
권으로 읽는 동양철학』『46억년의 생존』『감성지능 코칭법』『워킹푸어』『위대한 혁신』『인격의 힘』등이 있다.

박리라
한국외대를 졸업하고 영어권과 일본어권의 잡지 및 도서 번역을 하고 있다.

감수 김추성
경북대 의과대학을 졸업하고 현재 와룡내과 원장이다. 제2차 세계대전에 관심을 갖고 활발하게 활동하고 있으며
그가 운영 중인 '대사의 태평양전쟁 이야기'(http://blog.naver.com/imkcs0425)는 밀리터리 분야의 대표적인
파워 블로그다.

제2차 세계대전

1판 1쇄   2017년 3월 13일
1판 8쇄   2022년 10월 6일

지은이   앤터니 비버
옮긴이   김규태 박리라
감수   김추성
펴낸이   강성민
편집장   이은혜
마케팅   정민호 이숙재 김도윤 한민아 정진아 우상욱 정유선 김수인
브랜딩   함유지 함근아 김희숙 박민재 박진희 정승민
제작   강신은 김동욱 임현식
독자모니터링   황치영

펴낸곳 (주)글항아리 | 출판등록 2009년 1월 19일 제406-2009-000002호

주소 10881 경기도 파주시 회동길 210
전자우편 bookpot@hanmail.net
전화번호 031-955-2696(마케팅) 031-955-1936(편집부)
팩스 031-955-2557

ISBN 978-89-6735-416-9 03900

잘못된 책은 구입하신 서점에서 교환해드립니다.
기타 교환 문의 031-955-2661, 3580

geulhangari.com